# Suma
*teológica*
VI
Tomás de Aquino

# Tomás de Aquino

# Suma
## *teológica*

Volume VI
II Seção da II Parte – Questões 57-122

A JUSTIÇA
A RELIGIÃO
AS VIRTUDES SOCIAIS

Edições Loyola

© Introdução e notas:
*Thomas d'Aquin – Somme théologique*,
Les Éditions du Cerf, Paris, 1984
ISBN 2-204-02-229-2

Texto latino de *Editio Leonina*, reproduzido na Edição Marietti
(ed. Cl. Suermondt, OP), Marietti, Turim, Roma, 1948ss.

Dados Internacionais de Catalogação na Publicação (CIP)
(Câmara Brasileira do Livro, SP, Brasil)

Tomás de Aquino, Santo, 1225?-1274
   Suma teológica : volume VI : II seção da II parte : questões 57-122 : a justiça : a religião : as virtudes sociais / Tomás de Aquino ; tradução Carlos Josaphat Pinto de Oliveira. -- 4. ed. -- São Paulo : Edições Loyola, 2021.
   Título original: Thomas d'Aquin : somme théologique
   ISBN 978-85-15-03109-2

   1. Igreja Católica - Doutrinas - Obras anteriores a 1800 2. Sacramento - Igreja Católica 3. Tomás de Aquino, Santo, 1225?-1274. Suma de teologia I. Título.

21-56284                                                    CDD-230.2

Índices para catálogo sistemático:
1. Tomás de Aquino : Suma de teologia                       230.2
Maria Alice Ferreira - Bibliotecária - CRB-8/7964

**Edições Loyola Jesuítas**
Rua 1822, 341 – Ipiranga
04216-000 São Paulo, SP
**T** 55 11 3385 8500/8501 • 2063 4275
editorial@loyola.com.br
vendas@loyola.com.br
www.loyola.com.br

*Todos os direitos reservados. Nenhuma parte desta obra pode ser reproduzida ou transmitida por qualquer forma e/ou quaisquer meios (eletrônico ou mecânico, incluindo fotocópia e gravação) ou arquivada em qualquer sistema ou banco de dados sem permissão escrita da Editora.*

ISBN 978-85-15-03109-2
**4ª edição:** 2021
© EDIÇÕES LOYOLA, São Paulo, Brasil, 2005

# PLANO GERAL DA OBRA

| | |
|---|---|
| Volume I | **I Parte – Questões 1-43**<br>Teologia como ciência<br>O Deus único<br>Os três que são o Deus único |
| Volume II | **I Parte – Questões 44-119**<br>O Deus criador<br>O anjo<br>A obra dos seis dias<br>O homem<br>A origem do homem<br>O governo divino |
| Volume III | **I Seção da II Parte – Questões 1-48**<br>A bem-aventurança<br>Os atos humanos<br>As paixões da alma |
| Volume IV | **I Seção da II Parte – Questões 49-114**<br>Os hábitos e as virtudes<br>Os dons do Espírito Santo<br>Os vícios e os pecados<br>A pedagogia divina pela lei<br>A lei antiga e a lei nova<br>A graça |
| Volume V | **II Seção da II Parte – Questões 1-56**<br>A fé – A esperança – A caridade<br>A prudência |
| Volume VI | **II Seção da II Parte – Questões 57-122**<br>A justiça<br>A religião<br>As virtudes sociais |
| Volume VII | **II Seção da II Parte – Questões 123-189**<br>A fortaleza<br>A temperança<br>Os carismas a serviço da Revelação<br>A vida humana |
| Volume VIII | **III Parte – Questões 1-59**<br>O mistério da encarnação |
| Volume IX | **III Parte – Questões 60-90**<br>Os sacramentos da fé<br>O batismo<br>A confirmação<br>A eucaristia<br>A penitência |

# COLABORADORES DA EDIÇÃO BRASILEIRA

**Direção:**
Pe. Gabriel C. Galache, SJ
Pe. Danilo Mondoni, SJ

**Coordenação geral:**
Carlos-Josaphat Pinto de Oliveira, OP

**Colaboraram nas traduções:**

Aldo Vannucchi
Bernardino Schreiber
Bruno Palma
Carlos-Josaphat Pinto de Oliveira
Carlos Palacio
Celso Pedro da Silva
Domingos Zamagna
Eduardo Quirino
Francisco Taborda
Gilberto Gorgulho
Henrique C. de Lima Vaz
Irineu Guimarães
João B. Libanio
José de Ávila
José de Souza Mendes
Luiz Paulo Rouanet
Marcio Couto
Marcos Marcionilo
Maurílio J. Camello
Maurilo Donato Sampaio
Odilon Moura
Orlando Soares Moreira
Oscar Lustosa
Romeu Dale
Yvone Maria de Campos Teixeira da Silva
Waldemar Valle Martins

**Diagramação:**
So Wai Tam

**Editor:**
Joaquim Pereira

# SIGLAS E ABREVIATURAS

### Chamadas de notas, no rodapé

Formuladas em letras, referem-se às notas da tradução e das introduções.
Formuladas em algarismos, referem-se ao texto latino.

### Referências bíblicas

Aparecem no texto com as siglas da Tradução Ecumênica da Bíblia — TEB.
As referências dadas por Sto. Tomás ou por seus editores foram adaptadas às bíblias traduzidas do hebraico e do grego que todos temos em mãos, hoje. A numeração dos salmos é, portanto, a do hebraico.
Após uma referência bíblica, a sigla Vg (Vulgata) não concerne à referência, mas assinala que Sto. Tomás funda-se em uma tradução cujo sentido não se encontra exatamente em nossas bíblias traduzidas do hebraico ou do grego.

### Referência à *Suma teológica*

Seu título não é chamado. Suas partes são designadas por algarismos romanos.
— I, q. 1, a. 2, obj. 1 lê-se: *Suma teológica*, primeira parte, questão 1, artigo 2, objeção 1.
— I-II, q. 3, a. 1, s.c. lê-se: *Suma teológica*, primeira seção da segunda parte, questão 3, artigo 1, argumento em sentido contrário.
— II-II, q. 5, a. 2, rep, lê-se: *Suma teológica*, segunda seção da segunda parte, questão 5, artigo 2, resposta (ou "corpo do artigo").
— III, q. 10, a. 4, sol. 3 lê-se: *Suma teológica*, terceira parte, questão 10, artigo 4, solução (da objeção) 3.

### Principais obras de Sto. Tomás

Com. = comentários sobre...
— IV Sent. d. 2, q. 3 lê-se: *Livro das sentenças*, de Pedro Lombardo, quarto livro, distinção 2, questão 3.
— III CG, 12 lê-se: *Suma contra os gentios*, terceiro livro, capítulo 12.

### Referências aos Padres da Igreja

— PL 12, 480 significa: MIGNE, *Patrologia latina*, tomo 12, coluna 480.
— PG 80, 311 significa: MIGNE, *Patrologia grega*, tomo 80, coluna 311.
Com frequência, deu-se a referência a edições contendo uma tradução francesa dos textos citados por Sto. Tomás:
— SC 90, 13 significa: Coleção *Sources Chrétiennes*, n. 90, p. 13.
— BA 10, 201 significa: *Bibliothèque Augustinienne*, tomo 10, p. 201.
— BL 7, 55 significa: *Correspondance de S. Jérôme*, por J. Labourt, aux éditions des Belles-Lettres, tomo 7, p. 55.

### Referências ao magistério da Igreja

— DS 2044 significa: DENZINGER-SCHÖNMETZER, *Enchiridion Symbolorum*... n. 2044 (em latim).
— DUMEIGE 267 significa: GERVAIS DUMEIGE, *La Foi Catholique*... n. 267 (em francês).

# AUTORES CITADOS NA SUMA TEOLÓGICA

II Seção da II Parte – Questões 57-122

ABELARDO (1079-1142) – Teólogo e filósofo francês, natural de Pallet, perto de Nantes, célebre por sua paixão por Heloísa. Ensinou teologia escolástica e lógica. Condenado no Concílio de Soissons e no de Sens, por proposição de S. Bernardo. Na controvérsia sobre os universais, defendeu o conceitualismo. Suas obras principais são, além de tratados teológicos, *Dialética* e *Glosas sobre Porfírio*, e uma obra autobiográfica *Historia calamitatum*.

ADRIANO I – Papa de 772 a 795. Durante seu pontificado, em 787, houve o II Concílio de Niceia (VII ecumênico) que reconhece o direito de venerar as imagens sacras e, com isso, restabeleceu a paz entre Oriente e Ocidente. Sto. Tomás cita um dos decretos disciplinares de Adriano.

AGOSTINHO (354-431) – Agostinho é universalmente conhecido. Africano de nascimento e inicialmente seduzido pelo maniqueísmo, contou, em suas *Confissões*, sua longa caminhada interior até a conversão e seu batismo, por Sto. Ambrósio, em 387.

Descobriu, atuando em sua vida, o amor gratuito de Deus e essa experiência da graça iluminou toda a sua obra. Ordenado sacerdote, quase sem o querer, em 391, e bispo de Hipona, em 395, permaneceu sempre atraído pela experiência interior da união a Deus.

Sua obra é imensa. Excetuando Orígenes, nenhum autor cristão procurou a verdade em tantos campos: teologia, exegese, música etc. Combateu todas as heresias de seu tempo: maniqueísmo, donatismo, pelagianismo, procurando definir a doutrina cristã com força e precisão. Sua luta contra o pelagianismo levou-o demasiadamente longe no caminho da restrição à liberdade humana. Sua concepção do homem, marcada por um pessimismo latente, é transfigurada por seu amor a Cristo, o Verbo encarnado e salvador, e por sua ardente procura de Deus, fonte da vida bem-aventurada.

Agostinho não elaborou um sistema. Mas encontrou em Platão o que convinha a seu pensamento: "Nenhuma doutrina está mais próxima da nossa" (*Cidade de Deus* VIII, 5). Todavia, repensa essa doutrina como cristão. É em Deus que as Ideias subsistem, não existem em si.

Nada faz parar seu desejo de conhecer, e pesquisa longamente o mistério da Trindade (tratado sobre a Trindade). Os acontecimentos trágicos de seu tempo ditam-lhe uma grandiosa visão da história, síntese da história universal e divina, em que as duas Cidades se enfrentam (*A Cidade de Deus*).

Agostinho exerce essa atividade espantosa concomitantemente ao exercício de um cargo pastoral extenuante. Dá-se inteiramente a seu povo de Hipona. Quer comunicar-lhe a chama que devora seu coração.

De todas as partes, é consultado. É a autoridade de numerosos concílios regionais, até a morte, momento em que os vândalos sitiam sua cidade de Hipona.

Agostinho lançou inúmeras ideias fecundas e novas. A Igreja do Ocidente o escolheu por guia, julgando-o infalível. Admirou nele o doutor do amor, da unidade da Igreja na caridade de Cristo, o doutor da graça. Essa riqueza de pensamento possibilitou a quase todas as heresias do Ocidente referir-se a uma ou outra de sua obras.

Depois de Aristóteles — e quase tanto como ele —, Agostinho é, de longe, o autor mais citado por Sto. Tomás que, também, atribui a ele muitas obras de outros autores.

ALBERTO MAGNO (c. 1193-1280) – Frade dominicano, teólogo e filósofo, natural de Lauingen na Suábia. Profundamente influenciado pelo pensamento de Aristóteles, foi mestre de Sto. Tomás de Aquino. Além da filosofia e da teologia, dedicou-se ao estudo positivo da natureza. Foi declarado santo e doutor da Igreja em 1931.

ALCUINO (735-804) – Nascido perto de York, recebeu na escola episcopal dessa cidade uma sólida escolarização, fruto dos trabalhos dos monges ingleses e, sobretudo, de Beda, o Venerável. Carlos Magno chamou-o a seu serviço e o colocou na direção da escola do palácio. Alcuíno foi o mestre e o guia da reforma do ensino empreendida por Carlos Magno.

Espírito enciclopédico, escreveu numerosas obras: comentários da Escritura, tratados teológicos, vidas de santos, livros litúrgicos. Sua influência foi imensa. Morreu abade de Saint-Martin de Tours.

ALEXANDRE DE HALES († 1245) – Teólogo franciscano, inglês de nascimento e professor na universidade de Paris. Sua obra mais conhecida é uma *Summa theologica* ou *Summa universae theologiae*. Serve-se da filosofia aristotélica no estudo da teologia.

AMBRÓSIO – Nascido provavelmente em 339, morreu em 397. Filho de um prefeito do pretório das Gálias, Ambrósio seguiu a carreira dos filhos das grandes famílias. Era prefeito consular de Ligúria e de Emília, em 374, quando morreu Auxêncio, o bispo ariano de Milão. Eleito bispo da cidade, então capital do Império no Ocidente, em oito dias foi batizado e ordenado sacerdote.

Consciente de sua falta de preparo, Ambrósio iniciou-se na leitura das Escrituras, leu cuidadosamente os autores do Oriente cristão e, principalmente, Orígenes.

Conselheiro dos imperadores, administrador e homem de ação, soube utilizar as circunstâncias, às vezes difíceis, para assegurar a vitória da Igreja sobre o arianismo e os velhos cultos pagãos. Mas era, antes de tudo, um pastor, vigoroso defensor dos fracos e dos pobres. Seus sermões atraíam as massas: "A suavidade de seu discurso encantava", afirmou Sto. Agostinho, seduzido.

Ambrósio pregou muito o Antigo Testamento, comentou longamente o evangelho de são Lucas. Tinha o senso da Escritura: não era um exegeta, mas abordava a palavra de Deus com a inteligência de seu coração, como espiritual, tomado de amor por Cristo. Escreveu numerosos tratados ascéticos e sua correspondência foi abundante.

AMBROSIASTER – Nome dado, desde o Renascimento, a um autor anônimo do século IV. Escreveu um comentário das Epístolas de S. Paulo que chegou a nós, erradamente, entre os escritos de Sto. Ambrósio.

ANDRÔNICO DE RODES (morto por volta de 59 a.C.) – Filósofo grego que vivia em Roma no tempo de Cícero. Sob ordem de Sila, publicou as obras de Aristóteles e de Teofrastes, levadas por Sila à Itália depois da tomada de Atenas. Foi ele quem deu nome aos doze livros de Aristóteles, conhecidos pelo título de *Metafísica*, isto é, "depois dos tratados de *Física*".

ANSELMO (1033-1109) – Monge em Bec, aos 27 anos é aluno de Lanfranco. Torna-se abade de Bec em 1078 e, em 1093, sucede a Lanfranco como bispo de Canterbury. Não tarda a entrar em conflito com o rei da Inglaterra a respeito dos direitos e das prerrogativas da Igreja. Precisa deixar a Inglaterra e vai morar em Roma; esse exílio dura praticamente até 1106.

Sua obra é considerável e seu pensamento possante domina a segunda metade do século XI. Sua grande originalidade é o método: "A fé que procura a inteligência". Aplica a razão, com todos os seus recursos, ao estudo da revelação. Já está em germe o método escolástico e a influência da obra de Anselmo sobre Sto. Tomás é importante. Anselmo quer dar ao dogma seu estatuto racional, não por preocupação apologética, mas com objetivo contemplativo. Crer para compreender e compreender para amar (*Proslogion*, cap. 1).

Suas principais obras teológicas são o *Monologion*, o *Proslogion* e o *Por que Deus fez-se homem*. Nesta última obra, particularmente, elaborou uma interpretação do mistério da redenção que influenciou toda a teologia ocidental (até as novas abordagens contemporâneas, mais fundamentadas na Escritura).

APULEIO (125-180) – Escritor latino, da província da África. Espírito curioso, é discípulo de Platão, apaixonado por filosofia, ciência e mesmo magia. Sto. Tomás conheceu dele o opúsculo *De Deo Socratis*.

ÁRIO (± 256-336) – Sacerdote de Alexandria, orador brilhante, começou, por volta de 318, a levantar numerosas discussões por seus sermões em que desenvolvia uma teologia pessoal que pretendia ser a fé da Igreja.

Com objetivo apostólico, quis adaptar a fé da Igreja ao helenismo ambiente. Partia da convicção neoplatônica de que a divindade é "incriada" e "não gerada". Há, portanto, na Trindade, três substâncias absolutamente heterogêneas e distintas: o Pai, Deus, sem começo; o Logos, que teve começo. É o primogênito das criaturas. Deus o criou antes do tempo a fim de servir-lhe de instrumento para a criação. Difere essencialmente do Pai e ocupa um lugar intermediário entre Deus e o mundo. Quanto ao Espírito Santo, é a primeira das criaturas do Logos, é ainda menos divino que o Logos. No momento da Encarnação, o Logos fez-se carne, cumprindo em Cristo a função de princípio vital. Ário foi condenado pelo Sínodo de Alexandria em 321, e pelo Concílio de Nicéia, em 325.

ARISTÓTELES (384-322 a.C.) – Nascido em Estagira, chega em 367 a Atenas, onde se torna aluno de Isócrates e, depois, de Platão, durante cerca de vinte anos, até a morte deste em 347.

Preceptor de Alexandre durante dois anos, volta a Atenas em 335 e funda a escola do Liceu. Durante treze anos, forma numerosos discípulos. Graças ao apoio de Alexandre, reúne uma biblioteca e uma documentação consideráveis. É nessa época que compõe a maior parte de suas obras. Sua inteligência vastíssima possibilita-lhe trabalhar em todas as áreas: filosofia, anatomia, história, política.

Suas obras — cerca de mil, diz a tradição, das quais 162 chegaram até nós —, repartem-se em três grupos que constituem, segundo Aristóteles, o sistema das ciências:

Ciências poiéticas, que estudam as obras da inteligência enquanto a inteligência "faz" algo com materiais preexistentes: poética, retórica e lógica.

Ciências práticas, que estudam as diversas formas da atividade humana, segundo três principais direções: ética, política, econômica.

Ciências teóricas, as mais altas: ciências matemáticas, ciências físicas, ciência primeira (a metafísica), incidindo sobre o ser eterno e imutável, concreto e individual, substância e causa verdadeira, Deus.

Aquele que Sto. Tomás chama de "o Filósofo" estabeleceu as regras da arte da demonstração e do silogismo.

Separa-se completamente do sistema platônico; seu senso do concreto, do real, obriga-o a afirmar que as Ideias não existem fora dos indivíduos.

Segundo ele, tudo na natureza é composto de matéria e de forma. Toda matéria exige uma forma, e uma matéria não pode existir sem ser determinada por uma forma. A matéria e a forma estão entre si na relação da potência e do ato.

A mais alta atividade é o pensamento. Portanto, Deus é essencialmente inteligência e pensamento. É "pensamento de pensamento", ato puro, totalidade de ser e de existir.

ATANÁSIO (± 295-373) – Era diácono em 325 quando acompanhou seu bispo, Alexandre, ao Concílio de Niceia. Sucedeu-lhe na sé episcopal de Alexandria, em 328, e tornou-se o campeão da luta contra o arianismo. Por serem os imperadores desse tempo quase todos arianos, Atanásio foi exilado cinco vezes. Mas permaneceu inabalavelmente fiel à fé de Niceia, o que lhe deu o título de "coluna da Igreja" (S. Gregório de Nazianzo).

Apesar de sua vida errante, escreveu numerosas obras, quase todas dirigidas contra os arianos, e numerosas cartas aos bispos. Amigo dos monges, é o autor da *Vida de Sto. Antão*, que teve enorme sucesso. Compôs, também, tratados sobre a virgindade.

Atribuiu-se a ele, erradamente, o Símbolo *Quicumque* (assim chamado de acordo com a primeira palavra dessa forma de Credo) que é, provavelmente, de origem galicana e data do século V.

AVERRÓIS (Ibn Roschd) (1126-1198) – Nascido em Córdoba e morto em Marraquesh. Grande admirador de Aristóteles, decidiu consagrar a vida ao comentário de suas obras. Tanto o fez que foi chamado, na Idade Média, de "O Comentador".

Reprova a Avicena ter deformado o pensamento de Aristóteles. Mas ele próprio mistura suas concepções com as do mestre. Segundo ele, as inteligências não emanam umas das outras, como acreditava Avicena: foram criadas de toda a eternidade por Deus, Ato puro, Motor primeiro.

Desde toda a eternidade, a matéria existe ao lado de Deus. É uma potência universal que contém em germe as formas substanciais que o Primeiro Motor dela extrai. Os medievais compreenderam, frequentemente, sua psicologia (provavelmente sem razão), da seguinte maneira: o intelecto material (ou intelecto possível), assim como o intelecto agente, é numericamente único e idêntico para todos os homens dentro da humanidade. Sua união com cada indivíduo é acidental, embora tudo morra com a morte do homem, exceto a Inteligência, comum à humanidade inteira.

As teorias de Averróis mereceram-lhe a condenação por parte das autoridades muçulmanas. Mas foi reabilitado antes de morrer. O averroísmo foi condenado pelo bispo de Paris, em 1270 e em 1277.

AVICENA (980-1037) – Filósofo e médico árabe da escola de Bagdá, muito envolvido na política de seu tempo. Foi para os escolásticos um dos grandes iniciadores ao pensamento de Aristóteles; mas introduziu no aristotelismo temas neoplatônicos, o que suscitou, mais tarde, viva reação de Averróis.

Definiu a metafísica como ciência do ser, reconheceu os limites da inteligência humana,

incapaz de conhecer a essência das coisas em si mesmas e capaz, apenas, de concluí-la a partir das qualidades que lhe são inseparáveis.

Seu *Cânon da Medicina* permaneceu a base dos estudos de medicina no Oriente como no Ocidente, até o século XVIII.

BASÍLIO (319-379) – Nascido em Cesareia da Capadócia, Basílio fez sólidos estudos em Constantinopla e em Atenas, onde estabeleceu amizade com Gregório de Nazianzo. Concluídos os estudos, retirou-se, em 357, a uma propriedade às margens do Íris, a fim de levar uma vida monástica. Essa vida tranquila não durou. Em 362, Eusébio, bispo de Cesareia de Capadócia, ordenou-o sacerdote e Basílio lhe sucedeu no bispado.

Trava combates incessantes. O imperador Valente esforça-se por impor o arianismo no Oriente e exila os bispos ortodoxos. Vai mesmo a Cesareia com a certeza de fazer Basílio ceder. Mas este resiste respeitosa e resolutamente. Sua coragem faz o imperador desistir sem tomar medida alguma contra ele. Basílio passa a ser o líder da resistência antiariana.

Ao lado desse combate para a "fé católica", Basílio desenvolve uma obra social eficaz. É homem de governo, constrói hospital e hospícios. É severo com os ricos, atencioso com os fracos e os pobres. A paz da Igreja volta, enfim, em 378, com a morte de Valente, mas Basílio aproveita pouco: morre de esgotamento em 1º de janeiro de 379. Logo depois de sua morte, todas as suas ideias triunfam. Recebe logo o título de "Magno".

Sua obra importante é comandada por sua atividade prática. Suas *Regras*, compostas antes de sua ordenação sacerdotal, ainda estão na base do monaquismo no Oriente. Suas homilias fazem conhecer sua obra de pastor: sobre o *Hexameron*, sobre os Salmos etc. Enfim, sua luta contra os arianos lhe deu a ocasião de fazer duas obras importantes: o *Tratado contra Eunômio* e o *Tratado do Espírito Santo*.

BEDA, O VENERÁVEL (673-735) – Entregue muito jovem ao bispo Bento Biscop, abade do mosteiro de Wearmouth, na Inglaterra, Beda acompanha os monges que vão fundar o novo mosteiro de Jarrow, em 682. Fica aí até a morte. É o tipo de monge estudioso, erudito. Seu prazer, diz ele, é "aprender, ensinar e escrever". Durante toda a sua vida, pesquisa manuscritos para transmitir o saber das gerações passadas. Conhece os autores da antiguidade quase tão bem como os da cristandade. Interessa-se por astronomia, matemática, retórica, gramática, música.

Sua obra é vasta e lhe valeu a admiração de seus contemporâneos e da Idade Média. Apoia-se na tradição dos Padres para comentar quase toda a Escritura, transmite todo o saber científico e literário da antiguidade, procurando fazer-lhe a síntese.

BENTO (± 480-547) – Pai e legislador dos monges do Ocidente, Bento compôs para seus monges uma *Regra* que são Gregório, seu biógrafo, afirma ser notável pela discreção e clareza da linguagem. Bento reúne toda a tradição dos antigos sobre a obediência, a humildade, no quadro de uma vida de oração, de trabalho e de caridade mútua. A obrigação da estabilidade faz da comunidade beneditina uma comunidade familiar. Devido a sua sabedoria, a *Regra de S. Bento* suplantou, pouco a pouco, todas as outras regras monásticas no Ocidente.

BERNARDO DE CLARAVAL (1091-1153) – Ingressa em Cister com 21 anos, em 1112, acompanhado de trinta jovens nobres, seus amigos. Quer fugir do mundo, encontrar Deus na solidão. Mas três anos depois, em 1115, seu abade o encarrega de ir fundar um novo mosteiro em Claraval. Bernardo fica dividido entre seu desejo de contemplação e seu zelo em fazer seus irmãos avançarem no caminho de Deus. Seus dons excepcionais não demoram em torná-lo conhecido.

Esse místico, que falou tão bem de Deus, dá um novo impulso a sua Ordem; foi pregador da Segunda Cruzada, conselheiro do papa Eugênio III, campeão da ortodoxia em todas as querelas de seu tempo. Sua forte personalidade domina toda a primeira metade do século XII. Representa, diante da escolástica nascente, o último clarão da teologia monástica. Sua contribuição resoluta na condenação de Abelardo mostra sua desconfiança diante de um uso muito amplo da razão para explicar o que é do domínio da fé.

Sua vasta correspondência revela suas preocupações, seu desejo de viver sozinho com Deus. Seus sermões dirigidos a seus monges não envelheceram, particularmente seus Sermões sobre o *Cântico dos Cânticos*. Escreveu, também,

muitos "tratados", sendo o mais importante o *Tratado da Consideração* (isto, é da Busca da Verdade) dirigido ao papa Eugênio III.

BOAVENTURA (1221-1274) – Teólogo franciscano, natural de Bagnoregio, na Toscana. Tornou-se superior geral dos franciscanos, cardial-bispo de Albano e legado pontifício no concílio de Lyon. Escreveu numerosas obras de teologia e filosofia, inspiradas na doutrina de Agostinho. Uniu a razão com a mística. É conhecido como Doutor Seráfico.

BOÉCIO (480-524) – Herdeiro da cultura antiga, filósofo, Boécio veio a ser mestre do palácio do rei godo Teodorico, em 520. Mas, acusado de cumplicidade com Bizâncio e de alta traição, o que era falso, foi condenado, sem mesmo poder defender-se, à prisão e à morte.

Boécio está na junção de duas civilizações. Num mundo em que a cultura se perdia, pôde fazer sólidos estudos no Oriente, sobretudo em Atenas, e transmitir aos romanos a sabedoria antiga, mostra o acordo fundamental entre Platão e Aristóteles. Além disso, Boécio é um cristão familiarizado com o pensamento de Sto. Agostinho e com o dos filósofos gregos. Tenta uma síntese que a Idade Média estudou com admiração.

Sua obra é importante. Tratados de Teologia como *Sobre a Trindade*; tradução e comentário de diversos tratados de Aristóteles, tratado sobre a música, a matemática etc; a mais célebre de suas obras, a *Consolação Filosófica*, escrita na prisão, foi lida e recopiada ao longo da Idade Média.

BUCARDO DE WORMS, bispo († 1025) – Autor de um *Collectarium* dos cânones eclesiásticos. Denunciou o culto dos espíritos promovido pelas bruxas.

CALIXTO I – Papa em 217, morto mártir em 222. Provavelmente, publicou um decreto tornando menos rigorosa a disciplina relativa à penitência. Mas as duas "decretais" que lhe são atribuídas são inautênticas. Sto. Tomás cita a segunda dessas decretais: a carta aos bispos das Gálias, que atribui, aliás, a Gelásio.

CASSIANO, JOÃO (± 360-435) – Entra muito jovem num mosteiro cenobítico em Belém. Após dois anos, obtém a permissão de ir consultar os grandes monges do Egito. Durante quase vinte anos, vive no deserto, pondo-se na escola dos grandes abades e impregnando-se da doutrina de Evágrio. Obrigado a fugir do Egito quando Teófilo, bispo de Alexandria, persegue origenistas e evagrianos, Cassiano refugia-se junto a S. João Crisóstomo, em Constantinopla; e, depois do segundo exílio deste último, parte para Roma, junto ao papa Inocêncio I. Durante dez anos permanece a serviço da Igreja de Roma.

Em 415, chega na Provença, funda em Marselha dois mosteiros, um de monges e outro de monjas. Põe, então, por escrito, os ensinamentos recolhidos durante sua vida no deserto, para formar seus monges e os da região. Publica, primeiro, as *Instituições Cenobíticas*, e as *Conferências* em que se esforça por transmitir ao Ocidente toda a tradição espiritual do Egito. Essas obras exerceram influência considerável na vida religiosa do Ocidente.

Chocado pelo rigor das posições de Agostinho a respeito da graça, Cassiano procura manter certo poder ao livre-arbítrio, ao menos no "início da fé"; todavia, tem cuidado em manter distância em relação a Pelágio. É um dos mais notórios representantes do que se chamou, muito mais tarde, o semipelagianismo.

CASSIODORO (± 485-580) – Discípulo e amigo de Boécio, é, como ele, ministro e conselheiro dos reis godos ao mesmo tempo que amigo das letras. Por volta de 540, retira-se à sua propriedade de Vivarium, onde funda um mosteiro. Aí, esforça-se por conservar a herança antiga, tanto grega como latina, dispersa e destruída, parcialmente, pelas invasões bárbaras. Quer utilizar essa herança para a fé. É ajudado nessa tarefa por seus monges, ardentes copistas. Graças ao trabalho deles, muitas obras antigas foram conhecidas durante a Idade Média.

Cassiodoro escreveu obras históricas, comentários da Escritura e tratados sobre as ciências profanas.

*CAUSIS (De)* – Tratado árabe (não necessariamente muçulmano) que adapta ao monoteísmo, resumindo-os, os *Elementos de Teologia* do filósofo neoplatônico Proclo (412-485). Foi traduzido para o latim em meados do século XII, com o título de *Livro da Bondade Pura*, mas foi conhecido, principalmente, como *Livro das Causas* e atribuído quer a Aristóteles, quer a autores árabes ou judeus. A tradução, em 1268, dos próprios *Elementos*, por Guilherme

de Moerbecke, possibilitou aos latinos conhecer a verdadeira origem do *Livro das Causas*.

CÍCERO, TÚLIO (106-43 a.C.) – O maior dos oradores romanos. Faz estudos para advocacia no ano 80. Eleito questor na Sicília, defende os sicilianos contra o antigo governador Verres e, pelo fato, torna-se célebre. Cônsul em 63, frustra a conjuração de Catilina. Tem a ambição de desempenhar grande papel político, mas é exilado e reabilitado. Nesse período de perturbações e guerra civil, morre assassinado por ordem de Antônio.

Para Cícero, a atividade intelectual está a serviço da política. Mas foi seu talento oratório que lhe valeu renome durável. Elaborou uma teoria da eloquência: "Provar, agradar, comover", que formou gerações de retóricos.

Formado no contato com os filósofos gregos, Cícero procurou, em seus tratados filosóficos, conciliar as diversas escolas (estoicos, epicuristas, acadêmicos) para chegar a uma moral prática (*Dos Deveres, Tusculanas*). Foi criador de uma prosa filosófica.

CIPRIANO (± 200-258) – Africano, nasce numa família pagã, torna-se advogado de renome e converte-se ao cristianismo. Em 248 é bispo de Cartago. Homem de governo e pastor, sua vida identifica-se com a de sua comunidade. Durante a perseguição de Décio, Cipriano afasta-se da cidade e essa "fuga" é mal-interpretada. Encontra-se, depois, enfrentando o problema dos *lapsi*, os cristãos "caídos", durante a perseguição. Seus últimos anos ficam encobertos por seu conflito com o papa Estêvão a respeito da validez do batismo conferido pelos heréticos. Em 257, Valeriano promulga nova perseguição. Cipriano, que viu a provação chegar, sustenta seu povo. É preso e condenado. Os Atos de seu martírio foram conservados e testemunham de sua dignidade serena diante da morte.

Cipriano é um pastor. Isso se percebe através de toda a sua obra, desde sua abundante correspondência até seus numerosos tratados dos quais os mais célebres são a *Unidade da Igreja* e a *Oração dominical*.

CIRILO DE ALEXANDRIA (± 380-444) – Sobrinho e colaborador de Teófilo, patriarca de Alexandria, Cirilo o acompanha a Constantinopla e toma parte, em 404, do Sínodo do Carvalho, que destituiu João Crisóstomo. Em 412, sucede a Teófilo de quem herda preconceitos e rancores.

Aprende, em 428, que Nestório, o novo patriarca de Constantinopla, sustenta em seus sermões que há duas pessoas em Cristo, uma pessoa divina, o *Logos*, e uma pessoa humana: o homem-Jesus; daí a impossibilidade de chamar a Virgem Maria: *Theotokos*, Mãe de Deus. A partir de 429, Cirilo intervém junto a Roma, como campeão da ortodoxia contra essa Igreja de Constantinopla, rival de Alexandria. Então, o imperador convoca um Concílio em Éfeso (431). O concílio depõe Nestório e proclama Maria *theotokos*. Mas a terminologia usada, muito diferente da dos orientais, leva-os a protestar. Após muitas concessões, chega-se, em 433, ao Ato de União. Todas essas querelas colocaram as diversas Igrejas umas contra as outras e abriram caminho para novos conflitos sempre mais sutis.

Se a personalidade de Cirilo é fortemente contestada, a pureza de sua fé está fora de dúvida. Deixou uma obra importante: obras exegéticas sobre o Antigo Testamento, comentário dos evangelhos de Lucas e de João, obras dogmáticas e apologéticas.

CLEMENTE DE ROMA – Quarto bispo de Roma de acordo com a lista de Sto. Ireneu. Papa de 97 a 101, aproximadamente, escreveu uma Carta à Igreja de Corinto onde alguns membros se tinham sublevado contra os presbíteros. Essa Carta era tão venerada na antiguidade cristã que fazia parte, às vezes, do Cânon das Escrituras. Não é esta carta que Sto. Tomás cita, mas apócrifas.

CÓDIGO JUSTINIANO – O imperador Justiniano I (527-565), homem de vastas ambições, empreende uma grande obra legislativa. Encarrega Triboniano e outros jurisconsultos de reunir e harmonizar as leis imperiais feitas desde Adriano. De toda essa legislação acumulada, quer fazer um todo coeso. O Código é concluído em 529. Uma nova edição aparece em 534 com o título de *Código Justiniano*: incorpora as leis promulgadas pelo imperador de 527 a 532.

De 530 a 533, Triboniano e seus ajudantes reunem no Digesto ou Pandectas extratos dos 39 jurisconsultos mais célebres, enquanto os Institutos formam uma espécie de manual resumindo os princípios do direito para os estudantes.

Todas essas obras são redigidas em latim, por fidelidade à Roma antiga.

A essa gigantesca coletânea juntam-se as Novelas, ordenanças publicadas pelo próprio Justiniano durante seu reinado, em aplicação dos princípios do Código. As Novelas são redigidas em grego.

O Código começa pelas palavras: "Em nome de Nosso Senhor Jesus Cristo", segue-se uma profissão de fé.

→ TRIBONIANO, jurisconsulto bizantino, falecido em 546. Foi o principal conselheiro do Imperador Justiniano.

COMENTADOR – Na maioria das vezes, designa AVERRÓIS. Para a Ética, trata-se de Eustrates e outros comentadores gregos.

CRISIPO (± 281-208 a.C.) – Filho de Apolônio, de Soli (Cilícia), foi discípulo de Zenão de Cítio e sucessor de Cleantes. São poucos os fragmentos que se conservam de sua imensa produção (705 obras segundo Diógenes Laércio). Dialético, por formação e temperamento, deve-se a ele a fundamentação das teorias debatidas no antigo estoicismo.

DECRETAIS – Ordenanças dos papas, de alcance geral para a Igreja inteira, ou destinadas quer a uma província eclesiástica, quer a muitas. A primeira utilização desse termo remonta ao papa Sirício (384-399).

Não se demorou em reunir essas decretais em compêndios. As primeiras coleções são cronológicas. Depois, são sistematizadas por matéria. As diversas coleções são do século IX e foram substituídas pelo famoso *Decreto* de Graciano.

Em 1234, Gregório IX promulga um novo compêndio de Decretais. É uma compilação de todos os compêndios anteriores, preparados, por ordem do papa, por Raimundo de Peñafort.

Por volta de 850, surge, na região do Mans, uma coleção de "falsas" decretais, publicadas sob o nome de Sto. Isidoro de Sevilha. O patrocínio desse suposto autor valeu-lhes ser inseridas no Decreto de Graciano.

DECRETO DE GRACIANO – Na Idade Média, a palavra "Decreto" designa uma coletânea de textos canônicos. A mais célebre é a de Graciano, morto, provavelmente, por volta de 1178. Graciano deu à obra o título de *Concordância dos Cânones Discordantes*, título modificado, depois, por *Decreto*. Teve o imenso mérito de não se contentar em juntar, como fizeram seus antecessores, textos, às vezes, contraditórios sobre um mesmo assunto. Esforçou-se por fazê-los concordar, por encontrar soluções.

Durante muito tempo, o *Decreto* serviu de base ao ensino nas escolas, sem ter, contudo, valor oficial. É uma das "autoridades" de Sto. Tomás.

DIONÍSIO AREOPAGITA – Pseudônimo de um autor do Oriente do final do século V e início de século VI. Suas obras *A Hierarquia celeste*, a *Hierarquia eclesiástica*, os *Nomes divinos* (comentados por Sto. Tomás), a *Teologia mística* exerceram uma influência considerável no Oriente como no Ocidente, sem contar que, até o século XVI, acredita-se que esse autor seja realmente o Areopagita, discípulo de S. Paulo, o que deu a seus escritos imensa autoridade.

O Pseudo-Dionísio é um místico. Afirma que para conhecer Deus temos duas vias: a positiva, pela causalidade, que atribui a Deus, ao máximo, todas as perfeições; e a negativa, que é não-conhecimento, ignorância diante desse excesso de plenitude, pois Deus, o Transcendente, está além do cognoscível.

Além das processões internas que constituem as Pessoas da Trindade, há as processões externas: a criação. Deus, em sua condescendência, penetra os seres de sua bondade e os atrai para uni-los a si.

A síntese dionisiana, centrada na transcendência divina e na participação dos seres a Deus, fascinou verdadeiramente o pensamento medieval.

DIONÍSIO CATÃO (± 3º ou 4º séc.) – Nada se conhece realmente do autor ou data da *Dist??ha de Moribus ad Filium*. Atribui-se a Dionísio Catão. Catão, pelo caráter sapiencial das máximas, e Dionísio, por constar num manuscrito de grande antiguidade. Trata-se de uma pequena coleção de máximas morais, redigidas cada uma em dois hexâmetros e divididas em quatro livros. Revelam uma mentalidade monoteísta mas não necessariamente cristã. Na Idade Média foram traduzidas em muitas línguas.

EADMERO (1064-1124) – Chantre de Canterbury e historiador inglês. Confrade de Sto. Anselmo, arcebispo de Canterbury, depois da morte deste, reúne e publica ampla documentação sobre o arcebispo em *Historia Novorum* e na *Vita Sti*

*Anselmi*. Sua obra *De Conceptione Sanctae Mariae* teve influência no desenvolvimento da doutrina sobre a Imaculada Concepção.

ENÓDIO, MAGNO FELIX (474-521) – Escritor em prosa e verso, reitor em Milão e bispo de Pavia (Ticinum). Suas obras são fontes valiosas para os historiadores desse período. Entre elas destacam-se uma biografia de Epifânio, seu predecessor, em Milão, e o peregrino do rei Teodorico, escrito a pedido do Papa. *Dictiones* são uma coleção de discursos retóricos que ilustram a grande influência exercida pela tradição antiga e pagã sobre os ambientes cristãos. Participou de duas embaixadas a Constantinopla para tentar, sem êxito, a reconciliação entre a Igreja de Roma e a Igreja grega (cisma de Acacio).

EUSÉBIO DE CESARÉIA (± 263-337) – Aprisionado durante a perseguição, torna-se bispo de Cesareia da Palestina, em 313. Participa das querelas cristológicas de seu tempo, procura desempenhar um papel conciliador que lhe vale ser acusado de arianismo. Com efeito, receia o termo "consubstancial", vendo nele um risco de confusão das pessoas divinas, de sabelianismo. No Concílio de Niceia (325), faz parte do partido do meio, a igual distância de Ário e de Alexandre de Alexandria. Acaba subscrevendo as decisões do Concílio e do Sínodo.

Eusébio é, antes de tudo, um erudito. Escreveu numerosas obras e, sobretudo, uma *História eclesiástica* que conserva preciosos documentos dos primeiros séculos da Igreja.

FELIPE, CHANCELER (1160-1236) – Teólogo francês. Mestre em teologia e chanceler da Universidade de Paris. Escreveu a *Summa de Bono* sobre o bem inspirando-se no neoplatonismo de Agostinho, e um Tratado sobre a sindérese.

FRONTINO (± 30-103) – General romano, procônsul de Bretanha, escreveu uma obra sobre a arte militar: *Stratagemata*.

FULGÊNCIO DE RUSPE (467-532) – Monge e abade, veio a ser bispo de Ruspe (África). Foi exilado duas vezes na Sardenha pelos vândalos arianos. Suas obras são numerosas; algumas são dirigidas contra os arianos: o tratado *Sobre a Trindade* e o célebre tratado *A Pedro, sobre a fé*, resumo da teologia cristã. Suas outras obras são dirigidas contra os semipelagianos, sobretudo Fausto de Riez. A doutrina que ele desenvolve sobre a predestinação é um eco da doutrina de Sto. Agostinho.

GLOSA – Compilação do século XII cujo plano foi concebido por Anselmo de Laon (1050-1117). A obra foi realizada, em parte, por Anselmo, em parte por pessoas que o cercavam. Os versículos da Bíblia são acompanhados, na margem, de excertos de comentários patrísticos.

→ GLOSA LOMBARDI, ver Pedro Lombardo*.

GREGÓRIO I MAGNO – Nascido por volta de 540, papa (de 590 a 604). Oriundo de uma grande família romana foi, por volta de 570, prefeito de Roma, o mais alto cargo da cidade. Em breve, renuncia ao mundo para tornar-se monge. É enviado a Constantinopla como apocrisiário (núncio) de 579 a 585. Em 590, após sete meses de resistência, torna-se bispo de Roma num momento particularmente infeliz: invasão lombarda, peste. Grande administrador, reorganiza o patrimônio da Igreja e a assistência aos pobres, procura defender a Itália, luta contra a simonia e a imoralidade do clero, envia missionários à Inglaterra, afirma os direitos da primazia romana.

Esse homem de ação é, também, um pastor. Escreve e prega. Sua correspondência é abundante. *As Morais sobre Jó* e as *Homilias sobre Ezequiel*, conferências para um círculo monástico, são uma exposição da teologia moral penetrada por um grande desejo de Deus; suas *Homilias sobre o Evangelho*, seus Diálogos dirigem-se, principalmente, ao povo de Deus, e sua Pastoral destina-se a quem tem responsabilidade na Igreja. São Gregório foi lido, copiado, meditado durante toda a Idade Média, que encontrou nele seu mestre espiritual.

GREGÓRIO VII – Papa de 1073 a 1085. Serve eficazmente a cinco papas antes de tornar-se também papa. É um reformador. Quis libertar o papado da tutela imperial, livrar a Igreja de todo controle leigo. Centraliza fortemente a Igreja e, no Concílio de Roma, em 1074, ataca a simonia e a incontinência dos padres.

GREGÓRIO DE NISSA (± 335-394) – Irmão de S. Basílio que o consagra, em 371, bispo de Nissa, na Capadócia. Gregório é um filósofo, um teólogo, um místico. Desempenhou um grande papel no Concílio de Constantinopla (381), ao lado de Gregório Nazianzeno.

Sua obra é vasta. Escreveu tratados dogmáticos para refutar as numerosas heresias de seu

tempo, uma longa Catequese, exposição sistemática da fé cristã e comentários da Escritura. Consagra seus últimos anos a obras para os meios monásticos organizados por S. Basílio e empenha-se em dar uma "mística" a esse fervoroso movimento: *Vida de Moisés, Comentário do Cântico dos Cânticos*.

Sto. Tomás atribui-lhe o tratado *Sobre a natureza do homem*, muito apreciado durante a Idade Média, composto, na realidade, por NEMÉSIO, bispo de Emesa, nos últimos anos do século IV.

GUILHERME DE ALVÉRNIA, ou de Paris (1180-1249) – Bispo. Filósofo e teólogo. Entre suas muitas obras, salienta-se *Magisterium Divinale ac Sapientiale* uma verdadeira enciclopédia filosófico-teológica. Conheceu Aristóteles pelos comentários de Avicena. Defendendo os métodos racionais no estudo da fé, foi um dos precursores dos futuros "escolásticos".

GUILHERME DE AUXERRE († 1231) – Teólogo. Ensinou em Paris. Fez parte de uma comissão, que examinou os escritos de Aristóteles sobre as ciências naturais, proibidos desde 1210. Sua obra principal *Summa Aurea*, no uso dos argumentos aristotélicos, é devedora de Pedro Lombardo e de Sto. Anselmo.

GUILHERME DE SÃO TEODORICO (De S. Thierry) (± 1080-1149) – Monge benedictino, depois cisterciense. Amigo e biógrafo de S. Bernardo de Claraval, participou da controvérsia que levou à condenação de Abelardo. Escreveu dois tratados sobre a fé e entre as suas obras espirituais destacou-se *De contemplando Deo* e *De natura et dignitate amoris*.

HAIMO VON HALBERSTADT († 853) – Bispo. Discípulo de Alcuíno de Nortúmbria. Reconhecido como exegeta bíblico e historiador eclesiástico.

HENRIQUE DE SEGÚSIO (Mostiense) (1200-1287) – Canonista. Formou-se em leis em Bologna e ensinou direito canônico em Paris. Foi nomeado bispo de Sisteron e mais tarde cardeal bispo de Ostia por Urbano IV. Sua obra sistemática foi a Suma, que gozou de enorme popularidade. E a mais importante, talvez, o *Commentum super decretalibus* ou *Lectura*. É considerado o mais importante e brilhante canonista do século XIII.

HORÁCIO (Quintus Horatius Flaccus) (65-8 a.C.) – Poeta latino. Em suas Sátiras e Epístolas reflete sobre os costumes de seu tempo e os problemas da vida moral. É o poeta do amor, de vida rústica simples e também poeta nacional. Com Virgílio é o maior nome da poesia latina.

HUGO DE SAINT-CHER (nascido no final do século XII e morto em 1263) – Dominicano, mestre em Paris a partir de 1230, cardeal em 1244. Exerceu grande influência doutrinal. Escreveu um *Comentário sobre as Sentenças* e diversos tratados teológicos, assim como comentários à Escritura. Dirigiu os trabalhos para a primeira Concordância verbal da Bíblia latina.

HUGO DE SÃO VITOR († 1141) – Nada se sabe de suas origens. Por volta de 1127, está na abadia de São Vítor, em Paris e torna-se, em 1133, mestre da escola pública da abadia. Dá-lhe grande impulso. É um dos espíritos mais cultivados da Idade Média, um homem cheio de curiosidade intelectual e do zelo de tudo aprender.

Sua obra é imensa, desde a gramática (pois todas as artes são servas da divina Sabedoria) até a teologia. Suas obras mais conhecidas são: *A Escritura e os escritores sacros*, os *Sacramentos da fé cristã*, sem contar numerosos comentários da Escritura.

A *Suma das Sentenças* a que se refere Sto. Tomás não é, propriamente falando, de Hugo de São Vitor, mas recebeu sua influência.

INOCÊNCIO I – Papa de 402 a 417. Seu pontificado coincide com o sítio de Roma por Alarico e a tomada da cidade. Tenta impor os usos romanos às Igrejas do Ocidente e fazer reconhecer a primazia da Igreja de Roma. Confirma as condenações dos Concílios da África contra Pelágio.

IRENEU (± 140-202) – Provavelmente originário de Esmirna. Conheceu Policarpo, o qual, por sua vez, conhecera em sua juventude o apóstolo S. João, muito idoso. Não se sabe como chegou a Lyon. Sucedeu ao bispo Potino, mártir em 177.

Pode ser considerado o primeiro teólogo da Igreja, mas seu pensamento, muito rico, foi ignorado durante a Idade Média.

ISIDORO (± 570-636) – Sucessor de seu irmão Leandro como bispo de Sevilha, de 599 a 636, Isidoro é o mais célebre escritor do século VII. É um dos elos que unem a Antiguidade à Idade Média.

Menos profundamente perturbada pelas invasões que a Gália e a Itália, a Espanha conservou parte da herança da cultura antiga. Isidoro escreveu tratados exegéticos, teológicos e litúrgicos. Sua obra mais célebre é o *Livro das origens ou das etimologias*, verdadeira suma do saber humano de seu tempo, em todas as áreas. Seus conhecimentos enciclopédicos valeram-lhe uma admiração toda particular na Idade Média.

ISIDORO (Pseudo-) – Ver DECRETAIS.

IVO DE CHARTRES, bispo (1040-1117) – Canonista conciliador participou nas controvérsias sobre as relações entre a Igreja e o Estado, a questão das investiduras, a legislação sobre o casamento, a competência da jurisdição espiritual e outras.

JACOBO DE VORAGINE (1228-1298) – Dominicano, arcebispo de Gênova, autor da *Legenda Sanctorum* conhecida como Legenda áurea. Teve uma difusão extraordinária.

JERÔNIMO (± 347-420) – Temperamento impetuoso, Jerônimo passou a juventude viajando para instruir-se junto aos melhores mestres, antes de fazer um estágio no deserto onde procura dominar seu rude temperamento. "Trilíngue (sabe o grego e o hebraico), volta a Roma onde, devido a sua ciência, o papa Dâmaso* o escolhe por secretário. Depois da morte de Dâmaso, Jerônimo deve deixar a cidade em que conta com muitos amigos e, também, com numerosos inimigos. Acaba instalando-se em Belém com um grupo de "fiéis". Funda dois mosteiros e leva uma vida de trabalho assíduo e de oração. Empreende a grande obra de sua vida: a tradução da Bíblia, do hebraico para o latim. Sempre muito ativo e atento, impressionável e excessivo, imiscui-se em todas as controvérsias e sua pena ágil escreve alternadamente comentários sobre as Escrituras, cartas e panfletos.

JOÃO CRISÓSTOMO (± 347-407) – João, a quem a posteridade deu o título de "Crisóstomo" ou "Boca de Ouro", nasceu em Antioquia onde fez excelentes estudos profanos e exegéticos. A seguir, retirou-se às montanhas vizinhas e viveu entre os monges, depois, solitário. Doente, devido a excesso de austeridades, volta a Antioquia e põe-se a serviço da Igreja. Durante doze anos, atrai a cidade pelos sermões cheios de eloquência, comenta as Escrituras, defende os direitos dos pobres, lembra a grande tradição da Igreja de que está impregnado.

Sua fama é tão grande que, com a morte de Nectário, patriarca de Constantinopla, é praticamente "sequestrado" (397) para suceder-lhe. Na capital, João enfrenta o luxo desenfreado, intrigas e rivalidades. Empreende reformas, denuncia severamente os abusos e as injustiças sociais, em nome de Cristo. Mas ele incomoda. Sua liberdade de palavra e sua intransigência unem em oposição a ele bispos ciumentos e a imperadora Eudóxia. É o exílio, de curta duração, uma primeira vez, e definitiva, uma segunda vez. Em consequência de nova ordem de exílio mandando-o sempre mais longe, João morre de esgotamento.

De sua obra considerável (tratados sobre diversos temas, mas sobretudo homilias sobre a Escritura: Antigo Testamento, Evangelho e, particularmente, Epístolas de seu querido S. Paulo), os latinos tiveram pequena parte (alguns tratados e homilias, *Comentários sobre Mateus, João e Hebreus*).

JOÃO DAMASCENO (± 675-749) – Nascido em Damasco, daí o sobrenome, João faz-se monge de S. Sabas, perto de Jerusalém. É, antes de tudo, um teólogo. Seu nome está ligado à reação contra os iconoclastas. Ocupou-se, também, de exegese, de ascese, de moral.

Sua mais importante obra é a *Fonte do Conhecimento*, suma do pensamento oriental, em que quer "unificar as vozes múltiplas" dos séculos anteriores. A obra divide-se em três partes: 1) os capítulos filosóficos, espécie de introdução filosófica à exposição do dogma, 2) um catálogo das heresias, 3) a exposição da fé ortodoxa.

Esta última parte, a mais conhecida, foi dividida por João em cem capítulos. Mas seu tradutor latino, em 1150, apresentou-a em quatro partes. Essa tradução foi uma das fontes de Pedro Lombardo. João estabelece sua síntese teológica a partir do Padres gregos; ignora os Padres latinos. Essa Exposição da fé ortodoxa influenciou, com certeza, os teólogos do período escolástico.

Quanto ao livro citado igualmente por Sto. Tomás: *Sobre os que adormeceram na fé*, ele provavelmente não é de João Damasceno.

JOÃO DE ANTIOQUIA († 442) – Bispo, na questão cristológica liderou o grupo que se opunha a Cirilo de Alexandria. O papa Sixto III con-

seguiu que retomasse o diálogo e chegasse a um acordo. Assumiu o Símbolo de Éfeso e fez com que fosse aceito por um grande número de cristãos.

JOÃO DE SALISBURY (1115-1180) – Secretário de Teobaldo e S. Thomas Becket, arcebispo de Canterbury, foi nomeado bispo de Chartres em 1176. Fez estudos nas escolas catedrais da França, sendo discípulo de Pedro Abelardo. Escreveu uma *Historia Pontificalis* em que faz uma boa descrição de sua época. *Policraticus e Metalogicon* apresentou uma crítica às administrações reais e pontifícia e às universidades. Em 29 de dezembro de 1170 estava na Catedral de Canterbury quando Becket foi assassinado.

JOSEFO FLÁVIO (± 37-100) – Historiador judeu, deixou duas obras: *A História da Guerra dos Judeus* e as *Antiguidades Judaicas*.

JULIANO POMÉRIO († 498) – Presbítero galileu oriundo da Mauritânia. Exercendo a atividade de presbítero no sul da França foi mestre de Cesário de Arles. Escreveu *De animae natura* em oito livros e *De vita contemplativa* ou *De contemptu mundi* em três livros, muito influenciados por Agostinho. O primeiro, sobre o valor da vida contemplativa; o segundo, sobre a vida ativa; o terceiro, sobre as virtudes e os vícios.

JURISPERITUS = Jurisconsulto – Título dado por Sto. Tomás à coleção de extratos dos jurisconsultos romanos compilada por ordens de Justiniano.

JUSTINIANO – Imperador do Oriente de 527 a 565. Ele tem ideia muito alta de suas obrigações de imperador cristão e permite-se intervir, não sem cometer imensos erros, nas controversas teológicas. Sua obra mais durável é seu empreendimento de legislação eclesiástica e civil: *Código Justiniano, Digesto, Institutas e Novelas*.

LEÃO IV (800-855) – Papa. Restaurou a cidade de Roma depois de ter sido saqueada pelos sarracenos e construiu os muros que cercam a basílica de S. Pedro e parte da colina do Vaticano. Foi um disciplinador severo em questões eclesiásticas e agiu com independência da corte imperial. Em 850, ungiu em Roma o filho do Imperador Lotário, Luís II.

LEÃO MAGNO – Papa de 440 a 461. Antes de tornar-se papa, Leão ajudou os papas, seus predecessores, na chancelaria pontifícia. Numa época muito perturbada (invasão dos hunos, dos vândalos), mantém, no meio das angústias de seus contemporâneos, atitude serena. Em seus sermões, esse homem de fé inquebrantável, não se cansa de admirar o mistério de Deus e de tentar comunicar seu maravilhamento aos fiéis, mostrando-lhes, contudo, os perigos das heresias numerosas em seu tempo.

Muito particularmente, S. Leão teve de examinar, e refutar, o monofisismo de Êutiques, sustentado pela corte imperial de Constantinopla. Nessa ocasião, redigiu o *Tomus ad Flavianum* em que precisa a doutrina da encarnação do Verbo. Uma pessoa, o Verbo de Deus, em duas naturezas, a natureza divina e a natureza humana. Essa doutrina foi reconhecida e definida no Concílio de Calcedônia de 451.

LOMBARDO – Ver PEDRO.

MACRÓBIO – Escritor e gramático latino morto no começo do século V. Escreveu um comentário do sonho de Cipião, de Cícero. Inspira-se em Platão e nos neoplatônicos.

MAIMÔNIDES (Rabino Moisés) (1135-1204) – Nascido em Córdoba, célebre rabino judeu, filósofo e médico, viveu no Marrocos, na Palestina e no Egito. Numa das suas numerosas obras e, principalmente, no seu *Guia dos Indecisos*, que teve difusão considerável, tenta um primeiro acordo entre a filosofia de Aristóteles e a revelação mosaica. Como o filósofo muçulmano Avicena e muitos filósofos judeus da Espanha, prova a existência de Deus pelo primeiro Motor eterno do mundo (quer seja este mundo eterno, quer seja criado no tempo), supondo um Ser necessário pela causalidade que exige uma Causa primeira.

Nega que, fora da revelação, se possa afirmar algo da essência divina. A razão só pode conhecer o que Deus não é. Sto. Tomás corrigiu o que essa posição tem de excessivo por sua doutrina dos *Nomes Divinos*, tirada dos escritos do Pseudo-Dionísio.

MANIQUEUS – Seguidores do maniqueísmo, religião fundada por *Mani*, sacerdote de Ecbátana na Pérsia, em 250 d.C. É uma síntese de doutrinas iranianas e babilônicas com elementos budistas e cristãos. Afirma a oposição entre o Bem, a luz, a alma e o Mal, as trevas, o corpo. Assim como o universo, o homem é uma mistura do bem e do mal, a saber, da alma e do

corpo. Por isso é necessário libertar as almas da prisão do corpo. Sto. Agostinho o condenou frequentemente em seus escritos.

MARTINHO DE BRAGA (520-580) – Fez-se monge na Palestina onde conheceu muitos peregrinos espanhóis. Induzido por eles viaja para a Galileia com a intenção de converter os suevos, em parte pagãos ou arianos. Fundou vários mosteiros e em 561 foi nomeado bispo de Dumio e mais tarde arcebispo de Braga. Sua obra mais conhecida é a *Formula honestae vitae*, em que expõe a vida cristã a partir das quatro virtudes capitais. Outras obras abrangem temas de liturgia, de ascese e de moral e de direito.

MÁXIMO DE TURIM – Bispo de Turim no século V. Suas homilias revelam um pastor ardoroso no estudo da Escritura e em prevenir os fiéis contra o paganismo e a heresia.

NEMÉSIO DE EMESA (séc. V) – Bispo, sucedeu a Eusébio de Cesaréia. Entre suas muitas obras, cerca de 400, uma *Sobre a natureza do homem*, de tendência neoplatônica, teve grande divulgação na Idade Média.

NESTÓRIO (± 380-451) – Nestório é de origem síria. Ingressa num mosteiro perto de Antioquia. Logo adquire fama de orador. Em 428, a corte o chama para ser patriarca de Constantinopla. Não demora a insurgir-se, em seus sermões, contra o termo *theotokos* e a expressão "Deus sofreu". Vê nisso vestígios de apolinarismo. Orador demais, teólogo de menos, pensa poder resolver um problema difícil com discursos eloquentes. No momento em que a teologia das duas naturezas está se definindo, acaba por comprometê-la, deixando de insistir na união íntima das duas naturezas na Pessoa do Verbo. Os monges de Constantinopla inquietam-se. Cirilo de Alexandria avisa Roma e se demonstra incomodado. Em 431, o Concílio de Éfeso, concílio tempestuoso, condena Nestório, depõe-no e envia-o para seu mosteiro de Antioquia. De exílio em exílio, acaba no Grande Oásis do deserto líbio, de onde as incursões bárbaras o expulsam, mais uma vez.

NICOLAU I – Papa de 858 a 867. Enérgico e, às vezes, intransigente, recusa-se a reconhecer a eleição de Fócio para a sé de Constantinopla, após a deposição de Inácio. Essa decisão provoca a primeira ruptura com a Igreja do Oriente. Procura subtrair a Igreja búlgara à influência de Constantinopla a fim de ligá-la a Roma. Exige que os bispos lhe submetam as "causas maiores".

ORÍGENES (± 185-253) – É iniciado nas Escrituras pelo pai (que acabou morrendo mártir). Clemente de Alexandria forma-o, a seguir, nos conhecimentos humanos e cristãos. Demonstra inteligência tão brilhante que o bispo de Alexandria confia-lhe a direção da escola catequética quando está com apenas 18 anos. Dá imenso brilho à escola, tanto pelo valor de seus ensinamentos como pelo exemplo de sua vida austera. Completa sua formação filosófica pelas lições de Amônio Saccas, a leitura de Platão e de Aristóteles; estuda o hebraico para ler o texto do Antigo Testamento no original. Crente ardoroso e apaixonado, "tinha recebido o dom de pesquisar e de descobrir" (Gregório Taumaturgo, seu aluno). Procura a verdade em todas as fontes mas, antes de tudo, na Escritura. Em consequência de atrito com seu bispo, parte, em 231, para Cesareia de Palestina, onde funda uma escola, que passou a ser tão próspera quanto a primeira. De todos os lugares, consultam-no sobre questões difíceis, pois não há, ainda, nem concílios nem definição de fé. É a partir da Escritura que os problemas se colocam e que se procura resolvê-los. Durante a perseguição de Décio, Orígenes é longamente torturado e morre pouco depois, em consequência das torturas.

Orígenes deixou obra imensa: 2.000 títulos. Seu pensamento ousado e novo exerceu profunda influência sobre os séculos seguintes. Foi o primeiro a fazer exegese científica sobre todos os livros da Escritura; comentários profundos, escólios sobre as passagens difíceis, homilias calorosas para os fiéis. Compôs escritos ascéticos, apologéticos (*Contra Celso*) e, sobretudo, o tratado *Dos Princípios*, a primeira *Suma Teológica* da antiguidade cristã. Numa grande síntese, Orígenes parte da natureza íntima de Deus para terminar na consumação do universo.

Quase todas as obras de Orígenes desapareceram nas querelas levantadas por seu pensamento audacioso, muitas vezes deformado por seus discípulos. Esse homem que tanto amou a Igreja e que testemunhou fidelidade à sua fé, foi condenado por seus erros sobre a pré-existência das almas, a existência de vários mundos sucessivos, a salvação final universal (incluindo os demônios). Mas seus erros não podem fazer esquecer todas as descobertas e

os aprofundamentos que enriqueceram o pensamento cristão.
→ AMÔNIO SACCAS, mestre grego em Alexandria. Cristão de nascimento, passou ao paganismo.

PAULO DIÁCONO (séc. XII) – Monge de Montecassino. Fazia parte do grupo de sábios na corte de Carlos Magno. Sua obra mais conhecida e apreciada foi *Homiliarium*.

PEDRO CANTOR (séc. XII) – Professor de teologia da escola episcopal de Paris. Escreveu *Summa de sacramentis et animae consiliis* e *Verbum abbreviatum*.

PEDRO COMESTOR († 1178) – Teólogo. Professor em Paris, aí escreveu sua obra maior *Historia Scholastica*, em 20 volumes. Começa com a criação do mundo e termina com os Atos dos Apóstolos. Todos os livros da Bíblia são apresentados e parafraseados. A obra teve grande sucesso entre os estudantes. O apelido "Comestor" foi-lhe dado em vida pela grande estima em que seu ensino era tido. Várias vezes o comenta em seus sermões. Significa, aplicado a ele, o *que se alimenta* de livros.

PEDRO LOMBARDO (± 1100-1160) – De origem lombarda, chega a Paris em 1136 para completar seus estudos. A partir de 1142, é mestre afamado na escola de Notre-Dame. Acompanha de perto todas as correntes de ideias de seu tempo, faz parte do corpo de jurados que, no concílio de Reims, condena Gilberto de la Porrée. Em 1159, é escolhido para bispo de Paris. Morre no ano seguinte.

Todas as suas obras são fruto de seu ensino: *Glosa-Comentário das Salmos*, espécie de compilação patrística que deve servir de complemento à brevidade da obra de Anselmo de Laon, *Glosa sobre as Epístolas de S. Paulo*, ainda mais famosa que a anterior. Mas uma obra, em especial, valeu a Pedro o título de "Mestre das Sentenças", os quatro *Livros das Sentenças*: 1) Deus trino e uno; 2) Deus criador, graça e pecado; 3) Verbo encarnado e Cristo redentor, virtudes e decálogo; 4) Sacramentos e fins derradeiros. Esse plano marca um progresso real sobre os compêndios teológicos desse tempo.

Na efervescência do século XII em que os mestres enveredam, às vezes, em teorias arriscadas, Pedro Lombardo é um moderado. Não quer contentar-se com uma atitude meramente defensiva, e multiplicadora das condenações; sente a necessidade de pesquisar seus contemporâneos e quer mantê-los na ortodoxia. Fiel à tradição dos Padres e com uma clara preocupação pedagógica, une uns aos outros, formando como que um mosaico de sábios. Também empresta ideias de seus contemporâneos, mas não quer elaborar teorias pessoais. Não é um filósofo e não tem, provavelmente, a envergadura de seus grandes predecessores. Sua obra, contudo, apesar de algumas oposições tenazes, é logo apreciada. No Concílio de Latrão, em 1215, os *Livros das Sentenças*, atacados por Joaquim de Fiore, recebem um solene elogio pela sua ortodoxia. A partir desse momento, passam a ser o manual para o ensino da teologia. São comentados, adaptados. É só a partir do século XVII que a Suma de Sto. Tomás os substitui.

PELÁGIO (± 370-432) – Originário da Grã-Bretanha, é um monge austero. Fixa-se em Roma no tempo do papa Anastásio (399-402) e dá conselhos de ascetismo muito apreciados. Defensor da vontade humana, pensa que ela é capaz, sem a graça redentora, de querer e executar o bem; o livre-arbítrio do homem é todo-poderoso, a graça é simplesmente uma ajuda que torna a virtude mais fácil. Não existe pecado original e pode haver homens que vivem sem pecado. Pelágio esforça-se por difundir sua doutrina por todas as regiões do Império.

Sto. Agostinho, que tinha tão profundamente o senso da impotência da natureza humana entregue a suas próprias forças, luta energicamente contra as ideias de Pelágio e de seus partidários. Fá-los condenar nos Concílios de Cartago (415), de Milevi (416) e pelo papa Inocêncio I (417). O Concílio de Éfeso (431) anatematiza solenemente o pelagianismo.

PELÁGIO I – Papa de 556 a 561. Nasceu numa grande família romana. Sabe grego. Ainda diácono, traduz as Sentenças dos Padres do deserto para o público latino. A partir de 536, está na chancelaria pontifícia e encarregado de missões diplomáticas no Oriente. Sucede ao papa Vigílio.

Sto. Tomás cita duas de suas cartas.

PLATÃO (± 428-347 a.C.) – Ateniense, por volta dos vinte anos, liga-se a Sócrates*; priva de sua intimidade por oito anos. Depois da morte de seu mestre, viaja para se instruir, e volta a Atenas

onde funda uma escola de filosofia nos jardins de Academos. Aí, durante quarenta anos, ajuda seus discípulos a descobrir a verdade que trazem em si mesmos, e da qual devem tomar consciência. Podemos conhecer o pensamento de Platão graças a seus escritos. Inicialmente fiel ao método socrático, reelabora, pouco a pouco, a doutrina das Ideias e a dialética. A Dialética é o meio que possibilita à alma elevar-se, por degraus, das aparências múltiplas e mutantes até as Ideias (essências), modelos imutáveis, das quais o mundo sensível é imagem. Assim, a alma passa do devir ao ser, da opinião à ciência, pois é "irmã das Ideias", tem parentesco com elas. Conheceu-as numa existência anterior; mas essas Ideias permanecem latentes, adormecidas no seio do pensamento, até o choque ocasional transmitido ao espírito pelo corpo (a sensação) que desperta sua potência. Portanto, todo conhecimento é reminiscência, conversão graças à qual a alma reorienta seu olhar para as realidades verdadeiras. O conhecimento discursivo é importante, mas a forma superior do saber é uma visão, uma intuição intelectual das Essências. As Ideias relacionam-se entre si. Seu princípio é a Ideia do Bem, Deus, "medida de todas as coisas", princípio de toda existência, causa universal e causa de cada ser. Deus é Providência e dará, numa outra vida, recompensa ou castigo à alma que é imortal.

Platão quer pôr a alma em busca da verdade. Para isso não basta raciocinar corretamente, é preciso a pureza de uma vida reta. Não se alcança a verdade seguindo ilusões vãs.

Embora durante a Idade Média os latinos só conhecessem o Timeu, Platão exerceu uma verdadeira atração sobre o pensamento cristão tanto no Oriente como no Ocidente. Os cristãos dos primeiros séculos viram nele "o maior teólogo de todos os gregos", aquele que convida a ver com o olho da alma a luz imutável e eterna, a procurar a verdade além do mundo dos corpos, a descobrir as perfeições invisíveis de Deus através das coisas criadas que são Ideias de Deus projetadas no ser, a reconhecer que Deus é o Bem supremo.

→ ESPEUSIPO, cunhado de Platão.

PLAUTO (Titus Maccius Plautus) (254-184 a.C.) – Dramaturgo cônico romano.

PLOTINO – Filósofo neoplatônico, discípulo da escola de Alexandria e interessado nas filosofias persas e indianas. Ensinou em Roma uma doutrina que procurava conciliar a racionalidade da filosofia grega com a mística de inspiração cristã. Porfírio, seu discípulo, publicou suas obras com o título de *Enéadas*.

PLUTARCO (± 45-120) – Autor grego. Escreveu *Vidas Paralelas* e *Moralia*. Afirmava a unidade das religiões embora fossem diversas as suas formas.

POSSÍDIO (séc. V) – Viveu durante uns quarenta anos na intimidade de Sto. Agostinho, como monge, como sacerdote de Hipona e, enfim, como bispo da sede episcopal mais importante da Numídia, Calama (397). Mantém-se ao lado do amigo em todas as lutas e concílios. Genserico o expulsou de seu bispado em 437.

Possídio escreveu uma *Vida de Agostinho* e deu o catálogo de todas as suas obras.

PREPOSITINO DE CREMONA (séc. XII-XIII) – Chanceler da Universidade de Paris entre 1206 e 1210. Autor de uma *Summa Theologiae*.

PRÓSPERO DE AQUITÂNIA (± 390-455/463) – Nascido na Aquitânia, mora em Marselha em 426. Apavorado pelas doutrinas semipelagianas dos monges da região, escreve a Agostinho para assinalar-lhe o perigo. Pouco antes de morrer, Agostinho responde por *A Predestinação dos Santos* e *O Dom da Perseverança*. Sempre mais isolado em Marselha, Próspero vai a Roma, esperando obter uma condenação. O papa prega a paz aos dois partidos. Mas nenhum o leva em conta e Próspero escreve suas *Respostas* às objeções caluniosas dos Gauleses e outros tratados. Pouco a pouco, volta a sentimentos mais pacíficos e vê que é preciso abandonar certas posições intransigentes de Agostinho. Desempenha funções importantes na chancelaria pontifícia, junto a S. Leão. Escreveu um *Comentário dos Salmos*, um tratado sobre *A Vocação de todos os Povos*, um *Livro das Sentenças* tiradas das obras de Sto. Agostinho, assim como uma vasta Crônica que vai até 455.

O tratado sobre *A vida contemplativa*, que Sto. Tomás lhe atribui, é obra de Juliano Pomère, sacerdote de Arles, morto em 498.

RABANO MAURO (Hrabanus Maurus) (± 780-856) – Monge de Fulda (Alemanha), Rabano Mauro vai seguir em Tours os curso de Alcuíno. De volta, nomeado diretor de escola e abade

de Fulda, torna-se, enfim, bispo da Mogúncia. Recebeu o título de "preceptor da Germânia". Espírito enciclopédico, como seu mestre ALCUINO, comentou quase todo o Antigo e o Novo Testamento. Escreveu, também, um livro sobre *A Instituição dos Clérigos* e um *De universo*, espécie de Suma onde reúne todo o saber de seu tempo.

RAIMUNDO DE PEÑAFORT – Jurista, professor e mestre geral dos dominicanos, publicou em 1234, em cinco livros, as *Decretais de Gregório IX*.

RICARDO DE SÃO VÍTOR († 1173) – Aluno e sucessor de Hugo na escola de São Vítor, escreveu muito: tratados teológicos, exegéticos, ascéticos e místicos. Preocupou-se, principalmente, em "encontrar razões necessárias" às verdades da fé. Seu tratado *Sobre a Trindade* é característico a esse respeito: procura elevar a razão até seus limites extremos, embora sabendo-se diante do mistério.

Suas obras místicas tiveram grande repercussão entre seus contemporâneos. Descreveu a preparação da alma para a contemplação e a própria contemplação.

RUFINO (345-410) – Monge, amigo de são Jerônimo, com quem se desentendeu por ocasião da controvérsia origenista. Traduziu para o latim *A História eclesiástica* de Eusébio, assim como obras de Orígenes e uma *História dos monges do Egito*.

RUPERTO (± 1075-1129/30) – Monge beneditino de Saint-Laurent de Liège e abade do mosteiro de Deutz, perto de Colônia. Não quer ser teólogo, mas sim, monge. É um comentador incansável dos livros santos.

SALÚSTIO (86-35 a.C.) – Historiador latino. Começa pela carreira política: senador no tempo de César, governador da Numídia, onde enriquece sem escrúpulo. Depois da morte de César, retira-se da política e dedica-se à história. Escreveu *A Conjuração de Catilina, A Guerra de Jugurta* e *Histórias* de que só temos fragmentos.

SÊNECA (4 a.C.-65 d.C.) – Nascido em Córdoba, chega a Roma e inicia-se na filosofia estoica. Advogado e questor, é exilado durante oito anos. Agripina o chama de volta para confiar-lhe, e a Burro, a educação de Nero. Quando Nero se torna imperador, Sêneca procura contê-lo em suas paixões. Nero o implica na conjuração de Pisão e lhe envia a ordem de matar-se.

A obra de Sêneca é variada: tragédias, tratados de filosofia dos quais alguns são muito conhecidos: *A Clemência, Os Benefícios, A Constância do sábio, A tranquilidade da alma, Cartas a Lucílio*. Sua filosofia é exclusivamente moral. Propõe o domínio de si. Os Padres da Igreja acharam que o pensamento dele estava de acordo com a moral cristã.

SIBILA (A) – Desde o século II antes de Cristo, os judeus helenísticos têm utilizado o nome místico da Sibila, profetiza inspirada, para propagar a religião judaica nos meios pagãos. É possível que tenham incorporado a seus escritos oráculos pagãos como os da Sibila de Eritreia. Os cristãos do século II, por sua vez, compuseram oráculos sibilinos. A obra, na sua forma atual, é uma mescla de materiais pagãos, judeus e cristãos: maldições, profecias apocalípticas etc.

O conjunto não teria interesse algum não fossem os escritos dos séculos III e IV encontrados nesses livros. Argumentos, segundo eles, irrefutáveis, sobre a verdade do cristianismo, pois a própria Sibila teria "escrito sobre Cristo profecias evidentes" (Sto. Agostinho, *Cidade de Deus* 18, 23, 1).

SÍMACO – Papa de 498 a 514. Luta contra o antipapa Lourenço, até a expulsão deste por Teodorico, em 506. Sto. Tomás o cita por intermédio do Decreto.

SIRÍCIO (384-399) – Papa da Igreja Católica. Santo. Nascido em Roma, sucedeu a S. Dâmaso. Combateu o priscilianismo com várias cartas aos bispos de Espanha e com as primeiras Decretais pontifícias.

TEÓFANES (750-817) – Monge e cronista bizantino. Sua obra principal *Chronographea*. Participou da luta contra os iconoclastas.

TERTULIANO (160-230) – Advogado cartaginês, depois de se converter dedicou-se como catequista à Igreja de Cartago. Posteriormente deixou a Igreja tornando-se montanista.

TÚLIO – Sobrenome de Cícero* pelo qual é geralmente designado na Idade Média.

VALÉRIO MÁXIMO – Historiador latino do primeiro século a.C. e d.C., autor de nove livros de *Fatos e Ditos Memoráveis*, compêndio de relatos extraídos de diversos autores. Essa com-

pilação conheceu vivo sucesso na Antiguidade e na Idade Média.

VEGÉCIO – Escritor latino do final do século IV, autor de um *Tratado da Arte Militar*.

*VITAE PATRUM* = As Vidas dos Padres – Uma vasta literatura desenvolveu-se nos desertos do Egito. Recolheram-se as "Palavras" dos Padres ou apofitegmas. Escreveram-se relatos de suas vidas. O primeiro foi a *Vida de Antão* por Atanásio.

Sto. Tomás conheceu uma vasta compilação feita no século VI, contendo, principalmente, *A história dos monges do Egito*, traduzida por Rufino de Aquileia, *A história lausíaca* de Paládio, traduzida, esta também, para o latim, assim como as *Sentenças dos Padres, traduzidas pelos diáconos (futuros papas), Pelágio e João*.

ADRIANO I
—— *Capitula*: Mansi 12, 903-914 (*Capitula*).

STO. AGOSTINHO
—— *Obras completas de S. Agustin*, 41 vols. (Madrid, BAC).
—— *Ad Episcopos Eutropium et Paulum Epistola, sive Liber de Perfectione iustitiae hominis*: ML 44,291-318 (*De Perfect. Iust.*).
—— *Ad Marcellinum De Civitate Dei contra paganos Libri viginti duo*: ML 41,13-804 (*De Civit. Dei*).
—— *Confessionum Libri tredecim*: ML 32,659-868 (*Confess.*).
—— *Contra Adimantum Manichaei discipulum Liber unus*: ML 42,129-172 (*Contra Adimant.*).
—— *Contra Cresconium Grammaticum Partis Donati Libri quatuor*: ML 43,445-594 (*Contra Crescon.*).
—— *Contra Epistolam Parmeniani Libri tres*: ML 43,33-108 (*Contra Epist. Parmen.*).
—— *Contra Faustum Manichaeum Libri triginta tres*: ML 42,207-518 (*Contra Faust.*).
—— *Contra Iulianum haeresis pelagianae defensorem Libri sex*: ML 44,641-874 (*Contra Iulian.*).
—— *Contra Maximinum haereticum arianorum episcopum Libri duo*: ML 42,743-814 (*Contra Maximin. Haeret.*).
—— *Contra Mendacium ad Consentium Liber unus*: ML 40,517-548 (*Contra Mendac.*).
—— *De Baptismo contra Donatistas Libri septem*: ML 43,107-244 (*De bapt. contra Donatistas*).
—— *De Bono Coniugali Liber unus*: ML 40,473-396 (*De Bono Coniug.*).
—— *De Catechizandis Rudibus Liber unus*: ML 40,309-348 (*De Catechiz. Rud.*).
—— *De Coniugiis adulterinis ad Pollentium Libri duo*: ML 40,451-486 (*De Adulterinis Coniug.*).
—— *De Consensu Evangelistarum Libri quatuor*: ML 34,1041-1230 (*De Consensu Evangelist.*).
—— *De Continentia Liber unus*: ML 40,349-372 (*De Continentia*).
—— *De Correptione et Gratia ad Valentinum et cum illo Monachos Adrumetinos Liber unus*: ML 44,915-946 (*De Corrept. et Grat.*).
—— *De Cura pro Mortuis Gerenda ad Paulinum Liber unus*: ML 40,591-610 (*De Cura pro Mort.*).
—— *De Diversis Quaestionibus ad Simplicianum Liber duo*: ML 40,101-148 (*De Divers. Quaest. ad Simplic.*).
—— *De Diversis Quaestionibus LXXXIII Liber unus*: ML 40,11-100 (*Octog. Trium Quaest.*).
—— *De Divinatione Daemonum Liber unus*: ML 40,581-592 (*De Divinat. Daemon.*).
—— *De Doctrina Christiana Libri quatuor*: ML 34,15-122 (*De Doctr. Christ.*).
—— *De Dono Perseverantiae Liber ad Prosperum et Hilarium secundus*: ML 45,993-1034 (*De Dono Persev.*).
—— *De Duabus Animabus contra Manichaeos Liber unus*: ML 42,93-112 (*De Duobus An.*).
—— *De Fide et Operibus Liber unus*: ML 40,197-230 (*De Fide et Oper.*).
—— *De Genesi ad Litteram Libri duodecim*: ML 34,245-286 (*De Genesi contra Manich.*).
—— *De Gratia et Libero Arbitrio ad Valentinum et cum illo Monachos Liber unus*: ML 44,881-912 (*De Grat. et Lib. Arb.*).
—— *De Haeresibus ad Quodvultdeus Liber unus*: ML 42,21-50 (*De Haeres.*).
—— *De Libero Arbitrio Libri tres*: ML 32,1221-1310 (*De Lib. Arb.*).
—— *De Mendacio Liber unus*: ML 40,487-518 (*De Mendac.*).
—— *De Moribus Ecclesiae Catholicae et de Moribus Manichaeorum Libri duo*: ML 32,1309-1378 (*De Mor. Eccl. Cathol.*).
—— *De Musica Libri sex*: ML 32,1081-1194 (*De Musica*).
—— *De Natura Boni contra Manichaeos Liber unus*: ML 42,551-572 (*De Nat. Boni*).
—— *De Natura et Gratia ad Timasium et Iacobum contra Pelagium Liber unus*: ML 44,247-290 (*De Nat. et Grat.*).
—— *De Nuptiis et Concupiscentiis ad Valerium Comitem Libri duo*: ML 44,413-474 (*De Nupt. et Concupisc.*).
—— *De Opere Monachorum Liber unus*: ML 40,547-582 (*De Oper. Monach.*).
—— *De Ordine Libri duo*: ML 32,977-1020 (*De Ord.*).
—— *De Patientia Liber unus*: ML 40,611-626 (*De Patientia*).
—— *De Peccatorum Meritis et Remissione et de Baptismo Parvulorum, ad Marcellinum Libri tres*: ML 44,109-200 (*De Pecc. Remiss. et Bapt. Parv.*).
—— *De Praedestinatione Sanctorum Liber ad Prosperum et Hilarium primus*: ML 44,959-992 (*De Praedest. Sanct.*).

—— *De Sancta Virginitate Liber unus*: ML 40,395-428 (*De Virginit.*).
—— *De Sermone Domini in Monte secundum Matthaeum Libri duo*: ML 34,1229-1308 (*De Serm. Dom.*).
—— *De Trinitate Libri quindecim*: ML 42,819-1098 (*De Trin.*).
—— *De Utilitate Credendi ad Honoratum Liber unus*: ML 42,65-92 (*De Util. Cred.*).
—— *De Vera Religione Liber unus*: ML 34,121-172 (*De Vera Relig.*).
—— *Enarrationes in Psalmos*, ps. I-LXXIX: ML 36,67-1028; ps. LXXX-CL: ML 37,1033-1968 (*Enarr. in Psalm.*).
—— *Enchiridion ad Laurentium, sive de Fide, Spe et Caritate Liber unus*: ML 40,231-290 (*Enchir.*).
—— Epistola XXI *Ad Valerium Episcopum*: ML 33,88-90 (Epist. XXI *Ad Valerium*).
—— Epistola XXII *Ad Aurelium Carthaginensem Episcopum*: ML 33,90-94 (Epist. XXII *Ad Aurelium Episc.*).
—— Epistola XXVIII *Ad Hieronymum*: ML 33,111-114 (Epist. XXVIII *Ad Hieron.*).
—— Epistola XXXI *Ad Paulinum et Therasiam*: ML 33,121-125 (Epist. XXXI *Ad Paulinum et Therasiam*).
—— Epistola XXXVI *Ad Casulanum*: ML 33,136-151 (Epist. XXXVI *Ad Casulanum*).
—— Epistola XL *Ad Hieronymum*: ML 33,154-158 (Epist. XL *Ad Hieron.*).
—— Epistola XLIII *Ad Glorium, Eleusium, Felices, Grammaticos et caeteros*: ML 33,159-173 (Epist. XLIII *Ad Glorium, Eleusium*, etc.).
—— Epistola XLVII *Ad Publicolam*: ML 33,184-187 (Epist. XLVII *Ad Publicolam*).
—— Epistola XLVIII *Ad Eudoxium Abbatem*: ML 33,187-189 (Epist. XLVIII *Ad Eudoxium*).
—— Epistola LIV-LV *Ad Inquisitiones Ianuarii*: ML 33,199-223 (Epist. LIV *Ad Inquis. Ianuarii*).
—— Epistola LX *Ad Aurelium*: ML 33,227-228 (Epist. LX *Ad Aurelium*).
—— Epistola LXXVIII *Ad Universam Plebem Ecclesiae Hipponensis*: ML 33,267-272 (Epist. LXXVIII *Ad Pleb. Hippon.*).
—— Epistola LXXXII *Ad Hieronymum*: ML 33,275-297 (Epist. LXXXII *Ad Hieron.*).
—— Epistola XCIII *Ad Vincentium*: ML 33,321-347 (Epist. XCIII *Ad Vincent.*).
—— Epistola CXVIII *Ad Dioscorum*: ML 33,431-449 (Epist. CXVIII *Ad Diosc.*).
—— Epistola CXXVII *Ad Armentarium et huius uxorem Paulinam*: ML 33,483-487 (Epist. CXXVII *Ad Arment. et Paulinam*).
—— Epistola CXXX *Ad Probam Viduam*: ML 33,494-507 (Epist. CXXX *Ad Probam*).
—— Epistola CXXXVIII *Ad Marcellinum*: ML 33,525-535 (Epist. CXXXVIII *Ad Marcellinum*).
—— Epistola CXL *Ad Honoratum* seu *De gratia Novi Testamenti Liber*: ML 33,538-577 (Epist. CXL *De Gratia Novi Test.*).
—— Epistola CXLVII *De Videndo Deo, Ad Paulinam*: ML 33,596-622 (Epist. CXLVII *Ad Paulinam*).
—— Epistola CXLIX *Ad Paulinum Episcopum*: ML 33,630-645 (Epist. CXLIX *Ad Paulinum*).
—— Epistola CLIII *Ad Macedonium*: ML 33,653-665 (Epist. CLIII *Ad Macedonium*).
—— Epistola CLXVII *Ad Hieronymum* seu *De Sententia Iacobi*: ML 33,733-741 (Epist. CLXVII *De Sent. Iac.*).
—— Epistola CLXXXV *Ad Bonifacium Comitem* seu *De Correctione Donatistarum Liber*: ML 33,792-815 (Epist. CLXXXV *Ad Bonifacium Comitem*).
—— Epistola CLXXXVI *Ad Paulinum Episcopum*: ML 33,815-832 (Epist. CLXXXVI *Ad Paulinum*).
—— Epistola CLXXXIX *Ad Bonifacium*: ML 33,854-857 (Epist. CLXXXIX *Ad Bonifacium*).
—— Epistola CXC *Ad Optatum Episcopum*: ML 33,857-867 (Epist. CXC *Ad Optatum*).
—— Epistola CXCIV *Ad Syxtum Romanum Presbyterum*: ML 33,874-891 (Epist. CXCIV *Ad Syxtum*).
—— Epistola CCXI *Ad Monachas*: ML 33,958-965 (Epist. CCXI *De Monachas*).
—— Epistola CCXXVIII *Ad Honoratum Episcopum*: ML 33,1013-1019 (Epist. CCXXVIII *Ad Honorat.*).
—— Epistola CCXLIII *Ad Laetum*: ML 33,1055-1059 (Epist. CCXLIII *Ad Laetum*).
—— Epistola CCXLV *Ad Possidium*: ML 33,1060-1061 (Epist. CCXLV *Ad Possidium*).
—— *In Epistolam Ioannis ad Parthos Tractatus decem*: ML 35,1977-2062 (*In I Ioann.*).
—— *In Ioannis Evangelium Tractatus centum viginti et quatuor*: ML 35,1379-1976 (*In Ioann.*).
—— *Quaestionum Evangeliorum Libri duo*: ML 35,1321-1364 (*Quaest. Evang.*).
—— *Quaestionum in Heptateuchum Libri septem*: ML 34,547-824 (*Quaest. in Heptat.*).
—— *Quaestionum septemdecim in Evangelium secundum Matthaeum Liber unus*: ML 35,1365-1376 (*Quaest. septemdecim in Matth.*).
—— *Retractationum Libri duo*: ML 32,583-656 (*Retract.*).
—— *Sermo de Disciplina Christiana*: ML 40,669-678 (*De Disciplina Christ.*).
—— *Sermones ad Populum*, sermo I-CCCXL: ML 38,23-1484; sermo CCCXLI-CCCXLVI: ML 39,1493-1718 (*Serm. ad Popul.*).
—— *Soliloquiorum Libri duo*: ML 32,869-904 (*Solil.*).

STO. ALBERTO MAGNO
—— *Opera Omnia*, edidit A. BORGNET, 38 vols. (Parisiis, Vivès, 1890-1899) (BO).
—— *S. Alberti Magni... Opera Omnia* (Institutum Alberti Magni Coloniense) (Aschendorff 1951ss) (CO).
—— *Commentarii in Setentiarum Libros quatuor* (BO XXV-XXX) (*In Sent.*).
—— *Summa Theologiae* (BO XXXI-XXXIII) (*Summa Theol.*).

ALCUINO
—— *Epistola XLI Ad Paulinum Patriarcham*: ML 100,202-203 (Epist. XLI *Ad Paulinum*).
—— *Interrogationes et Responsiones in Genesin*: ML 100,516-566 (*Interrog. et Resp. in Genesin*).

ALEXANDRE DE HALES
—— *Summa Theologica*, edita studio et cura PP. Collegii S. Bonaventurae (Quaracchi 1924-1930), 3 vols. (*Summa Theol.*).

AMBROSIASTER (PSEUDO-AGOSTINHO)
—— *Quaestiones Veteris et Novi Testamenti*: ML 35,2215-2422 (*Quaest. Vet. et Nov. Test.*).

AMBROSIASTER (PSEUDO-AMBRÓSIO)
—— *Commentaria in XII Epistolas Beati Pauli*: ML 17,47-536 (*In Rom.*).

STO. AMBRÓSIO
—— *De Abraham Libri duo*: ML 14,441-524 (*De Abraham*).
—— *De Elia et Ieiunio Liber unus*: ML 14,731-764 (*De Elia et Ieiunio*).
—— *De Officiis Ministrorum Libri tres*: ML 16,25-194 (*De Off. Ministr.*).
—— *De Paradiso Liber unus*: ML 14,291-332 (*De Parad.*).
—— *De Spiritu Sancto Libri tres. Ad Gratianum Augustum*: ML 16,731-850 (*De Spir. Sancto*).
—— *De Virginibus ad Marcellinam Sororem suam Libri tres*: ML 16,197-244 (*De Virg.*).
—— *Expositio Evangelii secundum Lucam Libris X comprehensa*: ML 15,1607-1944; SC 45,52 (*In Luc.*).
—— *In Psalmum David CXVII Expositio*: ML 15,1261-1604 (*In Psalm. CXVIII*).
—— *Sermones Sancto Ambrosio bactenus adscripti*: ML 17,625-758 (*Serm. de Temp.*).

ANDRÓNICO
—— *Fragmenta Philosophorum Graecorum*, 3 vols., edid. G. A. MULLACHIUS (Parisiis, Firmin-Didot, 1867-1879) (DD).
—— *Ethicorum Nicomacheorum Paraphrasis* III p. 303-569 (*In Eth.*).
—— *De Affectibus Liber* III p. 570-577 (*De Affect.*).

STO. ANSELMO
—— *Obras completas de S. Anselmo*. Edición bilingue, 2 vols. (Madrid, BAC).
—— *Dialogus De Veritate*: ML 158,467-486 (*De Ver.*).

APULEYO
—— *Pétrone, Apulée, Aulu-Gelle* (Paris, Dubochet, postea Firmin-Didot, 1842) (DD).
—— *De Deo Socratis Liber*: DD 135-147 (*Lib. De Deo Socratis*).
—— *De Dogmate Platonis*: DD 149-158 (*De Dogm. Platonis*).

ARISTÓTELES
—— *Analyticorum Posteriorum* (BK 71a1-100b17) (*Post.*).
—— *Aristoteles Graece*, 2 vols. ex recensione I. BEKKERI (Academia Regia Borussica, Berolini 1831). (se cita: BK añadiendo página, columna y línea).
—— *Aristotelis Opera Omnia Graece et Latine cum Indice*, 5 vols., edid. A. FIRMIN-DIDOT (Parisiis 1848-1878). (cuando se cita esta edición, se da sólo el libro, capitulo y número si los hubiere).
—— *Ars Rhetorica* (BK 1354a1-1420b4) (*Rhet.*).
—— *Categoriae sive Praedicamenta* (BK 1a1-15b33) (*Cat.*).
—— *De Anima* (BK 402a1-435b25) (*De An.*).
—— *De Caelo* (BK 268a1-313b23) (*De Caelo*).
—— *De Divinatione per Somnum* (BK 462b12-464b18) (*De Divinat.*).
—— *De Generatione Animalium* (BK 715a1-789b20) (*De Gen. Anim.*).

—— *De Generatione et Corruptione* (Bk 314a1-338b19) (*De Gener.*).
—— *De Interpretatione sive Perihermeneias* (Bk 16a1-24b9) (*Perih.*).
—— *De Memoria et Reminiscentia* (Bk 449b1-453b7) (*De Mem. et Rem.*).
—— *De Partibus Animalium* (Bk 639a1-697b30) (*De Part. Anim.*).
—— *De Poetica* (Bk 1447a8-1462b18) (*Poet.*).
—— *De Re Publica sive Politica* (Bk 1252a1-1342b34) (*Pol.*).
—— *De Somno et Vigilia* (Bk 453b8-458a33) (*De Somno*).
—— *De Sophisticis Elenchis* (Bk 164a20-184b9) (*De Soph.*).
—— *Ethica Nicomachea* (Bk 1094a1-1181b23) (*Eth.*).
—— *Historiae Animalium* (Bk 486a5-638b37) (*Hist. Anim.*).
—— *Metaphysica* (Bk 980a21-1093b29) (*Metaph.*).
—— *Physica Auscultatio* (Bk 184a10-267b26) (*Phys.*).
—— *Topicorum* (Bk 100a18-164b19) (*Top.*).

Sto. Atanásio
—— Epistola IV *Ad Serapionem De Spiritu Sancto*: MG 26,637-676 (*Epist. IV Ad Serapionem*).
—— *Ex Commentariis in Lucam*: MG 27,1391-1404 (*Fragm. in Luc.*).
—— *Fragmenta in Matthaeum*: MG 27,1363-1390 (*Frag. in Matth.*).

Averróis
—— *Commentaria in opera Aristotelis*, 12 vols. (Venetiis 1562-1576) (*In De An.*).

Avicena
—— *Opera in lucem redacta ac nuper quantum ars niti potuit per canonicos emendata*, translata a Dominico Gundissalino (Venetiis 1508) (*Metaph.*) (*Suffic.*).

S. Basílio Magno
—— *Constitutiones Asceticae ad eos qui simul aut solitarie vivunt*: MG 31,1321-1428 (*Const. Monast.*).
—— *Homilia in illud dictum Evangelii secundum Lucam "Destruam horrea mea et maiora aedificabo" itemque De Avaritia*: MG 31,261-278 (Hom. VI *In Luc.*).
—— *Homiliae S. Basilii quas transtulit Rufinus de graeco in latinum*: MG 31,1723-1794 (Hom. III *In Luc*. XII, interprete Rufino).

S. Beda
—— *Hexaëmeron, sive Libri quatuor in Principium Genesis, usque ad Nativitatem Isaac et Electionem Ismaëlis*: ML 91,9-190 (*Hexaëm.*).
—— *Homiliae genuinae*: ML 94,9-268 (*Homiliae*).
—— *In Lucae Evangelium Expositio*: ML 92,301-634 (*In Luc.*).
—— *In Marci Evangelium Expositio*: ML 92,131-302 (*In Marc.*).
—— *In Primam Epistolam S. Ioannis*: ML 93,85-120 (*In I Ioann.*).
—— *Super Acta Apostolorum Expositio. Ad Accam Episcopum Bedae Epistola*: ML 92,937-1032 (*In Act.*).

S. Bento
—— *Regula, cum Commentariis*: ML 66,215-932 (*Reg. ad Mon.*).
—— *San Benito. Su vida. Su regla* (Madrid, BAC).

S. Bernardo
—— *De Consideratione Libri quinque ad Eugenium tertium*: ML 182,727-808 (*De Consider.*).
—— *De Diligendo Deo Liber seu Tractatus ad Haimericum S. R. E. Cardinalem et Cancellarium*: ML 182,973-1000 (*De Dilig. Deo*).
—— *De Gradibus Humilitatis et Superbiae Tractatus*: ML 182,941-972 (*De Gradibus Humilitatis et Superbiae*).
—— *De Praecepto et Dispensatione Liber*: ML 182-859-894 (*De Dispensat. et Praecept.*).
—— *Obras completas de S. Bernardo*. Ed. bilingue, 9 vols. (Madrid, BAC).
—— *Sermones de Sanctis*: ML 183-359-536 (*Serm. de Sanct.*).
—— *Sermones in Cantica Canticorum*: ML 183,785-1198 (*In Cant.*).

S. Boaventura
—— *Obras de S. Buenaventura*, 6 vols. (Madrid, BAC).

—— *Opera Omnia*, 10 vols. (Quaracchi, 1882-1902) (QR).
—— *Commentarii in quatuor Libros Sententiarum Petri Lombardi* I-IV (*In Sent.*).
—— *Collationes in Hexaëmeron* p. 327-454 (*In Hexaëm.*).

BOÉCIO
—— *De Consolatione Philosophiae Libri quinque*: ML 63,579-862 (*De Consol.*).
—— *De Musica Libri quinque*: ML 63,1167-1300 (*De Musica*).
—— *In Categorias Aristotelis Libri quatuor*: ML 64,159-294 (*In Cat. Arist.*).

BUCARDO
—— *Decretorum Libri viginti*: ML 140,537-1058.

CALIXTO I
—— Epistola II *Ad Omnes Galliarum Episcopos*: MANSI, 1,740-746 (Epist. Papae Callixti *Ad Omnes Galliae Episcopos*).

CASSIANO
—— *Collationum XXIV Collectio in tres partes divisa*: ML 49,477-1328 (*Collationes*).
—— *De Coenobiorum Institutis Libri duodecim*: ML 49,53-476 (*De Institut. Coenob.*).

CASSIODORO
—— *In Psalterium Expositio*: ML 70,25-1056 (*Expos. in Psalt.*)

CÍCERO
—— *Ciceronis Opera*, ed. C. F. W. MUELLER (Leipzig 1880-1886) (EL).
—— *Cicéron* (Collection des Universités de France, ed. BUDÉ, "Les Belles Lettres") (BU).
—— *De Divinatione* (DD 4,185-252) (*De Divinat.*).
—— *De Natura Deorum* (DD 4,79-169) (*De Nat. Deor.*).
—— *De Officiis* (DD 4,425-516) (*De Off.*).
—— *De Re Publica* (DD 4,279-348) (*De Republica*).
—— *De Tusculanis Quaestionibus* (DD 3,621-670; 4,1-74) (*Tuscul.*).
—— *Laelius, sive De Amicitia Dialogus* (DD 4,547-570) (*De Amicitia*).
—— *Oeuvres Complètes de Cicéron*, 5 vols. (Paris, Firmin-Didot, 1881). (Collection des Auteurs Latins avec la traduction en français, publiée sous la direction de M. Nisard) (DD).
—— *Rhetorica ad Herennium* (DD 1,3-84) (*Rhetor. ad Herenn.*).
—— *Rhetorica seu De Inventione Oratoria* (DD 1,88-169) (*Rhetor.*).
—— *Topica* (DD 1,489-507) (*Top.*).

S. CIPRIANO
—— Epistola VIII *Ad Martyres et Confessores*: ML 4,251-256 (Epist. VIII *Ad Martyres et Confessores*).
—— Epistola LXII *Ad Pomponium. De Virginibus*: ML 4,375-383 (Epist. LXII *Ad Pomponium*).
—— *Obras de S. Cipriano. Tratados. Cartas*. Edición bilingue (Madrid, BAC).
—— *Liber De Habitu Virginum*: ML 4,451-478 (*De Habitu Virg.*).

S. CIRILO DE ALEXANDRIA
—— *Explanatio in Lucae Evangelium*: MG 72,475-950 (*In Luc.*).

PSEUDO-CLEMENTE ROMANO
—— Epistola I *Ad Iacobum Fratrem Domini*: MANSI, 1,91-108 (Epist. Decretal. I *Ad Iac.*).

CORPUS IURIS CANONICI
—— *Decretum Magistri Gratiani* (GRACIANO, *Decretum*).

CORPUS IURIS CIVILIS
—— *Iustiniani Digesta*, recognovit T. MOMMSEN, retractavit P. KRUEGER, p. 29-926 (*Dig.*).

CRISIPO
—— *Fragmenta Philosophorum Graecorum*, 3 vols., edidit G. A. MULLACHIUS (Parisiis, Firmin-Didot, 1867-1879) (DD).
—— *Secundum Chrysippum* III p. 577-578 (*Definitiones*).

S. DÂMASO I
—— *Decreta Damasi Papae* I: MANSI, 3,446-448 (*Decreta Damasi Papae I*).

PSEUDO-DIONÍSIO AREOPAGITA
—— *De caelesti Hierarchia*: MG 3,119-370 (*De Cael. Hier.*).
—— *De Divinis Nominibus*: MG 3,585-996 (*De Div. Nom.*).
—— *De Ecclesiastica Hierarchia*: MG 3,369-584 (*De Ecclesiast. Hier.*).
—— Epistola I *Ad Caium Monachum*: MG 3,1065-1066 (Epist. I *Ad Caium Mon.*).
—— Epistola VII *Ad Polycarpum Antistitum*: MG 3,1077-1082 (Epist. VII *Ad Polyc.*).
—— Epistola VIII *Ad Demophilum Monachum*: MG 3,1083-1100 (Epist. VIII *Ad Demophil.*).

DIONÍSIO CATO
—— *Disticha De Moribus ad Filium*, recensuit et adnotationibus instruxit O. ARNTZENIUS (Amstelaedami 1754) (*Breves Sent.*).

EADMERO
—— *Liber de Sancti Anselmi Similitudinibus*: ML 159,605-708 (*De Similit.*).

ENNODIO TICINENSE
—— *Dictiones*: ML 63,263-308 (*Dictiones*).

EUSÉBIO
—— *Historia Ecclesiastica*: MG 20,45-906 (*Hist. Ecclesiast.*).

FABRÍCIO
—— *Codex Apocryphus Novi Testamenti Selectus, castigatus testimoniisque, censuris et animadversionibus illustratus*, a T. A. FABRICIO (Hamburgi, B. Schiller, 1703) (*Hist. Certaminis Apostolici*).

FELIPE O CHANCELER
—— *Summa Quaestionum Theologicarum (Summa De Bono)*, MS. Tolosae 192, 171 ff. Incipit: *Vadam in agrum et colligam spicas... Explicit liber cancellarii parisiensis: Summa Cancellari parisiensis (Summa de bono)*.

FRONTINUS
—— *Ammien Marcellin, Jornandès Frontin, Végèce, Modestus* (Paris, Firmin-Didot, 1878) (Collection des Auteurs Latins, avec la traduction en français, publiée sous la direction de M. NISARD) (DD).
—— *Strategemation Libri quatuor* p. 503-581 (*Strategem.*).

S. FULGÊNCIO
—— *De Fide, seu de Regula Verae Fidei, ad Petrum, Liber unus*: ML 65,671-708 (*De Fide*).

GLOSA
—— *Glossa Ordinaria, cum Expositione Lyre Litterali et Morali, necnon Additionibus et Relicis*, 6 vols. (Basileae, Iohanni Petri de Langedorff et Iohanni Frobenio de Hammelburg, 1506-1508) (*Glossa ordin.*) (*Glossa interl.*).

S. GREGÓRIO MAGNO
—— *Dialogorum Libri IV. De Vita et Miraculis Patrum Italicorum et de Aeternitate Animarum*: ML 77,149-430; SC 251, 260, 265 (*Dial.*).
—— *Homiliarum in Ezechielem Prophetam Libri duo*: ML 76,786-1072 (*In Ezech.*).
—— *Moralium Libri sive Expositio in Librum B. Iob* I-XVI: ML 75,509-1162; XVII-XXXV: ML 76,9-782; CC 143, 143a, 143b (*Moral.*).
—— *Obras de S. Gregorio Magno* (Madrid, BAC).
—— *XL Homiliarum in Evangelia Libri duo*: ML 76,1075-1312 (*In Evang.*).
—— *Registri Epistolarum Libri quatuordecim*: ML 77,441-1352 (*Registrum*).
—— *Regulae Pastoralis Liber, ad Ioannem Episcopum Civitatis Ravennae*: ML 77,13-128 (*Reg. Pastor.*).

S. GREGÓRIO NICENO
—— *De Hominis Opificio*: MG 44,123-256 (*De Hom. Opif.*).
—— *Oratio Funebris de Placilla Imperatrice*: MG 46,877-892 (*Orat. Funebris de Placilla Imperatrice*).

GUILHERME ALTISIODORENSE
—— *Summa Aurea in quattuor Libros Sententiarum* (Parisiis, P. Pigouchet, 1500) (*Suma Aurea*).

GUILHERME DE AUVERNIA O PARISIENSE
—— *Opera Omnia*, 2 vols., edidit I. D. TRAIANUM NEAPOLITANUM (Venetiis, D. Zenari, 1592).
—— *De Virtutibus Liber unus* I p. 99-184 (*De Virt.*).

GUILHERME DE SANTO TEODORICO
—— *Tractatus De Natura et Dignitate Amoris*: ML 184,379-408 (*De Nat. et Dign. Amoris*).

HAIMON
—— *In Divini Pauli Epistolas Expositio*: ML 117,359-938 (*In I Tim.*).
—— *In omnes Psalmos Pia, Brevis ac Dilucida Explanatio*: ML 116,191-696 (*In Psalm.*).

HENRIQUE DE SEGUSIO (EL HOSTIENSE)
—— *Summa Hostiensis super Titulis Decretalium Compilata* (Venetiis 1480) (*Summa*).

HERVEO
—— *Commentaria in Epistolas Divi Pauli*: ML 181,591-1692 (*In I Tim.*).

HORÁCIO
—— *Epîtres*, texte établi et traduit par F. VILLENEUVE (Paris 1934) (Collection des Universités de France, éditions BUDÉ, "Les Belles Lettres") (BU) (*Epist.*).

HUGO DE SÃO CARO
—— *Opera omnia in Universum Vetus et Novum Testamentum*, 8 vols. (Venetiis, N. Pezzana, 1754) (*In Univ. Test.*).

HUGO DE SÃO VÍTOR
—— *Allegoriae in Novum Testamentum Libros novem (octo) complectentes*: ML 175,749-922 (*Allegor. in Nov. Test.*).
—— *De Modo Orandi*: ML 176,977-988 (*De Modo Orandi*).
—— *De Sacramentis Christianae Fidei*: ML 176,173-618 (*De Sacram.*).
—— *Expositio in Regulam Beati Augustini*: ML 176,881-924 (*Expos. in Reg. S. Augustini*).

INOCÊNCIO I
—— Epistola II *Ad Victricium Episcopum Rothomagensem*: MANSI 20,469-481 (Epist. II *Ad Victricium Episc.*).

ISAAC LINGONENSE
—— *Canones, sive Selecta Capitula ex tribus postremis Capitularium Libri*: MANSI, 17b,1233-1284 (*Canones*).

STO. ISIDORO
—— *Differentiarum, sive De Proprietate Sermonum Libri duo*: ML 83,9-98 (*De Diff.*).
—— *Etymologiarum Libri XX*: ML 82,73-728; *Etimologías*. Ed. bilingue, 2 vols. (Madrid, BAC) (*Etymol.*).
—— *Mysticorum Expositiones Sacramentorum seu Quaestiones in Vetus Testamentum*: ML 83,207-424 (*Quaest. in Vet. Test.*).
—— *Sententiarum Libri tres*: ML 83,537-738 (*Sent.*).
—— *Synonyma De Lamentatione Animae Peccatricis*: ML 83,825-868 (*Synon.*).

ISIDORO MERCATOR
—— *Collectio Decretalium*: ML 130,1-1178 (Decretal. *Collectio*).

IVO DE CHARTRES
—— *Decretum Partibus seu Libris septem ad decem Digestum*: ML 161,47-1022 (*Decretum*).

JACOBO DE VORÁGINE
—— *Legenda Aurea*, recensuit T. GRAESSE, 2ª ed. (Lipsiae, Impensis Librariae Arnoldianae, 1850) (*Legenda Aurea*).

S. JERÔNIMO
—— *Adversus Iovinianum Libri duo*: ML 23,221-352 (*Adv. Iovin.*).

—— *Cartas de S. Jerónimo*. Edición bilingue, 2 vols. (Madrid, BAC).
—— *Commentariorum in Amos Prophetam Libri tres*: ML 25,1037-1150 (*In Amos*).
—— *Commentariorum in Danielem Prophetam ad Pammachium et Marcellam Liber unus*: ML 25,491-584 (*In Dan.*).
—— *Commentariorum in Epistolam ad Ephesios Libri tres*: ML 26,467-590 (*In Ephes.*).
—— *Commentariorum in Epistolam ad Galatas Libri tres*: ML 26,331-468 (*In Gal.*).
—— *Commentariorum in Epistolam ad Titum Libri unus*: ML 26,589-636 (*In Tit.*).
—— *Commentariorum in Evangelium Matthaei ad Eusebium Libri quatuor*: ML 26,15-228 (*In Matth.*).
—— *Commentariorum in Ezechielem Prophetam Libri quatuordecim*: ML 25,15-490 (*In Ezech.*).
—— *Commentariorum in Ieremiam Prophetam Libri sex*: ML 24,705-936 (*In Ierem.*).
—— *Commentariorum in Isaiam Prophetam Libri duodeviginti*: ML 24,17-704 (*In Isaiam*).
—— *Commentariorum in Michaeam Prophetam Libri duo*: ML 25,1151-1230 (*In Mich.*).
—— *Commentariorum in Osee Prophetam Libri tres ad Pammachium*: ML 25,815-946 (*In Osee*).
—— *Contra Vigilantium Liber unus*: ML 23,353-368 (*Contra Vigilant.*).
—— Epistola III *Ad Ruffinum Monachum*: ML 22,332-335 (Epist. III *Ad Rufinum*).
—— Epistola IX *Ad Paulam et Eustochium De Assumptione Beatae Mariae Virginis*: ML 30,122-143 (Epist. IX *Ad Paulam et Eustoch.*).
—— Epistola XII *Ad Antonium Monachum*: ML 22,345-346 (Epist. XII *Ad Anton. Mon.*).
—— Epistola XIV *Ad Heliodorum Monachum*: ML 22,347-355 (Epist. XIV *Ad Heliod. Mon.*).
—— Epistola XXI *Ad Damasum Papam*: ML 22,379-394 (Epist. XXI *Ad Damasum*).
—— Epistola XXII *Ad Eustochium Paulae Filium. De Custodia Virginitatis*: ML 22,394-425 (Epist. XXII *Ad Eustoch.*).
—— Epistola XXXIII *Ad Paulam Pars Quaedam*: ML 22,446-447 (Epist. XXXIII *Ad Paulam*).
—— Epistola LII *Ad Nepotianum. De Vita Clericorum et Monachorum*: ML 22,527-540 (Epist. LII *Ad Nepotianum*).
—— Epistola LIII *Ad Paulinum. De Studio Scripturarum*: ML 22,540-549 (Epist. LIII *Ad Paulinum*).
—— Epistola LV *Ad Amandum Presbyterum*: ML 22,560-565 (Epist. LV *Ad Amandum*).
—— Epistola LVIII *Ad Paulinum*: ML 22,579-586 (Epist. LVIII *Ad Paulinum*).
—— Epistola LX *Ad Heliodorum. Epitaphium Nepotiani*: ML 22,589-602 (Epist. LX *Ad Heliodorum*).
—— Epistola LXXI *Ad Lucinium*: ML 22,668-672 (Epist. LXXI *Ad Lucinium*).
—— Epistola LXXVII *Ad Oceanum. De Morte Fabiolae*: ML 22,690-698 (Epist. LXXVII *Ad Oceanum*).
—— Epistola CVII *Ad Laetam. De Institutione Filiae*: ML 22,867-878 (Epist. CVII *Ad Laetam*).
—— Epistola CXII *Ad Augustinum*: ML 22,916-931 (Epist. CXII *Ad August.*).
—— Epistola CXXIII *Ad Ageruchiam De Monogamia*: ML 22,1046-1059 (Epist. CXXIII *Ad Ageruch.*).
—— Epistola CXXV *Ad Rusticum Monachum*: ML 22,1072-1085 (Epist. CXXV *Ad Rusticum Mon.*).
—— Epistola CXLVI *Ad Evangelum*: ML 22,1192-1195 (Epist. CXLVI *Ad Evangelum*).
—— Epistola CXLVIII *Ad Celantiam Matronam. De Ratione Pie Vivendi*: ML 22,1204-1220 (Epist. CXLVIII *Ad Celantiam Matronam*).
—— *Liber Psalmorum iuxta Hebraicam Veritatem*: ML 28,1183-1306 (*Psalt. Hebr.*).
—— *Praefatio in Danielem Prophetam*: ML 28,1183-1306 (*Praefatio in Dan.*).
—— *Praefatio in Libros Samuel et Malachim*: ML 28,593-604 (*Praefatio in Lib. Sam. et Malach.*).

S. João Crisóstomo
—— *Ad Demetrium Monachum De Compunctione Liber duo*: MG 47,393-422 (*De Compunct.*).
—— *Commentarius in Epistolam ad Romanos*: MG 60,391-682 (*In Rom.*).
—— *Commentarius in Sanctum Matthaeum Evangelistam*, hom. I-XLIV: MG 57,13-472; hom. XLV-XC: MG 58,471-794 (*In Matth.*).
—— *De Incomprehensibili, Contra Anomaeos, Absente Episcopo*: MG 48,701-812 (*De Incompreh.*).
—— *De Sacerdotio Libri sex*: MG 48,623-692 (*De Sacerdotio*).
—— *Eclogae ex Diversis Homiliis*: MG 63,567-902 (*Eclogae*).
—— *Enarratio in Epistolam ad Hebraeos*: MG 63,9-236 (*In Hebr.*).
—— *Homiliae De Lazaro*: PG 48,963-1064 (*De Lazaro*).
—— *Homiliae duae in illud "Salutate Priscillam et Aquilam"* (Rom. 16,3): MG 51,187-208 (*Hom. II in Rom. 16*).
—— *Homiliae in Sanctum Ioannem Apostolum et Evangelistam*: MG 59,23-482 (*In Ioann.*).
—— *Obras de S. Juan Crisóstomo*. Ed. bilingue, 3 vols. (Madrid, BAC).

S. João Damasceno
—— *Expositio accurata Fidei Orthodoxae*: MG 94,789-1228 (*De fide orth.*).

João de Salisbury
—— *Polycraticus sive De Nugis Curialium et Vestigiis Philosophorum*: ML 199,385-822 (*Polycraticus*).
—— *Vita Sancti Thomae Cantuariensis Archiepiscopi et Martyris*: ML 190,195-208 (*Vita S. Thomae*).

Josefo
—— *Iosephys*. Opera translata ab H. Thackeray et R. Marcus, 9 vols. (Harvard University Press 1926) (The Loeb Classical Library) (TK).
—— *The Jewish War* II-III (*De Bello Iudaico*).

Juliano Pomerio
—— *De Vita Contemplativa Libri tres*: ML 59,415-520 (*De Vita Contempl.*).

Leão IV
—— *Leonis Papae IV. Epistolae*: Mansi, 14,881-890 (Epist. *Ad Ludovicum Augustum*).

S. Leão Magno
—— *Homilías sobre el año litúrgico* (Madrid, BAC).
—— Epistola CXX *Ad Theodoritum Episcopum Cyri. De Fidei Perseverantia*: ML 54,1046-1055 (Epist. CXX *Ad Theodoritum*).
—— Epistola CXXIX *Ad Proterium Episcopum Alexandrinum*: ML 54,1075-1078 (Epist. CXXIX *Ad Proterium*).
—— *Sermones in Praecipuis Totius Anni Festivitatibus ad Romanam Plebem Habiti*: ML 54,137-468 (*Sermones*).

Liber "de Causis"
—— *S. Thomae in Librum De Causis expositio*, cura et studio C. Pera (Taurini 1955) (*De Causis*).

Macróbio
—— *Macrobe, Varron, Pomponius Méla* (Paris, Firmin-Didot, 1875) (Collection des Auteurs Latins, avec la traduction en français, publiée sous la direction de M. Nissard) (DD).
—— *Commentarius ex Cicerone in Somnum Scipionis* (*In Somn. Scipion.*).

Maimônides o Rabi Moisés
—— *Guía de Perplejos*. Ed. preparada por David Gonzalo Maeso (Madrid, Editora Nacional, 1984) (*Doct. Perplex.*).

S. Martinho de Braga
—— *Formula Honestae Vitae. Ad Mironem Regem Galliciae*: ML 72,21-28 (*Formula Honestae Vitae*).

Máximo de Turim
—— *Sermones*: ML 57,529-760 (*Sermones*).

Mombritius, B.
—— *Sanctuarium seu Vitae Sanctorum*, 2 vols. nova editio (Parisiis, Fontemoing et Sociis, 1910) (*Sanctuarium*).

Nemésio Emeseno (Pseudo-Gregório Niceno)
—— *De Natura Hominis*: MG 40,503-818 (*De Nat. Hom.*).

Nicolau I
—— Fragmentum Epistolae *Ad Huntfridum Moriensem Episcopum*: Mansi, 15,399-400 (*Ad Huntfridum Episc.*).

Orígenes
—— *Commentaria in Evangelium secundum Matthaeum*: MG 13,829-1600 (*In Matth.*).
—— *Commentarii in Epistolam B. Pauli ad Romanos*: MG 14,837-1292 (*In Rom.*).
—— *Commentarii in Psalmos*: MG 12,1053-1686 (*In Psalm.*).
—— *Fragmenta e Parvo Tomo in Canticum, quem invenis scripserat Origenes*: MG 13,35-216; SC 37 (*In Cant.*).
—— *Homiliae in Exodum*: MG 12,297-396; SC 321 (*In Exod.*).
—— *Homiliae in Leviticum*: MG 12,405-574; SC 286-287 (*In Lev.*).
—— *Homiliae in Librum Iesu Nave*: MG 12,825-948 (*In Lib. Iesu Nave*).
—— *Homiliae in Numeros*: MG 12,583-806; SC 29 (*In Num.*).
—— *In Librum Iudicum Homiliae*: MG 12,951-990 (*In Iudic.*).

—— *In Lucam Homiliae*, interprete S. Hieronymo: MG 13,1801-1902; SC 87 (*In Luc.*, interprete Hieronymo).
—— *Peri Archon Libri quatuor Interprete Rufino Aquileiensi Presbytero*: MG 11,115-414; SC 252, 253, 268, 269, 312 (*Peri Archon*).
—— *Series Veteris Interpretationis Commentariorum Origenis in Matthaeum*: MG 13,1599-1800 (*In Matth.*).

PAULO DIÁCONO
—— *Homiliarius*: ML 95,1159-1566 (*Homiliarius*).

PEDRO CANTOR
—— *Verbum Abbreviatum. Opus Morale*: ML 205,21-370 (*Verbum Abbreviatum*).

PEDRO COMESTOR
—— *Historia Scholastica*: ML 198,1053-1722 (*Hist. Scholast.*).

PEDRO LOMBARDO
—— *Collectanea in omnes D. Pauli Apostoli Epistolas*: ML 191,1297-1696 y ML 192,9-520 (*Glossa de* PEDRO LOMBARDO).

PEDRO PICTAVIENSE
—— *Sententiarum Libri quinque*: ML 211,783-1280 (*Sent.*).

PELÁGIO
—— Epistola I *Ad Demetriadem*: ML 30,16-45 (Epist. I *Ad Demetr.*).
—— *Libellus Fidei Pelagii ad Innocentium ab ipso missus, Zozimo redditus*: ML 45,1716-1718; ML 48,488-491 (*Libellus Fidei ad Innocentium*).

PELÁGIO I
—— Epistola *Victori et Pancratio illustribus*: MANSI, 9,731-732 (Fragm. epist. *Ad Victorem et Pancratium*).

PLATÃO
—— *Platonis Opera*, ex recensione R. B. Hirchigii graece et latine, 2 vols. (Parisiis, A. Firmin-Didot, 1856) (DD) (*Leges*) (*Phaedo*) (*Phaedr.*) (*Res Publica*) (*Timaeus*).

PLAUTO
—— *Théâtre complet des Latins, comprenant Plante, Térence et Sénèque le Tragique* (Paris, Firmin-Didot, 1879) (Collection des Auteurs Latins, avec la traduction en français, publiée sous la direction de M. Nisard) (DD).
—— *Cistellaria*, p. 154-165 (*Cistellaria*).

PLOTINO
—— *Ennéades*, texte établi et traduit par E. BRÉHIER, 6 t. (Paris 1924-1938) (Collection des Universités de France, édition BUDÉ, "Les Belles Lettres") (*Ennead.*).

PLUTARCO
—— *Plutarchi Chaeronensis Scripta Moralia*, graece et latine, 2 vols. (Parisiis, Firmin-Didot, 1868-1877) (DD).
—— *De Fato* I p. 686-694 (*De Fato*).

POSSÍDIO
—— *Vita S. Aurelii Augustini Hipponensis Episcopi*: ML 32,33-66 (*Vita S. Augustini*).

PREPOSITINO
—— *Summa*, MS Turone 142, ff. 53-127. Incipit: *Qui producit ventos... Dominus ille magnus qui imperat ventis*. Explicit: *infirmantes sepe solo timore recipiunt* (*Summa*).

PRÓSPERO DE AQUITÂNIA
—— *Sententiarum ex operibus S. Augustini Delibetarum Liber unus*: ML 51,427-496 (*Sent.*).

RABANO MAURO
—— *De Ecclesiastica Disciplina Libri tres Ad Reginbaldum Episcopum*: ML 112,1191-1262 (*De Ecclesiast. Discipl.*).
—— *De Universo Libri viginti duo*: ML 111,9-614 (*De Univ.*).

—— *Enarrationum in Epistolas Beati Pauli Libri triginta* (viginti novem): ML 111,1273-1616; ML 112,9-834 (*Enarr. in epist. S. Pauli*).
—— *Enarrationum in Librum Numerorum Libri quatuor*: ML 108,587-838 (*Enarr. in Num.*).
—— *Expositio in Proverbia Salomonis*: ML 111,679-792 (*In Prov.*).

S. RAIMUNDO DE PEÑAFORT
—— *Summa Sancti Raymundi de Pennafort Textu Sacrorum Canonum, Quos laudat, Aucta et Locupletata*, iuxta editionem 1720 quam Parisiis et Lugduni procuravit H. V. LAGET (Veronae, a. Carattonium, 1744) (*Summa*).

RICARDO DE SÃO VÍTOR
—— *De Gratia Contemplationis Libri quinque Occasione Accepta ab Arca Moysis et ob eam Rem hactenus Dictum Beniamin Maior*: ML 196,63-202 (*De Grat. Contemplationis*).
—— *Tractatus de Spiritu Blasphemiae*: ML 196,1185-1192 (*De Spir. Blasphemiae*).

ROBERTO
—— *Hymni et Responsoria*: ML 141,939-946 (*Hymni et Responsoria*).

RUFINO
—— *Commentarius in Symbolum Apostolorum Auctore tyranno Rufino Aquileiensi Presbytero*: ML 21,335-386 (*In Symb. Apost.*).

RUPERTO
—— *De Trinitate et Operibus Eius Libri XLII*: ML 167,199-1828 (*De Trin.*).

SALÚSTIO
—— *Conjuration de Catilina, Guerre de Jugurtha*, texte établi et traduit par J. Roman (Paris 1924) (Collection des Universités de France, éditions BUDÉ, "Les Belles Lettres") (BU).
—— *Conjuration de Catilina* p. 1-69 (*In Coniurat.*).
—— *Guerre de Jugurtha* p. 75-220 (*Iugurth.*).

SÊNECA
—— *Oeuvres Complètes de Sénèque* (Paris, Firmin-Didot, 1877) (Collection des Auteurs Latins, avec la traduction en français, publiée sous la direction de M. Nisard) (DD).
—— *De la Colère* p. 1-64 (*De ira*).
—— *Des Bienfaits* p. 137-263 (*De Benef.*).
—— *De la Clémence* p. 329-352 (*De Clem.*).
—— *De Vita Beata* p. 353-374 (*De Vita Beata*).

SEXTO PITAGÓRICO
—— *Fragmenta Philosophorum Graecorum*, 3 vols., edidit G. A. MULLACHIUS (Parisiis, Firmin-Didot, 1867-1879) (DD).
—— *Enchiridion Latine Versum a Rufino* I p. 522-531 (*Enchir.*).

SÍMACO
—— Epistola V *Ad Caesarium Episcopum Arelatensem*: MANSI, 8,211-213 (Epist. V *Ad Caesarium Episc.*).

SIMEÃO LOGOTETA
—— *Sermones viginti quatuor De Moribus per Symeonem Magistrum et Logothetam selecti ex omnibus operibus S. Patris nostri Basilii Archiepiscopi Caesareae Capadociae*: MG 32,1115-1382 (Sermo VI *De Avaritia*).

SIRÍCIO
—— Epistola VII *Ad Diversos Episcopos Missa Adversus Iovinianum Haereticum eiusque Socios ab Ecclesiae Unitate Removendo*: ML 13,1168-1172 (Epist. VII *Ad Divers. Episc. adv. Iovin. eiusque Socios*).

TEODULFO
—— *Capitulare Theodulfi Episcopi Aurelianensis ad Parochiae Suae Sacerdote*: MANSI, 13,993-1006 (*Capitulare*).

TEÓFANES
—— *Chronographia Annorum DXXVIII, ab anno Diocletiani Primo ad Michaëlis et Theophylacti eius F. Annum Secundum*: MG 108,55-1164 (*Chronographia*).

TERÊNCIO
—— *Théâtre complet des Latins, comprenant Plaute, Térence et Sénèque le Tragique* (Paris, Firmin-Didot, 1879) (Collection des Auteurs Latin avec la traduction en français, publiée sous la direction de M. Nisard) (DD).
—— *Eunuchus* p. 30-58 (*Eunuch.*).

TERTULIANO
—— *Liber de Ieiuniis*: ML 2,1003-1030 (*De Ieiuniis*).

THIEL, A.
—— *Epistolae Romanorum Pontificum Genuinae et Quae ad Eos Scriptae sunt a S. Hilario usque ad Pelagium II*, ex schedis Clar. P. CONSTANTII aliique editis, adhibitis praestantissimis codicibus Italiae et Germaniae, recensuit et edidit A. THIEL. (Brunsbergae, E. Peter) (TL).
—— *A S. Hilario usque ad S. Hormisdam* I (*Epist. Fragmenta*).

TITO LÍVIO
—— *Oeuvres de Tite-Live (Histoire Romaine)*, 2 vols. (Paris, Firmin-Didot, 1877) (Collection des Auteurs Latins, avec la traduction en français, publiée sous la direction de M. NISARD) (DD) (*Hist. Rom.*).

VALÉRIO MÁXIMO
—— *Cornélius Népos, Quinte-Curce, Justin, Valère Maximo, Julius Obsequens*. Oeuvres complètes (Paris, Dudochet, postea Firmin-Didot, 1841) (Collection des Auteurs Latins, avec la traduction en français, publiée sous la direction de M. Nisard) (DD).
—— *Factorum et Dictorum Memorabilium Libri novem, ad Tiberium Caesarem Augustun* p. 562-807 (*Factor. Dictor. Memorab.*).

VEGÉCIO RENATO
—— *Ammien Marcellin, Jornandès, Frontin, Végèce, Modestus* (Paris, Firmin-Didot, 1878) (Collection des Auteurs Latins, avec la traduction en français, publiée sous la direction de M. Nisard) (DD).
—— *Ad Valentinianum Augustum Institutorum Rei Militaris ex Commentariis Catonis, Celsi, Traiani, Hadriani et Frontini* p. 639-734 (*Instit. Rei Militar.*).

VITAE PATRUM
—— *Vitae Patrum sive Historiae Eremiticae Libri decem*: ML 73,89-1234; ML 74,9-240 (*Vitae Patrum*).

# A JUSTIÇA

Introdução e notas por
Carlos-Josaphat Pinto de Oliveira

# INTRODUÇÃO

"Depois da prudência, deve-se estudar a justiça...". O rigor desse encadeamento decorre da posição adotada por Sto. Tomás, de inscrever o conjunto da moral no quadro das quatro virtudes cardeais. Pelo exame da prudência, ele procurou elucidar o discernimento e a decisão que esclarecem e comandam todas as escolhas virtuosas. Com a justiça, abordamos o principal domínio em que se operam essas escolhas.

O lugar primordial concedido à justiça, a extensão e a complexidade das questões que lhe são consagradas, o cuidado mais minucioso na determinação de sua natureza e na análise de suas "partes" ou espécies constituem uma das originalidades mais marcantes do projeto teológico de Sto. Tomás.

Ao desmembrar o domínio das "ações" e o das "paixões" para formar o campo duplo, distinto mas conexo de toda a vida moral, ele atribuirá às virtudes de força e de temperança a função de estabelecer a harmonia de uma realização racional no universo das paixões. Caberá à justiça orientar e retificar as ações: as relações entre pessoas e as formas da vida social, o respeito dos direitos e a promoção do bem comum. Uma tal compreensão da justiça lhe confere o primeiro lugar na constelação das virtudes, reconhecendo-lhe a dignidade de uma finalidade ou de um valor último, ao qual se vincula o domínio das paixões como uma condição prévia e uma exigência constante. Resplandece com as qualidades mais eminentes, que correspondem aos deveres éticos mais estritos. Caracteriza-se pela "objetividade", pela busca de normas e medidas em relação com a verdade: com a realidade das coisas, das ações, das relações e das situações. Tende a estabelecer e a dar a "cada um o que lhe é devido", conformando-se ao respeito estrito do direito rigorosamente determinado. Busca instaurar ou restaurar a verdadeira "igualdade", a que decorre da própria natureza das trocas ou da distribuição adequada dos bens e dos postos entre os membros da sociedade.

Ao destacar e elaborar esses elementos tomados, essencialmente, de Aristóteles, mais precisamente do livro V da *Ética a Nicômaco*, Sto. Tomás fará deles o fundamento de seu tratado da justiça, e o princípio de suas principais articulações (estão condensadas na q. 58).

Sempre que se encontra a conjunção de todos esses elementos: a alteridade das pessoas, o direito estrito, a verdadeira igualdade, suscetível de ser estabelecida segundo uma medida objetiva, pode-se então falar de justiça no sentido estrito e rigoroso.

A essa justiça propriamente dita, concebida em sua acepção essencial e em sua dupla espécie, a justiça distributiva e comutativa, será consagrada a primeira parte do tratado (q. 57-79).

Uma segunda parte estudará toda uma rede de virtudes que se vinculam à justiça, pois contêm alguns dos elementos que acabamos de enumerar, sem realizá-los todos, pelo menos de maneira perfeita. Essa vasta rede de virtudes anexas da justiça reagrupa as "partes potenciais" dessa virtude cardeal (q. 80-119). À divisão das virtudes cardeais em partes essenciais (espécies), potenciais e integrantes, recorreu-se para ordenar o domínio da prudência (q. 48-51). Esta última categoria (das partes integrantes) se revelou bastante útil, oferecendo um quadro cômodo para a análise detalhada dos diferentes aspectos do processo prudencial (q. 49). Já aqui, no estudo da justiça, o apelo à noção de parte integrante é uma questão de pura forma (ver abaixo q. 79).

O tratado da justiça se articulará em última instância em torno da distinção entre partes essenciais (as espécies) e partes potenciais (as virtudes anexas) da justiça. Sem dúvida, no início do tratado (prólogo da q. 57), uma divisão quadripartite que é anunciada constitui o quadro ideal: exame da virtude da justiça em si mesma e em suas partes, o dom do Espírito que lhe convém e os preceitos que lhe dizem respeito. A referência aos pecados opostos às diferentes virtudes, tão importante no ordenamento de outros tratados, não é feita aqui. Na verdade, ocupa um papel primordial na organização do tratado. Primeiramente, toda uma questão é consagrada à injustiça em geral (q. 59). Mas será sobretudo através dos pecados opostos à justiça distributiva (q. 63) e em especial à justiça comutativa (q. 64-78), que se abordará o campo concreto dessas virtudes, e serão mencionados e analisados os direitos fundamentais (direito à vida, à integridade corporal, direito de propriedade, direito à reputação, à liberdade de deslocamento etc.), dos quais a justiça exige o respeito e a promoção.

É preciso acrescentar o grande espaço reservado ao julgamento, aos aspectos e problemas

judiciários, o que manifesta a importância atribuída às dimensões propriamente sociais da justiça, a seu papel indispensável para a organização e funcionamento da sociedade. Assim, após o estudo da virtude e do vício que lhe é oposto (q. 58 e 59), que visam as dimensões pessoais da justiça, uma questão será consagrada ao julgamento como seu ato próprio e institucional (q. 60). No âmbito da análise das diferentes formas de "injustiça", introduz-se um pequeno tratado de ética do Tribunal, que se ajusta ao conjunto de uma maneira algo inesperada, como o estudo das injustiças mais qualificadas: as que se podem cometer em palavras nesse recinto privilegiado, onde "se diz" e exerce a justiça (q. 67-71).

Desenha-se dessa forma o ordenamento efetivo desse vasto e belo conjunto ético da Suma teológica. A ordem finalmente adotada foi ditada pelos imperativos provenientes dos problemas teóricos e práticos que surgiam de um novo domínio, bastante extenso, e difícil de destrinçar. Deve-se reter duas articulações principais, que constituirão um duplo objetivo dominando o edifício:

o primeiro concerne à justiça propriamente dita e a suas partes subjetivas ou espécies (q. 57-79);

o segundo terá por objeto as partes potenciais da justiça, formando todo um universo de virtudes marcadas por uma certa afinidade com a virtude principal (q. 81-121). Tal afinidade, que aproxima e separa os domínios dessas virtudes conexas entre si e em sua relação com a noção essencial de justiça, é amplamente explicada na questão 80. Essas indicações nos encaminham para o ponto essencial e mais esclarecedor. *O tratado da justiça, enquanto integração dos dados jurídicos e éticos, no centro e à luz de uma elaboração teológica global e coerente, é uma criação ousada e laboriosa de Sto. Tomás.* Os historiadores das doutrinas (D.O. Lottin, entre outros) salientaram o significado e o alcance da utilização da ética aristotélica para levar a cabo esse projeto de síntese, que outros mestres medievais haviam tentado sem sucesso.

Em uma doutrina sempre inspirada e orientada pelo propósito teológico, Sto. Tomás vai realizar a confluência dos problemas e correntes jurídicas, especialmente do direito romano, assim como das tradições éticas, gregas e latinas, unificadas graças ao uso da ferramenta aristotélica, manejada com rigor e agilidade. A ilustração mais sugestiva será a própria definição de justiça (na q. 58, a. 1). Juntamente com os dados jurídicos e a formalização filosófica, vemos imperar as grandes linhas da tradição patrística e sobretudo a força dos temas bíblicos, o sopro profético e evangélico da justiça. Assim, na definição do direito de propriedade apresentada com um rigor e um equilíbrio raramente mantidos em autores anteriores ou posteriores a partir dos fundamentos bíblicos e das exortações patrísticas, evidenciam-se as dimensões éticas e jurídicas da apropriação, da posse e da partilha dos bens (ver q. 66, a. 1-2).

Mas a originalidade radical, mais fecunda, da elaboração tomista é a associação do aspecto pessoal e social da vida moral, especialmente da vida cristã. Como virtude, a justiça é chamada a qualificar e retificar as ações da pessoa, e, como exigência objetiva de retidão, impõe-se às relações e instituições da vida social. Uma ética das virtudes se abre como que a partir do interior para a integração do direito, da economia, da política, ao mesmo tempo em que conserva a especificidade da moral e a transcendência que a fé confere à teologia. Em suas construções, que trazem muitas vezes o título venerável de "O direito e a justiça", os teólogos posteriores buscaram imitar ou prolongar o projeto tomista. A maioria deles, até os melhores, estofaram seus tratados com longas exposições jurídicas (teoria dos contratos, formas e títulos de propriedades...), atenuando a orientação essencialmente ética e teológica de seu modelo. Mais felizes, alguns discípulos de Sto. Tomás, pensamos em particular em Francisco Vitoria e na escola de Salamanca souberam desenvolver suas intuições e seus princípios fundamentais nas perspectivas do direito internacional, sem que essas novas elaborações chegassem a se integrar numa síntese teológica coerente.

Por suas dimensões pessoais e sociais, desenvolvendo-se no plano jurídico, ético e teológico, a síntese operada por Sto. Tomás parece conservar, diante das interrogações e desafios dos contemporâneos, todo o valor de um êxito exemplar. Se não único.

## QUAESTIO LVII
## DE IURE
*in quatuor articulos divisa*

Consequenter post prudentiam considerandum est de iustitia. Circa quam quadruplex consideratio occurrit: prima est de iustitia; secunda, de partibus eius; tertia, de dono ad hoc pertinente; quarta, de praeceptis ad iustitiam pertinentibus.

Circa iustitiam vero consideranda sunt quatuor: primo quidem, de iure; secundo, de ipsa iustitia; tertio, de iniustitia; quarto, de iudicio.

Circa primum quaeruntur quatuor.

*Primo*: utrum ius sit obiectum iustitiae.

*Secundo:* utrum ius convenienter dividatur in ius naturale et positivum.

*Tertio:* utrum ius gentium sit ius naturale.

*Quarto:* utrum ius dominativum et paternum debeat specialiter distingui.

### Articulus 1
### Utrum ius sit obiectum iustitiae

Ad primum sic proceditur. Videtur quod ius non sit obiectum iustitiae.

## QUESTÃO 57
## O DIREITO
*em quatro artigos*

Após a prudência, vem normalmente a consideração da justiça. Ela se estenderá em quatro partes: I. A própria justiça. II Suas partes. III. O dom que a aperfeiçoa. IV. Os preceitos que lhe concernem.

Sobre a justiça, há quatro questões a estudar: 1º O direito; 2º A justiça em si mesma, 3º A injustiça; 4º O julgamento.

A respeito da primeira são quatro as perguntas:
1. O direito é o objeto da justiça?
2. É conveniente dividir o direito em natural e positivo?
3. O direito das gentes se identifica com o direito natural?
4. Deve-se distinguir como especiais o direito senhorial e o direito paterno?

### Artigo 1
### O direito é o objeto da justiça?[a]

Quanto ao primeiro artigo, assim se procede: parece que o direito **não** é o objeto da justiça.

---

1

---

a. O tratado se abre pelo estudo do direito como objeto da justiça. Ele se prende assim às fontes jurídicas tradicionais, que, a exemplo do Código Justiniano, acolhem em seu limiar os princípios gerais sobre "o direito e a justiça". Essa intenção de conservar uma certa continuidade com a prática e o ensino dos juristas permanecerá constante na doutrina tomista, que se desenvolverá entretanto como uma elaboração essencialmente ética e teológica, cujo fio condutor é a noção de virtude.

Mas o fato de abordar o estudo da justiça através de seu objeto, o direito, tem muitas outras significações. Um procedimento semelhante só aparece na Suma teológica no tratado da fé (II-II, q. 1). A "Verdade primeira", divina, surge na soleira da primeira das virtudes teologais, qual objeto que lhes vai esclarecer todas as atividades e propriedades essenciais. O caráter "objetivo" da justiça, de tal modo salientado por Sto. Tomás (ver por exemplo, abaixo, q. 58, a. 10), leva-o aqui a conceber essa virtude, inicialmente, à luz de seu objeto, o direito, como primeiro princípio explicativo de sua natureza, de suas classificações, de sua excelência e de suas exigências.

Conformando-se à retidão que convém às ações e às relações com os outros, amoldando-se a essa medida objetiva inscrita na realidade, o homem se torna "justo". Em uma tal perspectiva, o próprio direito emerge sob seu aspecto objetivo, como "o que é devido" em virtude da natureza das ações, das relações sociais ou das leis que presidem à vida social. Sua dimensão subjetiva, enquanto prerrogativa da pessoa, enraizada em sua natureza e em sua dignidade, permanece antes implícita em uma exposição que, nisso, permanece fiel à antiga tradição patrística, jurídica e filosófica.

O exame explícito do aspecto subjetivo, dos "direitos fundamentais da pessoa" que se desenvolverá mais tarde bem se poderia situar no prolongamento da doutrina de Sto. Tomás e reivindicá-lo a justo título. Teremos ocasião de constatá-lo a respeito do direito à vida, à propriedade, que estudam as q. 64-66. Aí emerge todo um leque de direitos, cujo fundamento é anterior ao Estado e se encontra na própria natureza do ser humano.

A q. 57 é bem sucinta, aliás. Limita-se a designar e definir o direito como objeto da justiça (a. 1), e a legitimar as distinções clássicas: entre direito natural e direito positivo (a. 2), o "direito das gentes" (a. 3), destacando o direito particular, restrito, do senhor e do pai no interior da família (a. 4). Quanto ao essencial, reconhecemos nessa brev síntese a integração das doutrinas aristotélicas, ampliadas e adaptadas ao propósito teológico. As diferentes correntes tradicionais: patrísticas, filosóficas e jurídicas, emprestadas em especial do direito romano, ligam-se igualmente à síntese; o que não deixa de apresentar um certo esforço artificial de conciliação das "autoridades", particularmente no que concerne à noção e à classificação do "direito das gentes" (a. 3).

O tratamento sumário dado aqui a questões importantes como a noção do direito natural, do direito positivo, explica-se, pelo menos em parte, pelo fato de que são abordadas de maneira equivalente no longo tratado das leis (ver I-II, q. 94 e s.). Aliás, essas noções e essas distinções, mencionadas de passagem nos lugares correspondentes da *Ética a Nicômaco* (1. V), que

1. Dicit enim Celsus iurisconsultus quod *ius est ars boni et aequi*[1]. Ars autem non est obiectum iustitiae, sed est per se virtus intellectualis. Ergo ius non est obiectum iustitiae.

2. PRAETEREA, *lex*, sicut Isidorus dicit, in libro *Etymol.*[2], *iuris est species*. Lex autem non est obiectum iustitiae, sed magis prudentiae: unde et Philosophus *legispositivam* partem prudentiae ponit[3]. Ergo ius non est obiectum iustitiae.

3. PRAETEREA, iustitia principaliter subiicit hominem Deo: dicit enim Augustinus, in libro de *Moribus Eccles.*[4], quod *iustitia est amor Deo tantum serviens, et ob hoc bene imperans ceteris, quae homini subiecta sunt*. Sed ius non pertinet ad divina, sed solum ad humana: dicit enim Isidorus, in libro *Etymol.*[5], quod *fas lex divina est, ius autem lex humana*. Ergo ius non est obiectum iustitiae.

SED CONTRA est quod Isidorus dicit, in eodem[6], quod *ius dictum est quia est iustum*. Sed iustum est obiectum iustitiae: dicit enim Philosophus, in V *Ethic.*[7], quod *omnes talem habitum volunt dicere iustitiam a quo operativi iustorum sunt*. Ergo ius est obiectum iustitiae.

RESPONDEO dicendum quod iustitiae proprium est inter alias virtutes ut ordinet hominem in his quae sunt ad alterum. Importat enim aequalitatem quandam, ut ipsum nomen demonstrat: dicuntur enim vulgariter ea quae adaequantur *iustari*. Aequalitas autem ad alterum est. Aliae autem virtutes perficiunt hominem solum in his quae ei conveniunt secundum seipsum.

Sic igitur illud quod est rectum in operibus aliarum virtutum, ad quod tendit intentio virtutis quasi in proprium obiectum, non accipitur nisi per comparationem ad agentem. Rectum vero quod est in opere iustitiae, etiam praeter comparationem ad agentem, constituitur per comparationem ad alium:

1. Com efeito, o jurisconsulto Celso diz: "O direito é a arte do bem e da equidade." Ora, longe de ser objeto da justiça, a arte é em si mesma uma virtude intelectual. Logo, o direito não é objeto da justiça[b].

2. ALÉM DISSO, "A lei", como diz Isidoro, "é uma espécie do direito." Ora, a lei não é objeto da justiça, mas antes da prudência; por isso, o Filósofo dá o nome de legislativa a uma parte da prudência. Logo, o direito não é objeto da justiça

3. ADEMAIS, compete especialmente à justiça submeter o homem a Deus. Pois, diz Agostinho, "A justiça é um amor votado somente ao serviço de Deus, e, por isso, orienta bem tudo quanto está sujeito ao homem." Ora, o direito não concerne às coisas divinas, mas somente às humanas. "O sagrado, diz Isidoro, é a lei divina, o direito, a lei humana". Logo, o direito não é objeto da justiça.

EM SENTIDO CONTRÁRIO, na mesma passagem, Isidoro esclarece: "o direito (*jus*) é assim chamado porque é justo". Ora, o justo é o objeto da justiça. É o que afirma o Filósofo. "Todos concordam em dar o nome de justiça ao hábitus que nos leva a praticar coisas justas". Portanto, o direito é o objeto da justiça.

RESPONDO. Entre as demais virtudes, é próprio à justiça ordenar o homem no que diz respeito a outrem. Implica, com efeito, uma certa igualdade, como seu próprio nome indica, pois se diz comumente: o que se iguala *se ajusta*. Ora, a igualdade supõe relação a outrem. As demais virtudes, ao contrário, aperfeiçoam o homem somente no que toca a si próprio.

Assim, pois, nas atividades das outras virtudes, a retidão visada pela intenção virtuosa como seu objeto próprio só tem em conta o agente. A retidão, porém, na ação da justiça, mesmo sem considerar a referência ao agente, se constitui pela relação com o outro. Com efeito, temos por justo

---

1. *Digest.*, l. I, t. 1, c. 1: ed. Krueger, t. I, p. 29 a.
2. L. V, c. 3, n. 1: ML 82, 199 A.
3. *Eth.*, l. VI, c. 8: 1141, b, 25-29.
4. C. 15: ML 32, 1322.
5. L. V, c. 2, n. 2: ML 82, 198 C.
6. L. V, c. 3, n. 1: ML 82, 199 A.
7. C. 1: 1129, a, 7-11.

---

constitui aqui a fonte e a referência mais imediata, não terão uma importância maior ou mesmo incidência maior nas questões teóricas e práticas desenvolvidas posteriormente neste tratado.

b. Essa primeira objeção e as duas seguintes ilustram o processo de clarificação da noção do direito, objeto da justiça. A acepção ética de "o que é justo" se manifesta pela comparação com outras significações do direito: objeto da arte ou da técnica jurídica (obj. 1); da decisão prudencial (obj. 2); da justiça diante de Deus e proveniente de Deus (obj. 3). As "autoridades" invocadas nas objeções e em sentido contrário insinuam a intenção, que permanecerá constante ao longo de todo o tratado, de conciliar as tradições do direito romano, do pensamento cristão e da ética aristotélica.

illud enim in opere nostro dicitur esse iustum quod respondet secundum aliquam aequalitatem alteri, puta recompensatio mercedis debitae pro servitio impenso.

Sic igitur iustum dicitur aliquid, quasi habens rectitudinem iustitiae, ad quod terminatur actio iustitiae, etiam non considerato qualiter ab agente fiat. Sed in aliis virtutibus non determinatur aliquid rectum nisi secundum quod aliqualiter fit ab agente. Et propter hoc specialiter iustitiae prae aliis virtutibus determinatur secundum se obiectum, quod vocatur iustum. Et hoc quidem est ius. Unde manifestum est quod ius est obiectum iustitiae.

AD PRIMUM ergo dicendum quod consuetum est quod nomina a sui prima impositione detorqueantur ad alia significanda: sicut nomen *medicinae* impositum est primo ad significandum remedium quod praestatur infirmo ad sanandum, deinde tractum est ad significandum artem qua hoc fit. Ita etiam hoc nomen *ius* primo impositum est ad significandum ipsam rem iustam; postmodum autem derivatum est ad artem qua cognoscitur quid sit iustum; et ulterius ad significandum locum in quo ius redditur, sicut dicitur aliquis comparere *in iure*; et ulterius dicitur etiam ius quod redditur ab eo ad cuius officium pertinet iustitiam facere, licet etiam id quod decernit sit iniquum.

AD SECUNDUM dicendum quod sicut eorum quae per artem exterius fiunt quaedam ratio in mente artificis praeexistit, quae dicitur regula artis; ita etiam illius operis iusti quod ratio determinat quaedam ratio praeexistit in mente, quasi quaedam prudentiae regula. Et hoc si in scriptum redigatur, vocatur lex: est enim lex, secundum Isidorum[8], *constitutio scripta*. Et ideo lex non est ipsum ius, proprie loquendo, sed aliqualis ratio iuris.

AD TERTIUM dicendum quod quia iustitia aequalitatem importat, Deo autem non possumus aequivalens recompensare, inde est quod iustum, secundum perfectam rationem, non possumus reddere Deo. Et propter hoc non dicitur proprie ius lex divina, sed *fas*; quia videlicet sufficit Deo ut impleamus quod possumus. Iustitia tamen ad hoc tendit ut homo, quantum potest, Deo recompenset, totaliter animam ei subiiciens.

em nosso agir aquilo que corresponde ao outro, segundo uma certa igualdade, por exemplo, a remuneração devida a um serviço prestado.

Em consequência, o nome de justo, que caracteriza a retidão que convém à justiça, dá-se àquilo que a ação da justiça realiza, sem levar em conta a maneira de proceder de quem age. Nas outras virtudes, ao contrário, a retidão é determinada tão somente pela maneira de proceder de quem age. Eis por quê, de modo especial e acima das outras virtudes, o objeto da justiça é determinado em si mesmo e é chamado justo. Tal é precisamente o direito. Torna-se, assim, manifesto que o direito é o objeto da justiça.

QUANTO AO 1º, portanto, deve-se dizer que é habitual que os nomes sejam desviados de sua acepção primitiva para significar outras coisas. Assim o termo *medicina*, foi empregado primeiro para designar o remédio ministrado ao enfermo para curá-lo; depois foi aplicado à arte de curar. Assim também, a palavra *direito* foi empregada primeiramente para significar a própria coisa justa; em seguida, estendeu-se à arte de discernir o que é justo; ulteriormente, passou a indicar o lugar onde se aplica o direito ao dizer, por exemplo, alguém comparece ao *juri*; finalmente, chama-se ainda direito o que foi decidido por quem exerce a justiça, embora seja iníquo o que foi decidido.

QUANTO AO 2º, deve-se dizer que na mente do artista preexiste a razão da obra a realizar, a qual se chama a regra da arte. Assim também, da obra justa a ser determinada pela razão, preexiste na mente uma razão, que é uma certa regra da prudência. Quando escrita, dá-se-lhe o nome de lei. Pois, a lei, segundo Isidoro, é uma *constituição escrita*. Por isso, a lei não é propriamente o direito, mas a regra do direito.

QUANTO AO 3º, deve-se dizer que a justiça implica igualdade. Ora, como não podemos retribuir a Deus o equivalente ao que dele recebemos, não podemos, consequentemente, dar-lhe o que é justo, no sentido perfeito da palavra. Por isso, a lei divina não se diz propriamente o direito, mas o dever sagrado, pois basta que demos a Deus aquilo que podemos. Contudo, a justiça impele o homem a retribuir a Deus, tudo quanto pode, submetendo-lhe inteiramente a sua alma[c].

---

8. L. V, c. 3, n. 2: ML 82, 199 A.

---

c. A doutrina aqui expressa é clara em si mesma. Examina-se uma das definições agostinianas da justiça, concebidas no plano religioso como a perfeita submissão do homem a Deus, contrapondo-a ao sentido próprio da justiça, e por consequência

## ARTICULUS 2
### Utrum ius convenienter dividatur in ius naturale et ius positivum

AD SECUNDUM SIC PROCEDITUR. Videtur quod ius non convenienter dividatur in ius naturale et ius positivum.

1. Illud enim quod est naturale est immutabile, et idem apud omnes. Non autem invenitur in rebus humanis aliquid tale: quia omnes regulae iuris humani in aliquibus casibus deficiunt, nec habent suam virtutem ubique. Ergo non est aliquod ius naturale.

2. PRAETEREA, illud dicitur esse positivum quod ex voluntate humana procedit. Sed non ideo aliquid est iustum quia a voluntate humana procedit: alioquin voluntas hominis iniusta esse non posset. Ergo, cum iustum sit idem quod ius, videtur quod nullum sit ius positivum.

3. PRAETEREA, ius divinum non est ius naturale: cum excedat naturam humanam. Similiter etiam non est ius positivum: quia non innititur auctoritati humanae, sed auctoritati divinae. Ergo inconvenienter dividitur ius per naturale et positivum.

SED CONTRA est quod Philosophus dicit, in V *Ethic.*[1], quod *politici iusti hoc quidem naturale est, hoc autem legale*, idest lege positum.

RESPONDEO dicendum quod, sicut dictum est[2], ius, sive iustum, est aliquod opus adaequatum alteri secundum aliquem aequalitatis modum. Dupliciter autem potest alicui homini aliquid esse adaequatum. Uno quidem modo, ex ipsa natura rei: puta cum aliquis tantum dat ut tantundem recipiat. Et hoc vocatur ius naturale. — Alio modo

## ARTIGO 2
### O direito divide-se convenientemente em natural e positivo?

QUANTO AO SEGUNDO, ASSIM SE PROCEDE: parece que o direito **não** se divide convenientemente em natural e positivo.

1. Com efeito, o que é natural é imutável e o mesmo para todos. Ora, tal não se dá nas coisas humanas; porque todas as regras do direito humano falham em certos casos, nem estão em vigor em toda parte. Logo, o direito natural não existe.

2. ALÉM DISSO, chama-se positivo o que procede da vontade humana. Ora, não é por proceder da vontade humana que algo vem a ser justo. Do contrário, a vontade humana não poderia ser injusta. Logo, sendo o justo o mesmo que o direito, parece que não há nenhum direito positivo.

3. ADEMAIS, o direito divino não é o direito natural, pois excede a natureza humana. Igualmente, não é o direito positivo, pois não se apoia na autoridade humana, mas na divina. Logo, é inconveniente dividir o direito em natural e positivo.

EM SENTIDO CONTRÁRIO, o Filósofo afirma: "no direito político, um é natural, outro legal", isto é, posto por lei[d].

RESPONDO. Como já foi dito, o direito ou o justo vem a ser uma obra ajustada a outrem, segundo certo modo de igualdade. Ora, isso pode realizar-se de duas maneiras: 1. em virtude da natureza mesma da coisa. Por exemplo, se alguém dá tanto para receber tanto; isso se chama o direito natural. — 2. por convenção ou comum acordo. Por

---

2 PARALL.: Infra, q. 60, a. 5; V *Ethic.*, lect. 12.

1. C. 10: 1134, b, 18-19.
2. Art. praec.

---

do direito, na esfera das relações humanas, a serem estudadas nessa questão e no conjunto das questões seguintes. Surge uma dificuldade na citação de Sto. Isidoro, na qual aparece a oposição de dois termos técnicos, *ius* e *fas* na frase: "A lei divina não pode estritamente chamar-se de direito (*ius*), mas de dever sagrado (*fas*)". A tradução de *fas* por "dever sagrado" é aproximativa. Nesse texto (citado no início das *Decretais* e bastante difundido na Idade Média), o *ius* designa o que é justo (*iustum*), o direito, objeto da justiça; o *fas* indica o domínio do sagrado, da dependência do homem em relação a Deus, constituindo as obrigações religiosas, que ultrapassam a capacidade da criatura, que ela não conseguirá jamais satisfazer a contento. Somos remetidos ao domínio da virtude de religião, anexa à justiça (ver II-II, q. 81 e s.).

d. O ponto de partida da distinção entre o direito natural e o direito positivo, assim como de suas aplicações nos artigos seguintes, encontra-se em Aristóteles. Este distingue no direito "político" que rege a *polis* (a cidade, a sociedade), supostamente constituída por cidadãos livres e iguais um direito natural e um direito positivo, na medida em que as obrigações e tipos de prestações que eles determinam decorrem seja da natureza das coisas, das ações e das relações humanas, seja de uma disposição puramente convencional. Tal é o ponto de partida adotado por Sto. Tomás, que amplia as perspectivas aristotélicas em dois domínios importantes, senão fundamentais. Em primeiro lugar, ele estende a distinção entre direito natural e positivo à lei divina (sol. 3); além disso, ele vincula o direito natural ao homem, considerado em si mesmo e de maneira absoluta, e não só ao "cidadão", sujeito do "direito político", no qual pensava Aristóteles (ver abaixo, nota 8). Essa ampliação das perspectivas teológicas e antropológicas na compreensão do direito natural é uma inovação audaciosa e rica de consequências.

aliquid est adaequatum vel commensuratum alteri ex condicto, sive ex communi placito: quando scilicet aliquis reputat se contentum si tantum accipiat. Quod quidem potest fieri dupliciter. Uno modo, per aliquod privatum condictum: sicut quod firmatur aliquo pacto inter privatas personas. Alio modo, ex condicto publico: puta cum totus populus consentit quod aliquid habeatur quasi adaequatum et commensuratum alteri; vel cum hoc ordinat princeps, qui curam populi habet et eius personam gerit. Et hoc dicitur ius positivum.

AD PRIMUM ergo dicendum quod illud quod est naturale habenti naturam immutabilem, oportet quod sit semper et ubique tale. Natura autem hominis est mutabilis. Et ideo id quod naturale est homini potest aliquando deficere. Sicut naturalem aequalitatem habet ut deponenti depositum reddatur: et si ita esset quod natura humana semper esset recta, hoc esset semper servandum. Sed quia quandoque contingit quod voluntas hominis depravatur, est aliquis casus in quo depositum non est reddendum, ne homo perversam voluntatem habens male eo utatur: ut puta si furiosus vel hostis reipublicae arma deposita reposcat.

AD SECUNDUM dicendum quod voluntas humana ex communi condicto potest aliquid facere iustum in his quae secundum se non habent aliquam repugnantiam ad naturalem iustitiam. Et in his habet locum ius positivum. Unde Philosophus dicit, in V *Ethic.*³, quod legale iustum est *quod ex principio quidem nihil differt sic vel aliter: quando autem ponitur, differt.* Sed si aliquid de se repugnantiam habeat ad ius naturale, non potest voluntate humana fieri iustum: puta si statuatur quod liceat furari vel adulterium committere. Unde dicitur Is 10,1: *Vae qui condunt leges iniquas.*

AD TERTIUM dicendum quod ius divinum dicitur quod divinitus promulgatur. Et hoc quidem partim est de his quae sunt naturaliter iusta, sed tamen eorum iustitia homines latet: partim autem est de his quae fiunt iusta institutione divina. Unde etiam ius divinum per haec duo distingui potest, sicut et ius humanum. Sunt enim in lege divina

exemplo, quando alguém se dá por satisfeito de receber tanto. O que se pode dar de dois modos: primeiro, por uma convenção particular, quando pessoas privadas firmam entre si um pacto; segundo, por uma convenção pública, quando todo o povo consente que algo seja tido como adequado ou proporcionado a outrem, ou assim o ordena o príncipe, que governa o povo e o representa. Isso se chama direito positivo.

QUANTO AO 1º, portanto, deve-se dizer que o que é natural a um ser dotado de uma natureza imutável há de ser necessariamente o mesmo, sempre e em toda parte. Ora, a natureza humana é mutável. Por isso, o que é natural ao homem pode falhar algumas vezes. Por exemplo, por exigência da igualdade natural, um depósito deve ser restituído a quem o confiou. Assim se deveria observar sempre, se a natureza humana fosse sempre reta. Porém, como por vezes acontece que a vontade humana seja depravada, há casos em que não se deve restituir o depósito confiado, para evitar que um homem de vontade pervertida venha a utilizá-lo mal; por exemplo, se um louco furioso ou um inimigo do Estado reclamasse as armas que depositou°.

QUANTO AO 2º, deve-se dizer que a vontade humana, por uma convenção comum, pode tornar justa uma coisa entre aquelas que em nada se oponham à justiça natural. Tal é o lugar do direito positivo. Daí, o que diz o Filósofo: "O justo legal é aquilo que, antes, não importava ser de um ou de outro modo; porém, importa, sim, depois de estabelecido." Mas, se algo, de si mesmo, se opõe ao direito natural não se pode tornar justo por disposição da vontade humana. Se, por exemplo, se decretasse que é lícito roubar ou cometer adultério. Por isso, está escrito no livro de Isaías: "Ai daqueles que estabelecem leis iníquas."

QUANTO AO 3º, deve-se dizer que se chama direito divino o que foi promulgado por Deus. Quer se trate de coisas naturalmente justas, mas cuja justiça escapa aos homens; quer se trate de coisas que se tornam justas por instituição divina. Daí a dupla distinção que se aplica ao direito divino como ao direito humano. Pois, há na lei divina,

---

3. C. 10: 1134, b, 20-24.

e. A doutrina, evocada aqui em termos bastante vagos, relativa à permanência e evolução do direito natural, deve ser completada pelas exposições das q. 94-97 da I-II, onde os problemas são amplamente estudados por si mesmos, mas sob o ângulo da lei natural. Dir-se-ia que Sto. Tomás quer desembaraçar desses aspectos institucionais e históricos este tratado da justiça concebida como virtude.

quaedam praecepta quia bona, et prohibita quia mala: quaedam vero bona quia praecepta, et mala quia prohibita.

coisas prescritas, porque são boas, e proibidas, porque são más. Outras, ao contrário, são boas, porque prescritas, e más, porque proibidas.

### Articulus 3
### Utrum ius gentium sit idem cum iure naturali

Ad tertium sic proceditur. Videtur quod ius gentium sit idem cum iure naturali.

1. Non enim omnes homines conveniunt nisi in eo quod est eis naturale. Sed in iure gentium omnes homines conveniunt: dicit enim Iurisconsultus[1] quod *ius gentium est quo gentes humanae utuntur*. Ergo ius gentium est ius naturale.

2. Praeterea, servitus inter homines est naturalis: quidam enim sunt naturaliter servi, ut Philosophus probat, in I *Polit*[2]. Sed servitutes pertinent ad ius gentium, ut Isidorus dicit[3]. Ergo ius gentium est ius naturale.

3. Praeterea, ius, ut dictum est[4], dividitur per ius naturale et positivum. Sed ius gentium non est ius positivum: non enim omnes gentes unquam convenerunt ut ex communi condicto aliquid statuerent. Ergo ius gentium est ius naturale.

Sed contra est quod Isidorus dicit[5], quod *ius aut naturale est, aut civile, aut gentium*. Et ita ius gentium distinguitur a iure naturali.

Respondeo dicendum quod, sicut dictum est[6], ius sive iustum naturale est quod ex sui natura est adaequatum vel commensuratum alteri. Hoc autem potest contingere dupliciter. Uno modo, secundum absolutam sui considerationem: sicut masculus ex sui ratione habet commensurationem ad feminam ut ex ea generet, et parens ad filium ut eum nutriat. — Alio modo aliquid est naturaliter alteri commensuratum non secundum absolutam sui rationem, sed secundum aliquid quod ex ipso consequitur: puta proprietas possessionum. Si enim consideretur iste ager absolute, non habet unde magis sit huius quam illius: sed si consideretur quantum ad opportunitatem colendi et ad pacificum usum agri, secundum hoc habet quandam

### Artigo 3
### O direito das gentes é o mesmo que o direito natural?

Quanto ao terceiro, assim se procede: parece que o direito das gentes é o mesmo que o direito natural.

1. Com efeito, todos os homens só estão de acordo sobre aquilo que lhes é natural. Ora, todos estão de acordo sobre o direito das gentes. Assim o diz o Jurisconsulto: "O direito das gentes é utilizado por todas as nações humanas". Logo, o direito das gentes é o direito natural.

2. Além disso, a escravidão é natural entre os homens; pois, alguns são naturalmente escravos, como prova o Filósofo. Ora, as escravidões pertencem ao direito das gentes, como diz Isidoro. Logo, o direito das gentes é o direito natural.

3. Ademais, o direito, já foi dito, divide-se em natural e positivo. Ora, o direito das gentes não é positivo, pois jamais todas as nações se reuniram para estabelecer algo de comum acordo. Logo, o direito das gentes é o direito natural.

Em sentido contrário, Isidoro declara: "O direito ou é natural ou civil ou das gentes". Assim, o direito das gentes é distinto do direito natural.

Respondo. Com se disse, o direito ou o justo natural é o que, por natureza, é ajustado ou proporcional a outrem. Ora, isso se pode dar de duas maneiras: primeiro, segundo a consideração absoluta da coisa em si mesma. Assim, o macho, por natureza, está adaptado à fêmea para dela gerar filhos; e o pai, ao filho, para que o nutra. — Segundo, algo é naturalmente adaptado a outrem, não segundo a razão absoluta da coisa em si, mas tendo em conta as suas consequências: por exemplo, a propriedade privada. Com efeito, a considerar tal campo de maneira absoluta, nada tem que o faça pertencer a um indivíduo mais do que a outro. Porém, considerado sob o ângulo da oportunidade de cultivá-lo ou de seu uso pacífico,

---

3  Parall.: I-II, q. 95, a. 4, ad 1; V *Ethic*., lect. 12.

   1. *Digest*., l. I, t. 1, c. 1: ed. Krueger, t. I, p. 29 a.
   2. C. 4: 1254, a, 15.
   3. L. V, c. 6, n. 1: ML 82, 199 C.
   4. Art. praec.
   5. L. V, c. 4, n. 1: ML 82, 199 B.
   6. Art. praec.

commensurationem ad hoc quod sit unius et non alterius, ut patet per Philosophum, in II *Polit*.[7].

Absolute autem apprehendere aliquid non solum convenit homini, sed etiam aliis animalibus. Et ideo ius quod dicitur naturale secundum primum modum, commune est nobis et aliis animalibus. A iure autem naturali sic dicto recedit *ius gentium*, ut Iurisconsultus dicit[8]: *quia illud omnibus animalibus, hoc solum hominibus inter se commune est.* Considerare autem aliquid comparando ad id quod ex ipso sequitur, est proprium rationis. Et ideo hoc quidem est naturale homini secundum rationem naturalem, quae hoc dictat. Et ideo dicit Gaius iurisconsultus[9]: *Quod naturalis ratio inter omnes homines constituit, id apud omnes gentes custoditur, vocaturque ius gentium.*

Et per hoc patet responsio AD PRIMUM.

AD SECUNDUM dicendum quod hunc hominem esse servum, absolute considerando, magis quam alium, non habet rationem naturalem: sed solum secundum aliquam utilitatem consequentem, inquantum utile est huic quod regatur a sapientiori, et illi quod ab hoc iuvetur, ut dicitur in I *Polit*[10]. Et ideo servitus pertinens ad ius gentium est naturalis secundo modo, sed non primo.

AD TERTIUM dicendum quod quia ea quae sunt iuris gentium naturalis ratio dictat, puta ex propinquo habentia aequitatem; inde est quod non indigent aliqua speciali institutione, sed ipsa naturalis ratio ea instituit, ut dictum est in auctoritate inducta.

tem certa conveniência que seja de um e não de outro, como o Filósofo o põe em evidência.

Ora, apreender as coisas de maneira absoluta não convém apenas ao homem, mas também aos animais. Eis por quê, o direito chamado natural, no primeiro sentido, nos é comum, a nós e aos animais. "Do direito natural assim entendido, afasta-se o direito das gentes," no dizer do Jurisconsulto; "pois, aquele é comum a todos os animais, este, porém somente aos homens entre si". Ora, considerar alguma coisa, confrontando-a com suas consequências, é próprio da razão. Portanto, isso é natural ao homem, segundo a razão natural, que dita esse proceder. Assim o declara o jurisconsulto Gaio: "Aquilo que a razão natural estabelece entre todos os homens, todas as nações o observam, e se chama o direito das gentes"[f].

QUANTO AO 1º, portanto, deve-se dizer que assim se acha resolvida a primeira objeção.

QUANTO AO 2º, deve-se dizer que, considerando de maneira absoluta, não há razão natural para que este homem seja escravo, mais do que um outro, mas só por uma utilidade consequente, enquanto seja vantajoso a um ser governado por um mais sábio, e a este ser ajudado por aquele, como diz Aristóteles. Por isso, a escravidão, pertencente ao direito das gentes, é natural no segundo sentido, não no primeiro[g].

QUANTO AO 3º, deve-se dizer que a razão natural dita o que pertence ao direito das gentes, levando em conta sua afinidade com a equidade. Por isso, esses pontos do direito das gentes não precisam de uma instituição especial, mas são estabelecidos pela própria razão natural, como se diz na autoridade citada.

---

7. C. 5: 1263, a, 21-24.
8. *Digest.*, l. I, t. 1, c. 1: ed. Krueger, t. I, p. 29 a.
9. *Digest.*, l. I, t. 1, c. 9: ed. Krueger, t. I, p. 29 b.
10. C. 6: 1255, b, 5-9.

---

f. O "direito das gentes" é entendido e explicado aqui como um direito consuetudinário, que se supõe universal, compreendendo os usos e práticas comuns aos diferentes povos. Não poderíamos identificá-lo com a noção moderna de "direito internacional", que era preparada, quando não ilustrada, por essa reflexão sobre o caráter (em si) racional e universal (pelo menos em princípio) das práticas "estabelecidas" ou "observadas" pelas "nações". A doutrina exposta nesse artigo liga-se essencialmente às seguintes distinções aristotélicas: de um direito natural fundado seja sobre uma consideração absoluta, seja sobre uma consideração relativa das coisas ou das instituições; o que constitui uma dupla categoria: primária e secundária, do mesmo direito natural. Na segunda categoria, de um direito natural derivando da consideração das "consequências", das vantagens ou inconvenientes de uma prática ou de uma instituição, entra a noção de "direito das gentes" (que se identifica desse modo com o direito natural secundário...). A preocupação de conciliar Aristóteles e os juristas romanos, que estendiam aos animais o direito natural (primário), concebido de maneira absoluta, vem trazer algumas complicações acessórias a uma doutrina de resto bastante complexa. A doutrina aristotélica do direito natural é aplicada com toda clareza à questão da propriedade privada (ver abaixo q. 66, a. 1-2).

g. O caráter "natural" da escravidão é concebido aqui nas perspectivas aristotélicas. A condição servil é considerada "natural" e legítima nesse sentido de que uma forma de dependência pode ser útil "para esse indivíduo" (= o escravo) que ganha ao ser (melhor) dirigido "por um mais sábio", e para "este (= o senhor), é útil ser ajudado pelo primeiro". Justificava-se assim

## Articulus 4
### Utrum debeat specialiter distingui ius paternum et dominativum

Ad quartum sic proceditur. Videtur quod non debeat specialiter distingui ius paternum et dominativum.

1. Ad iustitiam enim pertinet *reddere unicuique quod suum est*; ut dicit Ambrosius, in I *de Officiis*[1]. Sed ius est obiectum iustitiae, sicut dictum est[2]. Ergo ius ad unumquemque aequaliter pertinet. Et sic non debet distingui specialiter ius patris et domini.

2. Praeterea, ratio iusti est lex, ut dictum est[3]. Sed lex respicit commune bonum civitatis et regni, ut supra[4] habitum est: non autem respicit bonum privatum unius personae, aut etiam unius familiae. Non ergo debet esse aliquod speciale ius vel iustum dominativum vel paternum: cum dominus et pater pertineant ad domum, ut dicitur in I *Polit*.[5]

3. Praeterea, multae aliae sunt differentiae graduum in hominibus: ut puta quod quidam sunt milites, quidam sacerdotes, quidam principes. Ergo ad eos debet aliquod speciale iustum determinari.

Sed contra est quod Philosophus, in V *Ethic*.[6], specialiter a iusto politico distinguit dominativum et paternum, et alia huiusmodi.

Respondeo dicendum quod ius, sive iustum, dicitur per commensurationem ad alterum. Alterum autem potest dici dupliciter. Uno modo, quod simpliciter est alterum, sicut quod est omnino distinctum: sicut apparet in duobus hominibus quorum unus non est sub altero, sed ambo sunt sub uno principe civitatis. Et inter tales, secundum Philosophum, in V *Ethic*.[7], est simpliciter iustum. — Alio modo dicitur aliquid alterum

## Artigo 4
### Deve distinguir-se especialmente o direito paterno e senhorial?

Quanto ao quarto, assim se procede: parece que **não** se deve distinguir especialmente o direito paterno e senhorial.

1. Com efeito, compete à justiça dar a cada um o que lhe pertence, como diz Ambrósio. Ora, o direito é o objeto da justiça, conforme já ficou dito. Logo, o direito pertence igualmente a todos. E, assim, não se deve distinguir especialmente o direito do pai e do senhor.

2. Além disso, a razão que determina a justiça é a lei, já foi dito. Ora, a lei diz respeito ao bem comum da cidade e do reino, como acima se estabeleceu, e não ao bem privado de uma só pessoa ou de uma só família. Logo, não deve haver um direito ou uma justiça especiais para o senhor ou o pai, pois fazem parte da casa, como diz Aristóteles.

3. Ademais, há entre os homens muitas outras diferenças de graus. Assim, uns são soldados, outros sacerdotes ou príncipes. Seria, portanto, necessário estabelecer para eles direitos especiais.

Em sentido contrário, o Filósofo distingue do direito político, o senhorial e o paterno, bem como outros do mesmo gênero.

Respondo. O direito ou o justo se diz em relação ao outro. Ora o outro se pode entender de dois modos. 1º O que é simplesmente e totalmente outro, como se vê em dois homens, dos quais um não depende do outro, mas são ambos sujeitos ao mesmo príncipe da cidade. Entre esses homens, no dizer do Filósofo, existe um direito absoluto. 2º Fala-se de outro, não de maneira absoluta, mas como uma espécie de parte daquele com que se

---

4    Parall.: Infra, q. 58, a. 7, ad 3; II *Sent.*, dist. 44, q. 2, a. 1; III, dist. 9, q. 1, a. 1, q.la 4; V *Ethic.*, lect. 11.

1. C. 24, n. 115: ML 16, 57 A.
2. Art. 1.
3. Ibid., ad 2.
4. I-II, q. 90, a. 2.
5. C. 3: 1253, b, 5-8.
6. C. 10: 1134, b, 8-9.
7. C. 10: 1134, a, 26.

---

uma condição inumana, mais ou menos cruel, recorrendo-se a um argumento teórico, fundado na partilha e subordinação das competências no trabalho. Na solução 2 do artigo seguinte, lembra-se felizmente que o escravo permanece sempre "tal homem", dotado "de uma subsistência própria que o distingue dos outros, e que, sob esse ângulo, ele está em relação de justiça". Sto. Tomás não levou até o fim essa importante observação pessoal visando criticar de maneira radical a instituição da escravidão. Uma tal contestação, já exemplificada antes dele, entre outros, por Alcuíno, será desenvolvida por discípulos seus, como Francisco de Vitória e Bartolomeu de Las Casas (contra G. de Sepúlveda, que explorava precisamente num sentido escravagista os textos de Aristóteles e de Sto. Tomás). Sobre esse problema da escravidão ou da servidão neste último, ver abaixo q. 103, nota 1.

non simpliciter, sed quasi aliquid eius existens. Et hoc modo in rebus humanis filius est aliquid patris, quia quodammodo est pars eius, ut dicitur in VIII *Ethic*.[8]; et servus est aliquid domini, quia est instrumentum eius, ut dicitur in I *Polit*.[9]. Et ideo patris ad filium non est comparatio sicut ad simpliciter alterum: et propter hoc non est ibi simpliciter iustum, sed quoddam iustum, scilicet paternum. Et eadem ratione nec inter dominum et servum: sed est inter eos dominativum iustum.

Uxor autem, quamvis sit aliquid viri, quia comparatur ad eam sicut ad proprium corpus, ut patet per Apostolum, *ad* Eph 5,28, tamen magis distinguitur a viro quam filius a patre vel servus a domino: assumitur enim in quandam socialem vitam matrimonii. Et ideo, ut Philosophus dicit[10], inter virum et uxorem plus est de ratione iusti quam inter patrem et filium, vel dominum et servum. Quia tamen vir et uxor habent immediatam relationem ad domesticam communitatem, ut patet in I *Polit*.[11]; ideo inter eos non est etiam simpliciter politicum iustum, sed magis iustum oeconomicum.

AD PRIMUM ergo dicendum quod ad iustitiam pertinet reddere ius suum unicuique, supposita tamen diversitate unius ad alterum: si quis enim sibi det quod sibi debetur, non proprie vocatur hoc iustum. Et quia quod est filii est patris, et quod est servi est domini, ideo non est proprie iustitia patris ad filium, vel domini ad servum.

AD SECUNDUM dicendum quod filius, inquantum filius, est aliquid patris; et similiter servus, inquantum servus, est aliquid domini. Uterque tamen prout consideratur ut quidam homo, est aliquid

relaciona. Assim, nas coisas humanas, o filho é algo de seu pai, por ser, de certo modo, parte dele, como diz Aristóteles. De maneira semelhante, o escravo é algo do senhor, sendo seu instrumento, como diz o mesmo filósofo. Portanto, o pai não se compara com o filho como com alguém totalmente outro. Por isso, não há aí um direito absoluto, mas um certo direito, que é o direito paterno. Nem também, pela mesma razão, entre senhor e escravo; entre eles, existe o direito senhorial.

A esposa, ao contrário, embora seja algo do marido, que se liga a ela como a seu próprio corpo, segundo a palavra do Apóstolo, distingue-se no entanto dele mais do que o filho de seu pai, e o escravo de seu senhor. Pois é assumida para a vida social do matrimônio. Por isso, como diz o Filósofo, entre marido e mulher se realiza mais a razão de direito do que entre o pai e seu filho, ou o senhor e seu escravo. Como, porém, o marido e a mulher estão em uma relação imediata de comunidade doméstica, como se vê em Aristóteles, não há entre eles o direito político estrito, mas antes, o direito doméstico[h].

QUANTO AO 1º, portanto, deve-se dizer que compete à justiça dar a cada um o seu direito, supondo, porém, que há diversidade de um em relação ao outro; pois se alguém dá a si mesmo o que é devido, não se trata propriamente de direito. Ora, o que é do filho é do pai, e o que é do escravo é do senhor; por isso, do pai para o filho, do senhor para o escravo, não há propriamente justiça.

QUANTO AO 2º, deve-se dizer que o filho, enquanto filho, é algo do pai; e, de maneira semelhante, o escravo enquanto escravo, é algo do senhor. Cada um deles, porém, considerado como

---

8. C. 14: 1161, b, 18-19.
9. C. 4: 1253, b, 32; 1254, a, 14-15.
10. *Eth*., l. V, c. 10: 1134, b, 15-18.
11. C. 3: 1253, b, 6-11; c. 12: 1259, a, 39-b, 4.

h. Com Aristóteles, distingue-se aqui a sociedade, a "cidade" (*polis*), a qual é a esfera do direito no sentido próprio e absoluto (ver nota 4), e a comunidade doméstica, que é na verdade a família ampliada (o marido e a mulher, os pais e as crianças, os senhores e os escravos), na qual se desenvolvem as relações de um "direito doméstico". Visto a desigualdade entre os membros da família, o direito que lhes concerne no interior da casa não atende à noção essencial do direito, que, no sentido estrito para Aristóteles é o direito "político" (que governa cidadãos "iguais"). Só esse direito no sentido próprio e pleno é objeto da justiça. Ao aceitar esses pontos de vista e ao excluir a família enquanto tal do domínio do direito e da justiça, Sto. Tomás não faz dela, por isso, um lugar de dominação ou de autoridade arbitrária. O fato de que os membros da família não sejam absolutamente "outros", "iguais", independentes uns dos outros, exclui, sem dúvida nessa concepção hierárquica, o recurso à justiça para reger as relações em termos de "direitos" e de "leis"; mas a condição dos inferiores (escravos, crianças, a própria esposa) de serem "alguma coisa" daquele que é o chefe (pai, senhor, esposo), de pertencer-lhe como a sua pessoa por laços de dependência e de afeição, fundará o apelo a outras virtudes. Estas, sem ter o rigor da justiça, estabelecerão relações mais estreitas e mais constantes. Tal é o caso, em grau eminente, da virtude de piedade filial e paterna (ver abaixo as virtudes de piedade, de respeito, de serviço e de obediência, (q. 101 e s.). Ademais, o fato de que uma virtude não realize todas as condições para ser contada entre as espécies de justiça não significa segundo Sto. Tomás que seja necessariamente de um valor menor (ver abaixo, q. 81, Introdução à Religião).

secundum se subsistens ab aliis distinctum. Et ideo inquantum uterque est homo, aliquo modo ad eos est iustitia. Et propter hoc etiam aliquae leges dantur de his quae sunt patris ad filium, vel domini ad servum. Sed inquantum uterque est aliquid alterius, secundum hoc deficit ibi perfecta ratio iusti vel iuris.

AD TERTIUM dicendum quod omnes aliae diversitates personarum quae sunt in civitate, habent immediatam relationem ad communitatem civitatis et ad principem ipsius. Et ideo ad eos est iustum secundum perfectam rationem iustitiae. Distinguitur tamen istud iustum secundum diversa officia. Unde et dicitur ius militare vel ius magistratuum aut sacerdotum, non propter defectum a simpliciter iusto, sicut dicitur ius paternum et dominativum: sed propter hoc quod unicuique conditioni personae secundum proprium officium aliquid proprium debetur.

um homem, é algo por si subsistente e distinto dos outros. Por isso, enquanto um e outro são homens, há de certo modo justiça para eles. Eis por quê, se estabelecem leis sobre as relações do pai para com o filho, e do senhor para com o escravo. No entanto, enquanto ambos são algo de um outro, sob esse aspecto, não se realiza aí a noção perfeita de justiça e de direito.

QUANTO AO 3º, deve-se dizer que todas as outras diferenças das pessoas que se encontram na cidade, têm uma relação imediata com a cidade e com o seu príncipe. Por isso, a elas se aplica o direito, segundo a noção perfeita da justiça. Este direito se distingue, todavia, segundo a diversidade das funções. Fala-se, assim, do direito militar, do direito dos magistrados ou dos sacerdotes. Não é que se trate aí de deficiência na plena realização do direito, como no caso do direito paterno ou senhorial. Mas, sim, porque a cada condição da pessoa, segundo a sua função própria, se deve algo de próprio.

## QUAESTIO LVIII
## DE IUSTITIA
*in duodecim articulos divisa*
Deinde considerandum est de iustitia.
Circa quam quaeruntur duodecim.
*Primo:* quid sit iustitia.
*Secundo:* utrum iustitia semper sit ad alterum.
*Tertio:* utrum sit virtus.

## QUESTÃO 58
## A JUSTIÇA[a]
*em doze artigos*
Em seguida vamos tratar da justiça.
A esse respeito, doze questões.
1. Que é a justiça?
2. É sempre relativa a outrem?
3. É uma virtude?

---

a. Segundo o procedimento utilizado na II-II, q. 47 para a prudência, a questão 58 reúne as noções fundamentais que estarão na base de todos os desenvolvimentos posteriores.

O núcleo ou ponto de partida dessa elaboração se encontra nos quatro primeiros capítulos do livro V da *Ética a Nicômaco*. Mas, em torno desse núcleo aristotélico, estão ordenadas as contribuições provenientes dos juristas romanos, das tradições cristãs, patrísticas e medievais. Esses diferentes elementos, anteriormente dispersos, pertencendo a gêneros literários e a sistemas de pensamento bastante diversos, são retomados, definidos e utilizados de modo a constituir uma doutrina orgânica, esclarecida e animada por uma nova inspiração.

Podemos reconhecer uma marcha progressiva, que se traduz nas etapas seguintes, correspondendo a outras tantas articulações da questão:

Os quatro primeiros artigos são consagrados a precisar a natureza da justiça, a partir de sua definição (a. 1), destacando sua característica mais geral, a relação com os outros (a. 2), para salientar sua qualidade de ser uma virtude (a. 3), tendo sua sede na vontade (a. 4).

Os quatro artigos seguintes buscam estabelecer e ordenar as diferentes partes da justiça: primeiramente, enquanto virtude geral (a. 5 e 6), e em seguida como justiça particular (a. 7 e 8). Os esclarecimentos definitivos efetuados aqui, sobre a justiça geral ou legal e sobre as espécies da justiça particular (distributiva e cumutativa), constituem uma contribuição original e fecunda ao pensamento ético e jurídico nesse domínio. Ele sai da fase de hesitações e tateamentos para atingir as possibilidades de uma sistematização segura e formalizada, representando todavia ápices intelectuais, difíceis de galgar e de manter a longo prazo.

Os quatro últimos artigos elucidam as propriedades que decorrem da noção de justiça que acaba de ser elaborada: essa virtude concerne à retidão das ações, e não ao domínio das paixões (a. 9); seu termo justo, sua medida virtuosa terá por conseqüência um caráter objetivo (a. 10), uma vez que ela tende a dar a cada um o que lhe é devido, o que é estritamente seu direito (a. 11); daí, sua preeminência no universo das virtudes, no qual a justiça emerge como uma finalidade (a. 12).

A disposição cuidadosa e harmoniosa desses artigos mostra a particular preocupação com uma elaboração perfeita, requintada mesma, que presidiu à composição dessa questão.

*Quarto:* utrum sit in voluntate sicut in subiecto.
*Quinto:* utrum sit virtus generalis.
*Sexto:* utrum secundum quod est generalis, sit idem in essentia cum omni virtute.
*Septimo:* utrum sit aliqua iustitia particularis.
*Octavo:* utrum iustitia particularis habeat propriam materiam.
*Nono:* utrum sit circa passiones, vel circa operationes tantum.
*Decimo:* utrum medium iustitiae sit medium rei.
*Undecimo:* utrum actus iustitiae sit reddere unicuique quod suum est.
*Duodecimo:* utrum iustitia sit praecipua inter alias virtutes morales.

4. Está na vontade como em seu sujeito?
5. É uma virtude geral?
6. Como virtude geral, se identifica essencialmente com toda virtude?
7. Há uma justiça particular?
8. A justiça particular tem uma matéria própria?
9. Estende-se às paixões ou só às ações?
10. A medida da justiça é uma medida real?
11. O ato da justiça consiste em dar a cada um o que lhe é devido?
12. A justiça é a primeira das virtudes morais?

## Articulus 1
### Utrum convenienter definiatur quod *iustitia est constans et perpetua voluntas ius suum unicuique tribuens*

AD PRIMUM SIC PROCEDITUR. Videtur quod inconvenienter definiatur a iurisperitis quod *iustitia est constans et perpetua voluntas ius suum unicuique tribuens*[1].

1. Iustitia enim, secundum Philosophum, in V *Ethic.*[2], est *habitus a quo sunt aliqui operativi iustorum, et a quo operantur et volunt iusta*. Sed voluntas nominat potentiam, vel etiam actum. Ergo inconvenienter iustitia dicitur esse voluntas.

2. PRAETEREA, rectitudo voluntatis non est voluntas: alioquin, si voluntas esset sua rectitudo, sequeretur quod nulla voluntas esset perversa. Sed secundum Anselmum, in libro *de Veritate*[3], *iustitia est rectitudo*. Ergo iustitia non est voluntas.

3. PRAETEREA, sola Dei voluntas est perpetua. Si ergo iustitia est perpetua voluntas, in solo Deo erit iustitia.

4. PRAETEREA, omne perpetuum est constans: quia est immutabile. Superflue ergo utrumque ponitur in definitione iustitiae, et *perpetuum* et *constans*.

5. PRAETEREA, reddere ius unicuique pertinet ad principem. Si igitur iustitia sit ius suum unicuique tribuens, sequetur quod iustitia non sit nisi in principe. Quod est inconveniens.

## Artigo 1
### É conveniente a definição: a justiça é a vontade constante e perpétua de dar a cada um o seu direito?

QUANTO AO PRIMEIRO ARTIGO, ASSIM SE PROCEDE: parece que **não** é conveniente a definição dada pelos jurisperitos: a justiça é a vontade constante e perpétua de dar a cada um o seu direito.

1. Com efeito, segundo o Filósofo, a justiça é o "hábitus que leva a praticar coisas justas, a realizar e a querer o que é justo". Ora, a vontade designa uma potência ou também um ato. Logo, não é apropriado dizer quer a justiça é a vontade.

2. ALÉM DISSO, a retidão da vontade não é a vontade. Pois, se a vontade fosse sua própria retidão, nenhuma vontade poderia ser perversa. Ora, segundo Anselmo, a justiça é retidão. Logo, a justiça não é a vontade.

3. ADEMAIS, só a vontade de Deus é perpétua. Se a justiça fosse uma vontade perpétua, a justiça existiria somente em Deus.

4. ADEMAIS, tudo o que é perpétuo é constante, pois é imutável. Logo, é supérfluo juntar, na definição da justiça, as palavras perpétuo e constante.

5. ADEMAIS, compete ao príncipe dar a cada um o seu direito. Se, portanto, a justiça consiste em dar a cada um o seu direito, a justiça só existe no príncipe. O que é inadmissível.

---

1
1. *Digest.*, l. I, t. 1, c. 10: ed. Krueger, t. I, p. 29; *Instit.*, l. I, t. 1, c. 1: ed. Krueger, t. I, p. 1 a.
2. C. 1: 1129, a, 7-11.
3. C. 12, al. 13: ML 158, 480 B.

6. PRAETEREA, Augustinus dicit, in libro *de Moribus Eccles.*⁴, quod *iustitia est amor Deo tantum serviens*. Non ergo reddit unicuique quod suum est.

RESPONDEO dicendum quod praedicta iustitiae definitio conveniens est, si recte intelligatur. Cum enim omnis virtus sit habitus qui est principium boni actus, necesse est quod virtus definiatur per actum bonum circa propriam materiam virtutis. Est autem iustitia circa ea quae ad alterum sunt sicut circa propriam materiam, ut infra⁵ patebit. Et ideo actus iustitiae per comparationem ad propriam materiam et obiectum tangitur cum dicitur, *ius suum unicuique tribuens* quia, ut Isidorus dicit, in libro *Etymol.*⁶, *iustus dicitur quia ius custodit*. Ad hoc autem quod aliquis actus circa quamcumque materiam sit virtuosus, requiritur quod sit voluntarius, et quod sit stabilis et firmus: quia Philosophus dicit, in II *Ethic*.⁷, quod ad virtutis actum requiritur primo quidem quod *operetur sciens,* secundo autem quod *eligens et propter debitum finem,* tertio quod *immobiliter operetur.* Primum autem horum includitur in secundo: quia *quod per ignorantiam agitur est involuntarium,* ut dicitur in III *Ethic*.⁸. Et ideo in definitione iustitiae primo ponitur *voluntas*, ad ostendendum quod actus iustitiae debet esse voluntarius. Additur autem de *constantia* et *perpetuitate*, ad designandum actus firmitatem. Et ideo praedicta definitio est completa definitio iustitiae, nisi quod actus ponitur pro habitu, qui per actum specificatur: habitus enim ad actum dicitur. Et si quis vellet in debitam formam definitionis reducere, posset sic dicere: quod *iustitia est habitus secundum quem aliquis constanti et perpetua voluntate ius suum unicuique tribuit.* — Et quasi est eadem definitio cum ea quam Philosophus ponit, in V *Ethic*.⁹, dicens quod *iustitia est habitus secundum quem aliquis dicitur operativus secundum electionem iusti.*

6. ADEMAIS, Agostinho diz: "A justiça é o amor a serviço só de Deus." Logo, não dá a cada um o que é seu.

RESPONDO. A definição da justiça dada acima é apropriada se for bem compreendida. Pois, sendo toda virtude um hábitus que é princípio de atos bons, cumpre definir a virtude por um ato bom, tendo por objeto a matéria mesma da virtude. Ora, a matéria própria da justiça são os atos relativos a outrem, como a seguir se explicará. Portanto, indica-se o ato de justiça em relação com sua matéria própria e o seu objeto, quando se diz: "dar a cada um o seu direito"; porque, como diz Isidoro, "chama-se justo aquele que guarda o direito". Mas, seja qual for a matéria em que se exerça, um ato para ser virtuoso, há de ser necessariamente, voluntário, estável e firme. Com efeito, o Filósofo diz: Para o ato de virtude se exige, primeiro que se faça com conhecimento; segundo, com escolha e para um fim devido; terceiro, com firmeza inabalável. Ora, a primeira das condições está incluída na segunda, pois o que é feito por ignorância é involuntário, segundo Aristóteles. Por isso, na definição da justiça, menciona-se primeiro a vontade, para mostrar que o ato de justiça deve ser voluntário. Ajunta-se, porém, a constância e a perpetuidade, para indicar a firmeza do ato. Assim, pois, a referida definição da justiça é completa, a não ser que se toma o ato pelo hábitus, que é especificado pelo ato, já que o hábitus se ordena ao ato. Para dar a essa definição sua devida forma, bastaria dizer: "A justiça é o hábitus, pelo qual, com vontade constante e perpétua, se dá a cada um o seu direito". — Essa definição é quase idêntica à que Aristóteles enuncia: "a justiça é o hábitus que leva alguém a agir segundo a escolha que faz do que é justo"ᵇ.

---

4. C. 15: ML 32, 1322.
5. Art. 2, 8.
6. L. X, ad litt. I, n. 125: ML 82, 380 B.
7. C. 3: 1105, a, 31 — b, 5.
8. C. 1: 1109, b, 35-1110, a, 1.
9. C. 9: 1134, a, 1-3.

---

b. O jogo das objeções e das soluções, e sobretudo o corpo do artigo, manifestam o processo de clarificação das noções, usualmente seguido pelo autor nesse tipo de artigos, ao iniciar uma questão fundamental. Na elaboração da definição da justiça, ele busca unir e harmonizar a noção corrente de justiça ("*dar a cada um o que é devido*"), da qual os juristas são representantes privilegiados, com a doutrina de Aristóteles, chamada a fornecer-lhe a estrutura ética e uma formalização rigorosa, por intermédio da noção precisa de *virtude* (de hábitus virtuoso).

Este artigo se apresenta como uma síntese e um quadro cujos principais elementos serão retomados e desenvolvidos nos artigos seguintes.

Ad primum ergo dicendum quod voluntas hic nominat actum, non potentiam. Est autem consuetum quod apud auctores habitus per actus definiantur: sicut Augustinus dicit, *super Ioan*[10], quod fides est *credere quod non vides*.

Ad secundum dicendum quod neque etiam iustitia est essentialiter rectitudo, sed causaliter tantum: est enim habitus secundum quem aliquis recte operatur et vult.

Ad tertium dicendum quod voluntas potest dici perpetua dupliciter. Uno modo, ex parte ipsius actus, qui perpetuo durat. Et sic solius Dei voluntas est perpetua. Alio modo, ex parte obiecti: quia scilicet aliquis vult perpetuo facere aliquid. Et hoc requiritur ad rationem iustitiae. Non enim sufficit ad rationem iustitiae quod aliquis velit ad horam in aliquo negotio servare iustitiam, quia vix invenitur aliquis qui velit in omnibus iniuste agere: sed requiritur quod homo habeat voluntatem perpetuo et in omnibus iustitiam conservandi.

Ad quartum dicendum quod quia perpetuum non accipitur secundum durationem perpetuam actus voluntatis, non superflue additur *constans*: ut sicut per hoc quod dicitur *perpetua voluntas* designatur quod aliquis gerat in proposito perpetuo iustitiam conservandi, ita etiam per hoc quod dicitur *constans* designatur quod in hoc proposito firmiter perseveret.

Ad quintum dicendum quod iudex reddit quod suum est per modum imperantis et dirigentis: quia *iudex est iustum enimatum*, et *princeps est custos iusti*, ut dicitur in V *Ethic.*[11]. Sed subditi reddunt quod suum est unicuique per modum executionis.

Ad sextum dicendum quod sicut in dilectione Dei includitur dilectio proximi, ut supra[12] dictum est; ita etiam in hoc quod homo servit Deo includitur quod unicuique reddat quod debet.

Quanto ao 1º, portanto, deve-se dizer que vontade aqui designa o ato, não a potência. Aliás, os autores costumam definir o hábitus pelo ato. Assim Agostinho declara: "a fé é crer o que não vês".

Quanto ao 2º, deve-se dizer que nem mesmo a justiça é a retidão de maneira essencial, mas só causal, pois é um hábitus pelo qual se age e se quer com retidão.

Quanto ao 3º, deve-se dizer que a vontade pode ser chamada perpétua de dois modos. Primeiro, do lado do ato, que dura perpetuamente; e, assim só a vontade de Deus é perpétua. Segundo, do lado do objeto, quando alguém quer perpetuamente fazer alguma coisa. É o que exige a noção de justiça. Para realizá-la, não basta, com efeito, querer respeitar a justiça em um momento, em certo negócio; pois, quase não se encontra quem, em tudo, queira agir injustamente. É preciso que o homem, sempre e em tudo, tenha a vontade de observar a justiça.

Quanto ao 4º, deve-se dizer que perpétuo não visa significar a duração perpétua do ato da vontade. Não é, pois, supérfluo ajuntar-lhe a palavra constante. Assim, dizendo vontade perpétua, se indica que se tem o propósito de observar sempre a justiça; acrescentando constante, se exprime a firme perseverança nesse propósito.

Quanto ao 5º, deve-se dizer que o juiz dá a cada um o que lhe pertence, como quem manda e dirige; pois, "o juiz é o direito animado," e o "príncipe é o guarda do direito", como diz Aristóteles. Os súditos, porém, dão a cada um o que lhe pertence, a modo de execução.

Quanto ao 6º, deve-se dizer que assim como o amor do próximo está incluído no amor de Deus, como se disse anteriormente, assim servir a Deus implica em dar a cada um o que lhe é devido.

## Articulus 2
### Utrum iustitia semper sit ad alterum

Ad secundum sic proceditur. Videtur quod iustitia non semper sit ad alterum.
1. Dicit enim Apostolus, *ad Rm* 3,22, quod *iustitia Dei est per fidem Iesu Christi*. Sed fides

## Artigo 2
### A justiça será sempre relativa a outrem?

Quanto ao segundo, assim se procede: parece que a justiça **não** será sempre relativa a outrem.
1. Com efeito, o Apóstolo diz que "a justiça de Deus é dada pela fé em Jesus Cristo." Ora, a fé

---
10. Tract. 40, n. 9: ML 35, 1690.
11. Cc. 7, 10: 1132, a, 21-25; 1134, b, 1-2.
12. Q. 25, a. 1.

2 Parall.: Supra, q. 57, a. 4; I-II, q. 113, a. 1; V *Ethic.*, lect. 17.

non dicitur per comparationem unius hominis ad alterum. Ergo neque iustitia.

2. Praeterea, secundum Augustinum, in libro *de Moribus Eccles.*[1], ad iustitiam pertinet, ob hoc quod servit Deo, *bene imperare ceteris, quae homini sunt subiecta*. Sed appetitus sensitivus est homini subiectus: ut patet Gn 4,7, ubi dicitur: *Subter te erit appetitus eius*, scilicet peccati, *et tu dominaberis illius*. Ergo ad iustitiam pertinet dominari proprio appetitui. Et sic erit iustitia ad seipsum.

3. Praeterea, iustitia Dei est aeterna. Sed nihil aliud fuit Deo coaeternum. Ergo de ratione iustitiae non est quod sit ad alterum.

4. Praeterea, sicut operationes quae sunt ad alterum indigent rectificari, ita etiam operationes quae sunt ad seipsum. Sed per iustitiam rectificantur operationes: secundum illud Pr 11,5: *Iustitia simplicis dirigit viam eius*. Ergo iustitia non solum est circa ea quae sunt ad alterum, sed etiam circa ea quae sunt ad seipsum.

Sed contra est quod Tullius dicit, in I *de Offic.*[2], quod iustitiae *ea ratio* est *qua societas hominum inter ipsos, et vitae communitas continetur*. Sed hoc importat respectum ad alterum. Ergo iustitia est solum circa ea quae sunt ad alterum.

Respondeo dicendum quod, sicut supra[3] dictum est, cum nomen iustitiae aequalitatem importet, ex sua ratione iustitia habet quod sit ad alterum: nihil enim est sibi aequale, sed alteri. Et quia ad iustitiam pertinet actus humanos rectificare, ut dictum est[4], necesse est quod alietas ista quam requirit iustitia, sit diversorum agere potentium. Actiones autem sunt suppositorum et totorum, non autem, proprie loquendo, partium et formarum, seu potentiarum: non enim proprie dicitur quod manus percutiat, sed homo per manum; neque proprie dicitur quod calor calefaciat, sed ignis per calorem. Secundum tamen similitudinem quandam haec dicuntur. Iustitia ergo proprie dicta requirit diversitatem suppositorum: et ideo non est nisi unius hominis ad alium. Sed secundum similitudinem accipiuntur in uno et eo dem homine diversa principia actionum quasi diversa agentia: sicut ratio et irascibilis et concupiscibilis. Et ideo metaphorice in uno et eodem homine dicitur esse iustitia, secundum quod ratio imperat irascibili et concupiscibili, et secundum quod hae obediunt rationi, et universaliter secundum quod unicuique

não implica relação de um homem a outro. Logo, a justiça também não.

2. Além disso, segundo Agostinho, à justiça, pelo fato de servir a Deus, compete governar tudo que está sujeito ao homem. Ora, o apetite sensível está sujeito ao homem, como se vê no livro do Gênesis: "Em ti estará o apetite do pecado, e tu o dominarás". Logo, à justiça incumbe dominar o seu próprio apetite. Haverá assim uma justiça para consigo mesmo.

3. Ademais, a justiça de Deus é eterna. Ora, nada houve de coeterno com Deus. Portanto, não é essencial à justiça ser relativa a outrem.

4. Ademais, como é necessário retificar as ações relativas a outrem, assim igualmente as ações relativas a si mesmo. Ora, as ações são retificadas pela justiça, como se lê no livro dos Provérbios: "A justiça do simples dirigirá o seu caminho". Portanto, a justiça não se ocupa das relações com outrem apenas, mas também consigo mesmo.

Em sentido contrário, Túlio diz: "A justiça é a regra que mantém entre os homens a sociedade e a comunidade de vida". Ora, isso implica relação a outrem. Portanto, a justiça diz respeito somente ao que é relativo a outrem.

Respondo. Como já se disse, o nome de justiça implica igualdade; por isso, em seu conceito mesmo, a justiça comporta relação com outrem. Pois, nada é igual a si mesmo, mas a um outro. Ora, uma vez que compete à justiça retificar os atos humanos, como já foi explicado, é necessário que essa alteridade, por ela exigida, exista entre agentes diferentes. As ações, com efeito, emanam da pessoa e do todo, não propriamente das partes, das formas ou faculdades. Pois, não se diz com propriedade, que a mão fere, mas que o homem fere pela mão, nem que o calor aquece, e sim, o fogo aquece pelo calor. A não ser que se fale de maneira figurada. A justiça, propriamente dita, exige a diversidade das pessoas, portanto só pode ser de um homem em relação a outro. Porém, de maneira figurada, se pode admitir, em um mesmo homem, diversos princípios de ação, como outros tantos agentes diversos; por exemplo, a razão, o irascível e o concupiscível. Por isso, se diz metaforicamente, que há justiça em um mesmo homem, quando a razão governa o irascível e o concupiscível, e esses obedecem à razão, e, de

---

1. C. 15: ML 32, 1322.
2. C. 7: ed. C. F. W. Mueller, Lipsiae 1910, p. 8, ll. 33-35.
3. Q. 57, a. 1.
4. I-II, q. 60, a. 2; q. 61, a. 3; q. 113, a. 1.

parti hominis attribuitur quod ei convenit. Unde Philosophus, in V *Ethic.*[5], hanc iustitiam appellat *secundum metaphoram* dictam.

AD PRIMUM ergo dicendum quod iustitia quae fit per fidem in nobis, est per quam iustificatur impius, quae quidem in ipsa debita ordinatione partium animae consistit: sicut supra[6] dictum est, cum de iustificatione impii ageretur. Hoc autem pertinet ad iustitiam metaphorice dictam, quae potest inveniri etiam in aliquo solitariam vitam agente.

Et per hoc patet responsio AD SECUNDUM.

AD TERTIUM dicendum quod iustitia Dei est ab aeterno secundum voluntatem et propositum aeternum: et in hoc praecipue iustitia consistit. Quamvis secundum effectum non sit ab aeterno: quia nihil est Deo coaeternum.

AD QUARTUM dicendum quod actiones quae sunt hominis ad seipsum sufficienter rectificantur rectificatis passionibus per alias virtutes morales. Sed actiones quae sunt ad alterum indigent speciali rectificatione, non solum per comparationem ad agentem, sed etiam per comparationem ad eum ad quem sunt. Et ideo circa eas est specialis virtus, quae est iustitia.

ARTICULUS 3
### Utrum iustitia sit virtus

AD TERTIUM SIC PROCEDITUR. Videtur quod iustitia non sit virtus.

1. Dicitur enim Lc 17,10: *Cum feceritis omnia quae praecepta sunt vobis, dicite: Servi inutiles sumus, quod debuimus facere fecimus.* Sed non est inutile facere opus virtutis: dicit enim Ambrosius, in II *de Offic.*[1]: *Utilitatem non pecuniarii lucri aestimationem dicimus, sed acquisitionem pietatis.* Ergo facere quod quis debet facere non est opus

maneira universal, quando se atribui a uma parte do homem, o que a este convém. Daí, o Filósofo chamar metafórica essa justiça[c].

QUANTO AO 1º, portanto, deve-se dizer que a justiça que a fé em nós produz é a que justifica o ímpio. Ela consiste na própria ordem devida das partes da alma, como já se disse a propósito da justificação do ímpio. Trata-se da justiça, assim chamada por metáfora, a qual se pode encontrar na vida de um solitário.

QUANTO AO 2º, deve-se dizer que assim se evidencia a resposta à segunda objeção.

QUANTO AO 3º, deve-se dizer que a justiça de Deus é de toda eternidade, provindo de uma vontade e de um propósito eternos; e nisto consiste principalmente a justiça. Embora, em seu efeito não seja eterna, pois nada é coeterno a Deus.

QUANTO AO 4º, deve-se dizer que as ações do homem que o têm a si mesmo por objeto retificam-se suficientemente, uma vez retificadas as paixões pelas outras virtudes morais. As ações, porém, relativas a outrem carecem de uma retificação especial, não só em referência ao seu autor, mas também àquele que elas atingem. Elas são assim objeto de uma virtude especial, que é a justiça.

ARTIGO 3
### A justiça é uma virtude?

QUANTO AO TERCEIRO, ASIM SE PROCEDE: parece que a justiça **não** é uma virtude.

1. Com efeito, se encontra em Lucas: "Quando tiverdes cumprido tudo o que foi mandado, dizei: somos servos inúteis; fizemos o que devíamos fazer". Ora, cumprir uma obra virtuosa não é inútil, como declara Ambrósio: "Chamamos útil, não a conta do lucro pecuniário, mas a aquisição da piedade". Portanto, fazer o que se deve não é

---

5. C. 15: 1138, b, 5-14.
6. I-II, q. 113, a. 1.

3  PARALL.: II *Sent.*, dist. 27, a. 3, ad 3; V *Ethic.*, lect. 2, 3.

1. C. 6, n. 23: ML 16, 109 B.

c. O artigo retoma e aprofunda um elemento, já presente desde o início do tratado, e que representa o traço mais geral da justiça: "Ela implica uma relação com os outros".
Um tal aprofundamento se efetua pela comparação da virtude de justiça com a justificação divina, a justiça dom de Deus, aqui concebida como a perfeita harmonia introduzida na alma e em suas forças pela ação da graça. O estabelecimento de relações harmoniosas entre as partes ou faculdades do homem revela uma certa semelhança com a atividade da justiça, que retifica as relações entre as pessoas. Essa compreensão abrangente da justiça como harmonia entre as partes de um todo de caráter humano, seja a pessoa, seja a sociedade, liga-se à herança platônica, e torna-se um bem comum do pensamento cristão, patrístico e medieval. A aproximação e diferença da justiça em relação às outras virtudes morais, que realizam uma harmonização similar no plano das paixões, são abordadas aqui, mas serão mais aprofundadas nos artigos 9 e 10.

virtutis. Est autem opus iustitiae. Ergo iustitia non est virtus.

2. PRAETEREA, quod fit ex necessitate non est meritorium. Sed reddere alicui quod suum est, quod pertinet ad iustitiam, est necessitatis. Ergo non est meritorium. Actibus autem virtutum meremur. Ergo iustitia non est virtus.

3. PRAETEREA, omnis virtus moralis est circa agibilia. Ea autem quae exterius constituuntur non sunt agibilia, sed factibilia: ut patet per Philosophum, in IX *Metaphys*.[2]. Cum igitur ad iustitiam pertineat exterius facere aliquod opus secundum se iustum, videtur quod iustitia non sit virtus moralis.

SED CONTRA est quod Gregorius dicit, in II *Moral*.[3], quod *in quatuor virtutibus*, scilicet temperantia, prudentia, fortitudine et iustitia, *tota boni operis structura consurgit*.

Respondeo dicendum quod virtus humana est quae bonum reddit actum humanum, et ipsum hominem bonum facit. Quod quidem convenit iustitiae. Actus enim hominis bonus redditur ex hoc quod attingit regulam rationis, secundum quam humani actus rectificantur. Unde cum iustitia operationes humanas rectificet, manifestum est quod opus hominis bonum reddit. Et ut Tullius dicit, in I *de Offic*.[4], *ex iustitia praecipue viri boni nominantur*. Unde, sicut ibidem dicit, *in ea virtutis splendor est maximus*.

AD PRIMUM ergo dicendum quod cum aliquis facit quod debet, non affert utilitatem lucri ei cui facit quod debet, sed solum abstinet a damno eius. Sibi tamen facit utilitatem, inquantum spontanea et prompta voluntate facit illud quod debet, quod est virtuose agere. Unde dicitur Sap 8,7 quod sapientia Dei *sobrietatem et iustitiam docet, prudentiam et virtutem; quibus in vita nihil est utilius hominibus*, scilicet virtuosis.

AD SECUNDUM dicendum quod duplex est necessitas. Una coactionis: et haec, quia repugnat voluntati, tollit rationem meriti. Alia autem est necessitas ex obligatione praecepti, sive ex necessitate finis: quando scilicet aliquis non potest consequi finem virtutis nisi hoc faciat. Et talis necessitas non excludit rationem meriti: inquantum aliquis hoc quod sic est necessarium voluntarie agit. Excludit tamen gloriam supererogationis: secundum illud 1Cor 9,16: *Si evangelizavero, non est mihi gloria: necessitas enim mihi incumbit*.

obra de virtude. É, no entanto, obra de justiça. Logo, esta não é uma virtude.

2. ALÉM DISSO, o que se faz por necessidade não é meritório. Ora, é de necessidade dar o seu a cada um, o que é tarefa da justiça. Portanto, não é meritório. No entanto, merecemos pelos atos virtuosos. Logo, a justiça não é uma virtude.

3. ADEMAIS, toda virtude moral tem a ação por objeto. Ora, o que se produz exteriormente não é do domínio da ação, mas sim da fabricação, como mostra o Filósofo. Já que incumbe à justiça fazer alguma obra exterior justa em si mesma, parece que a justiça não é uma virtude moral.

EM SENTIDO CONTRÁRIO, Gregório declara: "Das quatro virtudes, temperança, prudência, fortaleza e justiça, resulta toda a estrutura do bem agir".

RESPONDO. A virtude humana torna bons os atos humanos e o próprio homem. É o que, sem dúvida, convém à justiça. Pois o ato humano se torna bom, ao atingir a regra da razão, que o retifica. Ora, como a justiça retifica as ações humanas, é claro que as torna boas. E como Túlio declara, "é sobretudo por causa da justiça que os homens são chamados bons". Daí se vê, como acrescenta no mesma passagem: "Nela, refulge ao máximo o esplendor da virtude".

QUANTO AO 1º, portanto, deve-se dizer que quem faz o que deve não dá nenhum lucro a outrem, mas somente se abstém de causar-lhe dano. É a si mesmo que se torna útil; pois fazer o que se deve, com vontade espontânea e pronta, é agir virtuosamente. Donde, se diz no livro da Sabedoria: "A Sabedoria de Deus ensina a sobriedade e justiça, a prudência e a força; nesta vida, nada há de mais útil aos homens", isto é, aos virtuosos.

QUANTO AO 2º, deve-se dizer que há uma dupla necessidade. A necessidade de coação, que é contra a vontade e elimina o mérito; e a necessidade proveniente de um preceito, ou a necessidade que decorre do fim, por exemplo, quando alguém não pode conseguir o fim proposto por uma virtude se não fizer aquilo. Esta última necessidade não exclui o mérito, quando se pratica voluntariamente o que é assim necessário. Exclui, no entanto, a glória da gratuidade, como está escrito: "Se pregar o evangelho, não é uma glória para mim, pois é uma necessidade que me incumbe".

---

2. C. 8: 1050, a, 30 — b, 2.
3. C. 49, al. 27, in vet. 36, n. 76: ML 75, 592.
4. C. 7: ed. C. F. W. Mueller, Lipsiae 1910, p. 8, ll. 36-37.

AD TERTIUM dicendum quod iustitia non consistit circa exteriores res quantum ad facere, quod pertinet ad artem: sed quantum ad hoc quod utitur eis ad alterum.

### ARTICULUS 4
### Utrum iustitia sit in voluntate sicut in subiecto

AD QUARTUM SIC PROCEDITUR. Videtur quod iustitia non sit in voluntate sicut in subiecto.
1. Iustitia enim quandoque veritas dicitur. Sed veritas non est voluntatis, sed intellectus. Ergo iustitia non est in voluntate sicut in subiecto.

2. PRAETEREA, iustitia est circa ea quae sunt ad alterum. Sed ordinare aliquid ad alterum est rationis. Iustitia ergo non est in voluntate sicut in subiecto, sed magis in ratione.
3. PRAETEREA, iustitia non est virtus intellectualis: cum non ordinetur ad cognitionem. Unde relinquitur quod sit virtus moralis. Sed subiectum virtutis moralis est *rationale per participationem*, quod est irascibilis et concupiscibilis: ut patet per Philosophum, in I *Ethic.*[1]. Ergo iustitia non est in voluntate sicut in subiecto, sed magis in irascibili et concupiscibili.

SED CONTRA est quod Anselmus dicit[2], quod *iustitia est rectitudo voluntatis propter se servata*.

RESPONDEO dicendum quod illa potentia est subiectum virtutis ad cuius potentiae actum rectificandum virtus ordinatur. Iustitia autem non ordinatur ad dirigendum aliquem actum cognoscitivum: non enim dicimur iusti ex hoc quod recte aliquid cognoscimus. Et ideo subiectum iustitiae non est intellectus vel ratio, quae est potentia cognoscitiva. Sed quia iusti dicimur in hoc quod aliquid recte agimus; proximum autem principium actus est vis appetitiva; necesse est quod iustitia sit in aliqua vi appetitiva sicut in subiecto. Est autem duplex

QUANTO AO 3º, deve-se dizer que a justiça não tem por objeto as coisas exteriores, visando a fabricação delas; tal é o domínio da arte, mas enquanto ela as utiliza para o bem de outrem[d].

### ARTIGO 4
### A justiça tem sua sede na vontade?

QUANTO AO QUARTO, ASSIM SE PROCEDE: parece que a justiça **não** tem sua sede na vontade.
1. Com efeito, se dá às vezes à justiça o nome de verdade. Ora, a verdade está na inteligência, não na vontade. Logo, a justiça não tem sua sede na vontade.
2. ALÉM DISSO, a justiça visa a relação com outrem. Ora, ordenar uma coisa a outrem compete à razão. Logo, a justiça não tem sua sede na vontade, mas na razão.
3. ADEMAIS, não tendo o conhecimento por objeto, a justiça não é uma virtude intelectual. Resta-lhe ser uma virtude moral. Ora, a virtude moral tem sua sede naquilo que é "racional por participação", a saber, o irascível e o concupiscível, como mostra o Filósofo. Logo, a justiça não se encontra na vontade, mas no irascível e no concupiscível.

EM SENTIDO CONTRÁRIO, Anselmo diz: "A justiça é a retidão da vontade, retidão observada por causa dela mesma."

RESPONDO. A virtude tem sua sede na potência, cujos atos lhe incumbe retificar. À justiça não incumbe dirigir ato algum de conhecimento. Não somos chamados justos, pelo fato de conhecermos corretamente alguma coisa. Logo, a sede da justiça não é a inteligência ou a razão, que é uma potência de conhecimento.

Somos, ao contrário chamados justos pelo fato de agirmos com retidão. Ora, o princípio próximo de um ato é a faculdade apetitiva. É, assim, necessário que a vontade tenha sua sede em uma

---

4 PARALL.: Infra, a. 8, ad 1; P. I, q. 21, a. 2, ad 1; I-II, q. 56, a. 6; III *Sent.*, dist. 33, q. 2, a. 4, q.la 3; *De Malo*, q. 4, a. 5, ad 4; *De Virtut.*, q. 1, a. 5; V *Ethic.*, lect. 1.

1. C. 13: 1102, b, 30.
2. *De Verit.*, c. 12, al. 13: ML 158, 482 B.

d. Na objeção e na solução apela-se para uma distinção importante (cuidadosamente explicada na I-II, q. 57, a. 3 e 4): entre o domínio propriamente ético da "ação" (*agere, agibilia, actio*) e o da "produção" artística, técnica (*facere, factibilia, ars*). A originalidade da virtude de justiça se manifesta na conjunção entre o caráter de interioridade específico da "ação" ética (que emana do exercício do querer livre) e do aspecto de eficácia, de retidão efetiva (objetiva) que ela tende a introduzir nas ações e nas relações humanas. Esse último aspecto a aproxima da habilidade, da competência artística, técnica que a justiça deve com frequência mobilizar ou orientar em seus projetos individuais ou políticos, de retificar as ações e as instituições da vida social; mas ela se distingue essencialmente desses recursos instrumentais, em razão de sua qualidade de virtude moral.

appetitus: scilicet voluntas, quae est in ratione; et appetitus sensitivus consequens apprehensionem sensus, qui dividitur per irascibilem et concupiscibilem, ut in Primo[3] habitum est. Reddere autem unicuique quod suum est non potest procedere ex appetitu sensitivo: quia apprehensio sensitiva non se extendit ad hoc quod considerare possit proportionem unius ad alterum, sed hoc est proprium rationis. Unde iustitia non potest esse sicut in subiecto in irascibili vel concupiscibili, sed solum in voluntate. Et ideo Philosophus definit iustitiam per actum voluntatis, ut ex supradictis[4] patet.

AD PRIMUM ergo dicendum quod quia voluntas est appetitus rationalis, ideo rectitudo rationis, quae veritas dicitur, voluntati impressa, propter propinquitatem ad rationem, nomen retinet veritatis. Et inde est quod quandoque iustitia veritas vocatur.

AD SECUNDUM dicendum quod voluntas fertur in suum obiectum consequenter ad apprehensionem rationis. Et ideo, quia ratio ordinat in alterum, voluntas potest velle aliquid in ordine ad alterum, quod pertinet ad iustitiam.

AD TERTIUM dicendum quod rationale per participationem non solum est irascibilis et concupiscibilis, sed *omnino appetitivum*, ut dicitur in I *Ethic*.[5]: quia omnis appetitus obedit rationi. Sub appetitivo autem comprehenditur voluntas. Et ideo voluntas potest esse subiectum virtutis moralis.

## ARTICULUS 5
### Utrum iustitia sit virtus generalis

AD QUINTUM SIC PROCEDITUR. Videtur quod iustitia non sit virtus generalis.

1. Iustitia enim condividitur aliis virtutibus: ut patet Sap 8,7: *Sobrietatem et iustitiam docet, prudentiam et virtutem*. Sed generale non condividitur seu connumeratur speciebus sub illo generali contentis. Ergo iustitia non est virtus generalis.

2. PRAETEREA, sicut iustitia ponitur virtus cardinalis, ita etiam temperantia et fortitudo. Sed temperantia vel fortitudo non ponitur virtus generalis. Ergo neque iustitia debet aliquo modo poni virtus generalis.

faculdade apetitiva. Ora, há uma dupla potência apetitiva: a vontade, que se encontra na razão, e o apetite sensível, que segue a percepção dos sentidos, dividindo-se em irascível e concupiscível, como se estabeleceu na I³ Parte. Ora, dar a cada um o que lhe pertence não pode proceder do apetite sensível, pois a percepção sensível não chega a considerar a relação de uma coisa a outra; o que é próprio da razão. Segue-se que a justiça não pode ter como sede o irascível ou o concupiscível, mas só a vontade. Por isso, o Filósofo define a justiça pelo ato da vontade, como se viu acima.

QUANTO AO 1º, portanto, deve-se dizer que sendo a vontade um apetite racional, quando a retidão da razão, à qual chamamos verdade, se imprime na vontade, guarda o nome de verdade, em virtude da sua afinidade com a razão. Daí, por vezes, se chamar à justiça verdade.

QUANTO AO 2º, deve-se dizer que a vontade tende ao seu objeto, depois que este foi apreendido pela razão. Por isso, dado que a razão estabelece uma relação com outrem, a vontade pode querer algo em relação com outrem, o que é da alçada da justiça.

QUANTO AO 3º, deve-se dizer que o racional por participação não abrange apenas o irascível e o concupiscível, mas se estende a tudo o que é apetite, como está dito na Etica: pois todo apetite obedece à razão. Ora, no apetite se inclui a vontade. Por isso, a vontade pode ser a sede de uma virtude moral.

## ARTIGO 5
### A justiça é uma virtude geral?

QUANTO AO QUINTO, ASSIM SE PROCEDE: parece que a justiça **não** é uma virtude geral.

1. Com efeito, A justiça é enumerada entre as outras virtudes, como se vê no livro da Sabedoria: "Ela ensina a sobriedade e a justiça, a prudência e a força". Ora, não se faz entrar um gênero na divisão ou enumeração das espécies que ele contém. Logo, a justiça não é uma virtude geral.

2. ALÉM DISSO, se a justiça é considerada como virtude cardeal, o mesmo se dá com a temperança e a força. Ora, essas não são tidas como virtudes gerais. Logo, nem também a justiça, a título algum.

---
3. Q. 81, a. 2.
4. A. 1, 1 a.
5. Loc. cit. in arg.

5 PARALL.: *Ad Philipp.*, c. 3, lect. 2; V *Ethic.*, lect. 2, 3.

3. Praeterea, iustitia est semper ad alterum, ut supra[1] dictum est. Sed peccatum quod est in proximum non est peccatum generale, sed dividitur contra peccatum quo peccat homo contra seipsum. Ergo etiam neque iustitia est virtus generalis.

Sed contra est quod Philosophus dicit, in V *Ethic.*[2], quod *iustitia est omnis virtus*.

Respondeo dicendum quod iustitia, sicut dictum est[3], ordinat hominem in comparatione ad alium. Quod quidem potest esse dupliciter. Uno modo, ad alium singulariter consideratum. Alio modo, ad alium in communi secundum scilicet quod ille qui servit alicui communitati servit omnibus hominibus qui sub communitate illa continentur. Ad utrumque igitur se potest habere iustitia secundum propriam rationem. Manifestum est autem quod omnes qui sub communitate aliqua continentur comparatur ad communitatem sicut partes ad totum. Pars autem id quod est totius est unde et quodlibet bonum partis est ordinabile in bonum totius. Secundum hoc igitur bonum cuiuslibet virtutis, sive ordinantis aliquem hominem ad seipsum sive ordinantis ipsum ad aliquas alias personas singulares, est referibile ad bonum commune, ad quod ordinat iustitia. Et secundum hoc actus omnium virtutum possunt ad iustitiam pertinere, secundum quod ordinat hominem ad bonum commune. Et quantum ad hoc iustitia dicitur virtus generalis. Et quia ad legem pertinet ordinare in bonum commune, ut supra[4] habitum est, inde est quod talis iustitia, praedicto modo generalis, dicitur iustitia legalis: quia scilicet per eam homo concordat legi ordinanti actus omnium virtutum in bonum commune.

Ad primum ergo dicendum quod iustitia condividitur seu connumeratur aliis virtutibus non inquantum est generalis, sed inquantum est specialis virtus, ut infra[5] dicetur.

Ad secundum dicendum quod temperantia et fortitudo sunt in appetitu sensitivo, idest in con-

3. Ademais, a justiça é sempre relativa a outrem, já se disse. Ora, o pecado contra o próximo não é um pecado geral, mas se opõe apenas ao pecado cometido contra si mesmo. Logo, a justiça também não é uma virtude geral.

Em sentido contrário, o Filósofo declara que a "justiça é toda virtude".

Respondo. A justiça ordena o homem em suas relações com outrem. O que se pode dar de duas maneiras. Com outrem, considerado singularmente; ou com outrem, em geral, considerando que quem serve a uma comunidade, serve a todos os indivíduos que a ela pertencem. Ora, a ambos esses modos se pode aplicar a justiça em sua noção própria. É manifesto, com efeito, que todos os que pertencem a uma comunidade têm com ela a mesma relação das partes para com o todo. Ora, a parte, por tudo o que ela é, pertence ao todo e qualquer bem da parte deve se ordenar ao bem do todo. Assim o bem de cada virtude, quer ordene o homem para consigo mesmo, quer o ordene a outras pessoas, comporta uma referência ao bem comum, ao qual orienta a justiça. Dessa maneira, os atos de todas as virtudes podem pertencer à justiça, enquanto esta orienta o homem ao bem comum. Nesse sentido, a justiça é uma virtude geral. E como compete à lei ordenar o homem ao bem comum, como já foi dito, essa justiça geral é chamada legal; pois, na verdade, por ela, o homem se submete à lei que orienta ao bem comum os atos de todas as virtudes[e].

Quanto ao 1º, portanto, deve-se dizer que não é enquanto virtude geral que a justiça é enumerada entre as outras virtudes, mas enquanto virtude especial, como se verá em seguida.

Quanto ao 2º, deve-se dizer que a temperança e a fortaleza têm sua sede no apetite sensível, a

---
1. Art. 2.
2. C. 3: 1130, a, 9-10.
3. Art. 2.
4. I-II, q. 90, a. 2.
5. Art. 7.

e. Este artigo e os três seguintes são consagrados à clarificação da distinção entre justiça, virtude geral e justiça, virtude particular. Esse procedimento doutrinal leva a um alto grau de elaboração técnica as noções que a ética aristotélica havia esboçado, que permanecendo muitas vezes no plano das descrições ou explicações empíricas. Tal resultado é obtido graças à confluência de toda uma rede de noções claramente definidas. O caráter universal da justiça geral é explicado pelo fato de que ela está "ordenada ao bem comum", e exerce desse modo uma influência sobre as formas particulares de justiça, subordinadas ao bem particular, ao respeito dos direitos particulares, bem como sobre as diferentes virtudes morais, cujo domínio é sem dúvida particular, mas suscetível de ser orientado (pela justiça geral) ao bem da coletividade. As noções de "todo" e de "partes" desempenham um papel constante na elucidação doutrinal dessas questões, e mesmo em todo o tratado da justiça. Voltarão a aparecer em especial nas q. 61 e 65. Ver as notas dessas questões.

cupiscibili et irascibili. Huiusmodi autem vires sunt appetitivae quorundam bonorum particularium sicut et sensus est particularium cognoscitivus. Sed iustitia est sicut in subiecto in appetitu intellectivo, qui potest esse universalis boni, cuius intellectus est apprehensivus. Et ideo iustitia magis potest esse virtus generalis quam temperantia vel fortitudo.

AD TERTIUM dicendum quod illa quae sunt ad seipsum sunt ordinabilia ad alterum, praecipue quantum ad bonum commune. Unde et iustitia legalis, secundum quod ordinat ad bonum commune, potest dici virtus generalis et eadem ratione iniustitia potest dici peccatum commune: unde dicitur 1Io 3,4, quod *omne peccatum est iniquitas*.

saber: no concupiscível e no irascível. Estes apetites tendem a bens particulares, como os sentidos só conhecem o que é particular. A justiça, ao contrário, tem por sede o apetite intelectual, capaz de atingir o bem universal, que a inteligência pode apreender. Eis por quê, a justiça, mais que a temperança e a força, pode ser uma virtude geral.

QUANTO AO 3º, deve-se dizer que as coisas que nos concernem individualmente podem ser ordenadas a outrem, sobretudo em razão do bem comum. Por isso, a justiça legal, enquanto ordena ao bem comum, pode ser chamada virtude geral. E, pela mesma razão, a injustiça pode ser denominada pecado comum; daí a sentença bíblica: "Todo pecado é uma iniquidade".

ARTICULUS 6
### Utrum iustitia, secundum quod est generalis, sit idem per essentiam cum omni virtute

AD SEXTUM SIC PROCEDITUR. Videtur quol iustitia, secundum quod est generalis, sit idem per essentiam cum omni virtute.

1. Dicit enim Philosophus, in V *Ethic.*[1], quod virtus et iustitia legalis *est eadem omni virtuti, esse autem non est idem*. Sed illa quae differunt solum secundum esse, vel secundum rationem, non differunt secundum essentiam. Ergo iustitia est idem per essentiam cum omni virtute.

2. PRAETEREA, omnis virtus quae non est idem per essentiam cum omni virtute, est pars virtutis. Sed iustitia praedicta, ut ibidem[2] Philosophus dicit, *non est pars virtutis, sed tota virtus*. Ergo praedicta iustitia est idem essentialiter cum omni virtute.

3. PRAETEREA, per hoc quod aliqua virtus ordinat actum suum ad altiorem finem, non diversificatur secundum essentiam habitus: sicut idem est essentialiter habitus temperantiae, etiam si actus eius ordinetur ad bonum divinum. Sed ad iustitiam legalem pertinet quod actus omnium virtutum ordinentur ad altiorem finem, idest ad bonum commune multitudinis, quod praeeminet bono unius singularis personae. Ergo videtur quod iustitia legalis essentialiter sit omnis virtus.

4. PRAETEREA, omne bonum partis ordinabile est ad bonum totius: unde si non ordinetur in illud,

ARTIGO 6
### Como virtude geral, a justiça se identifica essencialmente com toda virtude?

QUANTO AO SEXTO, ASSIM SE PROCEDE: parece que a justiça, como virtude geral, se identifica essencialmente com toda virtude.

1. Com efeito, o Filósofo diz que virtude e justiça legal "se identificam com qualquer virtude, embora diferindo quanto ao ser". Ora, as coisas que diferem só pelo ser ou pela razão, não diferem essencialmente. Logo, a justiça se identifica essencialmente com qualquer virtude.

2. ALÉM DISSO, a virtude que não se identifica essencialmente com toda virtude é uma virtude parcial. Ora, a justiça em questão, como diz o Filósofo, "não é virtude parcial, mas virtude total." Logo, ela se identifica essencialmente com toda virtude.

3. ADEMAIS, pelo fato de ordenar o seu ato a um fim mais elevado, uma virtude não se diversifica essencialmente enquanto hábitus; assim, o hábitus da temperança permanece essencialmente o mesmo, ainda que seu ato venha a ser ordenado ao bem divino. Ora, à justiça legal compete ordenar os atos de todas as virtudes a um fim mais elevado, isto é, ao bem comum da coletividade, o qual tem preeminência sobre o bem de uma só pessoa. Logo, parece que a justiça legal se identifica essencialmente com toda virtude.

4. ADEMAIS, todo o bem da parte se ordena ao bem do todo, sob pena de ser tido por vão e inútil.

---

6   PARALL.: I-II, q. 60, a. 3, ad 2; III *Sent.*, dist. 9, q. 1, a. 1, q.la 2; *De Verit.*, q. 28, a. 1; V *Ethic.*, lect. 2.
    1. C. 3: 1130, a, 12-13.
    2. C. 3: 1130, a, 9-10.

videtur esse vanum et frustra. Sed illud quod est secundum virtutem non potest esse huiusmodi. Ergo videtur quod nullus actus possit esse alicuius virtutis qui non pertineat ad iustitiam generalem, quae ordinat in bonum commune. Et sic videtur quod iustitia generalis sit idem in essentia cum omni virtute.

SED CONTRA est quod Philosophus dicit, in V *Ethic.*³, quod *multi in propriis quidem possunt virtute uti, in his autem quae ad alterum non possunt*. Et in III *Polit*.⁴ dicit quod *non est simpliciter eadem virtus boni viri et boni civis*. Sed virtus boni civis est iustitia generalis, per quam aliquis ordinatur ad bonum commune. Ergo non est eadem iustitia generalis cum virtute communi, sed una potest sine alia haberi.

RESPONDEO dicendum quod generale dicitur aliquid dupliciter. Uno modo, per praedicationem: sicut *animal* est generale ad hominem et equum et ad alia huiusmodi. Et hoc modo generale oportet quod sit idem essentialiter cum his ad quae est generale: quia genus pertinet ad essentiam speciei et cadit in definitione eius. — Alio modo dicitur aliquid generale secundum virtutem: sicut causa universalis est generalis ad omnes effectus, ut sol ad omnia corpora, quae illuminantur vel immutantur per virtutem ipsius. Et hoc modo generale non oportet quod sit idem in essentia cum his ad quae est generale: quia non est eadem essentia causae et effectus.

Hoc autem modo, secundum praedicta⁵, iustitia legalis dicitur esse virtus generalis: inquantum scilicet ordinat actus aliarum virtutum ad suum finem; quod est movere per imperium omnes alias virtutes. Sicut enim caritas potest dici virtus generalis inquantum ordinat actus omnium virtutum ad bonum divinum, ita etiam iustitia legalis inquantum ordinat actus omnium virtutum ad bonum commune. Sicut ergo caritas, quae respicit bonum divinum ut proprium obiectum, est quaedam specialis virtus secundum suam essentiam; ita etiam iustitia legalis est specialis virtus secundum suam essentiam, secundum quod respicit commune bonum ut proprium obiectum. Et sic est in principe principaliter, et quasi architectonice; in subditis autem secundario et quasi ministrative.

Isso não se pode dar com o que é virtuoso. Parece, portanto, não poder haver ato algum de qualquer virtude, o qual não pertença à justiça geral, que ordena para o bem comum. E assim parece que a justiça geral se identifica essencialmente com toda virtude.

EM SENTIDO CONTRÁRIO, o Filósofo diz: "Muitos chegam a ser virtuosos em sua vida particular, não, porém, nas relações com outrem". E declara também: "Não é pura e simplesmente idêntica a virtude do homem bom e do bom cidadão". Ora, a virtude do bom cidadão é a justiça geral, que nos ordena ao bem comum. Logo, a justiça geral não se identifica com a virtude comum, pois uma pode existir sem a outra.

RESPONDO. O termo "geral" se pode entender de duas maneiras. Primeiro, por predicação, como a palavra animal se atribui ao homem, ao cavalo e a outros seres semelhantes. Nesse caso, o que é geral deve identificar-se essencialmente com os seres aos quais é atribuído, pois o gênero pertence essencialmente à espécie e entra em sua definição. — Em segundo lugar, algo pode ser qualificado geral, em razão de seu poder; assim, uma causa universal é geral em relação a todos os seus efeitos, como o sol, em referência a todos os corpos, iluminados e transformados pela sua energia. Nesse sentido, não é necessário que geral se identifique essencialmente com os seres a que se atribui, pois não é idêntica a essência da causa e do efeito.

É desse modo, como ficou dito anteriormente, que a justiça legal é chamada virtude geral, enquanto, precisamente, ela ordena os atos das outras virtudes ao fim que é o dela, o que vem a ser movê-las todas por seu influxo. Com efeito, como a caridade pode ser chamada virtude geral enquanto ordena os atos de todas as virtudes ao bem divino, assim também a justiça legal, enquanto ordena os atos de todas as virtudes ao bem comum. Portanto, como a caridade, que tem o bem divino como objeto próprio, é uma virtude especial por sua essência, assim também a justiça legal é por sua essência uma virtude especial, pois tem por objeto próprio o bem comum. Ela se encontrará no príncipe, qual princípio e como que de maneira arquitetônica; nos súditos, porém, de forma secundária e como que executiva.

---

3. C. 3: 1129, b, 33 — 1130, a, 1.
4. C. 4: 1277, a, 22.
5. Art. praec.

Potest tamen quaelibet virtus, secundum quod a praedicta virtute, speciali quidem in essentia, generali autem secundum virtutem, ordinatur ad bonum commune, dici iustitia legalis. Et hoc modo loquendi iustitia legalis est idem in essentia cum omni virtute, differt autem ratione. Et hoc modo loquitur Philosophus[6].

Unde patet responsio AD PRIMUM et SECUNDUM.

AD TERTIUM dicendum quod etiam illa ratio secundum hunc modum procedit de iustitia legali, secundum quod virtus imperata a iustitia legali iustitia legalis dicitur.

AD QUARTUM dicendum quod quaelibet virtus secundum propriam rationem ordinat actum suum ad proprium finem illius virtutis. Quod autem ordinetur ad ulteriorem finem, sive semper sive aliquando, hoc non habet ex propria ratione, sed oportet esse aliam superiorem virtutem a qua in illum finem ordinetur. Et sic oportet esse unam virtutem superiorem quae ordinet omnes virtutes in bonum commune, quae est iustitia legalis, et est alia per essentiam ab omni virtute.

Pode, todavia, qualquer virtude chamar-se justiça legal, na medida em que for ordenada ao bem comum pela referida virtude, que é especial por essência e geral pelo seu influxo. Dessa forma, a justiça legal se identifica essencialmente com toda virtude, tendo, porém, com ela uma diferença de razão. Tal é o modo de falar do Filósofo.

QUANTO AO 1º E 2º, portanto, deve-se dizer que assim se encontram resolvidas as duas primeiras objeções.

QUANTO AO 3º, deve-se dizer que o argumento é procedente enquanto se dá o nome de justiça legal à virtude por ela comandada.

QUANTO AO 4º, deve-se dizer que qualquer virtude, por sua própria natureza, ordena seu ato ao seu próprio fim. Mas, que seja ordenada a um fim ulterior, sempre ou algumas vezes, isso não lhe vem de sua natureza própria, mas se faz necessário o influxo de uma outra virtude que a ordene a tal fim. Assim, é preciso que haja uma virtude superior que ordene todas as virtudes ao bem comum. Tal é a justiça legal, essencialmente diferente de toda outra virtude[f].

## ARTICULUS 7
### Utrum sit aliqua iustitia particularis praeter iustitiam generalem

AD SEPTIMUM SIC PROCEDITUR. Videtur quod non sit aliqua iustitia particularis praeter iustitiam generalem.

1. In virtutibus enim nihil est superfluum: sicut nec in natura. Sed iustitia generalis sufficienter ordinat hominem circa omnia quae ad alterum sunt. Ergo non est necessaria aliqua iustitia particularis.

2. PRAETEREA, unum et multa non diversificant speciem virtutis. Sed iustitia legalis ordinat hominem ad alium secundum ea quae ad multitudinem pertinent, ut ex praedictis[1] patet. Ergo non est

## ARTIGO 7
### Além da justiça geral, há uma justiça particular?

QUANTO AO SÉTIMO, ASSIM SE PROCEDE: parece que além da justiça geral, **não** há uma justiça particular.

1. Com efeito, no domínio das virtudes, bem como da natureza, nada há de supérfluo. Ora, a justiça geral ordena suficientemente o homem em todas as relações com outrem. Logo, não é necessária uma justiça particular.

2. ALÉM DISSO, unidade e multiplicidade não diversificam as espécies de virtude. Ora, a justiça legal ordena o homem em relação ao outro no que toca à sociedade, como já se viu. Logo,

---

6. Vide 1 a.

7  PARALL.: I-II, q. 60, a. 3; V *Ethic.*, lect. 3.

1. Art. 5, 6.

---

f. Efetuou-se a aproximação entre essa noção de justiça geral ou legal e a de "justiça social", que se difundiu no século XIX, no contexto histórico e cultural da "questão social". Integrada ao ensinamento social da Igreja, a partir de 1928, sob o pontificado de Pio XI, a expressão "justiça social" recobre pelo menos em parte o campo da "justiça geral ou legal": "É próprio da justiça social exigir dos indivíduos tudo o que é necessário ao bem comum" (Pio XI, enc. *Divini Redemptoris*, 1937). Deve-se observar, todavia, que a "justiça social" se impôs antes como uma ideia-força de contornos menos precisos, incluindo justiça distributiva e solidariedade. Emerge com efeito em um momento histórico de contestação de certas formas de sociedade, e visa estabelecer uma "nova ordem social", enquanto a doutrina de Sto. Tomás se elabora de maneira bastante precisa, rigorosa, no âmbito de um sistema de pensamento que procura abstrair de situações históricas determinadas.

alia species iustitiae quae ordinet hominem ad alterum in his quae pertinent ad unam singularem personam.

3. Praeterea, inter unam singularem personam et multitudinem civitatis media est multitudo domestica. Si ergo est iustitia alia particularis per comparationem ad unam personam praeter iustitiam generalem, pari ratione debet esse alia iustitia oeconomica, quae ordinet hominem ad bonum commune unius familiae. Quod quidem non dicitur. Ergo nec aliqua particularis iustitia est praeter iustitiam legalem.

Sed contra est quod Chrysostomus dicit[2], super illud Mt 5,6, "Beati qui esuriunt et sitiunt iustitiam": *Iustitiam autem dicit vel universalem virtutem, vel particularem avaritiae contrariam.*

Respondeo dicendum quod, sicut dictum est[3], iustitia legalis non est essentialiter omnis virtus, sed oportet praeter iustitiam legalem, quae ordinat hominem immediate ad bonum commune, esse alias virtutes quae immediate ordinant hominem circa particularia bona. Quae quidem possunt esse vel ad seipsum, vel ad alteram singularem personam. Sicut ergo praeter iustitiam legalem oportet esse aliquas virtutes particulares quae ordinant hominem in seipso, puta temperantiam et fortitudinem; ita etiam praeter iustitiam legalem oportet esse particularem quandam iustitiam, quae ordinet hominem circa ea quae sunt ad alteram singularem personam.

Ad primum ergo dicendum quod iustitia legalis sufficienter quidem ordinat hominem in his quae sunt ad alterum, quantum ad commune quidem bonum, immediate; quantum autem ad bonum unius singularis personae, mediate. Et ideo oportet esse aliquam particularem iustitiam, quae immediate ordinet hominem ad bonum alterius singularis personae.

Ad secundum dicendum quod bonum commune civitatis et bonum singulare unius personae non differunt solum secundum multum et paucum, sed secundum formalem differentiam: alia enim est ratio boni communis et boni singularis, sicut et alia est ratio totius et partis. Et ideo Philosophus, in I *Polit.*[4], dicit quod *non bene dicunt qui dicunt civitatem et domum et alia huiusmodi differre solum multitudine et paucitate, et non specie.*

Ad tertium dicendum quod domestica multitudo, secundum Philosophum, in I *Polit.*[5], distin-

não há uma espécie de justiça para regular as relações com o outro no que concerne a pessoa em particular.

3. Ademais, entre a pessoa particular e a sociedade, se encontra o grupo doméstico. Se, além da justiça geral, existe outra justiça particular que diz respeito à pessoa, por igual razão deve haver uma justiça doméstica, que ordena o homem ao bem comum da família. Ora, dessa justiça não se faz menção. Logo, não existe outra justiça particular, além da justiça geral.

Em sentido contrário, a propósito do texto: "Bem-aventurados os que têm fome e sede de justiça", Crisóstomo comenta: "Refere-se à justiça, seja universal seja particular, contrária à avareza".

Respondo. Como ficou dito, a justiça legal não se identifica essencialmente com toda virtude. Porém, além da justiça legal, que ordena o homem imediatamente ao bem comum, faz-se necessário que haja outras virtudes que o ordenem imediatamente no que toca aos bens particulares. Estes podem dizer respeito a nós mesmos ou a outra pessoa particular. Ora, como, além da justiça legal, são necessárias virtudes particulares que ordenam o homem em si mesmo, por exemplo, a temperança e a fortaleza, assim, igualmente deve haver uma justiça particular que o ordene em suas relações com outras pessoas singulares.

Quanto ao 1º, portanto, deve-se dizer que a justiça legal ordena, sem dúvida, de forma suficiente o homem no que concerne o outro. Ela o faz, de maneira imediata, no que toca ao bem comum; quanto ao bem de cada pessoa particular, no entanto, apenas de maneira mediata. Por isso, faz-se mister que haja uma justiça particular que ordene imediatamente o homem no que diz respeito ao bem de outra pessoa particular.

Quanto ao 2º, deve-se dizer que o bem comum da cidade e o bem particular de uma pessoa diferem não apenas em quantidade, mas também formalmente. Uma é a razão que constitui o bem comum, outra, o bem particular, como se dá com o todo e a parte. Por isso o Filósofo declara: "Não acertam os que estabelecem entre a cidade, a família e outras realidades dessa ordem, apenas uma diferença de número e não de espécie".

Quanto ao 3º, deve-se dizer que segundo o Filósofo, a sociedade doméstica se distingue por

---

2. Homil. 15 *in Matth.*, n. 3: MG 57, 227.
3. Art. praec.
4. C. 2: 1252, a, 7-10.
5. C. 3: 1253, b, 6-8.

guitur secundum tres coniugationes, scilicet *uxoris et viri, patris et filii, domini et servi*, quarum personarum una est quasi aliquid alterius. Et ideo ad huiusmodi personam non est simpliciter iustitia, sed quaedam iustitiae species, scilicet *oeconomica*, ut dicitur in V *Ethic.*[6].

esta tríplice parelha: "mulher e marido, pai e filho, senhor e escravo". Dentre as pessoas de cada grupo, uma é como que algo da outra. Por isso, para tais pessoas, não há justiça propriamente, mas uma certa espécie de justiça, chamada doméstica, como diz o livro V da *Ética*.

### ARTICULUS 8
### Utrum iustitia particularis habeat materiam specialem

AD OCTAVUM SIC PROCEDITUR. Videtur quod iustitia particularis non habeat materiam specialem.

1. Quia super illud Gn 2,14, *Fluvius quartus ipse est Euphrates,* dicit Glossa[1]: *Euphrates "frugifer" interpretatur. Nec dicitur contra quod vadat quia iustitia ad omnes animae partes pertinet.* Hoc autem non esset si haberet materiam specialem: quia quaelibet materia specialis ad aliquam specialem potentiam pertinet. Ergo iustitia particularis non habet materiam specialem.

2. PRAETEREA, Augustinus, in libro *Octoginta trium Quaest.*[2], dicit quod *quatuor sunt animae virtutes, quibus in hac vita spiritualiter vivitur, scilicet prudentia, temperantia, fortitudo, iustitia*: et dicit quod quarta est iustitia, *quae per omnes diffunditur*. Ergo iustitia particularis, quae est una de quatuor virtutibus cardinalibus, non habet specialem materiam.

3. PRAETEREA, iustitia dirigit hominem sufficienter in his quae sunt ad alterum. Sed per omnia quae sunt huius vitae homo potest ordinari ad alterum. Ergo materia iustitiae est generalis, non specialis.

SED CONTRA est quod Philosophus, in V *Ethic.*[3], ponit iustitiam particularem circa ea specialiter quae pertinent ad communicationem vitae.

RESPONDEO dicendum quod omnia quaecumque rectificari possunt per rationem sunt materia virtutis moralis, quae definitur per rationem rectam, ut patet per Philosophum, in II *Ethic.*[4]. Possunt autem per rationem rectificari et interiores animae passiones, et exteriores actiones, et res exteriores quae in usum hominis veniunt: sed tamen per exteriores actiones et per exteriores res, quibus sibi invicem homines communicare possunt, attenditur ordinatio

### ARTIGO 8
### A justiça particular tem uma matéria própria?

QUANTO AO OITAVO, ASSIM SE PROCEDE: parece que a justiça particular **não** tem uma matéria própria.

1. Com efeito, a propósito do texto do Gênesis: "O quarto rio é o Eufrates", observa a Glosa Ordinária: "Eufrates quer dizer frutuoso. Nem se diz para onde vai, porque a justiça atinge todas as partes da alma." Ora, isto não seria assim, se tivesse matéria especial; pois cada matéria especial pertence a uma potência especial da alma. Logo, a justiça particular não tem matéria especial.

2. ALÉM DISSO, diz Agostinho: "Quatro são as virtudes da alma, que mantêm a nossa vida espiritual: a prudência, a temperança, a fortaleza e a justiça." E ajunta: "a quarta é a justiça, que se difunde entre todas." Logo, a justiça, uma das virtudes cardeais, não tem matéria especial.

3. ADEMAIS, a justiça dirige suficientemente o homem em suas relações com outrem. Ora, tudo o que existe nessa vida pode ordenar o homem a outrem. Logo, a matéria da justiça é geral, e não particular.

EM SENTIDO CONTRÁRIO, o Filósofo estabelece uma virtude particular para aquilo que diz especialmente respeito às relações da vida em sociedade.

RESPONDO. Tudo o que pode ser retificado pela razão constitui a matéria de uma virtude moral, que se define pela reta razão, conforme o Filósofo. A razão pode assim retificar tanto as paixões interiores da alma, quanto as ações exteriores e mesmo as coisas externas que servem ao uso do homem. Todavia, mediante as ações e coisas exteriores, pelas quais os homens podem comunicar entre si, o que se visa é a boa ordem das relações mútuas,

---

6. C. 10: 1134, b, 8-9.

**8**  PARALL.: I-II, q. 60, a. 2; III *Sent.*, dist. 33, q. 2, a. 2, q.la 3; q. 3, a. 4, q.la 1; V *Ethic.*, lect. 3.

1. Ordin.: ML 113, 87 B.
2. Q. 61, n. 4: ML 40, 51.
3. C. 5: 1130, b, 31-33.
4. C. 6: 1107, a, 1-2.

unius hominis ad alium; secundum autem interiores passiones consideratur rectificatio hominis in seipso. Et ideo cum iustitia ordinetur ad alterum, non est circa totam materiam virtutis moralis, sed solum circa exteriores actiones et res secundum quandam rationem obiecti specialem, prout scilicet secundum eas unus homo alteri coordinatur.

AD PRIMUM ergo dicendum quod iustitia pertinet quidem essentialiter ad unam partem animae, in qua est sicut in subiecto, scilicet ad voluntatem, quae quidem movet per suum imperium omnes alias animae partes. Et sic iustitia non directe, sed quasi per quandam redundantiam ad omnes animae partes pertinet.

AD SECUNDUM dicendum quod, sicut supra[5] dictum est, virtutes cardinales dupliciter accipiuntur. Uno modo, secundum quod sunt speciales virtutes habentes determinatas materias. Alio modo, secundum quod significant quosdam generales modos virtutis. Et hoc modo loquitur ibi Augustinus. Dicit enim quod prudentia est *cognitio rerum appetendarum et fugiendarum*; temperantia est *refrenatio cupiditatis ab his quae temporaliter delectant*; fortitudo est *firmitas animi adversus ea quae temporaliter molesta sunt*; iustitia est, *quae per ceteras diffunditur, dilectio Dei et proximi*, quae scilicet est communis radix totius ordinis ad alterum.

AD TERTIUM dicendum quod passiones interiores, quae sunt pars materiae moralis, secundum se non ordinantur ad alterum, quod pertinet ad specialem rationem iustitiae: sed earum effectus sunt ad alterum ordinabiles, scilicet operationes exteriores. Unde non sequitur quod materia iustitiae sit generalis.

ao passo que nas paixões interiores, considera-se a retidão do homem em si mesmo. E uma vez que a justiça tem por objeto as relações com outrem, ela não abarca toda a matéria da virtude moral, mas somente as ações e coisas exteriores, sob o ângulo especial de um objeto, a saber, enquanto por elas um homem é colocado em relação com outro.

QUANTO AO 1º, portanto, deve-se dizer que a justiça pertence essencialmente a uma parte da alma, na qual se encontra como em seu sujeito, a saber, a vontade, que move por seu império todas as outras partes da alma. Assim a justiça, não diretamente, mas por uma espécie de redundância, pertence a todas as partes da alma.

QUANTO AO 2º, deve-se dizer que como já dissemos, as virtudes cardeais se podem entender de duas maneiras: seja como virtudes especiais, tendo matérias determinadas, seja como modos gerais de realizar a virtude. É dessa forma que se exprime Agostinho. Diz, com efeito, que "a prudência é o conhecimento das coisas a desejar ou a evitar"; a temperança é "refrear a cupidez na busca dos deleites temporais"; a fortaleza é "a firmeza de ânimo para enfrentar o que molesta a cada momento"; a justiça difundindo-se por todas as outras, é o amor de Deus e do próximo, o qual é deveras a raiz comum de toda relação bem ordenada com outrem.

QUANTO AO 3º, deve-se dizer que as paixões interiores, que constituem uma parte do domínio moral, por elas mesmas não comportam uma relação com outrem, na qual consiste especialmente a justiça. Mas os efeitos delas, isto é, as operações exteriores, podem ser referidos a outrem. Daí não se segue que a matéria da justiça seja geral.

## ARTICULUS 9
### Utrum iustitia sit circa passiones

AD NONUM SIC PROCEDITUR. Videtur quod iustitia sit circa passiones.

1. Dicit enim Philosophus, in II *Ethic*.[1], quod *circa voluptates et tristitias est moralis virtus*. Voluptas autem, idest delectatio, et tristitia sunt passiones quaedam; ut supra[2] habitum est, cum de passionibus ageretur. Ergo iustitia, cum sit virtus moralis, erit circa passiones.

## ARTIGO 9
### A justiça tem por objeto as paixões?

QUANTO AO NONO, ASSIM SE PROCEDE: parece que justiça tem por objeto as paixões.

1. Com efeito, o Filósofo diz que "a virtude moral tem por objeto os prazeres e tristezas". Ora, o prazer e a tristeza são paixões, já se viu anteriormente. Logo, a justiça é uma virtude moral, tem por objeto as paixões.

---

5. I-II, q. 61, a. 3, 4.

9 PARALL.: III *Sent*., dist. 33, q. 3, a. 4, q.la 1; IV, dist. 15, q. 1, a. 1, q.la 2, ad 2; V *Ethic*., lect. 1, 3.
1. C. 2: 1104, b, 8-9.
2. I-II, q. 23, a. 4; q. 31, a. 1; q. 35, a. 1.

2. Praeterea, per iustitiam rectificantur operationes quae sunt ad alterum. Sed operationes huiusmodi rectificari non possunt nisi passiones sint rectificatae: quia ex inordinatione passionum provenit inordinatio in praedictis operationibus; propter concupiscentiam enim venereorum proceditur ad adulterium, et propter superfluum amorem pecuniae proceditur ad furtum. Ergo oportet quod iustitia sit circa passiones.

3. Praeterea, sicut iustitia particularis est ad alterum, ita etiam et iustitia legalis. Sed iustitia legalis est circa passiones: alioquin non se extenderet ad omnes virtutes, quarum quaedam manifeste sunt circa passiones. Ergo iustitia est circa passiones.

Sed contra est quod Philosophus dicit, in V *Ethic.*[3], quod est circa operationes.

Respondeo dicendum quod huius quaestionis veritas ex duobus apparet. Primo quidem, ex ipso subiecto iustitiae, quod est voluntas, cuius motus vel actus non sunt passiones ut supra[4] habitum est; sed solum motus appetitus sensitivi passiones dicuntur. Et ideo iustitia non est circa passiones, sicut temperantia et fortitudo, quae sunt irascibilis et concupiscibilis, sunt circa passiones. — Alio modo, ex parte materiae. Quia iustitia est circa ea quae sunt ad alterum. Non autem per passiones interiores immediate ad alterum ordinamur. Et ideo iustitia circa passiones non est.

Ad primum ergo dicendum quod non quaelibet virtus moralis est circa voluptates et tristitias sicut circa materiam: nam fortitudo est circa timores et audacias. Sed omnis virtus moralis ordinatur ad delectationem et tristitiam sicut ad quosdam fines consequentes: quia, ut Philosophus dicit, in VII *Ethic.*[5], *delectatio et tristitia est finis principalis, ad quem respicientes unumquodque hoc quidem malum, hoc quidem bonum dicimus.* Et hoc modo etiam pertinent ad iustitiam: quia *non est iustus qui non gaudet iustis operationibus,* ut dicitur in I *Ethic.*[6].

Ad secundum dicendum quod operationes exteriores mediae sunt quodammodo inter res exteriores, quae sunt earum materia, et inter passiones interiores, quae sunt earum principia. Contingit autem quandoque esse defectum in uno eorum sine hoc quod sit defectus in alio: sicut si aliquis surripiat rem alterius non cupiditate

2. Além disso, a justiça retifica as ações relativas a outrem. Ora, tais ações não podem ser retificadas, sem que o sejam as paixões, pois da desordem das paixões decorre a desordem dessas ações. A sensualidade conduz ao adultério, e o amor exagerado do dinheiro leva ao furto. Logo, a justiça deve portanto ocupar-se das paixões.

3. Ademais, como a justiça particular é relativa a outrem, também o é a justiça legal. Ora, esta há de estender-se às paixões, pois do contrário, não abrangeria todas as virtudes, das quais algumas versam manifestamente sobre as paixões. Logo, as paixões constituem portanto o objeto da justiça.

Em sentido contrário, o Filósofo diz que a justiça tem por objeto as ações.

Respondo. Duas considerações põem evidência a verdade dessa questão. A primeira visa o sujeito da justiça, a vontade, cujos movimentos ou atos não são as paixões, como se mostrou acima. Pois, só os movimentos do apetite sensível se chamam paixões. Portanto, a justiça não tem por objeto as paixões, como a temperança e a fortaleza, que são virtudes do apetite irascível e concupiscível. — A segunda consideração se funda na matéria da justiça, a saber, as relações com outrem. Com efeito, as paixões interiores não nos colocam imediatamente em relação com outrem. Portanto a justiça não tem por objeto as paixões.

Quanto ao 1º, portanto, deve-se dizer que nem toda virtude moral tem como matéria o prazer e a tristeza; assim, a fortaleza se ocupa do temor e da coragem. Porém, todas as virtudes morais estão em relação com o prazer e a tristeza, enquanto fins que delas decorrem. Com efeito, nota o Filósofo: "Alegria e tristeza são o fim principal, em vista do qual declaramos cada coisa boa ou má". E isso se dá também com a justiça; pois, "não é justo quem não se alegra com ações justas", como se encontra ainda no livro I da *Ética*.

Quanto ao 2º, deve-se dizer que as ações exteriores ocupam um meio-termo entre as coisas exteriores, que são sua matéria, e as paixões interiores, que são seus princípios. Pode acontecer que haja defeito em um ponto, e não em outro. Assim, alguém subtrai o bem de outrem, não por ambição, mas para prejudicar. Ao invés, alguém cobiça, sem

---

3. C. 1: 1129, a, 3-5.
4. I-II, q. 22, a. 3; q. 59, a. 4.
5. C. 12: 1152, b, 2-3.
6. C. 9: 1099, a, 18-21.

habendi, sed voluntate nocendi; vel e converso si aliquis alterius rem concupiscat, quam tamen surripere non velit. Rectificatio ergo operationum secundum quod ad exteriora terminantur, pertinet ad iustitiam: sed rectificatio earum secundum quod a passionibus oriuntur, pertinet ad alias virtutes morales, quae sunt circa passiones. Unde surreptionem alienae rei iustitia impedit inquantum est contra aequalitatem in exterioribus constituendam: liberalitas vero inquantum procedit ab immoderata concupiscentia divitiarum. Sed quia operationes exteriores non habent speciem ab interioribus passionibus, sed magis a rebus exterioribus, sicut ex obiectis; ideo, per se loquendo, operationes exteriores magis sunt materia iustitiae quam aliarum virtutum moralium.

AD TERTIUM dicendum quod bonum commune est finis singularum personarum in communitate existentium, sicut bonum totius finis est cuiuslibet partium. Bonum autem unius personae singularis non est finis alterius. Et ideo iustitia legalis, quae ordinatur ad bonum commune, magis se potest extendere ad interiores passiones, quibus homo aliqualiter disponitur in seipso, quam iustitia particularis, quae ordinatur ad bonum alterius singularis personae. Quamvis iustitia legalis principalius se extendat ad alias virtutes quantum ad exteriores operationes earum: inquantum scilicet *praecipit lex fortis opera facere, et quae temperati, et quae mansueti*, ut dicitur in V *Ethic.*[7].

chegar a furtar. Compete, pois, à justiça estabelecer a retidão das ações, enquanto se referem a coisas exteriores. Mas, enquanto procedem das paixões, sua retificação incumbe a outras virtudes morais, que têm as paixões por objeto. Daí se vê que a justiça impede a subtração das coisas alheias, porque esta se opõe à igualdade a manter no domínio das coisas exteriores; a liberalidade intervém, enquanto a raiz do furto é a ambição imoderada de riquezas. Todavia, as ações exteriores recebem sua espécie, não das paixões internas, e sim das coisas externas, que constituem seus objetos. Por isso, propriamente falando, as ações externas constituem a matéria, mais da justiça, do que das outras virtudes morais.

QUANTO AO 3º, deve-se dizer que o bem comum vem a ser o fim das pessoas particulares que vivem em comunidade, como o bem do todo o é de cada parte. Ora, o bem de uma pessoa particular não é o fim da outra. Eis por quê, a justiça legal, que se ordena ao bem comum, pode estender-se às paixões interiores, pelas quais o homem se dispõe de certo modo em si mesmo, mais do que a justiça particular que se ordena ao bem de outra pessoa em particular. Embora a justiça legal se estenda primordialmente às outras virtudes, quanto às suas operações exteriores, enquanto, precisamente, "a lei manda praticar as ações que convêm ao homem forte, moderado e manso," como se diz no livro V da *Ética*.

ARTICULUS 10
**Utrum medium iustitiae sit medium rei**

AD DECIMUM SIC PROCEDITUR. Videtur quod medium iustitiae non sit medium rei.

1. Ratio enim generis salvatur in omnibus speciebus. Sed virtus moralis in II *Ethic.*[1] definitur esse *habitus electivus in medietate existens determinata ratione quoad nos*. Ergo et in iustitia est medium rationis, et non rei.

ARTIGO 10
**O meio-termo visado pela justiça é o meio real?**[g]

QUANTO AO DÉCIMO, ASSIM SE PROCEDE: parece que o meio-termo visado pela justiça **não** é o meio real.

1. Com efeito, a razão constitutiva do gênero se encontra em todas as espécies. Ora, a virtude moral se define, na *Ética*: "um hábitus de bem escolher, consistindo em um meio-termo, que a razão determina em relação a nós". Logo, também

---

7. C. 3: 1129, b, 19-25.

10 PARALL.: I-II, q. 64, a. 2; III *Sent.*, dist. 33, q. 1, a. 3, q.la 2; *De Virtut.*, q. 1, a. 13, ad 7, 12; *Quodlib.* VI, q. 5, a. 4.

1. C. 6: 1106, b, 36 — 1107, a, 2.

g. O meio que exige a justiça, a medida que ela aplica na apreciação das trocas (justiça comutativa) e das repartições (justiça distributiva) consiste na "justeza" efetiva, objetiva, tal como a exige a realidade: coisas, ações, relações ou situações. Esse meio objetivo é sem dúvida julgado pela razão, também é racional; enquanto racional, a medida da justiça a situa entre as virtudes morais; enquanto real ou objetiva, ela constitui a originalidade da justiça. Essa doutrina já foi explicada na I-II, q. 64, a. 2.

2. Praeterea, in his quae *simpliciter sunt bona* non est accipere superfluum et diminutum, et per consequens nec medium: sicut patet de virtutibus, ut dicitur in II *Ethic.*[2]. Sed iustitia est circa *simpliciter bona*, ut dicitur in V *Ethic.*[3] Ergo in iustitia non est medium rei.

3. Praeterea, in aliis virtutibus ideo dicitur esse medium rationis et non rei, quia diversimode accipitur per comparationem ad diversas personas: quia quod uni est multum, alteri est parum, ut dicitur in II *Ethic.*[4]. Sed hoc etiam observatur in iustitia: non enim eadem poena punitur qui percutit principem, et qui percutit privatam personam. Ergo etiam iustitia non habet medium rei, sed medium rationis.

Sed contra est quod Philosophus, in V *Ethic.*[5], assignat medium iustitiae secundum proportionalitatem *arithmeticam*, quod est medium rei.

Respondeo dicendum quod, sicut supra[6] dictum est, aliae virtutes morales consistunt principaliter circa passiones, quarum rectificatio non attenditur nisi secundum comparationem ad ipsum hominem cuius sunt passiones, secundum scilicet quod irascitur et concupiscit prout debet secundum diversas circumstantias. Et ideo medium talium virtutum non accipitur secundum proportionem unius rei ad alteram, sed solum secundum comparationem ad ipsum virtuosum. Et propter hoc in ipsis est medium solum secundum rationem quoad nos. Sed materia iustitiae est exterior operatio secundum quod ipsa, vel res cuius est usus, debitam proportionem habet ad aliam personam. Et ideo medium iustitiae consistit in quadam proportionis aequalitate rei exterioris ad personam exteriorem. Aequale autem est realiter medium inter maius et minus, ut dicitur in X *Metaphys.*[7]. Unde iustitia habet medium rei.

Ad primum ergo dicendum quod hoc medium rei est etiam medium rationis. Et ideo in iustitia salvatur ratio virtutis moralis.

na justiça há um meio-termo, determinado pela razão e não pela realidade.

2. Além disso, quando se trata de coisas "pura e simplesmente boas", não se fala de excesso ou de falta, nem por conseguinte de meio termo, como se vê na consideração das virtudes, de que trata o Filósofo. Ora, diz ainda que a justiça visa o que é "pura e simplesmente bom". Logo, na justiça não há meio-termo, determinado pela realidade.

3. Ademais, nas outras virtudes, admite-se um meio-termo fixado pela razão e não pela realidade, porque ele varia em relação às diversas pessoas. Pois, "o que é muito para um, para outro é pouco", como diz Aristóteles. Ora, o mesmo se observa também na justiça. Não se pune com a mesma pena a quem fere o príncipe e a quem fere uma pessoa privada. Logo, também a justiça não tem um meio-termo ditado pela realidade, e sim pela razão.

Em sentido contrário, o Filósofo propõe o meio-termo da justiça segundo uma proporcionalidade aritmética, o que vem a ser determinado pela realidade.

Respondo. As outras virtudes morais têm por objeto principalmente as paixões, cuja retificação leva em conta o próprio homem movido pelas paixões, enquanto se irrita ou deseja como deve, nas diversas circunstâncias. Eis por quê, o meio-termo, próprio a essas virtudes, não se aprecia segundo a proporção de uma coisa a outra, mas em relação ao sujeito virtuoso mesmo. Portanto, nelas o meio-termo depende apenas da razão em referência a nós. Ao contrário, a matéria da justiça é a ação exterior, que por ela mesma ou pela realidade que utiliza, tem uma proporção devida com outra pessoa. Por isso, o meio-termo da justiça consiste em certa igualdade de proporção da realidade exterior com a pessoa exterior. Ora a igualdade é realmente o meio-termo entre o mais e o menos, como diz Aristóteles. Logo, a justiça comporta um meio-termo real.

Quanto ao 1º, portanto, deve-se dizer que o meio-termo real é também racional. Por isso, a justiça realiza a razão de virtude moral.

---

2. C. 6: 1107, a, 22-27.
3. C. 2: 1129, b, 5-6.
4. C. 5: 1106, a, 36 — b, 7.
5. C. 7: 1132, a, 1-7; 25-30.
6. A. 2, ad 4; a. 8; I-II, q. 60, a. 2.
7. C. 5: 1056, a, 18-24.

AD SECUNDUM dicendum quod bonum simpliciter dupliciter dicitur. Uno modo, quod est omnibus modis bonum: sicut virtutes sunt bonae. Et sic in his quae sunt bona simpliciter non est accipere medium et extrema. — Alio modo dicitur aliquid simpliciter bonum quia est absolute bonum, scilicet secundum suam naturam consideratum, quamvis per abusum possit fieri malum: sicut patet de divitiis et honoribus. Et in talibus potest accipi superfluum, diminutum et medium quantum ad homines, qui possunt eis uti vel bene vel male. Et sic circa simpliciter bona dicitur esse iustitia.

AD TERTIUM dicendum quod iniuria illata aliam proportionem habet ad principem, et aliam ad personam privatam. Et ideo oportet aliter adaequare utramque iniuriam per vindictam. Quod pertinet ad diversitatem rei, et non solum ad diversitatem rationis.

QUANTO AO 2º, deve-se dizer que de dois modos se pode considerar o que é pura e simplesmente bom. Primeiro, enquanto é bom sob todos os aspetos; assim, as virtudes são boas. Nesse tipo de bens, não há nem meio nem extremo. No segundo sentido, diz-se que uma coisa é pura e simplesmente boa, porque ela o é de maneira absoluta, considerada em sua natureza, embora por abuso se possa tornar má. É o que se vê, com evidência, nas riquezas e honras. Nessas coisas, há lugar para excesso, deficiência e um meio-termo, em relação aos homens, que delas podem usar bem ou mal. É precisamente desses últimos bens que se ocupa a justiça.

QUANTO AO 3º, deve-se dizer que a injúria assume uma outra proporção, quando feita ao príncipe ou a uma pessoa privada. A igualdade a restabelecer pelo castigo não é a mesma nos dois casos. Trata-se, portanto, de uma diversidade real e não apenas de razão.

## ARTICULUS 11
### Utrum actus iustitiae sit reddere unicuique quod suum est

AD UNDECIMUM SIC PROCEDITUR. Videtur quod actus iustitiae non sit reddere unicuique quod suum est.
1. Augustinus enim, XIV *de Trin.*[1], attribuit iustitiae *subvenire miseris*. Sed in subveniendo miseris non tribuimus eis quae sunt eorum, sed magis quae sunt nostra. Ergo iustitiae actus non est tribuere unicuique quod suum est.
2. PRAETEREA, Tullius, in I *de Offic.*[2], dicit quod *beneficentia, quam benignitatem vel liberalitatem appellari licet*, ad iustitiam pertinet. Sed liberalitatis est de proprio dare alicui, non de eo quod est eius. Ergo iustitiae actus non est reddere unicuique quod suum est.
3. PRAETEREA, ad iustitiam pertinet non solum res dispensare debito modo, sed etiam iniuriosas actiones cohibere: puta homicidia, adulteria et alia huiusmodi. Sed reddere quod suum est videtur solum ad dispensationem rerum pertinere. Ergo non sufficienter per hoc notificatur actus iustitiae quod dicitur actus eius esse reddere unicuique quod suum est.

## ARTIGO 11
### O ato da justiça consiste em dar a cada um o que é seu?

QUANTO AO DÉCIMO PRIMEIRO, ASSIM SE PROCEDE: parece que o ato da justiça **não** consiste em dar a cada um o que é seu.
1. Com efeito, Agostinho atribui à justiça a função de vir em socorro dos miseráveis. Ora, prestando-lhes socorro, damos-lhes, não o que é deles, mas antes o que é nosso. Logo, o ato de justiça não consiste em dar a cada um o que é seu.
2. ALÉM DISSO, Túlio declara que a "beneficência, que se pode chamar liberalidade ou benignidade", pertence à justiça. Ora, a liberalidade consiste também em dar de seu próprio bem a outrem, e não do que a ele pertence. Logo, o ato de justiça não consiste em dar a cada um o que é seu.
3. ADEMAIS, Cabe à justiça não só distribuir as coisas de modo conveniente, mas ainda coibir as ações injuriosas: o homicídio, o adultério e outras semelhantes. Ora, dar o seu a cada um parece ficar apenas na distribuição das coisas. Logo, não se caracteriza suficientemente o ato da justiça dizendo que consiste em dar o seu a cada um.

---

11
1. C. 9: ML 42, 1046.
2. C. 7: ed. C. F. W. Mueller, Lipsiae 1910, p. 8, l. 37 — p. 9, l. 1.

SED CONTRA est quod Ambrosius dicit, in I *de Offic*[3]: *Iustitia est quae unicuique quod suum est tribuit, alienum non vindicat, utilitatem propriam negligit ut communem aequitatem custodiat.*

RESPONDEO dicendum quod, sicut dictum est[4], materia iustitiae est operatio exterior secundum quod ipsa, vel res qua per eam utimur, proportionatur alteri personae, ad quam per iustitiam ordinamur. Hoc autem dicitur esse suum uniuscuiusque personae quod ei secundum proportionis aequalitatem debetur. Et ideo proprius actus iustitiae nihil est aliud quam reddere unicuique quod suum est.

AD PRIMUM ergo dicendum quod iustitiae cum sit virtus cardinalis, quaedam aliae virtutes secundariae adiunguntur, sicut misericordia, liberalitas et aliae huiusmodi virtutes, ut infra[5] patebit. Et ideo subvenire miseris, quod pertinet ad misericordiam sive pietatem, et liberaliter benefacere, quod pertinet ad liberalitatem, per quandam reductionem attribuitur iustitiae, sicut principali virtuti.

Et per hoc patet responsio AD SECUNDUM.

AD TERTIUM dicendum quod, sicut Philosophus dicit, in V *Ethic.*[6], omne superfluum in his quae ad iustitiam pertinent *lucrum*, extenso nomine, vocatur: sicut et omne quod minus est vocatur *damnum*. Et hoc ideo, quia iustitia prius est exercita, et communius exercetur in voluntariis commutationibus rerum, puta emptione et venditione, in quibus proprie haec nomina dicuntur; et exinde derivantur haec nomina ad omnia circa quae potest esse iustitia. Et eadem ratio est de hoc quod est reddere unicuique quod suum est.

EM SENTIDO CONTRÁRIO, Ambrósio declara: "A justiça dá a cada um o que é seu, não reivindica o que é alheio, negligencia sua própria utilidade, para salvaguardar a equidade comum".

RESPONDO. Como ficou dito, a matéria da justiça é a ação exterior, enquanto ela mesma, ou o objeto que por ela utilizamos, estão proporcionados a uma outra pessoa, com quem a justiça nos coloca em relação. Ora, a cada pessoa diz-se pertencer como seu, aquilo que lhe é devido por uma igualdade proporcional. Por isso, o ato de justiça consiste precisamente em dar a cada um o que é seu.

QUANTO AO 1º, portanto, deve-se dizer que à justiça, enquanto virtude cardeal, estão anexas algumas virtudes secundárias, tais como a misericórdia, a liberalidade e outras. Assim, socorrer aos miseráveis, que é próprio da misericórdia ou da piedade, fazer amplamente o bem, que compete à liberalidade, por uma espécie de redução, se atribuem à justiça como à virtude principal.

QUANTO AO 2º, deve-se dizer que assim se resolve também a segunda objeção.

QUANTO AO 3º, deve-se dizer que como diz o Filósofo, em matéria de justiça, tudo quanto ultrapassa a medida é chamado por extensão *lucro*, e o que não a atinge recebe o nome de *prejuízo*. E isto porque antes se exerceu a justiça, e se exerce ainda comumente, nos intercâmbios voluntários das coisas, por exemplo, nas compras e vendas. A essas transações se aplicam propriamente tais nomes, que passam, em seguida, a todo o domínio da justiça. Um processo de ampliação semelhante envolve a expressão "dar a cada um o que é seu".

## ARTICULUS 12

### Utrum iustitia praeemineat inter omnes virtutes morales

AD DUODECIMUM SIC PROCEDITUR. Videtur quod iustitia non praeemineat inter omnes virtutes morales.

1. Ad iustitiam enim pertinet reddere alteri quod suum est. Ad liberalitatem autem pertinet de proprio dare, quod virtuosius est. Ergo liberalitas est maior virtus quam iustitia.

## ARTIGO 12

### A justiça tem preeminência sobre todas as virtudes morais?

QUANTO AO DÉCIMO SEGUNDO, ASSIM SE PROCEDE: parece que a justiça **não** tem preeminência sobre todas as virtudes morais.

1. Com efeito, à justiça compete dar a outrem o que é seu. Ora, convém à liberalidade dar do que é próprio, o que é mais virtuoso. Logo, a liberalidade é virtude maior do que a justiça.

---

3. C. 24: ML 16, 57 AB.
4. Art. 8, 10.
5. Q. 80.
6. C. 7: 1132, b, 11-20.

12 PARALL.: Infra, q. 123, a. 12; q. 141, a. 8; I-II, q. 66, a. 4; III *Sent.*, dist. 35, q. 1, a. 3, q.la 1; IV, dist. 33, q. 3, a. 3; V *Ethic.*, lect. 2.

2. Praeterea, nihil ornatur nisi per aliquid dignius se. Sed *magnanimitas est ornamentum et iustitiae* et *omnium virtutum*, ut dicitur in IV *Ethic.*[1]. Ergo magnanimitas est nobilior quam iustitia.

3. Praeterea, virtus est circa *difficile* et *bonum*, ut dicitur in II *Ethic.*[2]. Sed fortitudo est circa magis difficilia quam iustitia, idest circa *pericula mortis*, ut dicitur in III *Ethic.*[3]. Ergo fortitudo est nobilior iustitia.

Sed contra est quod Tullius dicit, in I *de Offic.*[4]: *In iustitia virtutis splendor est maximus, ex qua boni viri nominantur*.

Respondeo dicendum quod si loquamur de iustitia legali, manifestum est quod ipsa est praeclarior inter omnes virtutes morales: inquantum bonum commune praeeminet bono singulari unius personae. Et secundum hoc Philosophus, in V *Ethic.*[5], dicit quod *praeclarissima virtutum videtur esse iustitia, et neque est Hesperus neque Lucifer ita admirabilis*.

Sed etiam si loquamur de iustitia particulari, praecellit inter alias virtutes morales, duplici ratione. Quarum prima potest sumi ex parte subiecti: quia scilicet est in nobiliori parte animae, idest in appetitu rationali, scilicet voluntate; aliis virtutibus moralibus existentibus in appetitu sensitivo, ad quem pertinent passiones, quae sunt materia aliarum virtutum moralium. — Secunda ratio sumitur ex parte obiecti. Nam aliae virtutes laudantur solum secundum bonum ipsius virtuosi. Iustitia autem laudatur secundum quod virtuosus ad alium bene se habet: et sic iustitia quodammodo est bonum alterius, ut dicitur in V *Ethic.*[6]. Et propter hoc Philosophus dicit, in I *Rhet.*[7]: *Necesse est maximas esse virtutes eas quae sunt aliis honestissimae: siquidem est virtus potentia benefactiva. Propter hoc fortes et iustos maxime honorant: quoniam fortitudo est utilis aliis in bello, iustitia autem et in bello et in pace*.

Ad primum ergo dicendum quod liberalitas, etsi de suo det, tamen hoc facit inquantum in hoc

2. Além disso, nada é ornado a não ser por algo mais digno. Ora, a magnanimidade é o ornamento da justiça e de todas as virtudes; diz o livro IV da *Ética*. Logo, a magnanimidade é mais nobre do que a justiça.

3. Ademais, como diz o Filósofo, a virtude tem por objeto o "difícil e o bem". Ora, a fortaleza enfrenta maiores dificuldades do que a justiça, os próprios perigos de morte. Logo, ela é mais nobre que a justiça.

Em sentido contrário, Túlio proclama: "Na justiça, a virtude refulge em todo o seu esplendor, pois, graças a ela, os homens são chamados bons".

Respondo. Se falamos da justiça legal, é manifesto que excede em valor todas as virtudes morais; pois o bem comum tem a preeminência sobre o bem particular de uma pessoa. Por isso, declara o Filósofo: "A justiça resplandece como a mais preclara das virtudes. Nem a estrela da tarde nem a estrela da manhã são tão admiráveis".

Mas, mesmo que falemos da justiça particular, ela supera em excelência todas as virtudes morais, por duas razões. A primeira, do lado do sujeito: a justiça, com efeito, tem sua sede na parte mais nobre da alma, a saber no apetite racional, a vontade. Ao invés, as outras virtudes morais têm por sede o apetite sensível, a que pertencem as paixões, que constituem a matéria dessas virtudes. — A segunda razão vem da parte do objeto. Pois, as outras virtudes morais, além da justiça, são exaltadas somente pelo bem que realizam no homem virtuoso, ao passo que a justiça é enaltecida pelo bem que o homem virtuoso realiza em suas relações com outrem, de tal sorte que ela é, de certa maneira, o bem de outrem, diz o livro V da *Ética*. Por isso, proclama o Filósofo: "as maiores virtudes são necessariamente aquelas que mais concorrem para o bem de outrem, já que a virtude é uma força benfazeja. Eis por quê, mais se honram os fortes e os justos, porque a fortaleza é útil aos outros na guerra, a justiça, porém, tanto na guerra quanto na paz."

Quanto ao 1º, portanto, deve-se dizer que dando, embora, do que é seu, a liberalidade só

---

1. C. 7: 1124, a, 1-4.
2. C. 2: 1105, a, 9-13.
3. C. 9: 1115, a, 24-27.
4. C. 7: ed. C. F. W. Mueller, Lipsiae 1910, p. 8, ll. 35-37.
5. C. 3: 1129, b, 27-29.
6. C. 3: 1130, a, 3-8.
7. C. 9: 1366, b, 3-7.

considerat propriae virtutis bonum. Iustitia autem dat alteri quod suum est quasi considerans bonum commune. — Et praeterea iustitia observatur ad omnes: liberalitas autem ad omnes se extendere non potest. — Et iterum liberalitas, quae de suo dat, supra iustitiam fundatur, per quam conservatur unicuique quod suum est.

AD SECUNDUM dicendum quod magnanimitas, inquantum supervenit iustitiae, auget eius bonitatem. Quae tamen sine iustitia nec virtutis rationem haberet.

AD TERTIUM dicendum quod fortitudo consistit circa difficiliora, non tamen est circa meliora, cum sit solum in bello utilis: iustitia autem et in pace et in bello, sicut dictum est[8].

8. In corp.

o faz levando em conta o bem de sua própria virtude. A justiça, ao contrário, dá a outrem o que lhe pertence, em atenção ao bem comum. — Além disso, a justiça envolve a todos os homens, enquanto que a liberalidade não se pode estender a todos. — Enfim, dando do que é seu, a liberalidade se funda na justiça que assegura a cada um o que lhe pertence.

QUANTO AO 2º, deve-se dizer que acrescentando-se à justiça, a magnanimidade aumenta-lhe a bondade. Porém, sem a justiça, nem mesmo seria uma virtude.

QUANTO AO 3º, deve-se dizer que a fortaleza visa o mais difícil, não porém o melhor; pois só é útil na guerra, ao passo que a justiça é útil na guerra e na paz.

## QUAESTIO LIX
## DE INIUSTITIA
*in quatuor articulos divisa*

Deinde considerandum est de iniustitia.
Et circa hoc quaeruntur quatuor.
*Primo:* utrum iniustitia sit speciale vitium.
*Secundo:* utrum iniusta agere sit proprium iniusti.
*Tertio:* utrum aliquis possit iniustum pati volens.
*Quarto:* utrum iniustitia ex suo genere sit peccatum mortale.

### ARTICULUS 1
### Utrum iniustitia sit vitium speciale

AD PRIMUM SIC PROCEDITUR. Videtur quod iniustitia non sit vitium speciale.

## QUESTÃO 59
## A INJUSTIÇA[a]
*em quatro artigos*

Em seguida, deve-se considerar a injustiça.
Sobre ela, são quatro as perguntas:
1. A injustiça é um vício especial?
2. Praticar atos injustos é próprio do homem injusto?
3. Pode-se sofrer injustiça voluntariamente?
4. Por seu gênero, a injustiça é pecado mortal?

### ARTIGO 1
### A injustiça é um vício especial?

QUANTO AO PRIMEIRO ARTIGO, ASSIM SE PROCEDE: parece que a justiça **não** é um vício especial.

1 PARALL.: Supra, q. 58, a. 5, ad 3; infra, q. 79, a. 2, ad 1; V *Ethic.*, lect. 2, 3.

a. O tema é tratado aqui em relação com o texto aristotélico do livro V da *Ética a Nicômaco*, cujo ordenamento é seguido em suas grandes linhas.
A questão se divide em quatro artigos. Os três primeiros, de um feitio mais estritamente ético, visam elucidar e prolongar a doutrina de Aristóteles, mostrando, em primeiro lugar, como a injustiça pode designar, da maneira mais ampla, toda espécie de falta ou pecado, e uma falta seja contra a justiça geral, seja contra as espécies de justiça particular (a. 1). Examina-se em seguida o que faz o homem "injusto" no sentido restrito: aquele que pratica a injustiça de maneira deliberada ou por causa de uma má vontade habitual (a.2). Encarada nela mesma, a injustiça reveste o caráter de uma injúria feita a alguém contra sua vontade; tal é a definição objetiva (a. 3). O último artigo possui um alcance propriamente teológico: toda injúria grave feita a outrem vai contra a caridade, e constitui por conseguinte um pecado mortal (a. 4). As formas particulares de justiça serão estudadas em detalhe, a partir da questão 64 no que concerne à justiça comutativa, e já na q. 63, de maneira mais sucinta, para a justiça distributiva. Aliás, é através da análise das injustiças que são abordados os problemas concretos e práticos que encontramos no domínio da justiça (apontamos na Introdução geral deste tratado as razões dessa posição adotada pelo autor).

1. Dicitur enim 1Io 3,4: *Omne peccatum est iniquitas*. Sed iniquitas videtur idem esse quod iniustitia: quia iustitia est aequalitas quaedam, unde iniustitia idem videtur esse quod inaequalitas, sive iniquitas. Ergo iniustitia non est speciale peccatum.

2. PRAETEREA, nullum speciale peccatum opponitur omnibus virtutibus. Sed iniustitia opponitur omnibus virtutibus: nam quantum ad adulterium, opponitur castitati; quantum ad homicidium, opponitur mansuetudini; et sic de aliis. Ergo iniustitia non est speciale peccatum.

3. PRAETEREA, iniustitia iustitiae opponitur, quae in voluntate est. Sed *omne peccatum est in voluntate*, ut Augustinus dicit[1]. Ergo iniustitia non est speciale peccatum.

SED CONTRA, iniustitia iustitiae opponitur. Sed iustitia est specialis virtus. Ergo iniustitia est speciale vitium.

RESPONDEO dicendum quod iniustitia est duplex. Una quidem illegalis, quae opponitur legali iustitiae. Et haec quidem secundum essentiam est speciale vitium: inquantum respicit speciale obiectum, scilicet bonum commune, quod contemnit. Sed quantum ad intentionem est vitium generale: quia per contemptum boni communis potest homo ad omnia peccata deduci. Sicut etiam omnia vitia, inquantum repugnant bono communi, iniustitiae rationem habent, quasi ab iniustitia derivata: sicut et supra[2] de iustitia dictum est.

Alio modo dicitur iniustitia secundum inaequalitatem quandam ad alterum: prout scilicet homo vult habere plus de bonis, puta divitiis et honoribus; et minus de malis, puta laboribus et damnis. Et sic iniustitia habet materiam specialem, et est particulare vitium iustitiae particulari oppositum.

AD PRIMUM ergo dicendum quod sicut iustitia legalis dicitur per comparationem ad bonum commune humanum, ita iustitia divina dicitur per comparationem ad bonum divinum, cui repugnat omne peccatum. Et secundum hoc omne peccatum dicitur iniquitas.

AD SECUNDUM dicendum quod iniustitia etiam particularis opponitur indirecte omnibus virtutibus: inquantum scilicet exteriores etiam actus pertinent et ad iustitiam et ad alias virtutes morales, licet diversimode, sicut supra[3] dictum est.

1. Com efeito, "Todo pecado é uma iniquidade", diz a Escritura. Ora, parece que a iniquidade é o mesmo que a injustiça. Pois, se a justiça é uma igualdade, a injustiça será uma desigualdade ou uma iniquidade. Logo, a injustiça não é um pecado especial.

2. ALÉM DISSO, nenhum pecado especial se opõe a todas as virtudes. Ora, tal é o caso da injustiça. Assim, no adultério, opõe-se à castidade; no homicídio á mansidão. E assim por diante. Logo, a injustiça não é um pecado especial.

3. ADEMAIS, a injustiça se opõe à justiça, cuja sede é a vontade. Ora "a vontade é a sede de todos os pecados," como declara Agostinho. Logo a injustiça não é um pecado especial.

EM SENTIDO CONTRÁRIO, a injustiça se opõe à justiça, que é uma virtude especial. Portanto é um vício especial.

RESPONDO. Há duas sortes de injustiça. Uma, a injustiça ilegal, oposta à justiça legal. Ela é essencialmente um vício especial, pois visa um objeto especial, o bem comum que ela despreza. Mas, pela intenção que a anima, é um vício geral; com efeito, desprezando o bem comum, pode ser desviado a cometer todos os pecados. Da mesma forma, todos os vícios, enquanto se opõem ao bem comum, realizam a noção de injustiça, derivando de certo modo da injustiça, como já o explicamos na questão precedente.

Além dessa injustiça legal, há uma outra que consiste em uma certa desigualdade em relação a outrem; enquanto, precisamente, se querem mais bens, como riquezas e honras, e menos males, como trabalhos e danos. Nesse caso, a injustiça tem uma matéria especial, e é um vício particular, oposto à justiça particular.

QUANTO AO 1º, portanto, deve-se dizer que como a justiça legal se define em relação ao bem comum humano, assim se define a justiça divina em relação ao bem divino ao qual todo pecado é contrário. Sob esse ângulo, todo pecado merece o nome de iniquidade.

QUANTO AO 2º, deve-se dizer que a injustiça, mesmo a particular, se opõe indiretamente a todas as virtudes, no sentido de que os atos exteriores pertencem à justiça e às outras virtudes morais, embora sob aspectos diversos, como já se explicou anteriormente.

---

1. *De duabus animabus*, c. 10, n. 12: ML 42, 103.
2. Q. 58, a. 5, 6.
3. Ibid., a. 9, ad 2.

AD TERTIUM dicendum quod voluntas, sicut et ratio, se extendit ad materiam totam moralem, idest ad passiones et ad operationes exteriores quae sunt ad alterum. Sed iustitia perficit voluntatem solum secundum quod se extendit ad operationes quae sunt ad alterum. Et similiter iniustitia.

QUANTO AO 3º, deve-se dizer que a vontade, como a razão, se estende a toda a matéria moral, isto é, às paixões e às ações exteriores que atingem os outros. Porém, a justiça aperfeiçoa a vontade só em relação a ações que se referem aos outros. O mesmo se dá com a injustiça.

## ARTICULUS 2
### Utrum aliquis dicatur iniustus ex hoc quod facit iniustum

AD SECUNDUM SIC PROCEDITUR. Videtur quod aliquis dicatur iniustus ex hoc quod facit iniustum.

1. Habitus enim specificantur per obiecta, ut ex supradictis[1] patet. Sed proprium obiectum iustitiae est iustum, et proprium obiectum iniustitiae est iniustum. Ergo et iustus dicendus est aliquis ex hoc quod facit iustum, et iniustus ex hoc quod facit iniustum.

2. PRAETEREA, Philosophus dicit, in V *Ethic.*[2], falsam esse opinionem quorundam qui aestimant in potestate hominis esse ut statim faciat iniustum, et quod iustus non minus possit facere iniustum quam iniustus. Hoc autem non esset nisi facere iniustum esset proprium iniusti. Ergo aliquis iudicandus est iniustus ex hoc quod facit iniustum.

3. PRAETEREA, eodem modo se habet omnis virtus ad proprium actum: et eadem ratio est de vitiis oppositis. Sed quicumque facit aliquid intemperatum dicitur intemperatus. Ergo quicumque facit aliquid iniustum dicitur iniustus.

SED CONTRA est quod Philosophus dicit, in V *Ethic.*[3], quod aliquis *facit iniustum et iniustus non est*.

RESPONDEO dicendum quod sicut obiectum iustitiae est aliquid aequale in rebus exterioribus, ita etiam obiectum iniustitiae est aliquid inaequale: prout scilicet alicui attribuitur plus vel minus quam sibi competat. Ad hoc autem obiectum comparatur habitus iniustitiae mediante proprio actu, qui vocatur *iniustificatio*. Potest ergo contingere quod qui facit iniustum non est iniustus, dupliciter. Uno modo, propter defectum

## ARTIGO 2
### Alguém se diz injusto por praticar algo de injusto?

QUANTO AO SEGUNDO, ASSIM SE PROCEDE: parece que alguém *se diz* injusto por praticar algo de injusto.

1. Com efeito, os hábitos se especificam por seus objetos, como já se explicou. Ora, a justiça tem por objeto próprio o que é o justo, como o que é injusto vem a ser o objeto da injustiça. Logo, deve ser chamado justo quem pratica a justiça, *e* injusto quem comete injustiça.

2. ALÉM DISSO, o Filósofo declara falsa a opinião daqueles para os quais estaria no poder do homem cometer subitamente uma injustiça, de sorte que o homem justo não estaria menos disposto a cometer injustiça do que o injusto. Ora, isso não se diria, se cometer injustiça não fosse próprio do homem injusto. Logo, deve-se considerar injusto quem pratica a injustiça.

3. ADEMAIS, todas as virtudes se comportam do mesmo modo em relação ao seu ato próprio; o mesmo se dá com os vícios opostos. Ora, recebe o nome de intemperante quem pratica um ato contrário à temperança. Logo, todo aquele que comete injustiça se deve chamar injusto.

EM SENTIDO CONTRÁRIO, o Filósofo assegura: "alguém pode fazer algo de injusto, sem ser, no entanto, injusto."

RESPONDO. Como a igualdade nas coisas exteriores é o objeto da justiça, assim o objeto da injustiça é a desigualdade, no sentido de atribuir a alguém mais ou menos do que convém. A esse objeto se refere o hábitus da injustiça, mediante seu ato próprio, que se chama "injustificação."[*]. Que alguém cometa injustiça sem ser injusto, pode acontecer de dois modos. Primeiro, quando o ato injusto não tem relação com o objeto próprio da

---

2  PARALL.: V *Ethic.*, lect. 13; *in Psalm*. 35.

1. I-II, q. 54, a. 2.
2. C. 13: 1137, a, 17-26.
3. C. 10: 1134, a, 17-23.

---

\* Dir-se-ia hoje "depravação" ou "corrupção" (N. do T.)

comparationis operationis ad proprium obiectum, quae quidem recipit speciem et nomen a per se obiecto, non autem ab obiecto per accidens. In his autem quae sunt propter finem, per se dicitur aliquid quod est intentum: per accidens autem quod est praeter intentionem. Et ideo si aliquis faciat aliquid quod est iniustum non intendens iniustum facere, puta cum hoc facit per ignorantiam, non existimans se iniustum facere; tunc non facit iniustum per se et formaliter loquendo, sed solum per accidens, et quasi materialiter faciens id quod est iniustum. Et talis operatio non denominatur iniustificatio. — Alio modo potest contingere propter defectum comparationis ipsius operationis ad habitum. Potest enim iniustificatio procedere quandoque quidem ex aliqua passione, puta irae vel concupiscentiae: quandoque autem ex electione, quando scilicet ipsa iniustificatio per se placet; et tunc proprie procedit ab habitu, quia unicuique habenti aliquem habitum est secundum se acceptum quod convenit illi habitui. — Facere ergo iniustum ex intentione et electione est proprium iniusti, secundum quod iniustus dicitur qui habet iniustitiae habitum. Sed facere iniustum praeter intentionem, vel ex passione, potest aliquis absque habitu iniustitiae.

AD PRIMUM ergo dicendum quod obiectum per se et formaliter acceptum specificat habitum: non autem prout accipitur materialiter et per accidens.

AD SECUNDUM dicendum quod non est facile cuicumque facere iniustum ex electione, quasi aliquid per se placens et non propter aliud, sed hoc proprium est habentis habitum, ut ibidem[4] Philosophus dicit.

AD TERTIUM dicendum quod obiectum temperantiae non est aliquid exterius constitutum, sicut obiectum iustitiae: sed obiectum temperantiae, idest temperatum, accipitur solum in comparatione ad ipsum hominem. Et ideo quod est per accidens et praeter intentionem non potest dici temperatum nec materialiter nec formaliter: et similiter neque intemperatum. Et quantum ad hoc est dissimile in iustitia et in aliis virtutibus moralibus. Sed quan-

injustiça, uma vez que é do objeto essencial e não do acidental, que a ação recebe seu nome e sua espécie. Ora, nos atos realizados em vista de um fim, objeto essencial é o intencionado, sendo acidental o que está fora da intenção. Por isso, se alguém comete uma injustiça, sem visá-la intencionalmente, por ignorância, por exemplo, sem pensar fazer algo de injusto, não comete formal e propriamente injustiça, mas só por acidente fazendo materialmente o que é injusto. Tal ação não se diz "injustificação". — De um outro modo, pode alguém cometer um ato injusto sem ser injusto, quando o ato não está em relação com o hábito. A injustificação pode, às vezes, proceder de uma paixão, da ira ou da concupiscência; outras vezes, provém da escolha, quando agrada por si mesma. Então, procede propriamente do hábito, pois quem tem um hábito se compraz no que com este se harmoniza. — Portanto, praticar a injustiça, por intenção e livre escolha, é próprio do injusto, no sentido em que se diz que injusto é o que tem o hábito da injustiça. Mas, praticar algo de injusto, sem intenção e por paixão, pode acontecer a quem não tenha o hábito da injustiça[b].

QUANTO AO 1º, portanto, deve-se dizer que o que especifica o hábitus é o objeto encarado em si e formalmente, não o objeto encarado acidental e materialmente.

QUANTO AO 2º, deve-se dizer que não é fácil a qualquer um cometer a injustiça por livre escolha, como algo que agrada por si mesmo e não por outro motivo. Isso é próprio de quem adquiriu o hábitus, explica o Filósofo.

QUANTO AO 3º, deve-se dizer que contrariamente ao da justiça, o objeto da temperança não tem uma consistência externa. Mas o objeto da temperança, a saber, aquilo que é moderado, se considera em relação ao próprio homem. Por isso, não se pode chamar "temperado", nem material nem formalmente, o que é acidental e não intencionado; o mesmo se dá com o que é "intemperado". Tal é a diferença entre a justiça e as outras virtudes

---

4. Loc. cit. in arg.: c. 13: 1137, a, 22-26.

b. Esse artigo relaciona a noção de injustiça com a de pecado de malícia (estudado na I-II, q. 78). Em contraste com as faltas provenientes da ignorância ou da fraqueza, os pecados de malícia traduzem uma escolha e uma intenção de praticar o mal, e enraízam-se em geral numa disposição habitual da vontade, profundamente identificada com o vício. No sentido forte e preciso do termo, a injustiça é explicada nesse artigo como realizando toda a densidade desse pecado de malícia. Mas, com toda evidência, segundo a doutrina constante de Sto. Tomás, uma injustiça cometida sob a influência das paixões, e mesmo sob o efeito de uma ignorância culpada, pode constituir uma falta grave, um pecado mortal, realizando de fato a noção de "injustiça".

tum ad comparationem operationis ad habitum, in omnibus similiter se habet.

## ARTICULUS 3
### Utrum aliquis possit pati iniustum volens

AD TERTIUM SIC PROCEDITUR. Videtur quod aliquis possit pati iniustum volens.
1. Iniustum enim est inaequale, ut dictum est[1]. Sed aliquis laedendo seipsum recedit ab aequalitate, sicut et laedendo alium. Ergo aliquis potest sibi ipsi facere iniustum, sicut et alteri. Sed quicumque facit iniustum volens facit. Ergo aliquis volens potest pati iniustum, maxime a seipso.

2. PRAETEREA, nullus secundum legem civilem punitur nisi propter hoc quod facit aliquam iniustitiam. Sed illi qui interimunt seipsos puniuntur secundum leges civitatum, in hoc quod privabantur antiquitus honore sepulturae; ut patet per Philosophum, in V *Ethic*.[2]. Ergo aliquis potest sibi ipsi facere iniustum. Et ita contingit quod aliquis iniustum patiatur volens.

3. PRAETEREA, nullus facit iniustum nisi alicui patienti iniustum. Sed contingit quod aliquis faciat iniustum alicui hoc volenti: puta si vendat ei rem carius quam valeat. Ergo contingit aliquem volentem iniustum pati.

SED CONTRA est quod iniustum pati oppositum est ei quod est iniustum facere. Sed nullus facit iniustum nisi volens. Ergo, per oppositum, nullus patitur iniustum nisi nolens.

RESPONDEO dicendum quod actio, de sui ratione, procedit ab agente; passio autem, secundum propriam rationem, est ab alio: unde non potest esse idem, secundum idem, agens et patiens, ut dicitur in III[3] et VIII[4] *Physic*. Principium autem proprium agendi in hominibus est voluntas. Et ideo illud proprie et per se homo facit quod volens facit: et e contrario illud proprie homo patitur quod praeter voluntatem suam patitur; quia inquantum est volens, principium est ex ipso, et ideo, inquantum est huiusmodi, magis est agens quam patiens.

Dicendum est ergo quod iniustum, per se et formaliter loquendo, nullus potest facere nisi

## ARTIGO 3
### Pode-se sofrer a injustiça voluntariamente?

QUANTO AO TERCEIRO, ASSIM SE PROCEDE: parece que se **pode** sofrer a injustiça voluntariamente.
1. Com efeito, o que é injusto é desigual, como se acabou de ver. Mas, quem se lesa a si mesmo se afasta da igualdade, tanto quanto lesando a outrem. Pode-se portanto cometer injustiça contra si mesmo ou contra os outros. Ora, quem comete injustiça o faz voluntariamente. Logo, pode-se sofrer voluntariamente uma injustiça, sobretudo quando provém de si mesmo.

2. ALÉM DISSO, ninguém é punido pela lei civil senão por ter cometido injustiça. Ora, os que se matam a si mesmos são punidos pela lei civil, sendo privados antigamente das honras da sepultura, como lembra o Filósofo. Logo, alguém pode cometer injustiça contra si mesmo, e sofrê-la assim voluntariamente.

3. ADEMAIS, ninguém comete injustiça a não ser contra alguém que a sofre. Ora, acontece que se faça injustiça a quem a queira, vendendo-lhe uma coisa mais caro do que vale. Logo, pode-se sofrer voluntariamente uma injustiça.

EM SENTIDO CONTRÁRIO, sofrer injustiça é o contrário de praticá-la. Ora, só se pratica a violência querendo. Logo, de modo contrário, ninguém sofre a injustiça voluntariamente.

RESPONDO. A ação, por natureza, procede do agente. Sofrer uma ação, ao contrário, também por sua própria natureza, vem de outrem. Por isso, não se pode, ao mesmo tempo e sob o mesmo aspecto, ser agente e paciente, como ensina o Filósofo. Ora, a vontade é princípio próprio da ação humana. Por conseguinte, a falar rigorosa e formalmente, o homem só faz aquilo que faz voluntariamente; e ele sofre propriamente o que é imposto contra a sua vontade. Pois, enquanto quer, é o princípio de seu agir, e por isso, enquanto é tal, é mais agente do que paciente.

Donde se há concluir que, a falar essencial e formalmente, ninguém pode cometer uma injus-

---

3  PARALL.: V *Ethic*., lect. 14.

1. Art. praec.
2. C. 15: 1138, a, 12-14.
3. C. 1: 201, a, 19-23.
4. C. 5: 256, b, 20-24.

volens, nec pati nisi nolens. Per accidens autem et quasi materialiter loquendo, potest aliquis id quod est de se iniustum vel facere nolens, sicut cum quis praeter intentionem operatur; vel pati volens, sicut cum quis plus alteri dat sua voluntate quam debeat.

AD PRIMUM ergo dicendum quod cum aliquis sua voluntate dat alicui id quod ei non debet, non facit nec iniustitiam nec inaequalitatem. Homo enim per suam voluntatem possidet res: et ita non est praeter proportionem si aliquid ei subtrahatur secundum propriam voluntatem, vel a seipso vel ab alio.

AD SECUNDUM dicendum quod aliqua persona singularis dupliciter potest considerari. Uno modo, secundum se. Et sic, si sibi aliquod nocumentum inferat, potest quidem habere rationem alterius peccati, puta intemperantiae vel imprudentiae, non tamen rationem iniustitiae: quia sicut iustitia semper est ad alterum, ita et iniustitia. — Alio modo potest considerari aliquis homo inquantum est aliquid civitatis, scilicet pars; vel inquantum est aliquid Dei, scilicet creatura et imago. Et sic qui occidit seipsum iniuriam quidem facit non sibi, sed civitati et Deo. Et ideo punitur tam secundum legem divinam quam secundum legem humanam: sicut et de fornicatore Apostolus dicit: *Si quis templum Dei violaverit, disperdet ipsum Deus*.

AD TERTIUM dicendum quod passio est effectus actionis exterioris. In hoc autem quod est facere et pati iniustum, id quod materialiter est attenditur secundum id quod exterius agitur, prout in se consideratur, ut dictum est[5]: id autem quod est ibi formale et per se, attenditur secundum voluntatem agentis et patientis, ut ex dictis[6] patet. Dicendum est ergo quod aliquem facere iniustum, et alium pati iniustum, materialiter loquendo, semper se concomitantur. Sed si formaliter loquamur, potest aliquis facere iniustum, intendens iniustum facere: tamen alius non patietur iniustum, quia volens patietur. Et e converso potest aliquis pati iniustum, si nolens id quod est iniustum patiatur: et tamen ille qui hoc facit ignorans, non faciet iniustum formaliter, sed materialiter tantum.

tiça, senão querendo; e somente não querendo, pode sofrê-la. Ao contrário, por acidente e como que materialmente, pode acontecer que alguém cometa algo de verdadeiramente injusto, sem o querer, assim, no caso de agir sem intenção; e poderá sofrer voluntariamente uma injustiça, dando, por exemplo, de livre vontade a outrem mais do que lhe deve.

QUANTO AO 1º, portanto, deve-se dizer que quem dá a um outro mais do que lhe deve, não pratica injustiça nem desigualdade. Pois, é por sua vontade que o homem possui as coisas. E, assim, não há falta de proporção, se por sua própria vontade, lhe é tirado algo, por ele mesmo ou por outro.

QUANTO AO 2º, deve-se dizer que uma pessoa particular pode ser considerada sob duplo aspecto. Primeiro, em si mesma. E, assim, se ela se prejudica a si mesma, pode fazê-lo cometendo um pecado, como de intemperança ou de imprudência, não porém de injustiça; porque, como a justiça, também a injustiça implica sempre relação a outrem. — De outro modo, pode-se considerar um homem, como algo da cidade, uma parte dela; ou enquanto algo de Deus, sua criatura e imagem. E, assim, quem se mata, não faz injúria a si mesmo, mas à cidade e a Deus. E, por isso, é punido tanto pela lei divina quanto pela humana; é o que o Apóstolo diz do fornicador: "Se alguém violar o templo de Deus, Deus o destruirá."

QUANTO AO 3º, deve-se dizer que sofrer uma ação é o efeito de uma ação exterior. Ora, no fato de cometer ou sofrer uma injustiça, o elemento material se refere ao ato exterior, encarado em si mesmo, como foi dito; ao passo que o elemento formal e essencial se refere à vontade do agente e do paciente, como acabamos de mostrar. Havemos, portanto de concluir, que falando materialmente, há coincidência sempre entre alguém cometer uma injustiça e um outro sofrê-la. Falando formalmente, porém, pode alguém cometer uma injustiça, tendo a intenção de fazê-lo, sem que, no entanto, o outro venha a sofrer a injustiça, pois a aceita voluntariamente. Inversamente, pode acontecer que alguém sofra uma injustiça, pois a suporta contra a sua vontade; enquanto, aquele que a causa na ignorância, não comete a justiça formalmente, porém materialmente apenas.

---

5. Art. praec.
6. Ibid. et in c. huius.

## Articulus 4
### Utrum quicumque facit iniustum peccet mortaliter

AD QUARTUM SIC PROCEDITUR. Videtur quod non quicumque facit iniustum peccet mortaliter.

1. Peccatum enim veniale mortali opponitur. Sed quandoque veniale peccatum est quod aliquis faciat iniustum: dicit enim Philosophus, in V *Ethic.*[1], de iniusta agentibus loquens: *Quaecumque non solum ignorantes, sed et propter ignorantiam peccant, venialia sunt.* Ergo non quicumque facit iniustum mortaliter peccat.

2. PRAETEREA, qui in aliquo parvo iniustitiam facit, parum a medio declinat. Sed hoc videtur esse tolerabile, et inter minima malorum computandum: ut patet per Philosophum, in II *Ethic.*[2]. Non ergo quicumque facit iniustum peccat mortaliter.

3. PRAETEREA, caritas est *mater omnium virtutum*, ex cuius contrarietate aliquod peccatum dicitur mortale. Sed non omnia peccata opposita aliis virtutibus sunt mortalia. Ergo etiam neque facere iniustum semper est peccatum mortale.

SED CONTRA, quidquid est contra legem Dei est peccatum mortale. Sed quicumque facit iniustum facit contra praeceptum legis Dei: quia vel reducitur ad furtum, vel ad adulterium, vel ad homicidium, vel ad aliquid huiusmodi, ut ex sequentibus patebit. Ergo quicumque facit iniustum peccat mortaliter.

RESPONDEO dicendum quod, sicut supra[3] dictum est cum de differentia peccatorum agereretur, peccatum mortale est quod contrariatur caritati, per quam est animae vita. Omne autem nocumentum alteri illatum ex se caritati repugnat, quae movet ad volendum bonum alterius. Et ideo, cum iniustitia semper consistat in nocumento alterius, manifestum est quod facere iniustum ex genere suo est peccatum mortale.

## Artigo 4
### Todo aquele que pratica injustiça peca mortalmente?

QUANTO AO QUARTO, ASSIM SE PROCEDE: parece que todo aquele que pratica injustiça **não** peca mortalmente.

1. Com efeito, o pecado venial se opõe ao mortal. Ora, às vezes, é um pecado venial cometer uma injustiça. É o que declara o Filósofo, falando precisamente dos que agem injustamente: "São veniais os pecados que se cometem na ignorância e por causa dela." Logo, não peca sempre mortalmente quem comete uma injustiça.

2. ALÉM DISSO, quem comete injustiça em matéria leve, se afasta pouco do meio-termo. Ora, isso parece tolerável, a ser contado entre os menores males, como nota ainda o Filósofo. Logo, nem todo aquele que comete uma injustiça peca mortalmente.

3. ADEMAIS, a caridade é a mãe de todas as virtudes. E é por oposição a ela que um pecado se chama mortal. Ora, nem todos os pecados opostos às outras virtudes vêm a ser mortais. Logo, também nem sempre cometer uma injustiça é pecado mortal.

EM SENTIDO CONTRÁRIO, tudo o que é contra a lei de Deus é pecado mortal. Ora, quem comete uma injustiça age contra o preceito da lei de Deus, porque tal falta se inclui ou no furto, no adultério, no homicídio, ou em algo de semelhante, como ficará claro nas questões seguintes. Portanto, todo aquele que comete injustiça peca mortalmente.

RESPONDO. Como se disse anteriormente, sobre a diferença dos pecados, pecado mortal é o que vai contra a caridade, da qual vem a vida da alma. Ora todo dano causado a outrem, se opõe por si mesmo à caridade, que nos leva a querer o bem do outro. E, assim, a injustiça, que consiste sempre em um dano causado a outrem, constitui, por seu gênero, pecado mortal[c].

---

4 PARALL.: II *Sent.*, dist. 42, q. 1, a. 4.

1. C. 10: 1136, a, 6-9.
2. C. 9: 1109, b, 18-20.
3. I-II, q. 72, a. 5.

c. A noção de pecado mortal como oposição à caridade e ruptura da amizade com Deus que se realiza em toda falta grave, seja contra as virtudes teologais, seja contra as virtudes morais, é explicada na I-II, q. 87, a. 3. Ela se encontra aplicada muitas vezes nas diferentes exposições das virtudes. Aqui, mostra-se o estreito vínculo entre justiça e caridade, uma e outra consistindo em "querer o bem dos outros"; logo, o "dano causado a outros", uma injustiça cometida num domínio importante, constitui por si um pecado mortal.

AD PRIMUM ergo dicendum quod verbum Philosophi intelligitur de ignorantia facti, quam ipse vocat[4] *ignorantiam particularium circumstantiarum*, quae meretur veniam: non autem de ignorantia iuris, quae non excusat. Qui autem ignorans facit iniustum, non facit iniustum nisi per accidens, ut supra[5] dictum est.

AD SECUNDUM dicendum quod ille qui in parvis facit iniustitiam, deficit a perfecta ratione eius quod est iniustum facere, inquantum potest reputari non esse omnino contra voluntatem eius qui hoc patitur: puta si auferat aliquis alicui unum pomum vel aliquid tale, de quo probabile sit quod ille inde non laedatur, nec ei displiceat.

AD TERTIUM dicendum quod peccata quae sunt contra alias virtutes non semper sunt in nocumentum alterius, sed important inordinationem quandam circa passiones humanas. Unde non est similis ratio.

QUANTO AO 1º, portanto, deve-se dizer que a palavra do Filósofo deve entender-se da ignorância de fato, por ele mesmo qualificada de "ignorância das circunstâncias particulares", que merece perdão; não fala de ignorância de direito, que não escusa. Quem comete uma injustiça, sem saber, só a comete por acidente, como já se explicou.

QUANTO AO 2º, deve-se dizer que quem comete uma injustiça em pequenas coisas não realiza a injustiça de maneira perfeita, pois pode-se considerar que o seu ato não é absolutamente contrário à vontade de quem o sofre. É o caso, por exemplo, de se tirar de outrem um fruto apenas ou algo de equivalente, sendo provável que isso não o lesará nem lhe desagradará.

QUANTO AO 3º, deve-se dizer que os pecados contra as outras virtudes não acarretam sempre um dano para outrem, mas apenas uma certa desordem no domínio das paixões. Portanto, o argumento não é o mesmo.

4. *Eth.*, l. III, c. 2: 1110, b, 31 — 1111, a, 2.
5. Art. 2.

O termo *ex genere suo* ("por seu gênero") tornou-se uma expressão técnica, à qual se acrescenta *ex toto genere* ("por todo seu gênero"). Afirma-se com isso que uma ação considerada em si mesma, em seu conteúdo essencial e sem levar em conta circunstâncias que poderiam modificar suas qualidades morais, contém a malícia de um pecado (= ação "por seu gênero" culpada), ou mesmo que não poderia realizar-se sem pecado grave, contendo apenas atenuações subjetivas, por falta de liberdade (= ação "por todo seu gênero" gravemente culpada). Podemos encontrar uma aplicação dessa doutrina na apreciação moral da mentira (ver II-II, q. 110, a. 4).

## QUAESTIO LX
## DE IUDICIO
*in sex articulos divisa*
Deinde considerandum est de iudicio.
Et circa hoc quaeruntur sex.

## QUESTÃO 60
## O JULGAMENTO[a]
*em seis artigos*
Agora é discutida a questão do julgamento.
A esse respeito são seis as perguntas:

a. O julgamento é aqui examinado enquanto ato próprio do juiz, considerado como a personificação da justiça, uma espécie de "justiça viva" (a. 1, Solução; ver q. 58, a. 1, r. 5). O julgamento aparece então como a atividade mais típica da justiça, princípio e norma da retidão das pessoas e da sociedade. Faz a mediação entre a lei, a justiça legal e os costumes e instituições, surgindo como determinação efetiva e adaptada do direito. Em torno dessa noção do julgamento, como prática e instituição judiciária, vêm ordenar-se as outras formas que ele assume nas relações entre indivíduos, ao mesmo tempo em que se evocam as lições evangélicas sobre a benevolência em relação aos outros e se chama a atenção para o perigo que constitui todo julgamento efetuado de modo superficial.

No centro da questão surgem os problemas da atividade judiciária. Mas as perspectivas permanecem sempre éticas, e a inspiração mais profunda é teológica. Trata-se de tudo apreciar segundo os critérios da virtude de justiça, compreendida e definida em função da sociedade humana e da palavra evangélica. Toma-se como ponto de referência o domínio jurídico, mas a ele integrando uma visão global de todo julgamento, mesmo interior, efetuado sob as ações de outrem. Sem rigor excessivo, poderíamos dizer que a metade da questão visa diretamente o exercício do poder judiciário, situando-o na esfera da virtude de justiça: como seu ato próprio (a. 1), determinando que ele deve adequar-se às leis escritas (a. 5), e emanar da autoridade competente (a. 6). Os três outros artigos examinam o julgamento em uma perspectiva mais ampla, estabelecendo o caráter lícito do julgamento judiciário ou outro, contanto que seja orientado pela virtude (a. 2); exclui-se o julgamento por mera suspeita (a. 3), lembrando o lugar de uma interpretação benévola nos casos duvidosos (a. 4).

*Primo:* utrum iudicium sit actus iustitiae.
*Secundo:* utrum sit licitum iudicare.
*Tertio:* utrum per suspiciones sit iudicandum.
*Quarto:* utrum dubia sint in meliorem partem interpretanda.
*Quinto:* utrum iudicium semper sit secundum leges scriptas proferendum.
*Sexto:* utrum iudicium per usurpationem pervertatur.

1. O julgamento é um ato de justiça?
2. É lícito julgar?
3. É lícito julgar baseando-se em suspeitas?
4. As dúvidas devem ser interpretadas favoravelmente?
5. O julgamento deve ser proferido segundo as leis escritas?
6. O julgamento se perverte pela usurpação?

## Articulus 1
### Utrum iudicium sit actus iustitiae

AD PRIMUM SIC PROCEDITUR. Videtur quod iudicium non sit actus iustitiae.

1. Dicit enim Philosophus, in I *Ethic.*[1], quod *unusquisque bene iudicat quae cognoscit*: et sic iudicium ad vim cognoscitivam pertinere videtur. Vis autem cognoscitiva per prudentiam perficitur. Ergo iudicium magis pertinet ad prudentiam quam ad iustitiam, quae est in voluntate, ut dictum est[2].

2. PRAETEREA, Apostolus dicit, 1Cor 2,15: *Spiritualis iudicat omnia*. Sed homo maxime efficitur spiritualis per virtutem caritatis, quae *diffunditur in cordibus nostris per Spiritum Sanctum, qui datus est nobis*, ut dicitur Rm 5,5. Ergo iudicium magis pertinet ad caritatem quam ad iustitiam.

3. PRAETEREA, ad unamquamque virtutem pertinet rectum iudicium circa propriam materiam: quia *virtuosus in singulis est regula et mensura*, secundum Philosophum, in libro *Ethic.*[3]. Non ergo iudicium magis pertinet ad iustitiam quam ad alias virtutes morales.

4. PRAETEREA, iudicium videtur ad solos iudices pertinere. Actus autem iustitiae invenitur in omnibus iustis. Cum igitur non soli iudices sint iusti, videtur quod iudicium non sit actus proprius iustitiae.

SED CONTRA est quod in Ps 93,15 dicitur: *Quoadusque iustitia convertatur in iudicium*.

RESPONDEO dicendum quod iudicium proprie nominat actum iudicis inquantum est iudex. Iudex autem dicitur quasi *ius dicens*. Ius autem est obiectum iustitiae, ut supra[4] habitum est. Et ideo iudicium importat, secundum primam nominis impositionem,

## Artigo 1
### O julgamento é um ato de justiça?

QUANTO AO PRIMEIRO ARTIGO, ASSIM SE PROCEDE: parece que o juízo **não** é um ato de justiça.

1. Com efeito, o Filósofo diz: "Cada qual julga bem o que conhece." Parece, assim, que o julgamento pertence à potência de conhecimento. Ora, é a prudência que aperfeiçoa essa potência. Logo, o julgamento pertence mais à prudência que à justiça, pois esta se encontra na vontade, como já foi explicado.

2. ALÉM DISSO, o Apóstolo proclama: "O homem espiritual julga todas as coisas." Ora, o homem se torna espiritual sobretudo pela caridade, "difundida em nossos corações pelo Espírito Santo, que nos foi dado," como se diz na Carta aos Romanos. Logo, o julgamento pertence mais à caridade do que à justiça.

3. ADEMAIS, a cada virtude compete julgar com retidão a sua matéria própria, pois, como diz o Filósofo: "o homem virtuoso é, em cada coisa, a regra e a medida." Logo o julgamento não é propriedade da justiça mais do que das outras virtudes.

4. ADEMAIS, parece que o julgamento só pertence aos juízes. Ora, o ato de justiça se encontra em todos os justos. E como os juízes não são os únicos justos, parece que o julgamento não é ato próprio da justiça.

EM SENTIDO CONTRÁRIO, lê-se no livro dos Salmos: "Até que a justiça seja convertida em julgamento".

RESPONDO. Chama-se propriamente julgamento o ato do juiz como tal. Ora, juiz significa aquele que *diz o direito*. Mas, o direito é objeto da justiça, como já ficou explicado. Segue-se que o julgamento, na acepção primeira do termo,

---

1. C. 2: 1094, b, 27 — 1095, a, 2.
2. Q. 58, a. 4.
3. L. III, c. 6: 1113, a, 32-33.
4. Q. 57, a. 1.

definitionem vel determinationem iusti sive iuris. Quod autem aliquis bene definiat aliquid in operibus virtuosis proprie procedit ex habitu virtutis: sicut castus recte determinat ea quae pertinent ad castitatem. Et ideo iudicium, quod importat rectam determinationem eius quod est iustum, proprie pertinet ad iustitiam. Propter quod Philosophus dicit, in V *Ethic.*[5], quod homines *ad iudicem confugiunt sicut ad quandam iustitiam animatam*.

AD PRIMUM ergo dicendum quod nomen iudicii, quod secundum primam impositionem significat rectam determinationem iustorum, ampliatum est ad significandum rectam determinationem in quibuscumque rebus, tam in speculativis quam in practicis. In omnibus tamen ad rectum iudicium duo requiruntur. Quorum unum est ipsa virtus proferens iudicium. Et sic iudicium est actus rationis: dicere enim vel definire aliquid rationis est. Aliud autem est dispositio iudicantis, ex qua habet idoneitatem ad recte iudicandum. Et sic in his quae ad iustitiam pertinent iudicium procedit ex iustitia: sicut et in his quae ad fortitudinem pertinent ex fortitudine. Sic ergo iudicium est quidam actus iustitiae sicut inclinantis ad recte iudicandum: prudentiae autem sicut iudicium proferentis. Unde et synesis, ad prudentiam pertinens, dicitur *bene iudicativa*, ut supra[6] habitum est.

AD SECUNDUM dicendum quod homo spiritualis ex habitu caritatis habet inclinationem ad recte iudicandum de omnibus secundum regulas divinas, ex quibus iudicium per donum sapientiae pronuntiat: sicut iustus per virtutem prudentiae pronuntiat iudicium ex regulis iuris.

AD TERTIUM dicendum quod aliae virtutes ordinant hominem in seipso, sed iustitia ordinat hominem ad alium, ut ex dictis[7] patet. Homo autem est dominus eorum quae ad ipsum pertinent, non autem est dominus eorum quae ad alium pertinent. Et ideo in his quae sunt secundum alias virtutes non requiritur nisi iudicium virtuosi, extenso tamen nomine iudicii, ut dictum est[8]. Sed in his quae pertinent ad iustitiam requiritur ulterius iudicium alicuius superioris, *qui utrumque valeat arguere, et ponere manum suam in ambobus*. Et propter hoc iudicium specialius pertinet ad iustitiam quam ad aliquam aliam virtutem.

implica uma determinação ou definição do que é justo ou do direito. Ora, o que leva a definir o que convém nas ações virtuosas é o hábitus da virtude. Assim, o homem casto decide bem o que respeita à castidade. Logo, o julgamento que implica a determinação reta do que é justo pertence propriamente à justiça. Eis por quê, o Filósofo diz: "recorre-se ao juiz como à justiça viva."

QUANTO AO 1º, portanto, deve-se dizer que o termo juízo que, em sua primeira acepção, significa a reta determinação do que é justo, foi ampliado para designar a reta determinação de todas as coisas, no plano teórico e prático. Contudo, para que haja um juízo reto, se exigem duas condições. A primeira é a própria potência que profere o juízo. Nesse sentido, o juízo é ato da razão, pois dizer ou definir compete à razão. A outra condição é a disposição de quem julga, donde lhe vem a idoneidade para julgar retamente. Assim, no que toca à justiça, o juízo procede da justiça, assim como decorre da fortaleza, o juízo em matéria que a esta se refere. Logo, o juízo é ato da justiça, enquanto inclina a julgar retamente, da prudência, porém, enquanto o profere; por isso, a sínese (o bom senso moral), que pertence à prudência, é chamada capacidade do "bom julgamento", como já se explicou.

QUANTO AO 2º, deve-se dizer que o homem espiritual recebe do hábitus da caridade a inclinação para julgar retamente de tudo, de acordo com as regras divinas, a partir das quais profere o seu julgamento, guiado pelo dom de sabedoria; assim como o justo, pela virtude da prudência, profere seu julgamento, baseando-se nas regras do direito.

QUANTO AO 3º, deve-se dizer que as outras virtudes ordenam o homem em si mesmo. Mas, a justiça o ordena em relação aos outros, como já foi explicado. Ora, o homem é senhor daquilo que lhe pertence, não porém do que pertence a outrem. Por isso, no domínio das outras virtudes, requer-se apenas o julgamento de um homem virtuoso, entendendo o juízo no sentido mais amplo do termo, como já se indicou. Ao contrário, em matéria de justiça, se requer além disso o julgamento de uma autoridade superior, que possa arguir as duas partes e pôr sua mão sobre as duas. Por essa razão, o juízo convém à justiça, mais do que às outras virtudes.

---

5. C. 7: 1132, a, 20-25.
6. Q. 51, a. 3.
7. Q. 58, a. 2.
8. In resp. ad 1.

AD QUARTUM dicendum quod iustitia in principe quidem est sicut virtus architectonica, quasi imperans et praecipiens quod iustum est: in subditis autem est tanquam virtus executiva et ministrans. Et ideo iudicium, quod importat definitionem iusti, pertinet ad iustitiam secundum quod est principaliori modo in praesidente.

## Articulus 2
### Utrum sit licitum iudicare

AD SECUNDUM SIC PROCEDITUR. Videtur quod non sit licitum iudicare.

1. Non enim infligitur poena nisi pro illicito. Sed iudicantibus imminet poena, quam non iudicantes effugiunt: secundum illud Mt 72,1: *Nolite iudicare, ut non iudicemini*. Ergo iudicare est illicitum.

2. PRAETEREA, Rm 14,4 dicitur: *Tu quis es, qui iudicas alienum servum? Suo domino stat aut cadit*. Dominus autem omnium Deus est. Ergo nulli homini licet iudicare.

3. PRAETEREA, nullus homo est sine peccato: secundum illud 1Io 1,8: *Si dixerimus quia peccatum non habemus, nosipsos seducimus*. Sed peccanti non licet iudicare: secundum illud Rm 2,1: *Inexcusabilis es, o homo omnis qui iudicas: in quo enim alterum iudicas, teipsum condemnas; eadem enim agis quae iudicas*. Ergo nulli est licitum iudicare.

SED CONTRA est quod dicitur Dt 16,18: *Iudices et magistros constitues in omnibus portis tuis, ut iudicent populum iusto iudicio*.

RESPONDEO dicendum quod iudicium intantum est licitum inquantum est iustitiae actus. Sicut autem ex praedictis[1] patet, ad hoc quod iudicium sit actus iustitiae tria requiruntur: primo quidem, ut procedat ex inclinatione iustitiae; secundo, quod procedat ex auctoritate praesidentis; tertio, quod proferatur secundum rectam rationem prudentiae. Quodcumque autem horum defuerit, est iudicium vitiosum et illicitum. Uno quidem modo, quando est contra rectitudinem iustitiae: et sic dicitur

QUANTO AO 4º, deve-se dizer que no príncipe, a justiça é uma virtude arquitetônica, manda e prescreve o que é justo; ao passo que nos súditos, é virtude de execução e de serviço. Por isso, o juízo que importa a declaração do que é justo convém à justiça, enquanto se realiza de modo mais eminente naquele que preside[b].

## Artigo 2
### É lícito julgar?

QUANTO AO SEGUNDO, ASSIM SE PROCEDE: parece que **não** é lícito julgar.

1. Com efeito, só se inflige castigo a uma ação ilícita. Ora, os que julgam são ameaçados de um castigo, de que está isento quem não julga, como diz o Evangelho: "Não julgueis, se não quereis ser julgados". Logo, julgar é ilícito.

2. ALÉM DISSO, diz também a Escritura: "Quem és tu para julgar o servo alheio? Só depende de seu senhor que ele caia ou fique de pé." Ora, o Senhor de todos é Deus. Logo, a nenhum homem é lícito julgar.

3. ADEMAIS, ninguém é sem pecado: "Se dissermos que não temos pecado, enganamo-nos a nós mesmos", diz João. Ora, não é permitido ao pecador julgar, segundo o testemunho da Carta aos Romanos: "Quem quer que sejas, és inescusável, ó homem que julgas. Pois, naquilo que julgas os outros a ti mesmo te condenas, praticando aquilo que julgas". Logo, a ninguém é lícito julgar.

EM SENTIDO CONTRÁRIO, está escrito no Deuteronômio: "Estabelecerás juízes e magistrados em todas as tuas portas, para que julguem o povo com justiça".

RESPONDO. O julgamento é lícito na medida em que é um ato de justiça. Ora, como já se explicou, para que o julgamento seja um ato de justiça, se requerem três condições: 1º que proceda de uma inclinação vindo da justiça; 2º que emane da autoridade competente; 3º que seja proferido segundo a reta norma da prudência. A falta de qualquer desses requisitos torna o juízo vicioso e ilícito. Assim, em primeiro lugar, se vai contra a retidão da justiça, é perverso e injusto. Em seguida, se

---

2 PARALL.: P. III, q. 59, a. 1; *Cont. Impugn. Relig.*, c. 21; *ad Rom.*, c. 2, lect. 1; c. 14, lect. 1; I *ad Cor.*, c. 4, lect. 1.
1. A. praec., ad 1, 3.

b. A objeção opunha o juiz a todo homem justo, atribuindo o julgamento ao primeiro, e lembrando que a justiça é a qualidade de todo homem virtuoso. A solução, ao invés, opõe o príncipe e os súditos, reconhecendo ao primeiro uma justiça diretriz, podendo portanto assumir a função judiciária, enquanto que aos outros cabe unicamente uma tarefa de execução e de serviço. Para as consequências dessa identificação entre o juiz e o príncipe, ver abaixo as notas da q. 67.

iudicium *perversum* vel *iniustum*. Alio modo, quando homo iudicat in his in quibus non habet auctoritatem: et sic dicitur iudicium *usurpatum*. Tertio modo, quando deest certitudo rationis, puta cum aliquis de his iudicat quae sunt dubia vel occulta per aliquas leves coniecturas: et sic dicitur iudicium *suspiciosum* vel *temerarium*.

AD PRIMUM ergo dicendum quod Dominus ibi prohibet iudicium temerarium, quod est de intentione cordis vel de aliis incertis: ut Augustinus dicit, in libro *de Serm. Dom. in Monte*[2]. — Vel prohibet ibi iudicium de rebus divinis, de quibus, cum sint supra nos, non debemus iudicare, sed simpliciter ea credere: ut Hilarius dicit, *super Matth*.[3]. — Vel prohibet iudicium quod non sit ex benevolentia, sed ex animi amaritudine: ut Chrysostomus dicit[4].

AD SECUNDUM dicendum quod iudex constituitur ut minister Dei. Unde dicitur Dt 1,16: *Quod iustum est iudicate*; et postea subdit 17: *Quia Dei est iudicium*.

AD TERTIUM dicendum quod illi qui sunt in gravibus peccatis non debent iudicare eos qui sunt in eisdem peccatis vel minoribus: ut Chrysostomus dicit[5], super illud Mt 7,1, *Nolite iudicare*. Et praecipue est hoc intelligendum quando illa peccata sunt publica: quia ex hoc generatur scandalum in cordibus aliorum. Si autem non sunt publica, sed occulta, et necessitas iudicandi immineat propter officium, potest cum humilitate et timore vel arguere vel iudicare. Unde Augustinus dicit, in libro *de Serm. Dom. in Monte*[6]: *Si invenerimus nos in eodem vitio esse, congemiscamus, et ad pariter conandum invitemus*. — Nec tamen propter hoc homo sic seipsum condemnat ut novum condemnationis meritum sibi acquirat: sed quia, condemnans alium, ostendit se similiter condemnabilem esse, propter idem peccatum vel simile.

alguém julga sem autoridade, o juízo será usurpado. Enfim, se carece da certeza, quando por exemplo, se julga de coisas duvidosas e obscuras, apoiando-se em simples conjecturas, o juízo será qualificado de suspeito e temerário[c].

QUANTO AO 1º, portanto, deve-se dizer que no lugar citado, o Senhor proíbe o juízo temerário, tendo por objeto as intenções secretas do coração ou outros domínios incertos, como diz Agostinho. — Ou então, interdiz que se julgue das coisas divinas, pois estando acima de nós, não as devemos julgar mas crer nelas simplesmente, assim o explica Hilário. — Ou condena todo julgamento, inspirado não pela benevolência, mas pelo ressentimento amargo. Tal é a interpretação de Crisóstomo.

QUANTO AO 2º, deve-se dizer que o juiz é constituído ministro de Deus. Por isso, diz a Escritura: "Julgai segundo a justiça". E acrescenta: "Tal é o juízo de Deus".

QUANTO AO 3º, deve-se dizer que os que estão em pecados graves não devem julgar os culpados das mesmas faltas ou de faltas menores, como explica Crisóstomo. Mas, sobretudo, se os pecados são públicos, pois isso provocaria o escândalo nos corações dos outros. Se não são públicos, mas ocultos, e a necessidade do ofício exija que se julgue com urgência, pode-se arguir ou julgar, fazendo-o com humildade e temor. Daí a exortação de Agostinho: "Se nos encontrarmos no mesmo vício, havemos de gemer juntos, incitando-nos reciprocamente aos mesmos esforços." Contudo, nem por isso, o homem que julga se condena a si mesmo, incorrendo em uma nova condenação, a não ser que condenando os outros, ele se mostre merecedor de condenação semelhante por estar no mesmo pecado ou em pecado semelhante.

---

2. L. II, c. 18: ML 34, 1297.
3. C. 5, n. 14: ML 9, 950 C.
4. *Opus imperf. in Matth.*, hom. 17, super 7, 1, n. 1: MG 56, 725.
5. Hom. 24 *in Matth.*, n. 2: MG 57, 310.
6. L. II, c. 19, n. 64: ML 34, 1299.

c. Nesse artigo se estabelece em primeiro lugar o caráter lícito do julgamento que emana da autoridade judiciária, e depois de todo julgamento sobre outrem; o primeiro depende da justiça e é por ela regido; o segundo visa qualquer apreciação das pessoas e se há de inspirar em um discernimento prudente, feito de benevolência e aberto à verdade. Sobretudo, pela respostas às objeções e pela explicação dos textos bíblicos citados, replica-se às contestações do poder judiciário, civil e eclesiástico, provenientes de certas correntes heréticas, algumas antigas e já conhecidas pelos escritores patrísticos, mas cada vez mais ativas no século XIII. (Ver, nesse sentido, a nota 4 da q. 108 da II-II).

## Articulus 3
### Utrum iudicium ex suspicione procedens sit illicitum

AD TERTIUM SIC PROCEDITUR. Videtur quod iudicium ex suspicione procedens non sit illicitum.

1. Suspicio enim videtur esse opinio incerta de aliquo malo: unde et Philosophus, in VI *Ethic.*[1], ponit quod suspicio se habet et ad verum et ad falsum. Sed de singularibus contingentibus non potest haberi opinio nisi incerta. Cum igitur iudicium humanum sit circa humanos actus, qui sunt in singularibus et contingentibus, videtur quod nullum iudicium esset licitum, si ex suspicione iudicare non liceret.

2. PRAETEREA, per iudicium illicitum fit aliqua iniuria proximo. Sed suspicio mala in sola opinione hominis consistit, et sic non videtur ad iniuriam alterius pertinere. Ergo suspicionis iudicium non est illicitum.

3. PRAETEREA, si sit illicitum, oportet quod ad iniustitiam reducatur: quia iudicium est actus iustitiae, ut dictum est[2]. Sed iniustitia ex suo genere semper est peccatum mortale, ut supra[3] habitum est. Ergo suspicionis iudicium semper esset peccatum mortale, si esset illicitum. Sed hoc est falsum: quia *suspiciones* vitare *non possumus*, ut dicit Glossa[4] Augustini super illud 1Cor 4,5, *Nolite ante tempus iudicare*. Ergo iudicium suspiciosum non videtur esse illicitum.

SED CONTRA est quod Chrysostomus; super illud Mt 7,1, *Nolite iudicare* etc., dicit[5]: *Dominus hoc mandato non prohibet Christianos ex benevolentia alios corripere: sed ne per iactantiam iustitiae suae Christiani Christianos despiciant, ex solis plerumque suspicionibus odientes ceteros et condemnantes.*

RESPONDEO dicendum quod, sicut Tullius dicit, suspicio importat opinionem mali quando ex levibus indiciis procedit[6]. Et contingit ex tribus. Uno quidem modo, ex hoc quod aliquis in seipso malus est, et ex hoc ipso, quasi conscius suae malitiae,

## Artigo 3
### O julgamento fundado em suspeita é ilícito?

QUANTO AO TERCEIRO, ASSIM SE PROCEDE: parece que o julgamento fundado em suspeita **não** é ilícito.

1. Com efeito, a suspeita é uma opinião incerta sobre um mal. Tanto pode incidir sobre a verdade quanto sobre o erro, como lembra o Filósofo. Ora, dos fatos particulares e contingentes só podemos ter opinião incerta. Como o julgamento humano tem por objeto os atos humanos, que são fatos particulares e contingentes, parece que nenhum julgamento seria lícito se não fosse permitido julgar por suspeitas.

2. ALÉM DISSO, pelo julgamento ilícito causamos dano ao próximo. Ora, a má suspeita consiste só na opinião da pessoa e, assim, parece não comportar injúria contra outrem. Logo, o julgamento fundado em suspeita não é ilícito.

3. ADEMAIS, sendo ilícito, o julgamento fundado em suspeita deve forçosamente se incluir entre as injustiças, pois, já ficou elucidado, o julgamento é ato de justiça. Mas, a injustiça por seu gênero mesmo, é pecado mortal, como foi mostrado acima. Portanto, o julgamento fundado em suspeita, se fosse ilícito, seria sempre pecado mortal. Mas, isso é falso, pois "não podemos evitar as suspeitas", diz Agostinho em uma glosa sobre as palavras de Paulo: "Não julgueis antes do tempo". Logo, o julgamento fundado em suspeita não parece ser ilícito.

EM SENTIDO CONTRÁRIO, Crisóstomo declara, a propósito dessa palavra evangélica "Não julgueis:" "Com esse mandamento, o Senhor não proíbe aos cristãos corrigir os outros com benevolência, mas quer que, por ostentação de sua própria justiça, cristãos não desprezem cristãos, odiando e condenando os outros, quase sempre, por simples suspeitas".

RESPONDO. Como diz Túlio, a suspeita deve ser tida por mal, quando se funda em leves indícios. O que pode acontecer por três razões. 1º Alguém é mau em si mesmo e, consciente de sua própria malícia, atribui facilmente o mal aos outros.

---

3  PARALL.: *Quodlib.* 12, q. 22, a. 2.

1. C. 3: 1139, b, 17-18.
2. Art. 1.
3. Q. 59, a. 4.
4. LOMBARDI: ML 191, 1566 B.
5. *Opus imperf. in Matth.*, hom. 17, super 7, 1, n. 1: MG 56, 725.
6. Vide CICERONEM, *Tuscul.*, l. IV, c. 7: ed. C. F. W. Mueller, Lipsiae 1908, p. 396, ll. 25-30.

faciliter de aliis malum opinatur: secundum illud Eccle 10,3: *In via stultus ambulans, cum ipse sit insipiens, omnes stultos aestimat.* — Alio modo provenit ex hoc quod aliquis male afficitur ad alterum. Cum enim aliquis contemnit vel odit aliquem, aut irascitur vel invidet ei, ex levibus signis opinatur mala de ipso: quia unusquisque faciliter credit quod appetit. — Tertio modo provenit ex longa experientia: unde Philosophus dicit, in II *Rhet.*[7], quod *senes sunt maxime suspiciosi, quia multoties experti sunt aliorum defectus.*

Primae autem duae suspicionis causae manifeste pertinent ad perversitatem affectus. Tertia vero causa diminuit rationem suspicionis: inquantum experientia ad certitudinem proficit, quae est contra rationem suspicionis. Et ideo suspicio vitium quoddam importat: et quanto magis procedit suspicio, tanto magis est vitiosum.

Est autem triplex gradus suspicionis. Primus quidem gradus est ut homo ex levibus indiciis de bonitate alicuius dubitare incipiat. Et hoc est veniale et leve peccatum: *pertinet* enim *ad tentationem humanam, sine qua vita ista non ducitur*, ut habetur in Glossa[8] super illud 1Cor 4,5, *Nolite ante tempus iudicare.* — Secundus gradus est cum aliquis pro certo malitiam alterius aestimat ex levibus indiciis. Et hoc, si sit de aliquo gravi, est peccatum mortale, inquantum non est sine contemptu proximi: unde Glossa ibidem[9] subdit: *Etsi ergo suspiciones vitare non possumus, quia homines sumus, iudicia tamen, idest definitivas firmasque sententias, continere debemus.* — Tertius gradus est cum aliquis iudex ex suspicione procedit ad aliquem condemnandum. Et hoc directe ad iniustitiam pertinet. Unde est peccatum mortale.

AD PRIMUM ergo dicendum quod in humanis actibus invenitur aliqua certitudo, non quidem sicut in demonstrativis, sed secundum quod convenit tali materiae: puta cum aliquid per idoneos testes probatur.

AD SECUNDUM dicendum quod ex hoc ipso quod aliquis malam opinionem habet de alio sine causa sufficienti, indebite contemnit ipsum. Et ideo iniuriatur ei.

AD TERTIUM dicendum quod quia iustitia et iniustitia est circa exteriores operationes, ut dictum est[10], tunc iudicium suspiciosum directe ad

Como diz o Eclesiastes: "Indo pelos caminhos, o insensato, porque é desprovido de razão, julga que todos os demais são insensatos." — 2º Alguém está mal disposto com seu próximo. Ora, quando um homem despreza ou detesta um outro, contra ele se irrita ou então o inveja, os mais leves indícios bastarão para o julgar culpado. Pois, cada um crê facilmente o que deseja. — 3º A suspeita pode finalmente brotar de uma longa experiência. Daí o Filósofo dizer: "Os velhos são imensamente propensos à suspeita, porque experimentaram com frequência os defeitos dos outros."

As duas primeiras causas de suspeita decorrem manifestamente de uma disposição perversa. A terceira diminui a própria suspeita, porque a experiência leva à certeza que exclui a suspeita. Por isso, toda a suspeita é algo viciosa, e quanto mais se afirma como suspeita, tanto mais viciosa é.

Ora, há três graus na suspeita: 1º Alguém, a partir de frágeis indícios, se põe a duvidar da bondade de outrem. Este é um pecado venial e leve, pois "se prende à tentação humana, inerente a nossa vida," como diz a Glosa sobre palavra do Apóstolo: "Não julgueis antes do tempo." — 2º Alguém tem por certa a malícia de outrem, fundando-se em leves indícios. Nesse caso, se a matéria é grave, há pecado mortal, pois tal suspeita não vai sem o desprezo do próximo. A Glosa ajunta na mesma passagem. "Embora não possamos evitar suspeitas, pois somos homens, havemos, no entanto, de abster-nos de julgamentos, isto é, de sentenças firmes e definitivas." — 3º Um juiz é levado, por suspeitas, a condenar alguém. É uma verdadeira injustiça, e, portanto, pecado mortal.

QUANTO AO 1º, portanto, deve-se dizer que nos atos humanos, pode-se chegar a alguma certeza, que não é a certeza das ciências demonstrativas, porém a que convém a essa matéria, por exemplo a prova através de testemunhas idôneas.

QUANTO AO 2º, deve-se dizer que pelo fato mesmo de alguém ter má opinião de outrem sem causa suficiente, já o despreza indevidamente, e portanto o injuria.

QUANTO AO 3º, deve-se dizer que a justiça e a injustiça visam os atos exteriores, já foi explicado. O julgamento, fundado na suspeita implica direta-

---

7. C. 13: 1389, b, 21-22.
8. LOMBARDI: ML 191, 1566 A.
9. LOMBARDI: ML 191, 1566 B.
10. Q. 58, a. 8, 10, 11; q. 59, a. 1, ad 3.

iniustitiam pertinet quando ad actum exteriorem procedit. Et tunc est peccatum mortale, ut dictum est[11]. Iudicium autem interius pertinet ad iustitiam secundum quod comparatur ad exterius iudicium ut actus interior ad exteriorem: sicut concupiscentia ad fornicationem, et ira ad homicidium.

## Articulus 4
### Utrum dubia sint in meliorem partem interpretanda

AD QUARTUM SIC PROCEDITUR. Videtur quod dubia non sint in meliorem partem interpretanda.

1. Iudicium enim magis esse debet de eo quod ut in pluribus accidit. Sed in pluribus accidit quod aliqui male agant: quia *stultorum infinitus est numerus*, ut dicitur Eccle 1,15: *proni enim sunt sensus hominis ad malum ab adolescentia sua*, ut dicitur Gn 8,21. Ergo dubia magis debemus interpretari in malum quam in bonum.

2. PRAETEREA, Augustinus dicit[1] quod *ille pie et iuste vivit qui rerum integer est aestimator*, in neutram partem declinando. Sed ille qui interpretatur in melius quod dubium est declinat in alteram partem. Ergo hoc non est faciendum.

3. PRAETEREA, homo debet diligere proximum sicut seipsum. Sed circa seipsum homo debet dubia interpretari in peiorem partem: secundum illud Iob 9,28: *Verebar omnia opera mea*. Ergo videtur quod ea quae sunt dubia circa proximos sint in peiorem partem interpretanda.

SED CONTRA est quod Rm 14, super illud 3, *Qui non manducat manducantem non iudicet*, dicit Glossa[2]: *Dubia in meliorem partem sunt interpretanda*.

RESPONDEO dicendum quod, sicut dictum est[3], ex hoc ipso quod aliquis habet malam opinionem de alio absque sufficienti causa, iniuriatur ei et contemnit ipsum. Nullus autem debet alium contemnere, vel nocumentum quodcumque inferre, absque causa cogente. Et ideo ubi non apparent manifesta indicia de malitia alicuius, debemus eum ut bonum habere, in meliorem partem interpretando quod dubium est.

## Artigo 4
### A dúvida deve ser interpretada favoravelmente?

QUANTO AO QUARTO, ASSIM SE PROCEDE: parece que a dúvida **não** deve ser interpretada favoravelmente.

1. Com efeito, o julgamento deve se conformar ao que acontece na maioria dos casos. Ora, na maioria dos casos, alguns agem mal. "O número dos insensatos é infinito", diz o Eclesiastes. E o Gênesis afirma: "Os sentimentos do homem são inclinados ao mal desde a adolescência". Logo, a dúvida se há de interpretar mais no sentido do mal do que no sentido do bem.

2. ALÉM DISSO, segundo Agostinho, "vive na justiça e na piedade quem é um apreciador imparcial," pois não se inclina para nenhuma das partes. Ora, interpretar em bem o que é duvidoso, favorece uma das partes. Logo, não se deve fazer.

3. ADEMAIS, o homem deve amar ao próximo como a si mesmo. Ora, em relação a si mesmo, o homem deve interpretar as dúvidas no pior sentido, como confessa Jó: "Tinha medo de todas as minhas obras." Logo, parece que se há de interpretar no mau sentido tudo o que é duvidoso em relação ao próximo.

EM SENTIDO CONTRÁRIO, sobre o texto da Carta aos Romanos: "Quem não come não julgue quem come", a Glosa escreve: "As dúvidas devem ser interpretadas no melhor sentido."

RESPONDO. Como se acaba de ver, quem tem uma má opinião do próximo, sem motivo suficiente, o injuria e despreza. Ora ninguém deve desprezar a outrem ou lhe causar dano, sem motivo que o obrigue. Por isso, enquanto os indícios de perversidade de alguém não são evidentes, devemos tê-lo como bom e interpretar no melhor sentido o que nele é duvidoso.

---

11. In corp.

1. *De Doctr. Christ.*, l. I, c. 27: ML 34, 29.
2. Ordin.: ML 114, 514 D; LOMBARDI: ML 191, 1512 D.
3. A. praec., ad 2.

AD PRIMUM ergo dicendum quod potest contingere quod ille qui in meliorem partem interpretatur, frequentius fallitur. Sed melius est quod aliquis frequenter fallatur habens bonam opinionem de aliquo malo homine, quam quod rarius fallatur habens malam opinionem de aliquo bono: quia ex hoc fit iniuria alicui, non autem ex primo.

AD SECUNDUM dicendum quod aliud est iudicare de rebus, et aliud de hominibus. In iudicio enim quo de rebus iudicamus non attenditur bonum vel malum ex parte ipsius rei de qua iudicamus, cui nihil nocet qualitercumque iudicemus de ipsa: sed attenditur ibi solum bonum iudicantis si vere iudicet vel malum si falso; quia *verum est bonum intellectus, falsum autem est malum ipsius*, ut dicitur in VI *Ethic*.[4] Et ideo unusquisque debet niti ad hoc quod de rebus iudicet secundum quod sunt. — Sed in iudicio quo iudicamus de hominibus praecipue attenditur bonum et malum ex parte eius de quo iudicatur, qui in hoc ipso honorabilis habetur quod bonus iudicatur, et contemptibilis si iudicetur malus. Et ideo ad hoc potius tendere debemus in tali iudicio quod hominem iudicemus bonum, nisi manifesta ratio in contrarium appareat. Ipsi autem homini iudicanti, falsum iudicium quo bene iudicat de alio non pertinet ad malum intellectus ipsius, sicut nec ad eius perfectionem pertinet secundum se cognoscere veritatem singularium contingentium: sed magis pertinet ad bonum affectum.

AD TERTIUM dicendum quod interpretari aliquid in deteriorem vel meliorem partem contingit dupliciter. Uno modo, per quandam suppositionem. Et sic, cum debemus aliquibus malis adhibere remedium, sive nostris sive alienis, expedit ad hoc ut securius remedium apponatur, quod supponatur id quod deterius est: quia remedium quod est efficax contra maius malum, multo magis est efficax contra minus malum. — Alio modo interpretamur aliquid in bonum vel malum definiendo sive determinando. Et sic in rerum iudicio debet aliquis niti ad hoc ut interpretetur unumquodque secundum quod est: in iudicio autem personarum, ut interpretetur in melius, sicut dictum est[5].

QUANTO AO 1º, portanto, deve-se dizer que pode acontecer que se engane com mais frequência quem interpreta sempre no bom sentido o que é duvidoso Mas, é melhor enganar-se mais frequentemente, formando uma boa opinião de um homem mau do que enganar-se raras vezes, tendo má opinião de um homem bom. Nesse último caso, se comete injustiça contra o próximo, não porém no primeiro.

QUANTO AO 2º, deve-se dizer que julgar as coisas é diferente de julgar os homens. No juízo sobre as coisas, não se atende ao bem ou ao mal em relação a essas coisas, que nenhum dano sofrem, seja qual for o nosso julgamento sobre elas. Só se leva em conta o bem de quem julga, se o faz com verdade, ou o seu mal, se julga falsamente. Pois, "a verdade é o bem da inteligência, e a falsidade, o seu mal," como assevera o Filósofo. Por isso, cada qual deve procurar julgar as coisas conforme elas são. — No julgamento que proferimos sobre os homens, consideramos principalmente o bem e o mal naquele que é julgado. Pois, pelo fato mesmo de ser julgado bom, será tido como honrado, e como desprezível, se é julgado mau. Havemos, portanto, de nos esforçar por pronunciar sobre outrem um juízo favorável, a menos que haja uma razão evidente no sentido contrário. Quanto àquele que julga, o julgamento falso, pelo qual julga bem de outrem, não constitui um mal para sua inteligência; como também não contribui, por si mesmo, para sua perfeição, o conhecimento de coisas particulares e contingentes. Isso toca mais à bondade das disposições afetivas.

QUANTO AO 3º, deve-se dizer que interpretar em sentido pior ou melhor, pode se dar de dois modos. 1º Dentro de uma suposição. Assim, quando devemos empregar um remédio para certos males, próprios ou alheios, convém, para proceder com mais segurança, supor o pior; pois, o remédio eficaz contra um mal maior, o será mais ainda contra o mal menor. — 2º Interpretamos em bem ou em mal, definindo ou determinando. E, assim, no julgamento sobre coisas, devemos buscar interpretar cada uma como é; mas, ao julgar pessoas, havemos de interpretar no melhor sentido, como foi explicado.

---

4. C. 2: 1139, a, 27-31.
5. In corp. et ad 2.

## Articulus 5
### Utrum sit semper secundum leges scriptas iudicandum

AD QUINTUM SIC PROCEDITUR. Videtur quod non sit semper secundum leges scriptas iudicandum.

1. Semper enim vitandum est iniustum iudicium. Sed quandoque leges scriptae iniustitiam continent: secundum illud Is 10,1: *Vae qui condunt leges iniquas, et scribentes iniustitias scripserunt.* Ergo non semper est secundum leges scriptas iudicandum.

2. PRAETEREA, iudicium oportet esse de singularibus eventibus. Sed nulla lex scripta potest omnes singulares eventus comprehendere: ut patet per Philosophum, in V *Ethic.*[1]. Ergo videtur quod non semper sit secundum leges scriptas iudicandum.

3. PRAETEREA, lex ad hoc scribitur ut sententia legislatoris manifestetur. Sed quandoque contingit quod si ipse lator legis praesens esset, aliter iudicaret. Ergo non est semper secundum legem scriptam iudicandum.

SED CONTRA est quod Augustinus dicit, in libro *de Vera Relig.*[2]: *In istis temporalibus legibus, quanquam de his homines iudicent cum eas instituerint, tamen cum fuerint institutae et firmatae, non licebit iudicibus de ipsis iudicare, sed secundum ipsas.*

RESPONDEO dicendum quod, sicut dictum est[3], iudicium nihil est aliud nisi quaedam definitio vel determinatio eius quod iustum est. Fit autem aliquid iustum dupliciter: uno modo, ex ipsa natura rei, quod dicitur ius naturale; alio modo, ex quodam condicto inter homines, quod dicitur ius positivum, ut supra[4] habitum est. Leges autem scribuntur ad utriusque iuris declarationem: aliter tamen et aliter. Nam legis scriptura ius quidem naturale continet, sed non instituit: non enim habet robur ex lege, sed ex natura. Ius autem positivum scriptura legis et continet et instituit, dans ei auctoritatis robur. Et ideo necesse est quod iudicium fiat secundum legis scripturam: alioquin iudicium deficeret vel a iusto naturali, vel a iusto positivo.

## Artigo 5
### Deve-se julgar sempre segundo as leis escritas?

QUANTO AO QUINTO, ASSIM SE PROCEDE: parece que **não** se deve julgar sempre segundo as leis escritas.

1. Com efeito, sempre se deve evitar um julgamento injusto. Ora, por vezes, as leis escritas contêm injustiça. Lê-se, com efeito, no livro de Isaías: "Ai de quem estabelece leis iníquas e, escrevendo, escrevem injustiças". Logo, não se há de julgar sempre segundo as leis escritas.

2. ALÉM DISSO, um julgamento tem necessariamente por objeto fatos particulares. Ora, nenhuma lei escrita pode abranger todos os casos particulares, como o mostra o Filósofo. Logo, parece que não se deve julgar sempre segundo as leis escritas.

3. ADEMAIS, a lei é escrita para manifestar a decisão do legislador. Ora, acontece, às vezes, que, se o legislador estivesse presente, julgaria de outro modo. Logo, não se deve julgar sempre segundo as leis escritas.

EM SENTIDO CONTRÁRIO, Agostinho declara: "Embora os homens discutam as leis temporais, quando as instituem, contudo, uma vez instituídas e confirmadas, não é permitido ao juiz julgá-las, mas julgar segundo elas."

RESPONDO. Como já se disse, o julgamento é uma definição ou determinação do que é justo. Ora, de dois modos, algo vem a ser justo. 1º Pela própria natureza da coisa; é o que se chama o direito natural. 2º Por uma certa convenção estabelecida entre os homens, o que se denomina direito positivo, como já foi explicado. As leis se escrevem para declarar um e outro direito; mas de maneira diferente nos dois casos. A lei escrita contém o direito natural, mas não o institui; pois, ele não tira sua força da lei, mas da natureza. Quanto ao direito positivo, a lei escrita o contém e o institui, conferindo-lhe a força da autoridade. Eis por quê, se faz necessário que os julgamentos sejam proferidos de acordo com as leis escritas. Do contrário, se desviaria seja do direito natural seja do direito positivo.

---

5
1. C. 14: 1137, b, 13-16; 27-34.
2. C. 31, n. 58: ML 34, 148.
3. Art. 1.
4. Q. 57, a. 2.

AD PRIMUM ergo dicendum quod lex scripta, sicut non dat robur iuri naturali, ita nec potest eius robur minuere vel auferre: quia nec voluntas hominis potest immutare naturam. Et ideo si scriptura legis contineat aliquid contra ius naturale, iniusta est, nec habet vim obligandi: ibi enim ius positivum locum habet ubi quantum ad ius naturale *nihil differt utrum sic vel aliter* fiat, sicut supra[5] habitum est. Et ideo nec tales scripturae leges dicuntur, sed potius legis corruptiones, ut supra[6] dictum est. Et ideo secundum eas non est iudicandum.

AD SECUNDUM dicendum quod sicut leges iniquae secundum se contrariantur iuri naturali, vel semper vel ut in pluribus; ita etiam leges quae sunt recte positae in aliquibus casibus deficiunt in quibus si servarentur, esset contra ius naturale. Et ideo in talibus non est secundum litteram legis iudicandum, sed recurrendum ad aequitatem, quam intendit legislator. Unde Iurisperitus dicit[7]: *Nulla ratio iuris aut aequitatis benignitas patitur ut quae salubriter pro utilitate hominum introducuntur, ea nos duriore interpretatione contra ipsorum commodum producamus ad severitatem.* Et in tal i bus etiam legislator aliter iudicaret: et, si considerasset, lege determinasset.

Et per hoc patet responsio AD TERTIUM.

## ARTICULUS 6
### Utrum iudicium per usurpationem reddatur perversum

AD SEXTUM SIC PROCEDITUR. Videtur quod iudicium per usurpationem non reddatur perversum.

1. Iustitia enim est quaedam rectitudo in agendis. Sed nihil deperit veritati a quocumque dicatur, sed a quocumque est accipienda. Ergo etiam nihil deperit iustitiae, a quocumque iustum determinetur, quod pertinet ad rationem iudicii.

QUANTO AO 1º, portanto, deve-se dizer que como a lei escrita não dá força ao direito natural, assim também não pode diminuir-lhe nem suprimir-lhe a força; pois, a vontade humana não pode mudar a natureza. Portanto, se a lei escrita contém algo contra o direito natural, é injusta e não tem força para obrigar. Pois, só há lugar para o direito positivo, quando, segundo o direito natural, é indiferente que se proceda de uma maneira ou de outra, como já foi explicado acima. Por isso, tais textos não se hão de chamar leis, mas corrupções da lei, como já se disse. E portanto, não se deve julgar de acordo com elas.

QUANTO AO 2º, deve-se dizer que as leis iníquas contrariam, por si mesmas, ao direito natural, sempre ou quase sempre. Assim também, as leis bem feitas, são deficientes em alguns casos, nos quais se fossem seguidas, se iria contra o direito natural. Nesses casos, não se deve julgar segundo a letra da lei, mas recorrer à equidade, visada pela intenção do legislador. Daí, a palavra do Jurisconsulto: "Nenhuma razão do direito nem a benevolência da equidade podem suportar que prescrições, sabiamente introduzidas para a utilidade dos homens, sejam por nós distorcidas no sentido da severidade, por uma interpretação mais rígida, que se volta em prejuízo deles."[d]

QUANTO AO 3º, deve-se dizer que fica assim evidente também a reposta à terceira objeção.

## ARTIGO 6
### O julgamento se torna perverso pela usurpação?

QUANTO AO SEXTO, ASSIM SE PROCEDE: parece que o julgamento **não** se torna perverso pela usurpação.

1. Com efeito, a justiça é uma certa retidão nas ações. Ora, nada diminui a verdade, seja dita por quem for, e deve ser sempre aceita, venha de quem vier. Logo, também, nada diminui a justiça, seja quem for aquele que determina o que é justo; determinação esta, que pertence à razão do julgamento.

---

5. Q. 57, a. 2, ad 2.
6. I-II, q. 95, a. 2.
7. *Digest.*, l. I, t. 3, c. 25: ed. Krueger, t. I, p. 34.

PARALL.: Infra, q. 67, a. 1; *ad Rom.*, c. 14, lect. 1.

---

d. A q. 67 voltará a tratar dos problemas específicos postos ao juiz no exercício de suas funções. A equidade como forma superior da justiça, invocada para enfrentar os limites e deficiências da lei será tratada na II-II, q. 120. Deve encontrar-se como perfeição do julgamento e da prática da justiça no legislador, no juiz e em cada membro da sociedade.

2. PRAETEREA, peccata punire ad iudicium pertinet. Sed aliqui laudabiliter leguntur peccata punisse qui tamen auctoritatem non habebant super illos quos puniebant: sicut Moyses occidendo Aegyptium, ut habetur Ex 2,11 sqq.; et Phinees, filius Eleazari, Zambri, filium Salomi, ut legitur Nm 25,7 sqq., *et reputatum est ei ad iustitiam*, ut dicitur in Ps 105,31. Ergo usurpatio iudicii non pertinet ad iniustitiam.

3. PRAETEREA, potestas spiritualis distinguitur a temporali. Sed quandoque praelati habentes spiritualem potestatem intromittunt se de his quae pertinent ad potestatem saecularem. Ergo usurpatum iudicium non est illicitum.

4. PRAETEREA, sicut ad recte iudicandum requiritur auctoritas, ita etiam et iustitia iudicantis et scientia, ut ex supradictis[1] patet. Sed non dicitur iudicium esse iniustum si aliquis iudicet non habens habitum iustitiae, vel non habens scientiam iuris. Ergo neque etiam iudicium usurpatum, quod fit per defectum auctoritatis, semper erit iniustum.

SED CONTRA est quod dicitur Rm 14,4: *Tu quis es, qui iudicas alienum servum?*

RESPONDEO dicendum quod, cum iudicium sit ferendum secundum leges scriptas, ut dictum est[2], ille qui iudicium fert legis dictum quodammodo interpretatur, applicando ipsum ad particulare negotium. Cum autem eiusdem auctoritatis sit legem interpretari et legem condere, sicut lex condi non potest nisi publica auctoritate, ita nec iudicium ferri potest nisi publica auctoritate, quae quidem se extendit ad eos qui communitati subduntur. Et ideo sicut iniustum esset ut aliquis constringeret alium ad legem servandam quae non esset publica auctoritate sancita, ita etiam iniustum est si aliquis aliquem compellat ferre iudicium quod publica auctoritate non fertur.

AD PRIMUM ergo dicendum quod pronuntiatio veritatis non importat compulsionem ad hoc quod suscipiatur, sed liberum est unicuique eam recipere vel non recipere prout vult. Sed iudicium importat quandam impulsionem. Et ideo iniustum est quod aliquis iudicetur ab eo qui publicam auctoritatem non habet.

AD SECUNDUM dicendum quod Moyses videtur Aegyptium occidisse quasi ex inspiratione divina auctoritatem adeptus: ut videtur per hoc quod dicitur Act 7,25, quod, *percusso Aegyptio, aestimabat Moyses intelligere fratres suos quoniam*

2. ALÉM DISSO, ao julgamento compete punir os pecados. Ora, na Escritura, se louvam alguns por terem punido pecados, sem terem, no entanto, autoridade sobre aqueles que castigavam. Assim Moisés, por ter matado um egípcio; Finéias, filho de Eleazar, por ter eliminado Zambri, filho de Salu; "o que lhe foi imputado como ato de justiça", diz o Salmo. Logo, a usurpação do julgamento não implica injustiça.

3. ADEMAIS, o poder espiritual se distingue do poder temporal. Ora, às vezes, os prelados, dotados do poder espiritual, intervêm em questões pertencentes ao poder secular. Logo, o julgamento usurpado não é ilícito.

4. ADEMAIS, para julgar com retidão, se requer autoridade, mas igualmente justiça e ciência no juiz, como consta acima. Ora, não se diz que é injusto o julgamento proferido por um juiz desprovido da virtude de justiça e da ciência do direito. Logo, também não será injusto o julgamento usurpado, emitido por falta de autoridade.

EM SENTIDO CONTRÁRIO, a Escritura proclama: "Quem és tu para julgares servo alheio?"

RESPONDO. O julgamento deve ser pronunciado segundo as leis escritas, já foi explicado. Quem pronuncia o julgamento interpreta o texto da lei, aplicando-o a um caso particular. Compete à mesma autoridade interpretar e fazer a lei. Como a lei não pode ser feita a não ser pela autoridade pública, assim também o julgamento só pode ser proferido pela autoridade pública, que tem poder sobre os membros da comunidade. Portanto, como seria injusto obrigar alguém a observar uma lei não sancionada pela autoridade pública, assim igualmente seria injusto compelir alguém a sujeitar-se a um julgamento que não é proferido pela autoridade pública.

QUANTO AO 1º, portanto, deve-se dizer que enunciar a verdade não implica para outrem a obrigação de recebê-la. Cada qual fica livre de aceitá-la ou de recusá-la. Ao contrário, o julgamento acarreta uma obrigação. Por isso, é injusto ser julgado por quem não tem autoridade pública.

QUANTO AO 2º, deve-se dizer que Moisés parece ter matado o egípcio, tendo recebido a autoridade, por uma inspiração divina. É o que se pode inferir dos Atos dos Apóstolos: "Com a morte do egípcio, cuidava Moisés que seus irmãos compreenderiam

---

1. A. 1, ad 1, 3; a. 2.
2. Art. praec.

*Dominus per manum ipsius daret salutem Israel.* — Vel potest dici quod Moyses occidit Aegyptium defendendo eum qui iniuriam patiebatur cum moderamine inculpatae tutelae. Unde Ambrosius dicit, in libro *de* Offic.³, quod *qui non repellit iniuriam a socio cum potest, tam est in vitio quam ille qui facit*; et inducit exemplum Moysi. — Vel potest dici, sicut dicit Augustinus, in *Quaestionibus Exod*⁴, quod *sicut terra, ante utilia semina, herbarum inutilium fertilitate laudatur; sic illud Moysi factum vitiosum quidem fuit, sed magnae fertilitatis signum gerebat*: inquantum scilicet erat signum virtutis eius qua populum liberaturus erat. — De Phinee autem dicendum est quod ex inspiratione divina, zelo Dei commotus, hoc fecit. — Vel quia, licet nondum esset summus sacerdos, erat tamen filius summi sacerdotis, et ad eum hoc iudicium pertinebat, sicut et ad alios iudices, quibus hoc erat praeceptum.

AD TERTIUM dicendum quod potestas saecularis subditur spirituali sicut corpus animae. Et ideo non est usurpatum iudicium si spiritualis praelatus se intromittat de temporalibus quantum ad ea in quibus subditur ei saecularis potestas, vel quae ei a saeculari potestate relinquuntur.

AD QUARTUM dicendum quod habitus scientiae et iustitiae sunt perfectiones singularis personae: et ideo per eorum defectum non dicitur usurpatum iudicium, sicut per defectum publicae auctoritatis, ex qua iudicium vim coactivam habet.

3. L. I, c. 36, n. 178: ML 16, 75 D.
4. Q. 2: ML 34, 597.

que Deus, por sua mão, haveria de livrar o povo de Israel." — Ou se pode dizer que Moisés matou o egípcio, tomando a defesa do que fora injuriado e usando de justa moderação nessa defesa. É o que diz Ambrósio: "Quem não repele a violência feita a um companheiro, podendo fazê-lo se torna tão culpado quanto aquele que comete a injúria", e o comprova com o exemplo de Moisés. — Ou se pode ainda dizer, com Agostinho: "Como a terra, antes mesmo de produzir frutos úteis, é elogiada pela sua fertilidade em ervas inúteis, assim esse ato de Moisés foi mau, porém era o sinal de uma grande fecundidade." Era, com efeito, sinal do vigor com que devia libertar o povo. — De Finéias devemos dizer que procedeu levado por inspiração divina ou pelo zelo da glória de Deus. — Ou porque, embora não fosse ainda sumo sacerdote, era filho do sumo sacerdote, e que o julgamento lhe competia como aos outros juízes, aos quais isso era prescrito.

QUANTO AO 3º, deve-se dizer que o poder secular está sujeito ao espiritual como o corpo à alma. Por isso, não é usurpado o julgamento, quando o prelado espiritual se intromete nas coisas temporais, naquilo em que o poder secular lhe está submetido, ou que o poder secular lhe entrega.

QUANTO AO 4º, deve-se dizer que os hábitos da ciência e da justiça são perfeições da pessoa particular. Por isso, a sua falta não torna o julgamento usurpado, como a falta da autoridade publica, que confere ao juízo sua força coercitiva.

## QUAESTIO LXI
### DE PARTIBUS IUSTITIAE
*in quatuor articulos divisa*

Deinde considerandum est de partibus iustitiae. Et primo, de partibus subiectivis, quae sunt species

## QUESTÃO 61
### AS PARTES DA JUSTIÇA[a]
*em quatro artigos*

Devemos tratar das partes da justiça, que são três: primeiro, as partes subjetivas ou as espécies

---

a. O emprego da distinção entre partes subjetivas (as espécies), integrantes e potenciais efetua-se sempre de maneira original e adaptada em cada tratado da síntese tomista. Trata-se agora de inscrever nesse quadro afinal bastante flexível todo o domínio da justiça. Sua noção se realiza de forma essencial nas partes subjetivas, na dupla espécie: a justiça comutativa e a distributiva.

Antes de passar à análise minuciosa de todo essa vasto domínio, dos direitos e deveres que impõem essas virtudes particulares (ver q. 62-78), a questão 61 terá um alcance geral. Buscará fundar essa distinção essencial e definir cada uma dessas espécies da virtude cardeal da justiça.

A distinção é explicada de maneira técnica, primeiramente sob seu aspecto formal: do "justo termo racional" que constitui a virtude moral em geral, e do "justo termo objetivo ou real", que é o próprio da virtude de justiça (como o mostrou a q. 58, a. 10).

iustitiae, scilicet distributiva et commutativa; secundo, de partibus quasi integralibus; tertio, de partibus quasi potentialibus, scilicet de virtutibus adiunctis.

Circa primum occurrit duplex consideratio: prima, de ipsis iustitiae partibus; secunda, de vitiis oppositis. Et quia restitutio videtur esse actus commutativae iustitiae, primo considerandum est de distinctione iustitiae commutativae et distributivae; secundo, de restitutione.

Circa primum quaeruntur quatuor.
*Primo:* utrum sint duae species iustitiae, iustitia distributiva et commutativa.
*Secundo:* utrum eodem modo in eis medium accipiatur.
*Tertio:* utrum sit earum uniformis vel multiplex materia.
*Quarto:* utrum secundum aliquam earum specierum iustum sit idem quod *contrapassum*.

ARTICULUS 1
**Utrum convenienter ponantur duae species iustitiae, iustitia distributiva et commutativa**

AD PRIMUM SIC PROCEDITUR. Videtur quod inconvenienter ponantur duae species iustitiae, iustitia distributiva et commutativa.
1. Non enim potest esse iustitiae species quod multitudini nocet: cum iustitia ad bonum commune ordinetur. Sed distribuere bona communia in multos nocet bono communi multitudinis: tum

de justiça, a saber, comutativa e distributiva; segunda, as partes integrantes; terceira, as partes potenciais, isto é, as virtudes que lhe são anexas.

Sobre a primeira, duas considerações. 1º essas partes consideradas em si mesmas; o 2º os vícios que lhes são opostos. Dado que a restituição se apresenta como um ato da justiça comutativa, convém primeiro considerar a distinção entre justiça comutativa e distributiva; em segundo lugar, tratar da restituição.

A primeira questão abrange quatro artigos:
1. Há duas espécies de justiça: comutativa e distributiva?
2. O meio-termo se determina no mesmo modo em uma e outra?
3. Têm uma matéria uniforme ou múltipla?
4. Em alguma delas, o que é justo se identifica com a contrapartida?

ARTIGO 1
**É adequado afirmar duas espécies de justiça, a distributiva e a comutativa?**

QUANTO AO PRIMEIRO ARTIGO, ASSIM SE PROCEDE: parece que **não** é adequado afirmar duas espécies de justiça: a distributiva e a comutativa.
1. Com efeito, não pode existir uma espécie de justiça que prejudique a coletividade, uma vez que a justiça se ordena ao bem comum. Ora, distribuir os bens comuns entre muitos prejudica o bem co-

---

1 PARALL.: Part. I, q. 21, a. 1; III *Sent.*, dist. 33, q. 3, a. 4, q.la 5, ad 2; IV, dist. 46, q. 1, a. 1, q.la 1, V *Ethic.*, lect. 4, 6.

Em seguida, será examinada sob o ângulo da "matéria", do domínio virtuoso que dividem entre si a justiça comutativa e a justiça distributiva.

Tais são os problemas teóricos, verdadeiramente fundamentais, de que tratam os três primeiros artigos desta questão.

Um último artigo é consagrado à elucidação de uma questão levantada por Aristóteles (cujo livro V da *Ética a Nicômaco* ainda permanece aqui a fonte principal livremente seguida por Sto. Tomás): a da igualdade estrita mas realizada diferentemente pela justiça comutativa e pela justiça distributiva; a lei da compensação ou reciprocidade rigorosa tem seu lugar nas sanções da justiça comutativa, e não nas repartições da justiça distributiva (ver a. 4 e a nota correspondente). A questão representa o feliz ponto de chegada de um longo trabalho de reflexão ética dos filósofos, dos escritores patrísticos e sobretudo dos mestres medievais do século XII e da primeira metade do século XIII.

A clarificação das noções, as distinções precisas e a expressão lapidar das formas de justiça, a determinação de suas propriedades, de suas respectivas modalidades de assegurar a igualdade de direitos ou de instaurar a obrigação, são outras tantas contribuições decisivas, que todavia não dissipam todas as dificuldades. Ao elaborar uma doutrina rigorosa e coerente na pista de Aristóteles e em continuidade com outras tradições, nossa questão sem dúvida em uma opção consciente guarda o contato com a abordagem empírica e a linguagem descritiva de suas fontes. Recorre-se com frequência às ilustrações concretas, aos exemplos familiares, às formas mais habituais, as mais típicas sem dúvida, mas também as mais elementares que reveste uma espécie de justiça, principalmente a justiça comutativa. Esta é apresentada sem mais como regulando as relações entre os indivíduos, ao passo que a justiça distributiva diria respeito às relações da sociedade com os indivíduos.

Na verdade, esses modelos mais simples visam ilustrar uma doutrina de valor universal, elaborada a partir de considerações formais e flexíveis sobre o "todo" e as "partes", o todo e as partes sendo passíveis de variações, de aplicações adaptadas às diferentes formas de sociedade e às relações de seus diversos membros. Poder-se-á dessa forma abordar e esclarecer todas as modalidades múltiplas e complexas de justiça e de injustiça, tais como as faltas contra a justiça comutativa cometidas pelas coletividades ou contra elas (A explicação será completada na nota seguinte, após a leitura do artigo 1º).

quia exhauriuntur opes communes; tum etiam quia mores hominum corrumpuntur; dicit enim Tullius, in libro *de Offic.*[1]: *Fit deterior qui accipit, et ad idem semper expectandum paratior.* Ergo distributio non pertinet ad aliquam iustitiae speciem.

2. PRAETEREA, iustitiae actus est reddere unicuique quod suum est, ut supra[2] habitum est. Sed in distributione non redditur alicui quod suum erat, sed de novo appropriatur sibi id quod erat commune. Ergo hoc ad iustitiam non pertinet.

3. PRAETEREA, iustitia non solum est in principe, sed etiam in subiectis, ut supra[3] habitum est. Sed distribuere semper pertinet ad principem. Ergo distributiva non pertinet ad iustitiam.

4. PRAETEREA, *distributivum iustum est bonorum communium*, ut dicitur in V *Ethic.*[4]. Sed communia pertinent ad iustitiam legalem. Ergo iustitia distributiva non est species iustitiae particularis, sed iustitiae legalis.

5. PRAETEREA, unum et multa non diversificant speciem virtutis. Sed iustitia commutativa consistit in hoc quod aliquid redditur uni; iustitia vero distributiva in hoc quod aliquid datur multis. Ergo non sunt diversae species iustitiae.

SED CONTRA est quod Philosophus, in V *Ethic*[5], ponit duas partes iustitiae, et dicit quod *una est directiva in distributionibus, alia in commutationibus.*

RESPONDEO dicendum quod, sicut dictum est[6], iustitia particularis ordinatur ad aliquam privatam personam, quae comparatur ad communitatem sicut pars ad totum. Potest autem ad aliquam partem duplex ordo attendi. Unus quidem partis ad partem: cui similis est ordo unius privatae personae ad aliam. Et hunc ordinem dirigit commutativa iustitia, quae consistit, in his quae mutuo fiunt inter duas personas ad invicem. Alius ordo attenditur totius ad partes: et huic ordini assimilatur ordo eius quod est commune ad singulas personas. Quem quidem ordinem dirigit iustitia distributiva, quae est distributiva communium secundum pro-

mum da coletividade, porque assim se dilapidam os recursos públicos e se induz a corrupção dos costumes. É o que declara Túlio: "Quem recebe se torna pior e fica sempre na expectativa de novos dons." Logo, a distribuição não entra em qualquer espécie de justiça.

2. ALÉM DISSO, já foi dito, o ato da justiça é dar o seu a cada um. Ora, na distribuição, não se dá a alguém o que era seu, mas ele se apropria de um bem novo, que antes era comum. Logo, distribuir não pertence à justiça.

3. ADEMAIS, a justiça não reside apenas no príncipe, mas também nos súditos, como já foi dito. Ora, distribuir sempre compete ao príncipe. Logo, a distributiva não pertence à justiça.

4. ADEMAIS, justa é somente a distribuição dos bens comuns, como se diz na Ética. Ora, o que é comum compete à justiça legal. Logo, a justiça distributiva não é uma espécie da justiça particular, mas da legal.

5. ADEMAIS, unidade e multiplicidade não constituem diversidade específica para a virtude. Ora, a justiça comutativa consiste em dar algo a um só, ao passo que a distributiva o dá a muitos. Logo, não são espécies diferentes de justiça.

EM SENTIDO CONTRÁRIO, o Filósofo estabelece duas espécies de justiça, uma dirige as distribuições, outra as comutações[*].

RESPONDO. Já ficou dito, a justiça particular se ordena a uma pessoa privada, que está para a comunidade como a parte para o todo. Ora, uma parte comporta uma dupla relação. Uma, de parte a parte, à qual corresponde a relação de uma pessoa privada a outra. Tal relação é dirigida pela justiça comutativa, que visa o intercâmbio mútuo entre duas pessoas. A outra relação é do todo às partes; a ela se assemelha a relação entre o que é comum e cada uma das pessoas. A essa segunda relação se refere a justiça distributiva, que reparte o que é comum de maneira proporcional. Há, portanto, duas espécies de justiça, a comutativa e a distributiva[b].

---

1. L. II, c. 15: ed. C. F. W. Mueller, Lipsiae 1910, p. 75, ll. 10-11.
2. Q. 58, a. 2.
3. Ibid., a. 6.
4. C. 7: 1131, b, 27-32.
5. C. 5: 1130, b, 31-33.
6. Q. 58, a. 7.

\* Termo "comutação", que designa o domínio próprio da justiça "comutativa", corresponde aos "intercâmbios" ou "transações", sobretudo no domínio econômico. Traduzimos, pois, o termo "*commutatio*" por estes equivalentes mais claros em português, embora desprovidos das conotações do original latino. N.T.

b. A distinção entre a dupla espécie de justiça, comutativa e distributiva, funda-se e é explicada a partir da comparação das relações entre o "todo" e as "partes". O que é realmente explicativo é a qualidade própria ou a modalidade específica dessas

portionalitatem. Et ideo duae sunt iustitiae species, scilicet commutativa et distributiva.

AD PRIMUM ergo dicendum quod sicut in largitionibus privatarum personarum commendatur moderatio, effusio vero culpatur; ita etiam in distributione communium bonorum est moderatio servanda, in quo dirigit iustitia distributiva.

AD SECUNDUM dicendum quod sicut pars et totum quodammodo sunt idem, ita id quod est totius quodammodo est partis. Et ita cum ex bonis communibus aliquid in singulos distribuitur, quilibet aliquo modo recipit quod suum est.

AD TERTIUM dicendum quod actus distributionis quae est communium bonorum pertinet solum ad praesidentem communibus bonis: sed tamen iustitia distributiva est et in subditis, quibus distribuitur, inquantum scilicet sunt contenti iusta distributione. Quamvis etiam distributio quandoque fiat bonorum communium non quidem civitati, sed uni familiae: quorum distributio fieri potest auctoritate alicuius privatae personae.

AD QUARTUM dicendum quod motus accipiunt speciem a termino ad quem. Et ideo ad iustitiam legalem pertinet ordinare ea quae sunt privatarum personarum in bonum commune: sed ordinare e converso bonum commune ad personas particulares per distributionem est iustitiae particularis.

AD QUINTUM dicendum quod iustitia distributiva et commutativa non solum distinguuntur secundum unum et multa, sed secundum diversam rationem debiti: alio enim modo debetur alicui id quod est commune, alio modo id quod est proprium.

QUANTO AO 1º, portanto, deve-se dizer que na liberalidade das pessoas privadas, se recomenda a moderação, e se culpa o desperdício. Assim também, na distribuição dos bens comuns, se há de observar a moderação, dirigida pela justiça distributiva.

QUANTO AO 2º, deve-se dizer que a parte e o todo, de certo modo, são idênticos, e o que é do todo, de certo modo, é também da parte. Por isso, quando se distribui do bem comum aos membros da sociedade, cada um recebe o que, de certo modo, é seu.

QUANTO AO 3º, deve-se dizer que a repartição dos bens comuns compete somente a quem tem o encargo deles. Contudo, a justiça distributiva se encontra também nos súditos a quem se distribuem, enquanto se mostram contentes com uma justa distribuição. Por vezes, no entanto, a distribuição dos bens comuns se faz não à cidade, mas a uma família; poderá, então, executar-se pela autoridade de uma pessoa privada<sup>c</sup>.

QUANTO AO 4º, deve-se dizer que o movimento se especifica pelo termo a que tende. Eis por quê à justiça legal compete ordenar ao bem comum o que é das pessoas privadas; ao contrário, pertence à justiça particular, através da distribuição, ordenar o bem comum às pessoas particulares.

QUANTO AO 5º, deve-se dizer que a justiça distributiva e a comutativa se distinguem, não só pela unidade ou multiplicidade, mas pela natureza mesma da dívida, diversa em cada uma: pois uma coisa é dever a alguém um bem comum, e outra, dever-lhe o que lhe é próprio.

---

relações. De um lado, as "partes" fazem "trocas" entre si; quaisquer que sejam suas situações ou a elevação de seu nível na sociedade, no plano dessas trocas, são tidas como iguais, tendo direitos estritos de dispor do que lhes pertence, e de receber uma compensação de igual valor. O exemplo mais simples e mais usual será sempre o das trocas entre indivíduos. Mas, com toda a evidência, a troca permanece absolutamente idêntica, quer se faça entre nações, quer entre o indivíduo e o Estado, quando se trata de uma dívida ordinária, de uma mera transação comercial. Comodamente ilustrada, portanto, por sua aplicação aos indivíduos, a justiça comutativa é sempre chamada para acertar toda espécie de intercâmbio do tipo de "igual para igual" entre pessoas físicas ou morais, entre coletividades. Quanto à "partilha", que é o apanágio da justiça distributiva, ela olha a sociedade como um "todo", uma "totalidade" de pessoas e uma "totalidade" de bens (vantagens e cargos). A justiça distributiva regula essa "partilha", no sentido de exigir que a totalidade dos bens (o bem comum) seja dividido entre todos os membros, proporcionalmente a suas funções na sociedade. Esse bem comum vantagens e cargos deve ser partilhado entre os indivíduos, mas também entre os grupos, as sociedades intermediárias, as famílias, ou mesmo entre as regiões e os setores (agricultura, indústria) em um sistema econômico e social.

c. A justiça distributiva se realiza sob uma forma eminente, perfeita e exemplar na sociedade política; mas é chamada a realizar-se em toda verdade e rigor em toda forma de sociedade: na empresa, na escola, na família. Em toda parte será função do chefe, do detentor da autoridade, a quem incumbe a responsabilidade do bem comum e de sua partilha; mas a justiça distributiva concerne igualmente aos membros da coletividade, que aceitam as justas repartições e colaboram com sua realização.

## Articulus 2
### Utrum medium eodem modo accipiatur in iustitia distributiva et commutativa

AD SECUNDUM SIC PROCEDITUR. Videtur quod medium eodem modo accipiatur in iustitia distributiva et commutativa.
1. Utraque enim sub iustitia particulari continetur, ut dictum est[1]. Sed in omnibus temperantiae vel fortitudinis partibus accipitur uno modo medium. Ergo etiam eodem modo est accipiendum medium in iustitia distributiva et commutativa.
2. PRAETEREA, forma virtutis moralis in medio consistit quod secundum rationem determinatur. Cum ergo unius virtutis sit una forma, videtur quod in utraque sit eodem modo medium accipiendum.
3. PRAETEREA, in iustitia distributiva accipitur medium attendendo diversam dignitatem personarum. Sed dignitas personarum attenditur etiam in commutativa iustitia, sicut in punitionibus: plus enim punitur qui percussit principem quam qui percussit privatam personam. Ergo eodem modo accipitur medium in utraque iustitia.

SED CONTRA est quod Philosophus dicit, in V *Ethic.*[2], quod in iustitia distributiva accipitur medium secundum *geometricam proportionalitatem*, in commutativa autem secundum *arithmeticam*.

RESPONDEO dicendum quod, sicut dictum est[3] in distributiva iustitia datur aliquid alicui privatae personae inquantum id quod est totius est debitum parti. Quod quidem tanto maius est quanto ipsa pars maiorem principalitatem habet in toto. Et ideo in distributiva iustitia tanto plus alicui de bonis communibus datur quanto illa persona maiorem principalitatem habet in communitate. Quae quidem principalitas in aristocratica communitate attenditur secundum virtutem, in oligarchica secundum divitias, in democratica secundum libertatem, et in aliis aliter. Et ideo in iustitia distributiva non accipitur medium secundum aequalitatem rei ad rem, sed secundum proportionem rerum ad personas: ut scilicet, sicut una persona excedit aliam, ita etiam res quae datur uni personae excedit rem quae datur alii. Et ideo dicit Philosophus[4] quod tale medium est

## Artigo 2
### O meio-termo se considera do mesmo modo na justiça distributiva e na comutativa?

QUANTO AO SEGUNDO, ASSIM SE PROCEDE: parece que o meio-termo se **considera** do mesmo modo na justiça distributiva e na comutativa.
1. Com efeito, ambas vêm incluídas na mesma justiça particular, como se acaba de ver. Ora, em todas as partes da temperança ou da fortaleza, o meio-termo é determinado do mesmo modo. Logo, assim deve ser na justiça distributiva e comutativa.
2. ALÉM DISSO, a forma da virtude moral consiste no meio-termo determinado pela razão. Ora, uma virtude só tem uma forma. Logo, parece que, em ambas as espécies da mesma justiça, se há de considerar o meio-termo do mesmo modo.
3. ADEMAIS, na justiça distributiva, o meio-termo se estabelece atendendo-se à diferente dignidade das pessoas. Ora, a dignidade da pessoa é também levada em conta na justiça comutativa, por exemplo, nas punições. A pena é mais grave para quem fere o príncipe do que para quem fere uma pessoa privada. Logo, o meio-termo é considerado do mesmo modo em uma e outra justiça.

EM SENTIDO CONTRÁRIO, o Filósofo declara: na justiça distributiva, o meio-termo se considera conforme uma "proporção geométrica"; na justiça comutativa, a "proporção é aritmética".

RESPONDO. Como já se explicou, na justiça distributiva, se dá algo a uma pessoa privada enquanto o que é do todo é devido à parte. Essa dívida será tanto maior, quanto maior for a preeminência dessa mesma parte no todo. Eis por quê, em justiça distributiva, se dá a alguém tanto mais dos bens comuns, quanto maior for sua preeminência na comunidade. Em uma comunidade aristocrática, essa preeminência se considera tendo em conta a virtude; na oligárquica, se olha a riqueza; na democrática, se mira a liberdade. Em outras comunidades, se visam outros critérios. Assim, na justiça distributiva, o meio-termo não se considera por uma igualdade de coisa a coisa, porém segundo uma proporção das coisas às pessoas; de tal sorte que, se uma pessoa é superior à outra, assim também o que lhe é dado excederá o que é dado à outra. Por isso, o Filósofo declara que

---

2  PARALL.: III *Sent.*, dist. 33, q. 1, a. 3, q.la 2; V *Ethic.*, lect. 4 sqq.

1. Art. praec.
2. Cc. 6, 7: 1131, a, 30, b, 15; b, 32-1132, a, 7.
3. Art. praec.
4. Cfr. arg. *sed c.*

secundum *geometricam proportionalitatem*, in qua attenditur aequale non secundum quantitatem, sed secundum proportionem. Sicut si dicamus quod sicut se habent sex ad quatuor, ita se habent tria ad duo, quia utrobique est sesquialtera proportio, in qua maius habet totum minus et mediam partem eius: non autem est aequalitas excessus secundum quantitatem, quia sex excedunt quatuor in duobus, tria vero excedunt duo in uno.

Sed in commutationibus redditur aliquid alicui singulari personae propter rem eius quae accepta est: ut maxime patet in emptione et venditione, in quibus primo invenitur ratio commutationis. Et ideo oportet adaequare rem rei: ut quanto iste plus habet quam suum sit de eo quod est alterius, tantundem restituat ei cuius est. Et sic fit aequalitas secundum *arithmeticam* medietatem, quae attenditur secundum parem quantitatis excessum: sicut quinque est medium inter sex et quatuor, in unitate enim excedit et exceditur. Si ergo a principio uterque habebat quinque, et unus eorum accepit unum de eo quod est alterius; unus, scilicet accipiens, habebit sex, et alii relinquentur quatuor. Erit ergo iustitia si uterque reducatur ad medium, ut accipiatur unum ab eo qui habet sex, et detur ei qui habet quatuor: sic enim uterque habebit quinque, quod est medium.

AD PRIMUM ergo dicendum quod in aliis virtutibus moralibus accipitur medium secundum rationem, et non secundum rem. Sed in iustitia accipitur medium rei: et ideo secundum diversitatem rerum diversimode medium accipitur.

AD SECUNDUM dicendum quod generalis forma iustitiae est aequalitas, in qua convenit iustitia distributiva cum commutativa. In una tamen invenitur aequalitas secundum proportionalitatem geometricam, in alia secundum arithmeticam.

AD TERTIUM dicendum quod in actionibus et passionibus conditio personae facit ad quantitatem rei: maior enim est iniuria si percutiatur princeps quam si percutiatur privata persona. Et ita conditio personae in distributiva iustitia attenditur secundum se: in commutativa autem secundum quod per hoc diversificatur res.

esse meio-termo se considera segundo uma "proporcionalidade geométrica", em que a igualdade não é de quantidade mas de proporção. Como se disséssemos: 6 está para 4, como 3 está para 2, pois em ambos se encontra a mesma proporção sesquiáltera, na qual o número maior inclui uma vez e meia o menor. Não há, porém, uma igualdade nas diferenças das quantidades comparadas, pois a diferença entre 6 e 4 é 2, e entre 3 e 2, é 1.

Ao contrário, nas comutações, dá-se algo a uma pessoa particular, por causa de uma coisa que dela se recebeu, o que é da maior evidência nas compras e vendas, nas quais primeiro se manifesta a noção de comutação. É, então, necessário igualar uma coisa à outra. E, assim, se alguém guarda, além do que é seu, um tanto de outrem, deve restituir-lhe exatamente essa diferença. Dessa forma, se realiza a igualdade segundo uma média "aritmética", estabelecida por um excedente quantitativo igual; assim, 5 é o meio entre 6 e 4, pois entre um e outro, conserva sempre a diferença de uma unidade. Se, portanto, de início, as duas partes tinham 5, e uma delas recebe 1 que pertencia à outra, terá então 6, enquanto essa outra ficará com 4. Haverá justiça, se ambas voltarem ao justo meio, tirando-se 1 a quem tem 6 e dando-o a quem tem 4. Um e outro terão 5, o que corresponde ao meio-termo.

QUANTO AO 1º, portanto, deve-se dizer que nas outras virtudes morais, o meio-termo se estabelece em referência à razão e não à realidade. Na justiça, porém, se estabelece esse meio-termo pela realidade; haverá, portanto, diversidade no meio-termo, se há diversidade na realidade.

QUANTO AO 2º, deve-se dizer que a igualdade é a forma geral da justiça, seja distributiva seja comutativa. Na primeira, no entanto, a igualdade se estabelece segundo a proporção geométrica; na outra, segundo a proporção aritmética.

QUANTO AO 3º, deve-se dizer que nas ações e paixões, a condição da pessoa determina a quantidade no plano da realidade; com efeito, é maior injúria ferir o príncipe do que uma pessoa privada. E, assim, a condição da pessoa, na justiça distributiva, é considerada em si mesma; porém, na comutativa, ela intervém enquanto diversifica as coisas.

## Articulus 3
### Utrum materia utriusque iustitiae sit diversa

AD TERTIUM SIC PROCEDITUR. Videtur quod materia utriusque iustitiae non sit diversa.
1. Diversitas enim materiae facit diversitatem virtutis: ut patet in temperantia et fortitudine. Si igitur distributivae iustitiae et commutativae sit diversa materia, videtur quod non contineantur sub una virtute, scilicet sub iustitia.
2. PRAETEREA, distributio, quae pertinet ad distributivam iustitiam, est *pecuniae vel honoris vel aliorum quaecumque dispertiri possunt inter eos qui communitate communicant*; ut dicitur in V *Ethic.*[1]. Quorum etiam est commutatio inter personas ad invicem, quae pertinet ad commutativam iustitiam. Ergo non est diversa materia distributivae et commutativae iustitiae.

3. PRAETEREA, si sit alia materia distributivae iustitiae et alia materia commutativae propter hoc quod differunt specie, ubi non erit differentia speciei, non debebit esse materiae diversitas. Sed Philosophus ponit[2] unam speciem commutativae iustitiae, quae tamen habet multiplicem materiam. Non ergo videtur esse multiplex materia harum specierum.

IN CONTRARIUM est quod dicitur in V *Ethic.*[3] quod *una species iustitiae est directiva in distributionibus, alia in commutationibus*.

RESPONDEO dicendum quod, sicut supra[4] dictum est, iustitia est circa quasdam operationes exteriores, scilicet distributionem et commutationem, quae quidem sunt usus quorundam exteriorum, vel rerum vel personarum vel etiam operum: rerum quidem, sicut cum aliquis vel aufert vel restituit alteri suam rem; personarum autem, sicut cum aliquis in ipsam personam hominis iniuriam facit, puta percutiendo vel conviciando, aut etiam cum reverentiam exhibet; operum autem, sicut cum quis iuste ab alio exigit vel alteri reddit aliquod opus. Si igitur accipiamus ut materiam utriusque iustitiae ea quorum operationes sunt usus, eadem est materia distributivae et commutativae iustitiae: nam et res distribui possunt a communi in

## Artigo 3
### A matéria de ambas as justiças é diversa?

QUANTO AO TERCEIRO, ASSIM SE PROCEDE: parece que a matéria de ambas as justiças **não** é diversa.
1. Com efeito, a diversidade da matéria acarreta a diversidade da virtude, como se vê na temperança e na fortaleza. Se, portanto, a justiça distributiva e a comutativa têm matérias diferentes, parece que não pertencem à mesma virtude de justiça.
2. ALÉM DISSO, a distribuição que compete à justiça distributiva, tem por objeto "o dinheiro, a honra ou outros bens, susceptíveis de serem repartidos entre os membros de uma comunidade", como se diz na *Ética*. Ora, em torno desses bens, há também intercâmbio recíproco entre as pessoas, do que se ocupa a justiça comutativa. Logo, não é diversa a matéria da justiça distributiva e da comutativa.
3. ADEMAIS, supondo-se que é diversa a matéria da justiça distributiva e da comutativa, por diferirem especificamente, não deveria, então, haver essa diversidade, quando não há diferença específica. No entanto, o Filósofo estabelece uma só espécie de justiça comutativa, que comporta, todavia, matéria múltipla. Não parece, portanto, ser múltipla a matéria dessas duas espécies de justiça.

EM SENTIDO CONTRÁRIO, ensina-se na *Ética*: "uma espécie de justiça regula as distribuições, e a outra, as comutações."

RESPONDO. Já ficou dito, a justiça versa sobre certas operações externas, a saber, a distribuição e a comutação, que consistem no uso de certos dados exteriores: coisas, pessoas ou mesmo obras. Coisas, quando, por exemplo, se retira ou restitui a outrem o que é seu; pessoas, quando alguém injuria a pessoa mesma de outrem, ferindo-o ou insultando-o, ou, ao contrário, quando lhe manifesta respeito; obras, enfim, se, a justo título, se exige de alguém ou se presta a ele um serviço. Se, portanto, tomamos como matéria de uma e outra justiça tudo aquilo cujo uso vem a ser uma ação externa, a justiça distributiva e a comutativa terão, então, a mesma matéria. Pois, as coisas podem ser tomadas do comum e distribuídas aos

---

3 PARALL.: V *Ethic.*, lect. 4.

1. C. 5: 1130, b, 31-33.
2. C. 5: 1131, a, 1.
3. C. 5: 1130, b, 31-1131, a, 1.
4. Q. 58, a. 8, 10.

singulos, et commutari de uno in alium; et etiam est quaedam distributio laboriosorum operum, et recompensatio.

Si autem accipiamus ut materiam utriusque iustitiae actiones ipsas principales quibus utimur personis, rebus et operibus, sic invenitur utrobique alia materia. Nam distributiva iustitia est directiva distributionis: commutativa vero iustitia est directiva commutationum quae attendi possunt inter duas personas.

Quarum quaedam sunt involuntariae; quaedam vero voluntariae. Involuntariae quidem, quando aliquis utitur re alterius vel persona vel opere, eo invito. Quod quidem contingit quandoque occulte per fraudem; quandoque etiam manifeste per violentiam. Utrumque autem contingit aut in rem aut in personam propriam, aut in personam coniunctam. In rem quidem, si occulte unus rem alterius accipiat, vocatur furtum; si autem manifeste, vocatur rapina. — In personam autem propriam, vel quantum ad ipsam consistentiam personae; vel quantum ad dignitatem ipsius. Si autem quantum ad consistentiam personae, sic laeditur aliquis occulte per dolosam occisionem seu percussionem, et per veneni exhibitionem; manifeste autem per occisionem manifestam, aut per incarcerationem aut verberationem seu membri mutilationem. — Quantum autem ad dignitatem personae, laeditur aliquis occulte quidem per falsa testimonia seu detractiones, quibus aliquis aufert famam suam, et per alia huiusmodi; manifeste autem per accusationem in iudicio, seu per convicii illationem. — Quantum autem ad personam coniunctam, laeditur aliquis in uxore, ut in pluribus occulte, per adulterium; in servo autem, cum aliquis servum seducit, ut a domino discedat; et haec etiam manifeste fieri possunt. Et eadem ratio est de aliis personis coniunctis, in quas etiam possunt omnibus modis iniuriae committi sicut et in personam principalem. Sed adulterium et servi seductio sunt proprie iniuriae circa has personas: tamen, quia servus est possessio quaedam, hoc refertur ad furtum.

Voluntariae autem commutationes dicuntur quando aliquis voluntarie transfert rem suam in alterum. Et si quidem simpliciter in alterum transferat rem suam absque debito, sicut in donatione, non est actus iustitiae, sed liberalitatis. Intantum autem ad iustitiam voluntaria translatio pertinet inquantum est ibi aliquid de ratione debiti. Quod quidem contingit tripliciter. Uno modo, quando

particulares, ou serem objeto de intercâmbio entre elas. Há ainda a distribuição de tarefas onerosas, acompanhadas de recompensa.

Se, ao contrário, encaramos como matéria das duas justiças, os próprios atos principais pelos quais nos servimos das pessoas, das coisas e das obras, então, em uma e outra se encontra matéria diversa. Pois, a justiça distributiva regula a distribuição, e a comutativa, os intercâmbios entre duas pessoas.

Desses intercâmbios (comutações), alguns são involuntários, outros, voluntários. São involuntários, quando alguém se serve da pessoa, da coisa ou da obra de outrem, contra a vontade deste. O que se pode dar, seja ocultamente, por fraude, seja abertamente, por violência. Um e outro podem ter por objeto seja uma coisa, seja a pessoa mesma ou uma outra que lhe é unida. Tratando-se de coisa, se alguém se apodera ocultamente do alheio, comete furto, se o faz abertamente, fala-se de rapina. — Quanto à própria pessoa, pode ser visada em sua existência mesmo ou em sua dignidade. Em sua existência, a pessoa pode ser atacada ocultamente, por alguém que, às ocultas, a mata, fere ou envenena. Ou então, abertamente, sendo publicamente assassinada, espancada ou mutilada. — Em sua dignidade, alguém pode ser atingido de maneira oculta, por falsos testemunhos, pela detração, pela difamação, ou danos semelhantes. Será visado abertamente, por acusação diante dos tribunais ou por injúrias públicas. — Quanto à pessoa a ele ligada, pode alguém ser lesado em sua mulher, pelo adultério, cometido, o mais das vezes, ocultamente, ou em um de seus servos, quando é seduzido para abandonar o senhor; coisas essas que também se podem fazer abertamente. E o mesmo se dá com outras pessoas ligadas, contra as quais se podem cometer injúrias de todo os modos, tanto quanto contra a pessoa principal. Porém, o adultério e a sedução do servo são injúrias que atingem propriamente essas pessoas. Todavia, como o servo é, de certo modo, propriedade do senhor, a sedução dele se conta como um furto.

Os intercâmbios são chamados voluntários, quando alguém transfere voluntariamente o que lhe pertence para outrem. Quando se transfere simplesmente o que é seu a outrem, sem ocorrência de débito, como na doação, não se trata de ato de justiça, mas de liberalidade. A transferência voluntária entra no domínio da justiça, somente na medida em que aí se verifica a noção de débito.

aliquis transfert simpliciter rem suam in alterum pro recompensatione alterius rei: sicut accidit in venditione et emptione. — Secundo modo, quando aliquis tradit rem suam alteri concedens ei usum rei cum debito recuperandi rem. Et si quidem gratis concedit usum rei, vocatur ususfructus in rebus quae aliquid fructificant; vel simpliciter mutuum seu accommodatum in rebus quae non fructificant, sicut sunt denarii, vasa et huiusmodi. Si vero nec ipse usus gratis conceditur, vocatur locatio et conductio. — Tertio modo aliquis tradit rem suam ut recuperandam, non ratione usus, sed vel ratione conservationis, sicut in deposito; vel ratione obligationis, sicut cum quis rem suam pignori obligat, seu cum aliquis pro alio fideiubet.

In omnibus autem huiusmodi actionibus, sive voluntariis sive involuntariis, est eadem ratio accipiendi medium secundum aequalitatem recompensationis. Et ideo omnes istae actiones ad unam speciem iustitiae pertinent, scilicet ad commutativam.

Et per hoc patet responsio AD OBIECTA.

### Articulus 4
### Utrum iustum sit simpliciter idem quod *contrapassum*

AD QUARTUM SIC PROCEDITUR. Videtur quod iustum sit simpliciter idem quod *contrapassum*.

1. Iudicium enim divinum est simpliciter iustum. Sed haec est forma divini iudicii, ut secundum quod aliquis fecit, patiatur: secundum illud Mt 7,2: *In quo iudicio iudicaveritis, iudicabimini: et in qua mensura mensi fueritis, remetietur vobis*. Ergo iustum est simpliciter idem quod contrapassum.

O que pode acontecer de três maneiras: Primeiro, quando alguém transfere simplesmente o que é seu a um outro, mediante compensação de outra coisa, como no caso de compra e venda. — Em segundo lugar, quando alguém passa uma coisa sua ao outro, cedendo-lhe o uso dela, porém com a obrigação de restituí-la. Se esse uso é cedido gratuitamente, chama-se usufruto, tratando-se de coisas que produzem algum fruto; será simplesmente um empréstimo ou comodato, tratando-se do que não produz fruto, como dinheiro, utensílios e coisas semelhantes. Se, porém, nem mesmo o uso se concede gratuitamente, ter-se-á uma locação ou arrendamento. — Em terceiro lugar, alguém confia um bem seu, com a condição de reavê-lo, e não para ser usado mas conservado por outrem, como no caso do depósito, ou em virtude de uma obrigação, quando alguém penhora algo seu ou se torna fiador por outrem.

Em todos esses tipos de ações, voluntárias ou involuntárias, o meio-termo se determina da mesma maneira que é a igualdade da compensação. Por isso todas essas ações pertencem à mesma espécie de justiça, a comutativa[d].

Donde surgem com evidência as respos*tas* às objeções.

### Artigo 4
### A justiça se identifica absolutamente com a contrapartida?[e]

QUANTO AO QUARTO, ASSIM SE PROCEDE: parece que a justiça **se identifica** absolutamente com a contrapartida.

1. Com efeito, o julgamento divino é absolutamente justo. Ora, tal é a sentença do julgamento divino, que alguém seja punido, na medida do que fez, conforme está no Evangelho de Mateus: "Com o julgamento com que julgardes, sereis também julgados: e com a medida com que tiverdes medido, também vós sereis medidos". Logo, a justiça se identifica absolutamente com a contrapartida.

---

4   PARALL.: V *Ethic.*, lect. 8.

d. O longo desenvolvimento sobre as trocas (sua divisão em voluntárias e involuntárias e suas múltiplas ramificações) prepara as articulações retomadas a partir da q. 64 sobre o complexo domínio da justiça comutativa, sobretudo no que respeita à justiça punitiva, à apreciação, à ponderação das faltas e das penalidades, dos danos e de suas reparações.

e. Ao perguntar se a justiça se identifica com a reciprocidade, precisamente com a "contrapartida" (em latim: *contrapassum*), o artigo formula a questão geral: sob sua forma comutativa ou distributiva, a justiça exige que se "retribua na mesma medida"? Na seqüência de Aristóteles, aborda-se o tema da "lei de talião", forma de justiça elementar presente nas civilizações e códigos mais antigos, e que a Bíblia conserva e adapta em certas disposições penais (por exemplo, Ex 21,23, citado na Solução). O artigo explica que o "princípio da justiça comutativa exige uma igualdade de compensação", sem que tal igualdade seja por isso material; ao passo que a reciprocidade estrita está excluída da justiça distributiva, que conserva nas partilhas um critério de proporcionalidade.

2. Praeterea, in utraque iustitiae specie datur aliquid alicui secundum quandam aequalitatem: in respectu quidem ad dignitatem personae in iustitia distributiva, quae quidem personae dignitas maxime videtur attendi secundum opera quibus aliquis communitati servivit; in respectu autem ad rem in qua quis damnificatus est, in iustitia commutativa. Secundum autem utramque aequalitatem aliquis contrapatitur secundum quod fecit. Ergo videtur quod iustum simpliciter sit idem quod contrapassum.

3. Praeterea, maxime videtur quod non oporteat aliquem contrapati secundum quod fecit, propter differentiam voluntarii et involuntarii: qui enim involuntarie fecit iniuriam, minus punitur. Sed voluntarium et involuntarium, quae accipiuntur ex parte nostra, non diversificant medium iustitiae, quod est medium rei et non quoad nos. Ergo iustum simpliciter idem esse videtur quod contrapassum.

Sed contra est quod Philosophus, in V *Ethic.*[1], probat non quodlibet iustum esse contrapassum.

Respondeo dicendum quod hoc quod dicitur *contrapassum* importat aequalem recompensationem passionis ad actionem praecedentem. Quod quidem propriissime dicitur in passionibus iniuriosis quibus aliquis personam proximi laedit: puta, si percutit, quod repercutiatur. Et hoc quidem iustum determinatur in lege, Ex 21,23 sqq.: *Reddet animam pro anima, oculum pro oculo*, etc. — Et quia etiam auferre rem alterius est quoddam facere, ideo secundario etiam in his dicitur contrapassum: prout scilicet aliquis qui damnum intulit, in re sua ipse etiam damnificatur. Et hoc etiam iustum continetur in lege, Ex 22,1: *Si quis furatus fuerit bovem aut ovem, et occiderit vel vendiderit, quinque boves pro uno bove restituet, et quatuor oves pro una ove*. — Tertio vero transfertur nomen contrapassi ad voluntarias commutationes, in quibus utrinque est actio et passio: sed voluntarium diminuit de ratione passionis, ut dictum est[2].

In omnibus autem his debet fieri, secundum rationem iustitiae commutativae, recompensatio secundum aequalitatem: ut scilicet passio recompensata sit aequalis actioni. Non autem semper esset aequalis si idem specie aliquis pateretur

2. Além disso, em ambas as espécies de justiça, dá-se algo a alguém segundo uma certa igualdade. Na justiça distributiva, tem-se em conta a dignidade da pessoa, e essa dignidade parece dever ser apreciada sobretudo em relação com os serviços prestados à comunidade; ao passo que na justiça comutativa, se considera a realidade do dano que se recebeu. Ora, em uma e outra forma de igualdade, recebe-se, em contrapartida, tudo o que se praticou. Logo, parece que a justiça se identifica absolutamente com a contrapartida.

3. Ademais, parece sobretudo que alguém não deva pagar, em contrapartida, por aquilo que fez, em razão da diferença entre o voluntário e o involuntário. Pois, quem comete uma injustiça involuntariamente é menos punido. Ora, o voluntário e o involuntário, que de nós dependem, não alteram o meio-termo da justiça, pois ele é considerado segundo a realidade e não em referência a nós. Logo, a justiça se identifica absolutamente com a contrapartida.

Em sentido contrário, o Filósofo prova que nem toda justiça é contrapartida.

Respondo. O que se chama aqui contrapartida implica a compensação adequada entre o que se padeceu e a ação que a causa. Ela se aplica, da maneira mais própria, às injúrias infligidas, pelas quais se lesa a pessoa do próximo. Por exemplo: se alguém feriu, que tenha a contrapartida. A justiça desse proceder é estabelecida na Lei: "Dará vida por vida, olho por olho etc." — Como roubar o bem de outrem é realizar uma ação, pode-se nesse caso secundariamente falar de contrapartida: alguém que causou um dano também o sofra no que é seu. A *Lei* justifica também esse modo de agir: "Se alguém furtar um boi ou uma ovelha, e os matar ou vender, restituirá cinco bois por um boi, e quatro ovelhas por uma ovelha". — Em terceiro lugar, o nome de contrapartida se transpõe para os intercâmbios voluntários, nos quais os dois lados fazem e recebem a ação ; neste caso, o fator voluntário torna menor o aspecto da recepção, porém nesse caso, o voluntário diminui a razão de paixão, como já ficou dito.

Em todos esses casos, o princípio da justiça comutativa exige igualdade na compensação entre a injúria infligida, e a ação reparadora. Porém, a igualdade não seria sempre realizada, se o culpado tivesse que sofrer um mal especificamente idên-

---

1. C. 8: 1132, b, 23-27.
2. Q. 59, a. 3.

quod fecit. Nam primo quidem, cum quis iniuriose laedat alterius personam maiorem, maior est actio quam passio eiusdem speciei quam ipse pateretur. Et ideo ille qui percutit principem non solum repercutitur, sed multo gravius punitur. — Similiter etiam cum quis aliquem involuntarium in re sua damnificat, maior est actio quam esset passio si sibi sola res illa auferretur: quia ipse qui damnificavit alium, in re sua nihil damnificaretur. Et ideo punitur in hoc quod multiplicius restituat: quia etiam non solum damnificavit personam privatam, sed rempublicam, eius tutelae securitatem infringendo. — Similiter etiam nec in commutationibus voluntariis semper esset aequalis passio si aliquis daret rem suam, accipiens rem alterius: quia forte res alterius est multo maior quam sua. — Et ideo oportet secundum quandam proportionatam commensurationem adaequare passionem actioni in commutationibus: ad quod inventa sunt numismata. Et sic contrapassum est commutativum iustum.

In distributiva autem iustitia locum non habet. Quia in distributiva iustitia non attenditur aequalitas secundum proportionem rei ad rem, vel passionis ad actionem, unde dicitur contrapassum: sed secundum proportionalitatem rerum ad personas, ut supra[3] dictum est.

AD PRIMUM ergo dicendum quod illa forma divini iudicii attenditur secundum rationem commutativae iustitiae: prout scilicet recompensat praemia meritis et supplicia peccatis.

AD SECUNDUM dicendum quod si alicui qui communitati servisset retribueretur aliquid pro servitio impenso, non esset hoc distributivae iustitiae, sed commutativae. In distributiva enim iustitia non attenditur aequalitas eius quod quis accipit ad id quod ipse impendit, sed ad id quod alius accipit, secundum modum utriusque personae.

AD TERTIUM dicendum quod quando actio iniuriosa est voluntaria, excedit injuria, et sic accipitur ut maior res. Unde oportet maiorem poenam ei recompensari non secundum differentiam quoad nos, sed secundum differentiam rei.

tico ao que causou. Com efeito, quando alguém fere uma pessoa mais elevada do que ele, a ação praticada superaria a pena a ele infligida, se esta fosse idêntica ao mal causado pela ação. Quem fere o príncipe não é punido apenas por uma ferida semelhante, mas por penalidade maior. — De forma semelhante, quem causa dano aos bens de alguém, contra a vontade deste, sofreria menos do que o mal que fez, se apenas restituísse o bem roubado, pois tendo prejudicado a outrem, não teria sido prejudicado em seus próprios bens. Por isso, será punido, sendo obrigado a restituir mais, também porque não prejudicou apenas a pessoa privada, mas também a república, infringido a segurança da proteção que ela oferece. — De maneira semelhante ainda, nos intercâmbios voluntários, a compensação perfeitamente igual não seria realizada sempre, se alguém dá o que é seu e recebe o bem de outrem, pois talvez o bem do outro é maior do que o seu. — Por isso, em todos os intercâmbios, o que se dá há de ser igual, de maneira proporcional, ao que se recebe. Para esse fim, se inventou a moeda. E, assim, a contrapartida é uma norma exata na justiça comutativa.

Na justiça distributiva, ao invés, ela não tem lugar. Pois, na justiça distributiva, não se considera a igualdade conforme a proporção de coisa a coisa ou entre o agir e o receber a ação, por isso se fala de contrapartida, mas conforme à proporcionalidade de coisa a pessoa, como já foi explicado.

QUANTO AO 1º, portanto, deve-se dizer que essa sentença do julgamento divino se há de entender no sentido da justiça comutativa, enquanto proporciona as recompensas aos méritos, e os suplícios aos pecados.

QUANTO AO 2º, deve-se dizer que se a alguém que prestou serviço a comunidade se dá uma retribuição, não se trata de justiça distributiva, mas comutativa. A justiça distributiva não aprecia a igualdade do que alguém recebe em comparação com o serviço que prestou, mas em relação ao que outro recebe, conforme a condição de ambas as pessoas.

QUANTO AO 3º, deve-se dizer que quando a injustiça é voluntária, torna-se mais grave, e pode ser tida como coisa mais importante. É necessário, pois, que uma pena maior faça a compensação, não por uma diferença avaliada em relação a nós, mas conforme à coisa.

---

3. Art. 2.

## QUAESTIO LXII
### DE RESTITUTIONE
*in octo articulos divisa*

Deinde considerandum est de restitutione.
Et circa hoc quaeruntur octo.
*Primo:* cuius actus sit.
*Secundo:* utrum necesse sit ad salutem omne ablatum restitui.
*Tertio:* utrum oporteat multiplicatum illud restituere.
*Quarto:* utrum oporteat restitui id quod quis non accepit.
*Quinto:* utrum oporteat restitui ei a quo acceptum est.
*Sexto:* utrum oporteat restituere eum qui accepit.
*Septimo:* utrum aliquem alium.
*Octavo:* utrum sit statim restituendum.

### ARTICULUS 1
### Utrum restitutio sit actus iustitiae commutativae

AD PRIMUM SIC PROCEDITUR. Videtur quod restitutio non sit actus iustitiae commutativae.

1. Iustitia enim respicit rationem debiti. Sed sicut donatio potest esse eius quod non debetur, ita etiam et restitutio. Ergo restitutio non est actus alicuius partis iustitiae.

## QUESTÃO 62
### A RESTITUIÇÃO[a]
*em oito artigos*

Devemos tratar agora da restituição.
Será estudada em oito artigos:
1. De que virtude, ela é o ato.
2. Será necessário à salvação restituir tudo o que se roubou?
3. Será exigido restituí-lo aumentado?
4. Será preciso restituir o que não se recebeu?
5. Deve-se restituir àquele de quem se recebeu?
6. É quem recebeu o furto que o deve restituir?
7. Algum outro também deve restituir?
8. Deve-se restituir imediatamente?

### ARTIGO 1
### A restituição é um ato da justiça comutativa?

QUANTO AO PRIMEIRO ARTIGO, ASSIM SE PROCEDE: parece que a restituição **não** é um ato da justiça comutativa.

1. Com efeito, a justiça implica a noção de débito. Ora, como a doação pode ser gratuita, o mesmo se dá com a restituição. Logo, a restituição não é o ato de qualquer espécie da justiça.

---

a. Por suas fontes e sua inspiração, essa doutrina da restituição se vincula ao domínio jurídico, mas sobretudo ao ensinamento bíblico, sem cessar prolongada pela tradição moral cristã.
    Os canonistas já haviam discutido amplamente os aspectos práticos do problema. As exposições sistemáticas reservavam-lhe em geral um lugar no estudo da satisfação sacramental, elemento importante da prática penitencial. É em torno das posições de Pedro Lombardo, na 15ª distinção do livro V das *Sentenças*, que Sto. Tomás esboça uma primeira resposta a essa questão. Nessa perspectiva de uma moral para o confessionário (da qual encontramos vestígios no a. 6, *s.c.* e r. 2), o tema da restituição será amplamente desenvolvido pelos casuístas, a partir do século XVI.
    Mesmo querendo-se aberta às dimensões práticas, essa questão 62 é um modelo de rigor e de sobriedade, permanecendo sempre fiel ao projeto de uma elaboração doutrinal. Reduz os problemas às noções e aos princípios essenciais.
    Mais precisamente, tratar-se-á de apreender o conjunto das interrogações concretas, dos dados jurídicos, de tudo o que pode ser útil à prática cristã, e de confrontá-los com a noção bem definida de justiça. Essa questão se empenhará em mostrar que a restituição é um ato próprio da justiça comutativa (a. 1). A partir dessa demonstração, os problemas e os artigos se ordenam da maneira mais coerente. Para começar, sendo a restituição caracterizada como uma exigência absoluta da justiça comutativa, ela é declarada necessária à salvação, dadas as relações íntimas entre a justiça e a caridade (a. 2; ver acima II-II, q. 59, a. 4). Os artigos seguintes constituem uma espécie de análise progressiva dos diferentes elementos que constituem a restituição, levando-se em conta a noção estrita que se acaba de estabelecer, e os critérios de exigência objetiva da justiça comutativa. Procura-se elucidar o objeto da restituição, o que é preciso restituir, sob que títulos, quem deve fazê-lo e a quem. Na verdade, através desse esquema formal, aborda-se às vezes sob uma aparência bastante casuística os problemas clássicos da restituição propriamente dita, e da reparação dos danos de caráter pessoal ou moral; os deveres que incumbem aos que causaram danos, retiraram ou retiveram (mesmo sem falta) o bem de outros, incluindo os delicados problemas das diferentes formas de cooperação e de cumplicidade na injustiça e em sua reparação. Essas indicações, atentas à realidade concreta, e fiéis às exigências de uma elaboração doutrinal a mais rigorosa, se concluem insistindo na urgência que sempre comporta o dever de reparar a justiça violada.

2. Praeterea, illud quod iam transiit et non est, restitui non potest. Sed iustitia et iniustitia sunt circa quasdam actiones et passiones, quae non manent, sed transeunt. Ergo restitutio non videtur esse actus alicuius partis iustitiae.

3. Praeterea, restitutio est quasi quaedam recompensatio eius quod subtractum est. Sed aliquid potest homini subtrahi non solum in commutatione, sed etiam in distributione: puta cum aliquis distribuens minus dat alicui quam debeat habere. Ergo restitutio non magis est actus commutativae iustitiae quam distributivae.

Sed contra, restitutio ablationi opponitur. Sed ablatio rei alienae est actus iniustitiae circa commutationes. Ergo restitutio eius est actus iustitiae quae est in commutationibus directiva.

Respondeo dicendum quod restituere nihil aliud esse videtur quam *iterato* aliquem *statuere* in possessionem vel dominium rei suae. Et ita in restitutione attenditur aequalitas iustitiae secundum recompensationem rei ad rem, quae pertinet ad iustitiam commutativam. Et ideo restitutio est actus commutativae iustitiae: quando scilicet res unius ab alio habetur, vel per voluntatem eius, sicut in mutuo vel deposito; vel contra voluntatem eius, sicut in rapina vel furto.

Ad primum ergo dicendum quod illud quod alteri non debetur non est, proprie loquendo, eius, etsi aliquando eius fuerit. Et ideo magis videtur esse nova donatio quam restitutio cum quis alteri reddit quod ei non debet. Habet tamen aliquam similitudinem restitutionis, quia res materialiter est eadem. Non tamen est eadem secundum formalem rationem quam respicit iustitia, quod est esse suum alicuius. Unde nec proprie restitutio dicitur.

Ad secundum dicendum quod nomen restitutionis, inquantum importat iterationem quandam, supponit rei identitatem. Et ideo secundum primam impositionem nominis, restitutio videtur locum habere praecipue in rebus exterioribus, quae manentes eaedem et secundum substantiam et secundum ius dominii, ab uno possunt ad alium devenire. Sed sicut ab huiusmodi rebus nomen commutationis translatum est ad actiones vel passiones quae pertinent ad reverentiam vel iniuriam alicuius personae, seu nocumentum vel profectum; ita etiam nomen restitutionis ad haec derivatur quae, licet realiter non maneant, tamen manent in effectu, vel corporali, puta cum ex percussione

2. Além disso, o que já passou e não mais existe não pode ser restituído. Ora, a justiça e a injustiça têm por objeto o agir e o sofrer o efeito da ação, que não perduram, mas passam. Logo, a restituição não parece ser ato de alguma espécie de justiça.

3. Ademais, a restituição é uma compensação do que foi subtraído. Ora, pode-se subtrair algo a outrem, não só na comutação ou transação, mas também na distribuição, quando alguém, por exemplo, ao distribuir, dá a alguém menos do que o devido. Logo, a restituição não é ato da justiça comutativa mais do que da distributiva.

Em sentido contrário, a restituição se opõe à subtração. Ora, a subtração do alheio é ato de injustiça nas comutações. Portanto, a restituição é ato da justiça que regula essas operações comutativas.

Respondo. Restituir não é mais do que *restabelecer* alguém na posse ou no domínio do que é seu. E assim, na restituição visa-se uma igualdade da justiça, compensando uma coisa com outra, o que pertence à justiça comutativa. Portanto, a restituição é um ato da justiça comutativa, quer o bem do outro tenha sido obtido, por sua livre vontade, como no caso do mútuo ou do depósito, quer contra a sua vontade, como na rapina e no furto.

Quanto ao 1º, portanto, deve-se dizer que o que não é devido a alguém não é seu, no sentido estrito, embora o possa ter sido. Trata-se mais de uma nova doação do que de uma restituição, quando alguém devolve ao outro o que não mais lhe deve. Há, no entanto, certa semelhança com a restituição, porque a coisa é materialmente a mesma. Mas, não o é segundo a razão formal considerada pela justiça, a saber, o pertencer a alguém. Por isso, não se fala propriamente de restituição.

Quanto ao 2º, deve-se dizer que a palavra restituição, enquanto comporta certa reiteração, supõe a identidade da coisa. Portanto, em sua primeira acepção, a restituição se aplica principalmente às coisas exteriores, que permanecem as mesmas, quanto à sua substância e quanto ao direito de propriedade, e podem assim passar de um a outro. Ora, como a palavra comutação, reservada primeiro às coisas, foi em seguida aplicada às ações e paixões que dizem respeito à estima ou ao desprezo de alguém, bem como ao seu prejuízo ou proveito, assim também, o termo restituição, em um sentido derivado, foi estendido a coisas que não mais permanecem em sua realidade, mas

laeditur corpus; vel qui est in opinione hominum, sicut cum aliquis verbo opprobrioso remanet homo infamatus, vel etiam minoratus in suo honore.

AD TERTIUM dicendum quod recompensatio quam facit distribuens ei cui dedit minus quam debuit, fit secundum comparationem rei ad rem: ut si, quanto minus habuit quam debuit, tanto plus ei detur. Et ideo iam pertinet ad iustitiam commutativam.

em seus efeitos. Estes podem ser corporais, por exemplo, se o corpo fica lesado pelas pancadas, ou podem perdurar na opinião das pessoas, quando alguém, atingido por palavras injuriosas, se vê diminuído em sua reputação e em sua honra[b].

QUANTO AO 3º, deve-se dizer que a compensação estabelecida por aquele que distribui a quem deu menos do que devia, vem a ser determinada pela comparação de coisa com coisa. De modo que, tanto mais se lhe há de dar, quanto menos recebeu do que lhe era devido. O que já é da alçada da justiça comutativa[c].

### ARTICULUS 2
#### Utrum sit necessarium ad salutem quod fiat restitutio eius quod ablatum est

AD SECUNDUM SIC PROCEDITUR. Videtur quod non sit necessarium ad salutem quod fiat restitutio eius quod ablatum est.
1. Quod enim est impossibile non est de necessitate salutis. Sed aliquando impossibile est restituere id quod est ablatum: puta cum aliquis abstulit alicui membrum vel vitam. Ergo non videtur esse de necessitate salutis quod aliquis restituat quod alteri abstulit.
2. PRAETEREA, committere aliquod peccatum non est de necessitate salutis: quia sic homo esset perplexus. Sed quandoque illud quod aufertur non potest restitui sine peccato: puta cum aliquis alicui famam abstulit verum dicendo. Ergo restituere ablatum non est de necessitate salutis.
3. PRAETEREA, quod factum est non potest fieri ut factum non fuerit. Sed aliquando alicui aufertur honor suae personae ex hoc ipso quod passus est aliquo iniuste eum vituperante. Ergo non potest sibi restitui quod ablatum est. Et ita non est de necessitate salutis restituere ablatum.
4. PRAETEREA, ille qui impedit aliquem ab aliquo bono consequendo videtur ei auferre: quia *quod modicum deest, quasi nihil deesse videtur*, ut Philosophus dicit, in II *Physic.*[1]. Sed cum aliquis

### ARTIGO 2
#### É necessário para a salvação restituir o que foi tirado?

QUANTO AO SEGUNDO, ASSIM SE PROCEDE: parece que **não** é necessário para a salvação restituir o que foi tirado.
1. Com efeito, o que é impossível não é de necessidade para a salvação. Ora, às vezes se torna impossível restituir o que foi tirado, quando se trata, por exemplo, de um membro ou da vida. Logo, não parece ser necessário para a salvação que alguém restitua o que tirou de outro.
2. ALÉM DISSO, cometer pecado não é de necessidade para a salvação, pois, nesse caso, o homem estaria perplexo. Ora, por vezes, o que foi tirado não pode ser restituído sem pecado. Tal o caso de quem lesou a fama de outrem, dizendo a verdade. Logo, não é de necessidade para a salvação, restituir o que foi tirado.
3. ADEMAIS, não se pode fazer com que o que foi feito não tenha sido feito. Ora, por vezes, alguém perde a honra por ter sofrido ofensa injusta de outrem. Logo, não se pode restituir o que lhe foi tirado. Essa restituição não é, pois, de necessidade para a salvação.
4. ADEMAIS, impedir a obtenção de um bem equivale a tirá-lo, pois "quando falta pouco para consegui-lo, é como não faltasse nada", diz o Filósofo. Ora quem impede alguém de alcançar

---

2  PARALL.: Infra, q. 79, a. 3, ad 2; IV *Sent.*, dist. 15, q. 1, a. 5, q.la 2; *Quodlib.* XII, q. 16, a. 3.
  1. C. 5: 197, a, 29-30.

   b. Pela resposta completada por essa r. 2, vê-se que a restituição propriamente dita (concernente aos bens materiais) vincula-se à reparações dos males e danos de ordem moral (reputação, honra, influência social lesadas), cuja apreciação será da ordem seja de um veredicto judiciário, seja, na maior parte das vezes, de uma avaliação razoável das pessoas interessadas.
   c. Ao fazer da restituição-reparação um ato da justiça comutativa, Sto. Tomás não a exclui do exercício da repartição dos bens e dos cargos que a justiça distributiva deve regular. Em proveito da análise, distinguiram-se duas espécies de justiça, mas lembrando a sua frequente conjunção na realidade da vida social.

impedit aliquem ne consequatur praebendam vel aliquid huiusmodi, non videtur quod teneatur ei ad restitutionem praebendae: quia quandoque non posset. Non ergo restituere ablatum est de necessitate salutis.

SED CONTRA est quod Augustinus dicit[2]: *Non dimittitur peccatum, nisi restituatur ablatum.*

RESPONDEO dicendum quod restitutio, sicut dictum est[3], est actus iustitiae commutativae, quae in quadam aequalitate consistit. Et ideo restituere importat redditionem illius rei quae iniuste ablata est: sic enim per iteratam eius exhibitionem aequalitas reparatur. Si vero iuste ablatum sit, inaequalitas erit ut ei restituatur: quia iustitia in aequalitate consistit. Cum igitur servare iustitiam sit de necessitate salutis, consequens est quod restituere id quod iniuste ablatum est alicui, sit de necessitate salutis.

AD PRIMUM ergo dicendum quod in quibus non potest recompensari aequivalens, sufficit quod recompensetur quod possibile est: sicut patet *de honoribus qui sunt ad Deum et ad parentes*, ut Philosophus dicit, in VIII *Ethic.*[4]. Et ideo quando id quod est ablatum non est restituibile per aliquid aequale, debet fieri recompensatio qualis possibilis est. Puta, cum aliquis alicui abstulit membrum, debet ei recompensare vel in pecunia vel in aliquo honore, considerata conditione utriusque personae, secundum arbitrium probi viri.

AD SECUNDUM dicendum quod aliquis potest alicui famam tripliciter auferre. Uno modo, verum dicendo et iuste: puta cum aliquis crimen alicuius prodit ordine debito servato. Et tunc non tenetur ad restitutionem famae. — Alio modo, falsum dicendo et iniuste. Et tunc tenetur restituere famam confitendo se falsum dixisse. — Tertio modo, verum dicendo sed iniuste: puta cum aliquis prodit crimen alterius contra ordinem debitum. Et tunc tenetur ad restitutionem famae quantum potest, sine mendacio tamen: utpote quod dicat se male dixisse, vel quod iniuste eum diffamaverit. Vel, si non possit famam restituere, debet ei aliter recompensare, sicut et in aliis dictum est[5].

uma prebenda ou um bem semelhante, não parece obrigado a restituir a prebenda, o que, por vezes, nem poderia fazer. Logo, não é de necessidade para a salvação restituir o que se tirou.

EM SENTIDO CONTRÁRIO, declara Agostinho: "Não se perdoa o pecado, se não se restitui o roubado."[d]

RESPONDO. Como foi dito, a restituição é um ato da justiça comutativa, que consiste em uma certa igualdade. A restituição exige, pois, a entrega da coisa mesma que foi injustamente tirada. Assim, por sua reposição se restaura a igualdade. Se algo, entretanto, foi tirado justamente, haveria desigualdade em caso de restituição, pois a justiça consiste na igualdade. Como observar a justiça é de necessidade para a salvação, por conseguinte é de necessidade para a salvação restituir o que foi injustamente tirado.

QUANTO AO 1º, portanto, deve-se dizer que se é impossível dar uma compensação equivalente, basta compensar o que é possível. É o que se vê claramente no tocante às "honras devidas a Deus e aos pais," na expressão do Filósofo. Por isso, quando o que foi tirado não é restituível por algo de igual, deve-se dar a compensação que for possível. Assim, quem privou outrem de um membro deve compensá-lo em dinheiro ou por alguma honra, consideradas as condições de ambas as pessoas, conforme o arbítrio de um homem de bem.

QUANTO AO 2º, deve-se dizer que pode-se privar alguém de sua reputação de três maneiras: Primeiro, dizendo a verdade com justiça; quando, por exemplo, se desvenda o crime de alguém, observando a ordem devida. Neste caso, não se é obrigado a reparar a reputação. — Segundo, dizendo falsidade e injustamente. Então, se está obrigado a reparar a reputação, confessando a mentira. — Terceiro, dizendo a verdade, mas injustamente. Por exemplo, quando se propala o crime de alguém, porém contra a ordem devida. Em tal caso, há obrigação de reparar a reputação, na medida do possível, sem mentir no entanto; declarando, por exemplo, que se falou mal, ou que

---

2. Epist. 153, al. 54, *ad Maced.*, c. 6, n. 20: ML 33, 662.
3. Art. praec.
4. C. 16: 1163, b, 15-18.
5. In resp. ad 1.

---

d. Esse texto agostiniano, destacado qual síntese da tradição patrística, torna-se um axioma, evocando o fundamento doutrinal das posições jurídicas (no *Decreto*, de Graciano, por exemplo) e das elaborações teológicas (particularmente nas sumas sentenciárias, que precederam as sumas propriamente teológicas).

AD TERTIUM dicendum quod actio contumeliam inferentis non potest fieri ut non fuerit. Potest tamen fieri ut eius effectus, scilicet diminutio dignitatis personae in opinione hominum, reparetur per exhibitionem reverentiae.

AD QUARTUM dicendum quod aliquis potest impedire aliquem ne habeat praebendam, multipliciter. Uno modo, iuste: puta si, intendens honorem Dei vel utilitatem ecclesiae, procuret quod detur alicui personae digniori. Et tunc nullo modo tenetur ad restitutionem vel ad aliquam recompensationem faciendam. — Alio modo, iniuste: puta si intendat eius nocumentum quem impedit, propter odium vel vindictam aut aliquid huiusmodi. Et tunc, si impedit ne praebenda detur digno, consulens quod non detur, antequam sit firmatum quod ei detur; tenetur quidem ad aliquam recompensationem, pensatis conditionibus personarum et negotii, secundum arbitrium sapientis; non tamen tenetur ad aequale, quia ille nondum fuerat adeptus et poterat multipliciter impediri. — Si vero iam firmatum sit quod alicui detur praebenda, et aliquis propter causam indebitam procuret quod revocetur, idem est ac si iam habitam ei auferret. Et ideo tenetur ad restitutionem aequalis: tamen secundum suam facultatem.

se difamou injustamente o outro. Finalmente, se não se pode reparar a reputação do outro, deve-se dar-lhe uma outra compensação, como ficou explicado na resposta anterior.

QUANTO AO 3º, deve-se dizer que sem dúvida, não se pode fazer com que uma ação injuriosa não tenha existido. Pode-se, no entanto, fazer com que seus efeitos, tais como o prejuízo causado à dignidade da pessoa diante da opinião pública, sejam reparados por marcas exteriores de consideração.

QUANTO AO 4º, deve-se dizer que de muitos modos, alguém pode impedir outrem de obter uma prebenda. Primeiro, com toda a justiça, quando, visando a glória de Deus e a utilidade da Igreja, se empenha em alcançar que ela seja dada a uma pessoa mais digna. E, então, de forma alguma, está obrigado a dar qualquer compensação. — Segundo, de modo injusto, quando, por ódio, vingança ou outro qualquer mau sentimento, se busca prejudicar aquele que se deseja afastar. Nesse caso, se alguém impede que se dê a prebenda a quem é digno, aconselhando que seja recusado, antes que tivesse sido designado definitivamente, haverá obrigação de dar uma compensação, ponderando as condições das pessoas e do negócio, conforme o arbítrio de um homem competente. Não há contudo obrigação de igualar a compensação ao valor da prebenda, pois o candidato não fora ainda nomeado e outros impedimentos poderiam ainda surgir. — Se, porém, já estava decidida a concessão, e alguém, por motivo indébito conseguisse a revogação, seria o mesmo que tirá-la a quem já a possuísse. Ele ficaria assim obrigado a restituir o equivalente, de acordo, no entanto, com suas posses.

ARTICULUS 3
**Utrum sufficiat restituere simplum quod iniuste ablatum est**

AD TERTIUM SIC PROCEDITUR. Videtur quod non sufficiat restituere simplum quod iniuste ablatum est.

1. Dicitur enim Ex 22,11: *Si quis furatus fuerit bovem aut ovem, et occiderit vel vendiderit, quinque boves pro uno bove restituet, et quatuor oves pro una ove.* Sed quilibet tenetur mandatum divinae legis observare. Ergo ille qui furatur tenetur restituere quadruplum vel quintuplum.

ARTIGO 3
**Basta restituir apenas o que foi tirado?**

QUANTO AO TERCEIRO, ASSIM SE PROCEDE: parece que **não** basta restituir apenas o que foi tirado.

1. Com efeito, está escrito no Êxodo: "Se alguém furtar um boi ou uma ovelha e os matar e vender, restituirá cinco bois por um boi, e quatro ovelhas por uma ovelha." Ora, estão todos obrigados a observar a lei divina. Logo, quem rouba deve restituir o quádruplo ou o quíntuplo.

---

3  PARALL.: I-II, q. 105, a. 2, ad 9; IV *Sent.*, dist. 15, q. 1, a. 5, q.la 2, ad 5, 6.

2. Praeterea, *ea quae scripta sunt, ad nostram doctrinam scripta sunt*, ut dicitur ad Rm 15,4. Sed Lc 19,8 Zachaeus dicit ad Dominum: *Si quem defraudavi, reddo quadruplum*. Ergo homo debet restituere multiplicatum id quod iniuste accepit.

3. Praeterea, nulli potest iuste auferri id quod dare non debet. Sed iudex iuste aufert ab eo qui furatus est plus quam furatus est, pro emenda. Ergo homo debet illud solvere. Et ita non sufficit reddere simplum.

Sed contra est quia restitutio reducit ad aequalitatem quod inaequaliter ablatum est. Sed aliquis reddendo quod accepit simplum, reducit ad aequalitatem. Ergo solum tenetur tantum restituere quantum accepit.

Respondeo dicendum quod cum aliquis iniuste accipit rem alienam, duo sunt ibi. Quorum unum est inaequalitas ex parte rei: quae quandoque est sine iniustitia, ut patet in mutuis. Aliud autem est iniustitiae culpa: quae potest esse etiam cum aequalitate rei, puta cum aliquis intendat inferre violentiam sed non praevalet. Quantum ergo ad primum adhibetur remedium per restitutionem, inquantum per eam aequalitas reparatur: ad quod sufficit quod restituat tantum quantum habuit de alieno. Sed quantum ad culpam adhibetur remedium per poenam, cuius inflictio pertinet ad iudicem. Et ideo antequam sit condemnatus per iudicium, non tenetur plus restituere quam accepit: sed postquam condemnatus est, tenetur poenam solvere.

Et per hoc patet responsio ad primum: quia lex illa determinativa est poenae per iudicem infligendae. Et quamvis ad observantiam iudicialis praecepti nullus teneatur post Christi adventum, ut supra[1] habitum est; potest tamen idem vel simile statui in lege humana, de qua erit eadem ratio.

Ad secundum dicendum quod Zachaeus id dixit quasi supererogare volens. Unde et praemiserat: *Ecce dimidium bonorum meorum do pauperibus*.

2. Além disso, na Carta aos Romanos, se diz: "Tudo o que foi escrito foi escrito para nosso ensino." Ora, no Evangelho de Lucas, Zaqueu declara ao Senhor: "Se defraudei alguém, pagar-lhe-ei o quádruplo." Logo, deve-se pagar multiplicado o que se tomou injustamente a outrem.

3. Ademais, a ninguém se pode tirar justamente aquilo que não está obrigado a dar. Ora, o juiz, justamente, tira-lhe mais do que ele roubou para sua emenda. Logo, a pessoa deve cumprir a sentença. Assim não é suficiente restituir somente o quanto se tirou.

Em sentido contrário, a restituição restabelece na igualdade, a desigualdade causada pelo roubo. Ora, restituindo-se simplesmente o que foi tirado, se restabelece a igualdade. Portanto, só se está obrigado a restituir o quanto se furtou.

Respondo. Há duas coisas a considerar, quando alguém se apodera injustamente do bem alheio. A primeira é a desigualdade nas próprias coisas possuídas, o que pode acontecer sem injustiça, como se vê no caso do mútuo. Outra é a falta contra a justiça, que pode ocorrer mesmo mantida a igualdade das coisas, o que se verifica por exemplo, quando se quer praticar a violência e não se consegue. A reparação no primeiro caso se encontra na restituição, que restabelece a igualdade; para isso, basta que se restitua apenas o quanto se reteve do alheio. Mas, para a culpa, o remédio será a pena, que compete ao juiz aplicar. Por isso, antes de ser condenado, não se está obrigado a restituir mais do que se tirou. Mas, uma vez condenado, deve-se cumprir a pena[e].

Quanto ao 1º, pelo que foi falado se evidencia a resposta à primeira objeção, pois a lei referida determina a pena a ser infligida pelo juiz. Embora, tal prescrição não seja mais obrigatória, após a vinda de Cristo, como já ficou explicado, no entanto, a lei humana pode estabelecer uma disposição idêntica ou semelhante, com o mesmo argumento.

Quanto ao 2º, deve-se dizer que Zaqueu fala como alguém que quer cumprir mais do que deve. Já antes dissera: "Dou aos pobres a metade de meus bens."

---

1. I-II, q. 104, a. 3.

e. Indica-se aqui o duplo título que funda a obrigação da restituição: a retenção (mesmo não culpada) do bem de outrem, e um dano injustamente infligido. A restituição do bem de outrem deve efetuar-se sempre na igualdade; a reparação do dano ou do ultraje é suscetível de uma apreciação e de um veredicto variáveis por parte do juiz que a impõe. Essa distinção é invocada aqui para dar conta das diferentes fórmulas bíblicas e práticas jurídicas; ela intervirá com frequência no desenrolar da questão.

AD TERTIUM dicendum quod iudex, condemnando, iuste potest accipere aliquid amplius, loco emendae: quod tamen; antequam condemnaretur, non debebat.

## ARTICULUS 4
### Utrum aliquis debeat restituere quod non abstulit

AD QUARTUM SIC PROCEDITUR. Videtur quod aliquis debeat restituere quod non abstulit.

1. Ille enim qui damnum alicui infert tenetur damnum removere. Sed quandoque aliquis damnificat aliquem ultra id quod accepit: puta cum aliquis effodit semina, damnificat eum qui seminavit in tota messe futura; et sic videtur quod teneatur ad eius restitutionem. Ergo aliquis tenetur ad restitutionem eius quod non abstulit.

2. PRAETEREA, ille qui detinet pecuniam creditoris ultra terminum praefixum videtur eum damnificare in toto eo quod lucrari de pecunia posset. Quod tamen ipse non aufert. Ergo videtur quod aliquis teneatur restituere quod non abstulit.

3. PRAETEREA, iustitia humana derivatur a iustitia divina. Sed Deo debet aliquis restituere plus quam ab eo accepit: secundum illud Mt 25,26: *Sciebas quod meto ubi non semino, et congrego ubi non sparsi*. Ergo iustum est ut etiam restituat homini aliquid quod non accepit.

SED CONTRA est quod recompensatio ad iustitiam pertinet inquantum aequalitatem facit. Sed si aliquis restitueret quod non accepit, hoc non esset aequale. Ergo talis restitutio non est iustum quod fiat.

RESPONDEO dicendum quod quicumque damnificat aliquem videtur ei auferre id in quo ipsum damnificat: damnum enim dicitur ex eo quod aliquis minus habet quam debet habere, secundum Philosophum, in V *Ethic*.[1]. Et ideo homo tenetur ad restitutionem eius in quo aliquem damnificavit. Sed aliquis damnificatur dupliciter. Uno modo, quia aufertur ei id quod actu habebat. Et tale damnum semper est restituendum secundum recompensationem aequalis: puta si aliquis damnificet aliquem diruens domum eius, tenetur ad tantum quantum valet domus. — Alio modo damnificat aliquis aliquem impediendo ne adipiscatur quod erat in via habendi. Et tale damnum non oportet

## ARTIGO 4
### Deve-se restituir o que não foi tirado?

QUANTO AO QUARTO, ASSIM SE PROCEDE: parece que **se deve** restituir o que não foi tirado.

1. Com efeito, quem causa um dano a alguém está obrigado a repará-lo. Ora, às vezes, o dano causado a alguém vai além do que lhe foi tirado. Por exemplo, arrancar as sementes prejudica toda a colheita futura. Ao que parece, é esta que deve ser restituída. Logo, impõe-se a restituição daquilo que não foi tirado.

2. ALÉM DISSO, o devedor que retém o dinheiro do seu credor, além do termo prefixado, lhe dá prejuízo de tudo o que poderia lucrar com esse dinheiro, sem que, no entanto, o devedor se tenha apoderado desse lucro. Parece, portanto, que se está obrigado a restituir o que não se tirou.

3. ADEMAIS, a justiça humana decorre da justiça divina. Ora, deve-se restituir a Deus, mais do que dele se recebe, conforme diz o Evangelho: "Sabias que colho onde não semeio, e ajunto onde não espalho." Logo, é justo que se restitua também o que não se tirou.

EM SENTIDO CONTRÁRIO, a compensação compete à justiça na medida em que restabelece a igualdade. Ora, restituindo-se o que não se recebeu, não se restabelece a igualdade. Logo, não é justo fazer tal restituição.

RESPONDO. Quem danifica a outrem priva-o daquilo em que lhe causou dano. Pois, segundo o Filósofo, o dano consiste em se ter menos do que se deveria ter. Deve-se portanto restituir aquilo em que se prejudicou a alguém. Ora, pode-se danificar alguém de dois modos. 1º Quando se tira o que já possui atualmente. Nesse caso, o dano deve ser reparado por uma compensação igual. Assim, se alguém danifica a outrem, derrubando-lhe a casa, terá que restituir o quanto vale essa casa. — 2º Alguém danifica a um outro impedindo-o de conseguir o que estava em via de obter. Tal dano não exige uma compensação igual. Porque uma posse virtual é menor do que a posse atual. Quem

---

4 PARALL.: Supra, a. 2, ad 4; IV *Sent*., dist. 15, q. 1, a. 5, q.la 2, ad 3, 4.

1. C. 7: 1132, b, 14-20.

recompensare ex aequo. Quia minus est habere aliquid virtute quam habere actu. Qui autem est in via adipiscendi aliquid habet illud solum secundum virtutem vel potentiam. Et ideo si redderetur ei ut haberet hoc in actu, restitueretur ei quod est ablatum non simplum, sed multiplicatum: quod non est de necessitate restitutionis, ut dictum est[2]. Tenetur tamen aliquam recompensationem facere, secundum conditionem personarum et negotiorum.

Et per hoc patet responsio AD PRIMUM et SECUNDUM. Nam ille qui semen sparsit in agro nondum habet messem in actu, sed solum in virtute; et similiter ille qui habet pecuniam nondum habet lucrum in actu, sed solum in virtute; et utrumque potest multipliciter impediri.

AD TERTIUM dicendum quod Deus nihil requirit ab homine nisi bonum quod ipse in nobis seminavit. Et ideo verbum illud vel intelligitur secundum pravam existimationem servi pigri, qui existimavit se ab alio non accepisse. Vel intelligitur quantum ad hoc quod Deus requirit a nobis fructus donorum, qui sunt et ab eo et a nobis: quamvis ipsa dona a Deo sint sine nobis.

se acha em via de alcançar um bem só o possui de maneira potencial. Se, portanto, se restituísse nesse caso a posse atual do bem, não se faria uma restituição simples, mas multiplicada, o que não é exigido pela restituição, como já explicamos. Há, contudo, obrigação de se dar uma compensação, conforme a condição das pessoas e dos negócios.

QUANTO AO 1º E AO 2º, está clara a resposta, pois quem semeia não tem ainda a colheita de maneira atual, mas apenas potencial. De forma semelhante, quem possui o dinheiro não tem o lucro de maneira atual, mas apenas potencial, e nos dois casos, os impedimentos podem ser múltiplos.

QUANTO AO 3º, deve-se dizer que Deus nada reclama do homem, a não ser o bem que ele mesmo em nós semeou. Portanto, o texto citado se há entender: seja como a má apreciação do servo preguiçoso, que julga nada ter recebido; seja, no sentido de que Deus exige de nós os frutos de seus dons, frutos que vêm dele e de nós, embora os dons venham de Deus sem nós.

## ARTICULUS 5
### Utrum oporteat restitutionem facere semper ei a quo acceptum est aliquid

AD QUINTUM SIC PROCEDITUR. Videtur quod non oporteat restitutionem facere semper ei a quo acceptum est aliquid.
1. Nulli enim debemus nocere. Sed aliquando esset in nocumentum hominis si redderetur quod ab eo acceptum est; vel etiam in nocumentum aliorum, puta si aliquis redderet gladium depositum furioso. Ergo non semper est restituendum ei a quo acceptum est.

2. PRAETEREA, ille qui illicite aliquid dedit non meretur illud recuperare. Sed quandoque aliquis illicite dat quod alius etiam illicite accipit: sicut apparet in dante et recipiente aliquid simoniace. Ergo non semper restituendum est ei a quo acceptum est.

3. PRAETEREA, nullus tenetur ad impossibile. Sed quandoque est impossibile restituere ei a quo acceptum est: vel quia est mortuus, vel quia nimis distat, vel quia est ignotus. Ergo non semper facienda est restitutio ei a quo acceptum est.

## ARTIGO 5
### Deve-se restituir sempre àquele de quem se recebeu algo?

QUANTO AO QUINTO, ASSIM SE PROCEDE: parece que **não** se deve restituir sempre àquele de quem se recebeu.
1. Com efeito, não se deve prejudicar a ninguém. Ora, às vezes, se causaria dano a alguém, restituindo-lhe o que dele se recebeu, ou isso poderia ir em detrimento de outros; por exemplo, se entregássemos a um louco furioso a espada que nos confiou. Logo, nem sempre se há de restituir àquele de quem se recebeu alguma coisa.

2. ALÉM DISSO, quem deu uma coisa ilicitamente não merece recuperá-la. Ora, às vezes, quem dá e quem recebe agem de maneira ilícita, como no caso de simonia. Logo, nem sempre se deve restituir àquele de quem se recebe.

3. ADEMAIS, ninguém está obrigado ao impossível. Ora, por vezes, é impossível restituir àquele de quem se recebeu, ou porque já morreu, ou está muito longe, ou é desconhecido. Logo, nem sempre se deve restituir àquele de quem se recebeu.

---

2. Art. praec.

5 PARALL.: IV *Sent.*, dist. 15, q. 1, a. 5, q.la 4.

4. PRAETEREA, magis debet homo recompensare ei a quo maius beneficium accepit. Sed ab aliis personis homo plus accepit beneficii quam ab illo qui mutuavit vel deposuit, sicut a parentibus. Ergo magis subveniendum est quandoque alicui personae alteri quam restituendum ei a quo est acceptum.

5. PRAETEREA, vanum est restituere illud quod ad manum restituentis per restitutionem pervenit. Sed si praelatus iniuste aliquid ecclesiae subtraxit et ei restituat, ad manus eius deveniet: quia ipse est rerum ecclesiae conservator. Ergo non debet restituere ecclesiae a qua abstulit. Et sic non semper restituendum est ei a quo est ablatum.

SED CONTRA est quod dicitur Rm 13,7: *Reddite omnibus debita: cui tributum, tributum; cui vectigal, vectigal.*

RESPONDEO dicendum quod per restitutionem fit reductio ad aequalitatem commutativae iustitiae, quae consistit in rerum adaequatione, sicut dictum est[1]. Huiusmodi autem rerum adaequatio fieri non posset nisi ei qui minus habet quam quod suum est, suppleretur quod deest. Et ad hanc suppletionem faciendam necesse est ut ei fiat restitutio a quo acceptum est.

AD PRIMUM ergo dicendum quod quando res restituenda apparet esse graviter noxia ei cui restitutio facienda est vel alteri, non ei debet tunc restitui: quia restitutio ordinatur ad utilitatem eius cui restituitur; omnia enim quae possidentur sub ratione utilis cadunt. Nec tamen debet ille qui detinet rem alienam, sibi appropriare: sed vel reservare ut congruo tempore restituat, vel etiam alibi tradere tutius conservandam.

AD SECUNDUM dicendum quod aliquis dupliciter aliquid illicite dat. Uno modo, quia ipsa datio est illicita et contra legem: sicut patet in eo qui simoniace aliquid dedit. Talis meretur amittere quod dedit: unde non debet ei restitutio fieri de his. Et quia etiam ille qui accepit contra legem accepit, non debet sibi retinere, sed debet in pios usus convertere. — Alio modo aliquis illicite dat quia propter rem illicitam dat, licet ipsa datio non sit illicita: sicut cum quis dat meretrici propter fornicationem. Unde et mulier potest sibi retinere quod ei datum est: et si superflue aliquid per fraudem vel dolum extorsisset, tenetur eidem restituere.

4. ADEMAIS, deve-se recompensar mais aquele de quem se recebeu maior beneficio. Ora, de outras pessoas, como dos pais, o homem recebeu maior benefício do que de alguém que lhe fez um empréstimo ou confiou um depósito. Logo, por vezes, se deve socorrer mais a uma outra pessoa, do que restituir àquele de quem se recebeu.

5. ADEMAIS, é inútil restituir aquilo que, por essa mesma restituição, volta às mãos de quem restituiu. Ora, o que um prelado subtraiu injustamente à Igreja, e a ela restitui, volta-lhe às próprias mãos, pois é ele quem administra os bens eclesiásticos. Logo, não deve restituir à igreja da qual subtraiu. Assim, se vê que nem sempre se deve restituir àquele de quem se tirou.

EM SENTIDO CONTRÁRIO, está dito na Carta aos Romanos: "Pagai o devido a todos: a quem o tributo, o tributo, a quem o imposto, o imposto."

RESPONDO. A restituição estabelece a igualdade própria da justiça comutativa, a qual consiste na adequação entre as coisas, como já se explicou. Ora, essa adequação entre as coisas não se poderia realizar se àquele que tem menos do que lhe é devido não se ajuntasse o que lhe falta. Para efetuar esse acréscimo, é necessário que se faça a restituição àquele de quem se recebeu.

QUANTO AO 1º, portanto, deve-se dizer que quando a coisa a restituir vem a ser gravemente nociva a quem se faz a restituição ou a outrem, não se lhe deve restituir, porque o objetivo da restituição é a utilidade daquele a quem é feita, pois tudo quanto possuímos tem sua razão de ser na utilidade. Contudo, o detentor da coisa alheia não deve dela se apropriar, porém guardá-la para a restituir em tempo oportuno, ou mesmo transferi-la em lugar mais seguro, para melhor conservá-la.

QUANTO AO 2º, deve-se dizer que de dois modos, uma coisa pode ser dada ilicitamente: 1º Porque a própria doação é ilícita e contrária à lei; é o caso quando ela é simoníaca. Tal doador merece perder o que deu. Portanto, nada lhe deve ser restituído. E quem recebeu, tendo-o feito contra a lei, não deve conservar para si esse bem, mas convertê-lo em usos pios. — 2º Dá-se ilicitamente, porque a causa da doação é ilícita, embora a própria doação não o seja. Por exemplo, quando alguém dá a uma meretriz a paga da fornicação. Nesse caso, a mulher pode conservar o que lhe foi dado. Mas, se por fraude ou engano, extorquiu algo a mais, deverá restituir àquele de quem o recebeu.

---

1. A. 2; q. 58, a. 10.

AD TERTIUM dicendum quod si ille cui debet fieri restitutio sit omnino ignotus, debet homo restituere secundum quod potest, scilicet dando in eleemosynas pro salute ipsius, sive sit mortuus sive sit vivus; praemissa tamen diligenti inquisitione de persona eius cui est restitutio facienda. — Si vero sit mortuus ille cui est restitutio facienda, debet restitui heredi eius, qui computatur quasi una persona cum ipso. — Si vero sit multum distans, debet sibi transmitti quod ei debetur: et praecipue si sit res magni valoris, et possit commode transmitti. Alioquin debet in aliquo loco tuto deponi ut pro eo conservetur, et domino significari.

AD QUARTUM dicendum quod aliquis de hoc quod est sibi proprium debet magis satisfacere parentibus vel his a quibus accepit maiora beneficia. Non autem debet aliquis recompensare benefactori de alieno, quod contingeret si quod debet uni alteri restitueret: nisi forte in casu extremae necessitatis, in quo posset et deberet aliquis etiam auferre aliena ut patri subveniret.

AD QUINTUM dicendum quod praelatus potest rem ecclesiae surripere tripliciter. Uno modo, si rem ecclesiae non sibi deputatam, sed alteri, sibi usurparet: puta si episcopus usurparet sibi rem capituli. Et tunc planum est quod debet restituere ponendo in manus eorum ad quos de iure pertinet. — Alio modo, si rem ecclesiae suae custodiae deputatam in alterius dominium transferat: puta consanguinei vel amici. Et tunc debet ecclesiae restituere, et sub sua cura habere ut ad successorem perveniat. — Alio modo potest praelatus surripere rem ecclesiae solo animo, dum scilicet incipit habere animum possidendi eam ut suam, et non nomine ecclesiae. Et tunc debet restituere talem animum deponendo.

QUANTO AO 3º, deve-se dizer que se aquele a quem se deve restituir é totalmente desconhecido, deve-se restituir na medida do possível, por exemplo dando esmolas pela salvação dele, quer esteja morto ou vivo; antes porém, se faça a procura diligente daquele a quem se deve restituir. — Se já estiver morto, deve-se restituir ao seu herdeiro, que se há de considerar como fazendo uma só pessoa com ele. — Se está muito longe, deve-se enviar-lhe o que lhe é devido, sobretudo se é um bem de grande valor e de fácil transporte. Do contrário, deve-se depositá-lo em lugar seguro para conservá-lo para ele e avisar o proprietário.

QUANTO AO 4º, deve-se dizer que deve-se empregar os próprios bens mais em proveito dos pais e daqueles de quem se receberam maiores benefícios. Mas não se deve recompensar um benfeitor com bens alheios, o que aconteceria se se restituísse a um o que se deve a outro. Salvo em caso de extrema necessidade, em que se poderia e deveria mesmo tirar o alheio para socorrer um pai.

QUANTO AO 5º, deve-se dizer que um prelado pode subtrair os bens da igreja de três modos. 1º Usurpando para si um bem que não lhe é destinado, mas a outrem; por exemplo, se um bispo se apoderasse dos bens do cabido. E, então, é evidente que deve restituí-lo, entregando-o nas mãos daqueles a quem pertence de direito. — 2º Transferindo para o domínio de outro, por exemplo, de um parente ou amigo, o bem da igreja, entregue à sua guarda. Deve restituí-lo à igreja e mantê-lo sob seu cuidado para que chegue ao seu sucessor. — 3º Pode um prelado subtrair um bem da igreja só em espírito, quando começa a ter o espírito de proprietário, a possuí-lo como seu e não como bem da igreja. Deverá restituir, desfazendo-se desse espírito ganancioso[f].

### ARTICULUS 6
#### Utrum teneatur semper restituere ille qui accepit

AD SEXTUM SIC PROCEDITUR. Videtur quod non teneatur semper restituere ille qui accepit.

1. Per restitutionem enim reparatur aequalitas iustitiae, quae consistit in hoc quod subtrahatur

### ARTIGO 6
#### Aquele que recebeu está sempre obrigado a restituir?

QUANTO AO SEXTO, ASSIM SE PROCEDE: parece que aquele que recebeu **não** está sempre obrigado a restituir.

1. Com efeito, a restituição restabelece a igualdade da justiça, que consiste em tirar àquele

---

f. Reconhecemos aqui a preocupação de desapego e devotamento que devem ter os administradores dos bens eclesiásticos, considerados como os bens dos pobres, e como os meios de assegurar o exercício do culto e da evangelização. Ver, no mesmo sentido, II-II, q. 100, sobre a simonia.

ei qui plus habet et detur ei qui minus habet. Sed contingit quandoque quod ille qui rem aliquam subtraxit alicui non habet eam, sed devenit ad manus alterius. Ergo non tenetur ille restituere qui accepit, sed alius qui rem habet.

2. PRAETEREA, nullus tenetur crimen suum detegere. Sed aliquando aliquis restitutionem faciendo crimen suum detegit: ut patet in furto. Ergo non semper tenetur ille qui abstulit restituere.

3. PRAETEREA, eiusdem rei non est multoties restitutio facienda. Sed quandoque multi simul aliquam rem surripiunt et unus eorum eam integre restituit. Ergo non semper ille qui accepit tenetur ad restituendum.

SED CONTRA ille qui peccavit tenetur satisfacere. Sed restitutio ad satisfactionem pertinet. Ergo ille qui abstulit tenetur restituere.

RESPONDEO dicendum quod circa illum qui rem alienam accepit duo sunt consideranda: scilicet ipsa res accepta, et ipsa acceptio. Ratione autem rei tenetur eam restituere quandiu eam apud se habet: quia quod habet ultra id quod suum est, debet ei subtrahi et dari ei cui deest, secundum formam commutativae iustitiae.

Sed ipsa acceptio rei alienae potest tripliciter se habere. Quandoque enim est iniuriosa, scilicet contra voluntatem existens eius qui est rei dominus: ut patet in furto et rapina. Et tunc tenetur ad restitutionem non solum ratione rei, sed etiam ratione iniuriosae actionis, etiam si res apud ipsum non remaneat. Sicut enim qui percutit aliquem tenetur recompensare iniuriam passo, quamvis nihil apud ipsum maneat; ita etiam qui furatur vel rapit tenetur ad recompensationem damni illati, etiam si nihil inde habeat; et ulterius pro iniuria illata debet puniri.

Alio modo aliquis accipit rem alterius in utilitatem suam absque iniuria, cum voluntate scilicet eius cuius est res: sicut patet in mutuis. Et tunc ille qui accepit tenetur ad restitutionem eius quod accepit non solum ratione rei, sed etiam ratione acceptionis, etiam si rem amiserit: tenetur enim recompensare ei qui gratiam fecit, quod non fiet si per hoc damnum incurrat.

Tertio modo aliquis accipit rem alterius absque iniuria non pro sua utilitate: sicut patet in depositis. Et ideo ille qui sic accepit in nullo tenetur ratione acceptionis, quinimmo accipiendo impendit obsequium: tenetur autem ratione rei. Et

que tem mais e dar ao que tem menos. Ora, pode acontecer que aquele que tira alguma coisa de outrem, não mais a tem, pois foi parar em outras mãos. Logo, não está obrigado a restituir quem tirou a coisa, mas quem a detém.

2. ALÉM DISSO, ninguém está obrigado a revelar seu próprio crime. Ora, às vezes, quem faz a restituição revela seu crime, como no caso do furto. Logo, nem sempre quem tirou está obrigado a restituir.

3. ADEMAIS, não se há de restituir muitas vezes a mesma coisa. Ora, às vezes, são muitos os que subtraem uma coisa, e um só a restitui na íntegra. Logo, nem sempre aquele que recebeu está obrigado a restituir.

EM SENTIDO CONTRÁRIO, quem pecou está obrigado a satisfazer. Ora, a restituição faz parte da satisfação. Logo quem tirou deve restituir.

RESPONDO. Duas coisas se hão de considerar naquele que recebeu o bem de outrem: o que recebeu e a maneira de receber. Em razão do bem recebido, tem-se a obrigação de restitui-lo, enquanto se estiver em posse dele. Com efeito, quem possui mais do que é seu, deve-lhe ser tirado e dado a quem está privado dele. Assim o exige o princípio da justiça comutativa.

A recepção, porém, de uma coisa alheia pode revestir uma tríplice modalidade: 1º Por vezes, ela é injusta porque contraria a vontade do proprietário, como no caso do furto e do roubo. Então, quem a praticou está obrigado à restituição, quer em razão do bem de outrem em si mesmo, quer em razão da ação injuriosa, ainda que não continue a deter o bem alheio. Se alguém feriu a outrem está obrigado a dar uma reparação ao injuriado, mesmo que nada permaneça com ele. Assim também, quem furta ou rouba está obrigado a compensar o dano causado, embora nada tenha guardado para si; e, além disso, deve ser punido pela injustiça cometida.

2º Alguém recebe o bem alheio para sua própria utilidade, sem injustiça, pois conta com o consentimento do proprietário, como no caso de empréstimos. E então estará obrigado à restituição, não apenas em razão do bem recebido, mas também do fato de tê-lo recebido, mesmo que já o tenha perdido. Deve recompensar a quem lhe fez favor, o que não se dará, se este sair prejudicado.

3º Recebe-se o bem alheio, sem injustiça, mas também sem utilidade própria, como no caso dos depósitos. Do fato de ter recebido esse bem, o depositário não contrai qualquer obrigação, pois está prestando serviço, ao guardá-lo. A obrigação

propter hoc, si ei subtrahatur res absque sua culpa, non tenetur ad restitutionem. Secus autem esset si cum magna sua culpa rem depositam amitteret.

AD PRIMUM ergo dicendum quod restitutio non ordinatur principaliter ad hoc quod ille qui plus habet quam debet, habere desinat: sed ad hoc quod illi qui minus habet suppleatur. Unde in his rebus quae unus potest ab alio accipere sine eius detrimento, non habet locum restitutio: puta cum aliquis accipit lumen a candela alterius. Et ideo quamvis ille qui abstulit non habeat id quod accepit, sed in alium sit translatum; quia tamen alter privatur re sua, tenetur ei ad restitutionem et ille qui rem abstulit, ratione iniuriosae actionis; et ille qui rem habet, ratione ipsius rei.

AD SECUNDUM dicendum quod homo, etsi non teneatur crimen suum detegere hominibus, tenetur tamen crimen suum detegere Deo in confessione. Et ita per sacerdotem cui confitetur potest restitutionem facere rei alienae.

AD TERTIUM dicendum quod quia restitutio principaliter ordinatur ad removendum damnum eius a quo est aliquid iniuste ablatum, ideo postquam ei restitutio sufficiens facta est per unum, alii non tenentur ei ulterius restituere, sed magis refusionem facere ei qui restituit: qui tamen potest condonare.

decorre do próprio bem a ele confiado. Por isso, se o depósito lhe é subtraído, sem culpa sua, não está obrigado a restituí-lo. Do contrário, o será, se, por sua culpa grave, vier a perder o depósito

QUANTO AO 1º, portanto, deve-se dizer que o objetivo principal da restituição não é despojar do excesso aquele que tem mais do que deve, mas dar o que falta àquele que tem menos. Por isso, não há lugar para restituição, quando se partilha do bem do outro, sem detrimento deste. Por exemplo, se alguém se beneficia da luz que vem da lâmpada do vizinho. Assim, quem roubou, mesmo que não detenha mais o bem alheio, porque o passou a um terceiro, está sempre obrigado à restituição, pois o outro se acha privado do que lhe pertence. Quem roubou está obrigado a restituir, em razão da ação injuriosa que praticou; e igualmente, o detentor do roubado, em razão do próprio bem.

QUANTO AO 2º, deve-se dizer que embora não se esteja obrigado a revelar sua falta aos homens, deve-se manifestá-la a Deus na confissão. E, assim, alguém pode restituir a outrem o que lhe pertence, por intermédio do sacerdote a quem se confessou.

QUANTO AO 3º, deve-se dizer que o principal objetivo da restituição é reparar o dano causado a quem foi lesado em seus bens. Por isso, quando uma restituição suficiente já foi feita por um dos culpados, os outros não estão mais obrigados a fazê-la. Devem é compensar a quem restituiu, que, aliás, pode isentá-los graciosamente desse dever.

### ARTICULUS 7
#### Utrum illi qui non acceperunt teneantur restituere

AD SEPTIMUM SIC PROCEDITUR. Videtur quod illi qui non acceperunt non teneantur restituere.

1. Restitutio enim quaedam poena est accipientis. Sed nullus debet puniri nisi qui peccavit. Ergo nullus debet restituere nisi qui accepit.
2. PRAETEREA, iustitia non obligat aliquem ad hoc quod rem alterius augeat. Sed si ad restitutionem teneretur non solum ille qui accepit, sed etiam illi qui qualitercumque cooperantur, augeretur ex hoc res illius cui est aliquid subtractum: tum quia sibi multoties restitutio fieret; tum etiam quia quandoque aliqui operam dant ad hoc quod aliqua

### ARTIGO 7
#### Aqueles que não receberam são obrigados a restituir?

QUANTO AO SÉTIMO, ASSIM SE PROCEDE: parece que aqueles que não receberam **não** são obrigados a restituir.

1. Com efeito, a restituição é uma pena de quem recebeu. Ora, não se deve punir a quem não pecou. Logo, só deve restituir aquele que recebeu.
2. ALÉM DISSO, a justiça não obriga ninguém a aumentar os bens de outrem. Ora, se fossem obrigados a restituir não só quem recebeu, mas ainda os que de qualquer modo cooperaram com ele, aumentar-se-iam assim os bens daquele a quem se roubou alguma coisa. Seja, porque a restituição lhe seria feita várias vezes, seja porque, às vezes,

---

7 PARALL.: IV *Sent.*, dist. 15, q. 1, a. 5, q.la 3.

res alicui auferatur, quae tamen ei non aufertur. Ergo non tenentur alii ad restitutionem.

3. PRAETEREA, nullus tenetur se periculo exponere ad hoc quod rem alterius salvet. Sed aliquando, manifestando latronem vel ei resistendo aliquis periculo mortis se exponeret. Non ergo tenetur aliquis ad restitutionem propter hoc quod non manifestat latronem, vel non ei resistit.

SED CONTRA est quod dicitur Rm 1,32: *Digni sunt morte non solum qui faciunt, sed etiam qui consentiunt facientibus*. Ergo, pari ratione, etiam consentientes debent restituere.

RESPONDEO dicendum quod, sicut dictum est[1], ad restitutionem tenetur aliquis non solum ratione rei alienae quam accepit, sed etiam ratione iniuriosae acceptionis. Et ideo quicumque est causa iniustae acceptionis tenetur ad restitutionem. Quod quidem contingit dupliciter: directe scilicet, et indirecte. Directe quidem, quando inducit aliquis alium ad accipiendum. Et hoc quidem tripliciter. Primo quidem, movendo ad ipsam acceptionem: quod quidem fit praecipiendo, consulendo, consentiendo expresse, et laudando aliquem quasi strenuum de hoc quod aliena accipit. Alio modo, ex parte ipsius accipientis: quia scilicet eum receptat, vel qualitercumque ei auxilium fert. Tertio modo, ex parte rei acceptae: quia scilicet est particeps furti vel rapinae, quasi socius maleficii. Indirecte vero, quando aliquis non impedit, cum possit et debeat impedire: vel quia subtrahit praeceptum sive consilium impediens furtum sive rapinam; vel quia subtrahit suum auxilium, quo posset obsistere; vel quia occultat post factum. Quae his versibus comprehenduntur: *Iussio, consilium, consensus, palpo, recursus: Participans, mutus, non obstans, non manifestans*[2].

Sciendum tamen quod quinque praemissorum semper obligant ad restitutionem. Primo, iussio: quia scilicet ille qui iubet est principaliter movens; unde ipse principaliter tenetur ad restituendum. Secundo, consensus: in eo scilicet sine quo rapina fieri non potest. Tertio, recursus: quando scilicet aliquis est receptator latronum et eis patrocinium praestat. Quarto, participatio: quando scilicet aliquis participat in crinine latrocinii et in praeda. Quinto, tenetur ille qui non obstat, cum obstare teneatur. Sicut principes, qui tenentur custodire iustitiam in terra, si per eorum defectum latrones

alguns tentam tirar o bem alheio, sem o conseguir. Logo, outros não estão obrigados a restituir.

3. ADEMAIS, ninguém está obrigado a expor-se a um perigo para salvar o bem de outrem. Ora, às vezes denunciando um ladrão ou lhe resistindo, corre-se o risco de morte. Logo, ninguém está obrigado à restituição por não ter denunciado um ladrão ou não lhe ter resistido.

EM SENTIDO CONTRÁRIO, está escrito na Carta aos Romanos: "São dignos de morte não apenas os autores de tais faltas, mas também quem os aprova." Logo, pela mesma razão, quem aprova o roubo deve restituir.

RESPONDO. Como já se explicou, alguém está obrigado à restituição, não só em razão da coisa alheia que recebeu, mas também em razão da ação injuriosa de se receber. Portanto, todo aquele que é causa de uma recepção injusta está obrigado à restituição. Isso se pode dar de duas maneiras, direta e indiretamente. Diretamente, quando se impele alguém à recepção. O que pode revestir três modalidades. 1º Movendo a fazê-lo, mandando, aconselhando, dando um consentimento expresso, ou elogiando a habilidade em se apoderar do bem alheio. 2º Da parte de quem recebe: abrigando-o ou prestando-lhe qualquer outro auxílio. 3º Quanto ao objeto recebido, participando do furto ou da rapina, tornando-se cúmplice desse malefício. Indiretamente, participa-se do furto, não o impedindo, quando se pode e deve impedi-lo, seja dissimulando a ordem ou o conselho que impediriam o furto ou a rapina, seja recusando a ajuda, criando um obstáculo, seja finalmente acobertando o delito já consumado. Todas essas causas estão condensadas nestes versos: "Mandar, aconselhar, consentir, encorajar, receptar, participar, silenciar, não se opor, não denunciar".

Cinco desses casos obrigam à restituição: 1º Mandar, pois o mandante é o principal motor do mal, por isso, é o primeiro obrigado a restituir. 2º Consentir, que sem ele a rapina não se pudesse realizar. 3º Receptar, quando alguém dá asilo e ajuda ao ladrão. 4º Participar, tomando parte no crime do latrocínio ou na partilha do roubo. 5º Está obrigado a restituir, quem não se opõe, quando devia fazê-lo; assim os príncipes que têm a missão de manter a justiça na terra, se por falta deles, prosperam os ladrões, estão obrigados à restituição. Pois a remuneração que recebem vem

---

1. Art. praec.
2. Hi versus leguntur etiam apud ALBERTUM M., IV *Sent.*, dist. 15, a. 42: ed. A. Borgnet, t. XXIX, p. 528.

increscant, ad restitutionem tenentur; quia redditus quos habent sunt quasi stipendia ad hoc instituta ut iustitiam conservent in terra.

In aliis autem casibus enumeratis non semper obligatur aliquis ad restituendum. Non enim semper consilium vel adulatio, vel aliquid huiusmodi, est efficax causa rapinae. Unde tunc solum tenetur consiliator aut palpo, idest adulator, ad restitutionem, quando probabiliter aestimari potest quod ex huiusmodi causis fuerit iniusta acceptio subsecuta.

AD PRIMUM ergo dicendum quod non solum peccat ille qui peccatum exequitur, sed etiam qui quocumque modo peccati est causa, sive consiliando, sive praecipiendo, sive quovis alio modo.

AD SECUNDUM dicendum quod principaliter tenetur restituere ille qui est principalis in facto: principaliter quidem praecipiens, secundario exequens, et consequenter alii per ordinem. Uno tamen restituente illi qui passus est damnum, alius eidem restituere non tenetur: sed illi qui sunt principales in facto, et ad quos res pervenit, tenentur aliis restituere qui restituerunt.

Quando autem aliquis praecipit iniustam acceptionem quae non subsequitur, non est restitutio facienda: cum restitutio principaliter ordinetur ad reintegrandam rem eius qui iniuste est damnificatus.

AD TERTIUM dicendum quod non semper ille qui non manifestat latronem tenetur ad restitutionem, aut qui non obstat, vel qui non reprehendit: sed solum quando incumbit alicui ex officio, sicut principibus terrae. Quibus ex hoc non multum imminet periculum: propter hoc enim potestate publica potiuntur, ut sint iustitiae custodes.

a ser um salário instituído para que conservem a justiça no país.

Nos outros casos enumerados, nem sempre há obrigação de restituir. O conselho, a lisonja ou procedimentos semelhantes não vêm a ser sempre causa eficaz de rapina. Por isso, o conselheiro, o bajulador ou o adulador só estão obrigados à restituição, quando se pode estimar, com probabilidade, que de tais causas resultou a injusta apropriação.

QUANTO AO 1º, portanto, deve-se dizer que peca não somente quem executa o ato do pecado, mais também quem quer que, de qualquer modo, é causa do pecado, aconselhando, mandando ou recorrendo a um proceder semelhante.

QUANTO AO 2º, deve-se dizer que está principalmente obrigado a restituir quem teve o primeiro lugar na realização do ato. O principal é o mandante, o secundário é o executor, depois os outros, segundo a ordem. Quando, porém, um deles já restituiu à vítima do roubo, nenhum outro está obrigado à restituição. No entanto, os autores principais e que ficaram com o bem alheio são obrigados a restituir aos outros que restituíram.

Contudo, quando alguém manda a apropriação injusta e esta não se segue, não há nada a restituir, pois a restituição tem por fim principal devolver a posse de seu bem a quem injustamente foi dela despojado.

QUANTO AO 3º, deve-se dizer que quem não denuncia o ladrão nem sempre está obrigado a restituir, como não o está quem não o impede ou repreende; mas somente aqueles que, por ofício, têm a incumbência de fazê-lo, como os príncipes da terra, que, com isso, não se veem ameaçados por grandes perigos, pois assumiram o poder público precisamente para serem os defensores da justiça.

### ARTICULUS 8
**Utrum teneatur aliquis statim restituere, an licite possit restitutionem differre**

Ad octavum sic proceditur. Videtur quod non teneatur aliquis statim restituere, sed potius licite possit restitutionem differre.

1. Praecepta enim affirmativa non obligant ad semper. Sed necessitas restituendi imminet ex

### ARTIGO 8
**Há obrigação de restituir logo ou é lícito diferi-la?**

Quanto ao oitavo, assim se procede: parece que não há obrigação de restituição imediata, e a dilação pode ser lícita.

1. Com efeito, os preceitos positivos não obrigam em todo tempo. Ora, a necessidade de

---

8 PARALL.: IV *Sent.*, dist. 17, q. 3, a. 1, q.la 4, ad 3.

praecepto affirmativo. Ergo non obligatur homo ad statim restituendum.

2. Praeterea, nullus tenetur ad impossibile. Sed quandoque aliquis non potest statim restituere. Ergo nullus tenetur ad statim restituendum.

3. Praeterea, restitutio est quidam actus virtutis, scilicet iustitiae. Tempus autem est una de circumstantiis quae requiruntur ad actus virtutum. Cum igitur aliae circumstantiae non sint determinatae in actibus virtutum, sed determinabiles secundum rationem prudentiae; videtur quod nec in restitutione sit tempus determinatum, ut scilicet aliquis teneatur ad statim restituendum.

Sed contra est quod eadem ratio esse videtur in omnibus quae sunt restituenda. Sed ille qui conducit opera mercenarii non potest differre restitutionem: ut patet per illud quod habetur Lv 19,13: *Non morabitur opus mercenarii tui apud te usque mane*. Ergo neque in aliis restitutionibus faciendis potest fieri dilatio, sed statim restituere oportet.

Respondeo dicendum quod sicut accipere rem alienam est peccatum contra iustitiam, ita etiam detinere eam: quia per hoc quod aliquis detinet rem alienam invito domino, impedit eum ab usu rei suae, et sic ei facit iniuriam. Manifestum est autem quod nec per modicum tempus licet in peccato morari, sed quilibet tenetur statim peccatum deserere: secundum illud Eccli 21,2: *Quasi a facie colubri fuge peccatum*. Et ideo quilibet tenetur statim restituere, vel petere dilationem ab eo qui potest usum rei concedere.

Ad primum ergo dicendum quod praeceptum de restitutione facienda, quamvis secundum formam sit affirmativum, implicat tamen in se negativum praeceptum, quo prohibemur rem alterius detinere.

Ad secundum dicendum quod quando aliquis non potest statim restituere, ipsa impotentia absolvit eum ab instanti restitutione facienda: sicut etiam totaliter a restitutione absolvitur si omnino sit impotens. Debet tamen remissionem vel dilationem petere ab eo cui debet, aut per se aut per alium.

Ad tertium dicendum quod cuiuscumque circumstantiae omissio contrariatur virtuti, pro determinata est habenda, et oportet illam circumstantiam observare. Et quia per dilationem restitutionis committitur peccatum iniustae detentionis, quod iustitiae opponitur, ideo necesse est tempus esse determinatum, ut statim restitutio fiat.

restituir decorre de um preceito afirmativo. Logo, não se está obrigado a restituir imediatamente.

2. Além disso, ninguém está obrigado ao impossível. Ora, às vezes não se pode restituir imediatamente. Logo, ninguém está obrigado a fazê-lo imediatamente.

3. Ademais, a restituição é um ato de virtude, da virtude de justiça. Ora, o tempo é uma das circunstâncias requeridas para os atos das virtudes. Logo, como as outras circunstâncias não se acham determinadas nos atos das virtudes, mas se hão de determinar segundo a norma da prudência, parece que também na restituição o tempo não está determinado, obrigando a restituir imediatamente.

Em sentido contrário, a todas as questões de restituição convém a mesma razão. Ora, quem contrata um assalariado não pode diferir a restituição que lhe é devida, como se diz claramente no Levítico: "Não guardarás contigo até a manhã seguinte a paga do assalariado." Logo, também não pode haver dilação nas outras restituições e se há restituir imediatamente.

Respondo. Como apoderar-se do alheio é pecado contra a justiça, também o é retê-lo. Pois, quem detém contra a vontade de seu dono um de seus bens, impede-o de usá-lo, e comete assim uma injustiça contra ele. Ora, é manifesto que nem por pouco tempo é lícito permanecer no pecado, mas se há de evitá-lo imediatamente, como diz o livro do Eclesiástico: "Foge do pecado como de uma serpente". Portanto, cada um está obrigado a restituir imediatamente ou a pedir uma dilação a quem pode permitir o uso do bem retido.

Quanto ao 1º, portanto, deve-se dizer que embora o preceito que manda restituir, por sua forma, seja positivo, implica contudo em si um preceito negativo que nos proíbe reter o bem alheio.

Quanto ao 2º, deve-se dizer que a quem não pode restituir logo, a própria impossibilidade o dispensa da restituição imediata; como a impossibilidade absoluta o dispensa de toda restituição. Deve, no entanto, por si ou por outro, pedir a remissão ou a dilação ao credor.

Quanto ao 3º, deve-se dizer que a omissão de qualquer circunstância que contraria a virtude se há de ter por determinada, e portanto se há de observá-la. E, uma vez que pela dilação da restituição se comete o pecado de injusta retenção do alheio, que se opõe à justiça, por isso mesmo é preciso que o tempo já esteja determinado, de forma que a restituição seja imediata.

## QUAESTIO LXIII
## DE ACCEPTIONE PERSONARUM
*in quatuor articulos divisa*

Deinde considerandum est de vitiis oppositis praedictis iustitiae partibus. Et primo, de acceptione personarum, quae opponitur iustitiae distributivae; secundo, de peccatis quae opponuntur iustitiae commutativae.

Circa primum quaeruntur quatuor.
*Primo:* utrum personarum acceptio sit peccatum.
*Secundo:* utrum habeat locum in dispensatione spiritualium.
*Tertio:* utrum in exhibitione honorum.
*Quarto:* utrum in iudiciis.

### Articulus 1
### Utrum personarum acceptio sit peccatum

Ad primum sic proceditur. Videtur quod personarum acceptio non sit peccatum.

1. In nomine enim *personae* intelligitur personae dignitas. Sed considerare dignitates personarum pertinet ad distributivam iustitiam. Ergo personarum acceptio non est peccatum.
2. Praeterea, in rebus humanis personae sunt principaliores quam res: quia res sunt propter

## QUESTÃO 63
## A DISCRIMINAÇÃO DAS PESSOAS[a]
*em quatro artigos*

Devemos tratar agora dos vícios opostos[b] às diferentes partes da justiça: I. A discriminação das pessoas, que se opõe à justiça distributiva; II. Os pecados que se opõem à justiça comutativa.

A primeira questão comporta quatro artigos:
1. A discriminação das pessoas é pecado?
2. Tem lugar na dispensação dos bens espirituais?
3. Nas honras que se prestam?
4. Nos julgamentos?

### Artigo 1
### A discriminação das pessoas é pecado?

Quanto ao primeiro artigo, assim se procede: parece que a discriminação das pessoas **não** é pecado.

1. Com efeito, o termo "pessoa" exprime a dignidade. Ora, ter em consideração a dignidade das pessoas pertence à justiça distributiva. Logo, a discriminação das pessoas não é pecado.
2. Além disso, na esfera humana, as pessoas são mais importantes do que as coisas, porque estas

---

1 Parall.: *ad Rom.*, c. 2, lect. 2; *ad Gal.*, c. 2, lect. 2.

---

a. A ideia e mesmo o nome de "acepção de pessoas" possuem origem bíblica. A noção passa por um grande desenvolvimento na tradição cristã, na qual assume duas formas principais: em primeiro lugar, a partir da mensagem bíblica, a reflexão, sobretudo patrística, estigmatiza as discriminações que ameaçam a vida e a organização internas da comunidade cristã. Em seguida, de uma maneira mais prática, teólogos e canonistas procuram determinar as formas concretas que podem assumir essas discriminações na partilha das vantagens e cargos, ofícios e ministérios na sociedade cristã, particularmente na cristandade medieval. Nesta questão, Sto. Tomás empreende a elaboração ética e teológica desses dados. Aristóteles mal havia mencionado (*Ética a Nicômaco*, V, 7, 12) as faltas de injustiça que se pode cometer nas repartições dos bens e cargos. A questão tentará mostrar que essas injustiças se ligam, como à sua fonte, ao vício da acepção das pessoas contra a qual a Escritura nos põe de sobreaviso, que se vai diretamente contra a justiça distributiva, tal como se acabou de definir em termos técnicos. Esse intento de aproximar as diretrizes da Escritura, as exortações tradicionais e a elaboração das noções éticas esclarece e explica o sentido e a ordem dos quatro artigos desta questão 63.

O artigo 1, de caráter mais formal, visa precisamente elaborar a noção de acepção de pessoas, e mostrar seu caráter de pecado contrário à justiça distributiva. Obtém-se assim um critério ético pelo qual se pode julgar as formas concretas de discriminação, de desigualdades indevidas, tais como se apresentam na distribuição dos bens espirituais, na Igreja (a. 2); e, de maneira geral, nas provas de estima e de honra (a. 3); e finalmente nas decisões judiciárias (a. 4). Destacam-se, então, os bens espirituais, as honras e os julgamentos como o triplo domínio no qual a acepção de pessoas pode ocorrer, e explica-se como em cada uma dessas instâncias ela se opõe à justa repartição dos bens, fazendo prevalecer as preferências pessoais sobre as exigências do bem comum.

b. Esta longa seção é consagrada ao estudo dos vícios ou pecados opostos à virtude cardeal de justiça, concebida em suas espécies (ou partes subjetivas). Na perspectiva de uma análise das faltas contra a justiça, Sto. Tomás buscará descrever o domínio concreto dessa virtude, indicar as modalidades que ela revestirá e os obstáculos que encontrará quando se tratar de fazer prevalecer as diferentes formas de direito nas relações entre as pessoas e na vida social.

Esses problemas teóricos e práticos concernentes à apreciação e aplicação dos direitos serão especialmente desenvolvidos na seção consagrada à justiça comutativa (q. 64-78). Em uma só questão, são estudados os pecados contra a justiça distributiva, que se agrupam sob o título de discriminação ou de "acepção de pessoas", considerada como a fonte ou motivação das injustiças cometidas nesse domínio.

personas, et non e converso. Sed rerum acceptio non est peccatum. Ergo multo minus acceptio personarum.

3. PRAETEREA, apud Deum nulla potest esse iniquitas vel peccatum. Sed Deus videtur personas accipere: quia interdum duorum hominum unius conditionis unum assumit per gratiam, et alterum relinquit in peccato, secundum illud Mt 24,40: *Duo erunt in lecto: unus assumetur et alius relinquetur*. Ergo acceptio personarum non est peccatum.

SED CONTRA, nihil prohibetur in lege divina nisi peccatum. Sed personarum acceptio prohibetur Dt 1,17, ubi dicitur: *Non accipietis cuiusquam personam*. Ergo personarum acceptio est peccatum.

RESPONDEO dicendum quod personarum acceptio opponitur distributivae iustitiae. Consistit enim aequalitas distributivae iustitiae in hoc quod diversis personis diversa tribuuntur secundum proportionem ad dignitates personarum. Si ergo aliquis consideret illam proprietatem personae propter quam id quod ei confertur est ei debitum, non erit acceptio personae, sed causae: unde Glossa[1], super illud *ad Eph* 6,9, *non est personarum acceptio apud Deum*, dicit quod *iudex iustus causas discernit, non personas*. Puta si aliquis promoveat aliquem ad magisterium propter sufficientiam scientiae, hic attenditur causa debita, non persona: si autem aliquis consideret in eo cui aliquid confert, non id propter quod id quod ei datur esset ei proportionatum vel debitum, sed solum hoc quod est iste homo, puta Petrus vel Martinus, est hic acceptio personae, quia non attribuitur ei aliquid propter aliquam causam quae faciat eum dignum, sed simpliciter attribuitur personae.

Ad personam autem refertur quaecumque conditio non faciens ad causam propter quam sit dignus hoc dono: puta si aliquis promoveat aliquem ad praelationem vel magisterium quia est dives, vel quia est consanguineus suus, est acceptio personae. Contingit tamen aliquam conditionem personae facere eam dignam respectu unius rei, et non respectu alterius: sicut consanguinitas facit aliquem dignum ad hoc quod instituatur heres patrimonii, non autem ad hoc quod conferatur ei praelatio ecclesiastica. Et ideo eadem conditio personae in uno negotio considerata facit acceptionem personae, in alio autem non facit.

são ordenadas àquelas, e não inversamente. Ora, a discriminação das coisas não é pecado. Menos ainda, a discriminação das pessoas.

3. ADEMAIS, em Deus, não pode haver injustiça nem pecado. Ora, parece que Deus faz discriminação das pessoas, pois de dois homens da mesma condição, salva um pela graça, e deixa o outro no pecado, segundo o que se diz no Evangelho de Mateus: "Duas pessoas estarão em uma mesma cama; uma será tomada, outra será deixada." Logo, a discriminação das pessoas não é pecado.

EM SENTIDO CONTRÁRIO, na lei divina só se proíbe o pecado. Ora a discriminação as pessoas se proíbe no livro do Deuteronômio: "Não fareis discriminação de qualquer pessoa." Logo, a discriminação das pessoas é pecado.

RESPONDO. A discriminação das pessoas se opõe à justiça distributiva. Com efeito, a igualdade da justiça distributiva consiste em dar às diferentes pessoas atribuições diversas, em proporção com a dignidade dessas pessoas. Levando em consideração essa prerrogativa própria da pessoa, que lhe torna devido o que lhe atribuído, não se faz discriminação da pessoa, mas da causa. Por isso, a propósito da palavra da Carta aos Efésios: "Em Deus, não há discriminação de pessoas", a Glosa diz: "O juiz justo discerne causas, não pessoas". Por exemplo, quem promove alguém ao magistério, porque tem a ciência suficiente, toma em consideração a causa devida e não a pessoa. Quando se considera naquele a quem se atribui uma vantagem, não a causa que torna proporcionada e devida a ele essa atribuição, mas apenas o fato de ser tal homem, Pedro ou Martinho, por exemplo, nesse caso, há discriminação de pessoa. Com efeito, o bem lhe é atribuído não por uma causa que o faz digno, mas porque só se visa simplesmente a pessoa.

À pessoa, porém, se refere toda condição alheia à causa que a tornaria digna desse dom; por exemplo, quando se promove alguém à prelatura ou ao magistério, por ser rico ou parente seu, seria praticar discriminação de pessoa. Pode, contudo, uma condição da pessoa torná-la digna de uma coisa e não de outra. Assim, o parentesco torna digno de ser instituído herdeiro do patrimônio e não de ser investido de uma prelatura eclesiástica. Portanto, a mesma condição pessoal, considerada em um caso, vem a ser discriminação de pessoa, e em outro, não.

---

1. Interl.; LOMBARDI: ML 192, 218 C.

Sic ergo patet quod personarum acceptio opponitur iustitiae distributivae in hoc quod praeter proportionem agitur. Nihil autem opponitur virtuti nisi peccatum. Unde consequens est quod personarum acceptio sit peccatum.

AD PRIMUM ergo dicendum quod in distributiva iustitia considerantur conditiones personarum quae faciunt ad causam dignitatis vel debiti. Sed in acceptione personarum considerantur conditiones quae non faciunt ad causam, ut dictum est[2].

AD SECUNDUM dicendum quod personae proportionantur et dignae redduntur aliquibus quae eis distribuuntur, propter aliquas res quae pertinent ad conditionem personae: et ideo huiusmodi conditiones sunt attendendae tanquam propriae causae. Cum autem considerantur ipsae personae, attenditur non causa ut causa. Et ideo patet quod, quamvis personae sint digniores simpliciter, non tamen sunt digniores quoad hoc.

AD TERTIUM dicendum quod duplex est datio. Una quidem pertinens ad iustitiam, qua scilicet aliquis dat alicui quod ei debetur. Et circa tales dationes attenditur personarum acceptio. — Alia est datio ad liberalitatem pertinens, qua scilicet gratis datur alicui quod ei non debetur. Et talis est collatio munerum gratiae, per quae peccatores assumuntur a Deo. Et in hac donatione non habet locum personarum acceptio: quia quilibet potest absque iniustitia de suo dare quantum vult et cui vult, secundum illud Mt 20,14,15: *An non licet mihi quod volo facere? Tolle quod tuum est, et vade.*

Assim, se evidencia que a discriminação das pessoas se opõe à justiça distributiva, porque leva a agir fora da devida proporção. Nada, porém, se opõe à virtude senão o pecado. Donde se segue que a discriminação das pessoas é pecado.

QUANTO AO 1º, portanto, deve-se dizer que a justiça distributiva considera as condições pessoais que constituem a causa de uma dignidade ou de um débito. Na discriminação das pessoas, ao contrário, consideram-se as condições que não têm relação com essa causa[c].

QUANTO AO 2º, deve-se dizer que as pessoas tornam-se aptas e dignas de receber certas atribuições, em razão de qualidades ligadas à condição da pessoa; por isso, tais qualidades devem ser levadas em consideração enquanto causas próprias dessas atribuições. Quando, porém, se encara a pessoa em si mesma, não se tem em conta a causa como tal. Assim se evidencia que, embora as pessoas sejam mais dignas em si, não são mais dignas em relação a este caso particular.

QUANTO AO 3º, deve-se dizer que há duas sortes de doação. Uma pertence à justiça. Dá-se a alguém o que lhe é devido. Nesse caso, pode haver discriminação de pessoas. — Outra é própria à liberalidade, quando se dá a alguém o que lhe não é devido. E tais são os dons da graça, pelos quais Deus salva os pecadores. E nessa espécie de doação, não há lugar para discriminação de pessoas. Pois, cada qual pode, sem injustiça, dar o que é seu, o quanto quiser e a quem quiser, conforme o Evangelho de Mateus: "Não me é permitido fazer o que quero? Toma o que te pertence, e vai-te".

## ARTICULUS 2
### Utrum in dispensatione spiritualium locum habeat personarum acceptio

AD SECUNDUM SIC PROCEDITUR. Videtur quod in dispensatione spiritualium locum non habet personarum acceptio.

## ARTIGO 2
### Pode ocorrer discriminação de pessoas na dispensação dos bens espirituais?

QUANTO AO SEGUNDO, ASSIM SE PROCEDE: parece que **não** pode ocorrer discriminação de pessoas na dispensação dos bens espirituais.

---

2. In corp.

2  PARALL.: *Quodlib.* IV, q. 8, a. 4; *Quodlib.* VI, q. 5, a. 3; *Quodlib.* VIII, q. 4, a. 1.

c. Aqui e no conjunto da q. 63, o termo pessoa (de resto, mais empregado no plural) não evoca a dignidade essencial que se liga a esse nome, quando se concebe o que constitui a pessoa como sujeito subsistente, racional e livremente responsável, sujeito portanto de direitos e deveres. A "dignidade" (da qual se fala de preferência no plural: as "dignidades" = os méritos) exprime o fato de ser digno de receber um bem ou uma honra, de ser provido de tal cargo, de tal ofício ou poder. A "dignidade" se acrescenta desse modo à "pessoa", e mesmo se opõe a ela; pois, considerar a pessoa significa levar em conta o indivíduo, o que lhe concerne especificamente, como membro de uma família, como nobre ou proprietário, mas desprovido da "dignidade", do valor, da competência ou da qualificação que permitiria "merecer" o acesso a um grau de honra ou de poder que se trata de distribuir. As "dignidades", os méritos são suscetíveis de apreciação relativa: "Os laços de sangue habilitam a um parente a ser instituído herdeiro de um patrimônio, mas não a receber uma prelatura eclesiástica". Essa reflexão da solução dá o tom de uma questão atenta à realidade e às exigências éticas.

1. Conferre enim dignitatem ecclesiasticam seu beneficium alicui propter consanguinitatem videtur ad acceptionem personarum pertinere: quia consanguinitas non est causa faciens hominem dignum ecclesiastico beneficio. Sed hoc non videtur esse peccatum: cum hoc ex consuetudine praelati Ecclesiae faciant. Ergo peccatum personarum acceptionis non videtur locum habere in dispensatione spiritualium.

2. PRAETEREA, praeferre divitem pauperi videtur ad acceptionem personarum pertinere, ut patet Iac 2,1 sqq. Sed facilius dispensatur cum divitibus et potentibus quod contrahant matrimonium in gradu prohibito, quam cum aliis. Ergo peccatum personarum acceptionis non videtur locum habere circa dispensationem spiritualium.

3. PRAETEREA, secundum iura[1] sufficit eligere bonum, non autem requiritur quod aliquis eligat meliorem. Sed eligere minus bonum ad aliquid altius videtur ad acceptionem personarum pertinere. Ergo personarum acceptio non est peccatum in spiritualibus.

4. PRAETEREA, secundum statuta Ecclesiae[2] eligendus est aliquis *de gremio ecclesiae*. Sed hoc videtur ad acceptionem personarum pertinere: quia quandoque sufficientiores alibi invenirentur. Ergo personarum acceptio non est peccatum in spiritualibus.

SED CONTRA est quod dicitur Iac 2,1: *Nolite in personarum acceptione habere fidem Domini nostri Iesu Christi*. Ubi dicit Glossa Augustini[3]: *Quis ferat si quis divitem eligat ad sedem honoris Ecclesiae, contempto paupere instructiore et sanctiore?*

RESPONDEO dicendum quod, sicut dictum est[4], acceptio personarum est peccatum inquantum contrariatur iustitiae. Quanto autem in maioribus aliquis iustitiam transgreditur, tanto gravius peccat. Unde cum spiritualia sint temporalibus potiora, gravius peccatum est personas accipere in dispensatione spiritualium quam in dispensatione temporalium.

Et quia personarum acceptio est cum aliquid personae attribuitur praeter proportionem dignitatis ipsius, considerare oportet quod dignitas alicuius personae potest attendi dupliciter. Uno

1. Com efeito, conferir dignidade eclesiástica ou benefício a alguém, por causa de parentesco, parece ser uma discriminação de pessoas, já que o parentesco não constitui uma causa que faça o homem digno de benefício eclesiástico. Ora, tal prática não parece ser pecado, dado que seja costumeira entre os prelados da Igreja. Logo, na dispensação dos bens espirituais, não parece haver pecado de discriminação de pessoas.

2. ALÉM DISSO, preferir o rico ao pobre, parece ser um caso de discriminação de pessoas, como se evidencia na Carta de Tiago. Ora, os ricos e poderosos, que contraem matrimônio em grau proibido são mais facilmente dispensados do que os outros. Logo, parece que, na dispensação dos bens espirituais, não existe discriminação de pessoas.

3. ADEMAIS, segundo as normas do direito, basta escolher o bom, sem que seja necessário escolher o melhor. Ora, escolher o menos bom para um cargo mais elevado parece implicar uma discriminação de pessoas. Logo, tal discriminação não é pecado na dispensação dos bens espirituais.

4. ADEMAIS, segundo os estatutos eclesiásticos, deve-se eleger alguém da *comunidade da igreja*. Ora, tal proceder parece comportar discriminação de pessoas, pois se poderiam encontrar alhures candidatos mais competentes. Logo, a discriminação de pessoas não é pecado, na dispensação dos bens espirituais.

EM SENTIDO CONTRÁRIO, a Carta de Tiago declara: "Não mistureis com acepções de pessoas a fé em Nosso Senhor Jesus Cristo". Aí, a glosa de Agostinho acrescenta: "Quem poderia tolerar que se escolha um rico para um lugar de honra na Igreja, com o desprezo do pobre, mais instruído e mais santo?"

RESPONDO. Acabamos de explicar, a discriminação de pessoas é pecado, porque se opõe à justiça. Tanto mais grave é o pecado quanto mais elevado é o domínio em que se transgride a justiça. Ora, como os bens espirituais são superiores aos temporais, é mais grave pecado fazer discriminação de pessoas na dispensação dos bens espirituais do que dos temporais.

E, uma vez que há discriminação de pessoas, quando se atribui a alguém o que não está em proporção com a dignidade dele, deve-se notar que a dignidade de uma pessoa pode ser considerada

---
1. *Decretal. Greg. IX*, l. I, t. 6, c. 32: ed. Richter-Friedberg, t. II, p. 79.
2. Ibid.: ed. cit., t. II, p. 78.
3. Cfr. AUGUST., Ep. 167 *ad Hier*., c. 5, n. 18: ML 33, 740; BEDAM, *Exposit. super divi Iacobi epist*., c. 2: ML 93, 18 D.
4. Art. praec.

modo, simpliciter et secundum se: et sic maioris dignitatis est ille qui magis abundat in spiritualibus gratiae donis. Alio modo, per comparationem ad bonum commune: contingit enim quandoque quod ille qui est minus sanctus et minus sciens, potest maius conferre ad bonum commune, propter potentiam vel industriam saecularem, vel propter aliquid huiusmodi. Et quia dispensationes spiritualium principalius ordinantur ad utilitatem communem, secundum illud 1Cor 12,7: *Unicuique datur manifestatio Spiritus ad utilitatem*: ideo quandoque absque acceptione personarum in dispensatione spiritualium illi qui sunt simpliciter minus boni, melioribus praeferuntur: sicut etiam et Deus gratias gratis datas quandoque concedit minus bonis.

AD PRIMUM ergo dicendum quod circa consanguineos praelati distinguendum est. Quia quandoque sunt minus digni et simpliciter, et per respectum ad bonum commune. Et sic si dignioribus praeferantur, est peccatum personarum acceptionis in dispensatione spiritualium, quorum praelatus ecclesiasticus non est dominus, ut possit ea dare pro libito, sed dispensator, secundum illud 1Cor 4,1: *Sic nos existimet homo ut ministros Christi, et dispensatores mysteriorum Dei*. — Quandoque vero consanguinei praelati ecclesiastici sunt aeque digni ut alii. Et sic licite potest, absque personarum acceptione, consanguineos suos praeferre: quia saltem in hoc praeeminent quod de ipsis magis confidere potest ut unanimiter secum negotia ecclesiae tractent. Esset tamen hoc propter scandalum dimittendum, si ex hoc aliqui exemplum sumerent, etiam praeter dignitatem, bona ecclesiae consanguineis dandi.

AD SECUNDUM dicendum quod dispensatio matrimonii contrahendi principaliter fieri consuevit propter foedus pacis firmandum: quod quidem magis est necessarium communi utilitati circa personas excellentes. Ideo cum eis facilius dispensatur absque peccato acceptionis personarum.

sob duplo aspecto. 1º De modo absoluto e em si mesma. Assim, tem maior dignidade quem tem maior abundância dos dons espirituais da graça. 2º Em relação ao bem comum. Com efeito, às vezes o menos santo e o menos sábio pode contribuir mais para o bem comum pelo seu poder, sua habilidade secular ou por outra qualidade dessa ordem. Ora, a dispensação dos bens espirituais é ordenada antes de tudo à utilidade comum. É o que se ensina na primeira Carta aos Coríntios: "A cada um é dada a manifestação do Espírito para o proveito geral". Por isso, sem que haja discriminação de pessoas, na dispensação dos bens espirituais, os menos bons, absolutamente falando, são preferidos aos melhores. É assim que o próprio Deus concede às vezes aos menos bons as graças gratuitamente dadas[d].

QUANTO AO 1º, portanto, deve-se dizer que quanto aos parentes de um prelado, havemos de distinguir. Pois, por vezes, são menos dignos, quer absolutamente falando, quer em relação ao bem comum. Nesse caso, se são preferidos aos mais dignos, há pecado de discriminação de pessoas na dispensação dos bens espirituais, de que o prelado eclesiástico não é dono, podendo deles dispor a seu bel-prazer, mas dispensador, como se declara na primeira Carta aos Coríntios: "Que nos considerem como ministros de Cristo e dispensadores dos mistérios de Deus." — Outras vezes, ao contrário, os parentes do prelado eclesiástico são tão dignos quanto os outros. E então, sem discriminação de pessoas, pode preferir os parentes, pois oferecem pelo menos esta vantagem: de merecer mais confiança, permitindo tratar com maior entendimento entre si os negócios eclesiásticos. No entanto, tal proceder deve ser abandonado, por motivo de escândalo, se outros prelados se apoiassem nesse exemplo e dessem os bens da igreja a parentes, mesmo que não fossem dignos.

QUANTO AO 2º, deve-se dizer que a dispensa para contrair matrimônio se costuma dar principalmente com o fito de firmar alianças de paz, o que é por certo mais necessário à utilidade pública, quando se trata de pessoas mais altamente colocadas. Por isso, são dispensadas mais facilmente, sem que haja pecado de discriminação de pessoas.

---

    d. Nesse artigo, ilustra-se a aplicação da doutrina às situações concretas da cristandade medieval. O rigor doutrinal se alia de maneira exemplar à finura das análises e à flexibilidade das soluções práticas. A malícia da acepção de pessoas é estigmatizada com maior ênfase no favoritismo eclesiástico, dada a maior elevação dos bens espirituais. Mas Sto. Tomás leva em conta a importância dos laços de consanguinidade e de aliança na sociedade medieval, indicando as condições de legitimidade das considerações familiares quando se trata da distribuição de benefícios e ofícios eclesiásticos, e aponta também os riscos de nepotismo ou de escândalo, caso se dê preferência aos próximos, mesmo que eles sejam dignos.

AD TERTIUM dicendum quod quantum ad hoc quod electio impugnari non possit in foro iudiciali, sufficit eligere bonum, nec oportet eligere meliorem: quia sic omnis electio posset habere calumniam. Sed quantum ad conscientiam eligentis, necesse est eligere meliorem vel simpliciter, vel in comparatione ad bonum commune. Quia si potest haberi aliquis magis idoneus erga aliquam dignitatem et alius praeferatur, oportet quod hoc sit propter aliquam causam. Quae quidem si pertineat ad negotium, quantum ad hoc erit ille qui eligitur magis idoneus. Si vero non pertineat ad negotium id quod consideratur ut causa, erit manifeste acceptio personae.

AD QUARTUM dicendum quod ille qui de gremio ecclesiae assumitur, ut in pluribus consuevit esse utilior quantum ad bonum commune: quia magis diligit ecclesiam in qua est nutritus. Et propter hoc etiam mandatur Dt 17,15: *Non poteris alterius gentis facere regem, qui non sit frater tuus.*

QUANTO AO 3º, deve-se dizer que para que uma eleição não seja impugnada no foro judicial, basta escolher quem é bom, sem que haja necessidade de escolher o melhor. Do contrário, qualquer eleição poderia ser contestada. Mas, para a consciência do eleitor, impõe-se que escolha o melhor, ou em si mesmo ou em relação ao bem comum. Quando, pois, se dispõe de um mais apto para um cargo elevado, e se escolhe um outro, deve-se ter uma causa. Se essa tem relação com a natureza do cargo, então o escolhido é o mais idôneo. No caso contrário, o que se dá como causa é manifestamente uma discriminação de pessoas.

QUANTO AO 4º, deve-se dizer que quem foi escolhido da comunidade da igreja, costuma ser, na maioria das vezes, mais útil ao bem comum, pois tem mais amor à igreja em que foi criado. Por isso, se prescreve no livro do Deuteronômio: "Não poderás estabelecer como rei um estrangeiro, que não seja teu irmão."

## ARTICULUS 3
### Utrum in exhibitione honoris et reverentiae locum habeat peccatum acceptionis personarum

AD TERTIUM SIC PROCEDITUR. Videtur quod in exhibitione honoris et reverentiae non habeat locum peccatum acceptionis personarum.

1. Honor enim nihil aliud esse videtur quam reverentia quaedam alicui exhibita in testimonium virtutis: ut patet per Philosophum, in I *Ethic*.[1] Sed praelati et principes sunt honorandi, etiam si sint mali; sicut etiam et parentes, de quibus mandatur Ex 20,12: *Honora patrem tuum et matrem tuam*; et etiam domini sunt a servis honorandi, etiam si sint mali, secundum illud ITi 6,1: *Quicumque sunt sub iugo servi, dominos suos honore dignos arbitrentur.* Ergo videtur quod acceptio personae non sit peccatum in exhibitione honoris.

2. PRAETEREA, Lv 19,32 praecipitur: *Coram cano capite consurge, et honora personam senis.* Sed hoc videtur ad acceptionem personarum pertinere: quia quandoque senes non sunt virtuosi, secundum illud Dn 13,5: *Egressa est iniquitas a*

## ARTIGO 3
### Pode haver pecado de discriminação de pessoas em manifestar honra e respeito?

QUANTO AO TERCEIRO, ASSIM SE PROCEDE: parece que **não** pode haver pecado de discriminação de pessoas em manifestar honra e respeito.

1. Com efeito, a honra parece não ser mais do que uma reverência manifestada a alguém como testemunho de sua virtude, segundo os dizeres do Filósofo. Ora, os prelados e os príncipes devem ser honrados, mesmo quando desprovidos de virtude, bem como os pais, conforme se manda no livro do Êxodo: "Honra teu pai e tua mãe". Também os senhores, embora maus, devem ser honrados pelos servos, como se recomenda na primeira Carta a Timóteo: "Todos os servos que estão debaixo do jugo estimem seus senhores dignos de toda honra." Logo, parece que não haja pecado de discriminação de pessoas, quando se manifesta honra a outrem.

2. ALÉM DISSO, está prescrito no livro do Levítico: "Levanta-te diante da cabeça encanecida e honra a pessoa do ancião". Ora, tal atitude parece implicar discriminação de pessoas, pois, às vezes, os anciãos não são virtuosos, segundo

---

3 PARALL.: *Quodlib.* X, q. 6, a. 1.

1. C. 3: 1095, b, 26-30.

*senioribus populi*. Ergo acceptio personarum non est peccatum in exhibitione honoris.

3. Praeterea, super illud Iac 2,1: *Nolite in personarum acceptione habere* etc., dicit Glossa Augustini[2]: *Si hoc quod Iacobus dicit, "Si introierit in conventum vestrum vir habens anulum aureum" etc., intelligatur de quotidianis consessibus, quis hic non peccat, si tamen peccat?* Sed haec est acceptio personarum, divites propter divitias honorare: dicit enim Gregorius, in quadam homilia[3]: *Superbia nostra retunditur, quia in hominibus non naturam, qua ad imaginem Dei facti sunt, sed divitias honoramus*; et sic, cum divitiae non sint debita causa honoris, pertinebit hoc ad personarum acceptionem. Ergo personarum acceptio non est peccatum circa exhibitionem honoris.

Sed contra est quod dicitur in Glossa[4] Iac 2,1: *Quicumque divitem propter divitias honorat, peccat*. Et pari ratione, si aliquis honoretur propter alias causas quae non faciunt dignum honore: quod pertinet ad acceptionem personarum. Ergo acceptio personarum in exhibitione honoris est peccatum.

Respondeo dicendum quod honor est quoddam testimonium de virtute eius qui honoratur, et ideo sola virtus est debita causa honoris. Sciendum tamen quod aliquis potest honorari non solum propter virtutem propriam, sed etiam propter virtutem alterius. Sicut principes et praelati honorantur etiam si sint mali, inquantum gerunt personam Dei et communitatis cui praeficiuntur: secundum illud Pv 26,8: *Sicut qui immittit lapides in acervum Mercurii, ita qui tribuit insipienti honorem*. Quia gentiles rationem attribuebant Mercurio, acervus Mercurii dicitur cumulus ratiocinii, in quo mercator quandoque mittit unum lapillum loco centum marcarum: ita etiam honoratur insipiens, quia ponitur loco Dei et loco totius communitatis. — Et eadem ratione parentes et domini sunt honorandi, propter participationem divinae dignitatis, qui est omnium Pater et Dominus. — Senes autem sunt honorandi propter signum virtutis, quod est senectus: licet hoc signum quandoque deficiat. Unde, ut dicitur Sap 4,8,9, *senectus vere honoranda est non*

se diz no livro de Daniel: "A iniquidade partiu dos mais velhos do povo". Logo, a discriminação de pessoas não é pecado, quando manifestamos honra a outrem.

3. Ademais, a propósito do texto, que diz: "Não misturais a fé com a discriminação de pessoas", diz a Glosa de Agostinho: "Se os dizeres de Tiago: Ao entrar em vossa assembleia um homem que tenha um anel de ouro etc., se se entende das reuniões quotidianas, quem não pecará, nesse ponto, admitindo-se que seja um pecado?" Ora, é discriminação de pessoas honrar os ricos em razão de suas riquezas. Assim o diz Gregório, em uma homilia: "Nossa soberba se rebaixa, pois honramos nos homens não a sua natureza, pela qual foram feitos à imagem de Deus, porém suas riquezas." Como as riquezas não constituem causa legítima de honras, trata-se portanto de discriminação de pessoas. Logo, esta não é pecado, no caso de se manifestar honra.

Em sentido contrário, a Glosa afirma: "Todo aquele que honra um rico em razão das riquezas comete pecado." O mesmo se dá todas as vezes que se honra alguém por motivos que não o tornam digno de honra, o que constitui a discriminação de pessoas. Logo, esta discriminação de pessoas que se manifesta em demonstração de honra vem a ser um pecado.

Respondo. a honra é uma homenagem prestada à virtude; e só a virtude é causa legítima de se honrar alguém. Havemos, no entanto, de notar que alguém pode ser honrado, não apenas por sua própria virtude, mas também pela de outrem. Assim, se honram os príncipes e prelados, mesmo que sejam maus, porque representam a Deus e a comunidade a que presidem. É o que se diz no livro dos Provérbios: "Quem honra o insensato é como quem ajunta uma pedra ao monte de Mercúrio." Os pagãos atribuíam o cálculo a Mercúrio. Por isso, chama-se monte de Mercúrio ao saco de contas, onde o negociante jogava uma pedrinha em lugar de cem marcos. Assim pois, se honra o insensato que representa a Deus e a toda a comunidade. — Pela mesma razão, devem ser honrados os pais e os senhores, porque participam da dignidade de Deus, Pai e Senhor de todos. — Quanto aos anciãos hão de ser honrados, por ser a velhice um sinal de virtude, embora o sinal, às vezes, venha a falhar. Daí se dizer no livro da Sabedoria:

---

2. Cfr. Aug., epist. 167, *ad Hieron.*, c. 5, n. 18: ML 33, 740.
3. Hom. 28 *in Evang.*, n. 2: ML 76, 1211 C.
4. Interl.

*diuturna neque annorum numero computata: cani autem sunt sensus hominis et aetas senectutis vita est immaculata.* — Divites autem honorandi sunt propter hoc quod maiorem locum in communitatibus obtinent. Si autem solum intuitu divitiarum honorentur, erit peccatum acceptionis personarum.

Et per hoc patet responsio AD OBIECTA.

### ARTICULUS 4
### Utrum in iudiciis locum habeat peccatum acceptionis personarum

AD QUARTUM SIC PROCEDITUR. Videtur quod in iudiciis locum non habeat peccatum acceptionis personarum.

1. Acceptio enim personarum opponitur distributivae iustitiae, ut dictum est[1]. Sed iudicia maxime videntur ad iustitiam commutativam pertinere. Ergo personarum acceptio non habet locum in iudiciis.

2. PRAETEREA, poenae secundum aliquod iudicium infliguntur. Sed in poenis accipiuntur personae absque peccato: quia gravius puniuntur qui inferunt iniuriam in personas principum quam qui in personas aliorum. Ergo personarum acceptio non habet locum in iudiciis.

3. PRAETEREA, Eccli 4,10 dicitur: *In iudicando esto pupillis misericors*. Sed hoc videtur accipere personam pauperis. Ergo acceptio personae in iudiciis non est peccatum.

SED CONTRA est quod dicitur Pv 18,5: *Accipere personam in iudicio non est bonum.*

RESPONDEO dicendum quod, sicut supra[2] dictum est, iudicium est actus iustitiae, prout iudex ad aequalitatem iustitiae reducit ea quae inaequalitatem oppositam facere possunt. Personarum autem acceptio inaequalitatem quandam habet, inquantum attribuitur alicui personae praeter proportionem

"Velhice venerável não consiste em vida longa nem se mede pelo número dos anos. É a sensatez da pessoa que são os cabelos brancos e uma vida imaculada é que é idade avançada." Quanto aos ricos, hão de ser honrados, porque desempenham na comunidade papel mais importante. Se forem honrados, apenas em razão das suas riquezas, seria cometer o pecado de discriminação de pessoas[e].
Assim se dão *respostas* às objeções.

### ARTIGO 4
### Há lugar para o pecado de discriminação de pessoas nos julgamentos?

QUANTO AO QUARTO, ASSIM SE PROCEDE: parece que **não** há lugar para pecado de discriminação de pessoas nos julgamentos.

1. Com efeito, já foi dito, a discriminação de pessoas opõe-se à justiça distributiva. Ora, os julgamentos parecem pertencer sobretudo à justiça comutativa. Logo, a discriminação de pessoas não tem lugar nos julgamentos.

2. ALÉM DISSO, as penas são infligidas de acordo com o julgamento. Ora, nas penas, há discriminação de pessoas, sem que haja pecado, pois é punido mais gravemente quem ultraja as pessoas dos príncipes do que outras pessoas. Logo, a discriminação de pessoas não tem lugar nos julgamentos.

3. ADEMAIS, no livro do Eclesiástico, se recomenda: "No julgar, seja misericordioso com os órfãos." Ora, assim se faz discriminação da pessoa do pobre. Logo, a discriminação de pessoas nos julgamentos não é pecado.

EM SENTIDO CONTRÁRIO, no livro dos Provérbios, se declara: "Não é bom fazer discriminação de pessoas nos julgamentos".

RESPONDO. Como já se disse, o julgamento é um ato de justiça, enquanto o juiz reconduz à igualdade da justiça aquilo que pode constituir uma desigualdade a ela oposta. Ora, a discriminação de pessoas comporta certa desigualdade, pois atribui a uma pessoa mais do que a devida

---

4
1. Art. 1.
2. Q. 60, a. 1.

e. Uma observação semelhante à da nota precedente seria conveniente neste artigo. A única honra verdadeira é aquela que se deve à virtude. Entretanto, levam-se em conta as hierarquias de valores reconhecidos nas diferentes formas de sociedade. O artigo 2 da questão 61 já o evocou, enumerando os valores da virtude, da riqueza, da liberdade como outros tantos critérios de diferenciação das escolhas nos diversos modelos de sociedade. Insiste-se aqui no princípio de que somente a virtude é em si digna de honra. Outras condições, a idade, a riqueza e a nobreza podem servir ao bem comum, mas só merecem ser honradas se são nobilitadas pela virtude.

suam, in qua consistit aequalitas iustitiae. Et ideo manifestum est quod per personarum acceptionem iudicium corrumpitur.

AD PRIMUM ergo dicendum quod iudicium dupliciter potest considerari. Uno modo, quantum ad ipsam rem iudicatam. Et sic iudicium se habet communiter ad commutativam et ad distributivam iustitiam: potest enim iudicio definiri qualiter aliquid commune sit distribuendum in multos, et qualiter unus alteri restituat quod ab eo accepit. — Alio modo potest considerari quantum ad ipsam formam iudicii, prout scilicet iudex etiam in ipsa commutativa iustitia, ab uno accipit et alteri dat. Et hoc pertinet ad distributivam iustitiam. Et secundum hoc in quolibet iudicio locum habere potest personarum acceptio.

AD SECUNDUM dicendum quod cum punitur gravius aliquis propter iniuriam in maiorem personam commissam, non est personarum acceptio: quia ipsa diversitas personae facit, quantum ad hoc, diversitatem rei, ut supra[3] dictum est.

AD TERTIUM dicendum quod homo in iudicio debet pauperi subvenire quantum fieri potest, tamen sine laesione iustitiae. Alioquin habet locum illud quod dicitur Ex 23,3: *Pauperis quoque non misereberis in iudicio.*

proporção, na qual consiste a igualdade da justiça. É, portanto, manifesto que a discriminação de pessoas corrompe o julgamento.

QUANTO AO 1º, portanto, deve-se dizer que o julgamento pode ser encarado sob duplo aspecto. 1º Quanto à coisa mesmo julgada. E assim se refere tanto à justiça comutativa quanto à distributiva. Pois, pode ser determinado em julgamento, de que modo um bem comum deva ser distribuído a muitos ou como alguém há de restituir a outro o que dele tomou. — 2º O julgamento pode ser considerado quanto à sua forma, a saber, quando, embora no domínio próprio da justiça comutativa, o juiz tira de um e dá a outro; ora, tal partilha pertence à justiça distributiva. Donde se vê que em todo julgamento pode haver discriminação de pessoas.

QUANTO AO 2º, deve-se dizer que punir mais gravemente quem cometeu injúria contra uma pessoa de maior importância não comporta discriminação de pessoas; pois, nesse caso, a diversidade pessoal acarreta diversidade real, como já se explicou.

QUANTO AO 3º, deve-se dizer que no exercício do julgamento, deve-se, na medida do possível, ajudar o pobre, sem porém lesar a justiça. Do contrário, não se levaria em conta a palavra do livro do Êxodo: "No julgamento, nem mesmo ao pobre se há de favorecer."

---

3. Q. 58, a. 10, ad 3; q. 61, a. 2, ad 3.

## QUAESTIO LXIV
## DE HOMICIDIO
*in octo articulos divisa*

Deinde considerandum est de vitiis oppositis commutativae iustitiae. Et primo considerandum

## QUESTÃO 64
## O HOMICÍDIO[a]
*em oito artigos*

Deve-se tratar agora dos vícios opostos à justiça comutativa. Em primeiro lugar, os pecados

---

a. Esta seção se estenderá sobre 15 questões tratando de outros tantos vícios opostos à justiça comutativa (q. 64-78). Sua minuciosa classificação vincula-se a esse princípio explicativo que é a noção de "intercâmbios", pela qual se define essa espécie de justiça (ver acima, q. 61). Aqui, as intercâmbios serão divididos em voluntários e involuntários, o que é um princípio formal e adequado de distinção, uma vez que considera as "ações" (em oposição às "paixões") que derivam imediatamente da vontade, sendo esta a sede da virtude de justiça (ver acima, q. 58, a. 4).

Uma primeira série de pecados se caracteriza pelo fato de que são cometidos nos intercâmbios involuntários. Causam dano ao próximo contra sua vontade, atentando contra os bens mais preciosos: a vida, a honra, a dignidade, a integridade corporal, a liberdade, a propriedade. Esse importante domínio se organiza em torno da distinção das faltas que podemos cometer por ação ou por palavra. As injustiças em palavras serão estudadas primeiramente em torno do falso testemunho prestado diante da justiça; o que propiciará o esboço de um tratado de deontologia judiciária (q. 67-71). Depois, serão tratados os atentados contra a dignidade, a honra, a reputação ou a estima que se manifestam na conversa ou na comunicação da vida corrente (q. 72-76).

Uma outra série de pecados é constituída pelos abusos ou perversões que vêm macular ou afetar os intercâmbios voluntários, isto é, as transações contratuais, tornando-as injustas. Essas infrações nos negócios são analisadas no âmbito de uma moral do comércio, que gira em torno dos temas concretos da fraude ou da usura (q. 77-78).

est de peccatis quae committuntur circa involuntarias commutationes; secundo, de peccatis quae committuntur circa commutationes voluntarias. Committuntur autem peccata circa involuntarias commutationes per hoc quod aliquod nocumentum proximo infertur contra eius voluntatem: quod quidem potest fieri dupliciter, scilicet facto, et verbo. Facto quidem, cum proximus laeditur vel in persona propria; vel in persona coniuncta; vel in propriis rebus. De his ergo per ordinem considerandum est. Et primo, de homicidio, per quod maxime nocetur proximo.

Et circa hoc quaeruntur octo.

*Primo:* utrum occidere animalia bruta, vel etiam plantas, sit peccatum.

*Secundo:* utrum occidere peccatorem sit licitum.

*Tertio:* utrum hoc liceat privatae personae, vel solum publicae.

*Quarto:* utrum hoc liceat clerico.

*Quinto:* utrum liceat alicui occidere seipsum.

*Sexto:* utrum liceat occidere hominem iustum.

cometidos nas comutações involuntárias. E em segundo lugar, os pecados cometidos nas comutações voluntárias. Os primeiros se cometem, quando se causa dano ao próximo contra a sua vontade, por ação e por palavra. Por ação, se o próximo é atingido: quer em sua pessoa ou em pessoa chegada a ele; quer em seus bens. Deve-se então considerá-los pela ordem[b]. E primeiro, pelo homicídio, que vem a ser o dano mais grave que se possa causar ao próximo.

A questão se divide em oito artigos:
1. É pecado matar animais e mesmo plantas?
2. É permitido matar o pecador?
3. Matar o pecador é permitido a uma pessoa particular ou só à autoridade pública?
4. É permitido a um clérigo?
5. É permitido matar-se a si mesmo?
6. É permitido matar um homem justo?

---

A seção se abre pelo estudo das injustiças por ação, onde se distinguem os atentados contra a pessoa visada em si mesma ou nos que lhe são próximos e contra seus bens materiais. Esse grupo de questões consagradas diretamente aos pecados de homicídio, de roubo e de rapina (q. 64-66) forma um núcleo doutrinal, teológico e moral da mais alta importância. Na verdade, os direitos fundamentais à vida, à integridade corporal e à propriedade são examinados em um contexto histórico e cultural limitado, mas também em seus conteúdos essenciais e em sua legitimação teológica e ética.

b. Para Sto. Tomás como para a maioria dos teólogos medievais, o ponto de partida do estudo do assassinato, do suicídio, da pena de morte, da legítima defesa permanece o quinto mandamento do decálogo: "Não matarás". A presente questão oferecerá a sua justificação e explicação doutrinal, elaboradas com rigor e fineza. Por seu conteúdo e em sua disposição, retoma as grandes linhas da tradição, da moral e do direito. Elas eram efetivamente unânimes na cristandade medieval, em condenar o homicídio voluntário (do inocente), o suicídio, mas aceitando a legitimidade da pena de morte, pronunciada pela autoridade competente, e mesmo da mutilação judicialmente infligida, afirmando o caráter lícito da legítima defesa, assim como reconhecendo a isenção ou a atenuação da culpabilidade no caso de homicídio acidental. Uma tal unanimidade de práticas e doutrinas, usualmente sancionadas pelo direito canônico, fazia desse leque de posições um ponto de partida e de referência absolutamente seguro para o teólogo.

A originalidade de Sto. Tomás se manifestará antes em sua maneira de fundar e articular a doutrina do respeito pela vida. Esta será encarada sob diferentes aspectos: em primeiro lugar, sua qualidade, a de uma criatura, de uma pessoa cuja dignidade a põe em relação imediata com Deus; em segundo lugar, considerando-se as relações entre o indivíduo e a sociedade, examinam-se as incidências dessa dignidade pessoal, fonte de direitos mas igualmente de uma temível responsabilidade. O homem "pecador" gravemente culpado poderá tornar-se "indigno" de viver, na medida que sua falta causa um dano grave ao bem comum, falta que a autoridade pode julgar soberanamente. No centro da questão 64, portanto, encontra-se a compreensão e a condenação do homicida como o "assassino de um inocente"; é o tema que desenvolve o artigo 6. A conclusão desse artigo: "Não é permitido em *circunstância alguma* matar um inocente", ergue-se como o coroamento de uma argumentação progressiva: a vida das plantas e dos animais pode ser sacrificada razoavelmente em proveito do homem (a. 1); é permitido e mesmo louvável condenar à morte o homem pecador, gravemente culpado em relação ao bem comum (a. 2); uma tal condenação incumbe à autoridade civil (a. 3) e permanece proibida aos clérigos (a. 4); é absolutamente proibido suicidar-se (a. 5).

Esse último artigo encerra o exame do direito à vida, investigado em seu sujeito, a pessoa humana: o homem, mesmo culpado, não pode fazer justiça a si próprio, matar-se (nas perspectivas dos artigos anteriores, que examinavam as relações entre a dignidade pessoal e a sociedade, o bem comum do qual a autoridade está encarregada). O artigo 6 emerge então como a afirmação do princípio fundamental: o homem inocente, o homem justo conserva e só ele toda a dignidade pessoal, sendo ao mesmo tempo o promotor do bem comum e a razão de ser da sociedade: sua vida deve sempre ser respeitada e protegida.

Os artigos seguintes surgem como uma dupla aplicação dessa doutrina: é permitido matar em legítima defesa de sua vida (a. 7); aquele que mata um homem por acidente não é culpado de homicídio (a. 8).

O essencial da questão do homicídio reside portanto na compreensão da "dignidade" da vida humana. É ilustrada pela consideração das relações entre o "todo" e a "parte" (ver, acima, q. 61, a. 1), completada pela visão da subordinação do "imperfeito ao perfeito". Assim se constitui-se uma hierarquia dos seres vivos e uma ordem diferenciada no respeito pela vida humana, derivando finalmente do uso da responsabilidade, da qual dependerá a plena afirmação da dignidade pessoal.

*Septimo:* utrum liceat alicui occidere hominem seipsum defendendo.

*Octavo:* utrum homicidium casuale sit peccatum mortale.

### Articulus 1
### Utrum occidere quaecumque viventia sit illicitum

Ad primum sic proceditur. Videtur quod occidere quaecumque viventia sit illicitum.

1. Dicit enim Apostolus, *ad* Rm 13,2. *Qui ordinationi Dei resistit, ipse sibi damnationem acquirit.* Sed per ordinationem divinae providentiae omnia viventia conservantur: secundum illud Ps 146,8-9: *Qui producit in montibus faenum, et dat iumentis escam ipsorum.* Ergo mortifi care quaecumque viventia videtur esse illicitum.

2. Praeterea, homicidium est peccatum ex eo quod homo privatur vita. Sed vita communis est omnibus animalibus et plantis. Ergo eadem ratione videtur esse peccatum occidere bruta animalia et plantas.

3. Praeterea, in lege divina non determinatur specialis poena nisi peccato. Sed occidenti ovem vel bovem alterius statuitur poena determinata in lege divina, ut patet Ex 22,1. Ergo occisio brutorum animalium est peccatum.

Sed contra est quod Augustinus dicit, in I *de Civ. Dei*[1]: *Cum audimus, Non occides, non accipimus hoc dictum esse de fructetis, quia nullus eis est sensus: nec de irrationalibus animalibus, quia nulla nobis ratione sociantur. Restat ergo ut de homine intelligamus quod dictum est, Non occides.*

Respondeo dicendum quod nullus peccat ex hoc quod utitur re aliqua ad hoc ad quod est. In rerum autem ordine imperfectiora sunt propter perfectiora: sicut etiam in generationis via natura ab imperfectis ad perfecta procedit. Et inde est quod sicut in generatione hominis prius est vivum, deinde animal, ultimo autem homo; ita etiam ea quae tantum vivunt, ut plantae, sunt communiter propter omnia animalia, et animalia sunt propter hominem. Et ideo si homo utatur plantis ad utilitatem animalium, et animalibus ad utilitatem hominum, non est illicitum: ut etiam per Philosophum patet, in I *Polit.*[2]. Inter alios autem

7. É permitido matar alguém para se defender?

8. O homicídio casual é pecado mortal?

### Artigo 1
### Matar quaisquer seres vivos é ilícito?

Quanto ao primeiro artigo, assim se procede: parece que matar quaisquer seres vivos é ilícito.

1. Com efeito, o Apóstolo escreve aos Romanos: "Quem resiste à ordem estabelecida por Deus atrai sobre si a condenação". Ora, é pela ordem da divina providência que se conservam em vida todos os seres, conforme esta palavra do Salmo: "É ele que faz crescer a erva sobre os montes e dá aos animais seu alimento". Logo, matar quaisquer seres vivos parece ilícito.

2. Além disso, o homicídio é pecado porque priva o homem da vida. Ora, a vida é comum aos homens, aos animais e às plantas. Logo, pela mesma razão parece ser pecado matar os animais e as plantas.

3. Ademais, a lei divina determina pena especial só para o pecado. Ora, ela estatui uma pena especial para quem mata um boi ou uma ovelha de outrem, como se vê no livro do Êxodo. Logo, matar os animais é pecado.

Em sentido contrário, Agostinho declara: "Quando ouvimos o preceito: *Não matarás*, não entendemos que se aplique às plantas, pois são desprovidas de sentimento, nem aos animais irracionais, pois não têm a razão em comum conosco. É, portanto, ao homem que havemos de aplicar esta palavra: *Não matarás!*"

Respondo. Ninguém peca utilizando uma coisa para o fim a que é destinada. Ora, na hierarquia dos seres, os menos perfeitos são para os mais perfeitos; como, no processo da geração, a natureza vai do imperfeito ao perfeito. Com efeito, na geração do homem, primeiro existe o ser vivo, depois, o animal, e finalmente o homem. Assim os seres que só têm a vida, os vegetais, são, no conjunto, destinados a servir aos animais todos, e os animais, ao homem. Por isso, não é ilícito que o homem se sirva das plantas para a utilidade dos animais, e dos animais para o bem do homem, como explica o Filósofo. Entre outros

---

1 Parall.: I *Sent.*, dist. 39, q. 2, a. 2; *Cont. Gent.* III, 112; *De Dec. Praecept.* etc., cap. *de Quint. Praecept.*
   1. C. 20: ML 41, 35.
   2. C. 8: 1256, b, 15-20.

usus maxime necessarius esse videtur ut animalia plantis utantur in cibum, et homines animalibus: quod sine mortificatione eorum fieri non potest. Et ideo licitum est et plantas mortificare in usum animalium, et animalia in usum hominum, ex ipsa ordinatione divina: dicitur enim Gn 1,29-30: *Ecce, dedi vobis omnem herbam et universa ligna, ut sint vobis in escam et cunctis animantibus.* Et Gn 9,3 dicitur: *Omne quod movetur et vivit, erit vobis in cibum.*

AD PRIMUM ergo dicendum quod ex ordinatione divina conservatur vita animalium et plantarum non propter seipsam, sed propter hominem. Unde ut Augustinus dicit, in I *de Civ. Dei*[3], *iustissima ordinatione Creatoris et vita et mors eorum nostris usibus subditur.*

AD SECUNDUM dicendum quod animalia bruta et plantae non habent vitam rationalem, per quam a seipsis agantur, sed semper aguntur quasi ab alio, naturali quodam impulsu. Et hoc est signum quod sunt naturaliter serva, et aliorum usibus accommodata.

AD TERTIUM dicendum quod ille qui occidit bovem alterius peccat quidem, non quia occidit bovem, sed quia damnificat hominem in re sua. Unde non continetur sub peccato homicidii, sed sub peccato furti vel rapinae.

usos, o mais necessário parece ser que as plantas sirvam de alimento aos animais, e os animais, aos homens. O que não se pode conseguir sem matá-los. Logo, é lícito matar as plantas para uso dos animais, e estes para utilidade do homem, em virtude da ordem divina. Pois se lê no livro do Gênesis: "Eis que vos dou todas as ervas e todas as árvores, para vos servirem de sustento para vós e os animais da terra." E, ainda: "Tudo o que se move e vive vos servirá de alimento."[c]

QUANTO AO 1º, portanto, deve-se dizer que por ordem divina, conserva-se a vida dos animais e das plantas, não por causa deles, mas do homem. Por isso, Agostinho declara: "Por uma ordem justíssima do Criador, a vida e a morte desses seres estão a nosso serviço."

QUANTO AO 2º, deve-se dizer que os animais e as plantas não têm a vida racional, que lhes facultaria agir por eles mesmos. Mas, agem sempre como levados por outrem, por uma espécie de impulso natural. É sinal de que são naturalmente servos e destinados à utilidade de outros seres.

QUANTO AO 3º, deve-se dizer que quem mata um boi de outrem peca, sem dúvida, não porque mata um boi, mas porque dá prejuízo a outrem em seus bens. Não incide em pecado de homicídio, mas de furto ou rapina.

ARTICULUS 2
### Utrum sit licitum occidere homines peccatores

AD SECUNDUM SIC PROCEDITUR. Videtur quod non sit licitum occidere homines peccatores.

ARTIGO 2
### É lícito matar os pecadores?[d]

QUANTO AO SEGUNDO, ASSIM SE PROCEDE: parece que **não** é lícito matar os pecadores.

---

3. L. c.: ML 41, 35.

PARALL.: Supra, q. 25, a. 6, ad 2; infra, q. 108, a. 3; I-II, q. 100, a. 8, ad 3; *Cont. Gent.* III, 146; *De Virtut.*, q. 2, a. 8, ad 10; *De Dec. Praecept.* etc., cap. *De Quint. Praecept.; ad Rom.*, c. 12, lect. 3.

---

c. Na perspectiva de um exame racional das coisas segundo sua finalidade, o artigo reconhece que só o homem, entre os seres vivos, existe para si mesmo, sendo capaz e responsável de conduzir-se enquanto senhor, ao passo que os animais são naturalmente destinados a servir ao homem. No âmbito da justiça, indica-se assim que só o homem é o sujeito do direito à vida, as plantas e animais sendo o objeto de um cuidado razoável em prol da humanidade. Uma tal compreensão hierarquizada do universo é apresentada como a expressão mesma da sabedoria e da disposição do Criador.

d. Os artigos 2, 3 e 4 examinam sucessivamente os diferentes aspectos da pena de morte.
Esta não é abordada pelo ângulo jurídico ou a oportunidade política, mas do ponto de vista mais geral de sua legitimidade ou bondade éticas. Como lembrará a solução do artigo 6, considerada em si mesma a vida humana é sempre um bem, e mesmo um dom divino a preservar. Mas deve ser vista igualmente em relação ao bem comum da sociedade. Cada indivíduo aparece então como uma "parte" em relação com o "todo" social, ao qual se subordina. O artigo 2 estabelece o princípio: se o indivíduo se torna um perigo para a sociedade e, por seu pecado, tende a destruir o bem comum, será "louvável e salutar" fazê-lo morrer; algo que pode e deve decidir de maneira exclusiva a autoridade pública soberana. Essa doutrina correlaciona a dignidade essencial do homem, a de "existir para si", e sua responsabilidade, o uso de sua liberdade no interior da sociedade e em relação com o bem comum. A perda voluntária e culpada de sua "dignidade" faz com que o homem mereça ser condenado à morte (pela autoridade pública); o que dá à pena de morte um outro fundamento que o recurso à doutrina da legítima defesa (ver a. 7), aplicada, de maneira analógica ao bem comum a salvaguardar (apelando para a supressão daqueles que o põem em perigo).

1. Dominus enim, Mt 13,29-30, in parabola, prohibuit extirpare zizania, qui sunt *filii nequam*, ut ibidem [28] dicitur. Sed omne quod est prohibitum a Deo est peccatum. Ergo occidere peccatorem est peccatum.

2. PRAETEREA, iustitia humana conformatur iustitiae divinae. Sed secundum divinam iustitiam peccatores ad poenitentiam reservantur: secundum illud Ez 18,23;33,11: *Nolo mortem peccatoris, sed ut convertatur et vivat*. Ergo videtur esse omnino iniustum quod peccatores occidantur.

3. PRAETEREA, illud quod est secundum se malum nullo bono fine fieri licet: ut patet per Augustinum, in libro *Contra Mendacium*[1], et per Philosophum, in II *Ethic*.[2] Sed occidere hominem secundum se est malum: quia ad omnes homines debemus caritatem habere; *amicos* autem *volumus vivere et esse*, ut dicitur in IX *Ethic*.[3] Ergo nullo modo licet hominem peccatorem interficere.

SED CONTRA est quod dicitur Ex 22,18: *Maleficos non patieris vivere*; et in Ps 100,8: *In matutino interficiebam omnes peccatores terrae*.

RESPONDEO dicendum quod, sicut dictum est[4], licitum est occidere animalia bruta inquantum ordinantur naturaliter ad hominum usum, sicut imperfectum ordinatur ad perfectum. Omnis autem pars ordinatur ad totum ut imperfectum ad perfectum. Et ideo omnis pars naturaliter est propter totum. Et propter hoc videmus quod si saluti totius corporis humani expediat praecisio alicuius membri, puta cum est putridum et corruptivum aliorum, laudabiliter et salubriter absciditur. Quaelibet autem persona singularis comparatur ad totam communitatem sicut pars ad totum. Et ideo si aliquis homo sit periculosus communitati et corruptivus ipsius propter aliquod peccatum, laudabiliter et salubriter occiditur, ut bonum commune conservetur: *modicum* enim *fermentum totam massam corrumpit*, ut dicitur 1Cor 5,6.

AD PRIMUM ergo dicendum quod Dominus abstinendum mandavit ab eradicatione zizaniorum ut tritico parceretur, idest bonis. Quod quidem fit quando non possunt occidi mali quin simul occidantur et boni: vel quia latent inter bonos; vel quia habent multos sequaces, ita quod sine bonorum periculo interfici non possunt; ut Augustinus dicit,

1. Com efeito, o Senhor, na parábola, proíbe arrancar o joio, que significa os "filhos do Mau". Ora tudo que Deus proíbe é pecado. Logo, é pecado matar um pecador.

2. ALÉM DISSO, a justiça humana se conforma com a justiça divina. Ora, esta poupa os pecadores, para que façam penitência: "Não quero a morte do pecador, mas que se converta e viva". Logo, parece absolutamente injusto matar os pecadores.

3. ADEMAIS, não é permitido fazer para um fim bom o que é mau em si; é o que ensinam Agostinho e o Filósofo. Ora, matar um homem é coisa má em si, pois se opõe à caridade, que devemos ter para com todos os homens. Como observa o Filósofo: "Queremos para os amigos a existência e a vida." Logo, não é de forma alguma permitido matar um homem pecador.

EM SENTIDO CONTRÁRIO, está dito no livro do Êxodo: "Não deixarás viver os feiticeiros." E no Salmo: "Cada manhã, eu exterminava todos os pecadores do país."

RESPONDO. Como foi dito, é lícito matar os animais, porque são naturalmente ordenados à utilidade do homem, como o menos perfeito ao mais perfeito. Ora, essa subordinação existe entre a parte e o todo, e, assim, toda parte, por natureza, existe para o todo. Por isso, se é útil à saúde de todo o corpo que se ampute um membro gangrenado e capaz de contaminar os outros membros, uma tal amputação é louvável e salutar. Cada pessoa está para toda a sociedade, como a parte está para o todo. Se, portanto, algum homem se torna perigoso para comunidade e ameaça corrompê-la por seu pecado, é louvável e salutar matá-lo, para a preservação do bem comum. Pois, como e diz na primeira Carta aos Coríntios: "Um pouco de fermento corrompe toda a massa."

QUANTO AO 1º, portanto, deve-se dizer que proibindo arrancar o joio, o Senhor tinha em vista conservar o trigo, isto é, os bons. O que se aplica quando não se pode eliminar os maus sem atingir os bons, seja por estarem misturados entre os bons, seja por terem muitos sequazes, de modo a não poderem ser mortos sem perigo para os bons. É

---

1. C. 7, n. 18: ML 40, 528.
2. C. 6: 1107, a, 14-17.
3. C. 4: 1166, a, 4-6.
4. Art. praec.

*Contra Parmen*[5]. Unde Dominus docet magis esse sinendum malos vivere, et ultionem reservandum usque ad extremum iudicium, quam quod boni simul occidantur. — Quando vero ex occisione malorum non imminet periculum bonis, sed magis tutela et salus, tunc licite possunt mali occidi.

AD SECUNDUM dicendum quod Deus, secundum ordinem suae sapientiae, quandoque statim peccatores occidit, ad liberationem bonorum; quandoque autem eis poenitendi tempus concedit; secundum quod ipse novit suis electis expedire. Et hoc etiam humana iustitia imitatur pro posse: illos enim qui sunt perniciosi in alios, occidit; eos vero qui peccant aliis graviter non nocentes ad poenitentiam reservat.

AD TERTIUM dicendum quod homo peccando ab ordine rationis recedit: et ideo decidit a dignitate humana, prout scilicet homo est naturaliter liber et propter seipsum existens, et incidit quodammodo in servitutem bestiarum, ut scilicet de ipso ordinetur secundum quod est utile aliis; secundum illud Ps 48,21: *Homo, cum in honore esset, non intellexit: comparatus est iumentis insipientibus, et similis factus est illis*; et Pv 11,29 dicitur: Qui *stultus est serviet sapienti*. Et ideo quamvis hominem in sua dignitate manentem occidere sit secundum se malum, tamen hominem peccatorem occidere potest esse bonum, sicut occidere bestiam: peior enim est malus homo bestia, et plus nocet, ut Philosophus dicit, in I *Polit.*[6] et in VII *Ethic.*[7].

o que explica Agostinho. Assim, o Senhor ensina que se há de deixar viver os maus, protelando a vingança até o juízo final, de preferência a correr o risco de matar junto com eles também os bons. — Quando, porém, a morte dos maus não acarreta nenhum perigo para os bons, mas, ao contrário, assegura sua defesa e salvação, nesse caso é lícito matar os maus.

QUANTO AO 2º, deve-se dizer que segundo a ordem de sua sabedoria, às vezes Deus tira imediatamente a vida aos pecadores para livrar os bons; outras vezes, concede-lhes o tempo de fazer penitência, visando o que sabe melhor convir aos seus eleitos. A justiça humana procura fazer o mesmo, na medida do possível, matando os que são perniciosos para os outros, deixando, no entanto, tempo de penitência aos que pecam sem prejudicar gravemente aos outros.

QUANTO AO 3º, deve-se dizer que pecando, o homem se afasta da ordem racional. Decai, assim, da dignidade humana, que consiste em ser naturalmente livre e existir para si mesmo. Ele cai, de certo modo, na escravidão dos animais, de sorte que se deva dispor dele como convém à utilidade dos outros. É que se diz no Salmo: "Estando elevado em honra, o homem não entendeu, viu-se nivelado aos animais sem razão e a eles se assemelhou". E também se lê no livro dos Provérbios: "O insensato estará a serviço do sábio." Portanto, se é mal em si mesmo matar um homem, que se conserva em sua dignidade, pode, contudo, ser um bem matar um pecador, como se abate um animal. Pois, o homem mau é pior que o animal e ainda mais nocivo, como diz o Filósofo.

ARTICULUS 3
**Utrum occidere hominem peccatorem liceat privatae personae**

AD TERTIUM SIC PROCEDITUR. Videtur quod occidere hominem peccatorem liceat privatae personae.
1. In lege enim divina nihil illicitum mandatur. Sed Ex 32,27 praecepit Moyses: *Occidat unusquisque proximum suum, fratrem et amicum suum*, pro peccato vituli conflatilis. Ergo etiam privatis personis licet peccatorem occidere.

ARTIGO 3
**É lícito a um particular matar um pecador?**

QUANTO AO TERCEIRO, ASSIM SE PROCEDE: parece que é lícito a um particular matar um pecador.

1. Com efeito, a Lei divina nada manda de ilícito. Ora, segundo o livro do Êxodo, "Moisés ordena: cada qual mate seu irmão, seu amigo, seu vizinho", pelo pecado de ter adorado o bezerro de ouro. Logo, a pessoas privadas é permitido matar um pecador.

---

5. L. III, c. 2, n. 13: ML 43, 92.
6. C. 2: 1253, a, 32-33.
7. C. 7: 1150, a, 7-8.

3 PARALL.: Infra, q. 65, a. 1, ad 2; II *Sent.*, dist. 44, q. 2, a. 2, ad 5; IV, dist. 37, q. 2, a. 1.

2. PRAETEREA, homo propter peccatum bestiis comparatur, ut dictum est[1]. Sed occidere bestiam sylvestrem, maxime nocentem, cuilibet privatae personae licet. Ergo, pari ratione, occidere hominem peccatorem.

3. PRAETEREA, laudabile est quod homo, etiam si sit privata persona, operetur quod est utile bono communi. Sed occisio maleficorum est utilis bono communi, ut dictum est[2]. Ergo laudabile est si etiam privatae personae malefactores occidant.

SED CONTRA est quod Augustinus dicit, in *I de Civ. Dei*[3]: *Qui sine aliqua Publica ad ministratione maleficum interfecerit, velut homicida iudicabitur: et tanto amplius quanto sibi potestatem a Deo non concessam usurpare non timuit.*

RESPONDEO dicendum quod, sicut dictum est[4], occidere malefactorem licitum est inquantum ordinatur ad salutem totius communitatis. Et ideo ad illum solum pertinet cui committitur cura communitatis conservandae: sicut ad medicum pertinet praecidere membrum putridum quando ei commissa fuerit cura salutis totius corporis. Cura autem communis boni commissa est principibus habentibus publicam auctoritatem. Et ideo eis solum licet malefactores occidere, non autem privatis personis.

AD PRIMUM ergo dicendum quod ille aliquid facit cuius auctoritate fit: ut patet per Dionysium, 13 cap. *Cael. Hier.*[5]. Et ideo, ut Augustinus dicit, in I *de Civ. Dei*[6], *non ipse occidit qui ministerium debet iubenti sicut adminiculum gladius utenti.* Unde illi qui occiderunt proximos et amicos ex mandato Domini, non hoc fecisse ipsi videntur, sed potius ille cuius auctoritate fecerunt: sicut et miles interficit hostem auctoritate principis, et minister latronem auctoritate iudicis.

AD SECUNDUM dicendum quod bestia naturaliter est distincta ab homine. Unde super hoc non requiritur aliquod iudicium an sit occidenda, si sit sylvestris. Si vero sit domestica, requiretur iudicium non propter ipsam, sed propter damnum domini. Sed homo peccator non est naturaliter distinctus ab hominibus iustis. Et ideo indiget publico iudicio, ut discernatur an sit occidendus propter communem salutem.

2. ALÉM DISSO, foi dito que, pelo pecado o homem se torna comparável aos animais. Ora, a qualquer pessoa privada é permitido matar um animal selvagem, sobretudo se é nocivo. Logo, com maior razão pode matar um pecador.

3. ADEMAIS, é louvável que um homem, mesmo que seja uma pessoa privada, faça o que é útil ao bem comum. Ora, como já se disse, matar os malfeitores é útil ao bem comum. Logo, é louvável que uma pessoa privada o faça.

EM SENTIDO CONTRÁRIO, Agostinho declara: "Quem mata um malfeitor sem mandato oficial, será julgado homicida, e tanto mais quanto não temeu usurpar um poder que Deus não lhe concedeu."

RESPONDO. Foi dito que matar um malfeitor é permitido enquanto esse ato se ordena à salvaguarda da sociedade. Portanto, praticá-lo incumbe somente a quem está encarregado da conservação dessa comunidade, assim como amputar um membro gangrenado compete ao médico, a quem está confiado o cuidado da saúde do corpo inteiro. Ora, o encargo do bem comum é função dos príncipes que detêm a autoridade pública. Portanto, somente a eles, e não a pessoas privadas, é lícito matar os malfeitores.

QUANTO AO 1º, portanto, deve-se dizer que a ação se atribui à autoridade que a ordena, é o que diz Dionísio. Agostinho também declara: "Não mata aquele que deve seu serviço a quem manda, como a espada nas mãos de quem a usa." Por isso, os que mataram parentes e amigos por mandado do Senhor, não se consideram como o tendo feito eles mesmos, mas sim aquele por cuja autoridade assim procederam. O mesmo se dá com o soldado que mata o inimigo por ordem do príncipe, e o algoz que executa o bandido por autoridade do juiz.

QUANTO AO 2º, deve-se dizer que o animal é por natureza diferente do homem. Por isso, não é preciso julgamento para matar o animal, se é selvagem. Se, porém, for doméstico, um julgamento será necessário, não pelo animal, mas pelo dano causado ao seu dono. Ora, o pecador não é de outra natureza que os justos. Por isso, faz-se mister um juízo para decidir se deve ser morto para o bem da sociedade.

---

1. A. praec., ad 3.
2. Art. praec.
3. Cfr. GRATIANUM, *Decretum*, p. II, causa 23, q. 8, can. 33: ed. Richter-Friedberg, t. I, p. 965.
4. Art. praec.
5. MG 3, 305 C.
6. C. 21: ML 41, 35.

AD TERTIUM dicendum quod facere aliquid ad utilitatem communem quod nulli nocet, hoc est licitum cuilibet privatae personae. Sed si sit cum nocumento alterius, hoc non debet fieri nisi secundum iudicium eius ad quem pertinet existimare quid sit subtrahendum partibus pro salute totius.

### ARTICULUS 4
### Utrum occidere malefactores liceat clericis

AD QUARTUM SIC PROCEDITUR. Videtur quod occidere malefactores liceat clericis.

1. Clerici enim praecipue debent implere quod Apostolus dicit, 1Cor 4,16: *Imitatores mei estote, sicut et ego Christi*: per quod nobis indicitur ut Deum et sanctos eius imitemur. Sed ipse Deus, quem colimus, occidit malefactores: secundum ilud Ps 135,10: *Qui percussit Aegyptum cum primogenitis eorum*. Moyses etiam a Levitis fecit interfici viginti tria millia hominum propter adorationem vituli, ut habetur Ex 32,28. Et Phinees, sacerdos, interfecit Israelitam coeuntem cum Madianitide, ut habetur Nm 25,6 sqq. Samuel etiam interfecit Agag, regem Amalec; et Elias sacerdotes Baal; et Mathathias eum qui ad sacrificandum accesserat; et in novo Testamento, Petrus Ananiam et Saphiram. Ergo videtur quod etiam clericis liceat occidere malefactores.

2. PRAETEREA, potestas spiritualis est maior quam temporalis, et Deo coniunctior. Sed potestas temporalis licite malefactores occidit tanquam *Dei minister*, ut dicitur Rm 13,4. Ergo multo magis clerici, qui sunt Dei ministri spiritualem potestatem habentes, licite possunt malefactores occidere.

3. PRAETEREA, quicumque licite suscipit aliquod officium, licite potest ea exercere quae ad officium illud pertinent. Sed officium principis terrae est maiefactores occidere, ut dictum est[1]. Ergo clerici qui sunt terrarum principes, licite possunt occidere malefactores.

SED CONTRA est quod dicitur 1Ti 3,2-3: *Oportet episcopum sine crimine esse, non vinolentum, non percussorem*.

RESPONDEO dicendum quod non licet clericis occidere, duplici ratione. Primo quidem, quia sunt

### ARTIGO 4
### É permitido aos clérigos matar um pecador?

QUANTO AO 3º, deve-se dizer que é lícito a qualquer pessoa privada fazer para a utilidade pública algo que não prejudica a ninguém. Se, porém, houver prejuízo para outrem, só o poderá fazer, em virtude do juízo daquele a quem compete apreciar o que se pode tirar às partes para a salvaguarda do todo.

QUANTO AO QUARTO, ASSIM SE PROCEDE: parece que aos clérigos é permitido matar um pecador.

1. Com efeito, os clérigos, sobretudo, devem cumprir o que o Apóstolo recomenda: "Sede meus imitadores, como eu o sou do Cristo." Assim, nos é apontado o dever de imitar a Deus e a seus santos. Ora, o próprio Deus a quem adoramos mata os malfeitores, como se diz no Salmo: "Feriu o Egito com seus primogênitos." Além disso, Moisés mandou que os levitas exterminassem vinte e três mil homens por terem adorado o bezerro de ouro. O sacerdote Finéias matou um israelita que se unira a uma madianita. Samuel fez morrer Agag, rei de Amalec. Elias eliminou os sacerdotes de Baal. Matatias matou aquele que se achegava ao altar para sacrificar. No Novo Testamento, Pedro puniu de morte Ananias e Safira. Logo, parece que mesmo aos clérigos é permitido matar os malfeitores.

2. ALÉM DISSO, o poder espiritual é maior que o poder temporal e mais próximo de Deus. Ora, o poder temporal mata licitamente os malfeitores, exercendo a função de "ministro de Deus", se diz na Carta aos Romanos. Logo, com muito mais razão, aos clérigos, ministros de Deus, dotados de um poder espiritual, é lícito matar os malfeitores.

3. ADEMAIS, quem é licitamente investido em um ofício pode licitamente exercer as funções a ele ligadas. Ora, uma das funções do príncipe temporal, já se disse anteriormente, vem a ser suprimir os malfeitores. Logo, os clérigos, que são príncipes das terras, podem licitamente matar os malfeitores.

EM SENTIDO CONTRÁRIO, está escrito na Carta a Timóteo: "É preciso que o bispo seja irrepreensível, nem vinolento nem violento."

RESPONDO. Aos clérigos não é lícito matar, por dupla razão. 1º São escolhidos para o serviço do

---

4 PARALL.: IV *Sent.*, dist. 25, q. 2, a. 2, q.la 2.

1. Art. praec.

electi ad altaris ministerium, in quo repraesentatur passio Christi occisi, *qui cum percuteretur, non repercutiebat*, ut dicitur 1Pe 2,23. Et ideo non competit ut clerici sint percussores aut occisores: debent enim ministri suum dominum imitari, secundum illud Eccli 10,2: *Secundum iudicern populi, sic et ministri eius*.

Alia ratio est quia clericis committitur ministerium novae legis, in qua non determinatur poena occisionis vel mutilationis corporalis. Et ideo, ut sint *idonei ministri novi Testamenti*, debent a talibus abstinere.

AD PRIMUM ergo dicendum quod Deus universaliter in omnibus operatur quae recta sunt, in unoquoque tamen secundum eius congruentiam. Et ideo unusquisque debet Deum imitari in hoc quod sibi specialiter congruit. Unde licet Deus corporaliter etiam malefactores occidat, non tamen oportet quod omnes in hoc eum imitentur. — Petrus autem non propria auctoritate vel manu. Ananiam et Saphiram interfecit: sed magis divinam sententiam de eorum morte promulgavit. — Sacerdotes autem vel Levitae veteris Testamenti erant ministri veteris legis, secundum quam poenae corporales infligebantur: et ideo etiam eis occidere propria manu congruebat.

AD SECUNDUM dicendum quod ministerium clericorum est in melioribus ordinatum quam sint corporales occisiones, scilicet in his quae pertinent ad salutem spiritualem. Et ideo non congruit eis quod minoribus se ingerant.

AD TERTIUM dicendum quod praelati ecclesiarum accipiunt officia principum terrae non ut ipsi iudicium sanguinis exerceant per seipsos, sed quod eorum auctoritate per alios exerceatur.

altar, no qual se representa a paixão de Cristo imolado, "que, ao ser espancado, não espancava.". Portanto, não compete aos clérigos espancar e matar. Pois, os servos hão de imitar o seu Senhor, como se diz no livro do Eclesiástico. "Qual é o juiz do povo, tais serão os eus ministros".

2º Outra razão é que aos clérigos se confia o ministério da Nova Lei, que não comporta pena de morte ou mutilação corporal. Assim, para serem "ministros autênticos da Nova Aliança", devem abster-se de tais práticas$^e$.

QUANTO AO 1º, portanto, deve-se dizer que Deus realiza em todos os seres o que é bom, agindo, no entanto, em cada um conforme a sua natureza. Assim, cada qual deve imitar a Deus, de acordo com sua própria condição. Se Deus pode matar fisicamente os malfeitores, não se segue que todos os homens devam imitá-lo nisso. — Não foi por sua autoridade e por sua própria mão que Pedro puniu de morte a Ananias e a Safira, mas, antes, promulgando a sentença divina sobre eles. — Quanto aos sacerdotes e levitas do Antigo Testamento, estavam a serviço da lei antiga que prescrevia castigos corporais. Podiam, portanto, por sua própria mão, matar um malfeitor.

QUANTO AO 2º, deve-se dizer que o ministério dos clérigos está ordenado a missão mais alta do que as execuções corporais. São consagrados para promover a salvação espiritual. Não lhes convém se ingerir em funções inferiores.

QUANTO AO 3º, deve-se dizer que os prelados das igrejas são investidos da função de príncipes da terra, não para executar, por si mesmos, sentenças capitais, mas para que, por autoridade deles, outros o façam.

ARTICULUS 5
## Utrum alicui liceat seipsum occidere

AD QUINTUM SIC PROCEDITUR. Videtur quod alicui liceat seipsum occidere.

1. Homicidium enim est peccatum inquantum iustitiae contrariatur. Sed nullus potest sibi ipsi

ARTIGO 5
## É permitido matar-se a si mesmo?

QUANTO AO QUINTO, ASSIM SE PROCEDE: parece que é permitido matar-se a si mesmo.

1. Com efeito, o homicídio só é interdito como pecado contra a justiça. Ora, ninguém pode come-

---

5 PARALL.: Supra, q. 59, a. 3, ad 2; infra, q. 124, a. 1, ad 2; IV *Sent.*, dist. 49, q. 5, a. 3, q.la 2, ad 6; *De Dec. Praecept.* etc., cap. *de Quint. Praecept.; ad Heb.*, c. 11, lect. 7; V *Ethic.*, lect. 17.

e. Esse artigo justifica, por meio de argumentos teológicos, a prática da Igreja, que proíbe aos clérigos matar, e lhes impõe inclusive abster-se de qualquer violência sanguinária. Os argumentos evangélicos desenvolvidos aqui possuem um grande peso. "A nova lei não inclui nenhuma pena de morte ou de mutilação corporal" (ver I-II, q. 106-108, sobre as propriedades da nova lei ou lei evangélica). Para além dos clérigos, esses princípios constituem uma orientação fecunda para todo o povo cristão, na medida em que se vê responsável pela vida e organização social.

iniustitiam facere: ut probatur in V *Ethic*.[1] Ergo nullus peccat occidendo seipsum.

2. Praeterea, occidere malefactores licet habenti publicam potestatem. Sed quandoque ille qui habet publicam potestatem est malefactor. Ergo licet ei occidere seipsum.

3. Praeterea, licitum est quod aliquis spontanee minus periculum subeat ut maius periculum vitet: sicut licitum est quod aliquis etiam sibi ipsi amputet membrum putridum ut totum corpus salvetur. Sed quandoque aliquis per occisionem sui ipsius vitat maius malum, vel miseram vitam vel turpitudinem alicuius peccati. Ergo licet alicui occidere seipsum.

4. Praeterea, Samson seipsum interfecit, ut habetur Idc 16,30: qui tamen connumeratur inter sanctos, ut patet Hb 11,32. Ergo licitum est alicui occidere seipsum.

5. Praeterea, 2Mac 14,41sqq. dicitur quod Razias quidam seipsum interfecit, *eligens nobiliter mori potius quam subditus fieri peccatoribus et contra natales suos iniuriis agi*. Sed nihil quod nobiliter fit et fortiter, est illicitum. Ergo occidere seipsum non est illicitum.

Sed contra est quod Augustinus dicit, in I *de Civ. Dei*[2]: *Restat ut de homine intelligamus quod dictum est, Non occides. Nec alterum ergo, nec te. Neque enim aliud quam hominem occidit qui seipsum occidit.*

Respondeo dicendum quod seipsum occidere est omnino illicitum triplici ratione. Primo quidem, quia naturaliter quaelibet res seipsam amat: et ad hoc pertinet quod quaelibet res naturaliter conservat se in esse et corrumpentibus resistit quantum potest. Et ideo quod aliquis seipsum occidat est contra inclinationem naturalem, et contra caritatem, qua quilibet debet seipsum diligere. Et ideo occisio sui ipsius semper est peccatum mortale, utpote contra naturalem legem et contra caritatem existens.

Secundo, quia quaelibet pars id quod est, est totius. Quilibet autem homo est pars communitatis: et ita id quod est, est communitatis. Unde in hoc quod seipsum interficit, iniuriam communitati facit: ut patet per Philosophum, in V *Ethic*.[3].

Tertio, quia vita est quoddam donum divinitus homini attributum, et eius potestati subiectum qui *occidit et vivere facit*. Et ideo qui seipsum vita

---

1. C. 15: 1138, a, 4-5; 14-18; 26.
2. C. 20: ML 41, 35.
3. C. 15: 1138, a, 11-14.

ter injustiça contra si mesmo, como se prova no livro V da *Ética*. Logo, ninguém peca matando-se a si mesmo.

2. Além disso, a quem detém o poder público é lícito matar os malfeitores. Ora, por vezes, quem detém o poder público é um malfeitor. Logo, pode matar-se a si mesmo.

3. Ademais, é lícito expor-se espontaneamente a um perigo menor, para evitar um outro maior. Assim, é lícito a alguém amputar um membro gangrenado para salvar a vida de todo o corpo. Ora, matando-se a si mesmo, pode alguém evitar um mal maior, seja uma vida miserável, seja a torpeza de algum pecado. Logo, é lícito matar-se a si mesmo.

4. Ademais, Sansão matou-se a si mesmo, como se lê no livro dos Juízes; e, contudo, é enumerado entre os santos como está na Carta aos Hebreus. Logo é lícito matar-se a si mesmo.

5. Ademais, no livro dos Macabeus, se conta que um certo Razias matou-se a si próprio, "escolhendo antes morrer nobremente do que ver-se sujeito a pecadores e padecer ultrajes indignos de seu nascimento." Ora, nada de nobre e de corajoso é ilícito. Logo, matar-se a si mesmo não é ilícito.

Em sentido contrário, Agostinho declara: "É do homem que havemos de entender este preceito: Não matarás. Nem a outrem, nem a ti mesmo. Pois, matar-se é, sem duvida, matar um homem."

Respondo. Matar-se a si mesmo é absolutamente ilícito, por três razões: 1º Todo ser se ama naturalmente a si mesmo. Por isso é que se conserva na existência e resiste, quanto pode, ao que poderia destrui-lo. Portanto, quem se mata vai contra a tendência da natureza e contra a caridade, pela qual cada um deve amar-se a si mesmo. Assim, o suicídio será sempre pecado mortal, enquanto se opõe à lei natural e à caridade.

2º A parte, pelo que ela é, pertence ao todo. Ora, cada homem é parte da comunidade; o que ele é pertence à comunidade. Por isso, matando-se, comete injustiça contra a comunidade, como o mostra o Filósofo.

3º A vida é um dom de Deus ao homem e permanece sempre dependente do poder daquele que "faz morrer e faz viver." Quem se priva da

privat in Deum peccat: sicut qui alienum servum interficit peccat in dominum cuius est servus; et sicut peccat ille qui usurpat sibi iudicium de re sibi non commissa. Ad solum enim Deum pertinet iudicium mortis et vitae: secundum illud Dt 32,39: *Ego occidam, et vivere faciam.*

AD PRIMUM ergo dicendum quod homicidium est peccatum non solum quia contrariatur iustitiae, sed etiam quia contrariatur caritati quam habere debet aliquis ad seipsum. Et ex hac parte occisio sui ipsius est peccatum per comparationem ad seipsum. Per comparationem autem ad communitatem et ad Deum, habet rationem peccati etiam per oppositionem ad iustitiam.

AD SECUNDUM dicendum quod ille qui habet publicam potestatem potest licite malefactorem occidere per hoc quod potest de ipso iudicare. Nullus autem est iudex sui ipsius. Unde non licet habenti publicam potestatem seipsum occidere propter quodcumque peccatum. Licet tamen ei se committere iudicio aliorum.

AD TERTIUM dicendum quod homo constituitur dominus sui ipsius per liberum arbitrium. Et ideo licite potest homo de seipso disponere quantum ad ea quae pertinent ad hanc vitam, quae hominis libero arbitrio regitur. Sed transitus de hac vita ad aliam feliciorem non subiacet libero arbitrio hominis, sed potestati divinae. Et ideo non licet homini seipsum interficere ut ad feliciorem transeat vitam.

Similiter etiam nec ut miserias quaslibet praesentis vitae evadat. Quia *ultimum* malorum huius vitae et *maxime terribile* est mors: ut patet per Philosophum, in III *Ethic*.[4]. Et ita inferre sibi mortem ad alias huius vitae miserias evadendas est maius malum assumere ad minoris mali vitationem.

Similiter etiam non licet seipsum occidere propter aliquod peccatum commissum. Tum quia in hoc sibi maxime nocet quod sibi adimit necessarium poenitentiae tempus. Tum etiam quia malefactorem occidere non licet nisi per iudicium publicae potestatis.

Similiter etiam non licet mulieri seipsam occidere ne ab alio corrumpatur. Quia non debet in se committere crimen maximum, quod est sui ipsius occisio, ut vitet minus crimen alienum (non enim

vida, peca, portanto, contra Deus; como aquele que mata um escravo alheio peca contra o senhor desse escravo; e como peca quem usurpa o julgamento sobre uma causa que não lhe foi confiada. Pois, só a Deus compete julgar da morte e da vida, como se diz no livro do Deuteronômio: "Eu farei morrer e farei viver."[f]

QUANTO AO 1º, portanto, deve-se dizer que o homicídio é pecado não só porque vai contra a justiça, mas também contra a caridade, que cada um deve ter para consigo mesmo. Sob esse aspecto, o suicídio é um pecado em relação a si mesmo. Mas, em relação a Deus e à comunidade, assume o caráter de pecado também por sua oposição à justiça.

QUANTO AO 2º, deve-se dizer que quem detém a autoridade pública pode matar um malfeitor porque tem o poder de julgá-lo. Ora, ninguém é juiz de si mesmo. Portanto, não é lícito ao detentor da autoridade matar-se a si mesmo, seja por que pecado for. Pode, no entanto, entregar-se ao juízo dos outros.

QUANTO AO 3º, deve-se dizer que o homem é constituído senhor de si mesmo pelo livre-arbítrio. E, por isso, pode dispor de si mesmo, no que toca às coisas desta vida, que está submetida a seu livre-arbítrio. Mas, a passagem desta vida a uma vida mais feliz não depende do livre-arbítrio, mas do poder divino. Logo, não é permitido ao homem matar-se, para passar a uma vida mais feliz.

Igualmente, não é lícito matar-se para escapar às misérias da vida presente, pois, como mostra o Filósofo, o "último e o mais terrível dos males desta vida é a morte." Dar-se a morte para fugir das misérias desta vida é recorrer a um mal maior, para evitar um menor.

Nem é tão pouco permitido matar-se por causa de um pecado que se cometeu, quer porque seria o maior prejuízo privar-se do tempo necessário à penitência, quer porque não é lícito matar um malfeitor, sem que intervenha o juízo da autoridade competente.

Não é também permitido à mulher matar-se para não ser manchada por outrem. Pois não deve cometer contra si mesma o maior dos crimes, dando-se a morte, para evitar um menor crime

---

4. C. 9: 1115, a, 26-27.

f. O problema do suicida retoma certos aspectos da questão até agora tratados, principalmente no que concerne ao direito à vida e à autoridade competente para decidir de sua supressão (o que indica a objeção 2). Mas de fato trata-se de um problema específico, que será abordado por si mesmo. A perspectiva permanece estritamente ética e teológica, as dimensões psicológicas e sociológicas permanecem fora de consideração. As três razões desenvolvidas para mostrar que "é absolutamente proibido se matar" resumem doutrinas tratadas amplamente em outras passagens.

est crimen mulieris per violentiam violatae, si consensus non adsit: quia *non inquinatur corpus nisi de consensu mentis*, ut Lucia dixit[5]. Constat autem minus esse peccatum fornicationem vel adulterium quam homicidium: et praecipue sui ipsius, quod est gravissimum, quia sibi ipsi nocet, cui maximam dilectionem debet. Est etiam periculosissimum: quia non restat tempus ut per poenitentiam expietur.

Similiter etiam nulli licet seipsum occidere ob timorem ne consentiat in peccatum. Quia *non sunt facienda mala ut veniant bona*, vel ut vitentur mala, praesertim minora et minus certa. Incertum enim est an aliquis in futurum consentiat in peccatum: potens est enim Deus hominem, quacumque tentatione superveniente, liberare a peccato.

AD QUARTUM dicendum quod, sicut Augustinus dicit, in I *de Civ. Dei*[6], *nec Samson aliter excusatur quod seipsum cum hostibus ruina domus oppressit, nisi quia latenter Spiritus hoc iusserat, qui per illum miracula faciebat*. Et eandem rationem assignat de quibusdam sanctis feminis quae tempore persecutionis seipsas occiderunt, quarum memoria in Ecclesia celebratur.

AD QUINTUM dicendum quod ad fortitudinem pertinet quod aliquis ab alio mortem pati non refugiat propter bonum virtutis, et ut vitet peccatum. Sed quod aliquis sibi ipsi inferat mortem ut vitet mala poenalia, habet quidem quandam speciem fortitudinis, propter quod quidam seipsos interfecerunt aestimantes se fortiter agere, de quorum numero Razias fuit: non tamen est vera fortitudo, sed magis quaedam mollities animi non valentis mala poenalia sustinere, ut patet per Philosophum, in III *Ethic.*[7], et per Augustinum, in I *de Civ. Dei*[8].

alheio. Com efeito, não há crime na mulher a quem se fez violência, se não houve consentimento; pois, "o corpo não se mancha, se o espírito não consente," como proclama Lúcia. E é verdade que é menor pecado a fornicação ou o adultério do que o homicídio, e sobretudo o suicídio, que é o mais grave, por prejudicar a si próprio, a quem se deve o maior amor; e é também o mais perigoso, pois não se tem mais o tempo para expiá-lo pela penitência.

Enfim, a ninguém é lícito matar-se por temor de consentir no pecado. Pois, "não se há de praticar o mal, para obter o bem", ou para se evitar males, sobretudo menores e menos certos. Pois, não é certo que se consentirá mais tarde no pecado, pois Deus é poderoso para livrar o homem do pecado, seja qual for a tentação que o assalte.

QUANTO AO 4º, deve-se dizer que, como ensina Agostinho, "sepultando-se a si mesmo com seus inimigos sob os escombros do templo deles, Sansão não tem outra escusa a não ser a ordem secreta do Espírito, que por ele operava milagres." E atribui o mesmo motivo às santas mulheres que se deram a morte, em tempo de perseguição, e cuja memória é celebrada pela Igreja.

QUANTO AO 5º, deve-se dizer que é um ato da virtude de fortaleza, se alguém, para o bem da virtude e para evitar o pecado, não foge à morte que lhe é infligida por outrem. Mas, matar-se para escapar ao castigo é uma aparência de fortaleza. Assim, alguns se mataram, acreditando agir com coragem; é o caso de Razias. Mas, não se trata de verdadeira fortaleza, e, sim, de uma fraqueza de alma, incapaz de suportar o sofrimento. É o que mostraram o Filósofo e Agostinho.

## ARTICULUS 6
### Utrum liceat in aliquo casu interficere innocentem

AD SEXTUM SIC PROCEDITUR. Videtur quod liceat in aliquo casu interficere innocentem.

1. Divinus enim timor non manifestatur per peccatum: quin magis *timor Domini expellit peccatum*, ut dicitur Eccli 1,27. Sed Abraham commendatus

## ARTIGO 6
### É lícito em algum caso matar um inocente?

QUANTO AO SEXTO, ASSIM SE PROCEDE: parece que em algum caso matar um inocente é lícito.

1. Com efeito, o temor de Deus não se manifesta pelo pecado, antes "o temor de Deus lança fora o pecado" como está no Eclesiástico. Ora,

---
5. Cfr. IACOBUM A. VORAGINE, *Legendam auream*, c. 4, § 1: ed. T. Graesse, Lipsiae 1850, p. 31.
6. C. 21: ML 41, 35.
7. C. 11: 1116, a, 12-16.
8. Cc. 22-23: ML 41, 36-37.

PARALL.: I-II, q. 94, a. 5, ad 2; q. 100, a. 8, ad 3; *De Pot.*, q. 1, a. 6, ad 4; *ad Heb.*, c. 11, lect. 4.

est quod timuerit Dominum, quia voluit interficere filium innocentem. Ergo potest aliquis innocentem interficere sine peccato.

2. PRAETEREA, in genere peccatorum quae contra proximum committuntur, tanto videtur aliquid esse maius peccatum quanto maius nocumentum infertur ei in quem peccatur. Sed occisio plus nocet peccatori quam innocenti, qui de miseria huius vitae ad caelestem gloriam transit per mortem. Cum ergo liceat in aliquo casu peccatorem occidere, multo magis licet occidere innocentem vel iustum.

3. PRAETEREA, illud quod fit secundum ordinem iustitiae non est peccatum. Sed quandoque cogitur aliquis secundum ordinem iustitiae occidere innocentem: puta cum iudex, qui debet secundum allegata iudicare, condemnat ad mortem eum quem scit innocentem, per falsos testes convictum; et similiter minister qui iniuste condemnatum occidit obediens iudici. Ergo absque peccato potest aliquis occidere innocentem.

SED CONTRA est quod dicitur Ex 23,7: *Innocentem et iustum non occides*.

RESPONDEO dicendum quod aliquis homo dupliciter considerari potest: uno modo, secundum se; alio modo, per comparationem ad aliud. Secundum se quidem considerando hominem, nullum occidere licet: quia in quolibet, etiam peccatore, debemus amare naturam, quam Deus fecit, quae per occisionem corrumpitur. Sed sicut supra dictum est[1], occisio peccatoris fit licita per comparationem ad bonum commune, quod per peccatum corrumpitur. Vita autem iustorum est conservativa et promotiva boni communis: quia ipsi sunt principaliter pars multitudinis. Et ideo nullo modo licet occidere innocentem.

AD PRIMUM ergo dicendum quod Deus habet dominium mortis et vitae: eius enim ordinatione moriuntur et peccatores et iusti. Et ideo ille qui mandato Dei occidit innocentem, talis non peccat, sicut nec Deus, cuius est executor: et ostenditur Deum timere, eius mandatis obediens.

AD SECUNDUM dicendum quod in pensanda gravitate peccati magis est considerandum illud quod

Abraão foi louvado como temente ao Senhor, por ter querido matar o filho inocente. Logo, pode-se matar um inocente sem pecado.

2. ALÉM DISSO, no gênero dos pecados cometidos contra o próximo, parece tanto mais grave o pecado quanto maior é o prejuízo por ele causado. Ora, a morte causa maior dano ao pecador do que ao inocente, que pela morte passa das misérias desta vida à glória celeste. Logo, sendo lícito em certos casos matar o pecador, muito mais o será matar o inocente ou o justo.

3. ADEMAIS, o que se faz segundo a ordem da justiça não é pecado. Ora, por vezes, alguém se vê obrigado pela ordem da justiça a matar um inocente; assim, o juiz que deve julgar de acordo com as alegações, condena à morte aquele que sabe ser inocente, mas sucumbiu ao peso de falsos testemunhos. De maneira semelhante, o carrasco que, por obediência ao juiz, executa alguém que foi injustamente condenado. Pode-se portanto, às vezes, matar um inocente, sem cometer pecado.

EM SENTIDO CONTRÁRIO, está escrito no livro do Êxodo: "Não matarás o inocente e o justo."

RESPONDO. Pode-se considerar um homem sob duplo aspecto: em si mesmo ou em relação aos outros. Considerando o homem em si mesmo, jamais será permitido matá-lo, porque, em todo homem, ainda que seja pecador, devemos amar a natureza, obra de Deus, que se desfaz pela morte. Mas, como já se explicou, a morte do pecador só se torna lícita, quando se trata de preservar o bem comum, que o pecado destrói. Mas, a vida dos justos conserva e promove o bem comum, pois constituem o que há de melhor na sociedade. Logo, de modo algum é lícito matar um inocente[g].

QUANTO AO 1º, portanto, deve-se dizer que Deus é o senhor da vida e da morte; é por sua ordem que morrem pecadores e justos. Portanto, não peca quem mata um inocente por ordem de Deus, como não peca Deus, cuja ordem ele executa. Este mostra, ao contrário, que teme a Deus, obedecendo-lhe aos mandamentos.

QUANTO AO 2º, deve-se dizer que ao ponderar a gravidade do pecado, havemos de levar em conta

---

1. Art. 2.

g. O homem "justo e inocente" que não é jamais permitido matar designa aqui, em primeiro lugar, o homem virtuoso, que é colocado bem centro da sociedade, como o verdadeiro promotor do bem comum e cuja dignidade pessoal emerge como uma finalidade e um valor aos quais se submete a sociedade. Mas, fundamentalmente, trata-se de todo homem cuja vida é objeto de um direito inviolável. A presunção de sua "inocência" permanece e prevalece, a menos que a autoridade pública não tenha pronunciado contra ele uma sentença de condenação.

est per se quam illud quod est per accidens. Unde ille qui occidit iustum gravius peccat quam ille qui occidit peccatorem. Primo quidem, quia nocet ei quem plus debet diligere: et ita magis contra caritatem agit. Secundo, quia iniuriam infert ei qui est minus dignus: et ita magis contra iustitiam agit. Tertio, quia privat communitatem maiori bono. Quarto, quia magis Deum contemnit: secundum illud Lc 10,16: *Qui vos spernit, me spernit.* — Quod autem iustus occisus ad gloriam perducatur a Deo, per accidens se habet ad occisionem.

AD TERTIUM dicendum quod iudex, si scit aliquem esse innocentem qui falsis testibus convincitur, debet diligentius examinare testes, ut inveniat occasionem liberandi innoxium, sicut Daniel fecit. Si autem hoc non potest, debet eum ad superiorem remittere iudicandum. Si autem nec hoc potest, non peccat secundum allegata sententiam ferens: quia non ipse occidit innocentem, sed illi qui eum asserunt nocentem. — Minister autem iudicis condemnantis innocentem, si sententia intolerabilem errorem contineat, non debet obedire: alias excusarentur carnifices qui martyres occiderunt. Si vero non contineat manifestam iniustitiam, non peccat praeceptum exequendo: quia ipse non habet discutere superioris sententiam; nec ipse occidit innocentem, sed iudex, cui ministerium adhibet.

mais o essencial do que o acidental. Assim, quem mata um justo peca mais gravemente do que quem mata um pecador. 1º Porque causa dano àquele a quem mais deve amar, e comete falta mais grave contra a caridade. 2º Faz injúria a quem menos o merece, ofendendo assim mais gravemente a justiça. 3º Priva a comunidade de um bem maior. 4º Despreza mais a Deus, conforme a palavra do Evangelho de Lucas: "Quem vos despreza, me despreza." — E se o justo executado é elevado à gloria por Deus, tal efeito é acidental em relação à morte que o vitimou.

QUANTO AO 3º, deve-se dizer que se o juiz sabe que o inocente é acabrunhado por falsas testemunhas, deve examina-las com maior diligência para livrar o inocente, como fez Daniel. Se não consegui-lo, deve deferir a causa a um tribunal superior. Mas, se nem isso for possível, não peca dando a sentença, fundado nas alegações. Nesse caso, não é ele quem mata o inocente, mas os que afirmam sua culpabilidade. — Quanto ao algoz, não deve executar a sentença do juiz se contiver um erro intolerável; do contrario, seriam escusados os carrascos que mataram os mártires. Se, ao contrário, não encerrar nenhuma injustiça manifesta, não peca executando a ordem, pois não lhe cabe discutir a sentença do superior; nem ele então mata o inocente, mas sim o juiz, a cujo serviço está ligado.

ARTICULUS 7
### Utrum alicui liceat occidere aliquem se defendendo

AD SEPTIMUM SIC PROCEDITUR. Videtur quod nulli liceat occidere aliquem se defendendo.
1. Dicit enim Augustinus, *ad Publicolam*[1]: *De occidendis hominibus ne ab eis quisquam occidatur, non mihi placet consilium, nisi forte sit miles, aut publica functione teneatur, ut non pro se hoc faciat sed pro aliis, accepta legitima potestate, si eius congruat personae.* Sed ille qui se defendendo occidit aliquem, ad hoc eum occidit ne ipse ab eo occidatur. Ergo hoc videtur esse illicitum.
2. PRAETEREA, in I *de Lib. Arb.*[2] dicitur: *Quomodo apud divinam providentiam a peccato liberi sunt qui pro his rebus quas contemni oportet, humana caede polluti sunt?* Eas autem res dicit

ARTIGO 7
### É lícito matar para se defender?

QUANTO AO SÉTIMO, ASSIM SE PROCEDE: parece que para se defender, **não** é lícito matar.
1. Com efeito, Agostinho declara: "Não me agrada o conselho de matar outros, para não sermos mortos por eles, a menos que seja um soldado ou agente da ordem pública, que o faria não para si, mas para os outros, estando revestido de poder legítimo, de acordo com suas funções." Ora, aquele que mata para se defender, mata para não ser morto. Logo, isso não parece lícito.
2. ALÉM DISSO, Agostinho proclama ainda: "Como serão isentos de pecado diante da Providência divina, aqueles que se mancham com um homicídio, para conservar coisas que se hão de

---

7 PARALL.: IV *Sent.*, dist. 25, q. 2, a. 2, q.la 2, ad 3.
  1. Epist. 47, al. 154, n. 5: ML 33, 186.
  2. (AUGUSTINI), c. 5, n. 13: ML 32, 1228.

esse contemnendas *quas homines inviti amittere possunt*, ut ex praemissis[3] patet. Horum autem est vita corporalis. Ergo pro conservanda vita corporali nulli licitum est hominem occidere.

3. PRAETEREA, Nicolaus Papa dicit[4], et habetur in Decretis, dist. L[5]: *De clericis pro quibus consuluisti, scilicet qui se defendendo paganum occiderunt si postea per poenitentiam possent ad pristinum statum redire aut ad altiorem ascendere, scito nos nullam occasionem dare, nec ullam tribuere licentiam eis quemlibet hominem quolibet modo occidendi.* Sed ad praecepta moralia servanda tenentur communiter clerici et laici. Ergo etiam laicis non est licitum occidere aliquem se defendendo.

4. PRAETEREA, homicidium est gravius peccatum quam simplex fornicatio vel adulterium. Sed nulli licet committere simplicem fornicationem vel adulterium, vel quodcumque aliud peccatum mortale, pro conservatione propriae vitae: quia vita spiritualis praeferenda est corporali. Ergo nulli licet, defendendo seipsum, alium occidere ut propriam vitam conservet.

5. PRAETEREA, si arbor est mala, et fructus, ut dicitur Mt 7,17-18. Sed ipsa defensio sui videtur esse illicita: secundum illud Rm 12,19: *Non vos defendentes, carissimi.* Ergo et occisio hominis exinde procedens est illicita.

SED CONTRA est quod Ex 22,2 dicitur: *Si effringens fur domum sive suffodiens fuerit inventus, et accepto vulnere, mortuus fuerit, percussor non erit reus sanguinis.* Sed multo magis licitum est defendere propriam vitam quam propriam domum. Ergo etiam si aliquis occidat aliquem pro defensione vitae suae, non erit reus homicidii.

RESPONDEO dicendum quod nihil prohibet unius actus esse duos effectus, quorum alter solum sit in intentione, alius vero sit praeter intentionem. Morales autem actus recipiunt speciem secundum id quod intenditur, non autem ab eo quod est praeter intentionem, cum sit per accidens, ut ex supradictis[6] patet. Ex actu igitur alicuius seipsum defendentis duplex effectus sequi potest: unus quidem conservatio propriae vitae; alius autem occisio invadentis. Actus igitur huiusmodi ex hoc quod intenditur conservatio propriae vitae,

desprezar?" E considera como desprezíveis "as coisas que os homens podem perder contra a sua vontade", como se vê pelo contexto. Ora, tal é a vida corporal. Logo, para conservar a vida corporal, a ninguém é lícito matar a outrem.

3. ADEMAIS, o papa Nicolau declara e se acha nos *Decretos*: "Vós me consultastes sobre os clérigos que, para se defenderem, mataram um pagão; quereis saber se, após terem feito penitência, podem ser readmitidos em seus postos anteriores e mesmo mais altos. Sabei que não admitimos nenhuma ocasião nem lhes damos nenhuma licença para, de qualquer modo, matarem a quem quer que seja." Ora, clérigos e leigos estão todos obrigados a observar os preceitos morais. Logo, nem aos leigos é lícito matar a outrem para se defender.

4. ADEMAIS, o homicídio é pecado mais grave do que a simples fornicação ou o adultério. Ora, a ninguém é lícito praticar a simples fornicação ou o adultério ou qualquer outro pecado mortal para conservar a própria vida, porque a vida espiritual se há de preferir à corporal. Logo, a ninguém é lícito matar a outrem, para se defender a si mesmo e conservar a própria vida.

5. ADEMAIS, se a árvore é má, os fruto o serão também, como se diz no Evangelho de Mateus. Ora, parece que a defesa própria é ilegítima, com se vê na Carta aos Romanos: "Bem-amados, não vos defendais". Logo, matar a outrem, por esse motivo, é ilícito.

EM SENTIDO CONTRÁRIO, lê-se no livro do Êxodo: "Se um ladrão for surpreendido arrombando uma casa e for ferido mortalmente, quem o feriu não será culpado do sangue derramado." Ora, muito mais lícito será defender a própria vida do que a própria casa. Portanto, se alguém matar a outrem, para defender sua vida, não será réu de homicídio.

RESPONDO. Nada impede que um mesmo ato tenha dois efeitos, dos quais só um esteja na intenção, e outro esteja fora dela. Ora, os atos morais se especificam pela intenção e não pelo que está fora dela, e é acidental, como já foi explicado. Assim, do ato de quem se defende pode resultar um duplo efeito: um é a conservação da própria vida; outro, a morte do agressor. Esse ato, portanto, enquanto visa a conservação da própria vida não é, por sua natureza, ilícito; pois é natural a cada ser buscar conservar sua existência, na medida

---

3. Ibid.
4. *Ad Osbald. Chorepisc. Quadrant.*: ML 119, 1131 BC.
5. GRATIANUS, *Decretum*, p. I, dist. 50, can. 6: ed. Richter-Friedberg, t. I, p. 179.
6. Q. 43, a. 3; I-II, q. 72, a. 1.

non habet rationem illiciti: cum hoc sit cuilibet naturale quod se conservet in esse quantum potest. Potest tamen aliquis actus ex bona intentione proveniens illicitus reddi si non sit proportionatus fini. Et ideo si aliquis ad defendendum propriam vitam utatur maiori violentia quam oporteat, erit illicitum. Si vero moderate violentiam repellat, erit licita defensio: nam secundum iura[7], *vim vi repellere licet cum moderamine inculpatae tutelae*. Nec est necessarium ad salutem ut homo actum moderatae tutelae praetermittat ad evitandum occisionem alterius: quia plus tenetur homo vitae suae providere quam vitae alienae.

Sed quia occidere hominem non licet nisi publica auctoritate propter bonum commune, ut ex supradictis[8] patet; illicitum est quod homo intendat occidere hominem ut seipsum defendat, nisi ei qui habet publicam auctoritatem, qui, intendens hominem occidere ad sui defensionem, refert hoc ad publicum bonum: ut patet in milite pugnante contra hostes, et in ministro iudicis pugnante contra latrones. Quamvis et isti etiam peccent si privata libidine moveantur.

AD PRIMUM ergo dicendum quod auctoritas Augustini intelligenda est in eo casu quo quis intendit occidere hominem ut seipsum a morte liberet.

In quo etiam casu intelligitur auctoritas inducta[9] ex libro *de Libero Arbitrio*. Unde signanter dicitur, *pro his rebus*: in quo designatur intentio. Et per hoc patet responsio AD SECUNDUM.

AD TERTIUM dicendum quod irregularitas consequitur actum homicidii etiam si sit absque peccato: ut patet in iudice qui iuste aliquem condemnat ad mortem. Et propter hoc clericus, etiam si se defendendo interficiat aliquem, irregularis est, quamvis non intendat occidere, sed seipsum defendere.

AD QUARTUM dicendum quod actus fornicationis vel adulterii non ordinatur ad conservationem do possível. Um ato, porém, embora proceda de uma boa intenção, pode tornar-se ilícito se não for proporcionado ao fim. Assim, agirá ilicitamente quem, para defender a própria vida, empregar uma violência maior do que necessário. Mas, se repelir a violência moderadamente, a defesa será lícita; pois, segundo o direito, "repelir a força pela força é lícito, com a moderação de uma legítima defesa." Nem é necessário à salvação omitir esse ato de defesa moderada, para evitar matar o outro, pois o homem está mais obrigado a velar pela sua vida do que pela do outro.

Mas, visto que só é lícito matar um homem, em virtude da autoridade pública e em vista do bem comum, como já foi explicado, segue-se que é ilícita a intenção de matar a outrem, para defender a própria vida, a não ser que se esteja revestido da autoridade pública. Pois neste caso, a intenção de matar alguém, para a defesa da própria vida, será referida ao bem público. É o que se vê com evidência, no soldado que combate os inimigos da pátria e nos agentes da justiça que lutam contra os bandidos. Embora, mesmo estes pequem, se forem movidos por paixão pessoal[h].

QUANTO AO 1º, portanto, deve-se dizer que o texto de Agostinho deve ser entendido como visando um homem que quisesse matar um outro, para se livrar a si mesmo da morte.

QUANTO AO 2º, deve-se dizer que no mesmo sentido se entende o outro texto, citado na segunda objeção. Por isso, diz expressamente: "por estes bens" e se precisa a intenção do assassino. Assim, fica evidente a resposta.

QUANTO AO 3º, deve-se dizer que todo homicídio, mesmo sem pecado, acarreta uma irregularidade. É o que se vê no juiz que condena justamente à morte. Por isso, o clérigo, que mata seu agressor para se defender, se torna irregular, ainda que não tenha intenção de matar, mas somente de se defender.

QUANTO AO 4º, deve-se dizer que o ato de fornicação e de adultério não está ordenado, por um

---

7. *Decretal. Greg. IX*, l. V, t. 12, c. 18: ed. Richter-Friedberg, t. II, p. 801.
8. Art. 3.
9. Arg. 2.

---

h. O artigo retoma por sua própria conta a doutrina usualmente admitida e sancionada pelo direito civil e canônico: o homem tem o direito de defender sua vida mesmo que a ação de se defender acarrete a morte do agressor. Ao formular sua doutrina em termos bastante matizados, que apelam para "o duplo efeito" produzido por uma mesma ação, Sto. Tomás não afirma o direito de dar "diretamente" a morte; esta não é mais do que um efeito (apenas permitido) da ação querida e visada em si mesma, que é a de defender sua própria vida.

propriae vitae ex necessitate, sicut actus ex quo quandoque sequitur homicidium.

AD QUINTUM dicendum quod ibi prohibetur defensio quae est cum livore vindictae. Unde Glossa[10] dicit: *Non vos defendentes: idest, Non sitis referientes adversarios.*

## ARTICULUS 8
### Utrum aliquis casualiter occidens hominem incurrat homicidii reatum

AD OCTAVUM SIC PROCEDITUR. Videtur quod aliquis casualiter occidens hominem incurrat homicidii reatum.

1. Legitur enim Gn 4,23-24 quod Lamech, credens interficere bestiam, interfecit hominem, et reputatum est ei ad homicidium. Ergo reatum homicidii incurrit qui casualiter hominem occidit.

2. PRAETEREA, Ex 21,22-23 dicitur quod *si quis percusserit mulierem praegnantem et abortivum fecerit, si mors eius fuerit subsecuta, reddet animam pro anima.* Sed hoc potest fieri absque intentione occisionis. Ergo homicidium casuale habet homicidii reatum.

3. PRAETEREA, in Decretis, dist. L, inducuntur plures canones[1] in quibus casualia homicidia puniuntur. Sed poena non debetur nisi culpae. Ergo ille qui casualiter occidit hominem, incurrit homicidii culpam.

SED CONTRA est quod Augustinus dicit, *ad Publicolam*[2]: *Absit ut ea quae propter bonum ac licitum facimus, si quid per haec, praeter nostram voluntatem, cuiquam mali acciderit, nobis imputetur.* Sed contingit quandoque ut propter bonum aliquid facientibus homicidium consequatur casualiter. Ergo non imputatur facienti ad culpam.

RESPONDEO dicendum quod, secundum Philosophum, in II *Physic.*[3], casus est causa agens praeter intentionem. Et ideo ea quae casualia sunt, simpliciter loquendo, non sunt intenta neque voluntaria. Et quia omne peccatum est voluntarium, secundum Augustinum[4], consequens est quod casualia,

nexo necessário, à conservação da própria vida, como o ato de defesa, do qual resulta por vezes o homicídio.

QUANTO AO 5º, deve-se dizer que o texto citado proíbe a defesa, animada pelo rancor da vingança. Por isso, a Glosa ajunta esta precisão. "Não vos defendais", isto é: "Não retribuais aos adversários ferida por ferida."

## ARTIGO 8
### Quem mata alguém casualmente é culpado de homicídio?

QUANTO AO OITAVO, ASSIM SE PROCEDE: parece que quem mata alguém casualmente é culpado de homicídio.

1. Com efeito, lê-se no livro Gênesis que Lamec, crendo matar um animal, matou um homem, e isso lhe foi imputado como homicídio Logo, se torna culpado de homicídio quem mata alguém casualmente.

2. ALÉM DISSO, está prescrito no livro do Êxodo: "Se alguém ferir uma mulher grávida e provocar um aborto, se daí se seguir a morte dela, dará vida por vida." Ora, isso pode ocorrer sem nenhuma intenção de dar a morte. Logo, o homicídio casual reveste toda a culpabilidade do homicídio.

3. ADEMAIS, vários cânones do Decreto punem o homicídio casual. Ora, penas só se aplicam a culpas. Logo, quem matou casualmente um homem incorre na culpabilidade de homicídio.

EM SENTIDO CONTRÁRIO, Agostinho escreve: "Não se pense em nos imputar uma ação lícita, que fazemos para o bem, mas da qual resulta, fora de nossa intenção, um mal para outrem." Ora, acontece, por vezes, que um homicídio seja o resultado casual de uma ação empreendida com boa intenção. Logo, seu autor não deve ser julgado culpado.

RESPONDO. O acaso, segundo o Filósofo, é uma causa que age fora da intenção do agente. Assim, as coisas casuais, absolutamente falando, não são nem intencionais nem voluntárias. E como todo pecado é voluntário, como ensina Agostinho, segue-se que os efeitos do acaso não podem

---
10. LOMBARDI, super *Rom.* 12, 19: ML 191, 1502.

8   PARALL.: IV *Sent.*, dist. 25, q. 2, a. 2, q.la 2, ad 3.

1. GRATIANUS, *Decretum*, p. I, dist. 50, plures cann.: ed. Richter-Friedberg, t. I, pp. 178-180.
2. Epist. 47, al. 154, n. 5: ML 33, 187.
3. C. 6: 197, b, 18-22.
4. *De vera Rel.*, c. 14, n. 27: ML 34, 133.

inquantum huiusmodi, non sunt peccata. Contingit tamen id quod non est actu et per se volitum vel intentum, esse per accidens volitum et intentum, secundum quod causa per accidens dicitur *removens prohibens*. Unde ille qui non removet ea ex quibus sequitur homicidium, si debeat removere, erit quodammodo homicidium voluntarium.

Hoc autem contingit dupliciter: uno modo, quando dans operam rebus illicitis, quas vitare debebat, homicidium incurrit; alio modo, quando non adhibet debitam sollicitudinem. Et ideo secundum iura, si aliquis det operam rei licitae, debitam diligentiam adhibens, et ex hoc homicidium sequatur, non incurrit homicidii reatum: si vero det operam rei illicitae vel etiam det operam rei licitae non adhibens diligentiam debitam, non evadit homicidii reatum si ex eius opere mors hominis consequatur.

AD PRIMUM ergo dicendum quod Lamech non adhibuit sufficientem diligentiam ad homicidium vitandum, et ideo reatum homicidii non evasit.

AD SECUNDUM dicendum quod ille qui percutit mulierem praegnantem dat operam rei illicitae. Et ideo si sequatur mors vel mulieris vel puerperii animati, non effugiet homicidii crimen: praecipue cum ex tali percussione in promptu sit quod mors sequatur.

AD TERTIUM dicendum quod secundum canones imponitur poena his qui casualiter occidunt dantes operam rei illicitae, vel non adhibentes diligentiam debitam.

como tais constituir pecados. No entanto, aquilo que, de maneira atual e por si mesmo, não é querido e intencionado, pode acontecer que o seja acidentalmente; entendendo-se causa acidental a que remove o obstáculo à ação. Assim, quem não remove a causa de um homicídio, quando devia fazê-lo, tornar-se-á, de certa maneira, culpado de homicídio voluntário.

O que se pode dar de dois modos: seja quando, praticando uma ação ilícita, que deveria evitar, dá lugar ao homicídio; seja, não tomando todo o cuidado devido. Por isso, segundo o direito, se alguém se empenha em uma ação lícita, tomando as precauções devidas, e, no entanto, provoca um homicídio, não se tornará culpado de homicídio. Se, porém, praticar uma ação ilícita, ou mesmo uma ação permitida, porém sem a diligência necessária, não estará livre da culpa do homicídio, se de seu ato resultar a morte de alguém.

QUANTO AO 1º, portanto, deve-se dizer que Lamec não se livrou da culpa do homicídio, porque não tomou as precauções suficientes para evitá-lo.

QUANTO AO 2º, deve-se dizer que quem fere uma mulher grávida pratica uma ação ilícita. Portanto, se daí resultar a morte da mulher ou do feto já animado, não escapará ao crime de homicídio, sobretudo se a morte se seguir logo aos ferimentos.

QUANTO AO 3º, deve-se dizer que segundo os cânones, impõe-se uma pena aos que matam casualmente, praticando uma ação ilícita ou não empregando a diligência devida.

## QUAESTIO LXV
### DE ALIIS INIURIIS QUAE IN PERSONAM COMMITTUNTUR
*in quatuor articulos divisa*

Deinde considerandum est de peccatis aliarum iniuriarum quae in personam committuntur.
Et circa hoc quaeruntur quatuor.

## QUESTÃO 65
### OUTRAS INJUSTIÇAS QUE SE COMETEM CONTRA A PESSOA[a]
*em quatro artigos*

Deve-se tratar agora dos outros pecados de injustiça, cometidos contra a pessoa.
Esta questão comporta quatro artigos:

---

a. A solução do artigo 3 nos fornece a chave da escolha e da ordem de problemas tratados nessa questão. Enumeram-se e hierarquizam-se os bens corporais: a integridade corporal, o prazer e o repouso dos sentidos, o movimento e o uso dos membros; contra os quais se atenta respectivamente: pela morte ou pela mutilação (a. 1); pelos golpes ou sofrimentos físicos infligidos (a. 2); pelo encarceramento ou pela detenção (a. 3). Esses maus tratos podem ser agravados pelo fato de serem infligidos também a pessoas próximas ou unidas à vítima (a. 4).

Pela perspectiva das injustiças cometidas por atentado contra os bens corporais da pessoa, aborda-se o estudo de todo um leque de direitos fundamentais, que conhecerão um grande desenvolvimento na história do direito, da política e da moral. As respostas concretas fornecidas, sobretudo nos dois primeiros artigos, são especialmente marcadas pelo contexto e pela mentalidade da época. Trata-se de uma legitimação doutrinal de certas práticas que remontam ao direito romano ou medieval. Os grandes princípios invocados (relação entre o "todo" e as "partes", competência do poder político, da autoridade parental) são passíveis de interpretações mais flexíveis e compreensivas no âmbito de outros contextos culturais.

*Primo:* de mutilatione membrorum.
*Secundo:* de verberatione.
*Tertio:* de incarceratione.
*Quarto:* utrum peccatum huiusmodi iniuriarum aggravetur ex hoc quod committitur in personam coniunctam aliis.

1. A mutilação dos membros.
2. O espancamento.
3. A encarceração.
4. Se esses pecados de injustiça se agravam, quando cometidos contra uma pessoa ligada a outras.

## Articulus 1
### Utrum mutilare aliquem membro in aliquo casu possit esse licitum

Ad primum sic proceditur. Videtur quod mutilare aliquem membro in nullo casu possit esse licitum.

1. Damascenus enim dicit, in II libro[1], quod peccatum committitur per hoc quod *receditur ab eo quod est secundum naturam in id quod est contra naturam.* Sed secundum naturam a Deo institutam est quod corpus hominis sit integrum membris; contra naturam autem est quod sit membro diminutum. Ergo mutilare aliquem membrum semper videtur esse peccatum.

2. Praeterea, sicut se habet tota anima ad totum corpus, ita se habent partes animae ad partes corporis, ut dicitur in II *de Anima*[2]. Sed non licet aliquem privare anima occidendo ipsum, nisi publica potestate. Ergo etiam non licet aliquem mutilare membro, nisi forte secundum publicam potestatem.

3. Praeterea, salus animae praeferenda est saluti corporali. Sed non licet aliquem mutilare se membro propter salutem animae: puniuntur enim secundum statuta Nicaeni Concilii[3] qui se castraverunt propter castitatem servandam. Ergo propter nullam aliam causam licet aliquem membro mutilare.

Sed contra est quod dicitur Ex 21,24: *Oculum pro oculo, dentem pro dente, manum pro manu, pedem pro pede.*

Respondeo dicendum quod cum membrum aliquod sit pars totius humani corporis, est propter totum, sicut imperfectum propter perfectum. Unde disponendum est de membro humani corporis secundum quod expedit toti. Membrum autem humani corporis per se quidem utile est ad bonum totius corporis: per accidens tamen potest

## Artigo 1
### Pode ser lícito em algum caso mutilar o membro de alguém?

Quanto ao primeiro artigo, assim se procede: parece que **não** é lícito em nenhum caso mutilar o membro de alguém.

1. Com efeito, Damasceno declara que se comete pecado desde que "se abandona o que é conforme à natureza, em busca do que lhe é contrário." Ora, é conforme à natureza, instituída por Deus, que o corpo humano possua todos os seus membros; e é contrário à natureza que seja privado de algum. Logo, a mutilação parece sempre ser pecado.

2. Além disso, como toda a alma está em relação com todo corpo, assim as partes da alma se relacionam com as partes do corpo. É o que ensina Aristóteles. Ora, não é lícito privar alguém de sua alma, dando-lhe a morte, senão por autoridade pública. Logo, também não é lícito mutilar o membro de alguém, a não ser talvez em virtude da mesma autoridade.

3. Ademais, a saúde da alma se há preferir à do corpo. Ora, não é lícito mutilar-se para assegurar a salvação da alma; com efeito, são punidos pelo 1º Concílio de Niceia os que se castravam para conservar a castidade. Logo, por razão alguma pode-se mutilar alguém.

Em sentido contrário, está no livro Êxodo: "Olho por olho, dente por dente, mão por mão, pé por pé".

Respondo. Sendo parte de todo o corpo humano, o membro existe para esse todo, como o imperfeito para o perfeito. Deve-se, pois, dispor de um membro, como convém ao bem do todo. Ora, de si, o membro é útil ao bem de todo o corpo; acidentalmente, no entanto, pode dar-se que se torne nocivo; estando gangrenado, por exemplo,

---

1 Parall.: Infra, q. 108, a. 3; *in Matth.*, c. 19.

1. *De fide orth.*, l. II, cc. 4, 30: MG 94, 876 A, 976 A.
2. C. 1: 412, b, 23-25.
3. Can. 1: ed. I. D. Mansi, t. II, p. 667; cfr. p. 678.

contingere quod sit nocivum, puta cum membrum putridum est totius corporis corruptivum. Si ergo membrum sanum fuerit et in sua naturali dispositione consistens, non potest praecidi absque totius hominis detrimento. Sed quia ipse totus homo ordinatur ut ad finem ad totam communitatem cuius est pars, ut supra[4] dictum est; potest contingere quod abscisio membri, etsi vergat in detrimentum totius corporis, ordinatur tamen ad bonum communitatis, inquantum alicui infertur in poenam ad cohibitionem peccatorum. Et ideo sicut per publicam potestatem aliquis licite privatur totaliter vita propter aliquas maiores culpas, ita etiam privatur membro propter aliquas culpas minores. Hoc autem non est licitum alicui privatae personae, etiam volente illo cuius est membrum: quia per hoc fit iniuria communitati, cuius est ipse homo et omnes partes eius.

Si vero membrum propter putredinem sit totius corporis corruptivum, tunc licitum est, de voluntate eius cuius est membrum, putridum membrum praescindere propter salutem totius corporis: quia unicuique commissa est cura propriae salutis. Et eadem ratio est si fiat voluntate eius ad quem pertinet curare de salute eius qui habet membrum corruptum. Aliter autem aliquem membrum mutilare est omnino illicitum.

AD PRIMUM ergo dicendum quod nihil prohibet id quod est contra particularem naturam esse secundum naturam universalem: sicut mors et corruptio in rebus naturalibus est contra particularem naturam eius quod corrumpitur, cum tamen sit secundum naturam universalem. Et similiter mutilare aliquem membrum, etsi sit contra naturam particularem corporis eius qui mutilatur, est tamen secundum naturalem rationem in comparatione ad bonum commune.

AD SECUNDUM dicendum quod totius hominis vita non ordinatur ad aliquid proprium ipsius hominis: sed ad ipsam potius omnia quae sunt hominis ordinantur. Et ideo privare aliquem vita in nullo casu pertinet ad aliquem nisi ad publi-

pode infeccionar o corpo inteiro. Portanto, o membro são e em sua disposição natural, não pode ser amputado, sem detrimento de todo o homem. Mas, todo homem é ordenado à comunidade como ao seu fim, como já foi elucidado. Poderá, então, acontecer que embora prejudique a todo o corpo, a ablação de um membro, se ordene contudo ao bem da comunidade, enquanto é imposta em castigo, para coibir certos pecados. Por isso, como a autoridade pública pode privar alguém da vida, em razão de certas faltas maiores, assim tem igualmente o direito de amputar um membro, para punir faltas menos graves. Uma pessoa privada, no entanto, não pode praticar uma tal amputação, mesmo com o consentimento do paciente. Seria cometer uma injustiça contra a sociedade, à qual pertence o homem com todos os seus membros.

Se, porém, a infecção de um membro ameaça contaminar todo o corpo, é permitido amputar esse membro para a saúde do corpo inteiro, porém com o consentimento do doente, pois cada um é responsável de sua própria saúde. O mesmo princípio se aplica, se a operação é decidida de acordo com o responsável da saúde do doente. Fora desses casos, mutilar um homem é totalmente ilícito[b].

QUANTO AO 1º, portanto, deve-se dizer que nada impede que algo contrário a tal natureza particular seja conforme à natureza universal. Assim a morte e a corrupção, nos seres naturais, vão contra a natureza particular desses seres, são contudo, conformes à natureza universal. De modo semelhante, mutilar um homem, embora seja contrário à natureza particular de seu corpo, é, no entanto, conforme à razão natural em referência ao bem comum.

QUANTO AO 2º, deve-se dizer que a vida de todo homem não se ordena a qualquer bem próprio desse mesmo homem. Antes, a essa vida se ordenam todos os bens do homem. Por isso, privar alguém da vida jamais será permitido, a não ser

---

4. Q. 61, a. 1; q. 64, a. 2, 5.

b. Ao invocar o princípio da subordinação da parte ao bem do todo, observamos aqui uma dupla conclusão: a legitimidade da mutilação penal, da amputação de um membro infligida pela autoridade pública tendo em vista a repressão de certos crimes; por outro lado, é proibido ao indivíduo mutilar-se ou mutilar a um outro, a menos que a ablação de um membro infectado seja o único meio de conservar a saúde de todo o corpo. Se esta última norma não constitui problema, a primeira, autorizando a mutilação penal, não parece se impor em nome dos princípios gerais da justiça. Esses princípios tais como condensados de modo feliz na solução 1 podem pelo contrário esclarecer a recusa de toda mutilação penal. Se tomarmos o critério de que é "conforme à ordem racional em relação ao bem comum", chegaremos a outras conclusões no que concerne à mutilação, quando a aplicação desse tipo de "penas irreparáveis" (a. 2, Solução) se revela incapaz de promover esse bem comum segundo a apreciação geral, que caminha no sentido do progresso do direito e da consciência moral.

cam potestatem, cui committitur procuratio boni communis. Sed praecisio membri potest ordinari ad propriam salutem unius hominis. Et ideo in aliquo casu potest ad ipsum pertinere.

AD TERTIUM dicendum quod membrum non est praecidendum propter corporalem salutem totius nisi quando aliter toti subveniri non potest. Saluti autem spirituali semper potest aliter subveniri quam per membri praecisionem: quia peccatum subiacet voluntati. Et ideo in nullo casu licet membrum praecidere propter quodcumque peccatum vitandum. Unde Chrysostomus, exponens illud Mt 19,12, *Sunt eunuchi qui seipsos castraverunt propter regnum caelorum,* dicit[5]: *Non membrorum abscisionem, sed malarum cogitationum interemptionem. Maledictioni enim est obnoxius qui membrum abscidit: etenim quae homicidarum sunt talis praesumit.* Et postea subdit[6]: *Neque concupiscentia mansuetior ita fit, sed molestior. Aliunde enim habet fontes sperma quod in nobis est, et praecipue a proposito incontinenti et mente negligente: nec ita abscisio membri comprimit tentationes, ut cogitationis frenum.*

ARTICULUS 2
### Utrum liceat patribus verberare filios, aut dominis servos

AD SECUNDUM SIC PROCEDITUR. Videtur quod non liceat patribus verberare filios, aut dominis servos.

1. Dicit enim Apostolus, *ad* Eph 6,4: *Vos, patres, nolite ad iracundiam provocare filios vestros.* Et infra, 9 subdit: *Et vos, domini, eadem facite servis, remittentes minas.* Sed propter verbera aliqui ad iracundiam provocantur. Sunt etiam minis graviora. Ergo neque patres filios, neque domini servos debent verberare.

2. PRAETEREA, Philosophus dicit, in X *Ethic.*[1], quod *sermo paternus habet solum monitionem, non autem coactionem.* Sed quaedam coactio est per verbera. Ergo parentibus non licet filios verberare.

3. PRAETEREA, unicuique licet alteri disciplinam impendere: hoc enim pertinet ad eleemosynas spirituales, ut supra[2] dictum est. Si ergo parenti-

aos poderes públicos, encarregados de prover ao bem comum. Mas, a ablação de um membro pode ser útil à saúde de um homem. Por isso, em certos casos, a ele competirá a decisão de praticá-la.

QUANTO AO 3º, deve-se dizer que só se pode amputar um membro, quando não há outro meio de assegurar a saúde de todo o corpo. Mas, pode-se garantir a salvação da alma, por outros meios, além da mutilação, pois o pecado é essencialmente voluntário; a mutilação não será jamais permitida para evitar qualquer pecado. Por isso, comentando as palavras do Evangelho: "Há eunucos que se castraram a si mesmos por causa do Reino dos céus", Crisóstomo explica: "Não se trata da ablação de membros, mas da extinção dos maus pensamentos. Quem se mutila se expõe à maldição, pois são homicidas os que atentam tais coisas." E acrescenta em seguida: "Nem a concupiscência com isso se acalma, mas se torna mais molesta. O desejo que está em nós tem, com efeito, outras fontes, sobretudo os maus propósitos e a falta de vigilância; assim, a ablação de um membro, como freio dos pensamentos, não reprime as tentações".

ARTIGO 2
### É permitido aos pais bater nos filhos, e aos senhores, nos escravos?

QUANTO AO SEGUNDO, ASSIM SE PROCEDE: parece que **não** é permitido aos pais bater nos filhos, e aos senhores, nos escravos.

1. Com efeito, o Apóstolo escreve: "Vós, pois, não exciteis à ira vossos filhos." E acrescenta um pouco depois: "E, vós, senhores, fazei o mesmo com os servos, deixando de lado as ameaças." Ora, os açoites excitam mais a ira, e são mais graves do que as ameaças. Logo, nem os pais hão de bater nos filhos, nem os senhores, nos escravos.

2. ALÉM DISSO, o Filósofo declara: "A palavra paterna é só para advertir, não para coagir". Ora, bater é uma forma de coação. Logo, os pais não devem bater em seus filhos.

3. ADEMAIS, a cada um é permitido corrigir o outro. É uma esmola espiritual, como já se explicou. Se é lícito aos pais, bater em seus filhos para

---

5. Homil. 62 *in Matth.*, n. 3: MG 58, 599.
6. *Ibid.*: MG 58, 600.

1. C. 10: 1180, a, 18-22; b, 5-7.
2. Q. 32, a. 2.

bus licet propter disciplinam filios verberare, pari ratione cuilibet licebit quemlibet verberare. Quod patet esse falsum. Ergo et primum.

SED CONTRA est quod dicitur Pr 13,24: *Qui parcit virgae, odit filium suum*; et infra, 23,13-14: *Noli subtrahere a puero disciplinam. Si enim percusseris eum virga, non morietur: tu virga percuties eum, et animam eius de inferno liberabis*. Et Eccli 33,28 dicitur: *Servo malevolo tortura et compedes*.

RESPONDEO dicendum quod per verberationem nocumentum quoddam infertur corpori eius qui verberatur, aliter tamen quam in mutilatione: nam mutilatio tollit corporis integritatem, verberatio vero tantummodo afficit sensum dolore. Unde multo minus nocumentum est quam membri mutilatio. Nocumentum autem inferre alicui non licet nisi per modum poenae propter iustitiam. Nullus autem iuste punit aliquem nisi sit eius ditioni subiectus. Et ideo verberare aliquem non licet nisi habenti potestatem aliquam super illum qui verberatur. Et quia filius subditur potestati patris, et servus potestati domini, licite potest verberare pater filium et dominus servum, causa correctionis et disciplinae.

AD PRIMUM ergo dicendum quod, cum ira sit appetitus vindictae, praecipue concitatur ira cum aliquis se reputat laesum iniuste: ut patet per Philosophum, in II *Rhet*.[3]. Et ideo per hoc quod patribus interdicitur ne filios ad iracundiam provocent, non prohibetur quin filios verberent causa disciplinae: sed quod non immoderate eos affligant verberibus. — Quod vero inducitur dominis quod remittant minas, potest dupliciter intelligi. Uno modo, ut remisse minis utantur: quod pertinet ad moderationem disciplinae. Alio modo, ut aliquis non semper impleat quod comminatus est: quod pertinet ad hoc quod iudicium quo quis comminatus est poenam, quandoque per remissionis misericordiam temperetur.

AD SECUNDUM dicendum quod maior potestas maiorem debet habere coactionem. Sicut autem civitas est perfecta communitas, ita princeps civitatis habet perfectam potestatem coercendi: et ideo potest infligere poenas irreparabiles, scilicet occisionis vel mutilationis. Pater autem et dominus, qui praesunt familiae domesticae, quae

os corrigir, de maneira semelhante, todos poderiam bater em qualquer um. O que é evidentemente falso. Logo, também a premissa.

EM SENTIDO CONTRÁRIO, está escrito no livro dos Provérbios: "Quem poupa a vara, odeia seu filho." E, mais longe: "Não deixes de corrigir o menino, porque se o fustigas com a vara, ele não morrerá. Tu o fustigarás com a vara e livrarás sua alma do inferno" E ainda em uma passagem do Eclesiástico: "Para o escravo mau, tortura e algemas."

RESPONDO. Como a mutilação, as pancadas fazem mal ao corpo, mas de maneira diferente. Enquanto a mutilação priva o corpo de sua integridade, as pancadas causam apenas uma sensação de dor, o que é um dano menor. É interdito causar um dano a outrem, a não ser como castigo para o bem da justiça. Ora, alguém só pune justamente a quem está sob sua jurisdição. Portanto, apenas aquele que tem autoridade poderá bater em um outro. E uma vez que o filho está sujeito ao pai e o escravo ao senhor, o pai pode bater no filho, e o senhor, no escravo, em vista de os corrigir e formar[c].

QUANTO AO 1º, portanto, deve-se dizer que sendo apetite de vingança, a cólera é sobretudo provocada, quando alguém se considera injustamente lesado, como explica o Filósofo. Se, portanto, se prescreve aos pais que não excitem os filhos à cólera, não lhes é proibido baterem neles para os corrigir, mas somente o fazerem sem moderação. — Quanto à recomendação feita aos senhores de não ameaçar seus escravos, pode-se entendê-la de dois modos. Ou, que usem as ameaças com discrição, o que convém à moderação na disciplina; ou, que nem sempre executem as ameaças, suavizando assim pela misericórdia, a decisão de lançar um castigo.

QUANTO AO 2º, deve-se dizer que um poder maior implica uma maior força coercitiva. Sendo a cidade uma comunidade perfeita, o seu príncipe tem o pleno poder coercitivo. Pode, assim, infligir penas irreparáveis. como a morte e a mutilação. Porém, o pai e o senhor, que estão à frente de uma comunidade doméstica, sociedade imperfeita, têm

---

3. C. 2, 3: 1378, a, 31; 1380, b, 16.

c. O caráter absoluto dessa conclusão: "o pai pode bater em seu filho e o senhor em seu escravo" merece reservas semelhantes às formuladas na nota precedente. O artigo universaliza e tende a legitimar relações sociais e práticas pedagógicas marcadas por contingências e limites históricos.

est imperfecta communitas, habent imperfectam potestatem coercendi secundum leviores poenas, quae non inferunt irreparabile nocumentum. Et huiusmodi est verberatio.

Ad tertium dicendum quod exhibere disciplinam volenti cuilibet licet. Sed disciplinam nolenti adhibere est solum eius cui alterius cura committitur. Et ad hoc pertinet aliquem verberibus castigare.

um poder coercitivo imperfeito, impondo penas mais leves, que não causam dano irreparável. Tal é o açoite.

Quanto ao 3º, deve-se dizer que a todos é lícito corrigir a quem o queira aceitar. Mas impor uma correção a quem a recusa, cabe somente àquele que tem o encargo do outro. Nesse encargo se inclui o castigar com açoites.

### Articulus 3
### Utrum liceat aliquem hominem incarcerare

Ad tertium sic proceditur. Videtur quod non liceat aliquem hominem incarcerare.

1. Actus enim est malus ex genere qui cadit supra indebitam materiam, ut supra[1] dictum est. Sed homo, habens naturalem arbitrii libertatem, est indebita materia incarcerationis, quae libertati repugnat. Ergo illicitum est aliquem incarcerare.

2. Praeterea, humana iustitia regulari debet ex divina. Sed sicut dicitur Eccli 15,14: *Deus reliquit hominem in manu consilii sui.* Ergo videtur quod non est aliquis coercendus vinculis vel carcere.

3. Praeterea, nullus est cohibendus nisi ab opere malo: a quo quilibet licite potest alium impedire. Si ergo incarcerare aliquem esset licitum ad hoc quod cohiberetur a malo, cuilibet esset licitum aliquem incarcerare. Quod patet esse falsum. Ergo et primum.

Sed contra est quod Lv 24,11-12 legitur quendam missum fuisse in carcerem propter peccatum blasphemiae.

Respondeo dicendum quod in bonis corporis tria per ordinem considerantur. Primo quidem, integritas corporalis substantiae: cui detrimentum affertur per occisionem vel mutilationem. Secundo, delectatio vel quies sensus: cui opponitur verberatio, vel quidlibet sensum dolore afficiens. Tertio, motus et usus membrorum: qui impeditur per ligationem vel incarcerationem, seu quamcumque detentionem. Et ideo incarcerare aliquem, vel qualitercumque detinere, est illicitum nisi fiat secundum ordinem iustitiae, aut in poenam aut ad cautelam alicuius mali vitandi.

### Artigo 3
### É lícito encarcerar alguém?

Quanto ao terceiro, assim se procede: parece que encarcerar alguém **não** é lícito.

1. Com efeito, é mau por seu gênero o ato que se exerce sobre uma matéria indevida, como já se mostrou anteriormente. Ora, sendo o homem por natureza dotado de liberdade, a encarceração, que repugna à liberdade, se exerce sobre uma matéria indevida. Logo, a encarceração é sempre ilícita.

2. Além disso, a justiça humana deve se conformar à divina. Ora, está na Escritura: "Deus deixou o homem nas mãos de seu conselho." Logo, parece que não se há prender o homem com algemas ou em cárcere.

3. Ademais, ninguém pode ser forçado senão a evitar o mal, do qual cada um pode licitamente impedir o outro. Se, portanto, fosse lícito encarcerar alguém, para impedi-lo de praticar o mal, a qualquer um seria permitido encarcerar; o que é claramente falso. Logo, falsa também a primeira asserção.

Em sentido contrário, lê-se no livro do Levítico que se lançou na prisão um homem por ter blasfemado.

Respondo. Podem-se considerar os bens corporais na ordem seguinte: 1º A integridade substancial do corpo, à qual se causa dano pela morte ou pela mutilação. 2º O prazer ou o repouso dos sentidos, a que se opõem as pancadas ou qualquer sensação dolorosa; 3º O movimento e o uso dos membros, que ficarão impedidos pelas algemas, pelo cárcere ou qualquer outra forma de detenção. Por isso encarcerar ou deter alguém de qualquer modo, é ilícito, salvo em conformidade com a justiça, seja a título de castigo, seja por medida preventiva contra certos perigos.

---

3 Parall.: Infra, q. 108, a. 3.
   1. I-II, q. 18, a. 2.

AD PRIMUM ergo dicendum quod homo qui abutitur potestate sibi data, meretur eam amittere. Et ideo homo qui peccando abusus est libero usu suorum membrorum, conveniens est incarcerationis materia.

AD SECUNDUM dicendum quod Deus quandoque, secundum ordinem suae sapientiae, peccatores cohibet ne possint peccata implere: secundum illud Iob 5,12: *Qui dissipat cogitationes malignorum, ne possint implere manus eorum quod coeperant.* Quandoque vero eos permittit quod volunt agere. Et similiter secundum humanam iustitiam non pro qualibet culpa homines incarcerantur, sed pro aliquibus.

AD TERTIUM dicendum quod detinere hominem ad horam ab aliquo opere illicito statim perpetrando, cuilibet licet: sicut cum aliquis detinet aliquem ne se praecipitet, vel ne alium feriat. Sed simpliciter aliquem includere vel ligare ad eum solum pertinet qui habet disponere universaliter de actibus et vita alterius: quia per hoc impeditur non solum a malis, sed etiam a bonis agendis.

QUANTO AO 1º, portanto, deve-se dizer que quem abusa do poder que lhe foi confiado merece perdê-lo. Logo, o homem que pelo pecado abusou do livre exercício de seus membros se torna matéria conveniente à encarceração

QUANTO AO 2º, deve-se dizer que por vezes, Deus, conforme a ordem de sua sabedoria, coíbe os pecadores, para que não possam cometer seus pecados; é o que diz o livro de Jó: "Ele desmonta os projetos dos malignos, para que suas mãos não possam levar a cabo seus conluios." Outras vezes, permite-lhes realizarem seus intentos. De forma semelhante, a justiça humana pune com o encarceramento certas faltas, não todas.

QUANTO AO 3º, deve-se dizer que cada um tem o direito de impedir momentaneamente alguém de realizar uma má ação, que está a ponto de perpetrar, detendo-o, por exemplo, para que não se mate ou machuque um outro. Mas, absolutamente falando, prender ou encarcerar uma pessoa compete unicamente a quem pode dispor, de modo geral, dos atos e da vida de outrem, pois este ficaria impedido de fazer não só o mal mas igualmente o bem.

ARTICULUS 4

Utrum peccatum aggravetur
ex hoc quod praedictae iniuriae
inferuntur in personas aliis coniunctas

AD QUARTUM SIC PROCEDITUR. Videtur quod peccatum non aggravetur ex hoc quod praedictae iniuriae inferuntur in personas aliis coniunctas.
1. Huiusmodi enim iniuriae habent rationem peccati prout nocumentum alicui infertur contra eius voluntatem. Sed magis est contra hominis voluntatem malum quod in personam propriam infertur quam quod infertur in personam coniunctam. Ergo iniuria illata in personam coniunctam est minor.
2. PRAETEREA, in sacra Scriptura praecipue reprehenduntur qui pupillis et viduis iniurias inferunt: unde dicitur Eccli 35,17: *Non despiciet preces pupilli, nec viduam, si effundat loquelam gemitus.* Sed vidua et pupillus non sunt personae aliis coniunctae. Ergo ex hoc quod infertur iniuria personis coniunctis non aggravatur peccatum.

ARTIGO 4

O pecado se agrava, quando
as injustiças são cometidas contra
pessoas ligadas a outras?

QUANTO AO QUARTO, ASSIM SE PROCEDE: parece que o pecado **não** se agrava, quando as injustiças são cometidas contra pessoas ligadas a outras.
1. Com efeito, tais injustiças têm o caráter de pecado, por causarem dano a alguém contra sua vontade. Ora, o dano causado contra a própria pessoa, contraria mais à vontade dela do que se atingisse outra que lhe é chegada. Logo, a injustiça contra essa última é menos grave.

2. ALÉM DISSO, na Sagrada Escritura, são principalmente repreendidos os que cometem injustiças contra os órfãos e as viúvas. É o que lembra o livro do Eclesiástico: "O Senhor não desprezará os rogos do órfão nem a viúva que derrama seus gemidos." Ora, a viúva e o órfão não são pessoas chegadas a outros. Logo, uma injustiça cometida contra pessoas chegadas a outrem não agrava o pecado.

4 PARALL.: I-II, q. 73, a. 9.

3. Praeterea, persona coniuncta habet propriam voluntatem, sicut et principalis persona. Potest ergo aliquid ei esse voluntarium quod est contra voluntatem principalis personae: ut patet in adulterio, quod placet uxori et displicet viro. Sed huiusmodi iniuriae habent rationem peccati prout consistunt in involuntaria commutatione. Ergo huiusmodi iniuriae minus habent de ratione peccati.

Sed contra est quod Dt 28,32, ad quandam exaggerationem dicitur: *Filii tui et filiae tuae tradentur alteri populo videntibus oculis tuis.*

Respondeo dicendum quod quanto aliqua iniuria in plures redundat, ceteris paribus, tanto gravius est peccatum. Et inde est quod gravius est peccatum si aliquis percutiat principem quam personam privatam: quia redundat in iniuriam totius multitudinis, ut supra[1] dictum est. Cum autem infertur iniuria in aliquam personam coniunctam alteri qualitercumque, iniuria illa pertinet ad duas personas. Et ideo, ceteris paribus, ex hoc ipso aggravatur peccatum. Potest tamen contingere quod secundum aliquas circumstantias sit gravius peccatum quod fit contra personam nulli coniunctam: vel propter dignitatem personae, vel propter magnitudinem nocumenti.

Ad primum ergo dicendum quod iniuria illata in personam coniunctam minus est nociva personae cui coniungitur quam si in ipsam immediate inferretur: et ex hac parte est minus peccatum. Sed hoc totum quod pertinet ad iniuriam personae cui coniungitur, superadditur peccato quod quis incurrit ex eo quod aliam personam secundum se laedit.

Ad secundum dicendum quod iniuriae illatae in viduas et pupillos magis exaggerantur, tum quia magis opponuntur misericordiae. Tum quia idem nocumentum huiusmodi personis inflictum est eis gravius, quia non habent relevantem.

Ad tertium dicendum quod per hoc quod uxor voluntarie consentit in adulterium, minoratur quidem peccatum et iniuria ex parte ipsius mulieris: gravius enim esset si adulter violenter eam opprimeret. Non tamen per hoc tollitur iniuria ex parte viri: quia *uxor non habet potestatem sui corporis, sed vir*, ut dicitur 1Cor 7,4. Et eadem

3. Ademais, a pessoa chegada a outra tem sua vontade própria, como a tem a pessoa principal. Pode, assim, acontecer que algo seja contrário à vontade da pessoa principal e seja querida pela pessoa que lhe é ligada. É o que se dá, por exemplo, no adultério, que agrada à mulher e desagrada ao marido. Ora, tais injustiças vêm a ser pecado enquanto constituem uma comutação involuntária. Logo, realizam em menor grau a razão de pecado.

Em sentido contrário, no Deuteronômio, para frisar o castigo, se diz: "Teus filhos e tuas filhas são entregues a outro povo; teus olhos o verão."

Respondo. Em igualdade de circunstâncias, um pecado de injustiça é tanto mais grave quanto mais numerosas são as pessoas que atinge. É maior pecado ferir o príncipe, do que a uma pessoa privada, pois a injúria recai sobre toda a coletividade, como já se explicou. Quando se comete injustiça contra uma pessoa unida a outra por quaisquer laços, a injustiça se estende às duas pessoas. Portanto, em igualdade de condições, com esse fato, o pecado se agrava. Pode, contudo, acontecer que, em virtude de circunstâncias especiais, o pecado cometido contra uma pessoa desvinculada de qualquer outra, seja mais grave, quer pela dignidade dessa pessoa, quer pela importância do dano causado[d].

Quanto ao 1º, portanto, deve-se dizer que a injustiça cometida contra uma pessoa ligada a uma outra prejudica menos a esta do que se a atingisse diretamente; por esse lado, é menos grave. Porém, tudo o que forma a injustiça contra essa última pessoa se junta ao pecado em que incorre quem lesou diretamente a primeira.

Quanto ao 2º, deve-se dizer que as injustiças cometidas contra viúvas e órfãos são mais graves, já por se oporem mais à misericórdia, já por ser maior o dano causado a essas pessoas, que não têm quem as ampare.

Quanto ao 3º, deve-se dizer que pelo fato de a mulher consentir livremente no adultério, ficam diminuídos o pecado e a injustiça cometidos contra ela, pois seriam mais graves se o adúltero a tomasse por violência. Com isso, porém, não desaparece a injúria feita ao marido, pois como diz o Apóstolo: "a esposa não tem poder sobre seu corpo, mas

---

1. I-II, q. 73, a. 9.

d. Na q. 61, a. 3, solução, e no prólogo da q. 65, as injustiças cometidas contra as "pessoas ligadas" eram distinguidas como constituindo uma categoria importante. Aqui, esses atentados são estudados como outras tantas circunstâncias agravantes, nas perspectivas da I-II, q. 73, a. 9. O artigo não desenvolve os aspectos de injustiças particulares e específicas que compreendem os sofrimentos morais decorrentes de maus tratos, torturas infligidas aos parentes precisamente na intenção de atingir mais profundamente a vítima, prática antiga que não desapareceu na época contemporânea.

ratio est de similibus. De adulterio tamen, quod non solum iustitiae, sed etiam castitati opponitur, erit locus infra² agendi in tractatu de temperantia.

o marido." Os mesmos princípios valem para os casos semelhantes. O adultério, que se opõe não apenas à justiça, mas também à castidade será abordado ainda no tratado da temperança.

2. Q. 154, a. 8.

## QUAESTIO LXVI
## DE FURTO ET RAPINA
*in novem articulos divisa*

Deinde considerandum est de peccatis iustitiae oppositis per quae infertur nocumentum proximo in rebus: scilicet de furto et rapina.

## QUESTÃO 66
## O FURTO E A RAPINA[a]
*em nove artigos*

Cumpre tratar agora dos pecados contra a justiça, que causam dano aos bens do próximo: o furto e a rapina.

---

a. Os principais atentados ao direito de propriedade são abordados aqui de maneira análoga ao procedimento seguido na q. 65 sobre os pecados contra a vida. A propriedade, como a vida, é situada e esclarecida primeiramente por uma visão geral do universo, da hierarquia e da subordinação das coisas em relação ao homem, que emerge em suas prerrogativas de criatura racional e responsável, centro e finalidade do mundo visível de acordo com os desígnios do Criador. A q. 66 se ordenará em duas partes de extensão e alcance desiguais. Começa por uma exposição doutrinal sobre os fundamentos teológicos e éticos do direito de propriedade (a. 1 e 2). Em seguida, vem o estudo das noções de roubo e rapina como as formas mais típicas de injustiças contra os bens exteriores, mediante um leque de sete artigos, que tratam de suas distinções, sua malícia e gravidade respectivas. A doutrina da propriedade que Sto. Tomás condensa aqui e que pode ser completado com proveito pela leitura de seus *Comentários à Política de Aristóteles*, (especialmente livro I, lição 6-9; 1ivro II, lição 4) exige um certo esforço para ser apreendida em sua originalidade. Distingue-se e por vezes consideravelmente, dos prolongamentos ou retomadas de que foi objeto posteriormente, mesmo por parte do ensino social católico que a reivindica.

Menos vinculada às crises e às discussões polêmicas, a síntese de Sto. Tomás se caracteriza por uma fidelidade mais estrita à tradição patrística e, para além dos Padres, às fontes bíblicas. Os textos, citados abundantemente e com pertinência, são outras tantas amostras da contribuição decisiva do ensinamento patrístico para esse capítulo das sínteses medievais, particularmente para a de Sto. Tomás. Neste último, como de costume, há uma aproximação dos temas essenciais da tradição cristã e das doutrinas éticas e políticas aristotélicas. A estas são emprestadas fundamentalmente a refutação do comunismo utópico de tipo platônico, assim como as bases filosóficas para fundar e explicar o direito de propriedade.

O artigo 1, de inspiração bíblica, procura fundar de uma maneira teológica o caráter natural da posse de bens exteriores pelo homem, criatura espiritual, criada à imagem de Deus. Enquanto "imagem de Deus", o homem é chamado a exercer um domínio sobre as criaturas materiais, tendo o direito de delas dispor para sua utilidade. Nesse nível de consideração geral e teológica, concebemos a totalidade das coisas e a totalidade da humanidade, e vemos inscrita na condição dos seres imperfeitos (no sentido de II-II, q. 65, a. 1) uma lei de dependência e de subordinação em relação aos seres perfeitos, os homens, únicos dotados de razão e de liberdade, e tendo uma destinação própria. Nesse sentido, a posse de bens é declarada natural. Não se trata ainda da propriedade privada, da qual tratará o artigo 2. A apropriação será então legitimada, precisamente a partir da destinação comum das coisas em proveito de todos os homens. Com efeito, longe de fundar a posse coletiva das coisas, essa destinação comum encontra na propriedade pessoal a forma mais apropriada de sua realização. O interesse, a iniciativa e a solicitude dos proprietários são postos em evidência por contraste com o desinteresse e inércia dos homens em relação às coisas possuídas em comum. A argumentação se apoia no comportamento ordinário dos homens, e assemelha-se às perspectivas do utilitarismo social, reconhecendo o que é bem nítido em Aristóteles que a propriedade é um fator de prosperidade. Mas a doutrina possui uma orientação mais marcadamente ética, justificando a propriedade como a forma mais capaz de favorecer a responsabilidade de cada um e a paz social, assim como o uso virtuoso e a disposição livre e generosa dos bens materiais. Por outro lado, a propriedade pessoal, reconhecida como útil e mesmo necessária ao bem comum da sociedade, exige que o uso e usufruto das coisas sejam orientados para o proveito de todos, graças a uma partilha generosa pela qual os ricos com bondade e diligência proveem às carências dos necessitados.

Uma tal doutrina, que afirma a legitimidade e a necessidade da propriedade precisamente tendo em vista melhor assegurar a partilha e o atendimento às necessidades de todos, será ilustrada de maneira mais clara pelo caso limite que examina o artigo 7. Em caso de "extrema necessidade", "todas as coisas são comuns". A divisão e a apropriação dos bens, obra do direito humano, não poderiam impedir a sua utilização para prover às necessidades dos homens, tal destinação estando fundada no "direito natural e divino" (ver abaixo, nota 7).

A questão 66 se situa portanto na perspectiva de uma ética pessoal e social da propriedade, indicando suas normas gerais de comportamento, e enunciando os grandes princípios nos quais se hão de inspirar as instituições políticas, econômicas e jurídicas.

Com o mesmo rigor que proscreve o roubo como uma injustiça, essa doutrina exigente e abrangente da propriedade se abre para o uso e a partilha dos bens em fidelidade à sua destinação comum em prol de toda a humanidade.

Et circa hoc quaeruntur novem.
*Primo:* utrum naturalis sit homini possessio exteriorum rerum.
*Secundo:* utrum licitum sit quod aliquis rem aliquam possideat quasi propriam.
*Tertio:* utrum furtum sit occulta acceptio rei alienae.
*Quarto:* utrum rapina sit peccatum specie differens a furto.
*Quinto:* utrum omne furtum sit peccatum.
*Sexto:* utrum furtum sit peccatum mortale.
*Septimo:* utrum liceat furari in necessitate.
*Octavo:* utrum omnis rapina sit peccatum mortale.
*Nono:* utrum rapina sit gravius peccatum quam furtum.

## Articulus 1
### Utrum naturalis sit homini possessio exteriorum rerum

AD PRIMUM SIC PROCEDITUR. Videtur quod non sit naturalis homini possessio exteriorum rerum.

1. Nullus enim debet sibi attribuere quod Dei est. Sed dominium omnium creaturarum est proprie Dei: secundum illud Ps 23,1: *Domini est terra* etc. Ergo non est naturalis homini rerum possessio.

2. PRAETEREA, Basilius, exponens verbum divitis dicentis, Lc 12,18, *Congregabo omnia quae nata sunt mihi et bona mea,* dicit[1]: *Dic mihi, quae tua? Unde ea sumens in vitam tulisti?* Sed illa quae homo possidet naturaliter, potest aliquis convenienter dicere esse sua. Ergo homo non possidet naturaliter exteriora bona.

3. PRAETEREA, sicut Ambrosius dicit, in libro *de Trin.*[2], dominus *nomen est potestatis*. Sed homo non habet potestatem super res exteriores: nihil enim potest circa earum naturam immutare. Ergo possessio exteriorum rerum non est homini naturalis.

SED CONTRA est quod dicitur in Ps 8,8: *Omnia subiecisti sub pedibus eius,* scilicet hominis.

RESPONDEO dicendum quod res exterior potest dupliciter considerari. Uno modo, quantum ad

A questão compreende nove artigos:
1. A posse dos bens exteriores é natural ao homem?
2. É lícito possuir algo como próprio?
3. O furto consiste em apoderar-se secretamente do bem de outrem?
4. A rapina é pecado especificamente distinto do furto?
5. Todo furto é pecado?
6. O furto é pecado mortal?
7. É permitido furtar em caso de necessidade?
8. Toda rapina é pecado mortal?
9. A rapina é pecado mais grave do que o furto?

## Artigo 1
### A posse dos bens exteriores é natural ao homem?

QUANTO AO PRIMEIRO ARTIGO, ASSIM SE PROCEDE: parece que a posse dos bens exteriores **não** é natural ao homem.

1. Com efeito, ninguém deve atribuir a si o que a Deus pertence. Ora, o domínio sobre todas as criaturas é próprio a Deus, como diz o Salmo: "Do Senhor é a terra etc." Logo, a posse dos bens exteriores não é natural ao homem.

2. ALÉM DISSO, comentando a palavra do rico: "Recolherei em meus celeiros todos os meus produtos e todos os meus bens", Basílio o interpela: "Dize-me, que bens são teus? Donde os tiraste para os trazer ao mundo?" Ora, o que o homem possui naturalmente pode com razão chamar seu. Logo, a posse dos bens exteriores não é natural ao homem.

3. ADEMAIS, como declara Ambrósio, o nome senhor implica poder. Ora, o homem nenhum poder tem sobre as coisas exteriores, pois em nada pode mudar-lhes a natureza. Logo, a posse dos bens exteriores não é natural ao homem.

EM SENTIDO CONTRÁRIO, o Salmo proclama: "Tudo colocaste debaixo de seus pés", isto é, do homem.

RESPONDO. As coisas exteriores podem ser encaradas sob duplo aspecto. Primeiro, em sua

---
1 PARALL.: *Cont. Gent.* III, 22; I *Polit.*, lect. 6.

1. Homil. 6 *in Luc.*, 12, 18, n. 7: MG 31, 276 B.
2. Al. *de Fide*, l. I, c. 1, n. 7: ML 16, 530 B.

eius naturam: quae non subiacet humanae potestati, sed solum divinae, cui omnia ad nutum obediunt. Alio modo, quantum ad usum ipsius rei. Et sic habet homo naturale dominium exteriorum rerum: quia per rationem et voluntatem potest uti rebus exterioribus ad suam utilitatem, quasi propter se factis; semper enim imperfectiora sunt propter perfectiora, ut supra[3] habitum est. Et ex hac ratione Philosophus probat, in I *Polit*.[4], quod possessio rerum exteriorum est homini naturalis. Hoc autem naturale dominium super ceteras creaturas, quod competit homini secundum rationem, in qua imago Dei consistit, manifestatur in ipsa hominis creatione, Gn 1,26, ubi dicitur: *Faciamus hominem ad similitudinem et imaginem nostram: et praesit piscibus maris*, etc.

AD PRIMUM ergo dicendum quod Deus habet principale dominium omnium rerum. Et ipse secundum suam providentiam ordinavit res quasdam ad corporalem hominis sustentationem. Et propter hoc homo habet naturale rerum dominium quantum ad potestatem utendi ipsis.

AD SECUNDUM dicendum quod dives ille reprehenditur ex hoc quod putabat exteriora bona esse principaliter sua, quasi non accepisset ea ab alio, scilicet a Deo.

AD TERTIUM dicendum quod ratio illa procedit de dominio exteriorum rerum quantum ad naturas ipsarum: quod quidem dominium soli Deo convenit, ut dictum est[5].

## ARTICULUS 2
### Utrum liceat alicui rem aliquam quasi propriam possidere

AD SECUNDUM SIC PROCEDITUR. Videtur quod non liceat alicui rem aliquam quasi propriam possidere.

natureza, que não está sujeita ao poder humano, mas só ao divino, a quem tudo obedece docilmente. Segundo, quanto ao uso. E então o homem tem o domínio natural sobre as coisas exteriores. Pois, pela razão e pela vontade, pode delas usar para sua utilidade, como se para ele fossem feitas. Pois sempre os seres menos perfeitos existem para os mais perfeitos, como já foi demonstrado. Por esse princípio, o Filósofo prova que a posse das coisas exteriores é natural ao homem. E tal domínio natural sobre as outras criaturas compete ao homem, porque é dotado de razão, na qual consiste a imagem de Deus. Ele se manifesta na sua criação mesma, quando Deus diz: "Façamos o homem à nossa imagem e semelhança, e que domine sobre os peixes do mar..."[b]

QUANTO AO 1º, portanto, deve-se dizer que Deus tem o domínio principal sobre todas as coisas. E ele mesmo, em sua providência, ordenou certas coisas ao sustento corporal do homem. Por isso, cabe ao homem o domínio natural delas, tendo o poder de usá-las.

QUANTO AO 2º, deve-se dizer que aquele rico é repreendido por julgar que os bens exteriores eram principalmente seus, como se os não tivesse recebido de outrem, isto é, de Deus.

QUANTO AO 3º, deve-se dizer que a objeção visa o domínio das coisas, no que toca à natureza delas; esse domínio, sem dúvida, pertence a Deus só, como acabamos de explicar.

## ARTIGO 2
### É lícito possuir algo como próprio?

QUANTO AO SEGUNDO, ASSIM SE PROCEDE: parece que **não** é lícito possuir algo como próprio.

---

3. Q. 64, a. 1.
4. C. 8: 1256, b, 7-8.
5. In corp.

PARALL.: *Cont. Gent.* III, 127; II *Polit.*, lect. 4.

b. Nesse artigo, mais fundamental, examina-se a relação entre as coisas exteriores e o homem segundo o desígnio e a ordem do Criador. O homem possui um verdadeiro poder de dominação sobre as coisas, sua posse lhe é "natural": está inscrita na natureza das coisas, criadas para a utilidade do homem; e igualmente inscrita na natureza racional do homem, que deve dominá-las e servir-se delas enquanto ele é imagem de Deus. Nesse sentido, contrapõe-se o poder soberano de Deus sobre o ser, sobre a "natureza" das coisas, e o domínio "natural" mas participado do homem, que tem apenas o "uso" (*usus*) dessas coisas. Essa restrição se situa e se compreende no plano da dependência do homem em relação a Deus: na posse e na dominação dos bens, o que, de direito, lhe pertence, o homem deve respeitar a "natureza" das coisas e subordinar-se à sabedoria e providência de Deus. Essa visão teológica só poderá manifestar e desenvolver toda sua fecundidade, se ela vai ao encontro da consciência mais viva e mais lúcida que toma a humanidade atual em relação ao universo, aos recursos naturais, ao ecossistema dos vivos e às responsabilidades diante das gerações futuras (ver abaixo, nota 1 à q. 119).

1. Omne enim quod est contra ius naturale est illicitum. Sed secundum ius naturale omnia sunt communia: cui quidem communitati contrariatur possessionum proprietas. Ergo illicitum est cuilibet homini appropriare sibi aliquam rem exteriorem.

2. Praeterea, Basilius dicit[1], exponens praedictum verbum divitis: *Sicut qui, praeveniens ad spectacula, prohiberet advenientes, sibi appropriando quod ad communem usum ordinatur; similes sunt divites qui communia, quae praeoccupaverunt, aestimant sua esse.* Sed illicitum esset praecludere viam aliis ad potiendum communibus bonis. Ergo illicitum est appropriare sibi aliquam rem communem.

3. Praeterea, Ambrosius dicit[2], et habetur in Decretis[3], dist. XLVII, can. *Sicut hi: Proprium nemo dicat quod est commune.* Appellat autem communes res exteriores: sicut patet ex his quae praemittit. Ergo videtur illicitum esse quod aliquis appropriet sibi aliquam rem exteriorem.

Sed contra est quod Augustinus dicit, in libro *de Haeres.*[4]: *Apostolici dicuntur qui se hoc nomine arrogantissime vocaverunt, eo quod in suam communionem non acciperent utentes coniugibus, et res proprias possidentes, quales habet Catholica Ecclesia et monachos et clericos plurimos.* Sed ideo isti haeretici sunt quoniam, se ab Ecclesia separantes, nullam spem putant eos habere qui utuntur his rebus, quibus ipsi carent. Est ergo erroneum dicere quod non liceat homini propria possidere.

Respondeo dicendum quod circa rem exteriorem duo competunt homini. Quorum unum est potestas procurandi et dispensandi. Et quantum ad hoc licitum est quod homo propria possideat. Et est etiam necessarium ad humanam vitam, propter tria. Primo quidem, quia magis sollicitus est unusquisque ad procurandum aliquid quod sibi soli competit quam aliquid quod est commune omnium vel multorum: quia unusquisque, laborem fugiens, relinquit alteri id quod pertinet ad commune; sicut accidit in multitudine ministrorum. — Alio modo, quia ordinatius res humanae tractantur si singulis

1. Com efeito, tudo o que se opõe ao direito natural é ilícito. Ora, pelo direito natural, tudo é comum, e a essa comunidade se opõe a propriedade de bens particulares. Logo, é ilícito a qualquer homem apropriar-se de um bem externo.

2. Além disso, explicando a parábola do rico insensato, Basílio declara: "Os que consideram como próprios os bens comuns de que foram os primeiros a se apoderar, são semelhantes àquele que chegando primeiro ao espetáculo, impedisse os outros de entrar, reservando para si o que é destinado ao bem de todos." Ora, é ilícito barrar aos outros o acesso aos bens destinados a todos. Logo, é ilícito apropriar-se desses bens.

3. Ademais, Ambrósio o ensina e se encontra nos *Decretos*: "Ninguém chame de próprio o que é comum". Ora, ele qualifica de comuns os bens exteriores, como se vê pelo contexto. Logo, parece ilícito que alguém se aproprie de um bem exterior.

Em sentido contrário, Agostinho afirma: "Chamam-se apostólicos os que com suprema arrogância se deram esse nome, porque não recebem em sua comunhão, quem usa do matrimônio e tem propriedades particulares, como se dá com muitos monges e clérigos da Igreja católica." Ora, esses pretensiosos são heréticos porque, separando-se da Igreja, negam toda esperança de salvação àqueles que utilizam os bens de que eles se privam. Logo, é errôneo dizer que não é lícito ao homem possuir algo como próprio[c].

Respondo. Em relação aos bens exteriores, compete ao homem uma dupla atribuição. Uma é o poder de gerir e de dispor. Quanto a isso, é lícito que o homem possua bens como próprios. É até mesmo necessário à vida humana, por três razões. 1º Cada um é mais solícito na gestão do que lhe pertence como próprio, do que no cuidado do que é comum a todos ou a muitos. Pois, nesse caso, cada qual, fugindo do trabalho, deixa a outrem a tarefa comum, como acontece quando há uma quantidade de criados na casa. — 2º As coisas humanas são tratadas com mais ordem,

---

1. Hom. 6 *in Luc*. 12, 18; n. 7: MG 31, 276 B.
2. Serm. 81, al. 64, *in Luc*. 12, 18: ML 17, 593-594.
3. Gratianus, *Decretum*, p. I, dist. 47, can. 8: ed. Richter-Friedberg, t. I, p. 171.
4. Haeres. 40: ML 42, 32.

c. Por intermédio da condenação desses antigos heréticos, tomada de Sto. Agostinho, visam-se sem dúvida as chamadas seitas "apostólicas", que haviam surgido alguns anos antes da composição desta parte da Suma teológica. Mais profundamente, esses textos são citados na intenção de manifestar uma plena fidelidade ao duplo dado da tradição patrística: a legitimidade da propriedade privada como instituição social, e a destinação comum dos bens, a exigência moral de deles dispor, de fazê-los frutificar visando primeiramente prover às necessidades de todos.

immineat propria cura alicuius rei procurandae: esset autem confusio si quilibet indistincte quaelibet procuraret. — Tertio, quia per hoc magis pacificus status hominum conservatur, dum unusquisque re sua contentus est. Unde videmus quod inter eos qui communiter et ex indiviso aliquid possident, frequentius iurgia oriuntur.

Aliud vero quod competit homini circa res exteriores est usus ipsarum. Et quantum ad hoc non debet homo habere res exteriores ut proprias, sed ut communes: ut scilicet de facili aliquis ea communicet in necessitate aliorum. Unde Apostolus dicit, 1Ti ult., 17-18: *Divitibus huius saeculi praecipe facile tribuere, communicare.*

AD PRIMUM ergo dicendum quod communitas rerum attribuitur iuri naturali, non quia ius naturale dictet omnia esse possidenda communiter et nihil esse quasi proprium possidendum: sed quia secundum ius naturale non est distinctio possessionum, sed magis secundum humanum condictum, quod pertinet ad ius positivum, ut supra[5] dictum est. Unde proprietas possessionum non est contra ius naturale; sed iuri naturali superadditur per adinventionem rationis humanae.

AD SECUNDUM dicendum quod ille qui, praeveniens ad spectacula, praepararet aliis viam, non illicite ageret: sed ex hoc illicite agit quod alios prohibet. Et similiter dives non illicite agit si, praeoccupans possessionem rei quae a principio erat communis, aliis communicat: peccat autem si alios ab usu illius rei indiscrete prohibeat. Unde Basilius ibidem[6] dicit: *Cur tu abundas, ille vero mendicat, nisi ut tu bonae dispensationis merita consequaris, ille vero patientiae praemiis coronetur?*

quando o cuidado de cada coisa é confiado a uma pessoa determinada, ao passo que reina a confusão quando todos se ocupam indistintamente de tudo. — 3º A paz entre os homens é mais bem garantida, se cada um está contente com o que é seu; daí, vermos surgirem frequentes litígios entre os que têm posses comuns e indivisas.

Outra atribuição que compete ao homem em relação aos bens exteriores é o uso deles. Sob esse aspecto, o homem não deve ter as coisas exteriores como próprias, mas como comuns, neste sentido que, de bom grado, cada um as partilhe com os necessitados. Por isso, diz o Apóstolo: "Manda aos ricos deste mundo que deem de bom grado e saibam partilhar"[d].

QUANTO AO 1º, portanto, deve-se dizer que a comunidade de bens se atribui ao direito natural, não que este prescreva que tudo seja possuído em comum e nada seja tido como próprio, mas sim que a divisão das posses não vem do direito natural, porém de convenção humana, dependendo, portanto, do direito positivo, como foi dito acima. Assim, a propriedade não é contra o direito natural, mas a ele se ajunta, por um trabalho da razão humana[e].

QUANTO AO 2º, deve-se dizer que quem, chegando primeiro ao espetáculo, facilitasse o acesso aos outros, não agiria ilicitamente, o que aconteceria se os impedisse de entrar. Assim, o rico não age ilicitamente, apropriando-se de um bem, que a princípio era comum, se partilha com os outros. Peca, porém, se de maneira desavisada impede os outros de usar desse bem. Por isso, Basílio prossegue no mesmo texto: "Por que vives na abundância enquanto outro está aí a mendigar, senão para que obtenhas os méritos da partilha generosa, enquanto ele é coroado com o prêmio da paciência?"

---

5. Q. 57, a. 2, 3.
6. Hom. 6 *in Luc.* 12, 18, n. 7: MG 31, 276 C.

    d. A legitimidade da propriedade se funda a partir da distinção entre o "poder" (*potestas*) de gerir as coisas e delas dispor, e o dever moral de "utilizá-las" (*usus*) em proveito de todos. Ao estabelecer que é permitido e mesmo necessário que o homem possua as próprias coisas, Sto. Tomás faz da propriedade um verdadeiro "poder", um verdadeiro direito, de tal modo que o roubo será caracterizado como uma injustiça, pois atenta contra esse direito (ver abaixo a. 3, 5 e 6). O "uso" (*usus*) exprime a finalidade a perseguir e a maneira de realizar o exercício desse poder. É porque possui o verdadeiro poder e o verdadeiro direito de possuí-los que o homem deve utilizar os bens como "sendo comuns", numa disposição virtuosa de "compartilhá-los com os necessitados".
    Observe-se que um matiz separa o emprego do mesmo termo "uso", contraposto aqui a "poder", e sua utilização no artigo 1º, onde o "uso" se opunha à "natureza" das coisas, esta só dependendo do Criador, enquanto que o "uso" é confiado à responsabilidade do homem. No artigo 2, "poder" e "uso" formam uma espécie de dupla instância do mesmo direito-dever do qual o homem está investido, no plano ético e jurídico.
    e. Resume-se aqui da maneira mais feliz a doutrina concernente à propriedade e ao direito natural. "A propriedade não é contrária ao direito natural"; ela não é "de direito natural"; ela é conforme ao direito natural, ela o prolonga, a ele se acrescenta como uma determinação proveniente do direito positivo e mesmo dada sua prática generalizada do "direito das gentes".

AD TERTIUM dicendum quod cum dicit Ambrosius *Nemo proprium dicat quod est commune*, loquitur de proprietate quantum ad usum. Unde subdit[7]: *Plus quam sufficeret sumptui, violenter obtentum est.*

### ARTICULUS 3
### Utrum sit de ratione furti occulte accipere rem alienam

AD TERTIUM SIC PROCEDITUR. Videtur quod non sit de ratione furti occulte accipere rem alienam.

1. Illud enim quod diminuit peccatum non videtur ad rationem peccati pertinere. Sed in occulto peccare pertinet ad diminutionem peccati: sicut e contrario ad exaggerandum peccatum quorundam dicitur Is 3,9: *Peccatum suum quasi Sodoma praedicaverunt, nec absconderunt.* Ergo non est de ratione furti occulta acceptio rei alienae.
2. PRAETEREA, Ambrosius dicit[1], et habetur in Decretis, dist. XLVII[2]: *Neque minus est criminis habenti tollere quam, cum possis et abundas, indigentibus denegare.* Ergo sicut furtum consistit in acceptione rei alienae, ita et in detentione ipsius.
3. PRAETEREA, homo potest furtim ab alio accipere etiam quod suum est: puta rem quam apud alium deposuit, vel quae est ab eo iniuste ablata. Non est ergo de ratione furti quod sit occulta acceptio rei alienae.

SED CONTRA est quod Isidorus dicit, in libro *Etymol.*[3]: *Fur a furvo dictus est, idest a fusco: nam noctis utitur tempore.*

RESPONDEO dicendum quod ad rationem furti tria concurrunt. Quorum primum convenit sibi secundum quod contrariatur iustitiae, quae unicuique tribuit quod suum est. Et ex hoc competit ei quod usurpat alienum. — Secundum vero pertinet

### ARTIGO 3
### A razão de furto está em tomar ocultamente o bem alheio?[f]

QUANTO AO TERCEIRO, ASSIM SE PROCEDE: parece que a razão de furto **não** está em tomar ocultamente o bem alheio.

1. Com efeito, o que atenua o pecado, não entra como elemento que o constitui. Ora, pecar ocultamente é circunstância que atenua o pecado. Assim, ao contrário, para mostrar o excesso do pecado de alguns, Isaías frisa: "Como Sodoma, exibem o seu pecado, longe de o dissimular" Logo, tomar ocultamente o alheio não é da razão de furto.
2. ALÉM DISSO, Ambrósio declara e os *Decretos* retomam: "Não é crime menor tirar de quem tem do que negar ao necessitado, quando podes e estás na abundância." Logo, o furto consiste tanto em apoderar-se do alheio quanto também em guardá-lo.
3. ADEMAIS, um homem pode retomar furtivamente o que lhe pertence, por exemplo, algo confiado em depósito a outrem ou de que ele se apoderou injustamente. Logo, apoderar-se ocultamente do alheio não é da razão de furto.

EM SENTIDO CONTRÁRIO, veja-se a etimologia de Isidoro: "Furto vem de furvo ou de fusco, porque o ladrão opera no fusco-fusco da noite".

RESPONDO. A razão de furto comporta três elementos. O primeiro é sua oposição à justiça, que atribui a cada um o que lhe pertence. Daí, o furto se caracteriza como usurpação do alheio. — O segundo elemento distingue o furto dos pecados

---

7. Loc. cit. in arg.

1. Serm. 81, al. 64, *in Luc.* 12, 18: ML 17, 593-594.
2. GRATIANUS, *Decretum*, p. I, dist. 47, can. 8: ed. Richter-Friedberg, t. I, p. 171.
3. L. X, ad litt. F, n. 107: ML 82, 378 A.

f. Os artigos 3-9 estudam o roubo e a rapina como duas espécies de injustiça, tendo um elemento comum, que consiste em tomar (ou conservar) o bem de outro contra sua vontade; mas diferenciando-se por um traço específico: no roubo, age-se secretamente, enquanto que a rapina põe em campo a violência aberta. Esse duplo aspecto não só constitui circunstâncias acidentais, mas, com Aristóteles, Sto. Tomás aí reconhece diferenças essenciais de injustiça; com efeito, a ignorância e a violência formam duas espécies de involuntário, portanto representam uma dupla maneira essencialmente diferente de atentar contra o outro, enquanto este é sujeito de livre vontade e de justiça. Ao roubo e à rapina assim definidos , esses artigos aplicam, de maneira metódica, os princípios gerais da justiça comutativa e as noções fundamentais sobre o caráter voluntário ou involuntário da ação (de que se trata nas q. 6 e 7 da I-II).

ad rationem furti prout distinguitur a peccatis quae sunt contra personam, sicut ab homicidio et adulterio. Et secundum hoc competit furto quod sit circa rem possessam. Si quis enim accipiat id quod est alterius non quasi possessio, sed quasi pars, sicut si amputet membrum; vel sicut persona coniuncta, ut si auferat filiam vel uxorem: non habet proprie rationem furti. — Tertia differentia est quae complet furti rationem, ut scilicet occulte usurpetur alienum. Et secundum hoc propria ratio furti est ut sit occulta acceptio rei alienae.

Ad primum ergo dicendum quod occultatio quandoque quidem est causa peccati: puta cum quis utitur occultatione ad peccandum, sicut accidit in fraude et dolo. Et hoc modo non diminuit, sed constituit speciem peccati. Et ita est in furto. — Alio modo occultatio est simplex circumstantia peccati. Et sic diminuit peccatum: tum quia est signum verecundiae; tum quia tollit scandalum.

Ad secundum dicendum quod detinere id quod alteri debetur eandem rationem nocumenti habet cum acceptione. Et ideo sub iniusta acceptione intelligitur etiam iniusta detentio.

Ad tertium dicendum quod nihil prohibet id quod est simpliciter unius, secundum quid esse alterius. Sicut res deposita est simpliciter quidem deponentis, sed est eius apud quem deponitur quantum ad custodiam. Et id quod est per rapinam ablatum est rapientis, non simpliciter, sed quantum ad detentionem.

contra as pessoas, como o homicídio e o adultério. E, então, o furto tem por objeto as coisas possuídas por outrem. Portanto, não é, propriamente da razão de furto, se alguém se apodera de um bem que não é possuído por outrem, mas faz parte da pessoa, como um membro que lhe é amputado, ou se lhe arrebata uma pessoa, que lhe é unida, como a filha ou a esposa. — O terceiro elemento que completa a razão de furto é o caráter oculto da usurpação do alheio. E, assim, o furto se define propriamente como a usurpação oculta do bem alheio.

Quanto ao 1º, portanto, deve-se dizer que o segredo é por vezes causa de pecado, quando se usa dele para pecar, por exemplo para fraudar e enganar. Desse modo não atenua a falta, mas constitui uma espécie de pecado. É o que se dá no furto. — Por outro lado, o segredo pode ser simples circunstância do pecado e lhe atenua a gravidade, seja porque é um sinal de pudor, seja porque evita o escândalo.

Quanto ao 2º, deve-se dizer que guardar o que é devido a outrem comporta essencialmente o mesmo dano que apoderar-se injustamente do bem alheio. Por isso, o tomar injustamente se entende igualmente do guardar injustamente o alheio.

Quanto ao 3º, deve-se dizer que nada impede que sendo de um, absolutamente falando, uma coisa seja de outro, sob um aspecto relativo. Assim um depósito pertence pura e simplesmente ao depositante; porém, pertence ao depositário, no tocante à guarda que lhe foi confiada. O que foi tirado pela rapina é do ladrão, não absolutamente, mas quanto à retenção.

### Articulus 4
#### Utrum furtum et rapina sint peccata differentia specie

Ad quartum sic proceditur. Videtur quod furtum et rapina non sint peccata differentia specie.

1. Furtum enim et rapina differunt secundum occultum et manifestum: furtum enim importat occultam acceptionem, rapina vero violentam et manifestam. Sed in aliis generibus peccatorum occultum et manifestum non diversificant speciem. Ergo furtum et rapina non sunt peccata specie diversa.

### Artigo 4
#### O furto e a rapina são pecados especificamente diferentes?

Quanto ao quarto, assim se procede: parece que o furto e a rapina **não** são pecados especificamente diferentes.

1. Com efeito, furto e rapina diferem pelo caráter oculto de um e manifesto do outro. O furto significa apossar-se ocultamente, enquanto a rapina designa ação violenta e manifesta. Ora, nos outros pecados, ser oculto ou manifesto são circunstâncias que não constituem espécies diferentes. Logo, furto e rapina não são pecados especificamente diversos.

2. Praeterea, moralia recipiunt speciem a fine, ut supra¹ dictum est. Sed furtum et rapina ordinantur ad eundem finem, scilicet ad habendum aliena. Ergo non differunt specie.

3. Praeterea, sicut rapitur aliquid ad possidendum, ita rapitur mulier ad delectandum: unde et Isidorus dicit, in libro *Etymol*.², quod *raptor dicitur corruptor, et rapta corrupta*. Sed raptus dicitur sive mulier auferatur publice, sive occulte. Ergo et res possessa rapi dicitur sive occulte, sive publice rapiatur. Ergo non differunt furtum et rapina.

Sed contra est quod Philosophus, in V *Ethic*.³, distinguit furtum a rapina, ponens furtum occultum, rapinam vero violentam.

Respondeo dicendum quod furtum et rapina sunt vitia iustitiae opposita, inquantum aliquis alteri facit iniustum. *Nullus* autem *patitur iniustum volens*: ut probatur in V *Ethic*.⁴. Et ideo furtum et rapina ex hoc habent rationem peccati quod acceptio est involuntaria ex parte eius cui aliquid subtrahitur. Involuntarium autem dupliciter dicitur: scilicet per ignorantiam, et violentiam, ut habetur in III *Ethic*.⁵. Et ideo aliam rationem peccati habet rapina, et aliam furtum. Et propter hoc differunt specie.

Ad primum ergo dicendum quod in aliis generibus peccatorum non attenditur ratio peccati ex aliquo involuntario, sicut attenditur in peccatis oppositis iustitiae. Et ideo ubi occurrit diversa ratio involuntarii, est diversa species peccati.

Ad secundum dicendum quod finis remotus est idem rapinae et furti: sed hoc non sufficit ad identitatem speciei, quia est diversitas in finibus proximis Raptor enim vult per propriam potestatem obtinere, fur vero per astutiam.

Ad tertium dicendum quod raptus mulieris non potest esse occultus ex parte mulieris quae rapitur. Et ideo etiam si sit occultus ex parte aliorum, quibus rapitur, adhuc remanet ratio rapinae ex parte mulieris, cui violentia infertur.

2. Além disso, é do fim que os atos morais recebem sua qualificação específica, já foi dito. Ora, o furto e a rapina se ordenam ao mesmo fim: apropriar-se do alheio. Logo, não diferem especificamente.

3. Ademais, como se rouba um objeto pelo desejo da posse, assim se rouba uma mulher em busca do prazer. Por isso, diz Isidoro: o raptor se chama corruptor e a raptada, corrompida. Ora, há rapto se a mulher é levada seja oculta seja publicamente. Portanto, considera-se rapina o fato de se apoderar do bem alheio, por qualquer maneira, oculta ou manifesta. Logo, não há diferença entre furto e rapina.

Em sentido contrário, o Filósofo distingue furto e rapina, caracterizando o furto como oculto e a rapina como violenta.

Respondo. O furto e a rapina são vícios opostos à justiça, pelo dano injusto que causam a outrem. Ora ninguém é vítima de injustiça, se dá seu consentimento voluntário ao mal que lhe é feito. É o que prova o livro V da *Ética*. Assim, o furto e a rapina realizam a razão de pecado pelo fato que a usurpação do alheio vai contra a vontade da vítima. Ora, há duas espécies de involuntário: por ignorância e por violência, como explica Aristóteles. Uma, portanto, é a razão de pecado realizada no furto, e outra, na rapina. Por isso, são de espécies diferentes.

Quanto ao 1º, portanto, deve-se dizer que nos outros gêneros de pecado, a compreensão do pecado não se funda em um elemento involuntário, como se dá com os pecados contra a justiça. Nestes, há espécie diversa de pecado, quando ocorre uma razão diferente de involuntário.

Quanto ao 2º, deve-se dizer que o fim remoto da rapina e do furto é o mesmo. Mas, isto não basta para constituir uma só espécie de pecado, pois os fins próximos são diversos. Com efeito, o raptor quer se apoderar do alheio pelas suas próprias forças, o ladrão, pela astúcia.

Quanto ao 3º, deve-se dizer que o rapto não pode ser oculto à mulher que é sua vítima. Logo, mesmo que permaneça oculto para os outros, terá o aspecto essencial de rapina em relação à mulher, a quem se inflige a violência.

---

1. I-II, q. 1, a. 3; q. 18, a. 6.
2. L. X, ad litt. R, n. 237: ML 82, 392 B.
3. C. 5: 1131, a, 6-9.
4. C. 15: 1138, a, 12.
5. C. 1: 1009, b, 35 — 1110, a, 1.

## Articulus 5
## Utrum furtum semper sit peccatum

AD QUINTUM SIC PROCEDITUR. Videtur quod furtum non semper sit peccatum.
1. Nullum enim peccatum cadit sub praecepto divino: dicitur enim Eccli 15,21: *Nemini mandavit impie agere*. Sed Deus invenitur praecepisse furtum: dicitur enim Ex 12,35-36: *Fecerunt filii Israel sicut praeceperat Dominus Moysi, et expoliaverunt Aegyptios*. Ergo furtum non semper est peccatum.
2. PRAETEREA, ille qui invenit rem non suam, si eam accipiat, videtur furtum committere: quia accipit rem alienam. Sed hoc videtur esse licitum secundum naturalem aequitatem, ut iuristae dicunt[1]. Ergo videtur quod furtum non semper sit peccatum.
3. PRAETEREA, ille qui accipit rem suam non videtur peccare: cum non agat contra iustitiam, cuius aequalitatem non tollit. Sed furtum committitur etiam si aliquis rem suam occulte accipiat ab altero detentam vel custoditam. Ergo videtur quod furtum non semper sit peccatum.

SED CONTRA est quod dicitur Ex 20,15: *Non furtum facies*.

RESPONDEO dicendum quod si quis consideret furti rationem, duas rationes peccati in eo inveniet. Primo quidem, propter contrarietatem ad iustitiam, quae reddit unicuique quod suum est. Et sic furtum iustitiae opponitur, inquantum furtum est acceptio rei alienae. Secundo, ratione doli seu fraudis, quam fur committit occulte et quasi ex insidiis rem alienam usurpando. Unde manifestum est quod omne furtum est peccatum.

AD PRIMUM ergo dicendum quod accipere rem alienam vel occulte vel manifeste auctoritate iudicis hoc decernentis, non est furtum: quia iam fit sibi debitum per hoc quod sententialiter sibi est adiudicatum. Unde multo minus furtum fuit quod filii Israel tulerunt spolia Aegyptiorum de praecepto Domini hoc decernentis pro afflictionibus quibus Aegyptii eos sine causa afflixerant. Et ideo signanter dicitur Sap 10,19: Iusti *tulerunt spolia impiorum*.

AD SECUNDUM dicendum quod circa res inventas est distinguendum. Quaedam enim sunt quae nunquam fuerunt in bonis alicuius, sicut lapilli

## Artigo 5
## O furto é sempre pecado?

QUANTO AO QUINTO, ASSIM SE PROCEDE: parece que o furto **não** é sempre pecado.
1. Com efeito, nenhum pecado é objeto de preceito divino, segundo diz o livro do Eclesiástico: "A ninguém Deus mandou que agisse mal". Ora, Deus ordenou que se furtasse, como se declara no livro do Êxodo: "Os Filhos de Israel fizeram o que Moisés lhes havia prescrito e despojaram os Egípcios". Logo, o furto nem sempre é pecado.
2. ALÉM DISSO, quem acha um objeto que não lhe pertence e dele se apodera parece cometer um furto, pois se apropria do alheio. Ora, tal ato parece lícito segundo a equidade natural, ensinam os juristas. Logo, o furto nem sempre é pecado.
3. ADEMAIS, quem toma o que é seu não peca, pois não vai contra a justiça, respeitando-lhe a igualdade. Ora comete-se um furto, mesmo tomando ocultamente o que é seu, detido ou confiado em depósito junto de outrem. Logo, o furto nem sempre é pecado.

EM SENTIDO CONTRÁRIO, está no livro do Êxodo: "Não furtarás".

RESPONDO. Considerando a razão de furto, nela se podem encontrar duas razões do pecado. Primeiro, a oposição à justiça, que atribui a cada um o que lhe pertence. Assim o furto contraria à justiça, pois consiste em tirar o bem alheio. Alem disso, há o dolo e a fraude, que o ladrão comete, usurpando o alheio às ocultas e de maneira insidiosa. Assim fica evidente que todo furto é pecado.

QUANTO AO 1º, portanto, deve-se dizer que apoderar-se do bem alheio, oculta ou publicamente, por ordem do juiz, não é furto, pois esse bem já se tornou devido a quem o toma, em virtude dessa decisão judicial. Assim, muito menos ainda, houve furto no caso dos Filhos de Israel despojando os Egípcios, por ordem de Deus, para compensar as aflições com que os Egípcios injustamente os acabrunharam. Por isso, o livro da Sabedoria declara de maneira significativa. "Os justos levaram os despojos dos ímpios."

QUANTO AO 2º, deve-se dizer que sobre os bens achados, cumpre fazer uma distinção. Alguns jamais foram propriedade de alguém, como as

---
[1]. Cfr. loc. cit. in resp.

et gemmae quae inveniuntur in littore maris: et talia occupanti conceduntur. Et eadem ratio est de thesauris antiquo tempore sub terra occultatis, quorum non est aliquis possessor: nisi quod secundum leges civiles tenetur inventor medietatem dare domino agri, si in alieno agro invenerit; propter quod in parabola Evangelii dicitur, Mt 13,44, de inventore *thesauri absconditi in agro*, quod *emit agrum*, quasi ut haberet ius possidendi totum thesaurum. — Quaedam vero res inventae fuerunt de propinquo in alicuius bonis. Et tunc, si quis eas accipiat non animo retinendi, sed animo restituendi domino, qui eas pro derelictis non habet, non committit furtum. Et similiter si pro derelictis habeantur et hoc credat inventor, licet sibi retineat, non committit furtum. Alias autem committitur peccatum furti. Unde Augustinus dicit, in quadam homilia[2], et habetur XIV, qu. 5[3]: *Si quid invenisti et non reddidisti, rapuisti.*

AD TERTIUM dicendum quod ille qui furtim accipit rem suam apud alium depositam, gravat depositarium: quia tenetur ad restituendum, vel ad ostendendum se esse innoxium. Unde manifestum est quod peccat: et tenetur ad relevandum gravamen depositarii. — Qui vero furtim accipit rem suam apud alium iniuste detentam, peccat quidem, non quia gravet eum qui detinet: et ideo non tenetur ad restituendum aliquid vel ad recompensandum: — sed peccat contra communem iustitiam, dum ipse sibi usurpat suae rei iudicium, iuris ordine praetermisso. Et ideo tenetur Deo satisfacere, et dare operam ut scandalum proximorum, si inde exortum fuerit, sedetur.

pedras preciosas e pérolas que se encontram nas praias. Pertencem a quem primeiro deles se apoderam. O mesmo se dá com os tesouros escondidos debaixo da terra, desde os tempos antigos, os quais não têm dono, a menos que a lei civil não prescreva a quem os achar em um campo dar a metade ao proprietário deste. Por isso, na parábola do Evangelho, se diz que o descobridor do tesouro escondido comprou o campo, como que para ter o direito de possuir o tesouro todo inteiro. — Alguns objetos achados, porém, pertenceram recentemente a algum dono. Se quem deles se apodera não tem a intenção de os guardar, mas de restituir ao proprietário, que não os tinha abandonado, nesse caso não há furto. Igualmente, quando certos objetos são tidos por abandonados e assim os considera quem os acha, mesmo que os guarde, não comete furto. Nos outros casos, comete-se furto. O que leva Agostinho a proclamar em uma homilia, o que também vem incluído no *Decreto*: "O que achaste e não restituíste, tu o roubaste."

QUANTO AO 3º, deve-se dizer que quem retira furtivamente seu bem confiado em depósito, lesa o depositário, que se vê obrigado a restituir ou a provar sua inocência. Há pecado evidente e obrigação de reparar o dano causado ao depositário. — Mas quem retoma furtivamente seu próprio bem a alguém que o detém injustamente, peca sem dúvida, não por lesar o detentor, e por isso, não está obrigado a qualquer restituição ou reparação, mas porque vai contra a justiça legal, arrogando-se o direito de fazer-se justiça por si mesmo, negligenciando a ordem jurídica. Está, portanto, obrigado a satisfazer a Deus e a reparar o escândalo, porventura causado ao próximo.

### ARTICULUS 6
### Utrum furtum sit peccatum mortale

AD SEXTUM SIC PROCEDITUR. Videtur quod furtum non sit peccatum mortale.
1. Dicitur enim Pr 6,30: *Non grandis est culpae cum quis furatus fuerit*. Sed omne peccatum mortale est grandis culpae. Ergo furtum non est peccatum mortale.
2. PRAETEREA, peccato mortali mortis poena debetur. Sed pro furto non infligitur in lege poena mortis, sed solum poena damni: secundum illud

### ARTIGO 6
### O furto é pecado mortal?

QUANTO AO SEXTO, ASSIM SE PROCEDE: parece que o furto **não** é pecado mortal.
1. Com efeito, se diz no livro dos Provérbios: "Não é grande falta, se alguém comete furto". Ora, todo pecado mortal é grande falta. Logo, o furto não é pecado mortal.
2. ALÉM DISSO, ao pecado mortal se deve a pena de morte. Ora, pelo furto, a Lei não inflige a pena capital, mas apenas a pena de dano, como se

---

2. Serm. 178, al. 19, c. 8: ML 38, 965.
3. GRATIANUS, *Decretum*, p. II, causa 14, q. 5, can. 6: ed. Richter-Friedberg, t. I, p. 739.

PARALL.: II *Sent.*, dist. 42, q. 1, a. 4; *De Malo*, q. 10, a. 2; q. 15, a. 2; *De Duob. Praecept.* etc., cap. *de Sept. Praecept.*

Ex 22,1: *Si quis furatus fuerit bovem aut ovem, quinque boves pro uno bove restituet, et quatuor oves pro una ove.* Ergo furtum non est peccatum mortale.

3. PRAETEREA, furtum potest committi in parvis rebus, sicut et in magnis. Sed inconveniens videtur quod pro furto alicuius parvae rei, puta unius acus vel unius pennae, aliquis puniatur morte aeterna. Ego furtum non est peccatum mortale.

SED CONTRA est quod nullus damnatur secundum divinum iudicium nisi pro peccato mortali. Condemnatur autem aliquis pro furto: secundum illud Zach 5,3: *Haec est maledictio quae egreditur super faciem omnis terrae: quia omnis fur sicut ibi scriptum est condemnatur.* Ergo furtum est peccatum mortale.

RESPONDEO dicendum quod, sicut supra[1] habitum est, peccatum mortale est quod contrariatur caritati, secundum quam est spiritualis animae vita. Caritas autem consistit quidem principaliter in dilectione Dei, secundario vero in dilectione proximi, ad quam pertinet ut proximo bonum velimus et operemur. Per furtum autem homo infert nocumentum proximo in suis rebus: et si passim homines sibi invicem furarentur, periret humana societas. Unde furtum, tanquam contrarium caritati, est peccatum mortale.

AD PRIMUM ergo dicendum quod furtum dicitur non esse grandis culpae duplici ratione. Primo quidem, propter necessitatem inducentem ad furandum, quae diminuit vel totaliter tollit culpam, ut infra[2] patebit. Unde subdit: *Furatur enim ut esurientem impleat animam.* — Alio modo dicitur furtum non esse grandis culpae per comparationem ad reatum adulterii, quod punitur morte. Unde subditur 31-32 de fure quod *deprehensus reddet septuplum: qui autem adulter est, perdet animam suam.*

AD SECUNDUM dicendum quod poenae praesentis vitae magis sunt medicinales quam retributivae: retributio enim reservatur divino iudicio, quod est *secundum veritatem* in peccantes. Et ideo secundum iudicium praesentis vitae non pro quolibet peccato mortali infligitur poena mortis, sed solum pro illis quae inferunt irreparabile nocumentum, vel etiam pro illis quae habent aliquam horribilem deformitatem. Et ideo pro furto, quod reparabile damnum infert, non infligitur secundum praesens iudicium poena mortis, nisi furtum aggravetur

lê no livro do Êxodo: "Se alguém furtar um boi ou uma ovelha, restituirá cinco bois por um boi, e quatro ovelhas por uma ovelha." Logo, o furto não é pecado mortal.

3. ADEMAIS, pode-se furtar tanto coisas pequenas como grandes. Ora, parece absurdo que alguém seja punido de morte eterna por ter furtado uma pequena coisa, uma agulha ou uma pena, por exemplo. Logo, o furto não é pecado mortal.

EM SENTIDO CONTRÁRIO, ninguém é condenado pelo julgamento divino, a não ser por pecado mortal. Ora, é condenado quem furta, de acordo com o livro de Zacarias: "Esta é a maldição que vai se estender por toda a terra, pois como está escrito, todo ladrão será condenado". Logo, o furto é pecado mortal.

RESPONDO. Como já ficou explicado, é pecado mortal o que vai contra a caridade, pois ela é a vida espiritual da alma. Ora, a caridade consiste principalmente no amor de Deus e, secundariamente, no amor do próximo, levando-nos a lhe querer e fazer o bem. Ora, pelo furto o homem causa dano ao próximo em seus bens, e se, a cada passo, os homens roubassem uns aos outros, pereceria a sociedade humana. Logo o furto é pecado mortal, pois se opõe à caridade.

QUANTO AO 1º, portanto, deve-se dizer que por duas razões se diz que o furto não é uma grande falta. Primeiro, por causa da necessidade que leva a furtar, e que diminui ou suprime totalmente a falta, como se verá no artigo seguinte. Por isso, o texto citado ajunta. "Com efeito, furta para saciar sua fome". — Em segundo lugar, em comparação com o adultério, que é punido de morte. Por isso, se diz a seguir: "Uma vez preso, o ladrão restituirá sete vezes o valor do que roubou, mas o adúltero perderá a sua vida".

QUANTO AO 2º, deve-se dizer que as penas da vida presente são mais medicinais do que retributivas. A retribuição está reservada ao julgamento divino, que se aplicará, segundo a verdade, aos pecadores. Por isso, no julgamento da vida presente, não se inflige a pena de morte por qualquer pecado mortal, mas somente por aqueles que causam dano irreparável ou comportam uma horrível deformidade. Assim, pelo furto que não causa dano irreparável o julgamento presente não aplica a pena de morte, a não ser que o furto seja

---

1. Q. 59, a. 4; I-II, q. 72, a. 5.
2. Art. sq.

per aliquam gravem circumstantiam: sicut patet de sacrilegio, quod est furtum rei sacrae, et de peculatu, quod est furtum rei communis, ut patet per Augustinum, *super Ioan.*³; et de plagio, quod est furtum hominis, pro quo quis morte punitur, ut patet Ex 21,16.

AD TERTIUM dicendum quod illud quod modicum est ratio apprehendit quasi nihil. Et ideo in his quae minima sunt homo non reputat sibi nocumentum inferri: et ille qui accipit potest praesumere hoc non esse contra voluntatem eius cuius est res. Et pro tanto si quis furtive huiusmodi res minimas accipiat, potest excusari a peccato mortali. Si tamen habeat animum furandi et inferendi nocumentum proximo, etiam in talibus minimis potest esse peccatum mortale: sicut et in solo cogitatu per consensum.

acompanhado de circunstância particularmente agravante, como no sacrilégio, que é o furto de coisa sagrada; ou no peculato, que é o desvio do bem comum; como Agostinho explica no comentário ao evangelho de João; ou no sequestro ou rapto de um homem, o qual é punido de morte, como se vê no livro do Êxodo.

QUANTO AO 3º, deve-se dizer que o que é mínimo pode ser tido por nada. Assim, nos pequenos furtos não se considera que haja verdadeiro dano; e quem rouba coisa de pouco valor pode presumir que não age contra a vontade do proprietário. Portanto quem se apodera furtivamente dessas coisas mínimas pode ser escusado de pecado mortal. Mas se há intenção de furtar e de causar dano ao próximo, poderá haver pecado mortal, mesmo em coisas mínimas, como se dá com o simples pensamento, quando há consentimento.

### ARTICULUS 7
### Utrum liceat alicui furari propter necessitatem

### ARTIGO 7
### É lícito furtar por necessidade?

AD SEPTIMUM SIC PROCEDITUR. Videtur quod non liceat alicui furari propter necessitatem.
1. Non enim imponitur poenitentia nisi peccanti. Sed Extra, *de Furtis*¹, dicitur: Si *quis per necessitatem famis aut nuditatis furatus fuerit cibaria, vestem vel pecus, poeniteat hebdomadas tres.* Ergo non licet furari propter necessitatem.
2. PRAETEREA, Philosophus dicit, in II *Ethic.*², quod *quaedam confestim nominata convoluta sunt cum malitia,* inter quae ponit furtum. Sed illud quod est secundum se malum non potest propter aliquem bonum finem bonum fieri. Ergo non potest aliquis licite furari ut necessitati suae subveniat
3. PRAETEREA, homo debet diligere proximum sicut seipsum. Sed non licet furari ad hoc quod aliquis per eleemosynam proximo subveniat; ut Augustinus dicit, in libro *Contra Mendacium*³. Ergo etiam non licet furari ad subveniendum propriae necessitati.

SED CONTRA est quod in necessitate sunt omnia communia. Et ita non videtur esse peccatum si aliquis rem alterius accipiat, propter necessitatem sibi factam communem.

QUANTO AO SÉTIMO, ASSIM SE PROCEDE: parece que furtar por necessidade **não** é lícito.
1. Com efeito, a penitência só se impõe a quem peca. Ora, está prescrito em um cânon: "Se alguém, impelido pela fome e pela nudez, furtar comida, roupa ou gado, fará penitência por três semanas." Logo, não é lícito furtar por necessidade.
2. ALÉM DISSO, o Filósofo diz: "Certas coisas, apenas nomeadas, evocam a malícia". E, entre elas, coloca o furto. Ora o que é mau em si não pode se tornar bom por causa de um fim bom. Logo, não se pode furtar licitamente para satisfazer à própria necessidade.
3. ADEMAIS, deve-se amar o próximo como a si mesmo. Ora, não se pode furtar para socorrer o próximo com esmola, como ensina Agostinho. Logo, também não é lícito furtar para acudir à própria necessidade.

EM SENTIDO CONTRÁRIO, na necessidade todas as coisas são comuns. E, assim, não parece haver pecado, se alguém toma a coisa de outrem, pois dela a necessidade fez para ele um bem comum.

---

3. Tract. 50 super 12, 6, n. 10: ML 35, 1762.

7 PARALL.: Supra, q. 32, a. 7, ad 3; IV *Sent.*, dist. 15, q. 2, a. 1, q.la 4, ad 2; *Quodlib.* V, q. 9, a. 1, ad 1.

1. *Decretal. Greg. IX*, l. V, t. 18, c. 3: ed. Richter-Friedberg, t. II, p. 810.
2. C. 6: 1107, a, 9-17.
3. C. 7, n. 18: ML 40, 528.

RESPONDEO dicendum quod ea quae sunt iuris humani non possunt derogare iuri naturali vel iuri divino. Secundum autem naturalem ordinem ex divina providentia institutum, res inferiores sunt ordinatae ad hoc quod ex his subveniatur hominum necessitati. Et ideo per rerum divisionem et appropriationem, de iure humano procedentem, non impeditur quin hominis necessitati sit subveniendum ex huiusmodi rebus. Et ideo res quas aliqui superabundanter habent, ex naturali iure debentur pauperum sustentationi. Unde Ambrosius dicit[4], et habetur in Decretis, dist. XLVII[5]: *Esurientium panis est quem tu detines; nudorum indumentum est quod tu recludis; miserorum redemptio et absolutio est pecunia quam tu in terram defodis.* Sed quia multi sunt necessitatem patientes, et non potest ex eadem re omnibus subveniri, committitur arbitrio uniuscuiusque dispensatio propriarum rerum, ut ex eis subveniat necessitatem patientibus. Si tamen adeo sit urgens et evidens necessitas ut manifestum sit instanti necessitati de rebus occurrentibus esse subveniendum, puta cum imminet personae periculum et aliter subveniri non potest; tunc licite potest aliquis ex rebus alienis suae necessitati subvenire, sive manifeste sive occulte sublatis. Nec hoc proprie habet rationem furti vel rapinae.

AD PRIMUM ergo dicendum quod decretalis illa loquitur in casu in quo non est urgens necessitas.

AD SECUNDUM dicendum quod uti re aliena occulte accepta in casu necessitatis extremae non habet rationem furti, proprie loquendo. Quia per talem necessitatem efficitur suum illud quod quis accipit ad sustentandam propriam vitam.

AD TERTIUM dicendum quod in casu similis necessitatis etiam potest aliquis occulte rem alienam accipere ut subveniat proximo sic indigenti.

RESPONDO. O que é de direito humano não pode derrogar ao direito natural ou direito divino. Ora, pela ordem natural, instituída pela providência divina, as coisas inferiores são destinadas à satisfação das necessidades dos homens. Por isso, a divisão e apropriação das coisas, as quais resultam do direito humano, não impedem que, servindo-se delas, se satisfaça às necessidades dos homens. Portanto, os bens que alguns possuem em superabundância são devidos, em virtude do direto natural, ao sustento dos pobres. Daí o que Ambrósio diz e se acha nos *Decretos*: "É dos famintos o pão que tu deténs, as roupas que tu guardas são dos que estão nus, o resgate e a libertação dos miseráveis é o dinheiro que tu enterras no chão". Ora, sendo muitos os que padecem necessidade nem se podendo com uma mesma coisa socorrer a todos, é à iniciativa de cada um que caberá dispensar os próprios bens para vir em auxílio aos necessitados. Contudo, se a necessidade é de tal modo evidente e urgente, que seja manifesto que se deva obviar à instante necessidade com os bens ao nosso alcance, quando por exemplo é iminente o perigo para a pessoa e não se pode salvá-la de outro modo, então alguém pode licitamente satisfazer à própria necessidade utilizando o bem de outrem, dele se apoderando manifesta ou ocultamente. E esse ato, em sua própria natureza, não é furto ou rapina[g].

QUANTO AO 1º, portanto, deve-se dizer que a Decretal refere-se ao caso em que não há extrema necessidade.

QUANTO AO 2º, deve-se dizer que servir-se alguém do bem alheio, tomando-o ocultamente, em caso de extrema necessidade, não vem a ser um furto, falando propriamente; pois a extrema necessidade tornou seu aquilo de que ele se apoderou para sustento de sua própria vida.

QUANTO AO 3º, deve-se dizer que em caso de semelhante necessidade, pode também alguém apoderar-se do bem alheio para socorrer o próximo que se encontra na mesma indigência.

---

4. Serm. 81, al. 64, *in Luc.* 12, 18: ML 17, 593-594.
5. GRATIANUS, *Decretum*, p. I, dist. 47, can. 8: ed. Richter-Friedberg, t. I, p. 171.

g. O artigo ilustra de maneira significativa o sentido e o alcance da doutrina elaborada nos primeiros artigos (sobretudo a. 1 e 2). Em caso de extrema necessidade, quando se trata de salvar uma vida humana, os bens são comuns; a determinação humana da propriedade cede ao direito natural e divino, que ordena que as coisas materiais sejam destinadas a atender às necessidades do homem. Além dos problemas casuísticos de menor importância, dada a rara ocorrência desse caso limite, Sto. Tomás se dedica a extrair a significação mais profunda, lembrando o ensinamento patrístico: "Os bens que possuímos em superabundância são devidos, por direito natural, à sustentação dos pobres". Uma tal exigência não reveste a forma de uma receita concreta; é dada como um princípio fundamental ("de direito natural"), destinado a orientar a iniciativa e a livre disposição da propriedade, a criação e a distribuição das riquezas, sem deixar de ter aplicações concretas, ditadas e medidas pelas situações de penúria e de extrema necessidade.

## Articulus 8
### Utrum rapina possit fieri sine peccato

AD OCTAVUM SIC PROCEDITUR. Videtur quod rapina possit fieri sine peccato.

1. Praeda enim per violentiam accipitur; quod videtur ad rationem rapinae pertinere, secundum praedicta[1]. Sed praedam accipere ab hostibus licitum est; dicit enim Ambrosius, in libro *de Patriarchis*[2]: *Cum praeda fuerit in potestate victoris, decet militarem disciplinam ut regi serventur omnia,* scilicet ad distribuendum. Ergo rapina in aliquo casu est licita.

2. PRAETEREA, licitum est auferre ab aliquo id quod non est eius. Sed res quas infideles habent non sunt eorum: dicit enim Augustinus, in epistola *ad Vinc. Donatist.*[3]: *Res falso appellatis vestras, quas nec iuste possidetis, et secundum leges terrenorum regum amittere iussi estis.* Ergo videtur quod ab infidelibus aliquis licite rapere posset.

3. PRAETEREA, terrarum principes multa a suis subditis violenter extorquent; quod videtur ad rationem rapinae pertinere. Grave autem videtur dicere quod in hoc peccent: quia sic fere omnes principes damnarentur. Ergo rapina in aliquo casu est licita.

SED CONTRA est quod de quolibet licite accepto potest fieri Deo sacrificium vel oblatio. Non autem potest fieri de rapina: secundum illud Is 61,8: *Ego Dominus diligens iudicium, et odio habens rapinam in holocaustum.* Ergo per rapinam aliquid accipere non est licitum.

RESPONDEO dicendum quod rapina quandam violentiam et coactionem importat per quam, contra iustitiam, alicui aufertur quod suum est. In societate autem hominum nullus habet coactionem nisi per publicam potestatem. Et ideo quicumque per violentiam aliquid alteri aufert, si sit privata persona non utens publica potestate, illicite agit et rapinam committit: sicut patet in latronibus.

Principibus vero publica potestas committitur ad hoc quod sint iustitiae custodes. Et ideo non licet eis violentia et coactione uti nisi secundum iustitiae tenorem: et hoc vel contra hostes pugnando, vel contra cives malefactores puniendo. Et quod per talem violentiam aufertur non habet

## Artigo 8
### Pode haver rapina sem pecado?

QUANTO AO OITAVO, ASSIM SE PROCEDE: parece que **pode** haver rapina sem pecado.

1. Com efeito, na guerra, a presa não se toma sem violência, o que caracteriza a razão de rapina, como se viu anteriormente. Ora, é permitido tomar uma presa ao inimigo. Pois, assim o diz Ambrósio: "Quando a presa cai em poder do vencedor, a disciplina militar exige que tudo seja entregue ao rei", para a distribuição. Logo, em certos casos a rapina é permitida.

2. ALÉM DISSO, é permitido retirar de alguém o que não lhe pertence. Ora, os bens dos infiéis não lhes pertencem, pois Agostinho diz: "Falsamente chamais vossos os bens que não possuís segundo a justiça, e dos quais deveis ser despojados segundo os decretos dos reis da terra." Logo, parece lícito exercer rapina sobre os bens dos infiéis.

3. ADEMAIS, os príncipes temporais, pela violência, extorquem de seus súditos muitos bens, o que parece constituir uma verdadeira rapina. Ora, seria muito duro asseverar que eles pecam agindo assim, pois, então, quase todos os reis seriam condenados. Logo, a rapina é permitida em alguns casos.

EM SENTIDO CONTRÁRIO, pode-se sacrificar e oferecer a Deus todo bem adquirido legitimamente. Ora, não se pode oferecer o fruto da rapina, como diz o profeta Isaías: "Eu, o Senhor, amo a justiça e detesto o holocausto que vem das rapinas." Portanto, não é permitido apoderar-se de uma coisa por rapina.

RESPONDO. A rapina comporta violência e coação, com que se toma a alguém, contra sua vontade, o que lhe pertence. Ora, na sociedade humana só a autoridade pública dá a alguém o direito de coação. Por isso, quem quer que se apodere do bem alheio por violência, se é um simples particular, não investido do poder público, age de maneira ilícita e comete rapina, como fazem os ladrões.

Quanto aos príncipes, a autoridade pública lhes é confiada para que façam respeitar a justiça. Não podem, portanto, usar de violência e coerção, a não ser dentro das disposições da justiça, seja combatendo contra os inimigos externos, seja coibindo os malfeitores da cidade. O que se toma

---

8 PARALL.: IV *Sent.*, dist. 15, q. 2, a. 1, q.la 4, ad 2.

1. Art. 4.
2. *De Abraham*, l. I, c. 3, n. 17: ML 14, 427 C.
3. Epist. 93, al. 48, c. 12, n. 50: ML 33, 345.

rationem rapinae: cum non sit contra iustitiam. Si vero contra iustitiam aliqui per publicam potestatem violenter abstulerint res aliorum, illicite agunt et rapinam committunt, et ad restitutionem tenentur.

AD PRIMUM ergo dicendum quod circa praedam distinguendum est. Quia si illi qui depraedantur hostes habeant bellum iustum, ea quae per violentiam in bello acquirunt eorum efficiuntur. Et hoc non habet rationem rapinae: unde nec ad restitutionem tenentur. Quamvis possint in acceptione praedae iustum bellum habentes peccare per cupiditatem ex prava intentione, si scilicet non propter iustitiam, sed propter praedam principaliter pugnent: dicit enim Augustinus, in libro *de Verb. Dom.*⁴, quod *propter praedam militare peccatum est.* — Si vero illi qui praedam accipiunt habeant bellum iniustum, rapinam committunt, et ad restitutionem tenentur.

AD SECUNDUM dicendum quod intantum aliqui infideles iniuste res suas possident, inquantum eas *secundum leges terrenorum principum amittere iussi sunt.* Et ideo ab eis possunt per violentiam subtrahi, non privata auctoritate, sed publica.

AD TERTIUM dicendum quod si principes a subditis exigant quod eis secundum iustitiam debetur propter bonum commune conservandum etiam si violentia adhibeatur, non est rapina. — Si vero aliquid principes indebite extorqueant per violentiam, rapina est, sicut et latrocinium. Unde dicit Augustinus, in IV *de Civ. Dei*⁵: *Remota iustitia, quid sunt regna nisi magna latrocinia? Quia et latrocinia quid sunt nisi parva regna?* Et Ez 22,27 dicitur: *Principes eius in medio eius quasi*

assim por violência não entra na verdadeira noção de rapina, pois não é contrário à justiça. Se, ao contrário, alguns se servem do poder público, contra a justiça, para tirar violentamente os bens alheios, agem ilicitamente, cometem rapina e estão obrigados à restituição ͪ.

QUANTO AO 1º, portanto, deve-se dizer que quanto às presas, tomadas aos inimigos, havemos de distinguir. Se aqueles que os despojam, fazem uma guerra justa, o que nela adquirem por violência lhes pertence. Não se trata de rapina e, portanto, não há dever de restituir. Embora possam, ao tomar as presas, mesmo numa guerra justa, pecar por cobiça, deixando-se levar por uma intenção má; se, com efeito, lutam não pela justiça, porém principalmente em vista das presas. Agostinho o declara: É pecado guerrear para obter presas. — No entanto, se os que se apoderam das presas, fazem uma guerra injusta, cometem rapina e estão obrigados à restituição ͥ.

QUANTO AO 2º, deve-se dizer que alguns dos infiéis possuem injustamente os seus bens, somente se, em conformidade com as leis dos príncipes temporais, foram mandados renunciar a esses bens. Podem, portanto, ser privados deles por violência, não por autoridade privada, mas pela autoridade pública ʲ.

QUANTO AO 3º, deve-se dizer que quando os príncipes exigem de seus súditos o que lhes é devido segundo a justiça para a salvaguarda do bem comum, mesmo que se empregue a violência, não cometem rapina. — Ao contrário, se certos príncipes extorquem algo indevidamente e por violência cometem rapina e latrocínio. Por isso, Agostinho chega a dizer: "Sem a justiça que outra coisa são os reinos senão grandes latrocínios? Pois, por seu lado, que são os latrocínios senão pequenos rei-

---

4. Serm. 82, al. 19, *de verbis Domini*, n. 1: ML 39, 1904.
5. C. 4: ML 41, 115.

h. Formulada de maneira universal, a doutrina deste artigo e do seguinte associa-se de fato às preocupações da época, às voltas com a praga do banditismo, das violências e das depredações guerreiras. Lembra-se aos príncipes que a "autoridade pública lhes é confiada paras que eles façam respeitar a justiça", e que eles são obrigados, tanto e até mesmo mais do que os outros, à restituição quando eles se apoderam dos bens de outros. Essa insistência vai ao encontro de todo um trabalho de educação moral e política.

i. Vemos aqui em plena vida o laborioso esforço de elaborar uma moral da guerra, na qual o direito ao butim, tão difundido entre os povos da antiguidade, ainda não é condenado em caso de "guerra justa"; o que demonstra uma última concessão aos antigos costumes e tradições militares.

j. Os princípios aqui lembrados sobre o respeito do direito, até mesmo dos infiéis, são desenvolvidos na II-II, q. 10, a. 10 e q. 104, a. 6. A condenação das violências e usurpações praticadas pelos príncipes manifestou sua fecundidade em outros momentos da história, como podemos constatar, por exemplo, no comentário de Cajetano a este artigo (na ed. Leonina). Ele ilustra com felicidade e coragem a aplicação da doutrina tomista aos novos problemas suscitados pelas descobertas, o que F. Vitoria e B. de Las Casas prolongarão. Para se opor ao colonialismo usurpador, Las Casas se apoia explicitamente sobre as posições de Sto. Tomás, e remete expressamente a este artigo e ao comentário de Cajetano.

*lupi rapientes praedam*. Unde et ad restitutionem tenentur, sicut et latrones. Et tanto gravius peccant quam latrones, quanto periculosius et communius contra publicam iustitiam agunt, cuius custodes sunt positi.

### Articulus 9
### Utrum furtum sit gravius peccatum quam rapina

Ad nonum sic proceditur. Videtur quod furtum sit gravius peccatum quam rapina.
1. Furtum enim super acceptionem rei alienae, habet adiunctam fraudem et dolum, quod non est in rapina. Sed fraus et dolus de se habent rationem peccati, ut supra[1] habitum est. Ergo furtum videtur esse gravius peccatum quam rapina.
2. Praeterea, verecundia est timor de turpi actu, ut dicitur in IV *Ethic*.[2]. Sed magis verecundantur homines de furto quam de rapina. Ergo furtum est turpius quam rapina.
3. Praeterea, quanto aliquod peccatum pluribus nocet, tanto gravius esse videtur. Sed per furtum potest nocumentum inferri et magnis et parvis: per rapinam autem solum impotentibus, quibus potest violentia inferri. Ergo gravius videtur esse peccatum furti quam rapinae.

Sed contra est quod secundum leges gravius punitur rapina quam furtum.

Respondeo dicendum quod rapina et furtum habent rationem peccati, sicut supra[3] dictum est, propter involuntarium quod est ex parte eius cui aliquid aufertur; ita tamen quod in furto est involuntarium per ignorantiam, in rapina autem involuntarium per violentiam. Magis est autem aliquid involuntarium per violentiam quam per ignorantiam: quia violentia directius opponitur voluntati quam ignorantia. Et ideo rapina est gravius peccatum quam furtum.

Est et alia ratio. Quia per rapinam non solum infertur alicui damnum in rebus, sed etiam vergit in quandam personae ignominiam sive iniuriam. Et hoc praeponderat fraudi vel dolo, quae pertinent ad furtum.

nos?" E se lê em Ezequiel: "Os seus príncipes, no meio da cidade, são com uns lobos que arrebatam sua presa." Esses chefes são obrigados a restituir como os ladrões. E pecam tanto mais gravemente que os ladrões, quanto mais perigosamente e mais amplamente agem contra a justiça pública, de que foram constituídos os defensores.

### Artigo 9
### O furto é pecado mais grave que a rapina?

Quanto ao nono, assim se procede: parece que o furto é pecado mais grave que a rapina.
1. Com efeito, à usurpação do bem alheio, o furto ajunta a fraude e o dolo, o que não se encontra na rapina. Ora, a fraude e o dolo, já ficou explicado, são por natureza pecados. Logo, o furto é pecado mais grave do que a rapina.
2. Além disso, a vergonha é o temor causado por uma ato torpe, como se diz no livro IV da *Ética*. Ora, os homens se envergonham mais do furto do que da rapina. Logo, o furto é mais torpe do que a rapina.
3. Ademais, um pecado parece tanto mais grave quanto maior o número daqueles que prejudica. Ora, pelo furto se pode dar prejuízo a grandes e pequenos, ao passo que a rapina atinge mais os fracos, incapazes de resistir à violência. Logo, o furto parece ser um pecado mais grave que a rapina.

Em sentido contrário, as leis punem mais severamente a rapina do que o furto.

Respondo. Já foi dito que o furto e a rapina realizam a razão de pecado, pelo modo involuntário infligido àquele a quem privam do que é seu. Contudo, no furto, há o involuntário por ignorância, e na rapina, por violência. O involuntário é maior na segunda do que na primeira, pois a violência mais se opõe à vontade do que a ignorância. Por isso, a rapina é pecado mais grave do que o furto.

Há ainda outra razão. Pela rapina não apenas se causa um dano nos bens, mas ela inflige também certa ignomínia e injúria à própria pessoa. O que prepondera sobre a fraude e o dolo, próprios do furto.

---

9 Parall.: Infra, q. 73, a. 3, ad 2; q. 116, a. 2, ad 1; q. 144, a. 2, ad 4; V *Ethic*., lect. 4.

1. Q. 55, a. 4, 5.
2. C. 15: 1128, b, 11-12; 22-23.
3. Art. 4.

Unde patet responsio AD PRIMUM.

AD SECUNDUM dicendum quod homines sensibilibus inhaerentes magis gloriantur de virtute exteriori, quae manifestatur in rapina, quam de virtute interiori, quae tollitur per peccatum. Et ideo minus verecundantur de rapina quam de furto.

AD TERTIUM dicendum quod licet pluribus possit noceri per furtum quam per rapinam, tamen graviora nocumenta possunt inferri per rapinam quam per furtum. Unde ex hoc etiam rapina est detestabilior.

QUANTO AO 1º, portanto, deve-se dizer que do exposto se evidencia a resposta à primeira objeção.

QUANTO AO 2º, deve-se dizer que mais apegados às coisas sensíveis, os homens mais se gloriam da força exterior que se manifesta na rapina do que na virtude interior, aniquilada pelo pecado. Por isso, se envergonham menos da rapina do que do furto.

QUANTO AO 3º, deve-se dizer que embora o furto possa prejudicar a mais gente do que a rapina, esta pode no entanto causar danos mais graves do que o furto. Por esse motivo ainda, a rapina é mais detestável.

## QUAESTIO LXVII
## DE INIUSTITIA IUDICIS IN IUDICANDO
*in quatuor articulos divisa*

Deinde considerandum est de vitiis oppositis commutativae iustitiae quae consistunt in verbis in quibus laeditur proximus. Et primo, de his quae pertinent ad iudicium; secundo, de nocumentis verborum quae fiunt extra iudicium.

Circa primum quinque consideranda occurrunt: primo quidem, de iniustitia iudicis in iudicando; secundo, de iniustitia accusatoris in accusando; tertio, de iniustitia ex parte rei in sua defensione; quarto, de iniustitia testis in testificando; quinto, de iniustitia advocati in patrocinando.

Circa primum quaeruntur quatuor.

*Primo:* utrum aliquis possit iuste iudicare eum qui non est sibi subditus.

## QUESTÃO 67
## INJUSTIÇAS COMETIDAS PELO JUIZ[a]
*em quatro artigos*

Deve-se tratar agora dos vícios opostos à justiça comutativa, pelos quais se lesa o próximo por palavras. Primeiro, os que se cometem nos julgamentos; em seguida, os danos causados, por palavras, fora dos julgamentos.

O primeiro ponto comporta cinco questões em torno das injustiças cometidas: I. pelo juiz no julgar, II. pelo acusador no acusar; III. pelo réu em defender-se; IV. pela testemunha no testemunhar; V. pelo advogado no patrocinar.

A primeira questão se divide em quatro artigos:
1. Pode o juiz sem injustiça julgar alguém que não lhe seja súdito?

---

a. Ao abordar os pecados conta a justiça comutativa cometidos em palavras, esta seção trata em primeiro lugar das injustiças que podem ocorrer nos processos. Na II-II, q. 60, já se realçou a importância do julgamento como atividade própria da justiça, encarando-a de maneira geral, mas dando especial atenção à função do juiz. Agora, não é a administração da justiça, suas relações com a justiça distributiva que serão tratadas, pelo menos diretamente. Aborda-se a justiça comutativa e, antes de mais nada, os pecados cometidos contra essa espécie de justiça: os danos que se pode causar às pessoas nos processos.

A referência aqui é feita a injustiças cometidas em palavras, o que remete às origens deste tratado de moral teológica. Surgiu a partir de reflexões práticas e teóricas sobre o oitavo mandamento do decálogo, proibindo "prestar falso testemunho". Na verdade, essa perspectiva inicial é amplamente superada. As cinco questões aqui agrupadas oferecem um conjunto, sem dúvida datado e marcado pelo contexto medieval, mas cuidadosamente construído, para ser uma moral profissional, que propõe ao mesmo tempo todo um leque de normas visando assegurar a correção e o bom funcionamento da instituição judiciária. Esta é considerada em sua realização elementar, as diferentes instâncias e funções sendo reunidas e personalizadas: o *juiz* é chamado a condenar ou absolver o *acusado*; este se defende das incriminações do *acusador*, levando em conta os depoimentos das *testemunhas*, e contando com a assistência do *advogado*. Ao papel e aos deveres de cada um desses personagens (que destacamos) será consagrada uma questão especial.

Fiel, de resto, às origens históricas do tratado, Sto. Tomás só tem em vista o procedimento penal. E ele permanecerá nas perspectivas jurídicas de sua época, deixando-se guiar pelo direito canônico, do qual ele retoma as grandes normas, explicando-as e legitimando-as por meio de argumentos teológicos.

Além da aplicação dos princípios gerais de justiça (que as questões precedentes estabeleceram), os vinte artigos que formam esse grupo de cinco questões sobre os processos conservam um valor que é mais histórico.

*Secundo:* utrum liceat iudicium ferre contra veritatem quam novit, propter ea quae sibi proponuntur.
*Tertio:* utrum iudex possit aliquem iuste condemnare non accusatum.
*Quarto:* utrum licite possit poenam relaxare.

2. Pode julgar contra a verdade que conhece, baseando-se nas informações do processo?
3. Pode condenar sem injustiça a quem não é acusado?
4. Pode relaxar a pena?

## Articulus 1
### Utrum aliquis possit iuste iudicare eum qui non est sibi subiectus

## Artigo 1
### Pode o juiz sem injustiça julgar a quem não lhe seja súdito?

AD PRIMUM SIC PROCEDITUR. Videtur quod aliquis possit iuste iudicare eum qui non est sibi subditus.

1. Dicitur enim Dn 13,45 sqq. quod Daniel seniores de falso testimonio convictos suo iudicio condemnavit. Sed illi seniores non erant subditi Danieli: quinimmo ipsi erant iudices populi vv. 5, 41. Ergo aliquis potest licite iudicare sibi non subditum.
2. PRAETEREA, Christus non erat alicuius hominis subditus: quinimmo ipse erat *Rex regum et Dominus dominantium.* Sed ipse exhibuit se iudicio hominis. Ergo videtur quod aliquis licite possit iudicare aliquem qui non est subditus eius.
3. PRAETEREA, secundum iura¹ quilibet sortitur forum secundum rationem delicti. Sed quandoque ille qui delinquit non est subditus eius ad quem pertinet forum illius loci: puta cum est alterius dioecesis, vel cum est exemptus. Ergo videtur quod aliquis possit iudicare eum qui non est sibi subditus.

SED CONTRA est quod Gregorius dicit², super illud Dt 23,25, *Si intraveris segetem* etc.: *Falcem iudicii mittere non potest in eam rem quae alteri videtur esse commissa.*

RESPONDEO dicendum quod sententia iudicis est quasi quaedam particularis lex in aliquo particulari facto. Et ideo sicut lex generalis debet habere vim coactivam, ut patet per Philosophum, in X *Ethic.*³; ita etiam et sententia iudicis debet habere vim coactivam, per quam constringatur utraque pars ad servandam sententiam iudicis: alioquin iudicium non esset efficax. Potestatem autem coactivam non habet licite in rebus humanis nisi ille qui fungitur publica potestate. Et qui ea funguntur superiores reputantur respectu eorum in quos, sicut in subdi-

QUANTO AO PRIMEIRO ARTIGO, ASSIM SE PROCEDE: parece que o juiz sem injustiça **pode** julgar a quem não lhe seja súdito.

1. Com efeito, diz-se na Escritura que Daniel julgou e condenou os anciãos, convencendo-os de falso testemunho. Ora, longe de serem súditos de Daniel, esses anciãos eram juízes do povo. Logo, pode-se licitamente julgar a quem não seja súdito.
2. ALÉM DISSO, Cristo não era súdito de ninguém, pois era "o Rei dos reis e o Senhor dos senhores.". Ora, ele se apresentou à justiça humana. Logo, pode alguém licitamente julgar a quem não seja seu súdito.
3. ADEMAIS, segundo o direito, o foro é determinado pela natureza do delito. Ora, por vezes, o delinquente não é súdito do juiz que preside o foro do lugar do delito; pertence, por exemplo, a outra diocese ou é isento. Logo, parece que alguém pode licitamente julgar a quem não é seu súdito.

EM SENTIDO CONTRÁRIO, comentando a passagem do livro do Deuteronômio: "se entrares na seara de alguém"... Gregório declara: "Não poderás meter a foice do teu julgamento na seara confiada a um outro"

RESPONDO. A sentença do juiz é como uma lei particular visando um caso particular. Mas, como ensina o Filósofo, a lei deve ter força coercitiva; assim também, a sentença do juiz há de ter força coercitiva, para obrigar ambas as partes a observá-la; do contrário, o julgamento não seria eficaz. Ora, na ordem das coisas humanas, só podem exercer licitamente o poder coercitivo os que estão investidos da autoridade pública; eles são submetidos como superiores dos que lhe são submissos, seja em virtude de um poder ordinário

---

1 PARALL.: Supra, q. 60, a. 6.

1. Cfr. *Decretal. Greg. IX*, l. II, t. 2, c. 20: ed. Richter-Friedberg, t. II, p. 255.
2. *Regist.*, l. XI, ep. 64, ad interr. 9; al. l. XII, ep. 31: ML 77, 1192 B.
3. C. 10: 1180, a, 21-22.

tos, potestatem accipiunt: sive habeant ordinarie, sive per commissionem. Et ideo manifestum est quod nullus potest iudicare aliquem nisi sit aliquo modo subditus eius, vel per commissionem vel per potestatem ordinariam.

AD PRIMUM ergo dicendum quod Daniel accepit potestatem ad iudicandum illos seniores quasi commissam ex instinctu divino. Quod significatur per hoc quod ibi 45 dicitur, quod *suscitavit Dominus spiritum pueri iunioris*.

AD SECUNDUM dicendum quod in rebus humanis aliqui propria sponte possunt se subiicere aliorum iudicio, quamvis non sint eis superiores: sicut patet in his qui compromittunt in aliquos arbitros. Et inde est quod necesse est arbitrium poena vallari: quia arbitri, qui non sunt superiores, non habent de se plenam potestatem coercendi. Sic igitur et Christus propria sponte humano iudicio se subdidit: sicut etiam et Leo Papa[4] iudicio Imperatoris se subdidit.

AD TERTIUM dicendum quod episcopus in cuius dioecesi aliquis delinquit, efficitur superior eius ratione delicti, etiam si sit exemptus: nisi forte delinquat in re aliqua exempta, puta in administratione bonorum alicuius monasterii exempti. Sed si aliquis exemptus committat furtum vel homicidium vel aliquid huiusmodi, potest per ordinarium iuste condemnari.

seja delegado. É, portanto, manifesto que ninguém pode julgar senão a quem lhe está sujeito, por um poder ou delegado ou ordinário[b].

QUANTO AO 1º, portanto, deve-se dizer que o poder que Daniel exerceu sobre os anciãos lhe foi confiado através de uma inspiração divina; é o que dão a entender as palavras do mesmo texto: "Deus suscitou o espírito de um moço ainda bem jovem".

QUANTO AO 2º, deve-se dizer que nas coisas humanas, podem alguns submeter-se espontaneamente ao julgamento de outros, embora não sejam seus superiores, recorrendo à sua arbitragem, por exemplo. Daí, a necessidade que esta seja garantida por uma pena, pois os árbitros que não são superiores, carecem de pleno poder coercitivo. Assim Cristo, por sua livre vontade se sujeitou ao julgamento humano, e também o papa Leão IV se submeteu ao juízo do imperador.

QUANTO AO 3º, deve-se dizer que o bispo, em cuja diocese se comete um crime, torna-se, pelo fato mesmo, o superior do delinquente, ainda que este seja isento. A não ser que a matéria do delito goze de isenção, por exemplo, a administração dos bens de um mosteiro isento. Mas, se alguém que é isento, cometer um furto, um homicídio ou um crime desse gênero, o ordinário pode condená-lo justamente.

### ARTICULUS 2
**Utrum iudici liceat iudicare contra veritatem quam novit, propter ea quae in contrarium proponuntur**

AD SECUNDUM SIC PROCEDITUR. Videtur quod iudici non liceat iudicare contra veritatem quam novit, propter ea quae in contrarium proponuntur.

1. Dicitur enim Dt 17,9: *Venies ad sacerdotes Levitici generis, et ad iudicem qui fuerit in illo tempore, quaeresque ab eis, qui indicabunt tibi iudicii veritatem.* Sed quandoque aliqua proponuntur contra veritatem: sicut cum aliquid per falsos testes probatur. Ergo non licet iudici iudicare se-

### ARTIGO 2
**Pode o juiz julgar contra a verdade que conhece, baseando-se naquilo que é proposto em contrário?**

QUANTO AO SEGUNDO, ASSIM SE PROCEDE: parece que o juiz **não** pode julgar contra a verdade que conhece, baseando-se naquilo que é proposto em contrário.

1. Com efeito, lê-se no livro do Deuteronômio: "Irás encontrar os sacerdotes da linhagem de Levi e ao juiz, então em exercício; tu os consultarás e eles te farão conhecer a sentença conforme a verdade." Ora, muitas deposições são contrárias à verdade, como as provas fornecidas

---

4. Leo IV, nimirum, Ludovico Augusto ad purganda crimina coram illo, de quibus erat accusatus. Cfr. GRATIANUM, *Decretum*, p. II, causa 2, q. 7, can. 41: ed. Richter-Friedberg, t. I, p. 496.

2 PARALL.: Supra, q. 64, a. 6, ad 3.

---

b. Fora de toda distinção dos poderes executivo, legislativo, judiciário, supõe-se aqui que o juiz está investido de toda autoridade para conduzir o processo em nome do poder público. Daí resulta não apenas que ele só pode julgar seus súditos, mas que o acusado deve obedecer em tudo às ordens do juiz (ver abaixo, nota 1 da q. 69, a. 1).

cundum ea quae proponuntur et probantur, contra veritatem quam ipse novit.

2. Praeterea, homo in iudicando debet divino iudicio conformari: *quia Dei iudicium est,* ut dicitur Dt 1,17. Sed *iudicium Dei est secundum veritatem*, ut dicitur Rm 2,2: et Is 11,3-4 praedicitur de Christo: *Non secundum visionem oculorum iudicabit, neque secundum auditum aurium arguet: sed iudicabit in iustitia pauperes, et arguet in aequitate pro mansuetis terrae.* Ergo iudex non debet, secundum ea quae coram ipso probantur, sententiam ferre contra ea quae ipse novit.

3. Praeterea, idcirco in iudicio probationes requiruntur ut fides fiat iudici de rei veritate: unde in his quae sunt notoria non requiritur iudicialis ordo; secundum illud 1Tm 5,24: *Quorundam hominum peccata manifesta sunt, praecedentia ad iudicium.* Si ergo iudex per se cognoscat veritatem, non debet attendere ad ea quae probantur, sed sententiam ferre secundum veritatem quam novit.

4. Praeterea, nomen conscientiae importat applicationem scientiae ad aliquid agibile, ut in Primo[1] habitum est. Sed facere contra conscientiam est peccatum. Ergo iudex peccat si sententiam ferat, secundum allegata, contra conscientiam veritatis quam habet.

Sed contra est quod Augustinus dicit, *super Psalt.*[2]: *Bonus iudex nihil ex arbitrio suo facit, sed secundum leges et iura pronuntiat.* Sed hoc est iudicare secundum ea quae in iudicio proponuntur et probantur. Ergo iudex debet secundum huiusmodi iudicare, et non secundum proprium arbitrium.

Respondeo dicendum quod, sicut dictum est[3], iudicare pertinet ad iudicem secundum quod fungitur publica potestate. Et ideo informari debet in iudicando non secundum id quod ipse novit tanquam privata persona, sed secundum id quod sibi innotescit tanquam personae publicae. Hoc autem innotescit sibi et in communi, et in particulari. In communi quidem, per leges publicas, vel divinas vel humanas: contra quas nullas probationes admittere debet. In particulari autem negotio aliquo,

pelas falsas testemunhas. Logo, o juiz não pode julgar baseando-se nas deposições e nas provas apresentadas, se estas vão contra a verdade que ele mesmo conhece.

2. Além disso, ao julgar, o homem deve conformar-se ao juízo divino. Pois, "a Deus compete o julgamento," como diz o livro do Deuteronômio. Ora, "o juízo de Deus se exerce segundo a verdade.". E de Cristo prediz Isaías como está na Carta aos Romanos: "Não julgará segundo as aparência nem decidirá só por ouvir dizer. Julgará os pobres com justiça e decidirá com retidão em favor dos humildes do país." Logo, não deve o juiz dar a sentença, baseando-se nas deposições, contra a verdade que ele mesmo conhece.

3. Ademais, no julgamento, as provas são necessárias para que o juiz possa formar sua convicção sobre a verdade dos fatos. Por isso, quando estes são notórios, não se requer um processo judicial, como se declara na primeira Carta a Timóteo: "Os pecados de alguns homens são manifestos, antes mesmo de serem julgados." Se, portanto, o juiz conhece por si mesmo a verdade, não atenderá às provas apresentadas, mas dará a sentença fundado na verdade que conhece.

4. Ademais, a consciência, como o nome indica, designa a aplicação da ciência à ação, como ficou esclarecido na I Parte. Ora, agir contra a consciência é pecado. Logo, pecará o juiz que proferir uma sentença, baseada nas alegações do processo, porém em oposição à consciência que tem da verdade.

Em sentido contrário, Agostinho, comentando o salmo, declara: "O bom juiz nada faz por seu próprio arbítrio, mas se pronuncia segundo as leis e o direito." O que quer dizer julgar conforme as deposições e as provas apresentadas no processo. Logo, é assim que o juiz deve julgar, e não baseando-se em seu próprio arbítrio.

Respondo. Já expliquei, julgar compete ao juiz, enquanto investido de uma autoridade pública. Assim, quando julga, deve formar sua opinião, não pelo que sabe como pessoa privada, mas pelo que vem ao seu conhecimento como pessoa pública. Ora, esse conhecimento lhe chega de maneira geral e particular. Em geral, através das leis públicas, divinas ou humanas, contra as quais não deve admitir prova alguma. Tratando-se de um caso particular, porém, a informação lhe vem mediante

---

1. Q. 79, a. 13.
2. Vide Ambrosium, *Super Ps.* 118, serm. 20, n. 36: ML 15, 1494.
3. A. praec.; q. 60, a. 6.

per instrumenta et testes et alia huiusmodi legitima documenta: quae debet sequi in iudicando magis quam id quod ipse novit tanquam privata persona. Ex quo tamen ad hoc adiuvari potest ut districtius discutiat probationes inductas, ut possit earum defectum investigare. Quod si eas non possit de iure repellere, debet, sicut dictum est[4], eas in iudicando sequi.

AD PRIMUM ergo dicendum quod ideo praemittitur in verbis illis de quaestione iudicibus facienda, ut intelligatur quod iudices debent veritatem iudicare secundum ea quae fuerunt sibi proposita.

AD SECUNDUM dicendum quod Deo competit iudicare secundum propriam potestatem. Et ideo in iudicando informatur secundum veritatem quam ipse cognoscit, non secundum hoc quod ab aliis accipit. Et eadem ratio est de Christo, qui est verus Deus et homo. Alii autem iudices non iudicant secundum propriam potestatem. Et ideo non est similis ratio.

AD TERTIUM dicendum quod Apostolus loquitur in casu quando aliquid non solum est manifestum iudici, sed sibi et aliis, ita quod reus nullo modo crimen infitiari potest, sed statim ex ipsa evidentia facti convincitur. Si autem sit manifestum iudici et non aliis, vel aliis et non iudici, tunc est necessaria iudicii discussio.

AD QUARTUM dicendum quod homo in his quae ad propriam personam pertinent, debet informare conscientiam suam ex propria scientia. Sed in his quae pertinent ad publicam potestatem, debet iaformare conscientiam suam secundum ea quae in publico iudicio sciri possunt, etc.

as peças, os testemunhas e demais documentos legítimos, que hão de ser seguidos no julgamento, mais do que a ciência que o juiz adquire como pessoa privada. Essa ciência, no entanto, poderá ajudá-lo a discutir mais rigorosamente as provas aduzidas e a desvendar-lhes os defeitos. Mas se não conseguir se desfazer delas pelos caminhos jurídicos, deverá basear nelas o seu julgamento[c].

QUANTO AO 1º, portanto, deve-se dizer que o texto citado expõe inicialmente o objeto do litígio que se submete à apreciação do juiz, para dar a entender que os juizes hão de julgar a verdade, baseando-se nos dados do processo.

QUANTO AO 2º, deve-se dizer que a Deus compete julgar por seu poder próprio. Seu julgamento é informado pela verdade que ele mesmo conhece e não pelo que aprende dos outros. O mesmo se dá com Cristo, verdadeiro Deus e verdadeiro homem. Ao passo que os outros juizes não julgam por poder próprio. Não vale, portanto, a comparação.

QUANTO AO 3º, deve-se dizer que o Apóstolo refere-se ao caso de crime manifesto, não apenas para o juiz, porém para ele e para todos, de forma que o réu não o pode negar de forma alguma e se vê logo convencido pela evidência mesma do fato. Mas, se o crime só é manifesto ao juiz e não aos outros, ou aos outros e não ao juiz, então é necessário prosseguir o debate judiciário.

QUANTO AO 4º, deve-se dizer que no que toca à sua própria pessoa, o homem deve formar sua consciência por seu próprio saber. Mas, quando exerce função pública, deve formar sua consciência com os dados do julgamento público e neles se basear.

ARTICULUS 3
### Utrum iudex possit aliquem iudicare etiam si non sit alius accusator

AD TERTIUM SIC PROCEDITUR. Videtur quod iudex possit aliquem iudicare etiam si non sit alius accusator.

ARTIGO 3
### Pode o juiz julgar alguém, mesmo que não haja acusador?

QUANTO AO TERCEIRO, ASSIM SE PROCEDE: parece que o juiz **pode** julgar alguém, mesmo que não haja acusador.

---

4. Arg. *sed c.*

3 PARALL.: *Cont. Impugn. Relig.*, c. 3.

c. Em harmonia com a doutrina lembrada na nota precedente, prescreve-se ao juiz condenar ou absolver o acusado segundo as provas judiciárias, segundo os conhecimentos que ele possui enquanto "personagem público". A insistência sobre esse ponto parece revelar uma preocupação de opor-se aos julgamentos arbitrários, considerando-se o aumento do aparelho judiciário e repressivo da época. Além disso, mais que sobre o seu poder, insiste-se sobre as qualidades de discernimento do juiz, que "é uma espécie de justiça viva" (artigo seguinte, Solução; ver acima, q. 60, a. 1, Solução). O caráter de equidade, que deve revestir a interpretação da lei, é evocado também na q. 120, consagrada à *epikie* (equidade), exaltada como a forma mais eminente da justiça.

1. Humana enim iustitia derivatur a iustitia divina. Sed Deus peccatores iudicat etiam si nullus sit accusator. Ergo videtur quod homo possit in iudicio alium condemnare etiam si non adsit accusator.
2. Praeterea, accusator requiritur in iudicio ad hoc quod deferat crimen ad iudicem. Sed quandoque potest crimen ad iudicem devenire alio modo quam per accusationem: sicut per denuntiationem vel per infamiam, vel etiam si ipse iudex videat. Ergo iudex potest aliquem condemnare absque accusatore.
3. Praeterea, facta Sanctorum in Scripturis narrantur quasi quaedam exemplaria humanae vitae. Sed Daniel simul fuit accusator et iudex contra iniquos senes, ut patet Dn 13,45 sqq. Ergo non est contra iustitiam si aliquis aliquem damnet tanquam iudex, et ipsemet sit accusator.

Sed contra est quod, 1Cor 5[1], Ambrosius, exponens sententiam Apostoli de fornicatore, dicit quod *iudicis non est sine accusatore damnare: quia Dominus Iudam, cum fuisset fur, quia non est accusatus, minime abiecit*.

Respondeo dicendum quod iudex est interpres iustitiae: unde sicut Philosophus dicit, in V *Ethic*.[2], *ad iudicem confugiunt sicut ad quandam iustitiam animatam*. Iustitia autem, sicut supra[3] habitum est, non est ad seipsum, sed ad alterum. Et ideo oportet quod iudex inter aliquos duos diiudicet: quod quidem fit cum unus est actor et alius est reus. Et ideo in criminibus non potest aliquem iudicio condemnare iudex nisi habeat accusatorem: secundum illud Act 25,16: *Non est consuetudo Romanis damnare aliquem hominem prius quam is qui accusatur praesentes habeat accusatores, locumque defendendi accipiat ad abluenda crimina* quae ei obiiciebantur.

Ad primum ergo dicendum quod Deus in suo iudicio utitur conscientia peccantis quasi accusatore: secundum illud Rm 2,15: *Inter se invicem cogitationum accusantium, aut etiam defendentium*. Vel etiam evidentia facti quantum ad ipsum: secundum illud Gn 4,10: *Vox sanguinis fratris tui Abel clamat ad me de terra*.

Ad secundum dicendum quod publica infamia habet locum accusatoris. Unde super illud Gn 4,10, *Vox sanguinis fratris tui* etc., dicit Glossa[4]:

1. Com efeito, a justiça humana deriva da justiça divina. Ora, Deus julga os pecadores, mesmo que ninguém os acuse. Logo, parece que se possa condenar em juízo a quem não tenha nenhum acusador.
2. Além disso, no julgamento, é necessário acusador, para delatar o crime ao juiz. Por vezes, no entanto, o crime chega ao conhecimento do juiz por outras vias, por denúncia, pela má reputação, ou porque o próprio juiz o testemunhou. Logo, o juiz pode condenar a quem não tem acusador.
3. Ademais, os feitos dos santos se contam nas Escrituras para servirem de modelos para a vida humana. Ora, Daniel foi ao mesmo tempo acusador e juiz dos anciãos iníquos. Logo, não é contra justiça que seja alguém condenado por um juiz que é igualmente o acusador.

Em sentido contrário, comentando a decisão do Apóstolo sobre a fornicação, Ambrósio declara. "Não cabe ao juiz condenar, se não há acusador. Pois, o Senhor não repeliu Judas, embora fosse ladrão, porque não foi acusado."

Respondo. O juiz é intérprete da justiça. Por isso, nota o Filósofo, os homens recorrem ao juiz como a uma espécie de justiça viva. Ora, já ficou estabelecido, a justiça não se pratica para si mesmo, mas para os outros. Cumpre, portanto, que o juiz decida entre duas partes, o que se dá, quando uma é autor e outra réu. Por isso, em matéria criminal, não pode o juiz condenar a quem não tenha acusador. É o que se vê nos Atos dos Apóstolos: "Não é costume dos Romanos condenar alguém, antes de o acusado ter presentes os acusadores e de lhe ser dada faculdade de defender-se dos crimes que lhe são imputados."

Quanto ao 1º, portanto, deve-se dizer que em seu julgamento, Deus se serve da consciência do pecador como acusador, conforme se diz na Carta aos Romanos: "Seus pensamentos, ora os acusam, ora os defendem." Ou a própria evidência do fato, tem a mesma função; é o que se vê no livro do Gênesis: "A voz do sangue de teu irmão clama da terra até a mim".

Quanto ao 2º, deve-se dizer que a má fama pública exerce o papel de acusador. A propósito da palavras citadas "e voz de teu irmão etc...",

---

1. *In I Cor.*, super 5, 2: ML 17, 208 A.
2. C. 7: 1132, a, 20-25.
3. Q. 58, a. 2.
4. Interl.

*Evidentia patrati sceleris accusatore non eget.*
— In denuntiatione vero, sicut supra[5] dictum est, non intenditur punitio peccantis, sed emendatio: et ideo nihil agitur contra eum cuius peccatum denuntiatur, sed pro eo. Et ideo non est ibi necessarius accusator. Poena autem infertur propter rebellionem ad Ecclesiam: quae, quia est manifesta, tenet locum accusatoris. — Ex eo autem quod ipse iudex videt, non potest procedere ad sententiam ferendam, nisi secundum ordinem publici iudicii.

AD TERTIUM dicendum quod Deus in suo iudicio procedit ex propria notitia veritatis, non autem homo, ut supra[6] dictum est. Et ideo homo non potest esse simul accusator, iudex et testis, sicut Deus. Daniel autem accusator fuit simul et iudex quasi divini iudicii executor, cuius instinctu movebatur, ut dictum est[7].

comenta a Glosa: "A evidência do crime perpetrado dispensa acusador." Na denúncia, porém, como se disse acima, não se visa a punição mas a emenda do pecador. Por isso, não se age contra o pecador denunciado, mas a seu favor. Neste caso, não é necessário acusador. Ao passo que se inflige a pena, por causa da rebelião contra a Igreja; e a rebelião sendo manifesta, faz as vezes de acusador. — Ao contrário, do que o juiz mesmo vê, não pode ele prevalecer-se para dar a sentença, mas há de seguir a ordem do processo público.

QUANTO AO 3º, deve-se dizer que em seu julgamento, Deus se funda no próprio conhecimento que tem da verdade, o que não se dá com o homem, como já se mostrou. Por isso, o homem não pode ser ao mesmo tempo acusador, testemunha e juiz, à semelhança de Deus. Daniel foi simultaneamente acusador e juiz, como que executando o juízo de Deus, cuja inspiração o movia, como ficou indicado.

### ARTICULUS 4
### Utrum iudex licite possit poenam relaxare

AD QUARTUM SIC PROCEDITUR. Videtur quod iudex licite possit poenam relaxare.

1. Dicitur enim Iac 2,13: *Iudicium sine misericordia ei qui non facit misericordiam.* Sed nullus punitur propter hoc quod non facit illud quod licite facere non potest. Ergo quilibet iudex potest licite misericordiam facere, relaxando poenam.

2. PRAETEREA, iudicium humanum debet imitari iudicium divinum. Sed Deus poenitentibus relaxat poenam: quia *non vult mortem peccatoris*, ut dicitur Ez 18,23. Ergo etiam homo iudex potest poenitenti licite laxare poenam.

3. PRAETEREA, unicuique licet facere quod alicui prodest et nulli nocet. Sed absolvere reum a poena prodest ei et nulli nocet. Ergo iudex licite potest reum a poena absolvere.

SED CONTRA est quod dicitur Dt 13,8-9: de eo qui persuadet servire diis alienis: *Non parcat ei oculus tuus ut miserearis et occultes eum: sed statim interficies eum.* Et de homicida dicitur Dt 19,12-13: *Morietur, nec miserebris eius.*

### ARTIGO 4
### Pode o juiz licitamente relaxar a pena?

QUANTO AO QUARTO, ASSIM SE PROCEDE: parece que o juiz **pode** licitamente relaxar a pena.

1. Com efeito, está dito na Carta de Tiago: "Haverá juízo sem misericórdia para quem não fez misericórdia." Ora, ninguém é punido por não ter feito o que não podia licitamente fazer. Logo, qualquer juiz pode fazer misericórdia, relaxando a pena.

2. ALÉM DISSO, o juízo humano deve imitar o divino. Ora, Deus relaxa a pena a quem se arrepende, pois, "não quer a morte do pecador," como diz a Escritura. Logo, também o homem, na função de juiz, pode relaxar a pena àquele que se arrepende.

3. ADEMAIS, é lícito fazer o que é útil a alguém e não prejudica a ninguém. Ora, absolver da pena o réu lhe é vantajoso e não faz mal a ninguém. Logo, o juiz pode licitamente fazê-lo.

EM SENTIDO CONTRÁRIO, prescreve-se no livro do Deuteronômio, a respeito de quem leva outros à idolatria: "Teu olho será sem piedade para ele, não o pouparás, não o esconderás, mas o matarás sem tardar." E a propósito do homicida: "Morrerá. Não terás dó dele."

---

5. Q. 33, a. 8.
6. A. praec., ad 2.
7. A. 1, ad 1.

PARALL.: Part. III, q. 46, a. 2, ad 3; I *Sent.*, dist. 43, q. 2, a. 2, ad 5; IV, dist. 46, q. 1, a. 2, q.la 2.

RESPONDEO dicendum quod, sicut ex dictis[1] patet, duo sunt, quantum ad propositum pertinet, circa iudicem consideranda: quorum unum est quod ipse habet iudicare inter accusatorem et reum; aliud autem est quod ipse non fert iudicii sententiam quasi ex propria, sed quasi ex publica potestate. Duplici ergo ratione impeditur iudex ne reum a poena absolvere possit. Primo quidem, ex parte accusatoris, ad cuius ius quandoque pertinet ut reus puniatur, puta propter aliquam iniuriam in ipsum commissam: cuius relaxatio non est in arbitrio alicuius iudicis, quia quilibet iudex tenetur ius suum reddere unicuique.

Alio modo impeditur ex parte reipublicae, cuius potestate fungitur, ad cuius bonum pertinet quod malefactores puniantur. Sed tamen quantum ad hoc differt inter inferiores iudices et supremum iudicem, scilicet principem, cui est plenarie potestas publica commissa. Iudex enim inferior non habet potestatem absolvendi reum a poena, contra leges a superiore sibi impositas. Unde super illud Io 19,11, *Non haberes adversum me potestatem ullam*, dicit Augustinus[2]: *Talem Deus dederat Pilato potestatem ut esset sub Caesaris potestate, ne ei omnino liberum esset accusatum absolvere.* Sed princeps, qui habet plenariam potestatem in republica, si ille qui passus est iniuriam velit eam remittere, poterit reum licite absolvere, si hoc publicae utilitati viderit non esse nocivum.

AD PRIMUM ergo dicendum quod misericordia iudicis habet locum in his quae arbitrio iudicis relinquuntur, in quibus *boni viri est ut sit diminutivus poenarum*, sicut Philosophus dicit, in V *Ethic*.[3] In his autem quae sunt determinata secundum legem divinam vel humanam, non est suum misericordiam facere.

AD SECUNDUM dicendum quod Deus habet supremam potestatem iudicandi, et ad ipsum pertinet quidquid contra aliquem peccatur. Et ideo liberum est ei poenam remittere: praecipue cum peccato ex hoc poena maxime debeatur quod est contra ipsum. Non tamen remittit poenam nisi secundum quod decet suam bonitatem, quae est omnium legum radix.

AD TERTIUM dicendum quod iudex, si inordinate poenam remitteret, nocumentum inferret et communitati, cui expedit ut maleficia puniantur, ad hoc quod peccata vitentur: unde Dt 13,11, post

RESPONDO. Do que se estabeleceu, se evidenciam dois dados a observar na conduta do juiz. Primeiro, ele deve se pronunciar entre um acusador e um réu. Segundo, ele não profere a sentença de sua própria autoridade, mas como investido da autoridade pública. Logo, uma dupla razão interdiz ao juiz absolver da pena o réu. A primeira vem do acusador, que tem, às vezes, o direito de exigir a punição do réu, por exemplo, pelo dano que lhe causou. Então, nenhum juiz pode relaxar essa pena, pois todo juiz deve assegurar a cada um o seu direito.

A outra razão diz respeito ao Estado, em nome do qual se exerce a justiça e cujo bem exige que os malfeitores sejam punidos. Contudo, há uma diferença entre os juízes inferiores e o juiz supremo, o príncipe, investido da plenitude do poder público. Pois, o juiz inferior não tem o poder de absolver da pena o réu, indo de encontro às leis a ele impostas pelo superior. Nesse sentido, a propósito da palavra do Evangelho de João: "não terias sobre mim poder algum", comenta Agostinho: "Deus dera a Pilatos um poder subordinado ao de César, de modo que, de maneira alguma, estava livre de absolver o acusado." O príncipe, porém, investido dos plenos poderes no Estado, pode licitamente absolver o réu, contanto que a vítima da injustiça queira perdoar, e ele julgue que daí não resultará qualquer dano para a utilidade pública.

QUANTO AO 1º, portanto, deve-se dizer que o juiz pode exercer sua clemência nas causas deixadas ao seu arbítrio. Nesse caso, "é próprio do homem de bem procurar suavizar os castigos", segundo o parecer do Filósofo. Mas, nas matérias determinadas pela lei divina ou humana, não lhe cabe fazer misericórdia.

QUANTO AO 2º, deve-se dizer que Deus tem o supremo poder de julgar, e a ele compete julgar todo pecado cometido contra qualquer que seja. Por isso pode perdoar a pena, tanto mais que a pena é devida ao pecado principalmente porque vai contra Deus. Contudo, só perdoa a pena, tendo em conta o que convém à sua bondade, que é a fonte de todas as leis.

QUANTO AO 3º, deve-se dizer que o juiz que perdoasse a pena de maneira desordenada causaria dano à comunidade, à qual é proveitoso que se punam os crimes, afim de evitar os pecados. Por

---

1. Art. 2, 3.
2. Tract. 116, n. 5: ML 35, 1943.
3. C. 14: 1138, a, 1-2.

poenam seductoris, subditur: *Ut omnis Israel, audiens, timeat, et nequaquam ultra faciat quidpiam huius rei simile*. Nocet etiam personae cui est illata iniuria, quae recompensationem accipit per quandam restitutionem honoris in poena iniuriantis.

isso, no livro do Deuteronômio, depois de fixar a pena do sedutor, se acrescenta: "Assim, todo Israel, ao sabê-lo, temerá e já não tornará a fazer tal maldade em teu meio." O perdão indevido prejudicaria também a vítima da injustiça, pois com o castigo infligido a seu agressor, recebe uma compensação, consistindo em certa reparação de sua honra.

## QUAESTIO LXVIII
### DE HIS QUAE PERTINENT AD INIUSTAM ACCUSATIONEM

*in quatuor articulos divisa*

Deinde considerandum est de his quae pertinent ad iniustam accusationem.
Et circa hoc quaeruntur quatuor.
*Primo:* utrum homo accusare teneatur.
*Secundo:* utrum accusatio sit facienda in scriptis.
*Tertio:* quomodo accusatio sit vitiosa.
*Quarto:* qualiter male accusantes sint puniendi.

## QUESTÃO 68
### INJUSTIÇAS COMETIDAS NA ACUSAÇÃO

*em quatro artigos*

Deve-se tratar agora do que toca à injusta acusação.
A questão compreende quatro artigos:
1. Há obrigação de acusar?
2. A acusação deve ser feita por escrito?
3. Quais são os vícios da acusação?
4. Como se devem punir os acusadores injustos?

### Articulus 1
#### Utrum homo teneatur accusare

Ad primum sic proceditur. Videtur quod homo non teneatur accusare.
1. Nullus enim excusatur ab impletione divini praecepti propter peccatum: quia iam ex suo peccato commodum reportaret. Sed aliqui propter peccatum redduntur inhabiles ad accusandum: sicut excommunicati, infames et illi qui sunt de maioribus criminibus accusati prius quam innoxii demonstrentur. Ergo homo non tenetur ex praecepto divino ad accusandum.
2. Praeterea, omne debitum ex caritate dependet, quae est *finis praecepti*: unde dicitur Rm 13,8: *Nemini quidquam debeatis, nisi ut invicem diligatis*. Sed illud quod est caritatis homo debet omnibus, maioribus et minoribus, subditis et praelatis. Cum igitur subditi non debeant praelatos accusare, nec minores suos maiores, ut per plura capitula probatur II, qu. 7¹; videtur quod nullus ex debito teneatur accusare.

### Artigo 1
#### Há obrigação de acusar?

Quanto ao primeiro artigo, assim se procede: parece que **não** há obrigação de acusar.
1. Com efeito, ninguém, por motivo de pecado, está escusado de cumprir um preceito divino, porque, então, tiraria vantagem de seu pecado. Ora, pelo pecado, alguns se tornam inábeis para acusar, tais os excomungados, os infames e os acusados de crimes maiores, antes de terem provado sua inocência. Logo, não há preceito divino que obrigue a acusar.
2. Além disso, todo dever depende da caridade, que é "o fim do preceito". Daí, o que se diz na Carta aos Romanos: "A ninguém fiqueis devendo coisa alguma, a não ser o amor com que deveis amar-vos uns aos outros." Ora, a exigência da caridade se estende a todos, maiores e menores, súditos e prelados. Logo, como os súditos não devem acusar os prelados, nem os menores aos seus superiores, como se estabelece em vários capítulos do Decreto, parece que ninguém tem o dever de acusar.

---

1. Gratianus, *Decretum*, p. II, causa 2, q. 7, cann. 1-3, 8-14, 21, 38, 51: ed. Richter-Friedberg, t. I, pp. 483-500.

3. Praeterea, nullus tenetur contra fidelitatem agere quam debet amico: quia non debet alteri facere quod sibi non vult fieri. Sed accusare aliquem quandoque est contra fidelitatem quam quis debet amico: dicitur enim Pr 11,13: *Qui ambulat fraudulenter revelat arcana: qui autem fidelis est celat amici commissum*. Ergo homo non tenetur ad accusandum.

Sed contra est quod dicitur Lv 5,1: *Si peccaverit anima, et audierit vocem iurantis, testisque fuerit quod aut ipse vidit aut conscius est, nisi indicaverit, portabit iniquitatem suam*.

Respondeo dicendum quod, sicut supra[2] dictum est, haec est differentia inter denuntiationem et accusationem, quod in denuntiatione attenditur emendatio fratris, in accusatione autem attenditur punitio criminis. Poenae autem praesentis vitae non per se expetuntur, quia non est hic ultimum retributionis tempus: sed inquantum sunt medicinales, conferentes vel ad emendationem personae peccantis, vel ad bonum reipublicae, cuius quies procuratur per punitionem peccantium. Quorum primum intenditur in denuntiatione, ut dictum est: secundum autem proprie pertinet ad accusationem. Et ideo si crimen fuerit tale quod vergat in detrimentum reipublicae, tenetur homo ad accusationem, dummodo sufficienter possit probare, quod pertinet ad officium accusatoris: puta cum peccatum alicuius vergit in multitudinis corruptelam corporalem seu spiritualem. Si autem non fuerit tale peccatum quod in multitudinem redundet, vel etiam si sufficientem probationem adhibere non possit, non tenetur ad intentandum accusationem: quia ad hoc nullus tenetur quod non potest debito modo perficere.

Ad primum ergo dicendum quod nihil prohibet per peccatum reddi aliquem impotentem ad ea quae homines facere tenentur: sicut ad merendum vitam aeternam, et ad assumendum ecclesiastica sacramenta. Nec tamen ex hoc homo reportat commodum: quinimmo deficere ab his quae tenetur facere est gravissima poena, quia virtuosi actus sunt quaedam hominis perfectiones.

Ad secundum dicendum quod subditi praelatos suos accusare prohibentur *qui non affectione caritatis, sed sua pravitate vitam eorum diffamare et reprehendere quaerunt*; vel etiam si subditi accusare volentes, fuerint criminosi; ut habetur II, qu.

3. Ademais, ninguém está obrigado a agir contra a fidelidade que deve ao amigo, pois não deve fazer a outros, o que não quer que lhe façam. Ora, acusar a outrem é, às vezes, ir contra fidelidade ao amigo. Pois, está dito no livro dos Provérbios: "O fraudulento revela os segredos, mas o homem fiel guarda as confidências do amigo." Logo, não há obrigação de acusar.

Em sentido contrário, lê-se no livro dos Levítico: "Se alguém for intimado a depor em juízo, e não denuncia, apesar de ser testemunha ocular ou informada, pecará e incorrerá em culpa."

Respondo. Como já ficou estabelecido, a diferença entre denúncia e acusação é esta: a primeira visa a correção fraterna, e a segunda, a punição do crime. Ora, as penas da vida presente não são aplicadas como um fim em si, porque não é ainda o tempo definitivo da retribuição. Elas são medicinais, tendo por objetivo seja a emenda do culpado seja o bem da sociedade, cuja tranquilidade é garantida pela correção dos delinquentes. O primeiro desses objetivos é o que visa a denúncia; o segundo pertence propriamente à acusação. Assim, se o crime for tal que redunde em detrimento da sociedade, há obrigação de acusá-lo, contanto que se possa deveras prová-lo, o que está a cargo do acusador; esse dever se impõe, por exemplo, no caso de um pecado que leva à corrupção corporal ou espiritual da coletividade. Se, porém, o pecado não tiver essas consequências coletivas, ou ainda se dele não se puder fornecer prova cabal, não se está obrigado a intentar a acusação, porque ninguém está obrigado a empreender o que não está em condições de levar a bom termo da maneira devida[a].

Quanto ao 1º, portanto, deve-se dizer que nada impede que pelo pecado, alguém se torne incapaz de realizar o que é obrigatório, por exemplo, merecer a vida eterna ou receber os sacramentos da Igreja. Mas, nem por isso daí lhe advém qualquer vantagem; bem ao contrário, faltar às obrigações vem a ser pena gravíssima, pois as ações virtuosas constituem outras tantas perfeições do homem.

Quanto ao 2º, deve-se dizer que estão proibidos de acusar os seus superiores aqueles subordinados que, "movidos não pelo afeto da caridade, porém pela maldade, buscam difamar-lhes e censurar-lhes a vida"; ou também se os súditos que se põem a

---

2. Q. 67, a. 3, ad 2.

a. O acusador de que se trata aqui é toda pessoa que tivesse um conhecimento certo do crime cometido; normalmente, serão os mais interessados na punição do culpado (sendo por exemplo os parentes da vítima).

7³. Alioquin, si fuerint alias idonei ad accusandum, licet subditis ex caritate suos praelatos accusare.

AD TERTIUM dicendum quod revelare secreta in malum personae, est contra fidelitatem: non autem si revelentur propter bonum commune, quod semper praeferendum est bono privato. Et ideo contra bonum commune nullum secretum licet recipere. — Nec tamen est omnino secretum quod per sufficientes testes potest probari.

acusar forem criminosos, como se diz ainda nos *Decretos*. Do contrário, se forem deveras idôneos para essa tarefa, é permitido aos súditos acusar por caridade os seus superiores.

QUANTO AO 3º, deve-se dizer que revelar segredos em detrimento de outrem é certamente agir contra a fidelidade; não, porém, se forem revelados para o bem comum, que se há de preferir sempre ao bem privado. Daí, não se poder receber nenhum segredo contra o bem comum. — Aliás, nem é segredo o que se pode provar através de testemunhas suficientes.

ARTICULUS 2
## Utrum sit necessarium accusationem in scriptis fieri

AD SECUNDUM SIC PROCEDITUR. Videtur quod non sit necessarium accusationem in scriptis fieri.
1. Scriptura enim adinventa est ad subveniendum humanae memoriae circa praeterita. Sed accusatio in praesenti agitur. Ergo accusatio scriptura non indiget.
2. PRAETEREA, II, qu. 8¹, dicitur: *Nullus absens accusare potest, nec ab aliquo accusari*. Sed scriptura ad hoc videtur esse utilis ut absentibus aliquid significetur: ut patet per Augustinum, X *de Trin*.². Ergo in accusatione non est necessaria scriptura: praesertim cum canon³ dicat quod *per scripta nullius accusatio suscipiatur*.
3. PRAETEREA, sicut crimen alicuius manifestatur per accusationem, ita per denuntiationem. Sed in denuntiatione non est scriptura necessaria. Ergo videtur quod neque etiam in accusatione.
SED CONTRA est quod dicitur II, qu. 8⁴: A*ccusatorum personae sine scripto nunquam recipiantur*.

RESPONDEO dicendum quod, sicut supra⁵ dictum est, quando in criminibus per modum accusationis agitur, accusator constituitur pars, ita quod iudex inter accusatorem et eum qui accusatur medius constituitur ad examen iustitiae: in quo oportet, quantum possibile est, secundum certitudinem procedere. Quia vero ea quae verbotenus dicuntur facile labuntur a memoria, non posset iudici esse

ARTIGO 2
## A acusação deve ser feita por escrito?

QUANTO AO SEGUNDO, ASSIM SE PROCEDE: parece que a acusação **não** deve ser feita por escrito.
1. Com efeito, a escrita foi inventada como auxílio à memória, para guardar a lembrança do passado. Ora, a acusação visa um fato presente. Logo, não precisa de escrita.
2. ALÉM DISSO, o direito prescreve: "Nenhum ausente pode acusar ou ser acusado. Ora, a escrita parece útil precisamente para comunicar algo aos ausentes; é o que mostra Agostinho. Logo, não é necessário que se escreva a acusação; tanto mais que no mesmo cânon se ordena: "Não se receba de ninguém uma acusação escrita."
3. ADEMAIS, o crime de alguém pode ser manifestado tanto pela acusação quanto pela denúncia. Ora, esta não precisa ser escrita. Logo, aquela também não.

EM SENTIDO CONTRÁRIO, o direito declara: "As pessoas dos acusadores não serão jamais admitidas sem um escrito."

RESPONDO. Como já foi explicado, quando em uma causa criminal, se procede por via de acusação, o acusador se constitui em parte, de tal sorte que o juiz se coloca como mediador, para examinar a justiça entre o acusador e o acusado. Então, se faz preciso cercar-se de todas as garantias possíveis para assegurar a certeza. Ora, o que se diz oralmente facilmente foge da memória. Por isso,

---

3. GRATIANUS, *Decretum*, p. II, causa 2, q. 7, can. 22: ed. Richter-Friedberg, t. I, p. 488.
PARALL.: *Quodlib*. XI, q. 10, a. 2.
1. GRATIANUS, *Decretum*, p. II, causa 2, q. 8, can. 5: ed. Richter-Friedberg, t. I, p. 503.
2. C. 1, n. 1: ML 42, 972.
3. GRATIANUS, *Decretum*, loc. cit.
4. GRATIANUS, *Decretum*, p. II, causa 2, q. 8, can. 1: ed. cit., t. I, p. 503.
5. Q. 67, a. 3.

certum quid et qualiter dictum sit, cum debet proferre sententiam, nisi esset in scriptis redactum. Et ideo rationabiliter institutum est ut accusatio, sicut et alia quae in iudicio aguntur, redigantur in scriptis.

AD PRIMUM ergo dicendum quod difficile est singula verba, propter eorum multitudinem et varietatem, retinere: cuius signum est quod multi, eadem verba audientes, si interrogentur, non referent ea similiter etiam post modicum tempus. Et tamen modica verborum differentia sensum variat. Et ideo, etiam si post modicum tempus debeat iudicis sententia promulgari, expedit tamen ad certitudinem iudicii ut accusatio redigatur in scriptis.

AD SECUNDUM dicendum quod scriptura non solum necessaria est propter absentiam personae quae significat vel cui est aliquid significandum, sed etiam propter dilationem temporis, ut dictum est[6]. Et ideo cum dicit canon, *Per scripta nullius accusatio suscipiatur*, intelligendum est ab absente, qui per epistolam accusationem mittat. Non tamen excluditur quin, si praesens fuerit, necessaria sit scriptura.

AD TERTIUM dicendum quod denuntiator non obligat se ad probandum: unde nec punitur si probare nequiverit. Et propter hoc in denuntiatione non est necessaria scriptura, sed sufficit si aliquis verbo denuntiet Ecclesiae, quae ex officio suo procedet ad fratris emendationem.

se tudo não for consignado por escrito, quando o juiz tiver de proferir a sentença, poderia não mais estar seguro do que foi dito e da maneira como o foi. Com muita razão foi portanto estabelecido que a acusação e os demais atos do processo fossem redigidos por escrito.

QUANTO AO 1º, portanto, deve-se dizer que é difícil reter todas as palavras, em razão de seu número e de sua diversidade. E a prova está em que muitos, interrogados sobre as mesmas palavras que ouviram, não as referem de modo semelhante, mesmo após um curto lapso de tempo. E, no entanto, uma pequena diferença nas palavras muda-lhes o sentido. Eis por quê, ainda que a sentença deva ser proferida logo após os debates, convém, para assegurar a certeza do julgamento, que a acusação seja redigida por escrito.

QUANTO AO 2º, deve-se dizer que a escrita não é necessária apenas para comunicar com pessoas ausentes, mas também por causa da dilação do tempo, como foi assinalado. Por isso, o cânon estipula: "De ninguém se receba acusação por escrito"; entendendo-se de um ausente que, por carta, mandasse uma acusação. Não se exclui assim a necessidade da escrita, se ele estiver presente.

QUANTO AO 3º, deve-se dizer que o denunciante não se obriga a provar o que afirma; por isso não será punido se não puder fornecer a prova. Não é, pois, necessário que a denúncia seja redigida por escrito, basta que seja expressa oralmente à Igreja, para que ela proceda, em virtude de seu ofício, à correção do irmão.

ARTICULUS 3

**Utrum accusatio reddatur iniusta per calumniam, praevaricationem et tergiversationem**

AD TERTIUM SIC PROCEDITUR. Videtur quod accusatio non reddatur iniusta per calumniam, praevaricationem et tergiversationem.
1. Quia sicut dicitur II, qu. 3[1], *calumniari est falsa crimina intendere*. Sed quandoque aliquis alteri falsum crimen obiicit ex ignorantia facti, quae excusat. Ergo videtur quod non semper reddatur iniusta accusatio si sit calumniosa.

ARTIGO 3

**A acusação se torna injusta pela calúnia, pela prevaricação e pela tergiversação?**

QUANTO AO TERCEIRO, ASSIM SE PROCEDE: parece que a acusação **não** se torna injusta pela calúnia, pela prevaricação e pela tergiversação.
1. Com efeito, se diz nos *Decretos*: "Caluniar é imputar falsos crimes". Ora, por vezes, alguém acusa outrem de falso crime, por ignorância do fato, o que constitui uma escusa. Logo, parece que a acusação, por ser caluniosa, nem sempre se torna injusta.

---

6. Resp. ad 1.

1. GRATIANUS, *Decretum*, p. II, causa 2, q. 3, app. ad can. 8: ed. Richter-Friedberg, t. I, p. 453.

2. PRAETEREA, ibidem[2] dicitur quod *praevaricari est vera crimina abscondere*. Sed hoc non videtur esse illicitum: quia homo non tenetur ad omnia crimina detegenda, ut supra[3] dictum est. Ergo videtur quod accusatio non reddatur iniusta ex praevaricatione.

3. PRAETEREA, sicut ibidem[4] dicitur, *tergiversari est in universo ab accusatione desistere*. Sed hoc absque iniustitia fieri potest: dicitur enim ibidem[5]: *Si quem poenituerit criminaliter accusationem et inscriptionem fecisse de eo quod probare non potuerit, si ei cum accusato innocente convenerit, invicem se absolvant*. Ergo accusatio non redditur iniusta per tergiversationem.

SED CONTRA est quod ibidem[6] dicitur: *Accusatorum temeritas tribus modis detegitur: aut enim calumniantur, aut praevaricantur, aut tergiversantur*.

RESPONDEO dicendum quod, sicut dictum est[7], accusatio ordinatur ad bonum commune, quod intenditur per cognitionem criminis. Nullus autem debet alicui nocere iniuste ut bonum commune promoveat. Et ideo in accusatione duplici ratione contingit esse peccatum. Uno modo, ex eo quod iniuste agit contra eum qui accusatur, falsa crimina ei imponendo: quod est *calumniari*. — Alio modo, ex parte reipublicae, cuius bonum principaliter intenditur in accusatione, dum aliquis impedit malitiose punitionem peccati. Quod iterum dupliciter contingit. Uno modo, fraudem in accusatione adhibendo. Et hoc pertinet ad *praevaricationem*: nam *praevaricator est quasi varicator, qui adversam partem adiuvat, prodita causa sua*. — Alio modo, totaliter ab accusatione desistendo. Quod est *tergiversari*: in hoc enim quod desistit ab hoc quod coeperat, quasi *tergum vertere* videtur.

AD PRIMUM ergo dicendum quod homo non debet ad accusationem procedere nisi de re sibi omnino certa, in quo ignorantia facti locum non habeat. — Nec tamen qui falsum crimen alicui imponit calumniatur: sed solum qui ex malitia in falsam accusationem prorumpit. Contingit enim quandoque ex animi levitate ad accusationem procedere, quia scilicet aliquis nimis faciliter credit quod audivit: et hoc temeritatis est. Ali-

2. ALÉM DISSO, nos mesmos *Decretos* se lê: "Prevaricar é ocultar crimes verdadeiros." Ora, isso não parece ilícito, pois não há obrigação de revelar todos os crimes, já foi dito. Logo, parece que a acusação não se torna injusta pela prevaricação.

3. ADEMAIS, encontra-se ainda nos *Decretos*: "Tergiversar é desistir totalmente da acusação". Ora, pode-se agir assim sem injustiça, como se vê no mesmo texto: "Quem se arrepender de ter formulado uma acusação em matéria criminal e de haver feito inscrição do que não puder provar, se entrar em acordo com o acusado inocente, mutuamente se absolvam." Logo, a acusação não se torna injusta pela tergiversação.

EM SENTIDO CONTRÁRIO, nos mesmos *Decretos*, se afirma: "A temeridade dos acusadores se revela de três modos: ou caluniam, ou prevaricam, ou tergiversam."

RESPONDO. Já ficou elucidado, a acusação se ordena ao bem comum, que se visa pela revelação do crime. Ora, ninguém deve prejudicar injustamente a outrem, para promover o bem comum. Por isso, de duas maneiras pode haver pecado na acusação. De uma parte, quando se age injustamente contra o acusado, imputando-lhe crimes falsos, o que vem a ser caluniar. — De outra parte, em relação à coletividade, cujo bem é antes de tudo visado na acusação, se alguém impede maliciosamente a punição do pecado. Ainda aqui, dois casos se podem apresentar. Primeiro, ajuntar a fraude à acusação, o que constitui a prevaricação; pois, o prevaricador é o que "varia de lado", ajudando a parte adversa e traindo a sua. — Segundo, desistir totalmente da acusação, o que é tergiversar; pois, quem desiste do que começou parece "voltar as costas".

QUANTO AO 1º, portanto, deve-se dizer que só se deve fazer acusação, quando se está absolutamente certo e não há lugar para ignorância do fato. No entanto, nem todo aquele que imputa a outrem um crime falso é caluniador; mas sim, quem por malícia lança uma acusação falsa. Pois, acontece às vezes, por leviandade de ânimo, que alguém enuncie uma acusação, por exemplo, por ter acreditado facilmente no que ouviu, o que

---

2. Loc. cit.
3. A. 1; q. 33, a. 7.
4. Loc. cit.
5. Loc. cit.
6. Loc. cit.
7. Art. 1.

quando autem ex iusto errore movetur aliquis ad accusandum. Quae omnia secundum prudentiam iudicis debent discerni, ut non prorumpat eum calumniatum fuisse qui vel ex levitate animi vel ex iusto errore in falsam accusationem prorupit.

AD SECUNDUM dicendum quod non quicumque abscondit vera crimina praevaricatur: sed solum si fraudulenter abscondit ea de quibus accusationem proponit, colludens cum reo, proprias probationes dissimulando, et falsas excusationes admittendo.

AD TERTIUM dicendum quod tergiversari est ab accusatione desistere omnino animum accusandi deponendo, non qualitercumque, sed inordinate. Contingit autem aliquem ab accusatione desistere ordinate absque vitio, dupliciter. Uno modo, si in ipso accusationis processu cognoverit falsum esse id de quo accusabat, et si pari consensu se absolvunt accusator et reus. Alio modo, si princeps, ad quem pertinet cura boni communis, quod per accusationem intenditur, accusationem aboleverit.

vem a ser temeridade. Outras vezes, porém, será alguém levado a acusar por um erro justificado. Cabe à prudência do juiz bem discernir, para não taxar logo de caluniador aquele que enunciou uma acusação falsa, por leviandade, ou por erro justificado.

QUANTO AO 2º, deve-se dizer que não é prevaricador todo aquele que esconde crimes verdadeiros, mas somente quem esconde fraudulentamente aquilo que sua acusação deveria revelar, estando de conivência com o réu, dissimulando as provas apropriadas e admitindo falsas escusas.

QUANTO AO 3º, deve-se dizer que tergiversar é desistir totalmente da acusação, não com uma qualquer disposição de ânimo, mas de maneira desordenada. Pois, pode alguém desistir de acusar de forma ordenada e sem vício, de dois modos. 1º Reconhecendo, no decurso dos debates, ser falsa a acusação, e por um consentimento mútuo, acusador e acusado se absolverem mutuamente. 2º Se o príncipe, que tem o encargo do bem comum, aqui visado pela acusação, anular essa mesma acusação.

### ARTICULUS 4
### Utrum accusator qui in probatione defecerit teneatur ad poenam talionis

AD QUARTUM SIC PROCEDITUR. Videtur quod accusator qui in probatione defecerit non teneatur ad poenam talionis.
1. Contingit enim quandoque aliquem ex iusto errore ad accusationem procedere: in quo casu iudex accusatorem absolvit, ut dicitur II, qu. 3[1]. Non ergo accusator qui in probatione defecerit tenetur ad poenam talionis.
2. PRAETEREA, si poena talionis ei qui iniuste accusat sit iniungenda, hoc erit propter iniuriam in aliquem commissam. Sed non propter iniuriam commissam in personam accusati: quia sic princeps non posset hanc poenam remittere. Nec etiam propter iniuriam illatam in rempublicam: quia sic accusatus non posset eum absolvere. Ergo poena talionis non debetur ei qui in accusatione defecerit.
3. PRAETEREA, eidem peccato non debetur duplex poena: secundum illud Nah 1,9: *Non iudicabit Deus bis in idipsum*. Sed ille qui in probatione deficit incurrit poenam infamiae: quam etiam Papa

### ARTIGO 4
### O acusador que falha na prova da acusação está sujeito à pena de talião?

QUANTO AO QUARTO, ASSIM SE PROCEDE: parece que o acusador que falha na prova da acusação **não** está sujeito à pena de talião.
1. Com efeito, acontece, às vezes, que a acusação seja baseada em um erro justificado. Nesse caso, o juiz absolve o acusador; é o que prescreve o direito. O acusador que falha na acusação não está, portanto, sujeito à pena de talião.
2. ALÉM DISSO, no caso de se dever infligir a pena de talião ao acusador injusto, seria pela injustiça cometida contra alguém. Ora, não é pela injustiça feita à honra do acusado, porque, então, o príncipe não poderia perdoar. Nem tão pouco por injustiça cometida contra o Estado, porque nesse caso o acusado não poderia absolver o acusador. Logo, a pena de talião não é devida a quem formular uma acusação sem prova.
3. ADEMAIS, a um mesmo pecado não se pode aplicar dupla pena, como se lê no profeta Naum: "Deus não julgará duas vezes o mesmo feito." Ora, quem falha na prova da acusação incorre na

---
4 PARALL.: IV *Sent.*, dist. 41, a. 5, q.la 2, ad 1.

1. GRATIANUS, *Decretum*, p. II, causa 2, q. 3, app. ad can. 8: ed. Richter-Friedberg, t. I, p. 454.

non videtur posse remittere, sccundum illud Gelasii Papae[2]: *Quanquam animas per poenitentiam salvare possimus, infamiam tamen abolere non possumus.* Non ergo tenetur ad poenam talionis.

SED CONTRA est quod Hadrianus Papa dicit[3]: *Qui non probaverit quod obiecit, poenam quam intulerit ipse patiatur.*

RESPONDEO dicendum quod, sicut supra[4] dictum est, accusator in causa accusationis constituitur pars intendens ad poenam accusati. Ad iudicem autem pertinet ut inter eos iustitiae aequalitatem constituat. Iustitiae autem aequalitas hoc requirit, ut nocumentum quod quis alteri intentat, ipse patiatur: secundum illud Ex 21,24: *Oculum pro oculo, dentem pro dente.* Et ideo iustum est ut ille qui per accusationem aliquem in periculum gravis poenae inducit, ipse etiam similem poenam patiatur.

AD PRIMUM ergo dicendum quod, sicut Philosophus dicit, in V *Ethic.*[5], in iustitia non semper competit contrapassum simpliciter: quia multum differt an aliquis voluntarie an involuntarie alium laedat. Voluntarium autem meretur poenam, sed involuntario debetur venia. Et ideo quando iudex cognoverit aliquem de falso accusasse non voluntate nocendi, sed involuntarie propter ignorantiam ex iusto errore, non imponit poenam talionis.

AD SECUNDUM dicendum quod ille qui male accusat peccat et contra personam accusati, et contra rempublicam. Unde propter utrumque punitur. Et hoc est quod dicitur Dt 19,18-19: *Cumque, diligentissime perscrutantes, invenerint falsum testem dixisse contra fratrem suum mendacium, reddent ei sicut fratri suo facere cogitavit,* quod pertinet ad iniuriam personae: et postea, quantum ad iniuriam reipublicae, subditur 19-20: *Et auferes malum de medio tui: ut audientes ceteri timorem habeant, et nequaquam talia audeant facere.* Specialiter tamen personae accusati facit injuriam si de falso accuset: et ideo accusator, si innocens fuerit, potest ei inimiam suam remittere; maxime si non calumniose accusaverit, sed ex animi levitate. Si vero ab accusatione innocentis desistat propter ali-

pena de infâmia que o próprio Papa, ao que parece, não pode perdoar, conforme a disposição do papa Gelásio: "Podemos decerto salvar as almas pela penitência, não porém suprimir a infâmia." Logo, o acusador que falha na prova não está sujeito à pena de talião.

EM SENTIDO CONTRÁRIO, o papa Adriano declara: "Quem não provar a acusação que assacou, há de sofrer a mesma pena que pretendeu infligir."

RESPONDO. Já ficou estabelecido, no processo criminal, o acusador se constitui parte para obter a condenação do acusado. Cabe ao juiz estabelecer entre eles a igualdade da justiça. Ora, a igualdade da justiça exige que quem intenta um dano contra outrem sofra esse mesmo dano. Assim se prescreve no Êxodo: "Olho por olho, dente por dente." É portanto justo que aquele que, por sua acusação, expôs o outro a uma grave pena, padeça também ele um castigo semelhante[b].

QUANTO AO 1º, portanto, deve-se dizer que como o mostra o Filósofo, a justiça não comporta sempre a aplicação de uma contrapartida estrita; pois, há muita diferença entre lesar alguém voluntária ou involuntariamente. O dano voluntário merece castigo, o involuntário recebe o perdão. Por isso, quando o juiz constata que alguém acusou falsamente, sem intenção de prejudicar, porém involuntariamente, por ignorância proveniente de erro justificado, não imporá a pena de talião.

QUANTO AO 2º, deve-se dizer que quem lança uma acusação injusta peca contra a pessoa do acusado e contra a sociedade. Será, então, punido por essa dupla razão. Tal é precisamente o que se ordena no livro do Deuteronômio: "Se, após diligente investigação, os juízes averiguarem que a testemunha mentiu e levantou falso testemunho contra o irmão, deverão castigá-la, tratando-a como pretendia tratar o irmão." Isso diz respeito à injustiça cometida contra a pessoa do acusado. Quanto à injustiça perpetrada contra a sociedade, se acrescenta. "Extirparás, assim, o mal do meio de ti. Ao sabê-lo, os outros temerão e não cometerão essa má ação em teu meio." Contudo, a falsa acusação lesa especialmente a pessoa do acusado. Se este for inocente, pode conceder o

---

2. Cfr. GRATIANUM, *Decretum*, p. II, causa 2, q. 3, app. ad can. 7: ed. cit., t. I, p. 453.
3. Cfr. GRATIANUM, *Decretum*, p. II, causa 2, q. 3, can. 3: ed. cit., t. I, p. 451.
4. Art. 2.
5. C. 8: 1132, b, 31-33.

b. Compreende-se essa severidade no âmbito evocado na nota 1, a. 1. Era preciso dissuadir toda acusação injusta, a acusação não sendo sustentada e eventualmente controlada previamente por um procurador, mas sendo levada diante do juiz pelos particulares, muitas vezes tentados pelo desejo de vingança.

quam collusionem cum adversario, facit iniuriam reipublicae: et hoc non potest ei remitti ab eo qui accusatur, sed potest ei remitti per principem, qui curam reipublicae gerit.

AD TERTIUM dicendum quod poenam talionis meretur accusator in recompensationem nocumenti quod proximo inferre intentat: sed poena infamiae ei debetur propter malitiam ex qua calumniose alium accusat. Et quandoque quidem princeps remittit poenam, et non abolet infamiam: quandoque autem etiam infamiam abolet. Unde et Papa potest huiusmodi infamiam abolere: et quod dicit Papa Gelasius, *Infamiam abolere non possumus*, intelligendum est vel de infamia facti, vel quia eam abolere aliquando non expedit. Vel etiam loquitur de infamia irrogata per iudicem civilem: sicut dicit Gratianus[6].

perdão ao acusador, sobretudo se este não acusou caluniosamente, mas por leviandade de ânimo. Se porém a desistência da acusação feita a um inocente é inspirada pela conivência com a parte adversa, comete-se uma injustiça contra a sociedade, e o perdão não é da alçada do acusado, mas do príncipe, que tem o encargo do bem comum.

QUANTO AO 3º, deve-se dizer que o acusador merece a pena de talião para compensar o dano que intentava causar ao próximo; ao passo que lhe é infligida a pena de infâmia pela malícia de sua acusação caluniosa. Ora, por vezes, o príncipe perdoa a pena, sem abolir a infâmia; ou abole também a infâmia. Por conseguinte, o Papa pode abolir essa infâmia. Quando o papa Gelásio declara. "Não podemos abolir a infâmia", deve entender-se ou da infâmia de fato, ou da inconveniência eventual dessa abolição; ou ainda, da infâmia infligida pelo juiz civil, como explica Graciano.

---

6. *Decretum*, p. II, causa 2, q. 3, app. ad can. 8: ed. cit., t. I, p. 453.

## QUAESTIO LXIX
### DE PECCATIS QUAE SUNT CONTRA IUSTITIAM EX PARTE REI

*in quatuor articulos divisa*

Deinde considerandum est de peccatis quae sunt contra iustitiam ex parte rei.
Et circa hoc quaeruntur quatuor.
*Primo:* utrum peccet aliquis mortaliter veritatem negando per quam condemnaretur.
*Secundo:* utrum liceat alicui se calumniose defendere.
*Tertio:* utrum liceat alicui iudicium subterfugere appellando.
*Quarto:* utrum liceat alicui condemnato per violentiam se defendere, si adsit facultas.

## QUESTÃO 69
### PECADOS CONTRA JUSTIÇA COMETIDOS PELO RÉU

*em quatro artigos*

Em seguida devem-se considerar os pecados contra a justiça cometidos pelo réu.
A questão comporta quatro artigos:
1. Peca mortalmente quem nega a verdade que o condenaria?
2. É lícito defender-se pela calúnia?
3. Pode-se apelar, para esquivar-se ao juízo?
4. Pode o condenado defender-se pela violência, se dispõe desse recurso?

### ARTICULUS 1
**Utrum absque peccato mortali possit accusatus veritatem negare per quam condemnaretur**

AD PRIMUM SIC PROCEDITUR. Videtur quod absque peccato mortali possit accusatus veritatem negare per quam condemnaretur.

### ARTIGO 1
**Pode o acusado negar a verdade que o condenaria sem cometer pecado mortal?**

QUANTO AO PRIMEIRO ARTIGO, ASSIM SE PROCEDE: parece que o acusado **pode** negar a verdade que o condenaria mortalmente sem pecar.

---

1 PARALL.: A. seq.; IV *Sent.*, dist. 17, q. 3, a. 1, q.la 2, ad 1, 3; dist. 19, q. 2, a. 3, q.la 1, ad 5; *Quodlib.* V, q. 8, a. 2.

1. Dicit enim Chrysostomus[1]: *Non tibi dico ut te prodas in publicum, neque apud alium accuses.* Sed si veritatem confiteretur in iudicio accusatus seipsum proderet et accusaret. Non ergo tenetur veritatem dicere. Et ita non peccat mortaliter si in iudicio mentiatur.

2. PRAETEREA, sicut mendacium officiosum est quando aliquis mentitur ut alium a morte liberet, ita mendacium officiosum esse videtur quando aliquis mentitur ut se liberet a morte: quia plus sibi tenetur quam alteri. Mendacium autem officiosum non ponitur esse peccatum mortale, sed veniale. Ergo si accusatus veritatem in iudicio neget ut se a morte liberet, non peccat mortaliter.

3. PRAETEREA, omne peccatum mortale est contra caritatem, ut supra[2] dictum est. Sed quod accusatus mentiatur excusando se a peccato sibi imposito, non contrariatur caritati, neque quantum ad dilectionem Dei neque quantum ad dilectionem proximi. Ergo huiusmodi mendacium non est peccatum mortale.

SED CONTRA, omne quod est contrarium divinae gloriae est peccatum mortale: quia ex praecepto tenemur *omnia in gloriam Dei facere*, ut patet 1Cor 10,31. Sed quod reus id quod contra se est confiteatur, pertinet ad gloriam Dei: ut patet per id quod Iosue dixit ad Achar: *Fili mi, da gloriam Domino Deo Israel, et confitere atque indica mihi quid feceris: ne abscondas*, ut habetur Ios 7,19. Ergo mentiri ad excusandum peccatum est peccatum mortale.

RESPONDEO dicendum quod quicumque facit contra debitum iustitiae, mortaliter peccat, sicut supra[3] dictum est. Pertinet autem ad debitum iustitiae quod aliquis obediat suo superiori in his ad quae ius praelationis se extendit. Iudex autem, ut supra[4] dictum est, superior est respectu eius qui iudicatur. Et ideo ex debito tenetur accusatus iudici veritatem exponere quam ab eo secundum formam iuris exigit. Et ideo si confiteri noluerit veritatem quam dicere tenetur, vel si eam mendaciter negaverit, mortaliter peccat. Si vero iudex hoc exquirat quod non potest secundum ordinem iuris, non tenetur ei accusatus respondere, sed potest vel per appellationem vel aliter licite subterfugere: mendacium tamen dicere non licet.

1. Com efeito, Crisóstomo declara: "Não te digo que te entregues em público nem te acuses diante de outros." Ora, se o acusado confessasse a verdade em juízo, a si mesmo se entregaria e acusaria. Logo, não está obrigado a dizer a verdade. E, assim, não peca mortalmente mentindo em juízo.

2. ALÉM DISSO, como se trata de mentira oficiosa, quando se mente para livrar alguém da morte, assim parece ser mentira oficiosa, quando se mente para se livrar da morte, tanto mais que se tem maior obrigação para consigo do que para com os outros. Ora, a mentira oficiosa é considerada pecado venial, não mortal. Logo, o acusado que negar a verdade em juízo, para se livrar da morte, não peca mortalmente.

3. ADEMAIS, todo pecado mortal é contrário à caridade, já ficou explicado. Ora, que um acusado minta para se escusar do pecado que lhe é imputado, não vai contra a caridade, nem quanto ao amor de Deus, nem quanto ao amor do próximo. Logo, tal mentira não é pecado mortal.

EM SENTIDO CONTRÁRIO, tudo o que é contra a glória de Deus é pecado mortal, pois um preceito nos manda "tudo fazer para a glória de Deus", como se diz na primeira Carta aos Coríntios. Ora, que o réu confesse o que vai contra ele contribui para a glória de Deus; é que se manifesta nas palavras de Josué a Acar. "Meu filho, dá glória ao Senhor, Deus de Israel, e confessa e declara-me o que fizeste, não o escondas". Logo, mentir para escusar o pecado é pecado mortal.

RESPONDO. Quem transgride uma obrigação de justiça peca mortalmente, já foi explicado. Ora a justiça exige que se obedeça ao superior, dentro dos limites de sua autoridade. Ora, o juiz é superior daquele a quem julga, como ficou demonstrado. Por isso, o acusado tem o dever de lhe confessar a verdade, exigida na forma do direito. Logo, se não quiser confessar a verdade, como deve, ou se a negar com mentira, peca mortalmente. Se, porém, o juiz exige o que não pode fazer, na forma do direito, o acusado não está obrigado a responder-lhe, pode esquivar-se ao julgamento, lançando apelo ou recorrendo a outro meio lícito. Contudo, não lhe é permitido mentir[a].

---

1. Hom. 31 *super epist. ad Heb.*, n. 3: MG 63, 216.
2. Q. 24, a. 12.
3. Q. 59, a. 4.
4. Q. 67, a. 1.

a. Presumindo-se que o juiz tem uma autoridade soberana sobre o acusado, este se vê obrigado a obedecer-lhe inteiramente, quando é intimado a confessar seus crimes.

AD PRIMUM ergo dicendum quod quando aliquis secundum ordinem iuris a iudice interrogatur, non ipse se prodit, sed ab alio proditur, dum ei necessitas respondendi imponitur per eum cui obedire tenetur.

AD SECUNDUM dicendum quod mentiri ad liberandum aliquem a morte cum iniuria alterius, non est mendacium simpliciter officiosum, sed habet aliquid de pernicioso admixtum. Cum autem aliquis mentitur in iudicio ad excusationem sui, iniuriam facit ei cui obedire tenetur, dum sibi denegat quod ei debet, scilicet confessionem veritatis.

AD TERTIUM dicendum quod ille qui mentitur in iudicio se excusando, facit et contra dilectionem Dei, cuius est iudicium, et contra dilectionem proximi, tum ex parte iudicis, cui debitum negat; tum ex parte accusatoris, qui punitur si in probatione deficiat. Unde et in Ps 140,4 dicitur *Ne declines cor meum in verba malitiae ad excusandas excusationes in peccatis*: ubi dicit Glossa[5]: *Haec est consuetudo impudentium, ut deprehensi per aliqua falsa se excusent*. Et Gregorius, XXII *Moral.*[6], exponens illud Iob 31,33, *Si abscondi quasi homo peccatum meum*, dicit: *Usitatum humani generis vitium est et latendo peccatum committere, et commissum negando abscondere, et convictum defendendo multiplicare*.

QUANTO AO 1º, portanto, deve-se dizer que quem é interrogado pelo juiz, na forma do direito, não se entrega a si mesmo, mas é entregue por outrem, dada a necessidade de responder, imposta por aquele a quem tem obrigação de obedecer.

QUANTO AO 2º, deve-se dizer que mentir para livrar alguém da morte, causando dano a outrem não é mentira simplesmente oficiosa, mas se mistura com algo de pernicioso. Ora, quem mente no processo para se justificar, comete injustiça contra aquele a quem deve obedecer. Pois, lhe nega o que lhe é devido, a confissão da verdade.

QUANTO AO 3º, deve-se dizer que quem mente em um processo, com o fito de se justificar, peca contra o amor de Deus, a quem compete o julgamento, e contra o amor do próximo, seja relativamente ao juiz, a quem nega o que lhe é devido, seja relativamente ao acusador, que será punido, se falhar em sua prova. É o que se lê no Salmo: "Não deixes meu coração inclinar-se a palavras de maldade, em busca de escusas aos pecados." A Glosa comenta: "É costume dos que não tem pudor, quando apanhados em faltas, escusarem-se proferindo falsidades." Comentando as palavras de Jó: "se, como fazem os homens, escondi meu pecado...," Gregório observa: "É vício usual do gênero humano esconder-se para cometer o pecado, e ocultá-lo, pela negação, após o ter cometido, e uma vez convencido da culpa, aumentá-la ainda, defendendo-se."

## ARTICULUS 2
### Utrum accusato liceat calumniose se defendere

AD SECUNDUM SIC PROCEDITUR. Videtur quod accusato liceat calumniose se defendere.

1. Quia secundum iura civilia[1], in causa sanguinis licitum est cuilibet adversarium corrumpere. Sed hoc maxime est calumniose se defendere. Ergo non peccat accusatus in causa sanguinis si calumniose se defendat.

2. PRAETEREA, *accusator cum accusato colludens poenam recipit legibus constitutam*, ut habetur II, qu. 3[2]: non autem imponitur poena accusato propter hoc quod cum accusatore collu-

## ARTIGO 2
### É lícito ao acusado defender-se pela calúnia?

QUANTO AO SEGUNDO, ASSIM SE PROCEDE: parece que é lícito ao acusado defender-se pela calúnia.

1. Com efeito, segundo o direito civil, em uma causa capital, é lícito a cada um corromper o adversário. Ora, isso se dá sobretudo ao defender-se por calúnia. Logo, não peca o acusado em uma causa capital que assim se defende.

2. ALÉM DISSO, "O acusador que entra em conivência com o acusado sofrerá a pena estipulada pelas leis," assim se prescreve nos cânones. Ora, nenhuma pena é imposta ao acusado por entrar

---

5. Ordin.: ML 113, 1063 B; LOMBARDI: ML 191, 1236 D.
6. C. 15, al. 9, in vet. 13, n. 30: ML 76, 230 C D.

1. *Cod.*, l. II, t. 4, leg. 18: ed. Krueger, t. II, p. 96 a.
2. GRATIANUS, *Decretum*, p. II, causa 2, q. 3, can. 8: ed. Richter-Friedberg, t. I, p. 453.

dit. Ergo videtur quod liceat accusato calumniose se defendere.

3. PRAETEREA, Pr 14,16 dicitur: *Sapiens timet et declinat a malo: stultus transilit et confidit*. Sed illud quod fit per sapientiam non est peccatum. Ergo si aliquis qualitercumque se liberet a malo, non peccat.

SED CONTRA est quod etiam in causa criminali iuramentum de calumnia est praestandum: ut habetur Extra, *de Iuramento Calum., Inhaerentes*[3]. Quod non esset si calumniose defendere se liceret. Ergo non est licitum accusato calumniose se defendere.

RESPONDEO dicendum quod aliud est veritatem tacere, aliud est falsitatem proponere. Quorum primum in aliquo casu licet. Non enim aliquis tenetur omnem veritatem confiteri, sed illam solum quam ab eo potest et debet requirere iudex secundum ordinem iuris: puta cum praecessit infamia super aliquo crimine, vel aliqua expressa indicia apparuerunt, vel etiam cum praecessit probatio semiplena. Falsitatem tamen proponere in nullo casu licet alicui.

Ad id autem quod licitum est potest aliquis procedere vel per vias licitas et fini intento accommodatas, quod pertinet ad prudentiam: vel per aliquas vias illicitas et proposito fini incongruas, quod pertinet ad astutiam, quae exercetur per fraudem et dolum, ut ex supradictis[4] patet. Quorum primum est laudabile; secundum vero vitiosum. Sic igitur reo qui accusatur licet se defendere veritatem occultando quam confiteri non tenetur, per aliquos convenientes modos: puta quod non respondeat ad quae respondere non tenetur. Hoc autem non est calumniose se defendere, sed magis prudenter evadere. — Non autem licet ei vel falsitatem dicere, vel veritatem tacere quam confiteri tenetur; neque etiam aliquam fraudem vel dolum adhibere, quia fraus et dolus vim mendacii habent. Et hoc est calumniose se defendere.

AD PRIMUM ergo dicendum quod multa secundum leges humanas impunita relinquuntur quae secundum divinum iudicium sunt peccata, sicut

em conivência com o acusador. Logo, parece lícito ao acusado defender-se por calúnia.

3. ADEMAIS, lê-se no livro dos Provérbios: "O sábio é cauto e evita o mal; mas o insensato é impetuoso e ousado." Ora, o que se faz com sabedoria não é pecado. Logo, quem, de qualquer modo, se livra do mal, não peca.

EM SENTIDO CONTRÁRIO, em causa criminal, como determina o direito, deve-se prestar o juramento contra a calúnia, o que não se prescreveria, se fosse lícito defender-se pela calúnia.

RESPONDO. Uma coisa é calar a verdade, e outra, proferir uma mentira. Em certos casos, é lícito calar a verdade. Pois ninguém está obrigado a confessar toda a verdade, mas somente aquela que o juiz pode e deve exigir na ordem do direito; por exemplo, quando o rumor público já circula em torno do crime, ou surgiram indícios expressos ou já existe uma prova quase completa. Ao contrário, proferir uma mentira é sempre ilícito.

No entanto, o que é lícito pode ser buscado, ou por vias lícitas e apropriadas ao fim visado, o que é próprio da prudência; ou por certas vias ilícitas e em desacordo com esse fim; o que constitui a astúcia, exercida pela fraude e pelo engano, como já foi mostrado. Dessas duas vias, a primeira é louvável, a segunda viciosa. Assim, pois, o réu acusado pode defender-se, ocultando a verdade que não está obrigado a revelar, e recorrendo a meios honestos, por exemplo não respondendo a questões, às quais não têm dever de responder. Agir dessa forma não é defender-se por calúnia, mas sair-se de maneira prudente. — Ao contrário, é ilícito ou dizer mentira ou calar verdade que se está obrigado a confessar, ou enfim usar de engano ou de fraude, pois um e outra estão a serviço da mentira; o que vem a ser defender-se por calúnia[b].

QUANTO AO 1º, portanto, deve-se dizer que muitos crimes permanecem impunes segundo as leis humanas e são contudo pecados segundo o

---

3. *Decretal. Greg. IX*, l. II, t. 7, c. 1: ed. Richter-Friedberg, t. II, p. 265.
4. Q. 55, a. 3 sqq.

---

b. Esse artigo traz especificações importantes e reservas preciosas para garantir os direitos do acusado. Este último não é "obrigado a dizer toda a verdade, mas apenas aquela que o juiz pode e deve exigir segundo as formas legais". E Sto. Tomás acrescenta três exemplos típicos no procedimento medieval: quando "o rumor público, indícios bastante claros ou já um começo de prova" constituem para o juiz a presunção da culpabilidade do acusado. A confissão deste traria nesses casos o suplemento de prova necessário para sua condenação. É nesse contexto, especialmente no caso de "começo de prova" (*probatio semiplena*), que o direito romano admitia que a questão (a tortura) fosse infligida ao acusado visando arrancar-lhe a confissão. Sto. Tomás passa sob silêncio essa prática, que se introduzira nos procedimentos inquisitoriais, já alguns anos antes da composição da Suma teológica.

patet in simplici fornicatione: quia lex humana non exigit ab homine omnimodam virtutem, quae paucorum est, et non potest inveniri in tanta multitudine populi quantam lex humana sustinere habet necesse. Quod autem aliquis non velit aliquod peccatum committere ut mortem corporalem evadat, cuius periculum in causa sanguinis imminet reo, est perfectae virtutis: quia *omnium temporalium maxime terribile est mors*, ut dicitur in III *Ethic*.[5]. Et ideo si reus in causa sanguinis corrumpat adversarium suum, peccat quidem inducendo eum ad illicitum, non autem huic peccato lex civilis adhibet poenam. Et pro tanto licitum esse dicitur.

AD SECUNDUM dicendum quod accusator, si colludat cum reo qui noxius est, poenam incurrit: ex quo patet quod peccat. Unde, cum inducere aliquem ad peccandum sit peccatum, vel qualitercumque peccati participem esse, cum Apostolus dicat dignos morte eos qui peccantibus consentiunt, manifestum est quod etiam reus peccat cum adversario colludendo. Non tamen secundum leges humanas imponitur sibi poena, propter rationem iam[6] dictam.

AD TERTIUM dicendum quod sapiens non abscondit se calumniose, sed prudenter.

## ARTICULUS 3
### Utrum reo liceat iudicium declinare per appellationem

AD TERTIUM SIC PROCEDITUR. Videtur quod reo non liceat iudicium declinare per appellationem.

1. Dicit enim Apostolus, Rm 13,1: *Omnis anima potestatibus sublimioribus subdita sit*. Sed reus appellando recusat subiici potestati superiori, scilicet iudici. Ergo peccat.

2. PRAETEREA, maius est vinculum ordinariae potestatis quam propriae electionis. Sed sicut legitur II, qu. 6[1], *a iudicibus quos communis consensus elegerit non liceat provocari*. Ergo multo minus licet appellare a iudicibus ordinariis.

juízo divino. É o que se evidencia no caso da simples fornicação. Com efeito, a lei humana não exige dos homens uma virtude perfeita; esta vem a ser o apanágio de poucos, e não se pode encontrar no conjunto do povo que a lei humana é chamada a reger. Ora, que o acusado recuse cometer um pecado que o livraria da morte, de que está ameaçado em uma causa capital, está aí um ato de perfeita virtude; pois, como declara o Filósofo: "de todos os males, o mais terrível é a morte." Eis por quê, se em uma causa criminal, o réu corrompe o adversário, peca, sem dúvida, induzindo a uma ação má; porém, a lei civil não estipula nenhuma pena para esse pecado. É nesse sentido que é tido por lícito.

QUANTO AO 2º, deve-se dizer que o acusador que entra em conivência com o réu culpado, incorre em pena, o que mostra que ele peca. Ora, é pecado induzir outrem em pecado e participar de qualquer forma no pecado, pois ensina o Apóstolo que são dignos de morte aqueles que aprovam os pecadores. É, portanto, evidente que também o réu peca quando pactua com o adversário, embora as leis humanas não lhe imponham nenhuma pena, pela razão já aduzida.

QUANTO AO 3º, deve-se dizer que o sábio se esquiva, não por calúnia, mas praticando a prudência.

## ARTIGO 3
### É lícito ao réu esquivar-se ao julgamento, fazendo apelo?

QUANTO AO TERCEIRO, ASSIM SE PROCEDE: parece que **não** é lícito ao réu esquivar-se ao julgamento, fazendo apelo.

1. Com efeito, o Apóstolo escreve aos Romanos: "Que todo homem esteja sujeito às autoridades superiores." Ora, o acusado que apela, recusa sujeitar-se a uma autoridade superior, a saber, ao juiz. Logo, peca.

2. ALÉM DISSO, maior é a autoridade do poder ordinário do que a do poder escolhido pelas partes. Ora, o direito prescreve: "Não é permitido apelar da sentença dos juízes eleitos por comum acordo." Logo, muito menos se pode apelar das sentenças dos juízes ordinários.

---
5. C. 9: 1115, a, 26-27.
6. In resp. ad 1.

1. GRATIANUS, *Decretum*, p. II, causa 2, q. 6, can. 33: ed. Richter-Friedberg, t. I, p. 478.

3. PRAETEREA, illud quod semel est licitum, semper est licitum. Sed non est licitum appellare post decimum diem, neque tertio super eodem. Ergo videtur quod appellatio non sit secundum se licita.

SED CONTRA est quod Paulus Caesarem appellavit, ut habetur Act 25,11.

RESPONDEO dicendum quod duplici de causa contingit aliquem appellare. Uno quidem modo, confidentia iustae causae: quia videlicet iniuste a iudice gravatur. Et sic licitum est appellare: hoc enim est prudenter evadere. Unde II, qu. 6², dicitur: *Omnis oppressus libere sacerdotum, si voluerit, appellet iudicium, et a nullo prohibeatur.*

Alio modo aliquis appellat causa afferendae morae, ne contra eum iusta sententia proferatur. Et hoc est calumniose se defendere, quod est illicitum, sicut dictum est³: facit enim iniuriam et iudici, cuius officium impedit, et adversario suo, cuius iustitiam, quantum potest, perturbat. Et ideo sicut dicitur II, qu. 6⁴, *omni modo puniendus est cuius iniusta appellatio pronuntiatur.*

AD PRIMUM ergo dicendum quod potestati inferiori intantum aliquis subiici debet inquantum ordinem superioris servat, a quo si exorbitaverit, ei subiici non oportet: puta *si aliud iusserit proconsul, et aliud Imperator*, ut patet per Glossam⁵ Rm 13,2. Cum autem iudex iniuste aliquem gravat, quantum ad hoc relinquit ordinem superioris potestatis, secundum quam necessitas sibi iuste iudicandi imponitur. Et ideo licitum est ei qui contra iustitiam gravatur, ad directionem superioris potestatis recurrere appellando, vel ante sententiam vel post. — Et quia non praesumitur esse rectitudo ubi vera fides non est, ideo non licet Catholico ad infidelem iudicem appellare: secundum illud II, qu. 6⁶: *Catholicus qui causam suam, sive iustam sive iniustam, ad iudicium alterius fidei iudicis provocaverit, excommunicetur.* Nam et Apostolus arguit eos qui iudicio contendebant apud infideles.

AD SECUNDUM dicendum quod ex proprio defectu vel negligentia procedit quod aliquis sua sponte

3. ADEMAIS, o que é lícito uma vez, sempre o será. Ora, não é lícito apelar depois do décimo dia, nem três vezes na mesma causa. Logo, parece que a apelação é ilícita em si mesma.

EM SENTIDO CONTRÁRIO, Paulo apelou para César, como se lê nos Atos.

RESPONDO. Pode-se fazer apelo por um duplo motivo. 1º Porque se tem confiança na justiça da sua própria causa, tendo sido injustamente condenado pelo juiz. E, nesse caso, é lícito apelar, o que vem a ser buscar com prudência escapar à injustiça. Por isso, se dispõe no direito: "Todo aquele que for oprimido pode livremente apelar para o juízo dos sacerdotes, se quiser, e não seja impedido por ninguém."

2º Pode alguém fazer apelo afim de ganhar tempo e retardar assim que uma justa sentença seja proferida contra si. É o expediente de uma defesa caluniosa, e, portanto, ilícita, como já se mostrou. Pois, assim se faz injúria, quer ao juiz, estorvando o exercício de sua função, quer ao adversário, opondo obstáculo à justiça a que tem direito. Eis por quê, o direito ordena: "Deve-se punir, de toda maneira, aquele cujo apelo foi reconhecido injusto."

QUANTO AO 1º, portanto, deve-se dizer que cumpre sujeitar-se á autoridade inferior na medida em que ela mesma obedece à autoridade superior. Se exorbita dessa submissão, não há mais obrigação de obedecer-lhe, como no caso de "o procônsul mandar uma coisa e o imperador, outra", diz a Glosa. Quando o juiz oprime injustamente alguém, afasta-se, nesse ponto, da ordem prescrita pela autoridade superior, que lhe impõe a obrigação de julgar segundo toda a justiça. Por isso, será lícito a quem foi vítima da injustiça recorrer diretamente à autoridade superior, lançando apelo, seja antes seja depois da sentença. — No entanto, como se presume não haver retidão onde não há a verdadeira fé, não é lícito ao católico apelar para um juiz infiel. Tal é a disposição canônica: "Seja excomungado o católico que apelar para o juiz que professa uma outra fé, seja a causa justa ou injusta." E também o Apóstolo censura os que intentavam processos perante os infiéis.

QUANTO AO 2º, deve-se dizer que é por falha e negligência próprias que alguém se submete

---

2. GRATIANUS, loc. cit., can. 3: ed. cit., t. I, p. 467.
3. Art. praec.
4. GRATIANUS, loc. cit., can. 27: ed. cit., t. I, p. 473.
5. Ordin.: ML 114, 512 D; LOMBARDI: ML 191, 1505 B.
6. GRATIANUS, loc. cit., can. 32: ed. cit., t. I, p. 478.

se alterius iudicio subiiciat de cuius iustitia non confidit. Levis etiam animi esse videtur ut quis non permaneat in eo quod semel approbavit. Et ideo rationabiliter denegatur subsidium appellationis a iudicibus arbitrariis, qui non habent potestatem nisi ex consensu litigantium. — Sed potestas iudicis ordinarii non dependet ex consensu illius qui eius iudicio subditur, sed ex auctoritate regis et principis, qui eum instituit. Et ideo contra eius iniustum gravamen lex tribuit appellationis subsidium: ita quod, etiam si sit simul ordinarius et arbitrarius iudex, potest ab eo appellari; quia videtur ordinaria potestas occasio fuisse quod arbiter eligeretur; nec debet ad defectum imputari eius qui consensit sicut in arbitrum, in eum quem princeps iudicem ordinarium dedit.

AD TERTIUM dicendum quod aequitas iuris ita subvenit uni parti quod altera non gravetur. Et ideo tempus decem dierum concessit ad appellandum, quod sufficiens aestimavit ad deliberandum an expediat appellare. Si vero non esset determinatum tempus in quo appellare liceret, semper certitudo iudicii remaneret in suspenso, et ita pars altera damnaretur. — Ideo autem non est concessum ut tertio aliquis appellet super eodem, quia non est probabile toties iudices a recto iudicio declinare.

espontaneamente ao juízo de alguém em cuja justiça não confia. E quem não persevera em uma decisão tomada dá provas de espírito leviano. Por isso, com razão se recusa o recurso da apelação em causas julgadas por árbitros, cuja autoridade provém da escolha dos litigantes mesmos. — Ao invés, a autoridade do juiz ordinário não depende dos que lhe estão sujeitos, mas da autoridade da lei e do príncipe que o institui. Eis porquê, contra sua sentença injusta a lei estabelece o recurso da apelação; de sorte que se pode apelar da sentença dele, mesmo que seja simultaneamente juiz ordinário e escolhido como árbitro; pois essa escolha parece ser ditada pela sua qualidade de juiz ordinário. Nem deve ser imputado em detrimento daquele que escolheu como árbitro aquele que o príncipe estabeleceu como juiz ordinário.

QUANTO AO 3º, deve-se dizer que a equidade jurídica vem em ajuda de uma das partes, sem prejudicar a outra. Assim, concede-se o prazo de dez dias para a apelação, porque se considera suficiente esse lapso de tempo para deliberar se é conveniente apelar. Mas, se não fosse fixado um termo ao tempo útil para a apelação, a aplicação do julgamento ficaria em suspenso, o que seria um prejuízo para a outra parte. — Pelo mesmo motivo, não se permite que se faça apelo três vezes sobre a mesma causa, pois não é provável que os juízes se desviem tantas vezes do reto juízo.

ARTICULUS 4
Utrum liceat condemnato
ad mortem se defendere, si possit

AD QUARTUM SIC PROCEDITUR. Videtur quod liceat condemnato ad mortem se defendere, si possit.

1. Illud enim ad quod natura inclinat semper est licitum, quasi de iure naturali existens. Sed naturae inclinatio est ad resistendum corrumpentibus, non solum in hominibus et animalibus sed etiam in insensibilibus rebus. Ergo licet reo condemnato resistere, si potest, ne tradatur in mortem.

2. PRAETEREA, sicut aliquis sententiam mortis contra se latam subterfugit resistendo, ita etiam fugiendo. Sed licitum esse videtur quod aliquis se a morte per fugam liberet: secundum illud Eccli 9,18: *Longe esto ab homine potestatem habente occidendi et non vivificandi*. Ergo etiam licitum est resistere.

ARTIGO 4
É lícito ao condenado à morte
defender-se, se pode?

QUANTO AO QUARTO, ASSIM SE PROCEDE: parece que é lícito ao condenado à morte defender-se, se pode.

1. Com efeito, é lícito fazer aquilo a que a natureza inclina; é como de direito natural. Ora, a tendência da natureza é de se opor aos agentes de destruição; o que se observa não apenas nos homens e animais, mas até nos seres inanimados. Logo, é permitido ao condenado resistir, se pode, para evitar ser entregue à morte.

2. ALÉM DISSO, pode alguém subtrair-se à condenação à morte pela resistência e pela fuga. Ora, parece lícito escapar da morte pela fuga, como se diz no livro do Eclesiástico: "Afasta-te de quem tem o poder de matar e não de dar a vida." Logo, é lícito ao réu também resistir.

4

3. PRAETEREA, Pr 24,11 dicitur: *Erue eos qui ducuntur ad mortem, et eos qui trahuntur ad interitum liberare ne cesses.* Sed plus tenetur aliquis sibi quam alteri. Ergo licitum est quod aliquis condemnatus seipsum defendat ne in mortem tradatur.

SED CONTRA est quod dicit Apostolus, Rm 13,2: *Qui potestati resistit, Dei ordinationi resistit, et ipse sibi damnationem acquirit.* Sed condemnatus se defendendo potestati resistit quantum ad hoc in quo est divinitus instituta *ad vindictam malefactorum, laudem vero bonorum.* Ergo peccat se defendendo.

RESPONDEO dicendum quod aliquis damnatur ad mortem dupliciter. Uno modo, iuste. Et sic non licet condemnato se defendere: licitum enim est iudici eum resistentem impugnare; unde relinquitur quod ex parte eius sit bellum iniustum. Unde indubitanter peccat.

Alio modo condemnatur aliquis iniuste. Et tale iudicium simile est violentiae latronum secundum illud Ez 22,27: *Principes eius in medio eius quasi lupi rapientes praedam ad effundendum sanguinem.* Et ideo sicut licet resistere latronibus, ita licet resistere in tali casu malis principibus: nisi forte propter scandalum vitandum, cum ex hoc aliqua gravis turbatio timeretur.

AD PRIMUM ergo dicendum quod ideo homini data est ratio, ut ea ad quae natura inclinat non passim, sed secundum rationis ordinem exequatur. Et ideo non quaelibet defensio sui est licita, sed quae fit cum debita moderamine.

AD SECUNDUM dicendum quod nullus ita condemnatur quod ipse sibi inferat mortem, sed quod ipse mortem patiatur. Et ideo non tenetur facere id unde mors sequatur, quod est manere in loco unde ducatur ad mortem. Tenetur tamen non resistere agenti, quin patiatur quod iustum est eum pati. Sicut etiam si aliquis sit condemnatus ut fame moriatur, non peccat si cibum sibi occulte ministratum sumat: quia non sumere esset seipsum occidere.

AD TERTIUM dicendum quod per illud dictum Sapientis non inducitur aliquis ad liberandum alium a morte contra ordinem iustitiae. Unde nec seipsum contra iustitiam resistendo aliquis debet liberare a morte.

3. ADEMAIS, lê-se no livro dos Provérbios: "Livra aqueles que são levados à morte e não deixes de salvar os que são arrastados à pena capital." Logo, é lícito a um condenado defender-se para se livrar da morte.

EM SENTIDO CONTRÁRIO, o Apóstolo escreve aos Romanos: "Quem resiste à autoridade, resiste à ordem estabelecida por Deus e atrai sobre si a condenação." Ora, defendendo-se, o condenado resiste à autoridade no exercício mesmo do poder que ela recebe de Deus, "para castigar os malfeitores e prestigiar os bons". Logo, o condenado peca se defendendo.

RESPONDO. De dois modos pode alguém ser condenado à morte. Primeiro, justamente. Nesse caso, não é lícito ao condenado se defender. Se o faz, poderia o juiz combater sua resistência, o que seria, da parte do réu, provocar uma espécie de guerra injusta. Logo, seria pecado, sem dúvida alguma.

O outro modo vem a ser a condenação injusta. E tal juízo é semelhante à violência dos ladrões, como se lê no livro de Ezequiel: "Os seus príncipes estão no meio dela como lobos que despedaçam a presa, para derramar sangue." Ora, como é lícito resistir aos ladrões, assim é lícito nesse caso resistir aos maus príncipes; a não ser que se tenha de evitar escândalo, caso se temesse que daí resultasse uma grave perturbação.

QUANTO AO 1º, portanto, deve-se dizer que o homem é dotado de razão para que possa seguir as inclinações naturais, não de maneira indiscriminada, mas segundo a ordem da razão. Por isso, nem todo ato de defesa é lícito, mas só o que se faz com a devida moderação.

QUANTO AO 2º, deve-se dizer que ninguém é condenado a dar a morte a si mesmo, mas a sofrê-la. Assim, o condenado não está obrigado a praticar o que acarretaria sua morte, como seria permanecer no lugar donde será levado ao suplício. Tem, contudo, o dever de não resistir ao executor da sentença, para não sofrer o seu justo castigo. Assim também, o condenado a morrer de fome não peca tomando o alimento que lhe trazem secretamente; pois, não tomá-lo seria suicidar-se.

QUANTO AO 3º, deve-se dizer que essa palavra do Sábio não induz ninguém a livrar o outro da morte, violando a ordem da justiça. Nem, portanto, deverá alguém se subtrair à morte por uma resistência contrária à justiça.

## QUAESTIO LXX
### DE INIUSTITIA PERTINENTE AD PERSONAM TESTIS

*in quatuor articulos divisa*

Deinde considerandum est de iniustitia pertinente ad personam testis.
Et circa hoc quaeruntur quatuor.
*Primo:* utrum homo teneatur ad testimonium ferendum.
*Secundo:* utrum duorum vel trium testimonium sufficiat.
*Tertio:* utrum alicuius testimonium repellatur absque eius culpa.
*Quarto:* utrum perhibere falsum testimonium sit peccatum mortale.

### ARTICULUS 1
### Utrum homo teneatur ad testimonium ferendum

AD PRIMUM SIC PROCEDITUR. Videtur quod homo non teneatur ad testimonium ferendum.
1. Dicit enim Augustinus, in *Quaest. Gen.*[1], quod Abraham dicens de uxore sua, *Soror mea* est, veritatem celari voluit, non mendacium dici. Sed veritatem celando aliquis a testificando abstinet. Ergo non tenetur aliquis ad testificandum.
2. PRAETEREA, nullus tenetur fraudulenter agere. Sed Pr 11,13 dicitur: *Qui ambulat fraudulenter revelat arcana: qui autem fidelis est celat amici commissum.* Ergo non tenetur homo semper ad testificandum: praesertim super his quae sunt sibi in secreto ab amico commissa.

3. PRAETEREA, ad ea quae sunt de necessitate salutis maxime tenentur clerici et sacerdotes. Sed clericis et sacerdotibus prohibetur ferre testimonium in causa sanguinis. Ergo testificari non est de necessitate salutis.

SED CONTRA est quod Augustinus[2] dicit: *Qui veritatem occultat, et qui prodit mendacium, uterque reus est: ille quia prodesse non vult, iste quia nocere desiderat.*

RESPONDEO dicendum quod in testimonio ferendo distinguendum est. Quia aliquando requiritur testimonium alicuius: aliquando non requiritur. Si requiritur testimonium alicuius subditi auctoritate

## QUESTÃO 70
### INJUSTIÇAS COMETIDAS PELA TESTEMUNHA

*em quatro artigos*

A seguir, deve-se considerar a injustiça no tocante à pessoa da testemunha.
Será estudada em quatro artigos.
1. Há obrigação de testemunhar?
2. Basta o testemunho de dois ou três?
3. O testemunho de alguém pode ser recusado sem sua culpa?
4. O falso testemunho é sempre pecado mortal?

### ARTIGO 1
### Há obrigação de testemunhar?

QUANTO AO PRIMEIRO ARTIGO, ASSIM SE PROCEDE: parece que **não** há obrigação de testemunhar.
1. Com efeito, Agostinho declara: Abraão afirmando de sua mulher: "é minha irmã," quis ocultar a verdade e não, proferir uma mentira. Ora, quem oculta a verdade abstém-se de testemunhar. Logo, não há obrigação de testemunhar.
2. ALÉM DISSO, ninguém está obrigado a agir de maneira fraudulenta. Ora, lê-se no livro dos Provérbios: "O fraudulento revela os segredos; mas o homem fiel guarda o que o amigo lhe confiou." Logo, não se está obrigado a testemunhar, sobretudo quando se trata de segredo confiado pelo amigo.

3. ADEMAIS, os clérigos e sacerdotes são mais que todos obrigados a observar o que é necessário à salvação. Ora, aos clérigos e sacerdotes é proibido testemunhar em causa capital. Logo, testemunhar não é de necessidade para a salvação.

EM SENTIDO CONTRÁRIO, Agostinho escreve: "Quem oculta a verdade e quem profere mentira, são ambos culpados; o primeiro, porque não quer ser útil; o segundo, porque busca prejudicar."

RESPONDO. No ato de testemunhar, é mister distinguir: às vezes, o testemunho é exigido, outras vezes, não. Quando o depoimento de um súdito é requerido pela autoridade de um superior,

---

1
1. L. I, c. 26 super *Gen.* 12, 12: ML 34, 554-555.
2. Cfr. GRATIANUM, *Decretum*, p. II, causa 11, q. 3, can. 80: ed. Richter-Friedberg, t. I, p. 665; *Decretal. Greg. IX*, l. V, t. 20, c. 1: ed. cit., t. II, p. 817.

superioris cui in his quae ad iustitiam pertinent obedire tenetur, non est dubium quin teneatur testimonium ferre in his in quibus secundum ordinem iuris testimonium ab eo exigitur: puta in manifestis, et in his de quibus infamia praecessit. Si autem exigatur ab eo testimonium in aliis, puta in occultis et de quibus infamia non praecessit, non tenetur ad testificandum.

Si vero requiratur eius testimonium non auctoritate superioris cui obedire tenetur, tunc distinguendum est. Quia si testimonium requiratur ad liberandum hominem vel ab iniusta morte seu poena quacumque, vel a falsa infamia, vel etiam ab iniquo damno, tunc tenetur homo ad testificandum. Et si eius testimonium non requiratur, tenetur facere quod in se est ut veritatem denuntiet alicui qui ad hoc possit prodesse. Dicitur enim in Ps 81,4: *Eripite pauperem, et egenum de manu peccatoris liberate*; et Pr 24,11: *Erue eos qui ducuntur ad mortem*. Et Rm 1,32 dicitur: *Digni sunt morte non solum qui faciunt, sed etiam qui consentiunt facientibus*, ubi dicit Glossa[3]: *Consentire est tacere, cum possis redarguere*.

Super his vero quae pertinent ad condemnationem alicuius, non tenetur aliquis ferre testimonium nisi cum a superiori compellitur secundum ordinem iuris. Quia si circa hoc veritas occultetur, nulli ex hoc speciale damnum nascitur. Vel, si immineat periculum accusatori, non est curandum: quia ipse se in hoc periculum sponte ingessit. Alia autem ratio est de reo, cui periculum imminet eo nolente.

AD PRIMUM ergo dicendum quod Augustinus loquitur de occultatione veritatis in casu illo quando aliquis non compellitur superioris auctoritate veritatem propalare; et quando occultatio veritatis nulli specialiter est damnosa.

AD SECUNDUM dicendum quod de illis quae homini sunt commissa in secreto per confessionem, nullo modo debet testimonium ferre: quia huiusmodi non scit ut homo, sed tanquam Dei minister, et maius est vinculum sacramenti quolibet hominis praecepto.

Circa ea vero quae aliter homini sub secreto committuntur, distinguendum est. Quandoque enim sunt talia quae, statim cum ad notitiam hominis venerint, homo ea manifestare tenetur: puta si pertineret ad corruptionem multitudinis spiritualem vel corporalem, vel in grave damnum

a quem deve obediência em matéria de justiça, não há dúvida que está obrigado a testemunhar dentro da ordem do direito. Por exemplo, sobre crimes manifestos ou já denunciados pela opinião pública. Se, porém, se requer o testemunho sobre outros fatos, por exemplo, sobre casos ocultos ou não divulgados pela opinião pública, não há obrigação de testemunhar.

Mas, quando o depoimento não é requerido pela autoridade à qual se deve obediência, cumpre ainda distinguir. Se o testemunho é pedido afim de livrar alguém ameaçado injustamente de morte ou de qualquer castigo, de desonra imerecida ou de algum dano, então há obrigação de testemunhar. E mesmo que o depoimento não seja requerido, deve-se fazer o possível para manifestar a verdade a quem possa ser útil. Pois, lê-se no Salmo: "Salvai o pobre e libertai o desvalido da mão do pecador;" e nos Provérbios: "Libertai aqueles que são levados à morte"; e na Carta aos Romanos: "São dignos de morte não só os que agem assim, mas também quem os aprova." A Glosa ajunta esta precisão: "Aprovar é calar, quando se pode refutar o erro."

No que toca à condenação de outrem, ninguém está obrigado a testemunhar, a não ser compelido pela autoridade segundo a ordem do direito. Porque, se sobre esse ponto se oculta a verdade, não se causa a ninguém um dano especial. Ou então, se houver perigo iminente para o acusador, não há razão de se intervir, porque ele mesmo a isso se expôs voluntariamente. Diferente é a razão do réu, pois corre perigo contra seu querer.

QUANTO AO 1º, portanto, deve-se dizer que Agostinho se refere à ocultação da verdade, quando a autoridade legítima não exige sua divulgação e quando o silêncio sobre ela não é prejudicial a ninguém.

QUANTO AO 2º, deve-se dizer que do que é confiado sob sigilo de confissão, de modo algum, é lícito testemunhar, pois não o sabe o sacerdote enquanto homem, mas como ministro de Deus; e o vínculo do segredo sacramental é mais estrito do que qualquer preceito humano.

Quanto aos outros gêneros de segredo, cumpre distinguir. Alguns são de tal natureza, que se está obrigado a revelá-los desde que deles se tem conhecimento. Os que dizem respeito, por exemplo, à ruína espiritual ou corporal da sociedade, comportam grave dano para outrem ou coisas se-

---

3. Ordin.: ML 114, 474 B; LOMBARDI: ML 191, 1336 B.

alicuius personae, vel si quid aliud est huiusmodi, quod quis propalare tenetur vel testificando vel denuntiando. Et contra hoc debitum obligari non potest per secreti commissum: quia in hoc frangeret fidem quam alteri debet. — Quandoque vero sunt talia quae quis prodere non tenetur. Unde potest obligari ex hoc quod sibi sub secreto committuntur. Et tunc nullo modo tenetur ea prodere, etiam ex praecepto superioris: quia servare fidem est de iure naturali; nihil autem potest praecipi homini contra id quod est de iure naturali.

AD TERTIUM dicendum quod operari vel cooperari ad occisionem hominis non competit ministris altaris, ut supra[4] dictum est. Et ideo secundum iuris ordinem compelli non possunt ad ferendum testimonium in causa sanguinis.

melhantes. Cada um está obrigado a divulgar esse segredo, pelo testemunho ou pela denúncia. Sobre esse dever não pode prevalecer um compromisso de segredo, pois viria de encontro à fidelidade que se deve a outrem. — Outras vezes, porém, não há essa obrigação de revelar a verdade. Pode-se, nesse caso, assumir o compromisso de guardar o segredo que nos foi confiado; e, então, não se está obrigado a revelá-lo, mesmo por ordem da autoridade. Com efeito, a fidelidade é de direito natural, e nada pode ser mandado contra os preceitos do direito natural.

QUANTO AO 3º, deve-se dizer que dar a morte ou cooperar para ela não convém aos ministros do altar, como já se explicou acima. Eis por quê, segundo o direito, não se pode compeli-los a testemunhar em uma causa capital.

## ARTICULUS 2
### Utrum sufficiat duorum vel trium testimonium

AD SECUNDUM SIC PROCEDITUR. Videtur quod non sufficiat duorum vel trium testimonium.

1. Iudicium enim certitudinem requirit. Sed non habetur certitudo veritatis per dictum duorum testium: legitur enim 3Reg 21, 9 sqq. quod Naboth ad dictum duorum testium falso condemnatus est. Ergo duorum vel trium testimonium non sufficit.

2. PRAETEREA, testimonium, ad hoc quod sit credibile, debet esse concors. Sed plerumque duorum vel trium testimonium in aliquo discordat. Ergo non est efficax ad veritatem in iudicio probandam.

3. PRAETEREA, II, qu. 4[1], dicitur: *Praesul non damnetur nisi in septuaginta duobus testibus. Presbyter autem Cardinalis nisi quadraginta quatuor testibus non deponatur. Diaconus Cardinalis urbis Romae nisi in viginti octo testibus non condemnabitur. Subdiaconus, acolythus, exorcista, lector, ostiarius, nisi in septem testibus non condemnabitur.* Sed magis est periculosum peccatum eius qui in maiori dignitate constitutus est, et ita minus est tolerandum. Ergo nec in aliorum condemnatione sufficit duorum vel trium testimonium.

## ARTIGO 2
### Basta o testemunho de dois ou três?

QUANTO AO SEGUNDO, ASSIM SE PROCEDE: parece que **não** basta o testemunho de dois ou três.

1. Com efeito, o julgamento exige certeza. Ora, ela não se obtém pelo depoimento de duas testemunhas. Lê-se, com efeito, no livro dos Reis, que Nabot foi injustamente condenado pelo depoimento de duas testemunhas. Logo, não basta o testemunho de dois ou três.

2. ALÉM DISSO, para serem críveis, os testemunhos devem estar de acordo. Ora, o mais das vezes, os depoimentos de duas ou três testemunhas estão em desacordo. Logo, não são eficazes para provar a verdade no julgamento.

3. ADEMAIS, segundo o direito, um bispo só pode ser condenado na base de setenta e dois depoimentos. Um cardeal-presbítero só será deposto depois de ouvidas quarenta e quatro testemunhas. Um cardeal-diácono da cidade de Roma só será condenado após audição de vinte e oito testemunhas. Sete testemunhas são exigidas para a condenação do subdiácono, do acólito, do exorcista, do leitor, ou do ostiário. Ora, quanto mais alguém está elevado em dignidade tanto mais pernicioso é seu pecado, e portanto menos digno de indulgência. Com maior razão, portanto, o depoimento de duas ou três testemunhas não será suficiente para condenar acusados menos culpados.

---

4. Q. 40, a. 2; q. 64, a. 4.

PARALL.: I-II, q. 105, a. 2, ad 8; *in Ioan.*, c. 8, lect. 2; *ad Heb.*, c. 10, lect. 3.

1. GRATIANUS, *Decretum*, p. II, causa 2, q. 4, can. 2: ed. Richter-Friedberg, t. I, p. 466.

SED CONTRA est quod dicitur Dt 17,6: *In ore duorum vel trium testium peribit qui interficietur*; et infra,19,15: *In ore duorum vel trium testium stabit omne verbum.*

RESPONDEO dicendum quod, secundum Philosophum, in I *Ethic.*[2], *certitudo non est similiter quaerenda in omni materia.* In actibus enim humanis, super quibus constituuntur iudicia et exiguntur testimonia, non potest haberi certitudo demonstrativa: eo quod sunt circa contingentia et variabilia. Et ideo sufficit probabilis certitudo, quae ut in pluribus veritatem attingat, etsi in paucioribus a veritate deficiat. Est autem probabile quod magis veritatem contineat dictum multorum quam dictum unius. Et ideo, cum reus sit unus qui negat, sed multi testes asserunt idem cum actore, rationabiliter institutum est, iure divino et humano, quod dicto testium stetur.

Omnis autem multitudo in tribus comprehenditur, scilicet principio, medio et fine: unde secundum Philosophum, in I *de Coelo*[3], *omne et totum in tribus ponimus.* Ternarius quidem constituitur asserentium, cum duo testes conveniunt cum actore. Et ideo requiritur binarius testium: vel, ad maiorem certitudinem, ut sit ternarius, qui est multitudo perfecta, in ipsis testibus. Unde et Eccle 4,12 dicitur: *Funiculus triplex difficile rumpitur.* Augustinus autem, super illud Io 8,17, *Duorum hominum testimonium verum est,* dicit[4] quod *in hoc est Trinitas secundum mysterium commendata, in qua est perpetua firmitas veritatis.*

AD PRIMUM ergo dicendum quod, quantacumque multitudo testium determinaretur, posset quandoque testimonium esse iniquum: cum scriptum sit Ex 23,2: *Ne sequaris turbam ad faciendum malum.* Nec tamen, quia non potest in talibus infallibilis certitudo haberi, debet negligi certitudo quae probabiliter haberi potest per duos vel tres testes, ut dictum est[5].

AD SECUNDUM dicendum quod discordia testium in aliquibus principalibus circumstantiis, quae variant substantiam facti, puta in tempore vel loco vel in personis de quibus principaliter agitur,

EM SENTIDO CONTRÁRIO, declara-se no livro do Deuteronômio: "Sob depoimento de duas ou três testemunhas, será condenado à morte o réu de pena capital." E ainda: "A sentença se apoiará no depoimento de duas ou três testemunhas."

RESPONDO. O Filósofo pondera: "Não se há de buscar o mesmo gênero de certeza em todas as matérias". Não se pode ter certeza absolutamente convincente no que toca ás ações humanas, objeto dos juízos e depoimentos, pois se está diante de fatos contingentes e variáveis. Basta uma certeza provável, aquela que se aproxima o mais das vezes da verdade, embora possa dela se afastar menos vezes. Ora, é provável que o depoimento de numerosas testemunhas esteja mais próximo da verdade do que o de uma só. Eis por quê, quando o réu é o único a negar, enquanto numerosas testemunhas afirmam, em acordo com o acusador, foi instituído de forma razoável, pelo direito divino e humano, que se confie na palavra das testemunhas.

Ora, toda multidão está compreendida nestes três elementos: o começo, o meio e o fim. Daí, a palavra do Filósofo: "Colocamos no número três a universalidade e a totalidade" Porém, o número três se atinge, quando duas testemunhas estão de acordo com o acusador. Duas testemunhas serão assim requeridas, ou três para maior certeza, afim de obter o número ternário, que constitui então a multidão perfeita entre as próprias testemunhas. Assim declara o livro do Eclesiastes: "O cordel tríplice se rompe dificilmente." E, comentando o texto de João: "o testemunho de duas pessoas é verdadeiro," Agostinho declara: "Com isso nos é sugerida, de maneira simbólica, a Trindade, na qual reside a perpétua estabilidade da verdade."

QUANTO AO 1º, portanto, deve-se dizer que por maior que seja o número das testemunhas, ainda assim o depoimento delas poderia ser iníquo, como se lê no livro do Êxodo: "Não seguirás a multidão para praticares o mal." Contudo, se não se pode chegar a uma certeza infalível em tais domínios, nem por isso se há de negligenciar a certeza provável, que se obtém pelo depoimento de duas ou três testemunhas, como se acaba de ver.

QUANTO AO 2º, deve-se dizer que o testemunho perde todo o seu valor se há desacordo entre as testemunhas em torno das circunstâncias principais, que mudam a substância do fato: o tempo,

---

2. C. 2: 1094, b, 12-16; c. 7: 1098, a, 26-29.
3. C. 1: 268, a. 9-10.
4. Tract. 36 *in Ioan.*, n. 10: ML 35, 1669.
5. In corp.

aufert efficaciam testimonii: quia si discordant in talibus, videntur singulares esse in suis testimoniis, et de diversis factis loqui; puta si unus dicat hoc factum esse tali tempore vel loco, alius alio tempore vel loco, non videntur de eodem facto loqui. Non tamen praeiudicatur testimonio si unus dicat se non recordari, et alius asserat determinatum tempus vel locum.

Et si in talibus omnino discordaverint testes actoris et rei, si sint aequales numero et pares dignitate, statur pro reo: quia facilior debet esse iudex ad absolvendum quam ad condemnandum; nisi forte in causis favorabilibus, sicut est causa libertatis et huiusmodi. — Si vero testes eiusdem partis dissenserint, debet iudex ex motu sui animi percipere cui parti sit standum: vel ex numero testium, vel ex dignitate eorum, vel ex favorabilitate causae, vel ex conditione negotii et dictorum.

Multo autem magis testimonium unius repellitur si sibi ipsi dissideat interrogatus de visu et scientia. Non autem si dissideat interrogatus de opinione et fama: quia potest secundum diversa visa et audita diversimode motus esse ad respondendum.

Si vero sit discordia testimonii in aliquibus circumstantiis non pertinentibus ad substantiam facti, puta si tempus fuerit nubilosum vel serenum, vel si domus fuerit picta aut non, aut aliquid huiusmodi, talis discordia non praeiudicat testimonio: quia homines non consueverunt circa talia multum sollicitari, unde facile a memoria elabuntur. Quinimmo aliqua discordia in talibus facit testimonium credibilius, ut Chrysostomus dicit, *super Matth.*[6]: quia si in omnibus concordarent, etiam in minimis, viderentur ex condicto eundem sermonem proferre. Quod tamen prudentiae iudicis relinquitur discernendum.

AD TERTIUM dicendum quod illud locum habet specialiter in episcopis, presbyteris, diaconibus et clericis Ecclesiae Romanae, propter eius dig-

o lugar da ação, as pessoas que intervieram mais ativamente. Com efeito, se divergem a tal ponto, no seu depoimento, as testemunhas parecem isoladas, cada uma de seu lado, falando de fatos diferentes. Por exemplo: se uma afirma que este fato se passou em tal momento, em tal lugar; e outra, assegura que foi em outro tempo e em outro lugar, dão a impressão de não falarem da mesma coisa. Mas, não fica prejudicado o depoimento, se uma testemunha declara não se lembrar, enquanto a outra indica um determinado tempo ou lugar.

Se em tais casos, há um total desacordo entre as testemunhas da acusação e da defesa, se forem iguais em número e dignidade, o juiz decidirá em favor do réu. Porque o juiz deve ser mais fácil em absolver do que em condenar; salvo, talvez, em causas em que se trata de favorecer, como uma causa de liberdade e outras semelhantes. Se as testemunhas da mesma parte divergem, deve o juiz deliberar em si mesmo por que parte há de se pronunciar, ponderando o número das testemunhas ou sua qualidade, bem como os elementos favoráveis da causa, as circunstâncias dos fatos e dos depoimentos.

Com maior razão se deve deixar de lado o depoimento de uma só testemunha que se contradiz, quando interrogada sobre o que viu ou sabe. Contudo, o caso será bem diverso, se ela se contradiz quando interrogada sobre a sua opinião e o que ela ouviu dizer; pois, é possível que seja levada a responder diferentemente segundo a diversidade das coisas que viu e ouviu.

Se, porém, o desacordo entre as testemunhas versa sobre circunstâncias que não tocam a substância do fato, por exemplo, se o tempo estava nublado ou claro, se a casa estava ou não pintada, ou outros pormenores semelhantes, tais divergências não prejudicam o testemunho. Pois, em geral não se dá atenção a essas particularidades e se esquecem facilmente. Até mesmo, o desacordo sobre esses pontos secundários torna mais crível o testemunho, como declara Crisóstomo; pois, se os depoimentos forem absolutamente idênticos em todas as minúcias, poder-se-ia suspeitar que as testemunhas combinaram em fazer as mesmas declarações. O que se há deixar à prudência do juiz decidir.

QUANTO AO 3º, deve-se dizer que essas disposições jurídicas visam especialmente os bispos, presbíteros, diáconos e clérigos da Igreja romana

---

6. Hom. 1, n. 2: MG 57, 16.

nitatem. Et hoc triplici ratione. Primo quidem, quia in ea tales institui debent quorum sanctitati plus credatur quam multis testibus. — Secundo, quia homines qui habent de aliis iudicare, saepe, propter iustitiam, multos adversarios habent. Unde non est passim credendum testibus contra eos, nisi magna multitudo conveniat. — Tertio, quia ex condemnatione alicuius eorum derogaretur in opinione hominum dignitati illius Ecclesiae et auctoritati. Quod est periculosius quam in ea tolerare aliquem peccatorem, nisi valde publicum et manifestum, de quo grave scandalum oriretur.

e são motivadas pela dignidade dessa Igreja. E isso, por três razões: 1º Nela, se devem promover às dignidades homens de tal qualidade, que mais se acredite na santidade deles do que em muitas testemunhas. 2º Aqueles que devem julgar os outros têm, muitas vezes, por causa da justiça, numerosos adversários. Por isso, não se deve crer muito facilmente nas testemunhas que lhes são contrárias, a menos que sejam em grande número. 3º A condenação de um deles, redundaria em desdouro para a dignidade e autoridade dessa Igreja, diminuindo a estima de que goza, na opinião dos homens. Isso seria mais perigoso do que nela tolerar algum pecador, salvo se for deveras público e manifesto, a ponto de produzir um grave escândalo.

## Articulus 3
### Utrum alicuius testimonium sit repellendum absque eius culpa

AD TERTIUM SIC PROCEDITUR. Videtur quod alicuius testimonium non sit repellendum nisi propter culpam.

1. Quibusdam enim in poenam infligitur quod ad testimonium non admittantur: sicut patet in his qui infamia notantur. Sed poena non est inferenda nisi pro culpa. Ergo videtur quod nullius testimonium debeat repelli nisi propter culpam.

2. PRAETEREA, *de quolibet praesumendum est bonum, nisi appareat contrarium.* Sed ad bonitatem hominis pertinet quod verum testimonium dicat. Cum ergo non possit constare de contrario nisi propter aliquam culpam, videtur quod nullius testimonium debeat repelli nisi propter culpam.

3. PRAETEREA, ad ea quae sunt de necessitate salutis nullus redditur non idoneus nisi propter peccatum. Sed testificari veritatem est de necessitate salutis, ut supra[1] dictum est. Ergo nullus debet excludi a testificando nisi propter culpam.

SED CONTRA est quod Gregorius dicit[2], et habetur II, qu. 1[3]: *Quia a servis suis accusatus est episcopus, sciendum est quod minime audiri debuerunt.*

RESPONDEO dicendum quod testimonium, sicut dictum est[4], non habet infallibilem certitudinem,

## Artigo 3
### O testemunho de alguém deve ser recusado sem que haja culpa sua?

QUANTO AO TERCEIRO, ASSIM SE PROCEDE: parece que o testemunho de alguém só **deve** ser recusado por causa de sua culpa.

1. Com efeito, a alguns, aos que gozam de má fama, por exemplo, se inflige a pena de não serem admitidos a testemunhar. Ora, a pena não se deve infligir senão por alguma culpa. Logo, não se deve recusar o depoimento de ninguém, a não ser por culpa de sua parte.

2. ALÉM DISSO, o direito prescreve. "Deve-se presumir o bem de todo homem, enquanto não se evidenciar o contrário." Ora, é próprio da bondade humana testemunhar a verdade. Logo, como não pode constar o contrário senão por alguma culpa, parece que de ninguém se pode recusar o testemunho, senão por causa de sua culpa.

3. ADEMAIS, só o pecado pode tornar alguém incapaz de fazer o necessário à salvação. Ora testemunhar a verdade é de necessidade para a salvação, como já se mostrou. Logo, ninguém pode ser impedido de testemunhar senão por culpa própria.

EM SENTIDO CONTRÁRIO, Gregório declara: "Se um bispo é acusado por seus servos; saiba-se que não devem ser ouvidos de forma alguma"

RESPONDO. Um testemunho, como já foi dito, não é susceptível de certeza infalível, mas somente

---
3
1. Art. 1.
2. *Regist.*, l. XIII, ep. 45; al. l. IX, ep. 56: ML 77, 1299 A.
3. Cfr. GRATIANUM, *Decretum*, p. II, causa 2, q. 1, can. 7: ed. Richter-Friedberg, t. I, p. 442.
4. Art. praec.

sed probabilem. Et ideo quidquid est quod probabilitatem afferat in contrarium, reddit testimonium inefficax. Redditur autem probabile quod aliquis in veritate testificanda non sit firmus, quandoque quidem propter culpam, sicut infideles, infames, item illi qui publico crimine rei sunt, qui nec accusare possunt: quandoque autem absque culpa. Et hoc vel ex defectu rationis, sicut patet in pueris, amentibus et mulieribus; vel ex affectu, sicut patet de inimicis et de personis coniunctis et domesticis; vel etiam ex exteriori conditione, sicut sunt pauperes, servi et illi quibus imperari potest, de quibus probabile est quod facile possint induci ad testimonium ferendum contra veritatem. — Et sic patet quod testimonium alicuius repellitur et propter culpam, et absque culpa.

AD PRIMUM ergo dicendum quod repellere aliquem a testimonio magis pertinet ad cautelam falsi testimonii vitandi quam ad poenam. Unde ratio non sequitur.

AD SECUNDUM dicendum quod de quolibet praesumendum est bonum nisi appareat contrarium, dummodo non vergat in periculum alterius. Quia tunc est adhibenda cautela, ut non de facili unicuique credatur: secundum illud 1Io 4,1: *Nolite credere omni spiritui*.

AD TERTIUM dicendum quod testificari est de necessitate salutis, supposita testis idoneitate et ordine iuris. Unde nihil prohibet aliquos excusari a testimonio ferendo, si non reputentur idonei secundum iura.

provável. Por isso, tudo o que aumenta a probabilidade no sentido contrário enfraquece o valor do testemunho. Ora, torna-se provável que alguém não será firme na atestação da verdade, seja por culpa, como se dá com os infiéis e infames, bem como os culpados de crime público; seja às vezes sem culpa. Esse último caso acontece quer por falta de razão, como se vê nas crianças, nos dementes e nas mulheres, quer pela afeição, assim os inimigos, parentes e domésticos; quer, ainda pela condição social, tais os pobres, os escravos e aqueles que estão sujeitos à autoridade de outrem; pode-se presumir que serão facilmente levados a testemunhar contra a verdade. — E assim se evidencia que o testemunho de alguém pode ser recusado por causa de culpa ou sem culpa.

QUANTO AO 1º, portanto, deve-se dizer que impedir alguém de testemunhar provém mais do empenho de evitar um falso testemunho do que de infligir um castigo. Assim, a objeção não tem valor.

QUANTO AO 2º, deve-se dizer que sem dúvida, a menos de uma evidência contrária, deve-se presumir da honestidade de todo homem; contanto que essa presunção não acarrete riscos para terceiros; porque, então, é necessária a cautela, para não crer facilmente no testemunho de qualquer um, segundo a advertência da primeira Carta de João: "Não creiais em qualquer espírito."

QUANTO AO 3º, deve-se dizer que exercer o ofício de testemunha é necessário à salvação, com a condição de se ter idoneidade e se guardar a ordem jurídica. Daí, nada impede que alguns sejam escusados de testemunhar, se pelo direito não forem tidos como idôneos.

### ARTICULUS 4
#### Utrum falsum testimonium semper sit peccatum mortale

AD QUARTUM SIC PROCEDITUR. Videtur quod falsum testimonium non semper sit peccatum mortale.
1. Contingit enim aliquem falsum testimonium ferre ex ignorantia facti. Sed talis ignorantia excusat a peccato mortali. Ergo testimonium falsum non semper est peccatum mortale.
2. PRAETEREA, mendacium quod alicui prodest et nulli nocet, est officiosum, quod non est peccatum mortale. Sed quandoque in falso testimonio est tale

### ARTIGO 4
#### O falso testemunho é sempre pecado mortal?

QUANTO AO QUARTO, ASSIM SE PROCEDE: parece que o falso testemunho **não** é sempre pecado mortal.
1. Com efeito, alguém pode dar um falso testemunho por ignorância do fato. Ora, essa ignorância escusa do pecado mortal. Logo, nem sempre o falso testemunho é pecado mortal.
2. ALÉM DISSO, chama-se oficiosa a mentira que é útil a alguém e a ninguém prejudica. Ela não é pecado mortal. Ora, às vezes a mentira contida no

mendacium: puta cum aliquis falsum testimonium perhibet ut aliquem a morte liberet, vel ab iniusta sententia quae intentatur per alios falsos testes vel per iudicis perversitatem. Ergo tale falsum testimonium non est peccatum mortale.

3. PRAETEREA, iuramentum a teste requiritur ut timeat peccare mortaliter peierando. Hoc autem non esset necessarium si ipsum falsum testimonium esset peccatum mortale. Ergo falsum testimonium non semper est peccatum mortale.

SED CONTRA est quod dicitur Pr 19,.5,9: *Falsus testis non erit impunitus*.

RESPONDEO dicendum quod falsum testimonium habet triplicem deformitatem. Uno modo, ex periurio: quia testes non admittuntur nisi iurati. Et ex hoc semper est peccatum mortale. — Alio modo, ex violatione iustitiae. Et hoc modo est peccatum mortale in suo genere, sicut et quaelibet iniustitia. Et ideo in praecepto decalogi sub hac forma interdicitur falsum testimonium, cum dicitur Ex 20,16: *Non loquaris contra proximum tuum falsum testimonium*: non enim contra aliquem facit qui eum ab iniuria facienda impedit, sed solum qui ei suam iustitiam tollit. — Tertio modo, ex ipsa falsitate, secundum quod omne mendacium est peccatum. Et ex hoc non habet falsum testimonium quod semper sit peccatum mortale.

AD PRIMUM ergo dicendum quod in testimonio ferendo non debet homo pro certo asserere, quasi sciens, id de quo certus non est: sed dubium debet sub dubio proferre, et id de quo certus est pro certo asserere. Sed quia contingit ex labilitate humanae memoriae quod reputat se homo quandoque certum esse de eo quod falsum est, si aliquis, cum debita sollicitudine recogitans, existimet se certum esse de eo quod falsum est, non peccat mortaliter hoc asserens: quia non dicit falsum testimonium per se et ex intentione, sed per accidens, contra id quod intendit.

AD SECUNDUM dicendum quod iniustum iudicium iudicium non est. Et ideo ex vi iudicii falsum testimonium in iniusto iudicio prolatum ad iniustitiam impediendam, non habet rationem peccati mortalis: sed solum ex iuramento violato.

AD TERTIUM dicendum quod homines maxime abhorrent peccata quae sunt contra Deum, quasi gravissima: inter quae est periurium. Non autem ita abhorrent peccata quae sunt contra proximum. Et ideo ad maiorem certitudinem testimonii, requiritur testis iuramentum.

falso testemunho tem precisamente esse caráter. Por exemplo, quando se dá um falso testemunho para salvar alguém da morte ou de uma condenação injusta, reclamada por falsas testemunhas ou por um juiz iníquo. Logo, tal falso testemunho não é pecado mortal.

3. ADEMAIS, exige-se da testemunha um juramento para que tema o perjúrio, que é pecado mortal. Isso não seria necessário, se o próprio falso testemunho fosse pecado mortal. Logo, nem sempre o falso testemunho é pecado mortal.

EM SENTIDO CONTRÁRIO, lê-se no livro dos Provérbios: "A falsa testemunha não ficará impune."

RESPONDO. O falso testemunho comporta uma tríplice deformidade. A primeira vem do perjúrio, pois só se admitem testemunhas juradas. Por esse motivo, é sempre pecado mortal. — A segunda resulta da violação da justiça. Sob esse aspecto, é pecado mortal em seu gênero, como qualquer injustiça. Por isso, no Decálogo se condena o falso testemunho: "Não levantarás falso testemunho contra teu próximo." Pois, não age contra outrem, quem o impede de cometer injustiça, porém quem o priva da justiça que lhe é devida. — Enfim, a terceira deformidade provém da falsidade mesma, que faz de toda mentira um pecado. Mas, essa última razão não faz sempre do falso testemunho um pecado mortal.

QUANTO AO 1º, portanto, deve-se dizer que ao dar testemunho, não se deve afirmar com segurança, como de ciência certa, aquilo de que não se tem certeza; o duvidoso deve ser dado como duvidoso, e o que é certo, como certo. Pode acontecer, no entanto, por uma falha de memória, que alguém esteja certo daquilo que é falso. Se, após madura reflexão, continua a ter por certo o que é falso, não pecará mortalmente afirmando-o. Pois, não profere um falso testemunho, propriamente dito e intencionalmente, mas por acidente e contra sua intenção.

QUANTO AO 2º, deve-se dizer que juízo injusto não é juízo. Por isso, o falso testemunho, proferido em um juízo injusto, em vista de impedir uma injustiça, não tem o caráter de pecado mortal, pela força do juízo, mas somente pelo juramento violado.

QUANTO AO 3º, deve-se dizer que os homens temem, acima de tudo, como gravíssimos, os pecados contra Deus, entre os quais está o perjúrio. Porém, não têm o mesmo horror dos pecados contra o próximo. Eis por quê, se exige o juramento para assegurar maior certeza do testemunho.

## QUAESTIO LXXI
### DE INIUSTITIA QUAE FIT IN IUDICIO EX PARTE ADVOCATORUM
*in quatuor articulos divisa*

Deinde considerandum est de iniustitia quae fit in iudicio ex parte advocatorum.
Et circa hoc quaeruntur quatuor.
*Primo:* utrum advocatus teneatur praestare patrocinium causae pauperum.
*Secundo:* utrum aliquis debeat arceri ab officio advocati.
*Tertio:* utrum advocatus peccet iniustam causam defendendo.
*Quarto:* utrum peccet pecuniam accipiendo pro suo patrocinio.

### Articulus 1
### Utrum advocatus teneatur patrocinium praestare causae pauperum

Ad primum sic proceditur. Videtur quod advocatus teneatur patrocinium praestare causae pauperum.
1. Dicitur enim Ex 23,5: *Si videris asinum odientis te iacere sub onere, non pertransibis, sed sublevabis cum eo.* Sed non minus periculum imminet pauperi si eius causa contra iustitiam opprimatur, quam si eius asinus iaceat sub onere. Ergo advocatus tenetur praestare patrocinium causae pauperum.

2. Praeterea, Gregorius dicit, in quadam homilia[1]: *Habens intellectum curet omnino ne taceat; habens rerum affluentiam a misericordia non torpescat; habens artem qua regitur, usum illius cum proximo partiatur; habens loquendi locum apud divitem, pro pauperibus intercedat: talenti enim nomine cuilibet reputabitur quod vel minimum accepit.* Sed talentum commissum non abscondere, sed fideliter dispensare quilibet tenetur: quod patet ex poena servi abscondentis tatentum, Mt 25,24 sq. Ergo advocatus tenetur pro pauperibus loqui.
3. Praeterea, praeceptum de misericordiae operibus adimplendis, cum sit affirmativum, obligat pro loco et tempore, quod est maxime in necessitate. Sed tempus necessitatis videtur esse quando alicuius pauperis causa opprimitur. Ergo

## QUESTÃO 71
### INJUSTIÇAS COMETIDAS EM JUÍZO PELOS ADVOGADOS
*em quatro artigos*

Devem-se agora considerar as injustiças cometidas em juízo pelos advogados.
A questão comporta quatro artigos:
1. O advogado está obrigado a patrocinar a causa dos pobres?
2. Deve-se interdizer a alguns o ofício de advogado?
3. O advogado peca defendendo causa injusta?
4. O advogado peca recebendo dinheiro pelo seu patrocínio?

### Artigo 1
### O advogado está obrigado a patrocinar a causa dos pobres?

Quanto ao primeiro artigo, assim se procede: parece que o advogado **está** obrigado a patrocinar a causa dos pobres.
1. Com efeito, está escrito no livro do Êxodo: "Se vires o jumento do teu inimigo caído ao peso da carga, não o deixes no abandono; ajuda a descarregá-lo." Ora, o pobre não está menos em perigo, quando sua causa se acha oprimida pela injustiça, do que se seu jumento estivesse jazendo debaixo da carga. Logo, o advogado deve patrocinar a causa dos pobres.

2. Além disso, Gregório proclama em uma homilia: "Quem tem inteligência que não se cale. Quem vive no conforto não se canse de exercer a misericórdia. Quem tem capacidade de se orientar na vida partilhe seu saber com o próximo. Quem tem acesso para falar aos ricos defenda a causa dos pobres. Pois tudo o que recebeu, por pouco que seja, merece o nome de talento." Ora, não se pode enterrar o talento, mas fazê-lo frutificar. É a lição da parábola, mostrando o castigo do servo que assim procedeu. Logo, o advogado está no dever de falar pelos pobres.

3. Ademais, sendo afirmativo, o preceito de praticar as obras de misericórdia, obriga para certo tempo e lugar, sobretudo em caso de necessidade. Ora, o caso de necessidade parece ser o do pobre oprimido em um processo. Logo, em tal caso, pa-

---
1. Homil. 9 *in Evang.*, n. 7: ML 76, 1109 A B.

in tali casu videtur quod advocatus teneatur pauperibus patrocinium praestare.

SED CONTRA, non minor necessitas est indigentis cibo quam indigentis advocato. Sed ille qui habet potestatem cibandi non semper tenetur pauperem cibare. Ergo nec advocatus semper tenetur causae pauperum patrocinium praestare.

RESPONDEO dicendum quod cum praestare patrocinium causae pauperum ad opus misericordiae pertineat, idem est hic dicendum quod et supra[2] de aliis misericordiae operibus dictum est. Nullus enim sufficit omnibus indigentibus misericordiae opus impendere. Et ideo sicut Augustinus dicit, in I *de Doct. Christ.*[3], *cum omnibus prodesse non possis, his potissime consulendum est qui pro locorum et temporum vel quarumlibet rerum opportunitatibus, constrictius tibi, quasi quaedam sorte, iunguntur.* Dicit, *pro locorum opportunitatibus*: quia non tenetur homo per mundum quaerere indigentes quibus subveniat, sed sufficit si eis qui sibi occurunt misericordiae opus impendat. Unde dicitur Ex 23,4: *Si occurreris bovi inimici tui aut asino erranti, reduc ad eum.* — Addit autem, *et temporum*: quia non tenetur homo futurae necessitati alterius providere, sed sufficit si praesenti necessitati succurrat. Unde dicitur 1Io 3,17: *Qui viderit fratrem suum necessitatem patientem, et clauserit viscera sua ab eo*, etc. — Subdit autem, *vel quarumlibet rerum*: quia homo sibi coniunctis quacumque necessitudine maxime debet curam impendere; secundum illud 1Ti 5,8: *Si quis suorum, et maxime domesticorum curam non habet, fidem negavit.*

Quibus tamen concurrentibus, considerandum restat utrum aliquis tantam necessitatem patiatur quod non in promptu appareat quomodo ei possit aliter subveniri. Et in tali casu tenetur ei opus misericordiae impendere. — Si autem in promptu appareat quomodo ei aliter subveniri possit, vel per seipsum vel per aliam personam magis coniunctam aut maiorem facultatem habentem, non tenetur ex necessitate indigenti subvenire, ita quod non faciendo peccet: quamvis, si subvenerit absque tali necessitate, laudabiliter faciat.

rece que o advogado está na obrigação de oferecer o seu patrocínio aos pobres.

EM SENTIDO CONTRÁRIO, a indigência de comida não é menor do que a indigência de advogado. Ora, quem tem os meios de nutrir, não está sempre obrigado a nutrir o pobre. Portanto, nem o advogado tem sempre o dever de prestar patrocínio à causa dos pobres.

RESPONDO. Oferecer seu patrocínio à causa dos pobres é uma obra de misericórdia. Deve-se aplicar aqui o que foi esclarecido acima sobre as outras obras de misericórdia. Com efeito, ninguém tem a possibilidade de prover, por si mesmo, às obras de misericórdia para todos os indigentes. Por isso, Agostinho explica: "Uma vez que não podes ser útil a todos, deves ir ao auxílio sobretudo daqueles que, por uma espécie de sorte, estão mais próximos a ti, em função das oportunidades de lugar, de tempo ou de outras circunstâncias." Destaca as "oportunidades de lugar," pois não se está obrigado a ir pelo mundo, em busca de indigentes a socorrer; basta estender as ações de misericórdia a quantos alguém encontrou. Nesse sentido, está prescrito no livro do Êxodo: "Se encontras o boi ou o jumento de teu inimigo errando desgarrados, procura reconduzi-los." — Frisam-se ainda as "oportunidades de tempo", pois não se tem o dever de prover às necessidades futuras do próximo, sendo suficiente socorrê-lo na necessidade presente. É o que se recomenda na primeira Carta de João: "Quem vê seu irmão em necessidade e lhe fecha o coração, como estará nele a caridade de Deus?" — Agostinho ressalta ainda: "outras circunstâncias", pois, se deve, antes de tudo, socorrer os mais próximos que se acham na precisão, conforme a insistência de Paulo: "Se alguém não tem cuidado dos seus, sobretudo dos de sua família, renegou a fé."

Contudo, quando todas essas circunstâncias se acham reunidas, resta ainda examinar se o indigente está em necessidade tamanha que não se vê, no imediato, outro meio de socorrê-lo. Em tal caso, tem-se a obrigação de praticar com ele a obra de misericórdia. — Se, porém, se veem logo sem dificuldade outros meios de obter socorro, seja por ele mesmo, seja por alguém mais próximo ou dispondo de mais recursos, não ha então obrigação rigorosa de socorrer o indigente, de tal sorte que se pecaria não o fazendo, embora seja uma ação louvável auxiliá-lo sem a isso estar obrigado.

---

2. Q. 32, a. 5, 9.
3. C. 28: ML 34, 30.

Unde advocatus non tenetur semper causae pauperum patrocinium praestare, sed solum concurrentibus conditionibus praedictis. Alioquin oporteret eum omnia alia negotia praetermittere, et solis causis pauperum iuvandis intendere. — Et idem dicendum est de medico, quantum ad curationem pauperum.

AD PRIMUM ergo dicendum quod quando asinus iacet sub onere, non potest ei aliter subveniri in casu isto nisi per advenientes subveniatur: et ideo tenentur iuvare. Non autem tenerentur si posset aliunde remedium afferri.

AD SECUNDUM dicendum quod homo talentum sibi creditum tenetur utiliter dispensare, servata opportunitate locorum et temporum et aliarum rerum, ut dictum est[4].

AD TERTIUM dicendum quod non quaelibet necessitas causat debitum subveniendi, sed solum illa quae est dicta[5].

## ARTICULUS 2
### Utrum convenienter aliqui secundum iura arceantur ab officio advocandi

AD SECUNDUM SIC PROCEDITUR. Videtur quod inconvenienter aliqui secundum iura arceantur ab officio advocandi.
1. Ab operibus enim misericordiae nullus debet arceri. Sed patrocinium praestare in causis ad opera misericordiae pertinet, ut dictum est[1]. Ergo nullus debet ab hoc officio arceri.
2. PRAETEREA, contrariarum causarum non videtur esse idem effectus. Sed esse deditum rebus divinis, et esse deditum peccatis, est contrarium. Inconvenienter igitur excluduntur ab officio advocati quidam propter religionem, ut monachi et clerici; quidam autem propter culpam, ut infames et haeretici.
3. PRAETEREA, homo debet diligere proximum sicut seipsum. Sed ad effectum dilectionis pertinet quod aliquis advocatus causae alicuius patrocinetur. Inconvenienter ergo aliqui quibus conceditur pro seipsis auctoritas advocationis, prohibentur patrocinari causis aliorum.

Por conseguinte, o advogado não estará sempre obrigado a dar seu patrocínio à causa dos pobres, mas somente quando essas condições explicadas estão reunidas. Do contrário, deveria deixar de lado todas as mais atividades, e só se consagrar à causa dos pobres. O mesmo se deve dizer do médico no que toca ao cuidado a dispensar aos pobres.

QUANTO AO 1º, portanto, deve-se dizer que quando um jumento está caído debaixo da carga, não pode ser reerguido sem o auxílio dos transeuntes; estes estão, portanto, no dever de ajudar. Não o estariam, no entanto, se houvesse uma outra solução.

QUANTO AO 2º, deve-se dizer que o homem está obrigado a partilhar proveitosamente o talento que lhe foi confiado, levando em conta as oportunidades de tempo, de lugar e demais circunstâncias, como se acaba de explicar.

QUANTO AO 3º, deve-se dizer que todas as necessidades não acarretam o dever de prestar socorro, mas somente aquelas que foram determinadas acima.

## ARTIGO 2
### É conveniente, de acordo com o direito, afastar alguns do ofício de advogado?

QUANTO AO SEGUNDO, ASSIM SE PROCEDE: parece que **não** é conveniente, de acordo com o direito, afastar alguns do ofício de advogado.
1. Com efeito, ninguém deve ser impedido de cumprir uma obra de misericórdia. Ora, patrocinar causas nos processos é obra de misericórdia. Logo, ninguém deve ser afastado desse ofício.
2. ALÉM DISSO, um mesmo efeito não pode ser produzido por causas contrárias. Ora, dar-se ás coisas divinas e dar-se ao pecado são coisas contrárias. Logo, não parece conveniente que se excluam do ofício de advogado alguns, por motivo de religião, como os monges e clérigos, e outros, em razão de suas culpas, tais os infames e os hereges.
3. ADEMAIS, deve-se amar ao próximo como a si mesmo. Ora, é levado pelo amor que o advogado patrocina causas de outrem. Logo, é absurdo proibir patrocinar as causas alheias àqueles aos quais é facultado o direito de advogar em seu próprio favor.

---

4. In corp.
5. Ibid.

PARALL.: Infra, q. 188, a. 3, ad 2.

1. Art. praec.

SED CONTRA est quod III, qu. 7², multae personae arcentur ab officio postulandi.

RESPONDEO dicendum quod aliquis impeditur ab aliquo actu duplici ratione: uno modo, propter impotentiam; alio modo, propter indecentiam. Sed impotentia simpliciter excludit aliquem ab actu: indecentia autem non excludit omnino quia necessitas indecentiam tollere potest. Sic igitur ab officio advocatorum prohibentur quidam propter impotentiam, eo quod deficiunt sensu, vel interiori, sicut furiosi et impuberes; vel exteriori, sicut surdi et muti. Est enim necessaria advocato et interior peritia, qua possit convenienter iustitiam assumptae causae ostendere: et iterum loquela cum auditu, ut possit et pronuntiare et audire quod ei dicitur. Unde qui in his defectum patiuntur omnino prohibentur ne sint advocati, nec pro se nec pro aliis.

Decentia autem huius officii exercendi tollitur dupliciter. Uno modo, ex hoc quod aliquis est rebus maioribus obligatus. Unde monachos et presbyteros non decet in quacumque causa advocatos esse, neque clericos in iudicio saeculari: quia huiusmodi personae sunt rebus divinis adstrictae.
— Alio modo, propter personae defectum: vel corporalem, ut patet de caecis, qui convenienter iudici adstare non possent; vel spiritualem, non enim decet ut alterius iustitiae patronus existat qui in seipso iustitiam contempsit. Et ideo infames, infideles et damnati de gravibus criminibus non decenter sunt advocati.

Tamen huiusmodi indecentiae necessitas praefertur. Et propter hoc huiusmodi personae possunt pro seipsis, vel pro personis sibi coniunctis, uti officio advocati. Unde et clerici pro ecclesiis suis possunt esse advocati: et monachi pro causa monasterii sui, si abbas praeceperit.

AD PRIMUM ergo dicendum quod ab operibus misericordiae interdum aliqui propter impotentiam, interdum etiam propter indecentiam impediuntur. Non enim omnia opera misericordiae omnes decent: sicut stultos non decet consilium dare, neque ignorantes docere.

AD SECUNDUM dicendum quod sicut virtus corrumpitur per superabundantiam et defectum, ita aliquis fit indecens et per maius et per minus. Et propter hoc quidam arcentur a patrocinio pra-

EM SENTIDO CONTRÁRIO, o direito interdiz a numerosas pessoas o ofício de pleitear.

RESPONDO. Pode alguém ver-se impedido de cumprir um ato por duas razões: por incapacidade e por inconveniência. Mas, a incapacidade é um impedimento absoluto, ao passo que a inconveniência é um impedimento relativo que cede diante da necessidade. Assim alguns são excluídos do ofício de advogado por incapacidade, pois carecem dos sentidos internos, como os alienados e impúberes, ou dos sentidos externos, como os surdos e mudos. Pois, o advogado precisa não só de competência no saber, que o torna capaz de demonstrar a justiça da causa que defende, como há de ter também a facilidade de falar e de escutar, para bem se defender e ouvir o que lhe dizem. Assim, quem é defeituoso nesses pontos está absolutamente excluído de advogar para si ou para outrem.

Por seu lado, a conveniência exigida nesse ofício dele exclui alguns, por duplo motivo. Uns se acham ligados por deveres mais elevados. Assim, não é conveniente que monges e sacerdotes sejam advogados em qualquer causa, e os clérigos, em tribunais seculares. Pois, tais pessoas são consagradas às coisas divinas. — Outros têm um defeito pessoal, corporal, como os cegos, que não poderiam intervir no processo de maneira conveniente; ou espiritual, pois, não fica bem que se ponha a defender a justiça em favor de outrem quem a desprezou em seu particular. Eis por quê, os infames, os infiéis e os condenados por crimes graves não são admitidos como advogados.

Contudo a necessidade pode prevalecer sobre esses motivos de conveniência. Nesse caso, tais pessoas poderão exercer o ofício de advogado em seu próprio favor ou daqueles que lhes são chegados. Os clérigos poderiam, assim, defender a causa de suas igrejas, e os monges a de seu mosteiro, se o abade o ordenar.

QUANTO AO 1º, portanto, deve-se dizer que encontram-se alguns impedidos de praticar obras de misericórdia, quer por incapacidade seja por inconveniência. Pois, nem todas as obras de misericórdia convêm a todos; aos insensatos não fica bem o encargo de dar conselhos, nem aos ignorantes, a missão de ensinar.

QUANTO AO 2º, deve-se dizer que como a virtude se perde por excesso ou por defeito, assim a inconveniência pode provir da demasia ou da falta. Daí resulta que alguns são afastados de

---

2. GRATIANUS, *Decretum*, p. II, causa 3, q. 7, can. 2: ed. Richter-Friedberg, t. I, p. 525.

estando in causis quia sunt maiores tali officio, sicut religiosi et clerici: quidam vero quia sunt minores quam ut eis hoc officium competat, sicut infames et infideles.

AD TERTIUM dicendum quod non ita imminet homini necessitas patrocinari causis aliorum sicut propriis: quia alii possunt sibi aliter subvenire. Unde non est similis ratio.

patrocinar causas, porque suas funções os elevam acima desse ofício, como os religiosos e clérigos. Outros, ao invés, estão abaixo do que exige tal ofício; é o caso dos infames e infiéis.

QUANTO AO 3º, deve-se dizer que o homem não tem tanta necessidade de defender causas alheias como as próprias; pois, os outros podem prover-se de outra maneira. A comparação não vem ao caso.

ARTICULUS 3
## Utrum advocatus peccet si iniustam causam defendat

ARTIGO 3
## Peca o advogado defendendo causa injusta?

AD TERTIUM SIC PROCEDITUR. Videtur quod advocatus non peccet si iniustam causam defendat.

1. Sicut enim ostenditur peritia medici si infirmitatem desperatam sanet, ita etiam ostenditur peritia advocati si etiam iniustam causam defendere possit. Sed medicus laudatur si infirmitatem desperatam sanet. Ergo etiam advocatus non peccat, sed magis laudandus est, si iniustam causam defendat.

2. PRAETEREA, a quolibet peccato licet desistere. Sed advocatus punitur si causam suam prodiderit, ut habetur II, qu. 3[1]. Ergo advocatus non peccat iniustam causam defendendo, si eam defendendam susceperit.

3. PRAETEREA, maius videtur esse peccatum si iniustitia utatur ad iustam causam defendendam, puta producendo falsos testes vel allegando falsas leges, quam iniustam causam defendendo: quia hoc est peccatum in forma, illud in materia. Sed videtur advocato licere talibus astutiis uti: sicut militi licet ex insidiis pugnare. Ergo videtur quod advocatus non peccat si iniustam causam defendat.

SED CONTRA est quod dicitur 2Par 19,2: *Impio praebes auxilium: et idcirco iram Domini merebaris*. Sed advocatus defendens causam iniustam impio praebet auxilium. Ergo, peccando, iram Domini meretur.

RESPONDEO dicendum quod illicitum est alicui cooperari ad malum faciendum sive consulendo, sive adiuvando, sive qualitercumque consentiendo: quia consilians et coadiuvans quodammodo est faciens; et Apostolus dicit, *ad* Rm 1,32, quod *digni sunt morte non solum qui faciunt peccatum, sed etiam qui consentiunt facientibus*. Unde et

QUANTO AO TERCEIRO, ASSIM SE PROCEDE: parece que o advogado **não** peca defendendo causa injusta.

1. Com efeito, revela-se a perícia do médico ao curar um doente em estado desesperador; assim se mostra a habilidade do advogado, se consegue defender uma causa injusta. Ora, exalta-se o médico, que realiza tal cura. Logo, também o advogado, longe de pecar, merece antes louvor defendendo uma causa injusta.

2. ALÉM DISSO, é permitido renunciar a qualquer pecado. Ora, é punido o advogado que trair a sua causa; é o que o código prescreve. Logo, não peca o advogado defendendo uma causa injusta, uma vez que a assumiu.

3. ADEMAIS, recorrer a meios injustos para defender uma causa justa, por exemplo apresentar testemunhas falsas, alegar leis inexistentes, parece pecado mais grave do que defender uma causa injusta, porque o primeiro pecado está na forma, o segundo, na matéria. Ora, consta que o advogado pode utilizar tais astúcias, como é lícito ao soldado lutar armando emboscadas. Logo, parece que o advogado não peca defendendo causa injusta.

EM SENTIDO CONTRÁRIO, foi dito ao rei Josafá: "Então, tinhas que ajudar a um ímpio? Por isso, a ira do Senhor pesa sobre ti." Ora, o advogado, defendendo causa injusta, ajuda ao ímpio. Portanto, peca e incorre na ira do Senhor.

RESPONDO. É ilícito cooperar com o mal, aconselhando, ajudando ou consentindo de qualquer modo. Pois, quem aconselha e coopera, de certa maneira, pratica. E o Apóstolo declara: "São dignos de morte não só os que cometem o pecado, mas ainda quem aprova os que o cometem." Por isso, já ficou provado, que todos esses são obriga-

---

3
1. GRATIANUS, *Decretum*, p. II, causa 2, q. 3, app. ad can. 8: ed. Richter-Friedberg, t. I, p. 454.

supra² dictum est quod omnes tales ad restitutionem tenentur. Manifestum est autem quod advocatus et auxilium et consilium praestat ei cuius causae patrocinatur. Unde si scienter iniustam causam defendit, absque dubio graviter peccat, et ad restitutionem tenetur eius damni quod contra iustitiam per eius auxilium altera pars incurrit. Si autem ignoranter iniustam causam defendit, putans esse iustam, excusatur, secundum modum quo ignorantia excusare potest.

AD PRIMUM ergo dicendum quod medicus accipiens in cura infirmitatem desperatam nulli facit iniuriam. Advocatus autem suscipiens causam iniustam iniuste laedit eum contra quem patrocinium praestat. Et ideo non est similis ratio. Quamvis enim laudabilis videatur quantum ad peritiam artis, tamen peccat quantum ad iniustitiam voluntatis, qua abutitur arte ad malum.

AD SECUNDUM dicendum quod advocatus, si in principio credidit causam iustam esse et postea in processu appareat eam esse iniustam, non debet eam prodere, ut scilicet aliam partem iuvet, vel secreta suae causae alteri parti revelet. Potest tamen et debet causam deserere; vel eum cuius causam agit ad cedendum inducere, sive ad componendum, sine adversarii damno.

AD TERTIUM dicendum quod, sicut supra³ dictum est, militi vel duci exercitus licet in bello iusto ex insidiis agere ea quae facere debet prudenter occultando, non autem falsitatem fraudulenter faciendo: quia *etiam hosti fidem servare oportet*, sicut Tullius dicit, in III *de Offic.*⁴. Unde et advocato defendenti causam iustam licet prudenter occultare ea quibus impediri posset processus eius: non autem licet ei aliqua falsitate uti.

dos à restituição. Ora, é evidente que o advogado dá ajuda e conselho àquele cuja causa patrocina. Logo, se defende uma causa de cuja injustiça está ciente, peca, sem dúvida, gravemente; e está obrigado a reparar o dano, causado injustamente à parte adversa, por sua assistência ao cliente. Se defende uma causa injusta na ignorância, tendo-a por justa, estará escusado, na medida em que a ignorância pode escusar.

QUANTO AO 1º, portanto, deve-se dizer que empreendendo o tratamento de um enfermo em estado desesperador, o médico não comete injustiça contra ninguém; o advogado, ao invés, aceitando a defesa de uma causa injusta, lesa a parte contra a qual vai pleitear. Logo, a comparação não é válida. Pois, embora pareça merecer louvores pela perícia de sua arte, peca contra a justiça, abusando de seu talento a serviço do mal.

QUANTO AO 2º, deve-se dizer que o advogado que, a princípio, julga a causa justa e descobre no decurso do processo que é injusta, não deve trai-la, passando a ajudar a parte adversa ou lhe revelando os segredos do seu cliente. Mas pode e deve abandonar a causa, ou pode levar seu cliente a desistir ou a entrar em composição, sem prejuízo para o adversário.

QUANTO AO 3º, deve-se dizer que como já foi explicado, ao soldado ou ao chefe do exército é lícito, numa guerra justa, usar de astúcia, dissimulando prudentemente os seus planos. Não, porém, recorrer à falsidade fraudulenta; pois, "mesmo para com o inimigo havemos de guardar a lealdade", como lembra Túlio. Portanto, ao advogado que defende uma causa justa, é lícito ocultar prudentemente o que poderia prejudicar o seu processo, não lhe é permitido, porém, usar de falsidade.

ARTICULUS 4
## Utrum advocato liceat pro suo patrocinio pecuniam accipere

AD QUARTUM SIC PROCEDITUR. Videtur quod advocato non liceat pro suo patrocinio pecuniam accipere.
1. Opera enim misericordiae non sunt intuitu humanae remunerationis facienda: secundum

ARTIGO 4
## É lícito ao advogado receber dinheiro pelo seu patrocínio?

QUANTO AO QUARTO, ASSIM SE PROCEDE: parece que **não** é lícito ao advogado receber dinheiro pelo seu patrocínio.
1. Com efeito, as obras de misericórdia não se devem praticar em vista de recompensa humana,

---

2. Q. 62, a. 7.
3. Q. 40, a. 3.
4. C. 29: ed. C. F. W. Mueller, Lipsiae 1910, p. 125, ll. 5-6.

PARALL.: IV *Sent.*, dist. 25, q. 3, a. 2, q.la 2, ad 9.

illud Lc 14,12: *Cum facis prandium aut cenam, noli vocare amicos tuos neque vicinos divites, ne forte et ipsi te reinvitent, et fiat tibi retributio.* Sed praestare patrocinium causae alicuius pertinet ad opera misericordiae, ut dictum est[1]. Ergo non licet advocato accipere retributionem pecuniae pro patrocinio praestito.

2. PRAETEREA, spirituale non est pro temporali commutandum. Sed patrocinium praestitum videtur esse quiddam spirituale: cum sit usus scientiae iuris. Ergo non licet advocato pro patrocinio praestito pecuniam accipere.

3. PRAETEREA, sicut ad iudicium concurrit persona advocati, ita etiam persona iudicis et persona testis. Sed secundum Augustinum, *ad Macedonium*[2], *non debet iudex vendere iustum iudicium, nec testis verum testimonium.* Ergo nec advocatus poterit vendere iustum patrocinium.

SED CONTRA est quod Augustinus dicit ibidem, quod *advocatus licite vendit iustum patrocinium, et iurisperitus verum consilium.*

RESPONDEO dicendum quod ea quae quis non tenetur alteri exhibere, iuste potest pro eorum exhibitione recompensationem accipere. Manifestum est autem quod advocatus non semper tenetur patrocinium praestare aut consilium dare causis aliorum. Et ideo si vendat suum patrocinium sive consilium, non agit contra iustitiam. Et eadem ratio est de medico opem ferente ad sanandum, et de omnibus aliis huiusmodi personis: dum tamen moderate accipiant, considerata conditione personarum et negotiorum et laboris, et consuetudine patriae. Si autem per improbitatem aliquid immoderate extorqueat, peccat contra iustitiam. Unde Augustinus dicit, *ad Macedonium*[3], quod *ab his extorta per immoderatam improbitatem repeti solent, data per tolerabilem consuetudinem non solent.*

AD PRIMUM ergo dicendum quod non semper quae homo potest misericorditer facere, tenetur facere gratis: alioquin nulli liceret aliquam rem vendere, quia quamlibet rem potest homo misericorditer impendere. Sed quando eam misericorditer impendit, non humanam, sed divinam remunerationem quaerere debet. Et similiter ad-

como ensina o Evangelho de Lucas: "Quando deres um jantar ou uma ceia, não chames os amigos nem os irmãos nem os parentes nem os vizinhos ricos, para não suceder que, por sua vez, eles te convidem e assim já tenhas a recompensa." Ora, patrocinar a causa de alguém é uma obra de misericórdia, já foi explicado. Logo, não é lícito ao advogado receber retribuição pecuniária pelo patrocínio prestado.

2. ALÉM DISSO, não se deve trocar o espiritual pelo temporal. Ora, patrocinar uma causa parece ser uma obra espiritual, pois é o exercício da ciência do direito. Logo, não é lícito ao advogado receber dinheiro por esse patrocínio.

3. ADEMAIS, para o processo cooperam as pessoas do advogado, do juiz e da testemunha. Ora, Agostinho declara: "O juiz não deve vender o julgamento justo, ou a testemunha, seu depoimento verídico." Logo, nem o advogado poderá vender seu justo patrocínio.

EM SENTIDO CONTRÁRIO, Agostinho acrescenta na mesma passagem: "O advogado vende licitamente seu justo patrocínio, e o jurisperito, um bom conselho."

RESPONDO. Por um serviço que não se está obrigado a prestar, pode-se em justiça receber uma retribuição. Ora, é evidente que um advogado não tem obrigação de prestar seu patrocínio ou de prodigar seus conselhos nas causas alheias. Portanto, não comete injustiça exigindo pagamento por seu patrocínio ou seus conselhos. O mesmo princípio vale para o médico que se empenha em curar e para todas pessoas que exercem atividades semelhantes; contanto que a retribuição seja moderada, levando em conta a condição das pessoas, dos serviços, do trabalho, bem como os costumes do país. Se, porém, faltando à probidade, extorquir um pagamento excessivo, peca contra a justiça. Daí, as palavras de Agostinho: "Costuma-se reclamar deles a devolução do que extorquiram em sua improbidade imoderada, não assim o que lhes foi dado de acordo com o uso aceitável."

QUANTO AO 1º, portanto, deve-se dizer que não se está sempre obrigado a dar gratuitamente o que se pode fazer por misericórdia. Do contrário, nada se poderia vender, pois tudo pode ser dado por misericórdia. Mas, quando se dá por misericórdia, não se deve esperar recompensa dos homens, mas de Deus. Assim quando um advogado

---

1. Art. 1.
2. Epist. 153, al. 54, c. 6, n. 23: ML 33, 663.
3. Epist. 153, al. 54, c. 6, n. 24: ML 33, 664.

vocatus, quando causae pauperum misericorditer patrocinatur, non debet intendere remunerationem humanam, sed divinam: non tamen semper tenetur gratis patrocinium impendere.

AD SECUNDUM dicendum quod etsi scientia iuris sit quiddam spirituale, tamen usus eius fit opere corporali. Et ideo pro eius recompensatione licet pecuniam accipere: alioquin nulli artifici liceret de arte sua lucrari.

AD TERTIUM dicendum quod iudex et testis communes sunt utrique parti: quia iudex tenetur iustam sententiam dare, et testis tenetur verum testimonium dicere; iustitia autem et veritas non declinant in unam partem magis quam in aliam. Et ideo iudicibus de publico sunt stipendia laboris statuta; et testes accipiunt, non quasi pretium testimonii, sed quasi stipendium laboris, expensas vel ab utraque parte, vel ab ea a qua inducuntur: quia *nemo militat stipendiis suis unquam*, ut dicitur 1Cor 9,7. Sed advocatus alteram partem tantum defendit. Et ideo licite potest pretium accipere a parte quam adiuvat.

assume a defesa de um pobre por misericórdia, não há de buscar remuneração humana, mas da parte de Deus. Contudo, não está sempre obrigado a prestar gratuitamente o seu patrocínio.

QUANTO AO 2º, deve-se dizer que embora a ciência do direito seja algo de espiritual, seu exercício, no entanto, exige um trabalho material, para cuja retribuição é lícito receber dinheiro; do contrário, nenhum artífice teria o direito de tirar benefício de sua arte.

QUANTO AO 3º, deve-se dizer que o juiz e a testemunha prestam serviços comuns às duas partes; o juiz está obrigado a dar uma sentença justa, e a testemunha, um depoimento verdadeiro. Ora, justiça e verdade não tendem para um lado mais que para o outro. Por isso, é o poder público que garante aos juízes um estipêndio pelo seu trabalho; quanto às testemunhas recebem uma indenização, não como preço do seu testemunho, mas para cobrir as despesas, o que lhes vem de ambas as partes ou da parte que as convocou; pois "ninguém serve no exército às suas próprias custas", como diz o Apóstolo. Ora, o advogado, ao invés, defende apenas uma das partes. É dela, portanto, que pode receber o preço de seu serviço.

## QUAESTIO LXXII
## DE CONTUMELIA
*in quatuor articulos divisa*

Deinde considerandum est de iniuriis verborum quae inferuntur extra iudicium. Et primo,

## QUESTÃO 72
## A CONTUMÉLIA[a]
*em quatro artigos*

Aborda-se agora a consideração das injúrias verbais proferidas fora do juízo[b]. I. A contumélia;

---

a. Guardamos na tradução o termo, hoje pouco usado de *contumelia*, que os teólogos medievais liam em suas traduções latinas da Bíblia, e que eles procuravam explicar por aproximação ou oposição a termos similares. Sto. Tomás elabora uma definição precisa, caracterizando a *contumelia* como uma desonra infligida publicamente a outro por meio de palavras.

b. A presente seção é consagrada ao estudo das faltas contra a justiça comutativa cometidas por palavras proferidas fora dos tribunais. Nas perspectivas dessa espécie de justiça, examinaremos aqui as ofensas ou danos infligidos a outros nas conversas ordinárias. Na enumeração dessas diferentes formas de injustiça, na apreciação de sua malícia e gravidade, Sto. Tomás se inspira nas fontes bíblicas (nas quais o "pecado da língua" possui tanta importância). Será guiado pelos ensinamentos patrísticos e pelos tratados medievais, sobretudo por algumas antologias sentenciárias. Já a reflexão ética propriamente dita, tanto entre os filósofos como entre os teólogos, era menos avançada nesses domínios. Assim, o pequeno tratado sobre a ética da palavra, aqui inserido, manifesta uma verdadeira originalidade, definindo e classificando um leque de noções, e elaborando a partir delas uma construção coerente, que a tradição posterior prolongará, quanto ao essencial. Um tal trabalho de clarificação e de ordenamento apoia-se muitas vezes no uso da linguagem corrente, no testemunho de fontes antigas, na maioria autores latinos, mas recorrerá sobretudo à análise das noções à luz dos princípios e exigências da justiça. O êxito geral que coroa esses procedimentos vem acompanhada de alguns compromissos.

As faltas contra a justiça serão deduzidas e ordenadas a partir do exame de certos bens ou direitos da pessoa, exigindo o respeito na vida social e nela estando especialmente ameaçadas. Esses direitos se prendem diretamente à dignidade pessoal, assim como os direitos examinados nas q. 64-66 vinculavam-se ao respeito à vida e à propriedade. Os direitos expostos à violação pelas injustiças em palavras são em especial: a honra, a reputação e a estima, o acordo e a amizade. De maneira bastante rigorosa, as duas formas de injustiça, a contumélia e a difamação, são definidas e distinguidas na medida em que se

de contumelia; secundo, de detractione; tertio, de susurratione; quarto, de derisione; quinto, de maledictione.
Circa primum quaeruntur quatuor.

*Primo:* quid sit contumelia.
*Secundo:* utrum omnis contumelia sit peccatum mortale.
*Tertio:* utrum oporteat contumeliosos reprimere.
*Quarto:* de origine contumeliae.

II. A difamação. III. A murmuração; IV. A zombaria; V. A maldição.

A primeira questão se desdobra em quatro artigos:
1. Que é contumélia?
2. É sempre pecado mortal?
3. É preciso reprimir os contumeliosos?
4. Origem da contumélia.

## Articulus 1
### Utrum contumelia consistat in verbis

AD PRIMUM SIC PROCEDITUR. Videtur quod contumelia non consistat in verbis.
1. Contumelia enim importat quoddam nocumentum proximo illatum: cum pertineat ad iniustitiam. Sed verba nullum nocumentum videntur inferre proximo, nec in rebus nec in persona. Ergo contumelia non consistit in verbis.
2. PRAETEREA, contumelia videtur ad quandam dehonorationem pertinere. Sed magis aliquis potest inhonorari seu vituperari factis quam verbis. Ergo videtur quod contumelia non consistit in verbis, sed magis in factis.
3. PRAETEREA, dehonoratio quae fit in verbis dicitur convicium vel improperium. Sed contumelia videtur differre a convicio et improperio. Ergo contumelia non consistit in verbis.

SED CONTRA, nihil auditu percipitur nisi verbum. Sed contumelia auditu percipitur: secundum illud Ier 20,10: *Audivi contumelias in circuitu*. Ergo contumelia est in verbis.

RESPONDEO dicendum quod contumelia im portat dehonorationem alicuius. Quod quidem contingit

## Artigo 1
### A contumélia consiste em palavras?

QUANTO AO PRIMEIRO ARTIGO, ASSIM SE PROCEDE: parece que a contumélia **não** consiste em palavras.
1. Com efeito, a contumélia, sendo uma injustiça, comporta certo dano causado ao próximo. Ora palavras, ao que parece, não causam qualquer dano ao próximo, nem em sua pessoa nem em seus bens. Logo a contumélia não consiste em palavras.
2. ALÉM DISSO, a contumélia implica certa desonra. Ora, pode-se desonrar ou vituperar alguém mais por ações do que por palavras. Logo, parece que a contumélia consiste mais em ações do que em palavras.
3. ADEMAIS, a desonra infligida por palavras se chama convício ou impropério Ora, um e outro são distintos da contumélia. Esta não parece, portanto, consistir em palavras.

EM SENTIDO CONTRÁRIO, o ouvido só percebe as palavras. Ora as contumélias são percebidas pelos ouvidos, como se lê no livro de Jeremias: "Ouvi contumélias ao redor". Portanto, a contumélia consiste em palavras.

RESPONDO. A contumélia comporta desonra. O que se dá de dois modos. Como a honra decorre de

---

1

contrapõem respectivamente à honra e à reputação (q. 72-73). Essa distinção se funda sobre o caráter público (na contumélia) ou secreto (na difamação) do atentado à dignidade pessoal em analogia com a diferença entre a rapina e o roubo, que foram distinguidos enquanto violação violenta ou oculta da propriedade. Esse duplo caráter é considerado como essencial no domínio da injustiça, pois constitui uma dupla espécie de involuntário (ver abaixo q. 73, a. 1; ver, anteriormente, II-II, q. 66, nota 5). Os princípios de classificação da maledicência (q. 74), da zombaria (q. 75) e da maldição (q. 76) são menos formais. Ao que tudo indica, porém, essas formas de injustiça atentam respectivamente ao bom entendimento, à estima e à prosperidade, outros tantos bens ou direitos de que uma pessoa quer razoavelmente usufruir na vida e na comunicação social. O critério aqui adotado, relacionado à oposição entre o secreto e o ostensivo, considerado essencial no domínio da justiça comutativa, resultou na distinção entre a contumélia e a difamação, enquanto se passa sob silêncio a calúnia, que é sem dúvida a forma mais grave da difamação. Será mencionada, no que concerne ao essencial, no capítulo sobre a mentira prejudicial (ver II-II, q. 110, a. 2). Esta última é tratada no contexto da virtude de verdade (veracidade), caracterizada como virtude anexa da justiça (II-II, q. 109 e s.). É útil reunir essas questões, principalmente se se quiser prolongar e ampliar a contribuição tomista numa abordagem ética mais aberta às perspectivas e aos fatores da vida social, especialmente aos progressos da comunicação social, que põem cada vez mais em questão os graves problemas relativos à dignidade pessoal, à honra e à reputação, à estima, à compreensão e ao acordo entre os homens.

dupliciter. Cum enim honor aliquam excellentiam consequatur, uno modo aliquis alium dehonorat cum privat eum excellentia propter quam habebat honorem. Quod quidem fit per peccata factorum, de quibus supra[1] dictum est. — Alio modo, cum aliquis id quod est contra honorem alicuius deducit in notitiam eius et aliorum. Et hoc proprie pertinet ad contumeliam. Quod quidem fit per aliqua signa. Sed sicut Augustinus dicit, in II *de Doct. Christ.*[2], *omnia signa, verbis comparata, paucissima sunt: verba enim inter homines obtinuerunt principatum significandi quaecumque animo concipiuntur*. Et ideo contumelia, proprie loquendo, in verbis consistit. Unde Isidorus dicit, in libro *Etymol.*[3], quod contumeliosus dicitur aliquis *quia velox est et tumet verbis iniuriae*.

Quia tamen etiam per facta aliqua significatur aliquid, quae in hoc quod significant habent vim verborum significantium; inde est quod contumelia, extenso nomine, etiam in factis dicitur. Unde Rm 1,30, super illud, *contumeliosos, superbos,* dicit Glossa[4] quod contumeliosi sunt *qui dictis vel factis contumelias et turpia inferunt*.

AD PRIMUM ergo dicendum quod verba secundum suam essentiam, idest inquantum sunt quidam soni audibiles, nullum nocumentum alteri inferunt: nisi forte gravando auditum, puta cum aliquis nimis alte loquitur. Inquantum vero sunt signa repraesentantia aliquid in notitiam aliorum sic possunt multa damna inferre. Inter quae unum est quod homo damnificatur quantum ad detrimentum honoris sui vel reverentiae sibi ab aliis exhibendae. Et ideo maior est contumelia si aliquis alicui defectum suum dicat coram multis. Et tamen si sibi soli dicat, potest esse contumelia, inquantum ipse qui loquitur contra audientis reverentiam agit.

AD SECUNDUM dicendum quod intantum aliquis aliquem factis dehonorat inquantum illa facta vel faciunt vel significant illud quod est contra honorem alicuius. Quorum primum non pertinet ad contumeliam, sed ad alias iniustitiae species, de quibus supra dictum est[5]. Secundum vero pertinet ad contumeliam inquantum facta habent vim verborum in significando.

AD TERTIUM dicendum quod convicium et improperium consistunt in verbis, sicut et contu-

uma certa excelência, pode-se, primeiro, desonrar alguém, privando-o da excelência donde provinha sua honra. Isso se faz pelos pecados de ação, dos quais já se falou. — Em segundo lugar, pode-se levar aquilo que desonra alguém, ao conhecimento dele e dos outros. Nisso consiste propriamente a contumélia. Ela se comete através de sinais. Mas, como nota Agostinho: "Todos os sinais comparados às palavras ocupam pouquíssimo espaço. Pois a palavra é o principal meio de que dispõem os homens para exprimir o que lhes passa no espírito." É por isso que a contumélia consiste, propriamente, em palavras. Isidoro diz: "Alguém se chama *contumelioso*, porque está pronto em proferir ofensas, que lhe *entumecem* a boca".

Contudo, como certos fatos podem ser providos de significação, com isso assumem a força de palavras significantes. Pode-se, então, falar de contumélias, no sentido amplo, mesmo a propósito de ações. Assim, comentando o texto da Carta aos Romanos: "contumeliosos, soberbos etc." a Glosa declara: "São contumeliosos os que, por palavras ou ações, lançam contra os outros ofensas e ultrajes."

QUANTO AO 1º, portanto, deve-se dizer que as palavras, consideradas em sua essência, enquanto série de sons que se ouvem, não causam dano a ninguém, a não ser molestar os ouvidos, quando se fala forte demais. Mas, como sinais que levam uma ideia ou um fato ao conhecimento dos outros, podem causar muitos danos. Um deles é a ofensa assacada contra a honra e a estima que alguém lhe manifesta. Maior será a contumélia se os defeitos são revelados diante de muitos. No entanto, mesmo se são proferidos apenas em face da pessoa, pode haver contumélia, enquanto quem fala age contra o respeito devido ao outro.

QUANTO AO 2º, deve-se dizer que alguém desonra o outro por atos, enquanto estes fazem ou exprimem o que é contra a honra desse outro. O fazer não entra propriamente na contumélia, mas faz parte das espécies de injustiça por ação, de que já se tratou anteriormente. Quanto ao fato expressivo, pode ser bem um ultraje, pois a ação é tão significativa quanto as palavras.

QUANTO AO 3º, deve-se dizer que o convício e o impropério consistem em palavras como a

---

1. Q. 64 sqq.
2. C. 3: ML 34, 37.
3. L. X, ad litt. C, n. 46: ML 82, 372 B.
4. Interl.; LOMBARDI: ML 191, 1335 D.
5. Loc. cit. in c. art.

melia: quia per omnia haec repraesentatur aliquis defectus alicuius in detrimentum honoris ipsius. Huiusmodi autem defectus est triplex. Scilicet defectus culpae, qui repraesentatur per verba contumeliosa. Et defectus generaliter culpae et poenae, qui repraesentatur per *convitium*: quia *vitium* consuevit dici non solum animae, sed etiam corporis. Unde si quis alicui iniuriose dicat eum esse caecum, convicium quidem dicit, sed non contumeliam: si quis autem dicat alteri quod sit fur, non solum convicium, sed etiam contumeliam infert. — Quandoque vero repraesentat aliquis alicui defectum minorationis sive indigentiae: qui etiam derogat honori consequenti quamcumque excellentiam. Et hoc fit per verbum *improperii*, quod proprie est quando aliquis iniuriose alteri ad memoriam reducit auxilium quod contulit ei necessitatem patienti. Unde dicitur Eccli 20,15: *Exigua dabit, et multa improperabit*. — Quandoque tamen unum istorum pro alio ponitur.

contumélia; pois, nos três casos, se põem em relevo os defeitos de alguém em detrimento de sua honra Ora, esses defeitos podem ser de três sortes. Primeiro, uma culpa, assacada por palavras injuriosas. Em segundo lugar, de maneira geral, a culpa e a pena, que se exprime por "convício", pois "vício" se pode entender da alma e do corpo. Assim dizer a alguém, de maneira ofensiva, que ele é cego, é lançar-lhe um convício, não uma contumélia. Ao contrário, acusar alguém de ser ladrão é mais do que um convício, é também uma contumélia. — Finalmente, por vezes, se pode lançar à face do outro sua baixa condição ou de sua pobreza, atingindo sua honra que se liga a certa excelência. São palavras de impropério, quando, precisamente se lembra a outrem o auxílio que lhe foi dado em momento de penúria. É o que diz o livro do Eclesiástico: "Ele dará pouco, e o lembrará com impropério". — Contudo, todas essas expressões se tomam, às vezes, umas pelas outras.

### Articulus 2
### Utrum contumelia, seu convicium, sit peccatum mortale

Ad secundum sic proceditur. Videtur quod contumelia, vel convicium, non sit peccatum mortale.

1. Nullum enim peccatum mortale est actus alicuius virtutis. Sed conviciari est actus alicuius virtutis, scilicet eutrapeliae, ad quam pertinet bene conviciari, secundum Philosophum, in IV *Ethic*.[1] Ergo convicium, sive contumelia, non est peccatum mortale.
2. Praeterea, peccatum mortale non invenitur in viris perfectis. Qui tamen aliquando convicia vel contumelias dicunt: sicut patet de Apostolo, qui, *ad* Gl 3,1 dixit: *O insensati Galatae!* Et Dominus dicit, Lc ult., 25: *O stulti, et tardi corde ad credendum!* Ergo convicium, sive contumelia, non est peccatum mortale.
3. Praeterea, quamvis id quod est peccatum veniale ex genere possit fieri mortale, non tamen peccatum quod ex genere est mortale potest esse veniale, ut supra[2] habitum est. Si ergo dicere

### Artigo 2
### A contumélia ou o convício é pecado mortal?

Quanto ao segundo, assim se procede: parece que a contumélia ou o convício **não** vem a ser pecado mortal.

1. Com efeito, nenhum pecado é ato de virtude. Ora, zombar dos defeitos dos outros é um ato da virtude de eutrapélia ou de bom humor, como explica o Filósofo; a ela pertencem formas amáveis de zombaria. Logo, a contumélia ou o convício[c] não é pecado mortal.
2. Além disso, os homens perfeitos não cometem pecado mortal. Ora, eles proferem às vezes contumélias e convícios, como se vê nas palavras do Apóstolo: "Ó Gálatas insensatos!" E o próprio Senhor assim repreende: "Ó homens sem inteligência e tardos de coração para crer!" Logo, contumélia ou convício não é pecado mortal.
3. Ademais, o pecado, venial por sua natureza, pode tornar-se mortal, mas não o contrário, como já se demonstrou. Portanto, se proferir contumélia e convício fosse, por sua natureza, pecado mortal,

---

2  Parall.: Infra, q. 158, a. 5, ad 3; *ad Gal*., c. 3, lect. 1.

1. C. 14: 1128, a, 33.
2. I-II, q. 88, a. 4, 6.

---

c. Na objeção e na solução, alude-se à virtude do "bom humor", ou, segundo o termo grego de Aristóteles, de *eutrapelia*, definida e explicada na II-II, q. 168, a. 2. A respeito da zombaria, Sto. Tomás estabelece toda uma escala, indo da ofensa mais grave até às palavras espirituosas, agradavelmente divertidas e virtuosas, tomando como duplo ponto de referência: a intenção daquele que fala e a honra assim como a alegria do outro.

convicium vel contumeliam esset peccatum mortale ex genere suo, sequeretur quod semper esset peccatum mortale. Quod videtur esse falsum: ut patet in eo qui leviter et ex subreptione, vel ex levi ira dicit aliquod verbum contumeliosum. Non ergo contumelia vel convicium ex genere suo est peccatum mortale.

SED CONTRA, nihil meretur poenam aeternam inferni nisi peccatum mortale. Sed convicium vel contumelia meretur poenam inferni: secundum illud Mt 5,22: *Qui dixerit fratri suo, Fatue, reus erit gehennae ignis*. Ergo convicium vel contumelia est peccatum mortale.

RESPONDEO dicendum quod, sicut supra[3] dictum est, verba inquantum sunt soni quidam, non sunt in nocumentum aliorum, sed inquantum significant aliquid. Quae quidem significatio ex interiori affectu procedit. Et ideo in peccatis verborum maxime considerandum videtur ex quo affectu aliquis verba proferat. Cum igitur convicium, seu contumelia, de sui ratione importet quandam dehonorationem, si intentio proferentis ad hoc feratur ut aliquis per verba quae profert honorem alterius auferat, hoc proprie et per se est dicere convicium vel contumeliam. Et hoc est peccatum mortale, non minus quam furtum vel rapina: non enim homo minus amat suum honorem quam rem possessam.

Si vero aliquis verbum convicii vel contumeliae alteri dixerit, non tamen animo dehonorandi, sed forte propter correctionem vel propter aliquid huiusmodi, non dicit convicium vel contumeliam formaliter et per se, sed per accidens et materialiter, inquantum scilicet dicit id quod potest esse convicium vel contumelia. Unde hoc potest esse quandoque peccatum veniale; quandoque autem absque omni peccato. — In quo tamen necessaria est discretio, ut moderate homo talibus verbis utatur. Quia posset esse ita grave convicium quod, per incautelam prolatum, auferret honorem eius contra quem proferretur. Et tunc posset homo peccare mortaliter etiam si non intenderet dehonorationem alterius. Sicut etiam si aliquis, incaute alium ex ludo percutiens, graviter laedat, culpa non caret.

AD PRIMUM ergo dicendum quod ad eutrapelum pertinet dicere aliquod leve convicium, non ad dehonorationem vel ad contristationem eius in quem dicitur, sed magis causa delectationis et ioci. Et hoc potest esse sine peccato, si debitae circumstantiae observantur. Si vero aliquis non sempre o seria. Ora, isso parece falso, pelo menos, no caso de quem, por leviandade, por surpresa ou um ímpeto de cólera, deixa escapar uma palavra contumeliosa. Logo, contumélia ou convício, por sua natureza não é pecado mortal.

EM SENTIDO CONTRÁRIO, só o pecado mortal merece a pena eterna do inferno. Ora, contumélia ou convício merece essa pena, conforme se lê no Evangelho de Mateus: "Quem disser a seu irmão 'tolo' merece ser lançado na geena do fogo." Portanto o convício ou a contumélia é pecado mortal.

RESPONDO. Acima foi dito que as palavras, como séries de sons, não causam dano a ninguém, mas somente enquanto são portadoras de significação, pois esta provém de um afeto interior. Assim, nos pecados por palavras se há de examinar, antes de tudo, o afeto de quem fala. Ora, o insulto ou a contumélia comporta por sua natureza uma certa desonra. Por conseguinte, haverá convício ou contumélia, em sentido próprio, quando se proferem certas palavras com a intenção de privar alguém da sua honra. É um pecado mortal, não menos grave do que o furto e a rapina, pois o homem não ama a sua honra menos do que as coisas que possui.

Ao invés, se alguém profere contra outrem palavras de contumélia ou convício sem intenção de desonrá-lo, mas para corrigi-lo ou outro motivo semelhante, não pronuncia uma contumélia ou convício, em si e formalmente, mas de maneira acidental e material, neste sentido que tais palavras poderiam ser convício e contumélia. Pode haver, nesse caso, pecado venial, ou mesmo, não haver pecado algum. — Em tudo isso, é necessária a discrição, para só empregarmos semelhante linguagem com moderação. Pois, pronunciada sem cautela, ela poderia arruinar a honra daquele que é assim visado. Nesse caso, poder-se-ia chegar a cometer pecado mortal, mesmo sem ter a intenção de desonrar o próximo. De modo semelhante, quem vem a ferir gravemente um outro, em brincadeiras imprudentes, não está isento de pecado.

QUANTO AO 1º, portanto, deve-se dizer que é prova de bom humor dizer alguma leve zombaria jocosa, não para desonrar ou contristar o interlocutor visado, mas por prazer e divertimento. O que pode não vir a ser pecado, dentro das devidas circunstâncias. Mas se alguém não hesita em molestar

---

3. Art. praec., ad 1.

reformidet contristare eum in quem profertur huiusmodi iocosum convicium, dummodo aliis risum excitet, hoc est vitiosum, ut ibidem[4] dicitur.

AD SECUNDUM dicendum quod sicut licitum est aliquem verberare vel in rebus damnificare causa disciplinae, ita etiam et causa disciplinae potest aliquis alteri, quem debet corrigere, verbum aliquod conviciosum dicere. Et hoc modo Dominus discipulos vocavit stultos, et Apostolus Galatas insensatos. — Tamen, sicut dicit Augustinus, in libro *de Serm. Dom. in Monte*[5], *raro, et ex magna necessitate obiurgationes sunt adhibendae, in quibus non nobis, sed ut Domino serviatur, instemus.*

AD TERTIUM dicendum quod, cum peccatum convicii vel contumeliae ex animo dicentis dependeat, potest contingere quod sit peccatum veniale, si sit leve convicium, non multum hominem dehonestans, et proferatur ex aliqua animi levitate, vel ex levi ira, absque firmo proposito aliquem dehonestandi: puta cum aliquis intendit aliquem per huiusmodi verbum leviter contristare.

aquele a quem se dirigem os termos jocosos, só buscando fazer rir os outros, tal proceder tem algo de vicioso, como diz o Filósofo no lugar citado.

QUANTO AO 2º, deve-se dizer que pode-se bater em alguém ou tomar-lhe alguma coisa, em vista de sua formação. Pelo mesmo motivo, pode-se dirigir uma palavra de afronta àquele que se quer corrigir. Assim, o Senhor chama os discípulos de "homens sem inteligência," e o Apóstolo trata os Gálatas de "insensatos." — Contudo, nota Agostinho: "Essas repreensões hão ser empregadas raramente e em caso de grande necessidade, visando não o nosso proveito, porém o serviço do Senhor."

QUANTO AO 3º, deve-se dizer que o pecado de contumélia ou convício depende da intenção de quem fala. Pode ser pecado venial, se a contumélia é leve, sem atingir gravemente a honra de outrem, se for proferida por leviandade de espírito ou por um ligeiro movimento de cólera, sem propósito deliberado de lesar a honra; por exemplo, quando se visa contristar a outrem levemente por meio de tais palavras.

ARTICULUS 3
### Utrum aliquis debeat contumelias sibi illatas sustinere

AD TERTIUM SIC PROCEDITUR. Videtur quod aliquis non debeat contumelias sibi illatas sustinere.

1. Qui enim sustinet contumeliam sibi illatam, audaciam nutrit conviciantis. Sed hoc non est faciendum. Ergo homo non debet sustinere contumeliam sibi illatam, sed magis convicianti respondere.

2. PRAETEREA, homo debet plus se diligere quam alium. Sed aliquis non debet sustinere quod alteri convicium inferatur: unde dicitur Pr 26,10: *Qui imponit stulto silentium iras mitigat.* Ergo etiam aliquis non debet sustinere contumelias illatas sibi.

3. PRAETEREA, non licet alicui vindicare seipsum: secundum illud: *Mihi vindictam, et ego retribuam.* Sed aliquis non resistendo contumeliae se vindicat: secundum illud Chrysostomi[1]: *Si vindicare vis, sile: et funestam ei dedisti plagam.* Ergo aliquis non debet, silendo, sustinere verba contumeliosa, sed magis respondere.

ARTIGO 3
### Devem-se suportar as contumélias proferidas contra si?

QUANTO AO TERCEIRO, ASSIM SE PROCEDE: parece que **não** se devem suportar as contumélias proferidas contra si.

1. Com efeito, quem suporta as contumélias encoraja a audácia do injuriante. Ora, isso não deve ser feito. Logo, em vez de suportar, é melhor revidar as contumélias.

2. ALÉM DISSO, deve-se amar a si mesmo mais que a outrem. Ora, não se deve deixar insultar a outrem; como se diz no livro dos Provérbios: "Quem impõe silêncio ao insensato aplaca as cóleras." Logo, não se devem suportar as contumélias feitas a si mesmo.

3. ADEMAIS, ninguém tem o direito de se vingar a si mesmo, conforme está dito na Carta aos Hebreus: "A mim a vingança! Sou eu que retribuirei." Ora, é uma vingança não resistir às contumélias, pois Crisóstomo declara: "Se queres vingar-te, guarda o silêncio, e lhe darás assim um golpe fatal." Logo, não se deve guardar silêncio

---

4. C. 14: 1128, a, 4.
5. L. II, c. 19, n. 66: ML 34, 1299.

1. Hom. 22, *in epist. ad Rom.*, n. 33: MG 60, 612.

SED CONTRA est quod dicitur in Ps 37,13-14: *Qui inquirebant mala mihi, locuti sunt vanitates*; et postea subdit: *Ego autem tanquam surdus non audiebam, et sicut mutus non aperiens os suum.*

RESPONDEO dicendum quod sicut patientia necessaria est in his quae contra nos fiunt, ita etiam in his quae contra nos dicuntur. Praecepta autem patientiae in his quae contra nos fiunt, sunt in praeparatione animae habenda, sicut Augustinus, in libro *de Serm. Dom. in Monte*[2], exponit illud praeceptum Domini, *Si quis percusserit te in una maxilla, praebe ei et aliam*: ut scilicet homo sit paratus hoc facere, si opus fuerit; non tamen hoc semper tenetur facere actu, quia nec ipse Dominus hoc fecit, sed, cum suscepisset alapam, dixit, *Quid me caedis?* ut habetur Io 18,23. Et ideo etiam circa verba contumeliosa quae contra nos dicuntur, est idem intelligendum. Tenemur enim habere animum paratum ad contumelias tolerandas si expediens fuerit. Quandoque tamen oportet ut contumeliam illatam repellamus: maxime propter duo. Primo quidem, propter bonum eius qui contumeliam infert: ut videlicet eius audacia reprimatur, et de cetero talia non attentet, secundum illud Pr 26,5: *Responde stulto iuxta stultitiam suam, ne sibi sapiens videatur*. Alio modo, propter bonum multorum, quorum profectus impeditur per contumelias nobis illatas. Unde Gregorius dicit, *super Ezech.*, homil. IX[3]: *Hi quorum vita in exemplo imitationis est posita, debent, si possunt, detrahentium sibi verba compescere: ne eorum praedicationem non audiant qui audire poterant, et in pravis moribus remanentes, bene vivere contemnant.*

AD PRIMUM ergo dicendum quod audaciam conviciantis contumeliosi debet aliquis moderate reprimere: scilicet propter officium caritatis, non propter cupiditatem privati honoris. Unde dicitur Pr 26,4: *Ne respondeas stulto* iuxta *stultitiam suam, ne ei similis efficiaris.*

AD SECUNDUM dicendum quod in hoc quod aliquis alienas contumelias reprimit, non ita timetur cupiditas privati honoris sicut cum aliquis repellit contumelias proprias: magis autem videtur hoc provenire ex caritatis affectu.

e aguentar os dizeres contumeliosos, mas, antes, dar-lhes a réplica.

EM SENTIDO CONTRÁRIO, está escrito no Salmo: "Os que buscam minha desgraça, espalham mentiras;" E a seguir: "Sou como um surdo, não ouço; sou como um mudo que não abre a boca."

RESPONDO. A paciência é necessária para suportar tanto as ações quanto as palavras que nos ofendem. Mas, os preceitos que recomendam a paciência contra as ofensas visam estabelecer uma disposição habitual da alma. O mandamento do Sermão sobre a Montanha: "Se alguém te esbofetear na face direita oferece-lhe também a outra," é assim comentado por Agostinho: "Deve-se estar preparado para praticá-lo, se necessário. Mas, não se está obrigado a agir assim efetivamente, pois o próprio Senhor não o fez. Quando recebeu uma bofetada, perguntou: Por que me feres?" É o que se lê no Evangelho de João. De igual maneira, no que toca às palavras contumeliosas proferidas contra nós, devemos ter o ânimo preparado para suportar as contumélias, se for conveniente. Mas em certos casos devemos repelir as contumélias, sobretudo por duas razões. A primeira é o bem de quem nos injuria; cumpre reprimir sua audácia, afim de que não seja tentado a recomeçar. É o que diz o livro dos Provérbios: "Responde ao insensato segundo sua insensatez, para que não se tenha por sábio." A segunda razão é o bem de muitos cujo progresso seria entravado pelas contumélias que nos fazem. Daí as reflexões de Gregório: "Aqueles cuja vida é dada em exemplo aos outros devem, se podem, reduzir ao silencio seus difamadores; afim de que os que poderiam ouvir sua pregação não se afastem, e, permanecendo presos a seus vícios, acabem desprezando a virtude."[d]

QUANTO AO 1º, portanto, deve-se dizer que reprimir com moderação a audácia do insultante injurioso, para cumprir um dever de caridade, não por apego à própria honra. É o que se diz no livro dos Provérbios: "Não respondas ao insensato segundo sua insensatez, para não te igualares a ele."

QUANTO AO 2º, deve-se dizer que quando se reprime a contumélia feita a outrem, o risco de se buscar a satisfação do amor próprio é menor do que no caso da defesa da honra pessoal; parece aí prevalecer a motivação da caridade.

---

2. L. I, q. 19, nn. 58-59: ML 34, 1260.
3. L. I, hom. 9, n. 18: ML 76, 877 D.

---

d. Essas posições tão matizadas a propósito das injúrias em palavras ganhariam em ser comparadas com o que diz II-II, q. 108 sobre a virtude da vingança ou da resposta virtuosa à maldade.

AD TERTIUM dicendum quod si aliquis hoc animo taceret ut tacendo contumeliantem ad iracundiam provocaret, pertineret hoc ad vindictam. Sed si aliquis taceat volens *dare locum irae*, hoc est laudabile. Unde dicitur *Eccli* 8,4: *Non litiges cum homine linguato, et non struas in ignem illius ligna*.

QUANTO AO 3º, deve-se dizer que calar-se com o desejo secreto de assim provocar à cólera aquele que nos injuriou é, sem dúvida, agir por vingança. Ao contrário, guardar silêncio para apaziguar a cólera é atitude virtuosa. Daí a palavra do Eclesiástico: "Não discutas com o fanfarrão, não jogues lenha no fogo."

## ARTICULUS 4
### Utrum contumelia oriatur ex ira

AD QUARTUM SIC PROCEDITUR. Videtur quod contumelia non oriatur ex ira.
1. Quia dicitur Pr 11,2: *Ubi superbia, ibi contumelia*. Sed ira est vitium distinctum a saperbia. Ergo contumelia non oritur ex ira.

2. PRAETEREA, Pr 20,3 dicitur: *Omnes stulti miscentur contumeliis*. Sed stultitia est vitium oppositum sapientiae, ut supra[1] habitum est: ira autem opponitur mansuetudini. Ergo contumelia non oritur ex ira.

3. PRAETEREA, nullum peccatum diminuitur ex sua causa. Sed peccatum contumeliae diminuitur si ex ira proferatur: gravius enim peccat qui ex odio contumeliam infert quam qui ex ira. Ergo contumelia non oritur ex ira.

SED CONTRA est quod Gregorius dicit, XXXI *Moral.*[2], quod ex ira oriuntur contumeliae.

RESPONDEO dicendum quod, cum unum peccatum possit ex diversis oriri, ex illo tamen dicitur principalius habere originem ex quo frequentius procedere consuevit, propter propinquitatem ad finem ipsius. Contumelia autem magnam habet propinquitatem ad finem irae, qui est vindicta: nulla enim vindicta est irato magis in promptu quam inferre contumeliam alteri. Et ideo contumelia maxime oritur ex ira.

AD PRIMUM ergo dicendum quod contumelia non ordinatur ad finem superbiae, qui est celsitudo: et ideo non directe contumelia oritur ex superbia. Disponit tamen superbia ad contumeliam: inquantum illi qui se superiores aestimant, facilius alios contemnunt et iniurias eis irrogant. Facilius etiam irascuntur: utpote reputantes indignum quidquid contra eorum voluntatem agitur.

## ARTIGO 4
### A contumélia nasce da ira?

QUANTO AO QUARTO, ASSIM SE PROCEDE: parece que a contumélia **não** nasce da ira.
1. Com efeito, está escrito no livro dos Provérbios: "Onde houver soberba, aí haverá contumélia." Ora, a ira é vício distinto da soberba. Logo, a contumélia não nasce da ira.

2. ALÉM DISSO, lê-se ainda nos Provérbios: "Todos os estultos se enredam em contumélias." Ora, a estultícia é vício contrário à sabedoria, como se explicou acima; ao invés, a ira se opõe à mansidão. Logo, a contumélia não nasce da ira.

3. ADEMAIS, nenhum pecado é diminuído por sua própria causa. Ora, o pecado de contumélia é menos grave, quando nasce da ira; com efeito, peca mais gravemente quem profere uma contumélia por ódio do que movido pela ira. Logo, a contumélia não nasce da ira.

EM SENTIDO CONTRÁRIO, Gregório declara que da ira nascem as contumélias.

RESPONDO. Um pecado pode nascer de fontes diversas. Porém, será atribuído principalmente à origem donde procede mais frequentemente, porque ela tem mais afinidade com seu fim próprio. Ora, a contumélia tem grande proximidade com o fim visado pela ira, a saber a vingança. Com efeito, para o homem irado o meio de mais fácil alcance para se vingar é proferir contumélia contra o adversário. Por isso, a contumélia nasce sobretudo da ira.

QUANTO AO 1º, portanto, deve-se dizer que a contumélia não se ordena ao fim próprio da soberba que é a grandeza; não nasce portanto diretamente da soberba. Esta, contudo, dispõe à contumélia, pois quem se julga superior é mais levado a desprezar os outros e a injuriá-los; de fato, encoleriza-se facilmente, pois considera insuportável tudo o que se opõe à sua vontade.

---

4   PARALL.: Infra, q. 73, a. 3, ad 3; q. 158, a. 7.

1. Q. 46, a. 1.
2. C. 45, al. 17, in vet. 31, n. 88: ML 76, 621 B.

AD SECUNDUM dicendum quod, secundum Philosophum, in VII *Ethic*.³, *ira non perfecte audit rationem*: et sic iratus patitur rationis defectum, in quo convenit cum stultitia. Et propter hoc ex stultitia oritur contumelia, secundum affinitatem quam habet cum ira.

AD TERTIUM dicendum quod, secundum Philosophum, in II Rhet.⁴, *iratus intendit manifestam offensam, quod non curat odiens*. Et ideo contumelia, quae importat manifestam iniuriam, magis pertinet ad iram quam ad odium.

QUANTO AO 2º, deve-se dizer que o Filósofo observa: "A ira não é perfeitamente dócil à razão." Por isso, o homem irado padece de uma falta de razão, que o aproxima da estultícia. Assim a contumélia tem sua origem na estultícia, dada a afinidade desta com a ira.

QUANTO AO 3º, deve-se dizer que nota ainda o Filósofo: "O homem irado procura ofender abertamente; quem odeia, porém, não age assim." Por isso, a contumélia que comporta uma ofensa pública se liga mais à ira do que ao ódio.

---

3. C. 7: 1149, a, 25 — b, 3.
4. Cc. 2, 4: 1378, a, 31-33; 1382, a, 8-9.

---

## QUAESTIO LXXIII
## DE DETRACTIONE
*in quatuor articulos divisa*

Deinde considerandum est de detractione.
Et circa hoc quaeruntur quatuor.
*Primo:* quid sit detractio.
*Secundo:* utrum sit peccatum mortale.
*Tertio:* de comparatione eius ad alia peccata.

*Quarto*: utrum peccet aliquis audiendo detractionem.

## QUESTÃO 73
## A DIFAMAÇÃO
*em quatro artigos*

Deve-se agora tratar da difamação.
A questão compreende quatro artigos:
1. Que é difamação.
2. É pecado mortal?
3. Sua gravidade em comparação com outros pecados
4. É pecado ouvir a difamação.

### ARTICULUS 1
### Utrum detractio sit denigratio alienae famae per occulta verba

AD PRIMUM SIC PROCEDITUR. Videtur quod detractio non sit *denigratio alienae famae per occulta verba*, ut a quibusdam definitur.

1. Occultum enim et manifestum sunt circumstantiae non constituentes speciem peccati: accidit enim peccato quod a multis sciatur vel a paucis. Sed illud quod non constituit speciem peccati non pertinet ad rationem ipsius, nec debet poni in eius definitione. Ergo ad rationem detractionis non pertinet quod fiat per occulta verba.
2. PRAETEREA, ad rationem famae pertinet publica notitia. Si igitur per detractionem denigretur fama alicuius, non poterit hoc fieri per verba occulta, sed per verba in manifesto dicta.

### ARTIGO 1
### A difamação consiste em denegrir, em segredo, a reputação alheia?

QUANTO AO PRIMEIRO ARTIGO, ASSIM SE PROCEDE: parece que a difamação **não** consiste em denegrir, em segredo, a reputação alheia, como é definida por alguns.

1. Com efeito, ser oculto ou manifesto são circunstâncias que não constituem espécies de pecado, pois é acidental ao pecado ser conhecido de poucos ou de muitos. Ora, o que não constitui a espécie do pecado não pertence à sua essência nem deve entrar em sua definição. Logo, a maior ou menor publicidade das palavras não é essencial à difamação.
2. ALÉM DISSO, a reputação inclui em seu conceito um conhecimento público. Logo, se a difamação denigre a reputação de alguém, ela não se pode efetuar por palavras secretas, mas proferidas abertamente.

---

1  PARALL.: Infra, q. 74, a. 1; *ad Rom*., c. 1, lect. 8.

3. PRAETEREA, ille detrahit qui aliquid subtrahit vel diminuit de eo quod est. Sed quandoque denigratur fama alicuius etiam si nihil subtrahatur de veritate: puta cum aliquis vera crimina alicuius pandit. Ergo non omnis denigratio famae est detractio.

SED CONTRA est quod dicitur Eccle 10,11: *Si mordeat serpens in silentio, nihil eo minus habet qui occulte detrahit.* Ergo occulte mordere famam alicuius est detrahere.

RESPONDEO dicendum quod sicut facto aliquis alteri nocet dupliciter, manifeste quidem sicut in rapina vel quacumque violentia illata, occulte autem sicut in furto et dolosa percussione; ita etiam verbo aliquis dupliciter aliquem laedit: uno modo, in manifesto, et hoc fit per contumeliam, ut supra[1] dictum est; alio modo, occulte, et hoc fit per detractionem. Ex hoc autem quod aliquis manifeste verba contra alium profert, videtur eum parvipendere, unde ex hoc ipso exhonoratur: et ideo contumelia detrimentum affert honori eius in quem profertur. Sed qui verba contra aliquem profert in occulto, videtur eum vereri magis quam parvipendere: unde non directe infert detrimentum honori, sed famae; inquantum, huiusmodi verba occulte proferens, quantum in ipso est, eos qui audiunt facit malam opinionem habere de eo contra quem loquitur. Hoc enim intendere videtur, et ad hoc conatur detrahens, ut eius verbis credatur.

Unde patet quod detractio differt a contumelia dupliciter. Uno modo, quantum ad modum proponendi verba: quia scilicet contumeliosus manifeste contra aliquem loquitur, detractor autem occulte. Alio modo, quantum ad finem intentum, sive quantum ad nocumentum illatum: quia scilicet contumeliosus derogat honori, detractor famae.

AD PRIMUM ergo dicendum quod in involuntariis commutationibus, ad quas reducuntur omnia nocumenta proximo illata verbo vel facto, diversificant rationem peccati occultum et manifestum: quia alia est ratio involuntarii per violentiam, et per ignorantiam, ut supra[2] dictum est.

AD SECUNDUM dicendum quod verba detractionis dicuntur occulta non simpliciter, sed per

3. ADEMAIS, a difamação implica que se "subtrai" ou diminui alguma coisa. Ora, pode acontecer que se venha a denegrir a reputação do próximo, sem que nada se subtraia da verdade; por exemplo, quando se revelam crimes efetivamente cometidos. Logo, nem sempre denegrir a reputação vem a ser uma difamação.

EM SENTIDO CONTRÁRIO, está escrito no Eclesiastes: "A serpente morde sem ruído; outra coisa não faz quem difama em segredo." Logo, dilacerar em segredo a reputação de alguém é infamar.

RESPONDO. Como há dois modos de lesar a outrem por ação: às claras, pela rapina ou qualquer espécie de violência, ou às ocultas, pelo furto ou por agressão dolosa, assim também se pode prejudicar o próximo, em palavras, de duas maneiras. em público, é a contumélia, de que já se falou; e em segredo, e será a difamação. Quando se fala às claras contra alguém, mostra-se fazer pouco caso dele, o que o desonra. Assim, a contumélia lesa a honra daquele contra quem é proferida. Ao contrário, quem fala do outro, às ocultas, mostra antes temê-lo do que desprezá-lo. Por isso, não atinge diretamente sua honra, mas a reputação; pois, proferindo suas palavras às ocultas leva quem ouve a formar má opinião daquele de quem fala. Tal parece de fato ser a intenção e o empenho do difamador, fazer com creiam no que diz.

É, portanto, evidente que a difamação difere da contumélia sob dois aspectos. Primeiro, pela maneira de falar contra alguém; abertamente, na contumélia, às ocultas, na difamação. Segundo, pelo fim visado e pelo dano causado, pois o injuriador prejudica a honra, o difamador, a boa reputação[a].

QUANTO AO 1º, portanto, deve-se dizer que nos intercâmbios involuntários, a que se reduzem os danos causados ao próximo, por palavras ou ações, ser oculto ou manifesto altera a espécie mesma do pecado, porque por natureza, o involuntário por violência difere do involuntário por ignorância, como já se explicou.

QUANTO AO 2º, deve-se dizer que as palavras de difamação se dizem ocultas, não em sentido

---

1. Q. 72, a. 1; a. 4, ad 3.
2. Q. 66, a. 4.

a. Como a contumélia, na questão anterior, aqui a difamação (*detractio*) recebe uma definição precisa: "denegrir em segredo a reputação de outrem". Essa definição visa enfatizar o duplo aspecto: a violação do direito à reputação, e a ausência daquele cuja reputação é denegrida. Este último aspecto é enfatizado no sentido em que conotaria uma certa reserva, ou um temor, enquanto que a contumélia (da qual se trata na questão precedente) comportaria uma afronta direta a alguém em sua presença.

comparationem ad eum de quo dicuntur: quia eo absente et ignorante, dicuntur. Sed contumeliosus in faciem contra hominem loquitur. Unde si aliquis de alio male loquatur coram multis, eo absente, detractio est: si autem eo solo praesente, contumelia est. Quamvis etiam si uni soli aliquis de absente malum dicat, corrumpit famam eius, non in toto, sed in parte.

AD TERTIUM dicendum quod aliquis dicitur detrahere non quia diminuat de veritate, sed quia diminuit famam eius. Quod quidem quandoque fit directe, quandoque indirecte. Directe quidem, quadrupliciter: uno modo, quando falsum imponit alteri; secundo, quando peccatum adauget suis verbis; tertio, quando occultum revelat; quarto, quando id quod est bonum dicit mala intentione factum. Indirecte autem: vel negando bonum alterius; vel malitiose reticendo.

### ARTICULUS 2
### Utrum detractio sit peccatum mortale

AD SECUNDUM SIC PROCEDITUR. Videtur quod detractio non sit peccatum mortale.

1. Nullus enim actus virtutis est peccatum mortale. Sed revelare peccatum occultum, quod, sicut dictum est[1], ad detractionem pertinet, est actus virtutis: vel caritatis, dum aliquis fratris peccatum denuntiat eius emendationem intendens; vel etiam est actus iustitiae, dum aliquis fratrem accusat. Ergo detractio non est peccatum mortale.

2. PRAETEREA, super illud Pr 24,21, *Cum detractoribus non commiscearis*, dicit Glossa[2]: *Hoc specialiter vitio periclitatur totum genus humanum*. Sed nullum peccatum mortale in toto humano genere invenitur: quia multi abstinent a peccato mortali, peccata autem venialia sunt quae in omnibus inveniuntur. Ergo detractio est peccatum veniale.

3. PRAETEREA, Augustinus, in homilia *de Igne Purg.*[3], inter *peccata minuta* ponit, *quando cum omni facilitate vel temeritate maledicimus*, quod pertinet ad detractionem. Ergo detractio est peccatum veniale.

SED CONTRA est quod Rm 1,30 dicitur: *Detractores, Deo odibiles*: quod ideo additur, ut

absoluto, mas em relação àquele que elas visam, pois são proferidas em sua ausência ou sem que o saiba. Ao contrário, o contumelioso ataca o outro de frente. Assim, haverá difamação quando se fala mal do outro, na ausência dele, mesmo que seja em presença de muitos; mas, se ele estiver presente, será uma contumélia. Sem dúvida, falando mal de um ausente a uma só pessoa, a reputação desta fica lesada não total, mas parcialmente.

QUANTO AO 3º, deve-se dizer que alguém difama o outro não porque atenta contra a verdade mas porque atinge a reputação dele. O que pode se realizar direta ou indiretamente. Diretamente, de quatro maneiras: atribuindo a outrem uma coisa falsa; exagerando por palavras seus pecados reais; revelando o que estava oculto; dizendo que uma boa ação foi feita com má intenção. Indiretamente, negando o bem feito pelo outro, ou calando maliciosamente.

### ARTIGO 2
### A difamação é pecado mortal?

QUANTO AO SEGUNDO, ASSIM SE PROCEDE: parece que a detração **não** é pecado mortal.

1. Com efeito, nenhum ato de virtude é pecado mortal, Ora, revelar um pecado oculto, o que caracteriza a difamação, como acabamos de ver, é um ato de virtude: ou de caridade, quando, por exemplo, se denuncia um pecado de um irmão para o corrigir, ou de justiça, quando se faz uma acusação. Logo, a difamação não é pecado mortal.

2. ALÉM DISSO, comentando a sentença dos Provérbios: "não te mistures com os difamadores," a Glosa observa: "É especialmente o pecado em que cai todo o gênero humano." Ora, não há pecado mortal que esteja difundido em todo o gênero humano, pois muitos vivem sem cometê-lo; são os pecados veniais que se encontram em todos os seres humanos. Logo, a difamação é pecado venial.

3. ADEMAIS, Agostinho coloca "entre os pequenos pecados o fato de dizer o mal com grande facilidade e imprudência", o que constitui a difamação. Logo, esta é pecado venial.

EM SENTIDO CONTRÁRIO, Paulo diz: "Os difamadores são odiados por Deus." Essa precisão

---

2  PARALL.: *Ad Rom.*, c. 1, lect. 8.

1. A. praec., ad 3.
2. Ordin.: ML 113, 1108 A.
3. Serm. 104, in Append., al. 41, de Sanctis, n. 3: ML 39, 1947.

dicit Glossa[4], *ne leve putetur propter hoc quod consistit in verbis.*

RESPONDEO dicendum quod, sicut supra[5] dictum est, peccata verborum maxime sunt ex intentione dicentis diiudicanda. Detractio autem, secundum suam rationem, ordinatur ad denigrandam famam alicuius. Unde ille, per se loquendo, detrahit qui ad hoc de aliquo obloquitur, eo absente, ut eius famam denigret. Auferre autem alicui famam valde grave est: quia inter res temporales videtur fama esse pretiosior, per cuius defectum homo impeditur a multis bene agendis. Propter quod dicitur Eccli 41,15: *Curam habe de bono nomine: hoc enim magis permanebit tibi quam mille thesauri magni et pretiosi.* Et ideo detractio, per se loquendo, est peccatum mortale.

Contingit tamen quandoque quod aliquis dicit aliqua verba per quae diminuitur fama alicuius, non hoc intendens, sed aliquid aliud. Hoc autem non est detrahere per se et formaliter loquendo, sed solum materialiter et quasi per accidens. Et si quidem verba per quae fama alterius diminuitur proferat aliquis propter aliquod bonum vel necessarium, debitis circumstantiis observatis, non est peccatum: nec potest dici detractio. — Si autem proferat ex animi levitate, vel propter aliquid non necessarium, non est peccatum mortale: nisi forte verbum quod dicitur sit adeo grave quod notabiliter famam alicuius laedat, et praecipue in his quae pertinent ad honestatem vitae; quia hoc ex ipso genere verborum habet rationem peccati mortalis.

Et tenetur aliquis ad restitutionem famae, sicut ad restitutionem cuiuslibet rei subtractae: eo modo quo supra[6] dictum est, cum de restitutione ageretur.

AD PRIMUM ergo dicendum quod revelare peccatum occultum alicuius propter eius emendationem denuntiando, vel propter bonum publicae iustitiae accusando, non est detrahere, ut dictum est[7].

AD SECUNDUM dicendum quod glossa illa non dicit quod detractio in toto genere humano inveniatur, sed addit, *paene.* Tum quia *stultorum infinitus est numerus,* et pauci sunt qui ambulant per viam salutis. Tum etiam quia pauci vel nulli sunt qui non aliquando ex animi levitate aliquid

é ajuntada, como diz a Glosa: "Para que não se pense que a difamação é falta leve pelo fato de consistir em palavras".

RESPONDO. Já foi dito, os pecados por palavras hão de ser apreciados sobretudo conforme a intenção de quem as profere. Ora, a difamação é, por definição, ordenada a denegrir a reputação de outrem. É deveras um difamador aquele que se põe a falar na ausência de outrem para denegrir-lhe a reputação. Ora, privar a outrem de sua reputação é muito grave, porque a reputação é o mais precioso entre os bens temporais; e com a sua falta, o homem se acha na impossibilidade de praticar muitos bens. Daí, a recomendação do livro do Eclesiástico: "Toma cuidado de tua reputação, pois será um bem mais seguro do que mil tesouros grandes e preciosos." Logo, a difamação é, por natureza, um pecado mortal.

Pode acontecer, no entanto, que por vezes se pronunciem palavras que atingem a reputação de outrem sem o querer, mas visando outros objetivos. O que vem a ser difamar, não essencial e formalmente, mas só materialmente e como por acidente. Se essas palavras, que diminuem a reputação de outrem são proferidas em vista de um fim bom ou necessário, observando as devidas circunstâncias, não haverá o pecado nem se poderá falar de difamação. — Se, porém, são proferidas com leviandade e sem necessidade, não será pecado mortal. Salvo se as palavras tenham um tal peso que lesem notavelmente a reputação alheia, sobretudo no que toca à honorabilidade da vida, porque, então, pela natureza mesma dessas palavras, isto constitui pecado moral.

E há obrigação de restituir a boa reputação, como de restituir um bem roubado, do modo indicado quando se estudou a restituição.

QUANTO AO 1º, portanto, deve-se dizer que não é difamar revelar o pecado oculto do próximo, denunciando-o, tendo em vista sua emenda, ou acusando-o, para o bem da justiça pública.

QUANTO AO 2º, deve-se dizer que a Glosa não diz que todos os homens são difamadores, mas ajunta a restrição "quase". Seja porque "o número de insensatos é infinito", e poucos são os que trilham o caminho da salvação; seja porque poucos igualmente ou nenhuns são aqueles que por vezes,

---
4. Ordin.: ML 114, 474 A; LOMBARDI: ML 191, 1335 D.
5. Q. 72, a. 2.
6. Q. 62, a. 2, ad 2.
7. In corp.

dicunt unde in aliquo, vel leviter, alterius fama minoratur: quia, ut dicitur Iac 3,2, si *quis in verbo non offendit, hic perfectus est vir.*

AD TERTIUM dicendum quod Augustinus loquitur in casu illo quo aliquis dicit aliquod leve malum de alio non ex intentione nocendi, sed ex animi levitate vel ex lapsu linguae.

ARTICULUS 3
Utrum detractio sit gravius omnibus peccatis quae in proximum committuntur

AD TERTIUM SIC PROCEDITUR. Videtur quod detractio sit gravius omnibus peccatis quae in proximum committuntur.
1. Quia super illud Ps 108,4, *Pro eo ut me diligerent, detrahebant mihi,* dicit Glossa[1]: *Plus nocent in membris detrahentes Christo, quia animas crediturorum interficiunt, quam qui eius carnem, mox resurrecturam, peremerunt.* Ex quo videtur quod detractio sit gravius peccatum quam homicidium: quanto gravius est occidere animam quam occidere corpus. Sed homicidium est gravius inter cetera peccata quae in proximum committuntur. Ergo detractio est simpliciter inter omnia gravior.

2. PRAETEREA, detractio videtur esse gravius peccatum quam contumelia: quia contumeliam potest homo repellere, non autem detractionem latentem. Sed contumelia videtur esse maius peccatum quam adulterium: per hoc quod adulterium unit duos in unam carnem, contumelia autem unitos in multa dividit. Ergo detractio est maius peccatum quam adulterium: quod tamen, inter alia peccata quae sunt in proximum, magnam gravitatem habet.

3. PRAETEREA, contumelia oritur ex ira, detractio autem ex invidia: ut patet per Gregorium, XXXI *Moral.*[2]. Sed invidia est maius peccatum quam ira. Ergo et detractio est maius peccatum quam contumelia. Et sic idem quod prius.

4. PRAETEREA, tanto aliquod peccatum est gravius quanto graviorem defectum inducit. Sed detractio inducit gravissimum defectum, scilicet excaecationem mentis: dicit enim Gregorius[3]: *Quid aliud detrahentes faciunt nisi quod in pulverem*

por leviandade de ânimo, não digam algo que fira, pelo menos de leve, a reputação alheia. Pois, está escrito na Carta de Tiago: "Se alguém não peca por palavras, é um homem perfeito."

QUANTO AO 3º, deve-se dizer que Agostinho se refere a quem diz de outrem um leve mal, sem intenção de lesar, porém por leviandade de ânimo ou por lapso da língua.

ARTIGO 3
A difamação é o mais grave dos pecados cometidos contra o próximo?

QUANTO AO TERCEIRO, ASSIM SE PROCEDE: parece que a difamação é o mais grave dos pecados cometidos contra o próximo.
1. Com efeito, a propósito do Salmo: "em vez de me amar, dizem mal de mim," a Glosa insiste: "Difamando a Cristo, causam maior dano a seus membros os que assim matam as almas dos seus fiéis, do que os que lhe mataram a carne, que em breve deveria ressurgir." Donde se vê que a difamação é mais grave do que o homicídio, na medida em que matar a alma é mais grave do que matar o corpo. Ora, o homicídio é o mais grave dos pecados cometidos contra o próximo. Logo, a difamação é, absolutamente, o mais grave entre todos os pecados.

2. ALÉM DISSO, a difamação parece mais grave que a contumélia, pois esta se pode repelir, e não a difamação que se esconde. Ora, a contumélia parece pecado mais grave do que o adultério, pois este une dois em uma só carne, enquanto a contumélia divide os unidos em muitos pontos. Logo, a difamação é assim maior pecado do que o adultério, que, por sua vez, é de grande gravidade, entre os outros pecados contra o próximo.

3. ADEMAIS, a contumélia nasce da ira, a difamação nasce da inveja, afirma Gregório. Ora, a inveja é maior pecado do que a ira. Logo, a difamação é maior pecado do que a contumélia.

4. ADEMAIS, tanto mais grave é o pecado quanto maior é o mal que produz. Ora, a difamação acarreta o maior dos males, a cegueira do espírito. Com efeito, Gregório assevera: "Que fazem os difamadores senão soprar sobre a poeira e encher

---

3
1. Ordin.: ML 113, 1028 D; LOMBARDI: ML 191, 988 C.
2. C. 45, al. 17, in vet. 31, n. 88: ML 76, 621 B.
3. *Regist.*, l. XI, epist. 2; al. l. VIII, epist. 45: ML 77, 1120 B.

*sufflant et in oculos suos terram excitant: ut unde plus detractionis perflant, inde minus veritatis videant?* Ergo detractio est gravissimum peccatum inter ea quae committuntur in proximum.

SED CONTRA, gravius est peccare facto quam verbo. Sed detractio est peccatum verbi: adulterium autem et homicidium et furtum sunt peccata in factis. Ergo detractio non est gravius ceteris peccatis quae sunt in proximum.

RESPONDEO dicendum quod peccata quae committuntur in proximum sunt pensanda per se quidem secundum nocumenta quae proximo inferuntur: quia ex hoc habent rationem culpae. Tanto autem est maius nocumentum quanto maius bonum demitur. Cum autem sit triplex bonum hominis, scilicet bonum animae et bonum corporis et bonum exteriorum rerum, bonum animae, quod est maximum, non potest alicui ab alio tolli nisi occasionaliter, puta per malam persuasionem, quae necessitatem non infert: sed alia duo bona, scilicet corporis et exteriorum rerum, possunt ab alio violenter auferri. Sed quia bonum corporis praeeminet bono exteriorum rerum, graviora sunt peccata quibus infertur nocumentum corpori quam ea quibus infertur nocumentum exterioribus rebus. Unde inter cetera peccata quae sunt in proximum, homicidium gravius est, per quod tollitur vita proximi iam actu existens: consequenter autem adulterium, quod est contra debitum ordinem generationis humanae, per quam est introitus ad vitam. Consequenter autem sunt exteriora bona. Inter quae, fama praeeminet divitiis, eo quod propinquior est spiritualibus bonis: unde dicitur Pr 22,1: *Melius est nomen bonum quam divitiae multae*. Et ideo detractio, secundum suum genus, est maius peccatum quam furtum, minus tamen quam homicidium vel adulterium. — Potest tamen esse alius ordo propter circumstantias aggravantes vel diminuentes.

Per accidens autem gravitas peccati attenditur ex parte peccantis, qui gravius peccat si ex deliberatione peccet quam si peccet ex infirmitate vel incautela. Et secundum hoc peccata locutionis habent aliquam levitatem: inquantum de facili ex lapsu linguae proveniunt, absque magna praemeditatione.

os olhos de terra, de sorte que quanto mais espalham difamação, tanto menos veem a verdade." Logo, a difamação é o mais grave pecado contra o próximo.

EM SENTIDO CONTRÁRIO, é mais grave pecar por ação do que por palavra. Ora, a difamação é pecado em palavras, o adultério, o homicídio e o roubo são pecados de ação. Logo, a difamação não é mais grave do que outros pecados contra o próximo.

RESPONDO. Os pecados contra o próximo se hão de apreciar essencialmente em referência ao dano causado a outrem, pois nisto consiste a natureza da falta cometida. E um dano é tanto maior quanto maior é o bem de que priva o outro. Ora, o bem do homem é tríplice: o bem da alma, o bem do corpo e os bens exteriores. Ora, o bem da alma, que é o mais excelente não pode ser arrebatado por outrem senão ocasionalmente, por exemplo, por um mau conselho, que não induz necessidades. O bem do corpo e os bens exteriores, ao invés, nos podem ser tomados à força. Como, porém, o bem do corpo é mais excelente do que os bens exteriores, mais graves são os pecados que causam dano ao corpo do que que prejudicam os bens exteriores. Por conseguinte, de todos os pecados contra o próximo, o mais grave é o homicídio, pois suprime uma vida efetivamente existente. Em seguida, o adultério, pois viola a ordem da geração humana, que introduz à vida. Por fim, vêm os bens exteriores, entre os quais a reputação tem preeminência sobre as riquezas, pois tem maior afinidade com os bens espirituais. É o que se diz no livro dos Provérbios: "Mais vale o bom nome do que muitas riquezas." Assim, por sua natureza, a difamação é maior pecado do que o furto, menor, porém, do que o homicídio ou o adultério. — Pode, no entanto, haver alteração nessa ordem, em razão de circunstâncias agravantes ou atenuantes.

Acidentalmente, a gravidade do pecado é considerada em relação ao pecador. Este pecará mais gravemente se o fizer de propósito deliberado, do que por fraqueza ou inadvertência. Sob esse aspecto, os pecados em palavras podem facilmente se tornar leves, provindo de deslizes da língua, sem grande premeditação[b].

---

b. O dever de restituição ou reparação da reputação se impõe em caso de difamação grave e culpada, uma vez que se trata de um pecado contra a justiça comutativa. Tal dever se impõe com mais rigor ainda quando se trata da calúnia, palavra mentirosa que atinge a reputação de outro, que é a forma mais diretamente oposta à justiça. A calúnia corresponde, no plano moral da honra, ao que é o roubo no domínio dos bens materiais. Esta questão não considera expressamente essa dimensão ética da calúnia, que possui entretanto repercussões no domínio da reparação, uma vez que o caluniador tem o dever estrito e inexorável de restabelecer a verdade, na medida em que a reputação caluniada é o equivalente de um bem roubado que exige restituição.

AD PRIMUM ergo dicendum quod illi qui detrahunt Christo divinitatis impedientes fidem membrorum ipsius, derogant divinati eius, cui fides innititur. Unde non est simplex detractio, sed blasphemia.

AD SECUNDUM dicendum quod gravius peccatum est contumelia quam detractio, inquantum habet maiorem contemptum proximi: sicut et rapina est gravius peccatum quam furtum, ut supra[4] dictum est. Contumelia tamen non est gravius peccatum quam adulterium: non enim gravitas adulterii pensatur ex coniunctione corporum, sed ex deordinatione generationis humanae. Contumeliosus autem non sufficienter causat inimicitiam in alio, sed occasionaliter tantum dividit unitos: inquantum scilicet per hoc quod mala alterius promit, alios, quantum in se est, ab eius amicitia separat, licet ad hoc per eius verba non cogantur. Sic etiam et detractor occasionaliter est homicida: inquantum scilicet per sua verba dat alteri occasionem ut proximum odiat vel contemnat. Propter quod in epistola Clementis[5] dicitur *detractores esse homicidas*, scilicet occasionaliter: quia *qui odit fratrem suum, homicida est*, ut dicitur 1Io 3,15.

AD TERTIUM dicendum quod quia *ira quaerit in manifesto vindictam inferre*, ut Philosophus dicit, in II *Rhet*.[6], ideo detractio, quae est in occulto, non est filia irae, sicut contumelia; sed magis invidiae, quae nititur qualitercumque minuere gloriam proximi. Nec tamen sequitur propter hoc quod detractio sit gravior quam contumelia: quia ex minori vitio potest oriri maius peccatum, sicut ex ira nascitur homicidium et blasphemia. Origo enim peccatorum attenditur secundum inclinationem ad finem, quod est ex parte conversionis: gravitas autem peccati magis attenditur ex parte aversionis.

AD QUARTUM dicendum quod quia *homo laetatur in sententia oris sui*, ut dicitur Pr 15,23, inde est quod ille qui detrahit incipit magis amare et credere quod dicit; et per consequens proximum magis odire; et sic magis recedere a cognitione veritatis. Iste tamen effectus potest sequi etiam ex aliis peccatis quae pertinent ad odium proximi.

QUANTO AO 1º, portanto, deve-se dizer que os que difamam a Cristo, opondo obstáculos à fé de seus membros, ultrajam-lhe a divindade sobre a qual repousa a fé. Não é uma simples difamação, mas uma blasfêmia.

QUANTO AO 2º, deve-se dizer que a contumélia é pecado mais grave do que a difamação, por implicar maior desrespeito do próximo, como a rapina é mais grave do que o furto, como já foi explicado. Mas a contumélia não é pecado mais grave do que o adultério. Pois a malícia deste não vem da união dos corpos, mas da desordem que introduz na geração humana. Quem lança uma contumélia não é a causa suficiente da inimizade que virá separar os que estavam unidos, e só ocasionalmente divide os que estavam unidos. Pois, enquanto depende dele, quem publica um mal sobre o próximo, tira-lhe a amizade dos outros, embora estes não sejam forçados a fazê-lo pelas palavras injuriosas. É também assim que o difamador se torna ocasionalmente culpado de homicídio, pois, por suas palavras, dá ocasião a outrem de odiar ou desprezar seu próximo. Eis por quê na epístola de Clemente se diz: "Os difamadores são homicidas," quer dizer, de maneira ocasional; pois, "quem odeia seu irmão é homicida", como se lê na primeira Carta de João.

QUANTO AO 3º, deve-se dizer que segundo o Filósofo, "a ira procura vingar-se abertamente." Por isso, a difamação, que é secreta, não é filha da ira, como a contumélia, porém da inveja, que se empenha em ofuscar de qualquer maneira a glória do próximo. Daí, não se segue, no entanto, que difamação seja mais grave do que a contumélia, pois de um vício menor pode nascer um crime maior, da mesma forma que a ira é fonte de homicídios e de blasfêmias. Com efeito, a origem do pecado se caracteriza pela inclinação a um fim, o que coincide com a conversão aos bens perecíveis; ao passo que sua gravidade se mede segundo o grau de aversão do verdadeiro bem.

QUANTO AO 4º, deve-se dizer que está escrito no livro dos Provérbios: "O homem se alegra na sentença de sua boca." Eis por quê, o difamador se põe a amar e crer sempre mais o que diz e, por isso, a odiar cada vez mais o próximo; e assim se afasta mais e mais do conhecimento da verdade. Semelhante efeito, contudo, pode resultar também dos outros pecados que emanam do ódio ao próximo.

---

4. Q. 66, a. 9.
5. *Ad Iacob*., ep. I: MG 1, 480 C.
6. C. 2: 1378, a, 31-33.

## ARTICULUS 4
### Utrum audiens qui tolerat detrahentem graviter peccet

AD QUARTUM SIC PROCEDITUR. Videtur quod audiens qui tolerat detrahentem non graviter peccet.

1. Non enim aliquis magis tenetur alteri quam sibi ipsi. Sed laudabile est si patienter homo suos detractores toleret: dicit enim Gregorius, *super Ezech.*, homil. IX[1]: *Linguas detrahentium, sicut nostro studio non debemus excitare, ne ipsi pereant; ita per suam malitiam excitatas debemus aequanimiter tolerare, ut nobis meritum crescat.* Ergo non peccat aliquis si detractionibus aliorum non resistat.

2. PRAETEREA, Eccli 4,30 dicitur: *Non contradicas verbo veritatis ullo modo.* Sed quandoque aliquis detrahit verba veritatis dicendo, ut supra[2] dictum est. Ergo videtur quod non semper teneatur homo detractionibus resistere.

3. PRAETEREA, nullus debet impedire id quod est in utilitatem aliorum. Sed detractio frequenter est in utilitatem eorum contra quos detrahitur: dicit enim Pius Papa[3]: *Nonnunquam detractio adversus bonos excitatur, ut quos vel domestica adulatio vel aliorum favor in altum extulerat, detractio humiliet.* Ergo aliquis non debet detractiones impedire.

SED CONTRA est quod Hieronymus dicit[4]: *Cave ne linguam aut aures habeas prurientes: aut aliis detrahas, aut alios audias detrahentes.*

RESPONDEO dicendum quod, secundum Apostolum, *ad* Rm 1,32, *digni sunt morte non solum qui peccata faciunt, sed etiam qui facientibus peccata consentiunt.* Quod quidem contingit dupliciter. Uno modo, directe: quando scilicet quis inducit alium ad peccatum, vel ei placet peccatum. Alio modo, indirecte, quando scilicet non resistit, cum resistere possit: et hoc contingit quandoque non quia peccatum placeat, sed propter aliquem humanum timorem. Dicendum est ergo quod si aliquis detractiones audiat absque resistentia, videtur detractori consentire: unde fit particeps peccati eius. Et si quidem inducat eum ad detrahendum, vel saltem placeat ei detractio, propter

## ARTIGO 4
### Será pecado grave ouvir com tolerância a detração?

QUANTO AO QUARTO, ASSIM SE PROCEDE: parece que ouvir com tolerância a difamação **não** é pecado grave.

1. Com efeito, ninguém está obrigado a fazer por outrem mais do que para si mesmo. Ora, é louvável tolerar com paciência os seus difamadores. Com efeito, assim ensina Gregório: "Como não devemos, por iniciativa nossa, excitar a língua dos difamadores, para não induzi-los ao pecado, assim também, para aumentar nossos méritos, havemos de suportar, com serenidade, quanto proferem inspirados pela sua malícia." Logo, não peca quem não se opõe à difamação de outros.

2. ALÉM DISSO, está escrito no livro do Eclesiástico: "Não contradigas de modo algum a palavra da verdade." Ora, os difamadores dizem às vezes a verdade, como já se explicou. Logo, não se está sempre obrigado a resistir à difamação.

3. ADEMAIS, não se deve impedir o que é útil a outrem. Ora, a difamação pode ser às vezes vantajosa àqueles que lhe são objeto. É o que observa o papa Pio I: "Por vezes a difamação que se volta contra os bons tem por efeito humilhar aqueles que a lisonja da família ou o favor do público havia exaltado." Logo, não se deve impedir a difamação.

EM SENTIDO CONTRÁRIO, Jerônimo aconselha: "Cuida para que tua língua ou teus ouvidos não tenham pruridos para não difamares outros ou ouvires os difamadores."

RESPONDO. Segundo o Apóstolo: "São dignos de morte não só os que cometem o pecado, mas também quantos os aprovam." Tal aprovação pode dar-se de duas maneiras. Diretamente, quando se induz o próximo a pecar ou quando se compraz no pecado. Indiretamente, não resistindo, quando se poderia fazê-lo, o que acontece, às vezes, não porque o pecado agrada, mas por certo respeito humano. Deve-se pois concluir: quem escuta a difamação, sem lhe fazer oposição, parece que consente no pecado e consequentemente nele participa. E se chega a provocar a difamação ou ao menos nela se compraz por ódio àquele que é difamado, não peca menos que o difamador e

---

4  PARALL.: *in Psalm.* 14.

1. L. I, hom. 9, n. 17: ML 76, 877 BC.
2. A. 1, ad 3.
3. GRATIANUS, *Decretum*, p. II, causa 6, q. 1, app. ad can. 9: ed. Richter-Friedberg, t. I, p. 557.
4. Epist. 52, al. 3, *ad Nepotian.*, n. 14: ML 22, 538.

odium eius cui detrahitur, non minus peccat quam detrahens: et quandoque magis. Unde Bernardus dicit[5]: *Detrahere aut detrahentem audire, quid horum damnabilius sit, non facile dixerim.* — Si vero non placeat ei peccatum, sed ex timore vel negligentia vel etiam verecundia quadam omittat repellere detrahentem, peccat quidem, sed multo minus quam detrahens, et plerumque venialiter. Quandoque etiam hoc potest esse peccatum mortale: vel propter hoc quod alicui ex officio incumbit detrahentem corrigere; vel propter aliquod periculum consequens; vel propter radicem, qua timor humanus quandoque potest esse peccatum mortale, ut supra[6] habitum est.

AD PRIMUM ergo dicendum quod detractiones suas nullus audit: quia scilicet mala quae dicuntur de aliquo eo audiente, non sunt detractiones, proprie loquendo, sed contumeliae, ut dictum est[7]. Possunt tamen ad notitiam alicuius detractiones contra ipsum factae aliorum relationibus pervenire. Et tunc sui arbitrii est detrimentum suae famae pati, nisi hoc vergat in periculum aliorum, ut supra[8] dictum est. Et ideo in hoc patest commendari eius patientia quod patienter proprias detractiones sustinet. — Non autem est sui arbitrii quod patiatur detrimentum famae alterius. Et ideo in culpam ei vertitur si non resistit, cum possit resistere: eadem ratione qua tenetur aliquis *sublevare asinum alterius iacentem sub onere*, ut praecipitur Dt 22,4.

AD SECUNDUM dicendum quod non semper debet aliquis resistere detractori arguendo eum de falsitate: maxime si quis sciat verum esse quod dicitur. Sed debet eum verbis redarguere de hoc quod peccat fratri detrahendo: vel saltem ostendere quod ei detractio displiceat per tristitiam faciei; quia, ut dicitur Pr 25,23, *ventus Aquilo dissipat pluvias: et facies tristis linguam detrahentem.*

AD TERTIUM dicendum quod utilitas quae ex detractione provenit non est ex intentione detrahentis, sed ex Dei ordinatione, qui ex quolibet malo elicit bonum. Et ideo nihilo minus est detractoribus resistendum: sicut et raptoribus vel oppressoribus aliorum, quamvis ex hoc oppressis vel spoliatis per patientiam meritum crescat.

por vezes até mais. É que ensina Bernardo: "Não é fácil decidir qual o mais culpado: o difamador ou quem o escuta." Mas se esse ouvinte não se compraz no pecado, mas, por temor, negligência ou timidez, não repele o difamador, peca certamente muito menos do que ele, e o mais das vezes, venialmente. Pode haver também pecado mortal, quando, por ofício, se tem o dever de corrigir o difamador, ou quando se prevê uma consequência perigosa, ou por causa do motivo que pode levar o respeito humano a ser pecado mortal, como já se explicou acima.

QUANTO AO 1º, portanto, deve-se dizer que ninguém escuta a difamação de que é objeto, pois dizer mal de alguém em sua presença não é propriamente difamação, mas contumélia, como já foi notado. Contudo, por relatos de outros, a difamação proferida contra alguém pode chegar ao seu conhecimento. Então, dependerá de seu arbítrio sofrer esse prejuízo causado à sua reputação, a não ser que haja risco de dano para outros, como já se mostrou. Sem dúvida, é digna de elogios a paciência de quem suporta a própria difamação. — Mas não se é livre de deixar lesar assim a reputação de outrem. Por isso, será uma falta não resistir, na medida do possível, pela mesma razão que nos obriga a "reerguer o jumento de nosso próximo, quando está jazendo sob a carga," como se recomenda no livro do Deuteronômio.

QUANTO AO 2º, deve-se dizer que nem sempre se deve resistir ao difamador, acusando-o de falsidade, sobretudo quando se sabe que diz verdade. Mas deve-se repreendê-lo mostrando que peca, difamando um irmão; ou pelo menos fazer-lhe sentir pela severidade do rosto que não se aprova a difamação. Pois se proclama nos Provérbios: "O vento do norte dissipa a chuva, e o rosto triste acaba com a difamação."

QUANTO AO 3º, deve-se dizer que o proveito que pode resultar da difamação não vem da intenção do difamador, mas da ordem divina, que de qualquer mal tira o bem. Nem por isso se há de deixar de resistir aos difamadores, bem como aos raptores e opressores, apesar do mérito que, pela paciência, podem adquirir oprimidos e espoliados.

---

5. *De consid.*, l. II, c. 13: ML 182, 756 C.
6. Q. 19, a. 3.
7. A. 1, ad 2.
8. Q. 72, a. 3.

## QUAESTIO LXXIV
## DE SUSURRATIONE
*in duos articulos divisa*

Deinde considerandum est de susurratione. Et circa hoc quaeruntur duo.
*Primo:* utrum susurratio sit peccatum distinctum a detractione.
*Secundo:* quod horum sit gravius.

### ARTICULUS 1
### Utrum susurratio sit peccatum distinctum a detractione

AD PRIMUM SIC PROCEDITUR. Videtur quod susurratio non sit peccatum distinctum a detractione.

1. Dicit enim Isidorus, in libro *Etymol.*[1]: *Susurro de sono locutionis appellatur: quia non in facie alicuius, sed in aure loquitur, detrahendo.* Sed loqui de altero detrahendo ad detractionem pertinet. Ergo susurratio non est peccatum distinctum a detractione.

2. PRAETEREA, Lv 19,16 dicitur: *Non eris criminator nec susurro in populis.* Sed criminator idem videtur esse quod detractor. Ergo etiam susurratio a detractione non differt.

3. PRAETEREA, Eccli 28,15 dicitur: *Susurro et bilinguis maledictus erit.* Sed bilinguis videtur idem esse quod detractor: quia detractorum est duplici lingua loqui, aliter scilicet in absentia et aliter in praesentia. Ergo susurro est idem quod detractor.

SED CONTRA est quod, Rm 1, super illud 29-30, *susurrones, detractores,* dicit Glossa[2]: *Susurrones, inter amicos discordiam seminantes; detractores, qui aliorum bona negant vel minuunt.*

RESPONDEO dicendum quod susurratio et detractio in materia conveniunt, et etiam in forma, sive in modo loquendi: quia uterque malum occulte de proximo dicit. Propter quam similitudinem

## QUESTÃO 74
## A MURMURAÇÃO
*em dois artigos*

A questão da murmuração será tratada a seguir. São dois os artigos:
1. A murmuração é pecado distinto da difamação?
2. Qual é o mais grave?

### ARTIGO 1
### A murmuração é pecado distinto da difamação?[a]

QUANTO AO PRIMEIRO ARTIGO, ASSIM SE PROCEDE: parece que a murmuração **não** é pecado distinto da difamação.

1. Com efeito, Isidoro comenta: "A palavra sussurro tira seu nome do som da fala, pois quem difama não o faz na frente de alguém mas cochichando nos ouvidos" Ora, falar de outrem para difamá-lo é precisamente a difamação. Logo, a murmuração ou o sussurro não é pecado distinto da difamação.

2. ALÉM DISSO, está escrito no livro do Levítico: "Não serás delator de crimes nem murmurador entre o povo." Ora, delator parece ser o mesmo que difamador. Logo, murmuração também não difere da difamação.

3. ADEMAIS, no livro do Eclesiástico, se proclama: "Maldito o murmurador e o homem de duas falas!" Ora, este último se identifica com o difamador, que usa de duas falas, uma na presença e outra na ausência. Logo, o murmurador é o mesmo que difamador.

EM SENTIDO CONTRÁRIO, sobre essas palavras de Paulo: "Murmuradores, difamadores..." a Glosa comenta: "Os primeiros semeiam a discórdia entre amigos; os segundos negam ou denigrem as qualidades alheias."

RESPONDO. A murmuração e a difamação têm a mesma matéria e a mesma forma ou maneira de falar, pois nos dois casos, se diz mal do próximo às ocultas. Essa afinidade leva por vezes a tomar

---

1   PARALL.: Infra, q. 75, a. 1; *ad Rom.*, c. 1, lect. 8.
1. L. X, ad litt. *S*, n. 249: ML 82, 394 A.
2. Interl.; Ordin.: ML 114, 474 A; LOMBARDI: ML 191, 1335 D.

a. A murmuração (*susurratio*) é uma das categorias do "pecado da língua", mencionados na Escritura, e que comporta toda uma variedade de significações ou conotações em torno do "sussurro, do murmúrio maldoso", da difusão de intrigas ou notícias falsas ou desmoralizantes. A questão 74 lhe dará um sentido restrito e a definirá de maneira precisa como comportando um elemento comum com a difamação (dizer em segredo mal do próximo), mas caracterizando-se pelo objetivo visado: o murmurador quer semear a cizânia, dividir os amigos. Daí a malícia especial da murmuração, analisada no artigo 2.

interdum unum pro alio ponitur: unde Eccli 5, super illud, 16, *Non appelleris susurro*, dicit Glossa[3]: *idest detractor*. Differunt autem in fine. Quia detractor intendit denigrare famam proximi: unde illa mala de proximo praecipue profert ex quibus proximus infamari possit, vel saltem diminui eius fama. Susurro autem intendit amicitiam separare: ut patet per glossam inductam, et per id quod dicitur Pr 26,20: *Susurrone subtracto, iurgia conquiescunt*. Et ideo susurro talia mala profert de proximo quae possunt contra ipsum commovere animum audientis: secundum illud Eccli 28,11: *Vir peccator conturbabit amicos, et in medio pacem habentium immittit inimicitiam*.

AD PRIMUM ergo dicendum quod susurro, in quantum dicit malum de alio, dicitur detrahere. In hoc tamen differt a detractore, quia non intendit simpliciter malum dicere; sed quidquid sit illud quod possit animum unius turbare contra alium, etiam si sit simpliciter bonum, et tamen apparens malum, inquantum displicet ei cui dicitur.

AD SECUNDUM dicendum quod criminator differt et a susurrone et a detractore. Quia criminator est qui publice aliis crimina imponit, vel accusando vel conviciando: quod non pertinet ad detractorem et susurronem.

AD TERTIUM dicendum quod bilinguis proprie dicitur susurro. Cum enim amicitia sit inter duos, nititur susurro ex utraque parte amicitiam rumpere: et ideo duabus linguis utitur ad duos, uni dicens malum de alio. Propter quod dicitur Eccli 28,15: *Susurro et bilinguis maledictus*, et subditur: *Multos enim turbant pacem habentes*.

esses pecados um pelo outro. Assim, a propósito do texto do Eclesiástico: "que não te chamem de murmurador", a Glosa ajunta: "quer dizer difamador". Diferem, porém, pelo fim visado. O difamador quer denegrir a reputação do próximo; por isso se empenha sobretudo em realçar-lhe as faltas que podem arruinar ou diminuir seu bom nome. Ao passo que o murmurador visa dividir os amigos. É o que se vê na Glosa nessa passagem e também no texto dos Provérbios: "Afastem o murmurador e as dissensões se dissipam". Eis por quê, o murmurador propala as faltas do próximo, susceptíveis de irritar o ânimo do ouvinte, como o nota o Eclesiástico: "O pecador lança a confusão entre os amigos e semeia inimizade entre os que vivem em paz."

QUANTO AO 1º, portanto, deve-se dizer que o murmurador, espalhando o mal do outro, é chamado difamador. Difere, no entanto deste, pois não visa apenas falar mal, mas excitar os ânimos uns contra os outros. Pode dizer até o bem, mas de maneira a ser interpretado como um mal que desagrade ao interlocutor.

QUANTO AO 2º, deve-se dizer que o delator difere do murmurador e do difamador. Pois, atribui publicamente crimes a outrem, acusando ou injuriando, o que não fazem o murmurador e o difamador.

QUANTO AO 3º, deve-se dizer que o murmurador é chamado propriamente o homem de duas falas. Com efeito, como a amizade une duas pessoas, ele procura destrui-la dos dois lados ao mesmo tempo, usando dupla linguagem, para a cada um dizer mal do outro.

## ARTICULUS 2

### Utrum detractio sit gravius peccatum quam susurratio

AD SECUNDUM SIC PROCEDITUR. Videtur quod detractio sit gravius peccatum quam susurratio.

1. Peccata enim oris consistunt in hoc quod aliquis mala dicit. Sed detractor dicit de proximo ea quae sunt mala simpliciter, quia ex talibus oritur infamia vel diminuitur fama: susurro autem non curat dicere nisi mala apparentia, quae scilicet displiceant audienti. Ergo gravius peccatum est detractio quam susurratio.

## ARTIGO 2

### A difamação é pecado mais grave do que a murmuração?

QUANTO AO SEGUNDO, ASSIM SE PROCEDE: parece que a difamação é pecado mais grave do que a murmuração.

1. Com efeito, os pecados por palavras consistem em falar o mal. Ora, o difamador diz do próximo coisas absolutamente más, pois destróem ou diminuem a reputação. Ao passo que o murmurador só cuida em dizer males aparentes, que venham a desagradar ao ouvinte. Logo, a difamação é mais grave do que a murmuração.

---

3. Interl.

2. Praeterea, quicumque aufert alicui famam, aufert ei non solum unum amicum, sed multos: quia unusquisque refugit amicitiam infamium personarum; unde contra quendam dicitur, 2 Par 19,2: *His qui oderunt Dominum amicitia iungeris*. Susurratio autem aufert unum solum amicum. Gravius ergo peccatum est detractio quam susurratio.

3. Praeterea, Iac 4,11 dicitur: *Qui detrahit fratri suo, detrahit legi*; et per consequens Deo, qui est legislator: et sic peccatum detractionis videtur esse peccatum in Deum, quod est gravissimum, ut supra[1] habitum est. Peccatum autem susurrationis est in proximum. Ergo peccatum detractionis est gravius quam peccatum susurrationis.

Sed contra est quod dicitur Eccli 5,17: *Denotatio pessima super bilinguem: susurratori autem odium et inimicitia et contumelia*.

Respondeo dicendum quod, sicut supra[2] dictum est, peccatum in proximum tanto est gravius quanto per ipsum maius nocumentum proximo infertur: nocumentum autem tanto maius est quanto maius est bonum quod tollitur. Inter cetera vero exteriora bona praeeminet amicus: quia *sine amicis nullus vivere posset*, ut patet per Philosophum, in VIII *Ethic*.[3] Unde dicitur Eccli 6,15: *Amico fideli nulla est comparatio*: quia et optima fama, quae per detractionem tollitur, ad hoc maxime necessaria est ut homo idoneus ad amicitiam habeatur. Et ideo susurratio est maius peccatum quam detractio, et etiam quam contumelia: quia *amicus est melior quam honor, et amari quam honorari*, ut in VIII *Ethic*.[4] Philosophus dicit.

Ad primum ergo dicendum quod species et gravitas peccati magis attenditur ex fine quam ex materiali obiecto. Et ideo ratione finis susurratio est gravior: quamvis detractor quandoque peiora dicat.

Ad secundum dicendum quod fama est dispositio ad amicitiam, et infamia ad inimicitiam. Dispositio autem deficit ab eo ad quod disponit. Et ideo ille qui operatur ad aliquid quod est dispositio ad inimicitiam, minus peccat quam ille qui directe operatur ad inimicitiam inducendam.

Ad tertium dicendum quod ille qui detrahit fratri intantum videtur detrahere legi inquantum

2. Além disso, quem tira a reputação de alguém rouba-lhe não apenas um, porém uma multidão de amigos, pois todos evitam a amizade de quem tem má reputação. Por isso um rei de Judá é censurado na Escritura: "Tu te unes por amizade aos inimigos do Senhor." Ora, a murmuração priva só de um amigo. Logo, é menos grave do que a difamação.

3. Ademais, lê-se na Carta de Tiago: "Quem difama seu irmão, difama a lei," por conseguinte, a Deus, que é o legislador. E, assim, o pecado de difamação parece ir contra Deus, sendo portanto gravíssimo, como já se tratou. Ora, o pecado de murmuração é contra o próximo. Logo, o pecado de difamação é mais grave do que o de murmuração.

Em sentido contrário, está escrito no Eclesiástico: "Nada de mais detestável do que o homem de duas falas; o murmurador atrai sobre si ódio, inimizade e opróbrio."

Respondo. Já foi explicado, o pecado contra o próximo é tanto mais grave quanto mais grave é o prejuízo que causa. E este é tanto maior quanto maior é o bem que destrói. Ora, um amigo é o mais precioso dos bens exteriores, pois "sem amigos, ninguém pode viver", como nota o Filósofo; no Eclesiástico, se frisa também: "Nada se pode comparar a um amigo fiel", pois a reputação, que a murmuração vem destruir, é sumamente necessária para alguém ser digno de amizade. Por isso, a murmuração é pecado maior do que a difamação e até mesmo do que a contumélia. É o que confirma o Filósofo: "O amigo é preferível às honras. Mais vale ser amado do que honrado."

Quanto ao 1º, portanto, deve-se dizer que a espécie e a gravidade do pecado dependem mais do fim que o motiva do que do seu objeto material. Eis por quê, em razão do fim que ela visa, a murmuração é pecado mais grave que a difamação, embora o difamador possa propalar coisas piores.

Quanto ao 2º, deve-se dizer que a boa reputação dispõe à amizade; a má favorece a inimizade. Mas, a disposição é menos que atingir o objetivo a que dispõe. Por isso, quem só causa a disposição à inimizade peca menos que aquele que contribui diretamente a produzir a inimizade.

Quanto ao 3º, deve-se dizer que quem difama o irmão, parece difamar a lei, enquanto despreza o

---

1. Q. 20, a. 3; I-II, q. 73, a. 3.
2. Q. 73, a. 3; I-II, q. 73, a. 8.
3. C. 1: 1155, a, 5-16.
4. C. 9: 1159, a, 25-27.

contemnit praeceptum de dilectione proximi. Contra quod directius agit qui amicitiam disrumpere nititur. Unde hoc peccatum maxime contra Deum est: quia *Deus dilectio est*, ut dicitur 1Io 4, v. 8,16. Et propter hoc dicitur Pr 6,16: *Sex sunt quae odit Dominus, et septimum detestatur anima eius*: et hoc septimum ponit *eum qui seminat inter fratres discordiam*.

preceito de amar o próximo. Contra esse preceito age mais diretamente aquele que se empenha em romper a amizade. Assim, peca sobretudo contra Deus, pois "Deus é amor", como ensina a primeira Carta de João. E por isso, se encarece ainda nos Provérbios: "Seis coisa detesta o Senhor, e uma sétima aborrece sua alma"; e essa sétima vem a ser "o que semeia discórdias entre irmãos."

## QUAESTIO LXXV
## DE DERISIONE
*in duos articulos divisa*
Deinde considerandum est de derisione.
Et circa hoc quaeruntur duo.
*Primo:* utrum derisio sit peccatum speciale distinctum ab aliis peccatis quibus per verba nocumentum proximo infertur.
*Secundo:* utrum derisio sit peccatum mortale.

## QUESTÃO 75
## A ZOMBARIA
*em dois artigos*
Em seguida deve-se tratar da zombaria.
A questão compreende dois artigos:
 1. A zombaria vem a ser um pecado especial distinto dos outros pecados pelos quais, em palavras, se causa prejuízo ao próximo?
 2. É pecado mortal?

### ARTICULUS 1
### Utrum derisio sit speciale peccatum

AD PRIMUM SIC PROCEDITUR. Videtur quod derisio non sit speciale peccatum ab aliis praemissis distinctum.
1. Subsannatio enim videtur idem esse quod derisio. Sed subsannatio ad contumeliam videtur pertinere. Ergo derisio non videtur distingui a contumelia.
2. PRAETEREA, nullus irridetur nisi de aliquo turpi, ex quo homo erubescit. Huiusmodi autem sunt peccata: quae si manifeste de aliquo dicuntur, pertinent ad contumeliam; si autem occulte, pertinent ad detractionem sive susurrationem. Ergo derisio non est vitium a praemissis distinctum.

3. PRAETEREA, huiusmodi peccata distinguuntur secundum nocumenta quae proximo inferuntur. Sed per derisionem non infertur aliud nocumentum proximo quam in honore vel fama vel detrimento amicitiae. Ergo derisio non est peccatum distinctum a praemissis.

### ARTIGO 1
### A zombaria vem a ser pecado especial?[a]

QUANTO AO PRIMEIRO ARTIGO, ASSIM SE PROCEDE: parece que a zombaria **não** vem a ser pecado, distinto dos pecados citados acima.
1. Com efeito, ridicularizar alguém é o mesmo que zombar dele. Ora, ridicularizar é uma forma de contumélia. Logo, a zombaria, não se distingue da contumélia.
2. ALÉM DISSO, ninguém é objeto de zombaria senão por algum ato vergonhoso que o faz enrubescer. Ora, tais atos são pecados; assacados abertamente contra outrem constituem a contumélia; se são atribuídos ocultamente, pertencem à difamação ou à murmuração. Logo, a zombaria não é pecado distinto dos já mencionados.

3. ADEMAIS, esses pecados se distinguem segundo os danos causados ao próximo. Ora, pela zombaria, não se causa outro dano a não ser na honra, na reputação ou em prejuízo da amizade. Logo, a zombaria não é pecado distinto dos já referidos.

1

---
a. Nesta questão, como nesse conjunto das q. 72-76, toma-se como ponto de partida a linguagem da Escritura, tendo em vista apreender e delimitar o sentido nas perspectivas de uma elaboração ética. A análise se faz aqui extremamente penetrante, a fim de descobrir os elementos de malícia que pode comportar a intenção de ridicularizar a outro, de minar a segurança e perturbar a paz interior por meio da zombaria e da derrisão.

SED CONTRA est quod irrisio fit ludo: unde et *illusio* nominatur. Nullum autem praemissorum ludo agitur, sed serio. Ergo derisio ab omnibus praedictis differt.

RESPONDEO dicendum quod, sicut supra[1] dictum est, peccata verborum praecipue pensanda sunt secundum intentionem proferentis. Et ideo secundum diversa quae quis intendit contra alium ioquens, huiusmodi peccata distinguuntur. Sicut autem aliquis conviciando intendit conviciati honorem deprimere, et detrahendo diminuere famam, et susurrando tollere amicitiam; ita etiam irridendo aliquis intendit quod ille qui irridetur erubescat. Et quia hic finis est distinctus ab aliis, ideo etiam peccatum derisionis distinguitur a praemissis peccatis.

AD PRIMUM ergo dicendum quod subsannatio et irrisio conveniunt in fine, sed differunt in modo: quia *irrisio fit ore*, idest verbo et cachinnis: *subsannatio autem naso rugato*, ut dicit Glossa[2] super illud Ps 2,41, *Qui habitat in caelis irridebit eos*. Talis tamen differentia non diversificat speciem. Utrumque tamen differt a contumelia, sicut erubescentia a dehonoratione: est enim erubescentia *timor dehonorationis*, sicut Damascenus dicit[3].

AD SECUNDUM dicendum quod de opere virtuoso aliquis apud alios et reverentiam meretur et famam; apud seipsum bonae conscientiae gloriam, secundum illud 2Cor 1,12: *Gloria nostra haec est, testimonium conscientiae nostrae*. Unde e contrario de actu turpi, idest vitioso, apud alios quidem tollitur hominis honor et fama: et ad hoc contumeliosus et detractor turpia de alio dicunt. Apud seipsum autem per turpia quae dicuntur aliquis perdit conscientiae gloriam per quandam confusionem et erubescentiam: et ad hoc turpia dicit derisor. Et sic patet quod derisor communicat cum praedictis vitiis in materia, differt autem in fine.

EM SENTIDO CONTRÁRIO, a zombaria tem algo de brincadeira, é lúdica; por isso, é chamado ludíbrio. Ora, nenhum dos pecados referidos tem aspecto de brincadeira, mas de seriedade. Portanto, a zombaria difere de todos eles.

RESPONDO. Já ficou explicado, os pecados por palavras devem ser apreciados principalmente em referência à intenção de quem as profere. Eis por quê, esses pecados se distinguem segundo os objetivos visados por quem fala contra o outro. Ora, assim como pela contumélia se quer atingir a honra de alguém; pela difamação, sua reputação; e pela murmuração, arruinar sua amizade, assim o zombador quer envergonhar aquele que é sua vítima. Como este fim é bem distinto dos precedentes, por isso, o pecado de zombaria distingue-se dos demais pecados por palavras[b].

QUANTO AO 1º, portanto, deve-se dizer que ridicularizar e zombar visam o mesmo objetivo, mas o atingem de maneira diferente. A zombaria recorre mais às palavras e às gargalhadas, ao passo que para ridicularizar não se poupam gestos e trejeitos; é o que comenta a Glosa, a propósito do que diz o Salmo. "o que habita no céu zombará deles". Contudo, tais diferenças não mudam a espécie dos pecados. Ambas diferem da contumélia, assim como enrubescer de vergonha não é o mesmo que ser desonrado. Damasceno observa: o rubor trai "o medo de ser desonrado."

QUANTO AO 2º, deve-se dizer que por um ato de virtude dos outros, alguém merece respeito e estima; de si mesmo, a glória de uma boa consciência, conforme se diz na segunda Carta aos Coríntios: "A nossa glória é o testemunho de uma boa consciência." Ao contrário, um ato vergonhoso ou vicioso faz perder o respeito e a estima dos outros; para conseguir esse objetivo, o contumelioso e o difamador procuram atribuir à vítima ações vergonhosas. Diante de si mesmo, em vista dos atos vergonhosos que lhe são assacados, o homem perde a glória da consciência, caindo na confusão e enrubescendo; é o que busca obter o zombador

---

1. Q. 72, a. 2.
2. Interl.; LOMBARDI: ML 191, 71 A.
3. *De fide orth.*, l. II, c. 15: MG 94, 932 C.

---

b. Vemos insinuado o princípio que foi empregado para articular o conjunto das q. 72-76 e para ordenar de uma maneira formal os diferentes pecados da língua, aos quais a Escritura e a tradição se referem com frequência de modo descritivo. É segundo a "intenção" daquele que profere as palavras que se deve definir e distinguir esses "pecados da língua". Entende-se a intenção no sentido tomista (ver I-II, q. 12): de um querer e de uma orientação eficazes imprimidos às ações, aqui às palavras, e conferindo-lhe uma espécie moral. A intenção, que inspira e constitui a zombaria, é a de cobrir a vítima de vergonha. Com bastante profundidade e fineza, o artigo 2 analisará as formas e a gravidade variáveis dessa espécie de jogo, que se diverte precisamente em ridicularizar alguém, sob risco de derreá-lo, atingi-lo na honra e no respeito que lhe são devidos.

AD TERTIUM dicendum quod securitas conscientiae et quies illius magnum bonum est: secundum illud Pr 15,15: *Secura mens quasi iuge convivium*. Et ideo qui conscientiam alicuius inquietat confundendo ipsum, aliquod speciale nocumentum ei infert. Unde derisio est peccatum speciale.

ARTICULUS 2
Utrum derisio possit esse peccatum mortale

AD SECUNDUM SIC PROCEDITUR. Videtur quod derisio non possit esse peccatum mortale.
1. Omne enim peccatum mortale contrariatur caritati. Sed derisio non videtur contrariari caritati: agitur enim ludo quandoque inter amicos; unde et *delusio* nominatur. Ergo derisio non potest esse peccatum mortale.
2. PRAETEREA, derisio illa videtur esse maxima quae fit in iniuriam Dei. Sed non omnis derisio quae vergit in iniuriam Dei est peccatum mortale. Alioquin quicumque recidivat in aliquod peccatum veniale de quo poenituit, peccaret mortaliter: dicit enim Isidorus[1] quod *irrisor est, et non poenitens, qui adhuc agit quod poenitet*. Similiter etiam sequeretur quod omnis simulatio esset peccatum mortale: quia sicut Gregorius dicit, in *Moral*.[2], per *struthionem* significatur simulator, qui deridet *equum*, idest hominem iustum, et *ascensorem*, idest Deum. Ergo derisio non est peccatum mortale.

3. PRAETEREA, contumelia et detractio videntur esse graviora peccata quam derisio: quia maius est facere aliquid serio quam ioco. Sed non omnis detractio vel contumelia est peccatum mortale. Ergo multo minus derisio.

SED CONTRA est quod dicitur Pr 3,34: *Ipse deridet illusores*. Sed deridere Dei est aeternaliter punire pro peccato mortali: ut patet per id quod dicitur in Ps 2,4: *Qui habitat in caelis irridebit eos*. Ergo derisio est peccatum mortale.

RESPONDEO dicendum quod irrisio non fit nisi de aliquo malo vel defectu. Malum autem si sit

na seu empenho de ridicularizar. Com isso fica evidente que o zombador se identifica com os pecados citados na matéria, mas não no fim.
QUANTO AO 3º, deve-se dizer que a segurança e a tranquilidade da consciência é um grande bem, como se assegura no livro dos Provérbios: "Um espírito tranquilo é um festim perene." Por isso, quem inquieta a consciência alheia, enchendo-o de confusão, causa-lhe um dano especial. Portanto, a zombaria é um pecado especial.

ARTIGO 2
A zombaria pode ser pecado mortal?

QUANTO AO SEGUNDO, ASSIM SE PROCEDE: parece que a zombaria **não** pode ser pecado mortal.
1. Com efeito, todo pecado mortal vai contra a caridade. Ora, a zombaria não parece oposta à caridade, pois se faz, às vezes, por divertimento ou brincadeira entre amigos, merecendo ser tida por atividade lúdica. Logo, não pode ser pecado mortal.
2. ALÉM DISSO, a pior zombaria é a que ofende a Deus. Ora, nem toda zombaria injuriosa a Deus é pecado mortal. Do contrário, quem recaísse em um pecado venial de que se arrependeu pecaria mortalmente. É Isidoro quem o diz: "Quem recai em falta de que já se arrependeu, está zombando e não se arrependeu realmente." Daí se concluiria também que toda simulação seria pecado mortal. Pois Gregório, comentando esta passagem de Jó: "quando a avestruz alça seu voo, zomba do cavalo e do cavaleiro," declara: a "avestruz" é o símbolo do simulador, que zomba do "cavalo," isto é, o homem justo, e do "cavaleiro," isto é, Deus. Logo, a zombaria não é pecado mortal.
3. ALÉM DISSO, a contumélia e a difamação parecem ser pecados mais graves que a zombaria, pois é pior fazer uma coisa seriamente do que brincando. Ora, nem toda contumélia ou difamação é pecado mortal. Logo, muito menos a zombaria.

EM SENTIDO CONTRÁRIO, lê-se no livro dos Provérbios: "Deus zomba dos zombadores." Ora, essa zombaria divina consiste em punir eternamente o pecado mortal, como se vê proclamado no Salmo: "Aquele que habita nos céus zombará deles." Logo a zombaria é pecado mortal.

RESPONDO. Só se zomba de um mal ou de um defeito. Ora, quando um mal é grande deve ser

---
1. *De summo Bono*, al. *Sentent.*, l. II, c. 16, n. 1: ML 83, 619 B.
2. L. XXXI, c. 15, al. 9, in vet. 11, 12, n. 27: ML 76, 588 A C.

magnum, non pro ludo accipitur, sed seriose. Unde si in ludum vel risum vertatur (ex quo *irrisionis* vel *illusionis* nomen sumitur), hoc est quia accipitur ut parvum. Potest autem aliquod malum accipi ut parvum, dupliciter: uno modo, secundum se; alio modo, ratione personae. Cum autem aliquis alterius personae malum vel defectum in ludum vel risum ponit quia secundum se parvum malum est, est veniale et leve peccatum secundum suum genus. — Cum autem accipitur quasi parvum ratione personae, sicut defectus puerorum et stultorum parum ponderare solemus, sic aliquem illudere vel irridere est eum omnino parvipendere, et eum tam vilem aestimare ut de eius malo non sit curandum, sed sit quasi pro ludo habendum. Et sic derisio est peccatum mortale. Et gravius quam contumelia, quae similiter est in manifesto: quia contumeliosus videtur accipere malum alterius seriose, illusor autem in ludum; et ita videtur esse maior contemptus et dehonoratio.

Et secundum hoc, illusio est grave peccatum: et tanto gravius quanto maior reverentia debetur personae quae illuditur. Unde gravissimum est irridere Deum et ea quae Dei sunt: secundum illud Is 37,23: *Cui exprobrasti? Et quem blasphemasti? Et super quem exaltasti vocem tuam?* Et postea subditur: *Ad sanctum Israel.* — Deinde secundum locum tenet irrisio parentum. Unde dicitur Pr 30,17: *Oculum qui subsannat patrem et despicit partum matris suae, effodiant eum corvi de torrentibus, et comedant eum filii aquilae.* — Deinde iustorum derisio gravis est: quia *honor est virtutis praemium*. Et contra hoc dicitur Iob 12,4: *Deridetur iusti simplicitas*. Quae quidem derisio valde nociva est: quia per hoc homines a bene agendo impediuntur; secundum illud Gregorii[3]: *Qui in aliorum actibus exoriri bona conspiciunt, mox ea manu pestiferae exprobrationis evellunt.*

AD PRIMUM ergo dicendum quod ludus non importat aliquid contrarium caritati respectu eius cum quo luditur: potest tamen importare aliquid contrarium caritati respectu eius de quo luditur, propter contemptum, ut dictum est[4].

tomado a sério e não se tornar objeto de divertimento. Se, porém, vira motivo lúdico ou simples ocasião de risos (de onde a irrisão e a zombaria tomam o nome), é que o mal é tido como pouco importante. Ora, o mal pode ser apreciado como pequeno sob dois aspectos: em si mesmo ou em relação à pessoa. Quando alguém se diverte e ri do mal de outrem, porque esse mal é em si de pouca monta, só comete um pecado venial e leve, em seu gênero. — Quando, porém, é considerado pequeno em razão da pessoa, como se costuma fazer com as faltas das crianças ou dos simplórios, então fazer de alguém objeto de divertimento e irrisão, vem a ser um desprezo total do outro. Este parece merecer tão pouca estima, que só se olha para os males dele para transformá-los em gracejos ridículos. Zombar dessa forma é pecado mortal, e mais grave do que a contumélia que é também feita às claras. Na contumélia, com efeito, o mal de outrem é pelo menos tomado a sério, enquanto que o zombador o leva em brincadeira. Dá mostras de maior desprezo e de maior desonra.

Sob esse aspecto, a zombaria será pecado grave; e tanto mais grave quanto a pessoa de quem se zomba tem direito a maior respeito. O mais grave será, portanto, zombar de Deus e das coisas divinas, como proclama o livro de Isaías. "A quem afrontaste e insultaste? Contra quem levantaste a tua voz e ergueste os teus olhos?" E responde. "Contra o Santo de Israel." — Em segundo lugar, vem a zombaria contra os pais. Por isso, se diz nos Provérbios: "O olho que escarnece o pai e despreza a obediência à mãe, que os corvos do arroio o perfurem e o devorem os filhotes da águia." — Enfim, zombar dos justos constitui ainda uma falta grave, porque a honra é a recompensa da virtude. E, assim, Jó se queixa de que "a integridade do justo seja objeto de zombaria". De fato, essa zombaria é extremamente perniciosa, pois impede os homens de bem agir. É o que declara Gregório: "Há aqueles que, apenas veem surgir o bem realizado por outrem, se apressam em arrancá-lo por suas zombarias destruidoras".

QUANTO AO 1º, portanto, deve-se dizer que palavras ou gestos lúdicos nada encerram de contrário à caridade, em relação à pessoa com quem se graceja. Podem, no entanto, ofender a caridade no que toca à pessoa, objeto do gracejo, se ela vem a se tornar vítima de desprezo, como se falou.

---

3. *Moral.*, l. XX, c. 14, al. 15, in vet. 12, n. 29: ML 76, 155 B.
4. In corp.

AD SECUNDUM dicendum quod ille qui recidivat in peccatum de quo poenituit, et ille qui simulat, non expresse Deum irridet, sed quasi interpretative, inquantum scilicet ad modum deridentis se habet. Nec tamen venialiter peccando aliquis simpliciter recidivat vel simulat, sed dispositive et imperfecte.

AD TERTIUM dicendum quod derisio, secundum suam rationem levius aliquid est quam detractio, vel contumelia: quia non importat contemptum sed ludum. Quandoque tamen habet maiorem contemptum quam etiam contumelia, ut supra[5] dictum est. Et tunc est grave peccatum.

[5]. Ibid.

QUANTO AO 2º, deve-se dizer que quem recai em um pecado de que se arrependeu ou simula sentimentos que não tem, não zomba expressamente de Deus, mas se presta a essa interpretação, pois se conduz como se zombasse de Deus. Quando se trata de pecados veniais, não se dirá propriamente que o homem é recidivo ou está simulando, senão que há nele disposição à recaída e um modo imperfeito de agir.

QUANTO AO 3º, deve-se dizer que de si, a zombaria é algo mais leve do que a difamação e a contumélia, porque não implica o desprezo, mas uma forma de divertimento. No entanto, por vezes, encerra mais desprezo do que a contumélia, como já se explicou. É então pecado grave.

## QUAESTIO LXXVI
## DE MALEDICTIONE
*in quatuor articulos divisa*
Deinde considerandum est de maledictione.
Et circa hoc quaeruntur quatuor.
*Primo:* utrum licite possit aliquis maledicere homini.
*Secundo*: utrum licite possit aliquis maledicere irrationali creaturae.
*Tertio:* utrum maledictio sit peccatum mortale.
*Quarto:* de comparatione eius ad alia peccata.

## QUESTÃO 76
## A MALDIÇÃO
*em quatro artigos*
Em seguida deve-se considerar a maldição.
A questão será estudada em quatro artigos:
1. Pode-se amaldiçoar um homem?

2. Uma criatura irracional?

3. A maldição é pecado mortal?
4. Sua gravidade em relação a outros pecados.

### ARTICULUS 1
### Utrum liceat maledicere aliquem

AD PRIMUM SIC PROCEDITUR. Videtur quod non liceat maledicere aliquem.
1. Non est enim licitum praeterire mandatum Apostoli, in quo Christus loquebatur, ut dicitur 2Cor 13,3. Sed ipse praecipit, Rm 12,14: *Benedi-*

### ARTIGO 1
### Pode-se amaldiçoar alguém?[a]

QUANTO AO PRIMEIRO ARTIGO, ASSIM SE PROCEDE: parece que **não** se pode amaldiçoar alguém.
1. Com efeito, não é lícito transgredir o preceito do Apóstolo, pelo qual falava o próprio Cristo, como se diz na segunda Carta aos Coríntios. Ora,

1 PARALL.: IV *Sent.*, dist. 18, q. 2, a. 1, q.la 2, ad 1; *De Virtut.*, q. 2, a. 8, ad 15; *in Iob*, c. 3, lect. 1; *ad Rom.*, c. 11, lect. 1; c. 12, lect. 3.

a. Nesta última questão consagrada aos pecados de injustiça cometidos na conversação ordinária, o tema bíblico da "maldição", de tal modo rico e frequente, é definido e analisado segundo o mesmo procedimento assinalado antes, tendendo a uma elucidação ética de formulações concretas da Escritura. Definida como "chamar o mal sobre alguém sob forma de imperativo ou de desejo", a maldição será examinada em sua malícia e gravidade de pecado contra a caridade (a. 3). Será comparada sob diferentes aspectos às outras espécies de injustiça cometidas em palavras: a contumélia, a difamação, a murmuração e a zombaria, o que permite uma recapitulação sintética do conjunto das q. 72-76. Nesse sentido, o artigo 4 merece ser lido como fio condutor e princípio explicativo das distinções e classificações anteriormente propostas sobre os "pecados da língua".

*cite, et nolite maledicere.* Ergo non licet aliquem maledicere.

2. Praeterea, omnes tenentur Deum benedicere: secundum illud Dn 3,82: *Benedicite, filii hominum, Domino.* Sed non potest ex ore eodem procedere benedictio Dei et maledictio hominis, ut probatur Iac 3,9 sqq. Ergo nulli licet aliquem maledicere.

3. Praeterea, ille qui aliquem maledicit, videtur optare eius malum culpae vel poenae: quia maledictio videtur esse imprecatio quaedam. Sed non licet desiderare malum alterius: quinimmo orare oportet pro omnibus ut liberentur a malo. Ergo nulli licet maledicere.

4. Praeterea, diabolus per obstinationem maxime subiectus est malitiae. Sed non licet alicui maledicere diabolum, sicut nec seipsum: dicitur enim Eccli 21,30: *Cum maledicit impius diabolum, maledicit ipse animam suam.* Ergo multo minus licet maledicere hominem.

5. Praeterea, Num 23, super illud, 8, *Quomodo maledicam cui non maledixit Dominus?* dicit Glossa[1] *Non potest esse iusta maledicendi causa ubi peccantis ignoratur affectus.* Sed homo non potest scire affectum alterius hominis: nec etiam utrum sit maledictus a Deo. Ergo nulli licet aliquem hominem maledicere.

Sed contra est quod Dt 27,26 dicitur: *Maledictus qui non permanet in sermonibus legis huius.* Elisaeus etiam pueris sibi illudentibus maledixit, ut habetur 4Reg 2,24.

Respondeo dicendum quod maledicere idem est quod *malum dicere.* Dicere autem tripliciter se habet ad id quod dicitur. Uno modo, per modum enuntiationis: sicut aliquid exprimitur modo indicativo. Et sic maledicere nihil est aliud quam malum alterius referre: quod pertinet ad detractionem. Unde quandoque maledici detractores dicuntur. — Alio modo dicere se habet ad id quod dicitur per modum causae. Et hoc quidem primo et principaliter competit Deo, qui omnia suo verbo fecit: secundum illud Ps 32,9; 148,5: *Dixit, et facta sunt.* Consequenter autem competit hominibus, qui verbo suo alios movent per imperium ad aliquid faciendum. Et ad hoc instituta sunt verba imperativi modi. — Tertio modo ipsum dicere se

ele ordena na Carta aos Romanos: "Abençoai, não amaldiçoeis". Logo, não é lícito amaldiçoar alguém.

2. Além disso, todos devem bendizer a Deus, como está prescrito no livro de Daniel: "Filhos dos homens, bendizei ao Senhor." Ora, como se mostra na Carta de Tiago: a mesma boca não pode bendizer a Deus e amaldiçoar o homem. Logo, a ninguém é lícito amaldiçoar alguém.

3. Ademais, quem amaldiçoa parece desejar a outrem um mal de culpa ou de pena, pois a maldição é uma espécie de imprecação. Ora, não é permitido desejar o mal alheio. Ao contrário deve-se rezar por todos para que se livrem do mal. Logo, a ninguém é lícito amaldiçoar alguém

4. Ademais, por sua obstinação, o diabo é o ser mais sujeito à malícia. Ora, a ninguém é permitido amaldiçoar o diabo, como nem também a si mesmo. Pois está escrito no livro do Eclesiástico: "O ímpio que amaldiçoa o diabo amaldiçoa a si mesmo". Logo, com maior razão, não é lícito amaldiçoar um homem.

5. Ademais, comentando as palavras de Balaão: "como hei de amaldiçoar a quem Deus não amaldiçoa", a Glosa observa: "Não se tem causa justa de amaldiçoar, quando se ignoram os sentimentos do pecador." Ora, não se pode conhecer os sentimentos de outrem nem se ele é amaldiçoado por Deus. Logo a ninguém é lícito amaldiçoar um homem.

Em sentido contrário, está escrito no livro do Deuteronômio: "Maldito o que não guarda as prescrições desta lei." E também Eliseu amaldiçoou os meninos que zombavam dele, como se lê no livro dos Reis.

Respondo. Amaldiçoar é o mesmo que dizer mal. Ora, há três maneiras de dizer algo: 1º sob a forma de enunciação; emprega-se então o verbo no indicativo. Assim, amaldiçoar vem a ser apenas dizer mal de outrem, o que é próprio da difamação. Por isso, os maledicentes são chamados às vezes difamadores. — 2º O dizer tem um sentido causal em relação àquilo que é dito. O que, primeira e principalmente, é próprio de Deus, pois tudo fez por sua palavra, como proclama o Salmo: "Disse e tudo se fez." De maneira derivada, convém também aos homens, que com sua palavra, por sua ordem movem os outros a fazer algo. Tal é a função do modo imperativo dos verbos. — 3º Dizer exprime o desejo de que se realize aquilo de

---

1. Ordin.: ML 113, 421 C.

habet ad id quod dicitur quasi expressio quaedam affectus desiderantis id quod verbo exprimitur. Et ad hoc instituta sunt verba optativi modi.

Praetermisso igitur primo modo maledictionis, qui est per simplicem enuntiationem mali, considerandum est de aliis duobus. Ubi scire oportet quod facere aliquid et velle illud se consequuntur in bonitate et malitia, ut ex supradictis[2] patet. Unde in istis duobus modis, quibus malum dicitur per modum imperantis vel per modum optantis, eadem ratione est aliquid licitum et illicitum. Si enim aliquis imperet vel optet malum alterius inquantum est malum, quasi ipsum malum intendens, sic maledicere utroque modo erit illicitum. Et hoc est maledicere per se loquendo. — Si autem aliquis imperet vel optet malum alterius sub ratione boni, sic est licitum. Nec erit maledictio per se loquendo, sed per accidens: quia principalis intentio dicentis non fertur ad malum, sed ad bonum.

Contingit autem malum aliquod dici imperando vel optando sub ratione duplicis boni. Quandoque quidem sub ratione iusti. Et sic iudex licite maledicit illum cui praecipit iustam poenam inferri. Et sic etiam Ecclesia maledicit anathematizando. Sic etiam Prophetae quandoque imprecantur mala peccatoribus, quasi conformantes voluntatem suam divinae iustitiae (licet huiusmodi imprecationes possint etiam per modum praenuntiationis intelligi). — Quandoque vero dicitur aliquod malum sub ratione utilis: puta cum aliquis optat aliquem peccatorem pati aliquam aegritudinem, aut aliquod impedimentum, vel ut ipse melior efficiatur, vel ut saltem ab aliorum nocumento cesset.

AD PRIMUM ergo dicendum quod Apostolus prohibet maledicere per se loquendo, cum intentione mali.

Et similiter dicendum AD SECUNDUM.

AD TERTIUM dicendum quod optare alicui malum sub ratione boni non contrariatur affectui quo quis simpliciter alicui optat bonum, sed magis habet conformitatem ad ipsum.

AD QUARTUM dicendum quod in diabolo est considerare naturam, et culpam. Natura quidem eius bona est, et a Deo: nec eam maledicere licet. Culpa autem eius est maledicenda: secundum illud Iob 3,8: *Maledicant ei qui maledicunt diei.* Cum autem peccator maledicit diabolum propter culpam, seipsum simili ratione iudicat maledictio-

que se fala; recorre-se então aos verbos na forma optativa.

Deixando de lado o primeiro modo de maldição, puramente enunciativo, convém lembrar que fazer e querer algo são atos revestidos da mesma bondade ou malícia, como já ficou explicado acima. Por isso, nos dois modos, que exprimem a ordem ou o desejo de fazer o mal, o caráter lícito ou ilícito se realiza de igual maneira. Se alguém manda ou almeja o mal para outrem, visando propriamente fazer-lhe o mal, amaldiçoar será ilícito de uma e outra maneira. E tal é o sentido próprio de amaldiçoar. — Ao invés, mandar ou desejar um mal para alguém, sob a razão de bem, é lícito. Não se trata de maldição em si, mas acidentalmente, pois a principal intenção de quem fala não mira o mal e sim o bem.

Acontece, porém, dizer alguma coisa má, ao ordenar ou ao desejar sob duas razões do bem. Às vezes, por um motivo de justiça. Assim, o juiz licitamente amaldiçoa aquele a quem manda aplicar uma pena justa. Também a Igreja o faz, pronunciando anátemas. Os profetas igualmente imprecam males aos pecadores, conformando-se às ordens da justiça divina, (embora tais imprecações se possam entender também como predições). — Outras vezes, porém, se diz um mal para outrem, visando sua utilidade, desejando que um pecador sofra uma doença ou algum outro contratempo, afim de que se corrija ou pelo menos deixe de causar danos aos outros.

QUANTO AO 1º, portanto, deve-se dizer que o Apóstolo proíbe amaldiçoar no sentido próprio, visando o mal.

QUANTO AO 2º, deve-se dar a mesma resposta à segunda objeção.

QUANTO AO 3º, deve-se dizer que desejar um mal a alguém, em vista de seu bem não vai contra o afeto pelo qual lhe queremos o bem, mas antes se conforma a esse sentimento.

QUANTO AO 4º, deve-se dizer que, no diabo, havemos de distinguir sua natureza e sua culpa. Sua natureza é boa, provém de Deus nem é lícito amaldiçoá-la. A culpa, sim, deve ser amaldiçoada, conforme a palavra da Escritura: "Amaldiçoem-no os que amaldiçoam o dia." Amaldiçoando o diabo por causa da culpa, o pecador, por igual razão, se

---

2. I-II, q. 20, a. 3.

ne dignum. Et secundum hoc dicitur maledicere animam suam.

AD QUINTUM dicendum quod affectus peccantis, etsi in se non videatur, potest tamen percipi ex aliquo manifesto peccato, pro quo poena est infligenda. Similiter etiam, quamvis sciri non possit quem Deus maledicit secundum finalem reprobationem, potest tamen sciri quis sit maledictus a Deo secundum reatum praesentis culpae.

julga digno de maldição. E, nesse sentido, se diz que ele se amaldiçoa a si mesmo.

QUANTO AO 5º, deve-se dizer que, sem dúvida, não transparecem diretamente os sentimentos do pecador, mas se podem perceber por algum pecado manifesto, ao qual se deve infligir uma pena. De forma semelhante, embora não se possa saber a quem Deus amaldiçoará com a reprovação final, pode-se contudo saber quem incorre na maldição divina em razão da culpabilidade de sua falta presente.

## ARTICULUS 2
### Utrum liceat creaturam irrationalem maledicere

AD SECUNDUM SIC PROCEDITUR. Videtur quod non liceat creaturam irrationalem maledicere.

1. Maledictio enim praecipue videtur esse licita inquantum respicit poenam. Sed creatura irrationalis non est susceptiva nec culpae nec poenae. Ergo eam maledicere non licet.
2. PRAETEREA, in creatura irrationali nihil invenitur nisi natura, quam Deus fecit. Hanc autem maledicere non licet, etiam in diabolo, ut dictum est[1]. Ergo creaturam irrationalem nullo modo licet maledicere.
3. PRAETEREA, creatura irrationalis aut est permanens, sicut corpora; aut est transiens, sicut tempora. Sed sicut Gregorius dicit, in IV *Moral*[2]. *otiosum est maledicere non existenti; vitiosum vero si existeret*. Ergo nullo modo licet maledicere creaturae irrationali.

SED CONTRA est quod Dominus maledixit ficulneae, ut habetur Mt 21,19; et *Iob maledixit diei suo*, ut habetur Iob 3,1.

RESPONDEO dicendum quod benedictio vel maledictio ad illam rem proprie pertinet cui potest aliquid bene vel male contingere, scilicet rationali creaturae. Creaturis autem irrationalibus bonum vel malum dicitur contingere in ordine ad creaturam rationalem, propter quam sunt. Ordinantur autem ad eam multipliciter. Uno quidem modo, per modum subventionis: inquantum scilicet ex creaturis irrationalibus subvenitur humanae necessitati. Et hoc modo Dominus homini dixit, Gn 3,17: *Maledicta terra in opere tuo*: ut scilicet per eius sterilitatem homo puniretur. Et ita etiam

## ARTIGO 2
### É lícito amaldiçoar uma criatura irracional?

QUANTO AO SEGUNDO, ASSIM SE PROCEDE: parece que **não** é lícito amaldiçoar uma criatura irracional.

1. Com efeito, a maldição parece lícita enquanto visa o castigo. Ora, a criatura irracional não é capaz nem de culpa nem de pena. Logo, não é lícito amaldiçoá-la.
2. ALÉM DISSO, a criatura irracional só tem a natureza que Deus lhe deu. Ora, não é lícito amaldiçoar a natureza, mesmo a do diabo, como se acaba de ver. Logo, não é lícito amaldiçoar uma criatura irracional.
3. ADEMAIS, a criatura irracional ou é permanente como os corpos ou passageira como o tempo. Ora, como observa Gregório. "É ocioso amaldiçoar o que não existe, e vicioso maldizer o que existe." Logo, não é lícito de forma alguma amaldiçoar uma criatura irracional.

EM SENTIDO CONTRÁRIO, o Senhor amaldiçoou a figueira, e Jó amaldiçoou o dia de seu nascimento.

RESPONDO. Bênção e maldição se aplicam propriamente aos seres a que possa sobrevir bem ou mal, a saber, à criatura racional. Às criaturas irracionais se diz que são susceptíveis do bem ou do mal, em relação à criatura racional, para a qual existem. A esta, estão ordenadas de diferentes maneiras. 1º Como auxílio, pois ajudam a satisfazer às necessidades humanas. Nesse sentido, o Senhor declarou ao homem: "Maldita a terra que tu trabalhas," pois ele seria punido pela esterilidade do solo. E assim, se entendem as palavras do livro do Deuteronômio: ""Benditos os teus celeiros"; e

---

2 PARALL.: Infra, a. 4, ad 1.

1. A. praec., ad 4.
2. C. 2: ML 75, 634 C.

intelligitur quod habetur Dt 28,5: *Benedicta horrea tua*, et intra 17: *Maledictum horreum tuum*. Sic etiam David maledixit montes Gelboe, secundum Gregorii expositionem³. — Alio modo creatura irrationalis ordinatur ad rationalem per modum significationis. Et sic Dominus maledixit ficulneam, in significationem Iudaeae. — Tertio modo ordinatur creatura irrationalis ad rationalem per modum continentis, scilicet temporis vel loci. Et sic maledixit Iob diei nativitatis suae, propter hoc culpam originalem, quam nascendo contraxit, et propter sequentes poenalitates. Et propter hoc etiam potest intelligi David maledixisse montibus Gelboe, ut legitur 2Reg 1: scilicet propter caedem populi quae in eis contigerat.

Maledicere autem rebus irrationalibus inquantum sunt creaturae Dei, est peccatum blasphemiae. — Maledicere autem eis secundum se consideratis, est otiosum et vanum: et per consequens illicitum.

Et per hoc patet responsio AD OBIECTA.

ainda: "Malditos os teus celeiros". De forma semelhante, também Davi amaldiçoou os montes de Gelboé, como explica Gregório. — 2º As criaturas irracionais têm ainda uma significação simbólica. A figueira amaldiçoada por Cristo simbolizava a Judeia. — 3º A criatura sem razão se ordena ao ser racional pois o envolve como um quadro temporal e espacial. Assim, Jó amaldiçoou o dia de seu nascimento, por causa do pecado original que contraiu ao nascer e das penalidades que são a consequências dele. À luz de um motivo assim, se pode entender a maldição lançada por Davi sobre os montes de Gelboé. Lamentava a mortandade do povo, ocorrida naquele lugar.

Amaldiçoar, no entanto, as criaturas irracionais, enquanto criaturas de Deus, vem a ser pecado de blasfêmia. — Amaldiçoá-las por elas mesmas é ocioso e vão, e portanto, ilícito.

Assim ficam patentes as RESPOSTAS ÀS OBJEÇÕES.

## ARTICULUS 3
### Utrum maledicere sit peccatum mortale

AD TERTIUM SIC PROCEDITUR. Videtur quod maledicere non sit peccatum mortale.

1. Augustinus enim, in homilia *de Igne Purgatorio*¹, numerat maledictionem inter levia peccata. Haec autem sunt venialia. Ergo maledictio non est peccatum mortale, sed veniale.
2. PRAETEREA, ea quae ex levi motu mentis procedunt non videntur esse peccata mortalia. Sed interdum maledictio ex levi motu procedit. Ergo maledictio non est peccatum mortale.
3. PRAETEREA, gravius est male facere quam maledicere. Sed male facere non semper est peccatum mortale. Ergo multo minus maledicere.

SED CONTRA, nihil excludit a regno Dei nisi peccatum mortale. Sed maledictio excludit a regno Dei: secundum illud 1Cor 6,10: *Neque maledici neque rapaces regnum Dei possidebunt*. Ergo maledictio est peccatum mortale.

RESPONDEO dicendum quod maledictio de qua nunc loquimur, est per quam pronuntiatur malum contra aliquem vel imperando vel optando. Velle autem, vel imperio movere ad malum alterius, secundum se repugnat caritati, qua diligimus pro-

## ARTIGO 3
### Amaldiçoar é pecado mortal?

QUANTO AO TERCEIRO, ASSIM SE PROCEDE: parece que amaldiçoar **não** é pecado mortal.

1. Com efeito, Agostinho enumera a maldição entre os pecados leves. Ora, estes são veniais e não mortais. Logo, a maldição não é pecado mortal, mas venial.
2. ALÉM DISSO, os pecados que procedem de um leve movimento do espírito não parecem ser mortais. Ora, tal é, por vezes o caso da maldição. Logo, a maldição não é pecado mortal.
3. ADEMAIS, é mais grave malfazer do que maldizer. Ora, malfazer nem sempre é pecado mortal. Logo, muito menos o maldizer.

EM SENTIDO CONTRÁRIO, só o pecado mortal exclui do Reino de Deus. Ora, a maldição exclui do Reino de Deus, como se diz na primeira Carta aos Coríntios: "Nem os maledicentes nem os ladrões possuirão o Reino de Deus". Logo, a maldição é pecado mortal.

RESPONDO. A maldição, de que tratamos agora, consiste em chamar o mal sobre alguém em uma palavra de ordem ou de desejo. Ora, querer o mal ou empenhar-se em atraí-lo para outrem opõe-se diretamente à caridade, pela qual amamos o pró-

---

3. *Moral.*, l. IV, c. 4, in vet. 3: ML 75, 636 CD.

1. Serm. 104, in App., al. 41, de Sanctis, n. 3: ML 39, 1947.

ximum volentes bonum ipsius. Et ita secundum suum genus est peccatum mortale. Et tanto gravius quanto personam cui maledicimus magis amare et revereri tenemur: unde dicitur Lv 20,9: *Qui maledixerit patri suo et matri, morte moriatur.*

Contingit tamen verbum maledictionis prolatum esse peccatum veniale, vel propter parvitatem mali quod quis alteri, maledicendo, imprecatur: vel etiam propter affectum eius qui profert maledictionis verba, dum ex levi motu, vel ex ludo, aut ex subreptione aliqua talia verba profert; quia peccata verborum maxime ex affectu pensantur, ut supra[2] dictum est.

Et per hoc patet responsio AD OBIECTA.

### ARTICULUS 4
### Utrum maledicere sit gravius peccatum quam detractio

AD QUARTUM SIC PROCEDITUR. Videtur quod maledictio sit gravius peccatum quam detractio.
1. Maledictio enim videtur esse blasphemia quaedam: ut patet per id quod dicitur in Canonica Iudae, 9, quod *cum Michael Archangelus, cum diabolo disputans, altercaretur de Moysi corpore, non est ausus iudicium inferre blasphemiae*; et accipitur ibi blasphemia pro maledictione, secundum Glossam[1]. Blasphemia autem est gravius peccatum quam detractio. Ergo maledictio est gravior detractione.
2. PRAETEREA, homicidium est detractione gravius, ut supra[2] dictum est. Sed maledictio est par peccato homicidii: dicit enim Chrysostomus, *super Matth.*[3]: *Cum dixeris: "Maledic ei, et domum everte, et omnia perire fac", nihil ab homicida differs.* Ergo maledictio est gravior quam detractio.

3. PRAETEREA, causa praeeminet signo. Sed ille qui maledicit causat malum suo imperio: ille autem qui detrahit solum significat malum iam existens. Gravius ergo peccat maledicus quam detractor.
SED CONTRA est quod detractio non potest bene fieri. Maledictio autem fit bene et male, ut

ximo, querendo-lhe o bem. É um pecado mortal por sua natureza, e tanto mais grave quanto mais a pessoa que amaldiçoamos tem direito ao nosso amor e respeito. Por isso, se diz no livro do Levítico: "Quem amaldiçoar o seu pai ou a sua mãe seja entregue à morte."

Pode, no entanto, acontecer que proferir uma palavra de maldição seja pecado venial, quer pela pouca gravidade do mal lançado contra outrem, quer em razão do afeto de quem profere a maldição, pois ela procede de um leve movimento, de uma simples brincadeira ou de um momento de desatenção. Pois, os pecados de palavras se apreciam sobretudo segundo os sentimentos de quem as profere, como já foi explicado.

Assim se evidenciam as RESPOSTAS AS OBJEÇÕES.

### ARTIGO 4
### A maldição é mais grave do que a difamação?

QUANTO AO QUARTO, ASSIM SE PROCEDE: parece que a maldição é mais grave do que a difamação.
1. Com efeito, a maldição é uma espécie de blasfêmia, como se vê pela Epístola canônica de Judas: "O Arcanjo Miguel, ao disputar com o diabo sobre o corpo de Moisés, não se atreveu a lançar contra ele a sentença de blasfêmia." E aqui, blasfêmia se toma no sentido de maldição, explica a Glosa. Ora, a blasfêmia é mais grave do que a difamação. Logo, também o será a maldição.

2. ALÉM DISSO, o homicídio é mais grave do que a difamação, já foi explicado Ora, a maldição é igual ao pecado de homicídio, como declara Crisóstomo: "Quando dizes: amaldiçoa-o, destrói-lhe a casa, liquida todos os seus bens, em nada diferes de um homicida." Logo, a maldição é mais grave do que a difamação.

3. ADEMAIS, a causa é mais do que o sinal. Ora, quem maldiz causa o mal pela sua palavra de ordem, quem difama assinala apenas o mal já existente. Logo, peca mais gravemente o maledicente do que o difamador.

EM SENTIDO CONTRÁRIO, a difamação não pode ser tomada em bom sentido. Ao passo que a

---

2. Vulg. *aut.*

1. Interl.
2. Q. 73, a. 3.
3. Hom. 19, n. 8: MG 57, 285.

ex dictis[4] patet. Ergo gravior est detractio quam maledictio.

RESPONDEO dicendum quod, sicut in Primo[5] habitum est, duplex est malum: scilicet culpae, et poenae. Malum autem culpae peius est, ut ibidem ostensum est[6]. Unde dicere malum culpae peius est quam dicere malum poenae: dummodo sit idem modus dicendi. Ad contumeliosum igitur, susurronem et detractorem, et etiam derisorem, pertinet dicere malum culpae: sed ad maledicentem, prout nunc loquimur, pertinet dicere malum poenae, non autem malum culpae, nisi forte sub ratione poenae. Non tamen est idem modus dicendi. Nam ad praedicta quatuor vitia pertinet dicere malum culpae solum enuntiando: per maledictionem vero dicitur malum poenae vel causando per modum imperii, vel optando. Ipsa autem enuntiatio culpae peccatum est inquantum aliquod nocumentum ex hoc proximo infertur. Gravius autem est nocumentum inferre quam nocumentum desiderare, ceteris paribus. Unde detractio, secundum communem rationem, gravius peccatum est quam maledictio simplex desiderium exprimens. Maledictio vero quae fit per modum imperii, cum habeat rationem causae, potest esse detractione gravior, si maius nocumentum inferat quam sit denigratio famae; vel levior, si minus.

Et haec quidem accipienda sunt secundum ea quae per se pertinent ad rationem horum vitiorum. Possunt autem et alia per accidens considerari quae praedicta vitia vel augent vel minuunt.

AD PRIMUM ergo dicendum quod maledictio creaturae inquantum creatura est, redundat in Deum, et sic per accidens habet rationem blasphemiae, non autem si maledicatur creatura propter culpam. Et eadem ratio est de detractione.

AD SECUNDUM dicendum quod, sicut dictum est[7], maledictio uno modo includit desiderium mali. Unde si ille qui maledicit velit malum occisionis alterius, desiderio non differt ab homicida. Differt tamen inquantum actus exterior aliquid adiicit voluntati.

AD TERTIUM dicendum quod ratio illa procedit de maledictione secundum quod importat imperium.

maldição pode ser boa ou má, como já foi esclarecido. Logo, mais grave é a difamação do que a maldição.

RESPONDO. Já ficou elucidado na I Parte que há um duplo mal, da culpa e da pena. O mal da culpa é pior, como aí foi mostrado. Por isso, falar da culpa de alguém é mais grave do que falar do seu castigo, supondo que se use o mesmo o modo de expressão. Ora, o contumelioso, o murmurador, o difamador e mesmo o escarnecedor propalam um mal que implica a culpa. Ao invés, o maledicente, de que agora nos ocupamos, fala do mal da pena, não da culpa, a não ser que a culpa se inclua na pena. No entanto, o modo de se exprimir de uns e de outros não é idêntico. Pois, é próprio dos quatro primeiros vícios referidos apenas enunciar o mal da culpa; ao passo que a maldição profere o mal da pena, visando causá-lo por uma palavra de ordem ou pelo menos de desejo. Enunciar a culpa já é sem dúvida um pecado, por causar certo dano ao próximo; maior, porém, é o dano quando se causa do que quando se profere o mal, supondo igualdade de circunstâncias. Por isso, a difamação, em sentido geral, é pecado mais grave do que a maldição que exprime um simples desejo. Ao contrário, a maldição, sob forma imperativa, enquanto assume a razão de causa, poderá ser mais grave do que a difamação, se causar um mal maior do que denegrir a reputação, ou será mais leve, se o dano for menor.

Tudo isso deve ser entendido segundo o que propriamente diz respeito à razão desses vícios. Mas outras circunstâncias acidentais podem vir aumentar ou atenuar-lhes a gravidade.

QUANTO AO 1º, portanto, deve-se dizer que a maldição lançada contra a criatura, enquanto tal, redunda em ofensa de Deus, e, assim, acidentalmente, tem razão de blasfêmia. Não se daria o mesmo, se a criatura é maldita em razão de uma culpa. O mesmo vale para a difamação.

QUANTO AO 2º, deve-se dizer que como foi explicado, a maldição em uma de suas acepções, inclui o desejo do mal. Por isso, se quem maldiz quer a morte do outro, por esse seu desejo não difere do homicida. Difere, no entanto, na medida em que o ato externo acrescenta algo à vontade.

QUANTO AO 3º, deve-se dizer que o argumento procede, quando se trata da maldição que implica uma palavra de ordem.

---

4. Art. 1.
5. Q. 48, a. 5.
6. Art. 6.
7. In corp. et a. 1, 3.

## QUAESTIO LXXVII
### DE FRAUDULENTIA QUAE COMMITTITUR IN EMPTIONIBUS ET VENDITIONIBUS
*in quatuor articulos divisa*

Deinde considerandum est de peccatis quae sunt circa voluntarias commutationes. Et primo, de fraudulentia quae committitur in emptionibus et venditionibus; secundo, de usura, quae fit in mutuis. Circa alias enim commutationes voluntarias non invenitur aliqua species peccati quae distinguatur a rapina vel furto.

Circa primum quaeruntur quatuor.

*Primo:* de iniusta venditione ex parte pretii: scilicet, utrum liceat aliquid vendere plus quam valeat.

*Secundo:* de iniusta venditione ex parte rei venditae.

*Tertio:* utrum teneatur venditor dicere vitium rei venditae.

*Quarto:* utrum licitum sit aliquid, negotiando, plus vendere quam emptum sit.

## QUESTÃO 77
### A FRAUDE QUE SE COMETE NAS COMPRAS E VENDAS[a]
*em quatro artigos*

Em seguida, devem-se considerar os pecados cometidos nas comutações voluntárias[b]. Primeiro, a fraude nas compras e vendas; segundo, a usura praticada nos empréstimos. Os outros pecados cometidos nas comutações voluntárias não formam espécies distintas da rapina e do furto.

A primeira questão abrange quatro artigos:

1. A venda injusta quanto ao preço. É lícito vender algo mais caro do que vale?

2. A venda injusta quanto à mercadoria

3. O vendedor está obrigado a revelar os defeitos da mercadoria?

4. É permitido, no comércio, vender mais caro do que se comprou?

---

a. No propósito de apreender as questões morais essenciais, a questão destacará quatro problemas no contrato de compra e venda. Tratar-se-á da justiça ou da injustiça: no preço, em relação com o valor real da mercadoria (a. 1); em suas qualidades efetivas (a. 2); na veracidade das informações concernentes a suas qualidades e defeitos (a. 3); finalmente, ao abordar o problema da justiça do preço no comércio, o artigo 4 amplia as perspectivas, levantando a questão geral da avaliação moral do comércio em si mesmo.

b. Estas duas questões são consagradas ao estudo da fraude comercial (q. 77) e à usura que se pratica nos empréstimos de dinheiro (q. 78). Essas duas formas de transações comerciais são destacadas como constituindo os únicos tipos de intercâmbios voluntários prestando-se à análise aqui desenvolvida, a saber: fundando-se na distinção entre espécies morais de pecados contra a justiça comutativa. Essa opção (indicada no prólogo da q. 77) é rica de significado. Traduz o propósito de esboçar uma moral econômica, ou mais exatamente do comércio, mas atendo-se aos princípios mais gerais e às qualificações éticas essenciais. Não se tratará de problemas práticos inúmeros e complexos que se põem ou deveriam se pôr aos profissionais e usuários do comércio.

Além dessa perspectiva geral, duas outras considerações nos parecem necessárias para a compreensão das doutrinas aqui expostas. Em primeiro lugar, a atividade comercial é apreendida e analisada em suas realizações mais simples; examinam-se as formas elementares de contrato: de compra e de venda, ou de empréstimo de dinheiro para ser empregado em despesas, não para ser aplicado de forma rentável. Além disso, essas transações são concebidas no âmbito de um sistema econômico rudimentar, ou pelo menos restrito, desenvolvendo-se ou sendo considerado apenas nos limites de uma localidade. As relações diretas entre produtores e consumidores são de uso corrente; convidam a dispensar o comerciante, muitas vezes menosprezado como um intermediário inútil quando não perigoso.

Tal sistema simples ou simplificado pela análise é o ponto de partida e de referência comum nos escritos éticos e políticos de Aristóteles, como de resto nos textos bíblicos e patrísticos. Constituem as principais fontes - não ampliadas - utilizadas pelos teólogos medievais, particularmente Sto. Tomás.

Sem dúvida, diversos indícios nos mostram sua informação sobre o desenvolvimento da economia e sobre a vitalidade e amplitude crescentes do comércio no século XIII. Em matéria de preço e de empréstimo a juros, nota-se uma atenção maior às práticas usuais, e em consequência as posições tendem a tornar-se mais flexíveis do que as legadas pelas normas aristotélicas e pelas exortações ou condenações patrísticas. Mas a originalidade de Sto. Tomás se manifesta antes de mais nada em seu propósito de elaborar este curto tratado de moral comercial, mesmo que permaneça prisioneiro do quadro adotado, isto é, da consideração dos pecados cometidos nos intercambios voluntários. Todavia, ele destaca a atividade e o domínio econômico como um campo privilegiado da justiça, definindo e ordenando nos termos ou âmbitos éticos o conteúdo empírico e descritivo da mensagem bíblica e da tradição cristã.

A qualidade dessa elaboração, o grau de generalidade que ela apresenta e a abertura doutrinal que inaugura lhe asseguram, além de um interesse histórico, uma atualidade certa. Permanece um quadro de referência para os ensaios éticos ulteriores, que terão de enfrentar os desafios históricos de uma economia muito mais desenvolvida e complexa.

## ARTICULUS 1
### Utrum aliquis licite possit vendere rem plus quam valeat

AD PRIMUM SIC PROCEDITUR. Videtur quod aliquis licite possit vendere rem plus quam valeat.

1. Iustum enim in commutationibus humanae vitae secundum leges civiles determinatur. Sed secundum eas[1] licitum est emptori et venditori ut se invicem decipiant: quod quidem fit inquantum venditor plus vendit rem quam valeat, emptor autem minus quam valeat. Ergo licitum est quod aliquis vendat rem plus quam valeat.
2. PRAETEREA, illud quod est omnibus commune videtur esse naturale et non esse peccatum. Sed sicut Augustinus refert, XIII *de Trin.*[2], dictum cuiusdam mimi fuit ab omnibus acceptatum: *Vili vultis emere, et care vendere.* Cui etiam consonat quod dicitur Pr 20,14: *Malum est, Malum est, dicit omnis emptor: et cum recesserit, gloriatur.* Ergo licitum est aliquid carius vendere et vilius emere quam valeat.
3. PRAETEREA, non videtur esse illicitum si ex conventione agatur id quod fieri debet ex debito honestatis. Sed secundum Philosohum in VIII *Ethic.*[3], in amicitia utilis recompensatio fieri debet secundum utilitatem quam consecutus est ille qui beneficium suscepit: quae quidem quandoque excedit valorem rei datae; sicut contingit cum aliquis multum re aliqua indiget, vel ad periculum evitandum vel ad aliquod commodum consequendum. Ergo licet in contractu emptionis et venditionis aliquid dare pro maiori pretio quam valeat.

SED CONTRA est quod dicitur Mt 7,12: *Omnia quaecumque vultis ut faciant vobis homines, et vos facite illis.* Sed nullus vult sibi rem vendi carius quam valeat. Ergo nullus debet alteri vendere rem carius quam valeat.

RESPONDEO dicendum quod fraudem adhibere ad hoc quod aliquid plus iusto pretio vendatur,

## ARTIGO 1
### Pode-se vender licitamente algo mais caro do que vale?

QUANTO AO PRIMEIRO ARTIGO, ASSIM SE PROCEDE: parece que se **pode** vender licitamente algo mais caro do que vale.

1. Com efeito, compete às leis civis determinar o que é justo nas conclusões da vida humana. Ora, segundo as leis é lícito que comprador e vendedor se enganem mutuamente. Isso se dá, quando o vendedor vende a mercadoria mais cara do que vale, e o comprador a paga abaixo do valor. Logo, é lícito vender algo mais caro do que vale.
2. ALÉM DISSO, o que é comum a todos parece ser natural e não pecado. Ora, como refere Agostinho, foi aplaudido por todos o dito de um comediante: "Por vil preço quereis comprar e bem caro vender." Com o que concorda a reflexão do livro dos Provérbios: "Ruim, muito ruim" diz todo comprador, e depois lá se vai bem feliz." Logo, é lícito vender mais caro e comprar mais barato do que vale a mercadoria[c].
3. ADEMAIS, não parece ser ilícito realizar em contrato o que se tem obrigação de fazer por dever de honestidade. Ora, de acordo com o Filósofo, na amizade, deve-se dar uma compensação proveitosa proporcional ao proveito que conseguiu aquele que recebeu o benefício. No entanto, esse benefício excede às vezes o valor da coisa dada; como acontece quando alguém tem grande necessidade de alguma coisa para evitar um perigo ou conseguir outra vantagem. Logo, será permitido em contrato de compra e venda, dar algo por preço maior do que vale.

EM SENTIDO CONTRÁRIO, está escrito no Evangelho de Mateus: "Tudo o que quereis que os outros vos façam, fazei também a eles." Ora, ninguém quer que alguma coisa lhe seja vendida mais cara do que vale. Logo, ninguém deve vender a outrem algo mais caro do que vale.

RESPONDO. Empregar fraude para vender uma coisa acima do preço é absolutamente pecado,

---

1

1. *Cod.*, l. IV, tit. 44, leg. 8, leg. 15: ed. Krueger, t. II, p. 179 b, 180 a.
2. C. 3: ML 42, 1017.
3. C. 15: 1163, a, 16-23.

c. Essas duas primeiras objeções e suas soluções visam sublinhar o princípio fundamental que preside a toda moral econômica. Esta se funda sobre a justiça, que, além das prescrições legais e dos costumes, por mais generalizados que estes sejam, remete ao critério objetivo, à consideração das coisas avaliadas em seu valor real. Esse critério fundamental não dispensará o recurso às normas legais e aos costumes devidamente estabelecidos, na medida em que permitem melhor julgar o valor real, sobretudo quando este último se revela dificilmente discernível em si mesmo.

omnino peccatum est: inquantum aliquis decipit proximum in damnum ipsius. Unde et Tullius dicit, in libro *de Offic*.[4]: *Tollendum est ex rebus contrahendis omne mendacium: non licitatorem venditor, non qui contra se licitetur emptor apponet.* Si autem fraus deficit, tunc de emptione et venditione dupliciter loqui possumus. Uno modo, secundum se. Et secundum hoc emptio et venditio videtur esse introducta pro communi utilitate utriusque: dum scilicet unus indiget re alterius et e converso, sicut patet per Philosophum, in I *Polit*.[5]. Quod autem pro communi utilitate est inductum, non debet esse magis in gravamen unius quam alterius. Et ideo debet secundum aequalitatem rei inter eos contractus institui. Quantitas autem rerum quae in usum hominis veniunt mensuratur secundum pretium datum: ad quod est inventum numisma, ut dicitur in V *Ethic*.[6]. Et ideo si vel pretium excedat quantitatem valoris rei, vel e converso res excedat pretium, tolletur iustitiae aequalitas. Et ideo carius vendere aut vilius emere rem quam valeat est secundum se iniustum et illicitum.

Alio modo possumus loqui de emptione et venditione secundum quod per accidens cedit in utilitatem unius et detrimentum alterius: puta cum aliquis multum indiget habere rem aliquam, et alius laeditur si ea careat.

Et in tali casu iustum pretium erit ut non solum respiciatur ad rem quae venditur, sed ad damnum quod venditor ex venditione incurrit. Et sic licite poterit aliquid vendi plus quam valeat secundum se, quamvis non vendatur plus quam valeat habenti.

Si vero aliquis multum iuvetur ex re alterius quam accepit, ille vero qui vendidit non damnificatur carendo re illa, non debet eam supervendere. Quia utilitas quae alteri accrescit non est ex vendente, sed ex conditione ementis: nullus autem debet vendere alteri quod non est suum, licet possit ei vendere damnum quod patitur. Ille tamen qui ex re alterius accepta multum iuvatur, potest propria sponte aliquid vendenti supererogare: quod pertinet ad eius honestatem.

porque se engana o próximo em prejuízo dele. É o que declara Túlio. "Toda mentira se há de excluir dos contratos. Nem o vendedor, nem o comprador, apresentará um licitante, para altear ou baixar os preços."

Não havendo fraude, podemos falar da compra e venda de duas maneiras. Primeiro, em si mesmas. E, então, compra e venda parecem ter sido introduzidas para proveito comum das duas partes, cada uma precisando daquilo que a outra possui, como esclarece o Filósofo. Ora, o que está instituído para o proveito comum não deve ser mais oneroso para um do que para o outro. Por isso, se há de estabelecer entre as partes um contrato que mantenha a igualdade no plano das coisas. Ora, a quantidade das coisas que servem ao uso do homem se mede pelo preço dado; para isso, se inventou a moeda, diz o Filósofo. Portanto, se o preço exceder o valor da mercadoria, ou esta exceder o preço, desaparece a igualdade da justiça. E, assim, vender mais caro ou comprar mais barato do que vale a mercadoria é em si injusto e ilícito.

Em segundo lugar, podemos falar de compra e venda, enquanto acidentalmente dela resultam proveito para um e prejuízo para outro; por exemplo, quando alguém tem muita necessidade de um bem e o outro fica prejudicado, ao se privar do mesmo.

Em tal caso, o justo preço deverá ser fixado, tendo em conta não apenas a coisa vendida, mas também o dano que com a venda sofre o vendedor. E, então, pode-se licitamente vender uma mercadoria acima do seu valor em si mesmo, embora não se venda acima do que vale para seu possuidor.

Se, porém, o comprador tira grande vantagem da mercadoria adquirida e o vendedor não sofre qualquer dano por dela se privar, não deve aumentar o preço, porque o proveito do comprador não vem do vendedor, mas da condição em que se encontra o próprio comprador. Pois ninguém pode vender o que não é seu, embora possa vender o dano que sofreu. Contudo, quem faz uma aquisição muito vantajosa para si, pode espontaneamente dar ao vendedor mais do que o estipulado. Isso diz respeito à sua honestidade[d].

---

4. L. III, c. 15: ed. C. F. W. Mueller, Lipsiae 1910, p. 109, ll. 19-22.
5. C. 9: 1257, a, 6-9.
6. C. 8: 1133, a, 29-31.

d. O artigo se dedica a estabelecer uma primeira norma essencial nas transações comerciais, a do preço justo, definido primeiramente como correspondendo ao valor real da mercadoria. Sem preocupar-se em descobrir por si mesmos os critérios para determinar concretamente o preço justo em um dado sistema econômico, o texto parece supor esses critérios já praticamente

AD PRIMUM ergo dicendum quod, sicut supra[7] dictum est, lex humana populo datur, in quo sunt multi a virtute deficientes: non autem datur solis virtuosis. Et ideo lex humana non potuit prohibere quidquid est contra virtutem, sed ei sufficit ut prohibeat ea quae destruunt hominum convictum, alia vero habeat quasi licita, non quia ea approbet, sed quia ea non punit. Sic igitur habet quasi licitum, poenam non inducens, si absque fraude venditor rem suam supervendat aut emptor vilius emat, nisi sit nimius excessus: quia tunc etiam lex humana cogit ad restituendum, puta si aliquis sit deceptus ultra dimidiam iusti pretii quantitatem. Sed lex divina nihil impunitum relinquit quod sit virtuti contrarium. Unde secundum divinam legem illicitum reputatur si in emptione et venditione non sit aequalitas iustitiae observata. Et tenetur ille qui plus habet recompensare ei qui damnificatus est, si sit notabile damnum. Quod ideo dico quia iustum pretium rerum quandoque non est punctualiter determinatum, sed magis in quadam aestimatione consistit, ita quod modica additio vel minutio non videtur tollere aequalitatem iustitiae.

AD SECUNDUM dicendum quod, sicut Augustinus ibidem dicit, *mimus ille vel seipsum intuendo, vel alios experiendo vili velle emere et care vendere omnibus id credidit esse commune. Sed quoniam revera vitium est, potest quisque adipisci huiusmodi iustitiam qua huic resistat et vincat.* Et ponit exemplum de quodam qui modicum pretium de quodam libro propter ignorantiam postulanti iustum pretium dedit. Unde patet quod illud commune desiderium non est naturae, sed vitii. Et ideo commune est multis, qui per latam viam vitiorum incedunt.

AD TERTIUM dicendum quod in iustitia commutativa consideratur principaliter aequalitas rei. Sed in amicitia utilis consideratur aequalitas utilitatis: et ideo recompensatio fieri debet secundum utilitatem perceptam. In emptione vero, secundum aequalitatem rei.

QUANTO AO 1º, portanto, deve-se dizer que como já se explicou, a lei é dada a uma sociedade, em que há muitos desprovidos de virtude, e não se destina apenas aos virtuosos. Ela não podia proibir tudo o que é contrário à virtude, bastando-lhe proibir o que destruiria a convivência em sociedade. O resto é tido como lícito, não porque seja aprovado mas porque não é punido pela lei. É assim que, não infligindo pena, a lei permite que o vendedor venda, sem fraude, o que é seu, supervalorizando o preço, ou que o comprador o adquira abaixo do preço. Salvo se houver excessos, porque, então mesmo a lei humana obriga a restituir, por exemplo, se alguém foi enganado em mais da metade do preço justo. A lei divina, porém, não deixa impune nada do que é contrário à virtude. Daí, pela lei divina, considera-se como ilícito não observar a igualdade da justiça na compra e venda. E, assim, quem recebeu a mais está obrigado a recompensar quem ficou prejudicado, se o prejuízo foi considerável. Acrescento essa precisão, porque o justo preço não é rigorosamente determinado, mas se estabelece mais por uma certa apreciação, de modo que um pequeno aumento ou uma pequena diminuição do preço não parece destruir a igualdade da justiça.

QUANTO AO 2º, deve-se dizer que Agostinho explica na mesma passagem: "O referido comediante, olhando para si mesmo ou para a experiência dos outros, acreditou ser comum a todos o querer comprar barato e vender caro. Mas, como tal sentimento é sem dúvida vicioso, pode cada um adquirir a justiça para a ele resistir e vencê-lo." E cita o exemplo de alguém que podendo obter um livro por preço menor, em razão da ignorância do vendedor, pagou, no entanto, o justo preço. Fica assim evidente que esse desejo comum não é natural mas vicioso; é comum a muitos que trilham a larga estrada dos vícios.

QUANTO AO 3º, deve-se dizer que na justiça comutativa, considera-se principalmente a igualdade das coisas. Mas na amizade, leva-se em conta a igualdade do proveito. Por isso, se deve dar uma compensação em relação com o proveito que se recebeu. Na compra, ao invés, ela deve estar em conformidade com a igualdade mesma das coisas.

---

7. I-II, q. 96, a. 2.

adquiridos, multiplicando as alusões a outros fatores que não o valor real da mercadoria, tais como: as vantagens ou inconvenientes retirados do contrato pelos compradores ou vendedores (segunda parte da Solução deste artigo, a completar pelas respostas do artigo 2); a abundância ou escassez dos produtos, no sentido da oferta e da demanda (a. 3, resposta 4); a melhoria efetuada ou o trabalho incorporado ao objeto à venda (a. 4, resposta 1); e, de modo mais geral, que a determinação do preço se deve a uma avaliação comum, que se supõe, sem dúvida, ponderar esses diferentes fatores conjuntamente com o "valor real" da mercadoria (a. 1, resposta 1).

## Articulus 2
### Utrum venditio reddatur iniusta et illicita propter defectum rei venditae

AD SECUNDUM SIC PROCEDITUR. Videtur quod venditio non reddatur iniusta et illicita propter defectum rei venditae.
1. Minus enim cetera sunt pensanda in re quam rei species substantialis. Sed propter defectum speciei substantialis non videtur reddi venditio rei illicita: puta si aliquis vendat argentum vel aurum alchimicum pro vero, quod est utile ad omnes humanos usus ad quos necessarium est argentum et aurum, puta ad vasa et ad alia huiusmodi. Ergo multo minus erit illicita venditio si sit defectus in aliis.

2. PRAETEREA, defectus ex parte rei qui est secundum quantitatem maxime videtur iustitiae contrariari, quae in aequalitate consistit. Quantitas autem per mensuram cognoscitur. Mensurae autem rerum quae in usum hominum veniunt non sunt determinatae, sed alicubi maiores, alicubi minores: ut patet per Philosophum, in V Ethic.[1]. Ergo non potest evitari defectus ex parte rei venditae. Et ita videtur quod ex hoc venditio non reddatur illicita.
3. PRAETEREA, ad defectum rei pertinet si ei conveniens qualitas deest. Sed ad qualitatem rei cognoscendam requiritur magna scientia, quae plerisque venditoribus deest. Ergo non redditur venditio illicita propter rei defectum.

SED CONTRA est quod Ambrosius dicit, in libro de Offic.[2]: Regula iustitiae manifesta est quod a vero non declinare virum deceat bonum, nec damno iniusto afficere quemquam, nec aliquid dolo annectere rei suae.

RESPONDEO dicendum quod circa rem quae venditur triplex defectus considerari potest. Unus quidem secundum speciem rei. Et hunc quidem defectum si venditor cognoscat in re quam vendit, fraudem committit in venditione: unde venditio illicita redditur. Et hoc est quod dicitur contra quosdam Is 1,22: Argentum tuum versum est in scoriam; vinum tuum mixtum est aqua: quod enim permixtum est patitur defectum quantum ad speciem. — Alius autem defectus est secundum quantitatem, quae per mensuram cognoscitur. Et ideo si quis scienter utatur deficienti mensura in

## Artigo 2
### A venda se torna injusta e ilícita por causa de um defeito da coisa vendida?

QUANTO AO SEGUNDO, ASSIM SE PROCEDE: parece que a venda **não** se torna injusta e ilícita por causa de um defeito da coisa vendida.
1. Com efeito, a substância própria de uma coisa deve ser mais levada em conta do que tudo o mais. Ora, por defeito dessa substância não se torna uma venda ilícita. Por exemplo, se alguém vende como verdadeiros prata ou ouro fabricados por alquimia, os quais servem tanto para todas as utilidades humanas, para fazer por exemplo, vasilhas e coisas semelhantes quanto os metais verdadeiros. Muito menos será ilícita a venda se houver outros defeitos.

2. ALÉM DISSO, o defeito proveniente da quantidade da mercadoria parece ir especialmente contra a justiça que consiste na igualdade. Ora, a quantidade se conhece através da medida. Mas, como observa o Filósofo, as medidas usuais não são fixas, mas variam conforme os lugares sendo maiores, em alguns, e menores, em outros. Logo, não se podem evitar os defeitos da mercadoria. Nem por causa deles, se torna ilícita uma venda.
3. ADEMAIS, é um defeito da mercadoria não ter a qualidade requerida. Ora, para apreciar essa qualidade se exige grande ciência que falta a muitos vendedores. Logo, a venda não se torna ilícita por defeito da mercadoria.

EM SENTIDO CONTRÁRIO, Ambrósio declara: "É regra evidente de justiça que o homem de bem não se deve afastar da verdade, nem causar dano a ninguém nem viciar pelo dolo sua mercadoria."

RESPONDO. No objeto à venda, se pode distinguir tríplice defeito. Um diz respeito à natureza do objeto. Se o vendedor reconhece que o objeto tem esse defeito, comete fraude na venda, que, assim, se torna ilícita. É o que o livro de Isaías repreende em alguns de seus contemporâneos: "Tua prata se mudou em escória e teu vinho se misturou com água." Pois, o que é misturado tem um defeito que lhe corrompe a natureza. — Outro defeito toca à quantidade, que se conhece através das medidas. Se alguém usa conscientemente de medida defeituosa ao vender, comete fraude, e a

---

1. C. 10: 1135, a, 1-5.
2. L. III, c. 11, n. 73: ML 16, 166 B.

vendendo, fraudem committit, et est illicita venditio. Unde dicitur Dt 25,13-14: *Non habebis in sacculo diversa pondera, maius et minus: nec erit in domo tua modius maior et minor*; et postea 16 subditur: *Abominatur enim Dominus eum qui facit haec, et adversatur omnem iniustitiam.* — Tertius defectus est ex parte qualitatis: puta si aliquod animal infirmum vendat quasi sanum. Quod si quis scienter fecerit, fraudem committit in venditione: unde est illicita venditio.

Et in omnibus talibus non solum aliquis peccat iniustam venditionem faciendo, sed etiam ad restitutionem tenetur. Si vero eo ignorante aliquis praedictorum defectuum in re vendita fuerit, venditor quidem non peccat, quia facit iniustum materialiter, non tamen eius operatio est iniusta, ut ex supradictis patet[3]: tenetur tamen, cum ad eius notitiam pervenerit, damnum recompensare emptori.

Et quod dictum est de venditore, etiam intelligendum est ex parte emptoris. Contingit enim quandoque venditorem credere suam rem esse minus pretiosam quantum ad speciem: sicut si aliquis vendat aurum loco aurichalci emptor si id cognoscat, iniuste emit, et ad restitutionem tenetur. Et eadem ratio est de defectu qualitatis et quantitatis.

AD PRIMUM ergo dicendum quod aurum et argentum non solum cara sunt propter utilitatem vasorum quae ex eis fabricantur, aut aliorum huiusmodi, sed etiam propter dignitatem et puritatem substantiae ipsorum. Et ideo si aurum vel argentum ab alchimicis factum veram speciem non habeat auri et argenti, est fraudulenta et iniusta venditio. Praesertim cum sint aliquae utilitates auri et argenti veri, secundum naturalem operationem ipsorum, quae non conveniunt auro per alchimiam sophisticato: sicut quod habet proprietatem laetificandi, et contra quasdam infirmitates medicinaliter iuvat. Frequentius etiam potest poni in operatione, et diutius in sua puritate permanet aurum verum quam aurum sophisticatum. — Si autem per alchimiam fieret aurum verum, non esset illicitum ipsum pro vero vendere: quia nihil prohibet artem uti aliquibus naturalibus causis ad producendum naturales et veros effectus; sicut Augustinus dicit, in III *de Trin.*[4], de his quae arte daemonum fiunt.

AD SECUNDUM dicendum quod mensuras rerum venalium necesse est in diversis locis esse diver-

venda será ilícita. Por isso, se declara no livro do Deuteronômio: "Não terás em teu saco dois pesos, um grande outro pequeno; não haverá em tua casa duas sortes de medida, uma grande e outra pequena." E acrescenta, logo após: "Pois, é abominável ao Senhor teu Deus quem faz tais coisas e quem comete tal injustiça." — O terceiro defeito concerne a qualidade. Por exemplo, vender um animal enfermo como sadio. Quem o fizer cientemente comete fraude na venda, que portanto será ilícita.

Em todos esses casos, não apenas se peca, fazendo uma venda injusta, mas ainda se está obrigado à restituição. Se o vendedor ignora esses defeitos da mercadoria vendida, não peca, pois comete apenas uma injustiça material, nem sua ação é injusta, como já ficou evidenciado. Mas, quando o souber, estará obrigado a reparar o dano causado ao comprador.

O que foi dito do vendedor vale igualmente para o comprador. Acontece, às vezes, que o vendedor creia menos preciosa a natureza de sua mercadoria, vendendo ouro como ouropel. Então, o comprador, sabendo-o, faz uma compra injusta e está obrigado à restituição. O mesmo se deve dizer do defeito que afeta a qualidade e a quantidade.

QUANTO AO 1º, portanto, deve-se dizer que o ouro e a prata não são caros apenas pela utilidade dos objetos que com eles se fabricam e pelos outros usos a que se prestam, mas também pela nobreza e pureza da substância desses metais. Se, portanto, o ouro e a prata, fabricados pelos alquimistas não têm a verdadeira substância do ouro e da prata, a venda será fraudulenta e injusta. Sobretudo, porque por suas propriedades naturais, o ouro e a prata verdadeiros têm certas utilidades que faltam ao ouro falsificado pela alquimia. Tal a eficácia de alegrar os humores e de servir de remédio a determinadas doenças. Também o ouro natural verdadeiro se presta a um uso mais frequente e conserva por mais tempo sua pureza do que o ouro fabricado. — Se, porém, pela alquimia se chegasse a fabricar ouro verdadeiro, não seria ilícito vendê-lo como tal. Pois, nada impede que a ciência use de certas causas para produzir efeitos naturais e verdadeiros, como diz Agostinho a respeito dos produtos da ciência dos demônios.

QUANTO AO 2º, deve-se dizer que as medidas aplicadas às mercadorias variam necessariamente,

---

3. Q. 59, a. 2.
4. C. 8, n. 13: ML 42, 875.

sas, propter diversitatem copiae et inopiae rerum: quia ubi res magis abundant, consueverunt esse maiores mensurae. In unoquoque tamen loco ad rectores civitatis pertinet determinare quae sunt iustae mensurae rerum venalium, pensatis conditionibus locorum et rerum. Et ideo has mensuras publica auctoritate vel consuetudine institutas praeterire non licet.

AD TERTIUM dicendum quod, sicut Augustinus dicit, in XI *de Civ. Dei*[5], pretium rerum venalium non consideratur secundum gradum naturae, cum quandoque pluris vendatur unus equus quam unus servus: sed consideratur secundum quod res in usum hominis veniunt. Et ideo non oportet quod venditor vel emptor cognoscat occultas rei venditae qualitates: sed illas solum per quas redditur humanis usibus; apta, puta quod equus sit fortis et bene currat, et similiter in ceteris. Has autem qualitates de facili venditor et emptor cognoscere possunt.

### ARTICULUS 3
### Utrum venditor teneatur dicere vitium rei venditae

AD TERTIUM SIC PROCEDITUR. Videtur quod venditor non teneatur dicere vitium rei venditae.

1. Cum enim venditor emptorem ad emendum non cogat, videtur eius iudicio rem quam vendit supponere. Sed ad eundem pertinet iudicium et cognitio rei. Non ergo videtur imputandum venditori si emptor in suo iudicio decipitur, praecipitanter emendo, absque diligenti inquisitione de conditionibus rei.

2. PRAETEREA, stultum videtur quod aliquis id faciat unde eius operatio impediatur. Sed si aliquis vitia rei vendendae indicet, impedit suam venditionem: ut enim Tullius, in libro *de Offic.*[1], inducit quendam dicentem, *quid tam absurdum quam si, domini iussu, ita praeco praediceret: Domum pestilentem vendo?* Ergo venditor non tenetur dicere vitia rei venditae.

segundo a diversidade dos lugares, conforme a abundância ou a penúria desses produtos. Pois, onde há maior abundância, as medidas são em geral maiores. Em cada lugar, compete aos chefes da cidade determinar as medidas justas dos artigos em venda, levando em conta as condições dos lugares e das coisas. Por isso, não é lícito prescindir dessas medidas estabelecidas pela autoridade pública ou pelo costume.

QUANTO AO 3º, deve-se dizer que como diz Agostinho, o preço das mercadorias não se determina segundo o critério de sua natureza, pois, às vezes, se vende um cavalo mais caro do que um escravo, mas se considera o proveito que delas se pode retirar. Por conseguinte, não é necessário que o comprador ou o vendedor conheçam as qualidades ocultas do objeto da venda, mas somente as qualidades que o tornam apto a servir às necessidades humanas, por exemplo, se um cavalo é forte, rápido, e assim por diante. Ora, tais qualidades o vendedor e o comprador podem reconhecê-las facilmente.

### ARTIGO 3
### O vendedor está obrigado a revelar os defeitos da sua mercadoria?

QUANTO AO TERCEIRO, ASSIM SE PROCEDE: parece o vendedor **não** está obrigado a revelar os defeitos da sua mercadoria.

1. Com efeito, o vendedor não obriga o comprador a fazer uma aquisição, mas se limita apenas a submeter a mercadoria à sua apreciação. Ora, cabe à mesma pessoa apreciar e conhecer. Logo, não se deve culpar o vendedor, se o comprador se engana em seu juízo, faz uma compra precipitada, sem fazer uma cuidadosa inspeção do estado da mercadoria.

2. ALÉM DISSO, parece insensato que alguém faça algo que venha impedir sua própria atividade. Ora, revelar os defeitos da mercadoria é impedir a realização da venda. Assim Túlio põe na boca de uma personagem: "Haverá algo de mais absurdo do que o proprietário lançar o pregão: Estou vendendo uma casa empestada?" Logo, o vendedor não está obrigado a revelar os defeitos de sua mercadoria.

---

5. C. 16: ML 41, 331.

3  PARALL.: *Quodlib.* II, q. 5, a. 2.

1. L. III, c. 13: ed. C. F. W. Mueller, Lipsiae 1910, p. 107, ll. 19-21.

3. Praeterea, magis necessarium est homini ut cognoscat viam virtutis quam ut cognoscat vitia rerum quae venduntur. Sed homo non tenetur cuilibet consilium dare et veritatem dicere de his quae pertinent ad virtutem: quamvis nulli debeat dicere falsitatem. Ergo multo minus tenetur venditor vitia rei venditae dicere, quasi consilium dando emptori.

4. Praeterea, si aliquis teneatur dicere defectum rei venditae, hoc non est nisi ut minuatur de pretio. Sed quandoque diminueretur de pretio etiam sine vitio rei venditae, propter aliquid aliud: puta si venditor deferens triticum ad locum ubi est carestia frumenti, sciat multos posse venire qui deferant; quod si sciretur ab ementibus, minus pretium darent. Huiusmodi autem non oportet dicere venditorem, ut videtur. Ergo, pari ratione, nec vitia rei venditae.

Sed contra est quod Ambrosius dicit, in III de Offic.[2]: *In contractibus vitia eorum quae veneunt prodi iubentur: ac nisi intimaverit venditor, quamvis in ius emptoris transierint, doli actione vacuantur.*

Respondeo dicendum quod dare alicui occasionem periculi vel damni semper est illicitum: quamvis non sit necessarium quod homo alteri semper det auxilium vel consilium pertinens ad eius qualemcumque promotionem, sed hoc solum est necessarium in aliquo casu determinato, puta cum alius eius curae subdatur, vel cum non potest ei per alium subveniri. Venditor autem, qui rem vendendam proponit, ex hoc ipso dat emptori damni vel periculi occasionem quod rem vitiosam ei offert, si ex eius vitio damnum vel periculum incurrere possit: damnum quidem, si propter huiusmodi vitium res quae vendenda proponitur minoris sit pretii, ipse vero propter huiusmodi vitium nihil de pretio subtrahat; periculum autem, puta si propter huiusmodi vitium usus rei reddatur impeditus vel noxius, puta si aliquis alicui vendat equum claudicantem pro veloci, vel ruinosam domum pro firma, vel cibum corruptum sive venenosum pro bono. Unde si huiusmodi vitia sint occulta et ipse non detegat, erit illicita et dolosa venditio, et tenetur venditor ad damni recompensationem.

3. Ademais, é mais necessário conhecer o caminho da virtude do que os defeitos das mercadorias à venda. Ora, ninguém está obrigado a dar conselho a quem encontra e dizer-lhe a verdade no que toca à virtude, embora não deva dizer falsidade a ninguém. Logo, muito menos está o vendedor na obrigação de manifestar os defeitos de sua mercadoria, como quem quer dar conselho ao comprador.

4. Ademais, se alguém devesse revelar os defeitos do que vende só poderia ser para diminuir-lhe o preço. Ora, às vezes, esse preço baixaria, por outro motivo, sem nenhum defeito da mercadoria. Por exemplo, se o vendedor, ao levar seu trigo aonde há carestia dele, percebe que muitos outros vendedores poderão vir a fazer o mesmo. Estando a par disso, os compradores pagariam preço menor. Ora, ao que parece, o vendedor não está no dever de adverti-los. Logo, pela mesma razão, não está obrigado a esclarecê-los sobre os defeitos de sua mercadoria.

Em sentido contrário, Ambrósio ensina: "Nos contratos, manda-se que se declarem os defeitos das mercadorias que se vendem; e se o vendedor não o faz, ainda que tenham passado ao domínio do comprador, pode haver anulação por uma ação de dolo."

Respondo. É sempre ilícito expor alguém à ocasião de perigo ou de dano, embora não seja necessário que se dê auxílio ou conselho capazes de assegurar a outrem uma vantagem qualquer. Isso só é necessário em casos determinados, por exemplo, quando se tem o encargo de alguém ou não se pode socorrê-lo de outro modo. Ora, o vendedor que propõe sua mercadoria ao comprador, lhe oferece, pelo fato mesmo, uma ocasião de dano ou perigo, se essa mercadoria tem defeitos, donde podem ocorrer esse dano ou perigo. Dano, se por seu defeito, a mercadoria tem menor valor, sem que o vendedor lhe tenha baixado o preço. Perigo, se o defeito venha a impedir o uso do objeto ou o torna difícil ou nocivo; quando se vende, por exemplo, um cavalo manco como um animal veloz, ou uma casa em ruínas como sólida, ou se propõem como sadios, alimentos avariados e contaminados. Se esses vícios são ocultos e o vendedor não os manifesta, a venda será ilícita e dolosa, e ele terá a obrigação de reparar o dano.

---

2. C. 10, n. 66: ML 16, 164 B.

Si vero vitium sit manifestum, puta cum equus est monoculus; vel cum usus rei, etsi non competat venditori, potest tamen esse conveniens aliis; et si ipse propter huiusmodi vitium subtrahat quantum oportet de pretio: non tenetur ad manifestandum vitium rei. Quia forte propter huiusmodi vitium emptor vellet plus subtrahi de pretio quam esset subtrahendum. Unde potest licite venditor indemnitati suae consulere, vitium rei reticendo.

AD PRIMUM ergo dicendum quod iudicium non potest fieri nisi de re manifesta: *unusquisque enim iudicat quae cognoscit*, ut dicitur in I *Ethic*.³. Unde si vitia rei quae vendenda proponitur sint occulta, nisi per venditorem manifestentur, non sufficienter committitur emptori iudicium. Secus autem esset si essent vitia manifesta.

AD SECUNDUM dicendum quod non oportet quod aliquis per praeconem vitium rei vendendae praenuntiet: quia si praediceret vitium, exterrerentur emptores ab emendo, dum ignorarent alias conditiones rei, secundum quas est bona et utilis. Sed singulariter est dicendum vitium ei qui ad emendum accedit, qui potest simul omnes conditiones ad invicem comparare, bonas et malas: nihil enim prohibet rem in aliquo vitiosam, in multis aliis utilem esse.

AD TERTIUM dicendum quod quamvis homo non teneatur simpliciter omni homini dicere veritatem de his quae pertinent ad virtutes, teneretur tamen in casu illo de his dicere veritatem quando ex eius facto alteri periculum immineret in detrimentum virtutis nisi diceret veritatem. Et sic est in proposito.

AD QUARTUM dicendum quod vitium rei facit rem in praesenti esse minoris valoris quam videatur: sed in casu praemisso, in futurum res expectatur esse minoris valoris per superventum negotiatorum, qui ab ementibus ignoratur Unde venditor qui vendit rem secundum pretium quod invenit, non videtur contra iustitiam facere si quod futurum est non exponat. Si tamen exponeret, vel de pretio subtraheret, abundantioris esset virtutis: quamvis ad hoc non videatur teneri ex iustitiae debito.

Mas se o vício for manifesto, por exemplo, se o cavalo for cego de um olho, ou se a mercadoria não convém ao vendedor, mas pode ser útil a outros, e se ele, por causa de tais defeitos, abater devidamente o preço, não estará obrigado a revelar o vício da mesma; porque, talvez, por razão desse vício, o comprador exigiria uma diminuição exagerada do preço. Por conseguinte, nesse caso, o vendedor poderia preservar seu interesse, calando o vício da mercadoria.

QUANTO AO 1º, portanto, deve-se dizer que só se pode julgar o que é manifesto, pois, como diz o Filósofo "cada um julga do que conhece." Por conseguinte, sendo ocultos os vícios da mercadoria proposta à venda, a menos que o vendedor os revele, não poderá o comprador fazer dela um juízo suficiente. Ocorreria o contrário, se os vícios são manifestos.

QUANTO AO 2º, deve-se dizer que não é necessário apregoar os defeitos da mercadoria posta à venda. Seria espantar os compradores, que nem olhariam para as qualidades que tornam essa mercadoria boa e útil. Mas se deve mostrar os defeitos em particular a quem vem comprar, permitindo-lhe a comparação entre as condições boas e más do que lhe é oferecido. Nada impede que uma coisa defeituosa em um ponto, tenha, em outros, muitas utilidades.

QUANTO AO 3º, deve-se dizer que embora não se esteja obrigado, de maneira absoluta, a dizer a verdade a todos no que toca às virtudes, contudo cumpre dizê-la, quando, em consequência de uma ação que se pratica, resulta um perigo, em prejuízo da virtude, caso não se diga a verdade. É o que acontece na situação proposta.

QUANTO AO 4º, deve-se dizer que o vício de uma mercadoria faz com que tenha menor valor atual do que aparenta. Mas, no caso proposto, é somente mais tarde que ela terá menor valor em razão da vinda de novos comerciantes, o que é ignorado pelos compradores. Portanto, o vendedor, oferecendo sua mercadoria pelo preço corrente, não parece agir contra a justiça, embora não revele o que haverá de acontecer. Se, contudo, o manifestasse ou abatesse no preço, praticaria uma virtude mais perfeita, sem que no entanto a isso esteja obrigado por dever de justiça.

---

3. C. 2: 1094, b, 27 — 1095, a, 2.

## Articulus 4
### Utrum liceat, negotiando, aliquid carius vendere quam emere

AD QUARTUM SIC PROCEDITUR. Videtur quod non liceat, negotiando, aliquid carius vendere quam emere.

1. Dicit enim Chrysostomus, super Mt 21,12[1]: *Quicumque rem comparat ut, integram et immutatam vendendo, lucretur, ille est mercator qui de templo Dei eiicitur.* Et idem dicit Cassiodorus[2], super illud Ps 70,15, *Quoniam non cognovi litteraturam*, vel *negotiationem* secundum aliam litteram[3]: *Quid*, inquit, *est aliud negotiatio nisi vilius comparare et carius velle distrahere?* et subdit: *Negotiatores tales Dominus eiecit de templo.* Sed nullus eiicitur de templo nisi propter aliquod peccatum. Ergo talis negotiatio est peccatum.

2. PRAETEREA, contra iustitiam est quod aliquis rem carius vendat quam valeat, vel vilius emat, ut ex dictis[4] apparet. Sed ille qui, negotiando, rem carius vendit quam emerit, necesse est quod vel vilius emerit quam valeat, vel carius vendat. Ergo hoc sine peccato fieri non potest.

3. PRAETEREA, Hieronymus dicit[5]: *Negotiatorem clericum, ex inope divitem, ex ignobili gloriosum, quasi quandam pestem fuge.* Non autem negotiatio clericis interdicenda esse videtur nisi propter peccatum. Ergo negotiando aliquid vilius emere et carius vendere est peccatum.

SED CONTRA est quod Augustinus dicit, super illud Ps 70,15[6], *Quoniam non cognovi litteraturam: Negotiator avidus acquirendi pro damno blasphemat, pro pretiis rerum mentitur et peierat. Sed haec vitia hominis sunt, non artis, quae sine*

## Artigo 4
### É permitido no comércio vender algo mais caro do que se comprou?[e]

QUANTO AO QUARTO, ASSIM SE PROCEDE: parece que no comércio não é permitido vender algo mais caro do que se comprou.

1. Com efeito, Crisóstomo declara: "Todo aquele que compra uma coisa, para revendê-la inteira e tal qual a adquiriu, com o fito de obter lucro, é um daqueles vendilhões, expulsos do templo." E comentando as palavras da Escritura: "Porque não sei escrever," ou, segundo outra versão: "porque ignoro o comércio," Cassiodoro diz o mesmo: "Que é o comércio, senão comprar mais barato e vender mais caro?" E acrescenta: "Tais comerciantes, o Senhor os expulsou do templo." Ora, ninguém é expulso do templo a não ser por algum pecado. Logo, tal comércio é pecado.

2. ALÉM DISSO, é contra a justiça vender algo mais caro ou comprá-lo mais barato do que vale, como já ficou elucidado. Ora, o comerciante que vende um objeto mais caro do que comprou, necessariamente ou o comprou mais barato ou o vende mais caro do que vale. Logo, não há como evitar o pecado.

3. ADEMAIS, Jerônimo escreve: "Do clérigo comerciante, que de pobre virou rico, de plebeu se fez nobre, foge como de uma peste." Ora, a prática do comércio não teria sido proibida aos clérigos se não fora pecado. Logo, no comércio, comprar mais barato e vender mais caro é pecado.

EM SENTIDO CONTRÁRIO, comentando o texto do Salmo: "porque não sei escrever..." Agostinho declara: "O negociante, na sua avidez de ganhar, blasfema quando perde, mente nos preços e perjura. Mas esses são vícios do homem, não da

---

4 PARALL.: I *Polit.*, lect. 8.

1. *Opus imp. in Matth.*, hom. 38: MG 56, 840.
2. *Expos. in Psalt.*, super Ps. 70, 15: ML 70, 500 D — 501 A.
3. LXX Interpret.
4. Art. 1.
5. Epist. 52, al. 2, *ad Nepot.*, n. 5: ML 22, 531.
6. *Enarr. in Ps.*, Ps. 70, c. 1, n. 17: ML 36, 886.

e. Este artigo inaugura uma nova etapa da questão. Os artigos anteriores - por um processo de abstração metódica - haviam considerado as trocas de compra e de venda de maneira isolada, como interessando ao comprador e ao vendedor, propiciando o bem de um e de outro, mediante uma transação justa em si mesma. Aqui examina-se o comércio; a operação transacional com fim lucrativo torna-se uma profissão, e levanta-se a questão: se pode ser moralmente lícito e honesto. A resposta levará em conta a tradição patrística e sobretudo a doutrina aristotélica, que distingue as trocas destinadas a atender às necessidades da vida, e as trocas com fins lucrativos. Estas últimas constituem o "negócio", a profissão do "comerciante", oposta à do "cultivador" e do "fabricante". Vê-se que a noção de "serviço", de "prestação de serviço" (sempre presente na consideração do salário) permanece estranha a esta análise, que só atenta para a atividade produtiva e transformadora como fator de valorização da "mercadoria".

*his vitiis agi potest.* Ergo negotiari secundum se non est illicitum.

RESPONDEO dicendum quod ad negotiatores pertinet commutationibus rerum insistere. Ut autem Philosophus dicit, in I *Polit*.[7], duplex est rerum commutatio. Una quidem quasi naturalis et necessaria: per quam scilicet fit commutatio rei ad rem, vel rerum et denariorum, propter necessitatem vitae. Et talis commutatio non proprie pertinet ad negotiatores, sed magis ad oeconomicos vel politicos, qui habent providere vel domui vel civitati de rebus necessariis ad vitam. Alia vero commutationis species est vel denariorum ad denarios, vel quarumcumque rerum ad denarios, non propter res necessarias vitae, sed propter lucrum quaerendum. Et haec quidem negotiatio proprie videtur ad negotiatores pertinere. Secundum Philosophum[8] autem, prima commutatio laudabilis est: quia deservit naturali necessitati. Secunda autem iuste vituperatur: quia, quantum est de se, deservit cupiditati lucri, quae terminum nescit sed in infinitum tendit. Et ideo negotiatio, secundum se considerata, quandam turpitudinem habet: inquantum non importat de sui ratione finem honestum vel necessarium.

Lucrum tamen, quod est negotiationis finis, etsi in sui ratione non importet aliquid honestum vel necessarium, nihil tamen importat in sui ratione vitiosum vel virtuti contrarium. Unde nihil prohibet lucrum ordinari ad aliquem finem necessarium, vel etiam honestum. Et sic negotiatio, licita reddetur. Sicut cum aliquis lucrum moderatum, quod negotiando quaerit, ordinat ad domus suae sustentationem, vel etiam ad subveniendum indigentibus: vel etiam cum aliquis negotiationi intendit propter publicam utilitatem, ne scilicet res necessariae ad vitam patriae desint, et lucrum expetit non quasi finem, sed quasi stipendium laboris.

AD PRIMUM ergo dicendum quod verbum Chrysostomi est intelligendum de negotiatione

profissão, que se pode exercer sem eles." Logo, negociar não é em si mesmo ilícito.

RESPONDO. É próprio dos negociantes praticar a comutação dos bens. Ora, como explica o Filósofo, há duas sortes de comutações. Uma, como que natural e necessária, em que se troca uma coisa por outra, ou uma coisa por dinheiro, para satisfazer às necessidades da vida. Esse tipo de comutações não é próprio dos negociantes, mas dos chefes da casa ou da cidade, os quais devem prover a família ou a população, das coisas necessárias à vida. Outra espécie de comutação é a de dinheiro por dinheiro, ou de quaisquer objetos por dinheiro, não pelas necessidades da vida, mas em vista do lucro. E tal é o negócio que pertence propriamente aos negociantes. Segundo o Filósofo, a primeira espécie de troca é louvável, pois está a serviço de uma necessidade natural. A segunda, porém, é reprovada com justiça, porque, de si mesma, fomenta a cobiça do lucro, que não conhece limite, mas tende ao infinito. Por isso, o comércio encarado em si mesmo, possui algo vergonhoso, pois, por sua natureza, não visa nenhum fim honesto ou necessário.

Quanto ao lucro, que é o objetivo do comércio, embora em sua natureza não implique nada de honesto e necessário, nada comporta também de vicioso ou contrário à virtude. Portanto, nada impede que o lucro seja ordenado a um fim necessário ou mesmo honesto. E, assim, o comércio se torna lícito. É o que ocorre, quando alguém, buscando, nos negócios, um lucro moderado, o destina ao sustento da casa ou ao auxílio dos necessitados. Ou quando se faz comércio, visando a utilidade pública, para que não faltem à pátria as coisas necessárias à vida, e não se procura o lucro como um fim, mas como remuneração do trabalho[f].

QUANTO AO 1º, portanto, deve-se dizer que o texto de Crisóstomo se há de entender do ne-

---

7. C. 9: 1257, a, 19 — b, 10.
8. Ibid., c. 10: 1258, a, 38 — b, 8.

---

f. A resposta começa lembrando a posição aristotélica (condensada na nota precedente): concebido em si mesmo, o negócio possui alguma coisa de "malsão" (*quandam turpitudinem habet*), que nosso texto traduz com mais elegância: "possui algo de vergonhoso"), pois não se relaciona a um fim honesto e necessário (= produção, transformação ou melhoria dos bens). Mas, em seguida, essa doutrina aristotélica é ultrapassada pela consideração do lucro como um objetivo, indiferente em si, mas capaz de subordinar-se às finalidades mais necessárias: ao bem da família, à utilidade social ou como uma recompensa do trabalho despendido. Uma tal justificação do comércio lucrativo vai no sentido dos títulos de legitimação da propriedade propostos em II-II, q. 66, a. 2. O interesse particular, a busca do lucro são aceitos, reconhecidos até como indispensáveis à produção dos bens necessários; mas, ao mesmo tempo, exige-se que não sejam "fins últimos", que subordinem-se aos objetivos da justiça e da solidariedade, para não incorrer nos vícios da acumulação de riquezas e da avareza. As posições aqui ilustradas parecem resultar de uma atenção do teólogo ao desenvolvimento comercial de seu tempo, e à prática das pessoas honestas que se dedicam cada vez mais, em boa consciência, aos ofícios lucrativos.

secundum quod ultimum finem in lucro constituit, quod praecipue videtur quando aliquis rem non immutatam carius vendit. Si enim rem immutatam carius vendat, videtur praemium sui laboris accipere. Quamvis et ipsum lucrum possit licite intendi, non sicut ultimus finis, sed propter alium finem necessarium vel honestum, ut dictum est[9].

AD SECUNDUM dicendum quod non quicumque carius vendit aliquid quam emerit, negotiatur: sed solum qui ad hoc emit ut carius vendat. Si autem emit rem non ut vendat, sed ut teneat, et postmodum propter aliquam causam eam vendere velit, non est negotiatio, quamvis carius vendat. Potest enim hoc licite facere, vel quia in aliquo rem melioravit; vel quia pretium rei, est mutatum, secundum diversitatem loci vel temporis; vel propter periculum cui se exponit transferendo rem de loco ad locum, vel eam ferri faciendo. Et secundum hoc, nec emptio nec venditio est iniusta.

AD TERTIUM dicendum quod clerici non solum debent abstinere ab his quae sunt secundum se mala, sed etiam ab his quae habent speciem mali. Quod quidem in negotiatione contingit, tum propter hoc quod est ordinata ad lucrum terrenum, cuius clerici debent esse contemptores; tum etiam propter frequentia negotiatorum vitia, quia *difficiliter exuitur negotiator a peccatis labiorum*, ut dicitur Eccli 26,28. Est et alia causa, quit negotiatio nimis implicat animum saecularibus curis, et per consequens a spiritualibus retrahit: unde Apostolus dicit, 2Ti 2,4. Nemo militans Deo implicat se negotiis saecularibus. — Licet tamen clericis uti prima commutationis specie, quae ordinatur ad necessitatem vitae, emendo vel vendendo.

gócio que tem seu fim último no lucro. O que parece ocorrer sobretudo quando alguém revende mais caro um objeto sem o ter modificado. Se, ao invés, revende mais caro um objeto após o ter melhorado, é como se recebesse o prêmio de seu trabalho. Pode-se, no entanto, visar o próprio lucro, não como fim último, mas em vista de outro fim necessário ou honesto, como ficou dito.

QUANTO AO 2º, deve-se dizer que nem todo aquele que vende mais caro o que comprou faz comércio, mas só quem compra com o fito de revender mais caro. Se, porém, compra, não para revender mas para guardar, e, em seguida, por uma causa qualquer, resolve vender, mesmo que seja mais caro, não se trata de comércio. Isso pode ser lícito, seja porque fez uma melhoria no objeto, ou porque houve mudança de preço, segundo a diversidade de tempo ou de lugar, ou em razão de riscos que correu, transportando ou fazendo transportar a mercadoria. Nesses casos, nem a venda nem a compra são injustas.

QUANTO AO 3º, deve-se dizer que os clérigos devem abster-se não somente do que é mau em si mesmo, mas ainda de qualquer aparência de mal. É o que se dá com o comércio, seja porque se ordena a um lucro terreno, que os clérigos devem desprezar; seja pela frequência dos pecados que se cometem nos negócios. Como se diz no livro do Eclesiástico: "Dificilmente, o comerciante se isenta dos pecados da língua." Há ainda outra razão. O comércio enreda demais o espírito nos negócios seculares, e, por conseguinte, o retrai dos bens espirituais. Por isso, proclama o Apóstolo: "Quem se consagra ao serviço de Deus não se embaraça com negócios seculares." — Contudo, é permitido aos clérigos praticar a primeira espécie de comutação, que se ordena às necessidades da vida, comprando ou vendendo.

---

9. In corp.

## QUAESTIO LXXVIII
## DE PECCATO USURAE
*in quatuor articulos divisa*

Deinde considerandum est de peccato usurae, quod committitur in mutuis.
Et circa hoc quaeruntur quatuor.
*Primo:* utrum sit peccatum accipere pecuniam in pretium pro pecunia mutuata, quod est accipere usuram.
*Secundo:* utrum liceat pro eodem quamcumque utilitatem accipere quasi in recompensationem mutui.
*Tertio:* utrum aliquis restituere teneatur id quod de pecunia usuraria iusto lucro lucratus est.
*Quarto:* utrum liceat accipere mutuo pecuniam sub usura.

### Articulus 1
### Utrum accipere usuram pro pecunia mutuata sit peccatum

Ad primum sic proceditur. Videtur quod accipere usuram pro pecunia mutuata non sit peccatum.

1. Nullus enim peccat ex hoc quod sequitur exemplum Christi. Sed Dominus de seipso dicit, Lc 19,23: *Ego veniens cum usuris exegissem illam*, scilicet pecuniam mutuatam. Ergo non est peccatum accipere usuram pro mutuo pecuniae.

2. Praeterea, sicut dicitur in Ps 18,8, *lex Domini immaculata*, quia scilicet peccatum prohibet. Sed in lege divina conceditur aliqua usura: secundum illud Dt 23,19-20: *Non faenerabis fratri tuo ad usuram pecuniam, nec fruges nec quamlibet aliam rem, sed alieno*. Et, quod plus est, etiam in praemium repromittitur pro lege servata: secundum illud Dt 28,12: *faenerabis gentibus multis; et ipse a nullo faenus acciptes*. Ergo accipere usuram non est peccatum.

## QUESTÃO 78
## O PECADO DE USURA[a]
*em quatro artigos*

Deve-se tratar agora do pecado de usura que se comete nos empréstimos.
A questão compreende quatro artigos:
1. É pecado receber dinheiro em pagamento do dinheiro emprestado, o que constitui a usura?
2. É lícito receber por esse mesmo dinheiro qualquer preceito, como que em recompensa do empréstimo?
3. Há obrigação de restituir o justo lucro que se ganhou com dinheiro usurário?
4. Pode-se tomar dinheiro emprestado com a condição de pagar usura?

### Artigo 1
### É pecado receber juros pelo dinheiro emprestado?

Quanto ao primeiro artigo, assim se procede: parece que **não** é pecado receber juros pelo dinheiro emprestado.

1. Com efeito, ninguém peca seguindo o exemplo de Cristo. Ora, o Senhor diz de si mesmo: "De volta, eu o receberia com juros", isto é: o dinheiro emprestado. Logo, não é pecado receber juros pelo dinheiro emprestado.

2. Além disso, o Salmo proclama: "A lei do Senhor é imaculada", precisamente por proibir o pecado. Ora, na lei divina se autoriza certa espécie de usura, com se lê no livro do Deuteronômio: Não exigirás de teus irmão juro algum nem por dinheiro nem por víveres nem por coisa alguma; podes exigi-lo do estrangeiro". Mais ainda, há uma promessa pela observância da lei nestes termos: "Darás emprestado a muitas nações e não tomarás emprestado de nenhuma" Logo, receber juros não é pecado.

---

1 Parall.: I-II, q. 105, a. 3, ad 3; III *Sent.*, dist. 37, a. 6; *De Malo*, q. 13, a. 4; *Quodlib.* III, q. 7, a. 2; *De Dec. Praecept.*, c. *de Septim. Praec.*; I *Polit.*, lect. 8.

a. O empréstimo a juros porá para Sto. Tomás problemas semelhantes aos que ele abordara a respeito do comércio (q. 77, a. 4), e que ele já abordou em relação à propriedade privada (II-II, q. 66, a. 2). Uma doutrina firme e constante, enraizada no ensinamento bíblico e na tradição patrística, estigmatizava como pecado de usura todo recebimento de juros por um empréstimo de dinheiro. Essa condenação pura e simples do empréstimo a juros é lembrada como um princípio fundamental (a. 1). A doutrina é explicada recorrendo-se à noção aristotélica do dinheiro como um mero bem de consumo, ou como puro instrumento destinado a facilitar as trocas, em todo caso, a ser gasto. Por si, não é de modo algum produtivo, não propicia nenhum outro uso, distinto de sua realidade consumível, e que seria preciso retribuir ou compensar. O artigo 2 prolonga essa exigência doutrinal, rejeitando que se possa pedir uma vantagem qualquer por um empréstimo de dinheiro. Em consequência, o artigo 3 estabelecerá que se é obrigado a restituir tudo o que se tiver ganho graças aos juros recebidos sobre semelhante empréstimo. Já o artigo 4 irá reconhecer de forma algo paradoxal que é permitido tomar dinheiro emprestado e pagar juros, apesar do pecado que aquele que empresta continuaria cometendo nessa ação.

3. Praeterea, in rebus humanis determinatur iustitia per leges civiles. Sed secundum eas conceditur usuras accipere. Ergo videtur non esse illicitum.

4. Praeterea, praetermittere consilia non obligat ad peccatum. Sed Lc 6,35 inter alia consilia ponitur: *Date mutuum, nihil inde sperantes*. Ergo accipere usuram non est peccatum.

5. Praeterea, pretium accipere pro eo quod quis facere non tenetur, non videtur esse secundum se peccatum. Sed non in quolibet casu tenetur pecuniam habens eam proximo mutuare. Ergo licet ei aliquando pro mutuo accipere pretium.

6. Praeterea, argentum monetatum, et in vasa formatum, non differt specie. Sed licet accipere pretium pro vasis argenteis accommodatis. Ergo etiam licet accipere pretium pro mutuo argenti monetati. Usura ergo non est secundum se peccatum.

7. Praeterea, quilibet potest licite accipere rem quam ei dominus rei voluntarie tradit. Sed ille qui accipit mutuum voluntarie tradit usuram. Ergo ille qui mutuat licite potest accipere.

Sed contra est quod dicitur Ex 22,25: *Si pecuniam mutuam dederis populo meo pauperi qui habitat tecum, non urgebis eum quasi exactor, nec usuris opprimes*.

Respondeo dicendum quod accipere usuram pro pecunia mutuata est secundum se iniustum: quia venditur id quod non est, per quod manifeste inaequalitas constituitur, quae iustitiae contrariatur. Ad cuius evidentiam, sciendum est quod quaedam res sunt quarum usus est ipsarum rerum consumptio: sicut vinum consumimus eo utendo ad potum, et triticum consumimus eo utendo ad cibum. Unde in talibus non debet seorsum computari usus rei a re ipsa, sed cuicumque conceditur usus, ex hoc ipso conceditur res. Et propter hoc in talibus per mutuum transfertur dominium. Si quis ergo seorsum vellet vendere vinum et seorsum vellet vendere usum vini, venderet eandem rem bis, vel venderet id quod non est. Unde manifeste per iniustitiam peccaret. Et simili ratione, iniustitiam committit qui mutuat vinum aut triticum petens sibi duas recompensationes, unam quidem restitutionem aequalis rei, aliam vero pretium usus, quod *usura* dicitur.

Quaedam vero sunt quorum usus non est ipsa rei consumptio: sicut usus domus est inhabitatio, non autem dissipatio. Et ideo in talibus seorsum

3. Ademais, nas coisas humanas, a justiça é determinada pelas leis civis. Ora, estas permitem cobrar juros. Logo, essa prática não parece ser ilícita.

4. Ademais, não seguir os conselhos evangélicos não constitui pecado. Ora, o Evangelho, entre outros conselhos, dá este: "Emprestai, sem nada esperardes por isso." Logo, receber juros não é pecado.

5. Ademais, receber pagamento pelo que não se está obrigado a fazer não parece ser, em si mesmo, pecado. Ora, quem tem dinheiro não está obrigado, em qualquer caso, a emprestá-lo ao próximo. Logo, lhe será lícito, às vezes, receber uma retribuição pelo empréstimo.

6. Ademais, as moedas de prata e os vasos de prata têm a mesma natureza. Ora, é lícito receber um pagamento pelo empréstimo de vasos de prata. Logo, será permitido receber um preço pelo empréstimo de moedas de prata. Portanto, a usura não é por si pecado.

7. Ademais, qualquer um pode receber licitamente o objeto que o proprietário lhe dá livremente. Ora, quem toma emprestado oferece livremente juros a quem lhe empresta. Logo, este pode licitamente recebê-los.

Em sentido contrário, está dito no livro do Êxodo: "Se emprestares a alguém de meu povo, a um pobre que vive ao teu lado, não o apertarás como um cobrador, nem o oprimirás com juros."

Respondo. Receber juros por um dinheiro emprestado é, em si mesmo injusto, pois se vende o que não existe. O que constitui manifestamente uma desigualdade contrária à justiça. Para evidenciá-lo, devemos considerar que o uso de certos objetos se confunde com o seu consumo. Consumimos o vinho para nossa bebida e o trigo para nosso alimento. O uso de tais coisas não se deve separar de sua própria realidade, mas a quem se concede o uso se concede o próprio objeto. Por isso, o empréstimo dessas coisas transfere o domínio sobre elas. Quem pretendesse vender o vinho separadamente do uso dele, venderia a mesma coisa duas vezes ou venderia o que não existe. Portanto, pecaria manifestamente por injustiça. Pela mesma razão, comete injustiça quem empresta vinho ou trigo, exigindo duas compensações: uma, a restituição da própria coisa; e a outra, o preço de seu uso, chamado usura.

Ao invés, há outras coisas cujo uso não se confunde com o consumo delas. Assim, o uso de uma casa consiste em habitá-la, não em destrui-

potest utrumque concedi: puta cum aliquis tradit alteri dominium domus, reservato sibi usu ad aliquod tempus; vel e converso cum quis concedit alicui usum domus, reservato sibi eius dominio. Et propter hoc licite potest homo accipere pretium pro usu domus, et praeter hoc petere domum commodatam: sicut patet in conductione et locatione domus.

Pecunia autem, secundum Philosophum, in V *Ethic.*[1] et in I *Polit.*[2], principaliter est inventa ad commutationes faciendas: et ita proprius et principalis pecuniae usus est ipsius consumptio sive distractio, secundum quod in commutationes expenditur. Et propter hoc secundum se est illicitum pro usu pecuniae mutuatae accipere pretium, quod dicitur usura. Et sicut alia iniuste acquisita tenetur homo restituere, ita pecuniam quam per usuram accepit.

AD PRIMUM ergo dicendum quod usura ibi metaphorice accipitur pro superexcrescentia bonorum spiritualium, quam exigit Deus volens ut in bonis acceptis ab eo semper proficiamus. Quod est ad utilitatem nostram, non eius.

AD SECUNDUM dicendum quod Iudaeis prohibitum fuit accipere usuram *a fratribus suis*, scilicet Iudaeis: per quod datur intelligi quod accipere usuram a quocumque homine est simpliciter malum; debemus enim omnem hominem habere *quasi proximum et fratrem*, praecipue in statu Evangelii, ad quod omnes vocantur. Unde in Ps 14, absolute dicitur: *Qui pecuniam suam non dedit ad usuram;* et Ez 18,17: *Qui usuram non acceperit*. Quod autem ab extraneis usuram acciperent, non fuit eis concessum quasi licitum, sed permissum ad maius malum vitandum: ne scilicet a Iudaeis, Deum colentibus, usuras acciperent, propter avaritiam, cui dediti erant, ut habetur Ise 56,11. — Quod autem in praemium promittitur, *Faenerabis gentibus multis* etc., faenus ibi large accipitur pro mutuo: sicut et Eccli 29,10 dicitur: *Multi non causa nequitiae non faenerati sunt*, idest *non mutuaverunt*. Promittitur ergo in praemium Iudaeis abundantia divitiarum, ex qua contingit quod aliis mutuare possint.

la. Pode-se fazer uma cessão distinta do uso e da propriedade. Transfere-se, por exemplo, a outrem o domínio de uma casa, reservando para si o uso por certo período, ou inversamente, cede-se o uso da casa e conserva-se para si o domínio. Por conseguinte, pode-se receber o preço pelo uso da casa, e, além disso, reclamar de volta a casa emprestada, como se pratica no arrendamento ou na locação de um imóvel.

Mas, o dinheiro foi principalmente inventado, segundo o Filósofo, para facilitar as comutações; e, assim, o uso próprio e principal do dinheiro é ser consumido ou despendido, pois se gasta nas comutações. Por isso, é, em si mesmo, ilícito perceber um preço pelo uso do dinheiro emprestado, o que se chama usura. E como se está obrigado a restituir tudo o que é injustamente adquirido, deve-se restituir o que foi recebido como usura.

QUANTO AO 1º, portanto, deve-se dizer que a usura, nessa passagem, se toma em sentido metafórico. Designa o acréscimo dos bens espirituais que Deus exige, querendo que progridamos sempre no uso dos bens que dele recebemos. O que redunda em utilidade nossa, não sua.

QUANTO AO 2º, deve-se dizer que foi proibido aos judeus cobrar juros de seus irmãos, isto é, de outros judeus. O que dá a entender que perceber juros de quem quer que seja é um mal em si. Pois, devemos considerar todo homem como próximo e irmão, sobretudo na lei evangélica à qual todos são chamados. Por isso, no Salmo se declara de maneira absoluta, falando do justo: "Ele não empresta seu dinheiro a juros." E no livro de Ezequiel se acrescenta: "Não recebeu juros." A autorização de receber juros dos estrangeiros não foi concedida como lícita, mas apenas como permitida para evitar mal maior, isto é, para que, levados pela cobiça a que eram propensos, como testemunha Isaías, não viessem a cobrar juros dos mesmos judeus, adoradores de Deus. — Quanto à recompensa prometida: "emprestarás com juros a muitas nações", a expressão é tomada em sentido geral de emprestar simplesmente, como em outra passagem do livro do Eclesiástico: "Muitos sem malícia deixaram de emprestar com juros, isto é, não emprestaram." Promete-se, portanto, aos judeus como prêmio a abundância de riquezas que lhes permita emprestar aos outros.

---

1. C. 8: 1133, a, 20-21.
2. C. 9: 1257, a, 35-41.

AD TERTIUM dicendum quod leges humanae dimittunt aliqua peccata impunita propter conditiones hominum imperfectorum, in quibus multae utilitates impedirentur si omnia peccata districte prohiberentur poenis adhibitis. Et ideo usuras lex humana concessit, non quasi existimans eas esse secundum iustitiam, sed ne impedirentur utilitates multorum. Unde in ipso iure civili dicitur[3] quod *res quae usu consumuntur neque ratione naturali neque civili recipiunt usumfructum*: et[4] quod *Senatus non fecit earum rerum usumfructum, nec enim poterat; sed quasi usumfructum* constituit, concedens scilicet usuras. Et Philosophus, naturali ratione ductus, dicit, in I *Polit.*[5], quod *usuraria acquisitio pecuniarum est maxime praeter naturam*.

AD QUARTUM dicendum quod dare mutuum non semper tenetur homo: et ideo quantum ad hoc ponitur inter consilia. Sed quod homo lucrum de mutuo non quaerat, hoc cadit sub ratione praecepti. — Potest tamen dici consilium per comparationem ad dicta Pharisaeorum, qui putabant usuram aliquam esse licitam: sicut et dilectio inimicorum est consilium. — Vel loquitur ibi non de spe usurarii lucri, sed de spe quae ponitur in homine. Non enim debemus mutuum dare, vel quodcumque bonum facere, propter spem hominis: sed propter spem Dei.

AD QUINTUM dicendum quod ille qui mutuare non tenetur recompensationem potest accipere eius quod fecit: sed non amplius debet exigere. Recompensatur autem sibi secundum aequalitatem iustitiae si tantum ei reddatur quantum mutuavit. Unde si amplius exigat pro usufructu rei quae alium usum non habet nisi consumptionem substantiae, exigit pretium eius quod non est. Et ita est iniusta exactio.

AD SEXTUM dicendum quod usus principalis vasorum argenteorum non est ipsa eorum consumptio: et ideo usus eorum potest vendi licite, servato dominio rei. Usus autem principalis pecuniae argenteae est distractio pecuniae in commutationes. Unde non licet eius usum vendere cum hoc quod aliquis velit eius restitutionem quod mutuo dedit.

Sciendum tamen quod secundarius usus argenteorum vasorum posset esse commutatio. Et talem usum eorum vendere non liceret. Et similiter potest

QUANTO AO 3º, deve-se dizer que as leis humanas deixam impunes alguns pecados, por causa das imperfeições dos homens, pois se impediriam muitas vantagens, coibindo todos os pecados com penas rigorosas. Por isso, a lei humana tolera os juros, não por considerá-los conforme à justiça, mas para não impedir os proveitos de muitos. Daí se dispor no próprio direito civil: "As coisas que se consomem pelo uso não são susceptíveis de usufruto, nem em virtude do direito natural nem do civil". E acrescenta: "O Senado não estabeleceu o usufruto dessas coisas, nem podia fazê-lo, mas constituiu um quase usufruto," isto é, permitiu os juros. E o Filósofo, guiado pela razão natural, declara: "a aquisição usurária de dinheiro é o que há de mais alheio à natureza."

QUANTO AO 4º, deve-se dizer que nem sempre se está obrigado a emprestar; sob esse aspecto, trata-se de um conselho. Mas, não buscar lucro do empréstimo é objeto de preceito. — Poder-se-ia considerar como conselho em comparação com os dizeres dos fariseus, que tinham por justa certa forma de usura; nesse sentido, o amor dos inimigos é também um conselho. — Ou ainda, no lugar citado, se trataria não da esperança de lucro usurário, mas da confiança que se deposita em um homem; pois, não devemos emprestar dinheiro ou praticar algum bem, por esperança em um homem, mas, sim, em Deus.

QUANTO AO 5º, deve-se dizer que quem não está obrigado a emprestar pode receber uma compensação pelo que fez, mas nada mais pode exigir. Ora, é compensado segundo a igualdade da justiça, se lhe for dado tanto quanto emprestou. Por isso, se exige mais pelo usufruto de uma coisa que não tem outro uso senão o consumo de sua substância, exige o preço de algo que não existe. Portanto, essa exação é injusta.

QUANTO AO 6º, deve-se dizer que o uso principal dos vasos de prata não é o seu consumo; por isso pode-se licitamente vender o uso deles, guardando o domínio da propriedade dos mesmos. Ao invés, o uso principal das moedas de prata está em serem gastas nas comutações. Por isso, não é permitido vender o uso e ao mesmo tempo exigir a restituição do que foi emprestado.

Deve-se, no entanto, notar que o uso secundário dos vasos de prata pode ser a comutação. E, então, não seria lícito vender esse uso. Igualmente, pode

---

3. *Instit.*, l. II, tit. 4, § 2: ed. Krueger, t. I, p. 13 b.
4. *Instit.*, ibid. — Cfr. *Dig.*, l. VII, tit. 5, leg. 1, 2: ed. Krueger, t. I, p. 138 a.
5. C. 10: 1258, b, 7-8.

esse aliquis alius secundarius usus pecuniae argenteae: ut puta si quis concederet pecuniam signatam ad ostentationem, vel ad ponedum loco pignoris. Et talem usum pecuniae licite homo vendere potest.

AD SEPTIMUM dicendum quod ille qui dat usuram non simpliciter voluntarie dat, sed cum quadam necessitate: inquantum indiget pecuniam accipere mutuo, quam ille qui habet non vult sine usura mutuare.

## ARTICULUS 2
### Utrum aliquis possit pro pecunia mutuata aliquam aliam commoditatem expetere

AD SECUNDUM SIC PROCEDITUR. Videtur quod aliquis possit pro pecunia mutuata aliquam aliam commoditatem expetere.

1. Unusquisque enim licite potest suae indemnitati consulere. Sed quandoque damnum aliquis patitur ex hoc quod pecuniam mutuat. Ergo licitum est ei, supra pecuniam mutuatam, aliquid aliud pro damno expetere, vel etiam exigere.

2. PRAETEREA, unusquisque tenetur ex quodam debito honestatis *aliquid recompensare ei qui sibi gratiam fecit*, ut dicitur in V *Ethic*.[1]. Sed ille qui alicui in necessitate constituto pecuniam mutuat, gratiam facit: unde et gratiarum actio ei debetur. Ergo ille qui recipit tenetur naturali debito aliquid recompensare. Sed non videtur esse illicitum obligare se ad aliquid ad quod quis ex naturali iure tenetur. Ergo non videtur esse illicitum si aliquis, pecuniam alteri mutuans, in obligationem deducat aliquam recompensationem.

3. PRAETEREA, sicut est quoddam *munus a manu*, ita est *munus a lingua*, et *ab obsequio*: ut dicit Glossa[2] Is 33,15: *Beatus qui excutit manus suas ab omni munere*. Sed licet accipere servitium, vel etiam laudem, ab eo cui quis pecuniam mutuavit. Ergo, pari ratione, licet quodcumque aliud munus accipere.

4. PRAETEREA, eadem videtur esse comparatio dati ad datum et mutuati ad mutuatum. Sed licet pecuniam accipere pro alia pecunia data. Ergo licet accipere recompensationem alterius mutui pro pecunia mutuata.

## ARTIGO 2
### Pode-se pedir uma outra vantagem pelo dinheiro emprestado?

QUANTO AO SEGUNDO, ASSIM SE PROCEDE: parece que pelo dinheiro emprestado, **pode-se** pedir uma outra vantagem.

1. Com efeito, cada um pode licitamente procurar indenizar-se de seus prejuízos. Ora, por vezes se sofrem prejuízos, emprestando dinheiro. Logo, será lícito, além do dinheiro emprestado, pedir ou mesmo exigir alguma outra vantagem em compensação do prejuízo.

2. ALÉM DISSO, por certo dever de honestidade, todos estão obrigados a dar uma compensação a quem lhes faz um benefício, como se diz no livro V da *Ética*. Ora, quem empresta dinheiro ao que está dele necessitado, presta-lhe benefício e merece gratidão. Portanto, quem toma emprestado tem um dever natural de dar certa compensação ao benfeitor. Ora, não parece ilícito obrigar-se a cumprir o que se deve em virtude do direito natural. Logo, não parece ilícito se alguém, ao emprestar dinheiro a outrem, o obrigue a dar uma compensação.

3. ADEMAIS, como há presentes oferecidos pela mão, assim há outros que se fazem por palavras e por obséquio. É o que explica a Glosa comentando o livro de Isaías: "Feliz aquele que sacode as mãos para livrar-se de todo presente" Ora, é lícito receber um serviço ou um louvor, daquele a quem se emprestou dinheiro. Logo, será igualmente permitido receber qualquer outro presente.

4. ADEMAIS, existe a mesma relação entre um dom e outro dom que entre um empréstimo e outro empréstimo. Ora, pode-se receber dinheiro pelo dinheiro que se deu. Logo, pode-se também receber outro empréstimo em retribuição pelo dinheiro emprestado.

---

2  PARALL.: *De Malo*, q. 13, a. 4, ad 13; *De Regim. Iudaeorum*, q. 5.
  1. C. 8: 1133, a, 4-5.
  2. Interl.

5. Praeterea, magis a se pecuniam alienat qui, eam mutuando, dominium transfert, quam qui eam mercatori vel artifici committit. Sed licet lucrum accipere de pecunia commissa mercatori vel artifici. Ergo licet etiam lucrum accipere de pecunia mutuata.

6. Praeterea, pro pecunia mutuata potest homo pignus accipere, cuius usus posset aliquo pretio vendi: sicut cum impignoratur ager, vel domus quae inhabitatur. Ergo licet aliquod lucrum habere de pecunia mutuata.

7. Praeterea, contingit quandoque quod aliquis carius vendit res suas ratione mutui; aut vilius emit quod est alterius; vel etiam pro dilatione pretium auget, vel pro acceleratione diminuit: in quibus omnibus videtur aliqua recompensatio fieri quasi pro mutuo pecuniae. Hoc autem non manifeste apparet illicitum. Ergo videtur licitum esse aliquod commodum de pecunia mutuata expectare, vel etiam exigere.

Sed contra est quod Ez 18,17 dicitur, inter alia quae ad virum iustum requiruntur: *Usuram et superabundantiam non acceperit.*

Respondeo dicendum quod, secundum Philosophum, in IV *Ethic.*[3], omne illud pro pecunia habetur *cuius pretium potest pecunia mensurari.* Et ideo sicut si aliquis pro pecunia mutuata vel quacumque alia re quae ex ipso usu consumitur, pecuniam accipit ex pacto tacito vel expresso, peccat contra iustitiam, ut dictum est[4]; ita etiam quicumque ex pacto tacito vel expresso quodcumque aliud acceperit cuius pretium pecunia mensurari potest, simile peccatum incurrit. Si vero accipiat aliquid huiusmodi non quasi exigens, nec quasi ex aliqua obligatione tacita vel expressa, sed sicut gratuitum donum, non peccat: quia etiam antequam pecuniam mutuasset, licite poterat aliquod donum gratis accipere, nec peioris conditionis efficitur per hoc quod mutuavit. — Recompensationem vero eorum quae pecunia non mensurantur licet pro mutuo exigere: puta benevolentiam et amorem eius qui mutuavit, vel aliquid huiusmodi.

Ad primum ergo dicendum quod ille qui mutuum dat potest absque peccato in pactum deducere cum eo qui mutuum accipit recompensationem damni per quod subtrahitur sibi aliquid quod debet habere: hoc enim non est vendere usum pecuniae, sed damnum vitare. Et potest esse quod accipiens

5. Ademais, aliena mais o seu dinheiro quem transfere a sua propriedade a quem toma emprestado, do que quem o confia a um negociante ou a um artífice. Ora, é lícito auferir lucro do dinheiro confiado ao negociante ou ao artífice. Logo, também o é pelo dinheiro emprestado.

6. Ademais, pelo dinheiro emprestado, pode-se receber um penhor cujo uso poderia ser vendido por determinado preço; tal se dá, quando se penhora um campo ou uma casa habitada. Logo, pode-se também auferir lucro de um dinheiro emprestado.

7. Ademais, acontece, às vezes, que alguém vende mais caro suas coisas ou compre mais barato as alheias, em razão de um empréstimo. Ou se aumenta o preço pela demora no pagamento, ou se diminui com sua presteza. Nesses casos parece haver uma retribuição pelo dinheiro emprestado. Ora, isso não parece manifestamente ilícito. Logo, parece lícito esperar ou mesmo exigir alguma vantagem pelo dinheiro emprestado.

Em sentido contrário, no livro de Ezequiel, se proclama, entre as condições para alguém ser justo: "Não receber juros nem outra coisa de acréscimo."

Respondo. Segundo o Filósofo "considera-se como dinheiro tudo aquilo cujo valor se pode estimar em dinheiro." Portanto, como peca contra a justiça quem, por contrato tácito ou expresso, receber dinheiro pelo empréstimo de dinheiro ou de qualquer outra coisa, que se consome pelo próprio uso, como já foi explicado, assim também, incorre em pecado semelhante quem, por contrato tácito ou expresso receber qualquer outra coisa, cujo valor possa ser estimado em dinheiro. Se, no entanto, recebe algo semelhante, não por exigi-lo ou por uma espécie de obrigação tácita ou expressa, mas como dom gratuito, não peca. Com efeito, mesmo antes do empréstimo, podia receber um dom gratuito, nem piora de condição por ter concedido um empréstimo. — É lícito, porém, exigir como compensação do empréstimo o que não se mede pelo dinheiro, como a benevolência e o amor para com quem emprestou ou retribuições semelhantes.

Quanto ao 1º, portanto, deve-se dizer que em contrato com quem toma emprestado, aquele que empresta pode sem pecado estipular uma indenização do prejuízo que lhe advém por se privar de um bem que lhe pertence; o que não é vender o uso do dinheiro, porém evitar o próprio prejuízo.

---
3. C. 1: 1119, b, 26-27.
4. Art. praec.

mutuum maius damnum evitet quam dans incurret: unde accipiens mutuum cum sua utilitate damnum alterius recompensat. — Recompensationem vero damni quod consideratur in hoc quod de pecunia non lucratur, non potest in pactum deducere: quia non debet vendere id quod nondum habet et potest impediri multipliciter ab habendo.

Ad secundum dicendum quod recompensatio alicuius beneficii dupliciter fieri potest. Uno quidem modo, ex debito iustitiae: ad quod aliquis ex certo pacto obligari potest. Et hoc debitum attenditur secundum quantitatem beneficii quod quis accepit. Et ideo ille qui accipit mutuum pecuniae, vel cuiuscumque similis rei cuius usus est eius consumptio, non tenetur ad plus recompensandum quam mutuo acceperit. Unde contra iustitiam est si ad plus reddendum obligetur. — Alio modo tenetur aliquis ad recompensandum beneficium ex debito amicitiae: in quo magis consideratur affectus ex quo aliquis beneficium contulit quam etiam quantitas eius quod fecit. Et tali debito non competit civilis obligatio, per quam inducitur quaedam necessitas, ut non spontanea recompensatio fiat.

Ad tertium dicendum quod si aliquis ex pecunia mutuata expectet vel exigat, quasi per obligationem pacti taciti vel expressi, recompensationem muneris ab obsequio vel lingua, perinde est ac si expectaret vel exigeret munus a manu: quia utrumque pecunia aestimari potest, ut patet in his qui locant operas suas, quas manu vel lingua exercent. Si vero munus ab obsequio vel lingua non quasi ex obligatione rei exhibeat sed ex benevolentia, quae sub aestimatione pecuniae non cadit, licet hoc accipere et exigere et expectare.

Ad quartum dicendum quod pecunia non potest vendi pro pecunia ampliori quam sit quantitas pecuniae mutuatae, quae restituenda est: nec ibi aliquid est exigendum aut expectandum nisi benevolentiae affectus, qui sub aestimatione pecuniae non cadit, ex quo potest procedere spontanea mutuatio. Repugnat autem ei obligatio ad mutuum in posterum faciendum: quia etiam talis obligatio pecunia aestimari posset. Et ideo licet simul mutuanti unum aliquid aliud mutuare: non autem licet eum obligare ad mutuum in posterum faciendum.

E pode acontecer que quem toma o empréstimo evite maior dano do que quem empresta; nesse caso, quem toma emprestado, com o proveito que aufere, recompensará o prejuízo do outro. — Mas a compensação do prejuízo, decorrente de não mais ter lucro do dinheiro emprestado, não pode ser estipulada em contrato; pois, não se pode vender o que ainda não se tem e cuja obtenção se pode impedir de várias maneiras.

Quanto ao 2º, deve-se dizer que de dois modos se pode recompensar um benefício: Primeiro, como dívida de justiça, a que se está obrigado por um contrato estipulado. E esse dever se mede pela grandeza do benefício recebido. Por conseguinte, quem recebeu dinheiro emprestado ou qualquer coisa semelhante das que se consomem pelo uso, só estará obrigado a restituir o que recebeu em préstimo, e seria contrário à justiça obrigar-se a devolver mais. — Segundo, pode alguém estar obrigado a recompensar um benefício por um dever de amizade; e, então, se levará em conta mais o afeto do benfeitor do que a importância do benefício. Tal dever não pode constituir objeto de uma obrigação civil, pois esta impõe necessidade e impede a espontaneidade da recompensa.

Quanto ao 3º, deve-se dizer que quem espera ou exige pelo dinheiro que emprestou a compensação de um presente em serviços ou palavras, como se houvesse a obrigação de um contrato tácito ou expresso, seria o mesmo que exigir à maneira de presente um serviço manual, pois uns e outros podem ser apreciados em dinheiro, como acontece com quem aluga seus serviços prestados pelo trabalho ou por palavras. Mas se o presente em palavra ou em trabalho é oferecido não como pagamento de uma dívida, porém como expressão de reconhecimento, que não se avalia em dinheiro, é lícito aceitá-la, exigi-la e esperá-la.

Quanto ao 4º, deve-se dizer que o dinheiro não pode ser vendido por quantidade maior do que a que foi emprestada. É preciso restituir o quanto se recebeu. Nem se há de exigir ou esperar nada, a não ser um sentimento de benevolência, que não se avalia em dinheiro, e donde pode resultar um empréstimo espontâneo. No entanto, seria contrário a essa benevolência espontânea obrigar a quem tomou emprestado a se comprometer a emprestar no futuro, pois tal compromisso é susceptível de apreciação pecuniária. Assim embora seja permitido a quem empresta tomar simultaneamente emprestado ao seu devedor, este não pode ser obrigado a fazer-lhe um empréstimo.

Quanto ao 5º, deve-se dizer que quem empresta dinheiro transfere o domínio deste a quem o toma emprestado. Este o guarda, respondendo pelo risco de perdê-lo e está obrigado a restitui-lo integralmente. Por isso, quem emprestou não pode exigir mais do que o emprestado. Ao contrário, quem confia seu dinheiro a um comerciante ou a um artífice, a modo de sociedade, não lhes transfere a propriedade de seu dinheiro, que continua sendo seu, e é com o risco desse mesmo proprietário, que o comerciante ou o artífice trabalham com o dinheiro. Portanto, o proprietário pode licitamente reclamar uma parte do lucro, como procedendo de coisa sua.

Quanto ao 6º, deve-se dizer que se alguém, para garantia do que lhe foi emprestado, penhora um objeto, cujo valor pode ser apreciado em dinheiro, quem emprestou deve computar o uso da coisa penhorada ao ser-lhe restituído o empréstimo. Ao contrário, se pretendesse que o uso desse objeto lhe fosse concedido gratuitamente, seria como se recebesse juros pelo empréstimo, o que seria usurário, a menos que se trate de um desses objetos cuja utilização se costuma conceder entre amigos, sem exigir retribuição, como um livro que se empresta.

Quanto ao 7º, deve-se dizer que vender um objeto acima do justo preço, porque se concede um maior prazo para o pagamento, é usura manifesta, pois esse prazo tem o caráter de um empréstimo. Por conseguinte, tudo quanto se exige acima do justo preço em razão desse prazo, é como juros pelo empréstimo. — De igual sorte, se o comprador quer comprar abaixo do justo preço, sob pretexto de que pagará antes da entrega, comete pecado de usura, pois também essa antecipação do pagamento tem o caráter de empréstimo, cujos juros são constituídos pela soma que se diminui do justo preço da compra feita. — Se, porém, se abaixa voluntariamente o justo preço, para obter antes o dinheiro, não há pecado de usura.

## Artigo 3

### Há obrigação de restituir tudo o que se lucrou com o dinheiro usurário?

Quanto ao terceiro, assim se procede: parece que **há** obrigação de restituir tudo o que se lucrou com o dinheiro usurário.

1. Com efeito, o Apóstolo declara: "Se a raiz é santa, também o são os ramos." Portanto, pela

---

3 Parall.: *Quodlib.* III, q. 7, a. 2, *De Regim. Iudaeorum*, q. 1 sqq.

infecta, et rami. Sed radix fuit usuraria. Ergo et quidquid ex ea acquisitum est, est usurarium. Ergo tenetur ad restitutionem illius.

2. Praeterea, sicut dicitur Extra, *de Usuris*, in illa decretali, *Cum tu sicut asseris*[1]: *Possessiones quae de usuris sunt comparatae debent vendi, et ipsarum pretia his a quibus sunt extorta restitui*. Ergo, eadem ratione, quidquid aliud ex pecunia usuraria acquiritur debet restitui.

3. Praeterea, illud quod aliquis emit de pecunia usuraria debetur sibi ratione pecuniae quam dedit. Non ergo habet maius ius in re quam acquisivit quam in pecunia quam dedit. Sed pecuniam usurariam tenebatur restituere. Ergo et illud quod ex ea acquirit tenetur restituere.

Sed contra, quilibet potest licite tenere id quod legitime acquisivit. Sed id quod acquiritur per pecuniam usurariam interdum legitime acquiritur. Ergo licite potest retineri.

Respondeo dicendum quod, sicut supra[2] dictum est, res quaedam sunt quarum usus est ipsarum rerum consumptio, quae non habent usumfructum, secundum iura[3]. Et ideo si talia fuerint per usuram extorta, puta denarii, triticum, vinum aut aliquid huiusmodi, non tenetur homo ad restituendum nisi id quod accepit: quia id quod de tali *re est* acquisitum non est fructus huius rei, sed humanae industriae. Nisi forte per detentionem talis rei alter sit damnificatus, amittendo aliquid de bonis suis: tunc enim tenetur ad recompensationem nocumenti.

Quaedam vero res sunt quarum usus non est earum consumptio: et talia habent usumfructum, sicut domus et ager et alia huiusmodi. Et ideo si quis domum alterius vel agrum per usuram extorsisset, non solum teneretur restituere domum vel agrum, sed etiam fructus inde perceptos: quia sunt fructus rerum quarum alius est dominus, et ideo ei debentur.

Ad primum ergo dicendum quod radix non solum habet rationem materiae, sicut pecunia usuraria: sed habet etiam aliqualiter rationem causae activae, inquantum administrat nutrimentum. Et ideo non est simile.

mesma razão, se a raiz é corrompida, também o serão os ramos. Ora, aqui a raiz é usurária. Logo, tudo o que por ela se adquire é usurário, e há obrigação de restituir.

2. Além disso, nas *Decretais* se estipula: "As propriedades adquiridas com rendas usurárias se devem vender e seu preço deve ser restituído àqueles de quem foi extorquido." Logo, por idêntica razão, tudo o mais que se adquire com dinheiro usurário deve ser restituído.

3. Ademais, o que alguém compra com dinheiro usurário só lhe pertence em virtude do dinheiro que empregou. Logo, não tem sobre a coisa adquirida maior direito do que sobre o dinheiro que deu. Ora, ele estava obrigado a restituir o dinheiro usurário. Logo, deve também restituir o que com ele adquiriu.

Em sentido contrário, cada um pode conservar licitamente o que legitimamente adquiriu. Ora, o que se adquire com dinheiro usurário, por vezes se adquire legitimamente. Logo pode conservar-se licitamente.

Respondo. Como foi dito acima, há certas coisas cujo uso consiste em seu próprio consumo, nem são susceptíveis de usufruto, segundo o direito. Por conseguinte, se por usura, foram adquiridos tais bens, como dinheiro, trigo, vinho, ou algo semelhante, não se está obrigado a restituir mais do que o recebido, porque o que depois se conseguiu adquirir com essas coisas não é fruto delas mesmas, porém da atividade humana. A não ser que, pela detenção de tais bens, um outro tenha sido danificado, perdendo algo de seus bens, porque, então, há obrigação de reparar o prejuízo causado.

Ao invés, há outras coisas cujo uso não se confunde com o consumo delas e podem ser objeto de usufruto, por exemplo, uma casa, um campo e outros bens semelhantes. Portanto, se alguém conseguir por usura a casa ou o campo de outrem, não somente estaria obrigado a restituir a casa ou o campo, mas também as rendas dessas propriedades, porque são frutos de coisas cujo domínio pertence a outra pessoa e lhe são portanto devidos.

Quanto ao 1º, portanto, deve-se dizer que a raiz não tem apenas o caráter de matéria, como o dinheiro fruto de usura; mas tem igualmente uma função de causa ativa, enquanto dá à arvore seu alimento. Não há portanto paridade no argumento.

---

1. *Decretal. Greg. IX*, l. V, tit. 19, c. 5: ed. Richter-Friedberg, t. II, p. 813.
2. Art. 1.
3. Ibid., ad 3.

AD SECUNDUM dicendum quod possessiones quae de usuris sunt comparatae non sunt eorum quorum fuerunt usurae, sed illorum qui eas emerunt. Sunt tamen obligatae illis à quibus fuerunt usurae acceptae, sicut et alia bona usurarii. Et ideo non praecipitur quod assignentur illae possessiones his a quibus fuerunt acceptae usurae, quia forte plus valent quam usurae quas dederunt: sed praecipitur quod vendantur possessiones et earum pretia restituantur, scilicet secundum quantitatem usurae acceptae.

AD TERTIUM dicendum quod illud quod acquiritur de pecunia usuraria debetur quidem acquirenti propter pecuniam usurariam datam sicut propter causam instrumentalem: sed propter suam industriam sicut propter causam principalem. Et ideo plus iuris habet in re acquisita de pecunia usuraria quam in ipsa pecunia usuraria.

QUANTO AO 2º, deve-se dizer que as propriedades adquiridas graças ao dinheiro usurário não pertencem àqueles de quem vem esse dinheiro, mas aos compradores. No entanto elas estão hipotecadas àqueles de quem foi recebido o dinheiro usurário, como os outros bens de quem praticou a usura. Por isso, não se prescreve que esses bens sejam atribuídos àqueles de quem se recebeu juros, porque talvez valham mais do que os juros percebidos, mas se ordena que sejam vendidos esses bens e que o preço deles seja restituído, segundo a quantidade dos juros recebidos.

QUANTO AO 3º, deve-se dizer que o que se adquire com o dinheiro usurário pertence ao adquirente em virtude do dinheiro usurário como de uma causa apenas instrumental, mas sua atividade própria é a causa principal da aquisição. Por isso, ele tem mais direito sobre os bens que conseguiu com o dinheiro usurário do que sobre esse dinheiro.

ARTICULUS 4
## Utrum liceat pecuniam accipere mutuo sub usura

AD QUARTUM SIC PROCEDITUR. Videtur quod non liceat pecuniam accipere mutuo sub usura.

1. Dicit enim Apostolus, Rm 1,32, quod *digni sunt morte non solum qui faciunt peccata, sed etiam qui consentiunt facientibus*. Sed ille qui accipit pecuniam mutuo sub usuris consentit usurario in suo peccato, et praebet ei occasionem peccandi. Ergo etiam ipse peccat.
2. PRAETEREA, pro nullo commodo temporali debet aliquis alteri quamcumque occasionem praebere peccandi: hoc enim pertinet ad rationem scandali activi quod semper est peccatum, ut supra[1] dictum est. Sed ille qui petit mutuum ab usurario expresse dat ei occasionem peccandi. Ergo pro nullo commodo temporali excusatur.
3. PRAETEREA, non minor videtur esse necessitas quandoque deponendi pecuniam suam apud usurarium quam mutuum accipiendi ab ipso. Sed deponere pecuniam apud usurarium videtur esse omnino illicitum: sicut illicitum esset deponere gladium apud furiosum, vel virginem committere luxurioso, seu cibum guloso. Ergo neque licitum est accipere mutuum ab usurario.

ARTIGO 4
## É lícito receber dinheiro emprestado pagando juros?

QUANTO AO QUARTO, ASSIM SE PROCEDE: parece que **não** é lícito receber dinheiro emprestado pagando usura.

1. Com efeito, o Apóstolo proclama: "São dignos de morte, não somente os que cometem o pecado, mas ainda os que aprovam os seus autores." Ora, quem recebe dinheiro emprestado pagando juros consente no pecado do usurário e lhe dá ocasião de pecar. Logo, também peca.
2. ALÉM DISSO, por nenhuma vantagem temporal se deve dar a outrem ocasião de pecar, pois seria um escândalo ativo, que é sempre pecado, como já ficou explicado. Ora, quem pede emprestado ao usurário lhe dá expressamente ocasião de pecar. Logo, nenhuma vantagem temporal o pode escusar.
3. ADEMAIS, a necessidade que impele por vezes a depositar dinheiro em poder do usurário não é menor do que a que constringe a dele receber um empréstimo. Ora, depositar dinheiro nas mãos do usurário parece ser completamente ilícito, como também o é entregar uma espada a um louco, uma virgem a um luxurioso ou a comida a um glutão. Logo, também não é lícito receber empréstimo de um usurário.

---

4  PARALL.: III *Sent.*, dist. 37, a. 6, ad 6.

1. Q. 43, a. 2.

SED CONTRA, ille qui iniuriam patitur non peccat, secundum Philosophum, in V *Ethic.*[2]: unde iustitia non est media inter duo vitia, ut ibidem[3] dicitur. Sed usurarius peccat inquantum facit iniustitiam accipienti mutuum sub usuris. Ergo ille qui accipit mutuum sub usuris non peccat.

RESPONDEO dicendum quod inducere hominem ad peccandum nullo modo licet, uti tamen peccato alterius ad bonum licitum est: quia et Deus utitur omnibus peccatis ad aliquod bonum, ex quolibet enim malo elicit aliquod bonum, ut dicitur in *Enchiridio*[4]. Et ideo Augustinus[5] Publicolae quaerenti utrum liceret uti iuramento eius qui per falsos deos iurat, in quo manifeste peccat eis reverentiam divinam adhibens, respondit quod *qui utitur fide illius qui per falsos deos iurat, non ad malum sed ad bonum, non peccato illius se sociat, quo per daemonia iuravit, sed pacto bono eius, quo fidem servavit. Si tamen induceret eum ad iurandum per falsos deos, peccaret.*

Ita etiam in proposito dicendum est quod nullo modo licet inducere aliquem ad mutuandum sub usuris: licet tamen ab eo qui hoc paratus est facere et usuras exercet, mutuum accipere sub usuris, propter aliquod bonum, quod est subventio suae necessitatis vel alterius. Sicut etiam licet ei qui incidit in latrones manifestare bona quae habet, quae latrones diripiendo peccant, ad hoc quod non occidatur: exemplo decem virorum qui dixerunt ad Ismahel, *Noli occidere nos: quia habemus thesaurum in agro,* ut dicitur Ier 41,8.

AD PRIMUM ergo dicendum quod ille qui accipit pecuniam mutuo sub usuris non consentit in peccatum usurarii, sed utitur eo. Nec placet ei usurarum acceptio, sed mutuatio, quae est bona.

EM SENTIDO CONTRÁRIO, quem sofre uma injustiça não peca, como ensina o Filósofo. Por isso, a injustiça, explica ele ainda, não é o meio-termo entre dois vícios Ora, o usurário peca, cometendo uma injustiça contra quem dele recebe dinheiro sob condição de pagar juros. Logo, quem aceita esse empréstimo usurário não peca.

RESPONDO. De modo algum é lícito induzir alguém a pecar. É lícito, porém, tirar proveito do pecado de outrem para o bem. Pois, também Deus usa de todos os pecados para algum bem; de qualquer mal, Ele tira um bem, diz Agostinho. E o mesmo Agostinho, interrogado por Publícola se era licito aceitar o juramento de quem jurou pelos seus falsos deuses, pecando assim manifestamente, por lhes atribuir uma reverência divina, responde: "Quem recorre ao juramento daquele que jura pelos falsos deuses, não para o mal, mas para o bem, não se associa ao pecado que consiste em jurar pelo demônio, mas ao que há de bom em seu pacto, pelo qual guardou a fidelidade. Pecaria, contudo, se o induzisse a jurar pelos falsos deuses."

Igualmente na questão que nos ocupa, deve afirmar-se que de nenhuma maneira é lícito induzir outrem a emprestar com usura; no entanto, receber empréstimo com juros das mãos de quem está disposto a fazê-lo e exerce a usura, é lícito, tendo em vista algum bem, que é satisfazer à necessidade própria ou de outro. Assim como é lícito a quem caiu nas mãos de salteadores, exibir-lhes os bens que traz consigo e deixar cometer o pecado de roubo, para não ser morto, seguindo nisso o exemplo dos dez homens que disseram a Ismael: "não nos mates, pois temos um tesouro oculto no campo," como se narra no livro de Jeremias[b].

QUANTO AO 1º, portanto, deve-se dizer que quem toma dinheiro emprestado com juros não consente no pecado do usurário, mas dele se serve. Não lhe apraz a cobrança de juros, mas o empréstimo, que é um bem.

---

2. C. 15: 1138, a, 34 — b, 1.
3. C. 5: 1133, b, 32-1134, a, 1.
4. C. 11: ML 40, 236.
5. Epist. 47, al. 54, n. 2: ML 33, 184.

b. O artigo tende a legitimar eticamente a prática generalizada de tolerar, se não de aceitar, a multiplicação dos banqueiros e dos emprestadores, de servir-se deles, ao mesmo tempo taxando-os de agiotas, e reservando esse ofício, em princípio, aos infiéis principalmente aos judeus estabelecidos nos países cristãos. Tal atitude aqui doutrinalmente justificada demonstra uma elaboração laboriosa no sentido da compreensão dos aspectos positivos do crédito, do financiamento, do aluguel de fundos: todo um conjunto de práticas que se tornaram necessárias para o desenvolvimento do comércio interno e externo da cristandade medieval. Muitos outros aspectos nos artigos precedentes parecem ilustrar essa nova atenção do teólogo às novas funções do dinheiro, exercendo-se em novas formas de transação, as quais não coincidem mais com a noção estrita do mero empréstimo de um objeto de consumo. Há uma tendência a reconhecer o direito a receber uma indenização pelo prejuízo sofrido pelo emprestador (a. 2, sol. 1); justifica-se uma certa compensação pelo benefício do empréstimo, sem fazer dele um direito diante da justiça (a. 2, resp. 2 e 3).

AD SECUNDUM dicendum quod ille qui accipit pecuniam mutuo sub usuris non dat usurario occasionem usuras accipiendi, sed mutuandi: ipse autem usurarius sumit occasionem peccandi ex malitia cordis sui. Unde scandalum passivum est ex parte sua: non autem activum ex parte petentis mutuum. Nec tamen propter huiusmodi scandalum passivum debet alius a mutuo petendo desistere, si indigeat: quia huiusmodi passivum scandalum non provenit ex infirmitate vel ignorantia, sed ex malitia.

AD TERTIUM dicendum quod si quis committeret pecuniam suam usurario non habenti alias unde usuras exerceret; vel hac intentione committeret ut inde copiosius per usuram lucraretur; daret materiam peccanti. Unde et ipse esset particeps culpae. Si autem aliquis usurario alias habenti unde usuras exerceat, pecuniam suam committat ut tutius servetur, non peccat, sed utitur homine peccatore ad bonum.

QUANTO AO 2º, deve-se dizer que quem recebe o dinheiro emprestado com juros não dá ocasião ao usurário de receber esses juros, mas de fazer um empréstimo. O próprio usurário tira ocasião de pecar da malícia de seu coração. Por conseguinte, há escândalo passivo de sua parte, sem que haja escândalo ativo da parte de quem solicita o empréstimo. Nem por causa desse escândalo passivo, se deve deixar de procurar o empréstimo, quando se está em necessidade; pois, tal escândalo passivo não provém da fraqueza ou da ignorância, mas da malícia.

QUANTO AO 3º, deve-se dizer que se alguém confiasse seu dinheiro a um usurário, que sem isso não poderia exercer a usura, ou que o confiasse na intenção de fazer obter maior lucro pela usura, lhe daria então matéria de pecado e seria, portanto, cúmplice de sua falta. Mas, se alguém recorre a um usurário, que já tem por onde exercer sua usura e lhe confia seu dinheiro para o ter em segurança, não peca, mas se serve de um homem pecador para conseguir um bem[c].

c. Essas objeções e soluções demonstram uma pesquisa algo embaraçada, com a preocupação de manter em todo rigor a condenação absoluta do empréstimo a juros, mas igualmente atenta ao contexto e às novas situações de um comércio em expansão e suscitando às consciências cristãs muitos problemas novos, cada vez mais prementes. Os abusos, as diferentes formas de especulação e de exploração dos necessitados, a acumulação de riquezas nas mãos dos emprestadores usurários, em detrimento dos produtores e comerciantes de produtos necessários (no sentido da II-II, q. 77, a. 4, Solução) levavam os teólogos e canonistas a insistir sobre a malícia da usura, sobre o caráter essencialmente improdutivo do dinheiro. A denúncia de tais distorções permanece atual, e torna-se ainda mais premente com o desenvolvimento dos sistemas mercantis e industriais.

## QUAESTIO LXXIX
### DE PARTIBUS QUASI INTEGRALIBUS IUSTITIAE
*in quatuor articulos divisa*
Deinde considerandum est de partibus quasi integralibus iustitiae, quae sunt facere bonum et declinare a malo, et de vitiis oppositis.

## QUESTÃO 79
### PARTES POR ASSIM DIZER INTEGRANTES DA JUSTIÇA[a]
*em quatro artigos*
Devem-se considerar agora as partes por assim dizer integrantes da justiça, que vêm a ser fazer o bem e evitar o mal, bem como dos vícios opostos.

a. Encontra-se nesta questão um belo exemplo do uso bastante flexível e matizado que faz Sto. Tomás da distinção entre partes subjetivas, potenciais e integrantes, quando são aplicadas ao domínio ético (ver II-II, q. 48, a. 1; q. 49 e s.). "Resta estudar as partes *por assim* dizer integrantes..." (*considerandum est de partibus quasi integralibus*), anuncia o prólogo da questão. Visa-se sem dúvida atingir a noção integral da justiça, especificando algumas atitudes virtuosas que contribuíram para sua realização ou para sua total perfeição de virtude. Considera-se aqui uma tal perfeição mais do lado da extensão, mostrando que ela compreende a universalidade das relações humanas, sob o aspecto dos comportamentos positivos e negativos. Ao final do estudo das partes potenciais ou anexas, será examinada a *epikie*, ou equidade, como constituindo a verdadeira perfeição da justiça, sua realização qualitativa. A *epikie* será definida como o requinte virtuoso do julgamento e de sua aplicação (ver II-II, q. 120). Todavia, o caráter de totalidade desse aperfeiçoamento, conduzido pela *epikie*, impede fazer desta última uma parte integrante. Já a presente questão estabelece que a perfeição integrante da justiça consiste em "fazer o bem e evitar o mal", inspirando-se em um axioma tomado de Sto. Agostinho (ver a. 1, *s.c.*). Opõe-se à dupla forma de pecado, por omissão e por transgressão, o que dará ocasião para esclarecimentos complementares trazidos ao tema da omissão (já tratada na I-II, q. 6, a. 3; q. 71, a. 5). Essa exigência de globalidade na prática da justiça parece inscrever-se aqui como uma transição do exame rigoroso da justiça propriamente dita ao domínio vasto e matizado das virtudes potenciais ou anexas dessa virtude cardeal.

Circa quod quaeruntur quatuor.
*Primo:* utrum duo praedicta sint partes iustitiae.
S*ecundo:* utrum transgressio sit speciale peccatum.
*Tertio:* utrum omissio sit speciale peccatum.
*Quarto:* de comparatione omissionis ad transgressionem.

A questão se divide em quatro artigos:
1. As duas atitudes assinaladas são partes da justiça?
2. A transgressão é um pecado especial?
3. E a omissão também?
4. Comparação entre a transgressão e a omissão.

## Articulus 1
### Utrum declinare a malo et facere bonum sint partes iustitiae

AD PRIMUM SIC PROCEDITUR. Videtur quod declinare a malo et facere bonum non sint partes iustitiae.
1. Ad quamlibet enim virtutem pertinet facere bonum opus et vitare malum. Sed partes non excedunt totum. Ergo declinare a malo et facere bonum non debent poni partes iustitiae, quae est quaedam virtus specialis.
2. PRAETEREA, super illud Ps 33,15, D*iverte a malo et fac bonum,* dicit Glossa[1]: *Illud vitat culpam,* scilicet divertere a malo; *hoc meretur vitam et palmam,* scilicet facere bonum. Sed quaelibet pars virtutis meretur vitam et palmam. Ergo declinare a malo non est pars iustitiae.
3. PRAETEREA, quaecumque ita se habent quod unum includitur in alio, non distinguuntur ab invicem sicut partes alicuius totius. Sed declinare a malo includitur in hoc quod est facere bonum: nullus enim simul facit malum et bonum. Ergo declinare a malo et facere bonum non sunt partes iustitiae.
SED CONTRA est quod Augustinus, in libro *de Corrept. et Grat.*[2], ponit ad iustitiam legis pertinere *declinare a malo et facere bonum.*
RESPONDEO dicendum quod si loquamur de bono et malo in communi, facere bonum et vitare malum pertinet ad omnem virtutem. Et secundum hoc non possunt poni partes iustitiae, nisi forte iustitia accipiatur prout est *omnis virtus.* Quamvis etiam iustitia hoc modo accepta respiciat quandam rationem boni specialem: prout scilicet est debitum in ordine ad legem divinam vel humanam.
Sed iustitia secundum quod est specialis virtus, respicit bonum sub ratione debiti ad proximum.

## Artigo 1
### Evitar o mal e fazer o bem são partes da justiça?

QUANTO AO PRIMEIRO ARTIGO, ASSIM SE PROCEDE: parece que evitar o mal e fazer o bem, **não** são partes da justiça.
1. Com efeito, fazer o bem e evitar o mal é próprio de toda virtude Ora, as partes não excedem o todo. Logo, fazer o bem e evitar o mal não podem ser partes da justiça, que é uma virtude especial.
2. ALÉM DISSO, comentando a passagem do Salmo: "afasta-te do mal e faze o bem", a Glosa explica: "afastar-se do mal, quer dizer, evita a culpa; fazer o bem, quer dizer, merece a vida e a palma da vitória." Ora, cada uma das partes de uma virtude merece a vida e a recompensa. Logo, evitar o mal não é parte apenas da justiça.
3. ADEMAIS, quando uma coisa se inclui na outra, as duas não se distinguem entre si como partes de um todo. Ora, evitar o mal se inclui em fazer o bem, pois ninguém faz ao mesmo tempo o bem e o mal. Logo, evitar o mal e fazer o bem não são partes da justiça.
EM SENTIDO CONTRÁRIO, Agostinho afirma que à justiça da lei pertence evitar o mal e fazer o bem
RESPONDO. Se falamos do bem e do mal em geral, fazer o bem e evitar o mal pertence a toda virtude. Nesse sentido, não se trata de partes da justiça, a não ser que se entenda a justiça como *toda virtude*. Assim entendida, a justiça se refere a uma razão especial de bem, a saber, o que é devido em referência à lei divina e humana.
Mas a justiça, considerada como virtude especial, se refere ao bem como dívida para com o

---

1 PARALL.: *In Psalm.* 33, 36.
   1. LOMBARDI: ML 191, 343 A; cfr. Ordin.: ML 113, 892 A.
   2. C. 1, n. 2: ML 44, 917.

Et secundum hoc ad iustitiam specialem pertinet facere bonum sub ratione debiti in comparatione ad proximum, et vitare malum oppositum, scilicet quod est nocivum proximo. Ad iustitiam vero generalem pertinet facere bonum debitum in ordine ad communitatem vel ad Deum, et vitare malum oppositum.

Dicuntur autem haec duo partes iustitiae generalis vel specialis quasi integrales: quia utrumque eorum requiritur ad perfectum actum iustitiae. Ad iustitiam enim pertinet aequalitatem constituere in his quae sunt ad alterum, ut ex supradictis[3] patet. Eiusdem autem est aliquid constituere, et constitutum conservare. Constituit autem aliquis aequalitatem iustitiae faciendo bonum, idest reddendo alteri quod ei debetur. Conservat autem aequalitatem iustitiae iam constitutae declinando a malo, idest nullum nocumentum proximo inferendo.

AD PRIMUM ergo dicendum quod bonum et malum hic accipiuntur sub quadam speciali ratione, per quam appropriantur iustitiae. Ideo autem haec duo ponuntur partes iustitiae secundum aliquam propriam rationem boni et mali, non autem alterius alicuius virtutis moralis, quia aliae virtutes morales consistunt circa passiones, in quibus bonum facere est venire ad medium, quod est declinare ab extremis quasi a malis: et sic in idem redit, quantum ad alias virtutes, facere bonum et declinare a malo. Sed iustitia consistit circa operationes et res exteriores, in quibus aliud est facere aequalitatem, et aliud est factam non corrumpere.

AD SECUNDUM dicendum quod declinare a malo, secundum quod ponitur pars iustitiae, non importat negationem puram, quod est non facere malum: hoc enim non meretur palmam, sed solum vitat poenam. Importat autem motum voluntatis repudiantis malum, ut ipsum nomen *declinationis* ostendit. Et hoc est meritorium: praecipue quando aliquis impugnatur ut malum faciat, et resistit.

AD TERTIUM dicendum quod facere bonum est actus completivus iustitiae, et quasi pars principalis eius. Declinare autem a malo est actus imperfectior, et secundaria pars eius. Et ideo est quasi pars materialis, sine qua non potest esse pars formalis completiva.

próximo. Nesse caso, pertence à justiça especial fazer o bem devido ao próximo e evitar o mal oposto, isto é, aquilo que prejudica o próximo. Ao passo que à justiça geral compete fazer o bem enquanto é devido à sociedade ou a Deus, e evitar o mal contrário.

Essas duas partes da justiça geral e especial são por assim dizer partes integrantes, porque ambas são requeridas para a perfeição do ato de justiça. Com efeito, convém à justiça, como já foi explicado, estabelecer a igualdade no que toca às relações com o outro. Mas, é à mesma justiça que compete estabelecer algo e mantê-lo assim estabelecido. Ora, a igualdade da justiça se estabelece fazendo o bem, a saber, dando a outrem o que lhe é devido; e mantém-se essa igualdade, evitando o mal, isto é, não causando nenhum dano ao próximo.

QUANTO AO 1º, portanto, deve-se dizer que o bem e o mal são encarados aqui sob um aspecto especial, pelo qual se tornam matéria própria da justiça. Ambos figuram como partes da justiça, segundo de uma razão que lhe é própria e não extensiva a qualquer outra virtude moral. Pois, tais virtudes têm por objeto as paixões, nas quais fazer o bem é realizar o meio-termo, afastando-se dos extremos, como maus. Por isso, nessas virtudes, fazer o bem e evitar o mal vêm a ser a mesma coisa. Ao contrário, a justiça versa sobre ações e realidades exteriores, nas quais uma coisa é realizar a igualdade e outra, não destruí-la, uma vez estabelecida.

QUANTO AO 2º, deve-se dizer que apartar-se do mal, enquanto constitui parte da justiça, não implica mera negação, como seria simplesmente não fazer o mal, o que não merece recompensa, mas apenas evita o castigo. Ela comporta, ao invés, um movimento da vontade, que repudia o mal, como insinua a palavra mesmo "apartar-se." E essa atitude é meritória, principalmente quando alguém é assediado para fazer o mal e a ele resiste.

QUANTO AO 3º, deve-se dizer que fazer o bem é o ato completivo da justiça e como sua parte principal. Apartar-se do mal é um ato menos perfeito e parte secundária da mesma. É como uma parte material, sem a qual não pode existir a parte formal e completiva.

---

3. Q. 58, a. 2.

## Articulus 2
### Utrum transgressio sit speciale peccatum

AD SECUNDUM SIC PROCEDITUR. Videtur quod transgressio non sit speciale peccatum.
1. Nulla enim species ponitur in definitione generis. Sed transgressio ponitur in communi definitione peccati: dicit enim Ambrosius[1] quod peccatum est *transgressio legis divinae*. Ergo transgressio non est species peccati.
2. PRAETEREA, nulla species excedit suum genus. Sed transgressio excedit peccatum: quia peccatum est *dictum vel factum vel concupitum contra legem Dei*, ut patet per Augustinum, XXII *contra Faust*.[2]; transgressio est etiam contra naturam vel consuetudinem. Ergo transgressio non est species peccati.

3. PRAETEREA, nulla species continet sub se omnes partes in quas dividitur genus. Sed peccatum transgressionis se extendit ad omnia vitia capitalia, et etiam ad peccata cordis, oris et operis. Ergo transgressio non est speciale peccatum.

SED CONTRA est quod opponitur speciali virtuti, scilicet iustitiae.

RESPONDEO dicendum quod nomen transgressionis a corporalibus motibus ad morales actus derivatum est. Dicitur autem aliquis secundum corporalem motum transgredi ex eo quod *graditur trans* terminum sibi praefixum. Terminus autem praefigitur homini, ut ultra non transeat, in moralibus per praeceptum negativum. Et ideo transgressio proprie dicitur ex eo quod aliquis agit aliquid contra praeceptum negativum.

Quod quidem materialiter potest esse commune omnibus speciebus peccatorum: quia per quamlibet speciem peccati mortalis homo transgreditur aliquod praeceptum divinum. — Sed si accipiatur formaliter, scilicet secundum hanc specialem rationem quod est facere contra praeceptum negativum, sic est speciale peccatum dupliciter. Uno quidem modo, secundum quod opponitur ad genera peccatorum opposita aliis virtutibus: sicut enim ad propriam rationem iustitiae legalis pertinet attendere debitum praecepti, ita ad propriam rationem transgressionis pertinet attendere contemptum praecepti. Alio modo, secundum quod distinguitur ab omissione, quae contrariatur praecepto affirmativo.

## Artigo 2
### A transgressão é um pecado especial?

QUANTO AO SEGUNDO, ASSIM SE PROCEDE: parece que a transgressão **não** é um pecado especial.
1. Com efeito, não se introduz a espécie na definição do gênero. Ora, a transgressão entra na definição comum do pecado, pois Ambrósio ensina que o pecado "é a transgressão da lei divina." Logo, a transgressão não é uma espécie de pecado.
2. ALÉM DISSO, nenhuma espécie excede o seu gênero. Ora, a transgressão excede o pecado, que é definido por Agostinho como "um ato, uma palavra ou um desejo contrários à lei de Deus". E a transgressão vai também contra a natureza e o costume. Logo, a transgressão não é uma espécie de pecado.

3. ADEMAIS, nenhuma espécie contém em si todas as partes em que se divide o gênero. Ora, o pecado de transgressão abrange todos os vícios capitais e mesmo os pecados por pensamentos, palavras e obras. Logo, a transgressão não é pecado especial.

EM SENTIDO CONTRÁRIO, ela se opõe a uma virtude especial, a justiça.

RESPONDO. A palavra transgressão foi tomada dos movimentos corporais para se aplicar aos atos morais. No plano do movimento corporal, transgredir significa ir além do termo prefixado. Ora, na vida moral são os preceitos negativos que fixam ao homem os limites que não deve ultrapassar. Há, portanto, transgressão propriamente dita, quando se vai contra um preceito negativo.

O que, materialmente falando, pode ser comum a toda espécie de pecado, pois por qualquer espécie de pecado mortal o homem transgride algum preceito divino. — Mas, considerada formalmente, isto é, sob o aspecto especial de agir contra um preceito negativo, a transgressão constitui um pecado especial, o que se dá de dois modos. O primeiro, enquanto se opõe aos gêneros de pecados contrários às outras virtudes; pois, como à justiça legal, encarada em sua razão própria, compete respeitar o dever imposto pelo preceito, assim também a transgressão, em sua razão própria, visa o desrespeito do preceito. O segundo, enquanto a transgressão se distingue da omissão, que vai contra o preceito positivo.

---
1. *De Parad.*, c. 8, n. 39: ML 14, 292 D.
2. C. 27: ML 42, 418.

AD PRIMUM ergo dicendum quod sicut iustitia legalis est *omnis virtus* subiecto et quasi materialiter, ita etiam iniustitia legalis est materialiter omne peccatum. Et hoc modo peccatum definivit Ambrosius, secundum scilicet rationem iniustitiae legalis.

AD SECUNDUM dicendum quod inclinatio naturae pertinet ad praecepta legis naturalis. Consuetudo etiam honesta habet vim praecepti: quia, ut Augustinus dicit, in epistola *de Ieiunio Sabbati*[3], *mos populi Dei pro lege habendus est*. Et ideo tam peccatum quam transgressio potest esse contra consuetudinem honestam et contra inclinationem naturalem.

AD TERTIUM dicendum quod omnes enumeratae species peccatorum possunt habere transgressionem non secundum proprias rationes, sed secundum quandam specialem rationem, ut dictum est[4]. — Peccatum tamen omissionis omnino a transgressione distinguitur.

QUANTO AO 1º, portanto, deve-se dizer que assim como a justiça legal é "toda virtude" para o sujeito e como que materialmente, assim a injustiça legal é como que materialmente todo pecado. Em tal sentido e segundo essa razão de injustiça legal, Ambrósio definiu o pecado.

QUANTO AO 2º, deve-se dizer que a inclinação da natureza pertence aos preceitos da lei natural. Também o costume honesto tem força de lei, pois, como ensina Agostinho, "o costume do povo de Deus deve ser tido como lei." Por isso, tanto o pecado quanto a transgressão podem ir contra o costume honesto ou a inclinação natural.

QUANTO AO 3º, deve-se dizer que todas espécies citadas de pecado podem incluir a transgressão, não em suas razões próprias, mas por uma razão especial como foi explicado. — Mas o pecado de omissão se distingue absolutamente da transgressão.

## ARTICULUS 3
### Utrum omissio sit speciale peccatum

AD TERTIUM SIC PROCEDITUR. Videtur quod omissio non sit speciale peccatum.

1. Omne enim peccatum aut est originale aut actuale. Sed omissio non est originale peccatum: quia non contrahitur per originem. Nec est actuale: quia potest esse absque omni actu, ut supra[1] habitum est, cum de peccatis in communi ageretur. Ergo omissio non est speciale peccatum.

2. PRAETEREA, omne peccatum est voluntarium. Sed omissio quandoque non est voluntaria, sed necessaria: puta cum mulier corrupta est quae virginitatem vovit; vel cum aliquis amittit rem quam restituere tenetur; vel cum sacerdos tenetur celebrare et habet aliquod impedimentum. Ergo omissio non semper est peccatum.

3. PRAETEREA, cuilibet speciali peccato est determinare aliquod tempus quando incipit esse. Sed hoc non est determinare in omissione: quia quandocumque non facit, similiter se habet, nec tamen semper peccat. Ergo omissio non est speciale peccatum.

4. PRAETEREA, omne peccatum speciale speciali virtuti opponitur. Sed non est dare aliquam spe-

## ARTIGO 3
### A omissão é um pecado especial?

QUANTO AO TERCEIRO, ASSIM SE PROCEDE: parece que a omissão **não** é um pecado especial.

1. Com efeito, todo pecado é original ou atual. Ora, a omissão não é pecado original, pois não se contrai pela origem; nem atual, pois pode existir sem ato algum, como já se explicou, ao tratar dos pecados em geral. Logo, a omissão não é um pecado especial.

2. ALÉM DISSO, todo pecado é voluntário. Ora, a omissão às vezes não é voluntária, mas forçada; por exemplo, quando é violada uma mulher que fizera voto de virgindade; ou quando alguém perde um objeto que tinha obrigação de restituir; ou quando um sacerdote está obrigado a celebrar e se vê impedido. Logo, a omissão nem sempre é pecado.

3. ADEMAIS, a todo pecado especial pode-se determinar o tempo em que começou a existir. Ora, não o podemos determinar no caso da omissão, porque existe sempre, quando não se age; e nem sempre se está pecando. Logo, a omissão não é pecado especial.

4. ADEMAIS, todo pecado especial se opõe a uma virtude especial. Ora, não se pode indicar nenhu-

---

3. Epist. 36, al. 86, n. 2: ML 33, 136.
4. In corp.

PARALL.: II *Sent.*, dist. 5, q. 1, a. 3, ad 4.

1. I-II, q. 71, a. 5.

cialem virtutem cui omissio opponitur. Tum quia bonum cuiuslibet virtutis omitti potest. Tum quia iustitia, cui specialius videtur opponi, semper requirit aliquem actum, etiam in declinatione a malo, ut dictum est[2]: omissio autem potest esse absque omni actu. Ergo omissio non est speciale peccatum.

Sed contra est quod dicitur Iac 4,17: *Scienti bonum et non facienti, peccatum est illi.*

Respondeo dicendum quod omissio importat praetermissionem boni, non autem cuiuscumque, sed boni debiti. Bonum autem sub ratione debiti pertinet proprie ad iustitiam: ad legalem quidem, si debitum accipiatur in ordine ad legem divinam vel humanam; ad specialem autem iustitiam, secundum quod debitum consideratur in ordine ad proximum. Unde eo modo quo iustitia est specialis virtus, ut supra[3] habitum est, et omissio est speciale peccatum distinctum a peccatis quae opponuntur aliis virtutibus. Eo vero modo quo facere bonum, cui opponitur omissio, est quaedam specialis pars iustitiae distincta a declinatione mali, cui opponitur transgressio, etiam omissio a transgressione distinguitur.

Ad primum ergo dicendum quod omissio non est peccatum originale, sed actuale: non quia habeat aliquem actum sibi essentialem; sed secundum quod negatio actus reducitur ad genus actus. Et secundum hoc non agere accipitur ut agere quoddam, sicut supra[4] dictum est.

Ad secundum dicendum quod omissio, sicut dictum est[5], non est nisi boni debiti, ad quod aliquis tenetur. Nullus autem tenetur ad impossibile. Unde nullus, si non facit id quod facere non potest, peccat per omissionem. Mulier ergo corrupta quae virginitatem vovit, non omittit virginitatem non habendo, sed non poenitendo de peccato praeterito, vel non faciendo quod potest ad votum adimplendum per continentiae observantiam. Sacerdos etiam non tenetur dicere missam nisi supposita debita opportunitate: quae si desit, non omittit. Et similiter aliquis tenetur ad restitutionem, supposita facultate: quam si non habet nec habere potest, non omittit, dummodo faciat quod potest. Et idem dicendum est in aliis.

ma virtude especial a que se oponha a omissão. Quer porque o bem de qualquer virtude pode ser omitido, quer porque a justiça, a que parece se opor especialmente, sempre requer algum ato, até no apartar-se do mal, como ficou explicado acima; ao passo que a omissão pode existir sem ato algum. Logo, a omissão não é um pecado especial.

Em sentido contrário, na Carta de Tiago se proclama: "Quem sabe fazer o bem e não o faz, comete um pecado."

Respondo. A omissão consiste em deixar de fazer o bem, não qualquer bem, mas o bem devido. Ora, considerado enquanto devido, o bem é o objeto próprio da justiça; da justiça legal, se esse dever decorre da lei divina ou humana; da justiça especial, se diz respeito ao próximo. Por conseguinte, do mesmo modo como a justiça é uma virtude especial, como já foi explicado, assim também a omissão é um pecado especial, distinto dos pecados contrários às outras virtudes. E como fazer o bem, a que se opõe a omissão, é uma parte especial da justiça, distinta do afastar-se do mal, à qual se opõe a transgressão, assim a omissão se distingue da transgressão.

Quanto ao 1º, portanto, deve-se dizer que a omissão não é pecado original, mas atual. Não porque implique um ato que lhe seja essencial, mas porque a negação do ato reduz-se ao gênero de ato. Nesse sentido, já foi mostrado, não agir vem a ser uma espécie de ação.

Quanto ao 2º, deve-se dizer que como já foi elucidado, a omissão recai sobre um dever, ao qual alguém está obrigado. Ora, ninguém está obrigado ao impossível. Por conseguinte, não peca por omissão quem não faz o que não está em seu poder. A mulher que foi violada e fez voto de virgindade, não comete uma omissão em relação à virgindade que já não possui; mas sim, por não se penitenciar do pecado passado ou por não fazer o possível para cumprir o voto pela observância da continência. Igualmente, o sacerdote não está obrigado a dizer missa, senão supostas as devidas circunstâncias. Na falta destas, não comete omissão alguma. De maneira semelhante, só está obrigado a restituir quem dispõe de recursos para fazê-lo. Se não os tem nem pode adquiri-los, não comete omissão, contanto que faça o que pode. O mesmo se há de dizer dos casos semelhantes.

---

2. A. 1, ad 2.
3. Q. 58, a. 7.
4. I-II, q. 71, a. 6, ad 1.
5. In corp.

AD TERTIUM dicendum quod sicut peccatum transgressionis opponitur praeceptis negativis, quae pertinent ad declinandum a malo, ita peccatum omissionis opponitur praeceptis affirmativis, quae pertinent ad faciendum bonum. Praecepta autem affirmativa non obligant ad semper, sed ad tempus determinatum. Et pro illo tempore peccatum omissionis incipit esse.

Potest tamen contingere quod aliquis tunc sit impotens ad faciendum quod debet. Quod quidem si sit praeter eius culpam, non omittit, ut dictum est[6]. — Si vero sit propter eius culpam praecedentem, puta cum aliquis de sero se inebriavit et non potest surgere ad matutinas ut debet: dicunt quidam quod tunc incoepit peccatum omissionis quando aliquis applicat se ad actum illicitum et incompossibilem cum illo actu ad quem tenetur. Sed hoc non videtur verum. Quia, dato quod excitaretur per violentiam et iret ad matutinas, non omitteret. Unde patet quod praecedens inebriatio non fuit omissio, sed omissionis causa. — Unde dicendum est quod omissio incipit ei imputari ad culpam quando fuit tempus operandi: tamen propter causam praecedentem, ex qua omissio sequens redditur voluntaria.

AD QUARTUM dicendum quod omissio directe opponitur iustitiae, ut dictum est[7]: non enim est omissio boni alicuius virtutis nisi sub ratione debiti, quod pertinet ad iustitiam. Plus autem requiritur ad actum virtutis meritorium quam ad demeritum culpae: quia *bonum est ex integra causa, malum autem ex singularibus defectibus*. Et ideo ad iustitiae meritum requiritur actus: non autem ad omissionem.

QUANTO AO 3º, deve-se dizer que como o pecado de transgressão se opõe aos preceitos negativos, que nos mandam desviar do mal, assim o pecado de omissão vai contra os preceitos afirmativos que prescrevem a prática do bem. Os preceitos afirmativos não obrigam a agir em todo momento, mas somente em tempo determinado. É nesse tempo que começa a existir pecado de omissão.

Pode acontecer, no entanto, que então alguém esteja na impossibilidade de fazer o que deve. Se isso ocorre sem culpa sua, não comete omissão, como já foi explicado. — Ao invés, se é por culpa sua anterior (por exemplo, alguém se embriagou à noite e não pôde levantar para matinas, como era seu dever), opinam alguns autores que a omissão começa com o ato ilícito que torna impossível o cumprimento do dever. Mas, tal posição não é exata. Pois, se por hipótese, o ébrio fosse obrigado a levantar-se e ir a matinas, não cometeria omissão. É claro que a embriaguez anterior não é a omissão, mas a causa dela. — Daí, deve-se concluir que a omissão começa a lhe ser imputada como culpa, quando era o tempo de agir; mas, em virtude de uma causa anterior que torna voluntária a omissão consequente.

QUANTO AO 4º, deve-se dizer que a omissão se opõe diretamente à justiça, como foi dito. Com efeito, não há omissão do bem de virtude alguma, se esse bem não é devido, o que o vincula com a justiça. Ora, há mais exigências para que o ato de virtude seja meritório, do que para se desmerecer por um ato culposo. Pois, "o bem procede de uma causa perfeita, enquanto o mal vem de um defeito qualquer." Por isso, para o mérito da justiça se exige um ato, não, porém, para a omissão.

ARTICULUS 4

## Utrum peccatum omissionis sit gravius quam peccatum transgressionis

AD QUARTUM SIC PROCEDITUR. Videtur quod peccatum omissionis sit gravius quam peccatum transgressionis.

1. Delictum enim videtur idem esse quod *derelictum*: et sic per consequens videtur idem esse omissioni. Sed delictum est gravius quam peccatum transgressionis: quia maiori expiatione

ARTIGO 4

## O pecado de omissão é mais grave do que o de transgressão?

QUANTO AO QUARTO, ASSIM SE PROCEDE: parece que o pecado de omissão é mais grave do que o de transgressão.

1. Com efeito, "delito" parece idêntico a "derrelito," deixado de lado, e por conseguinte, o mesmo que omissão. Ora, o delito é mais grave do que o pecado de transgressão, pois precisava de uma

---

6. Resp. ad 2.
7. In corp.

indigebat, ut patet Lv 5. Ergo peccatum omissionis est gravius quam peccatum transgressionis.

2. PRAETEREA, maiori bono maius malum opponitur: ut patet per Philosophum, in VIII *Ethic*.[1]. Sed facere bonum, cui opponitur omissio, est nobilior pars iustitiae quam declinare a malo, cui opponitur transgressio, ut ex supradictis[2] patet. Ergo omissio est gravius peccatum quam transgressio.

3. PRAETEREA, peccatum transgressiones potest esse et veniale et mortale. Sed peccatum omissionis videtur esse semper mortale: quia opponitur praecepto affirmativo. Ergo omissio videtur esse gravius peccatum quam sit transgressio.

4. PRAETEREA, maior poena est poena damni, scilicet carentia visionis divinae, quae debetur peccato omissionis, quam poena sensus, quae debetur peccato transgressionis: ut patet per Chrysostomum, *super Matth*.[3]. Sed poena proportionatur culpae. Ergo gravius est peccatum omissionis quam transgressionis.

SED CONTRA est quod facilius est abstinere a malo faciendo quam implere bonum. Ergo gravius peccat qui non abstinet a malo faciendo, quod est transgredi, quam qui non implet bonum, quod est omittere.

RESPONDEO dicendum quod peccatum intantum est grave inquantum a virtute distat. *Contrarietas autem est maxima distantia*, ut dicitur in X Metaphys.[4]. Unde contrarium magis distat a suo contrario quam simplex eius negatio: sicut nigrum plus distat ab albo quam simpliciter non album; omne enim nigrum est non album, sed non convertitur. Manifestum est autem quod transgressio contrariatur actui virtutis, omissio autem importat negationem ipsius: puta peccatum omissionis est si quis parentibus debitam reverentiam non exhibeat, peccatum autem transgressionis si contumeliam vel quamcumque iniuriam eis inferat. Unde manifestum est quod, simpliciter et absolute loquendo, transgressio est gravius peccatum quam omissio: licet aliqua omissio possit esse gravior aliqua transgressione.

AD PRIMUM ergo dicendum quod delictum communiter sumptum significat quamcumque omissionem. Quandoque tamen stricte accipitur pro

expiação maior, como se vê no livro do Levítico. Logo, o pecado de omissão é mais grave do que o de transgressão.

2. ALÉM DISSO, ao maior bem se opõe o mal maior, como está claro no Filósofo. Ora, fazer o bem, a que se opõe a omissão, é uma parte mais nobre da justiça, do que evitar o mal, a que se opõe a transgressão, como consta do que já foi exposto. Logo, a omissão é pecado mais grave do que a transgressão.

3. ADEMAIS, o pecado de transgressão pode ser venial ou mortal. Ora, o pecado de omissão parece ser sempre mortal, pois vai contra um preceito afirmativo. Logo, a omissão parece ser pecado mais grave do que a transgressão.

4. ADEMAIS, a pena do dano, privação da visão divina, a qual é devida ao pecado de omissão, é maior castigo do que a pena dos sentidos, devida ao pecado de transgressão, como se vê no comentário de Crisóstomo sobre o Evangelho de Mateus. Ora, a pena é proporcionada à culpa. Logo, é mais grave o pecado de omissão do que o de transgressão.

EM SENTIDO CONTRÁRIO, é mas fácil abster-se de fazer o mal do que realizar o bem. Logo, mais gravemente peca quem não se abstém de fazer o mal, o que é transgredir, do que quem não pratica o bem, o que vem a ser omitir-se.

RESPONDO. O pecado é tanto mais grave quanto se afasta da virtude. Ora, como declara o Filósofo: "A maior distância é a que existe entre os contrários." Daí um contrário estar mais distante do seu contrário, do que sua simples negação. Assim o preto está mais distante do branco do que o não-branco. Pois, o preto é não-branco, mas o inverso não é verdade. Ora, é evidente que a transgressão é contrária ao ato de virtude, ao passo que a omissão implica sua negação. Por exemplo, peca-se por omissão, se não se manifesta aos pais o devido respeito; e comete-se pecado de transgressão, lançando conta eles afrontas e injúrias. Logo, é evidente que, falando absoluta e simplesmente, a transgressão é pecado mais grave do que a omissão, embora determinada omissão possa ser mais grave que tal transgressão.

QUANTO AO 1º, portanto, deve-se dizer que o delito, em sentido geral, significa qualquer omissão. Às vezes, no entanto, se toma em acepção mais

---

1. C. 12: 1160, b, 9-12.
2. A. 1, ad 3.
3. Hom. 23, al. 24, n. 8: MG 57, 317.
4. C. 4: 1055, a. 9-10.

eo quod omittitur aliquid de his quae pertinent ad Deum: vel quando scienter et quasi cum quodam contemptu derelinquit homo id quod facere debet. Et sic habet quandam gravitatem, ratione cuius maiori expiatione indiget.

AD SECUNDUM dicendum quod ei quod est facere bonum opponitur et non facere bonum, quod est omittere, et facere malum, quod est transgredi: sed primum contradictorie, secundum contrarie, quod importat maiorem distantiam. Et ideo transgressio est gravius peccatum.

AD TERTIUM dicendum quod sicut omissio opponitur praeceptis affirmativis, ita transgressio opponitur praeceptis negativis. Et ideo utrumque, si proprie accipiatur, importat rationem peccati mortalis. Potest autem large dici transgressio vel omissio ex eo quod aliquid sit praeter praecepta affirmativa vel negativa, disponens ad oppositum ipsorum. Et sic utrumque large accipiendo, potest esse peccatum veniale.

AD QUARTUM dicendum quod peccato transgressionis respondet et poena damni, propter aversionem a Deo; et poena sensus, propter inordinatam conversionem ad bonum commutabile. Similiter etiam omissioni non solum debetur poena damni, sed etiam poena sensus: secundum illud Mt 7,19: *Omnis arbor quae non facit fructum bonum, excidetur et in ignem mittetur*. Et hoc propter radicem ex qua procedit: licet non habeat ex necessitate actualem conversionem ad aliquod bonum commutabile.

estrita, designando a omissão de algum dever para com Deus, ou a omissão cometida cientemente e com um certo desprezo pelo que se deve fazer; assume então maior gravidade, que exige maior expiação.

QUANTO AO 2º, deve-se dizer que a "fazer o bem" se opõe "não fazer o bem," o que é a omissão, e "fazer o mal", que é a transgressão. No primeiro caso, se tem a oposição contraditória, no segundo, a contrária, que implica maior distância. Eis por que, a transgressão é pecado mais grave.

QUANTO AO 3º, deve-se dizer que como a omissão se opõe aos preceitos afirmativos; assim a transgressão, aos negativos. Tomadas em sentido próprio, ambas implicam a razão de pecado mortal. Pode-se no entanto tomar em sentido amplo a transgressão ou a omissão, designando um leve afastamento dos preceitos afirmativos e negativos, que dispõe a uma oposição a eles. Assim, uma e outra, nesse sentido amplo, pode ser pecado venial.

QUANTO AO 4º, deve-se dizer que ao pecado de transgressão corresponde a pena de dano, por causa da aversão de Deus, e a pena dos sentidos por causa da conversão desordenada ao bem perecível. Igualmente, também à omissão não se deve só a pena de dano, mas também a dos sentidos, como se lê no Evangelho de Mateus: "Toda árvore que não dá bom fruto será cortada e lançada ao fogo." E isso, por causa da raiz donde procede a omissão, ainda que não implique necessariamente a conversão a algum bem mutável.

## QUAESTIO LXXX
## DE PARTIBUS POTENTIALIBUS IUSTITIAE
*in articulus unicus*

Deinde considerandum est de partibus potentialibus iustitiae, idest de virtutibus ei annexis.

## QUESTÃO 80
## AS PARTES POTENCIAIS DA JUSTIÇA[a]
*artigo único*

Em seguida, devem-se considerar as partes potenciais da justiça, a saber, as virtudes anexas a ela.

---

a. O estudo das partes potenciais da justiça, isto é, das virtudes que são vinculadas ela por uma espécie de afinidade, constitui a seção proporcionalmente mais ampla da parte moral da Suma. A q. 80 será consagrada a expor e a legitimar as opções fundamentais e as principais divisões que presidirão ao ordenamento do conjunto, que se estenderá da q. 81 à 120.
Deve reconhecer-se aqui, antes de mais nada, o resultado de um imenso trabalho efetuado no século XII, visando uma definição precisa e uma classificação minuciosa das virtudes, que se tentava relacionar às quatro virtudes cardeais. Para além das aproximações superficiais e das conciliações puramente verbais, Sto. Tomás retoma os principais frutos dessa paciente reprodução de fontes e autores secundários; mas ele se atém sobretudo ao princípio de uma constante fidelidade às grandes tradições e de sua rigorosa sistematização em torno das noções e dos contextos precisos, fornecidos pela ética aristotélica.

Et circa hoc duo sunt consideranda: Primo quidem, quae virtutes iustitiae annectantur; secundo, considerandum est de singulis virtutibus iustitiae annexis.

ARTICULUS UNICUS
**Utrum convenienter assignentur virtutes iustitiae annexae**

AD PRIMUM SIC PROCEDITUR. Videtur quod inconvenienter assignentur virtutes iustitiae annexae.

1. Tullius enim[1] enumerat sex: scilicet *religionem, pietatem, gratiam, vindicationem, observantiam, veritatem*. Vindicatio autem videtur species esse commutativae iustitiae, secundum quam illatis iniuriis vindicta rependitur, ut ex supradictis[2] patet. Non ergo debet poni inter virtutes iustitiae annexas.

Duas questões a considerar:
1. Que virtudes estão anexas à justiça?
2. Cada uma das virtudes anexas à justiça.

ARTIGO ÚNICO
**Estão convenientemente assinaladas as virtudes anexas à justiça?**

QUANTO AO ARTIGO ÚNICO, ASSIM SE PROCEDE: parece que **não** é conveniente assinalar virtudes anexas à justiça.

1. Com efeito, Cícero enumera seis partes potenciais de justiça: *religião, piedade, gratidão, punição, veneração e verdade*. Ora, consta ser a punição parte da justiça comutativa, pela qual as injustiças cometidas são corrigidas, segundo foi dito acima. Logo, não deve estar entre as virtudes anexas à justiça[b].

---

1  PARALL.: Infra, q. 122, a. 1; I-II, q. 60, a. 3; III *Sent*., dist. 9, q. 1, a. 1, q.la 4; dist. 33, q. 3, a. 4.
  1. *De invent. rhet.*, l. II, c. 53: ed. G. Friedrich, Lipsiae 1908, p. 230, ll. 19-20.
  2. Q. 61, a. 4.

---

Nessa confluência de tradições, deve destacar-se o lugar fundamental que cabe à herança bíblica, especialmente preponderante no domínio da virtude de religião, que vem à frente dessa rede de virtudes. Fornece a inspiração primeira às virtudes de veneração e de subordinação (a piedade, o respeito, a obediência...) que emergem nessa visão extremamente hierarquizada da sociedade e das relações humanas. Mas a herança bíblica é enriquecida e elaborada por uma tradição cristã, ela própria bastante variada, que é aqui abundantemente integrada através das correntes patrísticas sobretudo latinas e medievais. Os moralistas romanos haviam sido especialmente honrados pela teologia monástica e sentenciária dos dois séculos precedentes; Cícero ocupa um lugar de destaque. Na classificação e nas definições de virtudes ligadas à justiça, a síntese tomista permanecerá fiel a essas orientações anteriores.

A perfeição de sua sistematização, que chegará por vezes ao extremo do requinte, tira sua originalidade principalmente da conjunção entre a dupla noção de parte potencial e de virtude de justiça, uma e outra definidas com precisão. As partes potenciais, as virtudes vinculadas a uma virtude principal, mesmo coincidindo "em algum ponto com esta última", diferem em um outro elemento do que a constitui em sua perfeição de virtude. Ora, concebida e definida em sua perfeição virtuosa, a justiça implica essencialmente esse triplo caráter (que sublinhamos): que se dê a *outrem* o que *lhe é devido*, de maneira a estabelecer ou a restabelecer uma *igualdade*.

Ao destacar esse triplo aspecto, e considerando-o pelo ângulo da perfeição ou da realização integral, Sto. Tomás estabelece o leque de virtudes anexas da justiça ordenando-as em três grupos que realizam de maneira decrescente a noção dessa virtude principal:

Na primeira categoria, o *outro* está de tal modo acima do sujeito virtuoso, que este se vê na obrigação estrita de prestar-lhe os deveres mais elevados, mas ao mesmo tempo se vê na impossibilidade de fazê-lo por igual ou mesmo de maneira equivalente. Assim se caracterizam as virtudes: de *religião*, em relação a Deus; de *piedade*, em relação aos pais e à pátria; de *respeito*, que se dirige às pessoas constituídas em dignidade; de *dulia* (serviço), que os servidores prestam a seus senhores; de *obediência*, que devemos aos superiores, às autoridades.

No segundo caso, é a *dívida* que não possui o caráter estrito do que é devido a outro. Existe sim uma exigência de honestidade, de bondade moral que vai além das prescrições rigorosas da justiça. É o caso da *verdade* ou veracidade nas relações sociais, da *gratidão* ou *punição* em relação respectivamente aos benfeitores ou malfeitores.

Num terceiro grupo, encontraremos as virtudes que regulam as relações com os outros, conferindo-lhes como um acréscimo de perfeição, o requinte da conveniência, do que é agradável, bem além do que se impõe como dever ou obrigação. Assim se caracterizam as virtudes de *amizade* ou *afabilidade*, de *liberalidade*.

Um lugar de destaque é reservado à *epiqueia*, ou equidade, que se vincula à justiça de maneira original, sendo estudada como a culminação, ou a forma mais perfeita de justiça, ao final desta seção.

A leitura do texto permitirá apreciar o rigor seguido na aplicação desses princípios, avaliando-lhe a riqueza e constatando certos limites que não se podem excluir numa classificação minuciosa de um domínio ético de tal modo vasto.

b. O texto de Cícero é bem representativo da tradição latina, e ocupa aqui um lugar realmente central. É evocado como ponto de referência privilegiado. A lista ciceroniana é considerada como satisfatória no que concerne ao essencial, embora seja justificada pelo recurso às doutrinas aristotélicas, e convenientemente completada por elementos emprestados de outras tradições.

2. PRAETEREA, Macrobius, *super Somnium Scipionis*[3], ponit septem: scilicet *innocentiam, amicitiam, concordiam, pietatem, religionem, affectum, humanitatem*; quarum plures a Tullio praetermittuntur[4]. Ergo videtur insufficienter enumeratas esse virtutes iustitiae adiunctas.

3. PRAETEREA, a quibusdam aliis ponuntur quinque partes iustitiae: scilicet *obedientia* respectu superioris, *disciplina* respectu inferioris, *aequitas* respectu aequalium, *fides* et *veritas* respectu omnium; de quibus a Tullio non ponitur nisi *veritas*[5]. Ergo videtur insufficienter numerasse virtutes iustitiae annexas.

4. PRAETEREA, Andronicus Peripateticus ponit[6] novem partes iustitiae annexas: scilicet *liberalitatem, benignitatem, vindicativam, eugnomosynam, eusebiam, eucharistiam, sanctitatem, bonam commutationem, legispositivam*; ex quibus etiam Tullius manifeste non ponit nisi *vindicativam*. Ergo videtur insufficienter enumerasse.

5. PRAETEREA, Aristoteles, in V *Ethic.*[7], ponit *epieikeiam* iustitiae adiunctam: de qua in nulla praemissarum assignationum videtur mentio esse facta. Ergo insufficienter sunt enumeratae virtutes iustitiae annexae.

RESPONDEO dicendum quod in virtutibus quae adiunguntur alicui principali virtuti duo sunt consideranda: primo quidem, quod virtutes illae in aliquo cum principali virtute conveniant; secundo, quod in aliquo deficiant a perfecta ratione ipsius. Quia vero iustitia ad alterum est, ut ex supradictis[8] patet, omnes virtutes quae ad alterum sunt possunt ratione convenientiae iustitiae annecti. Ratio vero iustitiae consistit in hoc quod alteri reddatur quod ei debetur secundum aequalitatem, ut ex supradictis[9] patet. Dupliciter igitur aliqua virtus ad alterum existens a ratione iustitiae deficit: uno quidem modo, inquantum deficit a ratione aequalis; alio modo, inquantum deficit a ratione debiti.

2. ALÉM DISSO, Macróbio admite sete: *inocência, amizade, concórdia, piedade, religião, afeição e humanidade*, muitas das quais omitidas por Cícero. Logo, parece insuficiente a enumeração das virtudes anexas à justiça.

3. ADEMAIS, outros colocam cinco: obediência aos superiores, disciplina para os inferiores, equidade para os iguais, fé e verdade para todos. Destas, Cícero cita apenas a verdade. Logo, a sua enumeração é incompleta[c].

4. ADEMAIS, Andrônico Peripatético diz haver nove virtudes anexas à justiça: *liberalidade, benignidade, punição, bondade, piedade, reconhecimento, santidade, boa comutação e legislativa*. Destas, Cícero cita somente a *punição*. Logo, a enumeração acima é deficiente[d].

5. ADEMAIS, Aristóteles põe a *epiqueia* como virtude anexa à justiça, que não consta de enumeração alguma dos autores citados. Logo, a enumeração das virtudes anexas à justiça é insuficiente.

RESPONDO. Relativamente às virtudes anexas a uma principal, deve-se considerar: 1º) que essas virtudes devem ter algo comum com a principal; 2º) que lhes falta algo da virtude principal na sua perfeita natureza. Como a justiça é uma virtude que se refere ao outro, conforme foi dito acima todas as virtudes referentes ao outro poderão ser anexadas à justiça por esse mesmo motivo. É da essência da justiça dar ao outro o que lhe é devido, de modo equitativo, como também se viu anteriormente. De dois modos uma virtude que se refere a outra é deficiente quanto à razão da justiça: de um modo, por lhe faltar a razão de igualdade; de outro, por lhe faltar a razão do devido.

---

3. L. I, c. 8: ed. Fr. Eyssenhardt, Lipsiae 1868, p. 507, ll. 26-27.
4. Cfr. 1 a.
5. Cfr. 1 a.
6. *De Affectibus Liber*, de Prudentia: inter *Fragm. Phil. Graec.*, ed. G. A. Mullachius, Parisiis 1867-1879, t. III, p. 577.
7. C. 14: 1138, a, 3.
8. Q. 58, a. 2.
9. Q. 58, a. 11.

---

c. Segundo o costume da época, os autores recentes ou contemporâneos são citados em geral de maneira anônima (aqui, trata-se de Guilherme de Paris, em seu tratado sobre *As Virtudes,* cap. 12). Na verdade, a problemática introduzida pelos autores do século XII e da primeira metade do século seguinte desempenha um papel preponderante na elaboração levada a cabo pelas sumas teológicas do século XIII, em especial pela de Sto. Tomás.

d. Nossa tradução do original latim conserva sua terminologia grega, que exprime a conformidade material às fontes tradicionais, cujas diversidades são explicadas como divergências antes verbais, que uma compreensão mais aprofundada saberá reduzir a uma coerência perfeita.

Sunt enim quaedam virtutes quae debitum quidem alteri reddunt, sed non possunt reddere aequale. Et primo quidem, quidquid ab homine Deo redditur, debitum est: non tamen potest esse aequale, ut scilicet tantum ei homo reddat quantum debet; secundum illud Ps 115,3: *Quid retribuam Domino pro omnibus quae retribuit mihi?* Et secundum hoc adiungitur iustitiae *religio, quae*, ut Tullius dicit[10], *superioris cuiusdam naturae, quam divinam vocant, curam caeremoniamque vel cultum affert*. — Secundo, parentibus non potest secundum aequalitatem recompensari quod eis debetur: ut patet per Philosophum, in VIII *Ethic*.[11]. Et sic adiungitur iustitiae *pietas, per quam*, ut Tullius dicit[12], *sanguine iunctis patriaeque benevolis officium et diligens tribuitur cultus*. — Tertio, non potest secundum aequale praemium recompensari ab homine virtuti: ut patet per Philosophum, in IV *Ethic*.[13]. Et sic adiungitur iustitiae *observantia, per quam*, ut Tullius dicit[14], *homines aliqua dignitate antecedentes quodam cultu et honore dignantur*.

A ratione vero debiti iustitiae defectus potest attendi secundum quod est duplex debitum, scilicet morale et legale: unde et Philosophus, in VIII *Ethic*.[15], secundum hoc duplex iustum assignat. Debitum quidem legale est ad quod reddendum aliquis lege adstringitur: et tale debitum proprie attendit iustitia quae est principalis virtus. Debitum autem morale est quod aliquis debet ex honestate virtutis. Et quia debitum necessitatem importat, ideo tale debitum habet duplicem gradum. Quoddam enim est sic necessarium ut sine eo honestas morum conservari non possit: et hoc habet plus de ratione debiti. Et potest hoc debitum attendi ex parte ipsius debentis. Et sic ad hoc debitum pertinet quod homo talem se exhibeat alteri in verbis et factis qualis est. Et ita adiungitur iustitiae *veritas, per quam*, ut Tullius dicit[16], *immutata ea quae sunt aut fuerunt aut futura sunt, dicuntur*. — Potest etiam attendi ex parte eius cui debetur: prout scilicet aliquis recompensat alicui secundum ea quae fecit. Quandoque quidem in bonis. Et sic adiungitur iustitiae *gratia, in qua*, ut Tullius dicit[17], *amicitiarum et officiorum alterius memo-*

Há virtudes que consistem em dar ao outro o que lhe é devido, mas não o fazem em igualdade. Não se retribui em igualdade, em primeiro lugar, porque aquilo que se dá a Deus é devido, mas que não pode ser igual ao que se recebeu de Deus a ponto de retribuir tanto quanto deve, segundo se lê no Salmo: "Como retribuir ao Senhor tudo o que d'Ele recebi?". Por isso, acrescenta-se a religião à justiça, que consiste, segundo Cícero, em "apresentar cerimônias e culto à natureza superior designada pelo nome de divina". — Não se retribui em igualdade, em segundo lugar, aos pais, por tudo deles recebido, como esclarece Aristóteles e, por isso, acrescenta-se a virtude da *piedade*, pela qual, segundo Cícero: "Aos consanguíneos e benfeitores da pátria se tributa um culto diligente". — Em terceiro lugar, não se retribui em igualdade à virtude dos outros, conforme diz Aristóteles. Por isso, acrescenta-se à justiça a *veneração* pela qual, segundo Cícero: "Aqueles que são superiores por alguma dignidade são cultuados e honrados".

Ademais, a insuficiência quanto ao devido por justiça pode ser considerada segundo os débitos moral e legal; por isso, Aristóteles distingue esses dois tipos de débitos. O débito legal consiste em retribuir aquilo que é determinado por lei. Este débito propriamente pertence à justiça como virtude principal. O débito moral é aquele exigido pela honestidade da virtude. Como esse débito implica necessidade, manifesta-se em dois graus: o primeiro implica tal necessidade, que sem ele não se conservará a honestidade dos costumes; neste grau há, estritamente, o débito. Este débito pode ser considerado da parte do devedor. O seu débito consiste em ter que mostrar-se ao outro quem de fato é, por palavras ou atos. Assim, acrescenta-se à justiça a v*eracidade* pela qual, segundo Cícero: "Dizem-se, sem modificações, as coisas tais como foram, são e serão". — O segundo grau refere-se a quem se deva o débito, enquanto se recompensa o outro por aquilo que fez, às vezes, em bens. Acrescenta-se, então, a gratidão à justiça que, segundo Cícero, consiste na "memória da amizade e dos bons serviços do

---

10. De invent. rhet., l. II, c. 53: ed. cit., p. 230, ll. 20-22.
11. C. 16: 1163, b, 17-18.
12. Loc. cit.: ed. cit.; p. 230, ll. 22-24.
13. C. 7: 1124, a, 7-9.
14. Loc. cit.: ed. cit., p. 230, ll. 29-30.
15. C. 15: 1162, b, 21-25.
16. Loc. cit.: ed. cit., p. 230, ll. 30-31.
17. Loc. cit.: ed. cit., p. 230, ll. 24-25.

*ria, remunerandi voluntas continetur alterius.* — Quandoque vero in malis. Et sic adiungitur iustitiae *vindicatio, per quem*, ut Tullius dicit[18], *vis aut iniuria, et omnino quidquid obscurum est, defendendo aut ulciscendo propulsatur.*

Aliud vero debitum est necessarium sicut conferens ad maiorem honestatem, sine quo tamen honestas conservari potest. Quod quidem debitum attendit *liberalitas, affabilitas* sive *amicitia*, et alia huiusmodi. Quae Tullius praetermittit in praedicta enumeratione, quia parum habent de ratione debiti.

AD PRIMUM ergo dicendum quod vindicta quae fit auctoritate publicae potestatis secundum sententiam iudicis, pertinet ad iustitiam commutativam. Sed vindicta quam quis facit proprio motu, non tamen contra legem, vel quam quis a iudice requirit, pertinet ad virtutem iustitiae adiunctam.

AD SECUNDUM dicendum quod Macrobius videtur attendisse ad duas partes integrales iustitiae: scilicet declinare a malo, ad quod pertinet *innocentia*; et facere bonum, ad quod pertinent sex alia. Quorum duo videntur pertinere ad aequales: scilicet *amicitia* in exteriori convictu, et *concordia* interius. Duo vero pertinent ad superiores: *pietas* ad parentes, et *religio* ad Deum. Duo vero ad inferiores scilicet *affectus*, inquantum placent bona eorum; et *humanitas*, per quam subvenitur eorum defectibus. Dicit enim Isidorus, in libro *Etymol*.[19], quod *humanus* dicitur aliquis *quia habeat circa hominem amorem et miserationis affectum: unde humanitas dicta est qua nos invicem tuemur.* — Et secundum hoc *amicitia* sumitur prout ordinat exteriorem convictum: sicut de ea Philosophus tractat in IV *Ethic.*[20]

Potest etiam *amicitia* sumi secundum quod proprie respicit affectum: prout determinatur a Philosopho in VIII[21] et in IX[22] *Ethic*. Et sic ad amicitiam pertinent tria: scilicet benevolentia, quae hic dicitur *affectus*; et *concordia*; et beneficentia, quae hic vocatur *humanitas*. — Haec autem

outro e a vontade de remunerá-los". — Outras vezes, trata-se de males, acrescentando-se, então, à justiça a *punição*, pela qual, segundo Cícero, se é levado a se defender da violência e do ultraje e de tudo o que é denigrante e a castigá-los".

O outro débito é necessário como que para conferir maior honestidade, mas sem o qual contudo se pode conservar a honestidade. A este débito pertencem a *liberalidade*, a *afeição* e a *amizade*, e outras virtudes semelhantes, omitidas na enumeração de Cícero, porque pouco têm da razão de débito[e].

QUANTO AO 1º, portanto, deve-se dizer que a punição feita pelo poder da autoridade pública, segundo a sentença do juiz, é parte da justiça comutativa. Mas a punição feita por um particular, conforme deliberação própria, que não seja contra a lei ou contra o que se pede ao juiz, pertence a uma virtude anexa à justiça.

QUANTO AO 2º, deve-se dizer que Macróbio parece ter atendido às duas partes integrais da justiça, a saber: não fazer o mal, que pertence à *inocência*, e fazer o bem, que abrange as outras seis virtudes. Destas, duas visam aos iguais: a *amizade*, no convívio exterior, e a *concórdia* no interior. Duas visam aos superiores: a *piedade*, objetivando os pais, e a *religião*, cultuando Deus. Duas são relativas aos inferiores: a *afeição*, enquanto o bem deles nos agrada, e a *humanidade* pela qual os socorremos nos defeitos. Donde Santo Isidoro afirmar: "Alguém é considerado humano porque tem para com os outros, amor e afeto de consideração. Por isso, humanidade é proteger-nos mutuamente".— Por isso, a *amizade* é considerada enquanto ordena o convívio social, como diz Aristóteles.

Pode ainda tomar-se a *amizade* enquanto visa à afeição, segundo o mesmo. Assim sendo, três pertencem à amizade: a *benevolência*, aqui chamada de *afeição*, a *concórdia* e a *beneficência*, aqui chamada de *humanidade*. — Estas, Cícero omite, porque, como foi dito, pouca razão têm de débito.

---

18. Loc. cit.: ed. cit., p. 230, ll. 26-28.
19. L. X, ad litt. *H*, n. 117: ML 82, 379 B.
20. C. 12: 1126, b, 17-22.
21. C. 1 sqq.: 1155, a, 3 — 1156, b, 11.
22. C. 1 sqq.: 1163, b, 32 — 1172, a, 15.

e. A dívida "legal", aqui contraposta a dívida "moral", não poderia aplicar-se ao que a lei efetivamente prescreveu, mas ao que é em si suscetível de determinação legal, isto é, que pertence ao domínio da justiça geral, precisamente denominada de legal (ver II-II, q. 58, a. 5). É claro, temos o dever "moral" de conformar-nos às leis (justas); opõe-se aqui, e de resto na síntese tomista, "dívida legal" a "dívida moral", no sentido de que esta última é apenas "moral", não possuindo o caráter de obrigação estrita que exigisse a intervenção da lei.

Tullius praetermisit, quia parum habent de ratione debiti, ut dictum est[23].

AD TERTIUM dicendum quod *obedientia* includitur in *observantia*, quam Tullius ponit: nam praecellentibus personis debetur et reverentia honoris et obedientia. — *Fides* autem, *per quam fiunt dicta*, includitur in *veritate*, quantum ad observantiam promissorum. Veritas autem in plus se habet, ut infra[24] patebit. — *Disciplina* autem non debetur ex debito necessitatis: quia inferiori non est aliquis obligatus, inquantum est inferior (potest tamen aliquis superiori obligari ut inferioribus provideat: secundum illud Mt 24,45: *Fidelis servus et prudens, quem constituit dominus super familiam suam*). Et ideo a Tullio praetermittitur. Potest autem contineri sub *humanitate*, quam Macrobius ponit[25]. — *Aequitas* vero sub *epieikeia*, vel *amicitia*.

AD QUARTUM dicendum quod in illa enumeratione ponuntur quaedam pertinentia ad veram iustitiam. Ad particularem quidem, *bona commutatio*: de qua dicit quod est *habitus in commutationibus aequalitatem custodiens*. — Ad legalem autem iustitiam, quantum ad ea quae communiter sunt observanda, ponitur *legispositiva*: quae, ut ipse dicit, est *scientia commutationum politicarum ad communitatem relatarum*. Quantum vero ad ea quae quandoque particulariter agenda occurrunt praeter communes leges, ponitur *eugnomosyna*, quasi *bona gnome*, quae est in talibus directiva, ut supra[26] habitum est in tractatu de prudentia. Et ideo dicit de ea quod est *voluntaria iustificatio*: quia scilicet ex proprio arbitrio id quod iustum est homo secundum eam servat, non secundum legem scriptam. Attribuuntur autem haec duo prudentiae secundum directionem, iustitiae vero secundum executionem. — *Eusebia* vero dicitur quasi *bonus cultus*. Unde est idem quod *religio*. Ideo de ea dicit quod est *scientia Dei famulatus* (et loquitur secundum modum quo Socrates dicebat *omnes virtutes esse scientias*). Et ad idem reducitur *sanctitas*, ut post[27] dicetur. — *Eucharistia* autem est idem quod *bona gratia*, quam Tullius ponit[28]: sicut et *vindicativam*. — *Benignitas* autem videtur esse idem cum *affectu*, quem ponit Macrobius[29].

QUANTO AO 3º, deve-se dizer que a *obediência* está incluída na *observância* citada por Cícero, porque às melhores pessoas deve-se reverência, honra e obediência. — A *fidelidade*, que vem do cumprimento da palavra, está na verdade, quanto ao cumprimento do prometido. A verdade, porém, é mais ampla, como se verá adiante. — A *disciplina* não vem do débito por necessidade, porque ao inferior, como inferior, não está alguém obrigado, (no entanto, pode um superior estar obrigado a cuidar dos inferiores, como se lê no Evangelho de Mateus: "Servo fiel e prudente, a quem o Senhor constituiu sobre sua família"). Por isso está omitida em Cícero. Poderá estar contida na *humanidade* afirmada por Macróbio. — A *equidade* pertence à *epiqueia* ou à *amizade*.

QUANTO AO 4º, deve-se dizer que na enumeração da quarta objeção estão algumas virtudes pertencentes à estrita justiça. À justiça particular pertence a *boa comutação*, que consiste no hábito de guardar a igualdade nas comutações. À justiça legal, quanto às obrigações que devem ser obedecidas por todos, pertence a virtude dita *legislativa*, que Andrônico define como: "ciência das comutações políticas para o bem comum". Quanto ao que às vezes se faz particularmente fora das leis vigentes, coloca-se a *bondade*, ou reto discernimento, que é diretiva dessas ações particulares, como foi visto ao tratarmos da virtude da prudência. Por isso, dela se diz ser *justificação voluntária*, porque, segundo esta virtude, o homem, por deliberação própria, observa o que é justo, não por determinação legal. Ademais, atribui-se à prudência, enquanto diretiva, e à justiça, enquanto executiva. — A *piedade* significa culto verdadeiro e se identifica com a religião. Por isso, dela é dito ser a "ciência da servidão a Deus", (no modo como Sócrates dizia que "todas as virtudes são ciências"). E à mesma se reduz a *santidade*, como depois se dirá. — O *reconhecimento* identifica-se com a *gratidão* citada por Cícero, como também a *punição*. — A *benignidade* parece identificar-se com a *afeição*, citada por Macróbio. Donde

---

23. In corp.
24. Q. 109.
25. Cfr. resp. ad 2.
26. Q. 51, a. 4.
27. Q. 81, a. 8.
28. Cfr. 1 a.
29. Cfr. resp. ad 2.

Unde et Isidorus dicit, in libro *Etymol.*[30], quod *benignus est vir sponte ad benefaciendum paratus, et dulcis ad eloquium*. Et ipse Andronicus dicit quod *benignitas est habitus voluntarie benefactivus*. — *Liberalitas* autem videtur ad *humanitatem* pertinere.

AD QUINTUM dicendum quod *epieikeia* non adiungitur iustitiae particulari, sed legali. Et videtur esse idem cum ea quae dicta est *eugnomosyna*.

Isidoro afirmar que "A benignidade consiste em estar pronto para fazer o bem e dizer palavras afáveis". Andrônico diz ela ser "o hábito de fazer voluntariamente o bem". — A *liberalidade* parece pertencer à *humanidade*.

QUANTO AO 5º, deve-se dizer que a *epiqueia* não está anexada à justiça particular, mas à legal. Talvez possa ser atribuída a ela o que se atribuiu à *eugnosina*.

---

30. L. X, ad litt. *B*, n. 24: ML 82, 370 B.

# A RELIGIÃO

# INTRODUÇÃO

Ao fazer da religião uma parte potencial, uma virtude anexa da justiça, Sto. Tomás está bem longe de fazer dela uma virtude secundária. Em seu objetivo de ordenar toda a vida moral em torno das quatro virtudes cardeais, ele destaca o que cada uma delas, concebida em sua noção essencial, contém de específico. Assim considerada, a justiça comporta uma exigência de igualdade que a religião não saberia manter nas relações entre o homem e Deus, do qual ela proclama a transcendência, exigindo submissão total por parte da criatura. Mas, se não realiza integralmente a definição da justiça, a religião realiza da maneira mais perfeita a de virtude, ocupando entre as virtudes um lugar de destaque.

Tal é a posição original que a síntese tomista evidenciará plenamente. A religião é considerada como uma virtude moral, não teologal, pois tem por objeto não diretamente a Deus em si mesmo, mas o culto que o homem deve prestar a Deus. Mas semelhante objeto só pode ser plenamente esclarecido e conhecido à própria luz divina, pela palavra da revelação e pela presença das virtudes teologais. Estas têm por motivo, termo e objeto a Deus mesmo, que é o fim último de toda atividade e de todo o destino humano.

Devido a essa subordinação imediata às virtudes teologais e a esse vínculo tão estreito com o fim último do homem, a religião merece ser exaltada como a primeira das virtudes morais, sobre as quais será chamada a exercer uma influência contínua e universal (ver abaixo, q. 81, a. 6). Olhando este duplo aspecto de afinidade com as virtudes teologais ou de influência geral exercida sobre o universo moral, poderíamos atribuir à religião uma outra posição, como virtude "comandada" ou animada pela fé ou pela caridade. Mas o autor quis permanecer fiel a uma longa tradição ética (evocada na q. 81, a. 1, *s.c.*), e sobretudo aos princípios que regeram a distinção das virtudes por seus objetos: (a. 1, respondo).

Essa compreensão da religião como virtude moral, tendo um objeto determinado, mas exercendo uma influência geral sobre todo agir humano, que ela orienta pela luz e inspiração proveniente das virtudes teologais, era de natureza a fazer dela uma virtude-eixo, chamada a modelar o homem como um todo. Abrange atividades interiores e exteriores (ver q. 81, a. 6, retomado e desenvolvido na q. 84 ss.). Atingirá o homem a partir do que ele tem de mais profundo: sua vontade e sua razão. Alguns dos atos próprios da religião vêm aperfeiçoar diretamente a vontade (ver q. 82), e outros, a razão prática (q. 83). O que mostra bem que ela se encontra na confluência de duas faculdades principais, especificamente humanas, segundo a antropologia tomista. Outro aspecto da virtude-eixo se manifesta neste tratado da religião. Nele se vê a convergência: entre a santidade bíblica, inspirando o sentido bem aguçado do sagrado, e a moral, exprimindo-se em uma doutrina ética cuidadosamente elaborada. O sentido do sagrado penetra as pessoas e as coisas, a realidade de sua consagração sendo o fato do encontro do homem e de Deus: o homem se dedicando realmente a Deus, consagrando-lhe seus dons, suas ações e mesmo sua pessoa, e Deus ratificando e confirmando essa consagração, conferindo-lhe um caráter de consistência e de permanência propriamente divinas. A identificação entre a "religião" e a "santidade" (ver q. 81, a. 8) traduz a conjunção harmoniosa entre as tradições éticas, gregas e romanas, e os dados bíblicos, nos quais finalmente emerge a inspiração evangélica de um culto prestado a Deus "em espírito e em verdade".

A síntese assim elaborada terá no mais alto grau a experiência cristã, as práticas religiosas, as formas litúrgicas e jurídicas de que se revestiram (ver especialmente as q. 86-91). Mas também as faltas contra a religião, as diferentes espécies de superstição ou de irreligião são analisadas de maneira bastante extensa e concreta, com profunda atenção aos costumes populares da Idade Média. Muito raramente um texto doutrinal, redigido segundo as exigências escolásticas, terá atingido um tal grau de informação, e transmitido um testemunho histórico de tal modo rico sobre a religião popular de uma época (ver em particular as q. 93-100; a q. 96 sendo o exemplo mais significativo).

Compreende-se então a amplitude deste tratado da religião, que se ordena em três grandes seções:

A natureza da virtude de religião é estudada na q. 81, verdadeiramente fundamental; encontra-se nela todos os elementos retomados e desenvolvidos ulteriormente.

Todo o conjunto das dez questões (q. 82-91) é consagrado ao aprofundamento da prática da religião, tal como se manifesta na vida pessoal e comunitária dos cristãos. Esse vasto domínio de "atos da religião" se ordena a partir da intimidade da vontade e da razão, para estender-se aos gestos do corpo e ao uso das coisas a serviço de Deus. Obtém-se então a seguinte disposição, cujo rigor lógico acompanha o olhar voltado para a realidade concreta das práticas religiosas. Estas compreendem, portanto:

Os atos interiores de devoção (q. 82) e de prece (q. 83).

Os atos exteriores, que se desenvolverão seja nos gestos do corpo que exprimem a adoração (q. 84), seja nos dons das coisas que se oferecem a Deus: em sacrifício (q. 85), em oblação (q. 86), sob a forma de dízimos (q. 87); ou que se prometem a Deus pelos votos (q. 88); seja no uso das coisas sagradas, precisamente do nome divino, ao qual se faz apelo: pelo juramento (q. 89); pela adjuração (q. 90); e pela invocação (q. 91).

Os pecados contrários à religião são em seguida agrupados em uma dupla categoria. A primeira é formada pelos abusos ou perversões que se introduzem no culto divino. É a superstição, cuja natureza e espécies são minuciosamente estudadas (nas q. 92-96). A segunda categoria é constituída pelos pecados por falta de religião, pela "irreligião", inspirada pelo desprezo ou pelo desconhecimento de Deus, e incluindo a irreverência em relação a Deus, ou em relação às coisas santas (é o objeto das q. 97-100).

A religião ocupa assim a parte mais ampla e central no domínio da justiça, da qual é uma virtude anexa, e sua realização mais eminente.

## QUAESTIO LXXXI
### DE RELIGIONE
*in octo articulos divisa*

Deinde considerandum est de singulis praedictarum virtutum, quantum ad praesentem intentionem pertinet. Et primo considerandum est de religione, secundo, de pietate; tertio, de observantia; quarto, de gratia; quinto, de vindicta; sexto, de veritate; septimo, de amicitia; octavo, de liberalitate; nono, de epieikeia. De aliis autem hic enumeratis supra dictum est: partim in tractatu de caritate, scilicet de concordia et aliis huiusmodi; partim in hoc tractatu de iustitia, sicut de bona commutatione et innocentia; de legispositiva autem in tractatu de prudentia.

Circa religionem vero tria consideranda occurrunt: primo quidem, de ipsa religione secundum se; secundo, de actibus eius; tertio, de vitiis oppositis.

Circa primum quaeruntur octo.
*Primo:* utrum religio consistat tantum in ordine ad Deum.
*Secundo:* utrum religio sit virtus.
*Tertio:* utrum religio sit una virtus.
*Quarto:* utrum religio sit specialis virtus.
*Quinto:* utrum religio sit virtus theologica.
*Sexto:* utrum religio sit praeferenda aliis virtutibus moralibus.
*Septimo:* utrum religio habeat exteriores actus.
*Octavo:* utrum religio sit eadem sanctitati.

### Articulus 1
#### Utrum religio ordinet hominem solum ad Deum

Ad primum sic proceditur. Videtur quod religio non ordinet hominem solum ad Deum.

## QUESTÃO 81
### A RELIGIÃO[a]
*em oito artigos*

Em seguida deve-se considerar cada uma das virtudes enumeradas, dentro do nosso intento atual. Em primeiro lugar deve-se tratar da religião; em segundo, da piedade; em terceiro, da observância; em quarto, da graça; em quinto, da vingança; em sexto, da verdade; em sétimo, da amizade; em oitavo, da liberalidade; em nono, da epiqueia. De outros temas aqui enumerados já se tratou antes: parte no tratado sobre a caridade, a saber, a concórdia e temas relacionados; parte neste tratado sobre a justiça, como sobre a comutação e a inocência; parte no tratado sobre a prudência, como sobre lei positiva.

Sobre a religião, contudo, há três considerações a fazer. Em primeiro lugar, sobre a religião em si mesma; em segundo, sobre seus atos; em terceiro, sobre os vícios opostos.

Oito questões sobre o primeiro tema.
1. A religião consiste só na orientação para Deus?
2. A religião é uma virtude?
3. A religião é uma só virtude?
4. A religião é uma virtude especial?
5. A religião é uma virtude teológica?
6. A religião deve ser preferida às outras virtudes morais?
7. A religião tem atos exteriores?
8. A religião é a mesma coisa que a santidade?

### Artigo 1
#### A religião ordena o homem só para Deus?

Quanto ao primeiro artigo, assim se procede: parece que a religião não orienta o homem só para Deus.

---

1 Parall.: III *Sent.*, dist. 33, q. 3, a. 4, q.la 1, ad 2; *Cont. Impugn. Relig.*, c. 1; in Boet. *de Trin.*, q. 3, a. 2.

a. Esta questão fundamental visa precisar o sentido da noção de religião, distinguindo as acepções mais restritas ou mais amplas, assumidas pelo uso cristão do termo. Em seus atos próprios e imediatos, a religião subordina o homem a Deus, prestando-se a este as homenagens do culto. Mas, ao regular a justa sujeição do homem a Deus, ela terá uma influência universal sobre toda a vida humana; ao considerar o fim último do homem, ela terá como "sob seu comando" todas as virtudes (morais) "que governam as coisas ordenadas a esse fim". Essa doutrina sobre o objeto próprio da religião e sua influência universal sobre a existência humana, é explicada no artigo 1. Será desenvolvida nos artigos seguintes. A religião possui o caráter de uma virtude, atendendo à definição ética tradicional (segundo Aristóteles e Agostinho), ensina o artigo 2. É uma só virtude (a. 3), distinta por seu objeto das virtudes morais e teologais (a. 4); com estas últimas ela tem a maior afinidade, estando subordinada ao culto de Deus, o que a põe em estreita relação com a fé, a esperança e a caridade (a. 5). Donde resulta sua excelência, cabendo-lhe o primado sobre o conjunto das virtudes morais (a. 6). Os dois últimos artigos mostram o caráter universal da religião, que, sendo primeiramente interior, orienta para Deus as atividades exteriores do homem (a. 7), e identifica-se com a noção de santidade (a. 8). Este último artigo evidencia a conjunção entre a tradição bíblica e as doutrinas éticas. Assim, se manifesta a inspiração fundamental cristã de toda a elaboração, bastante sistemática, desenvolvia nesta questão e no conjunto da seção.

1. Dicitur enim Iac 1,27: *Religio munda et immaculata apud Deum et Patrem haec est: visitare pupillos et viduas in tribulatione eorum, et immaculatum se custodire ab hoc saeculo.* Sed visitare pupillos et viduas dicitur secundum ordinem ad proximum: quod autem dicit *immaculatum se custodire ab hoc saeculo*, pertinet ad ordinem quo ordinatur homo in seipso. Ergo religio non solum dicitur in ordine ad Deum.

2. PRAETEREA, Augustinus dicit, in X *de Civ. Dei*[1]: *Quia latina loquendi consuetudine, non imperitorum, verum etiam doctissimorum, cognationibus humanis atque affinitatibus et quibuscumque necessitudinibus dicitur exhibenda religio; non eo vocabulo vitatur ambiguum cum de cultu deitatis vertitur quaestio, ut fidenter dicere valeamus religionem non esse nisi cultum Dei.* Ergo religio dicitur non solum in ordine ad Deum, sed etiam in ordine ad propinquos.

3. PRAETEREA, ad religionem videtur latria pertinere. *Latria* autem *interpretatur servitus*, ut Augustinus dicit, in X *de Civ. Dei*[2]. Servire autem debemus non solum Deo, sed etiam proximis: secundum illud Gl 5,13: *Per caritatem spiritus servite invicem.* Ergo religio importat etiam ordinem ad proximum.

4. PRAETEREA, ad religionem pertinet cultus. Sed homo dicitur non solum colere Deum, sed etiam proximum: secundum illud Catonis[3]: *Cole parentes.* Ergo etiam religio nos ordinat ad proximum, et non solum ad Deum.

5. PRAETEREA, omnes in statu salutis existentes Deo sunt subiecti. Non autem dicuntur religiosi omnes qui sunt in statu salutis, sed solum illi qui quibusdam votis et observantiis et ad obediendum aliquibus hominibus se adstringunt. Ergo religio non videtur importare ordinem subiectionis hominis ad Deum.

SED CONTRA est quod Tullius dicit, II *Rhet.*[4], quod *religio est quae superioris naturae, quam divinam vocant, curam caeremoniamque affert.*

RESPONDEO dicendum quod, sicut Isidorus dicit in libro *Etymol.*[5], *religiosus, ut ait Cicero*[6], *a religione appellatus, qui retractat et tanquam relegit ea quae ad cultum divinum pertinent.* Et sic religio videtur dicta a *religendo* ea quae sunt divini

1. Com efeito, lê-se na Carta de Tiago: "A religião pura e imaculada ante Deus Pai consiste em visitar os órfãos e as viúvas nas tribulações e guardar-se do mundo para não se manchar". Ora, visitar os órfãos e as viúvas refere-se ao próximo, e a expressão "guardar-se do mundo para não se manchar" pertence à ordenação do homem quanto a si mesmo. Logo, a religião não diz respeito só à orientação para Deus.

2. ALÉM DISSO, diz Agostinho: "Segundo o latim vulgar, não apenas entre os ignorantes como também entre os cultos, se diz que a religião deve ser manifestada aos parentes e afins e em quaisquer necessidades. Este termo não evita ambiguidades quando se atribui ao culto de Deus, pois não se pode com certeza afirmar que o termo religião se atribua só a este culto". Logo, religião refere-se não só à orientação para Deus, mas também à orientação para os próximos.

3. ADEMAIS, o culto de latria parece pertencer à religião, pois latria quer dizer serviço, como afirma Agostinho. Ora, devemos servir não somente a Deus, mas ao próximo, segundo o Apóstolo: "Pela caridade, ponde-vos a serviço uns dos outros". Logo, a religião implica também orientação para o próximo.

4. ADEMAIS, o culto pertence à religião. Ora, não se diz que o homem preste culto só a Deus, mas também ao próximo, como se lê em Catão: "Prestai culto aos pais". Logo, a religião nos orienta para o próximo, e não apenas para Deus.

5. ADEMAIS, todos os que estão em estado de salvação são submissos a Deus. Ora, nem todos os que estão neste estado são chamados de religiosos, mas somente aqueles que se submetem em obediência a homens, mediante promessas e outras práticas. Logo, não parece que a religião implique só orientação para a submissão a Deus.

EM SENTIDO CONTRÁRIO, diz Cícero: "Religião é a virtude segundo a qual se oferecem culto e cerimônias à natureza superior, que chamam divina".

RESPONDO. Escreve Isidoro: "Religioso (adjetivo derivado de religião) é definido por Cícero como aquele que repassa e, por assim dizer, relê o que se refere ao culto divino". Desse modo, religião parece dizer reler aquilo que pertence ao

---

1. C. 1, n. 3: ML 41, 278-279.
2. C. 1, n. 3: ML 41, 279.
3. *Breves Sent.*, sent. 2, 3, 40: ed. O. Arntzenius, Amstelodami 1754, pp. 12, 32.
4. C. 53: ed. G. Friedrich, Lipsiae 1908, p. 230, ll. 20-22.
5. L. X, ad litt. *R*, n. 234: ML 82, 392 A.
6. *De nat. deor.*, l. II, c. 28: ed. C. F. W. Mueller, Lipsiae 1890, p. 72, ll. 8-10.

cultus: quia huiusmodi sunt frequenter in corde revolvenda, secundum illud Pr 3,6: *In omnibus viis tuis cogita illum.* — Quamvis etiam possit intelligi religio ex hoc dicta quod *Deum reeligere debemus, quem amiseramus negligentes*: sicut Augustinus dicit, X *de Civ. Dei*[7]. — Vel potest intelligi religio a *religando* dicta: unde Augustinus dicit, in libro *de Vera Relig.*[8]: *Religet nos religio uni omnipotenti Deo.*

Sive autem religio dicatur a frequenti lectione, sive ex iterata electione eius quod negligenter amissum est, sive a religatione, religio proprie importat ordinem ad Deum. Ipse enim est cui principaliter alligari debemus, tanquam indeficienti principio; ad quem etiam nostra electio assidue dirigi debet, sicut in ultimum finem; quem etiam negligenter peccando amittimus, et credendo et fidem protestando recuperare debemus.

AD PRIMUM ergo dicendum quod religio habet duplices actus. Quosdam quidem proprios et immediatos, quos elicit, per quos homo ordinatur ad solum Deum: sicut sacrificare, adorare et alia huiusmodi. Alios autem actus habet quos producit mediantibus virtutibus quibus imperat, ordinans eos in divinam reverentiam: quia scilicet virtus ad quam pertinet finis, imperat virtutibus ad quas pertinet ea quae sunt ad finem. Et secundum hoc actus religionis per modum imperii ponitur esse *visitare pupillos et viduas in tribulatione eorum*, quod est actus elicitus a misericordia: *immaculatum* autem *custodire se ab hoc saeculo* imperative quidem est religionis, elicitive autem temperantiae vel alicuius huiusmodi virtutis.

AD SECUNDUM dicendum quod religio refertur ad ea quae exhibentur cognationibus humanis, extenso nomine religionis: non autem secundum quod religio proprie dicitur. Unde Augustinus, parum ante verba inducta, praemittit[9]: *Religio distinctius non quemlibet, sed Dei cultum significare videtur.*

culto divino, porque isto deve ser frequentemente refletido no coração, segundo se lê no livro dos Provérbios: "Em todos os teus caminhos, pensa n'Ele". — Pode o termo religião também ser entendido, conforme Agostinho, no sentido de reeleger a Deus, a quem por negligência perdemos". — Pode ainda ser compreendido como derivado de religar, segundo o mesmo Doutor: "A religião nos religará ao Deus único e onipotente".

Desse modo, quer religião se refira à frequente leitura, quer à reeleição daquilo que por negligência se perdeu, quer à religação, propriamente implica orientação para Deus. A Ele principalmente nos devemos ligar, como a infalível princípio. A quem também a nossa atenta eleição se deve dirigir, como para o último fim do qual nos desviamos pelo pecado e, crendo e protestando a fé, deveremos a ele voltar[b].

QUANTO AO 1º, portanto, deve-se dizer que a religião consta de duas ações: umas, próprias e imediatas, produzidas pelo homem, mediante as quais ele se orienta somente para Deus, como sacrificar, adorar e coisas semelhantes. Outras, constam de atos produzidos pelas virtudes sobre as quais impera a religião, ordenando-os à reverência divina. Pois, a virtude à qual pertence o fim, impera sobre as virtudes às quais pertence tudo aquilo que é orientado ao fim. Assim sendo, o ato da religião exige "visitar os órfãos e as viúvas nas suas tribulações", que são obras de misericórdia. "Guardar-se do mundo para não se manchar", é ato imperado pela religião, e praticado pela temperança ou por outra virtude semelhante.

QUANTO AO 2º, deve-se dizer que, é por extensão e não propriamente que a religião se refere aos parentes. Donde dizer Agostinho: "Religião propriamente não se aplica a outro que não seja o culto a Deus"[c].

---

7. C. 3, n. 2: ML 41, 280.
8. C. 55, n. 113: ML 34, 172.
9. *De civ. Dei*, l. X, c. 1, n. 3: ML 41, 278.

b. Esse recurso à etimologia da religião ilustra da maneira mais clara um procedimento escolástico, utilizado com frequência para clarear e justificar uma definição. Longe de pretender uma demonstração estritamente filológica, esse procedimento visa evidenciar que as acepções que se vão elaborar e ordenar doutrinalmente têm suas raízes no uso antigo e corrente, e principalmente que elas podem apoiar-se no testemunho autorizado das fontes filosóficas e teológicas. Aqui, o apelo ao testemunho combinado de Cícero, Isidoro e Agostinho consegue mostrar como a tradição vem corroborar os três grandes elementos da compreensão cristã da religião: preocupação com as coisas divinas; devotamento a Deus em um vínculo de fé, esperança e caridade; movimento de conversão, dada a condição pecadora da humanidade.

c. Nas perspectivas evocadas na nota precedente, mostra-se aqui como o "culto" concebido em suas raízes latinas (= *colere*: "cultivar") comporta um elemento genérico, significando "dar atenção, prodigalizar cuidados" a alguma coisa (a "cultura" de um campo; "cultivar um jardim"), ou a alguém: "prestar um culto" aos pais, a Deus. Nessa acepção pessoal, o culto inclui a

AD TERTIUM dicendum quod cum servus dicatur ad dominum, necesse est quod ubi est propria et specialis ratio dominii, ibi sit specialis et propria ratio servitutis. Manifestum est autem quod dominium convenit Deo secundum propriam et singularem quandam rationem: quia scilicet ipse omnia fecit, et quia summum in omnibus rebus obtinet principatum. Et ideo specialis ratio servitutis ei debetur. Et talis servitus nomine latriae designatur apud Graecos. Et ideo ad religionem proprie pertinet.

AD QUARTUM dicendum quod colere dicimus homines quos honorificatione, vel recordatione, vel praesentia frequentamus. Et etiam aliqua quae nobis subiecta sunt coli a nobis dicuntur: sicut agricolae dicuntur ex eo quod *colunt agros*, et incolae dicuntur ex eo quod *colunt* loca quae inhabitant. Quia tamen specialis honor debetur Deo, tanquam primo omnium principio, etiam specialis ratio cultus ei debetur, quae graeco nomine vocatur *eusebia* vel *theosebia:* ut patet per Augustinum, X de Civ. Dei[10].

AD QUINTUM dicendum quod quamvis religiosi dici possint communiter omnes qui Deum colunt, specialiter tamen religiosi dicuntur qui totam vitam suam divino cultui dedicant, a mundanis negotiis se abstrahentes. Sicut etiam contemplativi dicuntur non qui contemplantur, sed qui contemplationi totam vitam suam deputant. Huiusmodi autem non se subiiciunt homini propter hominem, sed propter Deum: secundum illud Apostoli, Gl 4,14: *Sicut angelum Dei excepistis me, sicut Christum Iesum.*

QUANTO AO 3º, deve-se dizer que, como servo se diz em referência ao senhor, é preciso que, onde aparece uma razão especial de domínio, haja também razão de servidão. Ora, é evidente que o domínio se aplica a Deus por razão própria e singular, porque Deus fez todas as coisas e em todas elas tem o supremo domínio. Por isso, a Ele é devida uma servidão especial, que, entre os gregos, chama-se *latria*. Por isso, pertence propriamente à religião.

QUANTO AO 4º, é preciso levar em conta que dizemos prestar culto aos homens com os quais convivemos, honrando-os, deles nos recordando, e tendo-os sempre presentes. Também dizemos que prestamos culto (cultivamos) a coisas submetidas a nós. Assim, os agricultores são os que cultivam os campos, os colonos, os que cultivam os lugares em que vivem. Todavia, por causa da honra especial devida a Deus, como primeiro princípio de todas as coisas, também um culto especial lhe é devido, designado entre os gregos pelo termo *eusébia* ou *theosébia*, segundo Agostinho.

QUANTO AO 5º, deve-se dizer que, embora religiosos possam ser chamados todos aqueles que prestam culto a Deus, especialmente assim são designados os que dedicam toda a vida ao culto divino, afastando-se dos negócios mundanos. Também são chamados de contemplativos não aqueles que contemplam, mas que dedicam toda a vida à contemplação. Esses não se submetem aos homens, enquanto homens, mas por causa de Deus, como diz o Apóstolo: "Recebestes a mim como a um anjo de Deus, como a Cristo Jesus".

ARTICULUS 2
## Utrum religio sit virtus

AD SECUNDUM SIC PROCEDITUR. Videtur quod religio non sit virtus.
1. Ad religionem enim pertinere videtur Deo reverentiam exhibere. Sed revereri est actus timoris, qui est donum, ut ex supradictis[1] patet. Ergo religio non est virtus, sed donum.
2. PRAETEREA, omnis virtus in libera voluntate consistit: unde dicitur *habitus electivus*, vel vo-

ARTIGO 2
## A religião é uma virtude?

QUANTO AO SEGUNDO, ASSIM SE PROCEDE: parece que a religião **não** é uma virtude.
1. Com efeito, pertence à religião a reverência a Deus. Ora, reverenciar é ato de temor, dom do Espírito Santo, conforme foi visto. Logo, a religião não é uma virtude, mas um dom.
2. ALÉM DISSO, a virtude implica vontade livre, razão por que ela é um *hábito eletivo*, ou volun-

---

10. C. 1, n. 3: ML 41, 279.

PARALL.: I-II, q. 60, a. 3; III *Sent*., dist. 9, q. 1, a. 1, q.la 1.
1. Q. 19, a. 9.

ideia de homenagem e mesmo de veneração, em correspondência com o vocabulário grego mencionado: *eusebeia* (veneração, piedade, verdadeiro culto), *théosebeia* (culto divino).

luntarius. Sed sicut dictum est[2], ad religionem pertinet latria, quae servitutem quandam importat. Ergo religio non est virtus.

3. PRAETEREA, sicut dicitur in II *Ethic.*[3], aptitudo virtutum inest nobis a natura: unde ea quae pertinent ad virtutes sunt de dictamine rationis naturalis. Sed ad religionem pertinet *caeremoniam divinae naturae afferre*. Caeremonialia autem, ut supra[4] dictum est, non sunt de dictamine rationis naturalis. Ergo religio non est virtus.

SED CONTRA est quia connumeratur aliis virtutibus, ut ex praemissis[5] patet.

RESPONDEO dicendum quod, sicut supra[6] dictum est, *virtus est quae bonum facit habentem et opus eius bonum reddit*. Et ideo necesse est dicere omnem actum bonum ad virtutem pertinere. Manifestum est autem quod reddere debitum alicui habet rationem boni: quia per hoc quod aliquis alteri debitum reddit, etiam constituitur in proportione convenienti respectu ipsius, quasi convenienter ordinatus ad ipsum; ordo autem ad rationem boni pertinet, sicut et modus et species, ut per Augustinum patet, in libro *de Natura Boni*[7]. Cum igitur ad religionem pertineat reddere honorem debitum alicui, scilicet Deo, manifestum est quod religio virtus est.

AD PRIMUM ergo dicendum quod revereri Deum est actus doni timoris. Ad religionem autem pertinet facere aliqua propter divinam reverentiam. Unde non sequitur quod religio sit idem quod donum timoris, sed quod ordinetur ad ipsum sicut ad aliquid principalius. Sunt enim dona principaliora virtutibus moralibus, ut supra[8] habitum est.

AD SECUNDUM dicendum quod etiam servus potest voluntarie domino suo exhibere quod debet: et sic *facit de necessitate virtutem*, debitum voluntarie reddens. Et similiter etiam exhibere Deo debitam servitutem potest esse actus virtutis, secundum quod homo voluntarie hoc facit.

AD TERTIUM dicendum quod de dictamine rationis naturalis est quod homo aliqua faciat ad

tário. Ora, acima foi dito que *latria*, que implica servidão, pertence à religião. Logo, religião não é virtude.

3. ADEMAIS, diz Aristóteles que a aptidão para a virtude é em nós natural, e, por isso, a prática das virtudes é uma determinação da razão natural. Ora, pertence à religião *oferecer cerimônias à natureza divina*. Ora, estas cerimônias não são determinadas pela razão natural, como vimos acima. Logo, a religião não é virtude.

EM SENTIDO CONTRÁRIO, a religião está enumerada entre as virtudes, conforme está claro pelo já exposto.

RESPONDO. Acima foi dito que "virtude é o ato que torna bom quem a tem e boa a sua obra". Por isso, é necessário afirmar que todos os atos bons pertencem à virtude. É evidente que pagar o devido a alguém tem a razão de bem, porque o fato de alguém pagar o devido a outro restabelece uma relação conveniente com o outro, ordenando-se convenientemente com ele. Ora, segundo Agostinho, pertencem à razão de bem a ordem, o modo e a espécie. Logo, como pertence à religião prestar a devida honra a alguém, isto é, a Deus, torna-se evidente que a religião é uma virtude.

QUANTO AO 1º, portanto, deve-se dizer que sem dúvida, reverenciar a Deus é um ato do dom do temor; à religião, contudo, pertence praticar alguma coisa por causa da reverência a Deus. Disto, porém, não se conclui que a virtude da religião se identifica com o dom de temor, mas que ela se ordena para ele como para algo superior. Como já foi estabelecido, os dons são superiores às virtudes morais.

QUANTO AO 2º, deve-se dizer que o servo pode voluntariamente manifestar ao senhor o que lhe deve; assim faz da necessidade uma virtude ao fazê-lo voluntariamente. Da mesma forma, manifestar a Deus a devida servidão, também pode ser ato de virtude na medida em que o faz voluntariamente.

QUANTO AO 3º, deve-se dizer que a norma da razão natural exige que a pessoa pratique ações

---

2. A. 1, ad 3.
3. C. 1: 1103, a, 25.
4. I-II, q. 99, a. 3, ad 2.
5. Q. 80.
6. Q. 58, a. 3; I-II, q. 55, a. 3, *sed c*.
7. C. 3: ML 42, 553.
8. Q. 9, a. 1, ad 3; I-II, q. 68, a. 8.

reverentiam divinam: sed quod haec determinate faciat vel illa, istud non est de dictamine rationis naturalis, sed de institutione iuris divini vel humani.

### Articulus 3
### Utrum religio sit una virtus

AD TERTIUM SIC PROCEDITUR. Videtur quod religio non sit una virtus.

1. Per religionem enim ordinamur ad Deum, ut dictum est[1]. In Deo autem est accipere tres Personas: et iterum multa attributa, quae saltem ratione differunt. Diversa autem ratio obiecti sufficit ad diversificandum virtutes, ut ex supra-dictis[2] patet. Ergo religio non est una virtus.

2. PRAETEREA, unius virtutis unus videtur esse actus: habitus enim distinguuntur secundum actus. Religionis autem multi sunt actus: sicut colere et servire, vovere, orare, sacrificare, et multa huiusmodi. Ergo religio non est una virtus.

3. PRAETEREA, adoratio ad religionem pertinet. Sed adoratio alia ratione adhibetur imaginibus, et alia ipsi Deo. Cum ergo diversa ratio distinguat virtutes, videtur quod religio non sit una virtus.

SED CONTRA est quod dicitur Eph 4,5-6: *Unus Deus, una fides*. Sed vera religio protestatur fidem unius Dei. Ergo religio est una virtus.

RESPONDEO dicendum quod, sicut supra[3] habitum est, habitus distinguuntur secundum diversam rationem obiecti. Ad religionem autem pertinet exhibere reverentiam uni Deo secundum unam rationem, inquantum scilicet est primum principium creationis et gubernationis rerum: unde ipse dicit, Mal 1,6: Si *ego Pater, ubi honor meus?* patris enim est et producere et gubernare. Et ideo manifestum est quod religio est una virtus.

AD PRIMUM ergo dicendum quod tres Personae divinae sunt unum principium creationis et gubernationis rerum: et ideo eis una religione servitur. Diversae autem rationes attributorum concurrunt ad rationem primi principii: quia Deus producit omnia et gubernat sapientia, voluntate et potentia bonitatis suae. Et ideo religio est una virtus.

### Artigo 3
### A religião é uma só virtude?

QUANTO AO TERCEIRO, ASSIM SE PROCEDE: parece que a religião **não** é uma só virtude.

1. Com efeito, foi dito acima que a religião se ordena para Deus. Mas, n'Ele cremos haver três Pessoas e muitos atributos, sendo que estes se distinguem pelo menos por distinção de razão. Ora, objetos de razões diversas, diversificam as virtudes, como se viu. Logo, a religião não é uma só virtude.

2. ALÉM DISSO, a cada virtude corresponde um ato e os hábitos se distinguem pelos atos. Ora, a religião implica muitos atos, como prestar culto a Deus, fazer votos, orar, sacrificar etc. Logo, a religião não consiste em uma só virtude.

3. ADEMAIS, a adoração é ato de religião. Ora, outra é a razão de se prestar culto a Deus e outra às imagens. Logo, como razões diversas diversificam as virtudes, parece que a religião não é uma só virtude.

EM SENTIDO CONTRÁRIO, lê-se na Carta aos Efésios: "Um só Deus, uma só fé". Ora, a verdadeira religião professa a fé em um único Deus. Logo, a religião é uma só virtude.

RESPONDO. Foi acima dito que os hábitos distinguem-se pelos objetos. Ora, pertence à religião prestar reverência a um só Deus por um único motivo, a saber, porque Deus é o primeiro princípio da criação e do governo das coisas, como Ele mesmo afirma no livro de Malaquias: "Se sou o vosso Pai, onde está a minha honra?" É próprio do pai produzir e governar. Logo, a religião é uma só virtude.

QUANTO AO 1º, portanto, deve-se dizer que as três Pessoas divinas são um só princípio da criação e do governo das coisas, razão pela qual uma só virtude de religião é suficiente para honrá-las. Também há diversos atributos em Deus que implicam a razão de um primeiro princípio, porque Deus produz e governa todas as coisas pela sua

---

3
1. Art. 1.
2. Q. 47, a. 5; q. 50, a. 2, ad 2.
3. I-II, q. 54, a. 2, ad 1.

AD SECUNDUM dicendum quod eodem actu homo servit Deo et colit ipsum: nam cultus respicit Dei excellentiam, cui reverentia debetur; servitus autem respicit subiectionem hominis, qui ex sua conditione obligatur ad exhibendum reverentiam Deo. Et ad haec duo pertinent omnes actus qui religioni attribuuntur: quia per omnes homo protestatur divinam excellentiam et subiectionem sui ad Deum, vel exhibendo aliquid ei, vel iterum assumendo aliquid divinum.

AD TERTIUM dicendum quod imaginibus non exhibetur religionis cultus secundum quod in seipsis consideratur, quasi res qualdam: sed secundum quod sunt imagines ducentes in Deum incarnatum. Motus autem qui est in imaginem prout est imago, non sistit in ipsa, sed tendit in id cuius est imago. Et ideo ex hoc quod imaginibus Christi exhibetur religionis cultus, non diversificatur ratio latriae, nec virtus religionis.

sabedoria, sua vontade e pelo poder da sua bondade. Logo, a religião é uma só virtude[d].

QUANTO AO 2º, deve-se dizer que pelo mesmo ato, o homem serve e presta culto a Deus, pois o culto se refere à excelência d'Ele, a quem se deve reverência; o serviço se refere à submissão do homem que, pela sua condição, está também obrigado a mostrar a sua reverência a Deus. Esses dois atos abrangem todos os outros atribuídos à religião, porque pelos outros atos o homem reconhece a excelência divina e a sua submissão a Deus, ou exibindo algo a Ele ou participando do bem divino.

QUANTO AO 3º, deve-se dizer que não se presta culto religioso a imagens consideradas em si mesmas como coisas, mas enquanto elas nos levam para Deus encarnado. Ora, o ato que tem a imagem por objeto não se limita a ela, mas se dirige a quem ela representa. Por isso, ao se prestar culto religioso às imagens de Cristo, não se diversifica a razão da adoração nem a virtude de religião.

## ARTICULUS 4
### Utrum religio sit specialis virtus ab aliis distincta

AD QUARTUM SIC PROCEDITUR. Videtur quod religio non sit specialis virtus ab aliis distincta.
1. Dicit enim Augustinus, X de *Civ. Dei*[1]: *Verum sacrificium est omne opus quod geritur ut sancta societate Deo iungamur*. Sed sacrificium pertinet ad religionem. Ergo omne opus virtutis ad religionem pertinet. Et sic non est specialis virtus.
2. PRAETEREA, Apostolus dicit, 1Cor 10,31: *Omnia in gloriam Dei facite*. Sed ad religionem pertinet aliqua facere ad Dei reverentiam, ut supra[2] dictum est. Ergo religio non est specialis virtus.
3. PRAETEREA, caritas qua diligitur Deus non est virtus distincta a caritate qua diligitur proximus. Sed sicut dicitur in VIII *Ethic*.[3], *honorari*

## ARTIGO 4
### A religião é uma virtude especial?

QUANTO AO QUARTO, ASSIM SE PROCEDE: parece que a religião **não** é uma virtude especial.
1. Com efeito, diz Agostinho: "O verdadeiro sacrifício é um ato que nos faz participantes do convívio com Deus". Ora, o sacrifício pertence à religião. Logo, todo ato virtuoso pertence à religião. Por isso, ela não é uma virtude especial.
2. ALÉM DISSO, diz o Apóstolo: "Fazei tudo para a glória de Deus". Ora, à religião pertence fazer algo para reverenciar a Deus, como acima foi dito. Logo, a religião não é uma virtude especial.
3. ADEMAIS, a caridade pela qual se ama Deus, não é virtude distinta da caridade pela qual se ama o próximo. Conforme Aristóteles diz: "Ser

---

4 PARALL.: III *Sent*., dist. 9, q. 1, a. 1, q.la 2; in Boet. *de Trin*., q. 3, a. 2.

1. C. 6: ML 41, 283.
2. A. 1, ad 1; a. 2.
3. C. 9: 1159, a, 16-17.

---

d. O artigo 1 havia realçado que devemos devotar-nos a Deus como a nosso primeiro Princípio indefectível, e a nosso Fim supremo. Agora, insiste-se: a religião nos leva a honrar o Deus único, pois ele é o princípio da criação e do governo divino, o que inclui a ordem da salvação. É num mesmo movimento de piedade filial que a religião presta um culto às três pessoas divinas, que intervêm como princípio único na criação, no governo do mundo e na salvação. Na solução 3, será dito que a religião pode dirigir um culto às imagens, na medida em que elas nos conduzem ao Deus encarnado. Ao conceber Deus como criador e providência, a religião, longe de permanecer no plano de uma teologia natural, inspira-se nos mistérios cristãos da Trindade e da Encarnação, na perspectiva teológica da subordinação da criação à salvação.

*propinquum est ei quod est amari*. Ergo religio qua honoratur Deus, non est virtus specialiter distincta ab observantia vel dulia vel pietate, quibus honoratur proximus. Ergo non est virtus specialis.

SED CONTRA est quod ponitur pars iustitiae ab aliis eius partibus distincta.

RESPONDEO dicendum quod cum virtus ordinetur ad bonum, ubi est specialis ratio boni, ibi oportet esse specialem virtutem. Bonum autem ad quod ordinatur religio est exhibere Deo debitum honorem. Honor autem debetur alicui ratione excellentiae. Deo autem competit singularis excellentia: inquantum omnia in infinitum transcendit secundum omnimodum excessum. Unde ei debetur specialis honor: sicut in rebus humanis videmus quod diversis excellentiis personarum diversus honor debetur, alius quidem patri, alius regi, et sic de aliis. Unde manifestum est quod religio est specialis virtus.

AD PRIMUM ergo dicendum quod omne opus virtutis dicitur esse sacrificium inquantum ordinatur ad Dei reverentiam. Unde ex hoc non habetur quod religio sit generalis virtus, sed quod imperet omnibus aliis virtutibus, sicut supra[4] dictum est.

AD SECUNDUM dicendum quod omnia, secundum quod in gloriam Dei fiunt, pertinent ad religionem non quasi ad elicientem, sed quasi ad imperantem. Illa autem pertinent ad religionem elicientem quae secundum rationem suae speciei pertinent ad reverentiam Dei.

AD TERTIUM dicendum quod obiectum amoris est bonum: obiectum autem honoris vel reverentiae est aliquid excellens. Bonitas autem Dei communicatur creaturae, non autem excellentia bonitatis eius. Et ideo caritas qua diligitur Deus non est virtus distincta a caritate qua diligitur proximus: religio autem, qua honoratur Deus, distinguitur a virtutibus quibus honoratur proximus.

honrado é próximo de ser amado". Logo, a religião com que se honra a Deus, não é uma virtude especialmente distinta da veneração nem da dulia, nem da piedade pelas quais se honra o próximo. Logo, não é uma virtude especial.

EM SENTIDO CONTRÁRIO, a religião é afirmada como parte da justiça distinta das outras partes dela.

RESPONDO. A virtude tem por objeto o bem, e onde há uma especial noção de bem é necessário haver uma virtude especial. O bem, que é objeto da religião, consiste em dar a Deus a honra devida, tributada a alguém por causa da sua excelência. Deus possui singular excelência, enquanto transcende infinitamente todas as coisas com absoluta superioridade. Logo, deve-se-lhe especial honra. Assim, também, nas coisas humanas, vemos que, segundo as múltiplas excelências das pessoas, lhes cabem diferentes honras, uma aos pais, outra ao rei, e assim para os demais. Logo, torna-se evidente que a religião é uma virtude especial.

QUANTO AO 1º, portanto, deve-se dizer que todo ato de virtude será sacrifício enquanto se orienta para a reverência a Deus. Disto, porém, não se conclui que é uma virtude geral, mas que impera sobre todas as outras virtudes, como foi dito acima.

QUANTO AO 2º, deve-se dizer que os atos praticados para a glória de Deus pertencem à religião, não como causados por ela, mas como subordinados a ela. Pertence à religião como causado por ela o ato que, segundo a razão de sua espécie, destina-se a reverenciar a Deus.

QUANTO AO 3º, deve-se dizer que o objeto do amor é o bem, mas o da honra ou da reverência é a excelência de uma pessoa. Ora, a bondade de Deus comunica-se à criatura, não, porém, a excelência da sua bondade. Por isso, não são diferentes a caridade para com Deus e o próximo. A religião, segundo a qual se honra Deus, distingue-se das virtudes com as quais se ama o próximo.

ARTICULUS 5
### Utrum religio sit virtus theologica

AD QUINTUM SIC PROCEDITUR. Videtur quod religio sit virtus theologica.
1. Dicit enim Augustinus, in *Enchirid.*[1], quod *Deus colitur fide, spe et caritate*, quae sunt vir-

ARTIGO 5
### A religião é uma virtude teológica?

QUANTO AO QUINTO, ASSIM SE PROCEDE: parece que a religião é uma virtude teológica.
1. Com efeito, diz Agostinho: "Presta-se culto a Deus pela fé, esperança e caridade", que são

---
4. A. 1, ad 1.
5 PARALL.: III *Sent.*, dist. 9, q. 1, a. 1, q.la 3; *De Virtut.*, q. 1, a. 12, ad 11; in Boet. *de Trin.*, q. 3, art. 2.
1. C. 3: ML 40, 232.

tutes theologicae. Sed *cultum Deo afferre* pertinet ad religionem. Ergo religio est virtus theologica.

2. PRAETEREA, virtus theologica dicitur quae habet Deum pro obiecto. Religio autem habet Deum pro obiecto: quia ad solum Deum ordinat, ut dictum est². Ergo religio est virtus theologica.

3. PRAETEREA, omnis virtus vel est theologica, vel intellectualis, vel moralis, ut ex supradictis³ patet. Manifestum est autem quod religio non est virtus intellectualis: quia eius perfectio non attenditur secundum considerationem veri. Similiter etiam non est virtus moralis, cuius proprium est tenere medium inter superfluum et diminutum: non enim aliquis potest superflue Deum colere, secundum illud Eccli 43,33: *Benedicentes Dominum, exaltate illum quantum potestis: maior enim est omni laude.* Ergo relinquitur quod sit virtus theologica.

SED CONTRA est quod ponitur pars iustitiae quae est virtus moralis.

RESPONDEO dicendum quod, sicut dictum est⁴, religio est quae Deo debitum cultum affert. Duo igitur in religione considerantur. Unum quidem quod religio Deo affert, cultus scilicet: et hoc se habet per modum materiae et obiecti ad religionem. Aliud autem est id cui affertur, scilicet Deus. Cui cultus exhibetur non quasi actus quibus Deus colitur ipsum Deum attingunt, sicut cum credimus Deo, credendo Deum attingimus (propter quod supra⁵ dictum est quod Deus est fidei obiectum non solum inquantum credimus Deum, sed inquantum credimus Deo): affertur autem Deo debitus cultus inquantum actus quidam, quibus Deus colitur, in Dei reverentiam fiunt, puta sacrificiorum oblationes et alia huiusmodi. Unde manifestum est quod Deus non comparatur ad virtutem religionis sicut materia vel obiectum, sed sicut finis. Et ideo religio non est virtus theologica, cuius obiectum est ultimus finis: sed est virtus moralis cuius est esse circa ea quae sunt ad finem.

AD PRIMUM ergo dicendum quod semper potentia vel virtus quae operatur circa finem, per imperium movet potentiam vel virtutem operantem ea quae ordinantur in finem illum. Virtutes autem theologicae, scilicet fides, spes et caritas, habent actum circa Deum sicut circa proprium

virtudes teológicas. Ora, prestar culto a Deus pertence à virtude de religião. Logo, a religião é uma virtude teológica.

2. ALÉM DISSO, a virtude teológica tem Deus por objeto. Ora, a religião tem Deus por objeto, porque se ordena só para Ele, como foi dito acima. Logo, a religião é uma virtude teológica.

3. ADEMAIS, foi dito acima que as virtudes se dividem em teológicas, intelectuais e morais. Ora, a religião não é virtude intelectual, porque não tem por objeto a verdade; não é virtude moral, que se coloca no justo meio entre o excesso e a falta e a religião que se ordena para a honra de Deus não pode ter excesso, como se lê no livro do Eclesiástico: "Bendizei o Senhor, exaltai-o com todas as vossas forças, pois ele está acima de todo louvor". Logo, a religião é uma virtude teológica.

EM SENTIDO CONTRÁRIO, é costume afirmar a religião como parte da justiça, que é uma virtude moral.

RESPONDO. Como foi dito acima, a religião é a virtude que presta o culto devido a Deus. Mas dois aspectos nela devem ser considerados: um, enquanto presta a Deus o culto, que é como a matéria e o objeto da religião; o outro, em vista de quem é prestado, Deus. O culto é prestado a Ele não como um ato que atinge o próprio Deus, como quando cremos em Deus, ao crer atingimos a Deus (por isso foi dito acima que Deus é o objeto da fé não só enquanto cremos em Deus, mas enquanto cremos a Deus). O devido culto é oferecido a Deus por certos atos feitos para reverenciá-Lo, como são os sacrifícios e outros semelhantes. Torna-se, pois, evidente que Deus não está para a virtude da religião como matéria ou objeto, mas como fim. Por isso, a religião não é uma virtude teológica, cujo objeto é o último fim, mas é uma virtude moral, à qual pertencem as coisas que são para o fim.

QUANTO AO 1º, portanto, deve-se dizer que sempre a potência ou a virtude que operam ordenadas para o fim, por império movem as outras potências ou virtudes que operam ordenando as coisas que são para aquele fim. As virtudes teológicas (fé, esperança e caridade) têm os seus atos referidos

---
2. Art. 1.
3. I-II, q. 57, a. 3; q. 62, a. 2.
4. Art. 2, 4.
5. Q. 2, a. 2.

obiectum. Et ideo suo imperio causant actum religionis, quae operatur quaedam in ordine ad Deum. Et ideo Augustinus dicit quod *Deus colitur fide, spe et caritate*.

AD SECUNDUM dicendum quod religio ordinat hominem in Deum non sicut in obiectum, sed sicut in finem.

AD TERTIUM dicendum quod religio non est virtus theologica neque intellectualis, sed moralis: cum sit pars iustitiae. Et medium in ipsa accipitur non quidem inter passiones, sed secundum quandam aequalitatem inter operationes quae sunt ad Deum. Dico autem aequalitatem non absolute, quia Deo non potest tantum exhiberi quantum ei debetur: sed secundum considerationem humanae facultatis et divinae acceptationis. Superfluum autem in his quae ad divinum cultum pertinent esse potest, non secundum circumstantiam *quanti*, sed secundum alias circumstantias: puta quia cultus divinus exhibetur cui non debet exhiberi, vel quando non debet, vel secundum alias circumstantias prout non debet.

a Deus como referidos aos seus próprios objetos. Por isso, elas, pelo império, causam o ato de religião, que se ordena para Deus. Donde Agostinho dizer que "se presta culto a Deus pela fé, pela esperança e caridade".

QUANTO AO 2º, deve-se dizer que a religião ordena o homem para Deus, não como objeto, mas como fim.

QUANTO AO 3º, deve-se dizer que a religião não é virtude teológica nem intelectual, mas moral, porque é parte da justiça. Nela o meio-termo procede não das paixões, mas segundo alguma igualdade entre as operações que são para Deus. Não me refiro à igualdade absoluta, porque não se pode retribuir a Deus tanto quanto Lhe é devido, mas à igualdade relativa à capacidade humana, e à receptividade divina. Pode haver exagero nas coisas do culto a Deus, não segundo uma medida quantitativa, mas segundo outras considerações, por exemplo, quando se presta culto divino a quem não se deve prestar, ou quando não deve ser prestado, ou segundo outras circunstâncias inconvenientes.

ARTICULUS 6

Utrum religio sit praeferenda aliis virtutibus moralibus

AD SEXTUM SIC PROCEDITUR. Videtur quod religio non sit praeferenda aliis virtutibus moralibus.

1. Perfectio enim virtutis moralis consistit in hoc quod attingit medium: ut patet in II *Ethic.*[1]. Sed religio deficit in attingendo medium iustitiae: quia non reddit Deo omnino aequale. Ergo religio non est potior aliis virtutibus moralibus.

2. PRAETEREA, in his quae hominibus exhibentur, tanto videtur aliquid esse laudabilius quanto magis indigenti exhibetur: unde dicitur Is 58,7: *Frange esurienti panem tuum*. Sed Deus non indiget aliquo quod ei a nobis exhibeatur: secundum illud Ps 15,2: *Dixi: Deus meus es tu, quoniam bonorum meorum non eges*. Ergo religio videtur minus laudabilis aliis virtutibus, per quas hominibus subvenitur.

3. PRAETEREA, quanto aliquid fit ex maiori necessitate, tanto minus est laudabile: secundum illud 1Cor 9,16: *Si evangelizavero, non est mihi gloria: necessitas mihi incumbit*. Ubi autem est maius debitum, ibi est maior necessitas. Cum

ARTIGO 6

A religião é superior às outras virtudes morais?

QUANTO AO SEXTO, ASSIM SE PROCEDE: parece que a religião **não** é superior às outras virtudes morais.

1. Com efeito, a perfeição das virtudes morais está no meio-termo, segundo o Filósofo. Ora, a religião não atinge o meio-termo da justiça, porque não retribui a Deus em igualdade. Logo, a religião não é superior às outras virtudes morais.

2. ALÉM DISSO, das coisas dadas a alguém serão mais louváveis aquelas que se oferecem aos mais necessitados. Donde dizer Isaías: "Reparte o teu pão com o faminto". Ora, Deus não precisa receber coisa alguma de nós, como se lê no Salmo: "És o meu Deus, e não precisas dos meus bens". Logo, parece que a religião é uma virtude menos louvável que as destinadas a socorrer as pessoas.

3. ADEMAIS, uma ação praticada por necessidade é menos louvável segundo a primeira Carta aos Coríntios: "Se evangelizo, não será glória para mim: faço-o premido pela necessidade". Ora, o débito maior implica maior necessidade. Logo,

6 PARALL.: Infra, q. 88, a. 6; *De Perf. Vit. Spirit.*, c. 12; *Quodlib.* VI, q. 6.
1. C. 5: 1106, b, 8-16.

igitur Deo maxime sit debitum quod ei ab homine exhibetur, videtur quod religio sit minus laudabilis inter virtutes humanas.

SED CONTRA est quod Ex 20 ponuntur primo praecepta ad religionem pertinentia, tanquam praecipua. Ordo autem praeceptorum proportionatur ordini virtutum: quia praecepta legis dantur de actibus virtutum. Ergo religio est praecipua inter virtutes morales.

RESPONDEO dicendum quod ea quae sunt ad finem sortiuntur bonitatem ex ordine in finem: et ideo quanto sunt fini propinquiora, tanto sunt meliora. Virtutes autem morales, ut supra[2] habitum est, sunt circa ea quae ordinantur in Deum sicut in finem. Religio autem magis de propinquo accedit ad Deum quam aliae virtutes morales: inquantum operatur ea quae directe et immediate ordinantur in honorem divinum. Et ideo religio praeeminet inter alias virtutes morales.

AD PRIMUM ergo dicendum quod laus virtutis in voluntate consistit, non autem in potestate. Et ideo deficere ab aequalitate, quae est medium iustitiae, propter defectum potestatis, non diminuit laudem virtutis, si non fuerit defectus ex parte voluntatis.

AD SECUNDUM dicendum quod in his quae exhibentur alteri propter eorum utilitatem, est exhibitio laudabilior quae fit magis indigenti: quia est utilior. Deo autem non exhibetur aliquid propter eius utilitatem: sed propter eius gloriam, nostram autem utilitatem.

AD TERTIUM dicendum quod ubi est necessitas, tollitur gloria supererogationis: non autem excluditur meritum virtutis, si adsit voluntas. Et propter hoc ratio non sequitur.

como o maior débito do homem é para Deus, parece que a religião é a menos louvável entre as virtudes humanas.

EM SENTIDO CONTRÁRIO, no Livro do Êxodo está que os primeiros mandamentos referem-se à religião como os principais. Ora, a ordem dos mandamentos corresponde à ordem das virtudes, porque estes foram estabelecidos segundo os atos das virtudes. Logo, a religião é a principal entre as virtudes morais.

RESPONDO. As coisas orientadas para o fim são boas em proporção a esta orientação. Por isso, quanto mais próximas estão do fim, tanto melhores são. Foi visto acima, que as virtudes morais se ordenam para Deus, como para seu fim. Ora, a religião mais próxima está de Deus que as outras virtudes morais, enquanto suas ações direta e imediatamente ordenam-se para a honra divina. Consequentemente, a religião é superior às outras virtudes morais.

QUANTO AO 1º, portanto, deve-se dizer que o louvor da virtude está no querer, não no poder. Por isso, não corresponder à igualdade, na qual está o meio-termo da justiça, por causa de falha no poder, não diminui o louvor da virtude, a não ser que seja defeito no querer.

QUANTO AO 2º, deve-se dizer que o socorro prestado ao outro, por ser útil, é mais louvável se prestado ao mais necessitado, pois lhe é mais útil. Ora, não se oferece algo a Deus para utilidade d'Ele, mas para Sua glória, que reverte em nossa utilidade.

QUANTO AO 3º, deve-se dizer que a necessidade impede a glória do que se retribui além do devido, mas não exclui o mérito da virtude, sendo esta voluntária. Por isso, o argumento não é concludente.

ARTICULUS 7

**Utrum latria habeat aliquem exteriorem actum**

AD SEPTIMUM SIC PROCEDITUR. Videtur quod latria non habeat aliquem exteriorem actum.

1. Dicitur enim Io 4,24: *Deus spiritus est: et eos qui adorant eum, in spiritu et veritate adorare oportet*. Sed exteriores actus non pertinent ad spiritum, sed magis ad corpus. Ergo religio, ad quam pertinet adoratio, non habet exteriores actus, sed interiores.

ARTIGO 7

**O culto de *latria* possui algum ato exterior?**

QUANTO AO SÉTIMO, ASSIM SE PROCEDE: parece que o culto de *latria* **não** possui algum ato exterior.

1. Com efeito, lê-se no Evangelho de João: "Deus é espírito, e os seus adoradores devem adorá-lo em espírito e verdade". Ora, os atos exteriores não pertencem ao espírito, mas ao corpo. Logo, a religião, à qual pertence a adoração, não tem atos exteriores, mas somente interiores.

---

2. Art. 5.

7 PARALL.: Infra, q. 84, a. 2; *Cont. Gent.* III, 119; III *Sent.*, dist. 9, q. 1, a. 3, q.la 3; in Boet. *de Trinit.*, q. 3, a. 2.

2. PRAETEREA, religionis finis est Deo reverentiam et honorem exhibere. Sed videtur ad irreverentiam alicuius excellentis pertinere si ea sibi exhibeantur quae proprie ad inferiores pertinent. Cum igitur ea quae exhibet homo corporalibus actibus proprie videantur ad indigentias hominum ordinari, vel ad reverentiam inferiorum creaturarum; non videtur quod congrue possunt assumi in divinam reverentiam.

3. PRAETEREA, Augustinus, in VI *de Civ. Dei*[1], commendat Senecam de hoc quod vituperat quosdam qui idolis ea exhibebant quae solent hominibus exhiberit quia scilicet immortalibus non conveniunt ea quae sunt mortalium. Sed haec multo minus conveniunt Deo vero, qui est excelsus *super omnes deos*. Ergo videtur reprehensibile esse quod aliquis corporalibus actibus Deum colat. Non ergo habet religio corporales actus.

SED CONTRA est quod in Ps 83,3 dicitur: *Cor meum et caro mea exsultaverunt in Deum vivum*. Sed sicut interiores actus pertinent ad cor, ita exteriores actus pertinent ad membra carnis. Ergo videtur quod Deus sit colendus non solum interioribus actibus, sed etiam exterioribus.

RESPONDEO dicendum quod Deo reverentiam et honorem exhibemus non propter ipsum, qui in seipso est gloria plenus, cui nihil a creatura adiici potest, sed propter nos: quia videlicet per hoc quod Deum reveremur et honoramus, mens nostra ei subiicitur, et in hoc eius perfectio consistit; quaelibet enim res perficitur per hoc quod subditur suo superiori, sicut corpus per hoc quod vivificatur ab anima, et aer per hoc quod illuminatur a sole. Mens autem humana indiget ad hoc quod coniungatur Deo, sensibilium manuductione: quia *invisibilia per ea quae facta sunt, intellecta, conspiciuntur*, ut Apostolus dicit, *ad* Rm 1,20. Et ideo in divino cultu necesse est aliquibus corporalibus uti, ut eis, quasi signis quibusdam, mens hominis excitetur ad spirituales actus, quibus Deo coniungitur. Et ideo religio habet quidem interiores actus quasi principales et per se ad religionem pertinentes: exteriores vero actus quasi secundarios, et ad interiores actus ordinatos.

2. ALÉM DISSO, o fim da religião é reverenciar e honrar a Deus. Ora, será irreverência oferecer ao superior o que é próprio do inferior. Logo, como o que o homem apresenta pelos atos corporais parece destinar-se ao socorro das indigências humanas ou a reverenciar as criaturas inferiores, não parece que possam ser assumidos convenientemente para reverenciar a Deus.

3. ADEMAIS, diz Agostinho, referindo-se a um conselho de Sêneca, repreendendo aqueles que oferecem aos ídolos o que se costuma apresentar aos homens, porque não cabe aos imortais receber o que é para os mortais. Ora, isto muito menos convém a Deus "que é supremo, acima de todos os deuses". Logo, parece ser repreensível prestar culto a Deus por atos corporais. Por isso, a religião não tem atos corporais.

EM SENTIDO CONTRÁRIO, está escrito: "O meu coração e o meu corpo exultaram no Deus vivo". Ora, como os atos interiores pertencem ao coração, os atos exteriores, aos membros do corpo. Logo, parece que o culto a Deus deve ser prestado não somente com atos interiores, como também com atos exteriores.

RESPONDO. Reverenciamos e honramos a Deus, não por causa d'Ele, que por si mesmo é cheio de glória e a quem uma criatura nada pode acrescentar, mas por nossa causa. Quando reverenciamos ou honramos a Deus, o nosso espírito se submete a Ele, e nisto consiste a perfeição do nosso espírito. Ora, qualquer coisa se aperfeiçoa quando se submete ao superior, como o corpo, quando é vivificado pela alma, e o ar, quando iluminado pelo sol. O nosso espírito, para se unir com Deus, necessita ser conduzido pelas coisas sensíveis, porque "as coisas invisíveis de Deus são conhecidas por intermédio das criaturas". Logo, o culto divino precisa usar de coisas corpóreas para que por elas, que são como sinais, a mente humana desperte para atos espirituais, mediante os quais nos unimos com Deus. Logo, a religião possui atos interiores que lhe pertencem, essencial e principalmente, e atos exteriores, que são secundários e ordenados para os atos interiores[e].

---

1. C. 10, n. 1: ML 41, 190.

e. Justificam-se os atos exteriores da religião, apelando-se unicamente para a "necessidade que possui o espírito humano de ser guiado pelo sensível". Na II-II, q. 83, a. 12, acrescentar-se-ão as exigências sociais do homem e do culto divino. Observa-se que, ao se referir à religião como princípio de um culto interior e exterior, o autor emprega o termo *latria*, que designa a homenagem prestada exclusivamente a Deus. A questão se põe então da maneira mais radical: podemos prestar a Deus, Espírito infinito e perfeito, um culto exterior, contendo elementos materiais?

AD PRIMUM ergo dicendum quod Dominus loquitur quantum ad id quod est principale et per se intentum in cultu divino.

AD SECUNDUM dicendum quod huiusmodi exteriora non exhibentur Deo quasi his indigeat: secundum illud Ps 49,13: *Numquid manducabo carnes taurorum, aut* sanguinem *hircorum potabo?* Sed exhibentur Deo tanquam signa quaedam interiorum et spiritualium operum, quae per se Deus acceptat. Unde Augustinus dicit, in X *de Civ Dei*[2]: *Sacrificium visibile invisibilis sacrificii sacramentum, idest sacrum signum, est.*

AD TERTIUM dicendum quod idololatrae deridentur ex hoc quod ea quae ad homines pertinent idolis exhibebant non tanquam signa excitantia eos ad aliqua spiritualia, sed tanquam per se eis accepta. Et praecipue quia erant vana et turpia.

Quanto ao 1º, portanto, deve-se dizer que o Senhor refere-se ao que é essencial e principalmente intencionado no culto divino.

Quanto ao 2º, deve-se dizer que os atos exteriores não são dirigidos para Deus porque Ele deles necessita, segundo o Salmo: "Por acaso comerei as carnes dos touros, ou beberei o sangue dos carneiros?". Os atos exteriores são dirigidos a Deus como sinais dos atos interiores e das obras espirituais, que são aceitos em si mesmos por Deus. Por isso, afirma Agostinho: "O sacrifício visível é sacramento do sacrifício invisível, a saber, é um sinal sagrado".

Quanto ao 3º, deve-se dizer que os idólatras são considerados ridículos, porque oferecem aos ídolos coisas destinadas aos homens, não como sinais que excitam os homens às coisas espirituais, mas como se em si mesmas fossem aceitas pelos ídolos. Principalmente porque elas são sem valor e torpes.

## ARTICULUS 8
### Utrum religio sit idem sanctitati

AD OCTAVUM SIC PROCEDITUR. Videtur quod religio non sit idem sanctitati.
1. Religio enim est quaedam specialis virtus, ut habitum est[1]. Sanctitas autem dicitur esse generalis virtus: est enim *faciens fideles et servantes ea quae ad Deum sunt iusta*, ut Andronicus dicit[2]. Ergo sanctitas non est idem religioni.

2. PRAETEREA, sanctitas munditiam importare videtur: dicit enim Dionysius, 12 cap. *de Div. Nom.*[3], quod *sanctitas est ab omni immunditia libera et perfecta et omnino immaculata munditia*. Munditia autem maxime videtur pertinere ad temperantiam, quae turpitudines corporales excludit. Cum igitur religio ad iustitiam pertineat, videtur quod sanctitas non sit idem religioni.

3. PRAETEREA, ea quae dividuntur ex opposito non sunt idem. Sed in quadam enumeratione partium iustitiae sanctitas condividitur religioni, ut supra[4] habitum est. Ergo sanctitas non est idem quod religio.

## ARTIGO 8
### Identificam-se religião e santidade?

QUANTO AO OITAVO, ASSIM SE PROCEDE: parece que religião **não** é a mesma coisa que santidade.
1. Com efeito, como foi visto acima, a religião é uma virtude especial. Ora, a santidade é tida como uma virtude geral. Assim, a considera Andrônico, quando a define: "A virtude que faz os homens serem fiéis e observantes das coisas justas diante de Deus". Logo, a santidade não se identifica com a religião.

2. ALÉM DISSO, santidade parece significar pureza. É o que Dionísio afirma: "Santidade é a pureza perfeita e livre de impurezas". Ora, pureza pertence à temperança, que exclui as ações corpóreas torpes. Logo, como a religião pertence à justiça, parece que a santidade não se identifica com ela.

3. ADEMAIS, coisas opostas não são idênticas. Ora, acima foi dito, em um das enumerações das partes da justiça, que a santidade e a justiça constituem partes da religião. Logo, a santidade não se identifica com a religião.

---
2. C. 5: ML 41, 282.

1. Art. 4.
2. *De affectibus*, De iustitia: inter *Fragm. Phil. Graec.*, ed. G. A. Mullachius, Parisiis 1867-1879, t. III, p. 577.
3. MG 3, 969 B.
4. Q. 80, a. un., ad 4.

SED CONTRA est quod dicitur Lc 1,74-75: *Serviamus illi in sanctitate et iustitia*. Sed servire Deo pertinet ad religionem, ut supra[5] habitum est. Ergo religio est idem sanctitati.

RESPONDEO dicendum quod nomen sanctitatis duo videtur importare. Uno quidem modo, munditiam: et huic significationi competit nomen graecum, dicitur enim *agios* quasi *sine terra*. Alio modo importat firmitatem: unde apud antiquos *sancta* dicebantur quae legibus erant munita ut violari non deberent; unde et dicitur esse aliquid *sancitum* quia est lege firmatum. Potest etiam secundum Latinos hoc nomen *sanctus* ad munditiam pertinere: ut intelligatur sanctus quasi "*sanguine tinctus*", *eo quod antiquitus illi qui purificari volebant sanguine hostiae tingebantur*, ut Isidorus dicit, in libro *Etymol*.[6]

Et utraque significatio competit, ut sanctitas attribuatur his quae divino cultui applicantur: ita quod non solum homines, sed etiam templum et vasa et alia huiusmodi sanctificari dicantur ex hoc quod cultui divino applicantur. Munditia enim necessaria est ad hoc quod mens Deo applicetur. Quia mens humana inquinatur ex hoc quod inferioribus rebus immergitur: sicut quaelibet res ex immixtione peioris sordescit, ut argentum ex immixtione plumbi. Oportet autem quod mens ab inferioribus rebus abstrahatur, ad hoc quod supremae rei possit coniungi. Et ideo mens sine munditia Deo applicari non potest. Unde *ad Hb* ult.,12,14 dicitur: *Pacem sequimini cum omnibus, et sanctimoniam, sine qua nemo videbit Deum*.
— Firmitas etiam exigitur ad hoc quod mens Deo applicetur. Applicatur enim ei sicut ultimo fini et primo principio: huiusmodi autem oportet maxime immobilia esse. Unde dicebat Apostolus, Rm 8,38-39: *Certus sum quod neque mors neque vita separabit me a caritate Dei*.

Sic igitur sanctitas dicitur per quam mens hominis seipsam et suos actus applicat Deo. Unde non differt a religione secundum essentiam, sed solum ratione. Nam religio dicitur secundum quod exhibet Deo debitum famulatum in his quae pertinent specialiter ad cultum divinum, sicut in sacrificiis, oblationibus et aliis huiusmodi: sanctitas autem dicitur secundum quod homo non solum haec, sed aliarum virtutum opera refert in Deum, vel

EM SENTIDO CONTRÁRIO, lê-se no Evangelho de Lucas: "Sirvamos a ele em santidade e justiça". Ora, servir a Deus pertence à religião, como foi visto anteriormente. Logo, religião é o mesmo que santidade.

RESPONDO. A santidade considera-se de duas maneiras: a primeira, como pureza. Neste sentido, corresponde ao termo grego *ágios*, quase no seu sentido etimológico de *sem terra*. A segunda, como firmeza. Por isso, para os antigos, *santas* eram as coisas estabelecidas por leis que não podiam ser violadas; por isso se diz *sancionado* o que está estabelecido por lei. Entre os latinos, *santo* implica pureza, significando este nome "tinto por sangue, porque antigamente os que desejavam purificar-se eram tintos no sangue das vítimas", segundo Isidoro.

Esses dois sentidos aplicam-se aos que se dedicam ao culto divino, de modo que não só os homens, mas também os templos, os vasos sagrados etc., são ditos santos, porque são dedicados ao culto divino. É necessária a pureza para elevar o espírito para Deus, porque o espírito humano torna-se impuro ao se entregar às coisas inferiores. Do mesmo modo que qualquer coisa, unida a outra pior se torna impura, como a prata ao se misturar com o chumbo. É necessário, pois, que o espírito seja afastado das coisas inferiores, para poder se unir ao que há de supremo. Por isso, sem pureza não pode aproximar-se o espírito humano de Deus. Donde se ler na Carta aos Hebreus: "Procurai manter a paz com todos os homens, pois sem ela ninguém verá a Deus". — A firmeza também é exigida para que o espírito se una a Deus, que é o último fim e o primeiro princípio, e neste caso é de suma importância que eles sejam ao máximo imóveis. Assim, o Apóstolo se expressa: "Tenho por certo que nem a morte, nem a vida me separarão do amor de Deus".

Assim, pela santidade, o espírito humano se entrega com os seus atos a Deus. Logo, essencialmente, religião e santidade não se distinguem. Distinguem-se por distinção de razão. Religião é prestar a Deus a devida servidão quanto ao que especificamente pertence ao culto divino, como são os sacrifícios, as oblações e coisas semelhantes. Santidade é, porém, referir a Deus não só esses atos, mas os atos das outras virtudes, ou

---

5. A. 1, ad 3; a. 3, ad 2.
6. L. X, ad litt. *S*, n. 241: ML 82, 393 A.

secundum quod homo se disponit per bona opera ad cultum divinum.

AD PRIMUM ergo dicendum quod sanctitas est quaedam specialis virtus secundum essentiam: et secundum hoc est quodammodo eadem religioni. Habet autem quandam generalitatem, secundum quod omnes virtutum actus per imperium ordinat in bonum divinum: sicut et iustitia legalis dicitur generalis virtus, inquantum ordinat omnium virtutum actus in bonum commune.

AD SECUNDUM dicendum quod temperantia munditiam quidem operatur: non tamen ita quod habeat rationem sanctitatis nisi referatur in Deum. Unde de ipsa virginitate dicit Augustinus, in libro *de Virginitate*[7], quod *non quia virginitas est, sed quia Deo dicata est, honoratur*.

AD TERTIUM dicendum quod sanctitas distincta est a religione propter differentiam praedictam: non quia differat re, sed ratione tantum, ut dictum est[8].

fazer com que a pessoa, mediante boas obras, se disponha ao culto divino.

QUANTO AO 1º, portanto, deve-se dizer que a santidade é uma virtude especial pela sua essência, e, neste sentido, pode identificar-se com a religião. Tem, de certo modo, caráter geral, enquanto orienta os atos de todas as virtudes imperativamente para o bem divino. Semelhantemente, a justiça legal é uma virtude geral, enquanto ordena os atos de todas as virtudes para o bem comum.

QUANTO AO 2º, deve-se dizer que a temperança implica pureza, mas não de tal forma que tenha a razão de santidade a não ser que seja referida a Deus. Por isso, conforme afirma Agostinho: "A própria virgindade não se honra enquanto virgindade, mas enquanto é consagrada a Deus".

QUANTO AO 3º, deve-se dizer que a santidade é distinta da religião pela diferença citada, mas não porque dela se diferencie por distinção real, mas por distinção de razão.

---

7. C. 8: ML 40, 400.
8. In corp.

## QUAESTIO LXXXII
## DE DEVOTIONE
### *in quatuor articulos divisa*

Deinde considerandum est de actibus religionis. Et primo, de actibus interioribus, qui, secundum praedicta, sunt principaliores; secundo, de actibus exterioribus, qui sunt secundarii. Interiores autem actus religionis videntur esse devotio et oratio. Primo ergo de devotione agendum est; secundo, de oratione.

Circa primum quaeruntur quatuor.

*Primo:* utrum devotio sit specialis actus.

## QUESTÃO 82
## A DEVOÇÃO[a]
### *em quatro artigos*

Em seguida, deve-se tratar dos atos da religião. Primeiro, dos atos interiores, que, como foi dito, são os principais. Segundo, dos atos exteriores, que são secundários. Os atos interiores da religião parecem ser a devoção e a oração. Tratar-se-á, portanto, primeiro da devoção e depois da oração.

Quatro questões sobre o primeiro tema:
1. É a devoção um ato especial?

---

a. A distinção entre atos interiores e exteriores da religião repousa por fim sobre a doutrina do agir humano em geral. Deriva mais precisamente da compreensão de sua estrutura em termos de atos próprios ou imediatos da vontade, que dela emanam diretamente; e de atos, que só são voluntários por participação, sendo produzidos por uma outra faculdade, que a vontade comanda, orientando-a para as próprias finalidades da vontade (ver I-II, q. 6; q. 9-10; q. 17). Essa doutrina é retomada e condensada na q. 81, a. 1, r 1.

A devoção será estudada aqui como o ato mais profundo, mais íntimo e mais eficaz da religião, já que consiste na disposição do querer, levando o homem à pronta consecução do que tem a ver com o serviço divino. Dessa forma, o homem inteiro se volta para o culto de Deus, primeiramente pela sinceridade e generosidade de seu coração, e em consequência, mediante uma atitude de serviço efetivo e total. Esse é o ensinamento essencial dos artigos 1 e 2, que definem a atividade específica em que consiste a devoção, vinculando-a à religião como seu ato próprio. Sempre nas perspectivas de uma compreensão do homem fundada na distinção e interpenetração entre as faculdades cognitivas e apetitivas, o artigo 3 nos mostra que a devoção se alimenta da meditação e da contemplação das coisas divinas, pois "a vontade nasce da inteligência". A devoção tem por efeito principal "a alegria da alma", na medida precisamente em que sua fonte é a contemplação da bondade divina, do amor de Deus, a qual triunfa das fraquezas humanas, fazendo prevalecer a paz e a alegria (a. 4).

*Secundo:* utrum sit actus religionis.
*Tertio:* de causa devotionis.
*Quarto:* de eius effectu.

## Articulus 1
### Utrum devotio sit specialis actus

AD PRIMUM SIC PROCEDITUR. Videtur quod devotio non sit specialis actus.

1. Illud enim quod pertinet ad modum aliorum actuum non videtur esse specialis actus. Sed devotio videtur pertinere ad modum aliorum actuum: dicitur enim 2Par 29,31: *Obtulit universa multitudo hostias et laudes et holocausta mente devota.* Ergo devotio non est specialis actus.

2. PRAETEREA, nullus specialis actus invenitur in diversis generibus actuum. Sed devotio invenitur in diversis generibus actuum, scilicet in actibus corporalibus et etiam in spiritualibus: dicitur enim aliquis et devote meditari et devote genu flectere. Ergo devotio non est specialis actus.

3. PRAETEREA, omnis actus specialis aut est appetitivae aut cognoscitivae virtutis. Sed devotio neutri earum appropriatur: ut patet discurrenti per singulas species actuum utriusque partis, quae supra[1] enumeratae sunt. Ergo devotio non est specialis actus.

SED CONTRA est quod actibus meremur, ut supra[2] habitum est. Sed devotio habet specialem rationem merendi. Ergo devotio est specialis actus.

RESPONDEO dicendum quod devotio dicitur a *devovendo*: unde *devoti* dicuntur qui seipsos quodammodo Deo devovent, ut ei se totaliter subdant. Propter quod et olim apud gentiles devoti dicebantur qui seipsos idolis devovebant in mortem pro sui salute exercitus: sicut de duobus Deciis Titus Livius narrat[3]. Unde devotio nihil aliud esse videtur quam voluntas quaedam prompte tradendi se ad ea quae pertinent ad Dei famulatum. Unde Ex 35,20-21 dicitur quod *multitudo filiorum Israel obtulit mente promptissima atque devota primitias Domino*. Manifestum est autem quod voluntas prompte faciendi quod ad Dei servitium pertinet est quidam specialis actus. Unde devotio est specialis actus voluntatis.

2. É a devoção ato da religião?
3. A causa da devoção.
4. Seu efeito.

## Artigo 1
### A devoção é um ato especial?

QUANTO AO PRIMEIRO ARTIGO, ASSIM SE PROCEDE: parece que a devoção **não** é um ato especial.

1. Com efeito, parece que o que constitui modalidade de outros atos não pode ser um ato especial. Ora, a devoção parece ser uma modalidade de outros atos, como se lê nas Escrituras: "Toda a multidão ofereceu hóstias, louvores e holocaustos com devoção". Logo, a devoção não é um ato especial.

2. ALÉM DISSO, nenhum ato de uma espécie encontra-se em gênero que abranja outras espécies. Ora, a devoção é encontrada em atos de outro gênero, com em atos corporais e espirituais, pois se diz que se medita devotamente e que se faz genuflexão devotamente. Logo, a devoção não é um ato especial.

3. ADEMAIS, todo ato especial ou é da potência apetitiva ou da cognitiva. Ora, a devoção não é própria dessas duas potências, o que se pode verificar enumerando-se as espécies dos atos de ambas, como acima foi feito. Logo, a devoção não é um ato especial.

EM SENTIDO CONTRÁRIO, merecemos pelos atos, já foi estabelecido. Ora, a devoção tem razão especial de merecimento. Logo, é um ato especial.

RESPONDO. Devoção deriva do termo latino *devovendo* (dedicar, entregar em português). Por isso, são chamados de devotos aqueles que de modo especial dedicam-se a Deus, submetendo-se totalmente a Ele. Por esse motivo é que antigamente entre os gentios eram chamados devotos aqueles que se entregavam à morte em honra dos ídolos para a vitória do seu exército, como narra Tito Lívio a respeito dos dois Décios. Eis por que a devoção nada mais é do que a vontade pronta para se entregar a tudo que pertence ao serviço de Deus. Lê-se a respeito no livro do Êxodo: "A multidão dos filhos de Israel ofereceu, com espírito muito pronto e devoto, as primícias ao Senhor". Conclui-se, pois, que a vontade pronta para fazer aquilo que pertence ao serviço do Senhor é um ato especial. Logo, a devoção é ato especial da vontade.

---

1. I, q. 78 sqq.; I-II, q. 23, a. 4.
2. I-II, q. 21, a. 3, 4.
3. L. VIII, c. 9; l. X, c. 28.

AD PRIMUM ergo dicendum quod movens imponit modum motui mobilis. Voluntas autem movet alias vires animae ad suos actus: et voluntas secundum quod est finis, movet seipsam ad ea quae sunt ad finem, ut supra[4] habitum est. Et ideo, cum devotio sit actus voluntatis hominis offerentis seipsum Deo ad ei serviendum, qui est ultimus finis, consequens est quod devotio imponat modum humanis actibus, sive sint ipsius voluntatis circa ea quae sunt ad finem, sive etiam sint aliarum potentiarum quae a voluntate moventur.

AD SECUNDUM dicendum quod devotio invenitur in diversis generibus actuum non sicut species illorum generum, sed sicut motio moventis invenitur virtute in motibus mobilium.

AD TERTIUM dicendum quod devotio est actus appetitivae partis animae, et est quidam motus voluntatis, ut dictum est[5].

## ARTICULUS 2
### Utrum devotio sit actus religionis

AD SECUNDUM SIC PROCEDITUR. Videtur quod devotio non sit actus religionis.

1. Devotio enim, ut dictum est[1], ad hoc pertinet quod aliquis Deo se tradat. Sed hoc maxime fit per caritatem: quia, ut Dionysius dicit, 4 cap. de Div. Nom.[2], *divinus amor extasim facit, non sinens amantes sui ipsorum esse, sed eorum quae amant.* Ergo devotio magis est actus caritatis quam religionis.

2. PRAETEREA, caritas praecedit religionem. Devotio autem videtur praecedere caritatem: quia caritas in Scripturis significatur per ignem, devotio vero per pinguedinem, quae est ignis materia. Ergo devotio non est actus religionis.

3. PRAETEREA, per religionem homo ordinatur solum ad Deum, ut dictum est[3]. Sed devotio etiam habetur ad homines: dicuntur enim aliqui esse devoti aliquibus sanctis viris; et etiam subditi dicuntur esse devoti dominis suis, sicut Leo Papa dicit[4] quod Iudaei, *quasi devoti Romanis legibus,*

QUANTO AO 1º, portanto, deve-se dizer que o movente impõe o modo ao movimento do movido. A vontade move as outras potências da alma para os seus atos, e a própria vontade, quando quer o fim, move-se a si mesma ao ordenar as coisas que são para o fim, como foi observado acima. Por isso, sendo a devoção o ato da vontade do homem que se oferece a Deus, enquanto último fim, para servi-Lo, ela impõe um modo aos atos humanos, seja os da vontade referentes aos atos que são para o fim, seja os das outras potências movidas pela vontade.

QUANTO AO 2º, deve-se dizer que a devoção encontra-se nos diversos gêneros de atos não como espécies destes gêneros, mas como a moção do movente se encontra virtualmente nos movimentos dos movidos.

QUANTO AO 3º, deve-se dizer que a devoção é ato da parte apetitiva da alma, pois é movimento da vontade, como já se falou.

## ARTIGO 2
### A devoção é ato da religião?

QUANTO AO SEGUNDO, ASSIM SE PROCEDE: parece que a devoção **não** seja ato da religião.

1. Com efeito, devoção, como está dito acima, implica entregar-se alguém a Deus. Ora, isto é feito sobretudo pela caridade, como disse Dionísio: "O amor leva ao êxtase, não permite que os amantes sejam de si mesmos, mas, daqueles a que amam". Logo, a devoção é mais ato da caridade do que da religião.

2. ALÉM DISSO, a caridade é superior à religião. Ora, parece que a devoção seja superior à caridade, porque nas Escrituras, a caridade é simbolizada pelo fogo e a devoção pela gordura que é a matéria do fogo. Logo, a devoção não é ato da religião.

3. ADEMAIS, pela religião, como foi dito, o homem ordena-se só para Deus. Ora, a devoção ordena-se também para os homens, pois são chamados devotos também os que prestam culto aos santos. Ademais, os súditos são ditos devotos dos seus superiores. Assim, referindo-se aos judeus,

---
4. I-II, q. 9, a. 3.
5. In corp. et ad 1.

1. Art. praec.
2. MG 3, 712 A.
3. Q. 81, a. 1.
4. *Sermones*, serm. 59, al. 57 (8 de Passione Domini), c. 2: ML 54, 338 B.

dixerunt, *Non habemus regem nisi Caesarem*. Ergo devotio non est actus religionis.

SED CONTRA est quod devotio dicitur a *devovendo*, ut dictum est[5]. Sed votum est actus religionis. Ergo et devotio.

RESPONDEO dicendum quod ad eandem virtutem pertinet velle facere aliquid, et promptam voluntatem habere ad illud faciendum: quia utriusque actus est idem obiectum. Propter quod Philosophus dicit, in V *Ethic.*[6]: *Iustitia est qua volunt homines et operantur iusta*. Manifestum est autem quod operari ea quae pertinent ad divinum cultum seu famulatum pertinet proprie ad religionem, ut ex praedictis[7] patet. Unde etiam ad eam pertinet habere promptam voluntatem ad huiusmodi exequenda, quod est esse devotum. Et sic patet quod devotio est actus religionis.

AD PRIMUM ergo dicendum quod ad caritatem pertinet immediate quod homo tradat seipsum Deo adhaerendo ei per quandam spiritus unionem. Sed quod homo tradat seipsum Deo ad aliqua opera divini cultus, hoc immediate pertinet ad religionem: mediate autem ad caritatem, quae est religionis principium.

AD SECUNDUM dicendum quod pinguedo corporalis et generatur per calorem naturalem digerentem; et ipsum naturalem calorem conservat quasi eius nutrimentum. Et similiter caritas et devotionem causat, inquantum ex amore aliquis redditur promptus ad serviendum amico; et etiam per devotionem caritas nutritur, sicut et quaelibet amicitia conservatur et augetur per amicabilium operum exercitium et meditationem.

AD TERTIUM dicendum quod devotio quae habetur ad sanctos Dei, mortuos vel vivos, non terminatur ad ipsos, sed transit in Deum: inquantum scilicet in ministris Dei Deum veneramur. — Devotio autem quam subditi dicuntur habere ad dominos temporales alterius est rationis: sicut et temporalibus dominis famulari differt a famulatu divino.

expressou-se o papa Leão: "Os judeus, como devotos das leis romanas, disseram: Não temos outro rei que César". Logo, a devoção não é ato da religião.

EM SENTIDO CONTRÁRIO, como foi dito, devoção deriva de *devovendo*. Ora, o voto é ato de religião. Logo, também a devoção.

RESPONDO. Ao mesmo ato de uma virtude pertencem querer fazer algo e ter a vontade pronta para fazê-lo, porque esses dois atos visam a um só objeto. Por isso, disse o Filósofo: "A justiça é a virtude que faz os homens quererem e fazerem o que é justo". É evidente que fazer o que pertence ao culto divino ou ao serviço divino propriamente é objeto da religião, como se pode concluir do que acima foi visto. Logo, pertence também à religião ter vontade pronta para querer esse objeto, e nisto consiste a devoção. Logo, a devoção é um ato da virtude da religião.

QUANTO AO 1º, portanto, deve-se dizer que é próprio da caridade que o homem imediatamente se entregue a Deus por união espiritual. Mas que o homem se entregue a Deus, visando realizar obras do culto divino, isso é objeto imediato da virtude de religião, e objeto mediato da caridade, que é o princípio da religião.

QUANTO AO 2º, deve-se dizer que a gordura dos corpos não só é produzida pelo calor natural que digere os alimentos, como também o mesmo calor a conserva como alimento. A caridade também causa a devoção enquanto, por amor, alguém está pronto para servir os amigos. A caridade é também alimentada pela devoção, como, aliás, qualquer amizade é conservada e aumentada pelo exercício e pensamento de coisas amistosas.

QUANTO AO 3º, deve-se dizer que a devoção que se tem para os santos de Deus, vivos ou falecidos, neles não termina, mas é dirigida para Deus, enquanto O veneramos nos Seus servidores. — A devoção que os súditos dedicam aos superiores aqui da terra tem outra razão, como também a servidão aos superiores e a servidão a Deus.

---

5. Art. praec.
6. C. 1: 1129, a, 8-11.
7. Q. 81.

## Articulus 3
### Utrum contemplatio, seu meditatio, sit devotionis causa

AD TERTIUM SIC PROCEDITUR. Videtur quod contemplatio, seu meditatio, non sit devotionis causa.

1. Nulla enim causa impedit suum effectum. Sed subtiles meditationes intelligibilium multoties devotionem impediunt. Ergo contemplatio, seu meditatio, non est devotionis causa.

2. PRAETEREA, si contemplatio esset propria et per se devotionis causa, oporteret quod ea quae sunt altioris contemplationis magis devotionem excitarent. Huius autem contrarium apparet: frequenter enim maior devotio excitatur ex consideratione passionis Christi, et aliis mysteriis humanitatis ipsius, quam ex consideratione divinae magnitudinis. Ergo contemplatio non est propria devotionis causa.

3. PRAETEREA, si contemplatio esset propria causa devotionis, oporteret quod illi qui sunt magis apti ad contemplationem essent etiam magis apti ad devotionem. Huius autem contrarium videmus: quia devotio frequenter magis invenitur in quibusdam simplicibus viris et in femineo sexu, in quibus invenitur contemplationis defectus. Ergo contemplatio non est propria causa devotionis.

SED CONTRA est quod in Ps 38,4 dicitur: *In meditatione mea exardescet ignis*. Sed ignis spiritualis causat devotionem. Ergo meditatio est devotionis causa.

RESPONDEO dicendum quod causa devotionis extrinseca et principalis Deus est; de quo dicit Ambrosius, *super Luc.*[1], quod *Deus quos dignatur vocat, et quem vult religiosum facit: et si voluisset, Samaritanos ex indevotis devotos fecisset*. Causa autem intrinseca ex parte nostra, oportet quod sit meditatio, seu contemplatio. Dictum est enim[2] quod devotio est quidam voluntatis actus ad hoc quod homo prompte se tradat ad divinum obsequium. Omnis autem actus voluntatis ex aliqua consideratione procedit, eo quod bonum intellectum est obiectum voluntatis: unde et Au-

## Artigo 3
### A contemplação ou a meditação é a causa da devoção?[b]

QUANTO AO TERCEIRO, ASSIM SE PROCEDE: parece que a contemplação ou a meditação **não** são causa da devoção.

1. Com efeito, nenhuma causa impede o seu efeito. Ora, as sutis meditações de temas especulativos muitas vezes impedem a devoção. Logo, a meditação ou a contemplação não são causa da devoção.

2. ALÉM DISSO, se a contemplação fosse própria e essencialmente causa da devoção, deveria a contemplação de questões mais elevadas excitar ainda mais a devoção. Ora, dá-se o contrário: frequentemente, maior devoção é provocada pela consideração da paixão de Cristo e de outros mistérios de sua humanidade do que pela consideração da grandeza divina. Logo, a contemplação não é propriamente causa da devoção.

3. ADEMAIS, a contemplação seria propriamente a causa da devoção se fosse necessário que os mais aptos para a contemplação também o fossem para a devoção. Ora, observa-se o contrário: porque a devoção é mais encontrada nos homens e mulheres simples, aos quais falta a contemplação. Logo, a contemplação não é causa da devoção.

EM SENTIDO CONTRÁRIO, diz o Salmista: "Queimo-me como no fogo ao meditar". Ora, o fogo espiritual causa a devoção. Logo, a meditação é causa da devoção.

RESPONDO. Devemos dizer que a causa extrínseca e principal da devoção é Deus. Comentando o Evangelho de Lucas, escreve Ambrósio: "Deus chama aos que se digna chamar e aos que quer fá-los religiosos. Ademais, se quisesse faria devotos os indiferentes samaritanos". A causa intrínseca, que está em nós, deve ser a meditação ou a contemplação. Foi acima dito que a devoção é um ato da vontade para que a pessoa se entregue prontamente aos serviço divino. Ora, todo ato da vontade procede de alguma consideração, porque o bem conhecido é o objeto da vontade. Diz

---

1. L. VII, n. 27, super 9, 53: ML 15, 1706 B.
2. Art. 1.

---

b. A noção e os elementos da contemplação são amplamente estudados na II-II, q. 180. Aqui, apela-se para a noção comum de meditação e de contemplação, tais como se apresentam nas fontes bíblicas e na prática da vida cristã.

gustinus dicit, in libro *de Trin.*³, quod voluntas oritur ex intelligentia. Et ideo necesse est quod meditatio sit devotionis causa: inquantum scilicet per meditationem homo concipit quod se tradat divino obsequio.
Ad quod quidem inducit duplex consideratio. Una quidem quae est ex parte divinae bonitatis et beneficiorum ipsius: secundum illud Ps 72,28: *Mihi adhaerere Deo bonum est: ponere in Domino Deo spem meam.* Et haec consideratio excitat dilectionem, quae est proxima devotionis causa. — Alia vero est ex parte hominis considerantis suos defectus, ex quibus indiget ut Deo innitatur: secundum illud Ps 120,1-2: *Levavi oculos meos in montes, unde veniet auxilium mihi. Auxilium meum a Domino, qui fecit caelum et terram.* Et haec consideratio excludit praesumptionem, per quam aliquis impeditur ne Deo se subiiciat, dum suae virtuti innititur.
AD PRIMUM ergo dicendum quod consideratio eorum quae nata sunt dilectionem Dei excitare, devotionem causant. Consideratio vero quorumcumque ad hoc non pertinentium, sed ab his mentem distrahentium, impedit devotionem.
AD SECUNDUM dicendum quod ea quae sunt divinitatis sunt secundum se maxime excitantia dilectionem, et per consequens devotionem: quia Deus est super omnia diligendus. Sed ex debilitate mentis humanae est quod sicut indiget manuduci ad cognitionem divinorum, ita ad dilectionem, per aliqua sensibilia nobis nota. Inter quae praecipuum est humanitas Christi: secundum quod in Praefatione⁴ dicitur: *ut dum visibiliter Deum cognoscimus, per hunc in invisibilium amorem rapiamur.* Et ideo ea quae pertinent ad Christi humanitatem, per modum cuiusdam manuductionis, maxime devotionem excitant: cum tamen devotio principaliter circa ea quae sunt divinitatis consistat.

AD TERTIUM dicendum quod scientia, et quidquid aliud ad magnitudinem pertinet, occasio est quod homo confidat de seipso, et ideo non totaliter se Deo tradat. Et inde est quod huiusmodi quandoque occasionaliter devotionem impediunt: et in simplicibus et mulieribus devotio abundat, elationem comprimendo. Si tamen scientiam, et

Agostinho que "a vontade nasce da inteligência". Logo, é necessário que a meditação seja a causa da devoção, enquanto pela meditação o homem concebe entregar-se ao serviço divino.
Isto nos leva a duas considerações: a primeira, deriva da bondade e dos benefícios divinos, segundo o que se lê no Salmo: "O bem para mim é unir-me a Deus, e ter em Deus a minha esperança". Esta consideração provoca o amor, que é a causa próxima da devoção. — A segunda vem do homem, pois enquanto considera os seus defeitos por cuja causa necessita de recorrer a Deus, conforme diz o Salmista: "Elevei os meus olhos para os montes, donde virá o meu auxílio. O meu auxílio virá do Senhor, que fez os céus e a terra". Essa consideração exclui a presunção, que impede a submissão a Deus, quando se confia em suas forças.
QUANTO AO 1º, portanto, deve-se dizer que a consideração daquilo que naturalmente provoca o amor de Deus causa a devoção. Mas a consideração das coisas contrárias a isso e que desviam a mente impede a devoção.
QUANTO AO 2º, deve-se dizer que as coisas relativas à divindade por si mesmas provocam ao máximo o amor e, consequentemente, a devoção, porque Deus deve ser amado acima de tudo. No entanto, é por causa da fraqueza da mente humana que, assim como o homem necessita ser conduzido para conhecer as coisas divinas, necessita também ser conduzido para o amor, mediante coisas sensíveis, que nos são mais evidentes. Entre estas está principalmente a humanidade de Cristo, conforme se canta no prefácio da Missa do Natal: "Enquanto visivelmente conhecemos Deus, mediante este conhecimento, somos arrebatados para o amor do invisível". Por isso, as coisas que pertencem à humanidade de Cristo, como que nos levam pelas mãos à maior devoção, mesmo que a devoção consista principalmente no que diz respeito à divindade.
QUANTO AO 3º, deve-se dizer que a ciência e qualquer outra coisa que leve ao engrandecimento são ocasião para que o homem confie em si e não se entregue totalmente a Deus. Por isso, o conhecimento desses objetos às vezes impede a devoção; enquanto que existe em abundância nas pessoas simples e nas mulheres moderando

---

3. L. IX, c. 12, n. 18; l. XV, c. 23, n. 43: ML 42, 971, 1090.
4. *De Nativitate Domini*, ut in Missali Rom.

quamcumque aliam perfectionem, homo perfecte Deo subdat, ex hoc ipso devotio augetur.

## Articulus 4
### Utrum laetitia sit devotionis effectus

Ad quartum sic proceditur. Videtur quod laetitia non sit devotionis effectus.

1. Quia, ut dictum est[1], passio Christi praecipue ad devotionem excitat. Sed ex eius consideratione consequitur in anima quaedam afflictio: secundum illud Thren 3,19: *Recordare paupertatis meae, absinthii et fellis*, quod pertinet ad passionem; et subditur v. 20: *Memoria memor ero, et tabescet in me anima mea*. Ergo delectatio, sive gaudium, non est devotionis effectus.

2. Praeterea, devotio praecipue consistit in interiori sacrificio spiritus. Sed in Ps 50,19 dicitur: *Sacrificium Deo spiritus contribulatus*. Ergo afflictio magis est devotionis effectus quam iucunditas sive gaudium.

3. Praeterea, Gregorius Nyssenus dicit, in libro *de Homine*[2], quod *sicut risus procedit ex gaudio, ita lacrimae et gemitus sunt signa tristitiae*. Sed ex devotione contingit quod aliqui prorumpant in lacrimas. Ergo laetitia, vel gaudium, non est devotionis effectus.

Sed contra est quod in collecta[3] dicitur: *Quos ieiunia votiva castigant, ipsa quoque devotio sancta laetificet*.

Respondeo dicendum quod devotio per se quidem et principaliter spiritualem laetitiam mentis causat: ex consequenti autem et per accidens causat tristitiam. Dictum est[4] enim quod devotio ex duplici consideratione procedit. Principaliter quidem ex consideratione divinae bonitatis: quia ista consideratio pertinet quasi ad terminum motus voluntatis tradentis se Deo. Et ex ista consideratione per se quidem sequitur delectatio, secundum illud Ps 76,4: *Memor fui Dei, et delectatus sum*: sed per accidens haec consideratio tristitiam quandam causat in his qui nondum plene Deo fruuntur, secundum illud Ps 41,3: *Sitivit anima mea ad Deum vivum*, et postea v. 4 sequitur: *Fuerunt mihi lacrimae meae* etc. — Secundario vero causatur

a altivez. Todavia, se o homem põe a ciência ou qualquer outra perfeição a serviço de Deus, então, a devoção será aumentada.

## Artigo 4
### A alegria é efeito da devoção?

Quanto ao quarto, assim se procede: parece que a alegria **não** é efeito da devoção.

1. Com efeito, como foi dito acima, a paixão de Cristo é o que principalmente excita à devoção. Ora, a sua consideração provoca a aflição na alma, pois se lê nas Escrituras: "Lembra-te da minha miséria, do absinto e do fel", o que diz respeito à paixão, mas logo acrescenta: "Sim, eu me lembrarei, e dentro de mim, minha alma se abaterá". Logo, o prazer ou a alegria não são efeitos da devoção.

2. Além disso, a devoção consiste principalmente no sacrifício interior do espírito. Ora, lê-se no Salmo: "O sacrifício é para Deus um coração amargurado". Logo, a aflição é mais efeito da devoção do que a felicidade ou o gozo.

3. Ademais, diz Gregório de Nissa: "Como o riso vem do gozo, assim as lágrimas e os gemidos são sinais de tristeza." Ora, acontece que alguns, pela devoção, prorrompem em lágrimas. Logo, a alegria, ou o gozo não são efeitos da devoção.

Em sentido contrário, consta de uma oração do Missal: "Aos que o devoto jejum castiga, esta mesma devoção santa pode alegrar".

Respondo. A devoção, por si mesma e sobretudo, causa a alegria da alma, mas por consequência e acidentalmente causa a tristeza. Como foi dito acima, a devoção procede de dois motivos a serem considerados: principalmente, da consideração da bondade divina, porque esta consideração se refere ao termo do movimento da vontade que se entrega a Deus. Desta consideração, naturalmente, vem o prazer, segundo o Salmista: "Lembrei-me de Deus e me eleitei". Acidentalmente, essa consideração causa a tristeza para aqueles que não fruem plenamente de Deus, como também afirma o Salmista: "A minha alma esteve sedenta do Deus vivo". E segue: "Vieram-me lágrimas etc.". — A causa secundária da devoção, como foi dito, é a consi-

---
4
1. A. 3, ad 2.
2. Cfr. Greg. Nyss., *Orat. fun. de Placilla Imp.*: MG 46, 880 C.
3. Fer. V post Dom. IV Quadrag., ut in Brev. et in Missali Rom.
4. Art. 3.

devotio, ut dictum est[5], ex consideratione propriorum defectuum: nam haec consideratio pertinet ad terminum a quo homo per motum voluntatis devotae recedit, ut scilicet non in se existat, sed Deo se subdat. Haec autem consideratio e converso se habet ad primam. Nam per se quidem nata est tristitiam causare, recogitando proprios defectus: per accidens autem laetitiam, scilicet propter spem divinae subventionis. — Et sic patet quod ad devotionem primo et per se consequitur delectatio: secundario autem et per accidens *tristitia quae est secundum Deum*.

AD PRIMUM ergo dicendum quod in consideratione passionis Christi est aliquid quod contristet, scilicet defectus humanus, propter quem tollendum *Christum pati oportuit*: et est aliquid quod laetificet, scilicet Dei erga nos benignitas, quae nobis de tali liberatione providit.

AD SECUNDUM dicendum quod spiritus qui ex una parte contribulatur propter praesentis vitae defectus, ex alia parte condelectatur ex consideratione divinae bonitatis et ex spe divini auxilii.

AD TERTIUM dicendum quod lacrimae prorumpunt non solum ex tristitia, sed etiam ex quadam affectus teneritudine: praecipue cum consideratur aliquid delectabile cum permixtione alicuius tristabilis; sicut solent homines lacrimari ex pietatis affectu cum recuperant filios vel caros amicos quos aestimaverant se perdidisse. Et per hunc modum lacrimae ex devotione procedunt.

deração dos defeitos próprios. Esta consideração se refere ao termo do qual o homem se afasta pelo movimento da vontade devota, que leva o homem a não existir para si, mas a submeter-se a Deus. Esta consideração é oposta à primeira. Ela, com efeito, naturalmente e por si mesma, deve causar tristeza, pelas lembranças que traz dos defeitos próprios. Todavia, acidentalmente, causa a alegria, devido à esperança do auxílio divino. — Eis por que se torna evidente que a devoção primeiro e essencialmente, traz prazer; secundária e acidentalmente, a tristeza que é conforme Deus.

QUANTO AO 1º, portanto, deve-se dizer que a consideração da paixão de Cristo certamente entristece, bem como dos pecados dos homens, por cuja causa foi necessário Jesus padecer. E isso é causa de alegria, a saber, a benignidade de Deus para conosco, que nos providenciou tal libertação.

QUANTO AO 2º, deve-se dizer que a alma que de um lado está atribulada por causa das faltas cometidas nesta vida, de outro, congratula-se ao considerar a bondade divina e a esperança no auxílio de Deus.

QUANTO AO 3º, deve-se dizer que as lágrimas brotam não somente da tristeza, mas também de um sentimento de ternura. Isso sobretudo acontece quando se considera algo alegre mesclado de tristeza. Assim, os homens derramam lágrimas pelo sentimento da piedade ao recuperarem os filhos ou os amigos que tinham por perdidos. Por esse modo, as lágrimas resultam da devoção.

---

5. Art. 3.

## QUAESTIO LXXXIII
## DE ORATIONE
*in decem et septem articulos divisa*
Deinde considerandum est de oratione.
Et circa hoc quaeruntur decem et septem.

## QUESTÃO 83
## A ORAÇÃO[a]
*em dezessete artigos*
Em seguida, deve-se tratar da oração.
Dezessete questões sobre esse tema.

---

a. Esta questão, a mais longa em número de artigos (17), tem o feitio de um tratado orgânico da oração. Esta é abordada como o segundo ato interior da religião, derivando imediatamente da razão prática. Permanecemos nas perspectivas evocadas na questão precedente, que pressupõem a distinção e a interação entre as faculdades intelectuais. Na origem da religião, reconhecemos um duplo princípio interior: a devoção que se encontra na vontade, e a oração, atividade da razão, ela própria comandada pela vontade, que se entrega por amor a Deus e a seu culto.
  Se a amplidão da questão trai o objetivo de ser completa, a busca de rigor se manifesta na noção bem limitada da oração, que está no ponto de partida da reflexão. A "oração" (*oratio* é o título em latim) será visada propriamente como prece de súplica. Isso justificaria a tradução pelo termo restrito de "prece," pois uma ampliação de sentido só é trazida no último artigo sobre as diferentes formas de "oração" (a. 17).
  Para estabelecer a compreensão teológica da prece, concebida fundamentalmente como súplica, a questão 83 propõe a exame dois elementos, já amplamente elucidados em outras partes:

*Primo:* utrum oratio sit actus appetitivae virtutis, vel cognitivae.
*Secundo:* utrum conveniens sit orare.
*Tertio:* utrum oratio sit actus religionis.
*Quarto:* utrum solus Deus sit orandus.
*Quinto:* utrum in oratione sit aliquid determinate petendum.
*Sexto:* utrum orando debeamus temporalia petere.
*Septimo:* utrum pro aliis orare debeamus.
*Octavo:* utrum debeamus orare pro inimicis.

1. A oração é ato da potência apetitiva ou da cognoscitiva?
2. É conveniente orar?
3. É a oração um ato da religião?
4. Deve-se orar só a Deus?
5. Deve-se pedir alguma coisa determinada na oração?
6. Devem-se pedir bens temporais na oração?
7. Devemos orar pelos outros?
8. Devemos orar pelos inimigos?

---

Em primeiro lugar, considerada em sua estrutura, por parte do homem, a prece é definida como esse ato próprio da razão prática que é o comando ou o império.

Em segundo lugar, a natureza, a razão de ser e a eficácia da prece são explicadas pelo lado de Deus à luz da doutrina da Providência, mais precisamente das relações entre o querer humano e a vontade divina.

De maneira rigorosa, mas flexível e matizada, apela-se para a noção de império ou comando da razão prática (doutrina desenvolvida por si mesma na I-II, q. 17). Com toda clareza, a fonte da prece é situada na razão, não no sentimento; na razão que apreende o bem e a ele tende devido a uma influência proveniente da vontade. O artigo 10 insistirá, de maneira quase enfática, sobre o fato de que rezar é o próprio da criatura racional. Sem dúvida, a razão, de resto soberana em suas iniciativas, reconhece-se diante de Deus numa situação de inferioridade e de incapacidade de procurar com suas próprias forças os bens divinos e os que a eles conduzem. A prece será um ato da razão, consciente de seus limites e dirigindo-se a Deus, como o inferior que pede em lugar de comandar. Terá uma verdadeira eficácia na medida em que houver estabelecido uma conformidade entre a criatura racional e a vontade divina. Tal é o segundo elemento, propriamente teológico, aqui desenvolvido em vista de elucidar a segurança bíblica e cristã em relação à eficácia da prece. Esta é compreendida como o meio querido e estabelecido pela providência divina para que o homem esteja em condições de obter, de maneira dependente mas livre e responsável, o que Deus, em seu amor, houve por bem conceder. Essa doutrina sobre as relações entre a liberalidade divina e a liberdade humana é recordada em particular no artigo 2. O desígnio e a ação de Deus, longe de atentar contra a livre iniciativa do homem, fundam-na e exaltam-na. A transcendência divina, a responsabilidade e a submissão humanas são evidenciadas graças à correlação profunda de um duplo elemento, que outras correntes teológicas tiveram dificuldade em associar: a afirmação da Providência, a presença do amor de Deus, agindo em primeiro lugar e em toda parte na história da humanidade e na existência de cada criatura humana, por um lado; por outro, a perfeição do ser, do amor, da ação criadora de Deus, exaltada em termos de uma total e soberana imutabilidade. "Não oramos para mudar a ordem estabelecida por Deus, mas para obter o que Deus decidiu realizar por intermédio de nossas preces" (a. 2, resposta).

À luz dessa teologia preocupada em preservar a transcendência divina, e inteiramente atenta aos dados concretos da Escritura e da experiência cristã, é que se esclarecem o conteúdo e as articulações desta questão.

Os quatro primeiros artigos procuram elucidar a natureza da prece, considerando-se as relações entre Deus e o homem, e a prática religiosa cristã. O elemento mais geral da prece é definido como uma ordem emanando da razão, que sob a influência da vontade se dispõe à obtenção de um bem, submetendo-se a Deus e a ele o suplicando (a. 1); o que é perfeitamente adequado, segundo os planos da Providência e segundo o caráter livre e dependente da criatura racional (a. 2); a prece terá assim a qualidade de uma homenagem prestada a Deus, e que aperfeiçoa o homem (a. 3). Estando fundamentalmente voltada a Deus, a prece pode recorrer à intercessão dos santos, acrescenta o artigo 4, legitimando doutrinalmente uma prática cristã corrente e que tem a aprovação da Igreja.

Uma segunda articulação desta questão será consagrada ao objeto da prece (a. 5-9). De maneira coerente com a compreensão proposta da Providência, e com o papel dependente mas livre que o homem deve desempenhar na realização de seu destino, explica-se que seus pedidos podem e devem especificar-se em objetos determinados (a. 5); é legítimo, desse modo, perguntar-se o que convém desejar: a salvação e os bens temporais que podem subordinar-se à salvação (a. 6); além disso, a caridade nos força a rezar pelos outros (a. 7), mesmo para nossos inimigos (a. 8). O objeto de nossas preces e de nossos desejos, assim como sua perfeita hierarquia, nos são oferecidos de maneira exemplar na oração dominical (a. 9). Os artigos 10 e 11 trazem especificações sobre o sujeito que é chamado a rezar. A atitude de prece convém à criatura racional, como o que lhe é próprio (a. 10), e sob a forma da intercessão, convém ainda mais aos santos no céu, pois estão animados por uma caridade perfeita (a. 11).

Em consequência, não é difícil compreender as qualidades com as quais o homem deve enriquecer suas preces, dando-lhe uma expressão vocal, e nela envolvendo a totalidade de seu ser corporal (a. 12); será acompanhada de uma atenção (a. 13) e de uma duração (a. 14) apropriadas, em vista de guardar a intenção, o coração voltados para Deus e para os bens divinos. Os problemas relativos aos efeitos da prece são tratados nos artigos 15 e 16; ela será meritória na medida em que estiver animada pela caridade (a. 15); é sempre eficaz para obter os bens da salvação, se está revestida das condições e qualidades necessárias (a. 16). A partir de um texto paulino, já usualmente invocado nesse sentido, o último artigo amplia as perspectivas, que até agora permaneciam orientadas para a prece de súplica. A abordar o tema das "espécies de oração", o artigo 17 indica algumas delas, com a contemplação, que será o objeto de uma investigação ampla e aprofundada (ver II-II, q. 180 e s.).

Esses elementos deveriam ser reunidos, caso se quisesse ter uma visão integral da oração, tal como nos é fornecida no conjunto da síntese tomista.

*Nono:* de septem petitionibus Orationis Dominicae.
*Decimo:* utrum orare sit proprium rationalis creaturae.
*Undecimo:* utrum sancti in patria orent pro nobis.
*Duodecimo:* utrum oratio debeat esse vocalis.
*Tertiodecimo:* utrum attentio requiratur ad orationem.
*Quartodecimo:* utrum oratio debeat esse diuturna.
*Quintodecimo:* utrum oratio sit efficax ad impetrandum quod petitur.
*Sextodecimo:* utrum sit meritoria.
*Septimodecimo:* de speciebus orationis.

9. As sete petições da Oração Dominical.
10. Orar é próprio da criatura racional?
11. Os santos que estão no céu oram por nós?
12. A oração deve ser vocal?
13. A oração exige atenção?
14. A oração deve ser diuturna?
15. A oração é eficaz para impetrar o que se pede?
16. A oração é meritória?
17. Espécies da oração.

### Articulus 1
### Utrum oratio sit actus appetitivae virtutis

AD PRIMUM SIC PROCEDITUR. Videtur quod oratio sit actus appetitivae virtutis.
1. Orationis enim est exaudiri. Sed desiderium est quod exauditur a Deo: secundum illud Ps 9,38 (10,17): *Desiderium pauperum exaudivit Dominus.* Ergo oratio est desiderium. Sed desiderium est actus appetitivae virtutis. Ergo et oratio.

2. PRAETEREA, Dionysius dicit, in 3 cap. *de Div. Nom.*[1]: *Ante omnia ab oratione incipere est utile, sicut Deo nosipsos tradentes et unientes.* Sed unio ad Deum per amorem fit, qui pertinet ad vim appetitivam. Ergo oratio ad vim appetitivam pertinet.

3. PRAETEREA, Philosophus, in III *de Anima*[2], ponit duas operationes intellectivae partis: quarum prima est *indivisibilium intelligentia*, per quam scilicet apprehendimus de unoquoque quid est; secunda vero est *compositio et divisio*, per quam scilicet apprehenditur aliquid esse vel non esse. Quibus tertia additur *ratiocinari*, procedendo scilicet de notis ad ignota. Sed oratio ad nullam istarum operationum reducitur. Ergo non est actus intellectivae virtutis, sed appetitivae.

SED CONTRA est quod Isidorus dicit, in libro *Etymol.*[3], quod *orare idem est quod dicere.* Sed

### Artigo 1
### A oração é ato da potência apetitiva?

QUANTO AO PRIMEIRO ARTIGO, ASSIM SE PROCEDE: parece que a oração **é** ato da potência apetitiva.
1. Com efeito, é próprio da oração ser ouvida. Ora, o que é ouvido pelo Senhor é o desejo, segundo o Salmo: "O Senhor ouviu o desejo dos pobres". Logo, a oração é desejo. Mas, o desejo é ato de potência apetitiva. Portanto, também a oração.

2. ALÉM DISSO, diz Dionísio: "É útil, antes de qualquer coisa, começar pela oração entregando-se e unindo-se a Deus". Ora, a união com Deus perfaz-se pelo amor que é ato da potência apetitiva. Logo, a oração pertence à potência apetitiva.

3. ADEMAIS, o Filósofo admite duas operações na inteligência: *a inteligência dos indivisíveis*, pela qual apreendemos o que cada coisa é; *e a inteligência que compõe e divide*, pela qual apreendemos se a coisa existe ou não. A essas operações ele acrescenta uma terceira, o *raciocínio*, que nos leva das coisas conhecidas às desconhecidas. Ora, a oração não pode ser reduzida a alguma dessas três operações. Logo, a oração não é ato da potência intelectiva, mas apetitiva.

EM SENTIDO CONTRÁRIO, Isidoro define a oração: "Orar é dizer"[b]. Ora, dizer se refere à inteligência.

---

1  PARALL.: IV *Sent.*, dist. 15, q. 4, a. 1, q.la 1.

1. MG 3, 680 D.
2. C. 6: 430, a, 26 — b, 6.
3. L. X, ad litt. *O*, n. 196: ML 82, 388 A.

---

b. Nas mesmas perspectivas assinaladas na q. 81, nota 1, o recurso à etimologia visa aqui mostrar que o termo "oração" (= *oratio*) é reconhecido pela tradição (não só como expressão do desejo): como uma "obra de razão". Na verdade, a aproximação *oris ratio* ("a razão emanando da voz", ou "a boca que profere uma razão"), emprestada a Cassiodoro, não era senão a ilustração de uma ideia por meio de um procedimento pedagógico, quase um traço do espírito irônico de pensadores gramáticos.

dictio pertinet ad intellectum. Ergo oratio non est actus appetitivae virtutis, sed intellectivae.

RESPONDEO dicendum quod, secundum Cassiodorum[4], *oratio dicitur quasi oris ratio*. Ratio autem speculativa et practica in hoc differunt quod ratio speculativa est apprehensiva solum rerum; ratio vero practica est non solum apprehensiva, sed etiam causativa. Est autem aliquid alterius causa dupliciter. Uno quidem modo, perfecte, necessitatem inducendo: et hoc contingit quando effectus totaliter subditur potestati causae. Alio vero modo, imperfecte, solum disponendo: quando scilicet effectus non subditur totaliter potestati causae. Sic igitur et ratio dupliciter est causa aliquorum. Uno quidem modo, sicut necessitatem imponens: et hoc modo ad rationem pertinet imperare non solum inferioribus potentiis et membris corporis, sed etiam hominibus subiectis, quod quidem fit imperando. Alio modo, sicut inducens et quodammodo disponens: et hoc modo ratio petit aliquid fieri ab his qui ei non subiiciuntur, sive sint aequales sive sint superiores. Utrumque autem horum, scilicet imperare et petere sive deprecari, ordinationem quandam important: prout scilicet homo disponit aliquid per aliud esse faciendum. Unde pertinent ad rationem, cuius est ordinare: propter quod Philosophus dicit, in I *Ethic*.[5], quod *ad optima deprecatur ratio*. Sic autem nunc loquimur de oratione, prout significat quandam deprecationem vel petitionem: secundum quod Augustinus dicit, in libro *de Verb. Dom.*[6], quod *oratio petitio quaedam est*; et Damascenus dicit, in III libro[7], quod *oratio est petitio decentium a Deo*. Sic ergo patet quod oratio de qua nunc loquimur, est rationis actus.

AD PRIMUM ergo dicendum quod desiderium pauperum dicitur Dominus exaudire, vel quia desiderium est causa petendi: cum petitio sit quodammodo desiderii interpres. — Vel hoc dicitur ad ostendendum exauditionis velocitatem: quia scilicet dum adhuc aliquid in desiderio pauperum est, Deus exaudit, antequam orationem proponant; secundum illud Is 65,24: *Eritque, antequam clament, ego exaudiam*.

Logo, a oração não é ato da potência apetitiva, mas da intelectiva.

RESPONDO. Segundo Cassiodoro "a oração é como que a razão da boca". Diferenciam-se a razão especulativa e a razão prática nisto que a razão especulativa simplesmente compreende as coisas enquanto que a prática não só compreende mas causa. A causa se manifesta de dois modos: perfeita ou imperfeitamente. A de modo perfeito, implica necessidade, e tal acontece quando o efeito totalmente se submete ao poder da causa. A de modo imperfeito, quando a ação da causa só prepara, e o efeito não se submete totalmente ao poder da causa. Também a razão é causa de dois modos. Segundo o primeiro modo como potência que se impõe necessariamente; a ela pertence imperar não somente às potências inferiores e aos membros do corpo, como também, por império, aos homens que lhe são sujeitos. Segundo o outro modo, induzindo ou como que preparando, quando solicita das potências que não lhe são submetidas quer iguais quer superiores, fazerem alguma coisa. Todavia, esses dois modos, isto é, imperar, pedir ou implorar implicam alguma ordenação, quando a pessoa dispõe fazer alguma coisa mediante outra. Por isso, pertencem à razão que tem por função ordenar, e por issso diz o Filósofo que "a razão pede para chegar às coisas ótimas". É neste sentido que aqui tratamos da oração, enquanto significa uma deprecação ou pedido, conforme escreve Agostinho: "A oração é um certo pedido", palavras estas completadas por Damasceno: "A oração é o pedido feito a Deus das coisas convenientes". De tudo isso conclui-se que a oração, da qual aqui tratamos, é ato da razão[c].

QUANTO AO 1º, portanto, deve-se dizer que Deus atende os desejos dos pobres, ou porque o desejo é a causa do pedido, pois este é um intérprete do pedido. — Ou para mostrar prontidão com que ela imediatamente é ouvida, porque os desejos dos pobres Deus atende antes que eles lhos manifestem. Lê-se a respeito em Isaías: "Antes que eles peçam, eu atenderei".

---

4. *Exposit. in Psalt.*, super P8. 38, 13: ML 70, 285 C.
5. C. 13: 1102, b, 16-25.
6. Cfr. RABANUM M., *De Univ.*, l. VI, c. 14: ML 111, 136 C.
7. *De fide orth.*, l. III, c. 24: MG 94, 1089 C.

c. Para a oração, assim como para outras noções-chaves: a prudência, q. 47, a. 1; para a lei, I-II, q. 90... a ordem proveniente da razão prática é exaltada como o princípio de bondade e de retidão nas origens mesmas da vida moral e religiosa. Essa conjunção entre a inteligência e a vontade, com uma insistência sobre o primado originário da inteligência, traduz a preocupação primordial de situar a ética acima do sentimento, de preservá-la do voluntarismo e do legalismo, o intelectualismo sendo excluído pelo caráter prático da razão, assim exaltada como sede da prudência, da fé e da oração.

AD SECUNDUM dicendum quod, sicut supra[8] dictum est, voluntas movet rationem ad suum finem. Unde nihil prohibet, movente voluntate, actum rationis tendere in finem caritatis, qui est Deo uniri. Tendit autem oratio in Deum quasi a voluntate caritatis mota, dupliciter. Uno quidem modo, ex parte eius quod petitur: quia hoc praecipue est in oratione petendum, ut Deo uniamur; secundum illud Ps 26,4: *Unam petii a Domino, hanc requiram: ut inhabitem in domo Domini omnibus diebus vitae meae*. Alio modo, ex parte ipsius petentis, quem oportet accedere ad eum a quo petit: vel loco, sicut ad hominem; vel mente, sicut ad Deum. Unde dicit ibidem[9] quod, *quando orationibus invocamus Deum, revelata mente adsumus ipsi*. Et secundum hoc etiam Damascenus dicit[10] quod *oratio est ascensus intellectus in Deum*.

AD TERTIUM dicendum quod illi tres actus pertinent ad rationem speculativam. Sed ulterius ad rationem practicam pertinet causare aliquid per modum imperii vel per modum petitionis, ut dictum est[11].

QUANTO AO 2º, foi acima dito que a vontade move a razão para o fim. Por isso, nada impede que razão movida pela vontade ordene o ato da razão para o fim da caridade, que consiste na união com Deus. A oração é dirigida a Deus pela vontade movida pela caridade de dois modos: o primeiro, da parte do que é pedido, porque pede-se principalmente a Deus que a Ele sejamos unidos. Diz o Salmista: "Peço a Deus uma só coisa: habitar na casa do Senhor todos os dias da minha vida". O segundo modo, da parte do orante, ao qual será necessário achegar-se a quem se pede: se ao homem, indo aonde ele está; se a Deus, pelo espírito. Por isso, Dionísio afirma no contexto do acima citado: "Quando invocamos a Deus na oração, a Ele estamos presentes com espírito descoberto". Damasceno confirma: "A oração é a ascensão do intelecto para Deus".

QUANTO AO 3º, os três atos citados pertencem à razão especulativa. Mas a razão prática vai além, ao exercer a causalidade por império ou por súplica, conforme foi dito.

ARTICULUS 2
## Utrum sit conveniens orare

AD SECUNDUM SIC PROCEDITUR. Videtur quod non sit conveniens orare.

1. Oratio enim videtur esse necessaria ad hoc quod intimemus ei a quo petimus id quo indigemus. Sed, sicut dicitur Mt 6,32, *scit Pater vester quia his indigetis*. Ergo non est conveniens Deum orare.

2. PRAETEREA, per orationem flectitur animus eius qui oratur ut faciat quod ab eo petitur. Sed animus Dei est immutabilis et inflexibilis: secundum illud 1Reg 15,29: *Porro triumphator in Israel non parcet, nec poenitudine flectetur*. Ergo non est conveniens quod Deum oremus.

3. PRAETEREA, liberalius est dare aliquid non petenti quam dare petenti: quia, sicut Seneca dicit[1], *nulla res carius emitur quam quae precibus empta est*. Sed Deus est liberalissimus. Ergo non videtur esse conveniens quod Deum oremus.

ARTIGO 2
## É conveniente orar?

QUANTO AO SEGUNDO, ASSIM SE PROCEDE: parece que **não** é conveniente orar.

1. Com efeito, parece ser a oração necessária para levarmos ao conhecimento de quem pedimos aquilo de que carecemos. Ora, lê-se no Evangelho de Mateus: "O vosso Pai sabe aquilo de que careceis". Logo, não é conveniente orar a Deus.

2. ALÉM DISSO, pela oração o espírito daquele a quem se ora se inclina para que atenda ao que se pede. Ora, o espírito de Deus é imutável e inflexível, segundo o livro dos Reis: "O triunfante em Israel não se arrependerá nem se dobrará". Logo, não é conveniente orar a Deus.

3. ADEMAIS, é maior liberalidade dar a quem não pede do que dar a quem pede, porque segundo Sêneca: "Nada se compra mais caro do que aquilo que se compra pelas preces". Ora, Deus é liberalíssimo. Logo, não parece ser necessário orar a Deus.

---

8. I, q. 82, a. 4; I-II, q. 9, a. 1, ad 3.
9. MG 3, 680 B.
10. Loc. cit.
11. In corp.

2 PARALL.: IV *Sent*., dist. 15, q. 4, a. 1, q.la 3, ad 1, 2, 3; *Cont. Gent*. III, 95, 96; *Compend. Theol*., part. II, c. 2; *in Matth*., c. 6.

1. *De beneficiis*, l. II, c. 1: ed. C. Hosius, Lipsiae 1900, p. 23, ll. 9-10.

SED CONTRA est quod dicitur Lc 18,11: *Oportet orare, et non deficere*.
RESPONDEO dicendum quod triplex fuit circa orationem antiquorum error. Quidam enim posuerunt quod res humanae non reguntur divina providentia. Ex quo sequitur quod vanum sit orare, et omnino Deum colere. Et de his dicitur Mal 3,14: *Dixistis: Vanus est qui servit Deo*. — Secunda fuit opinio ponentium omnia, etiam in rebus humanis, ex necessitate contingere: sive ex immutabilitate divinae providentiae, sive ex necessitate stellarum, sive ex connexione causarum. Et secundum hos etiam excluditur orationis utilitas. — Tertia fuit opinio ponentium quidem res humanas divina providentia regi, et quod res humanae non proveniunt ex necessitate: sed dicebant similiter dispositionem divinae providentiae variabilem esse, et quod orationibus et aliis quae ad divinum cultum pertinent dispositio divinae providentiae immutatur. — Haec autem omnia in Primo Libro[2] improbata sunt. Et ideo oportet sic inducere orationis utilitatem ut neque rebus humanis, divinae providentiae subiectis, necessitatem imponamus; neque etiam divinam dispositionem mutabilem aestimemus.

Ad huius ergo evidentiam, considerandum est quod ex divina providentia non solum disponitur qui effectus fiant, sed etiam ex quibus causis et quo ordine proveniant. Inter alias autem causas sunt etiam quorundam causae actus humani. Unde oportet homines agere aliqua, non ut per suos actus divinam dispositionem immutent, sed ut per actus suos impleant quosdam effectus secundum ordinem a Deo dispositum. Et idem etiam est in naturalibus causis. Et simile est etiam de oratione. Non enim propter hoc oramus ut divinam dispositionem immutemus: sed ut id impetremus quod Deus disposuit per orationes sanctorum esse implendum; ut scilicet homines *postulando mereantur accipere quod eis omnipotens Deus ante saecula disposuit donare*, ut Gregorius dicit, in libro *Dialogorum*[3].

EM SENTIDO CONTRÁRIO, lê-se no Evangelho de Lucas: "É necessário orar e não desanimar".
RESPONDO. Os erros dos antigos sobre a oração foram três. O primeiro consistia em afirmar que, devido às coisas humanas não serem dirigidas pela divina Providência, seria inútil orar e prestar culto a Deus. Lê-se no livro de Malaquias: "Dissestes que é inútil quem serve a Deus". — O segundo consistia na opinião de que tudo acontece por necessidade, mesmo as coisas humanas, ou por causa da imutabilidade da providência divina, ou por causa da influência dos astros, ou por causa da conexão das causas. Esta opinião também exclui a utilidade da oração. — O terceiro erro é o daqueles que afirmavam que as coisas humanas são dirigidas pela providência divina e que não resultam de necessidade. Não obstante, os mesmos afirmavam que a providência divina é variável e que as orações e os atos do culto divino podem provocar mudanças na disposição da providência divina. — Todos esses erros já foram refutados na I Parte. Por isso, convém apresentar a utilidade da oração, de tal forma que nem imponhamos necessidade às coisas humanas, submetidas à providência divina, nem julgamos mutável a disposição divina.

Para esclarecimento desta doutrina, deve-se considerar que a providência divina não somente determina os efeitos, mas também de quais causas, e em que ordem são causados. Entre as múltiplas causas, há também as que são atos humanos. Donde ser necessário, não que os homens façam alguma coisa para, pelos seus atos, mudarem o que foi disposto pela providência divina, mas que, pelos seus atos, realizem alguns efeitos, segundo a ordem disposta por Deus. Isto acontece também nas causas naturais e algo semelhante na oração. Não oramos para mudar o que foi disposto pela providência divina, mas para que façamos o que Deus dispôs para ser realizado devido à oração dos santos. Por isso, escreve Gregório: "Pedindo, os homens mereçam receber aquilo que Deus onipotente determinou conceder-lhes desde a eternidade"[d].

---

2. Q. 22, a. 2, 4; q. 23, a. 8; q. 115, a. 6; q. 116, art. 3.
3. L. I, c. 8: ML 77, 188 B.

---

d. A refutação desses erros concernentes à Providência e à liberdade, mas sobretudo a conciliação harmoniosa da transcendência da bondade e a ação divinas com a iniciativa e a ação do homem, cujo exemplo claro é a eficácia da oração, constituem outros tantos pontos de uma doutrina fundamental para Sto. Tomás. Encontramos exposições mais desenvolvidas em suas obras principais. Na Suma teológica, podemos reportar-nos a: I, q. 22-23, sobre a Providência e a Predestinação; q. 103-105, sobre o governo divino, na qual se destaca a q. 105, a. 4; I-II, q. 114, sobre o mérito... Ao mesmo tempo em que respeita, e mesmo salienta particularmente, o mistério do amor e da ação de Deus, que previne e supera em tudo a ação da criatura, essa teologia quer afirmar e realçar a realidade participada, segunda mas efetiva e indispensável, da ação, da liberdade do homem na realização de seu destino. A oração, por seu caráter de reconhecimento esclarecido e amoroso de uma dependência, e pelo engajamento de uma livre responsabilidade, ocupa nessa síntese um lugar de destaque.

AD PRIMUM ergo dicendum quod non est necessarium nos Deo preces porrigere ut ei nostras indigentias vel desideria manifestemus: sed ut nosipsi consideremus in his ad divinum auxilium esse recurrendum.

AD SECUNDUM dicendum quod, sicut dictum est[4], oratio nostra non ordinatur ad immutationem divinae dispositionis: sed ut obtineatur nostris precibus quod Deus disposuit.

AD TERTIUM dicendum quod Deus multa nobis praestat ex sua liberalitate etiam non petita. Sed quod aliqua vult praestare nobis petentibus, hoc est propter nostram utilitatem: ut scilicet fiduciam quandam accipiamus recurrendi ad Deum, et ut recognoscamus eum esse bonorum nostrorum auctorem. Unde Chrysostomus dicit[5]: *Considera quanta est tibi concessa felicitas, quanta gloria attributa: orationibus fabulari cum Deo, cum Christo miscere colloquia, optare quod velis, quod desideras postulare.*

QUANTO AO 1º, portanto, deve-se dizer que não é necessário apresentar as preces a Deus para torná-Lo ciente dos nossos desejos ou indigências, mas para que nós mesmos consideremos que, nesses casos, se deve recorrer ao auxílio divino.

QUANTO AO 2º, deve-se dizer, como foi dito acima que a nossa oração não objetiva mudar aquilo que foi disposto por Deus, mas conseguir d'Ele, pelas orações, o que Ele dispôs.

QUANTO AO 3º, deve-se dizer que muitas coisas Deus concede por liberdade mesmo que não pedidas. Mas quando nos concede o que Lhe pedimos, o faz para nossa utilidade, a saber, para que consigamos a confiança para recorrer a Deus e tenhamos o reconhecimento de que Ele é o autor dos nossos bens. A respeito, escreve Crisóstomo: "Considera quanta felicidade te foi concedida; quanta glória te foi tributada; pelas orações, dialogar com Deus, conversar com Cristo, aspirar ao que queres e pedir o que desejas".

ARTICULUS 3
### Utrum oratio sit actus religionis

AD TERTIUM SIC PROCEDITUR. Videtur quod oratio non sit actus religionis.

1. Religio enim, cum sit pars iustitiae, est in voluntate sicut in subiecto. Sed oratio pertinet ad partem intellectivam, ut ex supradictis[1] patet. Ergo oratio non videtur esse actus religionis, sed doni intellectus, per quod mens ascendit in Deum.

2. PRAETEREA, actus latriae cadit sub necessitate praecepti. Sed oratio non videtur cadere sub necessitate praecepti, sed ex mera voluntate procedere: cum nihil aliud sit quam volitorum petitio. Ergo oratio non videtur esse religionis actus.

3. PRAETEREA, ad religionem pertinere videtur ut quis *divinae naturae cultum caeremoniamque afferat.* Sed oratio non videtur aliquid Deo afferre: sed magis aliquid obtinendum ab eo petere. Ergo oratio non est religionis actus.

SED CONTRA est quod dicitur in Ps 140,2: *Dirigatur oratio mea sicut incensum in conspectu tuo*: ubi dicit Glossa[2] quod *in huius figuram, in*

ARTIGO 3
### A oração é ato da virtude da religião?

QUANTO AO TERCEIRO, ASSIM SE PROCEDE: parece que a oração **não** é ato da religião.

1. Com efeito, a religião, por ser parte da justiça, está na vontade como em seu sujeito. Ora, foi esclarecido acima que a oração pertence à parte intelectiva. Logo, não parece ser a oração ato da religião, mas do dom de inteligência pelo qual a mente sobe para Deus.

2. ALÉM DISSO, o culto de latria é de necessidade de preceito. Ora, a oração não parece cair sob a necessidade de preceito, pois procede da simples vontade, porque nada mais é que petição do que se quer. Logo, a oração não parece ser um ato de religião.

3. ADEMAIS, pertence à religião prestar culto e apresentar cerimônias à divindade. Ora, a oração não parece acrescentar algo a Deus, mas pedir algo que se deseja conseguir. Logo, a oração não é ato da religião.

EM SENTIDO CONTRÁRIO, diz o Salmista: "Que a minha oração se eleve para ti como o incenso na tua presença". Assim comenta a Glosa neste texto:

---

4. In corp.
5. Vide *Catenam auream*, In Luc., c. 18, n. 1.

3  PARALL.: IV *Sent.*, dist. 15, q. 4, a. 1, q.la 2.

1. Art. 1.
2. LOMBARDI: ML 191, 1235 C; cfr. Ordin.: ML 113, 1063 A; Interl.

*veteri lege incensum dicebatur offerri in odorem suavem Domino.* Sed hoc pertinet ad religionem. Ergo oratio est religionis actus.

Respondeo dicendum quod, sicut supra[3] dictum est, ad religionem proprie pertinet reverentiam et honorem Deo exhibere. Et ideo omnia illa per quae Deo reverentia exhibetur pertinent ad religionem. Per orationem autem homo Deo reverentiam exhibet: inquantum scilicet se ei subiicit, et profitetur orando se eo indigere sicut auctore suorum bonorum. Unde manifestum est quod oratio est proprie religionis actus.

Ad primum ergo dicendum quod voluntas movet alias potentias animae in suum finem, sicut supra[4] dictum est. Et ideo religio, quae est in voluntate, ordinat actus aliarum potentiarum ad Dei reverentiam. Inter alias autem potentias animae, intellectus altior est et voluntati propinquior. Et ideo post devotionem, quae pertinet ad ipsam voluntatem, oratio, quae pertinet ad partem intellectivam, est praecipua inter actus religionis, per quam religio intellectum hominis movet in Deum.

Ad secundum dicendum quod non solum petere quae desideramus, sed etiam recte aliquid desiderare sub praecepto cadit. Sed desiderare quidem cadit sub praecepto caritatis: petere autem sub praecepto religionis. Quod quidem praeceptum ponitur Mt 7,7, ubi dicitur: *Petite, et accipietis.*

Ad tertium dicendum quod orando tradit homo mentem suam Deo, quam ei per reverentiam subiicit et quodammodo praesentat: ut patet ex auctoritate Dionysii prius[5] inducta. Et ideo sicut mens humana praeeminet exterioribus vel corporalibus membris, vel exterioribus rebus quae ad Dei servitium applicantur, ita etiam oratio praeeminet aliis actibus religionis.

"Na Antiga Lei, o incenso, figura da oração, era dito ser oferecido a Deus como oblação de suave odor". Ora, oferecer algo a Deus pertence à religião. Logo, a oração é ato da religião.

Respondo. Como foi acima dito, propriamente pertence à religião reverenciar a Deus e honrá-lo. Portanto, tudo pelo que o homem demonstra reverência a Deus pertence à religião. Pela oração o homem presta reverência a Deus, enquanto a Ele se submete, e pela oração afirma dele necessitar como causa dos seus bens. Donde é claro que a oração é propriamente ato da virtude da religião.

Quanto ao 1º, portanto, deve-se dizer que a vontade move as outras potências da alma para o fim que lhe é próprio, como foi dito acima. Por isso, a religião, que está na vontade, ordena os atos das outras potências para a reverência a Deus. Ora, entre as potências da alma o intelecto é o mais elevado e o mais próximo da vontade. Por isso, depois da devoção, que é ato da própria vontade, a oração, que pertence à parte intelectiva, é o ato principal entre os atos da religião, porque por ela o intelecto é dirigido para Deus.

Quanto ao 2º, deve-se dizer que cai sob preceito não só pedir o que desejamos, mas também retamente desejá-lo, mas de modos diversos, porque desejá-lo está no preceito da caridade, pedi-lo, no preceito da religião. O preceito de religião está expresso no Evangelho de Mateus: "Pedi e recebereis".

Quanto ao 3º, deve-se dizer que orando, o homem entrega a sua alma a Deus, submetendo-a por reverência a Ele, e, de certo modo, apresentando-a segundo o que disse Dionísio e acima foi consignado. Por isso, como a alma humana é superior às realidades exteriores, quer sejam os membros corpóreos, quer sejam coisas exteriores que se aplicam ao serviço de Deus, assim também a oração está acima dos outros atos da religião.

## Articulus 4
### Utrum solus Deus debeat orari

Ad quartum sic proceditur. Videtur quod solus Deus debeat orari.

## Artigo 4
### Deve-se orar só a Deus?

Quanto ao quarto, assim se procede: parece que só se **deve** orar a Deus.

---

3. Q. 81, a. 2, 4.
4. Q. 82, a. 1, ad 1.
5. A. 1, 2 a.

Parall.: IV *Sent.*, dist. 15, q. 4, a. 5, q.la 1, 2.

1. Oratio enim est actus religionis, ut dictum est[1]. Sed solus Deus est religione colendus. Ergo solus Deus est orandus.

2. PRAETEREA, frustra porrigitur oratio ad eum qui orationem non cognoscit. Sed solius Dei est orationem cognoscere. Tum quia plerumque oratio magis agitur interiori actu, quem solus Deus cognoscit, quam voce: secundum illud quod Apostolus dicit, 1Cor 14,15: *Orabo spiritu, orabo et mente*. Tum etiam quia, ut Augustinus dicit, in libro *de Cura pro Mortuis agenda*[2], *nesciunt mortui, etiam sancti, quid agant vivi, etiam eorum filii*. Ergo oratio non est nisi Deo porrigenda.

3. PRAETEREA, si aliquibus sanctis orationem porrigimus, hoc non est nisi inquantum sunt Deo coniuncti. Sed quidam in hoc mundo viventes, vel etiam in purgatorio existentes, sunt multum Deo coniuncti per gratiam. Ad eos autem non porrigitur oratio. Ergo nec ad sanctos qui sunt in Paradiso debemus orationem porrigere.

SED CONTRA est quod dicitur Iob 5,1: *Voca si est qui tibi respondeat: et ad aliquem sanctorum convertere*.

RESPONDEO dicendum quod oratio porrigitur alicui dupliciter: uno modo, quasi per ipsum implenda; alio modo, sicut per ipsum impetranda. Primo quidem modo soli Deo orationem porrigimus: quia omnes orationes nostrae ordinari debent ad gratiam et gloriam consequendam, quae solus Deus dat, secundum illud Ps 83,12: *Gratiam et gloriam dabit Dominus*. Sed secundo modo orationem porrigimus sanctis angelis et hominibus: non ut per eos Deus nostras petitiones cognoscat, sed ut eorum precibus et meritis orationes nostrae sortiantur effectum. Et ideo dicitur Ap 8,4 quod *ascendit fumus aromatum*, idest *orationes sanctorum, de manu angeli coram Domino*. — Et hoc etiam patet ex ipso modo quo Ecclesia utitur in orando. Nam a sancta Trinitate petimus ut *nostri misereatur*: ab aliis autem sanctis quibuscumque petimus ut *orent pro nobis*.

AD PRIMUM ergo dicendum quod illi soli impendimus orando religionis cultum a quo quaerimus obtinere quod oramus, quia in hoc protestamur eum bonorum nostrorum auctorem: non autem eis quos requirimus quasi interpellatores nostros apud Deum.

1. Com efeito, como foi dito, a oração é ato da religião. Ora, só a Deus se presta culto religioso. Logo, só a Deus se deve orar.

2. ALÉM DISSO, é inútil orar a quem desconhece a oração. Ora, só Deus pode conhecer a oração. Assim é, porque mais vezes a oração é feita por ato interior, que só Deus conhece, do que pela voz, segundo escreve o Apóstolo: "Orarei pelo espírito, orarei pela mente". Escreve ainda Agostinho: "Desconhecem os mortos, até os santos, as ações dos vivos, mesmo as dos seus filhos". Logo, a oração só deve ser dirigida para Deus.

3. ADEMAIS, dirigimos as nossas orações para os santos, somente porque eles estão unidos a Deus. Ora, muitos dos que estão neste mundo ou no purgatório estão fortemente unidos a Deus pela graça. A eles não dirigimos as nossas orações. Logo, nem aos santos que estão no céu devemos dirigir as orações.

EM SENTIDO CONTRÁRIO, lê-se no livro de Jó: "Chama, se há alguém que te ouça, e volta-te para algum santo".

RESPONDO. Ora-se a alguém de dois modos: primeiro, para que ele mesmo conceda o que se pede; segundo, para que consiga de outro. Pelo primeiro modo, só a Deus dirigimos a oração, porque todas as nossas orações devem ter por objeto conseguirem para nós a graça e a glória, e ambas só Deus concede. Lê-se a respeito nos Salmos: "Deus dará a graça e a glória". Mas pelo segundo modo, dirigimos as orações aos anjos e aos santos, não para que Deus as conheça mediante eles, mas para que devido aos seus pedidos e méritos, as nossas orações sejam eficazes. Por isso se lê no livro do Apocalipse: "O perfume do incenso, isto é, da oração dos santos, subiu para Deus". — Isto evidencia-se ainda pelo modo com que a Igreja ora. Pedimos à Santíssima Trindade que seja misericordiosa para conosco, mas aos santos pedimos que orem por nós.

QUANTO AO 1º, portanto, deve-se dizer que, ao orar, somente prestamos o culto religioso àquele de quem desejamos conseguir alguma coisa pela oração, porque assim reconhecemos que é o autor dos bens que recebemos. Não, porém, prestamos culto religioso a quem é apenas intercessor junto de Deus.

---

1. Art. praec.
2. C. 13: ML 40, 605. — Cfr. I, q. 89, a. 8 c.

AD SECUNDUM dicendum quod mortui ea quae in hoc mundo aguntur, considerata eorum naturali conditione, non cognoscunt, et praecipue interiores motus cordis. Sed beatis, ut Gregorius dicit, in XII *Moral.*[3], in Verbo manifestatur illud quod decet eos cognoscere de eis quae circa nos aguntur, etiam quantum ad interiores motus cordis. Maxime autem eorum excellentiam decet ut cognoscant petitiones ad eos factas vel voce vel corde. Et ideo petitiones quas ad eos dirigimus, Deo manifestante, cognoscunt.

AD TERTIUM dicendum quod illi qui sunt in hoc mundo aut in purgatorio, nondum fruuntur visione Verbi, ut possint cognoscere ea quae nos cogitamus vel dicimus. Et ideo eorum suffragia non imploramus orando: sed a vivis petimus colloquendo.

QUANTO AO 2º, deve-se dizer que os mortos, considerando-se a sua condição natural, desconhecem o que acontece neste mundo, sobretudo os sentimentos do coração. Mas, como escreve Gregório, aos bem-aventurados lhes é manifestado no Verbo o que convém que eles conheçam daquilo que se passa a nosso respeito, mesmo o que se refere aos sentimentos do coração. Sobretudo convém à excelência deles conhecerem os pedidos que lhes são feitos pela oração vocal ou pela oração interior. Por isso, conhecem os pedidos que lhes fazemos por revelação divina.

QUANTO AO 3º, deve-se dizer que os que estão neste mundo ou no purgatório, ainda não gozam da visão do Verbo, para que possam conhecer o que pensamos e falamos. Por isso, não lhes pedimos os seus sufrágios em nossas orações; mas aos vivos os pedimos com eles falando.

## ARTICULUS 5
### Utrum in oratione aliquid determinate a Deo petere debeamus

AD QUINTUM SIC PROCEDITUR. Videtur quod in oratione nihil determinate a Deo petere debeamus.

1. Quia, ut Damascenus dicit[1], *oratio est petitio decentium a Deo*. Unde inefficax est oratio per quam petitur id quod non expedit: secundum illud Iac 4,3: *Petitis et non accipitis, eo quod male petatis*. Sed sicut dicitur Rm 8,26: *Nam quid oremus sicut oportet, nescimus*. Ergo non debemus aliquid orando determinate petere.

2. PRAETEREA, quicumque aliquid determinate ab alio petit, nititur voluntatem ipsius inclinare ad faciendum id quod ipse vult. Non autem ad hoc tendere debemus ut Deus velit quod nos volumus, sed magis ut nos velimus quod Deus vult: ut dicit Glossa[2], super illud Ps 32,1, *Exultate, iusti, in Domino*. Ergo non debemus aliquid determinatum a Deo petere.

3. PRAETEREA, mala a Deo petenda non sunt: ad bona autem Deus ipse nos invitat. Frustra autem ab aliquo petitur ad quod accipiendum invitatur. Ergo non est determinate aliquid a Deo in oratione petendum.

## ARTIGO 5
### Na oração devemos pedir a Deus algo determinado?

QUANTO AO QUINTO, ASSIM SE PROCEDE: parece que na oração **não** devemos pedir a Deus algo determinado.

1. Com efeito, como diz Damasceno, "oração é o pedido a Deus das coisas convenientes". Por isso, será ineficaz pedir a Deus o que não convém, como diz a Carta de Tiago: "Pedistes e não fostes atendido porque pedistes mal". Ora, a Carta aos Romanos também diz: "Não sabemos o que orar como convém". Logo, na oração não devemos pedir algo determinado.

2. ALÉM DISSO, quem pede algo determinado a outrem, pretende forçar a vontade alheia a fazer aquilo que se quer. Ora, não devemos pretender que Deus queira o que queremos, mas muito mais que nós queiramos o que Ele quer, segundo se lê na Glosa a este versículo do Salmo: "Alegrai-vos no Senhor". Logo, não devemos pedir algo determinado a Deus.

3. ADEMAIS, não se pedem males a Deus, mas Ele nos convida a pedir-Lhe bens. Ora, será inútil pedir a alguém aquilo que ele mesmo nos levou a pedir-lhe. Logo, na oração, não se deve pedir a Deus algo determinado.

---

3. C. 19: ML 75, 968 B.

5  PARALL.: IV *Sent.*, dist. 15, q. 4, a. 4; q.la 1.

1. *De fide orth.*, l. III, c. 24: MG 94, 1089 C.
2. Ordin.: ML 113, 888 B; LOMBARDI: ML 191, 325 D.

SED CONTRA est quod Dominus, Mt 6,9 sqq. et Lc 11,2 sqq., docuit discipulos determinate petere ea quae continentur in petitionibus Orationis Dominicae.

RESPONDEO dicendum quod, sicut Maximus Valerius refert[3], *Socrates nihil ultra petendum a diis immortalibus arbitrabatur quam ut bona tribuerent: quia hi demum scirent quid unicuique esset utile; nos autem plerumque id votis expetere quod non impetrasse melius foret.* Quae quidem sententia aliqualiter vera est, quantum ad illa quae possunt malum eventum habere, quibus etiam homo potest male et bene uti: sicut *divitiae, quae,* ut ibidem[4] dicitur, *multis exitio fuere; honores, qui complures pessumdederunt; regna, quorum exitus saepe miserabiles cernuntur; splendida coniugia, quae nonnunquam funditus domos evertunt.* Sunt tamen quaedam bona quibus homo male uti non potest, quae scilicet malum eventum habere non possunt. Haec autem sunt quibus beatificamur et quibus beatitudinem meremur. Quae quidem sancti orando absolute petunt: secundum illud: *Ostende faciem tuam, et salvi erimus*; et iterum: *Deduc me in semitam mandatorum tuorum.*

AD PRIMUM ergo dicendum quod licet homo ex se scire non possit quid orare debeat, *Spiritus* tamen, ut ibidem dicitur, in hoc *adiuvat infirmitatem nostram* quod, inspirando nobis sancta desideria, recte postulare nos facit. Unde Dominus dicit, Io 4,23-24, quod *veros adoratores adorare oportet in Spiritu et veritate.*

AD SECUNDUM dicendum quod cum orando petimus aliqua quae pertinent ad nostram salutem, conformamus voluntatem nostram voluntati Dei, de quo dicitur, 1Ti 2,4, quod *vult omnes homines salvos fieri.*

AD TERTIUM dicendum quod sic ad bona Deus nos invitat quod ad ea non passibus corporis, sed piis desideriis et devotis orationibus accedamus.

EM SENTIDO CONTRÁRIO, o Senhor, nos Evangelhos ensinou aos discípulos a pedir coisas determinadas, como as contidas na Oração Dominical.

RESPONDO. Conforme relata Máximo Valério, "Sócrates ensinou que somente se devia pedir aos deuses imortais o que eles pensavam ser para o nosso bem, até porque já sabiam o que nos convinha. Ademais, nós costumamos pedir em nossas súplicas coisas que melhor seria se não as pedíssemos". Esse texto é de algum modo verdadeiro, quanto às coisas que podem trazer alguma consequência má e que podem ser usadas para o bem e para o mal. Como, por exemplo, "as riquezas que", como diz o mesmo texto, "causaram a ruína de muitos; as honras, que afundaram a muita gente; os reinos, cujo fim se vislumbra como miserável; os casamentos ilustres, que, com frequência, destruíram a família". Todavia, há bens que o homem não pode usar mal, porque não podem causar efeitos prejudiciais. Estes são aqueles que nos santificam e mediante os quais merecemos ser santificados. Estes bens os santos pedem de modo absoluto, segundo diz o Salmista: "Mostra-nos o teu rosto e seremos salvos", e "Leva-me pelos caminhos dos teus mandamentos".

QUANTO AO 1º, portanto, deve-se dizer que embora o homem não possa por si mesmo saber o que pedirá na oração, neste mesmo texto é dito que "o espírito vem em auxílio da nossa fraqueza" inspirando-nos santos desejos, e também nos fazendo pedir como convém. Por isso, lê-se no Evangelho de João: "Convém aos verdadeiros adoradores, adorar em espírito e em verdade".

QUANTO AO 2º, deve-se dizer que quando oramos, pedimos coisas convenientes à nossa salvação e conformamos a nossa vontade com a de Deus, pois afirma a primeira Carta a Timóteo: "Deus quer que todos os homens sejam salvos".

QUANTO AO 3º, deve-se dizer que Deus nos convida para os bens de tal modo que cheguemos a eles, não pelos passos do corpo, mas pelos pios desejos e pelas devotas orações.

---

3. *Factor. et dictor. memor.*, l. VII, c. 2: ed. C. Kempf, Lipsiae 1888, p. 326, ll. 10-15.
4. Loc. cit.: ed. cit., p. 326, ll. 17-24.

## ARTICULUS 6
### Utrum homo debeat temporalia petere a Deo orando

AD SEXTUM SIC PROCEDITUR. Videtur quod homo non debeat temporalia petere a Deo orando.

1. Quae enim orando petimus, quaerimus. Sed temporalia non debemus quaerere: dicitur enim Mt 6,33: *Primum quaerite regnum Dei et iustitiam eius, et haec omnia adiicientur vobis*, scilicet temporalia; quae non quaerenda dicit, sed adiicienda quaesitis. Ergo temporalia non sunt in oratione a Deo petenda.

2. PRAETEREA, nullus petit nisi ea de quibus est sollicitus. Sed de temporalibus sollicitudinem habere non debemus: secundum quod dicitur Mt 6,25: *Nolite solliciti esse animae vestrae, quid manducetis*. Ergo temporalia petere orando non debemus.

3. PRAETEREA, per orationem nostram mens debet elevari in Deum. Sed petendo temporalia descendit ad ea quae infra se sunt: contra id quod Apostolus dicebat, 2Cor 4,18: *Non contemplantibus nobis quae videntur, sed quae non videntur: quae enim videntur, temporalia sunt; quae autem non videntur, aeterna*. Ergo non debet homo temporalia in oratione a Deo petere.

4. PRAETEREA, homo non debet petere a Deo nisi bona et utilia. Sed quandoque temporalia habita sunt nociva, non solum spiritualiter, sed etiam temporaliter. Ergo non sunt a Deo in oratione petenda.

SED CONTRA est quod dicitur Pr 30,8: *Tribue tantum victui meo necessaria*.

RESPONDEO dicendum quod, sicut Augustinus dicit, *ad Probam, de Orando Deum*[1], *hoc licet orare quod licet desiderare*. Temporalia autem licet desiderare: non quidem principaliter, ut in eis finem constituamus; sed sicut quaedam adminicula quibus adiuvamur ad tendendum in beatitudinem, inquantum scilicet per ea vita corporalis sustentatur, et inquantum nobis organice deserviunt ad actus virtutum, ut etiam Philosophus dicit, in I *Ethic.*[2]. Et ideo pro temporalibus licet orare. Et hoc est quod Augustinus dicit, *ad Probam*[3]: *Su-*

## ARTIGO 6
### Na oração devem ser pedidos a Deus bens temporais?

QUANTO AO SEXTO, ASSIM SE PROCEDE: parece que o homem **não** deve pedir bens temporais a Deus na oração.

1. Com efeito, buscamos aquilo que pedimos na oração. Ora, não devemos buscar as coisas temporais, segundo o Evangelho de Mateus: "Buscai primeiro o reino de Deus e a sua justiça, e tudo isso vos será concedido", isto é, os bens temporais que não devem ser buscados, mas que serão acrescentados. Logo, não se devem pedir bens temporais na oração.

2. ALÉM DISSO, não se pede senão aquilo de que somos solícitos. Ora, não devemos ser solícitos quanto aos bens temporais, segundo o Evangelho de Mateus: "Não sejais solícitos quanto à vossa vida, com o que ireis comer". Logo, não devemos pedir bens temporais na oração.

3. ADEMAIS, na oração a nossa alma deve elevar-se para Deus. Ora, pedindo bens temporais descemos para as coisas inferiores, contra o que o Apóstolo dizia: "Não considerando as coisas visíveis, mas as invisíveis, pois as visíveis são temporais, as invisíveis, eternas". Logo, não se devem pedir coisas temporais na oração.

4. ADEMAIS, não se deve pedir na oração, senão o que é bom e útil. Ora, às vezes, as coisas possuídas tornam-se nocivas não somente espiritualmente, como também temporalmente. Logo, não se devem pedir na oração coisas temporais.

EM SENTIDO CONTRÁRIO, lê-se no livro dos Provérbios: "Dai-me somente o necessário para o meu sustento".

RESPONDO. Diz Agostinho: "É lícito pedir na oração aquilo que é lícito desejar". Ora, é lícito desejar os bens temporais, não pondo neles principalmente o nosso fim, mas como deles recebendo algum auxílio para nos dirigirmos para a bem-aventurança, enquanto mediante eles é sustentada a vida do corpo e são praticados atos de virtude. Assim opina também o Filósofo. Por isso, é lícito pedir na oração bens temporais. Agostinho, a respeito, escreve a Proba: "Quem quer o suficiente para a vida e nada mais, o quer

---

6 PARALL.: IV *Sent.*, dist. 15, q. 4, a. 4, q.la 2; *in Matth.*, c. 6.

1. Epist. 130, al. 121, c. 12, n. 22: ML 33, 502.
2. C. 9: 1099, a, 31-32.
3. Epist. supra cit., c. 6, n. 12; c. 7, n. 13: ML 33, 498-499.

*fficientiam vitae non indecenter vult quisquis eam vult et* non *amplius. Quae quidem non appetitur propter seipsam: sed propter salutem corporis et congruentem habitum personae hominis, ut non sit inconveniens eis cum quibus vivendum est. Ista ergo, cum habentur, ut teneantur; cum non habentur, ut habeantur, orandum est.*

AD PRIMUM ergo dicendum quod temporalia non sunt quaerenda principaliter, sed secundario. Unde Augustinus dicit, in libro *de Serm. Dom. in Monte*[4]: *Cum dixit: Illud primo quaerendum est,* scilicet regnum Dei, *significavit quia hoc,* scilicet temporale bonum, *posterius quaerendum est, non tempore, sed dignitate: illud tanquam bonum nostrum, hoc tanquam necessarium nostrum.*

AD SECUNDUM dicendum quod non quaelibet sollicitudo rerum temporalium est prohibita, sed superflua et inordinata, ut supra[5] habitum est.

AD TERTIUM dicendum quod quando mens nostra intendit temporalibus rebus ut in eis quiescat, remanet in eis depressa. Sed quando intendit eis in ordine ad beatitudinem consequendam, non ab eis deprimitur, sed magis ea elevat sursum.

AD QUARTUM dicendum quod ex quo non petimus temporalia tanquam principaliter quaesita, sed in ordine ad aliud, eo tenore a Deo petimus ipsa ut nobis concedantur secundum quod expediunt ad salutem.

de maneira não indecorosa. Eles não são desejados por si mesmos, mas para a saúde do corpo e para estarmos com dignidade perante aqueles com os quais convivemos. Estando de posse desses bens, devemos pedir na oração para que se conservem; e quando não os possuímos, para que venhamos a possuí-los".

QUANTO AO 1º, portanto, deve-se dizer que não principal, mas secundariamente, deve-se pedir os bens temporais. Donde dizer Agostinho: "Quando diz o Senhor que primeiramente se deve buscar o reino de Deus, quis significar que os bens temporais estão em segundo plano, não quanto ao tempo, mas quanto à dignidade. O reino de Deus como nosso bem; os bens temporais, como o que nos é necessário".

QUANTO AO 2º, deve-se dizer que não é proibida a solicitude com relação aos bens temporais, mas com relação aos supérfluos e desordenados, como já se estabeleceu.

QUANTO AO 3º, deve-se dizer que quando na oração pedimos os bens temporais para descansar neles, a alma se rebaixa. Mas quando são procurados como auxílio para a bem-aventurança, ela não se rebaixa, pelo contrário, conduz os bens para o alto.

QUANTO AO 4º, deve-se dizer que quando pedimos a Deus os bens temporais como não sendo os principalmente desejados, mas ordenados para outras coisas, pedimos-Lhe para que sejam concedidos na medida em que são úteis a nossa salvação.

ARTICULUS 7
### Utrum debeamus pro aliis orare

AD SEPTIMUM SIC PROCEDITUR. Videtur quod non debeamus pro aliis orare.
1. In orando enim sequi debemus formam quam Dominus tradidit. Sed in Oratione Dominica petitiones pro nobis facimus, non pro aliis, dicentes: *Panem nostrum quotidianum da nobis hodie,* et cetera huiusmodi. Ergo non debemus pro aliis orare.

2. PRAETEREA, ad hoc oratio fit quod exaudiatur. Sed una de conditionibus quae requiruntur ad hoc quod oratio sit audibilis, est ut aliquis oret pro

ARTIGO 7
### Devemos orar pelos outros?

QUANTO AO SÉTIMO, ASSIM SE PROCEDE: parece que **não** devemos orar pelos outros.
1. Com efeito, é evidente que devemos orar conforme nos ensinou o Senhor, pronunciando a Oração Dominical. Ora, nesta oração rezamos pedindo para nós, não para os outros dizendo: "O pão nosso de cada dia nos dai hoje" e outros pedidos iguais. Logo, não devemos orar para os outros.

2. ALÉM DISSO, a oração é feita para ser atendida. Ora, uma das condições da oração para que seja atendida é que alguém reze por si mesmo.

---
4. L. II, c. 16, n. 53: ML 34, 1292.
5. Q. 55, a. 6.

7 PARALL.: IV *Sent.*, dist. 15, q. 4, a. 4, q.la 3.

seipso: unde super illud Io 16,23, *Si quid petieritis Patrem in nomine meo, dabit vobis*, Augustinus dicit[1]: *Exaudiuntur omnes pro seipsis, non autem pro omnibus. Unde non utcumque dictum est, "Dabit": sed, "Dabit vobis"*. Ergo videtur quod non debeamus pro aliis orare, sed solum pro nobis.

3. PRAETEREA, pro aliis, si sunt mali, prohibemur orare: secundum illud Ier 7,16: *Tu ergo noli orare pro populo hoc, et non obsistas mihi: quia non exaudiam te*. Pro bonis autem non oportet orare: quia ipsi pro seipsis orantes exaudiuntur. Ergo videtur quod non debeamus pro aliis orare.

SED CONTRA est quod dicitur Iac 5,16: *Orate pro invicem, ut salvemini*.

RESPONDEO dicendum quod, sicut dictum est[2], illud debemus orando petere quod debemus desiderare. Desiderare autem debemus bona non solum nobis, sed etiam aliis: hoc enim pertinet ad rationem dilectionis, quam proximis debemus impendere, ut ex supradictis[3] patet. Et ideo caritas hoc requirit, ut pro aliis oremus. Unde Chrysostomus dicit, *super Matth*.[4]: *Pro se orare necessitas cogit: pro altero autem, caritas fraternitatis hortatur. Dulcior autem ante Deum est oratio, non quam necessitas transmittit, sed quam caritas fraternitatis commendat*.

AD PRIMUM ergo dicendum quod, sicut Cyprianus dicit, in libro de Orat. Dominica[5], *ideo non dicimus, "Pater meus", sed, "noster"; nec, "Da mihi", sed, "Da nobis", quia unitatis magister noluit privatim precem fieri, ut scilicet quis pro se tantum precetur. Unum enim orare pro omnibus voluit, quo modo in uno omnes ipse portavit*.

AD SECUNDUM dicendum quod pro se orare ponitur conditio orationis, non quidem necessaria ad effectum merendi, sed sicut necessaria ad indeficientiam impetrandi. Contingit enim quandoque quod oratio pro alio facta non impetrat, etiam si fiat pie et perseveranter et de pertinentibus ad salutem, propter impedimentum quod est ex parte eius pro quo oratur: secundum illud Ier 15,1: *Si steterit Moyses et Samuel coram me, non est anima mea ad populum istum*. Nihilomin tamen oratio meritoria erit oranti, qui ex caritate orat: secundum illud Ps 34,13: *Oratio mea in sinu meo*

O texto do Evangelho de João: "O que pedirdes em meu nome, o Pai vos dará" é comentado por Agostinho: "Todos serão atendidos para si mesmos, não para os outros. Por isso, está escrito: vos dará; não simplesmente: dará. Logo, parece que não devemos na oração pedir para os outros, mas para nós mesmos."

3. ADEMAIS, Jeremias nos proíbe de orar pelos outros, se são maus: "Não ores por este povo, nem venhas à minha presença para tal, porque não te ouvirei". Ora, não se deve orar pelos bons, porque eles mesmos ao rezar por eles mesmos, serão ouvidos. Logo, não devemos orar pelos outros.

EM SENTIDO CONTRÁRIO, lê-se na Carta de Tiago: "Orai uns pelos outros, para que sejamos salvos".

RESPONDO. Como acima foi dito, devemos pedir na oração o que devemos desejar. Devemos desejar bens não só para nós como também para os outros. Isto faz parte do amor que se deve ter para o próximo, como está claro pelo que foi dito. Por esse motivo, a caridade exige que oremos pelo próximo. Confirma-o Crisóstomo: "Orar para si, a necessidade obriga; para os outros, exorta-nos a caridade. É mais agradável a Deus a oração, não motivada pela necessidade, mas recomendada pela caridade fraterna".

QUANTO AO 1º, portanto, deve-se dizer que como se expressa Cipriano: "Não dizemos na Oração Dominical: Pai meu, mas: Pai nosso; nem: me dá, mas: nos dá; porque o Mestre da Unidade não quis que se fizessem orações particulares de modo a um orar só para si. Quis que um orasse por todos, como Ele a nós todos conduziu à unidade".

QUANTO AO 2º, deve-se dizer que orar para si é uma condição da oração não porque seja necessária para merecer o seu efeito, mas por ser necessária para suprir a debilidade do pedir. Às vezes acontece que a oração feita para o outro seja ineficaz, embora seja piedosa, perseverante e relativa à salvação, devido ao impedimento da parte daquele por quem oramos. Jeremias ouviu do Senhor: "Se estivessem Moisés e Samuel perante mim, não inclinarei meu coração para este povo". Todavia, a oração será meritória para quem ora, se o faz por caridade, segundo diz o Salmista:

---

1. Tract. 102 *in Ioan*., n. 1: ML 35, 1896.
2. Art. praec.
3. Q. 25, a. 1, 12; q. 27, a. 2; q. 31, a. 1.
4. *Opus imperf. in Matth*., hom. 14, super 6, 12: MG 56, 711.
5. N. 8: ML 4, 524 A.

*convertetur*: Glossa⁶: idest: *Etsi non eis profuit, ego tamen non sum frustratus mea mercede*.

AD TERTIUM dicendum quod etiam pro peccatoribus orandum est, ut convertantur: et pro iustis, ut perseverent et proficiant. Orantes tamen non pro omnibus peccatoribus exaudiuntur, sed pro quibusdam: exaudiuntur enim pro praedestinatis, non autem pro praescitis ad mortem. Sicut etiam correctio qua fratres corrigimus, effectum habet in praedestinatis, non in reprobatis: secundum illud Eccle 7,14: *Nemo potest corrigere quem Deus despexerit*. Et ideo dicitur 1Io 5,16: *Qui scit fratrem suum peccare peccato non ad mortem, petat, et dabitur ei vita peccanti peccatum non ad mortem*. Sed sicut nulli, quandiu hic vivit, subtrahendum est correctionis beneficium, quia non possumus distinguere praedestinatos a reprobatis, ut Augustinus dicit, in libro *de Corr. et Gratia*⁷; ita etiam nulli est denegandum orationis suffragium.

Pro iustis etiam est orandum, triplici ratione. Primo quidem, quia multorum preces facilius exaudiuntur. Unde Rm 15,30, super illud, *Adiuvetis me in orationibus vestris*, dicit Glossa⁸: *Bene rogat Apostolus minores pro se orare. Multi enim minimi, dum congregantur unanimes, fiunt magni: et multorum preces impossibile est quod non impetrent*, illud scilicet quod est impetrabile. — Secundo, ut ex multis gratia agatur Deo de beneficiis quae confert iustis, quae etiam in utilitatem multorum vergunt: ut patet per Apostolum, 2Cor 1,11. — Tertio, ut maiores non superbiant, dum considerant se minorum suffragiis indigere.

"A minha oração voltará ao meu peito". A Glosa assim explica: "Embora não lhes tenha sido proveitosa, eu não perdi o merecimento".

QUANTO AO 3º, deve-se orar pelos pecadores para que se convertam; pelos justos, para que perseverem e progridam. Mas as orações não são atendidas por todos os pecadores, mas só para o benefício de poucos: são atendidas as orações pelos predestinados, não porém pelos precitos. Assim também a correção fraterna é eficaz para os predestinados, não para os réprobos. Lê-se no livro do Eclesiástico: "Ninguém corrigirá a quem Deus abandonou". Ademais, a primeira Carta de João diz: "Se vires teu irmão pecar, não por pecado que leva à morte, ore, e lhe será concedida a vida". Mas a ninguém, enquanto vive neste mundo, deve faltar o benefício da correção, porque não podemos distinguir quem está predestinado ou condenado, como diz Agostinho; assim também, não se negará a quem quer que seja o sufrágio das nossas orações.

Deve-se também orar pelos justos por três motivos: primeiro, porque a oração coletiva será mais facilmente atendida. Por isso, o texto da Carta aos Romanos: "Ajudai-me com as vossas orações", assim é comentado pela Glosa: "Com razão, solicita o Apóstolo que orem para ele os simples fiéis. Muitos simples fiéis, embora sejam pequenos, quando oram unidos, tornam-se grandes, e também é impossível que a oração coletiva não consiga o que pede", quero dizer, o que se deve pedir. — Segundo, como consta das palavras do Apóstolo, para que muitos, agradeçam a Deus os benefícios concedidos aos justos, benefícios que favorecerão também a todos. — Terceiro, para que os mais virtuosos não se ensoberbeçam, sabendo que necessitam das orações dos menos virtuosos.

## ARTICULUS 8
### Utrum debeamus pro inimicis orare

AD OCTAVUM SIC PROCEDITUR. Videtur quod non debeamus pro inimicis orare.
1. Quia, ut dicitur Rm 15,4, *quaecumque scripta sunt, ad nostram doctrinam scripta sunt*. Sed in sacra Scriptura inducuntur multae imprecationes contra inimicos: dicitur enim in Ps 6,11: *Erubescant et conturbentur omnes inimici mei:*

## ARTIGO 8
### Devemos orar pelos inimigos?

QUANTO AO OITAVO, ASSIM SE PROCEDE: parece que **não** devemos orar pelos inimigos.
1. Com efeito, lê-se na Carta aos Romanos: "Tudo o que foi escrito, foi escrito para nossa doutrina". Ora, as Escrituras trazem fortes imprecações contra os inimigos, como esta do Saltério: "Que se envergonhem e se conturbem todos os

---
6. Interl.
7. C. 15: ML 44, 944.
8. Ordin.: ML 114, 517 C; LOMBARDI: ML 191, 1526 D.

PARALL.: Supra, q. 25, a. 9; III *Sent*., dist. 30, art. 2.

*erubescant et conturbentur valde velociter*. Ergo et nos debemus orare contra inimicos, magis quam pro eis.

2. PRAETEREA, vindicari de inimicis in malum inimicorum cedit. Sed sancti vindictam de inimicis petunt: secundum illud Ap 6,10: *Usquequo non vindicas sanguinem nostrum de his qui habitant in terra?* Unde et de vindicta impiorum laetantur: secundum illud Ps 57,11: *Laetabitur iustus cum viderit vindictam*. Ergo non est orandum pro inimicis, sed magis contra eos.

3. PRAETEREA, operatio hominis et eius oratio non debent esse contraria. Sed homines quandoque licite impugnant inimicos: alioquin omnia bella essent illicita, quod est contra supradicta[1]. Ergo non debemus orare pro inimicis.

SED CONTRA est quod dicitur Mt 5,44: *Orate pro persequentibus et calumniantibus vos*.

RESPONDEO dicendum quod orare pro alio caritatis est, sicut dictum est[2]. Unde eodem modo quo tenemur diligere inimicos, tenemur pro inimicis orare. Qualiter autem teneamur inimicos diligere supra[3] habitum est, in tractatu de caritate: ut scilicet in eis diligamus naturam, non culpam; et quod diligere inimicos in generali est in praecepto, in speciali autem non est in praecepto nisi secundum praeparationem animi, ut scilicet homo esset paratus etiam specialiter inimicum diligere et eum iuvare in necessitatis articulo, vel si veniam peteret; sed in speciali absolute inimicos diligere et eos iuvare perfectionis est. Et similiter necessitatis est ut in communibus nostris orationibus quas pro aliis facimus, inimicos non excludamus. Quod autem pro eis specialiter oremus, perfectionis est, non necessitatis, nisi in aliquo casu speciali.

AD PRIMUM ergo dicendum quod imprecationes quae in sacra Scriptura ponuntur quadrupliciter possunt intelligi. Uno modo, secundum quod *prophetae solent figura imprecantis futura praedicere*: ut Augustinus dicit, in libro *de Serm. Dom. in Monte*[4]. — Secundo, prout quaedam temporalia mala peccatoribus quandoque a Deo ad correctionem immittuntur. — Tertio, quia intelliguntur petere non contra ipsos homines, sed contra regnum peccati: ut scilicet correctione hominum peccatum destruatur. — Quarto, con-

meus inimigos: que se envergonhem e muito se perturbem". Logo, devemos orar contra os inimigos mais do que orar por eles.

2. ALÉM DISSO, vingar-se dos inimigos redunda-lhes em mal. Ora, os santos pedem a vingança aos inimigos, segundo as Escrituras: "Até quando não vingarás o nosso sangue dos que habitam a terra? E ainda: "Alegrar-se-à o justo ao ver a vingança". Logo, não se deve orar pelos inimigos, mas orar contra eles.

3. ADEMAIS, as ações de um homem não devem ser contrárias à sua oração. Ora, ao homem é lícito às vezes lutar contra os inimigos, pois, se não o pudesse, todas as guerras seriam ilícitas, o que não concorda com o que acima foi dito. Logo, não devemos orar pelos inimigos.

EM SENTIDO CONTRÁRIO, lê-se no Evangelho de Mateus: "Orai pelos que vos perseguem e vos caluniam".

RESPONDO. Como acima foi dito, orar pelo próximo é ato de caridade. Assim sendo, do mesmo modo com que devemos amar os inimigos, por eles devemos orar. Anteriormente, quando tratamos da caridade, foi dito que amamos no inimigo a pessoa, não a culpa; e também que é de preceito amar em geral os inimigos, mas que não é de preceito amá-los especialmente, a não ser pela disposição interior, pelo qual se está também pronto para amá-los e auxiliá-los nas suas necessidades ou então se nos pedem perdão. Contudo, amar de modo absoluto os inimigos e auxiliá-los é sinal de perfeição. Semelhantemente, é necessário que nas nossas orações coletivas, que fazemos pelos outros, não estejam os inimigos excluídos. Mas orar especialmente por eles é sinal de perfeição, mas não necessário, a não ser em casos especiais.

QUANTO AO 1º, portanto, deve-se dizer que as imprecações aos inimigos afirmadas nas Escrituras podem ser entendidas de quatro modos: Primeiro, como diz Agostinho, porque "os profetas utilizam a forma de imprecação para predizer o futuro". — Segundo, porque Deus inflige males temporais aos pecadores para que se corrijam. — Terceiro, para que as imprecações sejam entendidas como pedindo alguma coisa, não contra os inimigos, mas contra o império do pecado, isto é, para que pela correção seja o pecado dos homens destruído.

---

1. Q. 40, a. 1.
2. Art. praec.
3. Q. 25, a. 8, 9.
4. L. I, c. 21, n. 72: ML 34, 1265.

formando voluntatem suam divinae iustitiae circa damnationem perseverantium in peccato.

AD SECUNDUM dicendum quod, sicut in eodem libro[5]. Augustinus dicit, *vindicta martyrum est ut evertatur regnum peccati, quo regnante tanta perpessi sunt.* — Vel, sicut dicitur in libro *de Quaest. Vet. et Novi Test.*[6], *postulant se vindicari non voce, sed ratione: sicut sanguis Abel clamavit de terra.* — Laetantur autem de vindicta non propter eam, sed propter divinam iustitiam.

AD TERTIUM dicendum quod licitum est impugnare inimicos ut compescantur a peccatis: quod cedit in bonum eorum et aliorum. Et sic etiam licet orando petere aliqua temporalia mala inimicorum ut corrigantur. Et sic oratio et operatio non erunt contraria.

— Quarto, para manifestar a nossa conformação com a vontade divina, a respeito da condenação dos que perseveram no pecado.

QUANTO AO 2º, diz Agostinho: "A vingança dos mártires é para que seja destruído o reino do pecado, em cujo reinado eles suportam tantos males". — Lê-se também em outro livro seu: "Eles (os mártires) pedem vingança não por palavras, mas pela razão; como foi dito que o sangue de Abel clamou da terra". — Alegram-se, portanto, não pela vingança mas pela justiça divina.

QUANTO AO 3º, deve-se dizer que é lícito impugnar os inimigos para que desistam de pecar, e isto reverterá no bem deles e dos outros. Por isso, é lícito orar pedindo males temporais para os inimigos, para que se corrijam. Assim sendo, não haverá contradição entre oração e ação.

ARTICULUS 9
### Utrum convenienter septem petitiones Orationis Dominicae assignentur

AD NONUM SIC PROCEDITUR. Videtur quod inconvenienter septem petitiones Orationis Dominicae assignentur.
1. Vanum enim est petere illud quod semper est. Sed nomen Dei semper est sanctum: secundum illud Lc 1,49: *Sanctum nomen eius*. Regnum etiam eius est sempiternum: secundum illud Ps 144,13: *Regnum tuum, Domine regnum omnium saeculorum*. Voluntas etiam Dei semper impletur: secundum illud Is 46,10: *Omnis voluntas mea fiet*. Vanum ergo est petere quod *nomen Dei sanctificetur*, quod *regnum eius adveniat*, et quod *eius voluntas fiat*.
2. PRAETEREA, prius est recedere a malo quam consequi bonum. Inconvenienter igitur videntur praeordinari petitiones quae pertinent ad consequendum bonum, petitionibus quae pertinent ad amotionem mali.
3. PRAETEREA, ad hoc aliquid petitur ut donetur. Sed praecipuum donum Dei est Spiritus Sanctus, et ea quae nobis per ipsum dantur. Ergo videtur inconvenienter proponi petitiones, cum non respondeant donis Spiritus Sancti.
4. PRAETEREA, secundum Lucam in Oratione Dominica ponuntur solum quinque petitiones, ut patet Lc 11,2 sqq. Superfluum igitur fuit quod secundum Mt 6,9 sqq. septem petitiones ponuntur.

ARTIGO 9
### Estão convenientemente consignados os sete pedidos da Oração Dominical?

QUANTO AO NONO, ASSIM SE PROCEDE: parece que os sete pedidos da Oração Dominical **não** estão convenientemente consignados.
1. Com efeito, é inútil pedir o que sempre acontece. Ora, segundo o Evangelho de Lucas: "É santo o seu nome". O seu reino também é eterno, segundo o Salmista: "Senhor, o teu reino perdura por todos os séculos". Ademais, a vontade de Deus sempre se cumpre, como está no Livro de Isaías: "Todas as minhas vontades se cumprem". Logo, é inútil pedir o que pede a Oração Dominical: "Que o nome de Deus seja santificado", "que venha a nós o seu reino", e que "se faça a sua vontade".
2. ALÉM DISSO, é necessário, antes de se conseguir um bem, que seja o mal evitado. Por isso, é inconveniente organizar os pedidos para os bens sem que se tenha pedido o afastamento dos males.
3. ADEMAIS, pede-se alguma coisa para que seja concedida. Ora, o principal dom de Deus é o Espírito Santo e os bens que Ele nos concede. Logo, será inconveniente pedir aquilo que não corresponde aos dons do Espírito Santo.
4. ADEMAIS, na Oração Dominical, Lucas enumera somente cinco pedidos. Logo, foi supérfluo Mateus ter apresentado sete.

---

5. L. I, c. 22, n. 77: ML 34, 1268.
6. Q. 68: ML 35, 2262.

9 PARALL.: III *Sent.*, dist. 34, q. 1, a. 6; *Compend. Theol.*, part. II, c. 4 sqq.; *Expos. Orat. Domin.*; in *Matth.*, cap. 6.

5. Praeterea, in vanum videtur captare benevolentiam eius qui benevolentia sua nos praevenit. Sed Deus nos sua benevolentia praevenit: quia *ipse prior dilexit nos*, ut dicitur 1Io 4,10. Superflue ergo praemittitur petitionibus, *Pater noster, qui es in caelis*, quod videtur ad benevolentiam captandam pertinere.

Sed in contrarium sufficit auctoritas Christi Orationem instituentis.

Respondeo dicendum quod Oratio Dominica perfectissima est: quia, sicut Augustinus dicit, *ad Probam*[1], *si recte et congruenter oramus, nihil aliud dicere possumus quam quod in ista Oratione Dominica positum est*. Quia enim oratio est quodammodo desiderii nostri interpres apud Deum, illa solum recte orando petimus quae recte desiderare valemus. In Oratione autem Dominica non solum petuntur omnia quae recte desiderare possumus, sed etiam eo ordine quo desideranda sunt: ut sic haec Oratio non solum instruat postulare, sed etiam sit informativa totius nostri affectus.

Manifestum est autem quod primo cadit in desiderio finis; deinde ea quae sunt ad finem. Finis autem noster Deus est. In quem noster affectus tendit dupliciter: uno quidem modo, prout volumus gloriam Dei; alio modo, secundum quod volumus frui gloria eius. Quorum primum pertinet ad dilectionem qua Deum in seipso diligimus: secundum vero pertinet ad dilectionem qua diligimus nos in Deo. Et ideo prima petitio ponitur: *Sanctificetur nomen tuum*, per quam petimus gloriam Dei. — Secunda vero ponitur: *Adveniat regnum tuum*, per quam petimus ad gloriam regni eius pervenire.

Ad finem autem praedictum ordinat nos aliquid dupliciter: uno modo, per se; alio modo, per accidens. Per se quidem, bonum quod est utile in finem. Est autem aliquid utile in finem beatitudinis dupliciter. Uno modo, directe et principaliter, secundum meritum quo beatitudinem meremur Deo obediendo. Et quantum ad hoc ponitur: *Fiat voluntas tua, sicut in caelo, et in terra*. — Alio modo, instrumentaliter, et quasi coadiuvans nos ad merendum. Et ad hoc pertinet quod dicitur: *Panem nostrum quotidianum da nobis hodie*: sive hoc intelligatur de pane sacramentali, cuius quotidianus usus proficit homini, in quo etiam intelliguntur omnia alia sacramenta; sive etiam intelligatur de pane

5. Ademais, será inútil querer captar benevolência a quem nô-la antecipadamente concede. Ora, Deus nos antecipa a sua benevolência, porque, como se lê na primeira Carta de João: "Ele primeiro nos amou". Logo, foi inútil a Oração Dominical ter precedido os pedidos dos que nela constam com a afirmação: "Pai nosso, que estais no céu", porque tal expressão parece inclinada a captar benevolência.

Em sentido contrário, é suficiente, a autoridade de Cristo que compôs a oração.

Respondo. A Oração Dominical é perfeitíssima, como Agostinho afirma: "Se reta e convenientemente oramos, nada mais podemos dizer além dos pedidos postos na Oração Dominical". Ora, porque a oração é intérprete de nossos desejos junto a Deus, somente com retidão se pede a Deus aquilo que retamente desejamos. Na Oração Dominical, não somente se pede tudo aquilo que podemos desejar retamente, como também a ordem em que devemos desejar: de tal forma que essa oração nos ensina não só a pedir como também é normativa dos nossos sentimentos.

É evidente que no desejo em primeiro lugar está o fim, depois, as coisas que são para o fim. Ora, o fim é Deus, para o qual tendem os nossos sentimentos de dois modos: primeiro, enquanto queremos a glória de Deus; segundo, enquanto queremos fruir da Sua glória. No primeiro modo, está o amor que nos leva a amar a Deus em si mesmo; no segundo, está o amor pelo qual nos amamos a nós mesmos n'Ele. Donde constar no primeiro pedido "santificado seja o vosso nome", pelo qual pedimos a glória de Deus. — No segundo, pedimos que "venha a nós o vosso reino", no qual pedimos que alcancemos o reino de Deus.

A Oração Dominical nos ordena para aquele fim de dois modos: por si mesmo ou por acidente. Conduz-nos por si mesmo o bem que é útil para o fim. Algo útil para o fim da bem-aventurança pode ser considerado duplamente. Primeiro, diretamente e em primeiro lugar, relativamente ao nosso merecimento pelo qual recebemos a bem-aventurança obedecendo a Deus. Por isso, segue-se o pedido: "Que se faça a vossa vontade no céu e na terra". — Em segundo lugar, de modo instrumental, como nos auxiliando para merecer. Donde seguir-se o pedido: "O pão nosso cotidiano nos dai hoje", quer se entenda do pão sacramental, cuja recepção diária nos é muito proveitosa, na qual estão

---

1. Epist. 130, al. 121, c. 12, n. 22: ML 33, 502.

corporali, ut per panem intelligatur *omnis sufficientia victus,* sicut dicit Augustinus, *ad Probam*[2]; quia et Eucharistia est praecipuum sacramentum, et panis est praecipuus cibus: unde et in Evangelio Matthaei scriptum est, *supersubstantialem,* idest *praecipuum,* ut Hieronymus[3] exponit.

Per accidens autem ordinamur in beatitudinem per remotionem prohibentis. Tria autem sunt quae nos a beatitudine prohibent. Primo quidem, peccatum, quod directe excludit a Regno: secundum illud 1Cor 6,9-10: *Neque fornicarii, neque idolis servientes,* etc., *regnum Dei possidebunt.* Et ad hoc pertinet quod dicitur: *Dimitte nobis debita nostra.* — Secundo, tentatio, quae nos impedit ab observantia divinae voluntatis. Et ad hoc pertinet quod dicitur: *Et ne nos inducat in tentationem*: per quod non petimus ut non tentemur, sed ut a tentatione non vincamur, quod est in tentationem induci. — Tertio, poenalitas praesens, quae impedit sufficientiam vitae. Et quantum ad hoc dicitur: *Libera nos a malo.*

AD PRIMUM ergo dicendum quod, sicut Augustinus dicit, in libro *de Serm. Dom. in Monte*[4], cum dicimus, *Sanctificetur nomen tuum,* "non hoc petitur quasi non sit sanctum Dei nomen: sed ut sanctum ab hominibus habeatur"; quod pertinet ad Dei gloriam in hominibus propagandam. — Quod autem dicitur, *Adveniat regnum tuum,* "non ita dictum est quasi Deus nunc non regnet": sed, sicut Augustinus dicit, *ad Probam*[5], "desiderium nostrum ad illud regnum excitamus, ut nobis veniat, atque in eo regnemus". — Quod autem dicitur, *Fiat voluntas tua*, "recte intelligitur: Obediatur praeceptis tuis *Sicut in caelo et in terra*: idest, sicut ab angelis, ita ab hominibus". — Unde hae tres petitiones perfecte complebuntur in vita futura: aliae vero quatuor pertinent ad necessitatem vitae praesentis, sicut Augustinus dicit, in *Enchiridio*[6].

AD SECUNDUM dicendum quod, cum oratio sit interpres desiderii, ordo petitionum non respondet

significados todos os outros sacramentos; quer se entenda do pão corporal, significando a suficiência de todos os outros alimentos. Assim, interpreta Agostinho o termo pão aqui consignado, porque a Eucaristia é o principal sacramento; o pão, o principal alimento. No Evangelho de Mateus, o termo pão é adjetivado como termo *supersubstancial*, sinônimo, para Jerônimo, de *principal*.

Acidentalmente os meios nos ordenam para a bem-aventurança ao afastarem o que impede de alcançá-la. São três os impedimentos: o primeiro é o pecado que diretamente nos exclui do Reino, segundo escreve Paulo: "Não possuirão o reino de Deus nem os fornicadores, nem os idólatras etc."; correspondendo isto ao pedido: "Perdoai-nos as nossas dívidas". — O segundo é a tentação que nos impede de obedecer à vontade divina, correspondendo ao pedido: "Não nos deixeis cair em tentação". Não pedimos que não sejamos tentados, mas que não sejamos vencidos pela tentação, que seria o mesmo que nelas cair. — O terceiro são os castigos desta vida, que nos impedem de ter o suficiente para viver, correspondendo ao pedido: "Livrai-nos do mal"[e].

QUANTO AO 1º, portanto, deve-se dizer que como diz Agostinho: "No pedido, "seja santificado o vosso nome", "não oramos como se o nome de Deus não fosse santo, mas que os homens O tenham como santo", e isto pertence à propagação da Sua glória promovida entre os homens. — No pedido "Venha a nós o vosso reino" não se está significando que Deus agora não reina, mas, como diz Agostinho: "Somos provocados a desejar o reino de Deus, para que a nós venha e nós nele também reinemos". — No pedido: "Que se faça a vossa vontade", entende-se que os preceitos divinos sejam observados como "No céu, assim na terra", isto é que sejam obedecidos pelos homens assim como pelos anjos. — Assim sendo, esses três pedidos serão atendidos perfeitamente na vida futura; os quatro outros atendem a necessidade da presente vida, segundo também ensina Agostinho.

QUANTO AO 2º, deve-se dizer que, visto que a oração interpreta desejo, a ordem dos pedidos não

---

2. Epist. cit., c. 11, n. 21: ML 33, 502.
3. *Comment. in Matth.*, l. I, super 6, 11 sqq.: ML 26, 43 B.
4. L. II, c. 5, n. 19: ML 34, 1277.
5. Epist. 130, c. 11, n. 21: ML 33, 502.
6. C. 115: ML 40, 285-286.

---

e. Reconhece-se aqui a importância e o papel primordial atribuído à oração dominical, comentada, meditada e pregada ao longo dos séculos pelos mais eminentes representantes da tradição patrística no Oriente e no Ocidente. Enriquecida pelas contribuições dessa tradição contínua, a prece do Senhor se apresentava ao teólogo como a fonte e a norma da prece cristã.

ordini executionis, sed ordini desiderii sive intentionis, in quo prius est finis quam ea quae sunt ad finem, et consecutio boni quam remotio mali.

AD TERTIUM dicendum quod Augustinus, in libro *de Serm. Dom. in Monte*[7], adaptat septem petitiones donis et beatitudinibus, dicens: *Si timor Dei est quo beati sunt pauperes spiritu, petamus ut sanctificetur in hominibus nomen Dei timore casto. Si pietas est qua beati sunt mites, petamus ut veniat regnum eius, ut mitescamus, nec ei resistamus. Si scientia est qua beati sunt qui lugent, oremus ut fiat voluntas eius: quia sic non lugebimus. Si fortitudo est qua beati sunt qui esuriunt, oremus ut panis noster quotidianus detur nobis. Si consilium est quo beati sunt misericordes, debita dimittamus, ut nobis nostra dimittantur. Si intellectus est quo beati sunt mundo corde, oremus ne habeamus duplex cor, temporalia sectando, de quibus tentationes fiunt in nobis. Si sapientia est qua beati sunt pacifici quoniam filii Dei vocabuntur, oremus ut liberemur a malo: ipsa enim liberatio liberos nos faciet filios Dei.*

AD QUARTUM dicendum quod, sicut Augustinus dicit, in *Enchirid.*[8], *Lucas in Oratione Dominica petitiones non septem, sed quinque complexus est. Ostendens enim tertiam petitionem duarum praemissarum esse quodammodo repetitionem, praetermittendo eam facit intelligi*: quia scilicet ad hoc praecipue voluntas Dei tendit ut eius sanctitatem cognoscamus, et cum ipso regnemus. *Quod etiam Matthaeus in ultimo posuit, "Libera nos a malo", Lucas non posuit, ut sciat unusquisque in eo se liberari a malo quod non infertur in tentationem.*

AD QUINTUM dicendum quod oratio non porrigitur Deo ut ipsum flectamus: sed ut in nobis ipsis fiduciam excitemus postulandi. Quae quidem praecipue excitatur in nobis considerando eius caritatem ad nos, qua bonum nostrum vult, et ideo dicimus, *Pater noster*; et eius excellentiam, qua potest, et ideo dicimus, *qui es in caelis*.

deverá corresponder à ordem da execução, mas à ordem do desejo e da intenção, na qual o fim está antes daquilo que é para o fim, como também a aquisição do bem precede à remoção do mal.

QUANTO AO 3º, deve-se dizer que Agostinho faz corresponder os sete pedidos aos dons do Espírito Santo e às bem-aventuranças, quando escreve: "Se o temor de Deus é aquilo pelo qual os pobres de espírito são bem-aventurados, peçamos que o nome de Deus seja santificado com temor casto. Se a piedade está nos mansos, peçamos que venha o seu reino, para que sejamos mansos e não o resistamos. Se a ciência faz bem-aventurados os que choram, peçamos que se faça a sua vontade, e assim não choraremos. Se a fortaleza faz bem-aventurados os que têm fome, peçamos que nos seja dado o pão nosso. Se é pelo conselho que os bem-aventurados são misericordiosos, satisfaçamos as dívidas, para que também as nossas sejam perdoadas. Se é pela inteligência que os bem-aventurados são puros de coração, peçamos não ter duplo coração, quando nos entregamos aos bens temporais, dos quais vêm as tentações. Se é a sabedoria que faz pacíficos os bem-aventurados porque serão chamados de filhos de Deus, peçamos que sejamos livres dos males, pois esta libertação nos faz filhos de Deus."

QUANTO AO 4º, deve-se dizer que escreve Agostinho: "Lucas não escreve sete pedidos da oração Dominical, porém, cinco. Mostrando, pois, que o terceiro pedido é repetição dos dois primeiros omitindo-os torna claro que a vontade de Deus tende a que conheçamos sua santidade e a que reinemos com Ele. Quanto a Mateus ter colocado em último lugar: "Livrai-nos do mal", e Lucas omitiu, foi feito para que cada um saiba que está livre do mal ao não ser tentado.

QUANTO AO 5º, deve-se dizer que não é para dobrar a Deus que a Ele oramos, mas para que sejamos excitados para a confiança de pedir. A confiança é sobretudo excitada em nós ao considerarmos o amor de Deus para conosco, que quer o nosso bem, e, por isso, dizemos *Pai Nosso*. Ademais, consideramos também a excelência de Deus e o Seu poder, e por isso dizemos: "Que estais no céu".

---

7. L. II, c. 11, n. 38: ML 34, 1286.
8. C. 116: ML 40, 286.

## Articulus 10
### Utrum orare sit proprium rationalis creaturae

AD DECIMUM SIC PROCEDITUR. Videtur quod orare non sit proprium rationalis creaturae.

1. Eiusdem enim videtur esse petere et accipere. Sed accipere convenit etiam Personis increatis, scilicet Filio et Spiritui Sancto. Ergo etiam eis convenit orare: nam et Filius dicit, Io 14,16: *Ego rogabo Patrem*; et de Spiritu Sancto dicit Apostolus: *Spiritus postulat pro nobis*.

2. PRAETEREA, angeli sunt supra rationales creaturas: cum sint intellectuales substantiae. Sed ad angelos pertinet orare: unde in Ps 96,7 dicitur: *Adorate eum, omnes angeli eius*. Ergo orare non est proprium rationalis creaturae.

3. PRAETEREA, eiusdem est orare cuius est invocare Deum, quod praecipue fit orando. Sed brutis animalibus convenit invocare Deum: secundum illud Ps 146,9: *Qui dat iumentis escam ipsorum, et pullis corvorum invocantibus eum*. Ergo orare non est proprium rationalis creaturae.

SED CONTRA oratio est actus rationis, ut supra[1] habitum est. Sed rationalis creatura a ratione dicitur. Ergo orare est proprium rationalis creaturae.

RESPONDEO dicendum quod, sicut ex supradictis[2] patet, oratio est actus rationis per quem aliquis superiorem deprecatur, sicut imperium est actus rationis quo inferior ad aliquid ordinatur. Illi ergo proprie competit orare cui convenit rationem habere, et superiorem quem deprecari possit. Divinis autem Personis nihil est superius: bruta autem animalia non habent rationem. Unde neque divinis Personis neque brutis animalibus convenit orare, sed proprium est rationalis creaturae.

AD PRIMUM ergo dicendum quod divinis Personis convenit accipere per naturam: orare autem est accipientis per gratiam. Dicitur autem Filius rogare, vel orare, secundum naturam assumptam, scilicet humanam: non secundum divinam. Spiritus autem Sanctus dicitur postulare, quia postulantes nos facit.

AD SECUNDUM dicendum quod ratio et intellectus in nobis non sunt diversae potentiae, ut in Primo[3] habitum est: differunt autem secundum perfectum et imperfectum. Et ideo quandoque intellectua-

## Artigo 10
### Orar é próprio da criatura racional?

QUANTO AO DÉCIMO, ASSIM SE PROCEDE: parece que orar **não** é próprio da criatura racional.

1. Com efeito, quem pede é o mesmo que recebe. Ora, receber convém também as Pessoas incriadas do Filho e do Espírito Santo. Logo, elas também oram. Eis por que diz o Filho: "Rogarei a meu Pai"; e o Apóstolo diz do Espírito Santo: "O Espírito pede por nós".

2. ALÉM DISSO, os anjos são superiores às criaturas racionais, por serem substâncias intelectuais. Ora, a eles compete orar, segundo o Salmista: "Adorai-o, todos os anjos do céu". Logo, orar não é próprio da criatura racional.

3. ADEMAIS, ao mesmo compete orar e invocar a Deus, o que se faz principalmente pela oração. Ora, os animais, segundo o Salmo, invocam a Deus: "Que dá aos quadrúpedes e aos filhotes do corvo o alimento quando o invocam". Logo, orar não é próprio da criatura racional.

EM SENTIDO CONTRÁRIO, como acima foi dito, a oração é ato da razão. Ora, a criatura racional é assim chamada por ter a razão. Logo, orar é próprio da criatura racional.

RESPONDO. Foi dito acima que a oração é o ato da razão pelo qual alguém pede ao superior alguma coisa, como o império é ato da razão pelo qual se manda o inferior fazer alguma coisa. Por isso, a oração compete propriamente a quem possui a razão e um superior ao qual possa pedir. Nada, porém, é superior às Pessoas divinas. E os animais não são dotados de razão. Por isso, não é possível nem às Pessoas divinas nem aos animais fazerem oração: é próprio da criatura racional.

QUANTO AO 1º, portanto, deve-se dizer que receber pela própria natureza convém às Pessoas divinas, mas orar é próprio de quem recebe por graça. Eis por que se diz que o Filho roga ou ora, segundo a natureza humana assumida, não segundo a natureza divina. Diz-se que o Espírito Santo pede porque nos faz pedir.

QUANTO AO 2º, deve-se dizer que o intelecto e a razão não são em nós potências distintas, como se viu na I Parte. Diferenciam-se segundo o perfeito e o imperfeito. Às vezes, os anjos,

---

10 PARALL.: IV *Sent*., dist. 15, q. 4, a. 6, q.la 1, 3.

1. Art. 1.
2. Ibid.
3. Q. 79, a. 8.

les creaturae, quae sunt angeli, distinguuntur a rationalibus: quandoque autem sub rationalibus comprehenduntur. Et hoc modo didicur oratio esse proprium rationalis creaturae.

AD TERTIUM dicendum quod pulli corvorum dicuntur Deum invocare, propter naturale desiderium quo omnia suo modo desiderant consequi bonitatem divinam. Sic etiam bruta animalia dicuntur Deo obedire, propter naturalem instinctum quo a Deo moventur.

que são criaturas intelectuais, são citados como diferentes das criaturas racionais, porém, às vezes, são classificados como racionais. Por isso é que se diz que a oração é própria da criatura racional.

QUANTO AO 3º, deve-se dizer que os filhotes dos corvos são citados como invocando Deus, por causa da inclinação natural pela qual todas as coisas, cada uma ao seu modo, desejam participar da bondade divina. Também se diz que os quadrúpedes obedecem a Deus, por causa do instinto natural pelo qual Deus os move.

## ARTICULUS 11
### Utrum sancti qui sunt in patria orent pro nobis

AD UNDECIMUM SIC PROCEDITUR. Videtur quod sancti qui sunt in patria non orent pro nobis.

1. Actus enim alicuius magis est meritorius sibi quam aliis. Sed sancti qui sunt in patria non merentur sibi, nec pro se orant: quia iam sunt in termino constituti. Ergo etiam neque pro nobis orant.

2. PRAETEREA, sancti perfecte suam voluntatem Deo conformant, ut non velint nisi quod Deus vult. Sed illud quod Deus vult semper impletur. Ergo frustra sancti pro nobis orarent.

3. PRAETEREA, sicut sancti qui sunt in patria sunt superiores nobis, ita et illi qui sunt in purgatorio: quia iam peccare non possunt. Sed illi qui sunt in purgatorio non orant pro nobis, sed magis nos pro eis. Ergo nec sancti qui sunt in patria pro nobis orant.

4. PRAETEREA, si sancti qui sunt in patria pro nobis orarent, superiorum sanctorum esset efficacior oratio. Non ergo deberet implorari suffragium orationum sanctorum inferiorum, sed solum superiorum.

5. PRAETEREA, anima Petri non est Petrus. Si ergo animae sanctorum pro nobis orarent quandiu sunt a corpore separatae, non deberemus interpellare sanctum Petrum ad orandum pro nobis, sed animam eius. Cuius contrarium Ecclesia facit. Non ergo sancti, ad minus ante resurrectionem, pro nobis orant.

SED CONTRA est quod dicitur 2Mac ult. 14: *Hic est qui multum orat pro populo et universa sancta civitate, Ieremias, propheta Dei.*

## ARTIGO 11
### Os santos que estão no céu oram por nós?

QUANTO AO DÉCIMO PRIMEIRO, ASSIM SE PROCEDE: parece que os santos que estão no céu **não** oram por nós.

1. Com efeito, o ato é mais meritório para quem o pratica do que para os outros. Ora, os santos que estão no céu não merecem para si, nem para si mesmos oram, porque já atingiram o termo. Logo, também não oram por nós.

2. ALÉM DISSO, a vontade dos anjos está perfeitamente identificada com a de Deus, e eles não querem, senão o que Ele quer. Ora, a vontade de Deus é sempre cumprida. Logo, seria inútil os santos orarem por nós.

3. ADEMAIS, assim como os santos, que estão no céu, são superiores a nós, também o são as almas do purgatório, pois não podem mais pecar. Ora, as almas do purgatório não oram por elas mesmas, nós é que rezamos por elas. Logo, nem os santos que estão no céu oram por nós.

4. ADEMAIS, se os santos do céu orassem por nós, a oração dos mais santos seria também mais eficaz. Logo, não convém pedir a intercessão dos menos santos, mas, somente a dos mais santos.

5. ADEMAIS, a alma de Pedro não é Pedro. Portanto, se as almas dos santos orassem por nós enquanto estão separadas dos corpos, não deveríamos pedir a Pedro para orar por nós, mas à sua alma. Ora, a Igreja faz o contrário. Logo, os santos, ao menos antes da ressurreição, não oram por nós.

EM SENTIDO CONTRÁRIO, lê-se nas Escrituras: "Este é Jeremias, o profeta de Deus, que muito ora pelo povo e por toda a cidade santa".

11 PARALL.: IV *Sent.*, dist. 15, q. 4, a. 6, q.la 2; dist. 45, q. 3, a. 3.

RESPONDEO dicendum quod, sicut Hieronymus dicit[1], Vigilantii error fuit quod, *dum vivimus, mutuo pro nobis orare possumus; postquam autem mortui fuerimus, nullius sit pro alio exaudienda oratio: praesertim cum martyres, ultionem sui sanguinis obsecrantes, impetrare nequiverint.* — Sed hoc est omnino falsum. Quia cum oratio pro aliis facta ex caritate proveniat, ut dictum est[2], quanto sancti qui sunt in patria sunt perfectioris caritatis, tanto magis orant pro viatoribus, qui orationibus iuvari possunt: et quanto sunt Deo coniunctiores, tanto eorum orationes sunt magis efficaces. Habet enim hoc divinus ordo, ut ex superiorum excellentia in inferiora refundatur, sicut ex claritate solis in aerem. Unde et de Christo dicitur, Hb 7,25: *Accedens per semetipsum ad Deum ad interpellandum pro nobis.* Et propter hoc Hieronymus, *contra Vigilantium*[3], dicit: *Si Apostoli et martyres adhuc in corpore constituti possunt orare pro ceteris, quando pro se adhuc debent esse solliciti; quanto magis post coronas, victorias et triumphos!*

AD PRIMUM ergo dicendum quod sanctis qui sunt in patria, cum sint beati, nihil deest nisi gloria corporis, pro qua orant. Orant autem pro nobis, quibus deest beatitudinis ultima perfectio. Et eorum orationes habent efficaciam impetrandi ex praecedentibus eorum meritis, et ex divina acceptatione.

AD SECUNDUM dicendum quod sancti impetrant illud quod Deus vult fieri per orationes eorum. Et hoc petunt quod aestimant eorum orationibus implendum secundum Dei voluntatem.

AD TERTIUM dicendum quod illi qui sunt in purgatorio, etsi sint superiores nobis propter impeccabilitatem, sunt tamen inferiores quantum ad poenas quas patiuntur. Et secundum hoc non sunt in statu orandi, sed magis ut oretur pro eis.

AD QUARTUM dicendum quod Deus vult inferiora per omnia superiora iuvari. Et ideo oportet non solum superiores, sed etiam inferiores sanctos implorare. Alioquin esset solius Dei misericordia imploranda. — Contingit tamen quandoque quod imploratio inferioris sancti efficacior est: vel quia devotius implorantur; vel quia Deus vult eorum sanctitatem declarare.

RESPONDO. Escreve Jerônimo: "Errou Vigilâncio quando escreveu que enquanto na terra vivemos, podemos orar muito uns pelos outros. Após a morte, porém, não será ouvida a oração pelos outros de ninguém, como não foram, sobretudo as dos mártires, que pediam a vingança do seu sangue". — Mas isto é falso. Quanto mais perfeitos em caridade são os santos nos céu, tanto mais oram pelos que estão na terra que podem ser auxiliados pela oração. Ademais, quanto mais estão unidos a Deus, tanto mais serão as suas orações atendidas. A ordenação divina está determinada de modo que a perfeição dos superiores redunde nos inferiores, como a luz do sol ilumina o ar. Por isso, se diz de Cristo: "Subiu por si mesmo para Deus para interpelar por nós". E assim corrige Jerônimo o texto de Vigilâncio: "Se os apóstolos e os mártires, ainda no corpo, podiam orar pelos outros, quando ainda deviam preocupar-se por eles mesmos, quanto mais o poderão após coroados, vitoriosos e triunfantes!"

QUANTO AO 1º, portanto, deve-se dizer que aos santos que estão no céu, por serem bem-aventurados, nada lhes falta a não ser a glória do corpo pela qual oram. Oram, ademais, por nós, pois nos falta a última perfeição da bem-aventurança. As suas orações possuem impetração eficaz por causa dos seus méritos anteriores e por causa da aceitação divina.

QUANTO AO 2º, deve-se dizer que os santos pedem aquilo que Deus quer que seja feito pelas orações deles. E o pedem porque sabem que as suas orações se cumprem segundo a vontade de Deus.

QUANTO AO 3º, deve-se dizer que os que estão no purgatório, embora sejam superiores a nós devido à impecabilidade, são inferiores a nós quanto às penas que sofrem. Por isso não estão em condição de orar; pelo contrário, é preciso orar por elas.

QUANTO AO 4º, deve-se dizer que Deus quer que os seres inferiores sejam auxiliados por todos os superiores. Por isso, é conveniente orar não apenas para os mais santos, como também para os menos santos. Se assim não fosse, dever-se-ia recorrer só à misericórdia divina. — Não obstante, às vezes acontece que a súplica de um menos santo seja mais eficaz, ou porque implora com maior devoção, ou porque Deus quer fazer conhecida a santidade deles.

---

1. *Contra Vigilant.*, n. 6: ML 23, 344 B.
2. Art. 7, 8.
3. Loco cit.

AD QUINTUM dicendum quod quia sancti viventes meruerunt ut pro nobis orarent, ideo eos invocamus nominibus quibus hic vocabantur, quibus etiam nobis magis innotescunt. Et iterum propter fidem resurrectionis insinuandam: sicut legitur Ex 3,6: *Ego sum Deus Abraham* etc.

QUANTO AO 5º, deve-se dizer que os santos, enquanto estavam na terra, mereceram orar por nós, por isso, os invocamos com os nomes que tinham na terra e pelos quais mais os conhecemos. Além disso, porque nos sugerem a fé na ressurreição, como se lê no Livro do Êxodo: "Eu sou o Deus de Abraão etc."

### ARTICULUS 12
### Utrum oratio debeat esse vocalis

### ARTIGO 12
### A oração deve ser vocal?

AD DUODECIMUM SIC PROCEDITUR. Videtur quod oratio non debeat esse vocalis.
1. Oratio enim, sicut ex dictis[1] patet, principaliter Deo porrigitur. Deus autem locutionem cordis cognoscit. Frustra igitur vocalis oratio adhibetur.

2. PRAETEREA, per orationem mens hominis debet in Deum ascendere, ut dictum est[2]. Sed voces retrahunt homines ab ascensu contemplationis in Deum: sicut et alia sensibilia. Ergo in oratione non est vocibus utendum.

3. PRAETEREA, oratio debet offerri Deo in occulto: secundum illud Mt 6,6: *Tu autem cum oraveris, intra in cubiculum, et clauso ostio, ora Patrem tuum in abscondito*. Sed per vocem oratio publicatur. Ergo non debet oratio esse vocalis.

SED CONTRA est quod dicitur in Ps 141,2: *Voce mea ad Dominum clamavi, voce mea ad Dominum deprecatus sum*.

RESPONDEO dicendum quod duplex est oratio: communis, et singularis. Communis quidem oratio est quae per ministros Ecclesiae in persona totius fidelis populi Deo offertur. Et ideo oportet quod talis oratio innotescat toti populo, pro quo profertur. Quod non posset fieri nisi esset vocalis. Et ideo rationabiliter institutum est ut ministri Ecclesiae huiusmodi orationes etiam alta voce pronuntient, ut ad notitiam omnium possit pervenire.

Oratio vero singularis est quae offertur a singulari persona cuiuscumque sive pro se sive pro aliis orantis. Et de huiusmodi orationis necessitate non est quod sit vocalis. Adiungitur tamen vox tali orationi triplici ratione. Primo quidem, ad excitandum interiorem devotionem, qua mens orantis elevetur in Deum. Quia per exteriora signa, sive vocum sive etiam aliquorum factorum, movetur

QUANTO AO DÉCIMO SEGUNDO, ASSIM SE PROCEDE: parece que a oração **não** deve ser vocal.
1. Com efeito, a oração, como foi acima dito, dirige-se principalmente a Deus. Ora, Ele conhece as palavras do coração. Logo, é inútil empregar a oração vocal.

2. ALÉM DISSO, a alma do homem, como foi dito, deve elevar-se para Deus. Ora, as palavras impedem o homem de elevar-se à contemplação de Deus, como também as demais coisas sensíveis. Logo, não se devem usar palavras na oração.

3. ADEMAIS, a oração deverá ser feita a Deus ocultamente, segundo o Evangelho de Mateus: "Quando orares, entra no teu aposento, fecha a porta, e ora ao teu Pai em oculto". Ora, pela palavra a oração se torna conhecida. Logo, a oração não deve ser vocal.

EM SENTIDO CONTRÁRIO, diz o Salmista: "Pela minha palavra clamei ao Senhor, pela minha palavra supliquei ao Senhor".

RESPONDO. A oração é coletiva ou particular. A oração coletiva é a que é oferecida a Deus pelos ministros da Igreja em nome de todo o povo fiel. Assim sendo, é necessário que ela seja conhecida por todo o povo, em cujo nome é proferida, o que é possível pela oração vocal. Por isso, com razão foi instituído que os ministros da Igreja pronunciem essa oração também em voz elevada, para que ela possa ser ouvida por todos.

A oração particular, é a que é oferecida por uma pessoa singular, quer na intenção de si mesma, quer na de outros. E não é necessário que a oração particular seja vocal. Por três razões, no entanto, a palavra é a ela acrescentada. Primeiro, para excitar a devoção interior pela qual a mente de quem ora se eleva para Deus. Os sinais exteriores, quer os sonoros, quer os expressos de outros

---

12 PARALL.: III *Sent*., dist. 9, q. 1, a. 3, q.la 3, ad 2; IV, dist. 15, q. 4, a. 2, q.la 1.
1. Art. 4.
2. A. 1, ad 2.

mens hominis et secundum apprehensionem, et per consequens secundum affectionem. Unde Augustinus dicit, *ad Probam*³, quod *verbis et aliis signis ad augendum sanctum desiderium nosipsos acrius excitamus*. Et ideo in singulari oratione tantum est vocibus et huiusmodi signis utendum quantum proficit ad excitandum interius mentem. Si vero mens per hoc distrahatur, vel qualitercumque impediatur, est a talibus cessandum. Quod praecipue contingit in illis quorum mens sine huiusmodi signis est sufficienter ad devotionem parata. Unde Psalmista dicebat: *Tibi dixit cor meum: Exquisivit te facies mea*; et de Anna legitur, 1Reg 1,13, quod *loquebatur in corde suo*.

Secundo, adiungitur vocalis oratio quasi ad redditionem debiti: ut scilicet homo Deo serviat secundum totum illud quod ex Deo habet, idest non solum mente, sed etiam corpore. Quod praecipue competit orationi secundum quod est satisfactoria. Unde dicitur Os ult.,3: *Omnem aufer iniquitatem, et accipe bonum: et reddemus vitulos labiorum nostrorum*.

Tertio adiungitur vocalis oratio ex quadam redundantia ab anima in corpus ex vehementi affectione: secundum illud Ps 15,9: *Laetatum est cor meum, et exsultavit lingua mea*.

AD PRIMUM ergo dicendum quod vocalis oratio non profertur ad hoc quod aliquid ignotum Deo manifestetur: sed ad hoc quod mens orantis vel aliorum excitetur in Deum.

AD SECUNDUM dicendum quod verba ad aliud pertinentia distrahunt mentem, et impediunt devotionem orantis. Sed verba significantia aliquid ad devotionem pertinens excitant mentes, praecipue minus devotas.

AD TERTIUM dicendum quod, sicut Chrysostomus dicit, *super Matth.*⁴, *eo proposito Dominus vetat in conventu orare ut a conventu videatur. Unde orans nihil novum facere debet quod aspiciant homines, vel clamando vel pectus percutiendo vel manus expandendo*. — Nec tamen, ut Augustinus dicit, in libro *de Serm. Dom. in Monte*⁵, *videri ab hominibus nefas est: sed ideo haec agere ut ab hominibus videaris*.

modos, movem a mente pelo conhecimento, e, em consequência, pela afeição. Donde Agostinho escrever: "Pelas palavras ou por outros sinais, nós mesmos nos excitamos para o aumento dos santos desejos". Por isso, na oração particular, quer pelas palavras, quer por outros sinais, esses devem ser usados enquanto aumentam a devoção interior. Mas, se tais sinais nos distraem ou nos servem de impedimento para a devoção, eles devem ser afastados. Devem ser principalmente afastados daqueles cuja mente, sem esses sinais, já está suficientemente acostumada à devoção. Assim diz o Salmista: "Disse-te em meu coração: meu rosto te procura". Ademais, é dito de Ana que "falava em seu coração".

Segundo: a palavra é acrescentada à oração particular para satisfação de uma dívida, isto é, que o homem sirva a Deus, mediante tudo aquilo que recebeu de Deus, não só pela alma mas também pelo corpo. Isso compete sobretudo à oração satisfatória. Por isso, diz o livro de Oseias: "Afasta toda iniquidade e recebe o bem; assim ofereçamos o sacrifício dos nossos lábios".

Terceiro. É acrescentada a palavra à oração, por certa redundância da alma no corpo causada por uma grande afeição. O Salmista diz a respeito: "Alegrou-se o meu coração, e a minha língua exultou".

QUANTO AO 1º, portanto, deve-se dizer que a oração vocal não é feita para que algo desconhecido seja manifestado a Deus, mas para que a mente de quem ora e a dos outros se elevem para Ele.

QUANTO AO 2º, deve-se dizer que as palavras referentes a outras coisas distraem a mente de quem ora e impedem-lhe a devoção. Mas as palavras devotas excitam as mentes, sobretudo as mentes que não possuem muita devoção.

QUANTO AO 3º, deve-se dizer, como diz João Crisóstomo que: "O Senhor não quer que se participe da oração coletiva com a intenção de ser visto pelos outros. Por isso, quem ora não deve manifestar extravagâncias que os homens observam, ou clamando, ou batendo no peito, ou elevando as mãos". — A respeito, escreve Agostinho: "Não é mau que sejamos vistos pelos homens; mas fazer alguma coisa com a intenção de sermos vistos por eles".

---

3. Epist. 130, al. 121, c. 9: ML 33, 501.
4. *Opus imperf. in Matth.*, hom. 13, super 6, 5: MG 56, 709.
5. L. II, c. 3, n. 10: ML 34, 1274.

## Articulus 13
### Utrum de necessitate orationis sit quod sit attenta

AD TERTIUMDECIMUM SIC PROCEDITUR. Videtur quod de necessitate orationis sit quod sit attenta.
1. Dicitur enim Io 4,24: *Spiritus est Deus: et eos qui adorant eum, in spiritu et veritate adorare oportet*. Sed oratio non est in spiritu si non sit attenta. Ergo de necessitate orationis est quod sit attenta.
2. PRAETEREA, oratio est *ascensus intellectus in Deum*. Sed quando oratio non est attenta, intellectus non ascendit in Deum. Ergo de necessitate orationis est quod sit attenta.
3. PRAETEREA, de necessitate orationis est quod careat omni peccato. Sed non est absque peccato quod aliquis orando evagationem mentis patiatur: videtur eum deridere Deum, sicut et si alicui homini loqueretur et non attenderet ad ea quae ipse proferret. Unde Basilius dicit[1]: *Est divinum auxilium implorandum non remisse, nec mente huc illuc evagante: eo quod talis non solum non impetrabit quod petit, sed et magis Deum irritabit*. Ergo de necessitate orationis esse videtur quod sit attenta.

SED CONTRA est quod etiam sancti viri quandoque orantes evagationem mentis patiuntur: secundum illud Ps 39,13: *Cor meum dereliquit me*.

RESPONDEO dicendum quod quaestio haec praecipue locum habet in oratione vocali. Circa quam sciendum est quod necessarium dicitur aliquid dupliciter. Uno modo, per quod melius pervenitur ad finem. Et sic attentio absolute orationi necessaria est.

Alio modo dicitur aliquid necessarium sine quo res non potest consequi suum effectum. Est autem triplex effectus orationis. Primus quidem communis omnibus actibus caritate informatis, quod est mereri. Et ad hunc effectum non ex necessitate requiritur quod attentio adsit orationi per totum, sed vis primae intentionis qua aliquis ad orandum accedit, reddit totam orationem meritoriam: sicut in aliis meritoriis actibus accidit. — Secundus autem effectus orationis est ei proprius, quod est impetrare. Et ad hunc etiam effectum sufficit prima intentio, quam Deus principaliter attendit. Si autem prima intentio desit, oratio nec meritoria est nec impetrativa: *illam enim orationem Deus non*

## Artigo 13
### É necessário que a oração seja atenta?

QUANTO AO DÉCIMO TERCEIRO, ASSIM SE PROCEDE: parece que é necessário que a oração seja atenta.
1. Com efeito, diz o Evangelho de João: "Deus é espírito e os que o adoram devem adorá-lo em espírito e verdade". Ora, a oração não será espiritual se não for atenta. Logo, é necessário que a oração seja atenta.
2. ALÉM DISSO, a oração é a elevação da mente para Deus. Ora, quando ela não está atenta, a mente não se eleva para Deus. Logo, é necessário que a oração seja atenta.
3. ADEMAIS, é necessário que quem ora não esteja em pecado. Ora, não é sem pecado que alguém se distraia da oração, pois, parece que está desprezando Deus. É como alguém que, ouvindo o outro falar, não presta atenção àquilo que ele diz. Basílio refere-se a isso: "O auxílio divino deve ser implorado sem negligência, sem divagações. Assim sendo, não se consegue aquilo que pede; pelo contrário mais irritará a Deus". Logo, parece ser necessário que a oração seja atenta.

EM SENTIDO CONTRÁRIO, os santos às vezes também distraíam-se na oração, como atesta o Salmista: "O meu coração me abandonou".

RESPONDO. Essa questão é importante principalmente quando se aborda o tema da oração vocal. A necessidade da atenção na oração vocal é entendida de duas maneiras: Na primeira, como é necessário aquilo com que se alcança melhor o fim. Segundo esta consideração, a atenção é absolutamente necessária.

Na segunda maneira, considera-se necessário aquilo sem o qual a ação não conseguirá seus efeitos. Os efeitos da oração são três: O primeiro efeito é comum a todos os atos informados pela caridade, que, por isso, são meritórios. Para ter este efeito não será necessário que a atenção seja diuturna, porque o impulso da intenção inicial, com a qual se vai orar, torna meritória toda a oração, como acontece aos outros atos meritórios. — O segundo efeito, a impetração, lhe é próprio. Para conseguir este efeito também será suficiente o impulso da primeira intenção, a que Deus atenta em primeiro lugar. Assim, Gregório a isto se refere nestes termos: "Deus não atende a oração de quem

---

13 PARALL.: IV *Sent.*, dist. 15, q. 4, a. 2, q.la 4, 5; I *ad Cor.*, c. 14, lect. 3.
1. *Consist. Monast.*, c. 1, n. 4: MG 31, 1333 A.

*audit cui ille qui orat non intendit*, ut Gregorius dicit[2]. — Tertius autem effectus orationis est quem praesentialiter efficit, scilicet quaedam spiritualis refectio mentis. Et ad hoc de necessitate requiritur in oratione attentio. Unde dicitur 1Cor 14,14: *Si orem lingua, mens mea sine fructu est*.

Sciendum tamen quod est triplex attentio quae orationi vocali potest adhiberi. Una quidem qua attenditur ad verba, ne quis in eis erret. Secunda qua attenditur ad sensum verborum. Tertia qua attenditur ad finem orationis, scilicet ad Deum et ad rem pro qua oratur: quae quidem est maxime necessaria. Et hanc etiam possunt habere idiotae. Et quandoque intantum abundat haec intentio, qua mens fertur in Deum, ut etiam omnium aliorum mens obliviscatur, sicut dicit Hugo de Sancto Victore[3].

AD PRIMUM ergo dicendum quod in spiritu et veritate orat qui ex instinctu Spiritus ad orandum accedit, etiam si ex aliqua infirmitate mens postmodum evagetur.

AD SECUNDUM dicendum quod mens humana, propter infirmitatem naturae, diu in alto stare non potest: pondere enim infirmitatis humanae deprimitur anima ad inferiora. Et ideo contingit quod quando mens orantis ascendit in Deum per contemplationem, subito evagetur ex quadam infirmitate.

AD TERTIUM dicendum quod si quis ex proposito in oratione mente evagetur, hoc peccatum est, et impedit orationis fructum. Et contra hoc Augustinus dicit, in *Regula*[4]: *Psalmis et hymnis cum oratis Deum, hoc versetur in corde quod profertur in ore*. Evagatio vero mentis quae fit praeter propositum, orationis fructum non tollit. Unde Basilius dicit[5]: *Si vero, debilitatus a peccato, fixe nequis orare, quantumcumque potes teipsum cohibeas, et Deus ignoscit: eo quod non ex negligentia, sed ex fragilitate non potes, ut oportet, assistere coram eo*.

não pretende orar". — O terceiro efeito da oração é aquele que é contínuo, a saber, uma certa refeição espiritual da mente. A atenção é necessariamente exigida para esta oração. Escreve a respeito a primeira Carta aos Coríntios: "Se oro só pela língua, minha mente será infrutífera".

É ainda de se saber que há três atenções, sem as quais a oração vocal não será possível. A primeira, é estar atento às palavras, para que nela não cometa erro; a segunda, é prestar atenção no sentido das palavras; a terceira, que é a máxima necessária, consiste em considerar o fim da oração, isto é, a Deus, e ao objeto da oração. Esta intenção todos podem conservar na oração, mesmo os menos capazes. Às vezes, como diz Hugo de S. Vitor, é tão forte a atenção à presença de Deus, que a mente se esquece de tudo o mais.

QUANTO AO 1º, portanto, deve-se dizer que ora, em espírito e verdade, quem vai para a oração por inspiração do Espírito Santo, embora por alguma fraqueza a mente se distraia.

QUANTO AO 2º, deve-se dizer que a mente humana, por causa da limitação da natureza humana, não pode sempre manter-se elevada, pois, pelo peso desta fraqueza, ela decai. Isto também acontece, quando nos elevamos para Deus na contemplação, e, repentinamente, por alguma fraqueza, começamos a divagar.

QUANTO AO 3º, deve-se dizer que se a mente divaga de propósito na oração, é pecado e impede a oração. Para se evitar isto, ensina-nos Agostinho: "Quando orais a Deus em salmos ou em hinos, tende no coração o que a boca profere". Não obstante, a distração da mente não proposital, não tira o fruto da oração. Por isso, diz Basílio: "Se enfraquecido pelo pecado não podes orar com atenção e procuras evitar isto, Deus não o considerará. Porque, neste caso, não podes estar na sua presença como deves, não por negligência, mas por fraqueza".

## ARTICULUS 14
### Utrum oratio debeat esse diuturna

AD QUARTUMDECIMUM SIC PROCEDITUR. Videtur quod oratio non debeat esse diuturna.

## ARTIGO 14
### A oração deve ser diuturna?

QUANTO AO DÉCIMO QUARTO, ASSIM SE PROCEDE: parece que a oração **não** deve ser diuturna.

---

2. Cfr. HUGONEM DE S. VICTORE, *Exposit. in Reg. S. Aug.*, c. 3: ML 176, 892 B.
3. *De modo orandi*, c. 2: ML 176, 980 A.
4. Epist. 211, al. 109, n. 7: ML 33, 960.
5. Loc. cit. in art.: MG 31, 1333 B C.

14 PARALL.: IV *Sent.*, dist. 15, q. 4, a. 2, q.la 2, 3; *Cont. Gent.* III, 96; *ad Rom.*, c. 1, lect. 5; *ad Coloss.*, c. 1, lect. 2; I *ad Thess.*, c. 5, lect. 2.

1. Dicitur enim Mt 6,7: *Orantes nolite multum loqui.* Sed oportet multum loqui diu orantem: praesertim si oratio sit vocalis. Ergo non debet esse oratio diuturna.

2. Praeterea, oratio est explicativa desiderii. Sed desiderium tanto est sanctius quanto magis ad unum restringitur: secundum illud Ps 26,4: *Unam petii a Domino, hanc requiram.* Ergo et oratio tanto est Deo acceptior quanto est brevior.

3. Praeterea, illicitum videtur esse quod homo transgreditur terminos a Deo praefixos, praecipue in his quae pertinent ad cultum divinum: secundum illud Ex 19,21: *Contestare populum, ne forte velit transcendere propositos terminos ad videndum Dominum, et pereat ex eis plurima multitudo.* Sed a Deo praefixus est nobis terminus orandi per institutionem Orationis Dominicae, ut patet Mt 6,9 sqq. Ergo non licet ultra orationem protendere.

Sed contra, videtur quod continue sit orandum. Quia Dominus dicit, Lc 18,1: *Oportet semper orare, et non deficere.* Et 1Thess 5,17: *Sine intermissione orate.*

Respondeo dicendum quod de oratione dupliciter loqui possumus: uno modo, secundum seipsam; alio modo, secundum causam suam. Causa autem orationis est desiderium caritatis, ex quo procedere debet oratio. Quod quidem in nobis debet esse continuum vel actu vel virtute: manet enim virtus huius desiderii in omnibus quae ex caritate facimus, *omnia* autem debemus *in gloriam Dei facere*, ut dicitur 1Cor 10,31. Et secundum hoc oratio debet esse continua. Unde Augustinus dicit, *ad Probam*[1]: *In ipsa fide, spe et caritate continuato desiderio semper oramus.*

Sed ipsa oratio secundum se considerata non potest esse assidua: quia oportet aliis operibus occupari. *Sed,* sicut Augustinus ibidem[2] dicit, *ideo per certa intervalla horarum et temporum etiam verbis rogamus Deum, ut illis rerum signis nosipsos admoneamus; quantumque in hoc desiderio profecerimus, nobis ipsis innotescamus; et ad hoc agendum nosipsos acrius excitemus.* Uniuscuiusque autem rei quantitas debet esse proportionata fini: sicut quantitas potionis sanitati. Unde et conveniens est ut oratio tantum duret quantum est utile ad excitandum interioris desiderii fervorem.

1. Com efeito, lê-se no Evangelho de Mateus: "Os que oram não devem dizer muitas palavras". Ora, quem ora por muito tempo usa muitas palavras, sobretudo na oração vocal. Logo, a oração não deve ser diuturna.

2. Além disso, a oração externa o desejo. Ora, o desejo tanto mais é santo, quanto mais se limita a um só, segundo o Salmo: "Uma coisa peço a Deus, e a procurarei". Logo, a oração tanto mais será aceita por Deus, quanto mais breve.

3. Ademais, é ilícito ao homem ultrapassar os limites estabelecidos por Deus, sobretudo os referentes ao culto divino. Lê-se a respeito no livro do Êxodo: "Proíbe o povo de ultrapassar os limites estabelecidos para se ver a Deus, para que não pereçam muitos". Ora, Deus estabeleceu os limites da oração na Oração Dominical como consta no Evangelho de Mateus. Logo, não é lícito estender a oração para além.

Em sentido contrário, segundo o Evangelho de Lucas, a oração deve ser contínua. Pois o Senhor diz: "É necessário orar sempre e não deixar de orar" e a primeira Carta aos Tessalonicenses: "Orai sem interrupção".

Respondo. Pode-se tratar da oração de dois modos: em si mesma ou em sua causa. A causa da oração é o desejo de caridade, do qual deverá proceder a oração. Esse desejo, com efeito, deve em nós ser contínuo, atual ou virtualmente, pois o influxo deste desejo está em tudo que fazemos por caridade, segundo a primeira Carta aos Coríntios: "Devemos fazer tudo para a glória de Deus". Por isso, a oração deverá ser contínua. Donde Agostinho dizer: "Por um desejo permanente oramos sempre na fé, na esperança e na caridade".

A oração considerada em si mesma não pode ser diuturna, porque outras ocupações nos reclamam. Por isso, Agostinho a ela se refere, dizendo: "Rezamos em certas horas e momentos a Deus incluso com palavras, para que continuemos atentos por estes sinais sensíveis, e verifiquemos o nosso progresso neste desejo santo e nos excitemos mais fortemente a isso fazer". Ora, a medida de cada coisa deve ser proporcional à sua finalidade, como a medida do remédio deve ser de acordo com a saúde. Por isso, é necessário que a oração perdure somente enquanto serve

---

1. Epist. 130, al. 121, c. 9: ML 33, 501.
2. Loc. cit.

Cum vero hanc mensuram excedit, ita quod sine taedio durare non possit, non est ulterius oratio protendenda. Unde Augustinus dicit, *ad Probam*[3]: *Dicuntur fratres in Aegypto crebras quidem habere orationes, sed eas tamen brevissimas, et raptim quodammodo iaculatas: ne illa vigilanter erecta, quae oranti plurimum necessaria est, per productiores moras evanescat atque hebetetur intentio. Ac per hoc etiam ipsi satis ostendunt hanc intentionem, sicut non esse obtundendam si perdurare non potest, ita, si perduraverit, non cito esse rumpendam.* — Et sicut hoc est attendendum in oratione singulari per comparationem ad intentionem orantis, ita etiam in oratione communi per comparationem ad populi devotionem.

AD PRIMUM ergo dicendum quod, sicut Augustinus dicit, *ad Probam*[4], *non est hoc orare in multiloquio, si diutius oretur. Aliud est sermo multus; aliud diuturnus affectus. Nam et de ipso Domino scriptum est quod pernoctaverit in orando, et quod prolixius oraverit, ut nobis praeberet exemplum.* Et postea[5] subdit: *Absit ab oratione multa locutio: sed non desit multa precatio, si fervens perseverat intentio. Nam multum loqui est in orando rem necessariam superfluis agere verbis. Plerumque autem hoc negotium plus gemitibus quam sermonibus agitur.*

AD SECUNDUM dicendum quod prolixitas orationis non consistit in hoc quod multa petantur: sed in hoc quod affectus continuetur ad unum desiderandum.

AD TERTIUM dicendum quod Dominus non instituit hanc Orationem ut his solis verbis uti debeamus in orando: sed quia ad haec sola impetranda debet tendere nostrae orationis intentio, qualitercumque ea proferamus vel cogitemus.

AD QUARTUM[6] dicendum quod aliquis continue orat, vel propter continuitatem desiderii, ut dictum est[7]. — Vel quia non intermittit quin temporibus statutis oret. — Vel propter effectum: sive in ipso orante, qui etiam post orationem remanet magis devotus; sive etiam in alio, puta cum aliquis suis beneficiis provocat alium ut pro se oret, etiam quando ipse ab orando quiescit.

para excitar o desejo do fervor interior. Mas, se esta medida for ultrapassada, de modo que a oração não possa durar sem gerar tédio, ela não deve ser prolongada. Escreve Agostinho: "Dizem que os monges do Egito oravam muito, mas com orações breves e lançadas ao céu como dardos, para que tensa e vigilante, muito necessária para quem ora, a atenção não se dissipasse nem enfraquecesse pelo tempo prolongado. Assim agindo, mostravam que essa atenção assim como não deve ser prolongada com dificuldade, assim também não deve ser interrompida, se permanecer". — E isto deve ser atendido na oração particular, em referência à atenção do orante, como também na oração coletiva, em referência à devoção do povo.

QUANTO AO 1º, portanto, deve-se dizer como escreve Agostinho: "Se a oração é comprida, não significa que use muitas palavras. Uma coisa são as muitas palavras; outra, o afeto diuturno. Ademais, do próprio Senhor foi escrito que pernoitava orando e que prolongava a sua oração para nos dar o exemplo". Linhas após, acrescenta: "Não haja na oração muitas palavras, mas que também não falte muita súplica, se a atenção fervorosa persevera. Pois usar muitas palavras é tratar de um negócio necessário com palavras desnecessárias. Muitas vezes na oração há mais gemidos do que palavras".

QUANTO AO 2º, deve-se dizer que a prolixidade na oração não consiste em pedir muito, mas em continuar com afeto em um só desejo.

QUANTO AO 3º, deve-se dizer que o Senhor não instituiu esta Oração Dominical para que somente com as palavras nela contidas devêssemos orar, mas, para que a atenção de nossa prece deva orientar-se a só pedir o que nela se pede, seja qual for o modo de orar ou de meditar.

QUANTO AO 4º, deve-se dizer que alguém ora continuamente, ou por causa do desejo prolongado, como acima foi dito. — Ou para que não se deixe de orar nas horas estabelecidas. — Ou ainda, por causa do efeito, manifestado no próprio orante, que depois da oração permanece mais devoto, como também em outro, por exemplo, quando alguém com seus benefícios move o outro a rezar por si, mesmo quando ele não está rezando.

---

3. Ibid., c. 10, n. 20: ML 33, 501-502.
4. Ibid., c. 10, n. 19: ML 33, 501.
5. Ibid., c. 10, n. 20: ML 33, 502.
6. Arg. *sed c*.
7. In corp.

## ARTIGO 15
### A oração é meritória?

QUANTO AO DÉCIMO QUINTO, ASSIM SE PROCEDE: parece que a oração **não** é meritória.

1. Com efeito, todo mérito vem da graça. Ora, a oração precede a graça, porque a própria graça é impetrada pela oração, como se lê no Evangelho de Lucas: "O vosso Pai dará o espírito bom a quem o pede". Logo, a oração não é ato meritório.

2. ALÉM DISSO, se a oração é meritória, sobretudo se merece o que ela pede. Ora, o que ela pede nem sempre se merece porque muitas vezes nem a oração dos santos é atendida como, por exemplo, Paulo não foi atendido, quando rogou ao Senhor para libertá-lo do estímulo da carne. Logo, a oração não é ato meritório.

3. ADEMAIS, a oração fundamenta-se principalmente na fé, segundo a Carta de Tiago: "Pede com fé e sem hesitação". Ora, a fé não é suficiente para que se mereça, como é evidente nos que têm apenas a fé informe. Logo, a oração não é ato meritório.

EM SENTIDO CONTRÁRIO, estão as palavras da Glosa a respeito do texto do Salmo: "Minha oração voltará ao meu peito"; "Embora meu pedido não tenha sido proveitoso para os outros, eu não deixei de merecer". Ora, a recompensa só é devida ao mérito. Logo, a oração tem a razão de mérito.

RESPONDO. A oração, afora o efeito do consolo espiritual que traz no momento em que é feita, possui dupla virtualidade quanto ao efeito futuro: a de merecer e a de impetrar. Mas a oração, como todo ato de virtude, é eficazmente meritória enquanto procede da raiz da caridade, cujo objeto próprio é o bem eterno que merecemos gozar. Ademais, a oração procede da caridade mediante a religião da qual ela é um ato, como foi acima declarado. Também outras virtudes concorrem com a religião enquanto necessárias para a bondade da oração, como sejam a humildade e a fé. Pertence, pois, à religião oferecer a própria oração a Deus; à caridade pertence desejar aquilo que será concedido. A fé é necessária da parte de Deus, a quem oramos, isto é, que creiamos poder conseguir d'Ele o que pedimos. Da parte do orante é necessária a humildade pela qual reconhece a própria indigência. Será ainda necessária a devoção, mas esta pertence à religião da qual é

---

**15** PARALL.: Supra, a. 7, ad 2; IV *Sent.*, dist. 15, q. 4, a. 7, q.la 2, 3.

1. Interl.
2. Art. 13.
3. Art. 3.

etiam et devotio necessaria: sed haec ad religionem pertinet, cuius est primus actus, necessarius ad omnes consequentes, ut supra[4] dictum est.

Efficaciam autem impetrandi habet ex gratia Dei, quem oramus, qui etiam nos ad orandum inducit. Unde Augustinus dicit, in libro *de Verb. Dom.*[5]: *Non nos hortaretur ut peteremus, nisi dare vellet*. Et Chrysostomus dicit[6]: *Nunquam oranti beneficia denegat qui ut orantes non deficiant sua pietate instigat*.

AD PRIMUM ergo dicendum quod oratio quae est sine gratia gratum faciente meritoria non est: sicut nec aliquis alius actus virtuosus. Et tamen etiam oratio quae impetrat gratiam gratum facientem procedit ex aliqua gratia, quasi ex gratuito dono: quia ipsum orare est quoddam *donum Dei*, ut Augustinus dicit, in libro *de Perseverantia*[7].

AD SECUNDUM dicendum quod ad aliud principaliter respicit meritum orationis quandoque quam ad id quod petitur: meritum enim praecipue ordinatur ad beatitudinem; sed petitio orationis directe se extendit quandoque ad aliqua alia, ut ex dictis[8] patet. Si ergo illud aliud quod petit aliquis pro seipso, non sit ei ad beatitudinem utile, non meretur illud: sed quandoque hoc petendo et desiderando meritum amittit, puta si petat a Deo complementum alicuius peccati, quod est non pie orare. — Quandoque vero non est necessarium ad salutem, nec manifeste saluti contrarium. Et tunc, licet orans possit orando mereri vitam aeternam, non tamen meretur illud obtinere quod petit. Unde Augustinus dicit, in libro *Sententiarum Prosperi*[9]: *Fideliter supplicans Deo pro necessitatibus huius vitae, et misericorditer auditur, et misericorditer non auditur. Quid enim infirmo sit utile magis novit medicus quam aegrotus*. Et propter hoc etiam Paulus non est exauditus petens amoveri stimulum carnis, quia non expediebat. — Si vero id quod petitur sit utile ad beatitudinem hominis, quasi pertinens ad eius salutem, meretur illud non solum orando, sed etiam alia bona opera faciendo. Et ideo indubitanter accipit quod petit, sed quando debet accipere: *quaedam enim non negantur, sed ut congruo dentur tempore, differuntur*, ut Augustinus dicit, *super Ioan*[10]. — Quod tamen potest

o primeiro ato, necessário para todos os outros, como foi acima dito.

A eficácia da impetração procede da graça de Deus, a quem oramos, e que também nos induz à oração. Por isso, escreveu Agostinho: "Deus não nos aconselhou pedir se não quisesse dar"; e Crisóstomo: "Deus nunca nega os benefícios a quem ora, ele que nos provoca pela sua piedade a que não deixemos de orar".

QUANTO AO 1º, deve-se dizer que a oração sem a graça santificante não é meritória, como nenhum outro ato virtuoso. Não obstante, a oração que pede a graça santificante procede de outra graça como de um dom gratuito, porque a própria oração é um "dom de Deus", como diz Agostinho.

QUANTO AO 2º, deve-se dizer que muitas vezes o mérito da oração está principalmente em outra coisa, e não naquilo que pedimos. O mérito da oração se ordena, em primeiro lugar, à bem-aventurança; mas, não raro, pedimos outras coisas, como já foi acima dito. Se, pois, pedimos para nós outra coisa que não seja útil para a bem-aventurança, esta não será conseguida. Mas às vezes pedimos isto e o desejamos, e perdemos mérito, por exemplo, se pedimos a Deus o cumprimento de algum pecado, e isto não é orar piamente. — Todavia, às vezes pedimos o que não é necessariamente útil para a salvação, nem claramente contrário a ela. Neste caso, embora o que ora possa merecer a vida eterna, contudo não merece receber o que pede. Agostinho escreve a respeito: "Ao se pedir fielmente a Deus pelas necessidades da vida, por misericórdia às vezes ele atende, às vezes não; o que seja bom para o doente mais sabe o médico que o próprio doente". Por esse motivo, também Paulo não foi atendido ao pedir a Deus que o livrasse do aguilhão da carne, porque não convinha. — Se, porém, o pedido for feito para se conseguir algo útil para a bem-aventurança, como algo que conduz à salvação, este a merecerá não só pela oração, como ainda pelas boas obras. Então, indubitavelmente receberá o que pede, mas quando seja oportuno recebê-lo. Escreve a respeito

---

4. A. 3, ad 1; q. 82, a. 1, 2.
5. Serm. 105, al. 29, c. 1: ML 38, 619.
6. Cfr. *Catenam auream*, In Luc., c. 18, n. 1.
7. C. 23, n. 64: ML 45, 1032.
8. Art. 6.
9. Sent. 213, al. 212: ML 51, 457 A.
10. Tract. 102, super 16, 23, n. 1: ML 35, 1896.

impediri, si in petendo non perseveret. Et propter hoc dicit Basilius[11]: *Ideo quandoque petis et non accipis, quia perperam postulasti, vel infideliter vel leviter, vel non conferentia tibi, vel destitisti.* — Quia vero homo non potest alii mereri vitam aeternam ex condigno, ut supra[12] dictum est; ideo per consequens nec ea quae ad vitam aeternam pertinent potest aliquando aliquis ex condigno alteri mereri. Et propter hoc non semper ille auditur qui pro alio orat, ut supra[13] habitum est.

Et ideo ponuntur quatuor conditiones, quibus concurrentibus, semper aliquis impetrat quod petit: ut scilicet *pro se* petat, *necessaria ad salutem, pie* et *perseveranter.*

AD TERTIUM dicendum quod oratio innititur principaliter fidei non quantum ad efficaciam merendi, quia sic innititur principaliter caritati: sed quantum ad efficaciam impetrandi. Quia per fidem habet homo notitiam omnipotentiae divinae et misericordiae, ex quibus oratio impetrat quod petit.

Agostinho: "Alguns pedidos não serão negados, mas a sua recepção será diferida para o tempo oportuno". — Receber o que se pede na oração não será conseguido, se nela não se persevera. Basílio a isto se refere nestes termos: "Às vezes não recebes o que pedes na oração porque pediste mal ou sem piedade, ou levianamente, ou o que a ti não convém, ou não perseveraste". — Ademais, porque o homem não pode merecer condignamente a vida eterna para outro, como acima foi dito, também condignamente não merecerá para outro o que se refere à vida eterna. Eis por que nem sempre se é atendido quando se pede por outro, como foi acima esclarecido.

Quatro são as condições exigidas simultaneamente para que sempre se receba o que se pediu na oração: que se peça para si, que se peçam coisas necessárias à salvação, que se peçam piedosamente e com perseverança.

QUANTO AO 3º, deve-se dizer que a oração fundamenta-se principalmente na fé, não quanto à eficácia meritória, porque esta fundamenta-se principalmente na caridade, mas quanto à eficácia impetratória. Pela fé se conhecem a onipotência de Deus e a sua misericórdia, das quais a oração impetra o que é pedido.

## ARTICULUS 16
### Utrum peccatores orando impetrent aliquid a Deo

AD SEXTUMDECIMUM SIC PROCEDITUR. Videtur quod peccatores orando non impetrent aliquid a Deo.

1. Dicitur enim Io 9,31: *Scimus quia peccatores Deus non audit.* Quod consonat ei quod dicitur Pr 28,9: *Qui declinat aures suas ne audiat legem, oratio eius erit execrabilis*: oratio autem execrabilis non impetrat aliquid a Deo. Ergo peccatores non impetrant aliquid a Deo.

2. PRAETEREA, iusti impetrant a Deo illud quod merentur, ut supra[1] habitum est. Sed peccatores nihil possunt mereri: quia gratia carent, et etiam caritate, quae est *virtus pietatis,* ut dicit Glossa[2],

## ARTIGO 16
### A oração dos pecadores é atendida por Deus?

QUANTO AO DÉCIMO SEXTO, ASSIM SE PROCEDE: parece que a oração dos pecadores **não** é atendida por Deus.

1. Com efeito, está escrito no Evangelho: "Sabe-se que Deus não ouve os pecadores", afirmação coerente com o que diz o livro dos Provérbios: "É abominável a oração de quem fecha os ouvidos para não ouvir o que a lei exige". Ora, a oração abominável nada consegue de Deus. Logo, os pecadores não são atendidos por Deus.

2. ALÉM DISSO, os justos recebem de Deus aquilo que merecem, como foi dito acima. Ora, os pecadores não podem merecer, porque lhes faltam a graça e a caridade que são a virtude da piedade,

---

11. *Constit. Monast.*, c. 1, n. 5: MG 31, 1336 C.
12. I-II, q. 114, a. 6.
13. A. 7, ad 2, 3.

16 PARALL.: Infra, q. 178, a. 2, ad 1; *Cont. Gent.* III, 96; *De Pot.*, q. 6, a. 9, ad 5; *in Ioan.*, c. 9, lect. 3.
1. A. praec., ad 2.
2. LOMBARDI: ML 192, 375 A; Ordin.: ML 114, 636 C.

2Tim 3, super illud 51. *Habentes quidem speciem pietatis, virtutem autem eius abnegantes*; et ita non pie orant, quod requiritur ad hoc quod oratio impetret, ut supra[3] dictum est. Ergo peccatores nihil impetrant orando.

3. PRAETEREA, Chrysostomus dicit, *super Matth*.[4]: *Pater non libenter exaudit orationem quam Filius non dictavit*. Sed in Oratione quam Christus dictavit dicitur, *Dimitte nobis debita nostra, sicut et nos dimittimus debitoribus nostris*: quod peccatores non faciunt. Ergo vel mentiuntur hoc dicentes, et sic non sunt exauditione digni: vel, si non dicant, non exaudiuntur, quia formam orandi a Christo institutam non servant.

SED CONTRA est quod Augustinus dicit, *super Ioan*.[5]: *Si peccatores non exaudiret Deus, frustra publicanus dixisset: Domine, propitius esto mihi peccatori*. Et Chrysostomus dicit, *super Matth*.[6]: *Omnis qui petit accipit: idest, sive iustus sit sive peccator*.

RESPONDEO dicendum quod in peccatore duo sunt consideranda: scilicet natura, quam diligit Deus; et culpa, quam odit. Si ergo peccator orando aliquid petit inquantum peccator, idest secundum desiderium peccati, hoc a Deo non auditur ex misericordia, sed quandoque auditur ad vindictam, dum Deus permittit peccatorem adhuc amplius ruere in peccata: *Deus* enim *quaedam negat propitius quae concedit iratus*, ut Augustinus dicit[7].

Orationem vero peccatoris ex bono naturae desiderio procedentem Deus audit, non quasi ex iustitia, quia peccator hoc non meretur, sed ex pura misericordia: observatis tamen quatuor praemissis conditionibus, ut scilicet pro se petat, necessaria ad salutem, pie et perseveranter.

AD PRIMUM ergo dicendum quod, sicut Augustinus dicit, *super Ioan*.[8], illud verbum est caeci *adhuc inuncti*, idest nondum perfecte illuminati. Et ideo non est ratum. — Quamvis possit verificari si intelligatur de peccatore inquantum est peccator. Per quem etiam modum oratio eius dicitur execrabilis.

segundo se lê na Glosa quando explica este texto paulino: "Apresentam-se simulando piedade, mas na realidade negam a virtude dela". Logo, a oração dos pecadores nada consegue do que pede.

3. ADEMAIS, diz Crisóstomo: "O Pai não atende de bom grado aquilo que o Filho não ensinou". Ora, na oração que Cristo ensinou se pede: "Perdoai às nossas ofensas como nós perdoamos aos que nos ofenderam". Isso não fazem os pecadores. Logo, ou mentem quando assim oram, e não são dignos de serem atendidos, ou, se assim não oram, também não serão atendidos, porque não observam a forma da oração instituída por Cristo.

EM SENTIDO CONTRÁRIO, escreve Agostinho, comentando o Evangelho de João: "Se Deus não atendesse os pecadores, teria sido inútil ter o publicano assim orado: Senhor, tende compaixão de mim que sou pecador". Confirma-o Crisóstomo: "Todo aquele que pede será atendido, seja um justo ou um pecador".

RESPONDO. Deve-se considerar no pecador duas coisas: a natureza humana, que Deus ama, e a culpa que Deus odeia. Se o pecador pede algo na oração enquanto pecador, ainda desejando pecar, Deus não o atenderá pela sua misericórdia. Não obstante, às vezes poderá ser atendido para ser castigado, isto é, enquanto Deus permite que ele caia ainda mais em pecado, segundo Agostinho: "Algumas vezes Deus não concede por clemência, mas concede irado".

A oração do pecador que vem de um bom desejo da sua natureza, Deus atende não por justiça, porque ele tal não merece, porém por pura misericórdia, observadas quatro condições: que peça para si, que o pedido seja de coisas necessárias à salvação, piamente e com perseverança.

QUANTO AO 1º, portanto, deve-se dizer, como o faz Agostinho, que o texto citado na primeira objeção, refere-se ao cego do Evangelho que ainda não fora ungido, isto é, não perfeitamente iluminado. Por isso, não está ratificado. — Embora possa ser entendido dessa forma, se se referir ao pecador como pecador. É também desta forma que a oração dele é dita abominável.

---

3. A. praec., ad 2.
4. *Opus imperf. in Matth.*, homil. 14, super 6, 12: MG 56, 711.
5. Tract. 44, n. 13: ML 35, 1718.
6. *Opus imperf. in Matth.*, homil. 18, super 7, 8: MG 56, 732.
7. *In Ioan.*, tract. 73, n. 1: ML 35, 1824; *De verbis Domini*, serm. 354, al. 53, c. 7: ML 39, 1567.
8. Tract. 44, n. 13: ML 35, 1718.

AD SECUNDUM dicendum quod peccator non potest pie orare quasi eius oratio ex habitu virtutis informetur. Potest tamen eius oratio esse pia quantum ad hoc quod petit aliquid ad pietatem pertinens: sicut ille qui non habet habitum iustitiae, potest aliquid iustum velle, ut ex supradictis[9] patet. Et quamvis eius oratio non sit meritoria, potest tamen esse impetrativa quia meritum innititur iustitiae, sed impetratio gratiae.

AD TERTIUM dicendum quod, sicut dictum est[10], Oratio Dominica profertur ex persona communi totius Ecclesiae. Et ideo si aliquis nolens dimittere debita proximo dicat Orationem Dominicam, non mentitur, quamvis hoc quod dicit non sit verum quantum ad suam personam: est enim verum quantum ad personam Ecclesiae. Extra quam est merito: et ideo fructu orationis caret. — Quandoque tamen aliqui peccatores parati sunt debitoribus suis remittere. Et ideo ipsi orantes exaudiuntur: secundum illud Eccli 28,21: *Relique proximo tuo nocenti te: et tunc deprecanti tibi peccata solventur.*

QUANTO AO 2º, deve-se dizer que o pecador não pode orar piamente, como se a sua oração fosse informada por um hábito virtuoso. No entanto, ela pode ser piedosa quando pede algo pertencente à piedade, como também aquele que, não tendo a virtude da justiça, pode querer coisas justas, como acima foi dito. Embora a sua oração não seja meritória, poderá ser impetratória, porque o mérito se fundamenta na justiça, enquanto a impetração, na graça.

QUANTO AO 3º, deve-se dizer que como foi dito, a Oração Dominical é proferida em nome de toda a Igreja. Por isso, se alguém não perdoar as ofensas e disser esta oração, não mente, embora isto não seja verdadeiro quanto à sua pessoa, mas é verdadeiro quanto à pessoa da Igreja, fora da qual se encontra pelos seus pecados; por isso a sua oração será infrutífera. — Às vezes, porém, os pecadores estão decididos a perdoar quem os ofendeu. Então, quando oram com essa intenção, serão atendidos, como se lê no livro do Eclesiástico: "Perdoa o teu próximo que contra ti pecou e, quando orares, os teus pecados te serão também perdoados".

### ARTICULUS 17

**Utrum convenienter dicantur esse orationis partes** *obsecrationes, orationes, postulationes, gratiarum actiones*

AD SEPTIMUMDECIMUM SIC PROCEDITUR. Videtur quod inconvenienter dicantur esse orationis partes *obsecrationes, orationes, postulationes, gratiarum actiones.*
1. Obsecratio enim videtur esse quaedam adiuratio. Sed, sicut Origenes dicit, *super Matth.*[1], *non oportet ut vir qui vult secundum Evangelium vivere, adiuret alium: si enim iurare non licet, nec adiurare.* Ergo inconvenienter ponitur obsecratio orationis pars.

2. PRAETEREA, oratio, secundum Damascenum[2], est *petitio decentium a Deo.* Inconvenienter ergo orationes contra postulationes dividuntur.

3. PRAETEREA, gratiarum actiones pertinent ad praeterita, alia vero ad futura. Sed praeterita sunt

### ARTIGO 17

**É exato dizer que as partes da oração são: obsecração, oração, pedidos e ação de graças?**

QUANTO AO DÉCIMO SÉTIMO, ASSIM SE PROCEDE: parece que **não** é exato dizer que as partes da oração são obsecração, oração, pedidos e ação de graças.

1. Com efeito, a obsecração é uma certa adjuração. Ora, Orígenes, comentando o Evangelho de Mateus, escreve: "Não convém ao que deseja viver segundo o Evangelho adjurar outrem, porque se não é permitido jurar, também não o será adjurar". Logo, não é exato ter a obsecração como parte da oração.

2. ALÉM DISSO, Damasceno diz que "a oração é o pedido a Deus de coisas convenientes". Portanto, não é exato distinguir oração e pedidos.

3. ADEMAIS, as ações de graças referem-se ao passado, outras orações, ao futuro. Ora, o que

---

9. Q. 59, a. 2.
10. A. 7, ad 1.

17 PARALL.: IV *Sent.*, dist. 15, q. 4, a. 3; *ad Philipp.*, c. 4, lect. 1; I *ad Tim.*, c. 2, lect. 1.
1. *Commentarior. series*, n. 110, super 26, 63: MG 13, 1757 B C.
2. *De fide orth.*, l. III, c. 24: MG 94, 1089 C.

priora futuris. Inconvenienter ergo gratiarum actiones post alia ponuntur.

IN CONTRARIUM est auctoritas Apostoli, 1Tim 2,1.

RESPONDEO dicendum quod ad orationem tria requiruntur. Quorum primum est ut orans accedat ad Deum, quem orat. Quod significatur nomine *orationis*: quia oratio est *ascensus intellectus in Deum*. — Secundo, requiritur petitio, quae significatur nomine *postulationis*: sive petitio proponatur determinate, quod quidem nominant quidam proprie *postulationem*; sive indeterminate, ut cum quis petit iuvari a Deo, quod nominant *supplicationem*; sive solum factum narretur, secundum illud Io 11,3: *Ecce, quem amas infirmatur*, quod vocant *insinuationem*. — Tertio, requiritur ratio impetrandi quod petitur. Et hoc vel ex parte Dei, vel ex parte petentis. Ratio quidem impetrandi ex parte Dei est eius sanctitas, propter quam petimus exaudiri: secundum illud Dn 9,17-18: *Propter temetipsum inclina, Deus meus, aurem tuam*. Et ad hoc pertinet *obsecratio*, quae est *per sacra contestatio*: sicut cum dicimus: *Per nativitatem tuam, libera nos, Domine*. — Ratio vero impetrandi ex parte petentis est *gratiarum actio*: quia *de acceptis beneficiis gratias agentes, meremur accipere potiora*, ut in collecta[3] dicitur.

Et ideo dicit Glossa[4], 1Tim 2,1, quod *in missa obsecrationes sunt quae praecedunt consecrationem*, in quibus quaedam sacra commemorantur; *orationes sunt in ipsa consecratione*, in qua mens maxime debet elevari in Deum; *postulationes autem sunt in sequentibus petitionibus; gratiarum actiones in fine*. — In pluribus etiam Ecclesiae collectis haec quatuor possunt attendi. Sicut in collecta Trinitatis, quod dicitur, *Omnipotens, sempiterne Deus*, pertinet ad orationis ascensum in Deum; quod dicitur, *qui dedisti famulis tuis* etc., pertinet ad gratiarum actionem; quod dicitur, *praesta, quaesumus* etc., pertinet ad postulationem; quod in fine ponitur, *per Dominum nostrum* etc., pertinet ad obsecrationem.

In *Collationibus* autem *Patrum*[5] dicitur quod *obsecratio est imploratio pro peccatis; oratio*,

passou antecede o que virá. Logo, não se devem colocar as ações de graças depois das outras partes da oração.

EM SENTIDO CONTRÁRIO, está a autoridade da primeira Carta a Timóteo.

RESPONDO. Três são os requisitos da oração.

O primeiro é que o orante se aproxime de Deus, para quem ora. O próprio nome de *oração* induz a satisfazer esse requisito, porque a oração é a "elevação da mente para Deus".

O segundo requisito é o pedido significado pelo nome *postulação*, ou este pedido é proposto de modo determinado, o que propriamente é postulação; ou de modo indeterminado, quando se pede ser ajudado por Deus, o que é uma *súplica*; ou somente se narre um feito, como diz João: "Eis que quem amas está doente". A isto chama-se *insinuação*. — O terceiro requisito consiste em dar a razão por que se pede. Esta razão pode ser considerada da parte de Deus ou da parte de quem ora. Da parte de Deus é a sua santidade, que nos induz a pedir para sermos atendidos, como se lê no livro de Daniel: "Por causa de ti mesmo, ó meu Deus, inclina os teus ouvidos". Isto pertence à *obsecração*, que é um pedido feito em vista de coisas sagradas, como quando se diz: "Pela tua natividade, livra-nos, Senhor". — Da parte do orante, a impetração consiste em *ação de graças*, porque damos ação de graças pelos benefícios recebidos, porque "dando graças pelos benefícios recebidos, merecemos receber ainda maiores".

Por isso, comenta a Glosa que: "Na missa, as obsecrações estão antes da consagração, nos quais se lembram feitos sagrados; na consagração estão as orações, quando devemos em grau máximo elevar a mente para Deus; as postulações estão nas petições seguintes; a ação de graças está no fim". — Também em muitas outras orações da Igreja, encontram-se estes quatro elementos. Na oração à Ssma. Trindade, quando se diz: "Ó onipotente e eterno Deus", significamos elevação da oração para Deus; quando se diz: "que destes aos teus servidores etc."; significamos a ação de graças; quando se diz: "Concede-nos, nós lhe pedimos etc."; significamos nossas postulações; no fim, quando se diz: "Por nosso Senhor...", significamos as obsecrações.

Nas "Conferências dos Padres" é dito: "Obsecração é pedir pelos pecados; oração é oferecer

---

3. Fer. VI Quat. Temp. Sept. et in *Communi Conf. Pont.*, Missa "Statuit", Postcomm.
4. Ordin.: ML 114, 627 B; LOMBARDI: ML 192, 336 A B.
5. CASSIAN., Collat. IX, cc. 11-13: ML 49, 783 A, 785 B.

*cum aliquid Deo vovemus; postulatio, cum pro aliis petimus*. Sed primum melius est.

AD PRIMUM ergo dicendum quod obsecratio non est adiuratio ad compellendum, quae prohibetur: sed ad misericordiam implorandum.

AD SECUNDUM dicendum quod *oratio* communiter sumpta includit omnia quae hic dicuntur. Sed secundum quod contra alia dividitur, importat proprie ascensum in Deum.

AD TERTIUM dicendum quod in diversis praeterita praecedunt futura: sed aliquid unum et idem prius est futurum quam sit praeteritum. Et ideo gratiarum actio de aliis beneficiis praecedit postulationem aliorum beneficiorum: sed idem beneficium prius postulatur, et ultimo, cum acceptum fuerit, de eo gratiae aguntur. Postulationem autem praecedit oratio, per quam acceditur ad eum a quo petimus. Orationem autem praecedit obsecratio: quia ex consideratione divinae bonitatis ad eum audemus accedere.

algo a Deus; postulação é pedir pelos outros". Mas a primeira explicação é mais aceitável.

QUANTO AO 1º, portanto, deve-se dizer que *obsecração* não é uma adjuração para coagir, que é proibida, mas pedido de misericórdia.

QUANTO AO 2º, deve-se dizer que a oração, como é comumente considerada, inclui tudo o que aqui está como partes suas. Mas enquanto é considerada em oposição às outras três partes da divisão da oração em geral, ela propriamente significa elevação da alma para Deus.

QUANTO AO 3º, deve-se dizer que quando se trata de acontecimentos diferentes, o passado precede o futuro, mas quando se trata de um só e mesmo acontecimento, o futuro precede o passado. Assim sendo, a ação de graças por benefícios diferentes precede o pedido dos outros benefícios. Tratando-se, porém, de um só e mesmo benefício, primeiro se pede, e, depois se agradece. Mas a oração precede a postulação pela qual chegamos a quem pedimos. Todavia, a obsecração precede a oração, porque é após a consideração da bondade divina, que ousamos pedir algo a Deus.

## QUAESTIO LXXXIV
## DE ADORATIONE
### in tres articulos divisa

Deinde considerandum est de exterioribus actibus latriae. Et primo, de adoratione, per quam aliquis suum corpus ad Deum venerandum exhibet; secundo, de illis actibus quibus aliquid de rebus exterioribus Deo offertur; tertio, de actibus quibus ea quae Dei sunt assumuntur.

Circa primum quaeruntur tria.
*Primo:* utrum adoratio sit actus latriae.
*Secundo:* utrum adoratio importet actum interiorem, vel exteriorem.
*Tertio:* utrum adoratio requirat determinationem loci.

## QUESTÃO 84
## A ADORAÇÃO[a]
### em três artigos

Deve-se tratar em seguida dos atos exteriores de latria. Primeiro, da adoração, pela qual com nosso corpo veneramos a Deus. Segundo, dos atos pelos quais oferecemos a Deus algo dos bens exteriores. Terceiro, dos atos pelos quais fazemos uso das coisas divinas.

Três questões sobre o primeiro ponto:
1. A adoração é um ato de latria?
2. Supõe um ato interior ou exterior.
3. Requer um lugar determinado?

a. A adoração é definida como um ato de culto dirigido exclusivamente a Deus, em reconhecimento da excelência que lhe é própria, e não poderia ser comunicada a nenhuma criatura. Eis a noção que se trata de precisar e desenvolver. Os dois primeiros artigos da questão possuem um caráter geral. Um terceiro destacará orientações mais práticas e concretas. O artigo 1 mostra que a adoração é um ato de religião ou de latria (o termo exprimindo aqui a virtude de religião, quando Deus é seu objeto exclusivo). A adoração foi situada no prólogo da q. 82, e no deste questão como um "ato exterior" do culto. Agora, se explica com rigor que é um ato do homem como um todo, que ele engaja o corpo numa atitude de homenagem a Deus, e que o elemento principal dessa homenagem é interior, espiritual (a. 2). À luz dessas noções essenciais, não será difícil resolver um problema concreto em relação com a religião bíblica e cristã: o fato de prestar um culto a Deus em um local determinado, em um templo ou numa igreja; o que não parece de modo algum necessário, mas efetivamente conveniente, dados os aspectos corpóreos e comunitários de que se deve revestir usualmente o culpo divino (a. 3).

## Articulus 1
### Utrum adoratio sit actus latriae sive religionis

Ad primum sic proceditur. Videtur quod adoratio non sit actus latriae sive religionis.

1. Cultus enim religionis soli Deo debetur. Sed adoratio non debetur soli Deo: legitur enim Gn 18,2 quod Abraham adoravit angelos; et 3Reg 1,23 dicitur quod Nathan Propheta, ingressus ad regem David, *adoravit eum pronus in terram*. Ergo adoratio non est actus religionis.

2. Praeterea, religionis cultus debetur Deo prout in ipso beatificamur: ut patet per Augustinum, in X *de Civ. Dei*[1]. Sed adoratio debetur ei ratione maiestatis: quia super illud Ps 95,9, *Adorate Dominum in atrio sancto eius*, dicit Glossa[2]: *De his atriis venitur in atrium ubi maiestas adoratur*. Ergo adoratio non est actus latriae.

3. Praeterea, unius religionis cultus tribus Personis debetur. Non autem una adoratione adoramus tres Personas, sed ad invocationem trium Personarum singulariter genu flectimus. Ergo adoratio non est actus latriae.

Sed contra est quod Mt 4,10 inducitur: *Dominum Deum tuum adorabis, et illi soli servies*.

Respondeo dicendum quod adoratio ordinatur in reverentiam eius qui adoratur. Manifestum est autem ex dictis[3] quod religionis proprium est reverentiam Deo exhibere. Unde adoratio qua Deus adoratur est religionis actus.

Ad primum ergo dicendum quod Deo debetur reverentia propter eius excellentiam, quae aliquibus creaturis communicatur non secundum aequalitatem, sed secundum quandam participationem. Et ideo alia veneratione veneramur Deum, quod pertinet ad latriam: et alia veneratione quasdam excellentes creaturas, quod pertinet ad duliam, de qua post[4] dicetur. Et quia ea quae exterius aguntur signa sunt interioris reverentiae, quaedam

## Artigo 1
### A adoração é ato de latria ou de religião?

Quanto ao primeiro artigo, assim se procede: parece que a adoração **não** é ato de latria ou de religião.

1. Com efeito, culto religioso só deve ser prestado a Deus[b]. Ora, não se adora somente a Ele, porque se lê nas Escrituras que Abraão adorou os anjos e que Natan, quando foi a Davi, prostrou-se por terra, adorando-o. Logo, a adoração não é ato de religião.

2. Além disso, é devido culto religioso a Deus, como deixou claro Agostinho, porque somos santificados por ele. Ora, a adoração lhe é devida em razão da sua majestade, segundo o Salmo: "Adorai o Senhor no seu santo átrio", comentado assim na Glosa: "Desses átrios se vai para o átrio onde se adora a majestade". Logo, a adoração não é ato de latria.

3. Ademais, deve-se prestar um só culto religioso às três Pessoas divinas. Ora, não por um só ato de adoração adoramos as três Pessoas, pois quando as invocamos, fazemos três genuflexões. Logo, a adoração não é ato de latria.

Em sentido contrário, o Evangelho de Mateus insinua quando diz: "Adorarás o Senhor, teu Deus, e somente a ele servirás".

Respondo. A adoração orienta-se à reverência daquele que é adorado. Do que acima foi dito, ficou evidente que é próprio da religião prestar reverência a Deus. Logo, a adoração dirigida para Deus é ato de religião.

Quanto ao 1º, portanto, deve-se dizer que a reverência é devida a Deus por causa da sua excelência, que também é comunicada a algumas criaturas, não em igualdade, mas por participação. Por isso, uma é a veneração prestada a Deus, que pertence à latria; outra é a veneração prestada às criaturas superiores, que pertence à dulia, da qual trataremos adiante. Ademais, como aquilo manifestado externamente é sinal da reverência interior,

---

1
1. C. 3, n. 2: ML 41, 280.
2. Ordin.: ML 113, 1005 D; Lombardi: ML 191, 882 B.
3. Q. 81, a. 2, 4.
4. Q. 103.

---

b. Falamos aqui da adoração como ato de "latria ou de religião"; a "religião" já havia sido designada como "latria" a propósito dos atos exteriores dessa virtude (ver q. 81, a. 7, acima). O termo "latria" aparece para designar o culto devido exclusivamente a Deus, quando se trata de atitudes externas, pelas quais a homenagem ou o serviço podem dirigir-se a homens, nas perspectivas da virtude de *dulia* (que será estudada na II-II, q. 103).

exteriora ad reverentiam pertinentia exhibentur excellentibus creaturis, inter quae maximum est adoratio: sed aliquid est quod soli Deo exhibetur, scilicet sacrificium. Unde Augustinus dicit, in X de Civ. Dei[5]: *Multa de cultu divino usurpata sunt quae honoribus deferrentur humanis, sive humilitate nimia sive adulatione pestifera: ita tamen ut quibus ea deferrentur, homines haberentur, qui dicuntur colendi et venerandi; si autem multum eis additur, et adorandi. Quis vero sacrificandum censuit nisi ei quem Deum aut scivit, aut putavit, aut finxit?*

Secundum reverentiam igitur quae creaturae excellenti debetur, Nathan adoravit David. Secundum autem reverentiam quae Deo debetur, Mardochaeus noluit adorare Aman, *timens ne honorem Dei transferret ad hominem*, ut dicitur Esther 13,14.

Et similiter secundum reverentiam debitam creaturae excellenti, Abraham adoravit angelos; et etiam Iosue, ut legitur Ios 5,15. Quamvis possit intelligi quod adoraverint adoratione latriae Deum, qui in persona angeli apparebat et loquebatur. — Secundum autem reverentiam quae debetur Deo, prohibitus est Ioannes angelum adorare, Ap ult.,8-9. Tum ad ostendendum dignitatem hominis, quam adeptus est per Christum, ut angelis aequetur: unde ibi subditur: *Conservus tuus sum et fratrum tuorum*. Tum etiam ad excludendum idolatriae occasionem: unde subditur: *Deum adora*.

AD SECUNDUM dicendum quod sub maiestate divina intelligitur omnis Dei excellentia, ad quam pertinet quod in ipso, sicut in summo bono, beatificamur.

AD TERTIUM dicendum quod quia una est excellentia trium Personarum, unus honor et reverentia eis debetur: et per consequens una adoratio. In cuius figuram, cum legatur de Abraham Gn 18,2-3, quod tres viri ei apparuerunt, adorans unum alloquitur, dicens: *Domine, si inveni gratiam* etc. Trina autem genuflexio signum est ternarii Personarum: non autem diversitatis adorationum.

também alguns sinais exteriores de reverência são apresentados às criaturas superiores dos quais o mais importante é a adoração. Destes, porém, um só é apresentado a Deus, o sacrifício. A respeito, escreveu Agostinho: "Muitos atos do culto divino foram transferidos para honrar os homens, por grande humildade ou por pestífera adulação. Todavia, sempre tivemos por homens a quem as honras são deferidas por culto e veneração, e mais ainda, por adoração. Quem, no entanto, pensou em oferecer sacrifícios a algum outro que sabia, ou cria, ou que simulava ser Deus?"

Natan adorou David pela reverência devida às pessoas excelentes; pela reverência devida a Deus, Mardoqueu não quis adorar Aman "temendo transferir a honra devida a Deus, para um homem".

Também Abraão adorou os anjos reverenciando as criaturas superiores; do mesmo modo, Josué. Todavia, pode-se entender que adoraram a Deus por culto de latria, se aparecia falando com eles na figura de anjos. — Segundo a reverência devida a Deus, João foi proibido de adorar um anjo, quer para mostrar a dignidade conferida por Cristo ao homem equiparando-o aos anjos, pois aí se acrescenta: "Eu sou servo como tu e teus irmãos"; quer para afastar o perigo de idolatria, pois é acrescentado: "Adora a Deus".

QUANTO AO 2º, deve-se dizer que sob a majestade divina, entende-se toda a excelência divina, pela qual nele somos beatificados como no sumo bem.

QUANTO AO 3º, deve-se dizer que, como uma só é a excelência das três Pessoas, uma só honra e reverência lhe são devidas; por isso, também uma só adoração. Na figura das três Pessoas é dito que a Abraão apareceram três varões, enquanto o Patriarca adora a um ao dizer: "Senhor, se encontrei graça etc.". As três genuflexões significam as três Pessoas, não diversidades de adorações.

ARTICULUS 2

**Utrum adoratio importet actum corporalem**

AD SECUNDUM SIC PROCEDITUR. Videtur quod adoratio non importet actum corporalem.

ARTIGO 2

**A adoração implica expressões corpóreas?**

QUANTO AO SEGUNDO, ASSIM SE PROCEDE: parece que a adoração **não** implica um ato corpóreo.

---

5. C. 4: ML 41, 281.

PARALL.: Supra, q. 81, a. 7; III *Sent.*, dist. 9, q. 1, a. 3, q.la 3.

1. Dicitur enim Io 4,23: *Veri adoratores adorabunt Patrem in spiritu et veritate*. Sed id quod fit in spiritu non pertinet ad corporalem actum. Ergo adoratio non importat corporalem actum.
2. PRAETEREA, nomen adorationis ab *oratione* sumitur. Sed oratio principaliter consistit in interiori actu: secundum illud 1Cor 14,15: *Orabo spiritu, orabo et mente*. Ergo adoratio maxime importat spiritualem actum.
3. PRAETEREA, corporales actus ad sensibilem cognitionem pertinent. Deum autem non attingimus sensu corporis, sed mentis. Ergo adoratio non importat corporalem actum.

SED CONTRA est quod super illud Ex 20,5, *Non adorabis ea, neque coles*, dicit Glossa[1]: *Nec affectu colas, nec specie adores*.

RESPONDEO dicendum quod, sicut Damascenus dicit, in IV libro[2], *quia ex duplici natura compositi sumus, intellectuali scilicet et sensibili*, duplicem adorationem Deo offerimus: scilicet spiritualem, quae consistit in interiori mentis devotione; et corporalem, quae consistit in exteriori corporis humiliatione. Et quia in omnibus actibus latriae id quod est exterius refertur ad id quod est interius sicut ad principalius, ideo ipsa exterior adoratio fit propter interiorem: ut videlicet per signa humilitatis quae corporaliter exhibemus, excitetur noster affectus ad subiiciendum se Deo; quia connaturale est nobis ut per sensibilia ad intelligibilia procedamus.

AD PRIMUM ergo dicendum quod etiam adoratio corporalis in spiritu fit, inquantum ex spirituali devotione procedit, et ad eam ordinatur.

AD SECUNDUM dicendum quod sicut oratio primordialiter quidem est in mente, secundario autem verbis exprimitur, ut supra[3] dictum est; ita etiam adoratio principaliter quidem in interiori Dei reverentia consistit, secundario autem in quibusdam corporalibus humilitatis signis: sicut genu flectimus nostram infirmitatem significantes in comparatione ad Deum; prosternimus autem nos quasi profitentes nos nihil esse ex nobis.

AD TERTIUM dicendum quod etsi per sensum Deum attingere non possumus, per sensibilia tamen signa mens nostra provocatur ut tendat in Deum.

1. Com efeito, lê-se no Evangelho de João: "Os verdadeiros adoradores adorarão o Pai em espírito e verdade". Ora, o que é espiritual não consiste em ato corpóreo. Logo, adoração não é ato corpóreo.
2. ALÉM DISSO, o termo adoração deriva de oração. Ora, a oração é sobretudo ato interior, segundo Paulo: "Orarei em espírito, orarei pela alma". Logo, a adoração consiste sobretudo em ato espiritual.
3. ADEMAIS, os atos corpóreos são objeto do conhecimento sensitivo. Ora, Deus não pode ser conhecido pelos sentidos corpóreos, mas, pela alma. Logo, adoração não consiste em ato corpóreo.

EM SENTIDO CONTRÁRIO, Lê-se no livro do Êxodo: "Não as adorarás, nem lhes prestarás culto". Explica a Glosa: "Não lhes darás culto com o afeto, nem as adorarás exteriormente".

RESPONDO. Diz Damasceno: "Por sermos compostos de duas naturezas, a intelectual e a sensível, prestamos a Deus duas adorações: a espiritual, que consiste na devoção interior da alma, e a corpórea, que consiste na humilhação manifestada por expressões corpóreas". Como nos atos de latria, os atos exteriores se referem aos interiores, como a principais, também a adoração exterior se refere à interior de forma que os sinais de humildade manifestados pelas expressões corpóreas provoquem em nós o sentimento de submissão a Deus, até porque nos é natural chegar ao inteligível mediante o sensível.

QUANTO AO 1º, portanto, deve-se dizer que também a adoração corporal é feita em espírito, enquanto procede da devoção espiritual e para ela se ordena.

QUANTO AO 2º, deve-se dizer que como a oração está principalmente na alma e é expressa de modo secundário pelas palavras, como acima foi dito, também a adoração principalmente consiste em reverência interior, e, de modo secundário, em sinais da humildade manifestados pelas expressões corpóreas. Por isso é que genuflectamos para significar a nossa pequenez comparada à majestade divina, e nos prostramos, significando que nada somos por nós mesmos.

QUANTO AO 3º, deve-se dizer que embora não possamos conhecer a Deus pelos sentidos, todavia, os sinais sensíveis provocam a alma para se dirigir a Deus.

---

1. Ordin.: ML 113, 252 C.
2. *De fide orth*., l. IV, c. 12: MG 94, 1133 B.
3. Q. 83, a. 12.

### ARTICULUS 3
### Utrum adoratio requirat determinatum locum

AD TERTIUM SIC PROCEDITUR. Videtur quod adoratio non requirat determinatum locum.

1. Dicitur enim Io 4,21: *Venit hora quando neque in monte hoc, neque in Ierosolymis adorabitis Patrem*. Eadem autem ratio videtur esse et de aliis locis. Ergo determinatus locus non requiritur ad adorandum.

2. PRAETEREA, adoratio exterior ordinatur ad interiorem. Sed interior adoratio fit ad Deum ut ubique existentem. Ergo exterior adoratio non requirit determinatum locum.

3. PRAETEREA, idem Deus est qui in novo et veteri Testamento adoratur. Sed in veteri Testamento fiebat adoratio ad occidentem: nam ostium tabernaculi respiciebat ad orientem, ut habetur Ex 26,18 sqq. Ergo, eadem ratione, etiam nunc debemus adorare ad occidentem, si aliquis locus determinatus requiritur ad adorandum.

SED CONTRA est quod dicitur Is 56,7 et inducitur Io 2,16: *Domus mea domus orationis vocabitur*.

RESPONDEO dicendum quod, sicut dictum est[1], in adoratione principalior est interior devotio mentis, secundarium autem est quod pertinet exterius ad corporalia signa. Mens autem interius apprehendit Deum quasi non comprehensum aliquo loco: sed corporalia signa necesse est quod in determinato loco et situ sint. Et ideo determinatio loci non requiritur ad adorationem principaliter, quasi sit de necessitate ipsius: sed secundum quandam decentiam, sicut et alia corporalia signa.

AD PRIMUM ergo dicendum quod Dominus per illa verba praenuntiat cessationem adorationis tam secundum ritum Iudaeorum adorantium in Ierusalem, quam etiam secundum ritum Samaritanorum adorantium in monte Garizim. Uterque enim ritus cessavit veniente spirituali Evangelii veritate, secundum quam *in omni loco* Deo *sacrificatur*, ut dicitur Mal 1,11.

AD SECUNDUM dicendum quod determinatus locus eligitur ad adorandum, non propter Deum, qui adoratur, quasi loco concludatur, sed propter

### ARTIGO 3
### A adoração exige um determinado lugar?

QUANTO AO TERCEIRO, ASSIM SE PROCEDE: parece que a adoração **não** exige um lugar determinado.

1. Com efeito, lê-se no Evangelho de João: "Chegará a hora em que nem neste monte, nem em Jerusalém, adorareis o Pai". Ora, o mesmo se pode estender aos outros lugares. Logo, a adoração não exige um lugar determinado.

2. ALÉM DISSO, a adoração exterior ordena-se para a interior. Ora, a adoração exterior é feita para Deus, enquanto presente em todos os lugares. Logo, a adoração exterior não requer lugar determinado.

3. ADEMAIS, o mesmo Deus é adorado no Novo e no Antigo Testamentos. Ora, no Antigo Testamento, a adoração era voltada para o Ocidente, porque a porta do tabernáculo era aberta para o Oriente, como se lê no livro do Êxodo. Logo, pelo mesmo motivo, devemos agora adorar a Deus voltados para o Ocidente, se algum lugar determinado for exigido pela adoração.

EM SENTIDO CONTRÁRIO, as palavras de Isaías e as de João: "Minha casa será chamada casa de oração".

RESPONDO. Como acima foi dito, a adoração é principalmente ato interior, secundariamente é significada por expressões corpóreas, que são exteriores. A alma, no entanto, apreende Deus interiormente, sem estar contido em determinado lugar; mas as expressões corpóreas necessariamente estão situadas e localizadas. Por isso, lugar determinado não é exigido pela adoração, como se fosse necessário, mas por conveniência, como, aliás, os demais sinais exteriores.

QUANTO AO 1º, portanto, deve-se dizer que, por aquelas palavras, Deus prenunciava o fim da adoração, quer segundo o rito dos judeus que adoravam em Jerusalém, quer segundo o rito dos Samaritanos, que adoravam no monte Garizim. Esses dois ritos cessaram quando apareceu a verdade espiritual do Evangelho, pois, como profetizou Malaquias: "Em todos os lugares haverá sacrifício oferecido a Deus".

QUANTO AO 2º, deve-se dizer que se escolhe um determinado lugar para adorar, não por causa de Deus, que é adorado e não é circunscrito a lugar

3 PARALL.: III *Sent*., dist. 9, q. 1, a. 3, q.la 3, ad 3; I *ad Tim*., c. 2, lect. 2.

1. Art. praec.

ipsos adorantes. Et hoc triplici ratione. Primo quidem, propter loci consecrationem, ex qua spiritualem devotionem concipiunt orantes, ut magis exaudiantur: sicut patet ex adoratione Salomonis, 3Reg 8. — Secundo, propter sacra mysteria et alia sanctitatis signa quae ibi continentur. — Tertio, propter concursum multorum adorantium, ex quo fit oratio magis exaudibilis: secundum illud Mt 18,20: *Ubi sunt duo vel tres congregati in nomine meo, ibi sum ego in medio eorum.*

AD TERTIUM dicendum quod secundum quandam decentiam adoramus versus orientem. Primo quidem, propter divinae maiestatis indicium quod nobis manifestatur in motu caeli, qui est ab oriente. — Secundo, propter Paradisum in oriente constitutum, ut legitur Gn 2,8, secundum litteram Septuaginta: quasi quaeramus ad Paradisum redire. — Tertio, propter Christum, qui est *lux mundi* et *Oriens* nominatur, Zach 6,5; et *qui ascendit super caelum caeli ad orientem*; et ab oriente etiam expectatur venturus, secundum illud Mt 24,27: *Sicut fulgur exit ab oriente et paret usque ad occidentem, ita erit adventus Filii hominis.*

algum, mas por causa de nós que o adoramos. Assim é por três razões: Primeira: a consagração do lugar, o que provoca a devoção espiritual nos que oram, para que sejam mais ouvidos por Deus, como se viu na adoração de Salomão. — Segunda: os mistérios sagrados e outros sinais de santidade que aí se encerram. — Terceira: a reunião de muitos adoradores, pois a oração se torna mais digna de ser atendida, segundo disse Jesus: "Onde dois ou três estiverem reunidos em meu nome, estarei no meio deles".

QUANTO AO 3º, deve-se dizer que é por conveniência que adoramos virados para o Oriente. Primeiro: por ser indício de poder divino que se nos manifesta no movimento do céu que parte do Oriente. — Segundo: porque o paraíso estava localizado no Oriente, conforme a tradução dos Setenta, para significar que desejamos voltar para ele. — Terceiro: por causa de Cristo, que é a *luz do mundo*, que é chamado de *Oriente*, que "subiu acima dos céus, no Oriente", e que também é esperado voltar vindo do Oriente: "Como um clarão que vem do Oriente e vai para o Ocidente, assim também será a volta do Filho do Homem"[c].

---

c. Supõe-se como prática corrente a orientação das igrejas, mais precisamente de seu santuário, em direção ao levante. O valor simbólico dessa orientação, aqui qualificado de "conveniente", pode dever-se a uma certa tradição litúrgica e patrística.

## QUAESTIO LXXXV
### DE SACRIFICIIS
*in quatuor articulos divisa*

Deinde considerandum est de actibus quibus aliquae res exteriores Deo offeruntur. Circa quos occurrit duplex consideratio: primo quidem, de his quae Deo a fidelibus dantur; secundo, de vo-

## QUESTÃO 85
### OS SACRIFÍCIOS[a]
*em quatro artigos*

Deve-se tratar em seguida dos atos pelos quais se oferecem a Deus coisas exteriores. Sobre isso, duas considerações: primeira, sobre aquilo que os fiéis dão a Deus; segunda, sobre os votos, pelos

---

a. Nestas questões sobre os dons que os fiéis dão a Deus, sobre os votos e o uso do Nome divino, vemos acentuar-se a intenção doutrinal presente desde o início do estudo da religião. Sem dúvida, o autor tem em vista as práticas cristãs, particularmente aquelas em vigor em sua época, mas ele quer explicá-las e legitimá-las elaborando uma doutrina universal, fundada na consideração do homem, e suscetível de explicar as diferentes situações e etapas históricas, principalmente da história bíblica da salvação.
A questão sobre os sacrifícios — por seu conteúdo e estrutura — demonstra bem claramente essa intenção de elaborar uma ética religiosa de alcance universal, ao mesmo tempo em que apreende de bem perto as realidades históricas concretas.
Os três primeiros artigos respondem às perspectivas mais amplas. Oferecer um sacrifício a Deus é uma obrigação da lei natural. Funda-se na natureza do homem, o qual, em sua qualidade de criatura, deve manifestar a Deus uma total dependência, e enquanto ser corpóreo, deve exprimir sua homenagem mediante sinais visíveis. Essas coisas sensíveis oferecidas a Deus, em sinal da sujeição e da honra que o homem lhe deve, atendem à noção geral de sacrifício, ainda que este se revista ao longo da história das formas mais diversas, determinadas pelas instituições divinas ou humanas.
Tais são as noções mais gerais explicadas pelo artigo primeiro. O a. 2 mostrará que o sacrifício no sentido estrito — homenagem interior de adoração, exprimindo-se pela oferenda da vítima imolada — só poderia ser oferecido a Deus. É o ato por excelência da virtude de religião, completará o artigo 3.

tis, quibus ei aliqua promittuntur. Circa primum, considerandum est de sacrificiis, oblationibus, primitiis et decimis.
Circa sacrificia quaeruntur quatuor.
*Primo:* utrum offerre Deo sacrificium sit de lege naturae.
*Secundo:* utrum soli Deo sit sacrificium offerendum.
*Tertio:* utrum offerre sacrificium sit specialis actus virtutis.
*Quarto:* utrum omnes teneantur ad sacrificium offerendum.

quais se promete alguma coisa. A respeito da primeira consideração, é preciso tratar de sacrifícios, oblações, primícias e dízimos.
Quatro questões sobre os sacrifícios.
1. É da lei natural oferecer sacrifício a Deus?
2. Só a Deus se deve oferecer sacrifício?
3. Oferecer sacrifício é um ato especial de virtude?
4. Todos estão obrigados a oferecer sacrifício?

## Articulus 1
### Utrum offerre sacrificium Deo sit de lege naturae

Ad primum sic proceditur. Videtur quod offerre sacrificium Deo non sit de lege naturae.

1. Ea enim quae sunt iuris naturalis communia sunt apud omnes. Non autem hoc contingit circa sacrificia: nam quidam leguntur obtulisse in sacrificium panem et vinum, sicut de Melchisedech dicitur, Gn 14,18; et quidam haec, quidam illa animalia. Ergo oblatio sacrificiorum non est de iure naturali.
2. Praeterea, ea quae sunt iuris naturalis omnes iusti servaverunt. Sed non legitur de Isaac quod sacrificium obtulerit: neque etiam de Adam, de quo tamen dicitur, Sap 10,2, quod *sapientia eduxit eum a delicto suo*. Ergo oblatio sacrificii non est de iure naturali.
3. Praeterea, Augustinus dicit, X *de Civ. Dei*[1], quod sacrificia in quadam significantia offeruntur. Voces autem, quae sunt praecipua inter signa, sicut idem dicit, in libro *de Doct. Christ.*[2], *non significant naturaliter, sed ad placitum*, secundum Philosophum[3]. Ergo sacrificia non sunt de lege naturali.

## Artigo 1
### Oferecer sacrifício a Deus é de lei natural?

Quanto ao primeiro artigo, assim se procede: parece que oferecer sacrifício a Deus **não** é de lei natural.

1. Com efeito, o que é do direito natural é comum a todos. Ora, parece que isso não acontece com os sacrifícios; lê-se que alguns ofereceram em sacrifício pão e vinho, como está no escrito de Melquisedeque; uns ofereceram certos animais, outros, animais diferentes. Logo, oferecer sacrifício não é do direito natural.
2. Além disso, o que é do direito natural é observado por todos os justos. Ora, não consta que Isaque tenha oferecido sacrifício, nem Adão, sendo que deste se lê nas Escrituras: "A sabedoria o salvou do seu delito". Logo, oferecer sacrifício não é do direito natural.
3. Ademais, Agostinho escreve que os sacrifícios são oferecidos como sinais. Ora, este Doutor, fundamentado em Aristóteles, afirma que, embora as palavras sejam os principais sinais, "não são sinais naturais, mas convencionais", e o repete em outra obra. Logo, o sacrifício não é do direito natural.

---

1
1. Cc. 5, 19: ML 41, 282, 297.
2. L. II, c. 3: ML 34, 37.
3. *Perihermen.*, l. I, c. 4: 16, a, 26.

O artigo 4 se situará nas perspectivas da história da salvação, para responder afirmativamente à questão: todos são obrigados a oferecer sacrifício a Deus. É claro, cada um é obrigado em primeiro lugar a oferecer o sacrifício interior, o culto espiritual da vida inteira. Mas a lei natural obriga de modo igualmente universal a oferecer sacrifícios exteriores. Deve entretanto ser determinada pelas prescrições positivas, variáveis segundo as etapas da salvação. Reveste, portanto, modalidades históricas diversas, para aqueles que se encontram, seja fora da aliança bíblica, seja sob a lei da aliança, antiga ou nova.

A questão permanece, assim, em suas perspectivas mais gerais. As especificações sobre o culto e o sacrifício cristãos são reservadas para a terceira parte da Suma. Aqui Sto. Tomás se contenta em evocar os princípios e as normas éticas de caráter mais universal.

SED CONTRA est quod in qualibet aetate, et apud quaslibet hominum nationes, semper fuit aliqua sacrificiorum oblatio. Quod autem est apud omnes, videtur naturale esse. Ergo et oblatio sacrificii est de iure naturali.

RESPONDEO dicendum quod naturalis ratio dictat homini quod alicui superiori subdatur, propter defectus quos in seipso sentit, in quibus ab aliquo superiori eget adiuvari et dirigi. Et quidquid illud sit, hoc est quod apud omnes dicitur Deus. Sicut autem in rebus naturalibus naturaliter inferiora superioribus subduntur, ita etiam naturalis ratio dictat homini secundum naturalem inclinationem ut ei quod est supra hominem subiectionem et honorem exhibeat secundum suum modum. Est autem modus conveniens homini ut sensibilibus signis utatur ad aliqua exprimenda, quia ex sensibilibus cognitionem accipit. Et ideo ex naturali ratione procedit quod homo quibusdam sensibilibus rebus utatur offerens eas Deo, in signum debitae subiectionis et honoris, secundum similitudinem eorum qui dominis suis aliqua offerunt in recognitionem dominii. Hoc autem pertinet ad rationem sacrificii. Et ideo oblatio sacrificii pertinet ad ius naturale.

AD PRIMUM ergo dicendum quod sicut supra[4] dictum est, aliqua in communi sunt de iure naturali quorum determinationes sunt de iure positivo: sicut quod malefactores puniantur habet lex naturalis, sed quod tali poena vel tali puniantur est ex institutione divina vel humana. Similiter etiam oblatio sacrificii in communi est de lege naturae: et ideo in hoc omnes conveniunt. Sed determinatio sacrificiorum est ex institutione humana vel divina: et ideo in hoc differunt.

AD SECUNDUM dicendum quod Adam et Isaac, sicut et alii iusti, Deo sacrificium obtulerunt secundum sui temporis congruentiam: ut patet per Gregorium, qui dicit[5] quod apud antiquos per sacrificiorum oblationes remittebatur pueris originale peccatum. Non tamen de omnibus iustorum sacrificiis fit mentio in Scriptura: sed solum de illis circa quae aliquid speciale accidit.

EM SENTIDO CONTRÁRIO, em todos os tempos e em todos os povos, sempre se ofereceu alguma coisa em sacrifício. Ora, o que vigora universalmente parece ser natural. Logo, oferecer sacrifício é do direito natural.

RESPONDO. A razão natural determina ao homem que se submeta a algum superior, por causa das referências que reconhece em si, e, por isso, devendo ser auxiliado por um superior e por ele governado. E qualquer que este seja, por todos é chamado Deus. Como na natureza, o que é inferior se submete a um superior, assim também a razão natural determina que, segundo a sua inclinação natural, o homem se submeta ao que está acima e o honre a seu modo. Ora, é conveniente, segundo o modo humano que ele use das coisas sensíveis como sinais para designar outras coisas, até porque o conhecimento intelectivo parte do conhecimento sensitivo. Por isso, o homem, seguindo a razão natural, oferece coisas sensíveis a Deus, para significar a sua submissão e reverência. Aliás, assim age em semelhança aos que oferecem aos seus superiores alguma coisa significativa do reconhecimento ao domínio deste. Ora, isso se refere à razão do sacrifício. Logo, oferecer sacrifício é de lei natural.

QUANTO AO 1º, portanto, deve-se dizer que, como acima foi explicado, algumas determinações do direito natural são estabelecidas de maneira geral, mas que devem ser aplicadas em particular segundo o direito positivo. Por isso, os criminosos devem ser punidos por preceito da lei natural, mas a determinação da pena é do direito positivo divino ou humano. Assim também a determinação geral de oferecer sacrifício é da lei natural e todos aceitam essa explicação. Mas a determinação de qual seja o sacrifício para isto ou para aquilo, é da instituição divina ou humana, razão por que diferenciam-se os sacrifícios.

QUANTO AO 2º, deve-se dizer que Adão e Isaque, como também os outros justos, ofereceram sacrifícios a Deus de acordo com os costumes dos seus tempos, como atesta Gregório Magno, que nos relata oferecerem os antigos sacrifícios para que fosse perdoado o pecado original das crianças. Não obstante, as Escrituras não fazem menção de todos os sacrifícios oferecidos pelos justos, mas somente daqueles que de especial modo deviam ser relatados.

---

4. I-II, q. 95, a. 2.
5. *Moral.*, l. IV, c. 3: ML 75, 635 B.

Potest tamen esse ratio quare Adam non legitur sacrificium obtulisse, ne, quia in ipso notatur origo peccati, simul etiam in eo sanctificationis origo significaretur. — Isaac vero significavit Christum inquantum ipse oblatus est in sacrificium. Unde non oportebat ut significaret quasi sacrificium offerens.

AD TERTIUM dicendum quod significare conceptus suos est homini naturale: sed determinatio signorum est secundum humanum placitum.

Talvez seja esta a razão por que não se lê que Adão ofereceu sacrifício: para que não se identificasse a fonte do pecado com a fonte da salvação. — Isaque, no sacrifício de Abraão, significou Cristo oferecido em oblação, e por isso não lhe convinha oferecer sacrifício.

QUANTO AO 3º, deve-se dizer que é natural que os conceitos humanos são significativos. Mas a determinação dos sinais depende da vontade humana.

## ARTICULUS 2
### Utrum soli summo Deo sit sacrificium offerendum

AD SECUNDUM SIC PROCEDITUR. Videtur quod non soli summo Deo sit sacrificium offerendum.

1. Cum enim sacrificium Deo offerri debeat, videtur quod omnibus illis sit sacrificium offerendum qui divinitatis consortes fiunt. Sed etiam sancti homines *efficiuntur divinae naturae consortes*, ut dicitur 2Pe 1,4: unde et de eis in Ps 81,6 dicitur: *Ego dixi: Dii estis*. Angeli etiam *filii Dei* nominantur, ut patet Iob 1,6. Ergo omnibus his debet sacrificium offerri.

2. PRAETEREA, quanto aliquis maior est, tanto ei maior honor debet exhiberi. Sed angeli et sancti sunt multo maiores quibuscumque terrenis principibus: quibus tamen eorum subditi multo maiorem honorem impendunt, se coram eis prosternentes et munera offerentes, quam sit oblatio alicuius animalis vel rei alterius in sacrificium. Ergo multo magis angelis et sanctis potest sacrificium offerri.

3. PRAETEREA, templa et altaria instituuntur ad sacrificia offerenda. Sed templa et altaria instituuntur angelis et sanctis. Ergo etiam sacrificia possunt eis offerri.

SED CONTRA est quod dicitur Ex 22,20: *Qui immolat diis, occidetur, praeter Domino soli*.

RESPONDEO dicendum quod, sicut dictum est[1]; oblatio sacrificii fit ad aliquid significandum. Sig-

## ARTIGO 2
### Deve-se oferecer sacrifício só ao Deus supremo?

QUANTO AO SEGUNDO, ASSIM SE PROCEDE: parece que **não** se deve oferecer sacrifício só ao Deus supremo.

1. Com efeito, como é dever oferecer sacrifício a Deus, parece que também se deva oferecer sacrifício àqueles que se unem a Ele. Ora, os homens santos estão unidos a Deus e participam da divindade, segundo Pedro: "Tornam-se participantes da natureza divina". Ademais, o Salmista escreve a respeito: "Eu disse: Vós sois deuses", e o anjos são chamados de "filhos de Deus", no livro de Jó. Logo, aos homens e aos anjos se deve oferecer sacrifício.

2. ALÉM DISSO, quanto maior é alguém, tanto maior honra lhe é devido. Ora, os anjos e os homens são maiores que qualquer príncipe da terra. A estes os súditos muito maior honra tributavam, prosternando-se diante deles e oferecendo-lhes presentes, do que se oferecessem animais ou outras coisas em sacrifício. Logo, mais do que eles, aos anjos e aos homens se podem oferecer sacrifícios.

3. ADEMAIS, os templos e altares foram feitos para que neles se oferecessem sacrifícios. Ora, os templos e os altares são dedicados aos anjos ou aos santos. Logo, também se podem neles oferecer sacrifícios aos anjos e aos santos.

EM SENTIDO CONTRÁRIO, lê-se no livro do Êxodo: "Quem imola a outros deuses que não seja somente ao Senhor, será punido de morte".

RESPONDO. Como foi acima dito, a oblação de sacrifício é significativa de outra coisa. O sacri-

---

2 PARALL.: Supra, q. 84, a. 1, ad 1; infra, q. 94, a. 2; I-II, q. 102, a. 3; *Cont. Gent.* III, 120; *in Psalm.* 28; *ad Rom.*, c. 1, lect. 7.

1. Art. praec.

fício oferecido externamente significa o sacrifício interior e espiritual, pelo qual a alma oferece a si mesma a Deus, como diz o Salmista: "O sacrifício para Deus é um espírito contrito", pois, como também acima foi dito, os atos exteriores da religião ordenam-se para os atos interiores. Ora, a alma se oferece a Deus em sacrifício, enquanto Ele é o seu princípio da criação, e o seu fim, da bem-aventurança. Conforme foi declarado na I Parte, a verdadeira fé ensina que somente Deus é o Criador das nossas almas, e que também somente nele está a nossa bem-aventurança. Assim sendo, como só ao Deus Supremo devemos oferecer sacrifício espiritual, também somente a ele se deve oferecer sacrifício exterior, pois escreve Agostinho: "Quando oramos e louvamos, oferecemos a Deus mediante palavras significativas aquilo que nos vai no coração". — Isto deve também ser observado em toda sociedade, ao ser honrado o supremo governante por algum sinal exterior, até porque se for oferecido a outrem, será um crime de lesa majestade. Por isso, a lei divina estabeleceu a pena de morte para os que tributassem a outros as honras devidas só a Deus.

nificat autem sacrificium quod offertur exterius, interius spirituale sacrificium, quo anima seipsam offert Deo, secundum illud Ps 50,19, *Sacrificium Deo spiritus contribulatus*: quia, sicut supra[2] dictum est, exteriores actus religionis ad interiores ordinantur. Anima autem se offert Deo in sacrificium sicut principio suae creationis et sicut fini suae beatificationis. Secundum autem veram fidem solus Deus est creator animarum nostrarum, ut in Primo[3] habitum est. In solo etiam eo animae nostrae beatitudo consistit, ut supra[4] dictum est. Et ideo sicut soli Deo summo debemus sacrificium spirituale offerre, ita etiam soli ei debemus offerre exteriora sacrificia: sicut etiam, *orantes atque laudantes, ad eum dirigimus significantes voces cui res ipsas in corde quas significamus, offerimus*, ut Augustinus dicit, X *de Civ. Dei*[5]. — Hoc etiam videmus in omni republica observari, quod summum rectorem aliquo signo singulari honorant, quod cuicumque alteri deferretur, esset crimen laesae maiestatis. Et ideo in lege divina statuitur poena mortis his qui divinum honorem aliis exhibent.

AD PRIMUM ergo dicendum quod nomen divinitatis communicatur aliquibus non per aequalitatem, sed per participationem. Et ideo nec aequalis honor eis debetur.

AD SECUNDUM dicendum quod in oblatione sacrificii non pensatur pretium occisi pecoris: sed significatio, qua hoc fit in honorem summi Rectoris totius universi. Unde, sicut Augustinus dicit, X *de Civ. Dei*[6], *daemones non cadaverinis nidoribus, sed divinis honoribus gaudent*.

AD TERTIUM dicendum quod, sicut Augustinus dicit, VIII *de Civ. Dei*[7], *non constituimus martyribus templa, sacerdotia: quoniam non ipsi, sed Deus eorum nobis est Deus. Unde sacerdos non dicit: Offero tibi sacrificium, Petre, vel Paule. Sed Deo de illorum victoriis gratias agimus, et nos ad imitationem eorum adhortamur.*

QUANTO AO 1º, portanto, deve-se dizer que atribui-se o nome de Deus a outros, não por igualdade, mas por participação. Logo, a estes não se deve prestar honra igual.

QUANTO AO 2º, deve-se dizer que na oblação do sacrifício não se considera o preço do animal que é morto, mas o significado de que isto se faz em honra de Deus, o Sumo Dirigente de todo o universo. Donde escrever Agostinho: "Os demônios não gostam do cheiro das vítimas sacrificadas, mas das honras devidas a Deus".

QUANTO AO 3º, deve-se dizer com Agostinho: "Não estabelecemos templos e sacerdotes para os mártires porque eles são deuses, mas por que o Deus deles é o nosso Deus. Por essa razão, o sacerdote não diz: ofereço a ti, Pedro ou Paulo, o sacrifício. Mas damos graças a Deus pelas suas vitórias e nos exortamos a imitá-los".

---

2. Q. 81, a. 7; q. 84, a. 2.
3. Q. 90, a. 3; q. 118, a. 2.
4. I-II, q. 1, a. 8; q. 2, a. 8; q. 3, a. 1, 7, 8.
5. C. 19: ML 41, 297.
6. Loc. cit.: ML 41, 298.
7. C. 27, n. 11: ML 41, 255.

## Articulus 3
### Utrum oblatio sacrificii sit specialis actus virtutis

AD TERTIUM SIC PROCEDITUR. Videtur quod oblatio sacrificii non sit specialis actus virtutis.

1. Dicit enim Augustinus, X *de Civ. Dei*[1]: *Verum sacrificium est omne opus quod agitur ut sancta societate inhaereamus Deo*. Sed omne opus bonum non est specialis actus alicuius determinatae virtutis. Ergo oblatio sacrificii non est specialis actus determinatae virtutis.

2. PRAETEREA, maceratio corporis quae fit per ieiunium, pertinet ad abstinentiam; quae autem fit per continentiam, pertinet ad castitatem; quae autem est in martyrio, pertinet ad fortitudinem. Quae omnia videntur comprehendi sub sacrificii oblatione: secundum illud Rm 12,1: *Exhibeatis corpora vestra hostiam viventem*. Dicit etiam Apostolus, *ad Hb ult.,16*: *Beneficentiae et communionis nolite oblivisci: talibus enim hostiis promeretur Deus*: beneficentia autem et communio pertinent ad caritatem, misericordiam et liberalitatem. Ergo sacrificii oblatio non est specialis actus determinatae virtutis.

3. PRAETEREA, sacrificium videtur quod Deo exhibetur. Sed multa sunt quae Deo exhibentur: sicut devotio, oratio, decimae, primitiae, oblationes et holocausta. Ergo sacrificium non videtur esse aliquis specialis actus determinatae virtutis.

SED CONTRA est quod in lege specialia praecepta de sacrificiis dantur: ut patet in principio *Levitici*.

RESPONDEO dicendum quod, sicut supra[2] habitum est, quando actus unius virtutis ordinatur ad finem alterius virtutis, participat quodammodo speciem eius: sicut cum quis furatur ut fornicetur, ipsum furtum accipit quodammodo fornicationis deformitatem, ita quod si etiam alias non esset peccatum, ex hoc iam peccatum esset quod ad fornicationem ordinatur. Sic igitur sacrificium est quidam specialis actus laudem habens ex hoc quod in divinam reverentiam fit. Propter quod ad determinatam virtutem pertinet, scilicet ad religionem.

## Artigo 3
### Oferecer sacrifício é um ato especial de virtude?

QUANTO AO TERCEIRO, ASSIM SE PROCEDE: parece que oferecer sacrifício **não** é um ato especial de virtude.

1. Com efeito, diz Agostinho: "Verdadeiro sacrifício é tudo que se faz para santamente se unir com Deus". Ora, nem toda boa ação é um ato especial de uma determinada virtude. Logo, a oblação do sacrifício não é ato especial de determinada virtude.

2. ALÉM DISSO, a mortificação do corpo feita pelo jejum pertence à abstinência; feita pela continência, pertence à castidade; feita pelo martírio, pertence à fortaleza. Todas estas mortificações estão incluídas na oblação do sacrifício, como escreve Paulo: "Apresentai os vossos corpos como hóstias vivas". Escreve ainda em outra carta: "Não vos esqueçais das obras de beneficência e de pôr em comum os vossos bens, porque é por tais sacrifícios que merecemos ser recompensados por Deus". Ora, as obras de beneficência e distribuir os seus bens são atos da caridade, da misericórdia e da liberalidade. Logo, a oblação de sacrifício não é ato especial de uma determinada virtude.

3. ADEMAIS, parece que é sacrifício o que se oferece a Deus. Ora, muitas e diferentes são as ofertas para Deus: a devoção, a oração, os dízimos, as primícias, as oblações e os holocaustos. Logo, o sacrifício não será um ato especial de determinada virtude.

EM SENTIDO CONTRÁRIO, na lei há preceitos especiais sobre os sacrifícios, como se pode ver no início do livro do Levítico.

RESPONDO. Como acima foi dito, quando ato de uma virtude está ordenado para o fim de outra virtude, tal ato de certo modo participa da natureza desta. Assim quando alguém rouba para fornicar, o furto recebe a malícia da fornicação, de tal modo que, se por outras causas não fosse pecado, sê-lo-ia porque é feito para fornicar. Pois bem, o sacrifício é um ato especial e louvável, porque é feito para reverenciar a Deus. Eis por que é objeto de uma especial virtude, a religião.

---

3 PARALL.: III *Sent.*, dist. 9, q. 1, a. 1, q.la 2.
   1. C. 6: ML 41, 283.
   2. Vide I-II, q. 18, a. 6, 7; q. 60, a. 3, ad 2.

Contingit autem etiam ea quae secundum alias virtutes fiunt, in divinam reverentiam ordinari: puta cum aliquis eleemosynam facit de rebus propriis propter Deum, vel cum aliquis proprium corpus alicui afflictioni subiicit propter divinam reverentiam. Et secundum hoc etiam actus aliarum virtutum sacrificia dici possunt. Sunt tamen quidam actus qui non habent ex alio laudem nisi quia fiunt propter reverentiam divinam. Et isti actus proprie sacrificia dicuntur: et pertinent ad virtutem religionis.

AD PRIMUM ergo dicendum quod hoc ipsum quod Deo quadam spirituali societate volumus inhaerere, ad divinam reverentiam pertinet. Et ideo cuiuscumque virtutis actus rationem sacrificii accipit ex hoc quod agitur ut sancta societate Deo inhaereamus.

AD SECUNDUM dicendum quod triplex est hominis bonum. Primum quidem est bonum animae: quod Deo offertur interiori quodam sacrificio per devotionem et orationem et alios huiusmodi interiores actus. Et hoc est principale sacrificium. — Secundum est bonum corporis: quod Deo quodammodo offertur per martyrium, et abstinentiam seu continentiam. — Tertium est bonum exteriorum rerum: de quo sacrificium offertur Deo, directe quidem, quando immediate res nostras Deo offerimus; mediate autem, quando eas communicamus proximis propter Deum.

AD TERTIUM dicendum quod *sacrificia* proprie dicuntur quando circa res Deo oblatas aliquid fit: sicut quod animalia occidebantur, quod panis frangitur et comeditur et benedicitur. Et hoc ipsum nomen sonat: nam sacrificium dicitur ex hoc quod homo *facit* aliquid *sacrum*. — *Oblatio* autem directe dicitur cum Deo aliquid offertur, etiam si nihil circa ipsum fiat: sicut dicuntur offerri denarii vel panes in altari, circa quos nihil fit. Unde omne sacrificium est oblatio, sed non convertitur. — *Primitiae* autem oblationes sunt, quia Deo offerebantur, ut legitur Dt 26: non autem sunt sacrificia, quia nihil sacrum circa eas fiebat. — *Decimae* autem, proprie loquendo, non sunt neque sacrificia neque oblationes: quia non immediate Deo, sed ministris divini cultus exhibentur.

No entanto, acontece que há atos de outras virtudes que são destinados a reverenciar a Deus. Por exemplo, dar como esmola algo de seus bens por causa de Deus, ou quando se macera o corpo para se reverenciá-Lo. Neste sentido, também os atos das outras virtudes podem ser chamados de sacrifício. Porém, há atos que não são louváveis por outra razão, senão porque reverenciam a Deus. Estes deverão ser propriamente chamados de sacrifício e pertencem à virtude de religião.

QUANTO AO 1º, portanto, deve-se dizer que quando queremos nos unir a Deus por união espiritual, este desejo é ato de reverência a Ele. Assim também o ato de qualquer virtude tem razão de sacrifício, porque é feito em vista de unir-se em santa união com Deus.

QUANTO AO 2º, deve-se dizer que três são os bens do homem. O primeiro, é o bem da alma, que se oferece a Deus com um sacrifício interior, pela devoção, pela oração ou por semelhantes atos interiores. Este é o principal sacrifício. — O segundo, é o bem do corpo, que é oferecido a Deus pelo martírio, pela continência ou pela abstinência. — O terceiro, é o bem de coisas exteriores, que oferecemos a Deus como sacrifício, direta ou indiretamente. Diretamente, quando oferecemos coisas nossas a Deus; indiretamente, quando as damos aos outros por causa d'Ele.

QUANTO AO 3º, deve-se dizer que propriamente há *sacrifícios*, quando se faz alguma ação com as coisas oferecidas, como matar os animais, partir o pão, comê-lo e benzê-lo. Estas ações estão designadas no próprio termo *sacrifício*, que quer dizer *fazer algo sagrado*. — *Oblação* significa oferecer algo a Deus mesmo que isto seja feito sem alguma ação sobre o dom. Assim é que se colocam moedas ou pães no altar sem que sejam apresentados por algum ato. Disto se conclui que todo sacrifício é oblação, mas que nem toda oblação é sacrifício. — As *primícias* são oblações feitas para Deus, como se lê no livro do Deuteronômio, mas não são sacrifício, porque nenhuma ação sagrada as acompanhava. — Os *dízimos*, no sentido próprio, não são sacrifício nem oblação, porque não eram oferecidos a Deus diretamente, mas aos ministros[b] do culto divino.

---

b. Ao distinguir claramente o sacrifício (no sentido estrito) de toda outra forma de oblação feita a Deus, o autor continua numa perspectiva geral, sendo bastante sóbrio na determinação do que diferencia o sacrifício da oblação. "Existe sacrifício, propriamente falando, quando as coisas que oferecemos a Deus são o objeto de uma ação tal como era a morte de animais...". E o texto acrescenta: "ou como é a fração, a manducação e a bênção (eucarísticas) do pão". O que remete à persuasão, tida como comumente admitida, concernente ao caráter sacrificial da eucaristia, mas reservando mais amplas explicações para a terceira Parte (q. 79, a. 5 e 7; q. 83, a. 1).

## Articulus 4
### Utrum omnes teneantur ad sacrificia offerenda

AD QUARTUM SIC PROCEDITUR. Videtur quod non omnes teneantur ad sacrificia offerenda.

1. Dicit enim Apostolus, Rm 3,19: *Quaecumque lex loquitur, his qui sunt in lege loquitur*. Sed lex de sacrificiis non fuit omnibus data, sed soli populo Hebraeorum. Ergo non omnes ad sacrificia tenebantur.

2. PRAETEREA, sacrificia Deo offeruntur ad aliquid significandum. Sed non est omnium huiusmodi significationes intelligere. Ergo non omnes tenentur ad sacrificia offerenda.

3. PRAETEREA, ex hoc sacerdotes dicuntur quod Deo sacrificium offerunt. Sed non omnes sunt sacerdotes. Ergo non omnes tenentur ad sacrificia offerenda.

SED CONTRA est quod sacrificium offerre est de lege naturae, ut supra[1] habitum est. Ad ea autem quae sunt legis naturae omnes tenentur. Ergo omnes tenentur ad sacrificium Deo offerendum.

RESPONDEO dicendum quod duplex est sacrificium, sicut dictum est[2]. Quorum primum et principale est sacrificium interius, ad quod omnes tenentur: omnes enim tenentur Deo devotam mentem offerre. — Aliud autem est sacrificium exterius. Quod in duo dividitur. Nam quoddam est quod ex hoc solum laudem habet quod Deo aliquid exterius offertur in protestationem divinae subiectionis. Et ad hoc aliter tenentur illi qui sunt sub lege nova vel veteri: aliter illi qui non sunt sub lege. Nam illi qui sunt sub lege, tenentur ad determinata sacrificia offerenda secundum legis praecepta. Illi vero qui non erant sub lege, tenebantur ad aliqua exterius facienda in honorem divinum, secundum condecentiam ad eos inter quos habitabant: non autem determinate ad haec vel ad illa. — Aliud vero est exterius sacrificium quando actus exteriores aliarum virtutum in divinam reverentiam assumuntur. Quorum quidam cadunt sub praecepto, ad quos omnes tenentur: quidam vero sunt supererogationis, ad quos non omnes tenentur.

## Artigo 4
### Todos estão obrigados a oferecer sacrifícios?

QUANTO AO QUARTO, ASSIM SE PROCEDE: parece que **nem** todos estão obrigados a oferecer sacrifícios.

1. Com efeito, escreve Paulo: "O que está na lei, é dito para os que estão sob a lei". Ora, a lei de oferecer sacrifícios não foi dada para todos, mas somente para o povo hebreu. Logo, nem todos estão obrigados a oferecer sacrifícios.

2. ALÉM DISSO, os sacrifícios são oferecidos a Deus como sinal de alguma coisa. Ora, nem todos entendem este sinal. Logo, nem todos estão obrigados a oferecer sacrifícios.

3. ADEMAIS, são chamados sacerdotes os destinados a oferecer sacrifícios a Deus. Ora, nem todos são sacerdotes. Logo, nem todos estão obrigados a oferecer sacrifícios.

EM SENTIDO CONTRÁRIO, como acima foi dito, oferecer sacrifício é da lei natural. Ora, o que é da lei natural obriga a todos. Logo, todos estão obrigados a oferecer sacrifícios.

RESPONDO. Como foi dito acima, há duas espécies de sacrifício: a primeira e principal consiste no sacrifício interior, que obriga a todos, porque todos devem oferecer a Deus a alma devota. — A segunda consiste no sacrifício exterior. Este, por sua vez, é duplo. O primeiro é o que só é louvável, porque oferece exteriormente alguma coisa a Deus em sinal de submissão. Estão obrigados a oferecer esse sacrifício, mas de modos diferentes, os que estão submetidos à Antiga ou à Nova Lei, e os que a elas não estão submetidos. Os que estão submetidos à lei, estão obrigados a oferecer os sacrifícios estabelecidos pela lei; os que não estão submetidos à lei, estão obrigados a oferecer algo de exterior em sinal de honra a Deus, segundo a conveniência dos costumes da sociedade em que vivem, mas sem determinação para este ou aquele sacrifício. — Outro é o sacrifício exterior, quando os atos exteriores das outras virtudes são assumidos em sinal da reverência a Deus. Destes, alguns são preceituados e a eles todos devem obedecer; outros, porém, são superrogatórios, aos quais nem todos estão obrigados.

---

1. Art. 1.
2. Art. 2.

AD PRIMUM ergo dicendum quod ad illa determinata sacrificia quae in lege erant praecepta, non omnes tenebantur: tenebantur tamen ad aliqua sacrificia interiora vel exteriora, ut dictum est³.

AD SECUNDUM dicendum quod quamvis non omnes sciant explicite virtutem sacrificiorum, sciunt tamen implicite: sicut et habent fidem implicitam, ut supra⁴ habitum est.

AD TERTIUM dicendum quod sacerdotes offerunt sacrificia quae sunt specialiter ordinata ad cultum divinum, non solum pro se, sed etiam pro aliis. Quaedam vero sunt alia sacrificia quae quilibet potest pro se Deo offerre, ut ex supradictis⁵ patet.

QUANTO AO 1º, portanto, deve-se dizer que nem todos estavam obrigados a oferecer os sacrifícios estabelecidos pela lei. Mas estavam obrigados a oferecer sacrifícios interiores ou exteriores, como se disse.

QUANTO AO 2º, deve-se dizer que embora nem todos conheçam explicitamente a virtude dos sacrifícios, todavia a conhecem implicitamente, como aqueles que têm fé implícita, como foi dito acima.

QUANTO AO 3º, deve-se dizer que os sacerdotes oferecem os sacrifícios especialmente destinados para o culto divino, não somente para si mesmos, como também para os outros. Todavia, há outros sacrifícios que cada um pode por si mesmo oferecer, como se conclui do que acima foi dito.

3. In corp.
4. Q. 2, a. 6, 7, 8.
5. In corp. et a. 2.

## QUAESTIO LXXXVI
## DE OBLATIONIBUS ET PRIMITIIS
*in quatuor articulos divisa*
Deinde considerandum est de oblationibus et primitiis.
Et circa hoc quaeruntur quatuor.
*Primo*: utrum aliquae oblationes sint de necessitate praecepti.

## QUESTÃO 86
## AS OBLAÇÕES E AS PRIMÍCIAS[a]
*em quatro artigos*
Deve-se em seguida tratar das oblações e das primícias.
A esse respeito, quatro questões.
1. Algumas oblações são obrigadas sob preceito?

a. As q. 86 (sobre as oblações e as primícias) e 87 (sobre os dízimos) ligam-se pela afinidade de seus objetos, e se vinculam aos mesmos princípios doutrinais.
A obrigação geral de fazer oferendas em homenagem a Deus e em vista de prover às necessidades do culto, é estudada sob três aspectos complementares:
— a lei natural impõe o dever de honrar a Deus, oferecendo-lhe os bens materiais;
— essa obrigação universal deve ser determinada quanto a seu objeto e suas modalidades pelas prescrições das leis positivas;
— o povo do Antigo Testamento tinha a obrigação de se conformar às prescrições que possuíam um caráter moral, judiciário e cerimonial; o povo cristão não está mais obrigado à observância dos preceitos judiciários e cerimoniais da antiga aliança, mas às determinações da Igreja, que vêm especificar a obrigação moral, cujo fundamento último permanece sendo a lei natural. Ela poderá editar normas litúrgicas e jurídicas que, por elas mesmas, possuirão uma obrigação meramente eclesiástica.
As soluções concretas, propostas ou apreciadas no texto, supõem as práticas habituais e as prescrições canônicas medievais. Mas as normas fundamentais reivindicam o duplo princípio, que continua válido a despeito da diversidade de épocas e das modificações do direito:
— por um lado, afirma-se o dever fundado sobre o direito natural, a saber: a obrigação para todo o povo cristão de contribuir de bom grado ao culto divino, por meio de oferendas voluntárias;
— por outro lado, cabe ao direito eclesiástico prescrever e determinar as modalidades dessas oferendas, "segundo os costumes da região e as necessidades dos ministros da Igreja".
Encontra-se aqui, por conseguinte, uma sugestiva aplicação dos princípios elaborados a respeito da antiga lei e da nova lei (em especial nas I-II, q. 99; q. 106-108). Assim, além de seu interesse histórico, essas questões conservam um atualidade inquestionável, fundando sobre princípios universais todo um leque de soluções concretas. Elas sugerem respostas específicas às questões que se põem desde sempre à Igreja: como associar a generosidade dos fiéis à manutenção do culto, evitando ao mesmo tempo até as aparências de comércio ou de busca de lucro. Perspectivas e problemas semelhantes voltarão com ênfase ainda maior nas II-II, q. 100, sobre a simonia.

*Secundo:* quibus oblationes debeantur.
*Tertio:* de quibus rebus fieri debeant.
*Quarto:* specialiter de oblationibus primitiarum, utrum ad eas homines ex necessitate teneantur.

### Articulus 1
### Utrum homines teneantur ad oblationes ex necessitate praecepti

AD PRIMUM SIC PROCEDITUR. Videtur quod homines non teneantur ad oblationes ex necessitate praecepti.

1. Non enim homines tempore Evangelii tenentur ad observanda caeremonialia praecepta veteris legis, ut supra¹ habitum est. Sed oblationes offerre ponitur inter caeremonialia praecepta veteris legis: dicitur enim Ex 23,14: *Tribus vicibus per singulos annos mihi festa celebrabitis*, et postea 15 subditur: *Non apparebis in conspectu meo vacuus*. Ergo ad oblationes non tenentur nunc homines ex necessitate praecepti.

2. PRAETEREA, oblationes, antequam fiant, in voluntate hominis consistunt: ut videtur per hoc quod Dominus dicit, Mt 5,23. *Si offers munus tuum ad altare*, quasi hoc arbitrio offerentium relinquatur. Postquam autem oblationes sunt factae, non restat locus iterato eas offerendi. Ergo nullo modo aliquis ex necessitate praecepti ad oblationes tenetur.

3. PRAETEREA, quicumque aliquid tenetur reddere Ecclesiae, si non reddat, potest ad id compelli per subtractionem ecclesiasticorum sacramentorum. Sed illicitum videtur his qui offerre noluerint ecclesiastica sacramenta denegare: secundum illud decretum Sextae Synodi² quod habetur I, qu. 1³: *Nullus qui sacram communionem dispensat, a percipiente gratiam aliquid exigat: si vero exegerit, deponatur*. Ergo non tenentur homines ex necessitate ad oblationes.

SED CONTRA est quod Gregorius dicit⁴: *Omnis Christianus procuret ad Missarum solemnia aliquid Deo offerre*.

RESPONDEO dicendum quod, sicut dictum est⁵, nomen oblationis commune est ad omnes res quae

2. A quem se devem as oblações?
3. Que coisas se devem oferecer?
4. Falando especialmente das oblações das primícias, todos os homens são obrigados a fazê-las?

### Artigo 1
### Os homens estão obrigados por preceito a fazer oblações?

QUANTO AO PRIMEIRO ARTIGO, ASSIM SE PROCEDE: parece que os homens **não** estão obrigados por preceito a fazer oblações.

1. Com efeito, os homens na vigência do Evangelho não estão obrigados a observar os preceitos relativos às cerimônias religiosas da Antiga Lei, como acima foi dito. Ora, fazer as oblações está preceituado nesta Lei, como se lê no livro do Êxodo: "Três vezes por ano dedicareis uma festa para mim", e, logo após: "Não vos apresenteis perante mim com mãos vazias". Logo, agora não estão os homens obrigados a oblações por necessidade de preceito.

2. ALÉM DISSO, as oblações antes de serem feitas consistem em ato da vontade, como se conclui destas palavras do Senhor: "Se ofereceres a tua dádiva no altar", como se deixasse a critério do ofertante oferecê-la. Ora, depois de feitas, não haverá possibilidade de repeti-las. Logo, de nenhum modo se está obrigado a fazer oblações por necessidade de preceito.

3. ADEMAIS, quem está obrigado a restituir à Igreja alguma coisa, e não o faz, pode ser forçado a fazê-lo, negando-se-lhe os sacramentos. Ora, parece ilícito negar os sacramentos da Igreja a quem não quis fazer oferta, segundo este decreto Sinodal: "Nenhum clérigo que distribui a sagrada comunhão poderá exigir alguma oferta de quem a recebe; se exigir, seja deposto". Logo, os homens não estão obrigados por preceito a fazer oblações.

EM SENTIDO CONTRÁRIO, preceituou o papa Gregório VII: "Todo cristão procure oferecer alguma coisa a Deus nas celebrações das missas".

RESPONDO. O nome *oblação* é atribuído a todas as coisas que são oferecidas no divino culto. Ade-

---

1. II-II, q. 103, a. 3.
2. Conc. in Trullo, a. 692, can. 23: ed. I. D. MANSI, t. XI, p. 954.
3. GRATIANUS, *Decretum*, p. II, causa 1, q. 1, can. 100: ed. Richter-Friedberg, t. I, p. 398.
4. In Conc. Rom. V, can. 12: ed. I. D. MANSI, t. XX, p. 510.
5. Q. 85, a. 3, ad 3.

in cultum Dei exhibentur. Ita quod si aliquid exhibeatur in cultum divinum quasi in aliquod sacrum quod inde fieri debeat consumendum, et oblatio est et sacrificium: unde dicitur Ex 29,18: *Offeres totum arietem in incensum super altare: oblatio est Domino, odor suavissimus victimae Dei*; et Lv 2,1 dicitur: *Anima cum obtulerit oblationem sacrificii Domino, simila erit eius oblatio*. Si vero sic exhibeatur ut integrum maneat, divino cultui deputandum vel in usus ministrorum expendendum, erit oblatio et non sacrificium.

Huiusmodi ergo oblationes de sui ratione habent quod voluntarie offerantur: secundum illud Ex 25,2: *Ab homine qui offert ultroneus, accipietis eas*. Potest tamen contingere quod aliquis ad oblationes teneatur quadruplici ratione. Primo quidem, ex praecedenti conventione: sicut cum alicui conceditur aliquis fundus Ecclesiae, ut certis temporibus certas oblationes faciat. Quod tamen habet rationem census. — Secundo, propter praecedentem deputationem sive promissionem: sicut cum aliquis offert donationem inter vivos, vel cum relinquit in testamento Ecclesiae aliquam rem, mobilem vel immobilem, in posterum solvendam. — Tertio modo, propter Ecclesiae necessitatem: puta si ministri Ecclesiae non haberent unde sustentarentur. — Quarto modo, propter consuetudinem: tenentur enim fideles in aliquibus solemnitatibus ad aliquas oblationes consuetas. — Tamen in his duobus ultimis casibus remanet oblatio quodammodo voluntaria: scilicet quantum ad quantitatem vel speciem rei oblatae.

AD PRIMUM ergo dicendum quod in nova lege homines non tenentur ad oblationem causa solemnitatum legalium, ut in *Exodo* dicitur: sed ex quibusdam aliis causis, ut dictum est[6].

AD SECUNDUM dicendum quod ad oblationes faciendas tenentur aliqui et antequam fiant, sicut in primo et tertio et quarto modo: et etiam postquam eas fecerint per deputationem sive promissionem; tenentur enim realiter exhibere quod est Ecclesiae per modum deputationis oblatum.

AD TERTIUM dicendum quod illi qui debitas oblationes non reddunt possunt puniri per subtractionem sacramentorum, non per ipsum sacerdotem cui sunt oblationes faciendae, ne videatur pro

mais, se alguma coisa é oferecida no culto divino como coisa sagrada que deve ser consumida, é este rito chamado de *oblação e sacrifício*. A respeito, lê-se no livro do Êxodo: "Oferecerás todo o carneiro queimado sobre o altar como incenso: é uma oblação para o Senhor o perfume suavíssimo da vítima". Lê-se, também, no livro do Levítico: "Quando alguém oferecer ao Senhor uma oblação de sacrifício, esta será pura flor de farinha". Mas, se for oferecido algo para o culto divino ou para os ministros, não para ser consumido, será oblação, não sacrifício.

E da razão dessas oblações que sejam oferecidos livremente, segundo este versículo do Êxodo: "Recebereis de quem oferece de bom grado". Todavia, pode acontecer que se esteja obrigado a fazer oblação por quatro motivos. Primeiro: por uma convenção anterior, como quando se concede a uma pessoa um bem eclesiástico, para que faça de tempos em tempos alguma oblação. Tal contribuição periódica tem a razão de censo. — Segundo: por uma destinação ou promessa anteriormente feita, como quando alguém faz uma doação entre vivos ou deixa em testamento bens móveis ou imóveis para serem posteriormente recebidos. — Terceiro: para atender a alguma necessidade da Igreja, como, por exemplo, quando os ministros desta não têm como viver. — Quarto: devido ao costume, quando os fiéis devem fazer as ofertas costumeiras nas solenidades. — Todavia, nos dois últimos casos, a oblação permanece de algum modo voluntária, quanto à quantidade e à espécie da coisa oferecida.

QUANTO AO 1º, portanto, deve-se dizer que na vigência da Nova Lei, não se está obrigado a fazer oblação nas solenidades legais, como foi dito no livro do Êxodo, mas por outras causas, como acima foi dito.

QUANTO AO 2º, deve-se dizer que alguns têm obrigação de fazer oblação antes de ela ser oferecida, como acontece no primeiro, terceiro e quarto modos; e também depois de ser oferecida por destinação ou por promessa, pois há obrigação de se entregar realmente à Igreja o que lhe foi oferecido por destinação.

QUANTO AO 3º, deve-se dizer que os que não entregam as oblações devidas podem ser punidos, negando-se-lhes os sacramentos. Mas tal não deverá ser feito pelo próprio sacerdote a quem

---

6. In corp.

sacramentorum exhibitione aliquid exigere, sed per superiorem aliquem.

### Articulus 2
### Utrum oblationes solum sacerdotibus debeantur

AD SECUNDUM SIC PROCEDITUR. Videtur quod oblationes non solum sacerdotibus debeantur.
1. Inter oblationes enim praecipue videmus esse quae hostiarum sacrificiis deputantur. Sed ea quae pauperibus dantur in Scripturis hostiae dicuntur: secundum illud Hb ult.,16: *Beneficentiae et communionis nolite oblivisci: talibus enim hostiis promeretur Deus*. Ergo multo magis oblationes pauperibus debentur.

2. PRAETEREA, in multis parochiis monachi de oblationibus partem habent. *Alia* autem *est causa clericorum, alia monachorum*, ut Hieronymus dicit[1]. Ergo non solum sacerdotibus oblationes debentur.
3. PRAETEREA, laici de voluntate Ecclesiae emunt oblationes, ut panes et huiusmodi. Sed non nisi ut haec in suos usus convertant. Ergo oblationes possunt etiam ad laicos pertinere.

SED CONTRA est quod dicit Canon Damasi Papae[2], et habetur X, qu. 1[3]: *Oblationes quae intra sanctam ecclesiam offeruntur, tantummodo sacerdotibus, qui quotidie Domino servire videntur, licet comedere et bibere. Quia in veteri Testamento prohibuit Dominus panes sanctos comedere filiis Israel, nisi tantummodo Aaron et filiis eius*.

RESPONDEO dicendum quod sacerdos quodammodo constituitur *sequester et medius* inter populum et Deum, sicut de Moyse legitur Dt 5,5. Et ideo ad eum pertinet divina dogmata et sacramenta exhibere populo: et iterum ea quae sunt populi, puta preces et sacrificia et oblationes per eum Domino debent exhiberi; secundum illud Apostoli, *ad* Hb 5,1: *Omnis pontifex ex hominibus assumptus pro hominibus constituitur in his quae sunt ad Deum, ut offerat dona et sacrificia pro peccatis*. Et ideo oblationes quae a populo Deo exhibentur ad sacerdotes pertinent,

cabe receber as oferendas, para que não se pense que ele está exigindo um pagamento, e sim por algum superior.

### Artigo 2
### As oblações são devidas só aos sacerdotes?

QUANTO AO SEGUNDO, ASSIM SE PROCEDE: parece que as oblações **não** são devidas só aos sacerdotes.
1. Com efeito, vimos que das oblações as principais são aquelas que se destinam para os sacrifícios, como hóstias. Ora, nas Escrituras as esmolas dadas aos pobres são chamadas de hóstias, segundo a Carta aos Hebreus: "Das obras de beneficiência e da participação dos bens aos outros, não vos esqueçais: essas hóstias são agradáveis a Deus". Logo, com maior razão, se deve dar oblação aos pobres.

2. ALÉM DISSO, em algumas paróquias os monges recebem parte das oblações. Ora, Jerônimo escreve: "Um é o ofício dos monges, outro, o dos clerigos". Logo, não só aos clérigos são entregues às oblações.
3. ADEMAIS, os leigos, com a permissão da Igreja, compram essas oblações, como pães e coisas semelhantes. Logo, as oblações podem também pertencer aos leigos.

EM SENTIDO CONTRÁRIO, foi decretado pelo papa Dâmaso: "As oblações feitas à Igreja somente é permitido comer e beber aos sacerdotes, que diariamente servem o Senhor. Também no Antigo Testamento, o Senhor proibiu aos filhos de Israel comerem os pães santos, o que foi somente permitido a Aarão e aos seus filhos".

RESPONDO. Como se lê no livro do Deuteronômio a respeito de Moisés: "Os sacerdotes são de certo modo constituídos de mediadores e representantes do povo perante Deus". Por isso, pertence lhes apresentar ao povo as verdades da fé e dispensar-lhe os sacramentos; como também cabe lhes apresentar a Deus o que vem do povo, como as orações, os sacrifícios e as ofertas, segundo o Apóstolo: "Todo pontífice, tomado entre os homens, é constituído para as coisas que são para Deus, para oferecer ofertas e sacrifícios pelos pecados". Por isso, as oblações dos fiéis para Deus

---

2
1. Epist. 14, al. 1, *ad Heliod*., n. 8: ML 22, 352.
2. Primi.
3. GRATIANUS, *Decretum*, p. II, causa 10, q. 1, can. 15: ed. Richter-Friedberg, t. I, p. 616.

non solum ut eas in suos usus convertant, verum etiam ut fideliter eas dispensent: partim quidem expendendo eas in his quae pertinent ad cultum divinum; partim vero in his quae pertinent ad proprium victum, quia *qui altari deserviunt cum altari participantur*, ut dicitur 1Cor 9,13; partim etiam in usus pauperum, qui sunt, quantum fieri potest, de rebus Ecclesiae sustentandi; quia et Dominus in usum pauperum loculos habebat, ut Hieronymus dicit, *super Matth.*[4].

AD PRIMUM ergo dicendum quod ea quae pauperibus dantur, sicut non proprie sunt sacrificia, dicuntur tamen sacrificia inquantum eis dantur propter Deum, ita etiam secundum eandem rationem oblationes dici possunt: tamen non proprie, quia non immediate Deo offeruntur. Oblationes vero proprie dictae in usum pauperum cedunt, non per dispensationem offerentium, sed per dispensationem sacerdotum.

AD SECUNDUM dicendum quod monachi sive alii religiosi possunt oblationes recipere tripliciter. Uno modo, sicut pauperes, per dispensationem sacerdotis vel ordinationem Ecclesiae. — Alio modo, si sint ministri altaris. Et tunc possunt accipere oblationes sponte oblatas. — Tertio, si parochiae sint eorum. Et tunc ex debito possunt accipere, tanquam ecclesiae rectores.

AD TERTIUM dicendum quod oblationes, postquam fuerint consecratae, non possunt cedere in usum laicorum: sicut vasa et vestimenta sacra. Et hoc modo intelligitur dictum Damasi Papae[5]. — Illa vero quae non sunt consecrata, possunt in usum laicorum cedere ex dispensatione sacerdotum, sive per modum donationis sive per modum venditionis.

pertencem aos sacerdotes, não só para delas usufruírem para si mesmos, como também para retamente distribuí-las. Destas, uma parte será entregue ao culto divino; outra parte reverterá para o sustento do sacerdote, porque "os que servem o altar dele participam", como escreve Paulo. A terceira parte será distribuída aos pobres, porque os pobres, na medida do possível, deverão ser mantidos pelos bens da Igreja, segundo escreve Jerônimo: "O Senhor mantinha uma bolsa para os pobres".

QUANTO AO 1º, portanto, deve-se dizer que as esmolas feitas aos pobres, embora não sejam propriamente sacrifício, todavia são ditas sacrifício enquanto a estes são dadas pelo amor a Deus, como também, do mesmo modo, podem ser consideradas oblação, porém, não propriamente, porque não são oferecidas a Deus diretamente. Todavia, as oblações propriamente ditas são entregues aos pobres não pelos ofertantes, mas a sua distribuição será feita pelos sacerdotes.

QUANTO AO 2º, deve-se dizer que de três modos podem os monges ou os religiosos receber as oblações. Primeiro: como pobres, pelas mãos dos sacerdotes ou pela decisão da Igreja. — Segundo: enquanto são ministros do altar. Neste caso, podem receber as oblações espontaneamente oferecidas. — Terceiro: se a paróquia é deles. Então podem recebê-las como devidas, como dirigentes que são da igreja.

QUANTO AO 3º, deve-se dizer que as oblações, após terem sido consagradas, não podem ser entregues para o uso dos leigos, como os vasos sagrados e os paramentos. Assim, deve ser entendido o que disse o papa Dámaso. — Todavia, as oblações ainda não consagradas podem ser entregues aos leigos pelos sacerdotes, mediante venda ou doação.

ARTICULUS 3

## Utrum homo possit oblationes facere de omnibus rebus licite possessis

AD TERTIUM SIC PROCEDITUR. Videtur quod non possit homo oblationes facere de omnibus rebus licite possessis.

1. Quia secundum iura humana[1], *turpiter facit meretrix in hoc quod est meretrix, non tamen turpiter accipit*: et ita licite possidet. Sed non

ARTIGO 3

## O homem pode fazer oblações de todos os seus bens legítimos?

QUANTO AO TERCEIRO, ASSIM SE PROCEDE: parece que o homem **não** pode fazer oblação de todos os seus bens possuídos legitimamente.

1. Com efeito, segundo o direito humano: "É repugnante a profissão da prostituta enquanto tal, mas não é repugnante receber". Desse modo

---

4. L. III, super 17, 26: ML 326, 128 A. Cfr. AUG., *In Ioan.*, tract. 62, n. 5, super 13, 28: ML 35, 1803.
5. Arg. *sed c*.

3

1. *Digest.*, l. XII, tit. 5, c. 4: ed. Krueger, t. I, p. 201 a.

licet de eo facere oblationem: secundum illud Dt 23,18: *Non offeres mercedem prostibuli in domo Domini Dei tui*. Ergo non licet facere oblationem de omnibus licite possessis.

2. PRAETEREA, ibidem prohibetur quod *pretium canis* non offeratur in domo Dei. Sed manifestum est quod pretium canis iuste venditi iuste possidetur. Ergo non licet de omnibus iuste possessis oblationem facere.

3. PRAETEREA, Mal 1,8 dicitur: *Si offeratur claudum et languidum, nonne malum est?* Sed claudum et languidum est animal iuste possessum. Ergo videtur quod non de omni iuste possesso possit oblatio fieri.

SED CONTRA est quod dicitur Pr 3,9: *Honora Dominum de tua substantia*. Ad substantiam autem hominis pertinet quidquid iuste possidet. Ergo de omnibus iuste possessis potest oblatio fieri.

RESPONDEO dicendum quod, sicut Augustinus dicit, in libro *de Verb. Dom.*[2], *si depraedareris aliguem invalidum et de spoliis eius dares alicui iudici si pro te iudicaret, tanta uis est iustitiae ut et tibi displiceret. Non est talis Deus tuus qualis non debes esse nec tu*. Et ideo dicitur Eccli 34,21. *Immolantis ex iniquo oblatio est maculata*. Unde patet quod de iniuste acquisitis et possessis non potest oblatio fieri.

In veteri autem lege, in qua figurae serviebatur, quaedam propter significationem reputabantur immunda, quae offerre non licebat. Sed in nova lege omnis creatura Dei reputatur munda, ut dicitur *ad* Tt 1,15. Et ideo, quantum est de se, de quolibet licite possesso potest oblatio fieri. Per accidens tamen contingit quod de aliquo licite possesso oblatio fieri non potest: puta si vergat in detrimentum alterius, ut si filius aliquis offerat Deo id unde debet patrem nutrire, quod Dominus improbat Mt 15,5-6; vel propter scandalum, vel propter contemptum, vel aliquid aliud huiusmodi.

AD PRIMUM ergo dicendum quod in veteri lege prohibebatur oblatio de mercede prostibuli propter immunditiam. In nova autem lege propter scandalum: ne videatur Ecclesia favere peccato, si de lucro peccati oblationem recipiat.

possui licitamente. Ora, não é lícito fazer oblação disso, como determina a Escritura: "Não apresentarás na casa do Senhor, teu Deus, o que se pagou a uma prostituta". Logo, não será permitido fazer oblações, mediante a entrega de tudo que licitamente se possui.

2. ALÉM DISSO, o mesmo texto bíblico proíbe que seja ofertado na Casa do Senhor o preço de um cão. Ora, é claro que o preço de um cão, legalmente vendido, se possui legalmente. Logo, nem tudo que legalmente se possui poderá ser oferecido como oblação.

3. ADEMAIS, lê-se na Bíblia: "Não se age mal oferecendo um animal coxo e doente?" Ora, o animal coxo e doente é possuído legitimamente. Logo, vê-se que nem de tudo que se possui legalmente se possa fazer oblação.

EM SENTIDO CONTRÁRIO, lê-se nos Provérbios: "Honra o Senhor com os teus bens". São bens do homem tudo aquilo que ele legalmente possui. Logo, pode-se fazer oblação daquilo que legalmente se possui.

RESPONDO. Diz Agostinho: "Se tendo roubado a um homem indefeso, tu repartes com o juiz o roubo para seres favorecido, é tão grande a força da justiça, que a ti mesmo esse ato desagradaria. Ora, o teu Deus não é o que tu não deves ser". Lê-se nas Escrituras: "É maculada a oblação feita com coisas adquiridas desonestamente". É evidente, pois, que não se pode fazer oblação daquilo que foi adquirido e é possuído ilegalmente.

No Antigo Testamento, onde sempre se usaram figuras, algumas eram tidas como maculadas, por causa da significação e não podiam ser ofertadas. Todavia, no Novo Testamento, toda criatura de Deus é sem mácula, como afirma Paulo. Considerada a coisa em si mesma e, sendo licitamente possuída, de qualquer uma destas se pode fazer oblação. Acidentalmente, porém, pode acontecer que não se possa fazer oblação de uma coisa possuída licitamente, cómo, por exemplo, se a oferta irá prejudicar alguém ou se o filho doa o que é para o sustento do pai. Esta proibição está no Evangelho de Mateus; ou se a oblação provoca escândalo, desprezo ou coisas semelhantes.

QUANTO AO 1º, portanto, deve-se dizer que no Antigo Testamento, proibia-se fazer oblação com o salário da meretriz por causa da sua impureza; no Novo Testamento, por causa do escândalo, para que não se pense que a Igreja esteja favorecendo

---

2. Serm. 113, al. *de verbis Domini* 35, c. 2: ML 38, 649.

AD SECUNDUM dicendum quod canis secundum legem reputabatur animal immundum. Alia tamen animalia immunda redimebantur, et eorum pretium poterat offerri: secundum illud Lv ult.,27: *Si immundum animal est, redimet qui obtulerit.* Sed canis nec offerebatur nec redimebatur: tum quia idololatrae canibus utebantur in sacrificiis idolorum; tum etiam quia significant rapacitatem, de qua non potest fieri oblatio. Sed haec prohibitio cessat in nova lege.

AD TERTIUM dicendum quod oblatio animalis caeci vel claudi reddebatur illicita tripliciter. Uno modo, ratione eius ad quod offerebatur. Unde dicitur Mal 1,8: *Si offeratis caecum ad immolandum, nonne malum est?* sacrificia autem oportebat esse immaculata. — Secundo, ex contemptu. Unde ibidem 12 subditur: *Vos polluistis nomen meum in eo quod dicitis: Mensa Domini contaminata est, et quod superponitur contemptibile est*. — Tertio modo, ex voto praecedenti, ex quo obligatur homo ut integrum reddat quod voverat. Unde ibidem 14 subditur: *Maledictus dolosus qui habet in grege suo masculum, et votum faciens immolat debile Domino.*

Et eaedem causae manent in lege nova. Quibus tamen cessantibus, non est illicitum.

### ARTICULUS 4
### Utrum ad primitias solvendas homines teneantur

AD QUARTUM SIC PROCEDITUR. Videtur quod ad primitias solvendas homines non teneantur.

1. Quia Ex 13,9, data lege primogenitorum, subditur: *Erit quasi signum in manu tua*: et ita videtur esse praeceptum caeremoniale. Sed praecepta caeremonialia non sunt servanda in lege nova. Ergo neque primitiae sunt solvendae.

2. PRAETEREA, primitiae offerebantur Domino pro speciali beneficio illi populo exhibito: unde dicitur Dt 26,2-3: *Tolles de cunctis frugibus tuis primitias, accedesque ad sacerdotem qui fuerit in diebus illis, et dices ad eum: Profiteor hodie coram Domino Deo tuo quod ingressus sum*

o pecado ao receber oblação de salário pago por atos pecaminosos.

QUANTO AO 2º, deve-se dizer que no Antigo Testamento, o cão era tido como animal imundo. Mas outros animais imundos podiam ser resgatados, segundo está no livro do Levítico: "Se o animal é impuro, o resgatará aquele que o oferece". Mas os cães não se ofereciam nem eram resgatados: isto, porque os cães eram usados nos sacrifícios dos idólatras, e também porque significavam a rapacidade da qual não se podia fazer oblação. Mas tal proibição cessou no Novo Testamento.

QUANTO AO 3º, deve-se dizer que por três motivos era ilícita a oblação de animal coxo ou cego. Primeiro: devido à natureza daquilo que era oferecido. Lê-se a respeito na Bíblia: "Não é um mal oferecer em sacrifício um animal cego?", o que significa que os sacrifícios deviam ser de animais perfeitos. — Segundo: devido ao desprezo, pois consta no mesmo livro: "Poluís o meu nome ao dizer: a mesa do Senhor está maculada e o que nela se coloca é desprezível". — Terceiro: devido à promessa anterior que obriga, a quem a fez, cumpri-la integralmente, conforme também está na Bíblia: "Seja maldito o enganador que tem no seu rebanho animais machos e faz o voto de sacrificar um deles ao Senhor, mas sacrifica um doente".

Essas mesmas razões continuam vigorando no Novo Testamento, mas onde deixaram de existir as oblações não serão ilegais.

### ARTIGO 4
### Todos estão obrigados a pagar as primícias?

QUANTO AO QUARTO, ASSIM SE PROCEDE: parece que todos **não** estão obrigados a pagar as primícias.

1. Com efeito, em acréscimo à Lei de Primogenitura, lê-se: "Será como um sinal em tuas mãos", e isto induz a tê-la como preceito cerimonial. Ora, os preceitos cerimoniais da Antiga Lei foram abolidos na Nova Lei. Logo, as primícias não devem ser pagas.

2. ALÉM DISSO, as primícias eram oferecidas ao Senhor, por algum benefício especial feito por Ele a seu povo, segundo se lê no livro do Deuteronômio: "Tomarás de todos os produtos do teu solo as primícias e as entregarás ao sacerdote em função naqueles dias, dizendo-lhe estas palavras:

*terram pro qua iuravit patribus nostris ut daret eam nobis.* Ergo aliae nationes non tenentur ad primitias solvendas.

3. PRAETEREA, illud ad quod aliquis tenetur debet esse determinatum. Sed non invenitur nec in nova lege nec in veteri determinata quantitas primitiarum. Ergo ad eas solvendas non tenentur homines ex necessitate.

SED CONTRA est quod dicitur XVI, qu. 7[1]: *Oportet decimas et primitias, quas iure sacerdotum esse sancimus, ab omni populo accipere.*

RESPONDEO dicendum quod primitiae ad quoddam genus oblationum pertinent: quia Deo exhibentur cum quadam professione, ut habetur Dt 26,3. Unde et ibidem 4 subditur: *Suscipiens sacerdos cartallum*, scilicet primitiarum, *de manu eius qui defert primitias, et ponet ante altare Domini Dei tui*; et postea mandatur ei quod dicat: *Idcirco nunc offero primitias frugum terrae, quas Dominus dedit mihi.* Offerebantur autem primitiae ex speciali causa, scilicet in recognitionem divini beneficii: quasi aliquis profiteatur se a Deo fructus terrae percipere, et ideo se teneri ad aliquid de huiusmodi Deo exhibendum, secundum illud 1Par ult.,14: *Quae de manu tua accepimus, dedimus tibi.* Et quia Deo debemus exhibere id quod praecipuum est, ideo primitias, quasi praecipuum aliquid de fructibus terrae, praeceptum fuit Deo offerre. Et quia sacerdos *constituitur populo in his quae sunt ad Deum*, ideo primitiae a populo oblatae in usum sacerdotum cedebant: unde dicitur Nm 18,8: *Locutus est Dominus ad Aaron: Ecce, dedi tibi custodiam primitiarum mearum.*

Pertinet autem ad ius naturale ut homo ex rebus sibi datis a Deo aliquid exhibeat ad eius honorem. Sed quod talibus personis exhibeatur aut de primis fructibus, aut in tali quantitate, hoc quidem fuit in veteri lege iure divino determinatum: in nova autem lege definitur per determinationem Ecclesiae, ex qua homines obligantur ut primitias solvant secundum consuetudinem patriae et indigentiam ministrorum Ecclesiae.

AD PRIMUM ergo dicendum quod caeremonialia proprie erant in signum futuri: et ideo ad praesentiam veritatis significatae cessaverunt. Oblatio autem primitiarum fuit in signum praeteriti bene-

Hoje eu confesso diante do Senhor, teu Deus, que entrei na terra prometida a nossos pais que nô-las dava". Logo, as outras nações estão isentas de pagar as primícias.

3. ADEMAIS, devem ser determinadas as nossas obrigações para com os outros. Ora, nem na Antiga Lei, nem na nova, se determina a quantidade das primícias. Logo, não estão as pessoas obrigadas a pagá-las.

EM SENTIDO CONTRÁRIO, está o que se diz: "Os dízimos e as primícias, que foram por nós estabelecidos pelo direito dos sacerdotes, devem ser aceitas por todos".

RESPONDO. As primícias pertencem ao gênero das oblações, porque são entregues a Deus com uma profissão, como se lê no Deuteronômio. Em continuação deste texto, lê-se: "O sacerdote receberá a cesta com as primícias das mãos de quem as entrega, e a colocará no altar diante do Senhor, teu Deus". Depois se determina que diga: "Agora ofereço as primícias dos frutos da terra, que me foram dados pelo Senhor". As primícias eram oferecidas por motivo especial, qual seja o reconhecimentos dos benefícios recebidos de Deus. E, por isso, aquele que as recebia estava obrigado a entregar a Deus parte deles, segundo se lê na Escritura: "O que recebemos das tuas mãos, agora te entregamos". Pois bem, como se deve dar a Deus o que há de melhor, também foi determinado que deveriam ser entregues a Ele as primícias, que são os melhores frutos da terra. Como os sacerdotes, são "constituídos em favor do povo naquilo que se refere a Deus", as primícias oferecidas pelo povo eram utilizadas para o uso deles. A respeito, lê-se no livro dos Números: "O Senhor falou a Aarão: Eis que te dei a guarda das minhas primícias".

É de direito natural que o homem entregue a Deus, para honrá-Lo, parte daquilo que d'Ele recebeu. Mas é do direito divino promulgado na Antiga Lei, que fossem entregues os primeiros frutos em determinada quantidade. Na Nova Lei isto está determinado pela Igreja, que preceitua que as primícias sejam consideradas segundo o costume do lugar ou segundo a necessidade dos seus ministros.

QUANTO AO 1º, portanto, deve-se dizer que as cerimônias propriamente eram sinais de coisas futuras. Por isso, tendo chegado o que elas significavam, cessaram. No entanto, a oblação das

---

1. GRATIANUS, *Decretum*, p. II, causa 16, q. 7, can. 1: ed. Richter-Friedberg, t. I, p. 800.

ficii, ex quo etiam debitum recognitionis causatur secundum dictamen rationis naturalis. Et ideo in generali huiusmodi obligatio manet.

AD SECUNDUM dicendum quod primitiae offerebantur in veteri lege non solum propter beneficium terrae promissionis datae a Deo, sed etiam propter beneficium fructuum terrae a Deo datorum. Unde dicitur Dt 26,10: *Offero primitias frugum terrae, quas Dominus Deus dedit mihi*. Et haec secunda causa apud omnes est communis.

Potest etiam dici quod sicut speciali quodam beneficio terram promissionis contulit Deus, ita generali beneficio toti humano generi contulit terrae dominium: secundum illud Ps 113,16: *Terram dedit filiis hominum*.

AD TERTIUM dicendum quod, sicut Hieronymus dicit[2], *ex maiorum traditione introductum est quod qui plurimum, quadragesimam partem dabant sacerdotibus loco primitiarum; qui minimum, sexagesimam*. Unde videtur quod inter hos terminos sint primitiae offerendae, secundum consuetudinem patriae. Rationabiliter tamen primitiarum quantitas non fuit determinata in lege, quia, sicut dictum est[3], primitiae dantur per modum oblationis, de cuius ratione est quod sint voluntariae.

primícias significava os benefícios passados e implicava um dever de gratidão segundo o ditame da razão natural. Por isso, em geral essa obrigação ainda permanece.

QUANTO AO 2º, deve-se dizer que as primícias eram oferecidas na Antiga Lei, não somente por causa do benefício da concessão da Terra Prometida, como também por causa dos frutos da terra dados por Ele. Por isso, diz o livro do Deuteronômio: "Ofereço as primícias dos frutos da terra que me foram dadas por Deus". Esta segunda causa é comum a todos os homens.

Pode-se também dizer que se Deus, por algum benefício especial concedeu a terra da promissão, também por um benefício universal deu o domínio da terra para todo o gênero humano segundo o Salmista: "Deu a terra aos filhos dos homens".

QUANTO AO 3º, deve-se dizer que escreve Jerônimo: "Segundo a tradição, vinda dos nossos maiores, quem dava muito, destinava aos sacerdotes a quadragésima parte das primícias, e, quem dava o mínimo, a sexagésima". Parece que as primícias que devam ser oferecidas, situam-se entre esses dois limites, de acordo com os costumes do lugar. Porém, por razões razoáveis, a quantidade das primícias não foi, em pormenores determinada na Lei, porque, como foi dito no texto pouco acima, as primícias são dadas como oblações que, por natureza, são voluntárias.

---

2. *In Ezechiel.*, l. XIV, super 45, 13: ML 25, 451 A.
3. In corp.

## QUAESTIO LXXXVII
## DE DECIMIS
*in quatuor articulos divisa*
Deinde considerandum est de decimis.
Et circa hoc quaeruntur quatuor.

## QUESTÃO 87
## OS DÍZIMOS[a]
*em quatro artigos*
Em seguida, deve-se tratar dos dízimos.
A esse respeito, quatro questões.

---

a. O problema específico do pagamento de dízimos permitirá apreender de maneira ainda mais precisa os princípios e as soluções propostas na questão precedente. Apreende-se aqui, de maneira viva, a efetivação dos preceitos do Antigo Testamento, compreendidos em seu espírito e aplicados à luz da lei evangélica, e levando em conta as necessidades da Igreja em certa época de sua história.

A obrigação de pagar o dízimo é considerada como um preceito moral, que apenas explicita uma exigência da lei natural. Esta conserva toda sua força e adquire inclusive um maior vigor com a lei nova, que pede aos fiéis uma maior santidade, e cujos ministros são revestidos de uma maior dignidade. Com efeito, ao impor aos fiéis só pagar para a manutenção dos ministros do Evangelho o que já era exigido no Antigo Testamento, a Igreja dá mostras de uma "certa humanidade", de uma certa suavidade (ver a. 1, Solução). Esse caráter de leveza e de adaptação das obrigações a serviço da santidade, do amor e da liberdade foi preconizado como o traço típico da lei eclesiástica, chamada a determinar segundo as circunstâncias e as contingências históricas as exigências de perfeição inerentes à mensagem e à graça do Evangelho (ver I-II, q. 107, a. 4).

*Primo:* utrum homines teneantur ad solvendas decimas ex necessitate praecepti.
*Secundo:* de quibus rebus sint decimae dandae.
*Tertio:* quibus debeant dari.
Quarto: quibus competat eas dare.

1. As pessoas têm que pagar o dízimo por força de preceito?
2. De que coisas se devem dar os dízimos?
3. A quem se devem dar?
4. Quem está obrigado a dá-los?

## Articulus 1
### Utrum homines teneantur dare decimas ex necessitate praecepti

Ad primum sic proceditur. Videtur quod homines non teneantur dare decimas ex necessitate praecepti.
1. Praeceptum enim de solutione decimarum in lege veteri datur: ut patet Lv 27,30: *Omnes decimae terrae, sive de frugibus sive de pomis arborum, Domini sunt*; et infra 32: *Omnium decimarum ovis et bovis et caprae, quae sub pastoris virga transeunt, quidquid decimum venerit, sanctificabitur Domino*. Non autem potest computari hoc inter praecepta moralia: quia ratio naturalis non magis dictat quod decima pars debeat magis dari quam nona vel undecima. Ergo vel est praeceptum iudiciale, vel caeremoniale. Sed sicut supra¹ habitum est, tempore gratiae non obligantur homines neque ad praecepta caeremonialia neque ad iudicialia veteris legis. Ergo homines nunc non obligantur ad solutionem decimarum.

2. Praeterea, illa sola homines observare tenentur tempore gratiae quae a Christo per Apostolos sunt mandata: secundum illud Mt ult.,20: *Docentes eos servare omnia quaecumque mandavi vobis*; et Paulus dicit, Act 20,27: *Non enim subterfugi quominus annuntiarem vobis omne consilium Dei*. Sed neque in doctrina Christi neque in doctrina Apostolorum aliquid continetur de solutione decimarum: nam quod Dominus de decimis dicit, Mt 23,23, *haec oportuit facere*, ad tempus praeteritum legalis observantiae referendum videtur;

## Artigo 1
### Os homens são obrigados a dar os dízimos por força do preceito?

Quanto ao primeiro artigo, assim se procede: parece que as pessoas **não** são obrigadas a dar os dízimos por força de preceito.
1. Com efeito, o preceito de se pagarem os dízimos é da Antiga Lei, e está no Levítico: "Todas as décimas partes dos produtos da terra, quer dos grãos, quer das frutas, são do Senhor". E mais adiante: "Todo dízimo de boi ou ovelha, isto é, todo décimo animal que passa sob o cajado será consagrado para o Senhor". Ora, tal determinação não pode ser computada entre os preceitos morais, porque a razão natural não estipula que seja dada a décima, mais que a nona ou a décima primeira. Por isso, será preceito jurídico ou cerimonial. Todavia, como acima foi dito, os homens na vigência do tempo da graça, não estão obrigados a obedecerem aos preceitos cerimoniais, nem aos jurídicos da Antiga Lei. Logo, agora não estão obrigados a entregarem os dízimos.

2. Além disso, no tempo da graça, os homens só estão obrigados a cumprirem o que Cristo ordenou pelos apóstolos segundo o Evangelho de Mateus: "Ensinando-os a cumprirem tudo o que vos ordenei"; e diz Paulo: "Não omiti de vos anunciar plenamente o conselho de Deus". Ora, a doutrina de Cristo e a dos apóstolos nada diz a respeito dos dízimos, pois quando o Senhor, ao se referir aos dízimos falou: "Essas coisas convém fazer", reporta-se aos tempos passados das observâncias legais. Donde, Hilário dizer: "A décima

---

1 Parall.: *Quodlib.* II, q. 4, a. 3; VI, q. 5, a. 4; *in Matth.*, c. 23; *ad Heb.*, c. 7, lect. 1, 2.
  1. I-II, q. 103, a. 3; q. 104, a. 3.

Tal é o fundamento da obrigação do pagamento dos dízimos, explica o artigo 1. Ele será completado pelos artigos seguintes, sobre a universalidade dos bens pelos quais o cristão deve pagar o dízimo (a. 2), e sobre aqueles que têm o direito de recebê-lo, a saber, os clérigos tendo encargos pastorais (a. 3). Um quarto artigo aborda um problema específico, proscrevendo "um novo gênero de extorsão: que os clérigos exijam o dízimo de outros clérigos".
Toda a questão se move no contexto da cristandade medieval, visando legitimar doutrinalmente as práticas autorizadas da Igreja, as prescrições canônicas então em vigor. As leis eclesiásticas e os costumes universais, em acordo com as tradições e os usos locais, constituem para Sto. Tomás uma autoridade eminente, que o teólogo deve ter especialmente em conta. Mas a originalidade e a contribuição mais notáveis desta questão, como da precedente, consistem na aplicação que se faz nelas do papel da Igreja como intérprete da lei divina: da lei evangélica, que cumpre a lei antiga e integra a lei natural, tendo em vista indicar aos fiéis seus deveres de homens e de membros da comunidade da salvação.

ut dicit Hilarius, *super Matth.*²: *Decimatio illa olerum, quae in praefigurationem futurorum erat utilis, non debebat omitti*. Ergo homines tempore gratiae non tenentur ad decimarum solutionem.

3. PRAETEREA, homines tempore gratiae non magis tenentur ad observantiam legalium quam ante legem. Sed ante legem non dabantur decimae ex praecepto, sed solum ex voto: legitur *enim* Gn 28,20 sqq. quod Iacob *vovit votum dicens: Si fuerit Deus mecum et custodierit me in via qua ambulo*, etc., *cunctorum quae dederis mihi decimas offeram tibi*. Ergo etiam neque tempore gratiae tenentur homines ad decimarum solutionem.

4. PRAETEREA, in veteri lege tenebantur homines ad triplices decimas solvendas. Quarum quasdam solvebant Levitis: dicitur enim Nm 18,24: *Levitae decimarum oblatione contenti erunt, quas in usus eorum et necessaria separavi*. Erant quoque aliae decimae, de quibus legitur Dt 14,22-23: *Decimam partem separabis de cunctis fructibus tuis qui nascuntur in terra per annos singulos, et comedes in conspectu Domini Dei tui in loco quem elegerit Deus*. Erant quoque et aliae decimae, de quibus ibidem 28-29 subditur: *Anno tertio separabis aliam decimam ex omnibus quae nascuntur tibi eo tempore, et repones intra ianuas tuas, venietque Levites, qui aliam non habet partem neque possesionem tecum, et peregrinus ac pupillus et vidua qui intra portas tuas sunt, et comedent et saturabuntur*. Sed ad secundas et tertias decimas homines non tenentur tempore gratiae. Ergo neque ad primas.

5. PRAETEREA, quod sine determinatione temporis debetur, nisi statim solvatur, obligat ad peccatum. Si ergo homines tempore gratiae obligarentur ex necessitate praecepti ad decimas solvendas, in terris in quibus decimae non solvuntur omnes essent in peccato mortali, et per consequens etiam ministri Ecclesiae dissimulando: quod videtur inconveniens. Non ergo homines tempore gratiae ex necessitate tenentur ad solutionem decimarum.

SED CONTRA est quod Augustinus dicit³, et habetur XVI, qu. 1⁴: *Decimae ex debito requiruntur: et qui eas dare noluerint, res alienas invadunt*.

parte dos legumes, que era útil para prefigurar os eventos futuros, não deve ser omitida". Logo, os homens no tempo da graça não estão obrigados a entregarem os dízimos.

3. ADEMAIS, no tempo da graça, não estão mais obrigados os homens às observâncias legais do que os que viveram antes da Lei. Antes da Lei, os dízimos não eram entregues por preceito, mas somente por causa de um voto. Lê-se no livro do Gênesis que Jacó fez um voto dizendo: "Se Deus estiver comigo e me proteger nos caminhos, de tudo quanto deres dar-te-ei o dízimo". Logo, nem no tempo da graça os homens estão obrigados a pagarem os dízimos.

4. ADEMAIS, deve-se dizer que na Antiga Lei, os homens estavam obrigados a pagarem três espécies de dízimos diversificados nos Livros da Bíblia. A primeira espécie, devia ser paga para os levitas, está declarada no livro de Números: "Os levitas estarão contentes com a oferta dos dízimos que separei para o seu uso e as suas necessidades". A segunda espécie, explicita-a o Deuteronômio: "Separarás a décima parte dos produtos da terra surgidos em cada ano, e os comerás na presença do Senhor, teu Deus, no lugar escolhido por ele". A terceira é definida no Levítico: "No terceiro ano separarás outra décima parte de tudo que nascer para ti neste tempo, e a colocarás na tua porta, e virá o levita, que não tem parte nem posse entre vós, o peregrino órfão, a viúva, que estão em tua cidade e comerão e serão saciados." Ora, quanto à segunda e à terceira espécies dos dízimos não se está obrigado a pagá-los no tempo da graça. Pelo mesmo motivo, nem os da primeira.

5. ADEMAIS, deve-se dizer que o que se deve sem determinação de tempo, se não for imediatamente pago, obriga sob pecado. Ora, se os homens no tempo da graça estivessem obrigados por preceito a pagar os dízimos, nos lugares em que eles não fossem pagos, todos estariam em pecado mortal, e consequentemente também os ministros da Igreja por dissimulação, e isto não parece conveniente. Logo, os homens, no tempo da graça, não são obrigados a pagar os dízimos por força de preceito.

EM SENTIDO CONTRÁRIO, diz Agostinho: "Os dízimos serão exigidos como dívidas, e quem não os entregar apropria-se do alheio".

---

2. Comment. c. 24, n. 7: ML 9, 1050 B.
3. Append. Serm. 277, al. 219, *de Temp*., n. 3: ML 39, 2268.
4. Cfr. GRATIANUM, *Decretum*, p. II, causa 16, q. 1, can. 66: ed. Richter-Friedberg, t. I, p. 784.

RESPONDEO dicendum quod decimae in veteri lege dabantur ad sustentationem ministrorum Dei: unde dicitur Mal 3,10: *Inferte omnem decimationem in horreum meum, ut sit cibus in domo mea.* Unde praeceptum de solutione decimarum partim quidem erat morale, inditum naturali rationi: partim autem erat iudiciale, ex divina institutione robur habens. Quod enim eis qui divino cultui ministrabant ad salutem populi totius, populus necessaria victus ministraret, ratio naturalis dictat: sicut et his qui communi utilitati invigilant, scilicet principibus et militibus et aliis huiusmodi, stipendia victus debentur a populo. Unde et Apostolus hoc probat, 1Cor 9,7, per humanas consuetudines, dicens: Quis *militat suis stipendiis unquam? Quis plantat vineam et de fructibus eius non edit?* Sed determinatio certae partis exhibendae ministris divini cultus non est de iure naturali, sed est introducta institutione divina secundum conditionem illius populi cui lex dabatur; qui cum in duodecim tribus esset divisus, duodecima tribus, scilicet Levitica, quae tota erat divinis ministeriis mancipata, possessiones non habebat: unde convenienter institutum est ut reliquae undecim tribus decimam partem suorum proventuum Levitis darent, ut honorabilius viverent, et quia etiam aliqui per negligentiam erant transgressores futuri. Unde quantum ad determinationem decimae partis, erat iudiciale: sicut et alia multa specialiter in illo populo instituta erant ad aequalitatem inter homines ad invicem conservandam secundum populi illius conditionem, quae iudicialia praecepta dicuntur; licet ex consequenti aliquid significarent in futurum, sicut et omnia eorum facta secundum illud 1Cor 10,11, *Omnia in figuram contingebant illis*; in quo conveniebant cum caeremonialibus praeceptis, quae principaliter instituta erant ad significandum aliquid futurum. Unde et praeceptum de decimis persolvendis hic significat aliquid in futurum: qui enim decimam dat, quae est perfectionis signum

RESPONDO. Os dízimos eram entregues para a manutenção dos sacerdotes, como se lê nas Escrituras: "Trazei os dízimos para o meu celeiro, para que haja alimento em minha casa". O preceito do pagamento dos dízimos, em parte era preceito moral, vinculado à Lei natural, em parte, preceito jurídico, tendo valor por ser razão divina[b]. Que o povo deve sustentar os ministros do culto é determinação da razão natural, como também recebem do povo salário para seu sustento aqueles que servem o bem comum: os governantes, os militares, e outros. O Apóstolo afirma o mesmo, como sendo dos costumes humanos: "Quem jamais serviu o exército sustentando-se por si mesmo? Quem planta uma videira e não se alimenta dos seus frutos?". Mas, a determinação de se dar parte dos dízimos para os ministros do culto não é de direito natural, pois foi introduzido por instituição divina, segundo as condições do povo para o qual essa Lei foi dada. Mas a duodécima tribo, a Levítica, toda ela dedicada ao serviço do culto, não possuía terras, razão pela qual foi convenientemente instituído que as outras onze tribos dessem à Levítica a décima parte dos seus rendimentos, para que os levitas vivessem com dignidade e pudessem cumprir integralmente a Lei, e porque não haveria de faltar quem deixasse de cumprir a Lei por negligência. A determinação da décima parte era preceito jurídico, como também muitas outras que foram instituídas naquele povo para salvaguardar a igualdade entre os homens, segundo a condição de cada nação, e receberam o nome de preceitos jurídicos. Não obstante, significarem coisas futuras como os demais feitos daquele povo, segundo Paulo: "Tudo lhes acontecia como figura". Neste ponto, os preceitos jurídicos concordavam com os preceitos cerimoniais, que foram instituídos principalmente para prefigurar algo futuro. Por isso, o preceito de se entregarem os dízimos, aqui significa algo futuro. Quem, pois, dá os dízimos,

---

b. Estabelece-se desse modo uma correlação entre os preceitos morais e a razão natural, por um lado, e os preceitos jurídicos e o direito positivo (divino), por outro. O que é da ordem dos preceitos morais (o decálogo, as diretrizes bíblicas que especificam as exigências no domínio da justiça e do culto) coincide essencialmente com os imperativos da lei natural, e constitui assim como um elemento permanente ao longo de toda a história da salvação. Desse elemento de direito natural permanente deriva a obrigação de contribuir para a sustentação do culto e de seus ministros em um e outro dos testamentos, de efetuar oblações e de pagar o dízimo (como explicam as q. 86 e 87). Já as modalidades concretas, adaptadas às condições do povo bíblico, eram determinadas pelos preceitos jurídicos e cerimoniais (direito positivo divino). No presente caso, especificava-se que os israelitas deviam pagar um décimo de todos os seus bens. Uma tal determinação quantitativa não se impõe mais aos fiéis da nova aliança. Dada a vocação universal da Igreja, sua difusão no tempo e no espaço, dada a perfeição e a liberdade que caracterizam a nova lei, esta não comporta mais preceitos judiciários relativos às oblações, ao dízimo e a outras práticas. Cabe à autoridade da Igreja prover a essas necessidades, por meio de leis marcadas pelo espírito de bondade, de respeito pela liberdade dos fiéis e pela sua vocação universal à santidade. Eis o que declaram as q. 86 e 87, de acordo com os ensinamentos sobre lei nova ou evangélica nas I-II, q. 106-107.

(eo quod denarius est quodammodo numerus perfectus, quasi primus limes numerorum, ultra quem numerum non procedunt, sed reiterantur ab uno), novem sibi partibus reservatis, protestatur quasi in quodam signo ad se pertinere imperfectionem, perfectionem vero, quae erat futura per Christum, esse expectandam a Deo. Nec tamen propter hoc est caeremoniale praeceptum, sed iudiciale, ut dictum est.

Est autem haec differentia inter caeremonialia et iudicialia legis praecepta, ut supra[5] diximus, quod caeremonialia illicitum est observare tempore legis novae: iudicialia vero, etsi non obligent tempore gratiae, tamen possunt observari absque peccato, et ad eorum observantiam aliqui obligantur si statuatur auctoritate eorum quorum est condere legem. Sicut praeceptum iudiciale veteris legis est quod *qui furatus fuerit ovem, reddat quatuor oves*, ut legitur Ex 22,1: quod, si ab aliquo rege statuatur, tenentur eius subditi observare. Ita etiam determinatio decimae partis solvendae est auctoritate Ecclesiae tempore novae legis instituta secundum quandam humanitatem: ut scilicet non minus populus novae legis ministris novi Testamenti exhiberet quam populus veteris legis ministris veteris Testamenti exhibebat; cum tamen populus novae legis ad maiora obligetur, secundum illud Mt 5,20: *Nisi abundaverit iustitia vestra plus quam Scribarum et Pharisaeorum, non intrabitis in regnum caelorum*: et cum ministri novi Testamenti sint maioris dignitatis quam ministri veteris Testamenti, ut probat Apostolus, 2Cor 3,7sqq.

Sic ergo patet quod ad solutionem decimarum homines tenentur, partim quidem ex iure naturali, partim etiam ex institutione Ecclesiae: quae tamen, pensatis opportunitatibus temporum et personarum, posset aliam partem determinare solvendam.

Et per hoc patet responsio AD PRIMUM.

AD SECUNDUM dicendum quod praeceptum de solutione decimarum, quantum ad id quod erat morale, datum est in Evangelio a Domino ubi dicit, Mt 10,10: *Dignus est operarius mercede sua*; et etiam ab Apostolo, ut patet 1Cor 9,4sqq. Sed determinatio certae partis est reservata ordinationi Ecclesiae.

AD TERTIUM dicendum quod ante tempus veteris legis non erant determinati ministri divini cultus:

pois o número dez é sinal de perfeição (porque este número é, de certo modo, número perfeito, sendo o primeiro limite dos números além do qual não passam, mas se repetem a partir da unidade). A reserva para si de nove partes queria dar a entender que a sua parte era a imperfeição, e que a perfeição, a ser trazida por Cristo, devia-se esperar de Deus. Mas, nem por esse motivo tal preceito é cerimonial, mas jurídico, como foi dito.

Como acima foi dito, a diferença entre esses dois preceitos, é que aos cerimoniais não será mais lícito observar na vigência da Nova Lei e que os jurídicos, embora não obriguem no tempo da graça, todavia poderão ser observados sem pecado. Estão contudo obrigados a cumpri-los, se forem instituídos pela autoridade destinada a legislar. Assim é que se o preceito jurídico da Antiga Lei "Quem rouba uma ovelha, deverá retribuir quatro ovelhas", se foi determinado a ser cumprido por algum rei, os súditos devem cumpri-lo. A autoridade eclesiástica determinou que se entregassem os dízimos na Nova Lei, para haver uma certa equidade: para que não se desse menos aos ministros do Novo Testamento do que se dava aos do Antigo Testamento. Não obstante, o povo da Nova Lei está obrigado a dar mais, segundo se lê no Evangelho: "Se a vossa justiça não for maior que a dos escribas e dos fariseus, não entrareis no reino dos céus", devido também à dignidade dos ministros do Novo Testamento, que é superior à dos ministros do Antigo Testamento, como escreve Paulo.

Fica, pois, evidenciado, que os homens estão obrigados ao pagamento dos dízimos em parte por direito natural, e em parte por instituição da Igreja. Mas, consideradas as circunstâncias dos tempos e das pessoas, poderá ser determinado que se entregue parte maior ou menor que a décima.

QUANTO AO 1º, portanto, deve-se dizer que a primeira objeção já está respondida no corpo deste artigo.

QUANTO AO 2º, deve-se dizer que o preceito da paga dos dízimos, quanto ao seu aspecto moral, foi dado pelo Senhor e está no Evangelho de Mateus: "Digno é o operário do seu salário"; e também em Carta de Paulo. Mas a determinação da quantidade maior ou menor a ser entregue está reservada à Igreja.

QUANTO AO 3º, deve-se dizer que nos tempos, antes da vigência da Antiga Lei, não estavam

---

5. I-II, q. 104, a. 3.

sed dicitur quod primogeniti erant sacerdotes, qui duplicem portionem accipiebant. Et ideo etiam non erat determinata aliqua pars exhibenda ministris divini cultus, sed ubi aliquis occurrebat, unusquisque dabat ei propria sponte quod sibi videbatur. Sicut Abraham quodam prophetico instinctu dedit decimas Melchisedech, sacerdoti Dei summi, ut dicitur Gn 14,20. Et similiter etiam Iacob decimas vovit se daturum: quamvis non videatur decimas vovisse quasi aliquibus ministris exhibendas, sed in divinum cultum, puta ad sacrificiorum consummationem; unde signanter dicit: *Decimas offeram tibi.*

AD QUARTUM dicendum quod secundae decimae, quae reservabantur ad sacrificia offerenda, locum in nova lege non habent, cessantibus legalibus victimis. Tertiae vero decimae, quas cum pauperibus comedere debebant, in nova lege augentur, per hoc quod Dominus non solum decimam partem, sed omnia superflua pauperibus iubet exhiberi: secundum illud Lc 11,41: *Quod superest, date eleemosynam.* Ipsae etiam decimae quae ministris Ecclesiae dantur, per eos debent in usus pauperum dispensari.

AD QUINTUM dicendum quod ministri Ecclesiae maiorem curam debent habere spiritualium bonorum in populo promovendorum quam temporalium colligendorum. Et ideo Apostolus noluit uti potestate sibi a Domino tradita, ut scilicet acciperet stipendia victus ab his quibus Evangelium praedicabat, ne daretur aliquod impedimentum Evangelio Christi. Nec tamen peccabant illi qui ei non subveniebant: alioquin Apostolus eos corrigere non omisisset. Et similiter laudabiliter ministri Ecclesiae decimas Ecclesiae non requirunt, ubi sine scandalo requiri non possent, propter dissuetudinem vel propter aliquam aliam causam. Nec tamen sunt in statu damnationis qui non solvunt, in locis illis in quibus Ecclesia non petit: nisi forte propter obstinationem animi, habentes voluntatem non solvendi etiam si ab eis peterentur.

determinados os ministros para o culto divino. Exerciam o sacerdócio os primogênitos, que recebiam duas partes. Por isso, não estava ainda determinada alguma parte para ser entregue aos ministros do culto, mas cada um entregava para o culto divino a parte que quisesse. Assim é que Abraão, movido por inspiração profética, deu os dízimos a Melquisedeque, sacerdote do Senhor Altíssimo. Jacó também prometeu por voto dar os dízimos, embora não pareça que prometeu os dízimos como se fossem para ser entregues para os ministros do culto, mas para o culto diurno, a saber, a oblação dos sacrifícios. Por isso, expressamente disse: "Eu te oferecerei os dízimos".

QUANTO AO 4º, deve-se dizer que a segunda espécie de dízimos, que estavam reservados para se oferecerem nos sacrifícios, deixaram de existir na Nova Lei, quando cessaram os sacrifícios legais. A terceira espécie de dízimos, destinada a alimentar os pobres, foi aumentada na Lei nova, porque não somente a décima parte seria dada aos pobres, mas também o que sobrava, em cumprimento do preceito evangélico: "O que sobrar, dai como esmola". Quanto aos dízimos entregues aos ministros da Igreja, eles mesmos os dispensarão aos pobres.

QUANTO AO 5º, deve-se dizer que os ministros da Igreja devem dedicar-se mais em promover o bem espiritual do povo do que em receber os bens temporais. Por esse motivo, Paulo não quis usar da permissão que o Senhor lhe dava para receber daqueles a quem pregava alguma recompensa para sua manutenção, a fim de que não houvesse empecilho na sua pregação do Evangelho de Cristo. Também aqueles que não concorriam para o sustento de Paulo não pecavam, do contrário o Apóstolo não teria deixado de corrigi-los. Da mesma forma, é louvável que os ministros da Igreja não exijam os dízimos, onde, se o fizessem, provocariam escândalo porque tal costume foi abolido ou por outras causas. Ademais, não estão em estado de pecado aqueles que não pagam os dízimos onde a Igreja não os pede, a não ser talvez por obstinação, tendo o propósito de não fazê-lo, mesmo que a Igreja o peça.

## ARTICULUS 2
### Utrum de omnibus teneantur homines decimas dare

AD SECUNDUM SIC PROCEDITUR. Videtur quod non de omnibus teneantur homines decimas dare.

## ARTIGO 2
### Os homens devem dar os dízimos de tudo?

QUANTO AO SEGUNDO, ASSIM SE PROCEDE: parece que os homens não são obrigados a dar o dízimo de tudo.

1. Solutio enim decimarum videtur esse ex veteri lege introducta. Sed in veteri lege nullum praeceptum datur de personalibus decimis, quae scilicet solvuntur de his quae aliquis acquirit ex proprio actu, puta de mercationibus vel de militia. Ergo de talibus decimas solvere nullus tenetur.

2. PRAETEREA, de male acquisitis non debet fieri oblatio, ut supra[1] dictum est. Sed oblationes, quae immediate Deo exhibentur, videntur magis pertinere ad divinum cultum quam decimae, quae exhibentur ministris. Ergo etiam nec decimae de male acquisitis sunt solvendae.

3. PRAETEREA, Lv ult.,30-32 non mandatur solvi decima nisi *de frugibus et pomis arborum, et* animalibus *quae transeunt sub virga pastoris*. Sed praeter haec sunt quaedam alia minuta quae homini proveniunt, sicut herbae quae nascuntur in horto, et alia huiusmodi. Ergo nec de illis homo decimas dare tenetur.

4. PRAETEREA, homo non potest solvere nisi id quod est in eius potestate. Sed non omnia quae proveniunt homini de fructibus agrorum aut animalium remanent in eius potestate: quia quaedam aliquando subtrahuntur per furtum vel rapinam; quaedam vero quandoque in alium transferuntur per venditionem; quaedam etiam aliis debentur, sicut principibus debentur tributa et operariis debentur mercedes. Ergo de his non tenetur aliquis decimas dare.

SED CONTRA est quod dicitur Gn 28,22: *Cunctorum quae dederis mihi decimas offeram tibi*. Sed omnia quae homo habet sunt ei data divinitus. Ergo de omnibus debet decimas dare.

RESPONDEO dicendum quod de unaquaque re praecipue est iudicandum secundum eius radicem. Radix autem solutionis decimarum est debitum quo seminantibus spiritualia debentur carnalia, secundum illud Apostoli, 1Cor 9,11: *Si nos vobis spiritualia seminavimus, magnum est si carnalia vestra metamus?* Super hoc enim debitum fundavit Ecclesia determinationem solutionis decimarum. Omnia autem quaecumque homo possidet sub carnalibus continentur. Et ideo de omnibus possessis decimae sunt solvendae.

AD PRIMUM ergo dicendum quod specialis ratio fuit quare in veteri lege non fuit datum praeceptum de personalibus decimis, secundum conditionem

1. Com efeito, a paga dos dízimos foi introduzida na Lei Antiga. Ora, nessa Lei não existe preceito de se pagarem os dízimos pessoais, entendidos como os que eram pagos pelo que recebiam do próprio trabalho como os comerciantes e os soldados. Logo, ninguém estaria obrigado a pagar esse dízimos.

2. ALÉM DISSO, viu-se acima que não se deve fazer oblação do que foi adquirido desonestamente. Ora, parece que as oblações diretamente ofertadas a Deus são mais pertinentes ao culto divino do que os dízimos, que eram ofertados para os ministros. Logo, nem os dízimos de bens mal adquiridos devem ser pagos.

3. ADEMAIS, lê-se no livro do Levítico que não se devem dar os "dízimos senão dos produtos da terra, dos grãos e dos frutos, como também dos animais que passam sob o cajado do pastor". Ora, além destes, há outras coisas miúdas que trazem benefício ao homem, como as ervas da horta e coisas semelhantes. Logo, destes produtos não se está obrigado a pagar os dízimos.

4. ADEMAIS, o homem não pode dar, senão o que está sob o seu domínio. Ora, nem tudo que está sob o seu domínio, como os produtos da terra e os animais, permanecem nesta situação, porque às vezes lhes são tirados por roubo ou rapina; ou porque são transferidos a outros por venda, ou então são devidos a outros, como por exemplo os tributos devidos aos príncipes e o salário dos operários. Logo, não se está obrigado a pagar os dízimos de tais coisas.

EM SENTIDO CONTRÁRIO, lê-se no livro do Gênesis: "De tudo que me deres, dar-te-ei a décima parte". Ora, tudo o que o homem tem, lhe é dado por Deus. Logo, de tudo se deve dar o dízimo.

RESPONDO. Cada coisa deve ser julgada principalmente segundo a sua raiz. Encontra-se a raiz do preceito de se pagar os dízimos na dívida em virtude da qual aos semeadores de bens espirituais são devidos bens materiais, segundo o Apóstolo: "Se nós semeamos em vós os bens espirituais, será muito que também recebamos de vós bens materiais?" Nesta dívida, a Igreja fundamentou o preceito do pagamento dos dízimos. Todas as posses do homem reduzem-se a bens materiais. Por isso, os dízimos devem ser pagos de tudo o que se possui.

QUANTO AO 1º, portanto, deve-se dizer que uma razão especial havia para que na Antiga Lei não houvesse um preceito relativo aos dízimos

---

1. Q. 86, a. 3.

populi illius: quia omnes aliae tribus certas possessiones habebant, de quibus poterant sufficienter providere Levitis, qui carebant possessionibus; non autem interdicebatur eis quin de aliis operibus honestis lucrarentur, sicut et alii Iudaei. Sed populus novae legis est ubique per mundum diffusus, quorum plurimi possessiones non habent, sed de aliquibus negotiis vivunt: qui nihil conferrent ad subsidium ministrorum Dei, si de eorum negotiis decimas non solverent. Ministris etiam novae legis arctius interdicitur ne se ingerant negotiis lucrativis: secundum illud 2Tm 2,4: *Nemo militans Deo implicat se saecularibus negotiis*. Et ideo in nova lege tenentur homines ad decimas personales, secundum consuetudinem patriae et indigentiam ministrorum. Unde Augustinus dicit[2], et habetur XVI, qu. 1, cap. Decimae[3]: *De militia, de negotio et de artificio redde decimas*.

AD SECUNDUM dicendum quod aliqua male acquiruntur dupliciter. Uno modo, quia ipsa acquisitio est iniusta, puta quae acquiruntur per rapinam aut usuram: quae homo tenetur restituere, non autem de eis decimas dare. Tamen si ager aliquis sit emptus de usura, de fructu eius tenetur usurarius decimas dare: quia fructus illi non sunt ex usura, sed ex Dei munere. — Quaedam vero dicuntur male acquisita quia acquiruntur ex turpi causa, sicut de meretricio, de histrionatu, et aliis huiusmodi, quae non tenentur restituere. Unde de talibus tenentur decimas dare secundum modum aliarum personalium decimarum. Tamen Ecclesia non debet eas recipere quandiu sunt in peccato, ne videatur eorum peccatis communicare: sed postquam poenituerint, possunt ab eis de his recipi decimae.

AD TERTIUM dicendum quod ea quae ordinantur in finem sunt iudicanda secundum quod competunt fini, Decimarum autem solutio est debita non propter se, sed propter ministros, quorum honestati non convenit ut etiam minima exacta diligentia requirant: hoc enim, in vitium computatur, ut patet per Philosophum, in IV *Ethic*.[4]. Et ideo lex vetus

pessoais naquelas condições do povo judeu: era porque todas as outras tribos possuíam bens com os quais poderiam suficientemente manter os membros da tribo de Levi, que careciam de terras. Mas a estes não era proibido ter lucro dos trabalhos honestos, como os outros judeus. Mas o povo da Nova Lei está difundido em toda parte, e muitos deste povo não têm posses, pois vivem de trabalhos com pequenos rendimentos, que nada contribuiriam para o sustento dos ministros de Deus, se não pagassem os dízimos. Ademais, foi proibido com grande instância que os ministros da Nova Lei tratassem de negócios lucrativos, conforme diz a segunda Carta a Timóteo: "Nenhum servidor de Deus se envolva com negócios seculares". Por isso, os sujeitos à Nova Lei estão obrigados a pagarem dízimos pessoais de acordo com as condições do lugar e com as necessidades dos ministros. A respeito, escreve Agostinho: "Paga os dízimos do que recebeste do serviço militar, do comércio e como operário".

QUANTO AO 2º, deve-se dizer que se pode adquirir mal alguma coisa de duas maneiras: primeiro, por ter sido a própria aquisição injusta, por exemplo, o que se adquire por roubo ou usura, e isso o homem é obrigado a restituir, mas não a pagar os dízimos. Mas, se a propriedade de alguém foi comprada, com o proveniente de usura, o usurário está obrigado a pagar os dízimos, porque os frutos desta propriedade não vêm da usura, mas são dádivas de Deus. — Pela segunda maneira, uma coisa é mal adquirida, porque foi recebida por motivos desonestos, como de meretrício, de histrionismo e de coisas semelhantes que não exigem restituição. Nestes casos, há obrigação de se pagarem os dízimos do mesmo modo que as demais pessoas. Mas a Igreja não deve recebê-los, enquanto estiverem em pecado, para que não pareça que está participando do pecado. Mas, após terem deixado o pecado e feito penitência, será permitido receber os dízimos que entregarem.

QUANTO AO 3º, deve-se dizer que o que se ordena para o fim deve ser julgado segundo sua correspondência ao fim. Ora, a paga dos dízimos não é obrigatória por causa dos próprios dízimos, mas por causa da dignidade dos ministros, de cuja honestidade não convém que exijam com todo rigor até as coisas pequenas, pois isto seria

---

2. Serm. 277, al. 219 *de Temp.*, n. 1: ML 39, 2267.
3. GRATIANUS, *Decretum*, p. II, causa 16, q. 1, can. 66: ed. Richter-Friedberg, t. 1, p. 784.
4. C. 4: 1122, b, 8-10.

non determinavit ut de huiusmodi minutis rebus decimae dentur, sed relinquit hoc arbitrio dare volentium: quia minima quasi nihil computantur. Unde Pharisaei, quasi perfectam legis iustitiam sibi adscribentes, etiam de his minutis decimas solvebant. Nec de hoc reprehenduntur a Domino: sed solum de hoc quod maiora, idest spiritualia praecepta, contemnebant. Magis autem de hoc eos secundum se commendabiles esse ostendit, dicens: *Haec oportuit fecere*: scilicet tempore legis, ut Chrysostomus exponit[5]. Quod etiam videtur magis in quandam decentiam sonare quam in obligationem. Unde et nunc de huiusmodi minutis non tenentur homines decimas dare: nisi forte propter consuetudinem patriae.

AD QUARTUM dicendum quod de his quae furto vel rapina tolluntur ille a quo auferuntur decimas solvere non tenetur antequam recuperet: nisi forte propter culpam vel negligentiam suam damnum incurrerit; quia ex hoc Ecclesia non debet damnificari. — Si vero vendat triticum non decimatum, potest Ecclesia decimas exigere et ab emptore, quia habet rem Ecclesiae debitam; et a venditore, qui, quantum est de se, fraudavit Ecclesiam. Uno tamen solvente, alius non tenetur. — Debentur autem decimae de fructibus terrae inquantum proveniunt ex divino munere. Et ideo decimae non cadunt sub tributo, nec etiam sunt obnoxiae mercedi operariorum. Et ideo non debent prius deduci tributa et pretium operariorum quam solvantur decimae: sed ante omnia debent decimae solvi ex integris fructibus.

um vício, como diz o Filósofo. Por isso, a Antiga Lei não determinou a paga dos dízimos de coisas pequenas, mas deixou ao arbítrio de quem os pagará, porque o mínimo equivale a nada. Os fariseus, porém, julgando-se perfeitos seguidores da Lei, pagavam os dízimos de coisas mínimas. Não foram, todavia, por isso, repreendidos pelo Senhor, mas porque desprezavam os preceitos espirituais, que são mais importantes; e ainda mais julgou-os louváveis por isso, ao dizer: "Isto convinha ser feito", quer dizer, no tempo da Antiga Lei, segundo atesta Crisóstomo. Tais palavras parecem significar mais uma conveniência do que uma obrigação. Assim sendo, agora não há obrigação da entrega do dízimo de coisas pequenas, a não ser que o exija o costume do lugar.

QUANTO AO 4º, deve-se dizer que quem foi roubado daquilo que seria usado para pagamento do dízimo não está obrigado a pagar, até que recupere o que lhe foi roubado, a não ser que isso tenha acontecido por culpa ou negligência sua. Por tal roubo, a Igreja não pode ser prejudicada. — Mas, se vende o trigo do qual não se tirou o dízimo devido à Igreja, ela pode exigir esse dízimo do comprador, que está de posse do que pertence à Igreja, como também exigir de quem o vendeu, porque pessoalmente a fraudou. Mas, tendo um deles pago os dízimos, o outro não está obrigado a fazê-lo. — Os dízimos dos produtos da terra devem ser pagos, porque são dádivas de Deus. Por essa razão, esses dízimos não devem ser usados para o pagamento de impostos ou do salário dos operários. Não se deve, ademais, pagar os tributos e os salários antes de pagar o dízimo. Este deve ser pago, antes de tudo, da quantidade total dos produtos da terra.

ARTICULUS 3
## Utrum decimae sint clericis dandae

AD TERTIUM SIC PROCEDITUR. Videtur quod decimae non sint clericis dandae.
1. Levitis enim in veteri Testamento decimae dabantur quia non habebant aliquam partem in possessionibus populi, ut habetur Nm 18,23-24. Sed clerici in novo Testamento habent possessiones: et patrimoniales interdum, et ecclesiasticas. Recipiunt insuper primitias, et oblationes pro vivis et mortuis. Superfluum igitur est quod eis decimae dentur.

ARTIGO 3
## Deve-se pagar o dízimo aos clérigos?

QUANTO AO TERCEIRO, ASSIM SE PROCEDE: parece que **não** se deve pagar o dízimo as clérigos.
1. Com efeito, aos levitas, no Antigo Testamento, davam-se os dízimos porque não possuíam terras, como se lê na Escritura. Ora, os clérigos, no Novo Testamento, possuem bens às vezes patrimoniais e eclesiásticos. Recebem ainda, as primícias e as ofertas para os vivos e os mortos. Logo, é supérfluo pagar-lhes o dízimo.

---

5. *Opus imperf. in Matth.*, hom. 44, super 23, 24: MG 56, 883.

2. Praeterea, contingit quandoque quod aliquis habet domicilium in una parochia, et colit agros in alia; vel aliquis pastor ducit gregem per unam partem anni in terminis unius parochiae, et alia parte anni in terminis alterius; vel habet ovile in una parochia, et pascit oves in alia: in quibus et similibus casibus non videtur posse distingui quibus clericis sint decimae solvendae. Ergo non videtur quod aliquibus clericis determinate sint solvendae decimae.

3. Praeterea, generalis consuetudo habet in quibusdam terris quod milites decimas ab Ecclesia in feudum tenent. Religiosi etiam quidam decimas accipiunt. Non ergo videtur quod solum clericis curam animarum habentibus decimae debentur.

Sed contra est quod dicitur Nm 18,21: *Filiis Levi dedi omnes decimas Israel in possessionem, pro ministerio quo serviunt mihi* in *tabernaculo*. Sed filiis Levi succedunt clerici in novo Testamento. Ergo solis clericis decimae debentur.

Respondeo dicendum quod circa decimas duo sunt consideranda: scilicet ipsum ius accipiendi decimas; et ipsae res quae nomine decimae dantur. Ius autem accipiendi decimas spirituale est: consequitur enim illud debitum quo ministris altaris debentur sumptus de ministerio, et quo *seminantibus spiritualia debentur temporalia*; quod ad solos clericos pertinet habentes curam animarum. Et ideo eis solum competit hoc ius habere. — Res autem quae nomine decimarum dantur, corporales sunt. Unde possunt in usum quorumlibet cedere. Et sic possunt etiam ad laicos pervenire.

Ad primum ergo dicendum quod in veteri lege, sicut dictum est[1], speciales quaedam decimae deputabantur subventioni pauperum. Sed in nova lege decimae clericis dantur non solum propter sui sustentationem, sed etiam ut ex eis subveniant pauperibus. Et ideo non superfluunt: sed ad hoc necessariae sunt et possessiones ecclesiasticae et oblationes et primitiae, simul cum decimis.

Ad secundum dicendum quod decimae personales debentur ecclesiae in cuius parochia homo habitat. — Decimae vero praediales rationabiliter magis videntur pertinere ad ecclesiam in cuius terminis praedia sita sunt. Tamen iura[2] determinant

2. Além disso, acontece que algumas pessoas, às vezes têm domicílio em uma paróquia e plantações em outra; alguns deles, em um período do ano, são pastores em uma paróquia; na outra parte do ano em outra; ou então têm o redil em uma e pastoreiam ovelhas em outra. Nestes e em casos semelhantes, parece que não se pode distinguir a qual dos párocos dar-se-iam os dízimos. Logo, não parece que se deva pagar o dízimo a alguns párocos em particular.

3. Ademais, é costume generalizado em algumas nações que os militares recebam da Igreja os dízimos como tributo feudal. Ora, alguns religiosos também recebem dízimos. Logo, não se pagam os dízimos somente aos clérigos, que cuidam das almas.

Em sentido contrário, lê-se na Escritura: "Quanto aos filhos de Levi, dei-lhes todos os dízimos recebidos de Israel pelos serviços que prestam a mim no tabernáculo". Ora, os clérigos são, no Novo Testamento, os sucessores dos filhos de Levi. Logo, só a eles são devidos os dízimos.

Respondo. A respeito dos dízimos, dois aspectos devem ser considerados: o direito de recebê-los e a natureza do que é entregue com o nome de dízimo. O direito de receber os dízimos é espiritual, pois resulta de uma dívida que se deve aos ministros do altar por causa do seu ministério, e pelo qual se dão "bens materiais aos que semeiam bens espirituais", o que só se refere aos clérigos que se dedicam à cura das almas. Por isso, só a eles pertence o direito de receberem dízimos. — Entretanto, as coisas dadas com o nome de dízimos são materiais. Logo, podem ser encaminhadas ao uso de todos, e consequentemente, dos leigos.

Quanto ao 1º, portanto, deve-se dizer que como foi explicado, na Antiga Lei, dízimos especiais eram entregues para o sustento dos pobres. Na Nova Lei, os dízimos são dados aos clérigos não somente para o sustento deles, mas também para distribuí-los aos pobres. Devido a essa finalidade, não são supérfluos. E para isso também são necessárias as propriedades eclesiásticas, as oblações, as primícias, junto com os dízimos.

Quanto ao 2º, deve-se dizer que os dízimos pessoais são entregues à igreja da paróquia em que se reside. — Os dízimos prediais serão mais pertinentes à paróquia em cujos limites se situam as edificações. Todavia, o Direito estabelece

---

1. A. 1, ad 4.
2. Cfr. *Decretal. Greg. IX*, l. III, tit. 30, cc. 18, 20: ed. Richter-Friedberg, t. II, p. 562.

quod in hoc servetur consuetudo diu obtenta. — Pastor autem qui diversis temporibus in duabus parochiis gregem pascit, debet proportionaliter utrique ecclesiae decimas solvere. Et quia ex pascuis fructus gregis proveniunt, magis debetur decima gregis ecclesiae in cuius territorio grex pascitur, quam illi in cuius territorio ovile locatur.

AD TERTIUM dicendum quod sicut res nomine decimae acceptas potest ecclesia alicui laico tradere, ita etiam potest ei concedere ut dandas decimas ipsi accipiant, iure accipiendi ministris Ecclesiae reservato: sive pro necessitate Ecclesiae, sicut quibusdam militibus decimae dicuntur in feudum per Ecclesiam concessae; sive etiam ad subventionem pauperum, sicut quibusdam religiosis laicis vel non habentibus curam animarum aliquae decimae sunt concessae per modum eleemosynae. Quibusdam tamen religiosis competit, accipere decimas ex eo quod habent curam animarum.

que, para tal, devem ser respeitados os costumes memoriais. — O pastor de ovelhas que temporariamente trabalha em paróquias diversas deve, de modo proporcional, pagar os dízimos às respectivas igrejas. Como o fruto do pastoreio depende do estado em que se acha o pasto, os dízimos mais são devidos à igreja, em cujo pasto estão as ovelhas, do que à igreja que o alugou para tal.

QUANTO AO 3º, deve-se dizer que como a igreja pode dar a um leigo o que ela recebe como dízimo, poderá também permitir que receba parte dos dízimos reservados para os ministros. Seja para satisfazer às despesas da igreja, como se diz que ela paga dízimos aos militares como tributo feudal, seja também para socorrer os pobres como alguns dízimos são concedidos a religiosos leigos ou que não têm cura de almas a título de esmola. No entanto, há religiosos que, por se dedicarem à cura de almas, devem receber dízimos.

### ARTICULUS 4
### Utrum etiam clerici teneantur decimas dare

AD QUARTUM SIC PROCEDITUR. Videtur quod etiam clerici teneantur decimas dare.

1. Quia de iure communi[1] ecclesia parochialis debet recipere decimas praediorum quae in territorio eius sunt. Contingit autem quandoque quod clerici habent in territorio alicuius parochialis Ecclesiae aliqua praedia propria. Vel etiam aliqua alia Ecclesia habet ibi possessiones ecclesiasticas. Ergo videtur quod clerici teneantur dare praediales decimas.

2. PRAETEREA, aliqui religiosi sunt clerici. Qui tamen tenentur dare decimas Ecclesiis ratione praediorum quae etiam manibus propriis excolunt. Ergo videtur quod clerici non sint immunes a solutione decimarum.

3. PRAETEREA, sicut Nm 18,21 praecipitur quod Levitae a populo decimas accipiant, ita etiam praecipitur quod ipsi dent decimas summo sacerdoti 26 sqq. Ergo, qua ratione laici debent dare decimas clericis, eadem ratione clerici debent dare decimas Summo Pontifici.

4. PRAETEREA, sicut decimae debent cedere in sustentationem clericorum, ita etiam debent cedere in subventionem pauperum. Si ergo clerici excusantur a solutione decimarum, pari ratione

### ARTIGO 4
### Os clérigos devem pagar os dízimos?

QUANTO AO QUARTO, ASSIM SE PROCEDE: parece que os clérigos também **devem** pagar os dízimos.

1. Com efeito, o direito comum permite que a igreja paroquial receba os dízimos pelos prédios que se situam no seu território. Ora, acontece que alguns clérigos possuem prédios próprios no território de uma paróquia ou então outra igreja os possui nesse território. Logo, parece que os clérigos estão obrigados a pagar dízimos prediais.

2. ALÉM DISSO, alguns religiosos são clérigos. Ora, estes estão obrigados a pagarem os dízimos à igreja pelos terrenos, que cultivam pelas próprias mãos. Logo, parece que não estão isentos de pagarem dízimos.

3. ADEMAIS, a Escritura preceitua que os levitas recebam dízimos do povo e também que eles os deem ao Sumo Sacerdote. Logo, a mesma razão que obriga os leigos a entregarem os dízimos aos clérigos, obriga também a estes dá-los ao Sumo Pontífice.

4. ADEMAIS, assim como os dízimos devem contribuir para o sustento dos clérigos, deverão também contribuir para o sustento dos pobres. Ora, se os clérigos estão isentos de pagarem os

4
1. Cfr. *Decretal. Greg. IX*, l. III, tit. 30, c. 7: ed. Richter-Friedberg, t. II, p. 558.

excusantur et pauperes. Hoc autem est falsum. Ergo et primum.

SED CONTRA est quod dicit decretalis Paschalis Papae[2]: *Novum genus exactionis est ut clerici a clericis decimas exigant.*

RESPONDEO dicendum quod idem non potest esse causa dandi et recipiendi, sicut nec causa agendi et patiendi: contingit autem ex diversis causis, et respectu diversorum, eundem esse dantem et recipientem, sicut agentem et patientem. Clericis autem inquantum sunt ministri altaris spiritualia populo seminantes, decimae a fidelibus debentur. Unde tales clerici, inquantum clerici sunt, idest inquantum possessiones habent ecclesiasticas, decimas solvere non tenentur. — Ex alia vero causa, scilicet propter hoc quod possident proprio iure, vel ex successione parentum, vel ex emptione, vel quocumque huiusmodi modo, sunt ad decimas solvendas obligati.

Unde patet responsio AD PRIMUM. Quia clerici de propriis praediis tenentur solvere decimas parochiali Ecclesiae sicut et alii, etiam si ipsi sint eiusdem Ecclesiae clerici: quia aliud est habere aliquid ut proprium, aliud ut commune. — Praedia vero Ecclesiae non sunt ad decimas solvendas obligata, etiam si sint infra terminos alterius parochiae.

AD SECUNDUM dicendum quod religiosi qui sunt clerici, si habeant curam animarum spiritualia populo dispensantes, non tenentur decimas dare, sed possunt eas recipere. — De aliis vero religiosis, etiam si sint clerici, qui non dispensant populo spiritualia, est alia ratio. Ipsi enim tenentur de iure communi decimas dare: habent tamen aliquam immunitatem secundum diversas concessiones eis a Sede Apostolica factas.

AD TERTIUM dicendum quod in veteri lege primitiae debebantur sacerdotibus, decimae autem Levitis: et quia sub sacerdotibus Levitae erant, Dominus mandavit ut ipsi, loco primitiarum, solverent summo sacerdoti decimam decimae. Unde nunc, eadem ratione, tenentur clerici Summo Pontifici decimam dare, si exigeret. Naturalis enim ratio dictat ut illi qui habet curam de communi multitudinis statu, provideatur unde possit exequi ea quae pertinent ad communem salutem.

dízimos, pelo mesmo motivo estarão também os pobres. Ora, isso é falso. Logo, também a primeira parte.

EM SENTIDO CONTRÁRIO, há em um decreto do papa Pascoal II esta concessão: "Que os clérigos exijam impostos de outros clérigos é um novo gênero de tributo".

RESPONDO. Dar e receber não podem ter a mesma causa, como também não o terão ser ativo e ser passivo. Acontece, porém, que, por diversos motivos, a respeito de objetos diversos, o mesmo que dá, seja o mesmo que receba como agente e paciente. Aos clérigos, enquanto são ministros do altar semeando bens espirituais, são devidos os dízimos dos fiéis. Por isso, os clérigos, enquanto clérigos, isto é, enquanto possuem bens eclesiásticos, não devem pagar dízimos. — Mas, por outro motivo, a saber, por possuírem bens em propriedade, ou herdados dos pais, ou comprados, ou adquiridos de forma semelhantes, os clérigos estão obrigados a pagar os dízimos.

QUANTO AO 1º, portanto, a resposta é evidente, porque os clérigos devem pagar o dízimo dos prédios próprios à igreja paroquial, como os outros, mesmo que sejam clérigos da mesma igreja já que uma coisa é ter algo como próprio, e outra, como comum. — Os prédios da igreja não são obrigados a pagar o dízimo, mesmo que estejam nos limites de outra paróquia.

QUANTO AO 2º, deve-se dizer que os religiosos-clérigos dedicados ao serviço espiritual dos fiéis, estão dispensados de pagarem dízimos, mas podem recebê-los. — Para os outros religiosos, embora sejam clérigos, mas que não dispensam os bens espirituais aos fiéis, há outra razão: pelo direito comum, estão obrigados a pagar dízimos, mas têm algumas imunidades provenientes de diversas concessões feitas pela Santa Sé.

QUANTO AO 3º, deve-se dizer que na Antiga Lei, as primícias eram entregues aos sacerdotes e os dízimos aos levitas; e porque os levitas estavam subordinados aos sacerdotes, o Senhor mandou que eles, em lugar das primícias, entregassem a décima parte do dízimo ao Sumo Sacerdote. Eis por que agora, pelo mesmo motivo, os clérigos devem entregar dízimos ao Sumo Pontífice, se este o exigir. Também a razão natural, pelo mesmo motivo, determina que os responsáveis pelo bem comum do povo providenciem os meios para que possam desempenhar bem esta função.

---

2. Cfr. ibid., c. 2: ed. cit., t. II, p. 556.

AD QUARTUM dicendum quod decimae debent cedere in subventionem pauperum per dispensationem clericorum. Et ideo pauperes non habent causam accipiendi decimas, sed tenentur eas dare.

QUANTO AO 4º, deve-se dizer que os dízimos devem ser entregues pelos clérigos para o sustento dos pobres. Por isso, não há razão para que os pobres recebam por si mesmos os dízimos, mas devem pagá-los.

## QUAESTIO LXXXVIII
## DE VOTO
*in duodecim articulos divisa*
Deinde considerandum est de voto, per quod aliquid Deo promittitur.
Et circa hoc quaeruntur duodecim.
*Primo:* quid sit votum.
*Secundo:* quid cadat sub voto.
*Tertio:* de obligatione voti.

## QUESTÃO 88
## O VOTO[a]
*em doze artigos*
A seguir devemos tratar do voto, pelo qual se promete alguma coisa a Deus.
A esse respeito, doze questões.
1. Que é o voto?
2. O que cai sob o voto?
3. A obrigação do voto.

---

a. A doutrina e os problemas concernentes aos votos são estudados de maneira ampla e aprofundada em relação à sua importância e frequência na cristandade medieval.

O desenvolvimento de novas formas de vida religiosa havia atraído a atenção para a natureza dos votos, para o sentido e alcance de sua "solenidade", para sua dispensa e para todo um leque de questões canônicas. Aqui e em outras passagens da Suma, assim como em muitas outras obras de caráter polêmico, Sto. Tomás toma uma posição firme, dirigindo contra os adversários da vida religiosa, e oferecendo, por essa via, a toda a Igreja, uma doutrina bem elaborada; fundada na razão e na tradição. Quer situar-se no plano teológico, criticando veementemente os juristas, dos quais ele às vezes fustiga a "ignorância" (ver abaixo, a. 11, Solução). No que concerne ao essencial, suas posições se tornarão o bem comum da Igreja, e o ponto de referência para a legislação canônica e para a evolução ulterior da vida religiosa. De resto, na cristandade medieval, o recurso aos votos de peregrinação, de diferentes práticas de piedade e de penitência era de uso corrente na vida dos cristãos. Em todo o conjunto das próximas questões, a teologia terá um aspecto verdadeiramente contextual, sempre atenta a trazer respostas apropriadas aos problemas e interrogações dos fiéis, mantendo-se num plano de formulação doutrinal e universal.

A Q. 88 será marcada por uma dupla preocupação, que corresponde aos dois eixos em torno dos quais se ordenam seus artigos. Por um lado, trata-se de elaborar, discutir e fundar uma doutrina de caráter teológico sobre a natureza e as propriedades do voto. Procedendo de maneira progressiva, analisam-se os diferentes elementos, a partir da interrogação mais geral: "O que é o voto?" (a. 1), até o estudo do voto solene, que surge como a realização eminente e completa de toda forma de voto (a. 7). Com base nessa doutrina teológica, uma segunda parte da questão abordará uma dupla série de problemas práticos: sobre os sujeitos capazes de se obrigar por meio de votos (a. 8 e 9); e sobre aqueles que os podem dispensar e sob que condições (a. 10-12).

A originalidade da doutrina e das posições assumidas poderia resumir-se nos seguintes pontos, de resto estreitamente ligados:

Em primeiro lugar, em sua noção mais geral, o voto é apresentado como uma obra da razão prática, como promessa maduramente deliberada e livremente decidida, pela qual o homem se vincula ao progresso no bem, comprometendo-se a praticar um "bem melhor", acima do que já é estritamente obrigatório.

Em segundo lugar, o voto é definido e realçado como uma obra de liberdade, de uma liberdade que se afirma e se fortalece por uma opção definitiva. Supõe portanto as condições pessoais, psicológicas de liberdade, mas igualmente um estatuto social de independência, uma verdadeira autonomia, entendida no sentido preciso: da capacidade de dispor de si e dar a si mesmo uma lei.

Por fim, principalmente em sua realização perfeita e verdadeiramente exemplar, o voto solene, trata-se de uma consagração, da separação da pessoa, de sua destinação ao culto de Deus, que aprova e ratifica essa oferenda religiosa, na medida em que se insere nas formas aprovadas pela Igreja. Supõe-se que estas últimas estejam em continuidade com a tradição apostólica, compreendida por Sto. Tomás como tendo sido inaugurada pelo exemplo dos apóstolos, e estabelecida por sua autoridade (ver, por exemplo, a. 7, Solução).

Ao definir o voto em termos de razão, de liberdade e de consagração, essa doutrina quer romper com toda concepção voluntarista e legalista, que fundaria a natureza e a obrigação dos votos em seu estatuto jurídico, de caráter convencional e cambiante. Enquanto obra da razão prática, o voto é aproximado da noção de lei. É assimilado a leis específicas que a pessoa impõe a si mesma, tendo em vista realizar o bem e de se realizar submetendo-se ao bem último, ao próprio Deus, O estatuto jurídico dos votos deve levá-lo em conta. O legislador eclesiástico está obrigado a respeitar essa natureza dos votos. As normas e condições de validade, de dispensa ou de comutação dos votos serão determinadas em analogia com os princípios que regulam a promulgação, a dispensa ou a modificação das leis (a. 10, Solução). Mais profundamente, a Igreja só pode legislar e intervir nesses domínios tão importantes da virtude de religião estando bem esclarecida e ao mesmo tempo vinculada pela visão desse compromisso fundamental e definitivo: do amor e da liberdade que se consagram à santidade divina.

*Quarto:* de utilitate vovendi.
*Quinto:* cuius virtutis sit actus.
*Sexto:* utrum magis meritorium sit facere aliquid ex voto quam sine voto.
*Septimo:* de solemnitate voti.
*Octavo:* utrum possint vovere qui sunt potestati alterius subiecti.
*Nono:* utrum pueri possint voto obligari ad religionis ingressum.
*Decimo:* utrum votum sit dispensabile vel commutabile.
*Undecimo:* utrum in solemni voto continentiae possit dispensari.
*Duodecimo:* utrum requiratur in dispensatione voti superioris auctoritas.

4. A utilidade do voto.
5. De qual virtude é o ato?
6. É mais meritório fazer alguma coisa por voto ou sem voto?
7. A solenidade do voto.
8. Se alguém que está sob o poder de outro pode fazer voto?
9. Podem as crianças ser obrigadas por voto a entrar em ordem religiosa?
10. O voto pode ser dispensado ou trocado?
11. Pode o voto solene de continência ser dispensado?
12. Para a dispensa do voto requer-se a autoridade de um superior?

## Articulus 1
### Utrum votum consistat in solo proposito voluntatis

AD PRIMUM SIC PROCEDITUR. Videtur quod votum consistat in solo proposito voluntatis.

1. Quia secundum quosdam, votum est *conceptio boni propositi, animi deliberatione firmata, qua quis ad aliquid faciendum vel non faciendum se Deo obligat.* Sed conceptio boni propositi, cum omnibus quae adduntur, potest in solo motu voluntatis consistere. Ergo votum in solo proposito voluntatis consistit.

2. PRAETEREA, ipsum nomen *voti* videtur a *voluntate* assumptum: dicitur enim aliquis proprio voto facere quae voluntarie facit. Sed propositum est actus voluntatis: promissio autem rationis. Ergo votum in solo actu voluntatis consistit.

3. PRAETEREA, Dominus dicit, Lc 9,62: *Nemo mittens manum ad aratrum et aspiciens retro aptus est regno Dei.* Sed aliquis ex hoc ipso quod habet propositum bene faciendi mittit manum ad aratrum. Ergo, si aspiciat retro, desistens a bono proposito, non est aptus regno Dei. Ex solo igitur bono proposito aliquis obligatur apud Deum, etiam nulla promissione facta. Et ita videtur quod in solo proposito voluntatis votum consistat.

## Artigo 1
### O voto consiste só no propósito da vontade?

QUANTO AO PRIMEIRO ARTIGO, ASSIM SE PROCEDE: parece que o voto **consiste** só no propósito da vontade.

1. Com efeito, alguns definem o voto nestes termos: "Conceber um bom propósito com firme deliberação com a qual alguém se obriga diante de Deus a fazer ou a não fazer alguma coisa". Ora, a concepção de um bom propósito com tudo que implica, pode consistir apenas em um ato da vontade. Logo, o voto consiste somente no propósito da vontade[b].

2. ALÉM DISSO, o termo *voto* parece ser derivado do termo *vontade*, pois, se diz que alguém, pelo voto, faz aquilo que faz voluntariamente. Ora, propósito é ato da vontade, enquanto promessa é ato da razão. Logo, o voto consiste somente no ato da vontade.

3. ADEMAIS, são palavras do Senhor: "Quem após ter posto a mão no arado olha para trás, não é digno do reino de Deus". Ora, alguém pelo fato de ter o propósito de operar bem, põe a mão no arado. Por isso, se olhar para trás, desistindo do bom propósito, não será digno do reino de Deus. Logo, somente pelo bom propósito está obrigado perante Deus, embora não faça promessa alguma. Evidencia-se, pois, que o voto consiste somente no propósito da vontade.

---

1 PARALL.: IV *Sent.*, dist. 38, q. 1, a. 1, q.la 1.

---

b. A noção de voto que o artigo irá estabelecer se apresenta como a especificação ou a correção trazidas a essa definição, então bastante difundida, e que remonta a Guilherme de Auxerre. Sto. Tomás tem preferência por aquela que fornece o Mestre das Sentenças, contanto que seja compreendida à luz dos esclarecimentos fornecidos pelo artigo (cf. Solução, no final).

SED CONTRA est quod dicitur Eccle 5,3: *Si quid vovisti Deo, ne moreris reddere: displicet enim ei infidelis et stulta promissio*. Ergo vovere est promittere, et votum est promissio.

RESPONDEO dicendum quod votum quandam obligationem importat ad aliquid faciendum vel dimittendum. Obligat autem homo se homini ad aliquid per modum promissionis, quae est rationis actus, ad quam pertinet ordinare: sicut enim homo imperando vel deprecando ordinat quodammodo quid sibi ab aliis fiat, ita promittendo ordinat quid ipse pro alio facere debeat. Sed promissio quae ab homine fit homini, non potest fieri nisi per verba vel quaecumque exteriora signa. Deo autem potest fieri promissio per solam interiorem cogitationem: quia ut dicitur 1Reg 16,7, *homines vident ea quae parent, sed Deus intuetur cor*. Exprimuntur tamen quandoque verba exteriora vel ad sui ipsius excitationem, sicut circa orationem dictum est[1]: vel ad alios contestandum, ut non solum desistat a fractione voti propter timorem Dei, sed etiam propter reverentiam hominum. Promissio autem procedit ex proposito faciendi. Propositum autem aliquam deliberationem praeexigit: cum sit actus voluntatis deliberatae. Sic igitur ad votum tria ex necessitate requiruntur: primo quidem, deliberatio; secundo, propositum voluntatis; tertio, promissio, in qua perficitur ratio voti. Superadduntur vero quandoque et alia duo, ad quandam voti confirmationem: scilicet pronuntiatio oris, secundum illud Ps 65,13-14: *Reddam tibi vota mea, quae distinxerunt labia mea*; et iterum testimonium aliorum. Unde Magister dicit, 38 dist.[2] IV lib. *Sent*., quod votum est *testificatio quaedam promissionis spontaneae, quae Deo et de his quae sunt Dei fieri debet*: quamvis testificatio possit ad interiorem testificationem proprie referri.

AD PRIMUM ergo dicendum quod conceptio boni propositi non firmatur ex animi deliberatione nisi promissione deliberationem consequente.

AD SECUNDUM dicendum quod voluntas movet rationem ad promittendum aliquid circa ea quae eius voluntati subduntur. Et pro tanto votum a voluntate accepit nomen quasi a primo movente.

EM SENTIDO CONTRÁRIO, lê-se na Escritura: "Se alguém faz um voto a Deus, não deve demorar em cumpri-lo: desagrada-lhe a promessa infiel e insensata". Logo, fazer voto é prometer, e o voto é uma promessa.

RESPONDO. Voto implica uma obrigação de fazer ou não fazer alguma coisa. O homem se obriga a outro homem a fazer alguma coisa por promessa, que é ato da razão, pois a esta cabe ordenar. Assim como um homem mandando ou pedindo ordena o que um outro faça para si, também prometendo ordena o que deve fazer para os outros. Todavia, a promessa feita a um homem, não pode ser cumprida senão por palavras ou quaisquer sinais exteriores. Mas a promessa a Deus pode ser perfeita, segundo a Escritura: "Os homens veem o exterior, Deus perscruta os corações". Contudo, às vezes as palavras exteriores são usadas, como na oração, ou para excitar-se a si mesmo, ou para que outros testemunhem de tal forma que não quebre o voto não só por causa do temor de Deus, como também por consideração aos homens. Assim sendo, a promessa procede do propósito de fazer alguma coisa. Ora, o propósito exige deliberação anterior, porque é ato da vontade deliberada. Por isso, o voto exige três coisas: deliberação, propósito na vontade e a promessa na qual se realiza a razão do voto. Para a confirmação do voto, acrescentam-se ainda duas coisas: expressão oral, segundo o Salmista: "Cumprirei os votos feitos a ti, que os meus lábios pronunciavam"; e o testemunho de outros. A respeito, assim escreve o Mestre das Sentenças: "Voto é a manifestação confirmativa de uma promessa espontânea feita a Deus, de coisas relativas a Deus que devem ser feitas". Não obstante, essa manifestação poderá propriamente se referir apenas ao ato interior[c].

QUANTO AO 1º, portanto, deve-se dizer que a concepção do bom propósito não será firmada pela deliberação, a não ser que se lhe siga a promessa.

QUANTO AO 2º, deve-se dizer que a vontade move a razão a prometer algo acerca das coisas submetidas à própria vontade. Por esse motivo, o voto tem o seu nome derivado do nome vontade como de seu primeiro movente.

---

1. Q. 83, a. 12.
2. In princ.

---

c. O voto é caracterizado portanto pela presença de três elementos: a deliberação, o compromisso da vontade em uma promessa, a que se acrescentam usualmente a formulação verbal e a assistência de testemunhas. Ao destacar o elemento de promessa e compreendendo esta última como obra da razão prática, este primeiro artigo prepara os fundamentos doutrinais de todas as normas e orientações práticas, relativas à oportunidade de se engajar pelo voto, sua dispensa ou comutação concedidas pela autoridade eclesiástica.

Ad tertium dicendum quod ille qui mittit manum ad aratrum iam facit aliquid. Sed ille qui solum proponit nondum aliquid facit. Sed quando promittit, iam incipit se exhibere ad faciendum, licet nondum impleat quod promittit: sicut ille qui ponit manum ad aratrum nondum arat, iam tamen apponit manum ad arandum.

### Articulus 2
### Utrum votum semper debeat fieri de meliori bono

Ad secundum sic proceditur. Videtur quod votum non semper debeat fieri de meliori bono.

1. Dicitur enim melius bonum quod ad supererogationem pertinet. Sed votum non solum fit de his quae sunt supererogationis, sed etiam de his quae pertinent ad salutem. Nam et *in baptismo vovent homines abrenuntiare diabolo et pompis eius, et fidem servare*: ut dicit Glossa[1], super illud Ps 75,12, *Vovete et reddite Domino Deo vestro*. Iacob etiam vovit quod esset ei *Dominus in Deum*, ut habetur Gn 28,21: hoc autem est maxime de necessitate salutis. Ergo votum non solum fit de meliori bono.

2. Praeterea, Iephte in catatogo Sanctorum ponitur, ut patet Hb 11,32. Sed ipse filiam innocentem occidit propter votum, ut habetur Idc 11,39. Cum igitur occisio innocentis non sit melius bonum, sed sit secundum se illicitum, videtur quod votum fieri possit non solum de meliori bono, sed etiam de illicitis.

3. Praeterea, ea quae redundant in detrimentum personae, vel quae ad nihil sunt utilia, non habent rationem melioris boni. Sed quandoque fiunt aliqua vota de immoderatis vigiliis et ieiuniis, quae vergunt in periculum personae. Quandoque etiam fiunt aliqua vota de atiquibus indifferentibus et ad nihil valentibus. Ergo non semper votum est melioris boni.

Sed contra est quod dicitur Dt 23,22: *Si nolueris polliceri, absque peccato eris*.

Respondeo dicendum quod, sicut dictum est[2], votum est promissio Deo facta. Promissio autem est alicuius quod quis pro aliquo voluntarie facit.

### Artigo 2
### O voto deve ser sempre feito de um bem melhor?

Quanto ao 3º, deve-se dizer que quem põe a mão no arado já faz alguma coisa. Mas quem somente prometeu, ainda não fez coisa alguma. Todavia, quando prometeu, já manifesta que se inicia a cumprir o prometido, embora ainda não o tenha completado. Também, aquele que põe a mão no arado, ainda não está arando, mas este gesto já é o início de arar.

Quanto ao segundo, assim se procede: parece que o voto **não** deve sempre ser feito de um bem melhor.

1. Com efeito, diz-se melhor bem o que é feito por superrogação. Ora, o voto não se faz somente do que é superrogatório, como também do que é necessário para a salvação. No batismo, promete-se "renunciar ao diabo e às suas pompas, e conservar a fé", como se lê na Glosa ao Salmo 75: "Fazei votos ao Senhor, vosso Deus, e cumpri-os". Jacó também fez voto de ter o "Senhor por seu Deus", como está na Escritura, e isto é sumamente necessário para a salvação. Logo, não se faz voto somente de um bem melhor.

2. Além disso, Jefté é posto no catálogo dos santos, como atesta a Carta aos Hebreus. Ora, também o livro dos Juízes relata que ele matou a sua inocente filha, devido ao voto que fizera. Logo, como matar um inocente não é um bem melhor, mas um ato em si mesmo ilícito, parece que se possa fazer voto não só do que é um bem melhor, mas ainda do que é ilícito.

3. Ademais, os atos que redundam em detrimento de uma pessoa, ou que para nada valem, não constituem bens melhores. Ora, fazem-se votos de excessivas vigílias ou de jejuns imoderados, que recaem em prejuízo de quem a isto se entrega. Também se fazem votos de coisas indiferentes que para nada valem. Logo, nem sempre o voto é do bem melhor.

Em sentido contrário, Deus falou: "Se não quiseres prometer, não pecarás".

Respondo. Como foi acima dito, o voto é uma promessa feita a Deus. A promessa tem por objeto algo que voluntariamente fazemos por alguém.

---

2 Parall.: IV *Sent.*, dist. 38, q. 1, a. 1, q.la 2.

1. Ordin.: ML 113, 964 D; Lombardi: ML 191, 708 D.
2. Art. praec.

Non enim esset promissio, sed comminatio, si quis diceret se contra aliquem facturum. Similiter vana esset promissio si aliquis alicui promitteret id quod ei non esset acceptum. Et ideo, cum omne peccatum sit contra Deum; nec aliquod opus sit Deo acceptum nisi sit virtuosum: consequens est quod de nullo illicito, nec de aliquo indifferenti debeat fieri votum, sed solum de aliquo actu virtutis.

Sed quia votum promissionem voluntariam importat, necessitas autem voluntatem excludit, id quod est absolute necessarium esse vel non esse nullo modo cadit sub voto: stultum enim esset si quis voveret se esse moriturum, vel se non esse volaturum. — Illud vero quod non habet absolutam necessitatem, sed necessitatem finis, puta quia sine eo non potest esse salus, cadit quidem sub voto inquantum voluntarie fit, non autem inquantum est necessitatis. — Illud autem quod neque cadit sub necessitate absoluta neque sub necessitate finis, omnino est voluntarium. Et ideo hoc propriissime cadit sub voto. Hoc autem dicitur esse maius bonum in comparatione ad bonum quod communiter est de necessitate salutis. Et ideo, proprie loquendo, votum dicitur esse de bono meliori.

AD PRIMUM ergo dicendum quod hoc modo sub voto baptizatorum cadit abrenuntiare pompis diaboli et fidem Christi servare, quia voluntarie fit, licet sit de necessitate salutis.

Et similiter potest dici de voto Iacob. Quamvis etiam possit intelligi quod Iacob vovit se habere Dominum in Deum per specialem cultum, ad quem non tenebatur: sicut per decimarum oblationem, et alia huiusmodi quae ibi [v. 22] subduntur.

AD SECUNDUM dicendum quod quaedam sunt quae in omnem eventum sunt bona: sicut opera virtutis et alia quae absolute possunt cadere sub voto. — Quaedam vero in omnem eventum sunt mala: sicut ea quae secundum se sunt peccata. Et haec nullo modo possunt sub voto cadere. — Quaedam vero sunt quidem in se considerata bona, et secundum hoc possunt cadere sub voto: possunt tamen habere malum eventum, ut quo non sunt observanda. Et sic accidit in voto Iephte, qui, ut dicitur Idc 11,30-31, *votum vovit Domino, dicens: Si tradideris filios Ammon in manus meas, quicumque primus egressus fuerit de foribus domus meae mihique occurrerit revertenti in pace, eum offeram holocaustum Domino.* Hoc enim poterat malum eventum habere, si occurreret ei aliquod animal non immolativum, sicut asinus vel homo:

Não será, pois, promessa, mas ameaça se alguém promete fazer mal a outrem. Igualmente, será inútil a promessa feita a alguém que não a aceita. Como, ademais, todo pecado é contra Deus, e Ele não aceita senão os atos virtuosos; logo, não se deve fazer voto de algo ilícito, nem de algo indiferente, mas somente de ato virtuoso.

Mas como o voto implica promessa voluntária e a necessidade exclui a vontade, aquilo que é absolutamente necessário ser ou não ser, de nenhum modo poderá ser objeto de voto. Assim, por exemplo, seria louco o voto de que vai morrer algum dia, ou de que não vai voar. — Mas, aquilo que não é de absoluta necessidade, mas é de necessidade de fim, isto é, sem ele não pode haver salvação, será objeto de voto, enquanto é voluntário, mas não enquanto é necessário. — Aquilo que não é de necessidade absoluta nem de necessidade de fim, é totalmente voluntário. É isso propriamente que cai sob o voto, e se diz maior bem em comparação com o bem que comumente é de necessidade de salvação. Por isso, falando propriamente, diz-se que o voto é de um bem maior.

QUANTO AO 1º, portanto, deve-se dizer que é objeto do voto feito no batismo renunciar a satanás e às suas pompas, e prometer aceitar a fé cristã, porque isto é feito voluntariamente, embora seja necessário para a salvação.

Assim, também foi o voto de Jacó. Todavia, este voto também pode ser entendido no sentido de que Jacó o fez para ter o Senhor como seu Deus por um culto especial, ao qual não estava obrigado, como também para oferecer os dízimos, como se lê logo após ao citado versículo.

QUANTO AO 2º, deve-se dizer que há coisas que sempre são boas, como as obras de virtude e outras que podem ser absolutamente objeto de voto. — Outras coisas há, que sempre são más, como aquelas que por si mesmas são pecaminosas. Estas de nenhum modo poderão ser objeto de voto. — Há ainda as que em si mesmas são boas, e assim podem ser objeto de voto, mas que podem ter um mau resultado, e nesse caso não devem ser observadas. Exemplo disto é o voto de Jefté, como se lê na Escritura: "Prometeu por voto ao Senhor, dizendo: Se me entregares os filhos de Amón, a primeira pessoa, seja ela quem for que sair de minha casa e se encontrar comigo quando voltar em paz, eu a oferecerei ao Senhor em holocausto". Ora, este voto poderia implicar um mau resultado, como, por exemplo, se ao

quod et accidit. Unde, ut Hieronymus[3] dicit, *in vovendo fuit stultus*, quia discretionem non adhibuit, *et in reddendo impius*. Praemittitur tamen ibidem[4] quod *factus est super eum Spiritus Domini*: quia fides et devotio ipsius, ex qua motus est ad vovendum, fuit a Spiritu Sancto. Propter quod ponitur in catalogo Sanctorum: et propter victoriam quam obtinuit; et quia probabile est eum poenituisse de facto iniquo, quod tamen aliquod bonum figurabat.

Ad tertium dicendum quod maceratio proprii corporis, puta per vigilias et ieiunia, non est Deo accepta nisi inquantum est opus virtutis: quod quidem est inquantum cum debita discretione fit, ut scilicet concupiscentia refrenetur et natura non nimis gravetur. Et sub tali tenore possunt huiusmodi sub voto cadere. Propter quod et Apostolus, Rm 12,1, postquam dixerat, *Exhibeatis corpora vestra hostiam viventem, sanctam, Deo placentem*, addidit: *rationabile obsequium vestrum*. — Sed quia in his quae ad seipsum pertinent de facili fallitur homo in iudicando, talia vota congruentius secundum arbitrium superioris sunt vel servanda vel praetermittenda. Ita tamen quod si ex observatione talis voti magnum et manifestum gravamen sentiret, et non esset facultas ad superiorem recurrendi, non debet homo tale votum servare.

Vota vero quae sunt de rebus vanis et inutilibus sunt magis deridenda quam servanda.

encontro dele viesse um animal que não poderia ser imolado, como um asno, ou mesmo um ser humano. No entanto, isto aconteceu. Jerônimo comenta este fato nos seguintes termos: "Fazendo este voto foi estulto, porque não teve discreção, e ímpio, ao cumpri-lo". Mas um versículo precede este texto e assim diz: "O espírito do Senhor estava sobre ele", porque a fé e a devoção que o levavam a fazer esse voto foram inspiradas pelo Espírito Santo. Ele foi colocado no catálogo dos santos por causa da vitória conseguida, e porque provavelmente se penitenciou da mal ação, que, no entanto, era figurativa de algum bem.

Quanto ao 3º, deve-se dizer que a maceração do próprio corpo por vigílias ou jejuns não é aceita por Deus, senão enquanto obras de virtude, mas deve ser feita com a discreção devida para refrear a concupiscência e sem grande prejuízo para a saúde. Sob esse aspecto podem essas penitências ser objeto de voto, razão por que escreveu Paulo: "Ofereçais os vossos corpos como uma hóstia viva, santa e agradável a Deus", acrescentando: "como um culto racional que lhe deveis". — Como, porém, nas coisas que lhe dizem respeito, o homem facilmente se engana ao julgar, será mais coerente que o cumprimento ou não de tais votos seja submetido ao julgamento do superior. Por isso, se a pessoa prevê que o cumprimento de tal voto lhe trará um grande e manifesto agravo, e não puder recorrer ao superior não deve fazê-lo.

Os votos de coisas tolas ou inúteis devem ser mais desprezados do que cumpridos.

### Articulus 3
### Utrum omne votum obliget ad sui observationem

Ad tertium sic proceditur. Videtur quod non omne votum obliget ad sui observationem.

1. Homo enim magis indiget his quae per alium hominem fiunt quam Deus, qui *bonorum nostrorum non eget*. Sed promissio simplex homini facta non obligat ad servandum, secundum institutionem legis humanae[1]: quod videtur esse institutum propter mutabilitatem humanae voluntatis. Ergo multo minus simplex promissio Deo facta, quae dicitur votum, obligat ad observandum.

### Artigo 3
### Todo voto deve ser cumprido?

Quanto ao terceiro, assim se procede: parece que **nem** todo voto obrigue a ser cumprido.

1. Com efeito, o homem precisa mais do auxílio dos outros do que Deus, que "não necessita dos nossos bens". Ora, a simples promessa feita a um homem não exige o seu cumprimento, segundo as leis humanas. Parece que essa permissão foi estabelecida por causa da volubilidade da vontade humana. Logo, muito menos uma simples promessa feita a Deus, como é o voto, obriga a ser cumprida.

---

3. Cfr. Petrum Comestorem, *Hist. Schol., Hist. Iud.*, c. 12: ML 198, 128 C.
4. *Iud.* 11, 29.

3  Parall.: Infra, q. 189, a. 3; IV *Sent.*, dist. 38, q. 1, a. 3, q.la 1; q.la 3, ad 1; *Quodlib*. III, q. 5, art. 2.
1. *Dig.*, l. L, tit. 12, leg. 1: ed. Krueger, t. I, p. 905 b.

2. Praeterea, nullus obligatur ad impossibile. Sed quandoque illud quod quis vovit fit ei impossibile: vel quia dependet ex alieno arbitrio, sicut cum quis vovet aliquod monasterium intrare cuius monachi eum nolunt recipere; vel propter emergentem defectum, sicut mulier quae vovit virginitatem servare et postea corrumpitur, vel vir qui vovet pecuniam dare et postea amittit pecuniam. Ergo non semper votum est obligatorium.

3. Praeterea, illud ad cuius solutionem est aliquis obligatus, statim solvere tenetur. Sed aliquis non statim solvere tenetur illud quod vovit: praecipue cum sub conditione futura vovet. Ergo votum non semper est obligatorium.

Sed contra est quod dicitur Eccle 5,3-4: *Quodcumque voveris, redde. Multoque melius est non vovere quam post votum promissa non reddere.*

Respondeo dicendum quod ad fidelitatem hominis pertinet ut solvat id quod promisit: unde secundum Augustinum[2], *fides dicitur ex hoc quod fiunt dicta.* Maxime autem debet homo Deo fidelitatem: tum ratione dominii; tum etiam ratione beneficii suscepti. Et ideo maxime obligatur homo ad hoc quod impleat vota Deo facta: hoc enim pertinet ad fidelitatem quam homo debet Deo, fractio autem voti est quaedam infidelitatis species. Unde Salomon rationem assignat quare sint vota reddenda, quia *displicet Deo infidelis promissio.*

Ad primum ergo dicendum quod secundum honestatem ex qualibet promissione homo homini obligatur: et haec est obligatio iuris naturalis. Sed ad hoc quod aliquis obligetur ex aliqua promissione obligatione civili, quaedam alia requiruntur. Deus autem etsi bonis nostris non egeat, ei tamen maxime obligamur. Et ita votum ei factum est maxime obligatorium.

Ad secundum dicendum quod si illud quod quis vovit ex quacumque causa impossibile reddatur, debet homo facere quod in se est: ut saltem habeat promptam voluntatem faciendi quod potest. Unde ille qui vovit monasterium aliquod intrare debet dare operam quam potest ut ibi recipiatur. Et si quidem intentio sua fuit se obligare ad religionis ingressum principaliter, et ex consequenti elegit hanc religionem vel hunc locum quasi sibi magis congruentem, tenetur, si non potest ibi recipi,

2. Além disso, ninguém está obrigado a fazer o impossível. Ora, às vezes o voto se torna impossível, ou porque depende da vontade alheia, como fazer o voto de ser recebido num mosteiro contra a vontade dos seus monges, ou por uma impossibilidade imprevista, como acontece com uma mulher que faz voto de virgindade, mas depois é violentada, ou também como quem promete dar uma quantia de dinheiro mas o perde. Logo, nem sempre o voto é obrigatório.

3. Ademais, quando se está obrigado a pagar algo, é dever pagá-lo o quanto antes. Ora, ninguém está obrigado a cumprir logo o que prometeu por voto, sobretudo, quando isto implica uma condição futura. Logo, nem sempre o voto é obrigatório.

Em sentido contrário, lê-se na Escritura: "Cumpre o que prometeste por voto. É muito melhor não fazer um voto do que, depois de feito, não cumpri-lo".

Respondo. Pertence à fidelidade humana cumprir o que se prometeu, pois diz Agostinho que: "Fidelidade significa fazer o que se disse". Ora, o homem deve ao máximo fidelidade a Deus, quer por causa dos benefícios, quer por causa do Seu domínio sobre as coisas. Consequentemente, está o homem máxime obrigado a cumprir os votos feitos a Deus, pois tal pertence à fidelidade devida a Ele, e quebrar um voto é uma espécie de infidelidade. Salomão ressalta por que os votos devem ser cumpridos: "Não agrada a Deus a promessa do infiel".

Quanto ao 1º, portanto, deve-se dizer que, de acordo com a honestidade, a pessoa fica comprometida com outra pela promessa feita, obrigação esta que é de direito natural. Mas para que alguém esteja obrigado por alguma promessa pelo direito civil requerem-se outras exigências. Embora Deus não precise dos nossos bens, temos para com Ele a máxima obrigação. Donde ser de máxima obrigação cumprir os votos a Ele feitos.

Quanto ao 2º, deve-se dizer que se, por qualquer motivo, o cumprimento de um voto se torna impossível, deve-se fazer o que de nós depende, ao menos ter o firme propósito de fazer o que se pode. Assim, quem fez o voto de entrar num mosteiro, deve tudo fazer para nele ser recebido. Não obstante, se a sua intenção foi principalmente professar no estado religioso, e escolheu, em segundo lugar, entrar nesta ou naquela ordem como mais conveniente, deverá, já que não pôde

---

2. *De Mend.*, c. 20: ML 40, 515.

aliam religionem intrare. Si autem principaliter intendit se obligare ad hanc religionem vel ad hunc locum, propter specialem complacentiam huius religionis vel loci, non tenetur aliam religionem intrare si illi eum recipere nolunt.

Si vero incidit in impossibilitatem implendi votum ex propria culpa, tenetur insuper de propria culpa praeterita poenitentiam agere. Sicut mulier quae vovit virginitatem, si postea corrumpatur, non solum debet servare quod potest, scilicet perpetuam continentiam, sed etiam de eo quod admisit peccando poenitere.

AD TERTIUM dicendum quod obligatio voti ex propria voluntate et intentione causatur: unde dicitur Dt 23,23: *Quod semel egressum est de labiis tuis, observabis: et facies sicut promisisti Domino Deo tuo, et propria voluntate et ore tuo locutus es.* Et ideo si in intentione et voluntate voventis est obligare se ad statim solvendum, tenetur statim solvere. Si autem ad certum tempus, vel sub certa conditione, non tenetur statim solvere. Sed nec debet tardare ultra quam intendit se obligare: dicitur enim ibidem [21]: *Cum votum voveris Domino Deo tuo, non tardabis reddere: quia requiret illud Dominus Deus tuus; et si moratus fueris, reputabitur tibi in peccatum.*

entrar no mosteiro preferido, ingressar em outra ordem. Porém, se principalmente pretendeu, devido a uma especial atração por este mosteiro ou por este lugar, não está obrigado a ingressar em outra ordem, se neste lugar não o querem receber.

Mas se a impossibilidade de cumprir o voto resulta de culpa sua, deverá então penitenciar-se da culpa passada. Assim, a mulher que faz voto de conservar a virgindade e depois a perde, não somente está obrigada a fazer o que pode, isto é, conservar perpétua continência, como também fazer penitência pelo pecado que admitiu.

QUANTO AO 3º, deve-se dizer que a obrigação de cumprir o voto é causada pela vontade própria e pela intenção, razão por que no livro do Deuteronômio está escrito: "Aquilo que uma vez disseste, cumpre; faze o que prometeste ao Senhor, teu Deus, por tua própria vontade e o disseste pelos teus lábios". Portanto, se houver a intenção e a vontade do promitente de se obrigar a logo cumprir o voto, deve imediatamente cumpri-lo. Se, porém, condicionou o cumprimento do voto a determinado tempo ou a outra circunstância, não está obrigado a logo cumpri-lo. Todavia, não deve retardá-lo para além do que se obrigou, já que está no mesmo citado texto bíblico: "Quando fizeres um voto ao Senhor, não deves demorar a cumpri-lo. O teu Senhor o cobrará. Se retardares, ser-te-á imputado como pecado".

### ARTICULUS 4
### Utrum expediat aliquid vovere

AD QUARTUM SIC PROCEDITUR. Videtur quod non expediat aliquid vovere.

1. Non enim alicui expedit ut privet se bono quod ei Deus donavit. Sed libertas est unum de maximis bonis quae homini Deus dedit, qua videtur privari per necessitatem quam votum imponit. Ergo non videtur expediens homini quod aliquid voveat.

2. PRAETEREA, nullus debet se periculis iniicere. Sed quicumque vovet se periculo iniicit: quia quod ante votum sine periculo poterat praeteriri, si non servetur post votum, periculosum est. Unde Augustinus dicit, in epistola *ad Armentarium et Paulinam*[1]: *Quia iam vovisti, iam te obstrinxisti, aliud tibi facere non licet. Non talis eris si non feceris quod vovisti, qualis mansisses si nihil tale*

### ARTIGO 4
### Convém fazer voto de alguma coisa?

QUANTO AO QUARTO, ASSIM SE PROCEDE: parece que **não** convém fazer voto de alguma coisa.

1. Com efeito, não é conveniente privar uma pessoa do bem que Deus lhe deu. Ora, a liberdade é um dos maiores bens concedidos por Deus ao homem, da qual ele se priva pela necessidade imposta pelo voto. Logo, parece que não convém fazer voto de alguma coisa.

2. ALÉM DISSO, ninguém pode expor-se a perigos. Ora, fazer voto é expor-se a perigo, pois aquilo que antes do voto era possível ser preterido sem perigo, feito o voto, se não se cumpre torna-se perigoso. Por isso, escreve Agostinho: "Tendo feito o voto, já estás obrigado a cumpri-lo e não é permitido fazer outra coisa. Se não cumprires o voto feito, não serás o mesmo que serias se

---

4 PARALL.: *Cont. Gent.* III, 138.

1. Epist. 127, al. 45, n. 8: ML 33, 487.

*vovisses. Minor enim tunc esses, non peior. Modo autem, tanto, quod absit, miserior si fidem Deo fregeris, quanto beatior si persolveris.* Ergo non expedit aliquid vovere.

3. Praeterea, Apostolus dicit, 1Cor 4,16: *Imitatores mei estote, sicut et ego Christi.* Sed non legitur neque Christum aliquid vovisse, nec Apostolos. Ergo videtur quod non expediat aliquid vovere.

Sed contra est quod dicitur in Ps 75,12: *Vovete et reddite Domino Deo vestro.*

Respondeo dicendum quod, sicut dictum est[2], votum est promissio Deo facta. Alia autem ratione promittitur aliquid homini, et alia ratione Deo. Homini quidem promittimus aliquid propter eius utilitatem, cui utile est et quod ei aliquid exhibeamus, et quod eum de futura exhibitione prius certificemus. Sed promissionem Deo facimus non propter eius utilitatem, sed propter nostram. Unde Augustinus dicit, in praedicta[3] epistola: *Benignus exactor est, non egenus: et qui non crescat ex redditis, sed in se crescere faciat redditores.* Et sicut id quod damus Deo non est ei utile, sed nobis, quia *quod ei redditur reddenti additur,* ut Augustinus ibidem dicit; ita etiam promissio qua Deo aliquid vovemus, non cedit in eius utilitatem, qui a nobis certificari non indiget; sed ad utilitatem nostram, inquantum vovendo voluntatem nostram immobiliter firmamus ad id quod expedit facere. Et ideo expediens est vovere.

Ad primum ergo dicendum quod sicut non posse peccare non diminuit libertatem, ita etiam necessitas firmatae voluntatis in bonum non diminuit libertatem: ut patet in Deo et in beatis. Et talis est necessitas voti, similitudinem quandam habens cum confirmatione beatorum. Unde Augustinus in eadem epistola[4] dicit quod *felix necessitas est quae in meliora compellit.*

Ad secundum dicendum quod quando periculum nascitur ex ipso facto, tunc illud factum non est expediens: puta quod aliquis per pontem

nenhum voto tivesse feito. Serias menor, não pior. Com efeito, tendo te afastado da fidelidade a Deus, tanto mais miserável serás, quanto mais feliz serias, se tivesses nela perseverado". Logo, não convém fazer voto de alguma coisa.

3. Ademais, escreve o Apóstolo: "Sede meus imitadores, como eu sou de Cristo". Ora, não se lê na Escritura que Cristo ou o Apóstolo tivessem feito voto. Logo, parece que não convém fazer voto de alguma coisa.

Em sentido contrário, diz o Salmista: "Fazei votos ao Senhor, vosso Deus, e cumpri-os".

Respondo. Acima foi dito que o voto é promessa feita a Deus. Promete-se ao homem por uma razão e a Deus por outra. Prometemos algo ao homem alguma coisa por causa de sua utilidade, pois é-lhe útil não só que lhe doemos algo como também que o certifiquemos antes de uma futura doação. Não fazemos promessas a Deus porque são úteis, mas a nós. Agostinho escreve: "Deus é credor por bondade, não por necessidade, que não se enriquece pelo pagamento de dívidas, mas, ao contrário, enriquece ao pagador". Ademais, como o que doamos a Deus não Lhe é útil, mas a nós, porque o que se lhe paga enriquece o pagador, assim também a promessa feita a Deus não Lhe será útil, porque não precisa ser certificado por nós, mas será para nossa utilidade, enquanto fazendo o voto, a nossa vontade se firma imóvel no que é preciso fazer[d]. Por isso convém fazer voto.

Quanto ao 1º, portanto, deve-se dizer que como não poder pecar não diminui a liberdade, também a necessidade de a ter firmada no bem não a diminui, como o demonstram Deus e os santos. E tal é a necessidade do voto, análoga à confirmação dos santos, donde Agostinho escrever: "Feliz a necessidade que impele ao melhor".

Quanto ao 2º, deve-se dizer que quando o perigo está na própria ação, ela não será conveniente, como, por exemplo, atravessar um rio por

---

2. Art. 1, 2.
3. Cfr. 2 a: epist. 127, n. 6: ML 33, 486.
4. Cfr. 2 a.

d. Os adversários dos votos religiosos insistiam não só nos riscos que comportavam tais promessas, como ainda mais radicalmente no fato de que elas resultavam no mais alto grau de renúncia às prerrogativas humanas, em desfazer-se de sua própria liberdade. Com Sto. Agostinho, Sto. Tomás apela para uma outra compreensão da liberdade, a qual, longe de ser um mero poder de manter-se a igual distância do bem e do mal, realiza-se precisamente como a capacidade de escolher o bem, de nele se fortalecer vinculando-se por promessa à obrigação, à "feliz necessidade" de melhor agir. Uma tal compreensão da liberdade, aberta ao aperfeiçoamento das virtudes e à docilidade à ação santificante do Espírito, é um dado fundamental da moral e da espiritualidade tomistas.

ruinosum transeat fluvium. Sed si periculum immineat ex hoc quod homo deficit ab illo facto, non desinit propter hoc esse expediens: sicut expediens est ascendere equum, quamvis periculum immineat cadenti de equo. Alioquin oporteret ab omnibus bonis cessare quae per accidens ex aliquo eventu possunt esse periculosa. Unde dicitur Eccle 11,4: *Qui observat ventum non seminat: et qui considerat nubes nunquam metet*. Periculum autem voventi non imminet ex ipso voto, sed ex culpa hominis, qui voluntatem mutat transgrediens votum. Unde Augustinus dicit in eadem epistola[5]: *Non te vovisse poeniteat. Immo gaude iam tibi sic non licere quod cum tuo detrimento licuisset*.

AD TERTIUM dicendum quod Christo secundum se non competebat vovere. Tum quia Deus erat. Tum etiam quia, inquantum homo, habebat firmatam voluntatem in bono, quasi comprehensor existens. Quamvis per quandam similitudinem ex persona eius dicatur in Ps 21,26, secundum Glossam[6]: *Vota mea reddam in conspectu timentium eum*: loquitur autem pro corpore suo, quod est Ecclesia. — Apostoli autem intelliguntur vovisse pertinentia ad perfectionis statum quando Christum, *relictis omnibus, sunt secuti*.

uma ponte que está para cair. Se, porém, o perigo resulta por ter havido negligência naquele fato, neste caso, o voto não deixa de ser conveniente. Assim, embora haja perigo de se cair do cavalo, não deixa de haver conveniência em nele montar, até porque não se faria bem algum por causa de um perigo ocasional futuro. Por isso, lê-se na Escritura: "Quem olha para os ventos, não semeia; quem olha para as nuvens, não colhe". O perigo para quem faz o voto não vem do voto, mas da própria culpa do votante que muda a vontade transgredindo o voto. É ainda Agostinho quem escreve: "Não te entristeças por teres feito o voto, mas deves te alegrar, porque agora não te será permitido fazer o que antes poderias fazer em teu prejuízo".

QUANTO AO 3º, deve-se dizer que quanto a Si mesmo, Cristo não poderia fazer voto, já porque era Deus, já porque enquanto homem a sua vontade estava firmada no bem, devido à visão beatífica. Embora a Glosa atribua a Cristo, por analogia, as palavras do Salmista: "Cumprirei os meus votos diante daqueles que a ti temem", obviamente, o Salmista assim fala referindo-se ao Corpo de Cristo, que é a Igreja. — Quanto aos apóstolos, fizeram voto das coisas que pertencem ao estado de perfeição, quando "abandonando todas as coisas", seguiram Cristo.

## ARTICULUS 5
### Utrum votum sit actus latriae sive religionis

AD QUINTUM SIC PROCEDITUR. Videtur quod votum non sit actus latriae sive religionis.
1. Omne enim opus virtutis cadit sub voto. Sed ad eandem virtutem pertinere videtur promittere aliquid et facere illud. Ergo votum pertinet ad quamlibet virtutem, et non specialiter ad religionem.

2. PRAETEREA, secundum Tullium[1], ad religionem pertinet *cultum et caeremoniam Deo offerre*. Sed ille qui vovet nondum aliquid Deo offert, sed solum promittit. Ergo votum non est actus religionis.

3. PRAETEREA, cultus religionis non debet exhiberi nisi Deo. Sed votum non solum fit Deo, sed etiam sanctis et praelatis, quibus religiosi

## ARTIGO 5
### O voto é ato da virtude de latria ou de religião?

QUANTO AO QUINTO, ASSIM SE PROCEDE: parece que o voto **não** é ato de latria ou de religião.
1. Com efeito, toda ação virtuosa poderá ser objeto de voto. Ora, parece que prometer e cumprir o prometido pertencem à mesma virtude. Logo, o voto pertence a qualquer virtude, não especialmente à virtude de religião.

2. ALÉM DISSO, segundo Cícero, pertence à religião "oferecer culto e cerimônias a Deus". Ora, quem faz um voto ainda não oferece algo a Deus, mas somente promete. Logo, o voto não é ato de religião.

3. ADEMAIS, o culto da religião, deve ser oferecido só a Deus. Ora, se faz voto não só para Ele, como também para os santos e superiores,

---
5. Loc. cit. in 2 a.
6. Interl.; LOMBARDI: ML 191, 237 B.

5  PARALL.: *Cont. retrahent. hom. ab ingress. Relig.*, cap. 12.
1. Cfr. CIC., *De invent. rhet.*, l. II, c. 53: ed. G. Friedrich, Lipsiae 1908, p. 230, ll. 21-22.

profitentes obedientiam vovent. Ergo votum non est religionis actus.

SED CONTRA est quod dicitur Is 19,21: *Colent eum in hostiis et muneribus, et vota vovebunt Domino et solvent*. Sed colere Deum est proprie religionis sive latriae. Ergo votum est actus latriae sive religionis.

RESPONDEO dicendum quod, sicut supra[2] dictum est, omne opus virtutis ad religionem seu latriam pertinet per modum imperii, secundum quod ad divinam reverentiam ordinatur, quod est proprius finis latriae. Ordinare autem alios actus in suum finem pertinet ad virtutem imperantem, non ad virtutes imperatas. Et ideo ipsa ordinatio actuum cuiuscumque virtutis in servitium Dei est proprius actus latriae. Manifestum est autem ex praedictis[3] quod votum est quaedam promissio Deo facta: et quod promissio nihil est aliud quam ordinatio quaedam eius quod promittitur in eum cui promittitur. Unde votum est ordinatio quaedam eorum quae quis vovet in divinum cultum seu obsequium. Et sic patet quod vovere proprie est actus latriae seu religionis.

AD PRIMUM ergo dicendum quod illud quod cadit sub voto quandoque quidem est actus alterius virtutis, sicut ieiunare, continentiam servare; quandoque vero est actus religionis, sicut sacrificium offerre vel orare. Utrorumque tamen promissio Deo facta ad religionem pertinet, ratione iam[4] dicta. Unde patet quod votorum quoddam pertinet ad religionem ratione solius promissionis Deo factae, quae est essentia voti: quandoque etiam ratione rei promissae, quae est voti materia.

AD SECUNDUM dicendum quod ille qui promittit, inquantum se obligat ad dandum, iam quodammodo dat: sicut dicitur fieri aliquid cum fit causa eius, quia effectus virtute continetur in causa. Et inde est quod non solum danti, sed etiam promittenti gratiae aguntur.

AD TERTIUM dicendum quod votum soli Deo fit, sed promissio potest etiam fieri homini: et ipsa promissio boni quae fit homini potest cadere sub voto, inquantum est quoddam opus virtuosum. Et per hunc modum intelligendum est votum quo quis vovet aliquid sanctis vel praelatis: ut ipsa promissio facta sanctis vel praelatis cadat sub voto

sendo que a estes os religiosos fazem o voto de obediência. Logo, o voto não é ato da religião.

EM SENTIDO CONTRÁRIO, lê-se na Escritura: "Prestam culto ao Senhor com oblações e sacrifícios e fazem-lhe votos e os cumprem". Mas prestar culto a Deus é propriamente ato de latria ou de religião.

RESPONDO. Como acima foi dito, todos os atos das virtudes pertencem à religião, ou à latria, a modo de ato imperado, enquanto se ordenam para reverenciar a Deus, que é o fim próprio da latria. Ora, ordenar os outros atos para o fim pertence à virtude que impera, não à que é imperada. Por isso, a ordenação dos atos de qualquer virtude para o serviço de Deus é propriamente ato de latria. Ficou acima claro que o voto é promessa feita a Ele, e também que prometer nada mais é do que certa ordenação daquilo que se promete para quem se promete. Logo, o voto é uma ordenação daquilo que é prometido para o culto a Deus e para o serviço divino. Assim, fazer voto propriamente é ato de latria ou de religião.

QUANTO AO 1º, portanto, deve-se dizer que o objeto do voto algumas vezes é ato de outra virtude, como jejuar, conservar a continência; outras vezes, é ato de religião, como oferecer sacrifícios e orar. Todavia, pela razão acima aduzida, em ambos os casos, a promessa feita a Deus pertence à religião. Por isso, fica também esclarecido por que, às vezes, o voto pertence à religião somente devido à promessa feita a Deus, pois nesta promessa está a essência do voto; às vezes, devido ao objeto da promessa, que é a matéria do voto.

QUANTO AO 2º, deve-se dizer que quem promete, enquanto se obriga a dar, de certo modo já está dando, como quando se diz que se faz alguma coisa ao fazer-lhe a causa, porque o efeito está virtualmente na causa. Por isso, a graça é concedida não só a quem dá, como também àquele que promete dar.

QUANTO AO 3º, deve-se dizer que o voto só se faz para Deus, mas a promessa pode também ser feita para o homem. Assim sendo, a promessa de um bem feito a um homem pode ser objeto de voto, enquanto é ato virtuoso. É neste sentido que se entendem os votos feitos para os santos e para os superiores. Tais promessas são material-

---

2. Q. 81, a. 1, ad 1; a. 4, ad 1, 2.
3. Art. 1.
4. In corp.

materialiter, inquantum scilicet homo vovet Deo se impleturum quod sanctis vel praelatis promittit.

## Articulus 6
### Utrum magis sit laudabile et meritorium facere aliquid sine voto quam ex voto

Ad sextum sic proceditur. Videtur quod magis sit laudabile et meritorium facere aliquid sine voto quam cum voto.

1. Dicit enim Prosper, in II *de Vita Contempl.*[1]: *Sic abstinere vel ieiunare debemus ut non nos necessitati ieiunandi subdamus: ne iam non devoti, sed inviti rem voluntariam faciamus*. Sed ille qui vovet ieiunium subdit se necessitati ieiunandi. Ergo melius esset si ieiunaret sine voto.

2. Praeterea, Apostolus dicit, 2Cor 9,7: *Unusquisque prout destinavit in corde suo, non ex tristitia aut ex necessitate: hilarem enim datorem diligit Deus*. Sed quidam ea quae vovent ex tristitia faciunt: et hoc videtur procedere ex necessitate quam votum imponit, quia *necessitas contristans est*, ut dicitur V *Metaphys*.[2]. Ergo melius est aliquid facere sine voto quam cum voto.

3. Praeterea, votum necessarium est ad hoc quod firmetur voluntas hominis ad rem quam vovet, ut supra[3] habitum est. Sed non magis potest firmari voluntas ad aliquid faciendum quam cum actu facit illud. Ergo non melius est facere aliquid cum voto quam sine voto.

Sed contra est quod super illud Ps 75,12, *Vovete et reddite*, dicit Glossa[4]: *Vovere voluntati consulitur*. Sed consilium non est nisi de meliori bono. Ergo melius est facere aliquod melius opus ex voto quam sine voto: quia qui facit sine voto, implet tantum unum consilium, scilicet de faciendo; qui autem facit cum voto, implet duo consilia, scilicet et vovendo et faciendo.

Respondeo dicendum quod triplici ratione facere idem opus cum voto est melius et magis meritorium quam facere sine voto. Primo quidem, quia vovere, sicut dictum est[5], est actus latriae, quae est

## Artigo 6
### Será mais louvável e meritório fazer alguma coisa sem o voto do que com ele?

Quanto ao sexto, assim se procede: parece que é mais louvável e meritório fazer alguma coisa sem o voto do que com ele.

1. Com efeito, disse Próspero: "Devemos fazer jejuns e abstinência sem que por isso se torne um costume necessário, para que não mais por devoção, porém forçados, façamos o que nos é de livre escolha". Ora, quem faz o voto de jejuar fica sujeito à necessidade de jejuar. Logo, será melhor jejuar sem voto.

2. Além disso, escreve o Apóstolo: "Cada um conforme decidiu no coração, cumpra-o sem tristeza e não forçado pela necessidade; pois quem dá com alegria é amado por Deus". Ora, há alguns que fazem votos com tristeza por causa daquilo que este lhe impõe, pois diz o Filósofo: "A necessidade gera a tristeza". Logo, é melhor fazer alguma coisa sem voto do que com voto.

3. Ademais, o voto é necessário para que a pessoa mantenha-se firme na promessa, como acima foi dito. Ora, a vontade estará mais firme no seu propósito quando o reduz a ato. Logo, não será melhor fazer alguma coisa com voto do que sem voto.

Em sentido contrário, diz o Salmista: "Fazei votos e cumpri-os". A Glosa assim explica: "Fazer voto é como um conselho para a vontade". Mas, conselho se dá em vista de um bem melhor. Logo, é melhor agir com voto do que sem voto, porque o que é feito sem voto somente obedece a um conselho a saber, o de fazê-lo, porém, o que é feito com voto, realiza dois conselhos: prometer e fazer o prometido.

Respondo. Por três motivos um ato feito com voto é melhor e mais meritório do que se fosse feito sem voto. Primeiro, porque, como foi acima dito, fazer voto é ato de latria, a principal virtude

---

6 Parall.: Infra, q. 189, a. 2; *Cont. Gent*. III, 138; *Cont. retrahent. hom. ab ingress. Relig.*, c. 11 sqq.; *De Perfect. vit. spirit.*, c. 12; *Quodlib*. III, q. 5, a. 2, ad 3.

1. Cfr. Iulian. Pomerium, *De vita contemplativa*, l. II, c. 24, n. 1: ML 59, 470 B.
2. C. 5: 1015, a, 28-33.
3. Art. 4.
4. Lombardi: ML 191, 709 A.
5. Art. 5.

praecipua inter virtutes morales. Nobilioris autem virtutis est opus melius et magis meritorium. Unde actus inferioris virtutis est melior et magis meritorius ex hoc quod imperatur a superiori virtute, cuius actus fit per imperium: sicut actus fidei vel spei melior est si imperetur a caritate. Et ideo actus aliarum virtutum moralium, puta ieiunare, quod est actus abstinentiae, et continere, quod est actus castitatis, sunt meliora et magis meritoria si fiant ex voto: quia sic iam pertinent ad divinum cultum, quasi quaedam Dei sacrificia. Unde Augustinus dicit, in libro *de Virginitate*[6], quod *neque ipsa virginitas quia virginitas est, sed quia Deo dicata est, honoratur; quam fovet et servat continentia pietatis*.

Secundo, quia ille qui vovet aliquid et facit, plus se Deo subiicit quam ille qui solum facit. Subiicit enim se Deo non solum quantum ad actum, sed etiam quantum ad potestatem, quia de cetero non potest aliud facere: sicut plus daret homini qui daret ei arborem cum fructibus quam qui daret ei fructus tantum, ut dicit Anselmus[7], in libro *de Similitud*.[8]. Et inde est quod etiam promittentibus gratiae aguntur, ut dictum est[9].

Tertio, quia per votum immobiliter voluntas firmatur in bonum. Facere autem aliquid ex voluntate firmata in bonum pertinet ad perfectionem virtutis, ut patet per Philosophum, in II *Ethic*.[10]: sicut etiam peccare mente obstinata aggravat peccatum, et dicitur peccatum in Spiritum Sanctum, ut supra[11] dictum est.

AD PRIMUM ergo dicendum quod auctoritas illa est intelligenda de necessitate coactionis, quae involuntarium causat et devotionem excludit. Unde signanter dicit: *Ne iam non devoti, sed inviti rem voluntariam faciamus*. Necessitas autem voti est per immutabilitatem voluntatis: unde et voluntatem confirmat et devotionem auget. Et ideo ratio non sequitur.

AD SECUNDUM dicendum quod necessitas coactionis, inquantum est contraria voluntati, tristitiam causat, secundum Philosophum[12]. Necessitas au-

moral. Ora, o ato de uma virtude mais nobre é melhor e mais meritório. Por isso, será melhor e mais meritório o ato de uma virtude inferior se for imperado por uma virtude superior, até porque, é pelo império da virtude superior que é realizado. Por essa razão, o ato de fé ou de esperança é melhor quando imperado pela caridade. Também os atos das outras virtudes morais, como jejuar, que é ato de abstinência, manter a continência, que é ato da castidade, serão melhores e mais meritórios se forem feitos com voto, porque pertencerão ao culto divino, como sacrifícios a Deus. A respeito, escreve Agostinho: "Nem a virgindade, enquanto virgindade, é honrada, mas enquanto prometida a Deus, e é conservada e fomentada por uma piedosa continência".

Segundo, porque quem faz um voto e o cumpre, mais se submete a Deus do que aquele que sem voto realiza algum ato virtuoso. Pois submete-se a Deus, não somente quanto ao ato, mas também quanto ao poder de agir, porque ficará pelo voto impedido de contrariar o que prometera. Assim, será melhor dar a alguém uma árvore com os frutos, do que somente os frutos, como diz Anselmo. É por isso que é dada a graça também aos que prometem.

Terceiro, porque pelo voto a vontade se firma imutável no bem. Ora, fazer alguma coisa com a vontade firmada no bem pertence à perfeição das virtudes, como diz o Filósofo, assim como, pecar obstinadamente aumenta o pecado, e é considerado um pecado contra o Espírito Santo.

QUANTO AO 1º, portanto, deve-se dizer que a citação referida deve ser entendida enquanto necessidade de coação, que causa o involuntário e exclui a piedade. Por isso, claramente diz: "Porque não mais por devoção, porém forçados, façamos um ato que deveria ser voluntário". A necessidade do voto vem da imutabilidade da vontade, e, por isso, a torna firme e lhe aumenta a devoção. Logo, o argumento aduzido não é válido.

QUANTO AO 2º, deve-se dizer que a necessidade de coação causa tristeza, segundo disse o Filósofo, enquanto contraria a vontade. Mas a necessidade

---

6. C. 8: ML 40, 400.
7. Eadmerus.
8. C. 84: ML 159, 655 C.
9. A. 5, ad 2.
10. C. 3: 1105, a, 32 — b, 5.
11. Q. 14, a. 2.
12. Loc. cit. in arg.

tem voti in his qui sunt bene dispositi, inquantum voluntatem confirmat, non causat tristitiam, sed gaudium. Unde Augustinus dicit, in epistola *ad Armentarium et Paulinam*[13]: *Non te vovisse poeniteat: immo gaude iam tibi sic non licere quod cum tuo detrimento licuisset.*

Si tamen ipsum opus, secundum se consideratum, triste et involuntarium redderetur post votum, dum tamen remaneat voluntas votum implendi, adhuc est magis meritorium quam si fieret sine voto: quia impletio voti est actus religionis, quae est potior virtus quam abstinentia, cuius actus est ieiunare.

AD TERTIUM dicendum quod ille qui facit aliquid sine voto habet immobilem voluntatem respectu illius operis singularis quod facit, et tunc quando facit: non autem manet voluntas eius omnino firmata in futurum, sicut voventis, qui suam voluntatem obligavit ad aliquid faciendum et antequam faceret illud singulare opus, et fortasse ad pluries faciendum.

proveniente do voto naqueles que estão bem dispostos, enquanto dá firmeza à vontade, não causa tristeza, mas alegria. Donde Agostinho escrever: "Não te entristeças por teres feito o voto, mas deves te alegrar porque agora não te será permitido o que antes poderias ter feito em teu prejuízo".

Todavia, se o ato de cumprir o voto, em si considerado, tornar-se triste e involuntário após o voto feito, permanecendo, contudo, a intenção de cumpri-lo, será então mais meritório do que se efetuasse sem o voto, porque o seu cumprimento é ato da virtude de religião, que é virtude superior à abstinência, cujo ato é o jejum.

QUANTO AO 3º, deve-se dizer que quem faz alguma coisa sem voto, a sua vontade será imutável relativamente àquela obra singular que faz, e no momento em que o faz. A sua vontade, porém, não ficará imutável para o futuro, como a do que fez voto, que se obriga voluntariamente a fazer alguma coisa, antes mesmo de a fazer e talvez a repeti-la mais vezes.

### ARTICULUS 7
#### Utrum votum solemnizetur per susceptionem sacri ordinis, et per professionem ad certam regulam

AD SEPTIMUM SIC PROCEDITUR. Videtur quod votum non solemnizetur per susceptionem sacri ordinis, et per professionem ad certam regulam.

1. Votum enim, ut dictum est[1], promissio Deo facta est. Ea vero quae exterius aguntur ad solemnitatem pertinentia non videntur ordinari ad Deum, sed ad homines. Ergo per accidens se habent ad votum. Non ergo solemnitas talis est propria conditio voti.

2. PRAETEREA, illud quod pertinet ad conditionem alicuius rei, videtur posse competere omnibus illis in quibus res illa invenitur. Sed multa possunt sub voto cadere quae non pertinent neque ad sacrum ordinem, neque pertinent ad aliquam certam regulam: sicut cum quis vovet peregrinationem, aut aliquid huiusmodi. Ergo solemnitas quae fit in susceptione sacri ordinis vel in promissione certae regulae, non pertinet ad conditionem voti.

3. PRAETEREA, votum solemne idem videtur esse quod votum publicum. Sed multa alia vota possunt fieri in publico quam votum quod emit-

### ARTIGO 7
#### O voto se torna solene pela recepção das ordens sacras e pela profissão religiosa?

QUANTO AO SÉTIMO, ASSIM SE PROCEDE: parece que o voto **não** se torna solene pela recepção das ordens sagradas e pela profissão religiosa.

1. Com efeito, como acima foi definido, o voto é promessa feita a Deus. Ora, as cerimônias externamente manifestadas, que solenizam os atos, não são feitas para Deus, mas para os homens. Logo, são acidentais aos votos, e também a solenidade não é condição para se fazer voto.

2. ALÉM DISSO, o que é condição para alguma coisa poderá ser também para tudo que se refere a ela. Ora, muitos votos têm por objeto o que não se relaciona com as ordens sacras nem com determinada regra religiosa. Assim são o voto de peregrinação e tantos outros. Logo, a solenidade que reveste a recepção das ordens sacras e a profissão religiosa não é condição para o voto.

3. ADEMAIS, voto solene identifica-se com voto público. Ora, muitos votos são públicos, sem que sejam os emitidos na recepção das ordens sacras

---

13. Epist. 127, al. 45, n. 8: ML 33, 487.

7 PARALL.: IV *Sent.*, dist. 38, q. 1, a. 2, q.la 3; *Quodlib.* III, q. 7, a. 1.

1. Art. 1.

titur in susceptione sacri ordinis vel professione certae regulae: et huiusmodi etiam vota possunt fieri in occulto. Ergo non solum huiusmodi vota sunt solemnia.

SED CONTRA est quod solum huiusmodi vota impediunt matrimonium contrahendum et dirimunt iam contractum; quod est effectus voti solemnis, ut infra dicetur in Tertia huius operis Parte[2].

RESPONDEO dicendum quod unicuique rei solemnitas adhibetur secundum illius rei conditionem: sicut alia est solemnitas novae militiae, scilicet in quodam apparatu equorum et armorum et concursu militum; et alia solemnitas nuptiarum, quae consistit in apparatu sponsi et sponsae et conventu propinquorum. Votum autem est promissio Deo facta. Unde solemnitas voti attenditur secundum aliquid spirituale, quod ad Deum pertineat: idest secundum aliquam spiritualem benedictionem vel consecrationem, quae ex institutione Apostolorum adhibetur in professione certae regulae, secundo gradu post sacri ordinis susceptionem, ut Dionysius dicit, 4 cap. *Eccles. Hier.*[3].

Et huius ratio est quia solemnitates non consueverunt adhiberi nisi quando aliquis totaliter mancipatur alicui rei: non enim solemnitas nuptialis adhibetur nisi in celebratione matrimonii, quando uterque coniugum sui corporis potestatem alteri tradit. Et similiter voti solemnitas adhibetur quando aliquis per susceptionem sacri ordinis divino ministerio applicatur; et in professione certae regulae, quando per abrenuntiationem saeculi et propriae voluntatis aliquis statum perfectionis assumit.

AD PRIMUM ergo dicendum quod huiusmodi solemnitas pertinet non solum ad homines, sed ad Deum, inquantum habet aliquam spiritualem consecrationem seu benedictionem, cuius Deus est auctor, etsi homo sit minister: secundum illud Nm 6,27: *Invocabunt nomen meum super filios Israel, et ego benedicam eis.* Et ideo votum solemne habet fortiorem obligationem apud Deum quam votum simplex; et gravius peccat qui illud transgreditur. — Quod autem dicitur quod *votum simplex non minus obligat apud Deum quam so-*

e na profissão religiosa, e estes, ademais, podem ser emitidos ocultamente. Logo, não só tais votos são solenes.

EM SENTIDO CONTRÁRIO, somente esses dois votos impedem o contrato matrimonial e dirimem o matrimônio já contraído, e este é efeito do voto solene, como será visto na III Parte.

RESPONDO. Cada coisa tem a solenidade segundo a sua condição: uma é a solenidade para a recepção dos recrutas no exército, revestida que é de todo um aparato de cavalos, de armas e de presença de militares; outra é a solenidade dos matrimônios, que se manifesta nos trajes especiais dos noivos e na presença dos parentes e amigos. Ora, o voto é uma promessa feita a Deus. Por isso, a solenidade do voto tem um sentido espiritual por pertencer a Deus, isto é, uma bênção ou consagração espiritual que, por instituição dos apóstolos, são respectivamente recebidas na profissão religiosa em grau menor, depois de recebidas as ordens sacras, como diz Dionísio.

A solenidade desses atos é devida ao costume introduzido de não se solenizar, senão a entrega total de uma pessoa a alguma coisa. Assim é que a solenidade nupcial não se faz, senão na celebração do matrimônio, quando os nubentes entregam um ao outro os próprios corpos. Semelhantemente, há solenidade quando um homem pela recepção das ordens sacras se entrega ao serviço divino, ou quando alguém faz certa profissão de uma regra, assumindo o estado de perfeição, renunciando às coisas do mundo e à sua própria vontade[e].

QUANTO AO 1º, portanto, deve-se dizer que tal solenidade se refere não somente aos homens, mas também a Deus, enquanto inclui uma bênção e consagração espiritual que têm Deus como autor, embora o ministro seja homem. Lê-se a respeito na Escritura: "Invocarão o meu nome sobre os filhos de Israel, e eu os abençoarei". Por isso, o voto solene implica maior obrigação para com Deus do que o voto simples. E peca mais gravemente quem o quebra. — Mas, quando se diz que "o voto simples obriga não menos diante de

---

2. Vide *Suppl.*, q. 53, a. 2.
3. P. 1: MG 533 A.

---

e. A solenidade dos votos se distingue de toda outra solenidade de tipo puramente social, que, aliás, possuía muita importância para a cristandade medieval e para o mundo feudal. Está em relação com Deus mesmo, comportará uma "bênção", uma "consagração", que remonta à instituição dos apóstolos, e ratifica na Igreja a dedicação livre, total e permanente de alguém ao ministério divino, ou ao estado de perfeição.

*lemne*[4], intelligendum est quantum ad hoc quod utriusque transgressor peccat mortaliter.

AD SECUNDUM dicendum quod particularibus actibus non consuevii solemnitas adhiberi, sed assumptioni novi status, ut dictum est[5]. Et ideo cum quis vovet aliqua particularia opera, sicut aliquam peregrinationem vel aliquod speciale ieiunium, tali voto non congruit solemnitas: sed solum voto quo aliquis totaliter se subiicit divino ministerio seu famulatui, in quo tamen voto, quasi universali, multa particularia opera comprehenduntur.

AD TERTIUM dicendum quod vota ex hoc quod fiunt in publico possunt habere quandam solemnitatem humanam: non autem solemnitatem spiritualem et divinam, sicut habent vota praemissa, etiam si coram paucis fiant. Unde aliud est votum esse publicum, et aliud esse solemne.

Deus que o solene", deve-se entender no sentido de que a transgressão de ambos esses votos é pecado mortal.

QUANTO AO 2º, deve-se dizer que não é costume se solenizarem os atos particulares, mas somente os que significam a entrada em novo estado. Por isso, quando alguém faz promessa de realizar algum ato particular, como peregrinar, jejuar, a solenidade não combina com eles, só com o voto pelo qual alguém totalmente se entrega para o ministério e serviço divino; neste voto, como que universal, estão compreendidos muitos atos particulares.

QUANTO AO 3º, deve-se dizer que os votos, feitos publicamente podem ter uma solenidade humana, não porém uma solenidade espiritual e divina, como é a dos votos supracitados, mesmo que emitidos diante de poucas pessoas. Por isso, uma coisa é voto público e outra voto solene.

### ARTICULUS 8
### Utrum illi qui sunt alterius potestati subiecti impediantur a vovendo

AD OCTAVUM SIC PROCEDITUR. Videtur quod illi qui sunt alterius potestati subiecti non impediantur a vovendo.
1. Minus enim vinculum superatur a maiori. Sed obligatio qua quis subiicitur homini est minus vinculum quam votum, per quod aliquis obligatur Deo. Ergo illi qui sunt alienae potestati subiecti non impediuntur a vovendo.

2. PRAETEREA, filii sunt in potestate patris. Sed filii possunt profiteri in aliqua religione etiam sine voluntate parentum. Ergo non impeditur aliquis a vovendo per hoc quod est subiectus potestati alterius.

3. PRAETEREA, maius est facere quam promittere. Sed religiosi qui sunt sub potestate praelatorum possunt aliqua facere sine licentia suorum praelatorum: puta dicere aliquos psalmos, vel facere aliquas abstinentias. Ergo videtur quod multo magis possunt huiusmodi vovendo Deo promittere.

4. PRAETEREA, quicumque facit quod de iure facere non potest, peccat. Sed subditi non peccant

### ARTIGO 8
### Os que estão submetidos a outrem estão impedidos de fazer voto?

QUANTO AO OITAVO, ASSIM SE PROCEDE: parece que os que estão submetidos a outrem **não** estão impedidos de fazer votos.
1. Com efeito, o vínculo menor é superado pelo maior. Ora, estar obrigado à submissão a um homem é menos do que estar submetido, pelo vínculo do voto, a Deus. Logo, quem está submetido ao poder de outro não está impedido de fazer voto.

2. ALÉM DISSO, os filhos estão submetidos ao pátrio poder. Ora, os filhos podem ingressar em ordem religiosa, mesmo sem a permissão dos pais. Logo, não está impedido de fazer votos por estar submetido ao poder de outrem.

3. ADEMAIS, fazer é mais que prometer. Ora, os religiosos submetidos ao poder dos superiores podem fazer algumas coisas sem a permissão destes, como recitar salmos ou abster-se de alguns alimentos. Logo, parece que com muito maior razão, eles podem prometer, mediante voto, algo a Deus.

4. ADEMAIS, quem contraria as normas do direito ao qual deve obedecer, comete pecado. Ora,

---
4. *Decretal. Greg. IX*, l. IV, tit. 6, c. 6: ed. Richter-Friedberg, t. II, p. 686.
5. In corp.

8 PARALL.: Infra, q. 189, a. 5; IV *Sent.*, dist. 32, a. 4; dist. 38, q. 1, a. 1, q.la 3; *Contra retrahent. hom. ab ingress. Relig.*, c. 12.

vovendo: quia hoc nunquam invenitur prohibitum. Ergo videntur quod de iure possunt vovere.

SED CONTRA est quod Nm 30,4 sqq. mandatur quod, *si mulier in domo patris sui, et adhuc in puellari aetate, aliquid voverit*, non tenetur rea voti nisi pater eius consenserit. Et idem dicit [7 sqq.] de muliere habente virum. Ergo, pari ratione, nec aliae personae alterius potestati subiectae possunt se voto obligare.

RESPONDEO dicendum quod, sicut supra[1] dictum est, votum est promissio quaedam Deo facta. Nullus autem potest per promissionem se firmiter obligare ad id quod est in potestate alterius, sed solum ad id quod est omnino in sua potestate. Quicumque autem est subiectus alicui, quantum ad id in quo est subiectus, non est suae potestatis facere quod vult, sed dependet ex voluntate alterius. Et ideo non potest se per votum firmiter obligare, in his in quibus alteri subiicitur, sine consensu sui superioris.

AD PRIMUM ergo dicendum quod sub promissione Deo facta non cadit nisi quod est virtuosum ut supra[2] dictum est. Est autem contra virtutem ut id quod est alterius homo offerat Deo, ut supra[3] dictum est. Et ideo non potest omnino salvari ratio voti, cum quis in potestate constitutus vovet id quod est in potestate alterius, nisi sub conditione si ille ad cuius potestatem pertinet non contradicat.

AD SECUNDUM dicendum quod ex quo homo venit ad annos pubertatis, si sit liberae conditionis, est suae potestatis quantum ad ea quae pertinent ad suam personam: puta quod obliget se religioni per votum, vel quod matrimonium contrahat. Non autem est suae potestatis quantum ad dispensationem domesticam. Unde circa hoc non potest aliquid vovere quod sit ratum, sine consensu patris. — Servus autem, quia est in potestate domini etiam quantum ad personales operationes, non potest se voto obligare ad religionem, per quam ab obsequio domini sui abstraheretur.

AD TERTIUM dicendum quod religiosus subditus est praelato quantum ad suas operationes secundum professionem regulae. Et ideo etiam si aliquis ad horam aliquid facere possit quando ad alia non

os súditos não pecam fazendo votos, até porque não há preceito jurídico que os proíba de os fazer. Logo, parece que por direito podem fazer votos.

EM SENTIDO CONTRÁRIO, lê-se na Escritura esta determinação: "Se uma mulher, ainda jovem, residindo na casa paterna, fizer algum voto", não está obrigada a cumpri-lo, a não ser que o pai o consinta. O mesmo está escrito para a mulher casada. Logo, por paridade, também as demais pessoas submetidas ao poder de outra não podem fazer votos.

RESPONDO. Como acima foi dito, voto é uma promessa feita a Deus. Ninguém poderá por promessa se comprometer relativamente ao que está sob o poder alheio, mas somente ao que está totalmente sob o seu próprio poder. Quem está submetido a outro, quanto ao que está submetido, não pode fazer o que quer, pois depende da vontade alheia. Logo, não pode, mediante voto, obrigar-se com firmeza a fazer alguma coisa que está sob o domínio de outro, sem a permissão do superior.

QUANTO AO 1º, portanto, deve-se dizer que somente atos virtuosos são objeto de promessa feita a Deus, como se viu anteriormente e também já foi acima esclarecido, que contraria à virtude oferecer a Deus o que é de outro. Por isso, é impossível salvar a natureza do voto, se alguém, submetido a outrem, oferece aquilo que está sujeito ao poder de outrem, a não ser de modo condicionado, isto é, se a pessoa, a quem compete o poder, não contradisser.

QUANTO AO 2º, deve-se dizer que tendo chegado à puberdade, a pessoa de condição livre terá sob o seu próprio poder o que disser respeito à sua própria pessoa, como fazer votos para a vida religiosa ou contrair matrimônio. Mas não tem poder sobre a vida familiar em que se encontra. Por conseguinte, não pode validamente prometer aquilo que no lar está submetido ao pátrio poder sem o consentimento do pai. — O escravo, porém, que está submetido mesmo quanto aos direitos pessoais, não pode se obrigar mediante voto a assumir o estado religioso, porque tal ato o libertaria da sujeição ao seu senhor.

QUANTO AO 3º, deve-se dizer que o religioso está submetido ao superior segundo as normas da Regra. Por isso, mesmo que um religioso possa ocupar-se em fazer alguma coisa nas horas em que

---

1. Art. 1.
2. Art. 2.
3. Q. 86, a. 3.

occupatur a praelato, quia tamen nullum tempus est exceptum in quo praelatus non possit eum circa aliquid occupare, nullum votum religiosi est firmum nisi sit de consensu praelati. Sicut nec votum puellae existentis in domo, nisi sit de consensu patris: nec uxoris, nisi de consensu viri.

AD QUARTUM dicendum quod licet votum eorum qui sunt alterius potestati subiecti non sit firmum sine consensu eorum quibus subiiciuntur, non tamen peccant vovendo: quia in eorum voto intelligitur debita conditio, scilicet si suis superioribus placuerit, vel non renitantur.

não tem algo para fazer determinado pelo superior, contudo, como não existe tempo algum em que o superior não possa ocupá-lo, nenhum voto do religioso é válido sem a permissão do superior. A mesma lei se aplica à jovem ainda submetida ao pátrio poder, que não poderá fazer voto sem a permissão do pai, como também à esposa, sem a permissão do esposo.

QUANTO AO 4º, deve-se dizer que embora o voto daqueles que estão submetidos ao poder de outrem não seja válido sem o consentimento daquele a quem se está submetido, contudo, aquele que o emite não peca, porque nesse voto está compreendida a devida condição, isto é, se agrada ao superior e se este o permite[f].

## ARTICULUS 9
### Utrum pueri possint voto se obligare ad religionis ingressum

AD NONUM SIC PROCEDITUR. Videtur quod pueri non possint voto se obligare ad religionis ingressum.

1. Cum enim ad votum requiratur animi deliberatio, non competit vovere nisi illis qui habent usum rationis. Sed hoc deficit in pueris, sicut et in amentibus vel furiosis. Sicut ergo amentes et furiosi non possunt se ad aliquid voto adstringere, ita etiam nec pueri, ut videtur, possunt se voto obligare religioni.

2. PRAETEREA, illud quod rite potest ab aliquo fieri, non potest ab alio irritari. Sed votum religionis a puero vel puella factum ante annos pubertatis potest a parentibus revocari, vel a tutore: ut habetur XX, qu. 2, cap. *Puella*[1]. Ergo videtur quod puer vel puella, ante quatuordecim annos, non possit rite vovere.

3. PRAETEREA, religionem intrantibus annus probationis conceditur, secundum regulam beati Benedicti[2] et secundum statutum Innocentii IV[3],

## ARTIGO 9
### As crianças, mediante voto, podem se obrigar a ingressar na vida religiosa?[g]

QUANTO AO NONO, ASSIM SE PROCEDE: parece que as crianças **não** podem se obrigar mediante voto a ingressar na vida religiosa.

1. Com efeito, exigindo o voto a deliberação pessoal, não poderá fazê-lo senão quem tenha o uso da razão. Ora, desse uso carecem as crianças, como também os débeis mentais e os loucos. Logo, se estes não podem se obrigar por voto, é evidente que as crianças não podem se obrigar por voto a ingressar na vida religiosa.

2. ALÉM DISSO, um ato legitimamente realizado por uma pessoa não poderá ser anulado por outra. Ora, o voto religioso emitido por um menino ou menina, feito antes da puberdade, poderá ser anulado pelos pais ou pelo tutor, segundo o direito. Logo, o menino e a menina não podem fazer votos antes dos 14 anos.

3. ADEMAIS, segundo a Regra de são Bento, quem ingressa no mosteiro deverá passar, antes de fazer os votos, um ano de provação. E, segundo o

---

9 PARALL.: Infra, q. 189, a. 5; IV *Sent.*, dist. 38, q. 1, a. 1, q.la 3; *Contra retrahent. hom. ab ingress. Relig.*, c. 11, 12; c. 13, ad 9 sqq.

1. Cfr. GRATIANUM, *Decretum*, p. II, causa 20, q. 2, can. 2: ed. Richter-Friedberg, t. I, p. 847.
2. *Reg. ad Mon.*, c. 58: ML 66, 803 D — 804 D.
3. *Bullar. Ord. Praed.*, Innocentius IV, diplom. 74, a. 1244, die 17 iunii: ed. A. Bremond, t. I, p. 144.

f. Todo o artigo se limita a retomar e justificar em forma de doutrina a prática e o direito eclesiásticos da época. Conserva-se o mesmo contexto evocado na II-II, q. 57, a. 4: o da família ampliada e hierarquizada. O voto sendo definido como uma obra de plena liberdade, ninguém poderia obrigar-se a ele enquanto permanecesse na dependência da vontade de outrem.

g. O problema surge mais de uma vez nos escritos de Sto. Tomás. O novo impulso dado à vida religiosa no início do século XIII, a atração que exercia sobre a juventude, haviam suscitado um movimento de defesa por parte das famílias e da sociedade, sustentadas por toda uma corrente teológica e canônica. Ao mesmo tempo em que preserva o âmbito jurídico ao qual se podia recorrer em casos litigiosos, a posição aqui condensada caminha no sentido de afirmar e proteger a liberdade dos jovens que se sentiam precocemente chamados para a vida religiosa.

ad hoc quod probatio obligationem voti praecedat. Ergo illicitum videtur esse quod pueri voto obligentur ad religionem ante probationis annum.

Sed contra illud quod non est rite factum non est validum, etiam si a nullo revocetur. Sed votum puellae, etiam ante annos pubertatis emissum, validum est si infra annum a parentibus non revocetur: ut habetur XX, qu. 2, cap. *Puella*[4]. Ergo licite et rite possunt pueri voto obligari ad religionem, etiam ante annos pubertatis.

Respondeo dicendum quod, sicut ex praedictis[5] patet, duplex est votum: scilicet simplex, et solemne. Et quia solemnitas voti in quadam spirituali benedictione et consecratione consistit, ut dictum est[6], quae fit per ministerium Ecclesiae; ideo solemnizatio voti sub dispensatione Ecclesiae cadit. Votum autem simplex efficaciam habet ex deliberatione animi, qua quis se obligare intendit. Quod autem talis obligatio robur non habeat, dupliciter potest contingere. Uno quidem modo, propter defectum rationis: sicut patet in furiosis et amentibus, qui se voto non possunt obligare ad aliquid, dum sunt in furia vel amentia. Alio modo, quia ille qui vovet est alterius potestati subiectus, ut supra[7] dictum est. Et ista duo concurrunt in pueris ante annos pubertatis: quia et patiuntur rationis defectum, ut in pluribus; et sunt naturaliter sub cura parentum, vel tutorum, qui sunt eis loco parentum. Et ideo eorum vota ex duplici causa robur non habent. — Contingit tamen, propter naturae dispositionem, quae legibus humanis non subditur, in aliquibus, licet paucis, accelerari rationis usum, qui ob hoc dicuntur *doli capaces*. Nec tamen propter hoc in aliquo eximuntur a cura parentum, quae subiacet legi humanae respicienti ad id quod frequentius accidit.

Est ergo dicendum quod si puer vel puella, ante pubertatis annos, nondum habeat usum rationis, nullo modo potest se ad aliquid voto obligare. Si vero ante annos pubertatis attigerit usum rationis, potest quidem, quantum in ipso est, se obligare, sed votum eius potest irritari per parentes, quorum

estatuído por Inocêncio IV, para que a provação preceda a obrigação do voto. Logo, parece não ser lícito às crianças fazer voto de ingressar na vida religiosa, antes de terem passado pelo ano de provação.

Em sentido contrário, o que foi feito ilegitimamente não será válido, embora ninguém o invalide. Mas, o voto emitido por uma menina, mesmo que tenha sido emitido antes da puberdade, será válido, se dentro de um ano os pais não o tenham anulado, como está no direito. Logo, legítima e validamente as crianças podem se obrigar por voto a ingressar na vida religiosa antes da puberdade.

Respondo. Do acima exposto torna-se evidente que há duas espécies de voto: o voto simples e o voto solene. Consistindo a solenidade do voto em alguma bênção ou em consagração espiritual que se faz pelo ministério da Igreja, pertence a esta determinar as condições do voto solene. O voto simples, porém, é feito pela deliberação pessoal de quem se obriga a cumpri-lo. Tal deliberação por dois motivos perde a sua força. Primeiro, por causa de alguma deficiência mental, que é evidente nos débeis mentais e nos loucos, que estão impedidos de emitir votos, enquanto perdurar este estado. Segundo, porque aquele que faz o voto está submetido ao domínio de outrem, como foi visto acima. Esses dois motivos encontram-se nas crianças antes da puberdade: porque em muitas delas ainda a inteligência não está suficientemente desenvolvida, ou elas estão sob cuidado dos pais ou dos tutores, que fazem as vezes de pais. Por isso, os seus votos não são válidos por esse duplo motivo. — Todavia, acontece que, por causa de certas características naturais, que não se submetem às previsões humanas, algumas crianças, embora poucas, antecipam o uso da razão, razão pela qual são consideradas capazes de dolo. Não obstante, por esse motivo, não ficarão livres do cuidado paterno a que estão submetidas pela lei humana, pois as leis humanas são feitas para a maioria dos casos.

Consequentemente, deve-se afirmar que se o menino ou a menina ainda não atingiram o uso da razão, não podem de modo algum obrigar-se a fazer alguma coisa mediante voto. Se, porém, atingirem o uso da razão antes da puberdade, poderão livremente se obrigarem por voto, mas o

---

4. Loc. cit. in 2 a.
5. Art. 7.
6. Ibid.
7. Art. praec.

curae remanet adhuc subiectus. Quantumcumque tamen sit doli capax, ante annos pubertatis non potest obligari voto solemni religionis, propter ecclesiae statutum, quod respicit id quod in pluribus accidit. — Post annos autem pubertatis, possunt iam se voto religionis obligare, vel simplici vel solemni, absque voluntate parentum.

AD PRIMUM ergo dicendum quod ratio illa procedit de pueris qui nondum attigerunt usum rationis: quorum vota sunt invalida, ut dictum est[8].

AD SECUNDUM dicendum quod vota eorum qui sunt in potestate aliorum habent conditionem implicitam, scilicet si non revocentur a superiori, ex qua licita redduntur, et valida si conditio extat, ut dictum est[9].

AD TERTIUM dicendum quod ratio illa procedit de voto solemni quod fit per professionem.

mesmo pode ser anulado pelos pais, porque estão ainda sujeitos ao pátrio poder. Mas mesmo que sejam consideradas "capazes de dolo", não poderão professar a vida religiosa por voto solene, porque isto foi estabelecido pela Igreja, cujas leis são feitas para os casos mais frequentes. — Após a puberdade, já poderão assumir o estado religioso mediante voto solene ou simples, sem a vontade dos pais.

QUANTO AO 1º, portanto, deve-se dizer que o argumento aduzido só é válido para as crianças que ainda não atingiram o uso da razão, cujos votos são nulos, como foi dito acima.

QUANTO AO 2º, deve-se dizer que os votos dos que estão submetidos ao poder de outros implicam uma condição implícita, a saber, se não forem anulados pelos superiores. Respeitada a condição, os votos serão lícitos e válidos.

QUANTO AO 3º, deve-se dizer que o argumento aduzido é procedente só para o voto solene da profissão religiosa.

ARTICULUS 10
Utrum in voto dispensari possit

AD DECIMUM SIC PROCEDITUR. Videtur quod in voto dispensari non possit.
1. Minus enim est commutari votum quam in eo dispensari. Sed votum non potest commutari: dicitur enim Lv 27,9-10: *Animal quod immolari potest Domino, si quis voverit, sanctum erit, et mutari non poterit, nec melius malo nec peius bono*. Ergo multo minus potest dispensari in voto.

2. PRAETEREA, in his quae sunt de lege naturae et in praeceptis divinis non potest per hominem dispensari: et praecipue in praeceptis primae tabulae, quae ordinantur directe ad dilectionem Dei, quae est ultimus praeceptorum finis. Sed implere votum est de lege naturae; et est etiam praeceptum legis divinae, ut ex supradictis[1] patet; et pertinet ad praecepta primae tabulae, cum sit actus latriae. Ergo in voto dispensari non potest.

3. PRAETEREA, obligatio voti fundatur super fidelitatem quam homo debet Deo, ut dictum est[2]. Sed in hac nullus potest dispensare. Ergo nec in voto.

ARTIGO 10
O voto pode ser dispensado?

QUANTO AO DÉCIMO, ASSIM SE PROCEDE: parece que o voto **não** pode ser dispensado.
1. Com efeito, é menos comutar um voto que dispensá-lo. Ora, segundo a Escritura: "O animal que poderá ser sacrificado para o Senhor fica santificado, e não pode ser substituído nem trocado um melhor por um pior, nem um pior por um melhor". Logo, muito menos poderá haver dispensa de um voto.

2. ALÉM DISSO, os preceitos da lei natural e da lei divina não podem ser dispensados por decisão humana. Sobretudo os preceitos da "primeira tábua" destinados que são para o amor de Deus, pois esse amor é o último fim dos preceitos. Ora, cumprir um voto é de lei natural e também da lei divina, como foi acima dito. Ademais, sendo um ato de latria, está incluído na "primeira tábua". Logo, o voto não poderá ser dispensado.

3. ADEMAIS, a obrigação de cumprir o voto feito tem seu fundamento na fidelidade que o homem deve para com Deus, como foi acima dito. Ora, essa fidelidade não pode ser dispensada por ninguém. Logo, nem o voto.

---

8. In corp.
9. A. praec., ad 1, 4.

10 PARALL.: IV *Sent*., dist. 38, q. 1, a. 4, q.la 1, 3.
1. Art. 3.
2. Ibid.

SED CONTRA, maioris firmitatis esse videtur quod procedit ex communi voluntate quam quod procedit ex singulari voluntate alicuius personae. Sed in lege, quae habet robur ex communi voluntate, potest per hominem dispensari. Ergo videtur quod etiam in voto per hominem dispensari possit.

RESPONDEO dicendum quod dispensatio voti intelligenda est ad modum dispensationis quae fit in observantia alicuius legis. Quia, ut supra[3] dictum est, lex ponitur respiciendo ad id quod est ut in pluribus bonum: sed quia contingit huiusmodi in aliquo casu non esse bonum, oportuit per aliquem determinari in illo particulari casu legem non esse servandam. Et hoc proprie est dispensare in lege: nam dispensatio videtur importare commensuratam quandam distributionem vel applicationem communis alicuius ad ea quae sub ipso continentur, per quem modum dicitur aliquis dispensare cibum familiae.

Similiter autem ille qui vovet quodammodo sibi statuit legem, obligans se ad aliquid quod est secundum se et in pluribus bonum. Potest tamen contingere quod in aliquo casu sit vel simpliciter malum, vel inutile, vel maioris boni impeditivum: quod est contra rationem eius quod cadit sub voto, ut ex praedictis[4] patet. Et ideo necesse est quod determinetur in tali casu votum non esse servandum. Et si quidem absolute determinetur aliquod votum non esse servandum, dicitur esse *dispensatio* voti. Si autem pro hoc quod servandum erat aliquid aliud imponatur, dicitur *commutatio* voti. Unde minus est votum commutare quam in voto dispensare. Utrumque tamen in potestate Ecclesiae consistit.

AD PRIMUM ergo dicendum quod animal quod immolari poterat, ex hoc ipso quod vovebatur, sanctum reputabatur, quasi divino cultui mancipatum: et haec erat ratio quare non poterat commutari; sicut nec modo posset aliquis rem quam vovit, iam consecratam, puta calicem vel domum, commutare in melius vel in peius. Animal autem quod non poterat sanctificari quia non erat immolatitium, redimi poterat et debebat, sicut ibidem [v.11 sqq.] lex dicit. Et ita etiam nunc commutari possunt vota si consecratio non interveniat.

EM SENTIDO CONTRÁRIO, o que procede do consenso das vontades de muitos é mais firme do que aquilo que procede da vontade de uma só pessoa. No entanto, uma lei que procede do consenso da vontade de muitas pessoas pode ser dispensada pelo homem. Logo, parece que o voto pode ser dispensado pelo homem.

RESPONDO. A dispensa do voto deve ser comparada com a dispensa de uma lei. Como acima foi dito, a lei é outorgada visando o bem comum. Todavia, como em alguns casos particulares a sua aplicação não seja boa, alguém deve determinar quando ela não deve ser aplicada, e nisto consiste a dispensa de uma lei. A dispensa implica medir o que deve ser dado a cada um daquilo que deve ser distribuído a muitos. Assim se diz que o alimento é distribuído na família.

Também a pessoa que faz um voto, de certo modo elabora para si uma lei, obrigando-se a seguir aquilo que é bom em si mesmo, e na maioria dos casos. Todavia, pode acontecer que em algum caso particular seja simplesmente mau, inútil, ou que afaste um bem maior, sendo assim contra a própria razão do objeto do voto, como foi acima esclarecido. Assim sendo, deve ser determinado que nesse caso tal voto não deva ser observado. Sendo de modo absoluto determinado que um voto não deva ser cumprido, a isto se chama *dispensa de voto*; se for determinado que ele seja substituído por outro, há o que se chama de *comutação do voto*. Por isso, a comutação de um voto é menos que a sua dispensa. Mas essas duas determinações são da competência da autoridade eclesiástica.

QUANTO AO 1º, portanto, deve-se dizer que o animal que poderia ser sacrificado, pelo fato de ter sido ofertado já é tido como santificado e como pertencente ao culto divino, e esta era razão pela qual não poderia ser substituído. Isso se assemelha ao caso de se oferecer por voto algo já consagrado, qual seja um cálice ou um edifício, que também não podem ser trocados por outros melhores ou piores. Quanto ao animal que não podia ser santificado, porque não era apto para ser sacrificado, poderia e deveria, no entanto, ser redimido segundo a permissão da lei. Assim também agora, os votos podem ser comutados, se não intervier uma consagração.

---

3. I-II, q. 96, a. 6; q. 97, a. 4.
4. Art. 2.

AD SECUNDUM dicendum quod sicut ex iure naturali et praecepto divino tenetur homo implere votum, ita etiam tenetur ex eisdem obedire superiorum legi vel mandato. Et tamen cum dispensatur in aliqua lege humana, non fit ut legi humanae non obediatur, quod est contra legem naturae et mandatum divinum: sed fit ut hoc quod erat lex, non sit lex in hoc casu. Ita etiam auctoritate superioris dispensantis fit ut hoc quod continebatur sub voto, non contineatur, inquantum determinatur in hoc casu hoc non esse congruam materiam voti. Et ideo cum praelatus Ecclesiae dispensat in voto, non dispensat in praecepto iuris naturalis vel divini: sed determinat id quod cadebat sub obligatione deliberationis humanae, quae non potuit omnia circumspicere.

AD TERTIUM dicendum quod ad fidelitatem Deo debitam non pertinet quod homo faciat id quod ad vovendum est malum, vel inutile, vel maioris boni impeditivum: ad quod tendit voti dispensatio. Et ideo dispensatio voti non est contra fidelitatem Deo debitam.

QUANTO AO 2º, deve-se dizer que assim como a pessoa está obrigada a cumprir o voto por lei natural e preceito divino, pelo mesmo motivo deve obedecer à lei ou à ordem vindas do superior. Ademais, a dispensa de uma lei humana não é dada para que a lei humana não seja obedecida, o que será contra a lei natural e a lei divina, mas porque o que antes era lei, já não o seja em tal caso particular. Do mesmo modo, o poder do superior que dispensou do voto não faz que a matéria do voto deixe de existir, mas que essa matéria não seja mais aplicável neste caso. Por isso, quando a autoridade eclesiástica dispensa um voto, não contradiz nem o direito divino nem o direito natural, mas determina o objeto da obrigatoriedade de uma deliberação humana que não pode prever todas as circunstâncias.

QUANTO AO 3º, deve-se dizer que não pertence à fidelidade devida a Deus que se faça voto, tendo por objeto uma coisa má, inútil ou que afaste de um bem maior; a dispensa é dada para que se salve a fidelidade a Deus, e, por isso, não será contrária a ela.

## ARTICULUS 11
### Utrum in voto solemni continentiae possit fieri dispensatio

AD UNDECIMUM SIC PROCEDITUR. Videtur quod in voto solemni continentiae possit fieri dispensatio.

1. Una enim ratio dispensandi in voto est si sit impeditivum melioris boni, sicut dictum est[1]. Sed votum continentiae, etiam si sit solemne, potest esse impeditivum melioris boni: nam *bonum commune est divinius quam bonum unius*[2]; potest autem per continentiam alicuius impediri bonum totius multitudinis, puta si quando per contractum matrimonii aliquarum personarum quae continentiam voverunt, posset pax patriae procurari. Ergo videtur quod in solemni voto continentiae possit dispensari.
2. PRAETEREA, latria est nobilior virtus quam castitas. Sed si quis voveat aliquem actum latriae, puta offerre Deo sacrificium, potest in illo voto dispensari. Ergo multo magis potest dispensari in voto continentiae, quod est de actu castitatis.

## ARTIGO 11
### O voto solene de continência pode ser dispensada?

QUANTO AO DÉCIMO PRIMEIRO, ASSIM SE PROCEDE: parece que **não** pode haver dispensa do voto solene de continência.

1. Com efeito, uma razão para que o voto seja dispensado é que seja obstáculo de um bem maior, como foi dito. Ora, o voto de continência, mesmo solene, pode impedir um bem maior, porque "o bem comum é mais divino que o bem de uma só pessoa". Assim, a continência de uma pessoa pode impedir o bem de toda uma multidão, por exemplo, quando a paz de uma nação possa ser conseguida pelo matrimônio de algumas pessoas que fizeram voto de continência. Logo, parece que o voto solene de continência possa ser dispensado.
2. ALÉM DISSO, a latria é mais nobre que a virtude da castidade. Ora, se uma pessoa faz o voto de realizar um ato de latria, como oferecer a Deus um sacrifício, pode ser dispensada desse voto. Logo, com maior razão poderá ser dispensada do voto de continência, que é ato da virtude de castidade.

---

11 PARALL.: IV *Sent.*, dist. 38, q. 1, a. 4, q.la 1, ad 3.

1. Art. praec.
2. ARISTOT., *Eth.*, l. I, c. 1: 1094, b, 7-11.

3. Praeterea, sicut votum abstinentiae observatum potest vergere in periculum personae, ita etiam observatio voti continentiae. Sed in voto abstinentiae, si vergat in corporale periculum voventis, potest fieri dispensatio. Ergo etiam, pari ratione, in voto continentiae potest dispensari.

4. Praeterea, sicut sub professione religionis, ex qua votum solemnizatur, continetur votum continentiae, ita etiam et votum paupertatis et obedientiae. Sed in voto paupertatis et obedientiae potest dispensari: sicut patet in illis qui post professionem ad episcopatum assumuntur. Ergo videtur quod in solemni voto continentiae possit dispensari.

Sed contra est quod dicitur Eccli 26,20: *Omnis ponderatio non est digna animae continentis.*

Praeterea, Extra, *de Statu Monach.*, in fine illius Decretalis, *Cum ad monasteriun*, dicitur[3]: *Abdicatio proprietatis, sicut etiam custodia castitatis, adeo est annexa regulae monachali ut contra eam nec Summus Pontifex possit indulgere.*

Respondeo dicendum quod in solemni voto continentiae tria possunt considerari: primo quidem, materia voti, scilicet ipsa continentia; secundo perpetuitas voti, cum scilicet aliquis voto se adstringit ad perpetuam observantiam continentiae; tertio, ipsa solemnitas voti. Dicunt ergo quidam quod votum solemne est indispensabile ratione ipsius continentiae, quae non recipit condignam recompensationem, ut patet ex auctoritate inducta[4]. Cuius rationem quidam assignant quia per continentiam homo triumphat de domestico inimico: vel quia per continentiam homo perfecte conformatur Christo, secundum puritatem animae et corporis. — Sed hoc non videtur efficaciter dici. Quia bona animae, utpote contemplatio et oratio, sunt multo meliora bonis corporis, et magis nos Deo conformant: et tamen potest dispensari in voto orationis vel contemplationis. Unde non videtur esse ratio quare non possit dispensari in voto continentiae, si respiciatur absolute ad ipsam continentiae dignitatem. Praesertim cum Apostolus, 1Cor 7,34, ad continentiam inducat propter contemplationem, dicens quod *mulier innupta cogitat quae Dei sunt*: finis autem potior est his quae sunt ad finem.

Et ideo alii rationem huius assignant ex perpetuitate et universalitate huius voti. Dicunt enim

3. Ademais, como o voto de abstinência pode tornar-se um perigo para a pessoa, também, o de continência. Ora, quando o voto de abstinência torna-se um perigo para quem o faz, pode ser dispensado. Logo, pelo mesmo motivo, também o voto de continência pode ser dispensado.

4. Ademais, a profissão religiosa na qual o voto religioso é solenizado, inclui o voto de continência, juntamente com os votos de pobreza e de obediência. Ora, os votos de pobreza e de obediência podem ser dispensados, como, por exemplo, quando se recebe a sagração episcopal. Logo, o voto de continência pode ser dispensado.

Em sentido contrário, lê-se na Escritura: "Não há preço para uma alma continente".

Lê-se também em um decreto do papa Inocêncio III: "A renúncia dos bens e a guarda das castidade estão de tal modo anexas à regra monacal, que delas nem o Sumo Pontífice pode dispensar."

Respondo. Três considerações podem ser feitas a respeito do voto solene de continência: a primeira é referente à matéria do voto, ou seja, à continência; a segunda é referente à perpetuidade do voto, pois que é feito para ser observado por toda a vida; a terceira trata da solenidade que o reveste. Alguns opinam que esse voto solene não é dispensável, em razão da própria continência para a qual não se encontra condigna compensação, segundo o texto bíblico citado. Ademais, confirmam a sua opinião no fato de que pela continência, a pessoa vence o inimigo doméstico e se identifica com a pureza de Cristo, ficando pura no corpo e na alma. — Mas essas afirmações não são válidas. Com efeito, os bens da alma, como a oração e a contemplação, são bens muito melhores que os do corpo e nos identificam mais com Deus. Não obstante, os votos de oração e de contemplação podem ser dispensados. Por isso, não parece aceitável o motivo alegado para a dispensa do voto de continência, considerando-se tão somente a dignidade da continência. Principalmente quando o Apóstolo aconselha a continência como caminho para a contemplação, quando escreve: "A mulher não casada se dedica só às coisas de Deus". Ora, o fim é superior aos meios.

Outros, porém, defendem que não é dispensável em virtude da perpetualidade e universalidade

---

3. *Decretal. Greg. IX*, l. III, tit. 35, c. 6: ed. Richter-Friedberg, t. II, p. 600.
4. Arg. *sed c.*

quod votum continentiae non potest praetermitti nisi per id quod est omnino contrarium: quod nunquam licet in aliquo voto. — Sed hoc est manifeste falsum. Quia sicut uti carnali copula est continentiae contrarium, ita comedere carnes vel bibere vinum est contrarium abstinentiae a talibus: et tamen in huiusmodi votis potest dispensari.

Et ideo aliis videtur quod in voto solemni continentiae possit dispensari propter aliquam communem utilitatem seu necessitatem: ut patet in exemplo praemisso[5] de pacificatione terrarum ex aliquo matrimonio contrahendo.

Sed quia decretalis inducta[6] expresse dicit quod nec Summus Pontifex potest contra custodiam castitatis monacho licentiam dare, ideo aliter videtur dicendum: quod, sicut supra[7] dictum est, et habetur Lv ult., vv. 9-10,28 sqq., illud quod semel sanctificatum est Domino, non potest in alios usus commutari. Non autem potest facere aliquis Ecclesiae praelatus ut id quod est sanctificatum sanctificationem amittat, etiam in rebus inanimatis: puta quod calix consecratus desinat esse consecratus, si maneat integer. Unde multo minus hoc potest facere aliquis praelatus, ut homo Deo consecratus, quandiu vivit, consecratus esse desistat. Solemnitas autem voti consistit in quadam consecratione seu benedictione voventis, ut dictum est[8]. Et ideo non potest fieri per aliquem praelatum Ecclesiae quod ille qui votum solemne emisit desistat ab eo ad quod est consecratus, puta quod ille qui est sacerdos non sit sacerdos: licet possit praelatus ob aliquam causam executionem ordinis inhibere. Et simili ratione, Papa non potest facere quod ille qui est professus religionem non sit religiosus: licet quidam iuristae ignoranter contrarium dicant.

Est ergo considerandum utrum continentia sit essentialiter annexa ei ad quod votum solemnizatur: quia si non est ei essentialiter annexa, potest manere solemnitas consecrationis sine debito continentiae; quod non potest contingere si sit essentialiter annexum ei ad quod votum solemnizatur. Non est autem essentialiter annexum debitum continentiae ordini sacro, sed ex statuto Ecclesiae. Unde videtur quod per Ecclesiam possit

implicada neste voto. Afirmam que o voto de continência não pode deixar de ser cumprido senão devido a um ato que lhe seja totalmente contrário, o que nunca se aplica aos outros votos. — Mas essa razão é evidentemente falsa. Com efeito, assim como a prática da cópula carnal é contra a continência, também comer carne e beber vinho o é contra a abstinência: mas os votos com essas matérias podem ser dispensados.

Ademais, outros ainda afirmam que se possa dispensar o voto solene de castidade por causa das utilidades ou necessidades sociais, como acontece no exemplo citado a respeito da paz das nações que é garantida pelos matrimônios contraídos pelos príncipes.

Como, porém, o decreto citado diz claramente que nem o Sumo Pontífice pode consentir ao monge ficar desobrigado da prática da castidade, deve-se buscar outra solução. Ora, acima foi esclarecido e se encontra na Escritura que aquilo que foi santificado pelo Senhor não pode ser trocado por outras coisas. Por isso, um prelado da Igreja não poderá fazer que algo santificado perca a santificação, mesmo o que é inanimado, como um cálice consagrado que não perderá a consagração enquanto permanecer perfeito. Ora, com muito mais razão não poderá um prelado fazer que uma pessoa consagrada, enquanto viva, perca a consagração ou a bênção. A solenidade do voto consiste em uma consagração ou bênção do que emite o voto, como foi dito. Por isso não poderá um prelado fazer que a pessoa consagrada por voto solene perca aquilo para o qual foi consagrada como, por exemplo, um sacerdote deixar de ser sacerdote, embora um prelado possa, por justa causa, suspender o uso das ordens recebidas. Pelo mesmo motivo, o Papa não pode fazer que um religioso professo não seja religioso, não obstante alguns juristas, ignorantemente, afirmem o contrário.

Deve-se considerar, pois, que a continência está essencialmente ligada à solenidade do voto, até porque, se não estivesse essencialmente ligada, poderia ser mantida a solenidade da consagração sem a obrigação da continência. No entanto, isto não poderá acontecer se ela estiver essencialmente ligada à solenidade do voto, como está. A inclusão do dever de continência à ordem sacra não é essencial, mas é estabelecida por lei da Igreja. Logo,

---

5. Arg. 1.
6. Arg. *sed c*.
7. A. praec., ad 1.
8. Art. 7.

dispensari in voto continentiae solemnizato per susceptionem sacri ordinis. Est autem debitum continentiae essentiale statui religionis, per quem homo abrenuntiat saeculo, totaliter Dei servitio mancipatus; quod non potest simul stare cum matrimonio, in quo incumbit necessitas procurandae uxoris et prolis et familiae, et rerum quae ad hoc requiruntur. Unde Apostolus dicit, 1Cor 7,33, quod *qui est cum uxore sollicitus est quae sunt mundi, quomodo placeat uxori, et divisus est*. Unde nomen *monachi* ab *unitate* sumitur, per oppositum ad divisionem praedictam. Et ideo in voto solemnizato per professionem religionis non potest per Ecclesiam dispensari: et rationem assignat Decretalis, quia *castitas est annexa regulae monachali*.

AD PRIMUM ergo dicendum quod periculis rerum humanarum est obviandum per res humanas: non autem per hoc quod res divinae convertantur in usum humanum. Professi autem religionem mortui sunt mundo et vivunt Deo. Unde non sunt revocandi ad vitam humanam occasione cuiuscumque eventus.

AD SECUNDUM dicendum quod in voto temporalis continentiae dispensari potest: sicut et in voto temporalis orationis vel temporalis abstinentiae. Sed quod in voto continentiae per professionem solemnizato non possit dispensari, hoc non est inquantum est actus castitatis, sed inquantum incipit ad latriam pertinere per professionem religionis.

AD TERTIUM dicendum quod cibus directe ordinatur ad conservationem personae: et ideo abstinentia cibi directe potest vergere in periculum personae. Unde ex hac ratione recipit votum abstinentiae dispensationem. Sed coitus non ordinatur directe ad conservationem personae, sed ad conservationem speciei. Unde nec directe abstinentia coitus per continentiam vergit in periculum personae. Sed si per accidens ex ea aliquod periculum personale accidat, potest aliter subveniri: scilicet per abstinentiam, vel alia corporalia remedia.

AD QUARTUM dicendum quod religiosus qui fit episcopus, sicut non absolvitur a voto continentiae, ita nec a voto paupertatis: quia nihil debet habere tanquam proprium, sed sicut dispensator communium bonorum ecclesiae. Similiter etiam non absolvitur a voto obedientiae, sed per accidens obedire non tenetur, si superiorem non habeat:

pela Igreja pode ser dispensado o voto solene de continência solenizado na recepção de uma ordem.

Contudo, o voto de continência é essencial ao estado religioso, pelo qual a pessoa renuncia ao século e se entrega ao serviço total de Deus. Mas nessa situação o religioso não pode exercer os atos do matrimônio, que consistem em unir-se corporalmente à esposa, cuidar dos filhos e de todas as exigências familiares. Com clareza, o Apóstolo refere-se a esses deveres: "Quem é casado, a sua solicitude é para as coisas do mundo, para agradar a esposa, e desse modo fica dividido". O nome monge é tirado da unidade, por oposição à divisão citada. Consequentemente, o voto solene da profissão religiosa não poderá ser dispensado pela Igreja, razão por que as Decretais afirmam: "A castidade está anexa à regra monástica".

QUANTO AO 1º, portanto, deve-se dizer que os perigos nas coisas humanas devem ser vencidos por meios humanos, mas não pelo uso do que é divino para o que é humano. Mas os que fizeram profissão religiosa estão mortos para o mundo, embora vivos para Deus. Por isso, não devem ser de novo chamados a se ocuparem das coisas da vida humana, por motivo de algum acontecimento.

QUANTO AO 2º, deve-se dizer que como os votos temporários de abstinência e de oração podem ser dispensados, poderá também ser o voto temporário de continência. Mas o voto solene de continência não pode ser dispensado, não por que seja referente à virtude de castidade, mas por que passa a pertencer à virtude de latria pela sua profissão.

QUANTO AO 3º, deve-se dizer que o alimento é em si mesmo necessário, porque se destina à conservação da pessoa, e dessa forma a abstinência do alimento poderá vir a ser perigosa. Essa é a razão por que o seu voto pode ser dispensado. Mas a união sexual dos esposos não se destina à conservação da pessoa, porém, à conservação da espécie, razão pela qual a abstinência do ato sexual diretamente não traz perigo para a pessoa. Mas, se acidentalmente a abstinência sexual trouxer algum perigo para a pessoa, o perigo pode ser evitado por outros meios, a saber, pela abstinência ou por outros remédios corporais.

QUANTO AO 4º, deve-se dizer que o religioso elevado ao episcopado não se liberta do voto de castidade nem do voto de pobreza, pois, não poderá possuir coisa alguma como própria, mas como dispensador dos bens comuns da Igreja, já que deve ter o cuidado dos bens eclesiásticos. Igualmente não ficará isento do voto de obediên-

sicut et abbas monasterii, qui tamen non est a voto obedientiae absolutus.

Auctoritas vero *Ecclesiastici* quae in contrarium obiicitur, intelligenda est quantum ad hoc quod nec fecunditas carnis, nec aliquod corporale bonum est comparandum continentiae, quae inter bona animae computatur: ut Augustinus dicit, in libro de *Sancta Virginitate*[9]. Unde signanter dicitur, *animae continentis*: non, *carnis continentis*.

cia, pois, acidentalmente, não tem que obedecer, por não ter superior ao qual se submeta; o mesmo acontece com o abade, pois que também não fica dispensado do voto de obediência.

A afirmação do livro do Eclesiástico contrária ao que se acaba de propor, deve ser interpretada no sentido de que nem a fecundidade da carne, nem qualquer bem corporal deve-se comparar com a continência, que se coloca entre os bens espirituais. Escreve Agostinho, comentando aquele texto: "É significativo que a Escritura fale de alma casta, não de carne casta"[h].

## Articulus 12
### Utrum ad commutationem vel dispensationem voti requiratur praelati auctoritas

AD DUODECIMUM SIC PROCEDITUR. Videtur quod ad commutationem vel dispensationem voti non requiratur praelati auctoritas.

1. Aliquis enim potest intrare religionem absque auctoritate alicuius superioris praelati. Sed per introitum religionis absolvitur homo a votis in saeculo factis, etiam a voto Terrae Sanctae[1]. Ergo voti commutatio vel dispensatio potest esse absque auctoritate superioris praelati.

2. PRAETEREA, dispensatio voti in hoc consistere videtur quod determinatur in quo casu votum non sit observandum. Sed si praelatus male determinet, non videtur esse vovens absolutus a voto: quia nullus praelatus potest dispensare contra praeceptum divinum de implendo voto, ut dictum est[2].

## Artigo 12
### Requer-se a autorização de um prelado para a comutação ou a dispensa de um voto?[i]

QUANTO AO DÉCIMO SEGUNDO, ASSIM SE PROCEDE: parece que **não** se requer a autorização de um prelado para a comutação ou a dispensa de um voto.

1. Com efeito, pode-se entrar em uma ordem religiosa sem a autorização de um prelado. Ora, o ingresso em ordem religiosa liberta a pessoa de cumprir os votos feitos no século, mesmo o de peregrinação à Terra Santa. Logo, é possível ser um voto dispensado ou comutado sem a autorização de um prelado.

2. ALÉM DISSO, parece que a dispensa de um voto consiste na determinação do caso em que não precisa ser cumprido. Ora, se é desacertada a decisão do prelado, quem faz o voto não está desobrigado do seu cumprimento, porque nenhum prelado pode ir contra o preceito divino de se

---

9. C. 8: ML 40, 400.

12 PARALL.: Supra, a. 2, ad 3; IV *Sent.*, dist. 38, q. 1, a. 4, q.la 4.
   1. *Decretal. Greg. IX*, l. III, tit. 34, c. 4: ed. Richter-Friedberg, t. II, p. 590.
   2. A. 10, ad 2; a. 11.

h. Ao recusar-se a admitir que a Igreja possa dispensar do voto solene de continência, e recusando outras razões apresentadas para fundar essa impossibilidade, Sto. Tomás baseia sua posição numa dupla consideração: o voto solene consiste numa consagração, e "nenhuma autoridade pode fazer com que um homem consagrado a Deus por sua vida inteira, deixe de ser-lhe consagrado". Por outro lado, contrariamente ao que ocorre no voto solenizado pela recepção das ordens, no qual se trata de uma "decisão da Igreja" "o dever de continência é essencial ao estado religioso"; é portanto indissociável da consagração que constitui o "monge", e que a Igreja não tem o poder de desfazer. A evolução da prática e do direito canônicos na Igreja latina não se inspiraram nessa teologia. A obrigação do celibato sacerdotal passou por uma maior valorização, e o voto solene é na maior parte das vezes considerado numa perspectiva mais jurídica. A doutrina de Sto. Tomás permanece uma referência tradicional e doutrinal importante. A exaltação da continência, do celibato consagrado como elemento essencial do estado religioso, ao lado da justa estima do celibato sacerdotal, vinculado à instituição, à "decisão da Igreja", constitui o essencial dessa doutrina. Ela merece ser levada em consideração nas pesquisas teológicas e pastorais.

i. Com o propósito de justificar uma prática corrente na Igreja, a das dispensas e comutações de votos, Sto. Tomás elabora uma doutrina teológica bastante significativa de suas posições éticas e eclesiológicas. O caráter racional da lei e do voto que é o equivalente desta no plano pessoal, é aproximado da função da autoridade, encarregada de "dispensar" o bem comum, no sentido geral de conceder dispensas de votos ou de outras obrigações particulares. Essas dispensas são legítimas, portanto, na medida em que a autoridade só tem em vista o bem dos fiéis e a honra de Cristo.

Similiter etiam si aliquis propria auctoritate recte determinet in quo casu votum non sit implendum, non videtur voto teneri: quia votum non obligat in casu in quo habet peiorem eventum, ut dictum est[3]. Ergo dispensatio voti non requirit auctoritatem alicuius praelati.

3. PRAETEREA, si dispensare in voto pertinet ad potestatem praelatorum, pari ratione pertineret ad omnes. Sed non pertinet ad omnes dispensare in quolibet voto. Ergo non pertinet ad potestatem praelatorum dispensatio voti.

SED CONTRA, sicut lex obligat ad aliquid faciendum, ita et votum. Sed ad dispensandum in praecepto legis requiritur superioris auctoritas, ut supra[4] dictum est. Ergo, pari ratione, etiam in dispensatione voti.

RESPONDEO dicendum quod, sicut supra[5] dictum est, votum est promissio Deo facta de aliquo quod sit Deo acceptum. Quid sit autem in aliqua promissione acceptum ei cui promittitur, ex eius pendet arbitrio. Praelatus autem in Ecclesia gerit vicem Dei. Et ideo in commutatione vel dispensatione votorum requiritur praelati auctoritas, quae in persona Dei determinat quid sit Deo acceptum: secundum illud 2Cor 2,10: *Nam et ego propter vos donavi in persona Christi*. Et signanter dicit, *propter vos*: quia omnis dispensatio petita a praelato debet fieri ad honorem Christi, in cuius persona dispensat; vel ad utilitatem Ecclesiae, quae est eius corpus.

AD PRIMUM ergo dicendum quod omnia alia vota sunt quorundam particularium operum: sed per religionem homo totam vitam suam Dei obsequio deputat. Particulare autem in universali includitur. Et ideo Decretalis[6] dicit quod *reus fracti voti non habetur qui temporale obsequium in perpetuam religionis observantiam commutat*. Nec tamen in religionem ingrediens tenetur implere vota vel ieiuniorum vel orationum vel aliorum huiusmodi, quae existens in saeculo fecit: quia religionem ingrediens moritur priori vitae; et etiam singularis observantiae religioni non competunt; et religionis onus satis hominem onerat, ut alia superaddere non oporteat.

cumprir voto, como foi dito acima. De modo semelhante, se alguém por autoridade própria retamente determina o caso em que o voto não deve ser cumprido, não está obrigado ao voto, porque este não obriga no caso em que o seu cumprimento lhe seja prejudicial, como foi dito. Logo, não há necessidade da autorização de um prelado para a dispensa de um voto.

3. ADEMAIS, se a dispensa dos votos é da competência dos prelados, todos poderiam dispensar do cumprimento de qualquer voto. Ora, não é da competência de todos dispensar de qualquer voto. Logo, não é da competência dos prelados a dispensa dos votos.

EM SENTIDO CONTRÁRIO, como a lei obriga a se fazer alguma coisa, também o voto. Mas, para a dispensa de uma lei é necessária a autorização de um superior, como acima foi dito. Logo, por paridade, também a dispensa do voto.

RESPONDO. O voto é a promessa feita a Deus de alguma coisa que Lhe é agradável. Todavia, o que seja na promessa aceito por quem a recebe depende do arbítrio deste. Ora, na Igreja, o prelado faz as vezes de Deus. Por isso, na comutação ou na dispensa dos votos é necessária a autoridade do prelado que, representando-O, determina o que seja por Ele aceito. Confirma-o Paulo: "Pois eu perdoei por causa de vós, na pessoa de Cristo". Com muita razão escreveu "por causa de vós", porque toda dispensa dada pelo prelado deve ser feita para honra de Cristo, em cuja representação dispensa, ou para a utilidade da Igreja, que é o seu Corpo Místico.

QUANTO AO 1º, portanto, deve-se dizer que todos os demais votos têm por matéria atos particulares, mas pelo voto religioso a pessoa consagra toda a sua vida ao serviço divino. Ora, o que é particular está incluído no que é universal. Por isso, está nas Decretais que "não será réu de quebra de voto quem substitui um serviço ao qual se entrega no tempo pela perpétua observância da vida religiosa". Também quem assumiu a vida religiosa não está obrigado a cumprir os votos de jejuar, de orar, e os outros feitos vida secular, porque ao ingressar na vida religiosa, morreu para a vida anterior. Ademais, a observância da vida religiosa já é bastante sobrecarregada, e não será prudente torná-la ainda mais pesada.

---

3. A. 2, ad 2.
4. I-II, q. 96, a. 6; q. 97, a. 4.
5. Art. 2.
6. Loc. cit. in arg.

AD SECUNDUM dicendum quod quidam dixerunt quod praelati possunt in votis pro libito dispensare, quia in quolibet voto includitur conditionaliter voluntas praelati superioris: sicut supra[7] dictum est quod in votis subditorum, puta servi vel filii, intelligitur conditio, *si placuerit patri vel domino*, vel, *si non renitantur*. Et sic subditus absque omni remorsu conscientiae posset votum praetermittere, quandocumque sibi a praelato diceretur.

Sed praedicta positio falso innititur. Quia cum potestas praelati spiritualis, qui non est dominus sed dispensator, sit *in aedificationem data, et non in destructionem*, ut patet 2Cor 10,8; sicut praelatus non potest imperare ea quae secundum se Deo displicent, scilicet peccata, ita non potest prohibere ea quae secundum se Deo placent, scilicet virtutis opera. Et ideo absolute potest homo ea vovere.

Ad praelatum tamen pertinet diiudicare quid sit magis virtuosum et Deo magis acceptum. Et ideo in manifestis dispensatio praelati non excusaret a culpa: puta si praelatus dispensaret cum aliquo super voto de ingressu religionis, nulla apparenti causa obstante. Si autem esset causa apparens, per quam saltem in dubium verteretur, posset stare iudicio praelati dispensantis vel commutantis. Non tamen iudicio proprio, quia ipse non gerit vicem Dei: nisi forte in casu in quo id quod vovit esset manifeste illicitum, et non posset opportune ad superiorem recurrere.

AD TERTIUM dicendum quod quia Summus Pontifex gerit plenarie vicem Christi in tota Ecclesia[8], ipse habet plenitudinem potestatis dispensandi in omnibus dispensabilibus votis. Aliis autem inferioribus praelatis committitur dispensatio in votis quae communiter fiunt et indigent frequenti dispensatione, ut habeant de facili homines ad quem recurrant: sicut sunt vota peregrinationum et ieiuniorum et aliorum huiusmodi. Vota vero maiora, puta continentiae et peregrinationis Terrae Sanctae, reservantur Summo Pontifici.

QUANTO AO 2º, deve-se dizer que alguns teólogos opinam que os prelados podem de próprio arbítrio dispensar dos votos, porque em todo voto está incluída a condição de poder ser dispensado pelo prelado que é o superior do votante; como foi dito acima, nos votos dos que lhe são subordinados, a saber os filhos e os escravos, está implícita esta condição: "Se for aceito pelo pai, ou pelo senhor, ou se eles não se opuserem". Desse modo, o súdito poderia, de consciência tranquila, deixar de cumprir o voto a qualquer momento em que lhe dissesse o superior.

Essa solução vem de um falso fundamento. Pois o poder do prelado espiritual, que não é o senhor mas o dispensador, "é dado para edificação e não para destruição", como diz Paulo. Como o superior não pode ordenar aquilo que, segundo ele, não agrada a Deus, a saber, pecados, assim também não pode proibir aquilo que, segundo ele agrada a Deus, a saber, as obras da virtude. Por essa razão, as pessoas podem absolutamente tê-las como matéria do voto.

Caberá, contudo, ao prelado julgar o que é mais virtuoso e o que mais agrada a Deus. Todavia, em alguns casos evidentes, a dispensa do prelado não escusará da culpa, como, por exemplo, se dispensasse do voto de ingresso na vida religiosa, sem nenhuma causa evidente. Havendo uma causa evidente que implicasse pelo menos dúvidas, poderá o votante seguir o julgamento do prelado, quanto à comutação ou à dispensa do voto. Não poderá, porém, seguir o seu próprio julgamento, porque não faz as vezes de Deus, a não ser quando aquilo que prometeu fosse claramente ilícito e não se pudesse oportunamente recorrer ao superior.

QUANTO AO 3º, deve-se dizer que o Sumo Pontífice que faz as vezes de Cristo em todas as coisas e para toda a Igreja, possui ele o pleno poder de dispensar em todos os votos dispensáveis. Outorga-se aos prelados inferiores o poder de dispensar os votos comumente emitidos e que necessitam de frequentes dispensas, como são os votos de fazer peregrinação, de jejuar, e outros semelhantes. Contudo, os votos mais importantes, como os de continência e o de peregrinação à Terra Santa, são reservados ao Papa.

---

7. A. 8, ad 1, 4.
8. Cfr. q. 39, a. 1 c.

## QUAESTIO LXXXIX
## DE IURAMENTO
### in decem articulos divisa

Deinde considerandum est de actibus exterioribus latriae quibus aliquid divinum ab hominibus assumitur: quod est vel sacramentum aliquod, vel ipsum nomen divinum. Sed de sacramenti assumptione locus erit tractandi in Tertia huius operis Parte. De assumptione autem nominis divini nunc

## QUESTÃO 89
## O JURAMENTO[a]
### em dez artigos

Em seguida[b] devem-se considerar os atos exteriores de latria pelos quais as pessoas usam algo divino, que pode ser algum sacramento ou o próprio nome divino. A respeito do uso de um sacramento será tratado na III Parte desta obra. Agora, deve-se tratar do uso do nome de Deus.

a. O procedimento seguido nesta questão é bem próximo do que se adotou na questão precedente, cujos resultados são aqui aproveitados seja para elucidar os pontos comuns entre o voto e o juramento, seja para marcar as diferenças entre ambos. O juramento é definido como o apelo ao testemunho ou ao julgamento de Deus para confirmar a verdade de uma asserção, ou de uma promessa (a. 1, Solução e r. 1, em especial). O reconhecimento da autoridade soberana e infalível de Deus constitui o valor religioso do juramento, e o aproxima do voto. Mas comporta em seu objetivo e em sua razão de ser um elemento de imperfeição. Implica uma certa falta de confiança na comunicação entre os homens. Além disso, em um clima social de desconfiança, o recurso ao juramento tende a generalizar-se. Esse duplo aspecto negativo distingue claramente, do ponto de vista ético, o juramento do voto. Mas acima de tudo, uma tal compreensão do juramento permite responder às principais dificuldades que constituem o cerne da questão para o teólogo. Como enfatiza a objeção 1 do artigo 2, a proibição evangélica parece clara e absoluta: "Não jureis, em hipótese alguma" (Mt 5,34). Por outro lado, o juramento era exigido com extrema frequência na Igreja medieval e na sociedade feudal, onde as múltiplas demonstrações de fidelidade ou de lealdade encontravam no recurso ao juramento sua expressão definitiva. Compreende-se que a recusa do juramento, mesmo sua condenação invocando eventualmente os textos evangélicos, façam parte da estratégia dos movimentos heterodoxos, em seu empenho de minar dessa forma a solidez do edifício eclesiástico e social da cristandade. Tal é o contexto histórico e doutrinal com o qual, em essência, já se deparara Sto. Agostinho, fonte privilegiada desta questão.

Esse contexto explica igualmente o conteúdo e as articulações, sem dúvida menos rigorosamente trabalhadas, de uma questão na qual se tratava de associar a necessária precisão doutrinal, os problemas exegéticos, os usos correntes, muitas vezes sancionados pelo direito canônico, sem olvidar as orientações de ordem prática.

Uma primeira série de artigos fornece a base doutrinal das posições exegéticas e práticas. Define-se inicialmente o juramento segundo as linhas da Escritura, e levando em conta as fraquezas da palavra humana, que tornam oportuno esse recurso ao testemunho divino (a. 1). O juramento é lícito, explica o artigo 2, desenvolvendo a argumentação de Sto. Agostinho no comentário do Sermão da montanha. O artigo 3 detalha as condições ou qualidades que asseguram a bondade moral do juramento, desta vez apoiando-se na autoridade de São Jerônimo. Ao mostrar que o apelo ao testemunho divino é uma homenagem prestada a Deus, o artigo 4 faz do juramento um ato da virtude de religião. O artigo 5 propõe a síntese entre todos esses elementos, numa apreciação matizada do valor moral do juramento: não poderíamos situá-lo "entre as coisas desejáveis em si mesmas, mas entre aquelas que a necessidade torna boas, como a medicina...". Após essa elucidação da natureza e da qualidade moral do juramento, inferem-se as consequências, abordando-se seu caráter obrigatório (a. 7), sua comparação com o voto (a. 8). O artigo 6 deveria fornecer anteriormente um esclarecimento delicado e importante. Era usual jurar pelos santos, pelas relíquias e, sobretudo, pelos evangelhos (o que continua sendo uma prática atual). Ora, o Sermão da montanha parece opor-se a ela (obj. 1). O fundamento da resposta será buscado na própria noção da fé e da verdade divina, que é o seu objeto (de acordo com II-II, q. 1). Pode-se jurar pelas criaturas, na medida em que "brilha nelas a verdade de Deus". Eis a doutrina que permite fazer jus às diretrizes evangélicas e à prática da Igreja.

Os dois últimos artigos vêm tratar de um duplo problema prático. O artigo 9 explica que se pode dispensar de um juramento, em virtude dos mesmos princípios que fundam a dispensa dos votos. Sob o título geral "Quando e a quem é permitido jurar?", o artigo 10 aborda na verdade problemas específicos regulados pela prática e pelo direito eclesiásticos: o juramento das crianças, dos padres, assim como as formalidades que devem revestir o juramento destes últimos. Como em outros domínios, a consagração dos ministros ao altar, a maior santidade que se espera deles, faz com que as leis canônicas e sua elucidação teológica tendam a reservar aos padres um estatuto especial, mais marcado por uma preocupação de perfeição (ver, por exemplo: II-II, q. 40, a. 2; q. 64, a. 4, respectivamente sobre a participação na guerra ou sobre a execução da pena de morte). Não poderíamos ver nisso, *a priori*, os princípios de uma discriminação entre cristãos, chamados todos à perfeição moral evangélica. Essas indicações de caráter histórico assinalavam como normas o que parecia possível e conveniente, quando não obrigatório, para os que estavam à frente da Igreja. Trata-se de um ideal que a Igreja procurará tornar possível a todos.

b. Depois do estudo do uso religioso que podemos fazer das coisas criadas, sacrificando-as ou oferecendo-as a Deus, ou ainda prometendo fazê-lo por meio de votos, passa-se agora a considerar o uso das coisas divinas, mais especificamente do nome divino, outras realidades sagradas, como os sacramentos, sendo examinadas em seus respectivos lugares.

Esse conjunto de questões revela a inspiração bíblica e o profundo sentido religioso que animam aqui a elaboração doutrinal da moral. O respeito pelo nome divino se associa à exigência de uma exposição rigorosa, que não deixa de ter um certo requinte artificial. Distinguem-se as três modalidades de emprego do nome divino: o juramento (q. 89), a adjuração (q. 90) e a invocação, a prece ou o louvor vocal (q. 91). Em busca de uma perfeita coerência formal, o tratado reúne problemas que encontrariam em outra parte um lugar mais natural e apropriado segundo critérios mais práticos. Podemos perguntar, por exemplo, se a prece vocal não teria seu lugar mais indicado no estudo da oração em geral.

agendum est. Assumitur autem divinum nomen ab homine tripliciter: uno modo, per modum iuramenti, ad propria verba confirmanda; alio modo, per modum adiurationis, ad alios inducendum; tertio modo, per modum invocationis, ad orandum vel laudandum. Primo ergo de iuramento agendum est.

Circa quod quaeruntur decem.
*Primo*: quid sit iuramentum.
*Secundo*: utrum sit licitum.
*Tertio*: qui sint comites iuramenti.
*Quarto*: cuius virtutis sit actus.
*Quinto*: utrum sit appetendum et frequentandum, tanquam utile et bonum.
*Sexto*: utrum liceat iurare per creaturam.
*Septimo*: utrum iuramentum sit obligatorium.
*Octavo*: quae sit maior obligatio, utrum iuramenti vel voti.
*Nono*: utrum in iuramento possit dispensari.
*Decimo*: quibus et quando liceat iurare.

## Articulus 1
### Utrum iurare sit testem Deum invocare

AD PRIMUM SIC PROCEDITUR. Videtur quod iurare non sit testem Deum invocare.

1. Quicumque enim inducit auctoritatem sacrae Scripturae inducit Deum in testimonium, cuius verba proponuntur in sacra Scriptura. Si ergo iurare est testem Deum invocare, quicumque inducit auctoritatem sacrae Scripturae iuraret. Hoc autem est falsum. Ergo et primum.

2. PRAETEREA, ex hoc quod aliquis inducit aliquem in testem, nihil ei reddit. Sed ille qui per Deum iurat aliquid Deo reddit: dicitur enim Mt 5,33: *Reddes Domino iuramenta tua*; et Augustinus dicit[1] quod iurare est ius *veritatis Deo reddere*. Ergo iurare non est Deum testem invocare.

3. PRAETEREA, aliud est officium iudicis, et aliud testis, ut ex supradictis[2] patet. Sed quandoque iurando implorat homo divinum iudicium: secundum illud Ps 7,5: *Si reddidi retribuentibus mihi mala, decidam merito ab inimicis meis inanis*. Ergo iurare non est testem Deum invocare.

SED CONTRA est quod Augustinus dicit, in quodam sermone de Periurio[3]: *Quid est, "Per Deum", nisi, "Testis est Deus?"*.

As pessoas empregam o nome de Deus de três formas: primeiro, como juramento para confirmar as próprias palavras; segundo, como adjuração, para persuadir a outros; terceiro, como invocação, para orar e louvar. Em primeiro lugar portanto vamos tratar do juramento.

A esse respeito, dez questões:
1. O que é o juramento?
2. É lícito o juramento?
3. Quais as condições do juramento?
4. O juramento é ato de que virtude?
5. Deve-se desejar e repetir com frequência, como coisa útil e boa?
6. É lícito jurar pela criatura?
7. É obrigatório?
8. Qual traz maior obrigação, o juramento ou o voto?
9. É possível obter dispensa de um juramento?
10. A quem e quando é lícito jurar?

## Artigo 1
### Jurar é invocar Deus por testemunha?

QUANTO AO PRIMEIRO ARTIGO, ASSIM SE PROCEDE: parece que jurar **não** é invocar a Deus como testemunho.

1. Com efeito, quem cita a Sagrada Escritura invoca o testemunho de Deus, cujas palavras estão nelas escritas. Ora, se jurar é chamar a Deus por testemunha, ao se citar a Sagrada Escritura está se fazendo um juramento. Mas, é falsa essa conclusão. Logo, também a primeira premissa.

2. ALÉM DISSO, ao trazer alguém por testemunha, nada lhe é dado. Ora, quem jura por Deus dá alguma coisa a Deus, porque se lê no Evangelho: "Darás ao Senhor os teus juramentos". E Agostinho também diz que jurar "é retribuir a Deus o seu direito à verdade". Logo, jurar não é invocar a Deus como testemunha.

3. ADEMAIS, como acima foi dito, um é o ofício do juiz, outro é o das testemunhas. Ora, às vezes, quando se jura, o homem implora o juízo divino, como diz o Salmista: "Se retribuí o mal com o mal, que eu seja também assim retribuído pelo meus inimigos". Logo, jurar não é invocar o testemunho de Deus.

EM SENTIDO CONTRÁRIO, diz Agostinho: "Que significa: 'por Deus', senão dizer que Deus é testemunha?"

---

1 PARALL.: III *Sent.*, dist. 39, a. 1.

1. Serm. 180, al. de verbis Apost. 28, c. 6, n. 7: ML 38, 975.
2. Qq. 67, 70.
3. Loc. cit., n. 6: ML 38, 975.

RESPONDEO dicendum quod, sicut Apostolus dicit, *ad Hb* 6,16, iuramentum *ad confirmationem* ordinatur. Confirmatio autem in scibilibus per rationem fit, quae procedit ex aliquibus naturaliter notis, quae sunt infallibiliter vera. Sed particularia facta contingentia hominum non possunt per rationem necessariam confirmari. Et ideo ea quae de his dicuntur solent confirmari per testes. Sed humanum testimonium non est sufficiens ad huiusmodi confirmandum, propter duo. Primo quidem, propter defectum veritatis humanae: quia plurimi in mendacium labuntur, secundum illud Ps 16,10: *Os eorum locutum est mendacium*. Secundo, propter defectum cognitionis: quia homines non possunt cognoscere neque futura, neque cordium occulta, vel etiam absentia; de quibus tamen homines loquuntur, et expedit rebus humanis ut certitudo aliqua de his habeatur. Et ideo necessarium fuit recurrere ad divinum testimonium: quia Deus neque mentiri potest, neque eum aliquid latet. Assumere autem Deum in testem dicitur iurare: quia quasi pro iure introductum est ut quod sub invocatione divini testimonii dicitur pro vero habeatur.

Divinum autem testimonium quandoque inducitur ad asserendum praesentia vel praeterita: et hoc dicitur iuramentum *assertorium*. — Quandoque autem inducitur divinum testimonium ad confirmandum aliquid futurum: et hoc dicitur iuramentum *promissorium*. — Ad ea vero quae sunt necessaria et per rationem investiganda non inducitur iuramentum: derisibile enim videretur si quis in disputatione alicuius scientiae vellet propositum per iuramentum probare.

AD PRIMUM ergo dicendum quod aliud est testimonio Dei uti iam dato, quod fit cum aliquis auctoritatem sacrae Scripturae inducit: et aliud est testimonium Dei implorare ut exhibendum, quod fit in iuramento.

AD SECUNDUM dicendum quod dicitur aliquis reddere iuramenta Deo ex hoc quod implet illud quod iurat. Vel quia in hoc ipso quod invocat Deum testem, recognoscit eum habere omnium cognitionem et infallibilem veritatem.

AD TERTIUM dicendum quod alicuius testimonium invocatur ad hoc quod testis invocatus veritatem manifestet circa ea quae dicuntur. Deus autem manifestat an verum sit quod dicitur, dupliciter. Uno modo, simpliciter revelando veritatem; vel per internam inspirationem; vel etiam per facti

RESPONDO. Lê-se na Carta aos Hebreus: "O juramento destina-se à confirmação de alguma coisa". Ora, a confirmação do conhecimento é feita pela razão, que parte de princípios conhecidos naturalmente e que são infalivelmente verdadeiros. Entretanto, os acontecimentos contingentes não podem ser confirmados por uma razão necessária, motivo pelo qual costumam ser confirmados por testemunhas. No entanto, o testemunho do homem não será suficiente para confirmá-los, por dupla razão. A primeira procede das falhas da veracidade dos homens, já que muitos apelam para mentiras, como diz o Salmista: "Suas bocas falam mentiras". A segunda, por causa do próprio conhecimento humano, que é limitado, porque o homem desconhece o futuro, o que está oculto nos corações e as coisas ausentes. Contudo, o homem fala dessas coisas e é necessário que de tudo isso ele tenha algum conhecimento certo. Foi, pois, necessário recorrer ao testemunho divino, já que Deus não pode mentir, nem coisa alguma Lhe está oculta. Jurar consiste em assumi-Lo por testemunha, porque nos é como um direito ter por verdadeiro aquilo que se diz ao se pedir o testemunho de Deus.

Quando o testemunho divino é apresentado para confirmar eventos presentes ou passados, dá-se o que se chama de "juramento assertório". — Quando é apresentado para confirmar eventos futuros, dá-se o "juramento promissório". — Não se pede juramento para a confirmação daquilo que é evidente ou do que pode evidenciar-se pela investigação do próprio homem. Seria realmente ridículo que numa disputa científica se pedisse juramento para a confirmação das teses.

QUANTO AO 1º, portanto, deve-se dizer que um é o testemunho de Deus usado para o que já foi por Ele testemunhado, que se dá quando é citada a Escritura; outro é o Seu testemunho pedido para confirmar o que se jura.

QUANTO AO 2º, deve-se dizer que dá-se alguma coisa a Deus como retribuição do juramento, quando se cumpre o que se jurou. Ou, porque ao invocar a Deus como testemunha, reconhece ter Deus o conhecimento de todas as coisas e da verdade infalível.

QUANTO AO 3º, deve-se dizer que o testemunho de alguém é invocado para que, como testemunha, manifesta a verdade do que foi jurado. Deus manifesta se o que foi jurado é verdadeiro, por duas maneiras. Pela primeira, simplesmente revelando a verdade, quer por inspiração, ou também tornando

denudationem, dum scilicet producit in publicum ea quae erant occulta. Alio modo, per poenam mentientis: et tunc simul est iudex et testis, dum puniendo mendacem manifestat mendacium.

Et ideo duplex est modus iurandi. Unus quidem per simplicem Dei *contestationem*: sicut cum aliquis dicit, *Est mihi Deus testis*; vel, *Coram Deo loquor*; vel, *Per Deum*, quod idem est, ut dicit Augustinus[4]. — Alius modus iurandi est per *execrationem*: dum scilicet aliquis se, vel aliquid ad se pertinens, ad poenam obligat nisi sit verum quod dicitur.

esse fato conhecido, quando, por exemplo, torna público o que era oculto. Pela segunda, punindo o perjuro, funcionando então como juiz e como testemunha, já que pela própria punição do perjuro a mentira é conhecida.

Donde haver dois modos de jurar: o primeiro, pelo simples apelo ao testemunho divino, ao se dizer: "Juro diante de Deus"; "Deus seja a minha testemunha"; "Por Deus", expressões que significam o mesmo. — O segundo, pela execração, quando alguém aceita ser punido em si mesmo, ou em algo que lhe pertence, se não diz a verdade.

### Articulus 2
### Utrum sit licitum iurare

Ad secundum sic proceditur. Videtur quod non sit licitum iurare.

1. Nihil enim quod prohibetur in lege divina est licitum. Sed iuramentum prohibetur Mt 5,34: *Ego dico vobis, non iurare omnino*: et Iac 5,12 dicitur: *Ante omnia, fratres mei, nolite iurare*. Ergo iuramentum est illicitum.

2. Praeterea, id quod est a malo videtur esse illicitum: quia, ut dicitur Mt 7,18, *non potest arbor mala fructus bonos facere*. Sed iuramentum est a malo: dicitur enim Mt 5,37: *Sit autem sermo vester, Est, est; Non, non. Quod autem his abundantius est a malo est*. Ergo iuramentum videtur esse illicitum.

3. Praeterea, exquirere signum divinae providentiae est tentare Deum: quod est omnino illicitum, secundum illud Dt 6,16. *Non tentabis Dominum Deum tuum*. Sed ille qui iurat videtur exquirere signum divinae providentiae, dum petit divinum testimonium, quod est per aliquem evidentem effectum. Ergo videtur quod iuramentum sit omnino illicitum.

Sed contra est quod dicitur Dt 6,13: *Dominum Deum tuum timebis, et per nomen eius iurabis*.

Respondeo dicendum quod nihil prohibet aliquid esse secundum se bonum quod tamen cedit in malum eius qui non utitur eo convenienter: sicut sumere Eucharistiam est bonum, et tamen qui indigne sumit *sibi iudicium manducat et bibit*, ut dicitur 1Cor 11,29. Sic ergo in proposito dicendum est quod iuramentum secundum se est

### Artigo 2
### É lícito jurar?

Quanto ao segundo, assim se procede: parece que **não** é lícito jurar.

1. Com efeito, nada do que está proibido na lei divina é lícito. Ora, na Escritura proíbe-se jurar: "Eu vos digo, não jureis de modo algum" e "Antes de tudo, meus irmãos, jamais jureis". Logo, o juramento é ilícito.

2. Além disso, o efeito do que é mau é ilícito, porque, como disse o Senhor: "Não pode uma árvore má produzir bons frutos". Ora, o juramento é efeito de coisa má, como se conclui dessas palavras do Senhor: "Seja a vossa palavra: 'Sim', se é sim; 'não', se é não. Tudo o que passa além disto, vem do Maligno". Logo, o juramento é ilícito.

3. Ademais, exigir um sinal da providência divina é tentar a Deus, o que é absolutamente ilícito, pois se lê na Escritura: "Não tentarás o Senhor, teu Deus". Ora, o que jura parece exigir um sinal da divina providência, ao pedir o testemunho divino mediante um fato evidente. Logo, parece que o juramento é totalmente ilícito.

Em sentido contrário, diz a Sagrada Escritura: "Teme ao Senhor, teu Deus, e jura pelo seu nome".

Respondo. O que em si mesmo é bom pode, se não for usado de modo conveniente, tornar-se mau, como, por exemplo, a Eucaristia, que sendo em si boa, se recebida em pecado, produz um efeito mau. A respeito, escreve Paulo: "Quem a receber indignamente, come e bebe a sua própria condenação". Apliquemos essa ponderação ao

---

4. Cfr. arg. *sed c*.

Parall.: III *Sent*., dist. 39, a. 2, q.la 2; *De Dec. Praecept*., cap. *de Sec. Praecept*.; in Matth., c. 5; *ad Rom*., c. 1, lect. 5; *ad Heb*., c. 6, lect. 4.

licitum et honestum. Quod patet ex origine et ex fine. Ex origine quidem, quia iuramentum est introductum ex fide qua homines credunt Deum habere infallibilem veritatem et universalem omnium cognitionem et provisionem. Ex fine autem, quia iuramentum inducitur ad iustificandum homines, et ad finiendum controversias, ut dicitur ad Hb 6,16.

Sed iuramentum cedit in malum alicui ex eo quod male utitur eo, idest sine necessitate et cautela debita. Videtur enim parvam reverentiam habere ad Deum qui eum ex levi causa testem inducit: quod non praesumeret etiam de aliquo viro honesto. Imminet etiam periculum periurii: quia de facili homo in verbo delinquit, secundum illud Iac 3,2: *Si quis in verbo non offendit, hic perfectus est vir.* Unde et Eccli 23,9 dicitur: *Iurationi non assuescat os tuum: multi enim casus in illa.*

AD PRIMUM ergo dicendum quod Hieronymus, *super* Mt[1], dicit: *Considera quod Salvator non per Deum iurare prohibuerit, sed per caelum et terram. Hanc enim per elementa iurandi pessimam consuetudinem habere Iudaei noscuntur.* — Sed ista responsio non sufficit: quia Iacobus addit: *neque per aliud quodcumque iuramentum.*

Et ideo dicendum est quod, sicut Augustinus dicit, in libro de *Mendacio*[2], quod *Apostolus, in Epistolis suis iurans, ostendit quomodo accipiendum esset quod dictum est,* "Dico vobis non iurare omnino": *ne scilicet iurando ad facilitatem iurandi veniatur, ex facilitate iurandi ad consuetudinem, a consuetudine in periurium decidatur. Et ideo non invenitur iurasse nisi scribens, ubi consideratio cautior non habet linguam praecipitem.*

AD SECUNDUM dicendum quod, sicut Augustinus dicit, in libro de *Serm. Dom.* in Monte[3], *si iurare cogeris, scias de necessitate venire infirmitatis eorum quibus aliquid suades, quae utique infirmitas malum est. Itaque non dixit:* "Quod amplius est malum est", *tu enim non malum facis qui bene uteris iuratione, ut alteri persuadeas quod utiliter persuades: sed,* "a malo est" *illius cuius infirmitate iurare cogeris.*

nosso assunto. O juramento em si mesmo é lícito e honesto. Tal afirmação evidencia-se atendendo à origem e ao fim do juramento. Quanto à origem, porque o juramento foi introduzido por causa da fé segundo a qual se crê que Deus tem a verdade infalível e o conhecimento universal e a providência de tudo. Quanto ao fim, porque, como se lê na Carta aos Hebreus, o juramento é aduzido para justificar os homens e pôr fim às controvérsias.

Não obstante, o juramento poderá implicar algum mal quando malfeito, isto é, sem necessidade e sem as devidas cautelas. Parece ter pouca reverência a Deus quem o invoca como testemunha numa causa leve. Aliás, para fatos desses, não se pediria o testemunho nem de um homem honesto. Haveria ainda o perigo do perjuro porque o homem peca com facilidade pela palavra, segundo a Escritura: "O homem que não ofende por palavra é perfeito" e "Não te acostumes a jurar, porque isso é causa de muitas quedas".

QUANTO AO 1º, portanto, deve-se dizer que escreve Jerônimo: "Atendei que o Salvador não proibiu jurar por Deus, mas pelo céu e pela terra, porque os judeus tinham o péssimo costume de jurar pelos elementos". — Mas esta resposta não é completa, porque na Carta de Tiago há o acréscimo: "Nem outro qualquer juramento". Portanto, deve-se dizer, como escreve Agostinho, que: "O Apóstolo, ao fazer o mesmo juramento nas duas cartas, ensina como interpretar o texto da Escritura — 'digo-vos que não jureis' — para que jurando não se chegue a jurar com facilidade, e da facilidade ao costume e do costume ao perjúrio. Devido a isso, o Apóstolo só jurou por escrito, pois, quando a pessoa escreve é mais cautelosa e evita o abuso da palavra".

QUANTO AO 2º, deve-se dizer, como escreve Agostinho que "deves saber que, se fores obrigado a jurar, tal obrigação provém da fraqueza daquele que pretendes convencer, e esta fraqueza é um mal. Por isso, não está escrito: 'O que se diz além dessas palavras é mau', pois, tu não fazes o mal ao usar bem do juramento para persuadir ao outro de coisas úteis. Mas, no texto citado, o Senhor disse: 'Vem do mal', ou seja, vem do mal daquele cuja fraqueza te levou a jurar"[c].

---

1. *Comment. in Matth.*, l. I, super 5, 34 sqq.: ML 26, 39 D — 40 A.
2. C. 15, n. 28: ML 40, 507.
3. L. I, c. 17, n. 51: ML 34, 1255-1256.

c. Essa doutrina de Sto. Agostinho, retida mesmo sob a forma de axioma, marcará as atitudes e posições teológicas da tradição; jurar pode voltar-se contra aquele que abusa do juramento, mas a necessidade de recorrer a ele decorre da fraqueza dos interlocutores, "vem do maligno"; mas em si, o recurso ao testemunho divino é bom e honroso a Deus.

AD TERTIUM dicendum quod ille qui iurat non tentat Deum: quia non implorat divinum auxilium absque utilitate et necessitate; et praeterea non exponit se alicui periculo si Deus testimonium adhibere noluerit in praesenti. Adhibebit autem pro certo testimonium in futuro, quando *illuminabit abscondita tenebrarum et manifestabit consilia cordium*, ut dicitur 1Cor 4,5. Et illud testimonium nulli iuranti deficiet, vel pro eo vel contra eum.

QUANTO AO 3º, deve-se dizer que quem jura não tenta Deus, porque não implora o auxílio divino sem utilidade ou necessidade, também não se exporia a perigo algum, se Deus não quisesse imediatamente dar o seu testemunho. Certamente, ele será dado, quando "dará luz àquilo que as trevas escondem e manifestará os segredos dos corações", como diz o Apóstolo. Este testemunho a ninguém será negado, seja-lhe favorável ou desfavorável.

## ARTICULUS 3
### Utrum convenienter ponantur tres comites iuramenti iustitia, iudicium et veritas

AD TERTIUM SIC PROCEDITUR. Videtur quod inconvenienter ponantur tres comites iuramenti iustitia, iudicium et veritas.

1. Ea enim quorum unum includitur in altero non sunt connumeranda tanquam diversa. Sed horum trium unum includitur in altero: quia veritas pars iustitiae est, secundum Tullium[1]; iudicium autem est actus iustitiae, ut supra[2] habitum est. Ergo inconvenienter numerantur tres comites iuramenti.

2. PRAETEREA, multa alia requiruntur ad iuramentum: scilicet devotio, et fides, per quam credamus Deum omnia scire et mentiri non posse. Ergo videtur quod insufficienter enumerentur tres comites iuramenti.

3. PRAETEREA, haec tria in quolibet opere humano inquirenda sunt: nihil enim debet fieri contra iustitiam aut veritatem, aut sine iudicio, secundum illud 1Ti 5,21: *Nihil facias sine praeiudicio*, idest sine praecedenti iudicio. Ergo haec tria non magis debent associari iuramento quam aliis humanis actibus.

SED CONTRA est quod dicitur Ir 4,2: *Iurabis, "Vivit Dominus, in veritate, in iudicio et in iustitia: quod exponens Hieronymus*[3] *dicit: Animadvertendum est quod iusiurandum hos habet comites, scilicet veritatem, iudicium et iustitiam.*

## ARTIGO 3
### São companheiros do juramento a justiça, o juízo e a verdade?

QUANTO AO TERCEIRO, ASSIM SE PROCEDE: parece que **não** se afirmam convenientemente os três companheiros do juramento: a justiça, o juízo e a verdade.
1. Com efeito, quando uma coisa está incluída na outra, elas não podem ser consideradas diversas. Ora, o juramento, a justiça e o juízo estão incluídos um no outro, porque, segundo Cícero, a verdade é parte da justiça, e o juízo é o ato da justiça, como acima foi dito. Logo, é inconveniente enumerar esses três companheiros do juramento.

2. ALÉM DISSO, existem outros requisitos para o juramento, como sejam a devoção e a fé, pela qual cremos que Deus conhece todas as coisas e lhe é impossível mentir. Logo, é evidente que não existem só aqueles três companheiros do juramento.

3. ADEMAIS, aqueles três encontram-se em qualquer obra humana, até porque nada deve ser feito contra a justiça, a verdade e o juízo, como diz o Apóstolo: "Nada faças sem que um juízo o preceda". Logo, esses três companheiros não devem ser mais exigidos para o juramento do que para os outros atos humanos.

EM SENTIDO CONTRÁRIO, lê-se no livro de Jeremias: "Vive o Senhor, na verdade, no juízo, e na justiça". E Jerônimo, comentando esse texto, escreve: "Deve-se entender que o juramento tem três companheiros: a verdade, o juízo e a justiça"[d].

---

3   PARALL.: Infra, q. 98, a. 1, ad 1; III *Sent.*, dist. 39, a. 2, q.la 3; *De Dec. Praecept.*, cap. *de Sec. Praecept.; in Matth.*, c. 5.
   1. *De invent. rhet.*, l. II, c. 53: ed. G. Friedrich, Lipsiae 1908, p. 230, l. 20.
   2. Q. 60, a. 1.
   3. *Comment. in Ierem.*, l. I, super 4, 2: ML 24, 706 B.

   d. São Jerônimo havia atribuído "três companheiros" ao juramento: "a verdade, o julgamento e a justiça", tomando esses termos de Jeremias. Transmitida pela glosa, essa "sentença" patrística devia ser explicada por todo mestre medieval que abordasse o tema.

RESPONDEO dicendum quod, sicut supra⁴ dictum est, iuramentum non est bonum nisi ei qui bene utitur iuramento. Ad bonum autem usum iuramenti duo requiruntur. Primo quidem, quod aliquis non leviter, sed ex necessaria causa et discrete iuret. Et quantum ad hoc, requiritur iudicium, scilicet discretionis, ex parte iurantis. — Secundo, quantum ad id quod per iuramentum confirmatur: ut scilicet neque sit falsum, neque sit aliquid illicitum. Et quantum ad hoc, requiritur veritas, per quam aliquis iuramento confirmat quod verum est; et iustitia, per quam confirmat quod licitum est.

Iudicio autem caret iuramentum *incautum*; veritate autem iuramentum *mendax*; iustitia autem iuramentum *iniquum* sive *illicitum*.

AD PRIMUM ergo dicendum quod iudicium non sumitur hic pro executione iustitiae, sed pro iudicio discretionis, ut dictum est⁵. Neque etiam veritas hic accipitur secundum quod est pars iustitiae, sed secundum quod est quaedam conditio locutionis.

AD SECUNDUM dicendum quod et devotio et fides, et omnia huiusmodi quae exiguntur ad debitum modum iurandi, intelliguntur in iudicio. Alia enim duo pertinent ad rem de qua iuratur, ut dictum est⁶. Quamvis posset dici quod iustitia pertinet ad causam pro qua iuratur.

AD TERTIUM dicendum quod in iuramento est magnum periculum: tum propter Dei magnitudinem, cuius testimonium invocatur; tum etiam propter labilitatem linguae humanae, cuius verba iuramento confirmantur. Et ideo huiusmodi magis requiruntur ad iuramentum quam ad alios humanos actus.

RESPONDO. Acima foi dito que o juramento não será bom senão para quem dele bem usar. Para o seu bom uso são necessários dois requisitos: o primeiro requisito consiste em não jurar levianamente, mas de modo discreto e quando necessário. Para isto, exige-se de quem jura juízo, isto é, discernimento. — O segundo requisito refere-se ao objeto do juramento, a saber, que não seja falso nem algo ilícito. Para tal, exige-se a verdade pela qual a pessoa confirma com juramento o que é verdadeiro; exige-se, também, a justiça pela qual confirma o que é lícito.

Faltando o juízo, o juramento será imprudente; faltando a verdade, o juramento será mentiroso; faltando a justiça, o juramento será iníquo ou ilícito.

QUANTO AO 1º, portanto, deve-se dizer que o termo juízo não se toma aqui para significar a execução de um ato justo, mas no sentido de discernimento, como se disse. Verdade, também, não se toma no sentido de parte da justiça, mas enquanto é condição para a comunicação verbal.

QUANTO AO 2º, deve-se dizer que a devoção, a fé e as condições semelhantes exigidas para um devido juramento, entende-se que já estejam incluídas no juízo. As outras duas condições pertencem ao objeto do juízo, como foi dito. Não obstante, pode-se dizer que o termo justiça refere-se à causa pela qual se faz o juramento.

QUANTO AO 3º, deve-se dizer que foi acima dito que o juramento implica grande perigo, quer por causa da grandeza de Deus, que é invocado como testemunha, quer por causa da labilidade da língua dos homens, cujas palavras são confirmadas pelo juramento. Por isso, essas condições são mais exigidas para o juramento do que para os outros atos humanos.

ARTICULUS 4
## Utrum iurare sit actus religionis sive latriae

AD QUARTUM SIC PROCEDITUR. Videtur quod iuramentum non sit actus religionis sive latriae.
1. Actus enim latriae sunt circa aliqua sacra et divina. Sed iuramenta adhibentur circa controversias humanas, ut Apostolus dicit, ad Hb 6,16. Ergo iurare non est actus religionis seu latriae.

ARTIGO 4
## Jurar é ato de religião ou de latria?

QUANTO AO QUARTO, ASSIM SE PROCEDE: parece que o juramento **não** é ato da religião ou de latria.
1. Com efeito, os atos de latria referem-se ao que é sagrado e divino. Ora, como diz o Apóstolo, o juramento é usado para pôr termo às controvérsias humanas. Logo, o juramento não é ato de religião ou latria.

---
4. Art. praec.
5. In corp.
6. Ibid.

2. Praeterea, ad religionem pertinet *cultum Deo offerre*, ut Tuliius dicit[1]. Sed ille qui iurat nihil Deo offert, sed Deum inducit in testem. Ergo iurare non est actus religionis.

3. Praeterea, finis religionis seu latriae est reverentiam Deo exhibere. Hoc autem non est finis iuramenti, sed potius aliquod verbum confirmare. Ergo iurare non est actus religionis.

Sed contra est quod dicitur Dt 6,13: *Dominum Deum tuum timebis, et ipsi soli servies, ac per nomen illius iurabis*. Loquitur autem ibi de servitute latriae. Ergo iurare est actus latriae.

Respondeo dicendum quod, sicut ex dictis[2] patet, ille qui iurat invocat divinum testimonium ad confirmandum ea quae dicit. Nihil autem confirmatur nisi per aliquid quod certius est et potius. Et ideo in hoc ipso quod homo per Deum iurat, profitetur Deum potiorem, utpote cuius veritas est indefectibilis et cognitio universalis: et sic aliquo modo Deo reverentiam exhibet. Unde et Apostolus dicit, ad Hb 6,16, quod *homines per maiores se iurant*. Et Hieronymus dicit, super *Matth*.[3], quod *qui iurat, aut veneratur aut diligit eum per quem iurat*. Philosophus etiam dicit, in I *Metaphys*.[4], quod iuramentum est honorabilissimum. Exhibere autem reverentiam Deo pertinet ad religionem sive latriam. Unde manifestum est quod *iuramentum est actus religionis sive latriae*.

Ad primum ergo dicendum quod in iuramento duo considerantur: scilicet testimonium quod inducitur, et hoc est divinum; et id super quo inducitur testimonium, vel quod facit necessitatem testimonium inducendi, et hoc est humanum. Pertinet ergo iuramentum ad religionem ratione primi, non autem ratione secundi.

Ad secundum dicendum quod in hoc ipso quod aliquis assumit Deum in testem per modum iuramenti, profitetur eum maiorem: quod pertinet ad Dei reverentiam. Et sic aliquid offert Deo: scilicet reverentiam et honorem.

Ad tertium dicendum quod omnia quae facimus debemus in Dei reverentiam facere. Et ideo nihil prohibet si in hoc ipso quod intendimus hominem certificare, Deo reverentiam exhibeamus. Sic enim debemus aliquid in Dei reverentiam facere ut ex

2. Além disso, pertence à religião, segundo Cícero, prestar culto a Deus. Ora, quem presta um juramento não oferece a Deus coisa alguma, tão somente O invoca como testemunha. Logo, jurar não é ato de religião.

3. Ademais, o fim da religião ou latria é reverenciar a Deus. Ora, este não é o fim do juramento, cujo fim é confirmar a palavra. Logo, jurar não é ato de religião.

Em sentido contrário, lê-se na Escritura: "Temerás o Senhor, teu Deus, só a ele servirás e jurarás em seu nome". Ora, fala-se aí do dever de latria. Logo, jurar é ato de latria.

Respondo. Como foi dito, quem jura invoca o testemunho divino para confirmar o que disse. Nada, no entanto, é confirmado senão por algo mais certo e mais firme. Por isso, quando jura por Deus, o homem confessa que Ele é mais firme, já que as suas palavras são verdadeiras e que Deus conhece todas as coisas. Assim, de algum modo está prestando reverência a Deus. Donde dizer o Apóstolo: "O homem jura em nome do que lhe é superior". e diz Jerônimo: "Quem jura, venera ou ama aquele em nome do qual jura". Também diz o Filósofo: "O juramento é honorabilíssimo". Mas reverenciar a Deus pertence à virtude de religião ou latria. Logo, é evidente que o juramento é ato de religião ou latria.

Quanto ao 1º, portanto, deve-se dizer que duas considerações devem ser feitas a respeito do juramento. A primeira, refere-se ao testemunho invocado, que é divino. A segunda, refere-se ao objeto sobre o qual recai o testemunho, ou o que induz à necessidade do testemunho, e isto é humano. O juramento pertence à religião somente em razão da primeira consideração, não da segunda.

Quanto ao 2º, deve-se dizer que no próprio ato de se invocar Deus como testemunha do juramento está implícita a afirmação de que Ele é maior, e isto pertence à reverência a Deus. Logo, assim também se está oferecendo algo a Ele, a saber, reverência e honra.

Quanto ao 3º, deve-se dizer que todas as coisas que fazemos, devemos fazê-las em reverência a Deus. Assim sendo, nada impede que no mesmo ato com que pretendemos convencer o homem, nesse mesmo mostremos reverência a Deus. Pois

---

1. *De invent. rhet.*, l. II, c. 53: ed. G. Friedrich, Lipsiae 1908, p. 230, ll. 21-22.
2. Art. 1.
3. *Comment. in Matth.*, l. I, super 5, 34: ML 26, 40 A.
4. C. 3: 983, b, 33-984, a, 5.

hoc utilitas proximis proveniat: quia etiam Deus operatur ad suam gloriam et nostram utilitatem.

## Articulus 5
### Utrum iuramentum sit appetendum et frequentandum, tanquam utile et bonum

Ad quintum sic proceditur. Videtur quod iuramentum sit appetendum et frequentandum, tanquam utile et bonum.

1. Sicut enim votum est actus latriae, ita et iuramentum. Sed facere aliquid ex voto est laudabilius et magis meritorium quia votum est actus latriae, ut supra¹ dictum est. Ergo, pari ratione, facere vel dicere aliquid cum iuramento est laudabilius. Et sic iuramentum est appetendum tanquam per se bonum.

2. Praeterea, Hieronymus dicit, *super Matth.*², quod *qui iurat, veneratur aut diligit eum per quem iurat*. Sed venerari aut diligere Deum est appetendum tanquam per se bonum. Ergo et iuramentum.

3. Praeterea, iuramentum ordinatur ad confirmationem seu certificationem. Sed quod homo suum dictum confirmet, bonum est. Ergo iuramentum est appetendum tanquam bonum.

Sed contra est quod dicitur Eccli 23,12: *Vir multum iurans replebitur iniquitate*. Et Augustinus dicit, in libro de Mendacio³, quod praeceptum Domini de prohibitione iuramenti *ad hoc positum est ut, quantum in te est, non affectes, non, quasi pro bono, cum aliqua delectatione appetas iusiurandum*.

Respondeo dicendum quod id quod non quaeritur nisi ad subveniendum alicui defectui, non numeratur inter ea quae sunt per se appetenda, sed inter ea quae sunt necessaria: sicut patet de medicina, quae quaeritur ad subveniendum infirmitati. Iuramentum autem quaeritur ad subveniendum alicui defectui, quo scilicet unus homo alteri discredit. Et ideo *iuramentum est habendum non inter ea quae sunt per se appetenda, sed inter ea quae sunt huic vitae necessaria: quibus indebite utitur quicumque eis utitur ultra terminos necessitatis*. Unde Augustinus dicit, in libro *de Serm. Dom. in Monte*⁴: *Qui intelligit non in bonis, idest per se appetendis, sed in necessariis iurationem

## Artigo 5
### O juramento deve ser desejado e repetido por ser útil e bom?

Quanto ao quinto, assim se procede: parece que o juramento **deve** ser desejado e repetido, por ser útil e bom.

1. Com efeito, como o voto é ato de latria, também o juramento. Ora, fazer um voto é mais louvável e mais meritório, porque o voto é um ato de latria. Logo, por motivo idêntico, fazer ou dizer algo com juramento é mais louvável. Donde ser o juramento desejado em si mesmo como um bem.

2. Além disso, escreve Jerônimo: "Quem jura, venera ou ama aquele em cujo nome jura". Ora, venerar e amar a Deus são desejados como em si mesmos bons. Logo, também o juramento.

3. Ademais, o juramento é feito para confirmar ou certificar uma verdade. Ora, é bom que o homem confirme as suas palavras. Logo, o juramento deve ser desejado como um bem.

Em sentido contrário, lê-se na Escritura: "O homem que muito jura enche-se de pecados". E Agostinho diz que o preceito proibindo o juramento é dado pelo Senhor para que, quanto estiver em seu poder, não o desejes, e não te apeteça com algum prazer, como se fosse bom.

Respondo. Aquilo que não se quer senão para corrigir algum defeito, não está entre as coisas que são por si mesmas desejadas, mas entre as que são necessárias, como os remédios que não são desejados, mas aceitos por serem necessários para curar as doenças. O juramento é desejado para corrigir um defeito, como é o de um homem não acreditar na palavra de outro. Por isso, o juramento não se considera entre as coisas que são por si mesmas desejadas, mas entre aquelas que são necessárias para esta vida das quais se faz uso indébito se as usa além dos limites da necessidade. Confirma-o Agostinho: "Quem compreende que o juramento não é desejado por ser um bem, mas

---

5    Parall.: III *Sent.*, dist. 39, a. 2, q.la 1; *in Matth.*, cap. 5.

1. Q. 88, a. 5.
2. *Comment. in Matth.*, l. I, super 5, 34: ML 26, 40 A.
3. C. 15, n. 28: ML 40, 507.
4. L. I, c. 17, n. 51: ML 34, 1255.

*habendam, refrenat se quantum potest, ut non ea utatur nisi necessitas cogat.*

AD PRIMUM ergo dicendum quod alia ratio est de voto, et de iuramento. Nam per votum aliquid in Dei reverentiam ordinamus: unde ex hoc ipso fit religionis actus. Sed in iuramento e converso reverentia divini nominis assumitur ad promissi confirmationem. Et ideo illud quod iuramento confirmatur non propter hoc fit religionis actus: quia secundum finem morales actus species sortiuntur.

AD SECUNDUM dicendum quod ille qui iurat utitur quidem veneratione aut dilectione eius per quem iurat: non autem ordinat iuramentum ad venerandum aut diligendum eum per quem iurat, sed ad aliquid aliud quod est necessarium praesenti vitae.

AD TERTIUM dicendum quod sicut medicina est utilis ad sanandum, et tamen quanto est virtuosior, tanto maius nocumentum inducit si non debite sumatur; ita etiam iuramentum utile quidem est ad confirmationem, tamen quanto est magis venerandum, tanto est magis periculosum nisi debite inducatur. Quia, ut dicitur Eccli 23,13-14, *si frustraverit*, idest deceperit fratrem *delictum illius supra ipsum erit; et si dissimulaverit*, quasi per simulationem iurando falsum, *delinquit dupliciter* (quia scilicet *simulata aequitas est duplex iniquitas*); *et si in vanum iuraverit*, idest sine debita causa et necessitate, *non iustificabitur*.

uma necessidade, enquanto pode, se domina e não dele usa, a não ser pressionado pela necessidade".

QUANTO AO 1º, portanto, deve-se dizer que os motivos para o voto e para o juramento são diferentes. O voto é prestado para se oferecer algo em reverência a Deus, e isso é ato de religião. No juramento toma-se a reverência do nome divino para confirmação daquilo que prometemos. Logo, o que é confirmado pelo juramento não implica ato de religião, porque os atos morais são especificados pelo fim.

QUANTO AO 2º, deve-se dizer que embora quem jure venera e ama aquele por cujo nome jura, não obstante, o juramento não se destina a venerar e amar a este, mas é feito para coisas outras necessárias à vida presente.

QUANTO AO 3º, deve-se dizer que o remédio é útil para curar, e quanto mais ele for eficaz, tanto maiores males causará, se não for devidamente usado. O juramento também é útil para confirmar a verdade; mas quanto mais ele for digno de respeito, tanto maior será o perigo para quem levianamente o emprega. Lê-se a respeito na Escritura: "Se alguém mentir, isto é, intencionando enganar o próximo, *o pecado será seu; se dissimular* como se pela simulação estiver jurando falso, duplamente pecará, porque a equidade simulada é dupla iniquidade: jurar levianamente, isto é, sem justa causa ou sem necessidade, não será justificado".

ARTICULUS 6

Utrum liceat per creaturas iurare

AD SEXTUM SIC PROCEDITUR. Videtur quod non liceat per creaturas iurare.

1. Dicitur enim Mt 5,34sqq.: *Ego dico vobis, non iurare omnino: neque per caelum, neque per terram, neque per Ierosolymam, neque per caput tuum*: quod exponens Hieronymus[1] dicit: *Considera quod hic Salvator non per Deum iurare prohibuerit, sed per caelum et terram etc*.

2. PRAETEREA, poena non debetur nisi culpae. Sed iuranti per creaturas adhibetur poena: dicitur enim XXII, qu.1[2]: *Clericum per creaturam iuran-*

ARTIGO 6

É lícito jurar pelas criaturas?

QUANTO AO SEXTO, ASSIM SE PROCEDE: parece que **não** é lícito jurar pelas criaturas.

1. Com efeito, lê-se no Evangelho de Mateus: "Eu lhes digo: Não deves jurar de modo algum, nem pelo céu, nem pela terra, nem por Jerusalém, nem pela tua própria cabeça". Jerônimo, comentando esse preceito, escreve: "Atendei, que não está o Salvador, neste texto, proibindo de jurar por Deus, mas pelo céu, pela terra etc."

2. ALÉM DISSO, pena não se impõe, senão quando há culpa. Ora, se impõe pena a quem jura pelas criaturas, como determinam as Decretais: "O

---

6  PARALL.: III *Sent*., dist. 39, a. 1, Expos. litt.; *De Dec. Praecept*., cap. *de Sec. Praecept*.; *in Matth*., c. 5; *ad Heb*., c. 6, lect. 4.

1. *Comment. in Matth*., l. I, super 5, 34: ML 26, 40 A.
2. GRATIANUS, *Decretum*, p. II, causa 22, q. 1, can. 9: ed. Richter-Friedberg, t. I, p. 863.

*tem acerrime obiurgandum: si perstiterit in vitio, excommunicandum placuit*. Ergo illicitum est per creaturas iurare.

3. PRAETEREA, iuramentum est actus latriae, sicut dictum est[3]. Sed cultus latriae non debetur alicui creaturae, ut patet Rm 1,23 sqq. Ergo non licet iurare per aliquam creaturam.

SED CONTRA est quod Ioseph iuravit *per salutem Pharaonis*, ut legitur Gn 42,vv.15-16. Ex consuetudine etiam iuratur per Evangelium et, per reliquias, et per sanctos.

RESPONDEO dicendum quod, sicut supra[4] dictum est, duplex est iuramentum. Unum quidem quod fit per simplicem contestationem: inquantum scilicet Dei testimonium invocatur. Et hoc iuramentum innititur divinae veritati, sicut et fides. Fides autem est per se quidem et principaliter de Deo, qui est ipsa veritas; secundario autem de creaturis, in quibus veritas Dei relucet, ut supra[5] habitum est. Et similiter iuramentum principaliter refertur ad ipsum Deum, cuius testimonium invocatur: secundario autem assumuntur ad iuramentum aliquae creaturae non secundum se, sed inquantum in eis divina veritas manifestatur; sicut iuramus per Evangelium, idest per Deum, cuius veritas in Evangelio manifestatur; et per sanctos, qui hanc veritatem crediderunt et observaverunt.

Alius autem modus iurandi est per execrationem. Et in hoc iuramento inducitur creatura aliqua ut in qua divinum iudicium exerceatur. Et sic solet homo iurare per caput suum, vel per filium suum, aut per aliquam aliam rem quam diligit. Sicut et Apostolus iuravit 2Cor 1,7, dicens: *Ego testem Deum invoco in animam meam*.

Quod autem Ioseph per salutem Pharaonis iuravit, utroque modo potest intelligi: vel per modum execrationis, quasi salutem Pharaonis obligaverit Deo; vel per modum contestationis, quasi contestando veritatem divinae iustitiae, ad cuius executionem principes terrae constituuntur.

AD PRIMUM ergo dicendum quod Dominus prohibuit iurare per creaturas ita quod eis adhibeatur clérigo que jura por uma criatura seja fortemente repreendido; mas se persistir neste pecado, seja excomungado". Logo, não é lícito jurar por uma criatura.

3. ADEMAIS, como foi acima dito, jurar é ato de latria. Ora, o culto de latria não se presta a criatura alguma, conforme afirma o Apóstolo. Logo, não é lícito jurar por uma criatura.

EM SENTIDO CONTRÁRIO, lê-se no livro do Gênesis que José jurou "pela saúde do Faraó". Nas Igrejas há também o costume de se jurar pelo Evangelho, pelas relíquias e pelos santos.

RESPONDO. Como foi acima dito, dois são os juramentos. Um juramento que se faz como simples atestação, como o que é feito enquanto se invoca Deus como testemunha. Esse juramento se baseia na veracidade divina, como também é a fé. A fé é principal e essencialmente relativa a Deus, que é a própria verdade; secundariamente atinge as criaturas, enquanto elas refletem a luz divina, como acima foi dito. O juramento também, principalmente, é referido a Deus, cujo testemunho é invocado; secundariamente são assumidas as criaturas para confirmarem o juramento, não enquanto criatura, mas enquanto nelas se manifesta a verdade divina. Por isso, se jura pelo Evangelho, isto é, por Deus, enquanto no Evangelho é manifestada a verdade divina, e pelos santos que creram nessa verdade e a seguiram[e].

O outro juramento é por execração. Neste juramento apela-se para alguma criatura, passível de um castigo divino. Assim é que se costuma jurar pela própria cabeça, pelo filho ou por outra coisa amada. Deste juramento usou o Apóstolo ao escrever: "Eu chamo a Deus por testemunho sobre a minha alma".

O juramento de José feito "pela saúde do Faraó" pode ser interpretado no sentido dos dois juramentos aludidos: por execração, como se empenhasse a Deus a saúde do Faraó; por contestação, como que afirmando a verdade da justiça divina, para cuja execução são constituídos os príncipes da terra.

QUANTO AO 1º, portanto, deve-se dizer que o Senhor proibiu jurar pelas criaturas, quando a elas

---

3. Art. 4.
4. A. 1, ad 3.
5. Q. 1, a. 1.

e. Aplica-se aqui a doutrina que autoriza a veneração relativa da qual podem ser objeto as pessoas e as coisas santas, precisamente na medida em que participam da bondade divina e podem a ela conduzir. Ver a exposição dessa doutrina, com a distinção entre a homenagem exclusivamente reservada a Deus (latria) e a que podemos prestar às criaturas (dulia), na II-II, q. 103, a. 3.

reverentia divina. Unde Hieronymus ibidem subdit[6] quod *Iudaei, per angelos*, et cetera huiusmodi, *iurantes, creaturas venerabantur Dei honore*.

Et eadem ratione punitur secundum canones[7] clericus per creaturam iurans, quod ad blasphemiam infidelitatis pertinet. Unde in sequenti capitulo dicitur[8]: *Si quis per capillum Dei vel caput iuraverit, vel alio modo blasphemia contra Deum usus fuerit, si in ecclesiastico ordine est, deponatur*.
Et per hoc patet responsio AD SECUNDUM.

AD TERTIUM dicendum quod cultus latriae adhibetur ei cuius testimonium iurando invocatur. Et ideo praecipitur Ex 23,13: *Per nomen externorum deorum non iurabitis*. Non autem exhibetur cultus latriae creaturis quae in iuramento assumuntur secundum modos praedictos[9].

### ARTICULUS 7
### Utrum iuramentum habeat vim obligandi

AD SEPTIMUM SIC PROCEDITUR. Videtur quod iuramentum non habeat vim obligandi.
1. Inducitur enim iuramentum ad confirmandum veritatem eius quod dicitur. Sed quando aliquis dicit aliquid de futuro, verum dicit etiam si non eveniat quod dicit: sicut Paulus, quamvis non iverit Corinthum, sicut dixerat, non tamen est mentitus, ut patet 2Cor 1,15 sqq. Ergo videtur quod iuramentum non sit obligatorium.
2. PRAETEREA, virtus non est virtuti contraria ut dicitur in *Praedicamentis*[1]. Sed iuramentum est actus virtutis, ut dictum est[2]. Quandoque autem esset contra virtutem, aut in aliquod eius impedimentum, si quis servaret id quod iuravit: sicut cum aliquis iurat se facere aliquod peccatum, vel cum iurat desistere ab aliquo opere virtutis. Ergo iuramentum non semper est obligatorium.
3. PRAETEREA, quandoque aliquis invitus compellitur ad hoc quod sub iuramento aliquid promittat. Sed *tales a iuramenti nexibus sunt per Romanos Pontifices absoluti*: ut habetur[3] extra, *de*

se presta à reverência devida a Deus. Comenta Jerônimo esse texto: "Os judeus juravam pelos anjos e pelas criaturas, prestando-lhes a honra devida a Deus".
Pelo mesmo motivo, o direito pune os clérigos que juram por uma criatura, o que seria uma blasfêmia de infiel. Por isso, está no capítulo seguinte escrito: "Se alguém jurar pelo cabelo ou pela cabeça de Deus, ou disser outra blasfêmia contra Deus, se é clérigo, seja deposto".
QUANTO AO 2º, deve-se dizer que a resposta está clara pelo que foi dito.
QUANTO AO 3º, deve-se dizer que o culto de latria se presta àquele cujo testemunho é invocado no juramento. Por isso, lê-se no livro do Êxodo: "Não jurarás pelo nome dos deuses dos outros povos". O culto de latria não se presta a criaturas que são invocadas nos juramentos, conforme os modos expostos.

### ARTIGO 7
### O juramento tem poder de obrigar?

QUANTO AO SÉTIMO, ASSIM SE PROCEDE: parece que o juramento **não** tem poder de obrigar.
1. Com efeito, o juramento é feito para confirmar a verdade daquilo que se afirma. Ora, quando uma pessoa afirma um evento futuro diz a verdade, embora tal não aconteça. Paulo afirmava que iria a Corinto, mas não foi; no entanto, não mentiu. Logo, parece que o juramento não é obrigatório.
2. ALÉM DISSO, como diz o Filósofo, "A virtude não é contrária à virtude". Ora, jurar é ato de virtude, como acima foi dito. Às vezes, porém, o juramento seria contrário à virtude, ou algum impedimento dela, se fosse cumprido, como quando alguém faz juramento de pecar, ou de desistir de praticar um ato de virtude. Logo, nem sempre o juramento é obrigatório.
3. ADEMAIS, às vezes uma pessoa é obrigada contra a sua vontade a prometer alguma coisa sob juramento. Ora, a obrigação de o cumprir, segundo o direito, pode ser anulada por um ato

---

6. Loc. cit. in arg.
7. Cfr. 2 a.
8. GRATIANUS, loc. cit., can. 10: ed. cit., loc. cit.
9. In corp.

7 PARALL.: III *Sent.*, dist. 39, a. 3, q.la 1, 2; *Quodlib.* III, q. 5, a. 2, 4; V, q. 13, a. 2; XII, q. 14, art. 2.

1. C. 10: 13, a, 37 — b, 5.
2. Art. 4.
3. *Decretal. Greg. IX*, l. II, tit. 24, c. 15: ed. Richter-Friedberg, t. II, p. 364.

*Iureiurando*, cap. *Verum in ea quaestione* etc. Ergo iuramentum non semper est obligatorium.

4. PRAETEREA, nullus potest obligari ad duo opposita. Sed quandoque oppositum est quod intendit iurans, et quod intendit ille cui iuramentum praestatur. Ergo iuramentum non potest semper esse obligatorium.

SED CONTRA est quod dicitur Mt 5,33: *Reddes Domino iuramenta tua*.

RESPONDEO dicendum quod obligatio refertur ad aliquid quod est faciendum vel dimittendum. Unde non videtur respicere iuramentum assertorium, quod est de praesenti vel de praeterito; neque etiam iuramentum de his quae sunt per alias causas fienda, sicut si quis iuramento assereret quod cras pluvia esset futura; sed solum in his quae sunt fienda per illum qui iurat. Sicut autem iuramentum assertorium, quod est de praeterito vel de praesenti, debet habere veritatem, ita etiam et iuramentum de his quae sunt fienda a nobis in futurum. Et ideo utrumque iuramentum habet quandam obligationem: diversimode tamen. Quia in iuramento quod est de praeterito vel praesenti, obligatio est non respectu rei quae iam fuit vel est, sed respectu ipsius actus iurandi: ut scilicet iuret id quod iam verum est vel fuit. Sed in iuramento quod praestatur de his quae sunt fienda a nobis, obligatio cadit e converso super rem quam aliquis iuramento firmavit. Tenetur enim aliquis ut faciat verum esse id quod iuravit: alioquin deest veritas iuramento.

Si autem est talis res quae in eius potestate non fuit, deest iuramento discretionis iudicium: nisi forte quod erat ei possibile quando iuravit, ei reddatur impossibile per aliquem eventum; puta cum aliquis iuravit se pecuniam soluturum, quae ei postmodum vi vel furto subtrahitur. Tunc enim videtur excusatus esse a faciendo quod iuravit, licet teneatur facere quod in se est: sicut etiam supra[4] circa obligationem voti diximus.

Si vero sit quidem possibile fieri, sed fieri non debeat, vel quia est per se malum, vel quia est boni impeditivum, tunc iuramento deest iustitia. Et ideo iuramentum non est servandum in eo casu quo est peccatum vel boni impeditivum:

do Romano Pontífice. Logo, o juramento nem sempre é obrigatório.

4. ADEMAIS, ninguém pode ser obrigado a fazer duas coisas contrárias entre si. Ora, às vezes, aquilo que pretende quem faz o juramento é o oposto daquilo que pretende aquele por quem se faz o juramento. Logo, o juramento não pode ser sempre obrigatório.

EM SENTIDO CONTRÁRIO, lê-se no Evangelho de Mateus: "Cumprirás os teus juramentos feitos em nome do Senhor".

RESPONDO. Toda obrigação se refere ao que se deve fazer ou não fazer. Por isso, ao juramento assertório não atinge essa afirmação, já que o juramento assertório é relativo ao presente e ao passado; nem ao juramento sobre coisas cuja execução depende de outras causas, como, por exemplo, quando se jura que amanhã choverá. Tal afirmação só atinge o juramento, se o seu objeto deve ser feito por quem jura. Como o juramento assertório, que se refere ao passado e ao futuro, deve ser verdadeiro, também deve sê-lo o juramento daquilo que faremos no futuro. Donde esses dois juramentos serem obrigatórios, mas de modos diversos. Pois, a obrigação do juramento relativo ao passado ou ao presente não tem por objeto aquilo que foi ou é, mas o próprio ato de jurar, a saber, ser verdade o que foi e o que é. Mas quando o juramento é prestado para o que por nós deve ser feito, a obrigação refere-se ao objeto do juramento. A própria pessoa que jura deve, então, fazer verdadeiro o que jurou. Se não o fizer, o juramento será falso.

Quando o objeto do juramento não está sujeito à vontade de quem jura, falta ao juramento o discernimento do juízo, a não ser que fosse possível quando o juramento foi feito, mas depois, por algum evento, ficou impossibilitado de o cumprir. Por exemplo: uma pessoa jura saldar uma dívida com dinheiro, mas antes de saldá-la, o dinheiro lhe foi roubado ou violentamente arrancado. Nesse caso, é claro que está escusado de cumprir o juramento, embora deva fazer o que depende de si para cumpri-lo, como dissemos a respeito da obrigação do voto.

No entanto, se o cumprimento for possível, mas não deve ser feito por ser essencialmente mau, ou porque impede algum bem; nesse caso, trata-se de um juramento injusto. Não deverá, pois, ser cumprido o juramento pecaminoso ou que impeça

---

4. Q. 88, a. 3, ad 2.

secundum enim utrumque horum *vergit in deteriorem exitum*.

Sic ergo dicendum est quod quicumque iurat aliquid se facturum, obligatur ad id faciendum, ad hoc quod veritas impleatur: si tamen alii duo comites adsint, scilicet iudicium et iustitia.

AD PRIMUM ergo dicendum quod aliud est de simplici verbo: aliud de iuramento, in quo divinum testimonium imploratur. Sufficit enim ad veritatem verbi quod aliquis dicat id quod proponit se facturum: quia hoc iam verum est in sua causa, scilicet in proposito facientis. Sed iuramentum adhiberi non debet nisi in re de qua aliquis firmiter certus est. Et ideo si iuramentum adhibeatur, propter reverentiam divini testimonii quod invocatur, obligatur homo ut faciat esse verum id quod iuravit, secundum suam possibilitatem: nisi in deteriorem exitum vergat, ut dictum est[5].

AD SECUNDUM dicendum quod iuramentum potest vergere in deteriorem exitum dupliciter. Uno modo, quia ab ipso principio habet peiorem exitum. Vel quia est secundum se malum: sicut cum aliquis iurat se adulterium patraturum. Sive quia est maioris boni impeditivum: puta cum aliquis iurat se non intraturum religionem, vel quod non fiet clericus, aut quod non accipiet praelationem in casu in quo expedit eum accipere, vel si quid aliud est huiusmodi. Huiusmodi enim iuramentum a principio est illicitum: differenter tamen. Quia si quis iuret se facturum aliquod peccatum, et peccat iurando, et peccat iuramentum servando. Si quis autem iurat se non facturum aliquod melius bonum, quod tamen facere non tenetur, peccat quidem iurando, inquantum ponit obicem Spiritui Sancto, qui est boni propositi inspirator: non tamen peccat iuramentum servando, sed multo melius facit si non servet.

Alio modo vergit in deteriorem exitum propter aliquid quod de novo emerserat, quod fuit impraemeditatum: sicut patet in iuramento Herodis, qui iuravit puellae saltanti se daturum quod petisset. Hoc enim iuramentum poterat esse a principio licitum, intellecta debita conditione, scilicet si peteret quod dare deceret: sed impletio iuramenti fuit illicita. Unde Ambrosius dicit, in I *de Officiis*[6]: *Est contra officium nonnunquam promissum solvere sacramentum: sicut Herodes, qui necem Ioannis praestavit ne promissum negaret*.

um bem maior, até porque ambos levam a um mau resultado.

Assim, se deve dizer que quando se jura fazer algo, há obrigação de fazê-lo para que seja respeitada a verdade. Todavia, os outros dois companheiros devem estar presentes: o juízo e a justiça.

QUANTO AO 1º, portanto, deve-se dizer que afirmar por uma simples palavra é diferente de afirmar por juramento, quando se invoca o testemunho divino. Para que uma palavra seja verdadeira, basta que a pessoa diga o que está propondo fazer, ou seja, a intenção de cumpri-la. A verdade, nesse caso, está na causa, isto é, na intenção de quem promete. Mas não se deve jurar, a não ser que se tenha absoluta certeza do que se afirma. Por isso, quando se jura, quem jura está obrigado a tornar verdadeiro o que jurou, na medida do possível, por causa da reverência que se deve prestar ao testemunho de Deus, a não ser que isto produza algum efeito danoso, como foi dito.

QUANTO AO 2º, deve-se dizer que de duas maneiras um juramento pode trazer efeito danoso. De uma, se já no começo apresenta falhas, ou porque é em si mau, como quando se jura cometer um pecado, por exemplo, um adultério; ou quando impede um bem maior, como jurar que não se ingressará na vida religiosa ou que não será clérigo, ou que não aceitará uma prelatura, sendo necessário aceitá-la, ou em casos semelhantes. Tais juramentos são ilícitos na sua origem, mas diferentemente. Porque, se alguém jura cometer um pecado, peca ao jurar e ao cometer o pecado. Se alguém jura não fazer algo melhor a que não está obrigado, peca ao jurar, porque impede a ação do Espírito Santo que lhe inspirou o bom propósito; mas não peca ao cumprir o juramento, embora fosse melhor não cumpri-lo.

De outra maneira, resulta efeito mau do juramento, quando algo de imprevisto acontece. Assim aconteceu no juramento de Herodes, que prometeu à jovem que dançava dar-lhe o que ela pedisse. Este juramento poderia ter sido lícito na sua origem com a devida condição, a saber, se a jovem pedisse o que fosse lícito dar, mas o seu cumprimento foi ilícito. Por isso, Ambrósio escreveu: "Às vezes é contra o dever cumprir o que se prometeu; como Herodes, que mandou matar João para não negar o prometido".

---

5. In corp.
6. C. 50, n. 254: ML 16, 101 A.

AD TERTIUM dicendum quod in iuramento quod quis coactus facit, duplex est obligatio. Una quidem qua obligatur homini cui aliquid promittit. Et talis obligatio tollitur per coactionem: quia ille qui vim intulit hoc meretur, ut ei promissum non servetur.

Alia autem est obligatio qua quis Deo obligatur ut impleat quod per nomen eius promisit. Et talis obligatio non tollitur in foro conscientiae quia magis debet damnum temporale sustinere quam iuramentum violare. Potest tamen repetere in iudicio quod solvit, vel praelato denuntiare, non obstante si contrarium iuravit: quia tale iuramentum vergeret in deteriorem exitum, esset enim contra iustitiam publicam. — Romani autem Pontifices ab huiusmodi iuramentis homines absolverunt non quasi decernentes huiusmodi iuramenta non esse obligatoria, sed quasi huiusmodi obligationes ex iusta causa relaxantes.

AD QUARTUM dicendum quod quando non est eadem iurantis intentio et eius cui iurat, si hoc provenit ex dolo iurantis, debet iuramentum servari secundum sanum intellectum eius cui iuramentum praestatur. Unde Isidorus dicit[7]: *Quacumque arte verborum quis iuret, Deus tamen qui conscientiae testis est, ita hoc accipit sicut ille cui iuratur intelligit.* Et quod hoc intelligatur de doloso iuramento, patet per id quod subditur: *Dupliciter reus fit qui et nomen Dei in vanum assumit, et proximum dolo capit.*

Si autem iurans dolum non adhibeat, obligatur secundum intentionem iurantis. Unde Gregorius dicit, XXVI Moral.[8]. *Humanae aures talia verba nostra iudicant qualia foris sonant: divina vero iudicia talia foris audiunt qualia ex intimis proferuntur.*

QUANTO AO 3º, deve-se dizer que dupla obrigação implica o juramento feito sob coação. A primeira com relação à pessoa a quem se prometeu alguma coisa, porque, devido à coação, a própria obrigação deixa de existir. Assim, aquele que coagir deixa de merecer que o juramento seja cumprido.

A outra é a obrigação diante de Deus de realizar o que foi prometido em nome dele. Esta não deixa de existir no foro da consciência, porque será melhor suportar um dano temporal do que violar o juramento. Todavia, poderá a pessoa reclamar em juízo para libertar-se daquilo que prometeu, ou levar ao conhecimento da competente autoridade, mesmo que tenha jurado a ela não recorrer; porque tal juramento implicará algum efeito danoso, pois vai contra a justiça pública. — Os Pontífices Romanos dispensaram desses juramentos, não por considerá-los não obrigatórios, mas por justa causa, permitiram que não fossem cumpridos.

QUANTO AO 4º, deve-se dizer que quando a intenção de quem jura diverge da intenção daquele a quem se jura, se isto provém de dolo de quem jura, o juramento deve ser cumprido segundo a intenção daquele a quem se jurou. Assim, opina Isidoro: "Seja qual for a retórica de quem jura, Deus, que conhece as consciências, decide segundo o pensamento daquele a quem se jura". E que se trata de um juramento doloso, fica patente pelo que acrescenta: "É duplamente réu quem toma o nome de Deus em vão e dolosamente envolve o próximo".

Se, no entanto, quem jura não comete dolo ao jurar, a obrigação de cumprir o juramento depende da sua própria intenção. Por isso, Gregório afirma: "As nossas palavras são julgadas, tais como soam; mas os ouvidos de Deus julgam-nas segundo são pronunciadas em nosso interior".

ARTICULUS 8

**Utrum maior sit obligatio iuramenti quam voti**

AD OCTAVUM SIC PROCEDITUR. Videtur quod maior sit obligatio iuramenti quam voti.

1. Votum enim est simplex promissio. Sed iuramentum supra promissionem adhibet divinum testimonium. Ergo maior est obligatio iuramenti quam voti.

ARTIGO 8

**A obrigação do juramento é maior que a do voto?**

QUANTO AO OITAVO, ASSIM SE PROCEDE: parece que a obrigação do juramento é maior que a do voto.

1. Com efeito, o voto é uma simples promessa. Ora, o juramento acrescenta à promessa o testemunho divino. Logo, a obrigação do juramento é maior que a do voto.

---

7. *Sentent.*, al. *de Summo Bono*, l. II, c. 31, n. 8: ML 83, 634 A.
8. C. 10, a. 7, n. 15: ML 76, 357 A.

2. Praeterea, debilius solet per fortius confirmari. Sed votum interdum confirmatur iuramento. Ergo iuramentum est fortius quam votum.

3. Praeterea, obligatio voti causatur ex animi deliberatione, ut supra[1] dictum est. Obligatio autem iuramenti causatur ex divina veritate, cuius testimonium invocatur. Cum ergo veritas Dei excedat deliberationem humanam, videtur quod obligatio iuramenti sit fortior quam obligatio voti.

Sed contra, per votum obligatur aliquis Deo: per iuramentum obligatur interdum homini. Magis autem obligatur homo Deo quam homini. Ergo maior est obligatio voti quam iuramenti.

Respondeo dicendum quod utraque obligatio, scilicet voti et iuramenti, causatur ex aliquo divino, aliter tamen et aliter. Nam obligatio voti causatur ex fidelitate quam Deo debemus, ut scilicet ei promissum solvamus. Obligatio autem iuramenti causatur ex reverentia quam debemus ei, ex qua tenemur quod verificemus id quod per nomen eius promittimus. Omnis autem infidelitas irreverentiam continet, sed non convertitur: videtur enim infidelitas subiecti ad dominum esse maxima irreverentia. Et ideo votum ex ratione sua magis est obligatorium quam iuramentum.

Ad primum ergo dicendum quod votum est promissio non quaecumque, sed Deo facta, cui infidelem esse gravissimum est.

Ad secundum dicendum quod iuramentum non adhibetur voto quasi aliquid firmius: sed ut *per duas res immobiles* maior firmitas adhibeatur.

Ad tertium dicendum quod deliberatio animi dat firmitatem voto quantum ex parte voventis est. Habet tamen maiorem firmitatis causam ex parte Dei, cui votum offertur.

2. Além disso, o que é fraco costuma ser confirmado pelo mais forte. Ora, às vezes o voto é confirmado pelo juramento. Logo, o juramento é mais forte que o voto.

3. Ademais, como foi dito acima, a obrigação do voto é causada pela deliberação do espírito. Ora, a obrigação do juramento procede da verdade divina, cujo testemunho é invocado. Logo, como a verdade de Deus excede a deliberação humana, parece que a obrigação do juramento é mais forte que a do voto.

Em sentido contrário, pelo voto a obrigação refere-se a Deus; pelo juramento, muitas vezes a referência é dirigida para o homem. Ora, o homem está mais obrigado para com Deus do que para com o homem. Logo, a obrigação do voto é maior que a do juramento.

Respondo. Ambas essas obrigações, a saber, a do voto e a do juramento, são relacionadas com algo divino, mas diversamente. Pois a obrigação do voto está dependente da fidelidade que devemos para com Deus, isto é, que cumpramos o prometido. Mas a obrigação do juramento resulta da reverência que lhe tributamos, pela qual devemos realizar aquilo que prometemos em nome d'Ele. Ora, toda infidelidade contém irreverência, mas não vale o contrário: a infidelidade do servo para o Senhor é a máxima irreverência. Logo, o voto, pela sua própria natureza, é mais obrigatório que o juramento.

Quanto ao 1º, portanto, deve-se dizer que o voto não é promessa feita a qualquer um, mas a Deus, a quem ser infiel é pecado gravíssimo.

Quanto ao 2º, deve-se dizer que o juramento não se acrescenta ao voto por ser mais firme, mas para que, "mediante duas coisas imóveis", haja maior firmeza.

Quanto ao 3º, deve-se dizer que a deliberação do espírito dá maior firmeza ao voto da parte do que faz o voto. Mas tem maior firmeza da parte de Deus, a quem se faz o voto.

### Articulus 9
#### Utrum aliquis possit dispensare in iuramento

Ad nonum sic proceditur. Videtur quod nullus possit dispensare in iuramento.

### Artigo 9
#### Alguém pode dispensar do juramento?

Quanto ao nono, assim se procede: parece que **ninguém** pode dispensar de um juramento.

---

1. Q. 88, a. 1.

1. Sicut enim veritas requiritur ad iuramentum assertorium, quod est de praeterito vel praesenti, ita ad iuramentum promissorium, quod est de futuro. Sed nullus potest cum aliquo dispensare quod de praeteritis vel praesentibus iuret contra veritatem. Ergo etiam nullus potest dispensare quod non faciat aliquis esse verum id quod cum iuramento in futurum promisit.

2. Praeterea, iuramentum promissorium inducitur ad utilitatem eius cui fit promissio. Sed ille, ut videtur, non potest relaxare: quia est contra divinam reverentiam. Ergo multo minus per aliquem potest super hoc dispensari.

3. Praeterea, in voto quilibet episcopus potest dispensare, exceptis quibusdam votis quae soli Papae reservantur, ut supra[1] habitum est. Ergo, pari ratione, in iuramento, si esset dispensabile, quilibet episcopus posset dispensare. Quod tamen videtur esse contra iura. Non ergo videtur quod in iuramento possit dispensari.

Sed contra est quod votum est maioris obligationis quam iuramentum, ut supra[2] dictum est. Sed in voto potest dispensari. Ergo in iuramento.

Respondeo dicendum quod, sicut supra[3] dictum est, necessitas dispensationis tam in lege quam in voto est propter hoc quod id quod in se, vel universaliter consideratum, est utile et honestum, secundum aliquem particularem eventum potest esse inhonestum et nocivum, quod non potest cadere nec sub lege nec sub voto. Quod autem aliquid sit inhonestum vel noxium, repugnat his quae debent attendi in iuramento: nam si sit inhonestum, repugnat iustitiae; si sit noxium repugnat iudicio. Et ideo, pari ratione, etiam in iuramento dispensari potest.

Ad primum ergo dicendum quod dispensatio quae fit in iuramento non se extendit ad hoc quod aliquid contra iuramentum fiat: hoc enim est impossibile, cum observatio iuramenti cadat sub praecepto divino, quod est indispensabile. Sed ad hoc se extendit dispensatio iuramenti ut id quod sub iuramento cadebat, sub iuramento non cadat, quasi non existens debita materia iuramenti: sicut et de voto supra[4] diximus. Materia autem iuramenti assertorii, quod est de praeterito vel praesenti, in quandam necessitatem iam transiit,

1. Com efeito, a verdade é necessária para o juramento assertório relativo ao presente ou ao passado, como também ao juramento promissório relativo ao futuro. Ora, ninguém poderá autorizar que se faça um juramento relativo ao presente ou ao passado não verdadeiro. Logo, não se pode dar permissão para que não seja cumprido aquilo que se prometeu em juramento relativo ao futuro.

2. Além disso, o juramento promissório é feito visando à utilidade de quem recebe a promessa. Ora, esta não pode dispensar do dever de cumprimento do juramento, porque é contra a reverência devida a Deus. Logo, com mais razão, qualquer outra pessoa não poderá dispensar do seu cumprimento.

3. Ademais, segundo foi acima dito, o bispo pode dispensar dos votos, exceto de alguns votos, cuja dispensa é reservada ao Sumo Pontífice. Por razão de paridade, também o bispo poderia dispensar dos juramentos dispensáveis. Mas isto parece ser contra o direito. Logo, parece que nenhum juramento pode ser dispensado.

Em sentido contrário, a obrigação do voto é maior que a do juramento. Ora, o voto pode ser dispensado. Logo, também o juramento.

Respondo. Foi afirmado acima que a causa da necessidade da dispensa de uma lei ou de um voto, é que aquilo que considerado em si ou em geral é útil e honesto pode se tornar desonesto e nocivo em casos particulares e assim não mais poderá ser objeto de lei ou de voto. Repugna às exigências do juramento o que é nocivo e desonesto, pois se é desonesto, repugna à justiça, e repugna ao juízo, se é nocivo. Logo, por razão de paridade, também o juramento pode ser dispensado.

Quanto ao 1º, portanto, deve-se dizer que a dispensa de um juramento não se estende a que se faça algo em contrário ao juramento, pois, sendo o cumprimento do juramento de preceito divino, é indispensável. Mas a dispensa se estende ao objeto que era do juramento, e que agora não o é mais, ficando assim o juramento sem objeto, como foi acima dito a respeito do voto. O objeto do juramento assertório referente ao passado ou ao presente já passou ao nível de certa necessidade e torna-se, por isso, imutável. Assim

---

1. Q. 88, a. 12, ad 3.
2. Art. praec.
3. Q. 88, a. 10.
4. Q. 88, a. 10, ad 2.

et immutabilis facta est: et ideo dispensatio non referretur ad materiam, sed referretur ad ipsum actum iuramenti; unde talis dispensatio directe esset contra praeceptum divinum. Sed materia iuramenti promissorii est aliquid futurum, quod variari potest, ita scilicet quod in aliquo eventu potest esse illicitum vel nocivum, et per consequens non esse debita materia iuramenti. Et ideo dispensari potest in iuramento promissorio: quia talis dispensatio respicit materiam iuramenti, et non contrariatur praecepto divino de iuramenti observatione.

AD SECUNDUM dicendum quod homo potest alteri promittere aliquid sub iuramento dupliciter. Uno modo, quasi pertinens ad utilitatem ipsius: puta si sub iuramento promittat se serviturum ei, vel pecuniam daturum. Et a tali promissione potest absolvere ille cui promissio facta est: intelligitur enim iam ei solvisse promissum quando facit de eo secundum eius voluntatem.

Alio modo promittit aliquis alteri quod pertinet ad honorem Dei vel utilitatem aliorum: puta si aliquis iuramento promittat alicui se intraturum religionem vel aliquod opus pietatis facturum. Et tunc ille cui promittitur non potest absolvere promittentem, quia promissio non est facta ei principaliter, sed Deo: nisi forte sit interposita conditio, scilicet, *si illi videbitur cui promittit*, vel aliquid aliud tale.

AD TERTIUM dicendum quod quandoque illud quod cadit sub iuramento promissorio est manifeste repugnans iustitiae: vel quia est peccatum, sicut cum aliquis iurat se facturum homicidium; vel quia est maioris boni impeditivum, sicut cum aliquis iurat se non intraturum religionem. Et tale iuramentum dispensatione non indiget: sed in primo casu tenetur aliquis tale iuramentum non servare; in secundo autem casu licitum est et servare et non servare, ut supra[5] dictum est.

Quandoque vero aliquid sub iuramento promittitur de quo dubium est utrum sit licitum vel illicitum, proficuum vel nocivum, aut simpliciter aut in aliquo casu. Et in hoc potest quilibet episcopus dispensare. Quandoque vero sub iuramento promittitur aliquid quod est manifeste licitum et utile. Et in tali iuramento non videtur habere locum dispensatio: sed commutatio, si aliquid melius faciendum occurrat ad communem utilitatem, quod maxime videtur pertinere ad potestatem Papae, qui habet curam universalis Ecclesiae; vel etiam

sendo, a dispensa não seria do objeto, mas do próprio ato de jurar, tal dispensa sendo diretamente contra o preceito divino. Sendo, porém, o objeto do juramento promissório referente a alguma coisa do futuro, possível de variar, de tal modo que em alguma ocasião pode ser ilícito ou nocivo, consequentemente não será objeto próprio do julgamento. Por essa razão, o juramento promissório poderá ser dispensado, porque essa dispensa refere-se ao objeto do juramento e não contradiz o preceito divino de se cumprir o juramento.

QUANTO AO 2º, deve-se dizer que de dois modos se pode prometer sob juramento. De um modo, quando ao outro se promete algo em proveito dele. Por exemplo: prometer sob juramento servir-lhe ou lhe dar dinheiro. Pode, neste caso, quem recebeu a promessa dispensá-la, subentendendo-se que o prometido já está cumprido, quando aquele que promete o faz segundo a vontade daquele que a recebe.

De outro modo, quando o objeto do juramento refere-se à honra de Deus ou ao benefício do próximo. Por exemplo: prometer ingressar na vida religiosa ou se dedicar a obras caritativas. Em tal caso, aquele a quem foi prometido não poderá dispensar o promitente de cumprir a promessa, porque não foi a ele feita, mas a Deus, a não ser que tenha sido implicada esta condição: "Se é conveniente a quem foi prometido", ou mesmo outra.

QUANTO AO 3º, deve-se dizer que às vezes, o objeto do juramento promissório repugna claramente à justiça, como acontece quando alguém jura matar uma pessoa, ou quando é prejudicial a um bem maior, por exemplo, fazer, sob juramento, a promessa de não ingressar na vida religiosa. Tais juramentos não necessitam de ser dispensados, pois, no primeiro caso, o objeto do juramento é proibido; no segundo, será lícito cumpri-lo ou não, como acima foi dito.

Às vezes, o objeto do juramento promissório é duvidoso; se é lícito ou ilícito, útil ou nocivo, absolutamente ou em algum caso particular. Nesse caso, cabe ao bispo dispensar. Às vezes, o objeto do juramento é evidentemente lícito e útil. Em tais casos, não haverá lugar para dispensa, mas para comutação, se algo de melhor possa ser feito para o bem comum. Obviamente tal comutação será determinada pelo Papa, a quem cabe cuidar da Igreja Universal, ou até mesmo a dispensa, pois a ele pertence também dispensar de tudo que se

---

5. Q. 88, a. 7, ad 2.

absoluta relaxatio, quod etiam ad Papam pertinet, in omnibus generaliter quae ad dispensationem rerum ecclesiasticarum pertinent, super quas habet plenitudinem potestatis: sicut et ad unumquemque pertinet irritare iuramentum quod a sibi subditis factum est circa ea quae eius potestati subduntur; sicut pater potest irritare iuramentum puellae et vir uxoris, ut dicitur Nm 30,6 sqq., sicut et supra[6] de voto dictum est.

refere às coisas eclesiásticas, sobre as quais o seu poder é pleno. Semelhantemente, é direito de cada superior anular o juramento de qualquer súdito seu, quanto às coisas que estão sob a sua autoridade. Eis por que o pai pode anular o juramento da filha, e o marido, o da esposa, como atesta a Escritura e acima foi explicado.

### Articulus 10
#### Utrum iuramentum impediatur per aliquam conditionem personae vel temporis

Ad decimum sic proceditur. Videtur quod iuramentum non impediatur per aliquam conditionem personae vel temporis.

1. Iuramentum enim *ad confirmationem* inducitur: ut patet per Apostolum, ad Hb 6,16. Sed cuilibet convenit confirmare dictum suum, et quolibet tempore. Ergo videtur quod iuramentum non impediatur propter aliquam conditionem personae vel temporis.

2. Praeterea, maius est iurare per Deum quam per Evangelia: unde Chrysostomus dicit[1]: *Si aliqua causa fuerit, modicum videtur facere qui iurat per Deum: qui autem iurat per Evangelium, maius aliquid fecisse videtur. Quibus dicendum est: Stulti, Scripturae propter Deum factae sunt, nan Deus propter Scripturas.* Sed cuiuslibet conditionis personae, et quolibet tempore, in communi locutione consueverunt iurare per Deum. Ergo multo magis licitum est eis iurare per Evangelia.

3. Praeterea, idem non causatur ex contrariis causis: quia contrariae causae sunt contrariorum. Sed aliqui excluduntur a iuramento propter defectum personae: sicut pueri ante quatuordecim annos, et etiam illi qui semel fuerunt periuri. Non ergo videtur quod aliqui prohibeantur iurare vel propter dignitatem, sicut clerici; aut etiam propter temporis solemnitatem.

4. Praeterea, nullus homo vivens in hoc mundo est tantae dignitatis sicut angeli: dicitur enim Mt 11,11 quod *qui minor est in regno caelorum maior est illo*, scilicet Ioanne Baptista adhuc in mundo vivente. Sed angelo convenit iurare: dicitur enim Ap 10,6, quod *angelus iuravit per viventem*

### Artigo 10
#### O juramento é impedido por alguma condição de pessoa ou de tempo?

Quanto ao décimo, assim se procede: parece que o juramento **não** é impedido por alguma condição de pessoa ou tempo.

1. Com efeito, segundo a Carta aos Hebreus, o juramento é feito para a confirmação. Ora, é direito de cada um confirmar a sua palavra em qualquer tempo. Logo, parece que o juramento não será impedido por condição alguma de pessoa ou de tempo.

2. Além disso, é mais jurar por Deus do que jurar pelo Evangelho; por isso diz Crisóstomo: "Se houver uma questão, parece fazer pouco quem jura por Deus; quem porém jura pelo Evangelho, parece ter feito uma coisa maior. A estes, deve-se dizer: ó tolo, a Escritura foi feita para Deus, não Deus para a Escritura". Ora, pessoas de qualquer condição e em qualquer tempo costumam jurar por Deus, nas suas conversas. Logo, muito mais lhes seria lícito jurar pelos Evangelhos.

3. Ademais, a mesma coisa não pode ser produzida por causas contrárias, porque as causas contrárias produzem efeitos contrários. Ora, há os que são impedidos de jurar por causa de alguma deficiência da sua própria pessoa, como, por exemplo, as crianças antes dos catorze anos, e quem já jurou falso alguma vez. Logo, não se vê porque alguns são impedidos de jurar como os clérigos, e, outros, por causa da solenidade do tempo.

4. Ademais, ninguém neste mundo possui maior dignidade que a dos anjos, pois está no Evangelho, que "o menor no reino dos céus é maior do que ele", ao se referir a João Batista, que ainda vivia na Terra. Ora, o juramento é conveniente aos anjos, como está na Escritura: "O anjo jurou

---

6. Q. 88, a. 8.

10 Parall.: III *Sent.*, dist. 39; Expos. litt.; *ad Heb.*, c. 6, lect. 4.

1. *Opus imperf. in Matth.*, hom. 44, super 23, 16: MG 56, 883.

*in saecula saeculorum.* Ergo nullus homo propter dignitatem debet excusari a iuramento.

SED CONTRA est quod habetur II, qu. 5[2]: *Presbyter, vice iuramenti per sanctam consecrationem interrogetur.* Et XXII, qu. 5[3], dicitur: *Nullus ex ecclesiastico ordine cuiquam laico quidquam super sancta Evangelia iurare praesumat.*

RESPONDEO dicendum quod in iuramento duo sunt consideranda. Unum quidem ex parte Dei, cuius testimonium inducitur. Et quantum ad hoc, debetur iuramento maxima reverentia. Et propter hoc a iuramento excluduntur et pueri ante annos pubertatis, qui non coguntur ad iurandum, quia nondum habent perfectum usum rationis, quo possint cum reverentia debita iuramentum praestare: et iterum periuri, qui ad iuramentum non admittuntur, quia ex retroactis praesumitur quod debitam reverentiam iuramento non exhibebunt. Et propter hoc etiam, ut iuramento debita reverentia exhibeatur, dicitur XXII, qu. 5[4]: *Honestum est ut qui in sanctis audet iurare, hoc ieiunus faciat, cum omni honestate et timore Dei.*

Aliud autem est considerandum ex parte hominis, cuius dictum iuramento confirmatur. Non enim indiget dictum hominis confirmatione nisi quia de eo dubitatur. Hoc autem derogat dignitati personae, ut dubitetur de veritate eorum quae dicit. Et ideo personis magnae dignitatis non convenit iurare. Propter quod dicitur II, qu. 5, cap. *Si quis presbyter*[5], quod *sacerdotes ex levi causa iurare non debent.* Tamen pro aliqua necessitate, vel magna utilitate, licitum est eis iurare, et praecipue pro spiritualibus negotiis. — Pro quibus etiam iuramenta competit praestare in solemnibus diebus, quibus est spiritualibus rebus vacandum: non autem tunc sunt iuramenta praestanda pro rebus temporalibus, nisi forte ex magna necessitate.

AD PRIMUM ergo dicendum quod quidam sunt qui dictum suum confirmare non possunt propter eorum defectum: et quidam sunt quorum dictum adeo debet esse certum quod confirmatione non egeat.

por Aquele que vive nos séculos dos séculos". Logo, ninguém, por causa da dignidade, poderá ser proibido de jurar.

EM SENTIDO CONTRÁRIO, está explícito no direito: "O presbítero, ao ser interrogado, em lugar do juramento, seja interrogado pela santa consagração"; e também: "Nenhum clérigo, seja da ordem que for, ouse jurar algo a um leigo pelos Santos Evangelhos".

RESPONDO. Duas são as considerações que podem ser feitas a respeito do juramento. A primeira, refere-se a Deus, que é invocado como testemunha. Por isso, o juramento exige a máxima reverência. A reverência, pois, impede que antes da puberdade seja exigido juramento de uma criança, porque ela ainda não atingiu o perfeito uso da razão, evidentemente necessário para uma devida reverência. Essa mesma reverência impede que o perjuro preste juramento, presumindo-se que, devido ao seu passado, continue a jurar falso. É ainda a reverência devida ao juramento que justifica esta exigência do Direito: "É honesto que quando se jura em nome das coisas santas, quem jura esteja em jejum, com dignidade e com temor de Deus".

A segunda consideração refere-se ao homem, cujas palavras atestam o juramento. Suas palavras não precisam de confirmação, a não ser que se duvide delas. Até porque, pôr em dúvida a palavra de um homem, ofende à sua dignidade. Por isso, as pessoas muito dignas não devem jurar, segundo o direito: "O sacerdote não deve jurar em causas sem importância". Não obstante, havendo muita necessidade ou grande utilidade, ser-lhe-á lícito jurar, sobretudo em se tratando de coisas espirituais. — Em tais circunstâncias, o sacerdote poderá jurar nos dias de festas solenes, nas quais deve se dedicar às coisas espirituais. Todavia, nesses dias não se prestarão juramentos de coisas temporais, a não ser que apareça uma grande necessidade.

QUANTO AO 1º, portanto, deve-se dizer que pessoas há que, devido à sua própria incapacidade, não podem prestar juramento; outras há que, por serem as suas palavras sempre verdadeiras, não necessitam de confirmá-las.

---

2. GRATIANUS, *Decretum*, p. II, causa 2, q. 5, can. 4: ed. Richter-Friedberg, t. I, p. 455.
3. GRATIANUS, op. cit., p. II, causa 22, q. 5, can. 22: ed. cit., t. I, p. 889.
4. GRATIANUS, op. cit., p. II, causa 22, q. 5, can. 16: ed. cit., t. I, p. 887.
5. GRATIANUS, op. cit., p. II, causa 2, q. 5, can. 4: ed. cit., t. I, p. 455.

AD SECUNDUM dicendum quod iuramentum, secundum se consideratum, tanto sanctius est et magis obligat quanto maius est id per quod iuratur, ut Augustinus dicit, *ad Publicolam*⁶. Et secundum hoc, maius est iurare per Deum quam per Evangelia. Sed potest esse e converso propter modum iurandi: utpote si iuramentum quod fit per Evangelia, fiat cum quadam deliberatione et solemnitate; iuramentum autem quod fit per Deum, fiat leviter et absque deliberatione.

AD TERTIUM dicendum quod nihil prohibet aliquid tolli ex contrariis causis per modum superabundantiae et defectus. Et hoc modo aliqui impediuntur a iuramento quia sunt maioris auctoritatis quam quod eos iurare deceat: aliqui vero quia sunt minoris auctoritatis quam quod eorum iuramento stetur.

AD QUARTUM dicendum quod iuramentum angeli inducitur non propter defectum ipsius, quasi non sit eius simplici dicto credendum: sed ad ostendendum id quod dicitur ex infallibili Dei dispositione procedere. Sicut etiam et Deus aliquando in Scripturis iurans inducitur, ad ostendendum immobilitatem eius quod dicitur: sicut Apostolus dicit, ad Hb 6,17.

QUANTO AO 2º, deve-se dizer que o juramento em si mesmo considerado, tanto mais santo e mais obrigatório será, quanto mais importante for o seu objeto, segundo Agostinho. Assim sendo, é mais jurar por Deus do que pelo Evangelho. Mas pode acontecer o contrário, isto é, devido à forma do juramento: um juramento feito pelo Evangelho, com firme deliberação e solenidade, será maior que o juramento feito a Deus, mas levianamente e sem deliberação.

QUANTO AO 3º, deve-se dizer que nada impede que causas contrárias pelo excesso e pela deficiência possam anular o mesmo efeito. Assim sendo, alguns estão dispensados de jurar por terem uma tão grande autoridade que jurar não lhes convém; e outros, por terem uma tão pequena autoridade que não lhes sustenta o juramento.

QUANTO AO 4º, deve-se dizer que o juramento do anjo é dado não por que nele exista algum defeito, que impedisse acreditar na sua palavra, mas para mostrar que essa palavra procede da infalível providência divina. Também, Deus algumas vezes na Escritura é apresentado fazendo juramento, para afirmar a imutabilidade do que diz, segundo se lê na Carta aos Hebreus.

---

6. Epist. 47, al. 154, n. 2: ML 33, 184.

---

## QUAESTIO XC
### DE ASSUMPTIONE DIVINI NOMINIS PER MODUM ADIURATIONIS
*in tres articulos divisa*

Deinde considerandum est de assumptione divini nominis per modum adiurationis.

## QUESTÃO 90
### A ADJURAÇÃO[a]

*em três artigos*

Em seguida deve-se considerar o uso do nome divino pela adjuração.

---

a. Esta questão terá por objetivo elaborar a justificação teológica da adjuração nas diferentes formas que ela assumiu sobretudo nos ritos e exorcismos autorizados pela Igreja. Três problemas são examinados. O primeiro, o mais geral, concerne ao emprego da adjuração em relação aos homens (a. 1). A adjuração é assimilada ali ao juramento ligado a uma promessa. Visa obter alguma coisa de outro apelando para o nome de Deus.

Uma tal aproximação com o juramento faz com que encontremos aqui as mesmas posições antagônicas: com Orígenes, uma interpretação rigorosa do Sermão da montanha recusa o emprego do juramento e da adjuração. Sto. Agostinho e, com ele, a prática corrente, condena os abusos, mas aceita, sob certas reservas, essas formas de invocação do nome divino, que, aliás, muitos textos bíblicos parecem autorizar. É disto que trata a questão, desde suas antigas formulações (ver a. 1, obj. 1 e s.c.). Ao abordar a questão de saber se é permitido adjurar demônios, o artigo 2 procurará legitimar os exorcismos, enquanto manifestação do poder de Cristo, da realidade da salvação que a Igreja efetiva. Ela afasta os demônios, em nome de Deus e por sua força, sem encetar nenhum contato de amizade com esses adversários. A demonologia evocada de passagem aqui é desenvolvida em outro lugar (ver I, q. 63, 64, 109, 114; I-II, q. 80, 81...). Será mencionada ainda nas seguintes questões: II-II, q. 94, a. 4; 95, a. 2-4; a. 7; 96, a. 1-5...

O artigo 3, ao perguntar se é permitido adjurar as criaturas desprovidas de razão, visa igualmente legitimar a prática dos exorcismos ou das preces eclesiásticas. Ao dirigir-se a criaturas não razoáveis, pode-se de maneira sensata seja assumir uma atitude de súplica, falando a Deus que governa todas as coisas, seja por forma de adjuração ordena-se aos demônios que, por permissão divina, podem servir-se das criaturas para prejudicar aos homens.

Et circa hoc quaeruntur tria.
*Primo*: utrum liceat adiurare homines.
*Secundo*: utrum liceat adiurare daemones.
*Tertio*: utrum liceat adiurare irrationales creaturas.

## Articulus 1
### Utrum liceat hominem adiurare

AD PRIMUM SIC PROCEDITUR. Videtur quod non liceat hominem adiurare.
1. Dicit enim Origenes, *super Matth.*[1]: *Aestimo quoniam non oportet ut vir qui vult secundum Evangelium vivere, adiuret alterum. Si enim iurare non licet, quantum ad evangelicum Christi mandatum, notum est quia nec adiurare alterum licet. Propterea manifestum est quoniam Princeps Sacerdotum Iesum illicite adiuravit per Deum vivum.*
2. PRAETEREA, quicumque adiurat aliquem, quodammodo ipsum compellit. Sed non licet alium invitum cogere. Ergo videtur quod nec liceat aliquem adiurare.
3. PRAETEREA, adiurare est aliquem *ad iurandum* inducere. Sed inducere aliquem ad iurandum est superiorum, qui inferioribus iuramenta imponunt. Ergo inferiores superiores suos non possunt adiurare.

SED CONTRA est quod etiam Deum obsecramus per aliqua sacra eum obtestantes. Apostolus etiam fideles obsecrat per misericordiam Dei, ut patet Rm 12,1: quod videtur ad quandam adiurationem pertinere. Ergo licitum est alios adiurare.

RESPONDEO dicendum quod ille qui iurat iuramento promissorio, per reverentiam divini nominis, quod ad confirmationem suae promissionis inducit, seipsum obligat ad faciendum quod promittit, quod est seipsum immobiliter ordinare ad aliquid agendum. Sicut autem homo seipsum ordinare potest ad aliquid agendum, ita etiam et alios, superiores quidem deprecando, inferiores autem imperando, ut ex supradictis[2] patet. Cum igitur utraque ordinatio per aliquod divinum confirmatur, est adiuratio. In hoc tamen differt, quod homo est suorum actuum dominus, non autem est dominus eorum quae sunt ab alio agenda. Et ideo sibi ipsi potest necessitatem imponere per divini nominis invocationem: non autem hanc necessitatem potest aliis imponere, nisi

A esse respeito, três questões.
1. É lícito adjurar os homens?
2. É lícito adjurar os demônios?
3. É lícito adjurar as criaturas irracionais?

## Artigo 1
### É lícito adjurar os homens?

QUANTO AO PRIMEIRO ARTIGO, ASSIM SE PROCEDE: parece que **não** é lícito adjurar os homens.
1. Com efeito, diz Orígenes: "Penso que não é conveniente à pessoa que quer viver segundo o Evangelho, adjurar alguém. Se não convém jurar, como manda o Evangelho, também não convém adjurar. Por isso, é claro que o Príncipe dos Sacerdotes, adjurou Cristo ilicitamente em nome do Deus vivo.".
2. ALÉM DISSO, quem adjura a outrem, de certo modo o está coagindo. Ora, não é permitido coagir alguém a agir contra sua própria vontade. Logo, parece que não é lícito adjurar a outrem contra sua própria vontade.
3. ADEMAIS, adjurar é induzir o outro a jurar. Ora, induzir alguém a fazer juramento é próprio do superior, que impõe o juramento aos inferiores. Logo, os inferiores não podem adjurar seus superiores.

EM SENTIDO CONTRÁRIO, nós também tomamos Deus por testemunho, quando lhe suplicamos em nome de coisas sagradas. Também o Apóstolo suplicou aos fiéis, "pela misericórdia de Deus", o que parece se referir à adjuração. Logo, é permitido adjurar os outros.

RESPONDO. Quem faz um juramento promissório pela reverência ao nome de Deus, o que induz a confirmar a sua promessa, obriga-se a cumpri-la, isto é, a se manter inalterado para realizar a ação prometida. Se alguém pode se determinar a fazer alguma coisa, também poderá determinar que outros a façam: sendo superior, impondo; sendo inferior, pedindo, como acima foi dito. Em ambos os casos, portanto, há adjuração pois são confirmados por alguma coisa divina. Mas são diferentes em que o homem é senhor dos seus atos, mas não é senhor dos atos das outras pessoas. Por isso, pode impor a si mesmo algum ato a ser necessariamente cumprido pela invocação do nome divino. Mas essa necessidade não

---
1. Commentarior. series, n. 110, super 26, 63: MG 13, 1757 BC.
2. Q. 83, a. 1.

subditis, quos potest ex debito praestiti iuramenti compellere. Si igitur aliquis per invocationem divini nominis, vel cuiuscumque rei sacrae, alicui non sibi subdito adiurando necessitatem agendi aliquid imponere intendat, sicut imponit sibi ipsi iurando, talis adiuratio illicita est: quia usurpat potestatem in alium quam non habet. Tamen propter aliquam necessitatem superiores suos inferiores tali genere adiurationis constringere possunt. Si vero intendat solummodo per reverentiam divini nominis, vel alicuius rei sacrae, aliquid ab alio obtinere absque necessitatis impositione, talis adiuratio licita est respectu quorumlibet.

AD PRIMUM ergo dicendum quod Origenes loquitur de adiuratione qua aliquis alicui necessitatem imponere intendit, sicut imponit sibi ipsi iurando: sic enim Princeps Sacerdotum praesumpsit Dominum Iesum Christum adiurare.

AD SECUNDUM dicendum quod illa ratio procedit de adiuratione quae necessitatem imponit.

AD TERTIUM dicendum quod adiurare non est aliquem ad iurandum inducere, sed per quandam similitudinem iuramenti a se inducti, alium ad aliquid agendum provocare. Aliter tamen adiuratione utimur ad hominem, et aliter ad Deum. Nam adiurando hominis voluntatem per reverentiam rei sacrae immutare intendimus: quod quidem non intendimus circa Deum, cuius voluntas est immutabilis; sed quod a Deo per aeternam eius voluntatem aliquid obtineamus, non est ex meritis nostris, sed ex eius bonitate.

poderá impor aos outros, mas só aos súditos aos quais pode obrigar por força de um juramento prestado. Se, pois, invocando o nome divino, ou de alguma coisa sagrada, uma pessoa deseja impor, com adjuração, a quem não é seu súdito, a necessidade de fazer alguma coisa, como impõe a si mesma com juramento, esta adjuração será ilícita, porque usurpa um poder sobre o outro, que não tem. Todavia, havendo necessidade, os superiores poderão coagir os inferiores a fazerem adjuração desse tipo. Se, porém, pretende conseguir algo de outrem, sem lhe impor necessidade, mas somente recorrendo ao nome de Deus ou a coisas sagradas, essa adjuração é lícita a qualquer pessoa.

QUANTO AO 1º, portanto, deve-se dizer que Orígenes refere-se à adjuração na qual alguém pretende exigir dos outros a necessidade que impõe a si mesmo quando jura. Esta foi a adjuração que o Príncipe dos Sacerdotes atreveu-se pedir a Jesus Cristo.

QUANTO AO 2º, deve-se dizer que a razão alegada refere-se à adjuração que impõe necessidade.

QUANTO AO 3º, deve-se dizer que adjurar não é induzir alguém a jurar, mas, em analogia com o juramento que alguém faz para si mesmo, é incitar o outro a realizar alguma ação. Entretanto, a adjuração feita para um homem é diferente da que é feita para Deus. A primeira pretende tornar a vontade humana imutável, por causa da reverência a uma coisa sagrada; o que não se pode desejar de Deus, porque a vontade de Deus é imutável. Mas sim que obtenhamos alguma coisa de Deus por sua eterna vontade, não por causa dos nossos méritos, mas por causa da bondade divina.

## ARTICULUS 2
### Utrum liceat daemones adiurare

AD SECUNDUM SIC PROCEDITUR. Videtur quod non liceat daemones adiurare.

1. Dicit enim Origenes, super Matth.[1]: *Non est secundum potestatem datam a Salvatore adiurare daemonia: Iudaicum enim est hoc*. Non autem debemus Iudaeorum ritus imitari, sed potius uti potestate a Christo data. Ergo non est licitum daemones adiurare.

2. PRAETEREA, multi nigromanticis incantationibus daemones per aliquid divinum invocant, quod est adiurare. Si igitur licitum est daemones

## ARTIGO 2
### É lícito adjurar os demônios?

QUANTO AO SEGUNDO, ASSIM SE PROCEDE: parece que **não** é lícito adjurar os demônios.

1. Com efeito, diz Orígenes: "O poder de adjurar os demônios não foi dado pelo Salvador, mas vem de uma tradição judaica". Ora, não devemos seguir as tradições judaicas, mas de preferência usar do poder que deu Jesus Cristo. Logo, não é lícito adjurar os demônios.

2. ALÉM DISSO, nos ritos encantadores da nigromancia, os demônios são invocados por algo divino, e nisto consiste a adjuração. Se é permitido

---

1. Commentarior. series, n. 110, super 26, 63: MG 13, 1757 B C.

adiurare, licitum est nigromanticis incantationibus uti. Quod patet esse falsum. Ergo et primum.

3. Praeterea, quicumque adiurat aliquem, ex hoc ipso aliquam societatem cum ipso facit. Sed non licet cum daemonibus societatem facere: secundum illud 1Cor 10,20: *Nolo vos socios fieri daemoniorum*. Ergo non licet daemones adiurare.

Sed contra est quod dicitur Mc ult.,17: *In nomine meo daemonia eiicient*. Sed inducere alium ad aliquid agendum propter nomen divinum, hoc est adiurare. Ergo licitum est daemones adiurare.

Respondeo dicendum quod, sicut dictum est[2], duplex est adiurandi modus: unus quidem per modum deprecationis vel inductionis ob reverentiam alicuius sacri; alius autem per modum compulsionis. Primo autem modo non licet daemones adiurare: quia ille modus adiurandi videtur ad quandam benevolentiam vel amicitiam pertinere, qua non licet ad daemones uti. — Secundo autem adiurationis modo, qui est per compulsionem, licet nobis ad aliquid uti, et ad aliquid non licet. Daemones enim in cursu huius vitae nobis adversarii constituuntur: non autem eorum actus nostrae dispositioni subduntur, sed dispositioni divinae et sanctorum angelorum; quia, ut Augustinus dicit, in III de *Trin*.[3], *spiritus desertor regitur per spiritum iustum*. Possumus ergo daemones, adiurando, per virtutem divini nominis tanquam inimicos repellere, ne nobis noceant vel spiritualiter vel corporaliter, secundum potestatem datam a Christo: secundum illud Lc 10,19: *Ecce, dedi vobis potestatem calcandi supra serpentes et scorpiones, et supra omnem virtutem inimici, et nihil vobis nocebit*. Non tamen licitum est eos adiurare ad aliquid ab eis addiscendum, vel etiam ad aliquid per eos obtinendum, quia hoc pertineret ad aliquam societatem cum ipsis habendam: nisi forte ex speciali instinctu vel revelatione divina, aliqui sancti ad aliquos effectus daemonum operatione utantur; sicut legitur de beato Iacobo quod per daemones fecit Hermogenem ad se adduci[4].

Ad primum ergo dicendum quod Origenes loquitur de adiuratione quae non fit protestative per modum compulsionis, sed magis per modum cuiusdam benevolae deprecationis.

Ad secundum dicendum quod nigromantici utuntur adiurationibus et invocationibus daemo-

adjurar os demônios, também o será nos encantamentos dos nigromantes. Ora, isso é claramente falso. Logo, também a premissa anterior.

3. Ademais, pela adjuração se contrai alguma sociedade. Ora, não é lícito contrair sociedade com os demônios, segundo Paulo: "Não quero que vos torneis sócios dos demônios". Logo, não é lícito adjurar os demônios.

Em sentido contrário, lê-se no Evangelho: "Em meu nome expulsarão os demônios". Ora, induzir alguém a fazer alguma coisa, invocando o nome de Deus, é adjurar. Logo, é lícito adjurar os demônios.

Respondo. Como acima foi dito, duas são as adjurações: uma, por deprecação ou por indução, por causa da reverência às coisas sagradas; outra, por coação. Pela primeira, não é permitido adjurar os demônios, porque esta adjuração implica benevolência e amizade, que não é lícito de existir nas relações com os demônios. — Pela segunda, que é feito por coação, às vezes é permitido, outras vezes, não. No curso desta vida, os demônios são nossos inimigos, e as suas ações não estão submetidas às nossas disposições, mas às disposições de Deus e dos anjos. A respeito, diz Agostinho: "O espírito que desertou é regido pelo espírito justo". Por isso, podemos adjurar os demônios, invocando o nome divino, pelo poder que Cristo nos deu de repelir os inimigos, para que não nos fossem nocivos na alma e no corpo. Diz o Evangelho de Lucas: "Eis que vos dei o poder de esmagar com o pé as serpentes e os escorpiões, e para vencer todos os inimigos, pois assim não vos farão mal". Não é permitido, porém, adjurar os demônios para conseguir saber ou obter alguma coisa por meio deles, porque isso manifestará alguma sociedade com eles. Não obstante, por inspiração especial ou por revelação divina, alguns santos usam dos servos dos demônios para a obtenção de alguns efeitos. Foi por meio deles, que Tiago conseguiu trazer Hermógenes à sua presença.

Quanto ao 1º, portanto, deve-se dizer que Orígenes não se refere à adjuração feita de maneira coativa, mas à feita mediante amável súplica.

Quanto ao 2º, deve-se dizer que os nigromantes usam das adjurações e invocações dos demônios

---

2. Art. praec.
3. C. 4, n. 9: ML 42, 873.
4. Jacob de Voragine, Legenda Aurea c. 99 § 1.

num ad aliquid ab eis adipiscendum vel addiscendum: et hoc est illicitum, ut dictum est[5]. Unde Chrysostomus dicit, Mc 1,25[6], exponens illud verbum Domini, quod spiritui immundo dixit, *Obmutesce, et exi de homine: Salutiferum hic nobis dogma datur, ne credamus daemonibus, quantumcumque denuntient veritatem.*

AD TERTIUM dicendum quod ratio illa procedit de adiuratione qua imploratur auxilium daemonum ad aliquid agendum vel cognoscendum: hoc enim videtur ad quandam societatem pertinere. Sed quod aliquis adiurando daemones repellat, hoc est ab eorum societate recedere.

### ARTICULUS 3
### Utrum liceat adiurare irrationalem creaturam

AD TERTIUM SIC PROCEDITUR. Videtur quod non liceat adiurare irrationalem creaturam.

1. Adiuratio enim fit per locutionem. Sed frustra sermo dirigitur ad eum qui non intelligit, qualis est irrationalis creatura. Ergo vanum est et illicitum irrationalem creaturam adiurare.

2. PRAETEREA, ad eum videtur competere adiuratio ad quem pertinet iuratio. Sed iuratio non pertinet ad creaturam irrationalem. Ergo videtur quod ad eam non liceat adiuratione uti.

3. PRAETEREA, duplex est adiurationis modus, ut ex supradictis[1] patet. Unus quidem per modum deprecationis: quo non possumus uti ad irrationalem creaturam, quae non est domina sui actus. Alia autem est adiuratio per modum compulsionis: qua etiam, ut videtur, ad eam uti non possumus; quia non est nostrum creaturis irrationalibus imperare, sed solum illius de quo dicitur, Mt 8,27: *Quia venti et mare obediunt ei.* Ergo nullo modo, ut videtur, licet uti adiuratione ad irrationales creaturas.

SED CONTRA est quod Simon et Iudas leguntur adiurasse dracones, et eis praecepisse ut in desertum locum discederent.

RESPONDEO dicendum quod creaturae irrationales ab alio aguntur ad proprias operationes. Eadem autem actio est eius quod agitur et movetur, et eius quod agit et movet: sicut motus sagittae

para deles aprender ou conseguir alguma coisa. Mas isto é ilícito, como se viu acima. Crisóstomo, dissertando sobre a proibição feita por Cristo ao demônio, assim se pronuncia: "Cala-te e sai deste homem: por estas palavras nos é dada uma doutrina salutar, que jamais podemos acreditar nos demônios, mesmo se dizem a verdade".

QUANTO AO 3º, deve-se dizer que o argumento apresentado procede da adjuração na qual se pede o auxílio do demônio, para se fazer ou conhecer alguma coisa, pois isto implica sociedade. Mas, aquele que pela adjuração repele o demônio, afasta-se da sociedade dele.

### ARTIGO 3
### É lícito adjurar as criaturas irracionais?

QUANTO AO TERCEIRO, ASSIM SE PROCEDE: parece que **não** é lícito adjurar a criatura irracional.

1. Com efeito, a adjuração é feita pela palavra. Ora, a palavra dirigida às criaturas irracionais é inútil, porque elas carecem de razão. Logo, é inútil e ilícito adjurar a criatura irracional.

2. ALÉM DISSO, adjuração se faz a quem é capaz de jurar. Ora, as criaturas irracionais são incapazes de jurar. Logo, não será lícito fazer a elas adjuração.

3. ADEMAIS, foi esclarecido que há duas espécies de adjuração. Uma, por deprecação, que não pode ser feita às criaturas irracionais, porque não são responsáveis pelos próprios atos. A outra, que é feita por coação, que também não se pode fazer às criaturas irracionais, porque não temos o poder de, por império, exigir algo delas. Tal poder pertence, exclusivamente, àquele do qual se diz no Evangelho de Mateus: "Os ventos e o mar lhe obedecem". Logo, é evidente que de nenhum modo é lícito usar de adjuração em relação às criaturas irracionais.

EM SENTIDO CONTRÁRIO, é fato, segundo a tradição, que Simão e Judas adjuraram os dragões e lhes ordenaram que se retirassem para o deserto.

RESPONDO. As ações das criaturas irracionais são movidas por causas extrínsecas. A ação daquilo que é levado à ação e é movido à ação é igual à daquilo que age e move, como é igual a

---

5. In corp.
6. *De Lazaro*, hom. 2, n. 2: MG 48, 983-984.

1. Art. 1, 2.

est etiam quaedam operatio sagittantis. Et ideo operatio irrationalis creaturae non solum ipsi attribuitur, sed principaliter Deo, cuius dispositione omnia moventur. Pertinet etiam ad diabolum qui, permissione divina, utitur aliquibus irrationalibus creaturis ad nocendum hominibus.

Sic ergo adiuratio qua quis utitur ad irrationalem creaturam, potest intelligi dupliciter. Uno modo, ut adiuratio referatur ad ipsam creaturam irrationalem secundum se. Et sic vanum esset irrationalem creaturam adiurare. — Alio modo, ut referatur ad eum a quo irrationalis creatura agitur et movetur. Et sic dupliciter adiuratur irrationalis creatura. Uno quidem modo, per modum deprecationis ad Deum directae: quod pertinet ad eos qui divina invocatione miracula faciunt. Alio modo, per modum compulsionis, quae refertur ad diabolum, qui in nocumentum nostrum utitur irrationabilibus creaturis: et talis est modus adiurandi in Ecclesiae exorcismis, per quos daemonum potestas excluditur ab irrationalibus creaturis. Adiurare autem daemones ab eis auxilium implorando, non licet.

Et per hoc patet responsio AD OBIECTA.

ação da seta e do seteiro. Por isso, a ação de uma criatura irracional não é somente a ela atribuída, mas principalmente a Deus, por cuja disposição todas as coisas são movidas. Não obstante, poderá ser também atribuída ao diabo que, por permissão de Deus, serve-se de algumas criaturas irracionais para prejudicar os homens.

A adjuração feita às criaturas irracionais, portanto, pode ser entendida de duas maneiras: uma, dirigida à criatura irracional em si mesma considerada, mas dessa maneira será vã. — A outra, enquanto dirigida a quem age e move a criatura irracional. Assim sendo, pode-se adjurar a criatura irracional de dois modos: um, por deprecação dirigida a Deus, é a daqueles que fazem milagres em nome de Deus. A outra, por coação, é a ao diabo, que usa das criaturas irracionais para nos danificar. Esse modo de adjuração é usado pela Igreja nos exorcismos, pelas quais o poder dos demônios é retirado das criaturas irracionais. Não é lícito adjurar os demônios, pedindo-lhes auxílio.

No exposto acima, já estão incluídas as respostas para as OBJEÇÕES.

## QUAESTIO XCI
## DE ASSUMPTIONE DIVINI NOMINIS AD INVOCANDUM PER LAUDEM
*in duos articulos divisa*

Deinde considerandum est de assumptione divini nominis ad invocandum per orationem vel laudem. Et de oratione quidem iam dictum est. Unde nunc de laude restat dicendum.
Circa quam quaeruntur duo.
*Primo:* utrum Deus sit ore laudandus.
*Secundo:* utrum in laudibus Dei sint cantus adhibendi.

### ARTICULUS 1
### Utrum Deus sit ore laudandus

AD PRIMUM SIC PROCEDITUR. Videtur quod Deus non sit ore laudandus.

## QUESTÃO 91
## O USO DO NOME DE DEUS PARA A INVOCAÇÃO PELO LOUVOR
*em dois artigos*

Em seguida deve-se considerar o uso do nome de Deus para invocá-lo pela oração ou louvor. Já se tratou da oração. Resta-nos tratar do louvor.

A esse respeito, duas questões:
1. Deve-se louvar a Deus pela palavra?
2. Deve-se utilizar o canto no louvor diurno?

### ARTIGO 1
### Deve-se louvar a Deus oralmente?

QUANTO AO PRIMEIRO ARTIGO, ASSIM SE PROCEDE: parece que Deus **não** deve ser louvado oralmente.

---

1 PARALL.: *In Psalm.* 49.

1. Dicit enim Philosophus, in I *Ethic*.[1]: *Optimorum non est laus, sed maius aliquid et melius*. Sed Deus est super omnia optima. Ergo Deo non debetur laus, sed aliquid maius laude. Unde et Eccli 43,33 dicitur quod Deus *maior est omni laude*.

2. PRAETEREA, laus Dei ad cultum ipsius pertinet: est enim religionis actus. Sed Deus mente colitur magis quam ore: unde Dominus, Mt 15,7-8, contra quosdam inducit illud Isaiae: *Populus hic labiis me honorat, cor autem eorum longe est a me*. Ergo laus Dei magis consistit in corde quam in ore.

3. PRAETEREA, homines ad hoc ore laudantur ut ad meliora provocentur. Sicut enim mali ex suis laudibus superbiunt, ita boni ex suis laudibus ad meliora provocantur: unde dicitur Pr 27,21: *Quomodo probatur in conflatorio argentum sic probatur homo ore laudantium*. Sed Deus per verba hominum non provocatur ad meliora: tum quia immutabilis est; tum quia summe bonus est, et non habet quo crescat. Ergo Deus non est laudandus ore.

SED CONTRA est quod dicitur in Ps 62,6: *Labiis exsultationis laudabit os meum*.

RESPONDEO dicendum quod verbis alia ratione utimur ad Deum, et alia ratione ad hominem. Ad hominem enim utimur verbis ut conceptum nostri cordis, quem non potest cognoscere, verbis nostris ei exprimamus. Et ideo laude oris ad hominem utimur ut vel ei vel aliis innotescat quod bonam opinionem de laudato habemus: ut per hoc et ipsum qui laudatur ad meliora provocemus; et alios, apud quos laudatur, in bonam opinionem et reverentiam et imitationem ipsius inducamus.

Sed ad Deum verbis utimur non quidem ut ei, qui est inspector cordium, nostros conceptus manifestemus: sed ut nos ipsos et alios audientes ad eius reverentiam inducamus. Et ideo necessaria est laus oris, non quidem propter Deum, sed propter ipsum laudantem, cuius affectus excitatur in Deum ex laude ipsius: secundum illud Ps 49,23: *Sacrificium laudis honorificabit me: et illic iter quo ostendam illi salutare Dei*. Et inquantum homo per divinam laudem affectu ascendit in Deum, intantum per hoc retrahitur ab his quae sunt contra Deum: secundum illud Is 48,9: *Laude mea infrenabo te, ne intereas*. — Proficit etiam laus oris

1. Com efeito, diz o Filósofo: "Não é o louvor que merecem os melhores, mas coisas maiores e melhores". Ora, Deus está sobre tudo o que é melhor. Logo, a Deus não se deve o louvor, mas algo maior. Por isso, o livro do Eclesiástico diz: "Deus está acima de todo louvor".

2. ALÉM DISSO, sendo ato de religião, o louvor pertence ao culto divino. Ora, presta-se mais culto a Deus pelo espírito do que pelos lábios; por isso, o Senhor aplica o texto do livro de Isaías contra alguns: "Este povo me louva pelos lábios, mas o coração está longe de mim". Logo, o louvor de Deus deve ser mais do coração que dos lábios.

3. ADEMAIS, os homens louvam-se oralmente para se estimularem a ser melhores: o louvor aos maus leva-os a serem mais soberbos; o louvor aos bons provoca-os a serem melhores. Lê-se, no livro dos Provérbios: "Como a prata é provada no crisol, assim os homens, pelos lábios daqueles que os louvam". Ora, Deus não é estimulado pelas palavras dos homens a coisas melhores, por ser imutável e por ser o Sumo Bem, nada Lhe poderá ser acrescido. Logo, Deus não deve ser louvado pelos lábios.

EM SENTIDO CONTRÁRIO, diz o Salmista: "Minha boca louvará com lábios jubilosos".

RESPONDO. Usamos das palavras para Deus e para os homens por razões diferentes. Delas usamos para os homens a fim de transmitir-lhes os nossos pensamentos, pois não podem conhecê-los. Assim, para os homens usamos dos louvores das nossas bocas, para que quem é louvado saiba, e os outros também, a boa opinião que dele temos, para que aquele que é louvado seja estimulado a melhorar, e também os que venham a conhecer esses louvores sejam levados a terem dele boa opinião, a reverenciá-lo e a imitá-lo.

Para Deus, porém, que penetra nos corações, usamos das palavras, não para manifestar-Lhe os nossos pensamentos, mas para que nós mesmos e aqueles que nos ouvem, sejamos induzidos a reverenciar a Deus. Por isso, o louvor oral é necessário, não por causa de Deus, mas por causa dos que louvam, cuja afeição para Deus aumenta pelo louvor. A respeito, diz o Salmista: "O sacrifício de louvor me dá gloria e aí está o caminho pelo qual mostrarei a salvação de Deus". Na medida em que pelo louvor divino o coração do homem se eleva a Deus, afasta-se de tudo o que lhe é contrário, segundo o livro de Isaías:

---

1. C. 12: 1101, b, 22-23.

ad hoc quod aliorum affectus provocetur in Deum. Unde dicitur in Ps 33,2: *Semper laus eius in ore meo*, et postea [vv. 3-4] subditur: *Audiant mansueti, et laetentur. Magnificate Dominum mecum*.

AD PRIMUM ergo dicendum quod de Deo dupliciter possumus loqui. Uno modo, quantum ad eius essentiam. Et sic, cum sit incomprehensibilis et ineffabilis, maior est omni laude. Debetur autem ei secundum hanc comparationem reverentia et latriae honor. Unde in Psalterio Hieronymi[2] dicitur, *Tibi silet laus, Deus*, quantum ad primum; et, *Tibi reddetur votum*, quantum ad secundum. — Alio modo, secundum effectus ipsius, qui in nostram utilitatem ordinantur. Et secundum hoc debetur Deo laus. Unde dicitur Is 63,7: *Miserationum Domini recordabor: laudem Domini super omnibus quae reddidit nobis Dominus*. Et Dionysius dicit, 1 cap. *de Div. Nom.*[3]: *Omnem sanctum theologorum hymnum*, idest divinam laudem, *invenies ad bonos thearchiae*, idest divinitatis, *processus manifestative et laudative Dei nominationes dividentem*.

AD SECUNDUM dicendum quod laus oris inutilis est laudanti si sit sine laude cordis, quod loquitur Deo laudem dum *magnalia eius operum* recogitat cum affectu. Valet tamen exterior laus oris ad excitandum interiorem affectum laudantis, et ad provocandum alios ad Dei laudem, sicut dictum est[4].

AD TERTIUM dicendum quod Deum non laudamus propter utilitatem suam, sed propter utilitatem nostram, ut dictum est[5].

## ARTICULUS 2
### Utrum cantus sint assumendi ad laudem divinam

AD SECUNDUM SIC PROCEDITUR. Videtur quod cantus non sint assumendi ad laudem divinam.
1. Dicit enim Apostolus, *ad Cl* 3,16: *Docentes et commonentes vosmetipsos in psalmis et hymnis et canticis spiritualibus*. Sed nihil assumere debemus in divinum cultum praeter ea quae nobis

"Com o meu louvor por te-ei um freio para que não pereças". — O louvor oral induz também os outros a terem mais afeição a Deus. Diz a respeito o Salmista: "Sempre tenho o teu louvor nos meus lábios" e "Ouçam os mansos se alegrem, e comigo magnifiquem a Deus".

QUANTO AO 1º, portanto, deve-se dizer que de dois modos podemos falar de Deus: de um modo, quanto à Sua essência, que é incompreensível, inefável e, por isso, está acima de todo louvor. Segundo esta consideração a Deus se deve reverência e o culto de latria. Comentando um salmo, escreve Jerônimo quanto à reverência: "Diante de ti, ó meu Deus, cale-se todo louvor", e, quanto ao culto de latria: "Que sejam cumpridas as promessas a ti feitas". — De outro modo, quanto aos seus efeitos, que se ordenam ao nosso bem. Sob esse aspecto, deve Deus ser louvado. Donde dizer Isaías: "Lembrarei as misericórdias do Senhor, e o louvarei por tudo que ele nos fez". E Dionísio: "Considerai que todo hino santo dos Teólogos (isto é, o louvor divino) aplica a Deus nomes distintos ao manifestar e louvar os benefícios da tearquia, isto é, da divindade".

QUANTO AO 2º, deve-se dizer que a quem louva, será inútil o louvor pelos lábios, sem o louvor do coração, que faz uma louvação a Deus quando afetuosamente considera a sua grandiosidade manifestada em suas obras. O louvor externado pelos lábios é proveitoso para excitar o afeto do coração de quem louva, e para estimular os outros ao louvor de Deus, como já foi dito.

QUANTO AO 3º, deve-se dizer que não louvamos a Deus para Sua utilidade, mas para a nossa, como foi dito acima.

## ARTIGO 2
### Deve-se usar canto no louvor a Deus?

QUANTO AO SEGUNDO, ASSIM SE PROCEDE: parece que **não** se devam usar cantos no louvor a Deus.
1. Com efeito, diz o Apóstolo: "Ensinando e exortando uns aos outros, em salmos, hinos e cânticos espirituais". Ora, nada devemos assumir no culto divino a não ser o que está transmitido

---

2. *Psalt. Hebr.*, Ps 64, 2: ML 28, 1174 C.
3. MG 3, 589 D.
4. In corp.
5. Ibid.

PARALL.: *In Psalm.* 33; *ad Ephes.*, c. 5, lect. 7.

auctoritate Scripturae traduntur. Ergo videtur quod non debemus uti in divinis laudibus canticis corporalibus, sed solum spiritualibus.

2. PRAETEREA, Hieronymus, super illud *ad Ephes. 5*[1], *Cantantes et psallentes in cordibus vestris Domino*, dicit: *Audiant haec adolescentuli quibus in ecclesia est psallendi officium, Deo non voce, sed corde cantandum: nec in tragoediarum modum guttur et fauces medicamine liniendae sunt, ut in ecclesia theatrales moduli audiantur et cantica*. Non ergo in laudes Dei sunt cantus assumendi.

3. PRAETEREA, laudare Deum convenit parvis et magnis: secundum illud Ap 19,5: *Laudem dicite Deo nostro, omnes servi eius et qui timetis illum, pusilli et magni*. Sed maiores qui sunt in Ecclesia non decet cantare: dicit enim Gregorius[2] et habetur in Decretis, dist. XCII, cap. *In sancta Romana Ecclesia*[3]: *Praesenti decreto constituo ut in Sede hac sacri altaris ministri cantare non debeant*. Ergo cantus non conveniunt divinis laudibus.

4. PRAETEREA, in veteri lege laudabatur Deus in musicis instrumentis et humanis cantibus: secundum illud Ps 32,2-3: *Confitemini Domino in cithara; in psalterio decem chordarum psallite illi; cantate ei canticum novum*. Sed instrumenta musica, sicut citharas et psalteria, non assumit Ecclesia in divinas laudes, ne videatur iudaizare. Ergo, pari ratione, nec cantus in divinas laudes sunt assumendi.

5. PRAETEREA, principalior est laus mentis quam laus oris. Sed laus mentis impeditur per cantus: tum quia cantantium intentio abstrahitur a consideratione eorum quae cantant, dum circa cantum student; tum etiam quia ea quae cantantur minus ab aliis intelligi possunt quam si sine cantu proferrentur. Ergo cantus non sunt divinis laudibus adhibendi.

SED CONTRA est quod beatus Ambrosius in ecclesia Mediolanensi cantus instituit, ut Augustinus refert, in IX *Confess*.[4]

RESPONDEO dicendum quod, sicut dictum est[5], laus vocalis ad hoc necessaria est ut affectus hominis provocetur in Deum. Et ideo quaecumque ad hoc utilia esse possunt, in divinas laudes

pela autoridade da Escritura. Logo, nos louvores divinos não devemos usar cânticos vocais, mas somente cânticos espirituais.

2. ALÉM DISSO, comentando Jerônimo este texto paulino: "Cantando e louvando o Senhor em vossos corações"; escreve: "Ouçam os jovens que têm o ofício de cantar salmos na Igreja: não devem cantar para Deus só com palavras, mas com o coração; não imitando aqueles artistas que, para preparar as gargantas e suavizar as vozes, enchem-se de medicamentos especiais; para trazer para a Igreja melodias e cantos teatrais". Logo, no louvor divino não se deve cantar.

3. ADEMAIS, louvar a Deus compete aos grandes e aos pequenos, como se lê no livro do Apocalipse: "Louvai a Deus, todos os seus servos e os que o temem, pequenos e grandes". Ora, os de maior dignidade da Igreja não devem cantar, segundo determinam Gregório e as Decretais: "Pelo presente decreto, ordeno que nesta sede os ministros do altar não devem cantar". Logo, não é conveniente cantar no louvor divino.

4. ADEMAIS, na Antiga Lei louvava-se a Deus com instrumentos musicais e vozes humanas, segundo o Salmista: "Cantai ao Senhor com a cítara; cantai-lhe salmos com a harpa de dez cordas; cantai ao Senhor um cântico novo". Ora, instrumentos musicais, como a cítara e a harpa, não são usados na Igreja para o louvor divino, para que não se pense que ela retorna ao judaísmo. Logo, por razão semelhante, nem o canto deve ser usado nos louvores divinos.

5. ADEMAIS, o louvor da alma é superior ao louvor dos lábios. Ora, o louvor da alma é impedido pelo canto, já porque cantando a atenção é desviada do sentido das palavras ao se prestar atenção na melodia; já porque essas palavras são menos entendidas do que se fossem proferidas sem canto. Logo, não se deve cantar nos louvores divinos.

EM SENTIDO CONTRÁRIO, há o exemplo de Ambrósio, que introduziu o canto na igreja de Milão, segundo relata Agostinho nas Confissões.

RESPONDO. Como anteriormente foi dito, o louvor pela voz é necessário para estimular a afeição humana para Deus. Por isso, qualquer coisa que seja útil para isso, é assumido convenientemente

---

1. *Comment. in ep. ad Eph.*, l. III, super 5, 19: ML 26, 528 D.
2. *Registr*., app., fragm. 5: Decreta S. Greg. Pp. I, n. 1: ML 77, 1335 A.
3. GRATIANUS, *Decretum*, p. I, dist. 92, can. 2: ed. Richter-Friedberg, t. I, p. 317.
4. C. 7: ML 32, 770.
5. Art. praec.

congruenter assumuntur. Manifestum est autem quod secundum diversas melodias sonorum animi hominum diversimode disponuntur: ut patet per Philosophum, in VIII *Polit.*[6], et per Boetium, in prologo *Musicae*[7]. Et ideo salubriter fuit institutum ut in divinas laudes cantus assumerentur, ut animi infirmorum magis provocarentur ad devotionem. Unde Augustinus dicit, in X *Confess.*[8]: *Adducor cantandi consuetudinem approbare in Ecclesia, ut per oblectamenta aurium infirmorum animus in affectum pietatis assurgat.* Et de seipso dicit, in IX *Confess.*[9]: *Flevi in hymnis et canticis tuis, suave sonantis Ecclesiae tuae vocibus commotus acriter.*

AD PRIMUM ergo dicendum quod cantica spiritualia possunt dici non solum ea quae interius canuntur in spiritu, sed etiam ea quae exterius ore cantantur, inquantum per huiusmodi cantica spiritualis devotio provocatur.

AD SECUNDUM dicendum quod Hieronymus non vituperat simpliciter cantum: sed reprehendit eos qui in ecclesia cantant more theatrico, non propter devotionem excitandam, sed propter ostentationem vel delectationem provocandam. Unde Augustinus dicit, in X *Confess.*[10]: *Cum mihi accidit ut me amplius cantus quam res quae canitur moveat, poenaliter me peccare confiteor: et tunc mallem non audire cantantem.*

AD TERTIUM dicendum quod nobilior modus est provocandi homines ad devotionem per doctrinam et praedicationem quam per cantum. Et ideo diaconi et praelati, quibus competit per praedicationem et doctrinam animos hominum provocare in Deum, non debent cantibus insistere, ne per hoc a maioribus retrahantur. Unde ibidem[11] Gregorius dicit: *Consuetudo est valde reprehensibilis ut in diaconatus ordine constituti modulationi vocis inserviant, quos ad praedicationis officium et eleemosynarum studium vacare congruebat.*

AD QUARTUM dicendum quod, sicut Philosophus dicit, in VIII *Polit.*[12], *neque fistulas ad disciplinam est adducendum, neque aliquod aliud artificiale organum, puta citharam et si quid tale alterum est: sed quaecumque faciunt auditores bonos.* Huiusmodi enim musica instrumenta magis animum

no louvor divino. Também é verdade que, segundo as diferenças das melodias, as pessoas são levadas a sentimentos diferentes. A essa conclusão chegaram Aristóteles e Boécio. Por isso, foi salutar a introdução do canto nos louvores divinos para que os espíritos mais fracos fossem mais incentivados à devoção. A respeito, escreve Agostinho: "Inclino-me a aprovar a prática do canto na Igreja para que, pelo deleite auditivo, as almas fracas se elevem em piedoso afeto". E diz de si mesmo: "Chorei ouvindo os teus hinos e cânticos, profundamente emocionado pelas vozes de tua Igreja, que suavemente canta!"

QUANTO AO 1º, portanto, deve-se dizer que os cantos espirituais poderão significar não somente o que se canta interiormente, como também o que as palavras sonoras dizem externamente: assim a devoção é estimulada por esses cantos.

QUANTO AO 2º, deve-se dizer que Jerônimo não condena absolutamente o canto, mas repreende aqueles que na Igreja cantam de modo teatral, não para excitar a devoção, antes para se exibirem e se deleitarem. Pelo que Agostinho diz: "Quando atendo mais à melodia do que ao significado das palavras cantadas, confesso que faço e devo me penitenciar: prefiro então não ouvir o cantar".

QUANTO AO 3º, deve-se dizer que é mais excelente aumentar a devoção das pessoas pelo ensino da doutrina e pela pregação do que pelo canto. Por isso, os diáconos e os bispos, aos quais compete excitar as almas para a devoção a Deus, pelos ensinamentos doutrinários e pela pregação, não devem se dedicar aos cantos, para que por eles não descuidem das tarefas mais importantes. Na fonte supracitada, Gregório afirma: "É muito repreensível o costume dos diáconos de se dedicarem aos cânticos, pois a eles compete ofício da pregação e da distribuição das esmolas aos pobres".

QUANTO AO 4º, deve-se dizer, como ensina Aristóteles: "Para ensinar não se deve usar flautas nem instrumentos semelhantes, como a cítara e outras, mas tudo que possa contribuir para os ouvintes serem bons", até porque esses instrumentos musicais movem mais a alma para o deleite do

---

6. C. 5: 1340, a, 38-39.
7. Al. l. I, c. 1: ML 63, 1168 D.
8. C. 33, n. 50: ML 32, 800.
9. C. 6, n. 14: ML 32, 769.
10. C. 33, n. 50: ML 32, 800.
11. Loc. cit. in 3 a.
12. C. 6: 1341, a, 18-20.

movent ad delectationem quam per ea formetur interius bona dispositio. In veteri autem Testamento usus erat talium instrumentorum, tum quia populus erat magis durus et carnalis: unde erat per huiusmodi instrumenta provocandus, sicut et per promissiones terrenas. Tum etiam quia huiusmodi instrumenta corporalia aliquid figurabant.

AD QUINTUM dicendum quod per cantum quo quis studiose ad delectandum utitur, abstrahitur animus a consideratione eorum quae cantantur. Sed si aliquis cantet propter devotionem, attentius considerat quae dicuntur: tum quia diutius moratur super eodem; tum quia, ut Augustinus dicit, in X Confess.[13], *omnes affectus spiritus nostri pro sua diversitate habent proprios modos in voce atque cantu, quorum occulta familiaritate excitantur*. Et eadem est ratio de audientibus: in quibus, etsi aliquando non intelligant quae cantantur, intelligunt tamen propter quid cantantur, scilicet ad laudem Dei; et hoc sufficit ad devotionem excitandam.

que para a formação da boa disposição interior. No Antigo Testamento, usavam-se esses instrumentos, quer porque o povo era mais grosseiro e carnal, e por isso deviam ser estimulados por tais instrumentos, como também pelas promessas terrenas; quer porque, esses instrumentos materiais eram figurativos.

QUANTO AO 5º, deve-se dizer que quando dá muita atenção ao canto para se deleitar, o espírito deixa de considerar as palavras cantadas. Mas, se a pessoa canta por causa da devoção, mais atentamente perceberá o sentido das palavras, porque demora-se mais nelas, e porque, como diz Agostinho: "Todos os afetos de nosso espírito, conforme a sua diversidade, descobrem modalidades próprias da voz e do canto com as quais se movem, por uma secreta familiaridade". O mesmo se aplica aos que ouvem os cânticos, os quais, embora às vezes não entendam o que se canta, todavia, entendem a razão do canto, isto é, o louvor a Deus. E isto é suficiente para despertar a devoção.

---

13. C. 33, n. 49: ML 32, 800.

---

## QUAESTIO XCII
## DE SUPERSTITIONE
### in duos articulos divisa

Deinde considerandum est de vitiis religioni oppositis. Et primo, de illis quae cum religione conveniunt in hoc quod exhibent cultum divinum; secundo, de vitiis manifestam contrarietatem ad

## QUESTÃO 92
## A SUPERSTIÇÃO[a]
### em dois artigos

Em seguida[b] deve-se tratar dos vícios opostos à religião. Primeiro, daqueles que coincidem com a religião no fato de manifestar o culto divino; segundo, daqueles que apresentam manifesta opo-

---

a. A superstição se contrapõe à religião, ultrapassando o meio termo que essa virtude é chamada a manter no culto divino. O excesso vicioso não poderia relacionar-se aqui a uma medida quantitativa, significando excesso de zelo ou de esforço no serviço divino, mas às maneiras pervertidas de prestar o culto divino, ou à perversão ainda mais grave que consiste em prestar esse culto às criaturas.
  A partir dessa noção, explicada no artigo 1, propõe-se e se justifica a divisão da superstição em várias espécies: artigo 2.
  b. Este conjunto bastante amplo e bem trabalhado de questões se inscreve como o feliz resultado de um longo trabalho de pelo menos dois séculos de teologia medieval, que se via às voltas com os assaltos das contrafações e desvios religiosos, tanto senão mais ainda do que com os ataques provenientes das heresias ou dos infiéis. Sem dúvida, tinha encontrado um guia seguro em Sto. Agostinho, que havia ilustrado essa reflexão apologética e moral; pois, a época patrística já tinha visto proliferar no interior do cristianismo toda uma floração de práticas supersticiosas, em simbiose com as do mundo pagão. Ao retomar e aperfeiçoar muitos aspectos desse trabalho de reflexão, Sto. Tomás se pretende fiel à inspiração bíblica, que ele crê animar as pesquisas patrísticas e escolásticas. Com efeito, na síntese aqui completada funda-se primeiramente na Escritura, encontrando sua primeira motivação no lugar primordial reservado à denúncia da idolatria e das superstições nos oráculos proféticos, nos textos legislativos e cultuais, mas especialmente no decálogo, que se situa no centro da aliança bíblica. Como os mestres medievais, Sto. Tomás está persuadido de que, ao inscrever na primeira tábua da lei, a proscrição dos vícios contrários à religião, a Sabedoria divina manifesta um fim pedagógico. Para estar na altura do culto divino, o homem deveria primeiramente ver formado para triunfar dos obstáculos que são os desvios religiosos (ver I-II, q. 100, a. 6; II-II, q. 122, a. 2; III Sent. D. 37, a. 2).
  Essa intenção primordial, que preside à elaboração e à disposição da doutrina, traduz-se na preocupação de atingir e analisar as formas concretas pelas quais se apresentavam as ameaças e oposições ao culto divino na cristandade. Essas questões serão em geral minuciosas na descrição das práticas supersticiosas, e no esforço para desnudar suas raízes humanas ou diabólicas. Podemos admirar o modelo de um projeto teológico que se quer atual e a serviço da fé. Esse projeto medieval permanece

religionem habentibus, per contemptum eorum quae ad cultum divinum pertinent. Primum autem horum pertinet ad superstitionem; secundum ad irreligiositatem. Unde primo considerandum est de ipsa superstitione, et de partibus eius; deinde de irreligiositate et partibus eius.

Circa primum quaeruntur duo.

*Primo*: utrum superstitio sit vitium religioni contrarium.

*Secundo*: utrum habeat plures partes seu species.

## Articulus 1
### Utrum superstitio sit vitium religioni contrarium

AD PRIMUM SIC PROCEDITUR. Videtur quod superstitio non sit vitium religioni contrarium.

1. Unum enim contrariorum non ponitur in definitione alterius. Sed religio ponitur in definitione superstitionis: dicitur enim superstitio *esse religio supra modum servata*, ut patet in Glossa[1] ad Cl 2,23, super illud, Quae sunt rationem habentia sapientiae in superstitione. Ergo superstitio non est vitium religioni oppositum.

2. PRAETEREA, Isidorus dicit, in libro *Etymol.*[2]: *Superstitiosos ait Cicero*[3] *appellatos qui totos dies precabantur et immolabant ut sui sibi liberi superstites fierent*. Sed hoc etiam fieri potest secundum verae religionis cultum. Ergo superstitio non est vitium religioni oppositum.

3. PRAETEREA, *superstitio* quendam excessum importare videtur. Sed religio non potest habere excessum: quia sicut supra[4] dictum est, secundum eam non contingit aequale Deo reddere eius quod debemus. Ergo superstitio non est vitium religioni oppositum.

sição à religião, por desprezo daquilo que pertence ao culto divino. O primeiro destes pertence à superstição; o segundo, à irreligiosidade. Portanto, deve-se tratar primeiro da superstição e de suas partes. Depois, da irreligiosidade e de suas partes.

A respeito do primeiro, duas questões.

1. É a superstição um vício oposto à virtude da religião?
2. Tem muitas partes ou espécies?

## Artigo 1
### A superstição é um vício oposto à religião?

QUANTO AO PRIMEIRO ARTIGO, ASSIM SE PROCEDE: parece que a superstição **não** é um vício oposto à religião.

1. Com efeito, um contrário não se põe na definição do outro. Ora, na definição da superstição põe-se a religião ao se dizer que a superstição é "a religião excessivamente praticada". Essa definição está na Glosa, quando explica um texto paulino nestes termos: "Estas coisas têm razão de sabedoria na superstição". Logo, a superstição não é vício oposto à religião.

2. ALÉM DISSO, Isidoro escreve: "Segundo Cícero, são supersticiosos os que todos os dias oravam e ofereciam sacrifícios para que seus filhos sobrevivessem a eles". Ora, também os seguidores da religião verdadeira podem assim agir. Logo, a superstição não é vício oposto à religião.

3. ADEMAIS, é evidente que a superstição é prática excessiva. Ora, na religião não pode haver excesso, porque, como foi dito acima, jamais poderemos devolver a Deus tudo quanto Lhe devemos. Logo, a superstição não se opõe à religião.

---

1 PARALL.: Infra, q. 122, a. 3; III *Sent.*, dist. 9, q. 1, a. 1, q.la 3, ad 3.

1. Interl.; LOMBARDI: ML 192, 278 C.
2. L. X, ad litt. *S*, n. 244: ML 82, 393 B.
3. *De nat. deorum*, l. II, c. 28: ed. C. F. W. Mueller, Lipsiae 1910, p. 72, ll. 5-7.
4. Q. 81, a. 5, ad 3.

---

sempre nas perspectivas e no âmbito da cristandade, de um mundo fundamentalmente religioso. Os "vícios opostos à religião" não a rejeitam jamais inteiramente. O que se chama aqui de "irreligião" é a perversão ou o abuso das práticas religiosas, sem que se pense nas negações do ateísmo ou na recusa do sagrado.

Compreendem-se do seguinte modo as divisões propostas:

Os vícios contrários à religião são classificados em duas categorias: a superstição, considerada como oposta à religião por excesso, no sentido de que ela tende quer a prestar o culto divino a quem não se deve; quer a fazê-lo de maneira indevida. Após aprofundar a noção de superstição (q. 92), estudar-se-ão suas espécies: as alterações do culto divino (q. 93), a idolatria (q. 94) e todo um leque de práticas supersticiosas, cuidadosamente classificadas e analisadas (q. 95). A segunda categoria é constituída pela irreligião, entendida como um vício oposto à religião por falta; por falta de referência a Deus: a tentação de Deus (q. 97) e o perjúrio (q. 98); ou em relação às realidades santas: o sacrilégio (q. 99) e a simonia (q. 100).

SED CONTRA est quod Augustinus dicit in libro *de Decem Chordis*[5]: *Tangis primam chordam, qua colitur unus Deus, et cecidit bestia superstitionis*. Sed cultus unius Dei pertinet ad religionem. Ergo superstitio religioni opponitur.

RESPONDEO dicendum quod, sicut supra[6] dictum est, religio est virtus moralis. Omnis autem virtus moralis in medio consistit, ut supra[7] habitum est. Et ideo duplex vitium virtuti morali opponitur: unum quidem secundum excessum; aliud autem secundum defectum. Contingit autem excedere medium virtutis non solum secundum circunstantiam quae dicitur *quantum*, sed etiam secundum alias circumstantias. Unde in aliquibus virtutibus, sicut in magnanimitate et magnificentia, vitium excedit virtutis medium non quia ad maius aliquid tendat quam virtus, sed forte ad minus: transcendit tamen virtutis medium, inquantum facit aliquid cui non debet, vel quando non debet, et similiter secundum alia huiusmodi; ut patet per Philosophum, in IV *Ethic*.[8]. Sic igitur superstitio est vitium religioni oppositum secundum excessum, non quia plus exhibeat in cultum divinum quam vera religio: sed quia exhibet cultum divinum vel cui non debet, vel eo modo quo non debet.

AD PRIMUM ergo dicendum quod sicut bonum metaphorice dicitur in malis, prout dicimus bonum latronem, ita etiam nomina virtutum quandoque transumptive accipiuntur in malis: sicut prudentia quandoque ponitur pro astutia, secundum illud Lc 16,8: *Filii huius saeculi prudentiores filiis lucis sunt*. Et per hunc modum superstitio dicitur esse religio.

AD SECUNDUM dicendum quod aliud est etymologia nominis, et aliud est significatio nominis. Etymologia attenditur secundum id a quo imponitur nomen ad significandum: nominis vero significatio attenditur secundum id ad quod significandum nomen imponitur. Quae quandoque diversa sunt: nomen enim *lapidis* imponitur *a laesione pedis*, non tamen hoc significat; alioquin ferrum, cum pedem laedat, lapis esset. Similiter etiam nomen *superstitionis* non oportet quod significet illud a quo nomen est impositum.

EM SENTIDO CONTRÁRIO, disse Agostinho: "Tocas a primeira corda da harpa, pela qual presta-se culto ao Deus único, e eis que cai o monstro da superstição". Ora, no culto ao Deus único consiste a religião. Logo, a superstição se opõe à religião.

RESPONDO. Como foi acima dito, a religião é virtude moral, e também foi dito que a virtude moral consiste no meio-termo. Assim sendo, o vício se opõe à virtude moral duplamente: por excesso e por defeito. O meio-termo é excedido não apenas relativamente a uma circunstância quantitativa, como também a outras circunstâncias. Por isso, em algumas virtudes, como na magnanimidade e na magnificência, o vício não excede o meio-termo, não porque tenda para algo superior à virtude, mas talvez para o que lhe é inferior: ultrapassa o meio-termo da virtude enquanto se faz alguma coisa para quem não se deve, ou quando não se deve, ou em circunstâncias semelhantes. Isto foi esclarecido na Ética de Aristóteles. Logo, a superstição é um vício oposto por excesso à religião, não porque apresente mais ao culto divino que a verdadeira religião, mas porque presta culto divino ou a quem não deve ou do modo que não deve.

QUANTO AO 1º, portanto, deve-se dizer que como o termo bom é atribuído metaforicamente ao mau, como quando dizemos "o bom ladrão", assim também, às vezes, usamos os nomes das virtudes, transportando-os para atos maus, como, por exemplo, no Evangelho chama-se a astúcia, de prudência: "Os filhos deste mundo são mais prudentes que os filhos da luz...". É assim que se diz que a superstição é religião.

QUANTO AO 2º, deve-se dizer que a etimologia de uma palavra pode ser diferente do seu significado. A etimologia considera a origem do significado de uma palavra; o significado da palavra é considerado enquanto o nome é designado para expressar o significado. Às vezes, o significado atual de uma palavra diverge da sua etimologia. Por exemplo: o termo latino *lapis* significa pedra e origina-se de *laesio pedis*, isto é, lesão do pé, mas não significa isso, do contrário o ferro se ferisse o pé seria pedra. O mesmo acontece com o termo superstição: não é necessário que corresponda à raiz da qual deriva o termo.

---

5. Serm. 9, al. 96, c. 9, n. 13: ML 38, 85.
6. Q. 81, a. 5, ad 3.
7. I-II, q. 64, a. 1.
8. Cc. 1, 3, 4, 6, 7: 1120, a, 27-29; 1121, a, 21-27; 1122, a, 32-34; 1123, a, 19-27; b, 14-15, 25-26.

AD TERTIUM dicendum quod religio non potest habere excessum secundum quantitatem absolutam. Potest tamen habere excessum secundum quantitatem proportionis: prout scilicet in cultu divino fit aliquid quod fieri non debet.

### Articulus 2
### Utrum sint diversae superstitionis species

AD SECUNDUM SIC PROCEDITUR. Videtur quod non sint diversae superstitionis species.

1. Quia secundum Philosophum, in I *Topic.*[1], *si unum oppositorum dicitur multipliciter, et reliquum*. Sed religio, cui superstitio opponitur, non habet diversas species, sed omnes eius actus ad unam speciem referuntur. Ergo nec superstitio habet diversas species.

2. PRAETEREA, opposita sunt circa idem. Sed religio, cui opponitur superstitio, est circa ea quibus ordinamur in Deum, ut supra[2] habitum est. Non ergo species superstitionis, quae opponitur religioni, potest attendi secundum aliquas divinationes humanorum eventuum, vel secundum aliquas observationes humanorum actuum.

3. PRAETEREA, ad Cl 2,23, super illud: *Quae sunt rationem habentia sapientiae in superstitione*, dicit Glossa[3]: *idest, in simulata religione*. Ergo etiam simulatio debet poni species superstitionis.

SED CONTRA est quod Augustinus, in II *de Doct. Christ.*[4], diversas species superstitionis assignat.

RESPONDEO dicendum quod, sicut supra[5] dictum est, vitium religionis consistit in hoc quod transcenditur virtutis medium secundum aliquas circumstantias. Ut autem supra[6] dictum est, non quaelibet circumstantiarum corruptarum diversitas variat peccati speciem, sed solum quando referuntur ad diversa obiecta vel diversos fines: secundum hoc enim morales actus speciem sortiuntur, ut supra[7] habitum est. Diversificantur

### Artigo 2
### Há diversas espécies de superstição?

QUANTO AO SEGUNDO, ASSIM SE PROCEDE: parece que **não** há diversas espécies de superstição.

1. Com efeito, diz o Filósofo: "Se um dos opostos é múltiplo, o outro também". Ora, a religião, que tem como oposto a superstição não possui muitas espécies, mas uma só que abrange todos os seus atos. Logo, na superstição não há muitas espécies.

2. ALÉM DISSO, o objeto dos opostos é um só. Ora, como foi visto, o objeto da religião, à qual se opõe a superstição, são as coisas que nos ordenam para Deus. Logo, não poderá a superstição, oposta que é à religião, possuir espécies, quais sejam a adivinhação dos acontecimentos futuros ou a observação a respeito de atos humanos.

3. ADEMAIS, a Glosa, a respeito o texto paulino: "as quais têm a razão de sabedoria na superstição", diz ser a superstição "religião simulada". Por isso, a simulação caracteriza uma espécie de superstição[c].

EM SENTIDO CONTRÁRIO, Agostinho, no livro *Sobre a Doutrina Cristã*, apresenta diversas espécies de superstição.

RESPONDO. Como foi dito acima, o vício oposto à religião consiste em ultrapassar o termo-meio desta virtude em algumas circunstâncias. Como anteriormente fora dito que não qualquer das circunstâncias corruptoras modifica a espécie do pecado, mas somente quando se referem a diversos objetos ou a diversos fins. Disto resulta a especificação dos atos morais, como também foi acima dito. Logo, as espécies de superstição

---

2

1. C. 15: 106, b, 14-15.
2. Q. 81, a. 1.
3. LOMBARDI: ML 192, 279 A; cfr. Ordin.: ML 114, 613 D.
4. C. 20 sqq.: ML 34, 50 sqq.
5. Art. praec.
6. I-II, q. 72, a. 9.
7. Ibid., q. 1, a. 3; q. 18, a. 2, 6.

c. Sto. Agostinho já havia sido citado no *s.c.* do artigo precedente. O texto aqui invocado, o capítulo 20 do livro II do *De doctrina christiana*, fornece não só o contexto geral do estudo da superstição, mas será a principal fonte da doutrina, e de uma boa parte das informações que as questões seguintes utilizarão.

ergo superstitionis species, primo quidem, ex parte obiecti. Potest enim divinus cultus exhiberi vel cui exhibendus est, scilicet Deo vero, *modo tamen indebito*: et haec est prima superstitionis species. — Vel ei cui non debet exhiberi, scilicet cuicumque creaturae. Et hoc est aliud superstitionis genus, quod in multas species dividitur, secundum diversos fines divini cultus.

Ordinatur enim, primo, divinus cultus ad reverentiam Deo exhibendam. Et secundum hoc, prima species huius generis est *idololatria*, quae divinam reverentiam indebite exhibet creaturae. — Secundo, ordinatur ad hoc quod homo instruatur a Deo, quem colit. Et ad hoc pertinet superstitio *divinativa*, quae daemones consulit per aliqua pacta cum eis inita, tacita vel expressa. — Tertio, ordinatur divinus cultus ad quandam directionem humanorum actuum secundum instituta Dei, qui colitur. Et ad hoc pertinet superstitio quarundam *observationum*.

Et haec tria tangit Augustinus, in II de *Doct. Christ.*[8], dicens *superstitiosum esse quidquid institutum ab hominibus est ad facienda et colenda idola pertinens*: et hoc pertinet ad primum. Et postea subdit: *vel ad consultationes et pacta quaedam significationum cum daemonibus placita atque foederata*: quod pertinet ad secundum. Et post pauca subdit: *Ad hoc genus pertinent omnes ligaturae*, etc.: quod pertinet ad tertium.

AD PRIMUM ergo dicendum quod, sicut Dionysius dicit, 4 cap. de *Div. Nom.*[9], *bonum contingit ex una et integra causa: malum autem ex singularibus defectibus*. Et ideo uni virtuti plura vitia opponuntur, ut supra[10] habitum est. Verbum autem Philosophi veritatem habet in oppositis in quibus est eadem ratio multiplicationis.

AD SECUNDUM dicendum quod divinationes et observationes aliquae pertinent ad superstitionem inquantum dependent ex aliquibus operationibus daemonum. Et sic pertinent ad quaedam pacta cum ipsis inita.

AD TERTIUM dicendum quod simulata religio ibi dicitur *quando traditioni humanae nomen religionis applicatur*, prout in Glossa[11] sequitur. Unde ista simulata religio nihil est aliud quam

diversificam-se primeiramente pelo objeto. Poderá ser o culto divino prestado a quem se deve, isto é, ao verdadeiro Deus, mas de modo indevido. Nisto consiste a primeira espécie da superstição. — Poderá também ser prestado a quem não se deve, a saber, a qualquer criatura. Nisto consiste um outro gênero de superstição, que se divide em muitas espécies, segundo os diversos fins do culto, que passamos a enumerar.

Em primeiro lugar, o culto divino tem por finalidade prestar reverência a Deus. Assim sendo, a primeira espécie de superstição é a *idolatria*, que se opõe à devida reverência a Deus, prestando-a às criaturas. — Em segundo lugar, o culto divino tem por finalidade ser o homem instruído por Deus, a quem presta culto. A isso se opõe a superstição pela *adivinhação*, que consiste em consultar os demônios para saber alguma coisa, fazendo um pacto com ele, de modo claro ou oculto. — Em terceiro lugar, o culto divino tem por finalidade trazer certa ordem aos atos humanos, conforme os preceitos de Deus a quem se presta culto. A isso se opõe a superstição de algumas *observâncias*.

Agostinho refere-se a essas três espécies de superstição, quando escreve: "É supersticioso tudo que foi estabelecido pelos homens, como esculpir estátuas de ídolos para adorá-los (isso pertence a primeira espécie), ou para obter consultas e fazer certos pactos ou acordos com os demônios, a fim de desvendar segredos (o que constitui a segunda espécie), e depois acrescenta: a terceira espécie consiste em usar de amuletos etc."

QUANTO AO 1º, portanto, deve-se dizer com Dionísio: "O bem procede de íntegra causa; o mal, de defeitos particulares". Por isso, como foi dito, a uma virtude opõem-se muitos vícios. Quanto às palavras do Filósofo, elas são verdadeiras tratando-se de contrários nos quais a multiplicação tem a mesma razão.

QUANTO AO 2º, deve-se dizer que as adivinhações e as observâncias pertencem à superstição, enquanto resultam de operações demoníacas. E assim pertencem a pactos feitos com os demônios.

QUANTO AO 3º, deve-se dizer que religião simulada é uma expressão que se usa quando a palavra religião é aplicada à tradição humana, como afirma a Glosa. Por isso, essa religião simulada

---

8. C. 20, n. 30: ML 34, 50.
9. MG 3, 729 C.
10. Q. 10, a. 5.
11. Ordin.: ML 114, 613 D; LOMBARDI: ML 192, 279 A.

cultus Deo vero exhibitus modo indebito: sicut si aliquis tempore gratiae vellet colere Deum secundum veteris legis ritum. Et de hoc ad litteram loquitur Glossa¹².

12. Ordin.: ML 114, 613 CD; LOMBARDI: ML 192, 278.

nada mais é que o culto prestado a Deus de modo indevido, como se alguém, no tempo da graça, prestasse culto a Deus, conforme o ritual da Antiga Lei. Este é o sentido literal do texto da Glosa.

## QUAESTIO XCIII
## DE SUPERSTITIONE INDEBITI CULTUS VERI DEI
*in duos articulos divisa*

Deinde considerandum est de speciebus superstitionis. Et primo, de superstitione indebiti cultus veri Dei; secundo, de superstitione idololatriae; tertio, de superstitione divinationum; quarto, de superstitione observationum.

Circa primum quaeruntur duo.

*Primo:* utrum in cultu Dei veri possit esse aliquid perniciosum.

*Secundo:* utrum possit ibi esse aliquid superfluum.

## ARTICULUS 1
### Utrum in cultu veri Doi possit esse aliquid perniciosum

AD PRIMUM SIC PROCEDITUR. Videtur quod in cultu veri Dei non possit esse aliquid perniciosum.

## QUESTÃO 93
## A SUPERSTIÇÃO DO CULTO INDEVIDO AO DEUS VERDADEIRO[a]
*em dois artigos*

Em seguida deve-se tratar das espécies[b] de superstição. Primeiro, da superstição do culto indevido ao Deus verdadeiro; segundo, da superstição da idolatria; terceiro, da superstição das adivinhações; quarto, da superstição das observâncias.

A respeito do primeiro, duas questões.
1. No culto do Deus verdadeiro pode haver algo pernicioso?
2. Pode haver algo supérfluo?

## ARTIGO 1
### No culto do Deus verdadeiro pode haver algo pernicioso?

QUANTO AO PRIMEIRO ARTIGO, ASSIM SE PROCEDE: parece que no culto do Deus verdadeiro **não** pode haver algo pernicioso.

1 PARALL.: I-II, q. 103, a. 4.

a. Essas alterações são abordadas de um duplo ponto de vista, desenvolvidos pelos dois artigos da questão. Podemos entulhar o culto divino por acréscimos sejam perniciosos, sejam supérfluos.

As alterações perniciosas são caracterizadas no artigo 1 como elementos mentirosos introduzidos na profissão de fé ou no exercício da liturgia. Concretamente, procura-se assinalar ou estigmatizar em primeiro lugar a retomada dos ritos do Antigo Testamento, no sentido de que ela poderia exprimir ou insinuar que o Cristo ainda não veio. Visam-se em seguida as modificações litúrgicas que serão obras de um indivíduo particular, de um oficiante, por exemplo, que se tornaria então "mentiroso", proferindo em nome da Igreja o que não é a mensagem desta. Sto. Tomás retoma um ensinamento ao qual Sto. Ambrósio, e principalmente Sto. Agostinho, haviam conferido crédito universal, sobre o valor dos signos e sobre o alcance universal da significação simbólica: da religião, do culto, do sacrifício, dos sacramentos (ver, por exemplo: II-II, q. 81, a. 7; q. 85, a. 1; III, q. 60...). O culto divino, a prática religiosa, constituem uma linguagem simbólica cuja verdade é a lei primordial.

Ao tratar dos acréscimos superficiais ao culto divino, o artigo 2 se situa na perspectiva do que é proporcional ao fim visado por esse culto. Um duplo critério conexo é proposto: o culto tende a ajudar o homem como um todo, corpo e alma, a submeter-se a Deus; ele deve ordenar-se segundo as instituições provenientes de Deus e as orientações da Igreja. São particularmente censuradas as práticas exteriores, as privações e macerações que não conduzem a "refrear com moderação as concupiscências".

b. Essas três "espécies" correspondem a três divisões lógicas precisas; são categorias essenciais da superstição, segundo as indicações do artigo 2 da questão precedente. Constituem perversões do "objeto", ou do "fim" da religião; não dizem respeito a meras "circunstâncias", mas conferem uma "diferença específica" à atividade moral, no caso à atividade religiosa. Essas análises tendem a fundar a condenação absoluta que merecem essas formas de desvio religioso. Religião e superstição são por si totalmente incompatíveis, ainda que, na prática, os compromissos entre ambas sejam frequentes, sobretudo no domínio da primeira espécie: as alterações supersticiosas do culto divino.

1. Dicitur enim Il 2,32: *Omnis quicumque invocaverit nomen Domini, salvus erit*. Sed quicumque colit Deum quocumque modo, invocat nomen eius. Ergo omnis cultus Dei confert salutem. Nullus ergo est perniciosus.

2. PRAETEREA, idem Deus est qui colitur a iustis quacumque mundi aetate. Sed ante legem datam, iusti, absque peccato mortali, colebant Deum qualitercumque eis placebat: unde et Iacob proprio voto se obligavit ad specialem cultum, ut habetur Gn 28,20 sqq. Ergo etiam modo nullus Dei cultus est perniciosus.

3. PRAETEREA, nihil perniciosum in Ecclesia sustinetur. Sustinet autem Ecclesia diversos ritus colendi Deum: unde Gregorius scribit[1] Augustino Episcopo Anglorum, proponenti quod sunt diversae ecclesiarum consuetudines in missarum in celebratione: *Mihi*, inquit, *placet ut, sive in Romanis sive in Galliarum sive in qualibet ecclesia in aliquid invenisti quod plus omnipotenti Deo possit placere, sollicite eligas*. Ergo nullus modus colendi Deum est perniciosus.

SED CONTRA est quod Augustinus dicit, in epistola *ad Hieron*.[2], et habetur in Glossa[3], Gl 2,14, quod legalia observata post veritatem Evangelii divulgatam, sunt mortifera. Et tamen legalia ad cultum Dei pertinent. Ergo in cultu Dei potest esse aliquid mortiferum.

RESPONDEO dicendum quod, sicut Augustinus dicit, in libro *contra Mendacium*[4], mendacium maxime perniciosum est quod fit in his quae ad Christianam religionem pertinent. Est autem mendacium cum aliquis exterius significat contrarium veritati. Sicut autem significatur aliquid verbo, ita etiam significatur aliquid facto: et in tali significatione facti consistit exterior religionis cultus, ut ex supradictis[5] patet. Et ideo si per cultum exteriorem aliquid falsum significetur, erit cultus perniciosus.

Hoc autem contingit dupliciter. Uno quidem modo, ex parte rei significatae, a qua discordat significatio cultus. Et hoc modo, tempore novae legis, peractis iam Christi mysterliis, perniciosum est uti caeremoniis veteris legis, quibus Christi

1. Com efeito, lê-se no livro de Joel: "Todo aquele que invocar o nome de Deus será salvo". Ora, de qualquer modo que se preste culto a Deus, invoca-se o Seu nome. Logo, todo culto prestado a Deus traz a salvação. Por isso, nenhum culto a Deus é pernicioso.

2. ALÉM DISSO, um só é o Deus ao qual os justos de todos os tempos prestam culto. Ora, antes de ser dada a lei, os justos sem pecado mortal prestavam culto a Deus, do modo que lhes agradasse. Assim é que Jacó, por um voto pessoal, obrigou-se a prestar determinado culto a Deus. Logo, também agora nenhum culto prestado a Deus é pernicioso.

3. ADEMAIS, na Igreja não se permite coisa alguma perniciosa. Ora, a Igreja permite diversos ritos no culto divino, como Gregório escreveu a Agostinho, apóstolo dos ingleses, propondo-lhe diversos modos de celebração da missa: "Agrada-me que, com todo cuidado, escolhas e adotes o que mais possa agradar ao Deus onipotente, que encontraste nas igrejas dos romanos, dos gauleses ou nas de qualquer outro povo". Logo, não há modo pernicioso de se prestar culto a Deus.

EM SENTIDO CONTRÁRIO, Agostinho enviou a Jerônimo este comentário à Carta aos Gálatas, que se encontra também na Glosa: "As observâncias legais, após a revelação da verdade evangélica, são mortíferas"[c]. Ora, as observâncias legais pertencem ao culto divino. Logo, pode haver no culto divino algo pernicioso.

RESPONDO. Agostinho também escreveu que a mais perniciosa das mentiras é a dita contra a religião cristã. Consiste a mentira em contradizer com sinais externos a verdade. Assim como se pode significar algo mediante as palavras, pode-se também, mediante ações. Foi acima estabelecido que o culto religioso consiste externamente em ações significativas. Poderá, pois, o culto externamente manifestado, quando propõe alguma mentira, ser pernicioso.

Pode isso acontecer de duas maneiras. Na primeira, segundo a coisa significada, diferente da significação do culto. Por isso, será pernicioso, na vigência da Nova Lei, servir-se, no culto, das cerimônias da Antiga Lei, que significavam os

---

1. *Registr.*, l. XI, ep. 64; al. XII, ep. 31, ad interr. 3: ML 77, 1187 A.
2. Epist. 82, c. 2, n. 18: ML 33, 283.
3. Ordin.: ML 114, 574 A; LOMBARDI: ML 192, 113 D.
4. C. 3, n. 4: ML 40, 521.
5. Q. 81, a. 7.

c. Trata-se na verdade da posição de São Jerônimo, escrevendo a Sto. Agostinho; a deste último é retomada e explicada na Solução do artigo.

mysteria significabantur futura: sicut etiam perniciosum esset si quis verbo confiteretur Christum esse passurum.

Alio modo potest contingere falsitas in exteriori cultu ex parte colentis: et hoc praecipue in cultu communi, qui per ministros exhibetur in persona totius Ecclesiae. Sicut enim falsarius esset qui aliqua proponeret ex parte alicuius quae non essent ei commissa, ita vitium falsitatis incurrit qui ex parte Ecclesiae cultum exhibet Deo contra modum divina auctoritate ab Ecclesia constitutum et in Ecclesia consuetum. Unde Ambrosius[6] dicit: *Indignus est qui aliter celebret mysterium quam Christus tradidit*. Et propter hoc etiam Glossa[7] dicit, Cl 2,23, quod superstitio est *quando traditioni humanae nomen religionis applicatur*.

AD PRIMUM ergo dicendum quod, cum Deus sit veritas, illi invocant Deum qui *in spiritu et veritate* eum colunt, ut dicitur Io 4,24. Et ideo cultus continens falsitatem non pertinet proprie ad Dei invocationem quae salvat.

AD SECUNDUM dicendum quod ante tempus legis, iusti per interiorem instinctum instruebantur de modo colendi Deum, quos alii sequebantur. Postmodum vero exterioribus praeceptis circa hoc homines sunt instructi, quae praeterire pestiferum est.

AD TERTIUM dicendum quod diversae consuetudines Ecclesiae in cultu divino in nullo veritati repugnant. Et ideo sunt servandae; et eas praeterire illicitum est.

mistérios de Cristo, que se realizaram no futuro. Seria tão pernicioso como se alguém afirmasse que Cristo ainda irá sofrer a paixão[d].

Na segunda maneira, a falsidade do culto exterior está naqueles que o prestam, o que acontece principalmente no culto comunitário, quando os ministros o prestam representando toda a Igreja. Como seria falsário quem propusesse em nome de outrem aquilo que por este não lhe foi confiado. Ademais, incorrerá no vício da falsidade quem, em nome da Igreja, presta um culto a Deus contrário aos ritos que, por autoridade divina, foram nela introduzidos e nela são observados. Donde dizer Ambrósio: "É indigno quem celebrar o mistério de modo outro que o instituído por Cristo". Por isso, também se lê na Glosa, em comentário à Carta aos Coríntios: "É superstição dar o nome de religião a certas tradições humanas".

QUANTO AO 1º, portanto, deve-se dizer que sendo Deus a verdade, somente invocam Deus os que lhe prestam um culto autêntico em espírito e em verdade: um culto que contenha falsidade não será invocação salvífica de Deus.

QUANTO AO 2º, deve-se dizer que antes do tempo da Lei, os justos eram instruídos a respeito do modo de prestar culto a Deus, movidos por inspiração interior, e os outros homens os seguiam. Depois, os homens foram instruídos quanto a isso por determinações exteriormente transmitidas e seria pernicioso não as obedecer.

QUANTO AO 3º, deve-se dizer que os diversos costumes da Igreja no culto divino não repugnam à verdade. Por isso, devem ser conservadas e não será lícito abandoná-las.

## ARTICULUS 2
### Utrum in cultu Dei possit esse aliquid superfluum

AD SECUNDUM SIC PROCEDITUR. Videtur quod in cultu Dei non possit esse aliquid superfluum.

1. Dicitur enim Eccli 43,32: *Glorificantes Deum quantumcumque potueritis, supervalebit adhuc*. Sed cultus divinus ordinatur ad Deum

## ARTIGO 2
### Poderá haver algo supérfluo no culto divino?

QUANTO AO SEGUNDO, ASSIM SE PROCEDE: parece que **não** pode haver algo supérfluo no culto a Deus.

1. Com efeito, lê-se na Escritura: "Glorifica Deus ao máximo que podes, porque ainda assim ele ultrapassa os teus louvores". Ora, o culto

---

6. Cfr. Glossam ordin. super I *Cor.* 11, 27: ML 114, 539 C; LOMBARDI, *ibid.*: ML 191, 1646 C; AMBROSIASTR., *ibid.*: ML 17, 243 C.

7. LOMBARDI: ML 192, 279 A; Ordin.: ML 114, 613 D.

PARALL.: Supra, q. 81, a. 5, ad 3; q. 92, a. 1.

---

d. Condensa-se aqui uma doutrina amplamente desenvolvida na I-II, q. 103, a. 4, que era o resultado de três longas questões sobre os "preceitos cerimoniais" do Antigo Testamento.

glorificandum. Ergo nihil superfluum in eo esse potest.

2. PRAETEREA, exterior cultus est professio quaedam cultus interioris, quo *Deus colitur fide, spe et caritate*; ut Augustinus dicit, in *Enchirid.*[1]. Sed in fide, spe et caritate non potest esse aliquid superfluum. Ergo etiam neque in divino cultu.

3. PRAETEREA, ad divinum cultum pertinet ut ea Deo exhibeamus quae a Deo accepimus. Sed omnia bona nostra a Deo accepimus. Ergo si totum quidquid possumus facimus ad Dei reverentiam, nihil erit superfluum in divino cultu.

SED CONTRA est quod Augustinus dicit, in II *de Doct. Christ.*[2], quod *bonus verusque Christianus etiam in litteris sacris superstitiosa figmenta repudiat.* Sed per sacras litteras Deus colendus ostenditur. Ergo etiam in cultu divino potest esse superstitio ex aliqua superfluitate.

RESPONDEO dicendum quod aliquid dicitur superfluum dupliciter. Uno modo, secundum quantitatem absolutam. Et secundum hoc non potest esse superfluum in divino cultu: quia nihil potest homo facere quod non sit minus eo quod Deo debet.

Alio modo potest esse aliquid superfluum secundum quantitatem proportionis: quia scilicet non est fini proportionatum. Finis autem divini cultus est ut homo Deo det gloriam, et ei se subiiciat mente et corpore. Et ideo quidquid homo faciat quod pertinet ad Dei gloriam, et ad hoc quod mens hominis Deo subiiciatur, et etiam corpus per moderatam refrenationem concupiscentiarum, secundum Dei et Ecclesiae ordinationem, et consuetudinem eorum quibus homo convivit, non est superfluum in divino cultu.

Si autem aliquid sit quod quantum est de se non pertinet ad Dei gloriam, neque ad hoc quod mens hominis feratur in Deum, aut quod carnis concupiscentiae moderate refrenantur; aut etiam si sit praeter Dei et Ecclesiae institutionem, vel contra consuetudinem communem (quae secundum Augustinum[3], *pro lege habenda est*): totum hoc reputandum est superfluum et superstitiosum, quia, in exterioribus solum consistens, ad interiorem Dei

divino é glorificar a Deus. Logo, nada de supérfluo poderá nele haver.

2. ALÉM DISSO, o culto exterior é manifestação do culto interior, no qual Deus "é cultuado mediante a fé, a esperança e a caridade", segundo Agostinho. Ora, na fé, na esperança e na caridade não poderá haver algo supérfluo. Logo, nem também no culto divino.

3. ADEMAIS, consiste o culto divino em oferecer a Deus o que dele recebemos. Ora, de Deus recebemos todos os nossos bens. Logo, como tudo que fazemos é para reverenciar e cultuar a Deus, nada será supérfluo no culto divino.

EM SENTIDO CONTRÁRIO, diz Agostinho: "O bom e autêntico cristão rejeita também nas Escrituras Sagradas, as ficções supersticiosas". Todavia, as Escrituras Sagradas mostram como Deus deve ser cultuado. Logo, no culto divino poderá haver superstição proveniente de alguma superfluidade.

RESPONDO. O supérfluo pode ser considerado sob dois aspectos: primeiro, segundo a quantidade absoluta. Neste aspecto, não se encontrará nada de excessivo e supérfluo no culto divino, porque o homem não pode fazer coisa alguma que se compara ao quanto deve a Deus.

E segundo a quantidade proporcional, quando não é proporcionado ao fim. A finalidade do culto divino é que o homem dê glória a Deus e a ele se submeta pelo espírito e pelo corpo. Por isso, qualquer coisa que o homem faça, para a glória de Deus e para que o espírito a Ele se submeta, bem como o corpo, pela prudente mortificação da concupiscência, de acordo com a orientação de Deus e da Igreja e com os costumes sociais, não é supérflua no culto divino.

Mas, se alguma coisa em si mesma não se refere à glória de Deus, não conduz o homem a Deus e não serve para refrear com moderação a concupiscência; ou mesmo contrarie o que foi instituído por Deus e pela Igreja, e os bons costumes sociais (pois estes, segundo Agostinho, "devem ser considerados como lei"), tudo isso deverá ser tido como supérfluo e supersticioso, porque se limita a exterioridades e não pertence ao culto divino[e].

---

1. C. 3: ML 40, 232.
2. C. 18, n. 28: ML 34, 49.
3. *Ad Casulan.*, ep. 36, al. 86, c. 1, n. 2: ML 33, 136.

e. Vê-se a importância atribuída aos costumes locais, mas principalmente ao "costume geral da Igreja", que, "possui força de lei". "O costume da Igreja possui a mais alta autoridade..." (II-II, q. 10, a. 12). Os princípios e critérios evocados nesta questão eram da maior atualidade, dada o florescimento das práticas litúrgicas, ascéticas e místicas na Idade Média. Permanecem como referências preciosas e oportunas, quando a renovação e a vitalidade da liturgia pedem a proscrição de todo arbitrário, mas exigem sobretudo o espírito de iniciativa a serviço do culto divino e de um verdadeiro sentido da Igreja.

cultum non pertinet. Unde Augustinus, in libro *de Vera Relig.*⁴, inducit quod dicitur Lc 17,21, *Regnum Dei intra vos est*, contra *superstitiosos*, qui scilicet exterioribus principalem curam impendunt.

AD PRIMUM ergo dicendum quod in ipsa Dei glorificatione implicatur quod id quod fit pertineat ad Dei gloriam. Per quod excluditur superstitionis superfluitas.

AD SECUNDUM dicendum quod per fidem, spem et caritatem anima subiic°itur Deo. Unde in eis non potest esse aliquid superfluum. Aliud autem est de exterioribus actibus, qui quandoque ad haec non pertinent.

AD TERTIUM dicendum quod ratio illa procedit de superfluo quantum ad quantitatem absolutam.

Donde Agostinho, explicando o texto evangélico: "O reino de Deus está dentro de vós", escrever: "Esta afirmação é contra os supersticiosos que principalmente cuidam das exterioridades".

QUANTO AO 1º, portanto, deve-se dizer que o próprio ato de glorificar a Deus implicitamente contém tudo o que pertence à sua glória. Assim, fica afastado o supérfluo supersticioso.

QUANTO AO 2º, deve-se dizer que pela fé, esperança e caridade a alma se submete a Deus. Donde nelas nada haverá de supérfluo. Mas os atos exteriores nem sempre são movidos por essas virtudes.

QUANTO AO 3º, deve-se dizer que a razão apresentada refere-se ao supérfluo concernente à quantidade absoluta.

---

4. C. 3, n. 4: ML 34, 125.

## QUAESTIO XCIV
## DE IDOLOLATRIA
*in quatuor articulos divisa*
Deinde considerandum est de idololatria.
Et circa hoc quaeruntur quatuor.
*Primo:* utrum idololatria sit species superstitionis.

## QUESTÃO 94
## A IDOLATRIA[a]
*em quatro artigos*
Em seguida deve-se tratar da idolatria.
A esse respeito, quatro questões.
1. A idolatria é uma espécie de superstição?

---

a. Este estudo da idolatria se apresenta como o desfecho de um longo processo, em parte tentado pelos filósofos, prosseguido por Sto. Agostinho, do qual o teólogo medieval coordena e elabora as principais idéias e posições. Com efeito, para as informações históricas e doutrinais, para as distinções e análises dos diferentes tipos de idolatria, Sto. Tomás cita Varão, Cícero e Sto. Agostinho. Este último especialmente pela obra *A Cidade de Deus* pode ser considerado como a fonte imediata da questão 94.

A originalidade da síntese tomista deriva da convergência e da coerência que ela imprimirá a um conjunto de teses cuidadosamente elucidadas e demonstradas. A primeira é a definição da idolatria como uma espécie de superstição (a. 1). Ao mesmo tempo em que enfatiza a afinidade da idolatria com a infidelidade, com a ausência ou recusa da fé (ver a. 1, obj. 1), a reflexão teológica a vincula direta e essencialmente ao domínio da religião. A idolatria será caracterizada primeiramente como um desvio moral, do qual se analisam as raízes antropológicas, psicológicas e culturais, e da qual se evidenciam as relações prévias ou concomitantes com a recusa da fé. Manifesta-se, assim, toda a malícia da idolatria, como atitude voluntária comportando a inversão mais radical da ordem ética, a rejeição da subordinação do homem a Deus e a transferência à criatura da soberana homenagem devida só ao Criador. Tal é a dimensão propriamente moral que desenvolvem os artigos 2 e 3.

Essa compreensão ética e teológica da idolatria, revela toda sua profundidade e fecundidade na busca da causa desse pecado, tão grave e todavia tão frequente na história da humanidade (a. 4). Tem origem nas disposições do homem que a influência diabólica conduz ao extremo da perversão. Menos por prodígios extraordinários do que pela fraqueza e malícia humanas, o demônio afirma sua presença e seu poder destruidor. Aqui como em toda parte, neste tratado e no conjunto da Suma, essa demonologia remete ao conhecimento do homem e à vigilância moral. O homem encontra em si mesmo uma tripla causa que o dispõe à idolatria: o desregramento do coração pelo amor desordenado, o desvio do gosto natural pelas imagens, e o desconhecimento da infinita perfeição de Deus. Esses fatores são considerados no passado, nos inícios da perversão religiosa e moral da humanidade, esclarecidos principalmente pelo testemunho da Escritura. São diretamente aplicados à idolatria anterior à difusão do Evangelho, que provocou o seu recuo, devido ao triunfo de Cristo sobre o demônio (ver a. 4, sol. 2).

Seria interessante, de resto, ampliar as perspectivas e confrontar esse modelo bíblico e religioso com os problemas surgidos posteriormente em razão do desenvolvimento das formas secularizadas de idolatria, marcadas por modelos bem diferentes de "desregramento do coração", de apego narcísico e erótico às "imagens", e derivando finalmente num ateísmo doutrinal ou prático, que é a face moderna do "desconhecimento" da "infinita perfeição de Deus".

*Secundo:* utrum sit peccatum.
*Tertio:* utrum sit gravissimum peccatorum.
*Quarto:* de causa huius peccati. Utrum autem cum idololatris sit communicandum, dictum est supra, cum de infidelitate ageretur.

2. É pecado?
3. É o mais grave dos pecados?
4. A causa deste pecado. Se se deve manter comunicação com os idólatras, já foi tratado quando se falou da infidelidade.

## Articulus 1
### Utrum idololatria recte ponatur species superstitionis

AD PRIMUM SIC PROCEDITUR. Videtur quod idololatria non recte ponatur species superstitionis.

1. Sicut enim haeretici sunt infideles, ita et idololatrae. Sed haeresis est species infidelitatis, ut supra[1] habitum est. Ergo et idolatria: non autem superstitionis.

2. PRAETEREA, latria pertinet ad virtutem religionis, cui opponitur superstitio. Sed *idolo-latria* videtur univoce dici latria cum ea quae ad veram religionem pertinet: sicut enim appetitus falsae beatitudinis univoce dicitur cum appetitu verae beatitudinis, ita cultus falsorum deorum, qui dicitur idolatria, univoce videtur dici cum cultu veri Dei, qui est latria verae religionis. Ergo idololatria non est species superstitionis.

3. PRAETEREA, id quod nihil est non potest esse alicuius generis species. Sed idolatria nihil esse videtur. Dicit enim Apostolus, 1Cor 8,4: *Scimus quia nihil est idolum in mundo*: et infra, 10,19: *Quid ergo? Dico quod idolis immolatum sit aliquid? aut quod idolum sit aliquid?* quasi dicat, *Non.* Immolare autem idolis proprie ad idolatriam pertinet. Ergo idololatria, quasi nihil existens, non potest esse superstitionis species.

4. PRAETEREA, ad superstitionem pertinet exhibere cultum divinum cui non debetur. Sed cultus divinus, sicut non debetur idolis, ita nec aliis creaturis: unde Rm 1,25 quidam vituperantur de hoc quod *coluerunt et servierunt potius creaturis quam Creatori*. Ergo inconvenienter huiusmodi superstitionis species *idolo-latria* nominatur, sed deberet potius nominari *latria creaturae*.

SED CONTRA est quod At 17,16 dicitur quod *Paulus cum Athenis expectaret, incitabatur spi-*

## Artigo 1
### É certo considerar a idolatria como uma espécie de superstição?

QUANTO AO PRIMEIRO ARTIGO, ASSIM SE PROCEDE: parece que **não** é certo considerar a idolatria como uma espécie da superstição.

1. Com efeito, como são infiéis os heréticos, também os idólatras. Ora, heresia, como foi estabelecido, é uma espécie de infidelidade. Logo, também a idolatria, que não é uma espécie de superstição.

2. ALÉM DISSO, a latria pertence à virtude de religião, e esta se opõe à superstição. Ora, no termo ido-latria, latria tem sentido unívoco com aquilo que pertence à verdadeira religião, assim como o apetite da falsa bem-aventurança tem sentido unívoco com o apetite da verdadeira bem-aventurança, assim também o culto de deuses falsos chamado idolatria tem sentido unívoco com o culto do verdadeiro Deus, que é a latria da verdadeira religião. Logo, a idolatria não é espécie de superstição.

3. ADEMAIS, o nada não tem gênero nem espécie. Ora, a idolatria corresponde ao nada, segundo o Apóstolo: "Sabemos que o ídolo não é coisa alguma na realidade"; e: "Por acaso estou afirmando ser alguma coisa o que é imolado para um ídolo? Ou que o ídolo seja alguma coisa?" A pergunta do Apóstolo corresponde a uma negativa. Ora, imolar para o ídolo é ato de idolatria. Logo, a idolatria, por se identificar com o nada, não pode ser espécie de superstição.

4. ADEMAIS, o objeto da superstição consiste em prestar culto divino a quem não se deve prestar. Por isso, não se deve prestar culto divino aos ídolos nem às demais criaturas. Escreve a respeito o Apóstolo, verberando aqueles que "cultuaram e mais serviram às criaturas, que ao Criador". Logo, não é bom chamar essa superstição de espécie da idolatria, mas, antes, de adoração da criatura.

EM SENTIDO CONTRÁRIO, lê-se nos Atos dos Apóstolos: "Quando Paulo os esperava em Atenas,

---

1 PARALL.: III *Sent.*, dist. 9, q. 1, a. 1, q.la 3, ad 3; *Cont. Gent.* III, 120.
1. Q. 11, a. 1.

*ritus eius in ipso, videns idololatriae deditam civitatem*: et postea dixit, v. 22: *Viri Athenienses per omnia quasi superstitiosos vos iudico*. Ergo idolatria ad superstitionem pertinet.

RESPONDEO dicendum quod, sicut supra[2] dictum est, ad superstitionem pertinet excedere debitum modum divini cultus. Quod quidem praecipue fit quando divinus cultus exhibetur cui non debet exhiberi. Debet autem exhiberi soli summo Deo increato: ut supra[3] habitum est, cum de religione ageretur. Et ideo, cuicumque: creaturae divinus cultus exhibeatur, superstitiosum est.

Huiusmodi autem cultus divinus, sicut creaturis sensibilibus exhibebatur per aliqua sensibilia signa, puta sacrificia, ludos et alia huiusmodi; ita etiam exhibebatur creaturae repraesentatae per aliquam sensibilem formam seu figuram, quae *idolum* dicitur. Diversimode tamen cultus divinus idolis exhibebatur. Quidam enim per quandam nefariam artem imagines quasdam construebant quae virtute daemonum aliquos certos effectus habebant: unde putabant in ipsis imaginibus esse aliquid divinitatis; et quod per consequens divinus cultus eis deberetur. Et haec fuit opinio Hermetis Trismegisti[4]; ut Augustinus dicit, in VIII de *Civ. Dei*[5]. Alii vero non exhibebant cultum divinitatis ipsis imaginibus, sed creaturis quarum erant imagines. Et utrumque horum tangit Apostolus, *ad* Rom 1. Nam quantum ad primum, dicit [v. 23]: *Mutaverunt gloriam incorruptibilis Dei in similitudinem imaginis corruptibilis hominis, et volucrum et quadrupedum et serpentium*. Quantum autem ad secundum, subdit [v. 25]: *Coluerunt et servierunt potius creaturae quam Creatori*.

Horum tamen fuit triplex opinio. Quidam enim aestimabant quosdam homines deos fuisse, quos per eorum imagines colebant: sicut Iovem, Mercurium, et alios huiusmodi. — Quidam vero aestimabant totum mundum esse unum Deum: non propter corporalem substantiam, sed propter animam, quam Deum esse credebant, dicentes Deum nihil aliud esse quam *animam motu et ratione mundum gubernantem*; sicut et homo dicitur sapiens propter animam, non propter corpus. Unde putabant toti mundo, et omnibus partibus eius, esse cultum divinitatis exhibendum, caelo, aeri, aquae, et omnibus huiusmodi. Et ad haec referebant nomina et imagines suorum deorum sicut

comovia-se ao ver que toda a cidade se entregava aos ídolos". Por esse motivo, assim falou: "Atenienses, pelo que vejo eu vos julgo como supersticiosos". Logo, a idolatria pertence à superstição.

RESPONDO. Como foi dito acima, a superstição ultrapassa o meio-termo devido ao culto divino. Acontece isso, principalmente, quando se presta o culto divino a quem não compete recebê-lo. Deve esse culto ser prestado somente ao Deus Supremo e incriado, como acima foi dito, quando se tratou da religião. Por isso, o culto divino prestado a qualquer criatura é supersticioso.

Esse culto divino, como é prestado às criaturas mediante sinais sensíveis, quais sejam sacrifícios, jogos e coisas semelhantes, assim também é prestado à criatura representada por alguma forma ou figura sensível, que se chama ídolo. De muitas maneiras se presta culto divino aos ídolos. Há os que, exercendo uma arte criminosa, modelam objetos que pela força demoníaca produzem alguns efeitos, e pensavam que nessas imagens se manifesta uma força divina, e que por isso dever-se-ia prestar-lhes culto divino. Assim pensava, segundo Agostinho, Hermes Trimegisto. Outros, não prestavam culto divino às próprias imagens, mas às criaturas por elas representadas. Dessas duas perversões trata o Apóstolo; assim se refere à primeira: "Transportavam a glória de Deus incorruptível para a imagem do homem corruptível, dos pássaros, dos quadrúpedes e das serpentes". Referindo-se à segunda, acrescenta: "Cultuaram e serviram mais às criaturas que ao Criador".

Quanto a esse segundo grupo, houve três opiniões. Uns pensavam que alguns homens fossem deuses e os cultuavam nas imagens, como aconteceu no culto a Júpiter, a Mercúrio e a outros deuses. — Outros acreditavam que o mundo inteiro fosse o único e Supremo Deus, não pensando que Ele tivesse corpo, mas reduzindo-o a uma alma que "governa o mundo pelo movimento e pela razão", como também o homem é inteligente, não devido ao corpo, mas à alma. Por isso, acreditavam que ao mundo todo e às suas partes se devia prestar culto divino: ao céu, ao ar, à água e às suas partes corpóreas. Ademais, davam a esses elementos nomes divinos, bem como às imagens representativas

---

2. Q. 92, a. 1, 2.
3. Q. 81, a. 1.
4. Vide *Corpus Hermeticum*, t. II, *Asclepius*, ed. A. D. Nock et A.-J. Festugière, Paris 1945, pp. 325-326, 347-348.
5. C. 23, n. 1: ML 41, 247.

Varro dicebat, et narrat Augustinus, VII *de Civ. Dei*[6]. — Alii vero, scilicet Platonici, posuerunt unum esse summum Deum, causam omnium; post quem ponebant esse substantias quasdam spirituales a summo Deo creatas, quas deos nominabant, participatione scilicet divinitatis, nos autem eos angelos dicimus; post quos ponebant animas caelestium corporum; et sub his daemones, quos dicebant esse aerea quaedam animalia; et sub his ponebant animas hominum, quas per virtutis meritum ad deorum vel daemonum societatem assumi credebant. Et omnibus his cultum divinitatis exhibebant: ut Augustinus narrat, in XVIII *de Civ. Dei*[7].

Has autem duas ultimas opiniones dicebant pertinere ad *physicam theologiam*: quam philosophi considerabant in mundo, et docebant in scholis. — Aliam vero, de cultu hominum, dicebant pertinere ad *theologiam fabularem*: quae secundum figmenta poetarum repraesentabatur in theatris. — Aliam vero opinionem, de imaginibus, dicebant pertinere ad *civilem theologiam*: quae per pontifices celebrabatur in templis.

Omnia autem haec ad superstitionem idolatriae pertinebant. Unde Augustinus dicit, in II de *Doct. Christ.*[8]: *Superstitiosum est quidquid institutum ab hominibus est ad facienda et colenda idola pertinens, vel ad colendam sicut Deum creaturam partemve ullam creaturae.*

AD PRIMUM ergo dicendum quod sicut religio non est fides, sed fidei protestatio per aliqua exteriora signa, ita superstitio est quaedam infidelitatis protestatio per exteriorem cultum. Quam quidem protestationem nomen idolatriae significat: non autem nomen haeresis, sed solum falsam opinionem. Et ideo haeresis est species infidelitatis: sed idolatria est species superstitionis.

AD SECUNDUM dicendum quod nomen latriae dupliciter accipi potest. Uno modo potest significare humanum actum ad cultum Dei pertinentem. Et secundum hoc, non variatur significatio huius nominis *latria*, cuicumque exhibeatur: quia illud cui exhibetur non cadet, secundum hoc, in eius definitione. Et secundum hoc latria univoce dicetur secundum quod pertinet ad veram religionem, et secundum quod pertinet ad idololatriam: sicut

desses elementos divinizados. Agostinho relata-nos que essa foi a doutrina esposada por Varro. — O terceiro grupo é o dos platônicos, que admitiam existir um deus supremo, causa de todas as coisas, e que pouco abaixo dele estavam algumas substâncias espirituais por ele criadas e também chamadas de deuses, participantes da divindade, que nós chamamos anjos; logo abaixo estavam as almas dos corpos celestes, abaixo das quais vinham os demônios, tidos como animais aéreos. Finalmente, no degrau mais inferior afirmavam estar as almas humanas, as quais, pelo merecimento das virtudes, participavam do convívio dos deuses ou dos demônios. E a todas essas coisas citadas prestavam culto divino, segundo Agostinho.

Diziam que estas duas últimas opiniões pertencem à *teologia física*, que os filósofos consideravam no mundo e ensinavam nas escolas. — Diziam que a opinião referente ao culto dos homens pertencia à *teologia mitológica*, representada no teatro pelas composições dos poetas. — Diziam que a posição referente às imagens pertence à *teologia civil*, celebrada pelos pontífices nos templos.

Todas essas coisas pertenciam à superstição idolátrica. Por isso, dizer Agostinho: "É supersticioso tudo aquilo que foi instituído pelos homens para esculpir ídolos e adorá-los, ou para louvar as criaturas ou a uma parte do mundo, como se fossem deuses".

QUANTO AO 1º, portanto, deve-se dizer que assim como a religião não é fé, mas confissão da fé mediante sinais exteriores, também a superstição é certa profissão de infidelidade mediante sinais exteriores. Profissão esta que é expressa pela idolatria, e não pela palavra heresia, mas só uma falsa opinião. Por isso, a heresia é uma espécie de infidelidade. Mas a idolatria é uma espécie de superstição.

QUANTO AO 2º, deve-se dizer que a palavra latria pode ser tomado em dois sentidos. Em primeiro lugar, poderá significar um ato humano pertencente ao culto devido a Deus. Segundo essa significação, é invariável, seja ele referido a quem quer que seja, porque a pessoa a quem é dirigida não entra na sua definição. Neste sentido latria se diz univocamente quer se refira à verdadeira religião quer à idolatria. Semelhantemente, a

---

6. C. 5 sqq.: ML 41, 198 sqq.
7. C. 14: ML 41, 572. Cfr. l. VIII, cc. 13, 14 (num. 2), 16: ML 41, 237, 239, 241.
8. C. 20, n. 30: ML 34, 50.

solutio tributi univoce dicitur sive exhibeatur vero regi, sive falso. — Alio modo accipitur latria prout est idem religioni. Et sic, cum sit virtus, de ratione eius est quod cultus divinus exhibeatur ei cui debet exhiberi. Et secundum hoc latria aequivoce dicetur de latria verae religionis, et de idololatria: sicut prudentia aequivoce dicitur de prudentia quae est virtus, et de prudentia quae est carnis.

AD TERTIUM dicendum quod Apostolus intelligit *nihil esse in mundo*, quia imagines illae quae idola dicebantur, non erant animatae aut aliquam virtutem divinitatis habentes, sicut Hermes ponebat[9], quasi esset aliquid compositum ex spiritu et corpore. — Et similiter intelligendum est quod *idolis immolatum non est aliquid*, quia per huiusmodi immolationem carnes immolatitiae neque aliquam sanctificationem consequebantur, ut gentiles putabant; neque aliquam immunditiam, ut putabant Iudaei.

AD QUARTUM dicendum quod ex communi consuetudine qua creaturas quascumque colebant gentiles sub quibusdam imaginibus, impositum est hoc nomen *idololatria* ad significandum quemcumque cultum creaturae, et etiam si sine imaginibus fieret.

ARTICULUS 2
## Utrum idololatria sit peccatum

AD SECUNDUM SIC PROCEDITUR. Videtur quod idololatria non sit peccatum.
1. Nihil enim est peccatum quod vera fides in cultum Dei assumit. Sed vera fides imagines quasdam assumit ad divinum cultum: nam et in tabernaculo erant imagines cherubim, ut legitur Ex 25,18sqq.; et in ecclesia quaedam imagines ponuntur quas fideles adorant. Ergo idololatria, secundum quam idola adorantur, non est peccatum.
2. PRAETEREA, cuilibet superiori est reverentia exhibenda. Sed angeli et animae sanctorum sunt nobis superiores. Ergo, si eis exhibeatur reverentia per aliquem cultum vel sacrificiorum vel aliquorum huiusmodi, non erit peccatum.
3. PRAETEREA, summus Deus interiori cultu mentis est colendus: secundum illud Io 4,24: *Deum oportet adorare in spiritu et veritate*. Et Augustinus dicit, in *Enchirid.*[1], quod *Deus coli-*

expressão pagar tributo é unívoca, quer o tributo seja pago ao rei verdadeiro, ou ao falso rei. — Em segundo lugar, o termo latria significa o mesmo que religião. Assim, sendo uma virtude deve prestar culto divino e a quem deve ser prestado. Mas, enquanto virtude, latria é atribuída equivocamente à verdadeira religião e à idolatria, como também é equívoco o termo prudência ao ser referido à virtude de prudência e à prudência da carne.

QUANTO AO 3º, deve-se dizer que a expressão paulina "não é coisa alguma na realidade" é usada pelo Apóstolo referindo-se às imagens dos ídolos, que não tinham alma nem virtude divina alguma, como Hermes afirmava, como se elas fossem compostas de alma e corpo. Também a expressão paulina "o que é imolado para os ídolos não é coisa alguma", entende-se que as carnes dos animais sacrificados nenhuma santificação produziam, o que negavam os gentios, nem impureza alguma, como julgavam.

QUANTO AO 4º, deve-se dizer que ao costume comum dos gentios de cultuar qualquer criatura em imagens, foi atribuído o nome de idolatria para designar o culto prestado à criatura, mesmo que não fossem usadas as imagens.

ARTIGO 2
## A idolatria é pecado?

QUANTO AO SEGUNDO, ASSIM SE PROCEDE: parece que a idolatria **não** é pecado.
1. Com efeito, não há pecado no que é assumido no culto divino da verdadeira fé. Ora, esse culto assume imagens, pois no tabernáculo havia imagens de querubins, e na igreja vemos imagens adoradas pelos fiéis. Logo, a idolatria, enquanto adora os ídolos, não é pecado.

2. ALÉM DISSO, deve-se dar a devida reverência a qualquer superior. Ora, os anjos e as almas dos santos são superiores a nós. Logo, se a eles prestasse reverência por algum culto, por sacrifícios e coisas semelhantes, não há pecado.

3. ADEMAIS, o Sumo Deus deve ser cultuado por ato interior do espírito, como está no Evangelho de João: "Deus deve ser adorado em espírito e em verdade". Agostinho diz que: "Deus é cultuado

---

9. Vide in c. art.

PARALL.: *Cont. Gent.* III, 120; *De Dec. Praecept.* etc., c. *de Primo Praecept.*; *ad Rom.*, c. 1, lect. 7.
1. C. 3: ML 40, 232.

*tur fide, spe et caritate.* Potest autem contingere quod aliquis exterius idola colat, interius tamen a vera fide non discedat. Ergo videtur quod sine praeiudicio divini cultus possit aliquis exterius idola colere.

SED CONTRA est quod Ex 20,5 dicitur: *Non adorabis ea*, scilicet exterius, *neque coles*, scilicet interius, ut Glossa[2] exponit: et loquitur de sculptilibus et imaginibus. Ergo peccatum est idolis exteriorem vel interiorem cultum exhibere.

RESPONDEO dicendum quod circa hoc aliqui dupliciter erraverunt. Quidam enim putaverunt quod offerre sacrificium et alia ad latriam pertinentia non solum summo Deo, sed etiam aliis supra[3] dictis, est debitum et per se bonum eo quod superiori cuilibet naturae divinam reverentiam exhibendam putant, quasi Deo propinquiori. — Sed hoc irrationabiliter dicitur. Nam etsi omnes superiores revereri debeamus, non tamen eadem reverentia omnibus debetur, sed aliquid speciale debetur summo Deo, qui singulari ratione omnes excellit: et hic est latriae cultus. — Nec potest dici, sicut quidam putaverunt, *haec visibilia sacrificia diis aliis congruere, illi vero summo Deo, tanquam meliori, meliora, scilicet purae mentis officia*: quia, ut Augustinus dicit, in X *de Civ. Dei*[4], *exteriora sacrificia ita sunt signa interiorum sicut verba sonantia signa sunt rerum. Quocirca, sicut orantes atque laudantes ad eum dirigimus significantes voces cui res ipsas in corde quas significamus offerimus, ita, sacrificantes, non alteri visibile sacrificium offerendum esse noverimus quam ei cuius in cordibus nostris invisibile sacrificium nos ipsi esse debemus.*

Alii vero aestimaverunt latriae cultum exteriorem non esse idolis exhibendum tanquam per se bonum aut opportunum, sed tanquam vulgari consuetudini consonum: ut Augustinus, in VI *de Civ. Dei*[5], introducit Senecam dicentem: *Sic, inquit, adorabimus ut meminerimus huiusmodi cultum magis ad morem quam ad rem pertinere.* Et in libro *de Vera Relig.*[6] Augustinus dicit

pela fé, pela esperança e pela caridade". Ora, pode acontecer que alguém externamente preste culto aos ídolos, sem perder no seu interior a verdadeira fé. Logo, parece que sem prejuízo para o culto divino pode alguém prestar culto externo aos ídolos.

EM SENTIDO CONTRÁRIO, lê-se no livro do Êxodo: "Não adorarás, isto é, exteriormente, nem lhes prestarás culto, isto é, interiormente", como a Glosa expõe: "trata-se de esculturas e de imagens". Logo, é pecado prestar culto exterior ou interior aos ídolos.

RESPONDO. Dois erros surgiram relativos à pergunta deste artigo. O primeiro é o daqueles que pensavam que oferecer sacrifícios e outras coisas referentes à latria, não só ao Sumo Deus, como também às criaturas anteriormente enumeradas, é obrigatório e benéfico. Para elas, qualquer natureza superior merece que se lhe preste o culto divino, como mais próximos de Deus. — Mas essa opinião é irracional, porque embora devamos reverenciar todos os superiores, a mesma reverência não é para todos, mas de modo especial se reverencia a Deus, porque está acima de todos eles; esta reverência é o culto de latria. — Também não se há de aceitar o que alguns afirmavam: "Os sacrifícios visíveis convêm a outros deuses; mas ao Deus verdadeiro, devido à sua maior perfeição, lhe convêm os mais perfeitos, isto é, os atos interiores de uma alma pura", porque, como Agostinho escreve: "Os sacrifícios externos são sinais dos internos como as palavras são sinais das coisas. Assim como, quando oramos e louvamos a Deus, a Ele dirigimos as nossas palavras significativas, transmitindo-lhe exteriormente o que está em nossas almas, assim também, quando sacrificamos, devemos estar cientes de que não convém oferecer sacrifícios visíveis a não ser a esse Deus, a quem nós mesmos nos oferecemos como sacrifício invisível".

O segundo erro é o daqueles que pensavam que o culto exterior não deve se prestado aos ídolos por ser bom ou oportuno, mas para estar de acordo com os costumes do povo. Agostinho usa as palavras de Sêneca para caracterizar essa posição: "Adoramos, desse modo, para nos lembrarmos que tal culto é praticado não porque contenha ritos verdadeiros, mas para seguir os costumes".

---

2. Ordin.: ML 113, 252 C.
3. Art. 1.
4. C. 19: ML 41, 297.
5. C. 10, n. 3: ML 41, 191-192.
6. C. 5, n. 8: ML 34, 126.

*non esse religionem a philosophiam quaerendam, qui eadem sacra recipiebant cum populis, et de suorum deorum natura ac summo bono diversas contrariasque sententias in scholis personabant.* Et hunc etiam errorem secuti sunt quidam haeretici asserentes non esse perniciosum si quis, persecutionis tempore deprehensus, exterius idola colat, dum tamen fidem servat in mente. — Sed hoc apparet manifeste falsum. Nam cum exterior cultus sit signum interioris cultus, sicut est perniciosum mendacium si quis verbis asserat contrarium eius quod per veram fidem tenet in corde, ita etiam est perniciosa falsitas si quis exteriorem cultum exhibeat alicui contra id quod sentit in mente. Unde Augustinus dicit contra Senecam, in VI *de Civ. Dei*[7], quod *eo damnabilius colebat idola, quo illa quae mendaciter agebat sic ageret ut cum populo veraciter agere existimaretur.*

AD PRIMUM ergo dicendum quod neque in veteris legis tabernaculo seu templo, neque etiam nunc in ecclesia imagines instituuntur ut eis cultus latriae exhibeatur: sed ad quandam significationem, ut per huiusmodi imagines mentibus hominum imprimatur et confirmetur fides de excellentia angelorum et sanctorum. — Secus autem est de imagine Christi, cui, ratione deitatis, latria debetur, ut dicetur in Tertio[8].

AD SECUNDUM et TERTIUM patet responsio per ea quae dicta sunt.

Em outro artigo escreve Agostinho: "Não se deve procurar a religião nos filósofos, porque praticam os ritos sagrados com o povo, mas nas suas escolas ventilam sentenças contrárias concernentes aos seus deuses e ao sumo bem". Alguns hereticos também erravam ao dizerem que não há pecado, quando um cristão, nas perseguições, ao ser descoberto, exteriormente cultuava um ídolo, conservando, porém, a fé interior. — Mas isso é evidentemente falso. Sendo o culto exterior sinal do interior, assim como é pernicioso uma mentira quando se afirma em palavras o contrário da fé que nutre na alma, também é perniciosa a falsidade quando no culto exterior se manifesta a alguém o contrário do que lhe vai no coração. Nestas palavras, Agostinho refuta Sêneca: "O culto aos ídolos tornava-se ainda mais condenável, porque cultuava os ídolos fingindo diante do povo que estava agindo com sinceridade".

QUANTO AO 1º, portanto, deve-se dizer que o culto de latria jamais foi exibido às imagens nos tabernáculos e sinagogas da Antiga Lei, nem agora nas igrejas. Presta-se culto às imagens para significar que pelas imagens sensíveis, é confirmada na alma a fé concernente à excelência dos anjos e dos santos. — É diferente, porém, quando o culto se presta à imagem de Cristo, pois sendo Deus recebe o culto de latria, como se verá na III Parte.

QUANTO AO 2º E 3º, deve-se dizer que a essas objeções refuta-se com as explicações acima propostas.

### ARTICULUS 3
### Utrum idololatria sit gravissimum peccatorum

AD TERTIUM SIC PROCEDITUR. Videtur quod idololatria non sit gravissimum peccatorum.

1. *Pessimum* enim *optimo opponitur*, ut dicitur in VIII *Ethic.*[1]. Sed cultus interior, qui consistit in fide, spe et caritate, est melior quam cultus exterior. Ergo infidelitas, desperatio et odium Dei, quae opponuntur cultui interiori, sunt graviora peccata quam idolatria, quae opponitur cultui exteriori.

2. PRAETEREA, tanto aliquod peccatum est gravius quanto magis est contra Deum. Sed directius

### ARTIGO 3
### A idolatria é o maior dos pecados?

QUANTO AO TERCEIRO, ASSIM SE PROCEDE: parece que a idolatria **não** é o maior dos pecados.

1. Com efeito, diz o Filósofo: "O péssimo é o oposto do ótimo". Ora, o culto interior que se manifesta na fé, na esperança e na caridade é melhor que o culto exterior. Logo, a infidelidade, o desespero e o ódio a Deus, pecados que se opõem ao culto interior, são mais graves que o da idolatria, que se opõe ao culto exterior.

2. ALÉM DISSO, tanto mais um pecado é grave, quanto mais for contra Deus. Ora, quem blasfema

---
7. C. 10, n. 3: ML 41, 192.
8. Q. 25, a. 3.

3 PARALL.: IV *Sent.*, dist. 13, q. 2, a. 2; I *ad Cor.*, c. 12, lect. 1.

1. C. 12: 1160, b, 9-12.

videtur aliquis contra Deum agere blasphemando, vel fidem impugnando, quam cultum Dei alii exhibendo, quod pertinet ad idololatriam. Ergo blasphemia vel impugnatio fidei est gravius peccatum quam idololatria.

3. PRAETEREA, minora mala maioribus malis puniri videntur. Sed peccatum idololatriae punitum est peccato contra naturam, ut dicitur Rm 1,23 sqq. Ergo peccatum contra naturam est gravius peccato idololatriae.

4. PRAETEREA, Augustinus dicit, XX *contra Faust.*[2]: *Neque vos*, scilicet Manichaeos, *paganos dicimus, aut schisma paganorum: sed habere cum eis quandam similitudinem, eo quod multos colatis deos. Verum vos esse eis longe deteriores: quod illi ea colunt quae sunt, sed pro diis colenda non sunt; vos autem ea colitis quae omnino non sunt.* Ergo vitium haereticae pravitatis est gravius quam idololatria.

5. PRAETEREA, super illud Gl 4,9, *Quomodo convertimini iterum ad infirma et egena elementa*? dicit Glossa Hieronymi[3]: *Legis observantia, cui dediti tunc erant, erat peccatum paene par servituti idolorum, cui ante conversionem vacaverant.* Non ergo peccatum idololatriae est gravissimum.

SED CONTRA est quod Levit. 15, super illud quod dicitur de immunditia mulieris patientis fluxum sanguinis, dicit Glossa[4]: *Omne peccatum est immunditia animae, sed idololatria maxime*.

RESPONDEO dicendum quod gravitas alicuius peccati potest attendi dupliciter. Uno modo, ex parte ipsius peccati. Et sic peccatum idololatriae est gravissimum. Sicut enim in terrena republica gravissimum esse videtur quod aliquis honorem regium alteri impendat quam vero regi, quia quantum in se est, totum reipublicae perturbat ordinem; ita in peccatis quae contra Deum committuntur, quae tamen sunt maxima, gravissimum esse videtur quod aliquis honorem divinum creaturae impendat: quia quantum est in se, facit alium Deum in mundo, minuens principatum divinum.

Alio modo potest attendi gravitas peccati *ex parte peccantis*: sicut dicitur esse gravius peccatum eius qui peccat scienter quam eius qui peccat ignoranter. Et secundum hoc nihil prohibet gravius peccare haereticos, qui scienter corrumpunt fidem

agindo contra Deus ou impugnando a fé peca mais diretamente contra Ele, que aquele que presta a outras coisas o culto devido a Deus, o que se refere à idolatria. Logo, blasfemar ou impugnar a fé é pecado mais grave que o da idolatria.

3. ADEMAIS, parece que os males menores são punidos por males maiores. Ora, segundo a Carta aos Romanos, o pecado de idolatria foi punido pelos pecados contra a natureza. Logo, o pecado contra a natureza é mais grave que o pecado de idolatria.

4. ADEMAIS, escreve Agostinho, dirigindo-se ao maniqueus: "Não digo que sois pagãos, nem que formais uma seita dos pagãos, mas que tendes alguma semelhança com eles ao prestardes culto a muitos deuses. Na verdade, sois muito piores, porque eles cultuam seres reais, embora não devam ser cultuados como deuses, mas vós cultuais seres que nada são". Logo, o mal de uma heresia é maior que o da idolatria.

5. ADEMAIS, na Glosa de Jerônimo, quando explica a repreensão aos Gálatas: "Como voltastes para os fracos e pobres elementos?", lê-se: "A volta para a observância da lei era um pecado semelhante à servidão aos ídolos, aos quais antes da conversão se submetiam". Logo, a idolatria não é o pecado mais grave.

EM SENTIDO CONTRÁRIO, a Glosa diz, a respeito da mulher impura pelo fluxo de sangue, da qual trata o livro do Levítico: "Todo pecado é impureza da alma, mas a idolatria é a maior".

RESPONDO. A gravidade do pecado pode ser entendida de duas maneiras. A primeira maneira refere-se ao próprio pecado, e, nesta acepção, a idolatria é o mais grave de todos os pecados. Como na sociedade política é gravíssimo que se transfira a honra devida ao rei para outra pessoa, porque esse ato destrói a organização de toda a sociedade, também os pecados que se cometem contra Deus são os mais graves, e será gravíssimo que se transfira a honra devida a Deus para alguma criatura. Ademais, essa transferência por si mesma admite no mundo outro deus e assim diminui o primado de Deus.

A segunda maneira refere-se à gravidade do pecado considerando-se o pecador, pois, como foi dito acima, é mais grave o pecado daquele que peca conscientemente, do que o pecado de quem ignora a sua gravidade. Sob esse aspecto,

---

2. C. 5: ML 42, 371.
3. LOMBARDI: ML 192, 141 B. Cfr. Interl.
4. Ordin.: ML 113, 340 C.

quam acceperunt, quam idololatras ignoranter peccantes. Et similiter etiam aliqua alia peccata possunt esse maiora propter maiorem contemptum peccantis.

AD PRIMUM ergo dicendum quod idololatria praesupponit interiorem infidelitatem, et adiicit exterius indebitum cultum. Si vero sit exterior tantum idololatria absque interiori infidelitate, additur culpa falsitatis, ut prius[5] dictum est.

AD SECUNDUM dicendum quod idololatria includit magnam blasphemiam: inquantum Deo subtrahitur dominii singularitas. Et fidem opere impugnat idololatria.

AD TERTIUM dicendum quod quia de ratione poenae est quod sit contra voluntatem, peccatum per quod aliud punitur oportet esse magis manifestum, ut ex hoc homo sibi ipsi et aliis detestabilis reddatur: non autem oportet quod sit gravius. Et secundum hoc, peccatum contra naturam minus est quam peccatum idololatriae, sed quia est manifestius, ponitur quasi conveniens poena peccati idololatriae: ut scilicet, sicut homo per idololatriam pervertit ordinem divini honoris, ita per peccatum contra naturam propriae naturae confusibilem perversitatem patiatur.

AD QUARTUM dicendum quod haeresis Manichaeorum, etiam quantum ad genus peccati, gravior est quam peccatum aliorum idololatrarum: quia magis derogant divino honori, ponentes duos deos contrarios, et multa vana fabulosa de Deo fingentes. Secus autem est de aliis haereticis, qui unum Deum confitentur et eum solum colunt.

AD QUINTUM dicendum quod observatio legis tempore gratiae non est omnino aequalis idololatriae secundum genus peccati, sed *paene aequalis*: quia utrumque est species pestiferae superstitionis.

os heréticos pecam mais gravemente, porque conscientes corrompem a fé que possuem, do que os idólatras quando pecam ignorando a verdade. Também outros pecados podem ser mais graves devido ao maior desprezo de quem peca.

QUANTO AO 1º, portanto, deve-se dizer que a idolatria supõe a infidelidade interior, acrescida exteriormente do culto indevido. Se, porém, a idolatria é somente exterior sem a infidelidade interior, ser-lhe-á acrescida a culpa de ser falsa, como foi acima dito.

QUANTO AO 2º, deve-se dizer que a idolatria inclui uma grande blasfêmia, porque retira de Deus o domínio que é só seu. Ademais, é praticamente negação da fé.

QUANTO AO 3º, deve-se dizer que é essencial à pena ser contra a vontade de quem a recebe. Por isso, o pecado que pune outro pecado deverá ser mais manifesto, para que o pecador e os outros considerem detestável, mas não é necessário que seja mais grave. Nesse sentido, o pecado contra a natureza, é menos grave que o da idolatria, mas, como é mais manifesto, é afirmado como pena conveniente ao pecado de idolatria. Assim como, pela idolatria, o homem subverte a ordenação da honra devida a Deus, também no pecado contra a natureza, ele recebe o castigo de ter em sua natureza uma perversidade destruidora.

QUANTO AO 4º, deve-se dizer que a heresia dos maniqueus, também quanto ao gênero do pecado, é maior pecado que o dos outros idólatras: diminuem eles mais a honra devida a Deus, ao admitirem dois deuses opostos, e também, quando simulam vãs fábulas a respeito de Deus. Contrário a isso é o que fazem os outros heréticos, porque aceitam que haja um único Deus e só a Ele prestam culto.

QUANTO AO 5º, deve-se dizer que a observância da lei mosaica no tempo da graça não é totalmente igual à da idolatria, segundo o gênero do pecado, mas quase igual, porque ambas são perniciosas espécies da superstição.

## ARTICULUS 4
### Utrum causa idololatriae fuerit ex parte hominis

AD QUARTUM SIC PROCEDITUR. Videtur quod causa idololatriae non fuerit ex parte hominis.

## ARTIGO 4
### O homem é a causa da idolatria?

QUANTO AO QUARTO, ASSIM SE PROCEDE: parece que o homem **não** é a causa da idolatria.

---

5. Art. praec.

4    PARALL.: *Cont. Gent.* III, 120; *De Dec. Praecept.*, c. *de Primo Praecept.*; I *ad Cor.*, c. 12, lect. 1.

1. In homine enim nihil est nisi vel natura, vel virtus, vel culpa. Sed causa idololatriae non potuit esse ex parte naturae hominis: quin potius naturalis ratio hominis dictat quod sit unus Deus, et quod non sit mortuis cultus divinus exhibendus, neque rebus inanimatis. Similiter etiam nec idololatria habet causam in homine ex parte virtutis: quia *non potest arbor bona fructus malos facere*, ut dicitur Mt 7,18. Neque etiam ex parte culpae: quia, ut dicitur Sap 14,27: *Infandorum idolorum cultura omnis mali causa est, et initium et finis*. Ergo idololatria non habet causam ex parte hominis.

2. PRAETEREA, ea quae ex parte hominis causantur, omni tempore in hominibus inveniuntur. Non autem semper fuit idololatria, sed in secunda aetate legitur esse adinventa: vel a Nemrod, qui, ut dicitur, cogebat homines ignem adorare; vel a Nino, qui imaginem patris sui Beli adorari fecit. Apud Graecos autem, ut Isidorus[1] refert, *Prometheus primus simulacra hominum de luto finxit. Iudaei vero dicunt quod Ismael primus simulacra de luto fecit*. Cessavit etiam in sexta aetate idololatria ex magna parte. Ergo idololatria non habuit causam ex parte hominis.

3. PRAETEREA, Augustinus dicit, XXI *de Civ. Dei*[2]: *Neque potuit primum, nisi illis*, scilicet daemonibus, *docentibus, disci quid quisque illorum appetat, quid exhorreat, quo invitetur nomine, quo cogatur: unde magicae artes, earumque artifices extiterunt*. Eadem autem ratio videtur esse de idololatria. Ergo idololatriae causa non est ex parte hominum.

SED CONTRA est quod dicitur Sap 14,14: *Supervacuitas hominum haec*, scilicet idola, *adinvenit in orbe terrarum*.

RESPONDEO dicendum quod *idololatriae est duplex causa. Una quidem dispositiva. Et haec fuit ex parte hominum*. Et hoc tripliciter. Primo quidem, ex inordinatione affectus: prout scilicet homines aliquem hominem vel nimis amantes vel nimis venerantes, honorem divinum ei impenderunt. Et haec causa assignatur Sap 14,15: *Acerbo luctu dolens pater cito sibi rapti filii fecit imaginem; et illum qui tunc, quasi homo, mortuus fuerat, tanquam Deum colere coepit*. Et ibidem etiam subditur [v. 21] quod *homines, aut affectui aut regibus deservientes, incommunicabile nomen*, scilicet divinitatis, *lignis et lapidibus imposuerunt*.

1. Com efeito, no homem apenas há a natureza, a virtude ou a culpa. Ora, a causa da idolatria não pode ser a natureza humana, pois, se o fosse, a razão natural não o levaria a afirmar que só há um Deus, que não se deve prestar culto aos mortos nem às coisas inanimadas. Também a virtude não será causa da idolatria, porque "a boa árvore não produz frutos maus". Nem a culpa causará a idolatria, porque, como diz o livro da Sabedoria: "O abominável culto dos ídolos é a causa, o início e o fim de todos os males". Logo, o homem não é a causa da idolatria.

2. ALÉM DISSO, o que procede da natureza humana em todos os tempos manifesta-se no homem. Ora, a idolatria não existiu sempre, pois lê-se que apareceu na segunda idade, ou por Nemrod, que, segundo se diz, obrigava os homens adorarem o fogo, ou por Nino, que mandou adorar a imagem de seu pai, Bal. Entre os gregos, segundo Isidoro: "Foi Prometeu quem por primeiro modelou imagens humanas de barro, e entre os judeus, Ismael". Ademais, na sexta idade a idolatria desapareceu quase por completo. Logo, o homem não foi a causa da idolatria.

3. ADEMAIS, diz Agostinho, a respeito da idolatria: "No princípio só pelos ensinamentos dos demônios é que se poderia saber a intenção de cada um deles: o que rejeita, o que pretende quem o invocou e o que o atrai. Deles nasceram as artes da magia e os seus autores". Ora, a mesma razão pode ser atribuída à idolatria. Logo, a causa da idolatria não são os homens.

EM SENTIDO CONTRÁRIO, lê-se no livro da Sabedoria: "Foi a vaidade dos homens que introduziu os ídolos no mundo".

RESPONDO. Dupla é a causa da idolatria: a primeira é dispositiva. Esta se encontra no próprio homem de três maneiras: primeiro, pela desordem da afeição, enquanto o homem, por muito amar ou venerar outro homem, tributou-lhe honras divinas. Esta causa é lembrada na Escritura: "Mergulhado em imensa dor, por ter a morte cedo lhe roubado o filho, o pai quer conservá-lo na imagem que manda esculpir e tributa ao falecido as honras dadas a Deus". E logo a seguir, lê-se: "Os homens, movidos pela afeição ou para servirem aos reis, o nome incomunicável de Deus atribuíram à madeira ou às pedras".

---

1. *Etymol.*, l. VIII, c. 11, nn. 7, 8: ML 82, 315 A.
2. C. 6, n. 1: ML 41, 717.

Secundo, propter hoc quod homo naturaliter de repraesentatione delectatur, ut Philosophus dicit, in *Poetica* sua[3]. Et ideo homines rudes a principio videntes per diligentiam artificum imagines hominum expressive factas, divinitatis cultum eis impenderunt. Unde dicitur Sap 13,11, 13,17: *Si quis artifex faber de silva lignum rectum secuerit; et per scientiam suae artis figuret illud et assimilet imagini hominis: de substantia sua, et filiis et nuptiis, votum faciens, inquirit.*

Tertio, propter ignorantiam veri Dei: cuius excellentiam homines non considerantes, quibusdam creaturis, propter pulchritudinem seu virtutem, divinitatis cultum exhibuerunt. Unde dicitur Sap 13,1-2: *Neque, operibus attendentes, agnoverunt quis esset artifex. Sed aut ignem, aut spiritum, aut citatum aerem, aut gyrum stellarum, aut nimiam aquam, aut solem, aut lunam, rectores orbis terrarum deos, putaverunt.*

Alia autem causa idololatriae fuit consummativa, ex parte daemonum, qui se colendos hominibus errantibus exhibuerunt in idolis, dando responsa et aliqua quae videbantur hominibus mirabilia faciendo. Unde et in Ps 95,5 dicitur: *Omnes dii gentium daemonia.*

AD PRIMUM ergo dicendum quod causa dispositiva idololatriae fuit, ex parte hominis, naturae defectus vel per ignorantiam intellectus, vel per deordinationem affectus, ut dictum est[4]. Et hoc etiam ad culpam pertinet. — Dicitur autem idololatria esse *causa, initium et finis omnis peccati*, quia non est aliquod genus peccati quod interdum idololatria non producat: vel expresse inducendo, per modum causae; vel occasionem praebendo, per modum initii; vel per modum finis, inquantum peccata aliqua assumebantur in cultum idolorum, sicut occisiones hominum et mutilationes membrorum, et alia huiusmodi. Et tamen aliqua peccata possunt idololatriam praecedere, quae ad ipsam hominem disponunt.

AD SECUNDUM dicendum quod in prima aetate non fuit idololatria propter recentem memoriam creationis mundi, ex qua adhuc vigebat cognitio unius Dei in mente hominum. — In sexta autem aetate idololatria est exclusa per doctrinam et virtutem Christi, qui de diabolo triumphavit.

AD TERTIUM dicendum quod ratio illa procedit de causa consummativa idololatriae.

Segundo, pelo prazer que naturalmente o homem sente ao olhar para as imagens representativas das coisas, segundo reconhece o Filósofo. Por isso, os homens, rudes que eram no princípio, vendo as expressivas imagens cuidadosamente fabricadas, prestavam-lhes o culto divino. Lê-se na Escritura a respeito: "Corta o hábil lenhador um tronco bem escolhido, com arte dá-lhe uma figura humana, e logo pede-lhe em oração pelas suas terras, por suas esposas e por seus filhos".

Terceiro, pela ignorância que se possa ter do verdadeiro Deus sem conhecer a excelência Dele, prestam culto divino a algumas criaturas que se manifestam belas e fortes. Por isso, lê-se na Escritura: "Nem vendo as obras conheceram quem as fez. Mas imaginaram serem deuses governantes do universo o fogo, os espíritos, os ventos, o curso das estrelas, as águas impetuosas, o sol, a lua...".

Outra causa da idolatria é a consumativa, da parte dos demônios. Estes se apresentaram aos homens ignorantes em forma de ídolos, manifestando coisas extraordinárias, respondendo-lhes às perguntas. Por isso, diz o Salmista: "Os deuses dos povos não passam de demônios".

QUANTO AO 1º, portanto, deve-se dizer que a causa dispositiva da idolatria é, da parte do homem, algum defeito natural devido ou à sua inteligência limitada ou ao seu amor desequilibrado, como foi dito. Mas isto também é culpável. — Quando se afirma que a idolatria é a causa, o início e o fim do pecado, é porque não há gênero de pecado que, de um ou de outro modo ela não produza, ou por clara indução, como causa, ou como ocasião, no início, ou como o fim visado, enquanto alguns pecados eram assumidos no culto aos ídolos, como assassinatos, mutilações etc. Todavia, outros pecados poderão preceder ao da idolatria, que poderão dispor os homens para praticá-la.

QUANTO AO 2º, deve-se dizer que na primeira idade do mundo, quando os homens ainda conservavam na memória a criação do mundo pela qual se mantinha o conhecimento do único Deus, não se praticava a idolatria. — Na sexta idade, a idolatria foi abandonada por causa da doutrina e da força de Cristo, vitorioso contra o diabo.

QUANTO AO 3º, deve-se dizer que o argumento se refere à causa consumativa da idolatria.

---

3. C. 4: 1448, b, 9-12.
4. In corp.

## QUAESTIO XCV
## DE SUPERSTITIONE DIVINATIVA
*in octo articulos divisa*

Deinde considerandum est de superstitione divinativa.
Et circa hoc quaeruntur octo.
*Primo*: utrum divinatio sit peccatum.
*Secundo*: utrum sit species superstitionis.

## QUESTÃO 95
## A SUPERSTIÇÃO DIVINATÓRIA[a]
*em oito artigos*

Em seguida deve-se tratar da superstição divinatória.
A esse respeito, oito questões.
1. É pecado a adivinhação?
2. É uma espécie de superstição?

---

a. As duas questões intimamente vinculadas sobre a adivinhação (q. 95) e as práticas supersticiosas (q. 96) dão mostras de uma informação ampla e circunstanciada, indo de par com a preocupação de uma análise precisa tendo em vista mostrar a natureza e a malícia próprias dessas diferentes espécies de superstição. Contrariamente à idolatria, que se considera praticamente relegada ao passado, o tema presente diz respeito à atualidade. O recurso aos procedimentos divinatórios, aos ritos, às observações, às fórmulas mágicas, chegando ao ponto da feitiçaria, todo esse vasto universo da superstição coabita com a piedade medieval, exigindo de todas as instâncias da cristandade uma vigilância constante, quando não uma verdadeira mobilização. As disposições do direito, as disciplinas canônicas e litúrgicas, em especial as penitenciais, dão mostras de um esforço geral e combinado da Igreja no sentido de prevenir ou extirpar essa praga ameaçadora, ou renascente, que são as práticas supersticiosas. Elas invadem todos os domínios da existência, em particular aqueles que introduzem os homens em situações incertezas e de perigo, aventura e desventuras, fracassos, doenças e a morte. A crença no poder dos espíritos, na intervenção dos mortos e mais ainda dos demônios, é reforçada por uma mentalidade animista. Atribui virtudes benéficas ou maléficas a todo um mundo formado de coisas, de plantas, de animais, de encontros e coincidências, nos quais o acaso anuncia o prodígio.

Sob uma forma elaborada, que se beneficia das pesquisas e reflexões dos mestres dos séculos XII e XIII, Sto. Tomás apresentará uma síntese teológica verdadeiramente atenta aos problemas e às necessidades da Igreja de seu tempo. Ele menciona as medidas e disposições canônicas (ver, por exemplo: q. 95, a. 1, *s.c.*; a. 8, *s.c.* e resp. 3...). Suas detalhadas enumerações remetem aos catálogos de pecados descritos pelos livros penitenciais, sem que se possa por isso inferir uma dependência literária. Muito provavelmente, ocorre aqui uma coincidência, que se explica pelo caráter geral dos fatos supersticiosos, algo de que também dão mostra as intervenções e escritos provenientes da Inquisição (desde a metade do século XIII).

Porém, bem mais do que pela extensão da informação e pela inserção no contexto histórico e pastoral da época, a originalidade de Sto. Tomás irá se afirmar pela profundidade de seu olhar voltado para o fenômeno da superstição, e mais especialmente para as razões da curiosidade supersticiosa. Esse fenômeno será analisado e julgado à luz de uma teoria da inteligência, de uma ética do conhecimento e de uma teologia das relações do homem com o invisível. A natureza, as possibilidades, a extensão e os limites do conhecimento, e mais precisamente os meios apropriados dos quais dispõe o homem para explorar o universo, para se abrir à compreensão de si mesmo e de seu destino, foram cuidadosamente estudados (em particular em: I, q. 78-79, 84-88; essas passagens interessam à q. 95, sobretudo quando são relacionados com I, q. 115-116). Confere-se ao conhecimento humano um estatuto bem preciso: por sua natureza, é chamado a decifrar o universo material, não sendo capaz de aceder ao conhecimento das coisas espirituais senão através de imagens e ideias obtidas a partir de experiências sensíveis. Vê-se portanto desprovido do poder natural de apreender as realidades e as forças inteiramente espirituais: as almas dos defuntos, os espíritos, Deus; tendo todavia a possibilidade e mesmo o dever como exigência inscrita em seu ser de abrir-se ao Criador numa atitude de docilidade, de aceitação e de revelação, e na disposição de se deixar "iluminar" pelos dons divinos da fé, que respeita e eleva a dignidade e as capacidades da natureza humana.

Essa compreensão das possibilidades e limites da natureza e do conhecimento humanos funda as exigências éticas que estão condensadas e aplicadas aqui. O homem deve cultivar o saber, desenvolver sua inteligência no domínio que lhe é próprio e pelos procedimentos que lhe convêm, recusando degradar-se pelo apelo a práticas insensatas, pela consulta das coisas ou pessoas incapazes de instruí-lo. Deve-se acima de tudo evitar buscar o conhecimento junto ao adversário de Deus e do homem, ou mesmo de expor-se a ser enganado ou desviado por ele. No conhecimento se encontra, com efeito, o princípio de um processo de conversão ou de perversão, duplo movimento que se desenvolve na religião no desenvolvimento da inteligência, que termina na atitude racional e livre de docilidade à palavra e à graça de Deus, ou na abdicação da razão, que se abandona a toda espécie de credulidade, arriscando-se desse modo a incidir finalmente nas ilusões diabólicas.

Na verdade, essa visão teológica não conduz o autor a investigar onde começa a intervenção direta do demônio, a estabelecer critérios, provas ou sinais de sua ação, menos ainda de sua presença. Tudo o que não é razoável, todo procedimento insensato e inepto visando desvendar os enigmas do invisível, do futuro, da boa e má sorte nos negócios ou no amor, tendo em vista orientar suas ações e destino, tudo isso já é em si condenável, tendo uma relação direta ou indireta com o demônio.

Tal é a doutrina que dará as grandes referências, os princípios que permitem ordenar as múltiplas categorias da adivinhação, mas principalmente de apreciá-las pelo ângulo ético e religioso.

Os dois primeiros artigos mostram em quê a adivinhação é um pecado (a. 1), situando-a na categoria da superstição (a. 2). O artigo 3 enumera e explica as diferentes espécies de adivinhação que serão estudadas minuciosamente nos cinco artigos seguintes, numa ordem aparentemente decrescente, ou segundo o afastamento das influências humanas: o demônio (a. 4), os agentes mais distantes, menos facilmente manipuláveis: os astros (a. 5), os sonhos (a. 6); finalmente, os augúrios e outros indícios semelhantes (a. 7) e as sortes (a. 8).

A exposição, rica em detalhes e análises, liga-se aos princípios explicativos, muitas vezes baseados sobre a observação e a compreensão das tendências humanas. Permanece portanto de uma surpreendente atualidade.

*Tertio*: de speciebus divinationis.
*Quarto*: de divinatione quae fit per daemones.
*Quinto*: de divinatione quae fit per astra.
*Sexto*: de divinatione quae fit per somnia.
*Septimo*: de divinatione quae fit per auguria et alias huiusmodi observationes.
*Octavo*: de divinatione quae fit per sortes.

3. Espécies de adivinhação.
4. A adivinhação feita por meio dos demônios.
5. A adivinhação feita por meio dos astros.
6. A adivinhação feita a partir dos sonhos.
7. A adivinhação feita mediante agouros e outras práticas semelhantes.
8. A adivinhação que se faz pelo lançamento de sortes.

## Articulus 1
### Utrum divinatio ait peccatum

AD PRIMUM SIC PROCEDITUR. Videtur quod divinatio non sit peccatum.
1. Divinatio enim ab aliquo *divino* nominatur. Sed ea quae sunt divina magis ad sanctitatem pertinent quam ad peccatum. Ergo videtur quod divinatio non est peccatum.
2. PRAETEREA, Augustinus dicit, in libro de *Lib Arbit.*[1]: *Quis audeat dicere disciplinam esse malum*? Et iterum: *Nullo modo dixerim aliquam intelligentiam malam esse posse*. Sed aliquae artes sunt divinativae: ut patet per Philosophum, in libro *de Memoria*[2], Videtur etiam ipsa divinatio ad aliquam inteligentiam veritatis pertinere. Ergo videtur quod divinatio non sit peccatum.
3. PRAETEREA, naturalis inclinatio non est ad aliquod malum: quia natura non inclinat nisi ad simile sibi. Sed ex naturali inclinatione homines sollicitantur praenoscere futuros eventus, quod pertinet ad divinationem. Ergo divinatio non est peccatum.

SED CONTRA est quod dicitur Dt 18,11: *Non sit qui pythones consulat, neque divinos*. Et in Decretis, XXVI, qu. 5[3], dicitur: *Qui divinationes expetunt, sub regulis quinquennii iaceant, secundum gradus poenitentiae definitos*.

RESPONDEO dicendum quod in nomine divinationis intelligitur quaedam praenuntiatio futurorum.

## Artigo 1
### É pecado a adivinhação?

QUANTO AO PRIMEIRO ARTIGO, ASSIM SE PROCEDE: parece que a adivinhação **não** é pecado.
1. Com efeito, o termo adivinhação deriva, etimologicamente, de divino. Ora, o que é divino leva mais à virtude que ao pecado. Logo, a adivinhação não é pecado[b].
2. ALÉM DISSO, diz Agostinho: "Quem ousará dizer que a aprendizagem é um mal?" E acrescenta: "Jamais diria que é má a compreensão de alguma coisa". Ora, Aristóteles reconhece que há uma arte adivinhatória. Parece também que a adivinhação se refere à compreensão de uma verdade. Logo, parece que a adivinhação não é pecado.
3. ADEMAIS, a inclinação natural das coisas não é para algo mau, porque a natureza inclina para o que lhe é semelhante. Ora, por inclinação natural o homem é solicitado a conhecer o futuro, e nisto consiste a adivinhação. Logo, a adivinhação não é pecado[c].

EM SENTIDO CONTRÁRIO, lê-se no livro do Deuteronômio: "Não deve haver entre vós quem consulte pitões nem adivinhadores". Lê-se também nas Decretais: "Quem se serviu das adivinhações seja punido por cinco anos, e segundo os graus de penitência prescritos".

RESPONDO. O termo adivinhação significa um certo conhecimento antecipado dos eventos

---

1 PARALL.: *Cont. Gent.* III, 154; *in Isaiam*, c. 3.

1. L. I, c. 1, nn. 2, 3: ML 32, 1223.
2. C. 1: 449, b, 12-13.
3. GRATIANUS, *Decretum*, p. II, causa 26, q. 5, can. 2: ed. Richter-Friedberg, t. I, p. 1027.

b. Por sua própria origem, o termo adivinhação contém uma ambiguidade, exprimindo uma atividade que tem relação com o divino. Mas, longe de significar uma participação no conhecimento divino, que é a vocação do homem segundo a revelação bíblica, designa aqui uma usurpação, a pretensão descabida de ser "como Deus" e sem Deus, o que está na própria raiz do pecado.

c. As objeções 2 e 3 levantam problemas da natureza e dos limites do conhecimento humano e, por consequência, de sua legitimidade e de seu domínio específico. A resposta o explicará da maneira mais clara, para inferir a conclusão: "Não se falará de adivinhação... quando a previsão for acessível à razão humana; tampouco no caso de um conhecimento recebido pela revelação divina". Essa conclusão dominará toda a questão: será aplicada aos problemas específicos suscitados pelas diferentes espécies de adivinhação, e pelas práticas ligadas à "arte notória" (q. 96, a. 1).

Futura autem dupliciter praenosci possunt: uno quidem modo, in suis causis; alio modo, in seipsis. Causae autem futurorum tripliciter se habent. Quaedam enim producunt ex necessitate et semper suos effectus. Et huiusmodi effectus futuri per certitudinem praenosci possunt et praenuntiari ex consideratione suarum causarum: sicut astrologi praenuntiant eclipses futuras. — Quaedam vero causae producunt suos effectus non ex necessitate et semper, sed ut in pluribus, raro tamen deficiunt. Et per huiusmodi causas possunt praenosci futuri effectus, non quidem per certitudinem, sed per quandam coniecturam: sicut astrologi per considerationem stellarum quaedam praenoscere et praenuntiare possunt de pluviis et siccitatibus, et medici de sanitate vel morte.

Quaedam vero causae sunt quae, si secundum se considerentur, se habent ad utrumlibet: quod praecipue videtur de potentiis rationalibus, quae se habent ad opposita, secundum Philosophum[4]. Et tales effectus, vel etiam si qui effectus ut in paucioribus casu accidunt ex naturalibus causis, per considerationem causarum praenosci non possunt: quia eorum causae non habent inclinationem determinatam ad huiusmodi effectus. Et ideo effectus huiusmodi praenosci non possunt nisi in seipsis considerentur. Homines autem in seipsis huiusmodi effectus considerare possunt solum dum sunt praesentes, sicut cum homo videt Socratem currere vel ambulare. Sed considerare huiusmodi in seipsis antequam fiant, est Dei proprium, qui solus in sua aeternitate videt ea quae futura sunt quasi praesentia, ut in Primo[5] habitum est: unde dicitur Is 41,23: *Annuntiate quae futura sunt in futurum, et sciemus quoniam dii estis vos*. Si quis ergo huiusmodi futura praenoscere aut praenuntiare quocumque modo praesumpserit, nisi Deo revelante, manifeste usurpat sibi quod Dei est. Et ex hoc aliqui *divini* dicuntur: unde dicit Isidorus, in libro *Etymol*.[6]. *Divini dicti quasi Deo pleni: divinitate enim se plenos simulant, et astutia quadam fraudulentiae hominibus futura coniectant*.

Divinatio ergo non dicitur si quis praenuntiet ea quae ex necessario eveniunt vel ut in pluribus, quae humana ratione praenosci possunt. Neque etiam si quis futura alia contingentia, Deo revelante, cognoscat: tunc enim non ipse divinat, idest, quod divinum est facit, sed magis quod divinum est suscipit. Tunc autem solum dicitur divinare

futuros, os quais podem ser conhecidos de duas formas: nas causas ou em si mesmos. As causas desses eventos são de três tipos. Algumas produzem os efeitos sempre e necessariamente. Esses efeitos futuros poderão ser conhecidos e prenunciados com certeza pela consideração de suas causas, como por exemplo quando os astrônomos preveem os eclipses da lua. — Outras produzem os efeitos não necessariamente e não sempre, mas na maioria das vezes. Raramente falham, podendo, pois, esses efeitos ser conhecidos com antecedência, mas sem certeza. Eles são afirmados mediante probabilidades, como os astrônomos, que podem conhecer e anunciar com antecedência as chuvas e as secas pela observação das estrelas, e os médicos a respeito da saúde ou da morte.

Outras causas, se considerarem em si mesmas, manifestam-se indiferentes para este ou aquele efeito. Isto acontece sobretudo nas potências intelectivas que atingem objetos opostos, conforme o Filósofo. Esses efeitos, como também os que se resultam em poucos casos de causas naturais, não podem ser previstos, porque essas causas não se inclinam determinantemente a produzir tais efeitos. Por isso, tais efeitos não podem ser previstos, mas somente são conhecidos em si mesmos. E, somente são conhecidos estando presentes, como quando vemos Sócrates correr ou andar. Conhecer tais efeitos em si mesmos antes de acontecerem, pertence só a Deus, que na eternidade contempla o futuro como o presente, conforme se disse na I Parte. Donde ler-se na Escritura: "Anunciai o que acontecerá no futuro, e verificaremos que sois deuses". Quem, pois, presumir conhecer ou prenunciar de qualquer modo tal futuro, a não ser que tenha recebido uma revelação de Deus, evidentemente usurpa para si o que é de Deus. Será, então, alcunhado de adivinho, segundo ensina Isidoro: "São chamados de adivinhos, como se estivessem cheios de Deus; simulam estarem cheios da divindade e, mediante fraudulenta astúcia, dão palpites sobre o futuro".

Do que aqui foi exposto, conclui-se que adivinhação não é prenunciar o que necessariamente irá acontecer, ao menos na maioria das vezes, e que pode ser conhecido pela mente humana. Nem também, conhecer os futuros contingentes por revelação divina, propriamente não é ele que adivinha, isto é, não faz o que é divino, mas recebe

---

4. *Met.*, l. IX, cc. 2, 5: 1046, b, 4-7; 1048, a, 8-10; 1050, b, 30-34.
5. Cfr. I, q. 14, a. 13 c; q. 57, a. 3 c; q. 86, a. 4 c.
6. L. VIII, c. 9, n. 14: ML 82, 312 B.

quando sibi indebito modo usurpat praenuntiationem futurorum eventuum. Hoc autem constat esse peccatum. Unde divinatio semper est peccatum. Et propter hoc Hieronymus dicit, *super Michaeam*[7], quod *divinatio semper in malam partem accipitur*.

AD PRIMUM ergo dicendum quod divinatio non dicitur ab ordinata participatione alicuius divini, sed ab indebita usurpatione, ut dictum est[8].

AD SECUNDUM dicendum quod artes quaedam sunt ad praecognoscendum futuros eventus qui ex necessitate vel frequenter proveniunt, quod ad divinationem non pertinet. Sed ad alios futuros eventus cognoscendos non sunt aliquae verae artes seu disciplinae, sed fallaces et vanae, ex deceptione daemonum introductae; ut dicit Augustinus, in XXI de *Civ. Dei*[9].

AD TERTIUM dicendum quod homo habet naturalem indinationem ad cognoscendum futura secundum modum humanum: non autem secundum indebitum divinationis modum.

o que é divino. A adivinhação somente acontece quando o homem de maneira indevida usurpa o prenúncio daquilo que vai haver no futuro. Essa adivinhação é sempre pecaminosa, como diz Jerônimo: "A adivinhação é sempre considerada no sentido maléfico".

QUANTO AO 1º, portanto, deve-se dizer que o termo adivinhação não significa a devida participação no divino, mas a usurpação indevida, como foi visto acima.

QUANTO AO 2º, deve-se dizer que as artes que se usam para previsão dos eventos necessários ou dos mais prováveis não se atribui a noção de adivinhação. Mas é essa noção atribuída às falsas artes que objetivam conhecer os outros eventos futuros, e que também não são arte nem ciência, até porque foram introduzidas pelos demônios, segundo afirma Agostinho.

QUANTO AO 3º, deve-se dizer que o homem possui a inclinação natural para conhecer o futuro, mas não pela maneira indevida da adivinhação.

## ARTICULUS 2
### Utrum divinatio sit species superstitionis

AD SECUNDUM SIC PROCEDITUR. Videtur quod divinatio non sit species superstitionis.

1. Idem enim non potest esse species diversorum generum. Sed divinatio videtur esse species curiositatis; ut Augustinus dicit, in libro *de Vera Relig.*[1]. Ergo videtur quod non sit species superstitionis.
2. PRAETEREA, sicut religio est cultus debitus, ita superstitio est cultus indebitus. Sed divinatio non videtur ad aliquem cultum indebitum pertinere. Ergo divinatio non pertinet ad superstitionem.
3. PRAETEREA, superstitio religioni opponitur. Sed in vera religione non invenitur aliquid divinationi per contrarium respondens. Ergo divinatio non est species superstitionis.

SED CONTRA est quod Origenes dicit, in *Periarchon*[2]: *Est quaedam operatio daemonum in ministerio praescientiae, quae artibus quibusdam*

## ARTIGO 2
### A adivinhação é uma espécie de superstição?

QUANTO AO SEGUNDO, ASSIM SE PROCEDE: parece que a adivinhação **não** é uma espécie da superstição.

1. Com efeito, a mesma espécie não pode estar em gêneros diversos. Ora, a adivinhação parece ser espécie de curiosidade, como diz Agostinho. Logo, parece que não é espécie de superstição.
2. ALÉM DISSO, assim como a religião tem por objeto o culto devido, a superstição, o indevido. Ora, a adivinhação não parece pertencer a algum culto indevido. Logo, não se refere à superstição.
3. ADEMAIS, a superstição opõe-se à religião. Ora, não se encontra na verdadeira religião algo que se oponha à adivinhação como um contrário. Logo, a adivinhação não é uma espécie de superstição.

EM SENTIDO CONTRÁRIO, escreve Orígenes: "Os demônios interferem na prática da presciência, que parece ser alcançada por aqueles que se venderam

---

7. L. I, super 3, 9 sqq.: ML 25, 1183 B.
8. In corp.
9. C. 8, n. 2: ML 41, 721; cfr. l. V, c. 7: ML 41, 147, *De Gen. ad litt.*, l. II, c. 17: ML 34, 278.

PARALL.: Supra, q. 92, a. 2.

1. Cfr. *De doctr. christ.*, l. II, c. 23, n. 35; c. 24, n. 37: ML 34, 52, 53; *De divin. daemon.*, c. 3: ML 40, 584.
2. Cfr. Hom. 16 *in Num.*, n. 7: MG 12, 697 B.

*ab his qui se daemonibus mancipaverunt, nunc per sortes, nunc per auguria, nunc ex contemplatione umbrarum comprehendi videtur. Haec autem omnia operatione daemonum fieri non dubito.* Sed sicut Augustinus dicit, in II *de Doct. Christ.*[3], quidquid procedit ex societate daemonum et hominum superstitiosum est. Ergo divinatio est species superstitionis.

RESPONDEO dicendum quod, sicut supra[4] dictum est, superstitio importat indebitum cultum divinitatis. Ad cultum autem Dei pertinet aliquid dupliciter. Uno modo, cum aliquid Deo offertur: vel sacrificium, vel oblatio, vel aliquid huiusmodi. Alio modo, cum aliquid divinum assumitur: sicut dictum est supra[5] de iuramento. Et ideo ad superstitionem pertinet non solum cum sacrificium daemonibus offertur per idololatriam, sed etiam cum aliquis assumit auxilium daemonum ad aliquid faciendum vel cognoscendum. Omnis autem divinatio ex operatione daemonum provenit: vel quia expresse daemones invocantur ad futura manifestanda; vel quia daemones se ingerunt vanis inquisitionibus futurorum, ut mentes hominum implicent vanitate; de qua vanitate in Ps 39,5 dicitur: *Non respexit in vanitates et insanias falsas.* Vana autem inquisitio futurorum est quando aliquis futurum praenoscere tentat unde praenosci non potest. Unde manifestum est quod divinatio species superstitionis est.

AD PRIMUM ergo dicendum quod divinatio pertinet ad curiositatem quantum ad finem intentum, qui est praecognitio futurorum. Sed pertinet ad superstitionem quantum ad modum operationis.

AD SECUNDUM dicendum quod huiusmodi divinatio pertinet ad cultum daemonum, inquantum aliquis utitur quodam pacto tacito vel expresso cum daemonibus.

AD TERTIUM dicendum quod in nova lege mens hominis arcetur a temporalium sollicitudine: et ideo non est in nova lege aliquid institutum ad praecognitionem eventuum futurorum de temporalibus rebus. In veteri autem lege, quae promittebat terrena, erant consultationes de futuris, ad religionem pertinentes: unde dicitur Is 8,19: *Et cum dixerint ad vos: Quaerite a pythonibus et a divinis, qui strident incantationibus suis,* subdit, quasi responsionem: *Numquid non populus a Deo suo requiret visionem pro vivis et mortuis?* —

aos demônios por certas práticas, às vezes pelo lançamentos de sorte, às vezes por agouros, às vezes pela observação das sombras. Não tenho dúvidas de que tudo isso é obra dos demônios". Ora, Agostinho diz que tudo que resulta da união do homem com o demônio é supersticioso. Logo, a adivinhação é uma espécie da superstição.

RESPONDO. Como acima foi dito, a superstição consiste no culto indevido à divindade. De duas maneiras algo pode pertencer ao culto divino: quando se oferece a Deus alguma coisa, como sacrifícios, oblações e coisas semelhantes. E quando alguém assume para si mesmo algo divino, como se viu ao tratarmos do juramento. Por isso, pertence à superstição não somente quando se oferecem sacrifícios aos demônios adorando-os, como também quando alguém dele recebe auxílio para fazer ou conhecer alguma coisa. Ora, toda adivinhação é obra dos demônios, quer claramente invocando-os para se saber o futuro, quer porque o demônio se envolve em vãos prognósticos do futuro para envolver os homens em sua própria vaidade. A respeito desta, diz o Salmista: "Feliz quem não buscou vaidades nem falsas loucuras". Há vã investigação do futuro quando alguém tenta conhecê-lo a partir do que não pode ser conhecido. Logo, é claro que a adivinhação é espécie de superstição.

QUANTO AO 1º, portanto, deve-se dizer que a adivinhação pertence à curiosidade quanto ao fim intencionado, que é a preciência das coisas futuras. Mas pertence à superstição quanto ao modo da operação.

QUANTO AO 2º, deve-se dizer que essa adivinhação é culto aos demônios, enquanto com eles se fazem pactos tácitos ou expressos.

QUANTO AO 3º, deve-se dizer que a Nova Lei leva o homem a se afastar dos cuidados temporais. Por esse motivo, nela não existe algo instituído para conhecer o futuro das coisas temporais. Mas, na Antiga Lei, que prometia bem temporais, existiam as consultas de caráter religioso a respeito do futuro. Por isso, a Escritura diz: "Quando vos disserem para procurar os mágicos e os adivinhos que, com gritos e ranger dos dentes, fazem os seus encantamentos", acrescenta, a modo de resposta: "Não deverá um povo antes consultar o seu Deus

---

3. Cc. 20, 23: ML 34, 50, 52.
4. Q. 92, a. 1, 2; q. 94, a. 1.
5. Q. 89, Introd.; a. 4, ad 2.

Fuerunt tamen in novo Testamento etiam aliqui prophetiae spiritum habentes, qui multa de futuris eventibus praedixerunt.

## Articulus 3
### Utrum sit determinare plures divinationis species

AD TERTIUM SIC PROCEDITUR. Videtur quod non sit determinare plures divinationis species.

1. Ubi enim est una ratio peccandi, non videntur esse plures peccati species. Sed in omni divinatione est una ratio peccandi: quia scilicet utitur aliquis pacto daemonum ad cognoscendum futura. Ergo divinationis non sunt diversae species.

2. PRAETEREA, actus humanus speciem sortitur ex fine, ut supra[1] habitum est. Sed omnis divinatio ordinatur ad unum finem, scilicet ad praenuntiationem futurorum. Ergo omnis divinatio est unius speciei.

3. PRAETEREA, signa non diversificant speciem peccati: sive enim aliquis detrahat verbis, vel scripto vel nutu, est eadem peccati species. Sed divinationes non videntur differre nisi secundum diversa signa ex quibus accipitur praecognitio futurorum. Ergo non sunt diversae divinationis species.

SED CONTRA est quod Isidorus, in libro *Etymol.*[2], enumerat diversas species divinationis.

RESPONDEO dicendum quod, sicut dictum est[3], omnis divinatio utitur ad praecognitionem futuri eventus aliquo daemonum consilio et auxilio. Quod quidem vel expresse imploratur: vel praeter petitionem hominis, se occulte daemon ingerit ad praenuntiandum quaedam futura quae hominibus sunt ignota, eis autem cognita per modos de quibus in Primo[4] dictum est. Daemones autem expresse invocati solent futura praenuntiare multipliciter. Quandoque quidem praestigiosis quibusdam apparitionibus se aspectui et auditui hominum ingerentes ad praenuntiandum futura. Et haec species vocatur *praestigium*, ex eo quod oculi hominum *praestringuntur*. — Quandoque autem per somnia. Et haec vocatur divinatio somniorum. — Quando-

## Artigo 3
### Devem-se determinar muitas espécies de adivinhação?

QUANTO AO TERCEIRO, ASSIM SE PROCEDE: parece que **não** se devem distinguir muitas espécies de adivinhação.

1. Com efeito, quando é uma só a natureza do pecado, não pode haver muitas espécies deste pecado. Ora, na adivinhação encontra-se uma só natureza de pecado, pois ela consiste em fazer pacto com o demônio para se conhecer o futuro. Logo, na adivinhação não há muitas espécies.

2. ALÉM DISSO, como acima foi dito, é pelo fim que se especifica o ato humano. Ora, toda a adivinhação tem um único fim, a saber, o prenúncio do futuro. Logo, toda adivinhação é de uma só espécie.

3. Ademais, os sinais não multiplicam a espécie dos pecados. Por exemplo: a injúria não se multiplica em espécies, seja ela significada por palavras, por escrito ou por gestos. Ora, a adivinhação só é diversificada pelos sinais que designam coisas futuras. Logo, a adivinhação não se distribui em espécies.

EM SENTIDO CONTRÁRIO, Isidoro enumera muitas espécies de adivinhação.

RESPONDO. Como acima foi dito, a adivinhação busca nos demônios conselho e auxílio para que se conheça o futuro. Isto é feito por expressa rogação, ou sem que o homem rogue, os demônios ocultamente interferem para prenunciar coisas futuras que os homens desconhecem, mas elas lhes são conhecidas pelos meios que indicamos na I Parte. De muitas maneiras os demônios, quando expressamente solicitados, costumam prenunciar o futuro. Às vezes, mediante aparições fantásticas, mostram-se à vista e ao ouvido dos homens transmitindo-lhes previsões futuras. Tal espécie de adivinhação chama-se *deslumbramento*, porque os olhos ficam deslumbrados. — Às vezes, aparecem nos sonhos, adivinhação esta denominada de adi-

---

3 PARALL.: *De Sortib.*, c. 3.

1. I-II, q. 1, a. 3: q. 18, a. 6.
2. L. VIII, c. 9: ML 82, 310-314.
3. Art. praec.
4. Q. 57, a. 3.

que vero per mortuorum aliquorum apparitionem vel locutionem. Et haec species vocatur *nigromantia*: quia, ut Isidorus dicit, in libro *Etymol*.⁵ *"nigrum" graece mortuus*, *"mantia" divinatio nuncupatur: quia quibusdam praecantationibus, adhibito sanguine, videntur resuscitati mortui divinare et ad interrogata respondere.* — Quandoque vero futura praenuntiant per homines vivos: sicut in arreptitiis patet. Et haec est divinatio per *pythones*: et ut Isidorus dicit⁶, *pythones a Python Apolline sunt dicti, qui dicebatur esse auctor divinandi* — Quandoque vero futura praenuntiant per aliquas figuras vel signa quae in rebus inanimatis apparent. Quae quidem si appareant in aliquo corpore terrestri, puta in ligno vel ferro aut lapide polito, vocatur *geomantia*; si autem in aqua, *hydromantia*; si autem in aere, *aeromantia*; si autem in igne, *pyromantia*; si autem in visceribus animalium immolatorum in aris daemonum, vocatur *aruspicium*.

Divinatio autem quae fit absque expressa daemonum invocatione, in duo genera dividitur. Quorum primum est cum ad praenoscendum futura aliquid consideramus in dispositionibus aliquarum rerum. Et si quidem aliquis conetur futura praenoscere ex consideratione situs et motus siderum, hoc pertinet ad *astrologos*; qui et *geneatici* dicuntur, propter natalium considerationes dierum. — Si vero per motus vel voces avium, seu quorumcumque animalium; sive per sternutationes hominum, vel membrorum saltus; hoc pertinet generaliter ad *augurium*, quod dicitur a *garritu avium*, sicut *auspicium* ab *inspectione avium*, quorum primum pertinet ad aures, secundum ad oculos; in avibus enim huiusmodi praecipue considerari solent. — Si vero huiusmodi consideratio fiat circa verba hominum alia intentione dicta, quae quis retorquet ad futurum quod vult praenoscere, hoc vocatur omen. Et sicut Maximus Valerius dicit⁷, *ominum observatio aliquo contractu religioni innexa est. Quoniam non fortuito motu, sed divina providentia constare creditur quae fecit: ut, Romanis deliberantibus utrum ad alium locum migrarent, forte eo tempore centurio quidam exclamavit, "Signifer, statue signum: hic optime manebimus"; quam vocem auditam pro omine acceperunt,*

vinhação por sonhos. — Às vezes, pela aparição dos mortos, fazendo-os falar. Esta espécie tem o nome de *necromancia*, termo que, etimologicamente, segundo Isidoro, "vem do grego — nekrós (morto) e manteia (adivinhação), porque mediante encantamentos, nos quais não falta sangue, os mortos aparecem ressuscitados adivinhando e respondendo às perguntas". — Outras vezes os demônios prenunciam o futuro mediante homens vivos, como acontece nos possessos. Esta é a adivinhação própria das *pitonissas*, segundo Isidoro. Afirma ele que o nome de pitões é derivado de Apolo Pítio, que era considerado o inventor da adivinhação. — Também havia prenúncios de eventos futuros feitos mediante coisas que apareciam em coisas inanimadas, quais sejam o ferro, a madeira e as pedras lapidadas, chamada *geomancia*. Quando mediante o ar, a água, o fogo, era respectivamente, denominada *aeromancia*, *hidromancia* e *piromancia*. A adivinhação feita pela consulta às vísceras dos animais sacrificados recebia o nome de *auspício*.

A adivinhação feita sem a expressa invocação dos demônios divide-se em dois gêneros: a primeira consiste em saber o futuro pelo conhecimento das disposições de algumas coisas. Quando pela disposição dos lugares e movimentos dos astros, isto cabe aos *astrólogos*, chamados também *geneatílicos*, porque consideram os dias de nascimentos dos homens. — Quando pelos pios das aves ou pelas vozes dos outros animais, pelos espirros dos homens ou pelos seus gestos, chamam-se essas manifestações de *augúrio*, termo derivado do grasnar das aves; assim, o termo *auspício* refere-se à observação das aves. Embora o primeiro termo refira-se ao conhecimento auditivo e o segundo ao visual, no entanto, ambos se empregam atribuídos às aves. — Se tal consideração é feita acerca de palavras de uma pessoa ditas com outra intenção, mas que alguém retorce para o futuro que quer conhecer, a isto se chama *agouro*. Ao agouro refere-se Valério Máximo nestes termos: "A observação dos agouros tem em algum aspecto relação com a religião. Porque se crê, que não foi acidentalmente, mas movidos pela providência divina que aconteceu; por exemplo, quando os romanos deliberavam se deviam transferir-se para outro lugar, um centurião de improviso gritou:

---

5. L. VIII, c. 9, n. 11: ML 82, 312 A.
6. Ibid., n. 21: ML 82, 313 A.
7. *Factor. et dictor. memor.*, l. I, c. 5: ed. C. Kempf, Lipsiae 1888, p. 21, ll. 8-17.

*transeundi consilium omittentes.* — Si autem considerentur aliquae dispositiones figurarum in aliquibus corporibus visui occurrentes, erit alia divinationis species. Nam ex lineamentis manus consideratis divinatio sumpta *chiromantia* vocatur, quasi *divinatio manus: chiros* enim graece dicitur manus. Divinatio vero ex quibusdam figuris in spatula alicuius animalis apparentibus, *spatulimantia* vocatur.

Ad secundum autem divinationis genus quae est sine expressa daemonum invocatione, pertinet divinatio quae fit ex consideratione eorum quae eveniunt ex quibusdam quae ab hominibus serio fiunt ad aliquid occultum inquirendum: sive per protractionem punctorum (quod pertinet ad artem geomantiae); sive per considerationem figurarum quae proveniunt ex plumbo liquefacto in aquam proiecto; sive ex quibusdam cedulis, scriptis vel non scriptis, in occulto repositis, dum consideratur quis quam accipiat; vel etiam ex festucis inaequalibus propositis, quis maiorem vel minorem accipiat; vel etiam ex taxillorum proiectione, quis plura puncta proiiciat; vel etiam dum consideratur quid aperienti librum occurrat. Quae omnia *sortium* nomen habent.

Sic igitur patet triplex esse divinationis genus. Quorum primum est per manifestam daemonum invocationem: quod pertinet ad *nigromanticos.* Secundum autem est per solam considerationem dispositionis vel motus alterius rei: quod pertinet ad *augures.* Tertium est dum facimus aliquid ut nobis manifestetur aliquid occultum: quod pertinet ad *sortes.* Sub quolibet autem horum multa continentur, ut patet ex dictis.

AD PRIMUM ergo dicendum quod in omnibus praedictis[8] est eadem ratio generalis peccandi, sed non eadem specialis. Multo enim gravius est daemones invocare quam aliqua facere quibus dignum sit ut se daemones ingerant.

AD SECUNDUM dicendum quod cognitio futurorum vel occultorum est ultimus finis, ex quo

Fixa a bandeira, e aqui ficaremos bem. Quando ouviram essa exclamação, os romanos pensaram tratar-se de um agouro, e ali permaneceram". — É outra espécie de adivinhação, quando se observam as disposições das figuras de alguns corpos que nos caem à vista. Assim, chama-se *quiromancia*, ou adivinhação da mão (χείρ: significa mão), a adivinhação que se toma pela consideração das linhas da mão. A previsão futura conhecida pelas espáduas salientes de algum animal, chama-se *espatulimancia*.

No segundo gênero de adivinhação, que é feita sem expressa invocação de demônios, encontra-se uma espécie que consiste na observação do efeito de gestos realizados no intuito de se conhecerem as coisas ocultas; ou pelo prolongamento de pontos (*geomancia*), ou pelas figuras, que provêm do chumbo derretido jogado na água, ou pela colocação numa urna de algumas folhas, escritas ou em branco, considerando-se o que cada um receber; ou pela simples retirada de uma vareta entre outras; ou pelo jogo de dados, ou também pela leitura da página de um livro aberto por acaso. Todas essas adivinhações são chamadas pelo nome comum de *sortes* ou sortilégio.

Fica claro, portanto, que há três gêneros de adivinhação: a *necromancia*, quando se recorre explicitamente aos demônios; o *augúrio*, ou agouro, quando é feita mediante a observação das disposições e movimentos das coisas; as *sortes*, ou sortilégio quando fazemos algo para conhecer o que nos é oculto. Deve-se também concluir que esses três gêneros distribuem-se em muitas outras espécies[d].

QUANTO AO 1º, portanto, deve-se dizer que na enumeração acima citada, há uma só razão genérica de pecado, não específica. Será muito mais grave invocar os demônios do que a própria pessoa operar algo que possa merecer a ingerência dos demônios.

QUANTO AO 2º, deve-se dizer que o conhecimento do futuro ou das coisas ocultas é o último

---

8. In corp.

d. Ao inspirar-se nas classificações mais difundidas, como a de Sto. Isidoro (*s.c.*), o artigo distribui a multiplicidade das "espécies" de adivinhação em torno de três gêneros: o apelo direto aos demônios; a investigação de certos fenômenos; a prática de alguns procedimentos, ou, dito de outro modo: a necromancia, os augúrios e as sortes. Trata-se de classificar as informações fornecidas pela literatura consagrada a esse domínio. Os artigos seguintes reterão as categorias de adivinhação que pareciam ser então as mais difundidas, ou que exigiam esclarecimentos teológicos mais desenvolvidos, exigindo a explicação de certas passagens bíblicas, ou elucidações sobre a influência do demônio, dos astros, dos augúrios concernentes ao futuro, ou a seu conhecimento.

sumitur generalis ratio divinationis. Distinguuntur autem diversae species secundum propria obiecta sive materias: prout scilicet in diversis rebus occultorum cognitio consideratur.

AD TERTIUM dicendum quod res quas divinantes attendunt considerantur ab eis non sicut signa quibus exprimant quod iam sciunt, sicut accidit in detractione: sed sicut principia cognoscendi. Manifestum est autem quod diversitas principiorum diversificat speciem, etiam in scientiis demonstrativis.

### ARTICULUS 4
### Utrum divinatio quae fit per invocationes daemonum sit illicita

AD QUARTUM SIC PROCEDITUR. Videtur quod divinatio quae fit per invocationes daemonum non sit illicita.

1. Christus enim nihil illicitum commisit: secundum illud 1Pe 2,22: *Qui peccatum non fecit.* Sed Dominus a daemone interrogavit: *Quod tibi nomen est?* qui respondit: *Legio: multi enim sumus*, ut habetur Mc 5,9. Ergo videtur quod liceat a daemonibus aliquid occultum interrogare.

2. PRAETEREA, sanctorum animae non favent illicite interrogantibus. Sed Sauli interroganti de eventu futuri belli a muliere habente spiritum pythonis, apparuit Samuel, et ei futurum eventum praedixit: ut legitur 1Re 28,8sqq. Ergo divinatio quae fit per interrogationem a daemonibus non est illicita.

3. PRAETEREA, licitum esse videtur veritatem ab aliquo sciente inquirere, quam utile est scire. Sed quandoque utile est scire aliqua occulta quae per daemones sciri possunt: sicut apparet in inventione furtorum. Ergo divinatio quae fit per invocationem daemonum non est illicita.

SED CONTRA est quod dicitur Dt 18,10-11: *Non inveniatur in te qui ariolos sciscitetur, neque pythones consulat.*

RESPONDEO dicendum quod omnis divinatio quae fit per invocationes daemonum est illicita, duplici ratione. Quarum prima sumitur ex parte principii divinationis, quod scilicet est pactum expresse cum daemone initum per ipsam daemonis invocationem. Et hoc est omnino illicitum. Unde contra quosdam dicitur Is 28,15: *Dixistis: Percus-*

fim pelo qual se determina a razão geral da adivinhação. As suas espécies diversificam-se pelos objetos ou matérias, conforme o conhecimento do oculto é considerado em coisas diferentes.

QUANTO AO 3º, deve-se dizer que as coisas a que os adivinhadores prestam atenção não são consideradas por eles como os sinais pelos quais exprimem o que já conhecem, como acontece na detração, mas como princípios do conhecimento. Isto também acontece nas ciências demonstrativas nas quais a diversidade dos princípios diversifica as espécies.

### ARTIGO 4
### A adivinhação feita pela invocação dos demônios é ilícita?

QUANTO AO QUARTO, ASSIM SE PROCEDE: parece que a adivinhação feita pela invocação dos demônios **não** é ilícita.

1. Com efeito, Cristo, segundo a primeira Carta de Pedro, nada fez de ilícito: "Ele que não fez pecado". Ora, o Senhor interrogou o demônio, segundo o Evangelho de Marcos: "Qual é o teu nome?", ao que respondeu: "Eu me chamo legião". Logo, parece ser lícito interrogar o demônio a respeito de alguma coisa oculta.

2. ALÉM DISSO, as almas dos santos não atendem a quem os interroga ilicitamente. Ora, Saul consultou uma pitonisa sobre a guerra que pretendia declarar. Apareceu, então, Samuel que lhe predisse o que aconteceria. Logo, a adivinhação feita por consulta ao demônio não é ilícita.

3. ADEMAIS, parece ser lícito interrogar sobre a verdade que interessa conhecer a alguém que a conhece. Ora, pode ser útil conhecer coisas ocultas que os demônios conhecem; por exemplo, para se descobrir um furto. Logo, a adivinhação feita por invocação ao demônio não é ilícita.

EM SENTIDO CONTRÁRIO, lê-se no livro do Deuteronômio: "Não deve existir entre vós quem pergunte aos adivinhos ou interrogue as pitonisas".

RESPONDO. Por dois motivos é ilícita a adivinhação que consulta demônios. Quanto ao primeiro motivo, ela é ilícita porque, da parte do seu princípio é um pacto explícito feito com o demônio pela invocação dele. Ora, isso é totalmente ilícito, conforme se lê no livro de Isaías: "Dissestes: estabelecemos uma aliança com a morte, e fizemos

---

4 PARALL.: II *Sent.*, dist. 7, q. 3, a. 2; *in Isaiam*, cap. 3.

*simus foedus cum morte, et cum inferno fecimus pactum.* Et adhuc gravius esset si sacrificium vel reverentia daemoni invocato exhiberetur.

Secunda ratio sumitur ex parte futuri eventus. Daemon enim, qui intendit perditionem hominum, ex huiusmodi suis responsis, etiam si aliquando vera dicat, intendit homines assuefacere ad hoc quod ei credatur: et sic intendit perducere in aliquid quod sit saluti humanae nocivum. Unde Athanasius, exponens id quod habetur Lc 4,35, *Increpavit illum, dicens Obmutesce*, dicit[1]: *Quamvis vera fateretur daemon, compescebat tamen Christus eius sermonem, ne simul cum veritate etiam suam iniquitatem promulget. Ut nos etiam assuefaciat ne curemus de talibus, etsi vera loqui videantur: nefas enim est ut, cum adsit nobis Scriptura divina, a diabolo instruamur.*

AD PRIMUM ergo dicendum quod, sicut Beda dicit[2], Lc 8,30, *non velut inscius Dominus inquirit: sed ut, confessa peste quam tolerabat, virtus curantis gratior emicaret.* Aliud autem est quaerere aliquid a daemone sponte occurrente, quod quandoque licet propter utilitatem aliorum, maxime quando virtute divina potest compelli ad vera dicendum: et aliud est daemonem invocare ad cognitionem occultorum acquirendum ab ipso.

AD SECUNDUM dicendum quod, sicut Augustinus dicit, *ad Simplicianum*[3], *non est absurdum credere aliqua dispensatione permissum fuisse ut, non dominante arte magica vel potentia, sed dispensatione occulta, quae pythonissam et Saulem latebat, se ostenderet spiritus iusti aspectibus regis, divina eum sententia percussurus. Vel, non vere spiritus Samuelis a requie sua excitatus est, sed aliquod phantasma et illusio imaginaria, diaboli machinationibus facta: quam Scriptura Samuelem appellat, sicut solent imagines rerum suarum nominibus appellari.*

um pacto com o inferno". E tudo seria ainda mais grave se fossem oferecidos sacrifícios aos demônios e lhes fosse prestada reverência.

Quanto ao segundo motivo, ela é ilícita porque, da parte do evento futuro, o demônio, que quer a perdição dos homens, em suas próprias respostas, embora diga a verdade, tem a intenção de acostumar os homens a acreditarem nele, e assim, quer levá-los para o que é nocivo à salvação humana. Atanásio, comentando este texto de Lucas: "Repreendeu-o dizendo: Cala-te", escreve: "Embora o demônio falasse a verdade, Cristo cortou-lhe a palavra para que, junto com a verdade, não a envolvesse na sua iniquidade. E também para que não nos acostumássemos a escutá-la, mesmo que pareça expressar a verdade. É ruim sermos instruídos pelo diabo, quando temos a nosso dispor a Sagrada Escritura".

QUANTO AO 1º, portanto, deve-se dizer que como diz Beda, comentando o Evangelho de Lucas: "O Senhor pergunta, não como quem ignora, mas para que uma vez confessada a peste que atacou o possesso, brilhasse mais digno de agradecimento o poder de quem curava". No entanto, uma coisa é perguntar algo ao demônio quando espontaneamente ele se faz presente, o que, às vezes, é lícito para o bem de outros, principalmente quando por força divina se pode forçá-lo a dizer a verdade. Outra coisa será invocar o demônio para se conhecer segredos por meio dele.

QUANTO AO 2º, deve-se dizer que, como escreve Agostinho, "não é absurdo crer que, por permissão divina e por uma inspiração secreta, que eram desconhecidas por Saul e pela pitonissa, o espírito de um justo, sem estar influenciada por forças ou artifícios mágicos, aparecesse ao rei dizendo-lhe que viria ser castigado pela justiça divina. Poderia também acontecer que não foi realmente o espírito de Samuel despertado do seu repouso, mas apareceu uma imagem ou ilusão imaginária feitas pelas maquinações do diabo, que a Escritura diz terem o nome de Samuel, como se costuma denominar as imagens das coisas pelos nomes das próprias coisas"[e].

---

1. *Fragm. in Luc.*, super 4, 33: MG 27, 1397 C.
2. *In Luc.*, l. III, super 8, 30: ML 92, 438 A.
3. *De div. quaest. ad Simplic.*, l. II, c. 3, nn. 1, 2: ML 40, 142-143.

e. A prática da necromancia, embora mencionada no artigo 3, é abordada apenas de passagem, a propósito de uma dificuldade bíblica. Parece que o culto dos santos, a veneração respeitosa pelos mortos, marcaram fortemente a cristandade, relegando a necromancia às "pitonisas", às feiticeiras, que se associavam aos adeptos dos cultos demoníacos. O desenvolvimento e a difusão do espiritismo, em concorrência com o cristianismo em certas regiões do mundo, é um fenômeno relativamente recente, extraindo sua força do amálgama, sabiamente dosado, de religiosidade, ligação com os mortos e de uma mentalidade

AD TERTIUM dicendum quod nulla utilitas temporalis potest comparari detrimento spiritualis salutis, quod imminet ex inquisitione occultorum per daemonum invocationem.

### ARTICULUS 5
### Utrum divinatio quae fit per astra sit illicita

AD QUINTUM SIC PROCEDITUR. Videtur quod divinatio quae fit per astra non sit illicita.

1. Licitum enim est ex consideratione causarum praenuntiare effectus: sicut medici ex dispositione aegritudinis praenuntiant mortem. Sed corpora caelestia sunt causa eorum quae fiunt in hoc mundo: ut etiam Dionysius dicit, 4 cap. *de Div. Nom.*[1]. Ergo divinatio quae fit per astra non est illicita.
2. PRAETEREA, scientia humana ex experimentis originem sumit: ut patet per Philosophum, in principio *Metaphys.*[2]. Sed per multa experimenta aliqui compererunt ex consideratione siderum aliqua futura posse praenosci. Ergo non videtur esse illicitum tali divinatione uti.
3. PRAETEREA, divinatio dicitur esse illicita inquantum innititur pacto cum daemonibus inito. Sed hoc non fit in divinatione quae fit per astra, sed solum consideratur dispositio creaturarum Dei. Ergo videtur quod huiusmodi divinatio non sit illicita.

SED CONTRA est quod Augustinus dicit, in IV *Confess.*[3]: *Illos planetarios quos mathematicos vocant, consulere non desistebam: quod quasi nullum esset eis sacrificium, et nullae preces ad aliquem spiritum ob divinationem dirigerentur. Quod tamen Christiana et vera pietas expellit et dammat.*

RESPONDEO dicendum quod, sicut dictum est[4], divinationi quae ex opinione falsa vel vana procedit, ingerit se operatio daemonis, ut hominum animos implicet vanitati aut falsitati. Vana autem aut falsa opinione utitur si quis ex consideratione stellarum futura velit praecognoscere quae per ea

### ARTIGO 5
### A adivinhação feita por meio dos astros é ilícita?

QUANTO AO QUINTO, ASSIM SE PROCEDE: parece que a adivinhação feita por meio dos astros **não** é ilícita.

1. Com efeito, é lícito conhecer o efeito pelo conhecimento da causa. Assim é que o médico conforme o estado do doente prenuncia a morte. Ora, os astros são a causa do que acontece na terra, segundo Dionísio. Logo, a adivinhação feita pela consulta aos astros não é ilícita.
2. ALÉM DISSO, segundo o Filósofo, a ciência humana vem da experiência. Ora, mediante muitas experiências alguns chegaram à conclusão de que é possível conhecer alguns fatos futuros pela observação dos astros. Logo, também não será ilícito usar tal adivinhação.
3. ADEMAIS, a adivinhação é ilícita quando resultante de um pacto com o demônio. Ora, na adivinhação feita pela observação dos astros, não há pacto com o demônio, mas só se considera a disposição das criaturas de Deus. Logo, essa adivinhação não é ilícita.

EM SENTIDO CONTRÁRIO, diz Agostinho: "Eu não deixava de consultar aqueles astrólogos, que chamam de matemáticos, embora fossem inúteis os seus sacrifícios e as suas invocações dirigidos aos espíritos para adivinhação do futuro. Tudo isso a verdadeira piedade cristã rejeita e condena".

RESPONDO. Como acima foi dito, na adivinhação proveniente da falsa ou vã opinião interfere o demônio, para levar as almas ao que é falso e vão. Em vã e falsa opinião incorre quem pretende, mediante a observação dos astros, descobrir coisas futuras que não se podem conhecer por

---

5 PARALL.: I-II, q. 9, a. 5, ad 3; II *Sent.*, dist. 15, q. 1, a. 3, ad 4; *Cont. Gent.* III, 154; *De Sortib.*, c. 4, 5; *De Iudic. Astror.*; *ad Galat.*, c. 4, lect. 4.

1. MG 3, 697 B, 700 A.
2. C. 1: 981, a, 1-12.
3. C. 3, n. 4: ML 32, 694.
4. A. 1, ad 2; a. 2.

---

supostamente científica, de experimentação e de manipulação do além, do "divino" no sentido da solução 1, do artigo 1 da presente questão. Na verdade, o espiritismo põe para a reflexão teológica e pastoral, assim como às ciências humanas, um problema desconhecido pelos antigos: o de um espiritualismo que praticamente prescinde de Deus, associando à manipulação do psiquismo dos vivos a pretensão de domesticar as almas dos mortos.

praecognosci non possunt. Est igitur considerandum quid per caelestium corporum inspectionem de futuris possit praenosci. Et de his quidem quae ex necessitate eveniunt, manifestum est quod per considerationem stellarum possunt praenosci: sicut astrologi praenuntiant eclipses futuras. Circa praecognitionem vero futurorum eventuum ex consideratione stellarum, diversi diversa dixerunt.

Fuerunt enim qui dicerent quod stellae significant potius quam faciant ea quae ex earum consideratione praenuntiantur. — Sed hoc irrationabiliter dicitur. Omne enim corporale signum vel est effectus eius cuius est signum, sicut fumus significat ignem, a quo causatur: vel procedit ab eadem causa, et sic, dum significat causam, per consequens significat effectum, sicut iris quandoque significat serenitatem, inquantum causa eius est causa serenitatis. Non autem potest dici quod dispositiones caelestium corporum et motus sint effectus futurorum eventuum. Nec iterum possunt reduci in aliquam superiorem causam communem quae sit corporalis. Possunt autem reduci in unam causam communem quae est providentia divina: sed alia ratione disponuntur a divina providentia motus et situs caelestium corporum, et alia ratione eventus contingentium futurorum; quia illa disponuntur secundum rationem necessitatis, ut semper eodem modo proveniant; haec autem secundum rationem contingentiae, ut variabiliter contingant.

Unde non potest esse quod ex inspectione siderum accipiatur praecognitio futurorum nisi sicut ex causis praecognoscuntur effectus. Duplices autem effectus subtrahuntur causalitati caelestium corporum. Primo quidem, omnes effectus per accidens contingentes, sive in rebus humanis sive in rebus naturalibus. Quia, ut probatur in VI *Metaphys.*[5], ens per accidens non habet causam: et praecipue naturalem, cuiusmodi est virtus caelestium corporum. Quia quod per accidens fit neque est ens proprie neque unum: sicut quod, lapide cadente, fiat terraemotus, vel quod, homine fodiente sepulcrum, inveniatur thesaurus; haec enim, et huiusmodi, non sunt unum, sed simpliciter multa. Operatio autem naturae semper terminatur ad aliquid unum: sicut et procedit ab uno principio, quod est forma rei naturalis.

Secundo autem, subtrahuntur causalitati caelestium corporum actus liberi arbitrii, *quod est*

elas. Por isso, é necessário saber o que se pode conhecer do futuro pela observação dos astros. É evidente que eventos necessários no futuro podem ser previstos pela consulta dos astros, como os astrônomos preveem os eclipses. Muitas são as opiniões para explicar como, observando-se os astros, são previstos eventos futuros necessários.

Alguns disseram que os astros mais significam do que causam o que é prenunciado pela sua observação. — Mas essa opinião parece irracional. Ora, o sinal corpóreo ou é efeito daquilo de que é sinal, como a fumaça é efeito do fogo do qual ela é sinal, ou resulta da mesma causa, e significando-a, designa também o efeito. Assim, o arco-íris às vezes é sinal de serenidade, uma vez que sua causa é causa da serenidade. Não se pode, contudo, afirmar que os movimentos e as disposições dos astros sejam efeitos dos eventos futuros, nem tampouco poderão ser efeitos de uma causa corpórea superior e comum. Poderão, no entanto, ter como causa comum a providência divina. Mas umas são as razões que dispõe os movimentos e disposições dos astros e outras as que dispõem eventos futuros; as disposições e movimentos dos astros são dispostos pela razão de necessidade para que sucedam sempre e do mesmo modo e os eventos futuros são dispostos pela razão de contingência para que aconteçam de modo variável.

Não será, pois, possível que pela observação dos astros se prevejam coisas futuras, a não ser pelo modo como nas causas os efeitos são previstos. Duas são as classes dos efeitos que não são causados pelos astros. Pertencem à primeira classe todos os efeitos acidentalmente contingentes, quer nas coisas humanas, quer nas coisas naturais. Porque, como prova o Filósofo, o ente por acidente não tem causa, sobretudo a natural, como seria a virtude dos corpos celestes, porque o que acontece acidentalmente não é propriamente ente nem uno, por exemplo, quando um aerolito provoca um terremoto, ou quando alguém cavando um sepulcro encontra um tesouro: estes fatos e semelhantes não constituem unidade, mas implicam multiplicidade. A ação natural, porém, sempre termina a algo uno, como também procede de um princípio que é forma da coisa natural.

Pertencem à segunda classe dos efeitos que não são produzidos pelos astros, os atos do livre-

---

5. C. 3: 1027, a. 29 — b, 11.

*facultas voluntatis et rationis*. Intellectus enim, sive ratio, non est corpus nec actus organi corporei; et per consequens nec voluntas, quae est in ratione: ut patet per Philosophum, in III *de Anima*⁶. Nullum autem corpus potest imprimere in rem incorpoream. Unde impossibile est quod corpora caelestia directe imprimant in intellectum et voluntatem: hoc enim esset ponere intellectum non differre a sensu; quod Aristoteles, in libro *de Anima*⁷, imponit his qui dicebant quod *talis voluntas est in hominibus qualem in die inducit Pater virorum deorumque*⁸, scilicet sol vel caelum. Unde corpora caelestia non possunt esse per se causa operum liberi arbitrii. — Possunt tamen ad hoc dispositive inclinare: inquantum imprimunt in corpus humanum, et per consequens in vires sensitivas, quae sunt actus corporalium organorum, quae inclinant ad humanos actus. Quia tamen vires sensitivae obediunt rationi, ut patet per Philosophum, in III *de Anima*⁹ et in I *Ethic*.¹⁰, nulla necessitas ex hoc libero arbitrio imponitur, sed contra inclinationem caelestium corporum homo potest per rationem operari.

Si quis ergo consideratione astrorum utatur ad praecognoscendos futuros casuales vel fortuitos eventus, aut etiam ad cognoscendum per certitudinem futura opera hominum, procedet hoc ex falsa et vana opinione. Et sic operatio daemonis se immiscet. Unde erit divinatio superstitiosa et illicita. — Si vero aliquis utatur consideratione astrorum ad praecognoscendum futura quae ex caelestibus causantur corporibus, puta siccitates et pluvias et alia huiusmodi, non erit illicita divinatio nec superstitiosa.

Et secundum hoc patet responsio AD PRIMUM.

AD SECUNDUM dicendum quod hoc quod astrologi ex consideratione astrorum frequenter vera praenuntiant, contingit dupliciter. Uno quidem modo, quia plures hominum passiones corporales sequuntur, et ideo actus eorum disponuntur, ut in pluribus, secundum inclinationem caelestium corporum: pauci autem sunt, idest soli sapientes, qui ratione huiusmodi inclinationes moderentur.

arbítrio, "que é a faculdade da vontade e da razão". Pois, o intelecto ou razão não é corpo, nem ação de um órgão corpóreo; consequentemente nem a vontade, que está na razão, como diz o Filósofo. Ora, nenhum corpo pode agir sobre algo incorpóreo. Por isso, será impossível que um astro diretamente aja sobre o intelecto e a vontade; isto seria não estabelecer diferença entre o intelecto e os sentidos, opinião que o Filósofo atribui àqueles que diziam que "o pai dos homens e dos deuses determina diariamente a vontade dos homens", entendendo-se por "pai dos deuses" o sol e o céu. Logo, os astros não podem por si mesmos ser a causa do livre-arbítrio. — Poderão, contudo, causar uma disposição para isso, enquanto agem no corpo humano e consequentemente nas potências sensitivas, que são atos dos órgãos do corpo, que nos dispõem para os atos humanos. Como, porém, as potências sensitivas obedecem à razão, conforme o Filósofo, por isso não impõem necessidade alguma ao livre-arbítrio, até porque pode o homem agir pela razão contrariamente à influência dos astros.

Logo, quando alguém usa da observação dos astros para conhecer eventos futuros casuais ou contingentes ou para prever com certeza as ações futuras dos homens, é movido por opinião falsa e vã. Então, intervém a influência dos demônios. Por isso, a adivinhação será supersticiosa e ilícita. — Se, porém, se usa da observação dos astros para prever aquilo que os astros causarão aos corpos, como os tempos da seca e o das chuvas, a adivinhação não será ilícita nem supersticiosaᶠ.

QUANTO AO 1º, portanto, pelo exposto está clara a resposta.

QUANTO AO 2º, deve-se dizer que de duas maneiras acontece que os astrólogos prenunciam verdades pela observação dos astros. Primeiro, porque muitos homens seguem as paixões corporais e por isso os seus atos são dispostos geralmente segundo a influência dos astros; entretanto, poucos são os que, por serem sábios, moderam essas inclinações pela razão. É por isso que os astrólogos prenun-

---

6. Cc. 4, 9: 429, a, 18-24; 432, b, 5-7.
7. L. III, c. 3: 427, a, 25-26.
8. HOMER., *Odyss*., l. XVIII, vv. 135-137: ed. A. Ludwich, Lipsiae 1891, p. 161.
9. C. 11: 434, a, 12-15.
10. C. 13: 1102, b, 25-28.

---

f. Condensa-se e aplica-se à adivinhação uma doutrina coerente e cuidadosamente elaborada sobre a influência dos astros, e sobre o que se pode colher daí para o conhecimento ou a previsão dos comportamentos ou eventos humanos. Ver acima, nota 1, os principais textos nos quais esse tema é desenvolvido.

Et ideo astrologi in multis vera praenuntiant: et praecipue in communibus eventibus, qui dependent ex multitudine.
Alio modo, propter daemones se immiscentes. Unde Augustinus dicit, in II *super Gen. ad litt.*[11]: *Fatendum est, quando a mathematicis vera dicuntur, instinctu quodam occultissimo dici, quem nescientes humanae mentes patiuntur. Quod cum ad decipiendos homines fit, spirituum immundorum et seductorum operatio est, quibus quaedam vera de temporalibus rebus nosse permittitur. Unde concludit*[12]: *Quapropter bono Christiano sive mathematici, sive quilibet impie divinantium, et maxime dicentes vera, cavendi sunt: ne consortio daemoniorum animam deceptam pacto quodam societatis irretiant.*
Et per hoc patet responsio AD TERTIUM.

ciam muitos fatos verdadeiros, sobretudo, eventos comuns, que dependem da multidão.
Segundo, porque há influências demoníacas. Donde escrever Agostinho: "Deve-se dizer que, quando os astrólogos dizem verdades, dizem-nas devido a uma ocultíssima inspiração que a mente humana recebe sem que se dê conta. Quando isso é feito para enganar os homens, é operação dos espíritos imundos e sedutores, aos quais foi permitido conhecer algumas verdades das coisas temporais". E, pouco adiante, conclui: "Por isso, o bom cristão deve se precaver desses astrólogos ou de qualquer outro adivinhador, máxime quando dizem verdades: evita-se assim que a alma enganada firme um pacto de união com os demônios"[g].
QUANTO AO 3º, deve-se dizer que pelo exposto está clara a resposta.

## ARTICULUS 6
### Utrum divinatio quae fit per somnia sit illicita

AD SEXTUM SIC PROCEDITUR. Videtur quod divinatio quae fit per somnia non sit illicita.
1. Uti enim instructione divina non est illicitum. Sed in somniis homines instruuntur a Deo: dicitur enim Iob 33,15-16: *Per somnium in visione nocturna, quando irruit sopor super homines et dormiunt in lectulo, tunc aperit*, scilicet Deus, *aures virorum, et erudiens eos instruit disciplina.* Ergo uti divinatione quae est per somnia non est illicitum.
2. PRAETEREA, illi qui interpretantur somnia, proprie utuntur divinatione somniorum. Sed sancti viri leguntur somnia interpretari: sicut Ioseph interpretatur somnia pincernae Pharaonis et magistri pistorum, ut legitur Gn 40,8 sqq., et somnium Pharaonis, ut legitur Gn 41,15 sqq.; et Daniel interpretatus est somnium Regis Babylonis, ut habetur Dn 2,26 sqq. et 4,5 sqq. Ergo divinatio somniorum non est illicita.

## ARTIGO 6
### A adivinhação feita mediante sonhos é ilícita?

QUANTO AO SEXTO, ASSIM SE PROCEDE: parece que a adivinhação feita mediante sonhos **não** é ilícita.
1. Com efeito, não é ilícito usar de uma instrução divina. Ora, os homens em sonhos são instruídos por Deus, segundo a Escritura: "Em visão noturna de sonhos, quando o sono apodera-se do homem que dorme no seu leito, Deus abre os ouvidos dele, e o instrui a respeito da verdadeira disciplina". Logo, a adivinhação feita por meio dos sonhos não é ilícita.
2. ALÉM DISSO, aqueles que interpretam os sonhos certamente usam da adivinhação. Ora, lê-se que santos homens interpretaram sonhos, como José, que interpretou os sonhos do copeiro e do padeiro-mor do Faraó e os do próprio Faraó, e Daniel, os do rei da Babilônia. Logo, não é ilícito interpretar sonhos.

---

11. C. 17, n. 37: ML 34, 278.
12. Ibid.: ML 34, 279.

6 PARALL.: *Cont. Gent.* III, 154.

g. A Solução do artigo acaba de explicar: os atos do livre-arbítrio escapam à causalidade dos corpos celestes, já que derivam "da vontade e da razão". Aqui, uma restrição importante é feita: "A maioria dos homens seguem suas impressões corporais"; permanecem submetidos, portanto, aos determinismo do ambiente cósmico e social, permanecendo, assim, objeto das observações e previsões baseadas na influência dos astros. As relações entre a liberdade e os condicionamentos corporais e sociais explicam as possíveis previsões: visam "eventos gerais" que dependem dos comportamentos do "maior número," daqueles que são mais ampla e facilmente condicionados ou condicionáveis.

3. PRAETEREA, illud quod communiter homines experiuntur, irrationabile est negare. Sed omnes experiuntur somnia habere aliquam significationem futurorum. Ergo vanum est negare somnia habere vim divinationis. Ergo licitum est eis intendere.

SED CONTRA est quod dicitur Dt 18,10: Non *inveniatur in te qui observet somnia*.

RESPONDEO dicendum quod, sicut dictum est[1], divinatio quae innititur falsae opinioni est superstitiosa et illicita. Ideo considerare oportet quid sit verum circa praecognitionem futurorum de somniis. Sunt autem somnia futurorum eventuum quandoque quidem causa: puta cum mens alicuius, sollicita ex his quae videt in somniis, inducitur ad aliquid faciendum vel vitandum. — Quandoque vero somnia sunt signa aliquorum futurorum eventuum, inquantum reducuntur in aliquam causam communem somniis et futuris eventibus. Secundum hoc plurimum praecognitiones futurorum ex somniis fiunt. Est ergo considerandum quae sit causa somniorum; et an possit esse causa futurorum eventuum; vel ea possit cognoscere.

Sciendum est ergo quod somniorum causa quandoque quidem est interius, quandoque autem exterius. Interior autem somniorum causa est duplex. Una quidem animalis: inquantum scilicet ea occurrunt hominis phantasiae in dormiendo circa quae eius cogitatio et affectio fuit immorata in vigilando. Et talis causa somniorum non est causa futurorum eventuum. Unde huiusmodi somnia per accidens se habent ad futuros eventus: et si quandoque simul concurrant, erit casuale. — Quandoque vero causa intrinseca somniorum est corporalis. Nam ex interiori dispositione corporis formatur aliquis motus in phantasia conveniens tali dispositioni: sicut homini in quo abundant frigidi humores, occurrit in somniis quod sit in aqua vel nive. Et propter haec medici dicunt esse intendendum somniis ad cognoscendum interiores dispositiones. — Causa autem somniorun exterior similiter est duplex: scilicet corporalis, et spiritualis. Corporalis quidem, inquantum imaginatio dormientis immutatur vel ab aere continenti vel ex impressione caelestis corporis, ut sic dormienti aliquae phantasiae appareant conformes caelestium dispositioni. — Spiritualis autem causa est quandoque quidem a Deo, qui ministerio angelorum aliqua hominibus revelat in somniis: secundum

3. ADEMAIS, não é racional negar as experiências comuns dos homens. Ora, todos experimentam que há alguma significação nos sonhos concernentes ao futuro. Logo, não será razoável negar que os sonhos tenham força de adivinhação. Consequentemente, é lícito consultar os sonhos.

EM SENTIDO CONTRÁRIO, lê-se no livro do Deuteronômio: "Que não se encontre entre vós quem consulte os sonhos".

RESPONDO. Como acima foi dito, a adivinhação que se baseia em falsa opinião é supersticiosa e ilícita. Por isso, é conveniente saber a verdade a respeito da previsão do futuro mediante sonhos. Os sonhos dos eventos futuros, às vezes, são causa, como quando a mente de alguém preocupado com o que viu nos sonhos, é levada a fazer ou a evitar alguma coisa. — Às vezes, porém, os sonhos são sinais de eventos futuros, enquanto se reduzem a alguma causa comum aos sonhos e aos eventos futuros. Desse modo, são feitas muitas previsões do futuro mediante sonhos. É necessário, então, considerar qual é a causa dos sonhos, se pode ser causa dos futuros eventos, ou se ela pode ser conhecida.

Deve-se saber que as causas dos sonhos podem ser internas ou externas. A causa interna dos sonhos é dupla. Uma é sensível, quando ocorrem à fantasia do homem que dorme as coisas que demoradamente pensou ou a elas se afeiçoou na vigília. Essa causa dos sonhos não é a causa dos futuros eventos. Por isso, esses sonhos se referem acidentalmente aos futuros eventos e, se lhes são simultâneos, isto se dá por acaso. — Às vezes, a causa interior dos sonhos é corpórea. Assim é que, devido à disposição do corpo, forma-se algum movimento na fantasia conveniente a esta disposição. Por exemplo, no homem em que abundam os humores frios, acontece que ele sonha que está na água ou na neve. Neste caso, os médicos dizem que se deve atender aos sonhos, para se conhecer as disposições interiores. A causa exterior dos sonhos também é dupla: corpórea e espiritual. É corpórea a causa, quando a imaginação de quem dorme varia ou pela mudança ambiental ou pela influência de um corpo celeste, de modo que fantasias surgem de acordo com as disposições destes corpos. — A causa espiritual, às vezes, é proveniente de Deus, que pelo ministério dos anjos revela coisas aos homens nos sonhos, segundo dizem as Escrituras: "Se houver entre vós algum

---

1. A. 2, 5.

illud Nm 12,6: *Si quis fuerit inter vos propheta Domini, in visione apparebo ei, vel per somnium loquar ad illum*. Quandoque vero operatione daemonum aliquae phantasiae dormientibus apparent, ex quibus quandoque aliqua futura revelant his qui cum eis habent pacta illicita.

Sic ergo dicendum quod si quis utatur somniis ad praecognoscenda futura secundum quod somnia procedunt ex revelatione divina; vel ex causa naturali, intrinseca sive extrinseca, quantum se potest virtus talis causae extendere: non erit illicita divinatio. Si autem huiusmodi divinatio causetur ex revelatione daemonum cum quibus pacta habentur expressa, quia ad hoc invocantur; vel tacita, quia huiusmodi divinatio extenditur ad quod se non potest extendere: erit divinatio illicita et superstitiosa.

Et per hoc patet responsio AD OBIECTA.

### Articulus 7
**Utrum divinatio quae est per auguria et omina et alias huiusmodi observationes exteriorum rerum, sit illicita**

AD SEPTIMUM SIC PROCEDITUR. Videtur quod divinatio quae est per auguria et omina et alias huiusmodi observationes exteriorum rerum, non sit illicita.

1. Si enim esset illicita, sancti viri ea non uterentur. Sed de Ioseph legitur quod auguriis intendebat: legitur enim Gn 44,5 quod dispensator Ioseph dixit: *Scyphus quem furati estis, ipse est in quo bibit dominus meus, et in quo augurari solet*; et ipse postea dixit [v. 15] fratribus suis: *An ignoratis quod non sit similis mei in augurandi scientia?* Ergo uti tali divinatione non est illicitum.

2. PRAETEREA, aves aliqua circa futuros temporum eventus naturaliter cognoscunt: secundum illud Ier 8,7: *Milvus in caelo cognovit tempus suum: turtur et hirundo et ciconia custodierunt tempus adventus sui*. Sed naturalis cognitio est infallibilis, et a Deo. Ergo uti cognitione avium ad praenoscendum futura, quod est augurari, non idetur esse illicitum.

3. PRAETEREA, Gedeon in numero Sanctorum ponitur, ut patet Hb 11,32. Sed Gedeon usus fuit omine ex hoc quod audivit recitationem et

profeta do Senhor, aparecerei a ele em visão, e com ele falarei no sonho". Às vezes, pela ação dos demônios aparecem algumas fantasias nos sonhos, pelas quais revelam coisas futuras aos que com eles fizeram pactos proibidos.

Deve-se, pois, concluir que se alguém usa dos sonhos para prever futuros eventos, na medida em que os sonhos venham de revelação divina, ou de causas naturais, intrínsecas ou extrínsecas, até onde pode se estender o poder de tais causas, a adivinhação não será ilícita. Se, porém, a adivinhação foi causada pela revelação dos demônios, com os quais se firmaram pactos expressos, pois para isso são invocados, ou tácitos, porque essa adivinhação vai além dos seus limites, ela será supersticiosa e ilícita.

QUANTO AO 3º, fica clara a resposta pelo acima exposto.

### Artigo 7
**A adivinhação feita por augúrios e presságios e outras semelhantes observações das coisas exteriores é lícita?**

QUANTO AO SÉTIMO, ASSIM SE PROCEDE: parece que a adivinhação feita por augúrios, presságios e outras semelhantes observações das coisas exteriores **não** é ilícita.

1. Com efeito, se fosse ilícita, não teria sido usada pelos santos. Ora, lê-se que José recorria aos agouros: assim o livro do Gênesis mostra o copeiro de Faraó falando a José com estas palavras: "A taça que furtastes é a mesma em que bebe meu Senhor, e é a usada em suas adivinhações". E também José diz a seus irmãos: "Porventura, ignorais que ninguém se iguala a mim na ciência dos augúrios?". Logo, o uso dessa adivinhação não é ilícita.

2. ALÉM DISSO, algumas aves naturalmente conhecem coisas futuras, segundo a Escritura: "O melro no céu conhece a sua estação; a rola, a andorinha e a cegonha sabem os tempos da arribação". Ora, o conhecimento natural é infalível e vem de Deus. Logo, usar o conhecimento das aves para conhecer o futuro, que é conhecer mediante augúrios não é ilícito.

3. ADEMAIS, Gedeão está no catálogo dos santos. Ora, Gedeão serviu-se da adivinhação por ter ouvido a narração e a interpretação de um sonho,

---

7 PARALL.: *Cont. Gent.* III, 154; *De Sortib.*, c. 5; *in Isaiam*, c. 2.

interpretationem cuiusdam somnii, ut legitur Idc 7,13 sqq. Et similiter Eliezer, servus Abrahae, ut legitur Gn 24,13-14. Ergo videtur quod talis divinatio non sit illicita.

SED CONTRA est quod dicitur Dt 18,10: Non *inveniatur in te qui observet auguria*.

RESPONDEO dicendum quod motus vel garritus avium, vel quaecumque dispositiones huiusmodi in rebus consideratae, manifestum est quod non sunt causa futurorum eventuum: unde ex eis futura cognosci non possunt sicut ex causis. Relinquitur ergo quod si ex eis aliqua futura cognoscantur, hoc erit inquantum sunt effectus aliquarum causarum quae etiam sunt causantes vel praecognoscentes futuros eventus.

Causa autem operationum brutorum animalium est instinctus quidam quo moventur in modum naturae: non enim habent dominium sui actus. Hic autem instinctus ex duplici causa potest procedere. Uno quidem modo, ex causa corporali. Cum enim bruta animalia non habeant nisi animam sensitivam, cuius omnes potentiae sunt actus corporalium organorum, subiacet eorum anima dispositioni continentium corporum, et primordialiter caelestium. Et ideo nihil prohibet aliquas eorum operationes esse futurorum signa, inquantum conformantur dispositionibus corporum caelestium et aeris continentis, ex qua proveniunt aliqui futuri eventus. — In hoc tamen duo considerari oportet. Primum quidem, ut huiusmodi operationes non extendantur nisi ad praecognoscenda futura quae causantur per motus caelestium corporum, ut supra[1] dictum est. Secundo, ut non extendantur nisi ad ea quae aliqualiter possunt ad huiusmodi animalia pertinere. Consequuntur enim per caelestia corpora cognitionem quandam naturalem et instinctum ad ea quae eorum vitae sunt necessaria: sicut sunt immutationes quae fiunt per pluvias et ventos, et alia huiusmodi.

Alio modo instinctus huiusmodi causantur ex causa spirituali. Scilicet vel ex Deo: ut patet in columba super Christum descendente, et in corvo qui pavit Eliam, et in cete qui absorbuit et eiecit Ionam. Vel etiam ex daemonibus, qui utuntur huiusmodi operationibus brutorum animalium ad implicandas animas vanis opinionibus.

Et eadem ratio videtur esse de omnibus aliis huiusmodi, praeterquam de ominibus. Quia verba humana, quae accipiuntur pro omine, non sub-

e também Eliezer, o servo de Abraão. Logo, não é ilícito usar de tais adivinhações.

EM SENTIDO CONTRÁRIO, lê-se no livro do Deuteronômio: "Não se encontre entre vós quem observe augúrios".

RESPONDO. É evidente que os voos e os pios das aves e manifestações semelhantes que possam ser encontradas nas coisas, não são causa de eventos futuros. Logo, não poderão as coisas futuras ser nelas conhecidas como em sua causa. Assim sendo, se algum evento futuro por eles se possa conhecer, é porque são efeitos de algumas causas que também efetuam ou prognosticam eventos futuros.

A causa das ações dos animais é um certo instinto que os leva a se moverem naturalmente, sem ter o domínio dos seus atos. Duas são as causas desse instinto. A primeira é corpórea. Uma vez que os animais possuem apenas alma sensitiva, cujas potências na totalidade são atos de órgãos corpóreos, essa alma está sujeita às influências do corpo e sobretudo dos corpos celestes. Sob esse aspecto, nada impede que algumas de suas ações sejam sinais de coisas futuras, enquanto se conformam com as disposições dos corpos celestes e da atmosfera, que produzem efeitos futuros. — Sob esse mesmo aspecto, duas observações poderão ser feitas: a primeira é referente ao fato de que essas ações limitam-se a prever coisas futuras, causadas pelos movimentos dos corpos celestes, como acima foi dito. A segunda é referente ao fato de que não se estendem a não ser àquilo que diz respeito aos animais. Conseguirão, pois, os animais algum conhecimento natural e instintivo do que lhes é necessário para a sobrevivência, ao verem os corpos celestes, como são as mudanças que acontecem pela chuva, ventos etc.

A segunda causa daquele instinto é espiritual. A causa espiritual pode ser Deus ou os demônios. Deus foi a causa da descida daquela pomba sobre Cristo, da refeição levada a Elias pelo corvo, de Jonas estar no ventre da baleia e daí ser expelido. O demônio também poderá ser causa ao usar dos animais para levar os homens a práticas vãs.

Essas mesmas razões se aplicam a todas as adivinhações dessas espécies, excetuando-se os presságios, porque as palavras humanas consideradas

---

1. Art. 5, 6.

duntur dispositioni stellarum. Disponuntur tamen secundum divinam providentiam; et quandoque secundum daemonum operationem.

Sic igitur dicendum quod omnis huiusmodi divinatio, si exterdatur ultra id ad quod potest pertingere secundum ordinem naturae vel divinae providentiae, est superstitiosa et illicita.

AD PRIMUM ergo dicendum quod hoc quod Ioseph dixit, non esse aliquem sibi similem in scientia augurandi, secundum Augustinum[2], ioco dixit, non serio, referens forte hoc ad id quod vulgus de eo opinabatur. Et sic etiam dispensator eius locutus est.

AD SECUNDUM dicendum quod illa auctoritas loquitur de cognitione avium respectu eorum quae ad eas pertinent. Et ad haec praecognoscenda considerare earum voces et motus non est illicitum: puta si quis ex hoc quod cornicula frequenter crocitat, praedicat pluviam cito esse futuram.

AD TERTIUM dicendum quod Gedeon observavit recitationem et expositionem somnii accipiens ea pro omine, quasi ordinata ad sui instructionem a divina providentia. — Et similiter Eliezer attendit verba puellae, oratione praemissa ad Deum.

presságios não estão submetidas as disposições dos astros, pois submetem-se à providência divina e, às vezes, às ações demoníacas.

Devemos, pois, concluir que todas essas adivinhações, se ultrapassam o que podem atingir segundo a ordem natural e a providência divina, são supersticiosas e ilícitas[h].

QUANTO AO 1º, portanto, deve-se dizer que, segundo Agostinho, as palavras de José foram ditas por brincadeira, não seriamente dizendo que ninguém lhe era igual na arte dos augúrios referindo-se talvez ao que os outros pensavam dele. Seu mordomo também falou assim.

QUANTO AO 2º, deve-se dizer que a citação refere-se ao conhecimento natural das aves acerca do que lhes concerne. Mas para prever isso não é ilícito observar-lhes os pios e os voos. Por exemplo: predizer que cairá uma chuva ao se escutar o repetido crocitar dos corvos.

QUANTO AO 3º, deve-se dizer que Gedeão ouviu a narrativa e a interpretação do sonho, tomando-a por presságio, como orientadas pela divina providência para seu ensinamento. — Eleazer também deu atenção às palavras da moça, tendo anteriormente rezado a Deus.

ARTICULUS 8
## Utrum divinatio sortium sit illicita

AD OCTAVUM SIC PROCEDITUR. Videtur quod divinatio sortium non sit illicita.

1. Quia super illud Ps 30,16, *In manibus tuis sortes meae*, dicit Glossa[1] Augustini: *Sors non est eliquid mali, sed res, in humana dubitatione, divinam indicans voluntatem*.

ARTIGO 8
## A adivinhação por sorteios é ilícita?[i]

QUANTO AO OITAVO, ASSIM SE PROCEDE: parece que a adivinhação pelo sorteio **não** é ilícita.

1. Com efeito, Agostinho, em comentário sobre o salmo: "Nas tuas mãos está a minha sorte", diz: "O sorteio não é algo mau, mas uma coisa que, na dúvida humana, indica a vontade divina".

---

2. *Quaest. in Gen.*, q. 145: ML 34, 587.

PARALL.: *Cont. Gent.* III, 154; *De Sortib.*, c. 4, 5; *Quodlib.* XII, q. 22, a. 3; *in Psalm.* 30; *ad Ephes.*, c. 1, lect. 4; *ad Coloss.*, c. 1, lect. 3.

1. Ordin.: ML 113, 885 D; LOMBARDI: ML 191, 309 A.

h. "Toda adivinhação que pretende ultrapassar os limites que pode atingir segundo a ordem da natureza ou da Providência, é supersticiosa e ilícita". Trata-se aqui de elucidar e de aplicar os dados dessa conclusão, explicando como o psiquismo humano age nos sonhos, e como estes, segundo a "natureza" de suas causas, de seus efeitos, podem tornar-se significativos em relação ao passado, ao presente e, até um certo ponto, ao futuro do ser humano. De modo análogo, trata-se de descobrir em que sentido os sonhos podem ser os meios escolhidos pela "Providência" tendo em vista revelar seus fins (o que corresponde à preocupação de explicar os relatos bíblicos). Raciocina-se de maneira semelhante a respeito dos "movimentos, dos gritos dos pássaros, de todos os fenômenos do gênero". Uma ética que respeite as leis do conhecimento e da realidade cósmica, animal e humana, leva os teólogos a voltar um olhar atento a todos esses domínios que a adivinhação supersticiosa pretende explorar e manipular, enquanto que a disponibilidade da fé só permanece aberta aos sinais e provas da revelação divina.

i. Este artigo condensa todo um opúsculo que o autor consagrou à adivinhação pelas sortes (o opúsculo *Sobre as sortes*, cuja edição crítica se encontra na edição *Leonina* das obras de Sto. Tomás). Como em outros relatos (por exemplo, o opúsculo XXXIV *Sobre as operações ocultas da natureza*), reconhece-se a mesma preocupação doutrinária e prática que anima o teólogo: elucidar os temas debatidos na Escola, mas que interessam à maioria dos crentes, associando-se assim à ação pedagógica e disciplinar da Igreja (que aparece aqui no decreto citado *s.c.*).

2. PRAETEREA, ea quae a sanctis in Scripturis observata leguntur non videntur esse illicita. Sed sancti viri, tam in veteri quam in novo Testamento, inveniuntur sortibus usi esse. Legitur enim Ios 7,13 sqq., quod Iosue, ex praecepto Domini, iudicio sortium punivit Achar, qui de anathemate surripuerat. Saul etiam sorte deprehendit filium suum Ionatham mel comedisse, ut habetur 1Reg 14,38 sqq. Ionas etiam, a facie Domini fugiens, sorte deprehensus, est in mare deiectus, ut legitur Ion 1,7 sqq. Zacharias etiam *sorte exiit ut incensum poneret*, ut legitur Lc 1,9. Matthias etiam est sorte ab Apostolis in apostolatum electus, ut legitur Act 1,26. Ergo videtur quod divinatio sortium non sit illicita.

3. PRAETEREA, pugna pugilum quae *monomachia* dicitur, idest singularis concertatio, et iudicia ignis et aquae, quae dicuntur *vulgaria*, videntur ad sortes pertinere: cum per huiusmodi aliqua exquirantur occulta. Sed huiusmodi non videntur esse illicita: quia et David legitur cum Philisthaeo singulare iniisse certamen, ut legitur 1Reg 17,32 sqq. Ergo videtur quod divinatio sortium non sit illicita.

SED CONTRA est quod in Decretis, XXVI, qu. 5[2], dicitur: *Sortes quibus cuncta vos vestris discriminatis provinciis, quas Patres damnaverunt, nihil aliud quam divinationes et maleficia decernimus. Quamobrem volumus omnino illas damnari, et ultra inter Christianos nolumus nominari: et ne exerceantur, anathematis interdicto prohibemus.*

RESPONDEO dicendum quod, sicut supra[3] dictum est, sortes proprie dicuntur cum aliquid fit ut, eius eventu considerato, aliquid occultum innotescat. Et si quidem quaeratur iudicio sortium quid cui sit exhibendum, sive illud sit res possessa, sive sit honor seu dignitas, seu poena, aut actio aliqua, vocatur sors *divisoria*. Si autem inquiratur quid agere oporteat, vocatur sors *consultoria*. Si vero quaeratur quid sit futurum, vocatur sors *divinatoria*.

Actus autem hominum, qui requiruntur ad sortes, non subduntur dispositioni stellarum, nec etiam eventus ipsorum. Unde si quis ea intentione sortibus utatur quasi huiusmodi actus humani, qui requiruntur ad sortes, secundum dispositionem stellarum sortiantur effectum, vana et falsa est opinio, et per consequens non carens daemonum

2. ALÉM DISSO, os atos dos santos descritos na Escritura não parecem ser ilícitos. Ora, tanto no Antigo quanto no Novo Testamento aparecem santos usando sorteios. Lê-se que, por mandato divino, mediante sorte, Josué puniu Acaz, que tirava uma parte dos despojos. Saul, também mediante sorte, descobriu que seu filho Jônatas comeu o mel; Jonas, mediante sorte, foi descoberto fugindo do Senhor, e lançado no mar. Lê-se no Evangelho que por sorteio Zacarias foi designado para oferecer incenso no templo. Por fim, Matias foi escolhido para ser apóstolo, por sorteio. Logo, parece que a adivinhação por sorteio não é ilícita.

3. ADEMAIS, a luta dos púgiles, chamada também de *monomaquia*, isto é, luta singular e os julgamentos mediante água e fogo, chamados de *juízos vulgares*, parecem estar neste gênero de sorte, porque levam à descoberta de coisas ocultas. Ora, essas práticas não parecem ser ilícitas, como se lê que Davi bateu-se em duelo singular com Golias. Logo, parece que a adivinhação por sorteio não é ilícita.

EM SENTIDO CONTRÁRIO, num dos cânones das Decretais está escrito: "Decretamos que são adivinhações e malefícios as sortes condenadas pelos padres, que vós recorreis para resolver todas as dificuldades nas vossas províncias. Assim sendo, queremos condená-las e além disso queremos que não sejam nomeadas entre os cristãos e proibimos que sejam praticadas sob pena de anátema".

RESPONDO. Propriamente há sortes, como acima foi dito, quando se pratica um ato para que, após tê-lo observado, descubramos algo oculto. Se se usa dessa prática para saber a resposta que se deve dar a cada um acerca dos seus bens, das honras e dignidades que merece, ou também dos castigos e de outras coisas, a sorte é dita *divisória*. Quando se indaga o que se deve fazer, ela é dita *consultiva*. Quando se deseja saber algo futuro, ela se chama *adivinhatória*.

As ações dos homens exigidas para o sorteio não estão submetidas à influência dos astros, nem os acontecimentos futuros. Assim sendo, se alguém usa o sorteio com essa intenção como se os atos humanos, requeridos para a sorte, tenham efeito segundo a disposição das estrelas, é vã e falsa a opinião e, consequentemente, não isenta

---

2. GRATIANUS, *Decretum*, p. II, causa 26, q. 5, can. 7: ed. cit., t. I, p. 1029.
3. Art. 3.

ingestione. Ex quo talis divinatio erit superstitiosa et illicita.

Hac autem causa remota, necesse est quod sortialium actuum expectetur eventus vel ex fortuna, vel ex aliqua spirituali causa dirigente. Et si quidem ex fortuna, quod locum habere potest solum in divisoria sorte, non videtur habere nisi forte vitium vanitatis: sicut si aliqui non valentes aliquid concorditer dividere, velint sortibus ad divisionem uti, quasi fortunae exponentes quis quam partem accipiat.

Si vero ex spirituali causa expectetur sortium iudicium, quandoque quidem expectatur ex daemonibus: sicut legitur Ez 21,21, quod *rex Babylonis stetit in bivio, in capite duarum viarum, commiscens sagittas: interrogavit idola, exta consuluit*. Et tales sortes sunt illicitae, et secundum canones prohibentur.

Quandoque vero expectatur a Deo: secundum illud Pr 16,33: *Sortes mittuntur in sinum, sed a Domino temperantur*. Et talis sors secundum se non est malum, ut Augustinus dicit[4]. Potest tamen in hoc quadrupliciter peccatum incidere. Primo quidem, si absque ulla necessitate ad sortes recurratur: hoc enim videtur ad Dei tentationem pertinere. Unde Ambrosius dicit, super Lc 1,8 sqq.[5]: *Qui sorte eligitur, humano iudicio non comprehenditur*. — Secundo, si quis, etiam in necessitate, absque reverentia sortibus utatur. Unde, *super Actus Apost*., dicit Beda[6]: *Si qui, necessitate aliqua compulsi, Deum Putant sortibus, exemplo Apostolorum, esse consulendum, videant hoc ipsos Apostolos non nisi collecto fratrum coetu, et precibus ad Deum fusis, egisse*. — Tertio, si divina oracula ad terrena negotia convertantur. Unde Augustinus dicit, *ad Inquisitiones Ianuarii*[7]: *His qui de paginis evangelicis sortes legunt, etsi optandum sit ut id potius faciant quam ad daemonia consulenda concurrant, tamen ista mihi displicet consuetudo, ad negotia saecularia et ad vitae huius vanitatem divina oracula velle convertere*. — Quarto, si in electionibus ecclesiasticis, quae ex Spiritus Sancti inspiratione fieri debent, aliqui sortibus utantur. Unde, sicut Beda dicit, *super Actus Apost*.[8], *Matthias, ante Pentecosten ordinatus, sorte quaeritur*, quia scilicet nondum erat plenitudo Spiritus Sancti in Ecclesia effusa:

da ingerência dos demônios. Por isso, essas sortes adivinhatórias são supersticiosas e ilícitas.

Afastada essa causa, deve-se esperar o resultado dessas ações que recorrem à sorte, como decorrente do acaso ou da influência de alguma causa espiritual. Se decorrente do acaso, o que só pode acontecer na sorte divisória, parece implicar apenas o vício da vaidade. É o que se dá quando há dúvidas quanto à divisão de alguma coisa e os interessados recorrem à sorte para determinar o que cabe a cada um.

Se, porém, se espera o resultado do sorteio de uma causa espiritual, às vezes se espera dos demônios, como se lê na Escritura: "O rei da Babilônia parou no monte no qual havia a encruzilhada de dois caminhos, misturou as setas, mas antes consultara os ídolos e as entranhas de animais". Tais sortes são ilícitas e proibidas pelos cânones.

Outras vezes, porém, espera-se de Deus. Lê-se a respeito na Escritura: "Os dados estão no estojo, mas é o Senhor quem os determina". Em si mesmo, este sorteio não é mau, segundo Agostinho. Poderá, porém, implicar quatro pecados. O primeiro resulta de se consultar a sorte sem necessidade e parece que isto seja tentar a Deus. Donde escrever Ambrósio: "Quem foi eleito mediante sorteio está fora de qualquer juízo humano". — O segundo consiste em se recorrer ao sorteio em alguma necessidade, mas sem a devida reverência. A respeito, escreve Beda: "Quem em grande necessidade, decide consultar a Deus pelo sorteio, como fizeram os apóstolos, veja que só assim agiram em assembleia dos irmãos e após terem orado". — O terceiro consiste em se aplicarem os oráculos divinos a coisas terrenas. A respeito, escreve Agostinho: "Quem recorre ao sorteio consultando as páginas do Evangelho, embora isso seja preferível a consultar os demônios, contudo não me agrada a aplicação das palavras divinas a assuntos seculares, a às vaidades da vida terrestre". — O quarto pecado consiste em recorrer ao sorteio nas eleições eclesiásticas, que devem ter o resultado inspirado pelo Espírito Santo. A respeito, escreve Beda: "Matias foi eleito apóstolo por sorteio antes de Pentecostes, porque a Igreja ainda não tinha recebido a plenitude do Espírito Santo, mas depois foram escolhidos os

---

4. *Enarr. II in Ps*. 30, serm. 2, n. 13: ML 36, 246.
5. L. I, super 1, 8: ML 15, 1542 C.
6. Super 1, 26: ML 92, 945 D.
7. L. II (epist. 55, al. 119), c. 20, n. 37: ML 33, 222.
8. Super 1, 26: ML 92, 945 D.

*septem autem diaconi postea non sorte, sed electione discipulorum sunt ordinati.* Secus autem est in temporalibus dignitatibus, quae ad terrena disponenda ordinantur; in quarum electione plerumque homines sortibus utuntur, sicut et in temporalium rerum divisione.

Si vero necessitas immineat, licitum est, cum debita reverentia, sortibus divinum iudicium implorare. Unde Augustinus dicit, in epistola *ad Honoratum*[9]: *Si inter Dei ministros sit disceptatio qui eorum persecutionis tempore maneant, ne fuga omnium, et qui eorum fugiant, ne morte omnium deseratur ecclesia: si haec disceptatio aliter non potuerit terminari, quantum mihi videtur, qui maneant et qui fugiant sorte legendi sunt.* Et in I *de Doct. Christ.*[10] dicit: *Si tibi abundaret aliquid, quod oporteret dari ei qui non haberet, nec duobus dari potuisset; si tibi occurrerent duo, quorum neuter alium vel indigentia vel erga te aliqua necessitate superaret; nihil iustius faceres quam ut sorte legeres cui dandum esset quod dari utrique non posset.*

Et per hoc patet responsio AD PRIMUM et SECUNDUM.

AD TERTIUM dicendum quod iudicium ferri candentis vel aquae ferventis ordinatur quidem ad alicuius peccati occulti inquisitionem per aliquid quod ab homine fit, et in hoc convenit cum sortibus: inquantum tamen expectatur aliquis miraculosus effectus a Deo, excedit communem sortium rationem. Unde huiusmodi iudicium illicitum redditur: tum quia ordinatur ad iudicandum occulta, quae divino iudicio reservantur; tum etiam quia huiusmodi iudicium non est auctoritate divina sancitum. Unde II, qu. 5, in decreto Stephani Papae[11], dicitur: *Ferri candentis vel aquae ferventis examinatione confessionem extorqueri a quolibet, sacri non censent canones: et quod sanctorum Patrum documento sancitum non est, superstitiosa adinventione non est praesumendum. Spontanea enim confessione vel testium approbatione publicata delicta, habito prae oculis Dei timore, concessa sunt nostro regimini iudicare. Occulta vero et incognita illi sunt relinquenda qui "solus novit corda filiorum hominum".* — Et eadem ratio videtur esse de lege duellorum: nisi quod plus accedit ad communem rationem sortium, inquantum non expectatur ibi miraculosus effectus; nisi forte quando pugiles sunt valde impares virtute vel arte.

sete diáconos não mediante sorteio, mas pela decisão dos apóstolos". Diferente é a eleição para os cargos políticos, que se destinam ao cuidado das coisas públicas, pois então se usam sorteios, como também para saber como dividir.

Não obstante, em grave necessidade, é lícito implorar o juízo de Deus mediante o sorteio, mas feito com a devida reverência. Donde Agostinho escrever: "Quando os ministros da Igreja discutem durante as perseguições quem deve permanecer no seu posto ou fugir para evitar que todos morram, não se encontrando uma solução, penso que se há de recorrer ao sorteio para saber quem deve ou não permanecer". Em outro livro acrescenta: "Havendo para ti algo supérfluo que deves dar ao indigente, mas que não o podes dividir entre dois pobres, sem que haja preferência para um deles sem motivo algum, será melhor recorrer à sorte para saber qual dos dois o receberá".

QUANTO AO 1º E AO 2º, o que está acima exposto dá a solução.

QUANTO AO 3º, o recurso ao ferro derretido ou à água fervendo ordena-se certamente à inquisição do pecado oculto de alguém, por meio de uma ação humana, e nisso não se distingue do sorteio. Todavia, se é esperada uma resposta miraculosa de Deus, foge da razão comum do sorteio. Este juízo é ilícito, tanto porque se ordena para julgar coisas ocultas, que estão reservadas para o juízo divino, como por não estar sancionado por Deus. A respeito, encontra-se no decreto do papa Estêvão: "Os cânones sagrados não permitem que se arranque de alguém uma confissão mediante o ferro derretido e a água fervendo. Ademais, como isto não está sancionado pelos santos padres, deve ser considerado adivinhação supersticiosa. O julgamento que nos cabe, tendo-se presente o temor de Deus, é o concernente aos delitos espontaneamente confessados por quem os cometeu ou os declarados por testemunhas que os conhecem. Mas as faltas secretas e desconhecidas serão julgadas só por aquele que conhece os corações dos homens". — Do mesmo modo, deve ser julgado o duelo judicial, até porque ele muito se aproxima da razão comum do sorteio, na medida em que não se espera dele algum efeito miraculoso, quando os duelantes são muito desiguais na força e na destreza.

---

9. Epist. 228, al. 180, n. 12: ML 33, 1018.
10. C. 28: ML 34, 30.
11. Quinti. Cfr. GRATIANUM, *Decretum*, p. II, causa 2, q. 5, can. 20: ed. cit., t. I, p. 463.

## QUAESTIO XCVI
## DE SUPERSTITIONIBUS OBSERVANTIARUM

*in quatuor articulos divisa*

Deinde considerandum est de superstitionibus observantiarum.

Et circa hoc quaeruntur quatuor.

*Primo*: de observantiis ad scientiam acquirendam, quae traduntur in arte notoria.

*Secundo*: de observantiis quae ordinantur ad aliqua corpora immutanda.

*Tertio*: de observantiis quae ordinantur ad coniecturas sumendas fortuniorum vel infortuniorum.

*Quarto*: de suspensionibus sacrorum verborum ad collum.

### Articulus 1
### Utrum uti observantiis artis notoriae sit illicitum

AD PRIMUM SIC PROCEDITUR. Videtur quod uti observantiis artis notoriae non sit illicitum.

1. Dupliciter enim est aliquid illicitum: uno modo, secundum genus operis, sicut homicidium vel furtum; alio modo, ex eo quod ordinatur ad malum finem, sicut cum quis dat eleemosynam propter inanem gloriam. Sed ea quae observantur in arte notoria secundum genus operis non sunt illicita: sunt enim quaedam ieiunia et orationes ad Deum. Ordinantur etiam ad bonum finem: scilicet ad scientiam acquirendam. Ergo uti huiusmodi observationibus non est illicitum.

## QUESTÃO 96
## AS PRÁTICAS SUPERSTICIOSAS[a]

*em quatro artigos*

Em seguida deve-se tratar das práticas supersticiosas.

A esse respeito, quatro questões.

1. As práticas para adquirir conhecimento que são ensinadas na arte "notória".
2. As práticas que se ordenam à conservação do corpo.
3. As práticas que se ordenam à previsão da boa ou má sorte.
4. O uso de palavras sagradas atadas ao pescoço.

### Artigo 1
### Praticar a arte "notória" é ilícito?[b]

QUANTO AO PRIMEIRO ARTIGO, ASSIM SE PROCEDE: parece que **não** é ilícito praticar a arte notória.

1. Com efeito, um ato pode ser ilícito de duas maneiras: de uma, segundo o gênero do seu efeito, como o homicídio e o roubo; de outra, quando seu fim é mau, como dar esmola por vaidade. Ora, as práticas da arte notória, conforme o gênero do efeito, não são ilícitas, pois consistem em jejuns e orações feitos para Deus. Também elas se ordenam a um fim bom, como aprender a ciência. Logo, essas práticas não são ilícitas.

---

1

---

a. Essas práticas se contrapõem ao culto divino, pretendendo ocupar o lugar das normas e diretrizes que este propõe para orientação da vida daquele que crê. Esse princípio (enunciado na q. 92, a. 2, Solução) esclarece a ordem seguida nesta questão. O culto divino é fonte de luz, de conhecimento oriundo da Palavra de Deus; buscar esse conhecimento recorrendo a todo um feixe de observâncias, eventualmente boas e louváveis em si mesmas, mas escolhidas sem razão como meio infalível de adquirir a ciência: eis a prática supersticiosa que se apresenta como a "arte notória" (da qual se ocupará o artigo 1). Os artigos seguintes abordarão outros efeitos e benefícios que o homem só deve esperar de Deus, pelos meios naturais ou divinamente estabelecidos, com as quais as "vãs observâncias" procuram concorrer, esforçando-se em "mudar as disposições corporais, as condições de saúde (a. 2); conhecer a boa ou má sorte (a. 3); proteger-se pendurando em seu pescoço textos sagrados (a. 4). A questão se limitará a aplicar a esses domínios particulares os princípios anteriormente elucidados, manifestando a mesma atenção à realidade e à análise dos fenômenos, à descrição das práticas, ao sentido e à intenção que presidem ao seu uso.

b. A "arte notória" já possui uma longa história; Sto. Tomás poderá criticá-la por intermédio das palavras de Sto. Agostinho. Disporá ainda de um belo futuro, sobretudo no século XVI. Trata-se de um procedimento "para dar a saber", para engendrar a ciência (tal é a acepção etimológica primeira de "notório" (= *notoria*), que, todavia, se enriquece com uma conotação de celebridade no uso popular). Esse procedimento tem algo de uma instituição, de uma iniciação sistemática ao conhecimento, à sabedoria e finalmente à felicidade. A "arte notória" pretende introduzir de maneira eficaz, mediante práticas ascéticas, jejuns e toda espécie de abstinências, por meio de preces e ritos, por vezes tomados à liturgia. A reunião e a observação estrita de todos esses elementos em um tempo preciso lhes assegurarão um valor quase automático. Pode-se reconhecer aí uma certa forma de cristianismo segundo as práticas e o ideal gnóstico.

2. PRAETEREA, Dn 1,17 legitur quod pueris abstinentibus *dedit Deus scientiam et disciplinam in omni libro et sapientia*. Sed observantiae artis notoriae sunt secundum aliqua ieiunia et abstinentias quasdam. Ergo videtur quod divinitus sortiatur ars illa effectum. Non ergo illicitum est ea uti.

3. PRAETEREA, ideo videtur esse inordinatum a daemonibus inquirere de futuris quia ea non cognoscunt, sed hoc est proprium Dei, ut dictum est[1]. Sed veritates scientiarum daemones sciunt: quia scientiae sunt de his quae sunt ex necessitate et semper, quae subiacent humanae cognitioni, et multo magis daemonum, qui sunt perspicaciores, ut Augustinus dicit[2]. Ergo non videtur esse peccatum uti arte notoria, etiam si per daemones sortiatur effectum.

SED CONTRA est quod dicitur Dt 18,10-11: *Non inveniatur in te qui quaerat a mortuis veritatem*: quae quidem inquisitio innititur auxilio daemonum. Sed per observantias artis notoriae inquiritur cognitio veritatis per *quaedam pacta significationum cum daemonibus inita*. Ergo uti arte notoria non est licitum.

RESPONDEO dicendum quod ars notoria et illicita est, et inefficax. Illicita quidem est, quia utitur quibusdam ad scientiam acquirendam quae non habent secundum se virtutem causandi scientiam: sicut inspectione quarundam figurarum, et prolatione quorundam ignotorum verborum, et aliis huiusmodi. Et ideo huiusmodi ars non utitur his ut causis, sed ut signis. Non autem ut signis divinitus institutis, sicut sunt sacramentalia signa. Unde relinquitur quod sint supervacua signa: et per consequens pertinentia *ad pacta quaedam significationum cum daemonibus placita atque foederata*. Et ideo ars notoria *penitus est repudianda et fugienda Christiano*, sicut et aliae *artes nugatoriae vel noxiae superstitionis*: ut Augustinus dicit, in II de *Doct. Christ.*[3].

Est etiam huiusmodi ars inefficax ad scientiam acquirendam. Cum enim per huiusmodi artem non intendatur acquisitio scientiae per modum homini connaturalem, scilicet adinveniendo vel addiscendo, consequens est quod iste effectus vel expectetur a Deo, vel a daemonibus. Certum est autem aliquos a Deo sapientiam et scientiam per infusionem habuisse: sicut de Salomone legitur 3Reg 3,11-12, et 2Par 1,11-12. Dominus etiam

2. ALÉM DISSO, lê-se no livro de Daniel que Deus deu aos jovens abstinentes a ciência e a disciplina de todos os livros e da sabedoria". Ora, a arte notória consiste em praticar jejuns e abstinência. Parece, portanto que por influxo divino essa arte produziu aqueles efeitos. Logo, não será ilícito praticá-la.

3. ADEMAIS, parece que não é bom perguntar aos demônios sobre coisas futuras, pois eles as desconhecem, e somente Deus as pode conhecer, como acima foi dito. Ora, as verdades das ciências eles conhecem, porque se os homens conhecem o que no futuro necessariamente sempre acontecerá, muito mais os demônios, que são mais sagazes que os homens, como diz Agostinho. Logo, não será ilícito praticar a arte notória, embora venha o seu efeito do demônio.

EM SENTIDO CONTRÁRIO, lê-se na Escritura: "Que ninguém entre vós procure a verdade consultando os mortos", pois essa consulta se apoia no auxílio do demônio. Ora, pela arte notória indaga-se da verdade por meio de "de pactos interpretativos feitos com o demônio". Logo, praticar a arte notória é ilícito.

RESPONDO. A arte notória é ilícita e ineficaz. É ilícita porque é usada para se conseguir uma ciência que ela é incapaz de produzir, como, por exemplo, pela visão de algumas figuras ou da pronúncia de palavras misteriosas etc. Por isso, essa arte usa esses instrumentos não como causas, mas como sinais. E não como sinal instituído por Deus como são os sinais sacramentais. Por isso, são sinais vazios, também "significativos de pactos feitos com os demônios e com eles firmados", segundo Agostinho. Devem, pois, os cristãos repudiar, fugir da arte notória e "das artes ilusórias e nocivas da superstição".

A arte notória é, outrossim, ineficaz para não se adquirir ciência. Praticando-a, não se adquire ciência pelos meios naturais próprios, como sejam descobrindo e aprendendo. Ora, então, receber-se-ia a ciência infundida ou por Deus ou pelos demônios. É certo que se pode receber de Deus a ciência e a sabedoria por infusão, como, por exemplo, Salomão. Também Cristo prometeu-a assim dar aos discípulos a sabedoria: "Dar-vos-ei

---

1. Q. 95, a. 1.
2. *De Gen. ad litt.*, l. II, c. 17, n. 37: ML 34, 278; *De divin. daem.*, c. 3: ML 40, 584.
3. C. 23, n. 36: ML 34, 53.

discipulis suis dicit, Lc 21,15: *Ego dabo vobis os et sapientiam, cui non poterunt resistere et contradicere omnes adversarii vestri*. Sed hoc donum non datur quibuscumque, aut cum certa observatione, sed secundum arbitrium Spiritus Sancti: secundum illud 1Cor 12,8: *Alii quidem datur per Spiritum sermo sapientiae, alii sermo scientiae secundum eundem Spiritum*; et postea [v. 11] subditur: *Haec omnia operatur unus atque idem Spiritus, dividens singulis prout vult*.

Ad daemones autem non pertinet illuminare intellectum: ut habitum est in Prima huius operis Parte[4]. Acquisitio autem scientiae et sapientiae fit per illuminationem intellectus. Et ideo nullus unquam per daemones scientiam acquisivit. Unde Augustinus dicit, in X *de Civ. Dei*[5], *Porphyrium fateri quod theurgicis teletis*, in operationibus daemonum, *intellectuali animae nihil purgationis accidit quod eam facit idoneam ad videndum Deum suum, et perspicienda ea quae vera sunt*, qualia sunt omnia scientiarum theoremata. — Possent tamen daemones, verbis hominibus colloquentes, exprimere aliqua scientiarum documenta: sed hoc non quaeritur per artem notoriam.

AD PRIMUM ergo dicendum quod acquirere scientiam bonum est: sed acquirere eam modo indebito non est bonum. Et hunc finem intendit ars notoria.

AD SECUNDUM dicendum quod pueri illi non abstinebant secundum vanam observantiam artis notoriae: sed secundum auctoritatem legis divinae, nolentes inquinari cibis gentilium. Et ideo merito obedientiae consecuti sunt a Deo scientiam: secundum illud Ps 118,100: *Super senes intellexi, quia mandata tua quaesivi*.

AD TERTIUM dicendum quod exquirere cognitionem futurorum a daemonibus non solum est peccatum propter hoc quod ipsi futura non cognoscunt: sed propter societatem cum eis initam, quae etiam in proposito locum habet.

palavras e sabedoria às quais não poderão resistir e refutar vossos adversários". Ora, esse dom não é para todos, nem decorre de certas práticas, mas depende do Espírito Santo, segundo o Apóstolo: "A uns lhes será dado pelo Espírito a palavra de sabedoria, a outros, a palavra de ciência, segundo o mesmo Espírito". E logo acrescenta: "Essas coisas são operadas pelo único e mesmo Espírito, distribuindo a cada um como lhe convier".

Não podem os demônios iluminar as inteligências, como foi dito na I Parte desta obra[c]. Ora, a aquisição da ciência e da sabedoria é feita pela iluminação do intelecto e jamais alguém recebeu do demônio a ciência. Donde Agostinho escrever: "Porfírio confessa que as práticas teúrgicas, chamadas teletas, constituídas de operações dos demônios, jamais conseguiram dar à alma humana a purificação que a fizesse ver o seu Deus, e conhecer as verdades", a saber, os princípios de todas as ciências. — Não obstante, podem os demônios, servindo-se da linguagem humana, manifestar algumas verdades científicas, mas não são elas que busca a arte notória.

QUANTO AO 1º, portanto, deve-se dizer que a aquisição da ciência é um bem, mas consegui-la de maneira indevida, é um mal: este é o fim pretendido pela arte notória.

QUANTO AO 2º, deve-se dizer que a abstinência daqueles jovens não era segundo a arte notória, mas segundo obediência à lei divina, para que não se tornassem impuros pelo alimento dos pagãos. Foi devido ao mérito da obediência que receberam de Deus a ciência. Donde essas palavras do Salmista: "Entendi mais que os anciãos, porque observei os vossos mandamentos".

QUANTO AO 3º, deve-se dizer que procurar saber dos demônios o futuro é pecado, não só porque eles não o conhecem, mas também pela relação estabelecida com eles, supostas na arte notória.

---

4. Q. 109, a. 3.
5. C. 9, n. 2: ML 41, 287.

c. Remete-se aqui à doutrina exposta em termos técnicos como "iluminação" intelectual (I, q. 109, a. 3). A "iluminação" é a comunicação da verdadeira ciência e da verdadeira sabedoria, é a prerrogativa de Deus, partilhada por seus anjos e mensageiros. É ao mesmo tempo purificação e elevação da inteligência, sua orientação e sua realização na via da Verdade divina, para a qual a inteligência humana é chamada por sua natureza e segundo os desígnios divinos. O demônio está excluído dessa comunhão e dessa difusão da verdadeira luz. Mesmo que ele transmitisse ao homem algumas informações e outros elementos de saber, não seria jamais a ciência, a sabedoria, que é para a inteligência uma fonte de vida e de coerência na realização de sua natureza, e na docilidade da Verdade divina, a qual ao "iluminá-la", completa-a e a supera. Essa doutrina conserva toda sua atualidade, dada a profusão de procedimentos, de técnicas, de métodos de ascese e de meditação, de práticas e iniciações de todos os tipos, que hoje como ontem se empenham em triunfar da "sabedoria da cruz" e a pôr-se no lugar dos "dons do Espírito".

## Articulus 2
**Utrum observationes ordinatae ad corporum immutationem, puta ad sanitatem vel ad aliquid huiusmodi, sint licitae**

AD SECUNDUM SIC PROCEDITUR. Videtur quod observationes ordinatae ad corporum immutationem, puta ad sanitatem vel ad aliquid huiusmodi sint licitae.

1. Licitum enim est uti naturalibus virtutibus corporum ad proprios effectus inducendos. Res autem naturales habent quasdam virtutes occultas, quarum ratio ab homine assignari non potest: sicut quod adamas trahit ferrum, et multa alia quae Augustinus enumerat, XXI de Civ. Dei[1]. Ergo videtur quod uti huiusmodi rebus ad corpora immutanda non sit illicitum.

2. PRAETEREA, sicut corpora naturalia subduntur corporibus caelestibus, ita etiam corpora artificialia. Sed corpora naturalia sortiuntur quasdam virtutes occultas, speciem consequentes, ex impressione caelestium corporum. Ergo etiam corpora artificialia, puta imagines, sortiuntur aliquam virtutem occultam a corporibus caelestibus ad aliquos effectus causandos. Ergo uti eis, et aliis huiusmodi, non est illicitum.

3. PRAETEREA, daemones etiam multipliciter possunt corpora transmutare: ut dicit Augustinus, III de Trin.[2], Sed eorum virtus a Deo est. Ergo licet uti eorum virtute ad aliquas huiusmodi immutationes faciendas.

SED CONTRA est quod Augustinus dicit, in II de Doct. Christ.[3], quod ad superstitionem pertinent *molimina magicarum artium, et ligaturae, et remedia quae medicorum quoque medicina condemnat, sive in praecantationibus, sive in quibusdam notis, quas characteres vocant, sive in quibuscumque rebus suspendendis atque insignandis*.

RESPONDEO dicendum quod in his quae fiunt ad aliquos effectus corporales inducendos, considerandum est utrum naturaliter videantur posse tales effectus causare. Sic enim non erit illicitum: licet enim causas naturales adhibere ad proprios effectus. — Si autem naturaliter non videantur posse tales effectus causare, consequens est quod non adhibeantur ad hos effectus causandos tanquam

## Artigo 2
**As práticas para conservação dos corpos, por exemplo, para a saúde ou coisa semelhante são lícitas?**

QUANTO AO SEGUNDO, ASSIM SE PROCEDE: parece que as práticas para a conservação dos corpos, por exemplo, para a saúde ou algo semelhante, **são** lícitas.

1. Com efeito, é lícito usar das propriedades naturais dos corpos para movê-los a produzir os efeitos que lhes são próprios. Ora, as coisas naturais possuem propriedades ocultas cuja essência os homens desconhecem, como, por exemplo, a atração que o ímã exerce ao ferro e coisas semelhantes, que Agostinho enumera. Logo, parece que usar de tais propriedades para conservar os corpos não é ilícito.

2. ALÉM DISSO, como os corpos naturais submetem-se aos corpos celestes, também os corpos artificiais. Ora, por influência dos corpos celestes, os corpos naturais adquirem algumas propriedades desconhecidas, segundo a espécie de cada um. Logo, também os corpos artificiais, como as imagens, possuem propriedades ocultas para causarem efeitos movidas que são pelos corpos celestes. Logo, usar desses corpos e de coisas semelhantes não é ilícito.

3. ADEMAIS, também os demônios, segundo Agostinho, podem de muitos modos fazer alterações sobre os corpos. Ora, esse poder lhes vem de Deus. Logo, é lícito usar desse poder para fazer algumas alterações.

EM SENTIDO CONTRÁRIO, Agostinho ensina: "Devem se considerar como superstição as práticas das artes mágicas, os amuletos, os remédios condenados pela medicina, quer sejam encantamentos, ou tatuagens, ou medalhas ou brincos".

RESPONDO. As coisas que se fazem para produzirem efeitos corporais devem ser observadas para se saber se naturalmente produzem esses resultados. Então, não será ilícito fazê-las, pois é lícito usar das causas naturais para produzirem os efeitos que lhes são próprios. — Todavia, se por meios naturais não se pode saber se causam esses efeitos, então não podem ser usados para os

---

2 PARALL.: *Cont. Gent.* III, 105; *De Pot.*, q. 6, a. 10; *Quodlib.* XII, q. 9, a. 2.

1. C. 5, n. 1; c. 7, n. 1: ML 41, 715, 718.
2. C. 8, n. 13: c. 9, n. 17: ML 42, 875, 878.
3. C. 20, n. 30: ML 34, 50.

causae, sed solum quasi signa. Et sic pertinent ad pacta significationum cum daemonibus Inita. Unde Augustinus dicit, XXI *de Civ. Dei*[4]: *Illiciuntur daemones per creaturas, quas non ipsi, sed Deus condidit, delectabilibus pro sua diversitate diversis, non ut animalia cibis, sed ut spiritus signis, quae cuiusque delectationi congruunt, per varia genera lapidum, herbarum, lignorum, animalium, carminum, rituum.*

AD PRIMUM ergo dicendum quod si simpliciter adhibeantur res naturales ad aliquos effectus producendos ad quos putantur naturalem habere virtutem, non est superstitiosum neque illicitum. Si vero adiungantur vel characteres aliqui, vel aliqua nomina, vel aliae quaecumque variae observationes, quae manifestum est naturaliter efficaciam non habere, erit superstitiosum et illicitum.

AD SECUNDUM dicendum quod virtutes naturales corporum naturalium consequuntur eorum formas substantiales, quas sortiuntur ex impressione caelestium corporum: et ideo ex eorundem impressione sortiuntur quasdam virtutes activas. Sed corporum artificialium formae procedunt ex conceptione artificis: et cum nihil aliud sint quam compositio, ordo et figura, ut dicitur in I *Physic*.[5], non possunt habere naturalem virtutem ad agendum. Et inde est quod ex impressione caelestium corporum nullam virtutem sortiuntur inquantum sunt artificialia, sed solum secundum materiam naturalem. Falsum est ergo quod Porphyrio videbatur, ut Augustinus dicit, X *de Civ. Dei*[6], *herbis et lapidibus et animantibus, et sonis certis quibusdam ac vocibus, et figurationibus atque figmentis quibusdam etiam observatis in caeli conversione motibus siderum, fabricari in terra ab hominibus potestates idoneas siderum variis effectibus exequendis*: quasi effectus magicarum artium ex virtute caelestium corporum provenirent. Sed sicut Augustinus ibidem subdit, *totum hoc ad daemones pertinet, ludificatores animarum sibi subditarum*.

Unde etiam imagines quas *astronomicas* vocant, ex operatione daemonum habent effectum. Cuius signum est quod necesse est eis inscribi quosdam *characteres*, qui naturaliter ad nihil operantur: non enim est figura actionis naturalis principium. Sed in hoc distant astronomicae imagines a nigromanticis, quod in nigromanticis fiunt expressae invo-

produzir como causa, mas somente como sinais. Dessa forma, são sinais de pactos feitos com os demônios. A respeito, Agostinho escreve: "Os anjos maus são atraídos pelas criaturas, que são obras de Deus, e não deles, por meio de coisas deleitosas, diferentes conforme a condição de cada um. Não são atraídos como são os animais, com manjares e comidas, mas como espíritos com sinais convenientes ao gosto de cada um, como sejam as muitas espécies de pedras, de ervas, de árvores, de animais, de encantamentos e de ritos".

QUANTO AO 1º, portanto, deve-se dizer que servir-se das forças naturais para produzir um efeito que se supõe não ultrapassar os limites da sua capacidade, não será ilícito nem supersticioso. Não obstante, sê-lo-á quando a ele se juntarem inscrições, fórmulas e outras práticas, sabendo-se que não possuem eficácia alguma natural.

QUANTO AO 2º, deve-se dizer que as virtudes naturais dos corpos naturais resultam das formas substanciais que, por sua vez, resultam da influência dos corpos celestes. Desses corpos resultam, outrossim, algumas virtudes ativas. Mas, nos corpos artificiais, as formas procedem da composição que lhes deu o artista. Ora, consistindo elas na composição, na ordem e na figura, segundo o Filósofo, carecem de virtude ativa para operar. Sendo artificiais, pois, nenhuma das suas virtudes procede da influência dos corpos celestes, mas só da matéria natural. Agostinho refuta a falsa opinião de Porfírio, nestes termos: "Combinando ervas e pedras e partes dos animais, sons, vozes, figuras e certos símbolos tirados da observação do movimento das estrelas na revolução do céu, os homens podem fabricar artefatos capazes de realizar efeitos próprios dos astros" como se procedessem de arte mágica ou da força dos astros. E Agostinho acrescenta: "Tudo isso é obra dos demônios, enganadores que são das almas que a eles se submetem".

Também as imagens chamadas *astronômicas* produzem os seus efeitos por influência diabólica. Por isso, essas imagens recebem *inscrições*, que não operam coisa alguma, pois uma figura não pode ser princípio de ação natural. Diferenciam-se as imagens astronômicas das usadas na necromancia, pois nestas há invocações expressas

---

4. C. 6, n. 1: ML 41, 717.
5. C. 5: 188, b, 15-21.
6. C. 11, n. 2: ML 41, 290.

cationes et praestigia quaedam, unde pertinent ad expressa pacta cum daemonibus inita: sed in aliis imaginibus sunt quaedam tacita pacta per quaedam figurarum seu characterum signa.

AD TERTIUM dicendum quod ad dominium pertinet divinae maiestatis, cui daemones subsunt, ut eis utatur Deus ad quodcumque voluerit. Sed homini non est potestas super daemones commissa, ut eis licite uti possit ad quodcumque voluerit: sed est ei contra daemones bellum indictum. Unde nullo modo licet homini daemonum auxilio uti per pacta tacita vel expressa.

e prestígios, que implicam pactos expressos com os demônios; aquelas implicam pactos tácitos significados pelas figuras e inscrições.

QUANTO AO 3º, deve-se dizer que os demônios estão sujeitos ao domínio da majestade divina, e Deus pode deles usar como quiser. Mas aos homens não lhes foi dado poder sobre os demônios para deles usarem licitamente como quiserem. Ao contrário, estão em permanente guerra contra os demônios. Logo, não será de modo algum lícito ao homem pedir auxílio ao demônio com pactos tácitos ou expressos.

ARTICULUS 3

**Utrum observationes quae ordinantur ad praecognoscenda aliqua fortunia vel infortunia, sint illicitae**

AD TERTIUM SIC PROCEDITUR. Videtur quod observationes quae ordinantur ad praecognoscenda aliqua fortunia vel infortunia, non sint illicitae.

1. Inter alia enim infortunia hominum sunt etiam infirmitates. Sed infirmitates in hominibus quaedam signa praecedunt, quae etiam a medicis observantur. Ergo observare huiusmodi significationes non videtur esse illicitum.

2. PRAETEREA, irrationabile est negare illud quod quasi communiter omnes experiuntur. Sed quasi omnes experiuntur quod aliqua tempora vel loca, vel verba audita, vel occursus hominum seu animalium, aut distorti aut inordinati actus, aliquod praesagium habent boni vel mali futuri. Ergo observare ista non videtur esse illicitum.

3. PRAETEREA, actus hominum et eventus ex divina providentia disponuntur secundum ordinem quendam, ad quem pertinere videtur quod praecedentia sint subsequentium signa. Unde ea quae antiquis Patribus contigerunt signa sunt eorum quae in nobis complentur: ut patet per Apostolum, 1Cor 10,6-11. Observare autem ordinem ex divina providentia procedentem non est illicitum. Ergo observare huiusmodi praesagia non videtur esse illicitum.

SED CONTRA est quod Augustinus dicit, in II *de Doct. Christ.*[1], quod *ad pacta cum daemonibus inita pertinent millia inanium observationum: puta si membrum aliquod salierit; si iunctim ambulantibus amicis lapis aut canis aut puer medius*

ARTIGO 3

**São lícitas as práticas usadas para a previsão da boa ou má sorte?**

QUANTO AO TERCEIRO, ASSIM SE PROCEDE: parece que as práticas usadas para a previsão da boa ou má sorte **não** são ilícitas.

1. Com efeito, entre os infortúnios do homem estão as doenças. Ora, eles são previstos pelos médicos, porque são precedidos por alguns sinais. Logo, observar os seus sinais não parece ser ilícito.

2. ALÉM DISSO, não é racional negar o que quase todos experimentam. Ora, quase todos experimentam que alguns tempos e lugares, ou palavras ouvidas, ou passagens de homens e de animais, ou atos bons e maus, apresentam alguns presságios do bem e do mal futuros. Logo, não parece ser ilícito observar essas coisas.

3. ADEMAIS, os atos e eventos dos homens são dispostos pela providência divina em ordem, pela qual os antecedentes são sinais dos sequentes. Ensina o Apóstolo que o que acontecia com os pais na Antiga Lei era sinal e figura daquilo que aconteceria conosco na Nova Lei. Ora, não é ilícito observar a ordem procedente da providência divina. Logo, não parece ilícito observar esses presságios.

EM SENTIDO CONTRÁRIO, diz Agostinho: "Os pactos firmados com os demônios são de mais de mil espécies vãs, como, por exemplo, pular com uma só perna; se uma pedra, um cachorro ou uma criança passa pelo meio de dois amigos

1. C. 20, n. 31: ML 34, 50-51.

*intervenerit; limen calcare cum ante domum suam aliquis transit; redire ad lectum si quis, dum se calceat, sternutaverit; redire domum si procedens offenderit; cum vestis a soricibus roditur, plus timere superstitionem mali futuri quam praesens damnum dolere.*

RESPONDEO dicendum quod homines omnes huiusmodi observationes attendunt non ut quasdam causas, sed ut quaedam signa futurorum eventuum bonorum vel malorum. Non autem observantur sicut signa a Deo tradita, cum non sint introducta ex auctoritate divina: sed magis ex vanitate humana, cooperante daemonum malitia, qui nituntur animos hominum huiusmodi vanitatibus implicare. Et ideo manifestum est omnes huiusmodi observantias esse superstitiosas et illicitas. Et videntur esse quaedam reliquiae idololatriae, secundum quam observabantur auguria, et quidam dies fausti vel infausti (quod quodammodo pertinet ad divinationem quae fit per astra, secundum quae diversificantur dies): nisi quod huiusmodi observationes sunt sine ratione et arte; unde sunt magis vanae et superstitiosae.

AD PRIMUM ergo dicendum quod infirmitatum causae praecedunt in nobis, ex quibus aliqua signa procedunt futurorum morborum, quae licite a medicis observantur. Unde et si quis praesagium futurorum eventuum consideret ex sua causa, non erit illicitum: sicut si servus timeat flagella videns domini iram. Et simile etiam esse posset si quis timeret nocumentum alicui puero ex oculo fascinante: de quo dictum est in Primo Libro². Sic autem non est in huiusmodi observationibus.

AD SECUNDUM dicendum quod hoc quod a principio in istis observationibus aliquid veri homines experti sunt, casu accidit. Sed postmodum cum homines incipiunt huiusmodi observantiis suum animum implicare, multa secundum huiusmodi observationes eveniunt per deceptionem daemonum, *ut his observationibus homines implicati curiosiores fiant, et sese magis inserant multiplicibus laqueis perniciosi erroris*, ut Augustinus dicit, II *de Doct. Christ.*³.

AD TERTIUM dicendum quod in populo Iudaeorum, ex quo Christus erat nasciturus, non solum dicta, sed etiam facta fuerunt prophetica: ut Augustinus dicit, *contra Faustum*⁴. Et ideo licitum est illa facta assumere ad nostram instructionem, sicut signis divinitus datis. Non autem omnia quae

que caminham juntos; pisar no limiar quando se passa por uma porta; voltar para a cama quando se espirra calçando os sapatos; voltar para casa quando se tropeça ao sair; quando a roupa foi roída pela traça, temer mais um mal futuro que isto pressagia, do que doer-se pelo dano presente".

RESPONDO. Os homens observam e atendem a essas coisas, não como causas, mas como sinais dos futuros eventos bons ou maus. Não as consideram, porém, como sinais vindos de Deus, porque não foram introduzidos pela autoridade divina, mas antes pela vaidade humana com a cooperação da maldade dos demônios, que se esforçam para envolver as almas nessas vaidades. Por isso, todas essas crendices são evidentemente ilícitas e supersticiosas. Parecem ser restos da idolatria no qual se observam os augúrios ou em dias felizes ou infelizes (o que de certo modo pertence a adivinhação feita pelos astros, que diferenciava os dias por esse critério). Sendo essas crendices desprovidas de critério e grosseiras, mostram-se por esses motivos mais vãs e mais supersticiosas.

QUANTO AO 1º, portanto, deve-se dizer que em nós, as causas das doenças precedem os sinais das doenças futuras, que os médicos licitamente observam. Por isso, se alguém considera os presságios do futuro evento por sua causa, isso não é ilícito, como o escravo que teme ser açoitado ao observar o senhor irado. Poderia também ser a mesma coisa se alguém temesse um dano a uma criança por ver o brilho dos olhos. Disso já se tratou na I Parte. Aqui trata-se de outra coisa.

QUANTO AO 2º, deve-se dizer que se os homens no princípio encontravam alguma verdade nessas observações, foi por acaso. Depois, quando eles se dedicavam a estudá-las mais atentamente, começaram a aparecer muitas delas influenciadas pelos demônios. A eles refere-se Agostinho: "Estes envolvem os homens em tais curiosidades para que mais facilmente caiam nos seus laços de erros perniciosos".

QUANTO AO 3º, deve-se dizer que no povo judeu, do qual nasceria Cristo, as profecias não eram feitas somente por palavras como também por fatos, segundo afirma Agostinho. Por isso, é lícito aceitar aqueles fatos para nossa instrução, como sinais divinos. Mas nem todos os fatos

---

2. Q. 117, a. 3, ad 2.
3. C. 23, n. 35: ML 34, 52.
4. L. IV, c. 2; l. XXII, c. 24: ML 42, 218, 417.

aguntur per divinam providentiam sic ordinantur ut sint futurorum signa. Unde ratio non sequitur.

### Articulus 4
### Utrum suspendere divina verba ad collum sit illicitum

AD QUARTUM SIC PROCEDITUR. Videtur quod suspendere divina verba ad collum non sit illicitum.

1. Non enim divina verba minoris sunt efficaciae cum scribuntur quam cum proferuntur. Sed licet aliqua sacra verba dicere ad aliquos effectus, puta ad sanandum infirmos, sicut, *Pater noster, Ave Maria*, vel qualitercumque nomen Domini invocetur: secundum illud Marci ult.,17-18: *In nomine meo daemonia eiicient, linguis loquentur novis, serpentes tollent.* Ergo videtur quod licitum sit aliqua sacra scripta collo suspendere in remedium infirmitatis vel cuiuscumque nocumenti.

2. PRAETEREA, verba sacra non minus operantur in corporibus hominum quam in corporibus serpentum et aliorum animalium. Sed incantationes quaedam efficaciam habent ad reprimendum serpentes, vel ad sanandum quaedam alia animalia: unde dicitur in Ps 57,5-6: *Sicut aspidis surdae et obturantis aures suas, quae non exaudiet vocem incantantium, et veneflci incantantis sapienter.* Ergo licet suspendere sacra verba ad remedium hominum.

3. PRAETEREA, verbum Dei non est minoris sanctitatis quam sanctorum reliquiae: unde Augustinus dicit[1] quod *non minus est verbum Dei quam corpus Christi*. Sed reliquias sanctorum licet homini collo suspendere, vel qualitercumque portare, ad suam protectionem. Ergo, pari ratione, licet homini verbo vel scripto verba sacrae Scripturae ad suam tutelam assumere.

SED CONTRA est quod Chrysostomus dicit, super Matth.[2]: *Quidam aliquam partem Evangelii scriptam circa collum portant. Sed nonne quotidie Evangelium in ecclesia legitur, et auditur ab omnibus? Cui ergo in auribus posita Evangelia nihil prosunt, quomodo eum possunt circa collum suspensa salvare? Deinde, ubi est virtus Evange-*

dispostos no passado pela providência divina seriam sinais das coisas futuras. Logo, o argumento não procede.

### Artigo 4
### Pendurar no pescoço palavras sagradas é ilícito?

QUANTO AO QUARTO, ASSIM SE PROCEDE: parece que **não** é ilícito pendurar no pescoço palavras divinas.

1. Com efeito, a Palavra de Deus não é de menor eficácia quando escrita do que quando falada. Ora, é lícito proferir palavras sagradas para se conseguir algum efeito, como, por exemplo, para curar os enfermos reza-se o Pai-Nosso, a Ave Maria, invoca-se o nome de Deus, como está no Evangelho de Marcos: "Em meu nome expulsarão os demônios, falarão novas línguas, pegarão em serpentes". Logo, é lícito suspender no pescoço palavras sagradas como remédio para as doenças ou para outros danos.

2. ALÉM DISSO, as palavras sagradas não são menos eficazes ao atuarem no corpo humano do que quando atuam nos corpos das serpentes ou de outros animais. Ora, os encantamentos são eficazes para dominar as serpentes e curar os animais. Refere-se a isso o Salmista: "O áspide surdo fecha os ouvidos para não escutar a voz dos encantadores, nem a do mágico com seus belos encantamentos". Logo, é lícito ter as palavras sagradas suspensas no pescoço para remédio dos homens.

3. ADEMAIS, a Palavra de Deus não é menos santa que as relíquias dos santos. Por isso, diz Agostinho: "A Palavra de Deus não é menos que o corpo de Cristo". Ora, é lícito trazer suspensas ao pescoço, ou de qualquer outro modo, as relíquias dos santos para nossa proteção. Logo, será também lícito servir-se das palavras da Escritura, quer pronunciando-as, quer levando-as escritas para nossa proteção.

EM SENTIDO CONTRÁRIO, diz Crisóstomo: "Há alguns que levam suspensos ao pescoço textos evangélicos. Por acaso o Evangelho não é lido todos os dias nas igrejas e todo mundo não o escuta? Se as palavras do Evangelho ouvidas de nada adiantam, poderão elas salvar suspensas ao pescoço? Ademais, onde está a força do Evange-

---

4 PARALL.: *Quodlib.* XII, q. 9, a. 2; *ad Rom.*, c. 1, lect. 6; I *ad Cor.*, c. 10, lect. 7.

1. *Lib. quinquaginta homil.*, hom. 26, n. 2: ML 39, 2319.
2. *Opus imperf. in Matth.*, homil. 43, super 23, 5: MG 56, 878-879.

*lii? in figuris litterarum, an in intellectu sensuum? Si in figuris, bene circa collum suspendis. Si in intellectu, ergo melius in corde posita prosunt quam circa collum suspensa.*

RESPONDEO dicendum quod in omnibus incantationibus vel scripturis suspensis duo cavenda videntur. Primo quidem, quid sit quod profertur vel scribitur. Quia si est aliquid ad invocationes daemonum pertinens, manifeste est superstitiosum et illicitum. — Similiter etiam videtur esse cavendum, si contineat ignota nomina: ne sub illis aliquid illicitum lateat. Unde Chrysostomus dicit, *super Matth.*[3], quod, *Pharisaeorum magnificantium fimbrias suas exemplo, nunc multi aliqua nomina hebraica angelorum confingunt et scribunt et alligant, quae non intelligentibus metuenda videntur.* — Est etiam cavendum ne aliquid falsitatis contineat. Quia sic eius effectus non posset expectari a Deo, qui non est testis falsitatis.

Deinde, secundo, cavendum est ne cum verbis sacris contineantur ibi aliqua vana: puta aliqui characteres inscripti, praeter signum Crucis. Aut si spes habeatur in modo scribendi aut ligandi, aut in quacumque huiusmodi vanitate quae ad divinam reverentiam non pertineat. Quia hoc iudicaretur superstitiosum.

Alias autem est licitum. Unde in Decretis dicitur, XXVI, qu. 5, cap. *Non liceat Christianis* etc.[4]: *Nec in collectionibus herbarum quae medicinales sunt aliquas observationes aut incantationes liceat attendere, nisi tantum cum symbolo divino aut oratione Dominica: ut tantum Creator omnium et Deus honoretur.*

AD PRIMUM ergo dicendum quod etiam proferre divina verba, aut invocare divinum nomen, si respectus habeatur ad solam Dei reverentiam, a qua expectatur effectus, licitum erit: si vero habeatur respectus ad aliquid aliud vane observatum, erit illicitum.

AD SECUNDUM dicendum quod etiam in incantationibus serpentum vel quorumcumque animalium, si respectus habeatur solum ad verba sacra et ad virtutem divinam, non erit illicitum. Sed plerumque tales praecantationes habent illicitas observantias, et per daemones sortiuntur effectum:

lho? Na figura das letras ou na compreensão do sentido das palavras? Se o seu sentido está nas figuras das letras, fazem bem aos que as levam suspensas aos pescoços! Mas se está na compreensão do sentido, é melhor ter essas palavras no coração que suspensas ao pescoço!".

RESPONDO. Em todos os encantamentos e nos escritos sagrados suspensos ao pescoço, duas coisas devem ser evitadas. Em primeiro lugar, não desconhecer o que está escrito e o que se fala, porque se há invocação ao demônio, trata-se de superstição e, evidentemente, serão essas práticas ilícitas. — Igualmente parece que devem ser evitadas, se contêm palavras desconhecidas que escondem algo ilícito. Donde Crisóstomo dizer: "A exemplo dos fariseus que com muito cuidado enfeitam as fímbrias das suas túnicas; muitos dos nossos escrevem em letras hebraicas nomes de anjos e os gravam nas suas vestes, para amedrontar aqueles que não as entendem". — Deve-se também evitar que signifiquem alguma falsidade. É claro que por essas práticas nada se pode esperar de Deus, que jamais será testemunha de falsidade.

Em segundo lugar, devem ser evitadas para que, com as palavras sagradas inscritas, não se ponham coisas vãs como caracteres desenhados, a não ser o sinal da Cruz. E também para que não se confie nas fórmulas escritas, no modo em que estão escritas ou em qualquer outra vaidade, que não condizem com a reverência devida a Deus. Tudo isso seria considerado como supersticioso.

Não obstante, outras práticas serão lícitas, como se lê no Direito: "Não se permite ao cristão dedicar-se a colher ervas, dar-se a certas práticas ou encantamentos, a não ser que utilize o sinal da Cruz ou a Oração Dominical com a finalidade de prestar honras a Deus, criador de todas as coisas".

QUANTO AO 1º, portanto, deve-se dizer que proferir as palavras divinas ou invocar o nome divino, se isso é feito só para reverenciar a Deus de quem se espera o efeito, é lícito. Mas será ilícito, se é feito para outra coisa, e visando a práticas vãs.

QUANTO AO 2º, deve-se dizer que se nos encantamentos das serpentes ou de outros animais usarem-se somente palavras sagradas, e visando-se a invocar a Deus, não será ilícito. Mas, muitas vezes esses encantamentos contêm observâncias ilícitas e os seus efeitos vêm dos demônios. Acontece

---

3. Ibid.
4. GRATIANUS, *Decretum*, p. II, causa 26, q. 5, can. 3: ed. Richter-Friedberg, t. I, p. 1028.

et praecipue in serpentibus, quia serpens fuit primum daemonis instrumentum ad hominem decipiendum. Unde dicit Glossa[5], ibidem: *Notandum quia non laudatur a Scriptura undecumque datur in Scriptura similitudo: ut patet de iniquo iudice qui rogantem viduam vix audivit.*

AD TERTIUM dicendum quod eadem etiam ratio est de portatione reliquiarum. Quia si portentur ex fiducia Dei et sanctorum quorum sunt reliquiae, non erit illicitum: si autem circa hoc attenderetur aliquid aliud vanum, puta quod vas esset triangulare, aut aliquid aliud huiusmodi quod non pertineret ad reverentiam Dei et sanctorum, esset superstitiosum et illicitum.

AD QUARTUM[6] dicendum quod Chrysostomus loquitur quando respectus habetur magis ad figuras scriptas quam ad intellectum verborum.

---

5. LOMBARDI: ML 191, 537 A; Ordin.: ML 113, 928 B.
6. Arg. *sed c.*

isso, sobretudo nos encantamentos de serpentes, porque foram elas o primeiro instrumento usado pelo demônio para enganar o homem. Por isso, a Glosa: "É de se saber que a Escritura não aprova qualquer comparação que com ela seja apresentada. Prova-o a parábola do juiz iníquo que mal deu ouvidos à viúva".

QUANTO AO 3º, deve-se dizer que o mesmo argumento vale para a prática de carregar consigo relíquias. Se são carregadas por causa da confiança que se tenha em Deus e nas relíquias dos santos, isso não será ilícito. Mas se há implicação de alguma vaidade, como, por exemplo, se o relicário que as contém é de forma triangular, ou de outra coisa que não se destine a honrar a Deus e aos santos: trata-se de uma prática supersticiosa e ilícita.

QUANTO AO 4º, deve-se dizer que o texto supracitado de Crisóstomo refere-se mais aos desenhos das letras do que ao sentido das palavras.

## QUAESTIO XCVII
## DE TENTATIONE DEI
*in quatuor articulos divisa*

Deinde considerandum est de vitiis religioni oppositis per religionis defectum, quae manifestam contrarietatem ad religionem habent: unde sub irreligiositate continentur. Huiusmodi autem sunt ea quae pertinent ad contemptum sive irreverentiam Dei et rerum sacrarum. Primo

## QUESTÃO 97
## A TENTAÇÃO DE DEUS[a]
*em quatro artigos*

Em seguida deve-se tratar dos vícios opostos à religião por falta de religião, que têm manifesta oposição à religião e que, por consequência, se enquadram na irreligiosidade. É tudo aquilo que pertence ao desprezo ou irreverência de Deus e de coisas sagradas. Em primeiro lugar, deve-se

---

a. "Por alguém à prova para conhecer melhor suas capacidades de conhecimento e de ação": assim definida, a tentação é um tema familiar à tradição patrística e medieval. Apresenta-se como o fruto espontâneo da leitura bíblica. Sto. Tomás o indicou particularmente em seus comentários: aos relatos evangélicos das tentações de Cristo, no capítulo 11 da segunda epístola aos Coríntios (lição 6), no capítulo 3 da Epístola aos Hebreus (lição 2). Já o expôs na Suma (I, q. 114, a. 2; I-II, q. 80), onde se aborda a tentação à qual está sujeito o homem. Agora, será examinada a tentação de Deus, entendida como: o recurso a palavras e atos que possam exprimir que se quer pôr à prova a ciência, o poder ou a bondade de Deus. Desse modo compreendida e delimitada, a tentação de Deus tem sem dúvida uma relação com as atitudes de infidelidade de falta de fé, mas principalmente de presunção, que se opõe à esperança, como lembram as objeções 1 e 2 do artigo 3. Mas se ela se origina na maior parte das vezes nas fraquezas de ordem teologal, a tentação de Deus se desenvolve no âmbito religioso e social. Ligava-se à prática da ordalia, do julgamento pelo fogo, pela água fervendo, que a solução 3 do artigo 8 desenvolveu no âmbito das adivinhações supersticiosas. A tentação de Deus será examinada e estudada, portanto, pelo ângulo de uma falta de respeito a Deus, constituindo oposições diretas à religião. Sem dúvida, essas formas caracterizadas como "irreligião" surgem no coração mesmo de uma cristandade, que nem por isso rejeita a fé e a esperança.

Tal é a perspectiva concreta que inspira o conteúdo e a organização da questão. A tentação de Deus é definida (a. 1) e censurada como um pecado (a. 2) contra a religião (a. 3), e comparada aos diferentes pecados contrários a essa virtude (a. 4). O duplo critério que presidiu às questões precedentes continua presente: a total reverência que o homem deve a Deus é feita de confiança absolutamente segura em seu poder, sua ciência e seu amor; deve vir acompanhada de uma apreciação racional do que Deus pede e ordena ao homem, do que este pode e deve fazer por si próprio, sem solicitar indevidamente a intervenção extraordinária de Deus.

ergo considerandum est de vitiis quae pertinent directe ad irreverentiam Dei; secundo, de his quae pertinent ad irreverentiam rerum sacrarum. Circa primum; considerandum occurrit et de tentatione qua Deus tentatur; et de periurio, quo nomen Dei irreverenter assumitur.

Circa primum quaeruntur quatuor.
*Primo:* in quo consistit Dei tentatio.
*Secundo:* utrum sit peccatum.
*Tertio:* cui virtuti opponatur.
*Quarto:* de comparatione eius ad alia peccata.

### Articulus 1
### Utrum tentatio Dei consistat in aliquibus factis in quibus solius divinae potestatis expectatur effectus

AD PRIMUM SIC PROCEDITUR. Videtur quod tentatio Dei non consistat in aliquibus factis in quibus solius divinae potestatis expectatur effectus.

1. Sicut enim tentatur Deus ab homine, ita etiam homo tentatur et a Deo, et ab homine, et a daemone. Sed non quandocumque homo tentatur, expectatur aliquis effectus potestatis ipsius. Ergo neque etiam per hoc Deus tentatur quod expectatur solus effectus potestatis ipsius.

2. PRAETEREA, omnes illi qui per invocationem divini nominis miracula operantur, expectant aliquem effectum solius potestatis divinae. Si igitur in factis huiusmodi consisteret divina tentatio, quicumque miracula faciunt Deum tentarent.

3. PRAETEREA, ad perfectionem hominis pertinere videtur ut, praetermissis humanis subsidiis, in solo Deo spem ponat. Unde Ambrosius, super illud Lc 9,3[1], *Nihil tuleritis in via* etc.: *Qualis debeat esse qui evangelizat regnum Dei, praeceptis evangelicis designatur: hoc est, ut subsidii saecularis adminicula non requirat, fideique totus inhaerens putet, quo minus ista requiret magis posse suppetere.* Et beata Agatha dixit[2]: *Medicinam carnalem corpori meo nunquam exhibui: sed habeo Dominum Iesum Christum, qui solo sermone restaurat universa.* Sed Dei tentatio non consistit in eo quod ad perfectionem pertinet. Ergo tentatio non consistit in huiusmodi factis in quibus expectatur solum Dei auxilium.

tratar dos vícios que pertencem diretamente à irreverência de Deus. Depois dos que se referem à irreverência das coisas sagradas. A respeito do primeiro, deve-se tratar da tentação de Deus e do perjúrio com o qual se assume irreverentemente o nome de Deus.

A respeito do primeiro, quatro questões:
1. Em que consiste tentar a Deus?
2. É pecado?
3. A que virtude se opõe?
4. Comparação com outros pecados.

### Artigo 1
### A tentação de Deus consiste em alguns fatos cujos efeitos só podem vir de Deus?

QUANTO AO PRIMEIRO ARTIGO, ASSIM SE PROCEDE: parece que a tentação de Deus **não** consiste em alguns fatos cujos efeitos só podem vir de Deus.

1. Com efeito, como o homem tenta a Deus, também ele é tentado por Deus, pelo próprio homem e pelo demônio. Ora, quando o homem é tentado nem sempre se espera um efeito causado pelo seu poder. Logo, não se tenta a Deus quando se espera um efeito só do poder divino.

2. ALÉM DISSO, todos os que operam milagres pela invocação do nome divino, esperam o efeito que vem somente do poder divino. Se nesses fatos consistisse a tentação de Deus, qualquer um que faça milagre tentaria a Deus.

3. ADEMAIS, é da perfeição humana que o homem ponha toda a sua esperança só em Deus, rejeitando qualquer auxílio dos homens. Por isso, Ambrósio, comentando as palavras de Cristo: "Nada levareis no caminho...", diz: "Em poucas palavras ensina o Evangelho o comportamento de todo apóstolo do reino de Deus. Não buscará apoio nas coisas deste mundo, mas abandona-se totalmente à fé, certo de que quanto menos desejar aquelas coisas, tanto mais terá para si". Disse também Santa Ágata: "Jamais usei de remédios para o meu corpo, pois tenho nosso Senhor Jesus Cristo que apenas com a Sua palavra é capaz de restaurar todas as coisas". Ora, a tentação de Deus não consiste em algo que pertença à perfeição cristã. Logo, a tentação não consiste nesses fatos nos quais se espera somente o auxílio divino.

---

1 PARALL.: Supra, q. 53, a. 4, ad 1; II *ad Cor.*, c. 11, lect. 6; *ad Heb.*, c. 3, lect. 2.
   1. L. VI, n. 65: ML 15, 1685 A.
   2. Cfr. *Brev. Rom.*, die 5 febr., ad laud., 2ª ant. et *Acta Sanct.*, Acta S. Agathae, die 5 febr., q. 2: ed. parisiensis, t. IV, pp. 622 F, 625 D, 628 C.

SED CONTRA est quod Augustinus dicit, XXII *contra Faustum*[3], quod *Christus, qui palam docendo et arguendo et tamen inimicorum rabiem valere in se aliquid non sinendo, Dei demonstrabat potestatem; idem tamen, fugiendo et latendo, hominis instruebat infirmitatem, ne Deum tentare audeat quando habet quod faciat, ut quod cavere oportet, evadat*. Ex quo videtur in hoc tentationem Dei consistere, quando praetermittit homo facere quod potest ad pericula evadenda, respiciens solum ad auxilium divinum.

RESPONDEO dicendum quod tentare proprie est experimentum sumere de eo qui tentatur. Sumimus autem experimentum de aliquo et verbis, et factis. Verbis quidem, ut experiamur an sciat quod quaerimus, vel possit aut velit illud implere. Factis autem, cum per ea quae facimus exploramus alterius prudentiam, vel voluntatem, vel potestatem. — Utrumque autem horum contingit dupliciter. Uno quidem modo, aperte: sicut cum quis tentatorem se profitetur; sicut Samson, Idc 14,12 sqq., proposuit Philisthaeis problema ad eos tentandum. Alio vero modo, insidiose et occulte: sicut Pharisaei tentaverunt Christum, ut legitur Mt 22,15 sqq. — Rursus, quandoque quidem expresse: puta cum quis dicto vel facto intendit experimentum sumere de aliquo. Quandoque vero interpretative: quando scilicet, etsi hoc non intendat ut experimentum sumat, id tamen agit vel dicit quod ad nihil aliud videtur ordinabile nisi ad experimentum sumendum.

Sic igitur homo Deum tentat quandoque verbis, quandoque factis. Verbis quidem Deo colloquimur orando. Unde in sua petitione aliquis expresse Deum tentat quando ea intentione aliquid a Deo postulat ut exploret Dei scientiam, potestatem vel voluntatem. — Factis autem expresse aliquis Deum tentat quando per ea quae facit intendit experimentum sumere divinae potestatis, seu pietatis aut sapientiae. — Sed quasi interpretative Deum tentat qui, etsi non intendat experimentum de Deo sumere, aliquid tamen vel petit vel facit ad nihil aliud utile nisi ad probandum Dei potestatem vel bonitatem, seu cognitionem. Sicut, cum aliquis equum currere facit ut evadat hostes, hoc non est experimentum de equo sumere: sed si equum currere faciat absque aliqua utilitate, hoc nihil aliud esse videtur quam experimentum sumere de equi velocitate: et idem est in omnibus aliis rebus. Quando ergo propter aliquam necessitatem

EM SENTIDO CONTRÁRIO, escreve Agostinho: "Cristo, ao ensinar e discutir publicamente, não permitindo que o ódio dos seus inimigos o contagiasse, mostrava o poder de Deus. Pensou também em fugir deles e esconder-se, para mostrar ao homem fraco que não deve tentar a Deus, quando há outros meios de afastar os perigos que se apresentam". É de se concluir, pois, que a tentação de Deus existe quando o homem, para evitar o perigo, deixa de fazer o que pode, só esperando o auxílio divino.

RESPONDO. Tentar propriamente é pôr à prova a quem tentamos, e isto será feito por palavras ou por atos. Por palavras, para conhecer se sabe, pode ou quer fazer o que lhe pedimos; por atos, para verificar a sua prudência, a sua vontade o o seu poder. — Essas duas experiências, por sua vez, podem acontecer de duas maneiras. Na primeira, abertamente, quando alguém se declara tentador, como fez Sansão ao propor aos Filisteus a solução de um enigma para tentá-los. Na segunda maneira, quando o tentador se oculta e arma insídias, como os fariseus tentavam Cristo. — Em segundo lugar, às vezes, expressamente, quando pela palavra ou pela ação ele quer provar alguém por palavras ou atos. Às vezes de modo interpretativo quando embora a intenção não seja de provar alguém, contudo faz ou fala algo que a nada pode se encaminhar a não ser submeter alguém à prova.

Assim, portanto, o homem tenta a Deus por palavras e por atos. Por palavras, quando na oração falamos com Ele. Por isso, no seu pedido alguém expressamente tenta a Deus, quando com essa intenção solicita algo d'Ele para sondar-lhe a ciência, o poder ou a vontade. — Pelos fatos tenta-se expressamente a Deus, quando pelo que se faz pretende experimentar o poder, a sabedoria e a Sua piedade. — Todavia, alguém tenta a Deus de modo quase interpretativo quando, embora não O queira pôr à prova, o que está fazendo não serve a não ser para conhecer o poder, a bondade e o saber divinos. Assim quando alguém faz o seu cavalo correr para fugir dos inimigos, isto não é para experimentar o cavalo; todavia, se põe o cavalo a correr sem utilidade alguma, outro sentido não teria essa corrida, senão provar a velocidade do cavalo. O mesmo acontece em todas outras coisas. Portanto, quando por causa de alguma necessidade

---

3. C. 36: ML 42, 423.

seu utilitatem committit se aliquis divino auxilio in suis petitionibus vel factis, hoc non est Deum tentare: dicitur enim 2Par 20,12: Cum *ignoramus quid agere debeamus, hoc solum habemus residui, ut oculos nostros dirigamus ad te*. Quando vero hoc agitur absque necessitate et utilitate, hoc est interpretative tentare Deum. Unde super illud Dt 6,16, *Non tentabis Dominum Deum tuum*, dicit Glossa[4]: *Deum tentat qui, habens quid faciat, sine ratione, se committ periculo, experiens utrum possit liberari a Deo*.

AD PRIMUM ergo dicendum quod homo etiam quandoque factis tentatur, utrum possit vel sciat vel velit huiusmodi factis auxilium vel impedimentum praestare.

AD SECUNDUM dicendum quod sancti suis precibus miracula facientes, ex aliqua necessitate vel utilitate moventur ad petendum divinae potestatis effectum.

AD TERTIUM dicendum quod praedicatores regni Dei ex magna utilitate et necessitate subsidia temporalia praetermittunt, ut verbo Dei expeditius vacent. Et ideo si soli Deo innitantur, non ex hoc tentant Deum. Sed si absque utilitate vel necessitate humana subsidia desererent, tentarent Deum. Unde et Augustinus dicit, XXII *contra Faustum*[5], quod *Paulus non fugit quasi non credendo in Deum: sed ne Deum tentaret si fugere noluisset, cum sic fugere potuisset*.

Beata vero Agatha experta erat erga se divinam benevolentiam, ut vel infirmitates non pateretur, pro quibus corporali medicina indigeret, vel statim sentiret divinae sanationis effectum.

ou utilidade, pelas palavras ou ações alguém se entrega à proteção divina, não se trata de tentação de Deus. Lê-se a respeito na Escritura: "Quando não sabemos o que fazer, só nos resta levantar os olhos para ti". Quando, porém, isso se faz sem necessidade ou sem utilidade, interpretativamente trata-se de uma tentação de Deus. Lê-se na Glosa ao texto do livro do Deuteronômio: "Não tentarás o seu Deus", "tenta a Deus quem, podendo fazer outra coisa, sem motivo se expõe ao perigo, para experimentar se Deus o livrará desse perigo".

QUANTO AO 1º, portanto, deve-se dizer que o homem às vezes também é tentado pelas ações, para verificar se pode, sabe, quer prestar auxílio ou evitar um dano.

QUANTO AO 2º, deve-se dizer que os santos, ao fazerem milagres com as suas orações, são movidos por alguma necessidade ou alguma utilidade para pedir o auxílio divino.

QUANTO AO 3º, deve-se dizer que os pregadores do reino de Deus abandonam os auxílios temporais nas grandes necessidades ou utilidades, para que mais se entreguem à pregação. Ora, firmar-se só em Deus não é tentar a Ele. Mas se eles abandonassem os subsídios humanos sem necessidade ou utilidade, estariam tentando a Deus. Por isso, escreve Agostinho: "Paulo fugiu, não porque lhe faltasse fé em Deus, mas para não o tentar, deixando de fugir, quando podia fazê-lo".

Quanto à Santa Ágata, ela já havia experimentado para si mesma a benevolência divina, para que não sofresse doenças, para as quais necessitaria de remédios, ou para que logo sentisse o efeito da cura divina.

## ARTICULUS 2
### Utrum tentare Deum sit peccatum

AD SECUNDUM SIC PROCEDITUR. Videtur quod tentare Deum non sit peccatum.

1. Deus enim non praecipit aliquod peccatum. Praecipit autem ut homines eum probent, quod est eum tentare: dicitur enim Mal 3,10: *Inferte omnem decimam in horreum meum, ut sit cibus in domo mea: et probate me super hoc, dicit Dominus, si non aperuero vobis cataractas caeli*. Ergo videtur quod tentare Deum non sit peccatum.

## ARTIGO 2
### Tentar a Deus é pecado?

QUANTO AO SEGUNDO, ASSIM SE PROCEDE: parece que tentar a Deus **não** é pecado.

1. Com efeito, Deus não impõe pecado. Ora, ordena que os homens o ponham à prova, e isto é tentá-Lo. Donde se ler na Escritura: "Trazei aos meus celeiros os dízimos para que haja alimento em minha casa, e ponde-me à prova, diz o Senhor, para ver se abrirei as comportas do céu para chover". Logo, parece não ser pecado tentar a Deus.

---

4. Ordin.: ML 113, 459 C.
5. C. 36: ML 42, 423.

PARALL.: Part. I, q. 114, a. 2.

2. Praeterea, sicut aliquis tentatur ad hoc quod experientia sumatur de scientia vel potentia eius, ita etiam et de bonitate vel voluntate ipsius. Sed licitum est quod aliquis experimentum sumat divinae bonitatis, seu etiam voluntatis: dicitur enim in Ps 33,9: *Gustate, et videte quoniam suavis est Dominus*; et Rm 12,2: *Ut probetis quae sit voluntas Dei bona et beneplacens et perfecta.* Ergo tentare Deum non est peccatum.

3. Praeterea, nullus vituperatur in Scriptura ex eo quod a peccato cessat, sed magis si peccatum committat. Vituperatur autem Achaz quia Domino dicenti, *Pete tibi signum a Domino Deo tuo*, respondit, *Non petam: et non tentabo Dominum:* dictum est enim ei: *Numquid parum vobis est molestos esse hominibus, quia molesti estis et Deo meo?* ut dicitur Is 7,11 sqq. — De Abraham autem legitur Gn 15,8, quod dixit ad Dominum: *Unde scire possum quod possessurus sim eam*, scilicet terram repromissam a Deo? Similiter etiam Gedeon signum a Domino petiit de victoria repromissa, ut legitur Idc 6,36 sqq. Qui tamen ex hoc non reprehenduntur. Ergo tentare Deum non est peccatum.

Sed contra est quod prohibetur lege Dei. Dicitur enim Dt 6,16: *Non tentabis Dominum Deum tuum.*

Respondeo dicendum quod, sicut dictum est[1], tentare est experimentum sumere. Nullus autem experimentum sumit de eo de quo est certus. Et ideo omnis tentatio ex aliqua ignorantia vel dubitatione procedit: vel eius qui tentat, sicut cum quis experimentum de re aliqua sumit ut eius qualitatem cognoscat; sive aliorum, sicut cum quis experimentum de aliquo sumit ut aliis ostendat, per quem modum Deus dicitur nos tentare. Ignorare autem vel dubitare de his quae pertinent ad Dei perfectionem est peccatum. Unde manifestum est quod tentare Deum ad hoc quod ipse tentans cognoscat Dei virtutem, est peccatum. Si quis autem ad hoc experimentum sumat eorum quae ad divinam perfectionem pertinent, non ut ipse cognoscat, sed ut aliis demonstret, hoc non est tentare Deum, cum subsit iusta necessitas seu pia utilitas, et alia quae ad hoc concurrere debent. Sic enim Apostoli petiverunt a Domino ut in nomine Iesu Christi fierent signa, ut dicitur Act 4,29-30: ad hoc scilicet quod virtus Christi infidelibus manifestaretur.

Ad primum ergo dicendum quod solutio decimarum praecepta erat in lege, ut supra[2] habitum est. Unde habebat necessitatem ex obligatione

2. Além disso, pode alguém ser tentado para provar a sua ciência e o seu poder, como também ser tentado para provar a sua bondade e vontade. Ora, é lícito que se queira experimentar a bondade e a vontade divinas, segundo diz o Salmista: "Provai e vede quão suave é o Senhor". Também escreve Paulo: "Para provardes que a vontade de Deus é boa, benfazeja e perfeita". Logo, tentar a Deus não é pecado.

3. Ademais, a Escritura não condena quem deixou de pecar, mas condena fortemente quem peca. Ora, condenou a Acaz porque às palavras do Senhor: "Pede ao Teu Deus um sinal para ti", respondeu: "Não pedirei e não tentarei ao Senhor". E lhe foi dito: "Por acaso não te basta ter molestado os homens, para ter ainda ânimo para tentar ao meu Deus?" — Lê-se na Escritura, que Abraão perguntou ao Senhor: "Como hei de saber que possuirei a terra prometida?". Também Gedeão pediu ao Senhor que lhe desse um sinal da Sua vitória prometida. Ora, eles não foram repreedidos por causa disso. Logo, tentar a Deus não é pecado.

Em sentido contrário, está proibido pela lei de Deus. Lê-se no Deuteronômio: "Não tentarás o Senhor teu Deus".

Respondo. Como foi dito acima, tentar é pôr à prova. Ninguém põe à prova o que tem por certo. Por isso, toda tentação resulta da ignorância ou da dúvida: ou do tentador, como, por exemplo, quando alguém quer comprovar a qualidade de uma coisa para melhor conhecê-la; ou, dos outros, como, por exemplo, quando alguém submete outro à prova para mostrar aos outros. É dessa última maneira que se diz que Deus nos tenta. Ignorar, porém, ou pôr em dúvida o que pertence à perfeição divina é pecado. É evidente, pois, que tentar a Deus, para que o tentador conheça o poder de Deus, é pecado. Se, porém, alguém submete à prova aquilo que pertence à perfeição divina, não para conhecê-la mas para demonstrá-la a outros, isso não é tentar a Deus, porque há conveniente utilidade, ou pia utilidade, e outras coisas que devem concorrer para tal. Foi assim que os apóstolos pediram ao Senhor fazer milagres em nome de Jesus Cristo, para que o poder de Cristo se manifestasse aos infiéis.

Quanto ao 1º, portanto, deve-se dizer que acima foi estabelecido que os dízimos eram pagos por preceito da Lei. Portanto, eram obrigatórios devido

---

1. Art. praec.
2. Q. 87, a. 1.

praecepti; et utilitatem quae ibi dicitur, *ut sit cibus in domo Dei*. Unde solvendo decimas non tentabant Deum. Quod autem ibi subditur, *et probate me*, non est intelligendum causaliter quasi ad hoc solvere deberent decimas ut probarent *si Deus non aperiret eis cataractas caeli*: sed consecutive, quia scilicet, si decimas solverent, experimento probaturi erant beneficia quae eis Deus conferret.

AD SECUNDUM dicendum quod duplex est cognitio divinae bonitatis vel voluntatis. Una quidem speculativa. Et quantum ad hanc, non licet dubitare nec probare utrum Dei voluntas sit bona, vel utrum Deus sit suavis. — Alia autem est cognitio divinae bonitatis seu voluntatis affectiva seu experimentalis, dum quis experitur in seipso gustum divinae dulcedinis et complacentiam divinae voluntatis: sicut de Hierotheo dicit Dionysius, 2 cap. *de Div. Nom.*³, quod *didicit divina ex compassione ad ipsa*. Et hoc modo monemur ut probemus Dei voluntatem et gustemus eius suavitatem.

AD TERTIUM dicendum quod Deus volebat signum dare regi Achaz non pro ipso solum, sed pro totius populi instructione. Et ideo reprehenditur, quasi impeditor communis salutis, quod signum petere nolebat. Nec petendo tentasset Deum. Tum quia ex mandato Dei petiisset. Tum quia hoc pertinebat ad utilitatem communem. — Abraham vero signum petiit ex instinctu divino. Et ideo non peccavit. — Gedeon vero signum ex debilitate fidei petiisse videtur, et ideo a peccato non excusatur: sicut Glossa⁴ ibidem⁵ dicit. — Sicut et Zacharias peccavit dicens, Lc 1,18, ad angelum: *Unde hoc sciam?* Unde et propter incredulitatem punitus fuit.

Sciendum tamen quod dupliciter aliquis signum petit a Deo. Uno modo, ad explorandum divinam potestatem, aut veritatem dicti eius. Et hoc de se pertinet ad Dei tentationem. — Alio modo ad hoc quod instruatur quid sit circa aliquod factum placitum Deo. Et hoc nullo modo pertinet ad Dei tentationem.

à obrigação preceituada, e necessários, "para haver alimentos na Casa do Senhor", como no texto está escrito. Por isso, o pagamento dos dízimos não implica tentação de Deus. O que se lê também no texto "provai-me", não deve ser entendido em sentido causal, como se devessem pagá-los para provar, se "Deus não abrisse as cataratas do céu", mas em sentido consequente, isto é, se pagassem os dízimos pela experiência teriam experimentado os benefícios que Deus lhes concederia.

QUANTO AO 2º, deve-se dizer que a bondade e a vontade de Deus podem ser conhecidas de dois modos: o primeiro é especulativo, e quanto a isso não será lícito perguntar nem comprovar, se a vontade de Deus é boa ou se Deus é suave. — O segundo é afirmativo ou experimental, e é conhecido quando alguém goza pessoalmente da suavidade divina e fica muito satisfeito por senti-la. Diz a respeito Dionísio: "Hieroteu aprendeu as coisas divinas, sentindo-as em si mesmo". Somos aconselhados por essas palavras a provar a vontade divina para experimentá-la e apreciar a sua doçuraᵇ.

QUANTO AO 3º, deve-se dizer que Deus quis dar um sinal ao rei Acaz por um ensino que valesse não só para ele, como também para todo o povo. Foi repreendido por não querer pedir um sinal, tornando-se assim como que um impecilho para a salvação de todos. Aliás, ao pedir não tentaria a Deus por dois motivos: porque pediria por ordem de Deus, e porque pediria em vista da utilidade de todos. — Abraão pediu um sinal por inspiração divina, e por isso não pecou. — Gedeão, porém, solicitou de Deus um sinal por causa da sua pouca fé, e por isso cometeu pecado, conforme afirma a Glosa. Também Zacarias pecou, quando perguntou ao anjo: "Como saberei isto?", e foi punido devido à sua incredulidade.

De dois modos se pode pedir um sinal a Deus. De um, para ter uma prova do poder e da verdade divinos, e isso é tentar a Deus. — De outro, para se saber se uma determinada ação é permitida por Deus, o que de nenhuma maneira é tentar a Deus.

---

3. MG 3, 648 B.
4. Ordin.: ML 113, 526 C.
5. Super c. 11, 30 sqq.

b. Essa bela e profunda distinção da dupla modalidade de conhecimento que podemos ter de Deus, uma "especulativa", propriamente intelectual, a outra "afetiva", fundando-se numa "experiência" de amor, é verdadeiramente fundamental. É evocada no início da Suma teológica como um programa: de pesquisa, de estudo de reflexão laboriosa, é a teologia; de contemplação divina, desejada, amada, saboreada como um dom do Espírito, é a sabedoria mística. O mesmo texto de Dioniso sobre Hieroteu é citado e parafraseado (I, q. 1, a. 6, resp. 3).

## Articulus 3
### Utrum tentatio Dei opponatur virtuti religionis

AD TERTIUM SIC PROCEDITUR. Videtur quod tentatio Dei non opponatur virtuti religionis.

1. Tentatio enim Dei habet rationem peccati ex hoc quod homo de Deo dubitat, sicut dictum est[1]. Sed dubitare de Deo pertinet ad peccatum infidelitatis, quod opponitur fidei. Ergo tentatio Dei magis opponitur fidei quam religioni.

2. PRAETEREA, Eccli 18,23 dicitur: *Ante orationem praepara animam tuam, et noli esse quasi homo qui tentat Deum*: ubi dicit Interlinearis: Qui, scilicet tentans Deum, *orat quod docuit, sed non facit quod iussit*. Sed hoc pertinet ad praesumptionem, quae opponitur spei. Ergo videtur quod tentatio Dei sit peccatum oppositum spei.

3. PRAETEREA, super illud Ps 77,18, *Et tentaverunt Deum in cordibus suis,* dicit Glossa[2] quod *tentare Deum est dolose postulare: ut in verbis sit simplicitas, cum sit in corde malitia.* Sed dolus opponitur virtuti veritatis. Ergo tentatio Dei non opponitur religioni, sed veritati.

SED CONTRA est quod, sicut ex praedicta[3] Glossa habetur, tentare Deum est inordinate postulare. Sed debito modo postulare est actus religionis, ut supra[4] habitum est. Ergo tentare Deum est peccatum religioni oppositum.

RESPONDEO dicendum quod, sicut ex supra[5] dictis patet, finis religionis est Deo reverentiam exhibere. Unde omnia illa quae directe pertinent ad irreverentiam Dei, religioni opponuntur. Manifestum est autem quod tentare aliquem ad irreverentiam eius pertinet: nullus enim praesumit tentare eum de cuius excellentia certus est. Unde manifestum est quod tentare Deum est peccatum religioni oppositum.

AD PRIMUM ergo dicendum quod, sicut supra[6] dictum est, ad religionem pertinet protestari fidem per aliqua signa ad divinam reverentiam pertinentia. Et ideo ad irreligiositatem pertinet quod

## Artigo 3
### A tentação de Deus opõe-se à virtude de religião?

QUANTO AO TERCEIRO, ASSIM SE PROCEDE: parece que a tentação de Deus **não** se opõe à virtude da religião.

1. Com efeito, tentar a Deus é pecado porque implica duvidar d'Ele, como foi visto acima. Ora, duvidar de Deus é pecado de infidelidade, que se opõe à fé. Logo, a tentação de Deus mais se opõe à virtude da fé que à virtude da religião.

2. ALÉM DISSO, lê-se na Escritura: "Antes da oração prepara a tua alma, e não queiras ser como quem tenta a Deus". A Glosa assim explica: "Quem tenta a Deus ora segundo o ensinamento divino, mas não faz o que Deus mandou". Ora, isso é presunção, que se opõe à virtude da esperança. Logo, parece que tentar a Deus é pecado oposto à esperança.

3. ADEMAIS, diz o Salmista: "E nos seus corações tentaram a Deus". Texto assim explicado pela Glosa: "Tentar a Deus é postular com dolo, tendo doçura nas palavras e malícia no coração". Ora, o dolo se opõe à virtude da veracidade. Logo, a tentação a Deus não se opõe à religião, mas à verdade.

EM SENTIDO CONTRÁRIO, como acima comentou a Glosa: "Tentar a Deus é pedir-lhe desordenadamente". Foi também acima dito que pedir a Deus é ato da religião. Logo, tentar a Deus é pecado contra a virtude de religião.

RESPONDO. Acima foi dito que a religião tem por finalidade tributar honra a Deus. Por isso, ser-lhe-á oposto tudo que implica diretamente falta de reverência à sua dignidade. É claro que tentar alguém é falta de respeito à sua dignidade pois ninguém presume tentar alguém de cuja excelência não duvida. Logo, é claro que quem tenta a Deus peca contra a virtude de religião.

QUANTO AO 1º, portanto, deve-se dizer que como já se disse acima, pertence à religião manifestar a fé por alguns sinais de respeito a Deus Será pois ato de irreligião fazer algo que desrespeite

---

3 PARALL.: *Ad Heb.* c. 3, lect. 2.

1. Art. praec.
2. Interl.; LOMBARDI: ML 191, 731 A.
3. Arg. 2, 3.
4. Q. 83, a. 15.
5. Q. 81, a. 5.
6. Ibid., a. 7.

ex incertitudine fidei homo aliqua faciat quae ad divinam irreverentiam pertinent, cuiusmodi est tentare Deum. Et ideo est irreligiositatis species.

AD SECUNDUM dicendum quod ille qui ante orationem suam animam non praeparat, *dimittendo si quid adversum aliquem habet*, vel alias se ad devotionem non disponendo, non facit quod in se est ut exaudiatur a Deo. Et ideo quasi interpretative tentat Deum. Et quamvis huiusmodi interpretativa tentatio videatur ex praesumptione seu indiscretione provenire, tamen hoc ipsum ad irreverentiam Dei pertinet ut homo praesumptuose et sine debita diligentia se habeat in his quae ad Deum pertinent: dicitur enim 1Pe 5,6: *Humiliamini sub potenti manu Dei*; et 2Ti 2,15: *Sollicite cura teipsum probabilem exhibere Deo*. Unde etiam huiusmodi tentatio irreligiositatis species est.

AD TERTIUM dicendum quod in comparatione ad Deum, qui novit cordis abscondita, non dicitur aliquis dolose postulare: sed per respectum ad homines. Unde dolus per accidens se habet ad tentationem Dei. Et propter hoc non oportet quod tentatio Dei directe opponatur veritati.

a Deus por falta de certeza na fé. E tentar a Deus é um exemplo disso. Logo é uma espécie de irreligiosidade.

QUANTO AO 2º, deve-se dizer que quem não prepara a alma antes da oração "perdoando aquele que é seu adversário", ou não se dispondo à devoção, não faz o que pode para ser atendido por Deus. Tenta, pois, a Deus de modo interpretativo. Embora essa tentação interpretativa venha da presunção ou da indiscrição, isso é irreverência a Deus, pois o homem de maneira presuntiva se comporta e sem a devida reverência às coisas divinas. A respeito, escreve Pedro: "Humilhai-vos perante a mão do Deus poderoso". E Paulo: "Cuida bem ao te apresentares perante Deus". Logo, esse modo de tentar a Deus é espécie de irreligiosidade.

QUANTO AO 3º, deve-se dizer que a expressão, pedir com dolo, não tem significado em relação a Deus, que conhece os segredos do coração; pode valer em relação aos homens. Por isso, só acidentalmente se fala em dolo na tentação de Deus. Por isso não é conveniente dizer que a tentação de Deus se opõe à verdade.

ARTICULUS 4

### Utrum tentatio Dei sit gravius peccatum quam superstitio

AD QUARTUM SIC PROCEDITUR. Videtur quod tentatio Dei sit gravius peccatum quam superstitio.

1. Maior enim poena pro maiori peccato infertur. Sed gravius est punitum in Iudaeis peccatum tentationis Dei quam peccatum idolatriae, quod tamen est praecipuum inter superstitiones: quia pro peccato idolatriae interfecti sunt ex eis tria millia hominum, ut legitur Ex 32,28; pro peccato autem tentationis universaliter omnes in deserto perierunt, terram promissionis non intrantes, secundum illud Ps 94,9: *Tentaverunt me patres vestri*, et postea [v. 11] sequitur: *Quibus iuravi in ira mea si introibunt in requiem meam*. Ergo tentare Deum est gravius peccatum quam superstitio.

2. PRAETEREA, tanto aliquod peccatum videtur esse gravius quanto magis virtuti opponitur. Sed irreligiositas, cuius species est tentatio Dei, magis opponitur virtuti religionis quam superstitio, quae habet aliquam similitudinem cum ipsa. Ergo tentatio Dei est gravius peccatum quam superstitio.

ARTIGO 4

### A tentação de Deus é pecado mais grave que a superstição?

QUANTO AO QUARTO, ASSIM SE PROCEDE: parece que a tentação de Deus é um pecado mais grave que a superstição.

1. Com efeito, a pena é proporcional ao pecado. Ora, entre os judeus o pecado de tentação de Deus recebia maior pena que o da idolatria, o qual, por sua vez, é o maior pecado entre as superstições. Devido ao pecado da idolatria foram mortos três mil homens; mas por causa da tentação de Deus todos os homens foram mortos no deserto e não entraram na Terra Prometida, conforme diz o Salmista: "Os vossos pais me tentaram... Na minha ira eu jurei que eles não entrariam no meu repouso". Logo, tentar a Deus é pecado mais grave que a superstição.

2. ALÉM DISSO, o pecado é tanto mais grave quanto mais é contrário à virtude. Ora, a irreligiosidade, da qual a tentação a Deus é uma espécie, contraria mais a virtude da religião do que a superstição, que tem alguma semelhança com ela. Logo, tentar a Deus é maior pecado do que a superstição.

3. Praeterea, maius peccatum esse videtur irreverenter se habere ad parentes quam reverentiam parentibus debitam aliis exhibere. Sed Deus est honorandus a nobis sicut omnium Pater, sicut dicitur Mal 1,6. Ergo maius peccatum esse videtur tentatio Dei, per quam irreverenter nos habemus ad Deum, quam idololatria, per quam reverentia Deo debita exhibetur creaturae.

Sed contra est quod super illud Dt 17,2 sqq., *Cum reperti fuerint apud te* etc., dicit Glossa[1]: *Lex errorem et idololatriam maxime detestatur: maximum enim scelus est honorem Creatoris impendere creaturae.*

Respondeo dicendum quod in peccatis quae religioni adversantur tanto aliquid gravius est quanto magis divinae reverentiae adversatur. Cui quidem minus adversatur quod aliquis de divina excellentia dubitet quam quod contrarium per certitudinem sentiat. Sicut enim magis est infidelis qui in errore confirmatus est quam qui de veritate fidei dubitat, ita etiam magis contra Dei reverentiam agit qui suo facto protestatur errorem contra divinam excellentiam quam qui protestatur dubitationem. Superstitiosus autem protestatur errorem, ut ex dictis[2] patet: ille autem qui tentat Deum verbis vel factis, protestatur dubitationem de divina excellentia, ut dictum est[3]. Et ideo gravius est peccatum superstitionis quam peccatum tentationis Dei.

Ad primum ergo dicendum quod peccatum idololatriae non fuit punitum illa poena quasi sufficienti, sed in posterum pro illo peccato gravior poena reservabatur: dicitur enim Ex 32,34: *Ego autem in die ultionis visitabo hoc peccatum eorum.*

Ad secundum dicendum quod superstitio habet similitudinem cum religione quantum ad materialem actum, quem exhibet sicut religio. Sed quantum ad finem, plus contrariatur ei quam tentatio Dei: quia plus pertinet ad divinam irreverentiam, ut dictum est[4].

Ad tertium dicendum quod de ratione divinae excellentiae est quod sit singularis et incommunicabilis: et ideo idem est contra divinam reverentiam aliquid agere, et divinam reverentiam alteri communicare. Non est autem similis ratio de honore parentum, qui potest sine culpa aliis communicari.

3. Ademais, é pecado mais grave não reverenciar os pais do que reverenciar aos outros com a reverência devida aos pais. Ora, ensina a Escritura que Deus deve ser reverenciado como o Pai de todos. Logo, a tentação a Deus é maior pecado, por ser direta irreverência de Deus, que a idolatria na qual se reverencia a criatura com a reverência devida a Deus.

Em sentido contrário, sobre o texto da Escritura: "Se for encontrado no vosso meio...". Comenta a Glosa: "A lei detesta, sobretudo, o erro e a idolatria, porque não há maior crime do que dar à criatura as honras devidas ao Criador".

Respondo. Os pecados contrários à religião tanto mais graves serão quanto mais contrariarem a reverência devida a Deus. Ora, contraria menos a reverência a Deus duvidar da excelência divina do que ter certeza do contrário. Como é mais infiel quem está confirmado no erro do que quem duvida da fé, assim também é mais contra a reverência a Deus quem professa um erro contra a excelência divina que o de quem apenas dela duvida. Pelo que acima foi dito, o supersticioso afirma um erro, mas aquele que tenta a Deus por atos ou palavras duvida da excelência divina. Logo, o pecado da superstição é mais grave que o pecado de tentar a Deus.

Quanto ao 1º, portanto, deve-se dizer que o pecado de idolatria não foi punido por um castigo suficiente, pois no futuro lhe estava reservado um castigo maior, conforme se lê na Escritura: "No dia da vingança eu ainda os punirei pelos seus pecados".

Quanto ao 2º, deve-se dizer que a superstição assemelha-se ao ato de religião apenas quanto ao ato material, feito como se fosse religião; mas quanto ao fim, a ela contradiz mais que a tentação de Deus, porque pertence mais à irreverência a Deus, como foi dito.

Quanto ao 3º, deve-se dizer que a excelência divina é singular e incomunicável. Por isso é a mesma coisa agir contra a reverência divina e tributar a reverência divina a outrem. O que não vale para o respeito aos pais que pode ser tributado a outros sem nenhuma culpa.

---

1. Ordin.: ML 113, 469 C.
2. Q. 94, a. 1, ad 1.
3. Art. 2.
4. In corp.

## QUAESTIO XCVIII
### DE PERIURIO
*in quatuor articulos divisa*

Deinde considerandum est de periurio.
Et circa hoc quaeruntur quatuor.
*Primo:* utrum falsitas requiratur ad periurium.
*Secundo:* utrum periurium semper sit peccatum.
*Tertio:* utrum semper sit peccatum mortale.
*Quarto:* utrum peccet ille qui iniungit iuramentum periuro.

### Articulus 1
### Utrum falsitas eius quod iuramento confirmatur, requiratur ad periurium

AD PRIMUM SIC PROCEDITUR. Videtur quod falsitas eius quod iuramento confirmatur, non requiratur ad periurium.

1. Ut enim supra[1] dictum est, sicut veritas debet concomitari iuramentum, ita etiam iudicium et iustitia. Sicut ergo incurritur periurium per defectum veritatis, ita etiam per defectum iudicii, puta cum aliquis indiscrete iurat; et per defectum iustitiae, puta cum aliquis iurat aliquid illicitum.

2. PRAETEREA, illud per quod aliquid confirmatur potius esse videtur eo quod confirmatur per illud: sicut in syllogismo principia sunt potiora conclusione. Sed in iuramento confirmatur dictum hominis per assumptionem divini nominis. Ergo magis videtur esse periurium si aliquis iuret per falsos deos, quam si veritas desit dicto hominis quod iuramento confirmatur.

3. PRAETEREA, Augustinus dicit, in sermone *de Verbis Apost. Iacobi*[2]: *Homines falsum iurant vel cum fallunt, vel cum falluntur.* Et ponit tria exempla. Quorum primum est: *Fac illum iurare qui verum putat esse pro quo iurat.* Secundum est:

## QUESTÃO 98
### O PERJÚRIO[a]
*em quatro artigos*

Em seguida, devemos tratar do perjúrio.
A esse respeito, quatro questões:
1. Requer-se a falsidade para o perjúrio?
2. É sempre pecado?
3. É sempre pecado mortal?
4. Peca quem impõe um juramento ao perjúrio?

### Artigo 1
### É necessário ao perjúrio a falsidade do juramento?

QUANTO AO PRIMEIRO ARTIGO, ASSIM SE PROCEDE: parece que **não** se requer para o perjúrio a falsidade que se confirma com juramento.

1. Com efeito, foi acima dito que o juramento implica não só a verdade, como também o juízo e a justiça. Ora, assim como se incorre em perjúrio faltando a verdade, também faltando o juízo, por exemplo, quando se jura levianamente, e faltando a justiça, por exemplo, quando se jura algo ilícito.

2. ALÉM DISSO, o que confirma uma coisa deve ser mais evidente do que a coisa confirmada, como, no silogismo, as premissas são mais evidentes que a conclusão. Ora, no juramento a palavra humana é confirmada pela palavra divina. Logo, mais parece ser perjúrio se alguém jura pelos falsos deuses, do que se faltou a verdade à palavra do homem que é confirmada pelo juramento.

3. ADEMAIS, diz Agostinho: "Os homens juram falso quando enganam ou quando são enganados". Acrescenta ele três exemplos dos quais o primeiro é: "Jurar pensando que se diz a verdade"; o segundo: "Jurar sabendo que é falso o que jura";

---

1 PARALL.: III *Sent.*, dist. 39, a. 4.

1. Q. 89, a. 3.
2. Serm. 180, al. 28, c. 2: ML 38, 973.

a. A doutrina aqui condensada representa a conclusão de uma longa reflexão ética e teológica em torno da proibição bíblica (citada no a. 3 *s.c.*) e da definição que se tornara um bem comum da teologia sentenciária (ver a. 1, *s.c.*): "O perjúrio é uma mentira confirmada por juramento".
A questão é sutil; muitos problemas de aspecto casuístico são evocados, e as soluções apelam para noções por vezes técnicas e razoavelmente abstratas, já explicadas na I-II. Assim, o artigo 1 define o perjúrio em sentido estrito como: a confirmação de uma mentira pelo juramento; todavia, reconhecem-se outras acepções desse pecado, como a falta de justiça ou de discernimento no uso do juramento (a. 2). Tratando-se de uma irreverência em relação a Deus, o perjúrio é por si um pecado mortal (a. 3). O artigo 4 levanta um problema prático: pecamos ao obrigar um perjuro a prestar juramento? A discussão ampla e minuciosa vai ao encontro de casos de consciência extremamente graves, no contexto de uma sociedade religiosa e civil, cujos laços eram muitas vezes reforçados pelo juramento, e na qual os perjuros eram severamente punidos, sendo mesmo passíveis da pena capital. Esse contexto histórico e social aparece na formulação da objeção e da r. 1 do artigo 3, e na objeção e na r. 3 do artigo 4. A preocupação de precisão responde tanto às necessidades da vida prática como às exigências de compreensão doutrinal.

*Da alium: scit falsum esse, et iurat.* Tertium est: *Fac alium: putat esse falsum, et iurat tanquam sit verum, quod forte verum est*: de quo postea subdit quod *periurus est*. Ergo aliquis veritatem iurans potest esse periurus. Non ergo falsitas ad periurium requiritur.

SED CONTRA est quod periurium definitur esse *mendacium iuramento firmatum*.

RESPONDEO dicendum quod, sicut supra³ dictum est, morales actus ex fine speciem sortiuntur. Finis autem iuramenti est confirmatio dicti humani. Cui quidem confirmationi falsitas opponitur: per hoc enim confirmatur aliquod dictum, quod ostenditur firmiter esse verum; quod quidem non potest contingere de eo quod est falsum. Unde falsitas directe evacuat finem iuramenti. Et propter hoc a falsitate praecipue specificatur perversitas iuramenti, quae periurium dicitur. Et ideo falsitas est de ratione periurii.

AD PRIMUM ergo dicendum quod, sicut Hieronymus dicit, Ier 4,2⁴, *quodcumque illorum trium defuerit, periurium est*. Non tamen eodem ordine. Sed primo quidem et principaliter periurium est quando deest veritas, ratione iam⁵ dicta. Secundario autem, quando deest iustitia: quicumque enim iurat illicitum, ex hoc ipso falsitatem incurrit, quia obligatus est ad hoc quod contrarium faciat. Tertio vero, quando deest iudicium: quia cum indiscrete iurat, ex hoc ipso periculo se committit falsitatem incurrendi.

AD SECUNDUM dicendum quod principia in syllogismis sunt potiora tanquam habentia rationem activi principii, ut dicitur in II *Physic.*⁶. Sed in moralibus actibus principalior est finis quam principium activum. Et ideo, licet sit perversum iuramentum quando aliquis verum iurat per falsos deos, tamen ab illa perversitate iuramenti periurium nominatur quae tollit iuramenti finem, falsum iurando.

AD TERTIUM dicendum quod actus morales procedunt a voluntate, cuius obiectum est bonum apprehensum. Et ideo si falsum apprehendatur ut verum, erit quidem, relatum ad voluntatem, materialiter falsum, formaliter autem verum. Si

e o terceiro: "Jurar como verdadeiro o que julga ser falso e que talvez possa ser verdadeiro". A este terceiro exemplo esclarece: "Isso é perjurar". Portanto, o juramento da verdade pode ser um perjúrio. Logo, não é exigida a falsidade para o perjúrio.

EM SENTIDO CONTRÁRIO, define-se o perjúrio: "A mentira afirmada com juramento"ᵇ.

RESPONDO. Foi acima dito que a espécie do ato moral procede do fim. Ora, o fim do juramento é confirmar o que se diz. A essa confirmação opõe-se a falsidade. Uma palavra é confirmada por aquilo que se prova como firmemente verdadeiro, o que não se pode dizer de uma afirmação falsa. Por isso, a falsidade especifica a perversidade do juramento que é chamado perjúrio. Logo, a falsidade é essencial ao perjúrio.

QUANTO AO 1º, portanto, deve-se dizer que comentando o texto de Jeremias que determina os três requisitos ao juramento, escreve Jerônimo: "Faltando um dos três, há perjúrio". Mas, não na mesma ordem. Em primeiro lugar, e principalmente, há perjúrio quando falta a verdade, pelo motivo já esclarecido. Em segundo lugar, quando falta a justiça, pois quem jura o ilícito incorre em falsidade, porque fica obrigado a fazer o contrário do que faz. Em terceiro lugar, quando falta o juízo, pois ao jurar levianamente, expõe-se ao perigo de incorrer em falsidade.

QUANTO AO 2º, deve-se dizer que as premissas do silogismo são mais importantes porque têm razão de princípios ativos, como diz o Filósofo. Ora, nos atos morais, o fim é mais importante que os princípios ativos. Por isso, embora seja um juramento perverso quando alguém jura pelos falsos deuses, contudo o juramento é chamado de perjúrio por causa da perversidade que anula o fim do juramento, jurando o falso.

QUANTO AO 3º, deve-se dizer que os atos morais procedem da vontade, cujo objeto é o bem apreendido. Por isso, se o falso é apreendido como verdadeiro, é materialmente falso, com relação à vontade, mas formalmente verdadeiro. Mas, se o

---

3. Q. 92, a. 2; I-II, q. 1, a. 3; q. 18, a. 6.
4. *Comment. in Ierem.*, l. I, super 4, 2: ML 24, 706 B.
5. In corp.
6. C. 3: 195, a, 18-23.

---

b. Essa definição é tomada de empréstimo a P. Lombardo (III Sent. D. 39, n. 1), que a encontra em (Pseudo-) Hugo de S. Victor (Suma Sent. tract. IV, cap. 5). É P. Lombardo que introduz a problemática: "Existe perjúrio sem que haja mentira?", que será retomada e prolongada por seus comentadores através dos séculos.

autem id quod est falsum accipiatur ut falsum, erit falsum et materialiter et formaliter. Si autem id quod est verum apprehendatur ut falsum, erit verum materialiter, falsum formaliter. Et ideo in quolibet istorum casuum salvatur aliquo modo ratio periurii, propter aliquem falsitatis modum. Sed quia in unoquoque potius est id quod est formale quam id quod est materiale, non ita est periurus ille qui falsum iurat quod putat esse verum, sicut ille qui verum iurat quod putat esse falsum. Dicit enim ibi Augustinus[7]: *Interest quemadmodum verbum procedat ex animo: quia ream linguam non facit nisi rea mens.*

falso é considerado como tal, será falso material e formalmente. Mas, o verdadeiro apreendido como falso será verdadeiro materialmente e falso formalmente. Logo, em qualquer desses casos há perjúrio por algum modo de falsidade. No entanto, como em cada caso o formal prevalece sobre o material, não é tão perjúrio o que jura o falso pensando que é verdadeiro quanto aquele que jura o verdadeiro pensando que é falso. A isso refere-se Agostinho: "É necessário considerar como a palavra procede do coração, porque a língua só é responsável quando o coração já o foi".

## Articulus 2
### Utrum omne periurium sit peccatum

Ad secundum sic proceditur. Videtur quod non omne periurium sit peccatum.

1. Quicumque enim non implet quod iuramento firmavit, periurus esse videtur. Sed quandoque aliquis iurat se facturum aliquid illicitum, puta adulterium vel homicidium, quod si faciat, peccat. Si ergo etiam non faciendo peccaret peccato periurii, sequeretur quod esset perplexus.

2. Praeterea, nullus peccat faciendo quod melius est. Sed quandoque aliquis periurando facit quod melius est: sicut cum aliquis iuravit se non intraturum religionem, vel quaecumque opera virtuosa non facturum. Ergo non omne periurium est peccatum.

3. Praeterea, ille qui iurat facere alterius voluntatem, nisi eam faciat, videtur incurrere periurium. Sed quandoque potest contingere quod non peccat si eius non impleat voluntatem: puta cum praecipit ei aliquid nimis durum et importabile. Ergo videtur quod non omne periurium sit peccatum.

4. Praeterea, iuramentum promissorium se extendit ad futura, sicut assertorium ad praeterita et praesentia. Sed potest contingere quod tollatur obligatio iuramenti per aliquid quod in futurum emergat: sicut cum aliqua civitas iurat se aliquid servaturam, et postea superveniunt novi cives qui illud non iuraverunt; vel cum aliquis canonicus iurat statuta alicuius ecclesiae se servaturum, et postmodum aliqua fiunt de novo. Ergo videtur quod ille qui transgreditur iuramentum non peccet.

## Artigo 2
### Todo perjúrio é pecado?

Quanto ao segundo, assim se procede: parece que **nem** todo perjúrio é pecado.

1. Com efeito, parece ser perjúrio não cumprir o juramento. Ora, às vezes jura-se fazer no futuro algo ilícito, como cometer adultério ou homicídio, e, se os comete, peca. Se portanto, mesmo não fazendo, já cometeu o pecado de perjúrio, ficaria perplexo.

2. Além disso, ninguém peca ao fazer o melhor. Ora, às vezes o perjúrio é o melhor que se faz, como, por exemplo, quando se jura não assumir a vida religiosa, ou não fazer alguma obra virtuosa. Logo, nem todo perjúrio é pecado.

3. Ademais, quem jura fazer a vontade do outro, se não a fizer, parece incorrer em perjúrio. Ora, pode acontecer que não peca se não cumprir a vontade do outro, como, por exemplo, se o outro dele exigir alguma coisa muito dura e insuportável. Logo, nem todo perjúrio é pecado.

4. Ademais, o juramento promissório refere-se ao futuro, como o juramento assertório, ao passado e ao presente. Ora, poderá acontecer que seja impedida a obrigação de cumprir o juramento devido a alguma futura emergência como, por exemplo, quando os habitantes de uma cidade prometem sob juramento fazer algo no futuro, mas depois substituem-nos outros cidadãos que não fizeram aquele juramento, ou ainda, quando um cônego jura obedecer às normas de uma igreja, mas depois outras normas as substituem. Logo, parece que aquele que transgride o juramento não peca.

---

7. Loc. cit. in arg.

SED CONTRA est quod Augustinus dicit, in sermone *de Verbis Apost. Iacobi*[1], de periurio loquens: *Videtis quam ista detestanda sit belua, et de rebus humanis exterminanda.*

RESPONDEO dicendum quod, sicut supra[2] dictum est, iurare est Deum testem invocare. Pertinet autem ad Dei irreverentiam quod aliquis eum testem invocet falsitatis: quia per hoc dat intelligere vel quod Deus veritatem non cognoscat, vel quod falsitatem testificari velit. Et ideo periurium manifeste est peccatum religioni contrarium, cuius est Deo reverentiam exhibere.

AD PRIMUM ergo dicendum quod ille qui iurat se facturum aliquod illicitum, iurando incurrit periurium propter defectum iustitiae. Sed si non impleat quod iuravit, in hoc periurium non incurrit: quia hoc non erat tale quid quod sub iuramento cadere posset.

AD SECUNDUM dicendum quod ille qui iurat se non intraturum religionem, vel non daturum eleemosynam, vel aliquid huiusmodi, iurando periurium incurrit propter defectum iudicii. Et ideo quando facit id quod melius est, non est periurium, sed periurio contrarium: contrarium enim eius quod facit sub iuramento cadere non poterat.

AD TERTIUM dicendum quod cum aliquis iurat vel promittit se facturum voluntatem alterius, intelligenda est debita conditio, si scilicet id quod ei mandatur sit licitum et honestum, et portabile sive moderatum.

AD QUARTUM dicendum quod quia iuramentum est actio personalis, ille qui de novo fit civis alicuius civitatis, non obligatur quasi iuramento ad servanda illa quae civitas se servaturam iuravit. Tenetur tamen ex quadam fidelitate, ex qua obligatur ut sicut fit socius bonorum civitatis, ita etiam fiat particeps onerum. — Canonicus vero qui iurat se servaturum statuta edita in aliquo collegio, non tenetur ex iuramento ad servandum futura, nisi intenderit se obligare ad omnia statuta praeterita et futura. Tenetur tamen ea servare ex ipsa vi statutorum, quae habent coactivam virtutem, ut ex supradictis[3] patet.

EM SENTIDO CONTRÁRIO, diz Agostinho ao falar sobre perjúrio: "Vede como é detestável esta fera e como deve ser exterminada em todos os negócios humanos".

RESPONDO. Como acima foi dito, jurar é invocar a Deus como testemunha. Será irreverência a Deus invocá-Lo para testemunhar uma falsidade, porque há de se pensar que Deus desconheça a verdade ou que deseje testemunhar uma falsidade. Logo, o perjúrio é manifestamente pecado contrário à virtude de religião, cujo objeto é reverenciar a Deus.

QUANTO AO 1º, portanto, deve-se dizer que quem jura fazer algo ilícito incorre em perjúrio no próprio ato de jurar, porque falta a justiça. Mas, se não cumpre o que jurou, não incorre em perjúrio porque isso não pode ser objeto de juramento.

QUANTO AO 2º, deve-se dizer que quem jura não ingressar na vida religiosa, não dar esmola e coisas semelhantes incorre em perjúrio, por falta de juízo. Por isso, quando faz o melhor, não incorre em perjúrio, mas o contrário, uma vez que o contrário daquilo que faz não pode ser objeto de juramento.

QUANTO AO 3º, deve-se dizer que ao se jurar ou se comprometer a fazer a vontade do outro, supõe-se a devida condição: que a ordem seja lícita e honesta é suportável ou moderada.

QUANTO AO 4º, deve-se dizer que, como o juramento é um ato pessoal, aquele que se torna um novo cidadão não é obrigado sob juramento a observar aquilo que a cidade jurou observar. É obrigado, contudo, por uma certa fidelidade, pela qual, assim como se torna partícipe dos bens, assim também se torna participante dos ônus. — O cônego que jurou obedecer às normas vigentes em um colégio, não está obrigado a obedecer às normas futuras, a não ser que se tenha comprometido a seguir as normas passadas e futuras. Todavia, estará obrigado a observar, por força mesmo dos estatutos as que têm força coativa, conforme se conclui do que foi dito.

---

1. Serm. 180, al. 28, c. 2: ML 38, 973.
2. Q. 89, a. 1.
3. I-II, q. 96, a. 4.

## Articulus 3
### Utrum omne periurium sit peccatum mortale

AD TERTIUM SIC PROCEDITUR. Videtur quod non omne periurium sit peccatum mortale.

1. Dicitur enim Extra, *de Iureiurando*[1]: *In ea quaestione quae tonitur, An a sacramenti vinculo absolvantur qui illud inviti pro vita et rebus servandis fecerunt: nihil aliud arbitramur quam quod antecessores nostri Romani Pontifices arbitrati fuisse noscuntur, qui tales a iuramenti nexibus absolverunt. Ceterum ut agatur consultius, et auferatur materia deierandi, non eis ita expresse dicatur ut iuramenta non servent: sed si non ea attenderint, non ob hoc sunt tanquam pro mortali crimine puniendi.* Non ergo omne periurium est peccatum mortale.

2. PRAETEREA, sicut Chrysostomus dicit[2], *maius est iurare per Deum quam per Evangelium*. Sed non semper mortaliter peccat ille qui per Deum iurat aliquod falsum: puta si ex ioco, vel ex lapsu linguae, aliquis tali iuramento in communi sermone utatur. Ergo nec etiam si aliquis frangat iuramentum quod solemniter per Evangelium iurat, semper erit peccatum mortale.

3. PRAETEREA, secundum iura propter periurium aliquis incurrit infamiam: ut habetur VI, qu. 1, cap. *Infames*[3]. Non autem videtur quod propter quodlibet periurium aliquis infamiam incurrat: sicut dicitur de assertorio iuramento violato per periurium. Ergo videtur quod non omne periurium sit peccatum mortale.

SED CONTRA, omne peccatum quod contrariatur praecepto divino est peccatum mortale. Sed periurium contrariatur praecepto divino: dicitur enim Lv 19,12: *Non periurabis in nomine meo*. Ergo est peccatum mortale.

RESPONDEO dicendum quod, secundum doctrinam Philosophi[4], *propter quod unumquodque, illud magis*. Videmus autem quod ea quae, si de se sint peccata venialia, vel etiam bona ex genere, si in contemptum Dei fiant, sunt peccata mortalia. Unde multo magis quidquid est quod de sui ratione pertinet ad contemptum Dei, est peccatum mortale. Periurium autem de sui ratione importat contemptum Dei: ex hoc enim habet rationem

## Artigo 3
### Todo perjúrio é pecado mortal?

QUANTO AO TERCEIRO, ASSIM SE PROCEDE: parece que **nem** todo perjúrio é pecado mortal.

1. Com efeito, lê-se no Direito: "Quanto a se saber se está livre do vínculo do Sacramento quem o contraiu, involuntariamente, para salvar a vida e os bens, nada diferente decidimos, do que determinaram os Romanos Pontífices, nossos antecessores, que os desobrigaram de cumprir o juramento. Também para que se proceda com mais discernimento e não exista mais a matéria de perjúrio, não lhes deve ser dito que não cumpram o juramento, mas que, se não o cumprirem, não devem ser punidos como réus de pecado mortal". Logo, nem todo perjúrio é pecado mortal.

2. ALÉM DISSO, "É mais jurar por Deus do que pelo Evangelho", diz Crisóstomo. Ora, nem sempre peca mortalmente quem jura por Deus alguma inverdade. Por exemplo, quando alguém jura brincando ou por um lapso de linguagem, usa esse juramento no linguajar comum. Logo, nem sempre será pecado mortal se alguém quebra um juramento solene, feito com o Evangelho.

3. ADEMAIS, o Direito qualifica de infame quem comete perjúrio. Ora, não se vê que todo perjúrio seja infame, como é o perjúrio de um juramento assertório violado. Logo, parece que nem todo perjúrio é pecado mortal.

EM SENTIDO CONTRÁRIO, todo pecado contra um preceito divino é mortal. Ora, o perjúrio contraria o preceito divino, como diz o livro do Levítico: "Não perjurarás em meu nome". Logo, o perjúrio é pecado mortal.

RESPONDO. Segundo o ensinamento do Filósofo: "Aquilo pelo que uma coisa é tal, é mais do que ela". É sabido que os atos de pecados veniais, ou mesmo os bons em seu gênero, serão pecados mortais, se forem feitos por desprezo de Deus. Mais ainda tudo que, por sua natureza, pertence ao desprezo de Deus, é pecado mortal. Ora, o perjúrio por sua própria razão implica desprezo de Deus, pois é culposo, como foi dito, porque

---

3 PARALL.: III *Sent.*, dist. 39, a. 5, q.la 1.

1. *Decretal. Greg. IX*, l. II, tit. 24, c. 15: ed. Richter-Friedberg, t. II, p. 364.
2. *Opus imperf. in Matth.*, hom. 44, super 23, 16: MG 56, 883.
3. GRATIANUS, *DECRETUM*, P. II, CAUSA 6, Q. 1, CAN. 17: ED. CIT., T. I, P. 558.
4. *Anal. Post.*, l. I, c. 2: 72, a, 29-30.

culpae, ut dictum est[5], quia ad irreverentiam Dei pertinet. Unde manifestum est quod periurium ex suo genere est peccatum mortale.

AD PRIMUM ergo dicendum quod, sicut supra[6] dictum est, coactio non aufert iuramento promissorio vim obligandi respectu eius quod licite fieri potest. Et ideo si aliquis non impleat quod coactus iuravit, nihilominus periurium incurrit et mortaliter peccat. Potest tamen per auctoritatem Summi Pontificis ab obligatione iuramenti absolvi: praesertim si coactus fuerit tali metu qui *cadere posset in constantem virum*. Quod autem dicitur quod non sunt tales puniendi tanquam pro mortali crimine, non hoc ideo dicitur quia non peccent mortaliter: sed quia poena eis minor infligitur.

AD SECUNDUM dicendum quod ille qui iocose periurat, non evitat divinam irreverentiam, sed quantum ad aliquid magis auget. Et ideo non excusatur a peccato mortali. — Ille autem qui ex lapsu linguae falsum iurat, si quidem advertat se iurare et falsum esse quod iurat, non excusatur a peccato mortali, sicut nec a Dei contemptu. Si autem hoc non advertat, non videtur habere intentionem iurandi: et ideo a crimine periurii excusatur.

Est autem gravius peccatum si quis solemniter iuret per Evangelium quam si per Deum in communi sermone iuret: tum propter scandalum; tum propter maiorem deliberationem. Quibus aequaliter hinc inde positis, gravius est si quis per Deum iurans periuret quam si periuret iurans per Evangelium.

AD TERTIUM dicendum quod non propter quodlibet peccatum mortale aliquis infamis efficitur ipso iure. Unde non sequitur, si ille qui iurat falsum iuramento assertorio non est infamis ipso iure, sed solum per sententiam definitivam latam contra eum in causa accusationis, quod propter hoc non peccet mortaliter. Ideo autem magis reputatur infamis ipso iure qui frangit iuramentum promissorium solemniter factum, quia in eius potestate remanet, postquam iuravit, ut det suo iuramento veritatem: quod non contingit in iuramento assertorio.

é irreverência a Deus. Donde concluir-se que o perjúrio é em si mesmo pecado mortal[c].

QUANTO AO 1º, portanto, deve-se dizer que como acima foi dito, a coação não tira do juramento promissório a sua obrigatoriedade relativa ao que se pode fazer licitamente. Por isso, quem não cumpre um juramento feito sob coação, não obstante, incorre em perjúrio e peca mortalmente. Poderá, no entanto, ser dispensado de cumprir o juramento pelo Romano Pontífice, sobretudo se foi coagido por um medo capaz de coagir mesmo um homem firme nas suas decisões. Por se dizer que esses pecados não devem ser punidos como pecados mortais, não se deve concluir que não pecou mortalmente, mas que se lhe imponha uma pena menor.

QUANTO AO 2º, deve-se dizer que quem perjura brincando não evita irreverência a Deus, mas de certo modo ainda mais a aumenta. Por isso, não deixou de incorrer em pecado mortal. — Quem jura uma inverdade por um lapso de linguagem, se adverte que está jurando falso, não está escusado de pecado mortal, nem do desprezo de Deus. Mas se a isso não adverte, não parece ter a intenção de jurar, e está livre do pecado de perjúrio.

Também será pecado mais grave jurar solenemente pelo Evangelho, que jurar por Deus com termos vulgares e comuns, devido ao escândalo e devido a tal ato exigir maior deliberação. Mas em igualdade de circunstâncias, peca mais gravemente quem perjura em nome de Deus, do que quem perjura em nome do Evangelho.

QUANTO AO 3º, deve-se dizer que não é considerado infame pelo Direito quem comete qualquer pecado mortal. Não se deve, porém, concluir que se aquele que jurou falso em juramento assertório não seja infame segundo o Direito, mas que somente o será por sentença definitiva dada contra ele em um juri, por isso não pecou mortalmente quando perjurou. E também será reputado pelo Direito, ainda mais infame quem não cumpriu o juramento promissório solene, porque permanece em seu poder, após ter jurado tornar verdadeiro o juramento. Mas isso não pode ser aplicado ao juramento assertório.

---

5. Art. praec.
6. Q. 89, a. 7, ad 3.

c. A conclusão: "o perjúrio por definição (= *ex genere suo*) é pecado mortal" exprime em linguagem técnica uma doutrina já elaborada por Sto. Agostinho, principalmente a propósito da mentira (e que encontramos na II-II, q. 110, a. 2-3). Certas ações, em virtude de uma desordem essencialmente ligada ao que as constitui, serão "por sua natureza", "por definição" (*ex se, ex genere suo*) pecados, e se a desordem é grave (irreverência em relação a Deus no perjúrio), serão sempre e por definição pecados mortais. A doutrina é exposta na I-II, q. 18, a. 2. Ver acima, II-II, q. 59, a. 4, nota 2.

## Articulus 4
### Utrum peccet ille qui iniungit iuramentum ei qui periurat

AD QUARTUM SIC PROCEDITUR. Videtur quod peccet ille qui iniungit iuramentum ei qui periurat.

1. Aut enim scit eum verum iurare, aut falsum. Si scit eum verum iurare, pro nihilo ei iuramentum iniungit. Si autem credit eum falsum iurare, quantum est de se, inducit eum ad peccandum. Ergo videtur quod nullo modo debeat aliquis alicui iniungere iuramentum.
2. PRAETEREA, iuramentum minus est accipere ab aliquo quam iuramentum iniungere alicui. Sed recipere iuramentum ab aliquo non videtur esse licitum, et praecipue si periuret: quia in hoc videtur consentire peccato. Ergo videtur quod multo minus liceat exigere iuramentum ab eo qui periurat.
3. PRAETEREA, dicitur Lv 5,1: *Si peccaverit anima, et audierit vocem iurantis falsum, testisque fuerit quod aut ipse vidit aut conscius est, nisi indicaverit, portabit iniquitatem suam*: ex quo videtur quod aliquis sciens aliquem iurare falsum, teneatur eum accusare. Non igitur licet ab eo exigere iuramentum.

SED CONTRA, sicut peccat ille qui falsum iurat, ita ille qui per falsos deos iurat. Sed licet uti iuramento eius qui per falsos deos iurat: ut Augustinus dicit, *ad Publicolam*[1]. Ergo licet iuramentum exigere ab eo qui falsum iurat.

RESPONDEO dicendum quod circa eum qui exigit ab alio iuramentum, distinguendum videtur. Aut enim exigit iuramentum pro seipso propria sponte: aut exigit iuramentum pro alio ex necessitate officii sibi commissi. Et si quidem aliquis pro seipso exigit iuramentum tanquam persona privata, distinguendum videtur, ut Augustinus dicit, in sermone *de Periuriis*[2]. Si enim nescit eum iuraturum falsum, et ideo dicit, "Iura mihi", ut fides ei sit, non est peccatum: tamen est humana tentatio, quia scilicet procedit ex quadam infirmitate, qua homo dubitat alium esse verum dicturum. *Et hoc est illud malum de quo Dominus dicit*, Mt 5,37: "*Quod amplius est, a malo est*". Si autem scit eum fecisse, scilicet contrarium eius quod iurat, et cogit eum iurare, homicida est. *Ille enim de suo periurio se interimit: sed iste manum interficientis impressit.*

## Artigo 4
### É pecado pedir juramento a um perjuro?

QUANTO AO QUARTO, ASSIM SE PROCEDE: parece que peca aquele que **impõe** um juramento a um perjúrio.

1. Com efeito, ou sabe que ele jurou a verdade ou que jurou falso. Se sabe que jurou a verdade é inútil pedir-lhe juramento; se acredita que ele jurou falso, está induzindo-o a pecar. Logo, parece que de modo algum deve alguém impor um juramento a outrem.
2. ALÉM DISSO, é menos aceitar o juramento de uma pessoa do que obrigá-la a jurar. Ora, não parece lícito receber juramento de alguém, principalmente se é um perjuro, pois neste caso parece consentir no pecado. Logo, com muito mais razão não será lícito exigir juramento de um perjuro.
3. ADEMAIS, lê-se na Escritura: "Quem ouve um perjuro e é testemunha do ato falsamente jurado, porque o viu ou dele soube, se não o denunciar, contrai o mesmo pecado". Assim sendo, quando se sabe que alguém é perjuro, este deve ser denunciado. Logo, não será permitido exigir dele juramento.

EM SENTIDO CONTRÁRIO, peca o perjuro e quem jura por deuses falsos. Mas é lícito usar do juramento de quem jurou por deuses falsos, segundo Agostinho. Logo, é lícito exigir juramento a quem jura falso.

RESPONDO. A respeito de quem exige juramento de outrem é preciso fazer uma distinção, ou exige juramento para si mesmo por vontade própria, ou o exige para outrem, por necessidade da função que lhe foi confiada. Se exige o juramento em favor de si mesmo enquanto pessoa privada, segundo Agostinho, dois casos se apresentam. Primeiro: se não sabe que o outro irá jurar falso, e lhe ordena: "Jura-me", por confiar nele, não peca. Não obstante, trata-se de uma tentação humana, porque procede de certa fraqueza humana, ao duvidar de que o outro dirá a verdade. A esta fraqueza, referiu-se o Senhor, quando disse: "Tudo que vai além disso vem do mal". Segundo: se sabe que o outro fez o contrário daquilo que jura e ainda lhe exige o juramento, é homicida, pois aquele se matou pelo seu perjúrio, mas este lhe empurrou a mão.

---

4    PARALL.: III *Sent.*, dist. 39, a. 5, q.la 2; *ad Rom.*, c. 1, lect. 5.

1. Epist. 47, al. 154, n. 2: ML 33, 184.
2. Serm. 180, al. 28, c. 9, 10: ML 38, 977-978.

Si autem aliquis exigat iuramentum tanquam persona publica, secundum quod exigit ordo iuris, ad petitionem alterius, non videtur esse in culpa si ipse iuramentum exigat, sive sciat eum falsum iurare sive verum: quia non videtur ille exigere, sed ille ad cuius instantiam exigit.

AD PRIMUM ergo dicendum quod obiectio illa procedit quando pro se aliquis exigit iuramentum. Et tamen non semper scit eum iurare verum, vel falsum: sed quandoque dubitat de facto, et credit eum verum iuraturum, et tunc ad maiorem certitudinem exigit iuramentum.

AD SECUNDUM dicendum quod, sicut Augustinus dicit, *ad Publicolam*[3], *quamvis dictum sit ne iuremus, nunquam me in Scripturis sanctis legisse memini ne ab aliquo iurationem accipiamus*. Unde ille qui iurationem recipit non peccat: nisi forte quando propria sponte ad iurandum cogit eum quem scit falsum iuraturum.

AD TERTIUM dicendum quod, sicut Augustinus dicit[4], Moyses non expressit in praedicta auctoritate cui sit indicandum periurium alterius. Et ideo intelligitur quod debeat indicari *talibus qui magis possunt prodesse quam obesse periuro*. — Similiter etiam non expressit quo ordine debeat manifestare. Et ideo videtur servandus ordo evangelicus, si sit peccatum periurii occultum: et praecipue quando non vergit in detrimentum alterius, quia in tali casu non haberet locum ordo evangelicus, ut supra[5] dictum est.

AD QUARTUM[6] dicendum quod licet uti malo propter bonum, sicut et Deus utitur: non tamen licet aliquem ad malum inducere. Unde licet eius qui paratus est per falsos deos iurare, iuramentum recipere: non tamen licet eum inducere ad hoc quod per falsos deos iuret. — Alia tamen ratio esse videtur in eo qui per verum Deum falsum iurat. Quia in tali iuramento deest bonum fidei, qua utitur aliquis in iuramento illius qui verum per falsos deos iurat, ut Augustinus dicit, *ad Publicolam*[7]. Unde in iuramento eius qui falsum per verum Deum iurat, non videtur esse aliquod bonum quo uti liceat.

Se exige o juramento como pessoa pública, seguindo o Direito, a pedido de outrem, não há culpabilidade nessa exigência, quer saiba que ele jurará falso ou verdadeiro. Isso porque não é a pessoa pública que o exige, mas a pessoa que a esta pediu.

QUANTO AO 1º, portanto, deve-se dizer que a primeira objeção tem valor quando alguém exige o juramento para si. Todavia, nem sempre se sabe se o outro jura a verdade ou a falsidade. Mas às vezes se duvida de fato e, crendo que o outro vai jurar a verdade, exige-lhe o juramento para maior certeza.

QUANTO AO 2º, deve-se dizer que como diz Agostinho: "Embora se diga que não juremos, não me lembro de ter lido nas Escrituras que não recebamos um juramento de alguém". Logo, quem recebe um juramento não peca, a não ser que por vontade própria se obrigue alguém a jurar sabendo-se que jurará falso.

QUANTO AO 3º, deve-se dizer que como diz Agostinho, comentando o texto bíblico citado, "Moisés não disse a quem será necessário denunciar o perjúrio de outrem. Por isso se entende que ele deve denunciar aos que "podem mais auxiliar o culpado de perjúrio do que prejudicá-lo". — Igualmente, não determinou a ordem a ser seguida na denúncia. Parece que se deve seguir a ordem evangélica, se o pecado de perjúrio foi oculto; e principalmente quando não é em prejuízo de terceiros, pois em tais casos não se aplica a ordem como foi dito acima.

QUANTO AO 4º (em sentido contrário): É permitido usar o mal para o bem, como Deus faz, mas não é lícito induzir o mal. Por isso, embora seja lícito receber o juramento de quem está pronto para jurar aos falsos deuses, não obstante, não será lícito induzir-lhe jurar por falsos deuses. — Outro é o caso de quem jura falso em nome do Deus Verdadeiro, porque a este juramento falta, segundo Agostinho, a boa fé, de que faz uso aquele que jura a verdade pelos deuses falsos. No perjúrio feito em nome do Deus Verdadeiro não parece haver bem algum de que se possa usar.

---

3. Epist. 47, al. 154, n. 2: ML 33, 185.
4. *Quaest. in Lev.*, q. 1: ML 34, 673.
5. Q. 33, a. 7.
6. Arg. *sed c.*
7. In arg. *sed c.*

## QUAESTIO XCIX
## DE SACRILEGIO
*in quatuor articulos divisa*

Deinde considerandum est de vitiis ad irreligiositatem pertinentibus quibus rebus sacris irreverentia exhibetur. Et primo, de sacrilegio; secundo, de simonia.

Circa primum quaeruntur quatuor.
*Primo:* quid sit sacrilegium.
*Secundo:* utrum sit speciale peccatum.
*Tertio:* de speciebus sacrilegii.
*Quarto:* de poena sacrilegii.

### ARTICULUS 1
### Utrum sacrilegium sit sacrae rei violatio

AD PRIMUM SIC PROCEDITUR. Videtur quod sacrilegium non sit *sacrae rei violatio*.

1. Dicitur enim XVII, qu. 4[1]: *Committunt sacrilegium qui de principis iudicio disputant,*

## QUESTÃO 99
## O SACRILÉGIO[a]
*em quatro artigos*

Em seguida deve-se tratar dos vícios da irreligiosidade pelos quais se manifesta a irreverência às coisas sagradas. Em primeiro lugar, do sacrilégio. Em segundo, da simonia.

A respeito do primeiro, quatro questões.
1. O que é sacrilégio?
2. É um pecado especial?
3. Espécies de sacrilégio.
4. A pena do sacrilégio.

### ARTIGO 1
### Sacrilégio é a violação de uma coisa sagrada?

QUANTO AO PRIMEIRO ARTIGO, ASSIM SE PROCEDE: parece que sacrilégio **não** é violação de uma coisa sagrada.

1. Com efeito, diz o Direito: "Incorre em sacrilégio quem discute a decisão de um príncipe,

---

1. GRATIANUS, *Decretum*, p. II, causa 17, q. 4, app. ad can. 29: ed. Richter-Friedberg, t. I, p. 822.

a. A questão oferece um interesse especial. Parece ser elaborada pela primeira vez, e composta especialmente para este lugar da Suma. Essa novidade, que prescinde das discussões de outros autores e de suas problemáticas, explica a simplicidade da composição, despida de citações, de apelos às autoridades patrísticas ou contemporâneas. O raciocínio se encadeia de maneira mais límpida, a partir dos princípios postos pelo autor, e pela coerência das noções definidas e delimitadas segundo as exigências de seu propósito.

Sua reflexão teológica se constrói tendo por referência uma dupla relação. Por um lado, leva em conta a noção comum de sacrilégio: "violação de uma coisa santa" (evocado no a. 1, obj. 1); e duas diferentes modalidades, das quais se fala habitualmente com maior ou menor precisão. Por outro lado, o que mais se esperava do teólogo medieval é que ele examinasse e explicasse as disposições canônicas, relativamente abundantes no capítulo do sacrilégio, ainda entendido em suas acepções bastante amplas, e empregado em contextos variáveis. A tarefa primordial será portanto elaborar a noção rigorosa e técnica de sacrilégio, distinguir e ordenar suas espécies, e propor critérios de apreciação de sua malícia e de sua gravidade.

Em profundidade, esse procedimento se inspira de uma noção aguda do sagrado e do progresso na compreensão das noções de religião, de culto, da consagração. Sua integração numa síntese ética e teológica assumia o sentido do sagrado das religiões antigas, mas sobretudo o espírito religioso demonstrado pelo povo e pelos textos bíblicos, ao mesmo tempo em que relega como superadas a legislação e as práticas cultuais judias. Na I-II, q. 101-103 encontramos, convenientemente condensado e criticado, todo o resultado desse trabalho levado a cabo pelas diferentes correntes patrísticas e medievais. Aliás, o artigo 1, em sua Solução, remete expressamente à I-II, q. 101, a. 4.

Deve-se sobretudo apontar aqui o papel primordial que assume o sagrado para toda uma corrente espiritual e teológica, da qual Sto. Tomás seria precisamente beneficiário, e que ele irá prolongar e aprofundar. O aspecto mais importante é o caráter de realidade, de qualidade interna e de permanência que se atribui à consagração de pessoas e de coisas. Na definição e nas tomadas de posição sobre os votos (II-II, q. 88, a. 7 e 11), apreende-se na prática o realismo de uma teologia que quer contrapor-se às interpretações puramente jurídicas, apoiando-se no caráter divino e irrevogável da consagração. Esta se vincula à doutrina da "hierarquia", "celeste" e "eclesiástica" do Pseudo-Dionísio, o mestre mais típico e mais influente dessa valorização do sagrado no pensamento ocidental.

Tal será portanto a inspiração mais profunda dessa q. 99. Ela definirá o sacrilégio como forma de irreverência em relação às coisas santas, que são dignas de respeito pelo fato de estarem ordenadas ao culto divino. Ora, nessa compreensão, que atribui à ordem cultual uma qualidade, uma realidade próprias: "do que está ligado ao culto divino torna-se algo de divino" (a. 1, Solução).

O sacrilégio constituirá um pecado especial, contrapondo-se de maneira própria e direta à virtude de religião (a. 2). Por consequência, a gravidade e as espécies de sacrilégio são derivadas e explicadas pelo exame da grandeza e da qualidade da consagração: das pessoas, das coisas, dos lugares de culto cristão (a. 3). O artigo 4, de feitio mais prático, expõe qual punição é devida ao sacrilégio, tomando como ponto de referência as disposições canônicas, esclarecendo-as pelo caráter espiritual da Igreja, que só inflige penalidades com um objetivo medicinal ou pedagógico, para afastar o homem do pecado.

*dubitantes an is dignus sit honore quem princeps elegerit*. Sed hoc ad nullam rem sacram pertinere videtur. Ergo sacrilegium non importat sacrae rei violationem.

2. PRAETEREA, ibidem[2] subditur quod si quis permiserit Iudaeos officia publica exercere, *velut in sacrilegum excommunicatio proferatur*. Sed officia publica non videntur ad aliquod sacrum pertinere. Ergo videtur quod sacrilegium non importet violationem alicuius sacri.

3. PRAETEREA, maior est virtus Dei quam virtus hominis. Sed res sacrae a Deo sanctitatem obtinent. Non ergo possunt per hominem violari. Et ita sacrilegium non videtur esse sacrae rei violatio.

SED CONTRA est quod Isidorus dicit, in libro *Etymol*.[3], quod *sacrilegus dicitur ab eo quod sacra legit, idest furatur*.

RESPONDEO dicendum quod, sicut ex praedictis[4] patet, sacrum dicitur aliquid ex eo quod ad divinum cultum ordinatur. Sicut autem ex eo quod aliquid ordinatur in finem bonum, sortitur rationem boni; ita etiam ex hoc quod aliquid deputatur ad cultum Dei, efficitur quoddam divinum, et sic ei quaedam reverentia debetur quae refertur in Deum. Et ideo omne illud quod ad irreverentiam rerum sacrarum pertinet, ad iniuriam Dei pertinet, et habet sacrilegii rationem.

AD PRIMUM ergo dicendum quod, secundum Philosophum, in I *Ethic*.[5], bonum commune gentis est quoddam divinum. Et ideo antiquitus rectores reipublicae *divini* vocabantur, quasi divinae providentiae ministri: secundum illud Sap 6,5: *Cum essetis ministri regni illius, non recte iudicastis*. Et sic, per quandam nominis extensionem, illud quod pertinet ad reverentiam principis, scilicet disputare de eius iudicio, an oporteat ipsum sequi, secundum quandam similitudinem sacrilegium dicitur.

AD SECUNDUM dicendum quod populus Christianus per fidem et sacramenta Christi sanctificatus est: secundum illud 1Cor 6,11: *Sed abluti estis, sed sanctificati estis*. Et ideo 1Pe 2,9 dicitur: *Vos estis genus electum, regale sacerdotium, gens*

duvidando se realmente é digno da honra aquele que ele escolheu". Ora, isso não parece pertencer a uma coisa sagrada. Logo, o sacrilégio não implica violação de algo sagrado[b].

2. ALÉM DISSO, no mesmo Direito está determinado que quem permitir aos judeus exercerem funções públicas "seja excomungado como sacrílego". Ora, as funções públicas não parecem pertencer a alguma coisa sagrada. Logo, parece que o sacrilégio não implica violação de algo sagrado.

3. ADEMAIS, o poder de Deus é maior que o poder do homem. Ora, as coisas sagradas recebem sua consagração de Deus. Logo, não podem ser violadas pelo poder do homem. Logo, o sacrilégio não parece consistir em violar coisas sagradas.

EM SENTIDO CONTRÁRIO, ensina Isidoro: "Chama-se sacrílego quem tira, isto é, furta coisas sagradas".

RESPONDO. Conclui-se do que foi dito acima, uma coisa é sagrada pelo fato de estar destinada para o culto divino. Assim como o que se destina para um fim bom adquire a razão de bom, também, por que uma coisa é destinada para o culto divino torna-se de certo modo divina, e a ela será prestada a reverência que se refere a Deus. Por isso, toda irreverência às coisas sagradas será injúria feita a Deus e terá a razão de sacrilégio.

QUANTO AO 1º, portanto, deve-se dizer que, como diz o Filósofo, o bem comum de um povo é algo divino. Ademais, antigamente os governantes eram chamados divinos por serem ministros da providência divina, segundo se lê na Escritura: "Quando fostes ministros do seu reino, não julgastes com retidão". Por isso, por certa extensão nominal, aquilo que implica reverência ao príncipe, como discutir a respeito de suas decisões, segundo alguma semelhança, é chamado sacrilégio.

QUANTO AO 2º, deve-se dizer que o povo cristão é santificado pela fé e pelos sacramentos, segundo o Apóstolo: "Fostes purificados e santificados". Confirma-o a primeira Carta de Pedro: "Sois a raça eleita, sacerdócio real, nação santa, povo

---

2. Can. 31: ed. cit., t. I, p. 823.
3. L. X, ad litt. *S*, n. 252: ML 82, 394 B.
4. I-II, q. 101, a. 4.
5. C. 1: 1094, b, 10-11.

b. Essa objeção, como as seguintes, visa apreender o problema posto pela imprecisão da noção de "sacrilégio", que a prática e os textos jurídicos empregavam em acepções muitas vezes vagas ou derivadas. Em harmonia com essas acepções mais amplas, as soluções procuram mostrar que o "príncipe", e principalmente o "povo cristão", possuem alguma coisa de "sagrado", que não deveria ser violado fosse pelo desprezo da autoridade (do príncipe), fosse confiando sem maiores considerações a "nação santa" ao governo dos infiéis. Esse tema é estudado *ex professo* na II-II, q. 10 e q. 104, a. 6.

*sancta, populus acquisitionis*. Et ita id quod fit in iniuriam populi Christiani, scilicet quod infideles ei praeficiantur, pertinet ad irreverentiam sacrae rei. Unde rationabiliter sacrilegium dicitur.

AD TERTIUM dicendum quod violatio hic large dicitur quaecumque irreverentia vel exhonoratio. Sicut autem *honor est in honorante, non autem in eo qui honoratur*, ut dicitur in I *Ethic.*[6]; ita etiam irreverentia est in eo qui irreverenter se habet, quamvis etiam nihil noceat ei cui irreverentiam exhibet. Quantum ergo est in ipso, rem sacram violat, licet illa non violetur.

resgatado". Por isso, toda injúria feita ao povo cristão, como colocar infiéis no seu governo, será irreverência às coisas sagradas. Com razão, pois, pode ser chamado sacrilégio.

QUANTO AO 3º, deve-se dizer que o termo violação é tomado em sentido amplo, e refere-se a qualquer irreverência ou desonra. Disse o Filósofo que "A honra está na pessoa que honra, e não na que é honrada". Assim também a irreverência está no irreverente, embora em nada prejudique a quem ela visa. Portanto, da sua parte, o sacrilégio viola a coisa sagrada, embora esta não seja por ele violada.

## ARTICULUS 2
### Utrum sacrilegium sit speciale peccatum

AD SECUNDUM SIC PROCEDITUR. Videtur quod sacrilegium non sit speciale peccatum.

1. Dicitur enim XVII, qu. 4[1]: *Committunt sacrilegium qui in divinae legis sanctitatem aut nesciendo committunt, aut negligendo violant et offendunt*. Sed hoc fit per omne peccatum: nam *peccatum est dictum vel factum vel concupitum contra legem Dei*, ut Augustinus dicit, XXII *contra Faustum*[2]. Ergo sacrilegium est generale peccatum.

2. PRAETEREA, nullum speciale peccatum continetur sub diversis generibus peccatorum. Sed sacrilegium sub diversis generibus peccatorum continetur: puta sub homicidio, si quis sacerdotem occidat; sub luxuria, si quis virginem sacratam violet, vel quamcumque mulierem in loco sacro; sub furto, si quis rem sacram furatus fuerit. Ergo sacrilegium non est speciale peccatum.

3. PRAETEREA, omne speciale peccatum invenitur distinctum ab aliis peccatis: ut de iniustitia speciali Philosophus dicit, in V *Ethic.*[3]. Sed sacrilegium non videtur inveniri absque aliis peccatis, sed quandoque coniungitur furto, quandoque homicidio, ut dictum est[4]. Non ergo est speciale peccatum.

SED CONTRA est quod opponitur speciali virtuti, scilicet religioni, ad quam pertinet revereri Deum et divina. Ergo sacrilegium est speciale peccatum.

## ARTIGO 2
### O sacrilégio é pecado especial?

QUANTO AO SEGUNDO, ASSIM SE PROCEDE: parece que o sacrilégio **não** é um pecado especial.

1. Com efeito, diz o Direito: "Cometem sacrilégio os que pecam contra a santidade da lei divina, por ignorância ou a violam e ofendem por negligência". Ora, isso é feito em todo pecado, pois "pecado é palavra, ato ou desejo contra a lei de Deus", como disse Agostinho. Logo, o sacrilégio é um pecado geral.

2. ALÉM DISSO, o pecado especial não pode estar em gêneros diversos. Ora, o sacrilégio está em diversos gêneros de pecados: por exemplo no homicídio, se alguém assassina um sacerdote; na luxúria se alguém viola uma virgem consagrada ou qualquer mulher em lugar sagrado; no furto, quando se rouba uma coisa sagrada. Logo, o sacrilégio não é um pecado especial.

3. ADEMAIS, o pecado especial é distinto dos pecados das outras espécies, como diz o Filósofo, referindo-se à injustiça especial. Ora, o sacrilégio não se comete sem o acompanhamento de outros pecados, pois às vezes está unido ao furto, às vezes ao homicídio, como foi dito acima. Logo, o sacrilégio não é pecado especial.

EM SENTIDO CONTRÁRIO, está o que se opõe à virtude especial, que é a religião, cujo objeto é reverência a Deus, e às coisas divinas. Logo, o sacrilégio é um pecado especial.

---

6. C. 3: 1095, b, 24-26.

1. GRATIANUS, *Decretum*, p. II, causa 17, q. 4, app. ad can. 29: ed. Richter-Friedberg, t. I, p. 822.
2. C. 27: ML 42, 418.
3. C. 4: 1130, a, 19-24.
4. Arg. 2.

RESPONDEO dicendum quod ubicumque invenitur specialis ratio deformitatis, ibi necesse est quod sit speciale peccatum: quia species cuiuslibet rei praecipue attenditur secundum formalem rationem ipsius, non autem secundum materiam vel subiectum. In sacrilegio autem invenitur specialis ratio deformitatis: quia scilicet violatur res sacra per aliquam irreverentiam. Et ideo est speciale peccatum.

Et opponitur religioni. Sicut enim Damascenus dicit, in IV lib.[5], *purpura, regale indumentum facta, honoratur et glorificatur: et si quis hanc perforaverit, morte damnatur*, quasi contra regem agens. Ita etiam si quis rem sacram violat, ex hoc ipso contra Dei reverentiam agit, et sic per irreligiositatem peccat.

AD PRIMUM ergo dicendum quod illi dicuntur in divinae legis sanctitatem committere qui legem Dei impugnant: sicut haeretici et blasphemi. Qui ex hoc quod Deo non credunt, incurrunt infidelitatis peccatum: ex hoc vero quod divinae legis verba pervertunt, sacrilegium incurrunt.

AD SECUNDUM dicendum quod nihil prohibet unam specialem rationem peccati in pluribus peccatorum generibus inveniri, secundum quod diversa peccata ad finem unius peccati ordinantur: prout etiam in virtutibus apparet quibus imperatur ab una virtute. Et hoc modo, quocumque genere peccati aliquis faciat contra reverentiam debitam sacris rebus, sacrilegium formaliter committit, licet materialiter sint ibi diversa genera peccatorum.

AD TERTIUM dicendum quod sacrilegium interdum invenitur separatum ab aliis peccatis, eo quod actus non habet aliam deformitatem nisi quia res sacra violatur: puta si aliquis iudex rapiat aliquem de loco sacro, quem in aliis locis licite capere posset.

RESPONDO. Onde se encontra uma razão especial de deformidade, necessariamente há um pecado especial, pois a espécie de cada coisa é principalmente considerada pela sua razão formal, não pela matéria ou pelo sujeito. Ora, no sacrilégio há uma razão especial de deformidade, enquanto por irreverência se viola uma coisa sagrada. Logo, o sacrilégio é pecado especial.

Ademais, opõe-se à virtude da religião. Escreve Damasceno: "A púrpura de que é feita a veste real é honrada e glorificada, e quem a rasga será réu de morte" como se agisse contra o rei. Também aquele que viola uma coisa sagrada, neste mesmo ato faz irreverência a Deus e peca contra a virtude da religião.

QUANTO AO 1º, portanto, deve-se dizer que pecam contra a santidade da lei divina os que, como os hereges e os blasfemos, a impugnam; incorrem em pecado de infidelidade os que não creem em Deus; incorrem ademais em pecado de sacrilégio, porque pervertem as palavras da lei divina.

QUANTO AO 2º, deve-se dizer que nada impede que uma especial razão de pecado se encontre em vários gêneros de pecados, enquanto esses vários pecados se ordenam para o fim de um só pecado. Acontece o mesmo quando muitas virtudes são imperadas por uma só virtude. Desse modo, qualquer pecado contra a reverência devida às coisas divinas é formalmente pecado de sacrilégio, embora materialmente pertença também a outros gêneros de pecados.

QUANTO AO 3º, deve-se dizer que o sacrilégio às vezes se comete não unido a outros pecados, quando o ato não tem outra deformidade a não ser violar uma coisa sagrada, como, por exemplo, se um juiz decide prender um réu em lugar sagrado, podendo legitimamente prendê-lo em outro lugar.

## ARTICULUS 3
### Utrum species sacrilegii distinguantur secundum res sacras

AD TERTIUM SIC PROCEDITUR. Videtur quod species sacrilegii non distinguantur secundum res sacras.

1. Materialis enim diversitas non diversificat speciem, si sit eadem ratio formalis. Sed in violatione quarumcumque rerum sacrarum videtur

## ARTIGO 3
### As espécies de sacrilégio se distinguem conforme as coisas sagradas?

QUANTO AO TERCEIRO, ASSIM SE PROCEDE: parece que as espécies de sacrilégios **não** se distinguem conforme as coisas sagradas.

1. Com efeito, havendo uma só razão formal, as diferenças materiais não diversificam as espécies. Ora, em toda violação das coisas sagradas há a

---

5. *De fide orth.*, l. IV, c. 3: MG 94, 1105 AB.

esse eadem ratio formalis peccati, et quod non sit diversitas nisi materialis. Ergo per hoc non diversificantur sacrilegii species.

2. Praeterea, non videtur esse possibile quod aliqua sint eiusdem speciei, et tamen specie differant. Sed homicidium et furtum et illicitus concubitus sunt diversae species peccatorum. Ergo non possunt convenire in una specie sacrilegii. Et ita videtur quod sacrilegii species distinguantur secundum diversas species aliorum peccatorum, et non secundum diversitatem rerum sacrarum.

3. Praeterea, inter res sacras connumerantur etiam personae sacrae. Si ergo una species sacrilegii esset qua violaretur persona sacra, sequeretur quod omne peccatum quod persona sacra committit esset sacrilegium: quia per quodlibet peccatum violatur persona peccantis. Non ergo species sacrilegii accipiuntur secundum res sacras.

Sed contra est quod actus et habitus distinguuntur secundum obiecta. Sed res sacra est obiectum sacrilegii, ut dictum est[1]. Ergo species sacrilegii distinguuntur secundum differentiam rerum sacrarum.

Respondeo dicendum quod, sicut dictum est[2], peccatum sacrilegii in hoc consistit quod aliquis irreverenter se habet ad rem sacram. Debetur autem reverentia rei sacrae ratione sanctitatis. Et ideo secundum diversam rationem sanctitatis rerum sacrarum quibus irreverentia exhibetur, necesse est quod sacrilegii species distinguantur: et tanto sacrilegium est gravius quanto res sacra in quam peccatur maiorem obtinet sanctitatem.

Attribuitur autem sanctitas et personis sacris, idest divino cultui dedicatis, et locis sacris, et rebus quibusdam aliis sacris. Sanctitas autem loci ordinatur ad sanctitatem hominis, qui in loco sacro cultum exhibet Deo: dicitur enim 2Mac 5,19: *Non propter locum gentem, sed propter gentem Dominus locum elegit.* Et ideo gravius peccatum est sacrilegium quo peccatur contra personam sacram quam quo peccatur contra locum sacrum. Sunt tamen in utraque sacrilegii specie diversi gradus, secundum differentiam personarum et locorum sacrorum.

Similiter etiam et tertia species sacrilegii, quae circa alias res sacras committitur, diversos habet

mesma razão formal de pecado e a diversidade será apenas material. Logo, a diversidade específica das coisas sagradas não diversifica as espécies de sacrilégio.

2. Além disso, na mesma espécie é impossível haver coisas especificamente diferentes. Ora, o homicídio, o furto e o concúbito ilícito são pecados de espécies diversas. Logo, não poderão estar na mesma espécie de sacrilégio. Parece, pois, que as espécies de sacrilégios se diferenciam segundo as diferentes espécies de outros pecados e não segundo a diversidade específica das coisas sagradas.

3. Ademais, as pessoas consagradas estão colocadas entre as coisas sagradas. Se, pois, uma espécie de sacrilégio fosse a violação de uma pessoa consagrada, seguir-se-ia que todo pecado cometido por pessoa consagrada seria sacrilégio, até porque em todo pecado é violada a pessoa do pecador. Logo, não serão as coisas sagradas que especificam os sacrilégios.

Em sentido contrário, os atos e os hábitos distinguem-se pelos objetos. Conforme foi dito, as coisas sagradas são o objeto do sacrilégio. Logo, as espécies de sacrilégios distinguem-se segundo a diferença das coisas sagradas.

Respondo. Como foi acima dito, o pecado de sacrilégio consiste em tratar com irreverência uma coisa sagrada. Ora, deve-se reverência a uma coisa sagrada em razão da sua santidade. Por isso, as diversas razões da santidade das coisas tratadas com irreverência, necessariamente distinguem a espécie de sacrilégio. Ademais, quanto maior santidade possui a coisa sagrada que foi violada, tanto maior será o sacrilégio.

A santidade é atribuída às pessoas consagradas, isto é, entregues ao culto divino, aos lugares sagrados e a outras coisas sagradas. A santidade de um lugar destina-se à santidade do homem, que, num lugar sagrado, exibe a Deus um culto, conforme se lê na Escritura: "Deus não escolheu o povo por causa do lugar, mas o lugar por causa do povo". Assim sendo, é maior o pecado de sacrilégio contra uma pessoa consagrada do que o pecado de sacrilégio contra um lugar santo. Todavia, nessas duas espécies de sacrilégios há diversos graus, segundo as diferenças das pessoas e as diferenças dos lugares.

Também na terceira espécie de sacrilégio, quanto às coisas sagradas, há diversos graus

---

1. Art. 1.
2. Ibid.

gradus, secundum differentiam sacrarum rerum. Inter quas summum locum obtinent ipsa sacramenta, quibus homo sanctificatur: quorum praecipuum est Eucharistiae sacramentum, quod continet ipsum Christum. Et ideo sacrilegium quod contra hoc sacramentum committitur gravissimum est inter omnia. — Post sacramenta autem, secundum locum tenent vasa consecrata ad sacramentorum susceptionem; et ipsae imagines sacrae, et sanctorum reliquiae, in quibus quodammodo ipsae personae sanctorum venerantur vel dehonorantur. Deinde ea quae pertinent ad ornatum ecclesiae et ministrorum. Deinde ea quae sunt deputata ad sustentationem ministrorum, sive sint mobilia sive immobilia. Quicumque autem contra quodcumque praedictorum peccat, crimen sacrilegii incurrit.

AD PRIMUM ergo dicendum quod non est in omnibus praedictis[3] eadem ratio sanctitatis. Et ideo differentia sacrarum rerum non solum est differentia materialis, sed formalis.

AD SECUNDUM dicendum quod nihil prohibet aliqua duo secundum aliquid esse unius speciei, et secundum aliud diversarum: sicut Socrates et Plato conveniunt in specie animalis, differunt autem in specie colorati, si unus sit albus et alius niger. Et similiter etiam possibile est aliqua duo peccata differre specie secundum materiales actus, convenire autem in specie secundum unam rationem formalem sacrilegii: puta si quis sanctimonialem violaverit verberando, vel concumbendo.

AD TERTIUM dicendum quod omne peccatum quod sacra persona committit, materialiter quidem et quasi per accidens est sacrilegium: unde Hieronymus[4] dicit quod *nugae in ore sacerdotis sacrilegium sunt vel blasphemia*. Formaliter autem et proprie illud solum peccatum sacrae personae sacrilegium est quod agitur directe contra eius sanctitatem: puta si virgo Deo dicata fornicetur; et eadem ratio est in aliis.

correspondentes às diferenças dessas coisas. No grau supremo estão os Sacramentos que santificam os homens, dos quais o principal é a Eucaristia, já que nela está o próprio Cristo. Por esse motivo, o sacrilégio contra a Eucaristia é gravíssimo entre todos. — Depois dos Sacramentos, vêm os vasos sagrados, que se usam na administração dos Sacramentos, as imagens dos santos e as suas relíquias nas quais se honram ou se desonram os próprios santos. Em seguida, o que pertence aos ornatos das igrejas e aos seus ministros. Finalmente, os bens móveis ou imóveis destinados ao sustento dos ministros. Quem quer que viole o que está aqui enumerado, peca e incorre no crime de sacrilégio.

QUANTO AO 1º, portanto, deve-se dizer que nas coisas citadas não é a mesma a razão de santidade. Por isso, a diferença das coisas sagradas não é somente diferença material, mas também diferença formal.

QUANTO AO 2º, deve-se dizer que nada impede que as coisas, segundo um aspecto, sejam da mesma espécie e, segundo outro aspecto, sejam de espécies diversas. Assim é que Sócrates e Platão, que são da espécie animal, seriam de espécies diversas, se um fosse branco e o outro, negro. Igualmente poderá ser possível que dois pecados se diferenciem na espécie pelos atos materiais, mas coincidam na mesma espécie conforme uma razão formal de sacrilégio em razão de sacrilégio, como, por exemplo, violar uma religiosa verberando-a ou com a mesma fornicando.

QUANTO AO 3º, deve-se dizer que todo pecado cometido por uma pessoa consagrada, material e acidentalmente, será sacrilégio, segundo Jerônimo: "Bobagens na boca dos sacerdotes são sacrilégio e blasfêmia". Formal e essencialmente, somente será pecado de sacrilégio se diretamente for contra sua consagração, como, por exemplo, a fornicação de uma virgem consagrada a Deus. E a mesma razão se aplica a outros pecados.

### ARTICULUS 4
#### Utrum poena sacrilegii debeat esse pecuniaria

AD QUARTUM SIC PROCEDITUR. Videtur quod poena sacrilegii non debeat esse pecuniaria.

### ARTIGO 4
#### A pena do sacrilégio deve ser pecuniária?

QUANTO AO QUARTO, ASSIM SE PROCEDE: parece que a pena do sacrilégio **não** deve ser pecuniária.

---
3. In corp.
4. Cfr. BERNARDUM, *De consid.*, l. II, c. 13, n. 22: ML 182, 756 B.

1. Poena enim pecuniaria non solet imponi pro culpa criminali. Sed sacrilegium est culpa criminalis: unde capitali sententia punitur secundum leges civiles. Ergo sacrilegium non debet puniri poena pecuniaria.

2. PRAETEREA, idem peccatum non debet duplici poena puniri: secundum illud Nah 1,9: *Non consurget duplex tribulatio*. Sed poena sacrilegii est excommunicatio: maior quidem si violentia inferatur in personam sacram, vel si aliquis incendat vel frangat ecclesiam; minor autem in aliis sacrilegiis. Ergo non debet sacrilegium puniri poena pecuniaria.

3. PRAETEREA, Apostolus dicit, 1Thess 2,5: *Non fuimus aliquando in occasione avaritiae*. Sed hoc videtur ad occasionem avaritiae pertinere quod poena pecuniaria exigatur pro violatione rei sacrae. Ergo non videtur talis poena esse conveniens sacrilegii.

SED CONTRA est quod dicitur XVII, qu. 4[1]: *Si quis contumax vel superbus fugitivum servum de atrio ecclesiae per vim abstraxerit, nongentos solidos componat*. Et ibidem[2] postea dicitur: *Quisquis inventus fuerit reus sacrilegii, triginta libras argenti examinati purissimi componat*.

RESPONDEO dicendum quod in poenis infligendis duo sunt consideranda. Primo quidem, aequalitas, ad hoc quod poena sit iusta: ut scilicet in *quo quis peccat, per hoc torqueatur*, ut dicitur Sap 11,17. Et hoc modo conveniens poena sacrilegi, qui sacris iniuriam infert, est excommunicatio, per quam a sacris arcetur. — Secundo autem consideratur utilitas: nam poenae quasi medicinae quaedam infliguntur, ut his territi homines a peccando desistant. Sacrilegus autem, qui sacra non reveretur, non sufficienter videtur a peccando arceri per hoc quod ei sacra interdicuntur, de quibus non curat. Et ideo secundum leges humanas adhibetur capitis poena; secundum vero Ecclesiae sententiam, quae mortem corporalem non infligit, adhibetur pecuniaria poena: ut saltem poenis temporalibus homines a sacrilegiis revocentur.

AD PRIMUM ergo dicendum quod Ecclesia corporalem mortem non infligit: sed loco eius infligit excommunicationem.

AD SECUNDUM dicendum quod necesse est duas poenas adhiberi quando per unam non sufficienter revocatur aliquis a peccando. Et ideo oportuit, su-

1. Com efeito, não é costume impor pena pecuniária a um culpado de crime. Ora, o sacrilégio é culpa criminal pelo que as leis civis o punem com a pena capital. Logo, o sacrilégio não deve ser punido com pena pecuniária.

2. ALÉM DISSO, o mesmo pecado não deve ser punido com duas penalidades, segundo a Escritura: "Que não exista dupla tribulação". Ora, a penalidade imposta ao sacrilégio é a excomunhão. Será maior a excomunhão se for feita violência à pessoa sagrada, ou se ela consistir em incêndio de uma igreja ou em sua destruição. Será menor, porém, para os outros sacrilégios. Logo, não se deve punir o sacrilégio com pena pecuniária.

3. ADEMAIS, diz o Apóstolo: "Jamais demos ocasião de avareza". Ora, parece que quando se pune o sacrilégio com pena pecuniária se dá ocasião de avareza. Logo, parece que essa pena não será conveniente ao sacrilégio.

EM SENTIDO CONTRÁRIO, lê-se no Direito: "Se alguém por contumácia ou por soberba arrastar com violência o escravo fugitivo do átrio de uma igreja, pague a multa de novecentos pesos". Pouco abaixo continua o mesmo cânon: "Quem for réu de sacrilégio, pagará trinta libras de prata pura".

RESPONDO. Quando uma pena é infligida, duas coisas hão de ser consideradas. Primeiro, a equidade para que ela seja justa, como se lê na Escritura: "Com aquilo que peca deve ser punido". Por isso, é conveniente a punição com a pena de excomunhão a quem faz injúria às coisas sagradas, pois assim é delas afastado. — Segundo, a utilidade deve ser considerada, pois a pena é aplicada quase como um remédio, para que também os outros atemorizados deixem de pecar. Ora, o sacrílego que não reverencia as coisas sagradas não parece afastar-se do pecado, quando é somente afastado das coisas sacras, até porque a estas não dá importância. Por isso, as leis humanas infligem-lhe a pena capital. Mas a lei eclesiástica, que não admite a pena de morte, o pune com pena pecuniária. Desse modo, os homens evitarão o sacrilégio, pelo menos temendo ao menos as penas temporais.

QUANTO AO 1º, portanto, deve-se dizer que a Igreja não castiga com a pena de morte, mas em seu lugar pune com a excomunhão.

QUANTO AO 2º, deve-se dizer que quando mediante uma pena alguém não deixa o pecado, ser-lhe-ão aplicadas duas penas. Por isso, foi con-

---

1. GRATIANUS, *Decretum*, p. II, causa 17, q. 4, can. 20: ed. Richter-Friedberg, t. I, p. 819.
2. *Ibid.*, can. 21: ed. cit., t. I, p. 820.

pra poenam excommunicationis, adhibere aliquam temporalem poenam, ad coercendum homines qui spiritualia contemnunt.

AD TERTIUM dicendum quod si pecunia exigeretur sine rationabili causa, hoc videretur ad occasionem avaritiae pertinere. Sed quando exigitur ad hominum correctionem, habet manifestam utilitatem. Et ideo non pertinet ad occasionem avaritiae.

veniente juntar a pena temporal à da excomunhão, para refrear aqueles que desprezam as coisas espirituais.

QUANTO AO 3º, deve-se dizer que será ocasião de avareza exigir dinheiro sem justo motivo. Mas, quando for exigido para corrigir o pecador, será útil evidentemente. Por isso, não é ocasião para o pecado da avareza[c].

c. O objetivo imediato deste artigo é sem dúvida propor a justificação teológica de uma disposição jurídica em vigor. Mas, de fato e em profundidade, ele lembra o princípio fundamental do direito penal na Igreja, seus objetivos disciplinares, pedagógicos e medicinais. Numa exposição livre de todo preocupação apologética em relação às práticas inquisitoriais (o que parece influir sobre outras formulações sobre a morte dos heréticos, na II-II, q. 11, a. 3, Solução.), afirma-se aqui com força e clareza: "A Igreja não pune com morte corporal" (Solução); "a Igreja não inflige a morte corporal, mas a substitui pela excomunhão" (r. 1).

## QUAESTIO C
## DE SIMONIA
*in sex articulos divisa*
Deinde considerandum est de simonia.
Et circa hoc quaeruntur sex.
*Primo:* quid sit simonia.
*Secundo:* utrum liceat pro sacramentis pecuniam accipere.

## QUESTÃO 100
## A SIMONIA[a]
*em seis artigos*
Em seguida, deve-se tratar da simonia.
A esse respeito, seis questões.
1. O que é simonia.
2. É lícito receber dinheiro pelos sacramentos?

a. Em contraste com a questão anterior, inteiramente composta para integrar a Suma, esta q. 100 retoma em uma nova disposição, remanejados e desenvolvidos, os grandes temas já tratados no *Escrito sobre as sentenças* (IV Sent. D. 25, q. 3). A amplitude dada a uma questão de interesse em si limitado explica-se por sua grande atualidade na Idade Média, e mesmo alguns séculos depois. Os papas, os canonistas, um grande número de obras teológicas ou de orientação pastoral demonstram um imenso trabalho: de denúncia, de repressão, de esclarecimento das consciências e de elaboração doutrinal, visando reformar os costumes e as instituições, desembaraçando-as das práticas, se não dos hábitos simoníacos. A intenção de Sto. Tomás permanece, todavia, estritamente teológica, e é apenas de maneira doutrinal que ele colabora para esse realização de uma reforma lúcida e eficaz. A disposição da questão é por si mesma bastante significativa. Sem dúvida, o primeiro artigo será consagrado, como de hábito, à busca e à justificação da definição. Mas, ao submeter a um exame atento a definição corrente da simonia que parece remontar a Graciano, e que era transmitida por Guilherme de Auxerre, Alexandre de Halès e muitos outros; ver a. 1, obj. 1, a abordagem do tema se faz de maneira lenta, as objeções se multiplicando, tendo em vista sugerir a importância e a amplitude desse domínio. Estende-se às coisas, às instituições, às pessoas, o próprio Papa não estando excluído, bem pelo contrário, do risco de traficar com os bens eclesiásticos (obj. 7). O essencial da Solução desse artigo 1 se concentrará na demonstração da malícia da simonia, dada a excelência dos bens espirituais, assim como sua gratuidade. Escapam a toda apropriação, "um prelado eclesiástico não sendo mais do que um intendente" na Igreja. A simonia vender ou comprar uma coisa espiritual é um grave pecado de irreverência em relação a Deus e às coisas divinas. Essa conclusão será desenvolvida numa espécie de desdobramento minucioso: a respeito dos sacramentos, que "são espirituais no mais alto grau" (a. 2), mas também dos atos e realidades que "dispõem à graça" (a. 3), e enfim dos bens apenas ligados ou anexados ao espiritual (a. 4). Após o exame desses diferentes domínios, chega-se às formas mais ou menos sutis de que se pode revestir a simonia: como tráfico de dinheiro, de serviços ou de influências (a. 5). Trata-se em primeiro lugar de encontrar o esconderijo da simonia, desvendar seus domínios, pôr a nu seus ardis e astúcias, sobretudo ali onde ela reinava sem contestação e desde tempos imemoriais. Mas uma outra preocupação está igualmente presente. É preciso saber distinguir e justificar as práticas e costumes legítimos da Igreja, autorizando desde a época apostólica que os fiéis provejam às necessidades dos servidores do Evangelho, à sustentação e vitalidade das obras de caridade e de apostolado (ver por exemplo: a. 3, Solução).

O último artigo trata do castigo devido à simonia, e de maneira mais ampla, do conjunto de medidas e disposições visando cercear, senão extirpar, as práticas simoníacas. Dir-se-ia um arsenal: decretos, orientações ou proibições, penalidades espirituais e temporais, remontando às primeiras decisões dos papas e concílios, reforçadas e atualizadas pelo IVº Concílio de Latrão. É citado pelo nome de "Concílio geral" (a. 6, r. 5), que é preciso saber aplicar aos casos particulares.

Essa questão reúne portanto uma extraordinária riqueza de informações sobre a história das instituições e doutrinas, abrindo perspectivas originais sobre um momento importante de reformas na cristandade. Mas atinge sobretudo o duplo objetivo que se propõe esse gênero de questões: aliar o rigor e a clareza doutrinais ao caráter prático de uma ética pessoal e comunitária.

*Tertio:* utrum liceat accipere pecuniam pro spiritualibus actibus.
*Quarto:* utrum liceat vendere ea quae sunt spiritualibus annexa.
*Quinto:* utrum solum munus a manu faciat simoniacum, an etiam munus a lingua et ab obsequio.

*Sexto:* de poena simoniaci.

### Articulus 1
**Utrum simonia sit *studiosa voluntas emendi et vendendi aliquid spirituale vel spirituali annexum***

AD PRIMUM SIC PROCEDITUR. Videtur quod simonia non sit *studiosa voluntas emendi et vendendi aliquid spirituale vel spirituali annexum.*

1. Simonia enim est haeresis quaedam: dicitur enim I, qu.1[1]: *Tolerabilior est Macedonii, et eorum qui circa ipsum sunt Sancti Spiritus impugnatorum, impia haeresis quam simoniacorum. Illi enim creaturam, et servum Dei Patris et Filii, Spiritum Sanctum delirando fatentur: isti vero eundem Spiritum Sanctum efficiunt servum suum. Omnis enim dominus quod habet, si vult, vendit: sive servum, sive quid aliud eorum quae possidet.* Sed infidelitas non consistit in voluntate, sed magis in intellectu, sicut et fides, ut ex supra[2] dictis patet. Ergo simonia non debet per voluntatem definiri.

2. PRAETEREA, studiose peccare est ex malitia peccare, quod est peccare in Spiritum Sanctum. Si ergo simonia est studiosa voluntas peccandi, sequitur quod semper sit peccatum in Spiritum Sanctum.

3. PRAETEREA, nihil magis est spirituale quam regnum caelorum. Sed licet emere regnum caelorum: dicit enim Gregorius, in quadam homilia[3]: *Regnum caelorum tantum valet quantum habes.* Ergo non est simonia velle emere aliquid spirituale.

4. PRAETEREA, nomen *simoniae* a Simone Mago acceptum est, de quo legitur Act 8,18-19, quod *obtulit Apostolis pecuniam* ad spiritualem potestatem emendam, *ut,* scilicet, *quibuscumque manus im-*

3. É lícito receber dinheiro pelos atos espirituais?
4. É lícito vender o que está anexo às coisas espirituais?
5. Só uma recompensa material caracteriza o simoníaco ou também recompensa verbal ou de favor?
6. A pena do simoníaco.

### Artigo 1
**A simonia deve ser definida como: "A vontade deliberada de comprar ou vender um bem espiritual ou um bem anexo a ele"?[b]**

Quanto ao primeiro artigo, assim se procede: parece que a simonia não é a vontade deliberada de comprar ou vender um bem espiritual ou anexo a ele.

1. Com efeito, a simonia é uma certa heresia, como está no Direito: "A simonia é mais tolerável que a ímpia heresia de Macedônio e a dos que o seguiam, negadores que eram da divindade do Espírito Santo. Aqueles, delirando, afirmavam que o Espírito Santo é uma criatura e servo de Deus Pai e do Filho; os simoníacos fazem do Espírito Santo seu servo. Com efeito, todo possuidor por sua vontade vende o que é seu, seja um servo ou outros bens". Ora, a infidelidade não é ato da vontade, mas do intelecto, como a fé, segundo foi anteriormente esclarecido. Logo, a simonia não deve ser definida como ato da vontade.

2. Além disso, pecar com deliberação é pecar por malícia, e isso é pecar contra o Espírito Santo. Se, portanto, a simonia é a vontade deliberada de pecar, segue-se que sempre será pecado contra o Espírito Santo.

3. Ademais, nada é mais espiritual que o reino dos céus. Ora, segundo Gregório, pode-se comprar o reino dos céus: "O reino dos céus vale tanto quanto tens". Logo, não será simonia querer comprar coisas espirituais.

4. Ademais, etimologicamente, simonia vem de Simão Mago, que quis comprar dos apóstolos bens espirituais, para poder dar o Espírito Santo a quem impusesse suas mãos. Ora, não se lê nos

---

1 PARALL.: IV *Sent.*, dist. 25, q. 3, a. 1, q.la 1.

1. GRATIANUS, *Decretum*, p. II, causa 1, q. 1, can. 21: ed. Richter-Friedberg, t. I, p. 365.
2. Q. 10, a. 2.
3. Homil. 5 *in Evang.*, n. 2: ML 76, 1094 A.

b. Ao tomar como ponto de partida essa definição comumente admitida, o autor buscará expor sua própria doutrina (principalmente na Solução), e clarificar os problemas tradicionais (especialmente nas resp.).

*poneret, reciperent Spiritum Sanctum*. Non autem legitur quod aliquid voluit vendere. Ergo simonia non est voluntas vendendi aliquid spirituale.

5. PRAETEREA, multae aliae sunt voluntarie commutationes praeter emptionem et venditionem: sicut permutatio, transactio. Ergo videtur quod insufficienter definiatur simonia.

6. PRAETEREA, omne quod est spirituali annexum est spirituale. Superflue igitur additur: *vel spirituali annexum*.

7. PRAETEREA, Papa, secundum quosdam, non potest committere simoniam. Potest autem emere vel vendere aliquid spirituale. Ergo simonia non est voluntas emendi vel vendendi aliquid spirituale vel spirituali annexum.

SED CONTRA est quod Gregorius dicit, in Registro[4]: Altare et decimas et Spiritum Sanctum emere vel vendere simoniacam haeresim esse nullus fidelium ignorat.

RESPONDEO dicendum quod, sicut supra[5] dictum est, actus aliquis est malus ex genere ex eo quod cadit super materiam indebitam. Emptionis autem et venditionis est materia indebita res spiritualis, triplici ratione. Primo quidem, quia res spiritualis non potest aliquo terreno pretio compensari: sicut de sapientia dicitur Pr 3,15: *Pretiosior est cunctis opibus: et omnia quae desiderantur huic non valent comparari*. Et ideo Petrus, in ipsa sui radice Simonis pravitatem condemnans, dixit[6]: *Pecunia tua tecum sit in perditionem: quoniam donum Dei existimasti pecunia possidere*. — Secundo, quia illud potest esse debita venditionis materia cuius venditor est dominus: ut patet in auctoritate supra[7] inducta Praelatus autem Ecclesiae non est dominus spiritualium rerum, sed dispensator: secundum illud 1Cor 4,1: *Sic nos existimet homo ut ministros Christi, et dispensatores ministeriorum Dei*. — Tertio, quia venditio repugnat spiritualium origini, quae ex gratuita Dei voluntate proveniunt. Unde et Dominus dicit, Mt 10,8: *Gratis accepistis: gratis date*.

Et ideo aliquis, vendendo vel emendo rem spiritualem, irreverentiam exhibet Deo et rebus divinis. Propter quod, peccat peccato irreligiositatis.

AD PRIMUM ergo dicendum quod sicut religio consistit in quadam fidei protestatione, quam

Atos dos Apóstolos, que ele quisesse vender alguma coisa. Logo, a simonia não é a vontade de vender coisas espirituais.

5. Ademais, há muitas outras ações comerciais afora as de comprar e vender. Por exemplo, trocas e transações. Logo, a definição acima de simonia está incompleta.

6. Ademais, tudo que é anexo ao espiritual é espiritual. Logo, é supérfluo acrescentar: *ou anexo ao espiritual*.

7. Ademais, segundo alguns teólogos, é impossível ao Papa ser simoníaco. Ora, ele pode comprar e vender algum bem espiritual. Logo, a simonia não é a vontade de comprar ou vender coisas espirituais ou anexos a elas.

Em sentido contrário, escreve Gregório: "Nenhum fiel ignora que incida em heresia simoníaca quem compra ou vende o altar, os dízimos e o Espírito Santo".

RESPONDO. Como acima foi dito, um ato é mau em seu gênero quando cai sobre matéria indevida. Por três razões a compra e a venda são matérias indevidas para coisas espirituais. A primeira razão, porque não pode uma coisa espiritual ser paga por preço terreno, como a Escritura diz a respeito da sabedoria: "A sabedoria vale mais que todas as riquezas, e todas as coisas que se desejam não se podem comparar com ela". Pedro condenou na sua raiz a baixeza de Simão, dizendo: "Que as tuas moedas te levem à perdição, porque quiseste comprar o dom de Deus". — A segunda razão, porque só é matéria possível de venda o que o vendedor possui, como está claro pela citação acima feita. Um prelado eclesiástico não é dono das coisas espirituais, mas somente o seu dispensador, como ensina Paulo: "Que os homens nos considerem como ministros de Cristo, e dispensadores dos mistérios de Deus". — A terceira razão, porque a venda vai contra a origem das coisas espirituais, que procedem da vontade gratuita de Deus. Donde o Senhor dizer no Evangelho de Mateus: "Gratuitamente recebeste, gratuitamente deves dar".

Consequentemente, quem vende ou compra coisas espirituais manifesta irreverência a Deus e às coisas divinas. Ademais, por esse motivo comete pecado contra a religião.

QUANTO AO 1º, portanto, deve-se dizer que como a religião consiste em determinada profissão

---

4. Cfr. GRATIANUM, *Decretum*, p. II, causa 1, q. 1, can. 3; q. 3, can. 14: ed. Richter-Friedberg, t. I, pp. 358, 418.
5. I-II, q. 18, a. 2.
6. *Act.* 8, 20.
7. Arg. 1.

tamen interdum aliquis non habet in corde; ita etiam vitia opposita religioni habent quandam protestationem infidelitatis, licet quandoque non sit infidelitas in mente. Secundum hoc ergo, simonia haeresis dicitur secundum exteriorem protestationem: quia in hoc quod aliquis vendit donum Spiritus Sancti, quodammodo se protestatur esse dominum spiritualis doni; quod est haereticum.

Sciendum tamen quod Simon Magus, praeter hoc quod *ab Apostolis Spiritus Sancti gratiam pecunia emere voluit*, dixit quod mundus non erat a Deo creatus, sed *a quadam superna virtute:* ut dicit Isidorus, in libro *Etymol.*[8]. Et secundum hoc, inter alios haereticos Simoniaci computantur: ut patet in libro Augustini *de Haeresibus*[9].

AD SECUNDUM dicendum quod, sicut supra[10] dictum est, iustitia et omnes partes eius, et per consequens omnia vitia opposita, sunt in voluntate sicut in subiecto. Et ideo convenienter simonia per voluntatem definitur. — Additur autem *studiosa*, ad designandum electionem, quae principaliter pertinet ad virtutem et vitium. Non autem omnis qui peccat electione peccat peccato in Spiritum Sanctum: sed solum qui peccatum eligit per contemptum eorum quae homines solent retrahere a peccando, ut supra[11] dictum est.

AD TERTIUM dicendum quod regnum caelorum dicitur emi, dum quis dat quod habet propter Deum, large sumpto nomine emptionis, secundum quod accipitur pro merito. Quod tamen non pertingit ad perfectam rationem emptionis. Tum quia *non sunt condignae passiones huius temporis*, nec aliqua nostra dona vel opera, *ad futuram gloriam quae revelabitur in nobis*, ut dicitur Rm 8,18. Tum quia meritum non consistit principaliter in exteriori dono vel actu vel passione, sed in interiori affectu.

AD QUARTUM dicendum quod Simon Magus ad hoc emere voluit spiritualem potestatem ut eam postea venderet: dicitur enim I, qu. 3[12], quod *Simon Magus donum Spiritus Sancti emere voluit ut ex venditione signorum quae per eum fierent, multiplicatam pecuniam lucraretur.* Et sic illi qui spiritualia vendunt, conformantur Simoni Mago in intentione: in actu vero, illi qui emere volunt. Illi autem qui vendunt, in actu imitantur Giezi,

de fé que, às vezes, não está no coração, assim também o vício contra essa virtude consiste em professar certa infidelidade embora, às vezes, não esteja na mente. Segundo essa consideração, a heresia simoníaca caracteriza-se pela manifestação exterior, porque quando alguém vende um dom do Espírito Santo, mostra-se como senhor desse dom espiritual. Ora, isso configura uma heresia.

É também de se saber que Simão Mago, além de ter desejado comprar a graça divina, ensinava que o mundo não fora criado por Deus, mas por uma potência superior, conforme escreveu Isidoro. Por essa razão, os simoníacos são computados entre os hereges, como afirma Agostinho.

QUANTO AO 2º, deve-se dizer como acima foi dito, que a virtude da justiça com as suas partes e, consequentemente, os vícios a ela opostos, estão na vontade como em sujeito. A simonia, por isso, é convenientemente definida como ato da vontade. — À sua definição acrescentou-se o termo deliberada para designar o ato da decisão, elemento principal para a virtude e para o vício. Mas nem todo aquele que peca por decisão, peca contra o Espírito Santo: pecará contra Ele somente quem por desprezo escolhe aquilo que costuma afastar os homens do pecado, como acima foi dito.

QUANTO AO 3º, deve-se dizer que se compra o reino dos céus, quando se dá tudo que se possui por Deus, e o termo compra é usado em sentido amplo, isto é, no sentido de merecer. Mas, mérito não equivale perfeitamente à razão de compra. Como diz o Apóstolo: "Os sofrimentos do tempo presente, nem os nossos dons ou obras, não equivalem à glória futura que em nós será revelada". Quer porque o mérito não está principalmente em dons exteriores, ou atos ou sofrimentos, mas no afeto interior.

QUANTO AO 4º, deve-se dizer que Simão Mago quis comprar o poder espiritual, para depois vendê-lo, como diz o Direito: "Simão Mago quis comprar o dom do Espírito Santo para que, ao vender os milagres que fizesse, aumentassem os seus bens". Assim sendo, aqueles que vendem os bens espirituais assemelham-se a Simão Mago pela intenção; mas pelo ato assemelham-se a ele os que querem comprar esses bens. Os que ven-

---

8. L. VIII, c. 5, n. 2: ML 82, 298 B.
9. Haeres. I: ML 42, 25.
10. Q. 58, a. 4.
11. Q. 14, a. 1.
12. GRATIANUS, *Decretum*, p. II, causa 1, q. 3, can. 8: ed. cit., t. I, p. 413.

discipulum Elisaei, de quo legitur 4Reg 5,20 sqq., quod accepit pecuniam a leproso mundato. Unde venditores spiritualium possunt dici non solum *Simoniaci*, sed etiam *Giezitae*.

AD QUINTUM dicendum quod nomine emptionis et venditionis intelligitur omnis contractus non gratuitus. Unde nec permutatio praebendarum vel ecclesiasticorum beneficiorum fieri potest, auctoritate partium, absque periculo simoniae, sicut nec transactio, ut iura determinant. Potest tamen praelatus, ex officio suo, permutationes huiusmodi facere pro causa utili vel necessaria.

AD SEXTUM dicendum quod sicut anima vivit secundum seipsam, corpus vero vivit ex unione animae; ita etiam quaedam sunt spiritualia secundum seipsa, sicut sacramenta et alia huiusmodi; quaedam autem dicuntur spiritualia ex hoc quod talibus adhaerent. Unde I, qu. 3, dicitur, cap. *Si quis obiecerit*, quod *spiritualia sine corporalibus rebus non proficiunt: sicut nec anima sine corpore corporaliter vivit*.

AD SEPTIMUM dicendum quod Papa potest incurrere vitium simoniae, sicut et quilibet alius homo: peccatum enim tanto in aliqua persona est gravius quanto maiorem obtinet locum. Quamvis enim res Ecclesiae sint eius ut principalis dispensatoris, non tamen sunt eius ut domini et possessoris. Et ideo si reciperet pro aliqua re spirituali pecuniam de redditibus alicuius ecclesiae, non careret vitio simoniae. Et similiter etiam posset simoniam committere recipiendo pecuniam ab aliquo laico non de bonis Ecclesiae.

dem, pelo ato, imitam Giezi, discípulo de Eliseu, que recebeu dinheiro do leproso que se curou da lepra. Eis porque os vendedores de bens espirituais poderão ser chamados não somente de *simoníacos*, como também de *giezitas*.

QUANTO AO 5º, deve-se dizer que os verbos comprar e vender referem-se a contratos não gratuitos. Por isso, nem a troca das prebendas ou benefícios eclesiásticos poderão ser feitas por decisão das partes, sem perigo de simonia, nem os acordos, segundo determina o Direito. Havendo utilidade ou necessidade em algum caso, o prelado pode, em virtude do seu ofício, fazer essas transações.

QUANTO AO 6º, deve-se dizer que assim como a alma é subsistente por si mesma, o corpo o é devido à união com a alma. Pois bem, há coisas que são espirituais por si mesmas, como os Sacramentos e outras semelhantes. Mas, outras coisas são ditas espirituais porque aderem àquelas. Donde estar no Direito: "As coisas espirituais sem as corporais não têm valor, como também a alma não vive corporalmente sem o corpo".

QUANTO AO 7º, deve-se dizer que o Papa poderá, como qualquer outro homem, cair no pecado de simonia. Todavia, quanto mais elevada estiver uma pessoa, tanto mais grave será o seu pecado. Ademais, o Papa é o principal distribuidor dos bens da Igreja, mas não é o dono desses bens, nem deles tem a posse. Assim sendo, se receber dinheiro das rendas próprias das igrejas particulares em troca de bens espirituais, não está isento do pecado de simonia. Também não estará, se, nas mesmas condições, recebe dinheiro de um leigo.

## ARTICULUS 2
### Utrum semper sit illicitum pro sacramentis pecuniam dare

AD SECUNDUM SIC PROCEDITUR. Videtur quod non semper sit illicitum pro sacramentis pecuniam dare.
1. Baptismus enim est *ianua sacramentorum*, ut in III Parte[1] dicetur. Sed licet, ut videtur, in aliquo casu dare pecuniam pro baptismo: puta quando sacerdos puerum morientem sine pretio baptizare non vellet. Ergo non semper est illicitum emere vel vendere sacramenta.

## ARTIGO 2
### É sempre ilícito dar dinheiro pelos sacramentos?

QUANTO AO SEGUNDO, ASSIM SE PROCEDE: parece que **nem** sempre é ilícito dar dinheiro pelos sacramentos.
1. Com efeito, o Batismo é a porta dos Sacramentos. Ora, é permitido, como parece, em algum caso, dar dinheiro pelo batizado. Por exemplo, quando um sacerdote não quer batizar uma criança moribunda, a não ser que lhe paguem. Logo, nem sempre será ilícito comprar ou vender Sacramentos.

---

2 PARALL.: IV *Sent*., dist. 25, q. 3, a. 2, q.la 1.

1. Q. 63, a. 6; q. 68, a. 6; q. 73, a. 3.

2. Praeterea, maximum sacramentorum est Eucharistia, quae in missa consecratur. Sed pro missis cantandis aliqui sacerdotes praebendam vel pecuniam accipiunt. Ergo licet multo magis alia sacramenta emere vel vendere.

3. Praeterea, sacramentum poenitentiae est sacramentum necessitatis, quod praecipue in absolutione consistit. Sed quidam absolventes ab excommunicatione pecuniam exigunt. Ergo non semper est illicitum sacramenta emere vel vendere.

4. Praeterea, consuetudo facit ut non sit peccatum illud quod alias peccatum esset: sicut Augustinus dicit[2] quod habere plures uxores, *quando mos erat, crimen non erat*. Sed apud quosdam est consuetudo quod in consecrationibus episcoporum, benedictionibus abbatum, et ordinibus clericorum, pro chrismate vel oleo sancto et aliis huiusmodi aliquid detur. Ergo videtur quod hoc non sit illicitum.

5. Praeterea, contingit quandoque quod aliquis malitiose impedit aliquem vel ab episcopatu obtinendo, vel ab aliqua alia dignitate. Sed licet unicuique redimere suam vexationem. Ergo licitum videtur in tali casu pecuniam dare pro episcopatu, vel aliqua alia ecclesiastica dignitate.

6. Praeterea, matrimonium est quoddam sacramentum. Sed quandoque datur pecunia pro matrimonio. Ergo licitum est sacramenta pecunia vendere.

Sed contra est quod dicitur I, qu. 1[3]: *Qui per pecuniam quemquam consecraverit, alienus sit a sacerdotio*.

Respondeo dicendum quod sacramenta novae legis sunt maxime spiritualia, inquantum sunt spiritualis gratiae causa, quae pretio aestimari non potest, et eius rationi repugnat quod non gratuito detur. Dispensantur autem sacramenta per Ecclesiae ministros, quos oportet a populo sustentari: secundum illud Apostoli, 1Cor 9,13: *Nescitis quoniam qui in sacrario operantur, quae de sacrario sunt edunt: et qui altari deserviunt, cum altario participantur?* Sic igitur dicendum est quod accipere pecuniam pro spirituali sacramentorum gratia est crimen simoniae, quod nulla consuetudine potest excusari: quia *consuetudo non praeiudicat iuri naturali vel divino*. Per pecuniam autem intelligitur *omne illud cuius pretium potest pecunia aestimari:* ut Philosophus dicit, in IV *Ethic*.[4]. — Accipere autem aliqua ad sustentationem eorum qui sacramenta ministrant, secundum

2. Além disso, o maior dos Sacramentos é a Eucaristia, que é consagrada na missa. Ora, para as missas cantadas alguns sacerdotes recebem espórtulas em dinheiro. Logo, será muito mais lícito comprar ou vender os outros Sacramentos.

3. Ademais, o sacramento da penitência é necessário, e se perfaz principalmente na absolvição. Ora, há quem, para absolver da excomunhão exige dinheiro. Logo, nem sempre será ilícito vender ou comprar sacramentos.

4. Ademais, o costume faz, muitas vezes, que não seja pecado atos que em outras ocasiões o eram. Agostinho, referindo-se à poligamia, escreve: "Por ser costume não era crime". Ora, é costume dar alguma coisa na sagração dos bispos, na bênção dos abades, na ordenação dos padres, no crisma, na bênção do óleo, e em ocasiões semelhantes. Logo, parece que isso não é ilícito.

5. Ademais, pode acontecer que alguém impeça, por motivo escuso, a outro de chegar ao episcopado ou a alguma dignidade eclesiástica. Ora, é permitido a cada um recuperar o seu prejuízo. Logo, nesses casos, parece ser lícito oferecer dinheiro para se conseguir o episcopado ou alguma outra dignidade eclesiástica.

6. Ademais, o matrimônio é Sacramento. Ora, às vezes se dá dinheiro pelo matrimônio. Logo, é lícito comprar ou vender os Sacramentos.

Em sentido contrário, está no Direito: "Quem consagra um outro por dinheiro, seja afastado do sacerdócio".

Respondo. Os Sacramentos da Nova Lei são espirituais ao máximo, enquanto causa de graça espiritual, que não tem preço, e repugna à sua razão que não seja gratuito. Ora, esses Sacramentos são conferidos pelos sacerdotes da Igreja, aos quais devem os fiéis sustentar, segundo o Apóstolo: "Não sabeis que os que trabalham no santuário, alimentam-se do que recebem do santuário, e que os que servem o altar participam do altar?" Conclui-se, pois, que receber dinheiro por causa da graça espiritual dos Sacramentos é crime de simonia, do qual nenhum costume escusa, até porque, como consta do Direito: "O costume não pode prevalecer sobre o direito natural, nem sobre o direito divino". Como se entender o termo dinheiro nesta dissertação, esclarece o Filósofo: "Por dinheiro se entende tudo aquilo cujo valor pode ser estimado em dinheiro". — Não será pecado

---

2. *Contra Faust.*, l. XXII, c. 47: ML 42, 428.
3. Gratianus, *Decretum*, p. II, causa 1, q. 1, can. 9: ed. Richter-Friedberg, t. 1, p. 360.
4. C. 1: 1119, b, 26-27.

ordinationem Ecclesiae et consuetudines approbatas, non est simonia, neque peccatum: non enim accipitur tanquam pretium mercedis, sed tanquam stipendium necessitatis. Unde super illud 1Ti 5,17, *Qui bene praesunt presbyteri* etc., dicit Glossa[5] Augustini: *Accipiant sustentationem necessitatis a populo, mercedem dispensationis a Domino.*

AD PRIMUM ergo dicendum quod in casu necessitatis potest quilibet baptizare. Et quia nullo modo est peccandum, pro eodem est habendum si sacerdos absque pretio baptizare non velit, ac si non esset qui baptizaret. Unde ille qui gerit curam pueri in tali casu licite posset eum baptizare, vel a quocumque alio facere baptizari. — Posset tamen licite aquam a sacerdote emere, quae est pure elementum corporale.

Si autem esset adultus qui baptismum desideraret, et immineret mortis periculum, nec sacerdos eum vellet sine pretio baptizare: deberet, si posset, per alium baptizari. Quod si non posset ad alium habere recursum, nullo modo deberet pretium pro baptismo dare, sed potius absque baptismo decedere: suppletur enim ei ex baptismo flaminis quod ex sacramento deest.

AD SECUNDUM dicendum quod sacerdos non accipit pecuniam quasi pretium consecrationis Eucharistiae aut missae cantandae, hoc enim esset simoniacum: sed quasi stipendium suae sustentationis, ut dictum est[6].

AD TERTIUM dicendum quod pecunia non exigitur ab eo qui absolvitur quasi pretium absolutionis, hoc enim esset simoniacum: sed quasi poena culpae praecedentis, pro qua fuit excommunicatus.

AD QUARTUM dicendum quod, sicut dictum est[7], *consuetudo non praeiudicat iuri naturali vel divino*, quo simonia prohibetur. Et ideo si aliqua ex consuetudine exigantur quasi pretium rei spiritualis, cum intentione emendi vel vendendi,

nem simonia receber alguma coisa para o sustento daqueles que ministram os Sacramentos, quando isso corresponde a determinações ou a costumes aprovados pela Igreja[c]. Tal é permitido porque não é considerado como transação comercial, mas como contribuição para satisfazer uma necessidade. A respeito do texto de Paulo: "Os presbíteros que presidem bem...", diz Agostinho: "Que recebam dos fiéis o sustento necessário, e o salário do seu trabalho".

QUANTO AO 1º, portanto, deve-se dizer que em caso de necessidade qualquer um pode batizar. Como o pecado deve ser sempre evitado, se o sacerdote não quiser batizar a criança sem receber dinheiro, é como se não houvesse ministro para batizá-la. Então, o responsável pela criança pode batizar, ou pedir a algum outro para batizá-la. — Não obstante, seria lícito comprar a água do sacerdote, um elemento puramente corpóreo.

Se fosse um adulto que desejasse o batismo, e estivesse em perigo de morte, não querendo um sacerdote batizá-lo sem pagamento, deveria se possível ser batizado por outro. Se não fosse possível recorrer a outro, em hipótese alguma não se deve dar dinheiro por este Batismo. É melhor morrer sem o Batismo, porque o Batismo de desejo supre a falta do Sacramento.

QUANTO AO 2º, deve-se dizer que o sacerdote não recebe a espórtula como preço da consagração da Eucaristia ou do canto na Missa, pois, isso seria simoníaco; recebe como auxílio para o seu sustento, como se disse.

QUANTO AO 3º, deve-se dizer que quem absolve não exige o dinheiro como pagamento do preço da absolvição, pois isso seria simonia; mas, como pena da culpa anterior pela qual foi excomungado.

QUANTO AO 4º, deve-se dizer que, como foi dito "o costume não prevalece sobre o direito humano ou sobre o divino", pelos quais é proibida a simonia. Por isso, se for exigida alguma quantia, conforme o costume, como preço de algo espiri-

---

5. Ordin.: ML 114, 630 D; LOMBARDI: ML 192, 354 C.
6. In corp.
7. In corp.

---

c. Enuncia-se com clareza o duplo princípio fundamental: "os sacramentos são espirituais... só podem ser fornecidos gratuitamente"; "os sacramentos são fornecidos pelos ministros da Igreja, de cujo sustento o povo deve cuidar". No artigo 3, Solução, acrescenta-se com precisão que essa manutenção deve conformar-se à lei da Igreja, e ao costume aprovado, com exclusão de toda prática de compra e venda, de todo propósito, ou mesmo de toda aparência de comércio. Os sacramentos e os bens espirituais são do domínio da gratuidade. Aos serviços espirituais livremente concedidos correspondem as doações materiais dos fiéis, as quais não possuem o sentido de uma remuneração ou de um salário, mas são sim de uma forma de cooperação com as necessidades da Igreja. Essa cooperação corresponde sem dúvida a um dever, mas de religião (não de justiça comutativa). É a obrigação de participar na ação de graças para a edificação da Igreja, e para o advento do reino da graça. Tal é a inspiração das soluções, de aspecto algo casuístico, fornecidas nos artigos 2-4.

est manifeste simonia: et praecipue si ab invito exigantur. Si vero accipiantur quasi quaedam stipendia per consuetudinem approbatam, non est simonia: si tamen desit intentio emendi vel vendendi, sed intentio referatur ad solam consuetudinis observantiam; et praecipue quando aliquis voluntarie solvit. In his tamen omnibus sollicite cavendum est quod habet speciem simoniae vel cupiditatis: secundum illud Apostoli, 1Thess ult.,v. 22: *Ab omni specie mala abstinete vos*.

AD QUINTUM dicendum quod antequam alicui acquiratur ius in episcopatu, vel quacumque dignitate seu praebenda, per electionem vel provisionem seu collationem, simoniacum esset adversantium obstacula pecunia redimere: sic enim per pecuniam pararet sibi viam ad rem spiritualem obtinendam. Sed postquam iam ius alicui acquisitum est, licet per pecuniam iniusta impedimenta removere.

AD SEXTUM dicendum quod quidam dicunt quod pro matrimonio licet pecuniam dare, quia in eo non confertur gratia. — Sed hoc non est usquequaque verum: ut in III Parte huius operis dicetur[8]. Et ideo aliter dicendum est, quod matrimonium non solum est Ecclesiae sacramentum, sed etiam naturae officium. Et ideo dare pecuniam pro matrimonio inquantum est naturae officium, licitum est: inquantum vero est Ecclesiae sacramentum, est illicitum. Et ideo secundum iura prohibetur ne pro benedictione nuptiarum aliquid exigatur.

tual, com intenção de compra ou de venda, isso é evidente simonia, sobretudo se for exigido contra a vontade do outro. Mas, se for aceito como um auxílio aprovado pelo costume, não será simonia. Não havendo intenção de compra ou venda, mas somente a intenção de seguir o costume, sobretudo quando voluntariamente entrega-se o dinheiro, também não haverá simonia. Mas sempre em todos esse casos, deve ser afastada toda e qualquer semelhança com simonia ou cupidez. Por isso, o Apóstolo escreve: "Guardai-vos de toda aparência de mal".

QUANTO AO 5º, deve-se dizer que antes de se adquirir o direito para exercer o episcopado ou qualquer outra função de dignidade eclesiástica, seja por eleição, colação ou provisão, seria simonia afastar com dinheiro os obstáculos de quem é contrário. Estaria, então, preparando o caminho para conseguir um bem espiritual mediante dinheiro. Após tê-los conseguido por direito, será lícito afastar aqueles injustos obstáculos com dinheiro.

QUANTO AO 6º, deve-se dizer que alguns afirmam que é lícito dar dinheiro para o matrimônio, e alegam que neste Sacramento não se confere graça. — Mas isso é absolutamente falso, como se dirá na III Parte. Deve-se, porém, responder de outro modo, isto é, que o matrimônio não é somente Sacramento da Igreja, como também um dever da natureza. Por isso, dar dinheiro para o matrimônio, enquanto é um dever da natureza, é lícito; mas enquanto Sacramento da Igreja, é ilícito. Por esse motivo, o mesmo direito proíbe que se exija alguma coisa para a bênção nupcial.

ARTICULUS 3

**Utrum licitum sit dare et accipere pecuniam pro spiritualibus actibus**

AD TERTIUM SIC PROCEDITUR. Videtur quod licitum sit dare et accipere pecuniam pro spiritualibus actibus.

1. Usus enim prophetiae est spiritualis actus. Sed pro usu prophetiae olim aliquid dabatur: ut patet 1Reg 9,7-8, et 3Reg 14,3. Ergo videtur quod liceat dare et accipere pecuniam pro actu spirituali.

2. PRAETEREA, oratio, praedicatio, laus divina sunt actus maxime spirituales. Sed ad impetrandum orationum suffragia pecunia datur sanctis viris: secundum illud Lc 16,9: *Facite vobis amicos*

ARTIGO 3

**É lícito dar e receber dinheiro por atos espirituais?**

QUANTO AO TERCEIRO, ASSIM SE PROCEDE: parece que é lícito dar e receber dinheiro por atos espirituais.

1. Com efeito, profetizar é ato espiritual. Ora, para os profetas profetizarem dava-se dinheiro, segundo a Escritura. Logo, parece que é lícito dar e receber dinheiro para atos espirituais.

2. ALÉM DISSO, a oração, a pregação e o louvor divinos são atos altamente espirituais. Ora, ao se pedir os sufrágios das orações dos homens santos, dava-se-lhes dinheiro, conforme o Evangelho:

---

8. VIDE IV SENT., DIST. 2, Q. 1, A. 1, Q.LA 2. — CFR. SUPPL., Q. 42, A. 3.

3 PARALL.: IV *Sent.*, dist. 25, q. 3, a. 2, q.la 2; *Quodlib.* VIII, q. 6, a. 1.

*de mammone iniquitatis*. Praedicatoribus etiam spiritualia seminantibus temporalia debentur, secundum Apostolum 1Cor 9,11. Celebrantibus etiam divinas laudes in ecclesiastico officio, et processiones facientibus, aliquid datur: et quandoque annui redditus ad hoc assignantur. Ergo licitum est pro spiritualibus actibus accipere aliquid.

3. Praeterea, scientia non est minus spiritualis quam potestas. Sed pro usu scientiae licet pecuniam accipere: sicut advocato licet vendere iustum patrocinium, et medico consilium sanitatis, et magistro officium doctrinae. Ergo, pari ratione, videtur quod liceat praelato accipere aliquid pro usu spiritualis suae potestatis: puta pro correctione, vel dispensatione, vel aliquo huiusmodi.

4. Praeterea, religio est status spiritualis perfectionis. Sed in aliquibus monasteriis aliquid ab his qui recipiuntur exigitur. Ergo licet pro spiritualibus aliquid exigere.

Sed contra est quod dicitur I, qu. 1[1]: *Quidquid invisibilis gratiae consolatione tribuitur, nunquam quaestibus, vel quibuslibet praemiis, venundari penitus debet*. Sed omnia huiusmodi spiritualia per invisibilem gratiam tribuuntur. Ergo non licet ea quaestibus vel praemiis venundari.

Respondeo dicendum quod sicut sacramenta dicuntur spiritualia quia spiritualem conferunt gratiam, ita etiam quaedam alia dicuntur spiritualia quia ex spirituali procedunt gratia et ad eam disponunt. Quae tamen per hominum ministerium exhibentur, quos oportet a populo sustentari, cui spiritualia administrant: secundum illud 1Cor 9,7: *Quis militat suis stipendiis unquam? Quis pascit gregem, et de lacte gregis non manducat?* Et ideo vendere quod spirituale est in huiusmodi actibus, aut emere, simoniacum est: sed accipere aut dare aliquid pro sustentatione ministrantium spiritualia, secundum ordinationem Ecclesiae et consuetudinem approbatam, licitum est; ita tamen quod desit intentio emptionis et venditionis; et quod ab invitis non exigatur per subtractionem spiritualium quae sunt exhibenda, haec enim haberent quandam venditionis speciem. — Gratis tamen spiritualibus prius exhibitis, licite possunt statutae et consuetae oblationes, et quicumque alii proventus, exigi a nolentibus et valentibus solvere, auctoritate superioris interveniente.

"Fazei-vos amigos com as riquezas da iniquidade". Também aos pregadores das coisas espirituais devem ser retribuídas coisas temporais, como diz o Apóstolo. Os que celebram os louvores divinos na Liturgia das Horas e aos que presidem as procissões, também são recompensados, concedendo-se-lhes até rendimentos anuais. Logo, é lícito receber dinheiro pelos atos espirituais.

3. Ademais, a ciência não é menos espiritual que o poder. Ora, é lícito a quem usa de uma ciência receber pagamento em dinheiro, como ao advogado é lícito cobrar por uma causa que defende; ao médico, por uma consulta; ao mestre, pelo magistério que exerce. Assim, também parece que é lícito ao prelado receber pagamento pelo exercício do seu poder, como corrigir, dispensar e tarefas semelhantes.

4. Ademais, o estado religioso é estado de perfeição espiritual. Ora, em alguns mosteiros exige-se alguma contribuição dos que neles são recebidos. Logo, é lícito exigir algo pelo que é espiritual.

Em sentido contrário, está no Direito: "O que se recebe pelo auxílio da graça invisível jamais se poderá vender simplesmente para ganância, nem para outra recompensa qualquer". Ora, todos os atos espirituais procedem da graça invisível. Logo, não é lícito vendê-los por alguma utilidade ou recompensa.

Respondo. Assim como os Sacramentos são espirituais, porque conferem a graça espiritual, também outras coisas são ditas espirituais, porque procedem da graça e dispõem para ela. Contudo, as coisas espirituais são dispensadas pelo ministério de homens que devem ser sustentados pelos fiéis que as recebem, segundo ensina o Apóstolo: "Quem jamais foi à guerra às suas custas; quem pastoreia um rebanho e não bebe do seu leite?" Será, pois, simoníaco, vender ou comprar o que esses atos têm de espirituais. Mas receber ou dar alguma coisa para a manutenção dos ministros das coisas espirituais, seguindo as normas eclesiásticas e os costumes aprovados, é lícito. Mas de tal forma que não haja intenção de compra ou de venda, e que não haja exigência alguma de recompensa aos que negam a dá-la recusando-lhes os bens espirituais que lhes são devidos. Neste caso teriam certa aparência de venda. — Entretanto, depois de exercidas gratuitamente essas funções espirituais, é lícito que se exijam as ofertas e outras retribuições, estabelecidas pelo costume ou pelas

---

1. Gratianus, *Decretum*, p. II, causa 1, q. 1, can. 101: Richter-Friedberg, t. I, p. 398.

AD PRIMUM ergo dicendum quod, sicut Hieronymus dicit, *super Michaeam*[2], munera quaedam sponte exhibebantur bonis prophetis ad sustentationem ipsorum, non quasi ad emendum prophetiae usum: quem tamen pseudoprophetae retorquebant ad quaestum.

AD SECUNDUM dicendum quod illi qui dant eleemosynas pauperibus ut orationum ab ipsis suffragia impetrent, non eo tenore dant quasi intendentes orationes emere: sed per gratuitam beneficentiam pauperum animas provocant ad hoc quod pro eis gratis et ex caritate orent. — Praedicantibus etiam temporalia debentur ad sustentationem praedicantium, non autem ad emendum praedicationis verbum. Unde super illud 1Ti 5,17, *Qui bene praesunt presbyteri* etc., dicit Glossa[3]: *Necessitatis est accipere unde vivitur, caritatis est praebere: non tamen venale est Evangelium, ut pro his praedicetur. Si enim sic vendunt, magnam rem vili vendunt pretio.* — Similiter etiam aliqua temporalia dantur Deum laudantibus in celebratione ecclesiastici officii, sive pro vivis sive pro mortuis, non quasi pretium, sed quasi sustentationis stipendium. Et eo etiam tenore pro processionibus faciendis in aliquo funere aliquae eleemosynae recipiuntur.

Si autem huiusmodi pacto interveniente fiant, aut etiam cum intentione emptionis vel venditionis, simoniacum esset. Unde illicita esset ordinatio si in aliqua ecclesia statueretur quod non fieret processio in funere alicuius nisi solveret certam pecuniae quantitatem: quia per tale statutum praecluderetur via gratis officium pietatis aliquibus impendendi. Magis autem licita esset ordinatio si statueretur quod omnibus certam eleemosynam dantibus talis honor exhiberetur: quia per hoc non praecluderetur via aliis exhibendi. Et praeterea prima ordinatio habet speciem exactionis: secunda vero habet speciem gratuitae recompensationis.

AD TERTIUM dicendum quod ille cui committitur spiritualis potestas, ex officio obligatur ad usum potestatis sibi commissae in spiritualium dispensatione: et etiam pro sua sustentatione statuta stipendia habet ex redditibus ecclesiasticis. Et ideo si aliquid acciperet pro usu spiritualis

normas eclesiásticas, seja de quem aceita, seja de quem não aceita dá-las, com a intervenção da autoridade superior.

QUANTO AO 1º, portanto, deve-se dizer que, como diz Jerônimo, davam-se recompensas aos autênticos profetas espontaneamente, não para lhes pagar as profecias, mas para a sua manutenção. Os pseudoprofetas convertiam o profetismo em negócio.

QUANTO AO 2º, deve-se dizer que quem dá esmolas aos pobres para lhes pedir orações, não as dá como que comprando-as, mas para, por sua benevolência gratuita, estimulá-los a orarem por ele desinteressada e caritativamente. — Também para os pregadores devem ser dadas retribuições temporais para o seu sustento, não para comprar-lhes as pregações. Por isso, comentando o texto paulino: "Os presbíteros que presidem bem...", a Glosa diz: "É próprio da necessidade receber as coisas necessárias para o sustento; da caridade, dá-las. Todavia, não se vende o Evangelho e não é para isso que pregamos. Se alguém vender dessa forma, vende uma grande coisa por um preço vil". — Também coisas temporais são dadas aos que louvam a Deus no Ofício Divino, que rezam pelos vivos e pelos mortos, não como pagamento mas para auxílio do sustento dos mesmos. Ademais, os que seguiram procissões em atos funerários para o mesmo fim recebem algumas esmolas.

Quando, porém, essas coisas são feitas por contrato ou intenção comercial, incorre-se em simonia. Por isso, será ilícita a norma que determinasse que numa igreja não fosse feito acompanhamento de enterro, se não fosse dispendida alguma quantia de dinheiro. Porque, por essa norma, ficaria impedida a possibilidade de prestar gratuitamente um dever de piedade a alguns. Mais lícito seria uma norma que permitisse que se prestasse tal honra a todos que dessem uma certa esmola, pois, dessa forma, não se fecharia o caminho de prestá-la a outros. Ademais, a primeira norma tem aparência de cobrança exigida, a segunda, de uma recompensa gratuita.

QUANTO AO 3º, deve-se dizer que a quem se concede um poder espiritual, por força do cargo está obrigado a usar esse poder para dispensar bens espirituais; e recebe também os subsídios necessários para o seu sustento, retirados que são das rendas da igreja. Se recebesse alguma coisa

---

2. L. I, super 3, 9: ML 25, 1183.
3. Ordin.: ML 114, 630 D; LOMBARDI: ML 192, 354 C.

potestatis, non intelligeretur locare operas suas, quas ex debito suscepti officii debet impendere, sed intelligeretur vendere ipsum spiritualis gratiae usum. Et propter hoc, non licet pro quacumque dispensatione aliquid accipere; neque etiam pro hoc quod suas vices committant; neque etiam pro hoc quod suos subditos corrigant, vel a corrigendo desistant. Licet tamen eis accipere procurationes quando subditos visitant, non quasi pretium correctionis, sed quasi debitum stipendium.

Ille autem qui habet scientiam, non suscipit tamen hoc officium ex quo obligetur aliis usum scientiae impendere. Et ideo licite potest pretium suae doctrinae vel consilii accipere, non quasi veritatem aut scientiam vendens, sed quasi operas suas locans. — Si autem ex officio ad hoc teneretur, intelligeretur ipsam veritatem vendere: unde graviter peccaret. Sicut patet in illis qui instituuntur in aliquibus ecclesiis ad docendum clericos ecclesiae et alios pauperes, pro quo ab ecclesia beneficium recipiunt: a quibus non licet eis aliquid recipere, nec ad hoc quod doceant, nec ad hoc quod aliqua festa faciant vel praetermittant.

AD QUARTUM dicendum quod pro ingressu monasterii non licet aliquid exigere vel accipere quasi pretium. Licet tamen, si monasterium sit tenue, quod non sufficiat ad tot personas nutriendas, gratis quidem ingressum monasterii exhibere, sed accipere aliquid pro victu personae quae in monasterio fuerit recipienda, si ad hoc monasterii non sufficiant opes. — Similiter etiam licitum est si propter devotionem quam aliquis ad monasterium ostendit largas eleemosynas faciendo, facilius in monasterio recipiatur; sicut etiam licitum est e converso aliquem provocare ad devotionem monasterii per temporalia beneficia, ut ex hoc inclinetur ad monasterii ingressum; licet non sit licitum ex pacto aliquid dare vel recipere pro ingressu monasterii, ut habetur I, qu. 2, cap. *Quam pio*[4].

pelo uso do poder espiritual, não seria interpretado como oferecendo seu trabalho, obrigatório por força de ofício, mas como vendendo o uso da graça espiritual. Por isso, não lhe será lícito receber recompensa alguma pelos seus serviços espirituais, nem delegar a outros os encargos que lhe são próprios, seja para que corrija ou não os súditos. Não obstante, ser-lhe-á lícito receber algumas ofertas quando visita os súditos, mas não como pagamento das correções, mas como estipêndio devido.

Aquele que possui ciência não exerce uma função que o obriga a ensinar aos outros. Por isso, é-lhe lícito receber o preço do seu ensinamento ou do seu conselho, não como se vendesse a verdade ou a sua ciência, mas como pondo a serviço dos outros. — Se, porém, fosse obrigado por dever de ofício a fazê-lo, ficaria claro que está a vender a verdade e, por isso, pecaria gravemente. Isso acontece com aqueles que estão designados para ensinar os clérigos e outros pobres em algumas igrejas, recebendo das mesmas o salário. Não poderão receber coisa alguma pelo fato de ensinar, nem por participarem ou não de algumas festas.

QUANTO AO 4º, deve-se dizer que não será permitido, para o ingresso num mosteiro, exigir ou receber algo como se fosse pagamento. Se o mosteiro é tão pobre, que não tenha o suficiente para o sustento dos seus membros, é lícito permitir a entrada gratuita, contanto que gratuitamente receba algo para o sustento dos que serão recebidos. — Igualmente será lícito facilitar o ingresso no mosteiro de quem se mostrou ter por ele muita devoção, por lhe ter ofertado grandes esmolas. Será também lícito o contrário, isto é, incentivar a devoção de uma pessoa pelo mosteiro, concedendo-lhe benefícios temporais para que ingresse neste convento. Mas não será lícito dar ou receber alguma coisa para esse fim, mediante contrato, como está no Direito.

## ARTICULUS 4
### Utrum licitum sit pecuniam accipere pro his quae sunt spiritualibus annexa

AD QUARTUM SIC PROCEDITUR. Videtur quod licitum sit pecuniam accipere pro his quae sunt spiritualibus annexa.

## ARTIGO 4
### É lícito receber dinheiro pelo que está unido às coisas espirituais?

QUANTO AO QUARTO, ASSIM SE PROCEDE: parece que é lícito receber dinheiro por aquilo que está unido aos bens espirituais.

---

4. GRATIANUS, *Decretum*, p. II, causa 1, q. 2, can. 2; ed. Richter-Friedberg, t. I, p. 408.

4 PARALL.: IV *Sent.*, dist. 25, q. 3, a. 2, q.la 3.

1. Omnia enim temporalia videntur esse spiritualibus annexa: quia temporalia sunt propter spiritualia quaerenda. Si ergo non licet vendere ea quae sunt spiritualibus annexa, nihil temporale vendere licebit. Quod patet esse falsum.

2. Praeterea, nihil videtur magis spiritualibus annexum quam vasa consecrata. Sed ea licet vendere pro redemptione captivorum, ut Ambrosius dicit[1]. Ergo licitum est vendere ea quae sunt spiritualibus annexa.

3. Praeterea, spiritualibus annexa videntur ius sepulturae, ius patronatus, et ius primogeniturae secundum antiquos (quia primogeniti, ante legem, sacerdotis officio fungebantur), et etiam ius accipiendi decimas. Sed Abraham emit ab Ephron speluncam duplicem in sepulturam, ut habetur Gn 23,8 sqq. Iacob autem emit ab Esau ius primogeniturae, ut habetur Gn 25,31 sqq. Ius etiam patronatus cum re vendita transit, in feudum conceditur. Decimae etiam concessae sunt quibusdam militibus, et redimi possunt. Praelati interdum retinent sibi ad tempus fructus praebendarum quas conferunt: cum tamen praebendae sint spiritualibus annexae. Ergo licet emere et vendere ea quae sunt spiritualibus annexa.

Sed contra est quod dicit Paschalis Papa[2], et habetur I, qu. 3, cap. *Si quis obiccerit*[3]: *Quisquis eorum vendidit alterum sine quo nec alterum provenit, neutrum invenditum derelinquit. Nullus ergo emat ecclesiam vel praebendam, vel aliquid ecclesiasticum.*

Respondeo dicendum quod aliquid potest esse spiritualibus annexum dupliciter. Uno modo, sicut ex spiritualibus dependens: sicut habere beneficia ecclesiastica dicitur spiritualibus annexum quia non competit nisi habenti officium clericale. Unde huiusmodi nullo modo possunt esse sine spiritualibus. Et propter hoc, ea nullo modo vendere licet: quia, eis venditis, intelliguntur etiam spiritualia venditioni subiici.

Quaedam autem sunt annexa spiritualibus inquantum ad spiritualia ordinantur: sicut ius patronatus, quod ordinatur ad praesentandum clericos ad ecclesiastica beneficia; et vasa sacra, quae ordinantur ad sacramentorum usum. Unde huiusmodi non praesupponunt spiritualia, sed magis ea ordine temporis praecedunt. Et ideo aliquo modo vendi

1. Com efeito, todas as coisas temporais estão unidas às espirituais, porque se buscam as temporais em vista das espirituais. Portanto, se não for lícito vender o que está unido às coisas espirituais, não será lícito vender coisa alguma temporal. Mas isso é evidentemente falso.

2. Além disso, nada é mais unido às coisas espirituais que os vasos sagrados. Ora, é lícito vender esses vasos para a libertação dos escravos, conforme ensina Ambrósio. Logo, é lícito vender o que está unido às coisas espirituais.

3. Ademais, há direitos que são considerados unidos às coisas espirituais, como o direito à sepultura, ao padroado, à primogenitura segundo os antigos (porque os primogênitos, antes da lei, exerciam a função de sacerdotes), o direito de receber dízimos. Ora, Abraão comprou de Efrão duas grutas para sepultura, e Jacó comprou de Esaú o direito de primogenitura. Também o direito do padroado acompanha a coisa vendida e se dá em feudo. Os dízimos foram concedidos a alguns militares e podem ser resgatados. Os prelados eclesiásticos por algum tempo retêm as vendas dos benefícios que concedem, e esses benefícios são anexos a coisas espirituais. Logo, será lícito comprar e vender o que está unido às coisas espirituais.

Em sentido contrário, está um decreto do papa Pascoal, que determina: "Quem vende uma coisa à qual está necessariamente unida uma outra, vende as duas. Por isso, ninguém compre nem igrejas, nem benefícios, nem qualquer outro bem eclesiástico".

Respondo. De duas maneiras uma coisa pode estar unida a outra espiritual. Primeiro, sendo dependente da espiritual, como os benefícios eclesiásticos que são ditos unidos a algo espiritual, porque somente os clérigos a eles têm direito. Tais coisas, em hipótese alguma, separam-se do elemento espiritual, e está claro que não podem licitamente ser vendidos. Se o forem, vende-se também o que é espiritual.

Segundo, estando ordenada para a coisa espiritual, como o direito do padroado, que se ordena a apresentar os clérigos para receberem benefícios eclesiásticos; e os vasos sagrados, que são destinados para o seu uso nos Sacramentos. Tais coisas não pressupõem coisas sagradas, até porque são anteriores a elas. Portanto, de certo modo podem

---

1. *De off. min.*, l. II, c. 28, n. 138: ML 16, 140 C.
2. Secundus.
3. Gratianus, *Decretum*, II, causa 1, q. 3, can. 7: ed. Richter-Friedberg, t. I, p. 413.

possunt, non autem inquantum sunt spiritualibus annexa.

AD PRIMUM ergo dicendum quod omnia temporalia annectuntur spiritualibus sicut fini. Et ideo ipsa quidem temporalia vendere licet: sed ordo eorum ad spiritualia sub venditione cadere non debet.

AD SECUNDUM dicendum quod etiam vasa sacra sunt spiritualibus annexa sicut fini. Et ideo eorum consecratio vendi non potest: tamen, pro necessitate Ecclesiae et pauperum, materia eorum vendi potest; dummodo, praemissa oratione, prius confringantur; quia post confractionem non intelliguntur esse vasa sacra, sed purum metallum. Unde si ex eadem materia similia vasa iterum reintegrarentur, indigerent iterum consecrari.

AD TERTIUM dicendum quod spelunca duplex quam Abraham emit in sepulturam, non habetur quod erat terra consecrata ad sepeliendum. Et ideo licebat Abrahae terram illam emere ad usum sepulturae, ut ibi institueret sepulcrum: sicut etiam nunc liceret emere aliquem agrum communem ad instituendum ibi coemeterium, vel etiam ecclesiam. Quia tamen etiam apud gentiles loca sepulturae deputata religiosa reputabantur, si Ephron pro iure sepulturae pretium intendit accipere, peccavit vendens: licet Abraham non peccaverit emens, quia non intendebat emere nisi terram communem. Licet etiam nunc terram ubi quondam fuit ecclesia, vendere aut emere in casu necessitatis: sicut et de materia vasorum sacrorum dictum est[4].
— Vel excusatur Abraham quia in hoc redemit suam vexationem. Quamvis enim Ephron gratis ei sepulturam offerret, perpendit tamen Abraham quod gratis recipere sine eius offensa non posset.

Ius autem primogeniturae debebatur Iacob ex divina electione: secundum illud Mal 1,2-3: *Iacob dilexi, Esau odio habui*. Et ideo Esau peccavit primogenita vendens: Iacob autem non peccavit emendo, quia intelligitur suam vexationem redemisse.

Ius autem patronatus per se vendi non potest. nec in feudum dari: sed transit cum villa quae venditur vel conceditur. — Ius autem spirituale accipiendi decimas non conceditur laicis, sed tantummodo res temporales quae nomine decimae dantur, ut supra[5] dictum est.

ser vendidas mas não enquanto estão unidas aos bens espirituais.

QUANTO AO 1º, portanto, deve-se dizer que todas as coisas temporais referem-se às espirituais quanto ao fim. Por isso, podem ser vendidas, mas não poderá ser vendido o seu vínculo com as espirituais.

QUANTO AO 2º, deve-se dizer que também os vasos sagrados são anexos às coisas espirituais quanto ao fim. Por isso, não se pode vender a sua consagração. Não obstante, para atender a uma necessidade da Igreja ou para socorrer os pobres, podem ser vendidos, contanto que depois de feita a oração, sejam destruídos antes da venda, para que não se pense que são vasos consagrados, mas apenas metal. É por isso que, se da mesma matéria fossem fabricados outros vasos semelhantes, necessitariam de nova consagração.

QUANTO AO 3º, deve-se dizer que as duas grutas, compradas por Abraão, não eram terra consagrada para sepultura. Por isso, lhe era permitido comprá-las para sepulcro, como também será permitido comprar um terreno para ser cemitério ou para nele se construir igreja. Se, porém, entre os gentios os sepulcros eram considerados lugares sagrados, e se Efrão pretendeu cobrar pela sepultura, pecou ao vendê-la. Abraão não pecou porque estava comprando apenas um terreno. Aliás, mesmo agora é permitido vender ou comprar terrenos onde fora edificada uma igreja, em caso de necessidade, como se fez com os vasos sagrados destruídos.
— Talvez se possa escusar Abraão, porque com isso se livrou de um vexame. Embora Efrão lhe oferecesse gratuitamente a sepultura, Abraão considerou que não poderia recebê-la grátis sem constrangimento.

Quanto ao direito de primogenitura, ele foi passado para Jacó por escolha divina, segundo a Escritura: "Amou Jacó, odiou Esaú". No entanto, Esaú pecou vendendo a primogenitura; Jacó, comprando-a, não pecou, até porque quis resgatar uma injustiça que lhe era feita.

O direito de padroado em si mesmo não pode ser vendido ou dado em feudo, mas acompanha o terreno que é vendido ou doado. — Não se concede aos leigos o direito espiritual de receber os dízimos, mas só de receber aquelas coisas temporais que impropriamente recebem o nome de dízimos, como foi dito acima.

---

4. Ad 2.
5. Q. 87, a. 3.

Circa collationem vero beneficiorum, sciendum est quod si episcopus, antequam alicui beneficium offerat, ob aliquam causam ordinaverit aliquid subtrahendum de fructibus beneficii conferendi et in pios usus expendendum, non est illicitum. Si vero ab eo cui beneficium offert requirat aliquid sibi exhiberi de fructibus illius beneficii, idem est ac si aliud munus ab eo exigeret, et non caret vitio simoniae.

Quanto à concessão dos benefícios eclesiásticos, o bispo não age ilicitamente se antes, por motivo justo, retira uma parte das suas rendas para empregá-la em obras de piedade. Mas, não se exime de simonia, se exigir do beneficiado para si uma parte das rendas do benefício. Isso seria o mesmo que exigir uma recompensa para sua pessoa.

### Articulus 5
### Utrum liceat spiritualia dare pro munere quod est ab obsequio vel a lingua

Ad quintum sic proceditur. Videtur quod liceat spiritualia dare pro munere quod est ab obsequio vel a lingua.

1. Dicit enim Gregorius, in Registro[1]: *Ecclesiasticis utilitatibus deservientes ecclesiastica dignum est remuneratione gaudere*. Sed deservire ecclesiasticis utilitatibus pertinet ad munus ab obsequio. Ergo videtur quod licitum sit pro obsequio accepto ecclesiastica beneficia largiri.

2. Praeterea, sicut carnalis videtur esse intentio si quis alicui det beneficium ecclesiasticum pro suscepto servitio, ita etiam si quis det intuitu consanguinitatis. Sed hoc non videtur esse simoniacum: quia non est ibi emptio et venditio. Ergo nec primum.

3. Praeterea, illud quod solum ad preces alicuius fit, gratis fieri videtur: et ita non videtur habere locum simonia, quae in emptione et venditione consistit. Sed munus a lingua intelligitur si quis ad preces alicuius ecclesiasticum beneficium conferat. Ergo hoc non est simoniacum.

4. Praeterea, hypocritae spiritualia opera faciunt ut laudem humanam consequantur, quae videtur ad munus linguae pertinere. Nec tamen hypocritae dicuntur simoniaci. Non ergo per munus a lingua simonia contrahitur.

Sed contra est quod Urbanus Papa[2] dicit[3]: *Quisquis res ecclesiasticas, non ad quod institutae sunt, sed ad propria lucra, munere linguae vel obsequii vel pecuniae largitur vel adipiscitur, simoniacus est.*

### Artigo 5
### É lícito doar bens espirituais por um serviço de favor ou verbal?

Quanto ao quinto, assim se procede: parece que é lícito doar bens espirituais por uma recompensa de favor ou verbal.

1. Com efeito, diz Gregório: "Os que atendem às necessidades da igreja merecem receber uma remuneração eclesiástica". Ora, atender às necessidades das Igreja é um serviço de favor. Logo, parece que é lícito retribuir com benefício eclesiástico o favor recebido.

2. Além disso, assim como será carnal a intenção de quem retribui com benefício eclesiástico aquele que prestou serviços, assim também aquele que concedeu esse benefício por motivo de parentesco. Ora, isso não parece ser simoníaco, porque não é nem compra nem venda. Logo, também não será no primeiro caso.

3. Ademais, o que é feito só a pedido de outro parece ser um atendimento gratuito, que não implica compra e venda e, por isso, não se configura como simonia. Ora, entende-se serviço verbal quando alguém concede um benefício eclesiástico, mediante pedido de alguém. Logo, essa concessão não será simoníaca.

4. Ademais, o hipócrita faz os atos espirituais só para ser louvado, e isso parece pertencer ao serviço verbal. Ora, os hipócritas não são considerados simoníacos. Logo, pelos serviços verbais não se incorre em simonia.

Em sentido contrário, diz o papa Urbano: "É simoníaco quem concede ou obtém bens eclesiásticos, não para o que foram instituídos, mas para proveito pessoal, por serviços verbais, de favor ou por dinheiro".

---

5 Parall.: IV *Sent*., dist. 25, q. 3, a. 3.

1. L. III, epist. 18, al. l. II, c. 18: ML 77, 618 A.
2. Secundus.
3. Epist. 17, *ad Lucium Praep. S. Iuventii*: ed. I. D. Mansi, t. XX, p. 661.

RESPONDEO dicendum quod, sicut supra[4] dictum est, nomine pecuniae intelligitur *cuiuscumque pretium pecunia mensurari potest*. Manifestum est autem quod obsequium hominis ad aliquam utilitatem ordinatur quae potest pretio pecuniae aestimari: unde et pecuniaria mercede ministri conducuntur. Et ideo idem est quod aliquis det rem spiritualem pro aliquo obsequio temporali exhibito vel exhibendo, ac si daret pro pecunia, data vel promissa, qua illud obsequium aestimari posset. Similiter etiam quod aliquis satisfaciat precibus alicuius ad temporalem gratiam quaerendam, ordinatur ad aliquam utilitatem quae potest pecuniae pretio aestimari. Et ideo sicut contrahitur simonia accipiendo pecuniam vel quamlibet rem exteriorem, quod pertinet ad munus a manu, ita etiam contrahitur per munus a lingua, vel ab obsequio.

AD PRIMUM ergo dicendum quod si aliquis clericus alicui praelato impendat obsequium honestum et ad spiritualia ordinatum, puta ad ecclesiae utilitatem vel ministrorum eius auxilium, ex ipsa devotione obsequii redditur dignus ecclesiastico beneficio, sicut et propter alia bona opera. Unde non intelligitur esse munus ab obsequio. Et in hoc casu loquitur Gregorius. — Si vero sit inhonestum obsequium, vel ad carnalia ordinatum, puta quia servivit praelato ad utilitatem consanguineorum suorum vel patrimonii sui, vel ad aliquid huiusmodi, esset munus ab obsequio, et simoniacum.

AD SECUNDUM dicendum quod si aliquis aliquid spirituale alicui conferat gratis propter consanguinitatem, vel quamcumque carnalem affectionem, est quidem illicita et carnalis collatio, non tamen simoniaca: quia nihil ibi accipitur, unde hoc non pertinet ad contractum emptionis et venditionis, in quo fundatur simonia. Si tamen aliquis det beneficium ecclesiasticum alicui hoc pacto, vel intentione, ut exinde suis consanguineis provideat, est manifesta simonia.

AD TERTIUM dicendum quod munus a lingua dicitur vel ipsa laus pertinens ad favorem humanum, qui sub pretio cadit: vel etiam preces ex quibus acquiritur favor humanus, vel contrarium evitatur. Et ideo si aliquis principaliter ad hoc intendat, simoniam committit.

Videtur autem ad hoc principaliter intendere qui preces pro indigno porrectas exaudit. Unde ipsum factum est simoniacum. — Si autem preces pro

RESPONDO. Como foi acima dito, entende-se por dinheiro, tudo aquilo que pode ser estimado em dinheiro. É claro que o favor ordena-se a alguma necessidade do homem que pode ser medida em dinheiro. Por isso, os trabalhadores são contratados mediante retribuição pecuniária. Também por isso, não há diferença entre a retribuição com um bem espiritual, concedido por um serviço de favor feito ou a ser feito, e a retribuição com dinheiro, dado ou prometido, pelo qual esse serviço pudesse ser avaliado. Assim também, satisfazer aos pedidos de alguém para alcançar uma graça temporal, ordena-se a alguma necessidade que pode ser estimada em dinheiro. Logo, como se incorre em simonia por se receber dinheiro ou qualquer dádiva material, como se fosse um serviço manual, incorre-se no mesmo pecado por um serviço verbal ou de favor.

QUANTO AO 1º, portanto, deve-se dizer que se um clérigo presta a um prelado um serviço honesto e ordenado a coisas espirituais; por exemplo, para a utilidade da igreja ou para auxílio de seus ministros, pela própria dedicação ao serviço, será digno de receber o benefício eclesiástico, como também por outras boas obras. Por isso, não se há de entender como serviço por favor, e a isso se refere Gregório. — Mas, se o serviço não é honesto ou ordenado para utilidades mundanas; por exemplo, para o bem familiar ou patrimonial do prelado, ou para fins semelhantes, então haverá serviço por favor, e, portanto, simoníaco.

QUANTO AO 2º, deve-se dizer que se alguém conceder gratuitamente um bem espiritual por causa da consanguinidade, ou por algum afeto carnal, a concessão é ilícita e carnal, mas não é simoníaca; porque no caso nada se recebe e então não cai sob o conceito de compra e venda, no qual se funda a simonia. Se porém der o benefício a alguém com este pacto ou intenção de por aí prover às necessidades dos consanguíneos, isto é, simonia manifesta.

QUANTO AO 3º, deve-se dizer que se entendem por serviço verbal os louvores feitos para se receberem favores humanos, e isso terá um preço; ou também os pedidos em vista dos mesmos favores e para afastarem o que lhes serve de obstáculo. Se alguém pretende principalmente isso, há simonia.

E parece que é essa a principal intenção, quando se atendem os pedidos para uma pessoa indigna. Incorre-se, por esse atendimento, em

---

4. Art. 2.

digno porrigantur, ipsum factum non est simoniacum: quia subest debita causa ex qua illi pro quo preces porriguntur, spirituale aliquid conferatur. Potest tamen esse simonia in intentione, si non attendatur ad dignitatem personae, sed ad favorem humanum. — Si vero aliquis pro se rogat ut obtineat curam animarum, ex ipsa praesumptione redditur indignus: et sic preces sunt pro indigno. Licite tamen potest aliquis, si sit indigens, pro se beneficium ecclesiasticum petere sine cura animarum.

AD QUARTUM dicendum quod hypocrita non dat aliquid spirituale propter laudem, sed solum demonstrat: et simulando magis furtive surripit laudem humanam quam emat. Unde non videtur pertinere ad vitium simoniae.

simonia. — O atendimento não será simoníaco quando o pedido for feito para uma pessoa digna. Haverá, então, justa causa para a concessão de um bem espiritual. Não obstante, haverá intenção simoníaca se o favor humano prevalecer à dignidade da pessoa. — Se alguém pedir para obter o ofício de cura de almas, por essa mesma presunção tornou-se indigno, e assim o pedido será para um indigno. Mas é lícito que um indigno peça um benefício eclesiástico para si, se é pobre, se não estiver vinculado à cura de almas.

QUANTO AO 4º, deve-se dizer que o hipócrita, na verdade, não dá recompensa alguma espiritual, mas apenas finge dá-la. Fingindo, mais rouba o louvor humano do que o compra. Por isso, não parece incorrer no vício da simonia.

## ARTICULUS 6
### Utrum sit conveniens simoniaci poena ut privetur eo quod per simoniam acquisivit

AD SEXTUM SIC PROCEDITUR. Videtur quod non sit conveniens simoniaci poena ut privetur eo quod per simoniam acquisivit.

1. Simonia enim committitur ex eo quod alicuius muneris interventu spiritualia acquiruntur. Sed quaedam sunt spiritualia quae, semel adepta, non possunt amitti: sicut omnes characteres, qui per aliquam consecrationem imprimuntur. Ergo non est conveniens poena ut quis privetur eo quod simoniace acquisivit.

2. PRAETEREA, contingit quandoque quod ille qui est episcopatum per simoniam adeptus, praecipiat subdito ut ab eo recipiat ordines: et videtur quod debeat ei obedire quandiu ab Ecclesia toleratur. Sed nullus debet aliquid recipere ab eo qui non habet potestatem conferendi. Ergo episcopus non amittit episcopalem potestatem si eam simoniace acquisivit.

3. PRAETEREA, nullus debet puniri pro eo quod non est factum eo sciente et volente: quia poena debetur peccato, quod est voluntarium, ut ex supra¹ dictis patet. Contingit autem quandoque quod aliquis simoniace consequitur aliquid spirituale procurantibus aliis, eo nesciente et nolente. Ergo non debet puniri per privationem eius quod ei collatum est.

4. PRAETEREA, nullus debet portare commodum de suo peccato. Sed si ille qui consecutus est be-

## ARTIGO 6
### É pena justa para o simoníaco ser privado daquilo que mediante a simonia adquiriu?

QUANTO AO SEXTO, ASSIM SE PROCEDE: parece que **não** é justa a pena de privar o simoníaco daquilo que adquiriu mediante a simonia.

1. Com efeito, simonia é conseguir bens espirituais mediante alguns serviços. Ora, há bens espirituais que, uma vez adquiridos, jamais se perdem, como o caráter, que é impresso por consagração. Logo, não é justa a pena de alguém ser privado daquilo que adquiriu por simonia.

2. ALÉM DISSO, acontece que um bispo, que conseguiu o episcopado por meios simoníacos, determina que um diácono seja por ele ordenado sacerdote, e este deve obedecer-lhe, enquanto a Igreja o tolera. Ora, não se pode receber um poder de quem não o pode dar. Logo, o bispo não perde o poder episcopal, mesmo que o tenha adquirido mediante simonia.

3. ADEMAIS, ninguém poderá ser punido por aquilo que fez inconsciente e sem liberdade, porque a pena é devida só ao pecado voluntário. Ora, às vezes, consegue-se o episcopado por meios simoníacos mediante procuradores, sem que o escolhido saiba e queira. Logo, não deve ser punido pela privação daquilo que lhe foi conferido.

4. ADEMAIS, ninguém deve tirar proveito do seu pecado. Ora, se aquele que conseguiu o benefício

---

1. I-II, q. 74, a. 1, 2; q. 87, a. 7.

neficium ecclesiasticum per simoniam, restitueret quod percepit, quandoque hoc redundaret in utilitatem eorum qui fuerunt simoniae participes: puta quando praelatus et totum collegium in simoniam consensit. Ergo non semper est restituendum quod per simoniam acquiritur.

5. Praeterea, quandoque aliquis per simoniam in aliquo monasterio recipitur, et votum solemne ibi facit profitendo. Sed nullus debet absolvi ab obligatione voti propter culpam commissam. Ergo non debet monachatum amittere quem simoniace acquisivit.

6. Praeterea, exterior poena in hoc mundo non infligitur pro interiori motu cordis, de quo solius Dei est iudicare. Sed simonia committitur ex sola intentione vel voluntate: unde et per voluntatem definitur, ut supra[2] dictum est. Ergo non semper debet aliquis privari eo quod simoniace acquisivit.

7. Praeterea, multo maius est promoveri ad maiora quam in susceptis permanere. Sed quandoque simoniaci, ex dispensatione, promoventur ad maiora. Ergo non semper debent susceptis privari.

Sed contra est quod dicitur I, qu. 1, cap. *Si quis episcopus*[3]: *Qui ordinatus est, nihil ex ordinatione vel promotione quae est per negotiationem facta, proficiat: sed sit alienus a dignitate vel sollicitudine quam pecuniis acquisivit*.

Respondeo dicendum quod nullus potest licite retinere illud quod contra voluntatem domini acquisivit: puta si aliquis dispensator de rebus domini sui daret alicui contra voluntatem et ordinationem domini sui, ille qui acciperet licite retinere non posset. Dominus autem, cuius ecclesiarum praelati sunt dispensatores et ministri, ordinavit ut spiritualia gratis darentur: secundum illud Mt 10,8: *Gratis accepistis, gratis date*. Et ideo qui muneris interventu spiritualia quaecumque assequuntur, ea licite retinere non possunt.

Insuper autem simoniaci, tam vendentes quam ementes spiritualia, aut etiam mediatores, aliis poenis puniuntur: scilicet infamia et depositione, si sint clerici; et excommunicatione, si sint laici; ut habetur I, qu. 1, cap. *Si quis episcopus*.

Ad primum ergo dicendum quod ille qui simoniace accipit sacrum ordinem, recipit quidem cha-

eclesiástico por meios simoníacos, restituir o que recebeu, pode acontecer que, isso resulte em lucro para os que participaram da simonia, por exemplo, quando o prelado e todo o colegiado consente na simonia. Logo, nem sempre se deve restituir o que foi adquirido por simonia.

5. Ademais, pode acontecer que alguém seja recebido no mosteiro por meios simoníacos e nele professe solenemente. Ora, ninguém poderá ser liberado do cumprimento dos votos, por causa de uma falta cometida. Logo, não deve ser privado da vida monástica quem a adquiriu por meios simoníacos.

6. Ademais, a pena exterior não é infringida, aqui na terra, por causa de um ato interior, do qual só Deus pode julgar. Ora, se comete simonia só pela intenção e só pelo desejo, e, como se disse acima, o ato voluntário configura a simonia. Logo, nem sempre se há de privar daquilo que se adquiriu por simonia.

7. Ademais, é muito melhor ser promovido a uma função melhor do que nela permanecer na que se recebeu. Ora, às vezes, o simoníaco, após ter sido dispensado, é promovido para funções melhores. Logo, nem sempre devem ser privados do que haviam recebido.

Em sentido contrário, diz o Direito: "Quem foi ordenado mediante negociações, nada usufrua dessa ordenação ou promoção, mas seja privado da dignidade ou cargo que adquiriu mediante dinheiro".

Respondo. Não se pode conservar aquilo que se recebeu contra a vontade do seu dono. Por exemplo, se algum procurador de algo contra a vontade e a ordem do seu dono, quem a recebeu não poderá licitamente retê-la. Ora, o Senhor, de quem os prelados das igrejas são procuradores e ministros, mandou que eles dessem gratuitamente as coisas espirituais: "De graça as recebestes; dai-as de graça". Logo, aqueles que conseguiram bens espirituais mediante serviços, não os poderão licitamente conservar.

Ademais, os simoníacos, seja aquele que vende ou compra bens espirituais, como também os intermediários, sejam punidos com outras penas; sejam declarados infames e sejam depostos, se pertencerem ao clero; se ao laicato, sejam excomungados, como determina o Direito.

Quanto ao 1º, portanto, deve-se dizer que embora quem recebeu a ordenação sacerdotal

---

2. A. 1, ad 2.
3. Gratianus, *Decretum*, p. II, causa 1, q. 1, can. 8: ed. Richter-Friedberg, t. I, p. 359.

racterem ordinis, propter efficaciam sacramenti: non tamen recipit gratiam, neque ordinis executionem, eo quod quasi furtive suscepit characterem, contra principalis Domini voluntatem. Et ideo est ipso iure suspensus: et quoad se, ut scilicet de executione sui ordinis se non intromittat; et quoad alios, ut scilicet nullus ei communicet in ordinis executione; sive sit peccatum eius publicum, sive occultum. Nec potest repetere pecuniam quam turpiter dedit: licet alius iniuste detineat. — Si vero sit simoniacus quia contulit ordinem simoniace, vel quia dedit vel recepit beneficium simoniace, vel fuit mediator simoniae: si est publicum, est ipso iure suspensus et quoad se et quoad alios; si autem est occultum, est suspensus ipso iure quoad se tantum, non autem quoad alios.

AD SECUNDUM dicendum quod nec propter praeceptum eius, nec etiam propter excommunicationem, debet aliquis recipere ordinem ab episcopo quem scit simoniace promotum. Et si ordinetur, non recipit ordinis executionem, etiam si ignoret eum esse simoniacum: sed indiget dispensatione. — Quamvis quidam dicunt quod, si non potest probare eum esse simoniacum, debet obedire recipiendo ordinem, sed non debet exequi sine dispensatione. — Sed hoc absque ratione dicitur. Quia nullus debet obedire alicui ad communicandum sibi in facto illicito. Ille autem qui est ipso iure suspensus et quoad se et quoad alios, illicite confert ordinem. Unde nullus debet sibi communicare recipiendo ab eo, quacumque ex causa. Si autem ei non constat, non debet credere peccatum alterius: et ita cum bona conscientia debet ab eo ordinem recipere.

Si autem episcopus sit simoniacus aliquo alio modo quam per promotionem suam simoniace factam, potest recipere ab eo ordinem, si sit occultum: quia non est suspensus quoad alios, sed solum quoad seipsum, ut dictum est[4].

por simonia receba também o caráter sacramental do sacerdócio, devido à eficácia do Sacramento, contudo, não recebe a graça nem o direito de exercer o sacerdócio. De fato, como que roubou o caráter contra a vontade do Senhor. Por isso, está suspenso pelo próprio Direito de exercer o sacerdócio, de modo que, quanto a si mesmo, não deve tentar fazê-lo. Quanto aos outros, que ninguém participe do exercício do seu sacerdócio, quer saibam ou não do seu pecado. Ademais, não poderá reaver o dinheiro que dera de maneira tão torpe, embora o outro o detenha ilegitimamente. — Se porém é simoníaco porque conferiu a ordenação de modo simoníaco, ou deu, recebeu, intermediou o recebimento de um benefício de modo simoníaco, se o pecado é público, está pelo próprio Direito suspenso do exercício de tudo que recebeu, em relação a si mesmo e a outros. Se o pecado é oculto, o efeito da suspensão atinge só a ele, não aos outros[d].

QUANTO AO 2º, deve-se dizer que ninguém poderá receber ordens sacras das mãos de um bispo que foi eleito de modo simoníaco, nem que ele o preceitue, ou ameace de excomunhão. Se for ordenado, não pode exercer as ordens recebidas, mesmo que desconheça ser aquele bispo simoníaco. Para exercê-las necessita de dispensa. — Se não puder provar que o bispo é simoníaco, apesar de isto ser voz corrente, deve obedecer recebendo a ordem, mas para exercê-la necessita de dispensa. — Mas essa opinião não parece razoável, porque não se deve obedecer uma ordem que o leve a participar de algo ilícito. Ora, quem foi pelo Direito suspenso de um ato que atinge a si e aos outros, confere as ordens ilicitamente. Assim sendo, ninguém poderá participar com ele, recebendo o que ele não pode conferir, seja qual for o motivo. Se não consta que o outro pecou, não deve acreditar no seu pecado, e, de boa fé, deve receber dele a ordenação.

Se o bispo é simoníaco por outro motivo que não o da sua eleição para o episcopado, se o seu pecado for oculto, poderá ser por ele ordenado, porque a suspensão atingiu só a ele, como foi acima dito.

---

4. AD 1.

d. Expõem-se e justificam-se as disposições jurídicas da época concernentes à recepção simoníaca de uma ordem sagrada. A r. 2 examinará o caso daquele que recebesse uma ordem sagrada de um bispo cuja promoção teria sido maculada de simonia. O direito eclesiástico atual é muito mais sóbrio nessas matérias. Pelas vias da pobreza, o ministério eclesiástico parece se ter melhor libertado das tentações simoníacas.

AD TERTIUM dicendum quod hoc quod aliquis privetur eo quo accepit, non solum est poena peccati, sed etiam quandoque est effectus acquisitionis iniustae: puta cum aliquis emit rem aliquam ab eo qui vendere non potest. Et ideo si aliquis scienter et propria sponte simoniace accipiat ordinem vel ecclesiasticum beneficium, non solum privatur eo quod accepit, ut scilicet careat executione ordinis et beneficium resignet cum fructibus inde perceptis; sed etiam ulterius punitur, quia notatur infamia; et tenetur ad restituendos fructus non solum perceptos, sed etiam eos qui percipi potuerunt a possessore diligenti (quod tamen intelligendum est de fructibus qui supersunt deductis expensis factis causa fructuum, exceptis fructibus illis qui alias expensi sunt in utilitatem ecclesiae). — Si vero, eo nec volente nec sciente, per alios alicuius promotio simoniace procuratur, caret quidem ordinis executione, et tenetur resignare beneficium quod est consecutus, cum fructibus extantibus (non autem tenetur restituere fructus consumptos, quia bona fide possedit): nisi forte inimicus eius fraudulenter pecuniam daret pro alicuius promotione, vel nisi ipse expresse contradixerit. Tunc enim non tenetur ad abrenuntiandum: nisi forte postmodum pacto consenserit, solvendo quod fuit promissum.

AD QUARTUM dicendum quod pecunia, vel possessio, vel fructus simoniace accepti, debent restitui ecclesiae in cuius iniuriam data sunt, non obstante quod praelatus, vel aliquis de collegio illius ecclesiae, fuit in culpa: quia eorum peccatum non debet aliis nocere. Ita tamen quod, quantum fieri potest, ipsi qui peccaverunt inde commodum non consequantur. — Si vero praelatus et totum collegium sunt in culpa, debet, cum auctoritate superioris, vel pauperibus vel alteri ecclesiae erogari.

AD QUINTUM dicendum quod si aliqui sunt in monasterio simoniace recepti, debent abrenuntiare. Et si eis scientibus commissa est simonia post Concilium Generale, sine spe restitutionis de suo monasterio repelluntur, et ad agendam perpetuam poenitentiam sunt in arctiori regula ponendi, vel in aliquo loco eiusdem ordinis, si arctior ordo non inveniretur. — Si vero hoc fuit ante Concilium,

QUANTO AO 3º, deve-se dizer que, o fato de alguém ser privado daquilo que recebeu, não somente é pena de pecado, mas pode acontecer que o seja por causa de uma injusta aquisição. Por exemplo, quando se compra algo de quem não o pode vender. Assim sendo, se ciente, e livremente recebe uma ordem ou benefício eclesiástico de modo simoníaco, não apenas será privado do que recebeu, não podendo exercer a ordem e deverá renunciar ao benefício com os seus frutos; como também após será declarado infame; deverá, ainda, restituir os frutos recebidos e aqueles que lucraria um proprietário cuidadoso (entenda-se: deverá restituir não somente os possíveis frutos futuros, deduzidas as despesas feitas para eles, excetuando também os que já foram gastos para a utilidade da Igreja). — Se foi promovido pelos outros, mediante meios simoníacos, mas ignorando e não consentindo, será também impedido de exercer a ordem, e deve devolver os benefícios com os seus frutos que ainda se conservem (não está, porém, obrigado a restituir os bens já consumidos, pois se trata de possuidor de boa fé). Salvo se algum inimigo seu tivesse dado de modo fraudulento o dinheiro para a sua promoção, ou salvo se ele se opôs expressamente. Pois, nesse caso, não está obrigado a renunciar, a não ser que depois tenha consentido no pacto, pagando o que fora prometido.

QUANTO AO 4º, deve-se dizer que o dinheiro, a propriedade e os frutos recebidos por simonia devem ser restituídos à igreja que foi dilapidada, embora houvesse cooperação do prelado, de alguém do colegiado dessa igreja, porque o pecado de todos esses não deve prejudicar a outros. De tal forma, porém, que aqueles que participavam do pecado, não tirem proveito disso. Sendo culpados o prelado e os membros do conselho, a autoridade superior deve transferir aqueles frutos para os pobres ou a outra igreja.

QUANTO AO 5º, deve-se dizer que os que foram recebidos em um mosteiro por simonia, devem abandoná-lo. Se essa simonia foi cometida com o conhecimento deles após o Concílio Geral[e], não somente serão expulsos sem possibilidade de readmissão, como ainda, para praticar uma penitência perpétua, sejam postos numa Ordem mais severa, ou, se não houver uma Ordem mais rigorosa, sejam

---

e. Trata-se do IVº Concílio de Latrão (1215) que ativou e orientou todo um processo de reformas na Igreja. Encara-se aqui uma dupla hipótese: de uma entrada em um mosteiro, seja antes seja depois do "Concílio geral." Na realidade, a disposição do Concílio — já um tanto longínqua no momento da redação da Suma- estava inserida nas *Decretais* (l. V, Sobre a simonia, cap. 40, com referência ao cânon 64 do IVº Conc. de Latrão). Vê-se sobretudo o cuidado de S. Tomás em ajustar suas soluções aos textos canônicos, a que dá a maior importância, mesmo se não deixa de criticar oportunamente as posições dos canonistas.

debent in aliis locis eiusdem ordinis collocari. Et si hoc fieri non potest, dispensative debent in eisdem monasteriis recipi, ne in saeculo evagentur: mutatis tamen prioribus locis et inferioribus assignatis.

Si vero ipsis ignorantibus, sive ante Concilium sive post, sint simoniace recepti, postquam renuntiaverint, possunt de novo recipi, locis mutatis, ut dictum est.

AD SEXTUM dicendum quod quoad Deum sola voluntas facit simoniacum: sed quoad poenam ecclesiasticam exteriorem, non punitur ut simoniacus, ut abrenuntiare teneatur, sed debet de mala intentione poenitere.

AD SEPTIMUM dicendum quod dispensare cum eo qui est scienter beneficiatus, solus Papa potest. In aliis autem casibus potest etiam episcopus dispensare: ita tamen quod prius abrenuntiet quod simoniace acquisivit. Et tunc dispensationem consequatur vel parvam, ut habeat laicam communionem; vel magnam, ut, post poenitentiam, in alia ecclesia in suo ordine remaneat; vel maiorem, ut remaneat in eadem, sed in minoribus ordinibus; vel maximam, ut in eadem ecclesia etiam maiores ordines exequatur, non tamen praelationem accipiat.

postos num mosteiro da mesma Ordem. — Se isso aconteceu antes daquele Concílio, devem ser colocados em outro mosteiro da ordem. Se não for possível tal transferência, sejam recebidos no seu mosteiro para não ficarem vagando pelo mundo com a devida dispensa, e colocados no último grau da ordem monástica.

Se, porém, foram recebidos por simonia, mas sem conhecimento disso, quer antes quer depois do Concílio, depois de renunciarem, podem ser recebidos de novo, mudando o mosteiro.

QUANTO AO 6º, deve-se dizer que com respeito a Deus, a simples intenção faz o simoníaco. Mas, com respeito à pena eclesiástica exterior, não é punido como simoníaco por isso, de modo que seja obrigado a renunciar, mas deve arrepender-se da má intenção.

QUANTO AO 7º, deve-se dizer que a dispensa de quem cientemente recebeu por simonia um benefício eclesiástico está reservada ao Papa. Nos outros casos poderá o bispo dispensar, mas o dispensado deve primeiro renunciar ao benefício recebido mediante simonia. Então, poderá conseguir a dispensa que será de menor efeito quando se é reintegrado na igreja como leigo. Será, porém, dispensa de grande efeito quando, feita a penitência, é transferido para outra igreja permanecendo na ordem que na sua igreja exercia. Será dispensa de maior efeito, quando ficar na sua igreja, mas nesta só exercendo as ordens menores. Será dispensa máxima se permanecer na sua igreja, reintegrado também nas ordens maiores, mas sem direito à prelatura.

# AS VIRTUDES SOCIAIS

# INTRODUÇÃO

Ainda que estranha ao vocabulário tomista, a expressão "virtudes sociais" já recebeu ampla adesão para designar esta seção da Suma. Indica com felicidade o caráter mais geral que liga essa dezena de virtudes: distinguindo-se da religião, cujo objeto consiste nas relações com Deus, visam o comportamento e as relações da vida em sociedade. Mas, sob a comodidade dessa designação, poderia esconder-se uma armadilha. Para começar, não se deveria perder de vista a intenção de Sto. Tomás, que procura elucidar o aspecto pessoal das virtudes, mais do que os problemas da sociedade, para os quais se volta primordialmente a ética social contemporânea. Uma outra originalidade conexa deve ser igualmente assinalada para afastar todo equívoco. A ética social tem hoje uma perspectiva prioritariamente política. Privilegia o exame da igualdade, precisamente porque na maior parte das vezes ela vê o seu próprio domínio pelo ângulo da justiça, que será chamada a regular os direitos entre cidadãos iguais (nisto guarda-se fidelidade a Aristóteles, que se atém à noção de "justiça política"; ver acima, q. 57, nota 3).

Ora as virtudes que aqui designamos como "sociais", segundo a posição adotada com conhecimento de causa por Sto. Tomás, são apenas virtudes anexas da justiça, suas partes potenciais (ver acima, q. 80); e isto precisamente porque têm a ver com a desigualdade, seja nas relações entre pessoas e na medida de seus direitos, seja na própria definição dos direitos e do caráter dos deveres que deles derivam. Isso será facilmente percebido com um mero sobrevoo sobre esse conjunto de virtudes, e com um simples destaque dado a suas principais articulações. Em sua distinção e na disposição que lhes foi definitivamente atribuída, vê-se emergir um duplo princípio, destinado a ordenar todas as virtudes, enumeradas como anexas da justiça na q. 80, levando em conta os critérios ali mencionados:

O primeiro é justamente o princípio de desigualdade, não no sentido moderno de desigualdade de direitos em uma sociedade política, mas aquele que se liga às raízes da vida social, quando se olha para sua gênese e constituição progressiva. Em outros termos: sua formação histórica é considerada a partir desse núcleo que é a família, e dessa unidade primeira que é a pátria, o lugar original onde cada um recebe a vida e a educação. Com efeito, o ponto de referência ética continua sendo a pessoa. Mas ela será examinada diretamente em seu acesso à vida e à comunhão sociais, como parte engendrada, formada e desenvolvida, graças a uma partilha de dons e benefícios que ela começa por receber. A existência humana se constitui pelo dom do ser, da vida, da cultura, e deve ordenar-se por atitudes de reconhecimento. Eis o fundamento e o princípio de organização dessas virtudes que poderíamos chamar com maior ou menor propriedade: virtudes de veneração, de deferência e de integração na ordem social. Serão estudadas nas q. 101-108. À sua frente se põe a piedade, e desdobram-se nas diferentes formas de respeito, serviço e obediência, como qualidades de que se devem revestir os membros da sociedade, em reposta aos dons da vida, da formação, da orientação que recebem dos pais e das autoridades que presidem à sociedade.

Depois dessa primeira família de virtudes, ordenadas a partir do princípio de desigualdade, uma outra se apresenta, formada não pela subordinação, mas pela comunicação de certos bens humanos, a saber: a verdade, a amizade e a liberalidade (q. 109-119).

Vistas do ponto de vista estrito dos direitos e deveres de justiça, essas virtudes derivam de uma dívida menos rigorosa em relação a pessoas determinadas. Surgem antes como disposições, qualidades de "honestidade" que cada membro da sociedade deve possuir para que esta possa organizar-se e manter-se como uma forma de vida em comum, conveniente e digna do homem, e favorecendo o bem-estar e o desenvolvimento de cada um.

Visando o perfeito acabamento, mais do que uma parte anexa da justiça, o tratado terminará pelo exame da virtude de *epiekeia*, ou equidade (q. 120).

No que concerne à primeira categoria de virtudes de veneração, por onde se abre esta seção, elas serão apresentadas de modo mais detalhado, já em relação à piedade, que não só lhes vem à frente, mas ainda lhes constitui o modelo e mesmo a inspiração mais profunda (ver abaixo q. 101, n. 1).

Na disposição e no tratamento dessas virtudes, constataremos uma ligeira modificação no plano anunciado na q. 80, no que concerne às q. 106-108, sobre as virtudes de reconhecimento (ou gratidão) e de vingança. Estas duas últimas

são introduzidas nas categorias de desigualdades de relações, decorrentes de comportamentos do bem ou do malfazer, por parte de certos membros da sociedade (ver q. 106, nota 1).

## QUAESTIO CI
## DE PIETATE
*in quatuor articulos divisa*

Deinde, post religionem, considerandum est de pietate. Cuius opposita vitia ex ipsius consideratione innotescunt.

Circa pietatem ergo quaeruntur quatuor.
*Primo:* ad quos pietas se extendat.
*Secundo:* quid per pietatem aliquibus exhibeatur.
*Tertio:* utrum pietas sit specialis virtus.
*Quarto:* utrum religionis obtentu sit pietatis officium praetermittendum.

### ARTICULUS 1
### Utrum pietas se extendat ad determinatas personas aliquorum hominum

AD PRIMUM SIC PROCEDITUR. Videtur quod pietas non se extendat ad determinatas personas aliquorum hominum.

## QUESTÃO 101
## A PIEDADE[a]
*em quatro artigos*

Depois da religião, deve-se considerar a piedade. Este estudo nos mostrará com clareza os vícios que lhe são opostos.

Sobre a piedade quatro questões:
1. A quem se estende a piedade?
2. O que a piedade assegura a alguns?
3. A piedade é uma virtude especial?
4. Será lícito invocar a religião para omitir os deveres da piedade?

### ARTIGO 1
### A piedade se estende a algumas pessoas determinadas?

QUANTO AO PRIMEIRO ARTIGO, ASSIM SE PROCEDE: parece que a piedade **não** se estende a certas pessoas determinadas.

---

1 PARALL.: I *ad Tim.*, c. 4, lect. 2.

---

a. A piedade se apresenta como a primeira das virtudes sociais, que formam com a religião a constelação de virtudes anexas da justiça. O estudo da religião se abria à consideração dessa forma superior de justiça que presta a Deus a homenagem do culto divino, prolongando-se na orientação de toda a existência humana através das disposições de adoração, de dependência e de reconhecimento em relação ao Criador. Agora são a vida e a organização sociais que se tornarão o campo de uma investigação extremamente exigente, refinada por vezes, da justiça. Esta estenderá sua influência a todas as formas de relações sociais, fazendo surgir toda uma rede de deveres menos estritos do que os da justiça comutativa e distributiva, mas destinados a assegurar na sociedade as qualidades humanas das relações, e a permitir a cada um realizar-se segundo as normas de uma perfeita honestidade. À frente dessas virtudes sociais, o estudo da piedade filial em relação aos pais e à pátria, associado ao das virtudes do respeito, do serviço (dulia), da obediência e da gratidão, considera a sociedade, de início, pelo ângulo da desigualdade hierárquica e da integração progressiva de seus membros. Estes começam recebendo o ser e a educação, assim como todo um conjunto de benefícios, o que os põe numa atitude de dependência mais radical em relação à família e à sociedade, bem antes de aceder a uma etapa de perfeita igualdade como adultos e como cidadãos. Se a igualdade das pessoas e dos direitos constituía o domínio próprio da justiça, a desigualdade e a hierarquia das relações formam o campo bastante extenso dessas virtudes que poderíamos chamar de veneração ou de deferência, das quais a piedade é o princípio e o ponto mais alto.

A inspiração mais profunda é aqui a mensagem bíblica condensada no quarto mandamento do decálogo. A "honra" que este declara ser devida aos pais é compreendida da maneira mais ampla como uma rede de deveres de reconhecimento, de obediência, assistência, enquanto que a função dos pais é igualmente entendida da maneira mais abrangente, designando primordialmente os progenitores, para ser aplicada em seguida a todos os "princípios do ser, da vida, da formação", a começar pela pátria. Essa doutrina, com raízes na tradição bíblica, recebe uma elaboração ética, que toma suas formas de pensamento e mesmo de linguagem emprestadas às correntes filosóficas gregas e romanas. A atenção ao vocabulário terá uma certa importância como a primeira chave de um sistema de noções das quais a evolução cultural nos mantém mais afastados. Desse modo, termos como "respeito" (*observantia*: q. 102), "dulia" (serviço, servidão: q. 103), como a "piedade" q.101), nos remetem a suas origens greco-romanas, como fonte de um significado que a tradição cristã e a elaboração teológica virão assumir e realizar.

O estudo da piedade atitude de reconhecimento, de veneração, de submissão e de serviço em relação aos pais e à pátria, ordena-se em torno de dois eixos: a clarificação da própria noção de piedade, com a determinação daqueles que são alvos dela (a. 1), seguida da elucidação de seu caráter ético, como virtude ligada à justiça (a. 3). A essa elaboração teórica, vincula-se o exame prático dos deveres concretos dos filhos em relação aos pais, traduzindo-se na obrigação de assistência e de ajuda em caso de necessidade (a. 2 e 4). Esses dois artigos inspiram-se diretamente nas diretrizes bíblicas, e visam os problemas específicos postos por um certo conflito de deveres entre religião e piedade, que parecia ocasionar principalmente, ou com maior frequência, na Idade Média a consagração religiosa.

Essa dupla orientação teórica (a. 1 e 3) e prática (a. 2 e 4), que parece alternar-se na questão, manifesta claramente a conjunção da dupla herança: da tradição filosófica, que se transmite através da condensação e mesmo do vocabulário de Cícero, já amplamente utilizado por Sto. Agostinho; da herança bíblica, que remete a uma visão e a uma experiência da solidariedade familiar, sobre a qual os textos evangélicos insistem, pondo em primeiro lugar as exigências de eficácia do amor entre pais e filhos, como em todos os domínios da vida social.

1. Dicit enim Augustinus, in X *de Civ. Dei*[1], quod *pietas proprie Dei cultus intelligi solet, quam Graeci eusebiam vocant*. Sed Dei cultus non dicitur per comparationem ad homines, sed solum ad Deum. Ergo pietas non se extendit determinate ad aliquas hominum personas.

2. Praeterea, Gregorius dicit, in I *Moral.*[2]: *Pietas in die suo convivium exhibet, quia cordis viscera misericordiae operibus replet.* Sed opera misericordiae sunt omnibus exhibenda: ut patet per Augustinum, in I *de Doct. Christ.*[3]. Ergo pietas non se extendit determinate ad aliquas speciales personas.

3. Praeterea, multae sunt aliae in humanis rebus communicationes praeter consanguinitatem et concivium communicationem, ut patet per Philosophum, in VIII *Ethic.*[4]: et super quamlibet earum aliqua amicitia fundatur, quae videtur esse pietatis virtus, ut dicit Glossa[5], 2Ti 3, super illud v. 5, *Habentes quidem speciem pietatis*. Ergo non solum ad consanguineos et concives pietas se extendit.

Sed contra est quod Tullius dicit, in sua *Rhetorica*[6]: *Pietas est per quam sanguine iunctis, patriaeque benevolis, officium et diligens tribuitur cultus*.

Respondeo dicendum quod homo efficitur diversimode aliis debitor secundum diversam eorum excellentiam, et diversa beneficia ab eis suscepta. In utroque autem Deus summum obtinet locum, qui et excellentissimus est, et est nobis essendi et gubernationis primum principium. Secundario vero nostri esse et gubernationis principium sunt parentes et patria, a quibus et in qua et nati et nutriti sumus. Et ideo post Deum, maxime est homo debitor parentibus et patriae. Unde sicut ad religionem pertinet cultum Deo exhibere, ita secundo gradu ad pietatem pertinet exhibere cultum parentibus et patriae. In cultu autem parentum includitur cultus omnium consanguineorum: quia etiam consangui-

1. Com efeito, Agostinho diz: "Por piedade se costuma entender, no sentido próprio, o culto de Deus que os Gregos chamam de eusebeia." Ora, o culto de Deus não se refere à relação com os homens, mas exclusivamente à relação com Deus. Logo, a piedade não se estende de maneira determinada a nenhum tipo de pessoa humana.

2. Além disso, Gregório diz: "A piedade oferece seu banquete no seu dia, porque ela enche as entranhas do coração com obras de misericórdia". Ora, segundo Agostinho, as obras de misericórdia devem ser prestadas a todos. Logo, a piedade não se estende a certas pessoas determinadas.

3. Ademais, no trato com os homens existem inúmeros outros tipos de relação, afora a consanguinidade e a concidadania, como o mostra o Filósofo. Cada um desses tipos de relação fundamenta uma certa amizade que parece ser a virtude da piedade, como diz a Glosa sobre texto de Paulo: "tendo as aparências da piedade...". Logo, a piedade não se estende apenas aos nossos parentes e concidadãos[b].

Em sentido contrário, Túlio declara: "A piedade é a virtude pela qual se presta um obsequioso respeito aos consanguíneos e amigos da pátria".

Respondo. O homem se torna devedor de outras pessoas, de diferentes maneiras, segundo os diferentes graus de excelência que estas pessoas possuem e segundo os diferentes benefícios que delas tiver recebido. Em ambos os planos, Deus ocupa o primeiríssimo lugar, pelo fato de ser o mais excelente, e de, ser para nós o primeiro princípio de existir e de governo. Mas nossos pais e nossa pátria, dos quais recebemos vida e subsistência, merecem também, embora de modo secundário, este título de princípio de existir e de governo. É por isto que depois de Deus, o homem é o máximo devedor dos pais e da pátria. Consequentemente, assim como cabe à religião prestar culto a Deus,

---

1. C. 1, n. 3: ML 41, 279.
2. C. 32, al. 15, in vet. 32, n. 44: ML 75, 547 B.
3. C. 30, n. 32: ML 34, 31.
4. Cc. 11, 14: 1160, a. 10-20; 1161, b, 11-16.
5. Interl.; Ordin.: 114, 636 C; Lombardi: ML 192, 375 A.
6. *De invent. rhet.*, l. II, c. 53: ed. G. Friedrich, Lipsiae 1908, p. 230, ll. 22-24.

---

b. Essas três objeções visam situar o domínio próprio da piedade, considerando a etimologia do termo em latim (*pietas*), que designa *piedade* e *dó*; o que levaria a incluir toda a amplitude da misericórdia em sua noção (obj. 2); a piedade englobaria as diversas formas da amizade (de acordo com as autoridades citadas na objeção 3). Já a correspondência com o termo grego *eusebeia* reservaria sua significação ao culto de Deus (obj. 1). A Solução e as respostas procurarão definir, explicar e legitimar a noção restrita da piedade como culto devido aos pais e à pátria (no prolongamento da tradição filosófica, lembrada na *s.c.*). Quanto ao termo *eusebeia*, ver II-II, q. 81, nota 3.

nei ex hoc dicuntur quod ex eisdem parentibus processerunt, ut patet per Philosophum, in VIII *Ethic.*[7]. In cultu autem patriae intelligitur cultus concivium, et omnium patriae amicorum. Et ideo ad hos principaliter pietas se extendit.

AD PRIMUM ergo dicendum quod in maiori includitur minus. Et ideo cultus qui Deo debetur includit in se, sicut aliquid particulare, cultum qui debetur parentibus. Unde dicitur Mal 1,6: *Si ego pater, ubi honor meus?* Et ideo nome pietatis etiam ad divinum cultum refertur.

AD SECUNDUM dicendum quod, sicut Augustinus dicit, in X *de Civ. Dei*[8], *more vulgi nomen pietatis etiam in operibus misericordiae frequentatur. Quod ideo arbitror evenisse quia haec fieri praecipue mandat Deus, eaque sibi vel pro sacrificiis placere testatur. Ex qua consuetudine factum est ut et Deus ipse pius dicatur.*

AD TERTIUM dicendum quod communicatio consanguineorum et concivium magis referuntur ad principia nostri esse quam aliae communicationes. Et ideo ad hoc nomen pietatis magis extenditur.

assim também, em grau inferior, pertence à piedade render culto aos pais e à pátria. Por outro lado, no culto dos pais se inclui o culto a todos os consanguíneos que são chamados porque procedem dos mesmos pais, como o demonstra o Filósofo. E no culto à pátria está incluído o culto a todos os concidadãos e a todos os amigos da pátria. É por isso que a piedade se estende a todos estes de maneira prioritária.

QUANTO AO 1º, portanto, deve-se dizer que o mais inclui o menos. Por essa razão, o culto devido a Deus inclui em si mesmo, como algo particular, o culto que se deve aos pais. Daí esta palavra que se encontra em Malaquias: "Se eu sou Pai, onde a honra que me é devida?" Por conseguinte o termo piedade pode se referir também ao culto divino[c].

QUANTO AO 2º, deve-se dizer que, como diz Agostinho: "A palavra piedade é empregada pelo povo também para designar as obras de misericórdia. A meu ver, esse sentido provém do fato que Deus recomenda estas obras de um modo todo especial, chegando até a declarar que elas lhe são mais agradáveis que os sacrifícios. Esse costume nos levou a dar ao próprio Deus o nome de piedoso".

QUANTO AO 3º, deve-se dizer que as relações de consanguinidade e de concidadania mais se referem aos princípios de nosso existir mais do que outro tipo de relacionamento. Por isso a elas mais se estende o nome de piedade.

ARTICULUS 2

**Utrum pietas exhibeat parentibus sustentationem**

AD SECUNDUM SIC PROCEDITUR. Videtur quod pietas non exhibeat parentibus sustentationem.
1. Ad pietatem enim videtur pertinere illud praeceptum decalogi: *Honora patrem tuum et matrem tuam.* Sed ibi non praecipitur nisi honoris

ARTIGO 2

**A piedade assegura o sustento aos pais?**

QUANTO AO SEGUNDO, ASSIM SE PROCEDE: parece que a piedade **não** assegura o sustento aos pais.
1. Com efeito, a piedade, parece se referir aquele preceito do decálogo: "Honra teu pai e tua mãe". Ora, aí apenas se prescreve a obrigação de

---

7. C. 14: 1161, b, 29-33.
8. C. 1, n. 3: ML 41, 279.

2  PARALL.: *De Praecept. Leg.*, c. *de IV Praecept.*; II *ad Cor.*, c. 12, lect. 5; IX *Ethic.*, lect. 2.

c. A religião é aqui valorizada como a forma mais eminente de piedade, como o culto filial prestado a Deus. "O mais compreende o menos": tal é o princípio que preside à relação e à hierarquia da religião, da piedade, do respeito, da dulia, da obediência, da gratidão, que se organizarão nas questões seguintes como uma cascata de virtudes. Elas traduzem uma atenção hierarquizada à escala de perfeições e benefícios que elevam certas pessoas (Deus, os pais, a pátria, as autoridades, os benfeitores), tornando-as dignas de uma reverência, de uma homenagem ou de certas considerações que essas virtudes são justamente chamadas a definir. Uma tal compreensão ordenada das virtudes de veneração será lembrada na questão seguinte, a. 1, Solução, e em mais de uma ocasião nas outras questões da presente seção.

exhibitio. Ergo ad pietatem non pertinet sustentationem parentibus exhibere.

2. Praeterea, illis debet homo thesaurizare quos tenetur sustentare. Sed secundum Apostolum, 2Cor 12,14, *filii non debent thesaurizare parentibus*. Ergo non tenentur eos per pietatem sustentare.

3. Praeterea, pietas non solum se extendit ad parentes, sed etiam ad alios consanguineos et concives, ut dictum est[1]. Sed non tenetur aliquis omnes consanguineos et concives sustentare. Ergo nec etiam tenetur ad sustentationem parentum.

Sed contra est quod Dominus, Mt 15,3 sqq., redarguit Pharisaeos quod impediebant filios ne parentibus sustentationem exhiberent.

Respondeo dicendum quod parentibus aliquid debetur dupliciter: uno modo, per se; alio modo, per accidens. Per se quidem debetur eis id quod decet patrem inquantum est pater. Qui cum sit superior, quasi principium filii existens, debetur ei a filio reverentia et obsequium. Per accidens autem aliquid debetur patri quod decet eum accipere secundum aliquid quod ei accidit: puta, si sit infirmus, quod visitetur, et eius curationi intendatur; et si sit pauper, quod sustentetur; et sic de aliis huiusmodi, quae omnia sub debito obsequio continentur. Et ideo Tullius dicit[2] quod pietas exhibet et officium et cultum: ut officium referatur ad obsequium, cultus vero ad reverentiam sive honorem; quia, ut Augustinus dicit, in X *de Civ. Dei*[3], *dicimur colere homines quos honorificatione, vel recordatione, vel praesentia frequentamus*.

Ad primum ergo dicendum quod in honoratione parentum intelligitur omnis subventio quae debet parentibus exhiberi: ut Dominus interpretatur, Matth. 15. Et hoc ideo, quia subventio fit patri ex debito, tanquam maiori.

Ad secundum dicendum quod quia pater habet rationem principii, filius autem habet rationem a principio existentis, ideo per se patri convenit ut subveniat filio: et propter hoc, non solum ad horam debet ei subvenire, sed ad totam suam vitam, quod est *thesaurizare*. Sed quod filius aliquid conferat patri, hoc est per accidens, ratione alicuius necessitatis instantis, in qua tenetur ei subvenire,

prestar honra. Logo, não cabe à piedade assegurar o sustento dos pais.

2. Além disso, o homem deve entesourar para aqueles que tem obrigação de sustentar. Ora, o Apóstolo diz: "Não são os filhos que têm obrigação de entesourar bens para os pais. Logo, a piedade não os obriga a sustentar seus pais.

3. Ademais, como ficou dito no artigo anterior, a piedade não se estende apenas aos pais, mas também aos consanguíneos e aos concidadãos. Ora, ninguém é obrigado a dar sustento a todos os consanguíneos e concidadãos. Logo, a piedade não obriga tampouco a sustentar os pais.

Em sentido contrário, o Senhor recrimina os fariseus por impedirem os filhos de assegurar o sustento aos pais.

Respondo. De duas maneiras se deve alguma coisa aos pais: por si ou acidentalmente. Por si, se deve a eles aquilo que convém ao pai enquanto pai. Sendo ele superior ao filho, um como que princípio do filho, este último lhe deve reverência e serviço. Acidentalmente, se deve ao pai aquilo que lhe convém segundo uma circunstância acidental; se, por exemplo. estiver doente, os filhos devem visitá-lo e procurar a sua cura; se estiver na pobreza, os filhos devem sustentá-lo, e assim em todas as circunstâncias em que há a obrigação de serviço que a ele se deve. É a razão pela qual Túlio diz que a piedade comporta dever e culto: o dever se refere ao serviço, o culto à reverência ou à honra; porque, como diz Agostinho, "rendemos culto às pessoas a quem celebramos, por demonstrações de honra, pela lembrança ou pela presença".

Quanto ao 1º, portanto, deve-se dizer que a honra que se deve prestar aos pais compreende também toda a assistência que lhes é devida, de acordo com a interpretação dada pelo Senhor. E isto porque a assistência a um pai é um dever para com alguém superior.

Quanto ao 2º, deve-se dizer que o pai tem razão de princípio; e o filho, tem a razão de procedente daquele princípio. Por isso, o pai, por si, tem obrigação de prover o sustento do filho. E não somente por um determinado lapso de tempo, mas durante toda sua vida, o que é *entesourar*. A assistência prestada a um pai por um filho é acidental, em razão de alguma necessidade do momento que

---

1. Art. praec.
2. *De invent. rhet.*, l. II, c. 53: ed. G. Friedrich, Lipsiae 1908, p. 230, ll. 22-24.
3. C. 1, n. 2: ML 41, 278.

non autem thesaurizare, quasi in longinquum: quia naturaliter non parentes filiorum, sed filii parentum sunt successores.

Ad tertium dicendum quod cultus et officium, ut Tullius dicit[4], debetur omnibus *sanguine iunctis et patriae benevolis*, non tamen aequaliter omnibus: sed praecipue parentibus, aliis autem secundum propriam facultatem et decentiam personarum.

obriga a ajudá-lo, mas não a entesourar a longo prazo; porque, naturalmente, são os filhos que sucedem aos pais, e não estes aos filhos.

Quanto ao 3º, deve-se dizer que, como diz Túlio, o culto e os serviços se devem a todos aqueles que são "unidos pelo sangue e que amam a mesma pátria", mas não a todos da mesma maneira; em primeiro lugar, aos pais; aos outros, apenas na medida de nossos próprios recursos e da situação social deles.

## Articulus 3
### Utrum pietas sit specialis virtus ab aliis distincta

Ad tertium sic proceditur. Videtur quod pietas non sit specialis virtus ab aliis distincta.

1. Exhibere enim obsequium et cultum alicuibus ex amore procedit. Sed hoc pertinet ad pietatem. Ergo pietas non est virtus a caritate distincta.

2. Praeterea, cultum Deo exhibere est proprium religionis. Sed etiam pietas exhibet Deo cultum: ut Augustinus dicit, X *de Civ. Dei*[1]. Ergo pietas non distinguitur a religione.

3. Praeterea, pietas quae exhibet cultum et officium patriae videtur idem esse cum iustitia legali, quae respicit bonum commune. Sed iustitia legalis est virtus generalis: ut patet per Philosophum, in V *Ethic.*[2]. Ergo pietas non est virtus specialis.

Sed contra est quod ponitur a Tullio[3] pars iustitiae.

Respondeo dicendum quod virtus aliqua est specialis ex hoc quod respicit aliquod obiectum secundum aliquam rationem specialem. Cum autem ad rationem iustitiae pertineat quod debitum alii reddat, ubi invenitur specialis ratio debiti alicui personae, ibi est specialis virtus. Debetur autem aliquid specialiter alicui quia est connaturale principium producens in esse et gubernans. Hoc autem principium respicit pietas, inquantum parentibus et patriae, et his qui ad haec ordinantur, officium et cultum impendit. Et ideo pietas est specialis virtus.

Ad primum ergo dicendum quod sicut religio est quaedam protestatio fidei, spei et caritatis, quibus

## Artigo 3
### A piedade é uma virtude especial distinta das outras?

Quanto ao terceiro, assim se procede: parece que a piedade **não** é uma virtude especial distinta das outras.

1. Com efeito, prestar um serviço e render culto a alguém procede do amor. Ora, isso pertence à piedade. Logo, a piedade não é uma virtude distinta da caridade.

2. Além disso, render um culto a Deus é próprio da religião. Ora, a piedade também presta culto a Deus, como afirma Agostinho. Logo, a piedade não se distingue da religião.

3. Ademais, a piedade que presta culto e serviço à pátria parece ser a mesma coisa que a justiça legal, que visa o bem comum. Ora, a justiça legal é uma virtude geral, como o demonstra o Filósofo. Logo, a piedade não é uma virtude especial.

Em sentido contrário, Túlio apresenta a piedade como uma parte da justiça.

Respondo. Uma virtude é especial quando considera um determinado objeto sob uma razão especial. Como pertence à razão de justiça pagar uma dívida, onde houver uma especial razão da dívida, aí há uma virtude especial. Há uma dívida especial para com aquele que é o princípio conatural do existir e do governo. Ora, é esse princípio que é objeto da piedade, na medida em que cabem a ela o culto e o serviço a serem prestados aos pais, à pátria, e a todos os que estão relacionados a isso. Por conseguinte, a piedade é uma virtude especial.

Quanto ao 1º, portanto, deve-se dizer que como a religião é uma espécie de afirmação da fé, da

---

4. Loc. cit.

1. C. 1, n. 3: ML 41, 279.
2. Cc. 3, 5: 1129, b, 29-31; 1130, a. 9-10; b, 18-24.
3. *De invent. rhet.*, l. II, c. 53: ed. G. Friedrich, Lipsiae 1908, p. 230, l. 19.

homo primordialiter ordinatur in Deum; ita etiam pietas est quaedam protestatio caritatis quam quis habet ad parentes et ad patriam.

AD SECUNDUM dicendum quod Deus longe excellentiori modo est principium essendi et gubernationis quam pater vel patria. Et ideo alia virtus est religio, quae cultum Deo exhibet, a pietate, quae exhibet cultum parentibus et patriae. Sed ea quae sunt creaturarum per quandam superexcellentiam et causalitatem transferuntur in Deum: ut Dionysius dicit, in libro *de Div. Nom.*[4]. Unde per excellentiam pietas cultus Dei nominatur: sicut et Deus excellenter dicitur Pater noster.

AD TERTIUM dicendum quod pietas se extendit ad patriam secundum quod est nobis quoddam essendi principium: sed iustitia legalis respicit bonum patriae secundum quod est bonum commune. Et ideo iustitia legalis magis habet quod sit virtus generalis quam pietas.

esperança e da caridade, pelas quais os homens se ordenam a Deus de maneira primordial, assim também a piedade é uma espécie de afirmação do amor que se tem aos pais e à pátria.

QUANTO AO $2^o$, deve-se dizer que Deus é princípio do existir e do governo de maneira infinitamente superior ao pai e à pátria. A religião, que presta culto a Deus, é pois uma virtude diferente da piedade, que presta culto aos pais e à pátria. Mas as perfeições das criaturas são atribuídas a Deus por um certo modo de superexcelência e de causalidade, como diz Dionísio. E é por isso que a piedade designa, por excelência, o culto de Deus, da mesma forma que Deus é chamado, em forma excelente, de Pai nosso.

QUANTO AO $3^o$, deve-se dizer que a piedade se estende à pátria enquanto a pátria constitui para nós um certo princípio de nosso existir. Mas a justiça legal considera o bem da pátria sob o ponto de vista do bem comum. Por isso a justiça legal tem mais motivos que a piedade para ser considerada uma virtude geral.

ARTICULUS 4

Utrum occasione religionis sint praetermittenda pietatis officia in parentes

AD QUARTUM SIC PROCEDITUR. Videtur quod occasione religionis sint praetermittenda pietatis officia in parentes.

1. Dicit enim Dominus, Lc 14,26: *Si quis venit ad me, et non odit patrem suum et matrem et uxorem, fratres, filios et sorores, adhuc autem et animam suam, non potest meus esse discipulus*. Unde et in laudem Iacobi et Ioannis, Mt 4,22, dicitur quod *relictis retibus et patre, secuti sunt Christum*. Et in laudem Levitarum dicitur, Dt 33,9: *Qui dixit patri suo et matri suae, Nescio vos; et fratribus suis, Ignoro illos; et nescierunt filios suos: hi custodierunt eloquium tuum*. Sed ignorando parentes et alios consanguineos, vel etiam eos oddiendo, necesse est quod praetermittantur pietatis officia. Ergo propter religionem officia pietatis sunt praetermittenda.

2. PRAETEREA, Mt 8,21-22 et Lc 9,59-60 dicitur quod Dominus dicenti sibi, *Permitte mihi primum ire et sepelire patrem meum*, respondit: *Sine ut mortui sepelient mortuos suos. Tu autem vade et*

ARTIGO 4

Sob pretexto de religião, devem-se preterir os deveres da piedade filial?

QUANTO AO QUARTO, ASSIM SE PROCEDE: parece que sob o pretexto de religião, **devem-se** omitir os deveres da piedade filial.

1. Com efeito, o Senhor diz: "Se alguém vier a mim sem odiar seu pai, sua mãe, sua esposa e filhos, seus irmãos e irmãs, e até mesmo sua própria vida, não pode ser meu discípulo." Em louvor de Tiago e João está escrito: "Abandonando então suas redes e seu pai, eles seguiram o Cristo." E em louvor dos Levitas está dito também: "Aquele que disser a seu pai e à sua mãe: 'Eu não vos conheço', e que disser a respeito de seus irmãos: 'Eu os ignoro'; e ignorou os próprios filhos: este terá guardado tua palavra". Ora, para ignorar os pais e outros consanguíneos, ou até mesmo para os odiar, é necessário omitir os deveres da piedade para com eles. Logo, devem-se preterir os deveres da piedade por causa da religião.

2. ALÉM DISSO, a alguém que lhe dizia: "Permite-me ir primeiro sepultar meu pai", o Senhor respondeu: "Deixa que os mortos sepultem seus mortos. Tu porém vai anunciar o reino de Deus",

---

4. C. 1: MG 3, 593 CD.

*annuntia regnum Dei*, quod pertinet ad religionem. Sepultura autem patris pertinet ad pietatis officium. Ergo pietatis officium est praetermittendum propter religionem.

3. Praeterea, Deus per excellentiam dicitur Pater noster. Sed sicut per pietatis obsequia colimus parentes, ita per religionem colimus Deum. Ergo praetermittenda sunt pietatis obsequia propter religionis cultum.

4. Praeterea, religiosi tenentur ex voto, quod transgredi non licet, suae religionis observantias implere. Secundum quas suis parentibus subvenire impediuntur: tum propter paupertatem, quia proprio carent; tum etiam propter inobedientiam, quia sine licentia suorum praelatorum eis claustrum exire non licet. Ergo propter religionem praetermittenda sunt pietatis officia in parentes.

Sed contra est quod Dominus, Mt 15,3 sqq., redarguit Pharisaeos, qui intuitu religionis honorem parentibus debitum subtrahere docebant.

Respondeo dicendum quod religio et pietas sunt duae virtutes. Nulla autem virtus alii virtuti contrariatur aut repugnat: quia secundum Philosophum, in *Praedicamentis*[1], bonum non est bono contrarium. Unde non potest esse quod pietas et religio se mutuo impediant, ut propter unam alterius actus excludatur. Cuiuslibet enim virtutis actus, ut ex supra[2] dictis patet, debitis circumstantiis limitatur: quas si praetereat, iam non erit virtutis actus, sed vitii. Unde ad pietatem pertinet officium et cultum parentibus exhibere secundum debitum modum. Non est autem debitus modus ut plus homo intendat ad colendum patrem quam ad colendum Deum: sed sicut Ambrosius dicit, *super* Lc 12,52[3], *necessitudini generis divinae religionis pietas antefertur*. Si ergo cultus parentum abstrahat nos a cultu Dei, iam non esset pietatis parentum insistere cultui contra Deum. Unde Hieronymus dicit, in epistola *ad Heliodorum*[4]: *Per calcatum perge patrem, per calcatam perge matrem, ad vexillum crucis evola. Summum genus pietatis est in hac*

o que pertence à religião. Ora, dar sepultura ao pai pertence à piedade. Logo, devem-se preterir os deveres da piedade por causa da religião.

3. Ademais, Deus é chamado, por excelência, de Pai nosso. Ora, assim como prestamos culto aos pais pelos serviços da piedade, assim também, pela religião prestamos culto a Deus. Por conseguinte, devem-se preterir as obrigações da piedade por causa da religião.

4. Ademais, os religiosos são obrigados, por força de um voto que não é permitido transgredir, a cumprir as observâncias de sua própria ordem. Estas observâncias os impedem de prestar socorro aos pais, seja por causa do voto de pobreza, pois nada têm de próprio, seja por força da obediência, uma vez que não podem se ausentar do claustro sem a permissão de seus superiores. Por conseguinte, os deveres da piedade filial devem ser preteridos por causa da religião.

Em sentido contrário, o Senhor repreende os fariseus que, por motivo religioso, ensinavam a recusar a honra devida aos pais[d].

Respondo. A religião e a piedade são duas virtudes. Ora, nenhuma virtude pode ser contrária ou oposta a outra virtude, pois, segundo o Filósofo, "o bem não pode ser contrário ao bem". Por conseguinte, é impossível que piedade e religião se oponham mutuamente, a ponto de os atos de uma excluírem os atos da outra. Na realidade, como demonstramos anteriormente, todo ato de virtude é limitado pelas circunstâncias impostas; quando ultrapassa estas circunstâncias, deixa de ser um ato de virtude e passa a ser um ato vicioso. Cabe assim à piedade prestar aos pais culto e serviços, mas dentro das devidas medidas. Ora, não existe devida medida quando se tende a prestar ao homem um culto maior do que aquele que se presta a Deus. Ambrósio diz, sobre um texto de Lucas, que "a piedade da divina religião está acima das obrigações de família". Se, por conseguinte, o culto devido aos pais viesse a nos afastar do culto a Deus, já não seria mais piedade filial ficar insistindo num culto que é contra Deus.

---

1. C. 11: 13, b, 36.
2. I-II, q. 18, a. 3.
3. L. VII, super 12, 52, n. 136: ML 15, 1735 A.
4. Epist. 14, al. 1, n. 2: ML 22, 348.

d. Essa passagem evangélica já citada (a. 2, *s.c.*) constitui um elemento essencial para a reflexão sobre a piedade filial e suas relações com a religião. Devemos sempre respeito e serviço aos pais e, em caso de necessidade, a assistência requerida. Um tal dever, longe de ser suprimido ou atenuado pela religião, será antes por ela reforçado, à luz do preceito divino, que situa e exalta a paternidade humana, relacionando-a com a paternidade divina.

*re fuisse crudelem*. Et ideo in tali casu dimittenda sunt officia in parentes propter divinum religionis cultum. — Si vero exhibendo debita obsequia parentibus non abstrahamur a divino cultu, hoc iam pertinebit ad pietatem. Et sic non oportebit propter religionem pietatem deserere.

AD PRIMUM ergo dicendum quod Gregorius[5], exponens illud verbum Domini, dicit quod *parentes quos adversarios in via Dei patimur, odiendo et fugiendo nescire debemus*. Si enim parentes nostri nos provocent ad peccandum, et abstrahant nos a cultu divino, debemus quantum ad hoc eos deserere et odire. Et hoc modo dicuntur Levitae suos consanguineos ignorasse: quia idololatris, secundum mandatum Domini, non pepercerunt, ut habetur Ex 32,26 sqq. — Iacobus autem et Ioannes laudantur ex hoc quod secuti sunt Dominum dimisso parente, non quia eorum pater eos provocaret ad malum: sed quia aliter aestimabant ipsum posse vitam transigere, eis sequentibus Christum.

AD SECUNDUM dicendum quod Dominus ideo prohibuit discipulum a sepultura patris, quia, sicut Chrysostomus dicit[6], *per hoc eum Dominus a multis malis eripuit: puta luctibus et maeroribus, et aliis quae hinc expectantur. Post sepulturam enim necesse erat et testamenta scrutari, et haereditatis divisionem, et alia huiusmodi. Et praecipue quia alii erant qui complere poterant huius funeris sepulturam.*

Vel, sicut Cyrillus exponit, super Lucam[7], *discipulus ille non petiit quod patrem iam defunctum sepeliret: sed adhuc viventem in senectute sustentaret usquequo sepeliret. Quod Dominus non concessit, quia erant alii qui eius curam habere poterant, linea parentelae adstricti.*

Daí Jerônimo escrever: "Avança, calcando aos pés teu pai, avança, calcando aos pés tua mãe, voa rumo ao estandarte da Cruz. Ser cruel é, aqui, uma forma suprema de piedade." Neste caso se devem, pois, preterir as obrigações para com os pais por causa do culto que a religião deve a Deus. — Mas quando o cumprimento dos deveres para com os pais não nos afasta do culto devido a Deus, isso será um ato de piedade. E assim não será necessário preterir a piedade por causa da religião[e].

QUANTO AO 1º, portanto, deve-se dizer que Gregório interpreta esta palavra do Senhor no sentido de que "devemos odiar nossos pais e deles fugir, ignorando-os, quando os temos como adversários no caminho de Deus". *Se*, de fato, nossos pais nos induzirem ao pecado e nos afastarem do culto divino, no que concerne este ponto especifico devemos odiá-los e abandoná-los. É neste sentido que se diz que os Levitas ignoraram seus parentes porque não os perdoaram como idólatras, de acordo com o preceito do Senhor. — Tiago e João são elogiados pelo fato de terem abandonado o pai para seguir o Senhor, não porque seu pai os induzisse ao mal, mas porque sabiam que o pai podia levar a vida sem eles, enquanto seguiam o Cristo.

QUANTO AO 2º, deve-se dizer que Crisóstomo explica da seguinte maneira a proibição imposta ao discípulo, de sepultar seu pai: "Com isto o Senhor o livrou de muitos males: o luto, as tristezas e tudo que se pode esperar de tais circunstâncias. Depois dos funerais, viriam a elaboração do testamento, a repartição da herança, e todas as coisas do gênero. E principalmente convém notar que havia outros capazes de cumprir estes deveres fúnebres".

Cirilo dá outra interpretação: "Aquele discípulo não pediu para ir enterrar seu pai morto, mas queria ficar ao lado do pai vivo para ampará-lo durante toda a velhice até o momento de sepultá-lo. E isto o Senhor não permitiu por que havia outros parentes que podiam se encarregar de tais cuidados".

---

5. Homil. 37 *in Evang.*, n. 2: ML 76, 1275 D.
6. *In Matth.*, hom. 27, al. 28, nn. 3, 4: MG 57, 348.
7. Vide CYRILL. ALEX, *In Luc.* 9, 59: MG 72, 664 BC.

---

e. O conflito é situado, de forma resumida, no nível das virtudes, e não como um antagonismo de deveres. Uma tal posição é típica de uma moral das virtudes, que define e ordena os deveres no interior do campo do bem, ele próprio esclarecido pela consideração do homem e das inspirações do Evangelho.

AD TERTIUM dicendum quod hoc ipsum quod parentibus carnalibus ex pietate exhibemus, in Deum referimus: sicut et alia misericordiae opera quae quibuscumque proximis impendimus, Deo exhibita videntur, secundum illud Mt 25,44: *Quod uni ex minimis meis fecistis, mihi fecistis.* Et ideo si carnalibus parentibus nostra obsequia sunt necessaria, ut sine his sustentari non possint; nec nos ad aliquid contra Deum inducant: non debemus intuitu religionis eos deserere. Si autem sine peccato eorum obsequiis vacare non possumus; vel etiam si absque nostro obsequio possunt sustentari: licitum est eorum obsequia praetermittere ad hoc quod amplius religioni vacemus.

AD QUARTUM dicendum quod aliud est dicendum de eo qui est adhuc in saeculo constitutus, et aliud de eo qui est iam in religione professus. Ille enim qui est in saeculo constitutus, si habet parentes qui sine ipso sustentari non possunt, non debet, eis relictis, religionem intrare: quia transgrederetur praeceptum de honoratione parentum. — Quamvis dicant quidam quod etiam in hoc casu licite posset eos deserere, eorum curam Deo committens. Sed si quis recte consideret, hoc esset tentare Deum: cum habens ex humano consilio quid ageret, periculo parentes exponeret sub spe divini auxilii.

Si vero sine eo parentes vitam transigere possent, licitum esset ei, desertis parentibus, religionem intrare. Quia filii non tenentur ad sustentationem parentum nisi causa necessitatis, ut dictum est[8].

Ille vero qui iam est in religione professus, reputatur iam quasi mortuus mundo. Unde non debet occasione sustentationis parentum exire claustrum, in quo Christo consepelitur, et se iterum saecularibus negotiis implicare. Tenetur tamen, salva sui praelati obedientia et suae religionis statu, pium studium adhibere qualiter eius parentibus subveniatur.

QUANTO AO 3º, deve-se dizer que tudo o que, por piedade, oferecemos a nossos pais carnais, é por Deus que o fazemos. Como quando praticamos outras obras de misericórdia em favor de nossos próximos, são feitas ao próprio Deus, segundo o que está dito: "O que tiverdes feito a um dos menores entre os meus, é a mim próprio que fizestes". Assim, se os serviços devidos a nossos pais carnais forem de tal maneira necessários que eles não possam viver sem eles, e não nos induzem a fazer nada contrário a Deus, não devemos abandoná-los sob pretexto de religião. Mas se for impossível exercer estes cuidados sem cometer pecado, ou ainda se os pais puderem ser sustentados sem nosso socorro, será permitido omitir esta prestação de serviços para nos entregarmos mais completamente à religião.

QUANTO AO 4º, deve-se dizer que existe uma diferença entre aquele que ainda continua estabelecido no mundo e aquele que já fez a profissão religiosa. Aquele que continua estabelecido no mundo, caso seus pais não possam subsistir sem sua ajuda, não tem o direito de abandoná-los para entrar em religião: pois estaria transgredindo o preceito que obriga a honrar pai e mãe. — Há quem diga, no entanto, que, mesmo nesse caso, seria permitido abandonar os pais confiando o cuidado deles a Deus. Mas, considerando as coisas corretamente, isto seria tentar Deus, porque, sabendo pela sabedoria humana o que deve fazer, estaria colocando pai e mãe em perigo, na esperança do auxílio divino.

Se, no entanto, os pais puderem viver sem o auxílio do filho, este poderá entrar em religião licitamente, abandonando a família. Porque, como foi dito, os filhos não são obrigados a sustentar os pais, salvo por motivo de necessidade.

No que concerne àquele que já fez profissão religiosa, é considerado como morto para o mundo. Por isso não deverá, sob pretexto de prestar socorro aos pais, sair do claustro onde está sepultado com Cristo, e voltar a se envolver com os assuntos do século. Mas, ressalvadas as obrigações de obediência a seus superiores e a seu estado de religioso, fica obrigado a empreender esforço piedoso, para encontrar um meio de socorrer a seus pais.

---

8. Ad 3; a. 2, ad 2.

## QUAESTIO CII
## DE OBSERVANTIA
*in tres articulos divisa*

Deinde considerandum est de observantia, et partibus eius. Per quae de oppositis vitiis erit manifestum.

Circa observantiam autem quaeruntur tria.

*Primo:* utrum observantia sit specialis virtus ab aliis distincta.
*Secundo:* quid observantia exhibeat.
*Tertio:* de comparatione eius ad pietatem.

### Articulus 1
### Utrum observantia sit specialis virtus ab aliis distincta

Ad primum sic proceditur. Videtur quod observantia non sit specialis virtus ab aliis distincta.

1. Virtutes enim distinguuntur secundum obiecta. Sed obiectum observantiae non distinguitur ab obiecto pietatis. Dicit enim Tullius, in sua *Rhetorica*[1], quod *observantia est per quam homines aliqua dignitate antecedentes quodam cultu et honore dignantur*. Sed cultum et honorem etiam pietas exhibet parentibus, qui dignitate antecedunt. Ergo observantia non est virtus distincta a pietate.

2. Praeterea, sicut hominibus in dignitate constitutis debetur honor et cultus, ita etiam eis qui excellunt in scientia et virtute. Sed non est aliqua specialis virtus per quam honorem et cultum exhibeamus hominibus qui scientiae vel virtutis

## QUESTÃO 102
## O RESPEITO[a]
*em três artigos*

Em seguida, deve-se tratar do respeito e de suas partes. Assim ficarão manifestos quais os vícios opostos.

A esse respeito, três questões:

1. O respeito é uma virtude especial, distinta das outras?
2. Em que consiste o respeito?
3. Comparação entre respeito e piedade.

### Artigo 1
### O respeito é uma virtude especial, distinta das outras?

Quanto ao primeiro artigo, assim se procede: parece que o respeito **não** é uma virtude especial, distinta das outras.

1. Com efeito, as virtudes se distinguem segundo seus objetos. Ora, o objeto do respeito não se distingue do objeto da piedade. Como diz Túlio, "o respeito consiste no culto e na honra que se prestam aos homens superiores em dignidade". Mas, a piedade também presta culto e honra aos pais, que são superiores em dignidade. Logo, o respeito não é uma virtude distinta da piedade.

2. Além disso, deve-se honra e culto aos homens constituídos em dignidade, e também àqueles que são eminentes pela ciência e pela virtude. Ora, não existe nenhuma virtude especial que nos leve a prestar honra e culto àqueles que chegaram

---

1

1. *De invent. rhet.*, l. II, c. 53: ed. G. Friedrich, Lipsiae 1908, p. 230, ll. 28-29.

   a. O respeito tradução do latim: *observantia* é um empréstimo à linguagem de Cícero, e se situa no prolongamento da corrente ética que o escritor romano transmitiu à Idade Média. O termo exprime o aspecto positivo do "olhar" posto em alguém. É aqui utilizado para designar: a consideração, mais ou menos acompanhada de atenções, que se deve às pessoas "constituídas em dignidade". Essa "dignidade" tem relação seja com a autoridade que se encarrega do bem geral, seja com o nível social que eleva alguém pela excelência de suas qualidades, de suas virtudes ou benefícios com os quais ele cumula a sociedade.
   O respeito será uma virtude na medida em que a consideração que ele inspira e as atitudes que suscita correspondem ao grau de excelência das pessoas em questão e à dívida moral de reconhecimento por seus benefícios. Assim definida e distinguida (a. 1), essa virtude será chamada a organizar os sentimentos e comportamentos de uma vida social hierarquizada segundo a razão e de acordo com as exigências do bem comum, inspirando e avaliando a honra e o culto devidos aos que se dedicam às tarefas de governar (a. 2); o que permite distingui-la da justiça social e da piedade (a. 3).
   Esse exame geral da virtude de respeito será seguido e completado pelo estudo de duas virtudes específicas que são como que suas espécies: a *dulia*, que regula as relações de serviço de um inferior face a um superior (q. 103); e a *obediência*, que diz respeito ao cumprimento das ordens de uma autoridade competente (q. 104).
   A doutrina tomista do respeito às relações das pessoas no âmbito de uma sociedade convenientemente hierarquizada. Se a justiça no sentido estrito concerne à igualdade de direitos a manter e promover entre as pessoas, o respeito como as outras virtudes de veneração aqui abordadas considera a condição de desigualdade e as situações concretas nas quais se realizam as relações sociais, em vista de nelas introduzir as qualidades de retidão e de bondade.
   A coincidência de vocabulário (permitida pelo menos pela tradução) não poderia autorizar a confusão com outras formas de ética do "respeito" pela lei moral (na linha da autonomia kantiana, por exemplo).

excellentiam habent. Ergo etiam observantia, per quam cultum et honorem exhibemus his qui nos in dignitate antecedunt, non est specialis virtus ab aliis distincta.

3. PRAETEREA, hominibus in dignitate constitutis multa debentur ad quae solvenda lex cogit: secundum illud Rm 13,7: *Reddite omnibus debita: cui tributum, tributum*, etc. Ea vero ad quae per legem compellimur, pertinent ad iustitiam legalem, seu etiam ad iustitiam specialem. Ergo observantia non est per se specialis virtus ab aliis distincta.

SED CONTRA est quod Tullius[2] condividit observantiam aliis iustitiae partibus, quae sunt speciales virtutes.

RESPONDEO dicendum quod, sicut ex dictis[3] patet, necesse est ut eo modo per quendam ordinatum descensum distinguantur virtutes, sicut et excellentia personarum quibus est aliquid reddendum. Sicut autem carnalis pater particulariter participat rationem principii, quae universaliter invenitur in Deo; ita etiam persona quae quantum ad aliquid providentiam circa nos gerit, particulariter participat proprietatem patris: quia pater est principium et generationis et educationis et disciplinae, et omnium quae ad perfectionem humanae vitae pertinent. Persona autem in dignitate constituta est sicut principium gubernationis respectu aliquarum rerum: sicut princeps civitatis in rebus civilibus, dux autem exercitus in rebus bellicis, magister autem in disciplinis, et simile est in aliis. Et inde est quod omnes tales personae *patres* appellantur, propter similitudinem curae: sicut 4Reg 5,13, servi Naaman dixerunt ad eum: *Pater, etsi rem grandem dixisset tibi propheta*, etc. Et ideo sicut sub religione, per quam cultus tribuitur Deo, quodam ordine invenitur pietas, per quam coluntur parentes; ita sub pietate invenitur observantia, per quam cultus et honor exhibetur personis in dignitate constitutis.

AD PRIMUM ergo dicendum quod sicut supra[4] dictum est quod religio per quandam supereminentiam pietas dicitur, et tamen pietas proprie dicta a religione distinguitur; ita etiam pietas per quandam excellentiam potest dici observantia, et tamen observantia proprie dicta a pietate distinguitur.

ao nível da excelência na virtude ou na ciência. Logo, o respeito que nos leva a prestar culto e honra àqueles que nos precedem em dignidade, não é tampouco uma virtude especial.

3. ADEMAIS, aos homens constituídos em dignidade se devem muitas coisas, as quais a lei nos obriga a quitar, segundo a Carta aos Romanos: "Dai a todos o que lhes é devido: o imposto, a quem se deve imposto etc." Ora, os atos a que nos obriga a lei dizem respeito à justiça legal, ou ainda à justiça especial. Logo, o respeito não é uma virtude especial, distinta das outras.

EM SENTIDO CONTRÁRIO, Túlio contrapõe o respeito às outras partes da justiça, que são virtudes especiais.

RESPONDO. Como ficou demonstrado anteriormente, é preciso, de certa forma, distinguir as virtudes por uma subordinação bem ordenada conforme a excelência das pessoas a quem temos algum dever. Assim como o pai carnal participa, de um modo particular, da razão de princípio, que Deus possui de maneira universal, assim também uma pessoa que, em um determinado nível, assume com relação a nós um papel de providência, participa igualmente do caráter de paternidade, porquanto o pai é o princípio ao mesmo tempo da geração, da educação, da instrução e de tudo aquilo que contribui para a perfeição da vida humana. Ora, uma pessoa constituída em dignidade é como um princípio de governo em determinados domínios: por exemplo, o chefe da cidade nos assuntos da vida civil, o chefe do exército no domínio das operações militares, o mestre no plano do ensino, e assim por diante. Daí a razão por que tais personagens são chamados de "pais", por semelhança da função. Assim, os servidores de Naaman lhe diziam: "Pai, mesmo que o profeta te pedisse algo de difícil" etc. Por conseguinte, como na religião, que presta culto a Deus, se encontra, numa certa ordem, a piedade que nos leva a render honra aos pais, assim também, na piedade se encontra o respeito, pelo qual se prestam honras às pessoas constituídas em dignidade.

QUANTO AO 1º, portanto, deve-se dizer que como já foi dito acima, atribuímos à religião o nome de piedade em um sentido supereminente, o que não impede que a piedade, no sentido próprio, seja distinta da religião. Da mesma forma, a piedade, por uma certa excelência, pode se chamar respeito, o

---

2. Loc. cit.: ed. cit., p. 230, ll. 19-20.
3. Q. 101, a. 1.
4. Q. 101, a. 3, ad 2.

AD SECUNDUM dicendum quod aliquis ex hoc quod est in dignitate constitutus, non solum quandam status excellentiam habet, sed etiam quandam potestatem gubernandi subditos. Unde competit sibi ratio principii, prout est aliorum gubernator. Ex hoc autem quod aliquis habet perfectionem scientiae vel virtutis, non sortitur rationem principii quantum ad alios, sed solum quandam excellentiam in seipso. Et ideo specialiter quaedam virtus determinatur ad exhibendum honorem et cultum his qui sunt in dignitate constituti. — Verum quia per scientiam et virtutem, et omnia alia huiusmodi, aliquis idoneus redditur ad dignitatis statum, reverentia quae propter quamcumque excellentiam aliquibus exhibetur, ad eandem virtutem pertinet.

AD TERTIUM dicendum quod ad iustitiam specialem proprie sumptam pertinet reddere aequale ei cui aliquid debetur. Quod quidem non potest fieri ad virtuosos, et ad eos qui bene statu dignitatis utuntur: sicut nec ad Deum, nec ad parentes. Et ideo ad quandam virtutem adiunctam hoc pertinet: non autem ad iustitiam specialem, quae est principalis virtus. — Iustitia vero legalis se extendit ad actus omnium virtutum, ut supra[5] dictum est.

que não impede que o respeito em sentido próprio se distinga da piedade.

QUANTO AO 2º, deve-se dizer que uma pessoa constituída em dignidade possui não apenas um determinado grau de excelência, mas também um certo poder de governo sobre os súditos. Cabe a ela, portanto, a razão de princípio enquanto governa outras pessoas. Mas, pelo fato de alguém possuir a perfeição da ciência e da virtude não adquire a razão de princípio em relação a outros, mas somente uma determinada excelência. E é por isso que se faz necessário uma virtude especial para prestar honra e culto àqueles que se acham constituídos em dignidade. — Entretanto, como pela ciência e pela virtude e por outras qualidades do gênero, uma pessoa se torna apta a alcançar o estado de dignidade, a reverência prestada por uma excelência pertence à mesma virtude.

QUANTO AO 3º, deve-se dizer que à justiça especial, no sentido próprio do termo, cabe restituir a alguém o mesmo que é devido. Mas isto é impossível de se fazer com relação às pessoas virtuosas, ou àquelas que fazem uso correto de seu estado de dignidade, como também com relação a Deus e aos pais. Portanto, isso pertence à uma virtude próxima e não à justiça especial, que é uma virtude principal. — Quanto à justiça legal, ela se estende aos atos de todas as virtudes, como foi dito anteriormente.

### ARTICULUS 2
**Utrum ad observantiam pertineat exhibere cultum et honorem his qui sunt in dignitate constituti**

AD SECUNDUM SIC PROCEDITUR. Videtur quod ad observantiam non pertinet exhibere cultum et honorem his qui sunt in dignitate constituti.

1. Quia ut Augustinus dicit, in X *de* Civ. *Dei*[1], colere dicimur illas personas quas in quodam honore habemus: et sic idem videtur esse cultus quod honor. Inconvenienter igitur determinatur quod observantia exhibet in dignitate constitutis cultum et honorem.

2. PRAETEREA, ad iustitiam pertinet reddere debitum. Unde et ad observantiam, quae ponitur iustitiae pars. Sed cultum et honorem non debemus omnibus in dignitate constitutis, sed solum his

### ARTIGO 2
**Cabe ao respeito prestar culto e honra às pessoas constituídas em dignidade?**

QUANTO AO SEGUNDO, ASSIM SE PROCEDE: parece que **não** cabe ao respeito prestar culto e honra às pessoas constituídas em dignidade.

1. Com efeito, como diz Agostinho, rendemos culto àquelas pessoas a quem temos em alguma honra. Parece assim que culto e honra são a mesma coisa. Não é, pois, correto dizer que o respeito presta honra e culto às pessoas constituídas em dignidade.

2. ALÉM DISSO, o pagamento de uma dívida é da alçada da justiça. Portanto, é também da alçada do respeito, que é uma parte da justiça. Ora, não devemos culto e honra a todos aqueles que estão

---

5. Q. 58, a. 5, 6.

PARALL.: *De Dec. Praeceptis*, cap. *de IV Praecepto*.

1. C. 1, n. 2: ML 41, 278.

qui super nos praelationem habent. Ergo inconvenienter determinatur quod eis observantia exhibet cultum et honorem.

3. PRAETEREA, superioribus nostris in dignitate constitutis non solum debemus honorem, sed etiam timorem, et aliquam munerum largitionem: secundum illud ad Rm 13,7: *Reddite omnibus debita: et cui tributum, tributum; cui vectigal, vectigal; cui timorem, timorem; cui honorem, honorem.* Debemus etiam eis reverentiam et subiectionem: secundum illud Hb 13,17: *Obedite praepositis vestris, et subiacete eis.* Non ergo convenienter determinatur quod observantia exhibet cultum et honorem.

SED CONTRA est quod Tullius dicit[2], quod *observantia est per quam homines aliqua dignitate antecedentes quodam cultu et honore dignantur.*

RESPONDEO dicendum quod ad eos qui sunt in dignitate constituti pertinet gubernare subditos. Gubernare autem est movere aliquos in debitum finem: sicut nauta gubernat navem ducendo eam ad portum. Omne autem movens habet excellentiam quandam et virtutem supra id quod movetur. Unde oportet quod in eo qui est in dignitate constitutus, primo consideretur excellentia status, cum quadam potestate in subditos; secundo, ipsum gubernationis officium. Ratione igitur excellentiae, debetur eis honor, qui est quaedam recognitio excellentiae alicuius. Ratione autem officii gubernationis, debetur eis cultus, qui in quodam obsequio consistit, dum scilicet aliquis eorum obedit imperio, et vicem beneficiis eorum pro suo modo rependit.

AD PRIMUM ergo dicendum quod in cultu non solum intelligitur honor, sed etiam quaecumque alia pertinent ad decentes actus quibus homo ad alium ordinatur.

AD SECUNDUM dicendum quod, sicut supra[3] dictum est, duplex est debitum. Unum quidem legale, ad quod reddendum homo lege compellitur. Et sic debet homo honorem et cultum his qui sunt in dignitate constituti praelationem super ipsum habentes. — Aliud autem est debitum morale, quod ex quadam honestate debetur. Et hoc modo debemus cultum et honorem his qui sunt in dignitate constituti, etiam si non simus eis subiecti.

constituídos em dignidade, mas apenas aos que têm autoridade sobre nós. Logo, não é correto dizer que o respeito lhes presta honra e culto.

3. ADEMAIS, aos nossos superiores constituídos em dignidade nós devemos não apenas honra e culto, mas também temor e alguma contribuição financeira, segundo a Carta aos Romanos: "Dai a cada um o que lhe é devido; a quem se deve um tributo, o tributo; o imposto a quem se deve imposto; o temor, a quem se deve temor; honra, a quem se deve honra." A estes superiores devemos ainda reverência e sujeição, conforme a Carta aos Hebreus: "Obedecei a vossos superiores e sede-lhes submissos". Logo, não é correto dizer que o respeito rende culto e honra.

EM SENTIDO CONTRÁRIO, Túlio diz que "o respeito é aquilo que nos leva a prestar culto e honra àqueles que nos são superiores em dignidade".

RESPONDO. Cabe aos que são constituídos em dignidade governar os súditos. Governar é mover as pessoas no sentido do devido fim. Assim o piloto governa o navio conduzindo-o ao porto. Ora, todo aquele que move tem, com relação ao que é movido, uma certa superioridade e um certo poder. Em primeiro lugar, pois, é necessário considerar naquele que se acha constituído em dignidade a excelência do estado acompanhada de certo poder sobre os súditos. Em segundo lugar, a própria função de governar. Pela razão de excelência, a eles se deve honra, que é uma forma de reconhecimento da excelência de alguém. Em razão da função do governo, a eles se deve culto, que consiste numa certa forma de deferência, enquanto os súditos prestam obediência a seu mando e procuram responder aos seus benefícios na medida de seus meios.

QUANTO AO 1º, portanto, deve-se dizer que por culto, se entende não apenas a honra, mas tudo aquilo que diz respeito aos atos que relacionam corretamente um homem com outro homem.

QUANTO AO 2º, deve-se dizer que, como se disse anteriormente, há duas espécies de dívida. Uma é a dívida legal, que a lei obriga a quitar. É assim que uma pessoa deve honra e culto àqueles que estão constituídos em dignidade e que sobre ela têm autoridade. — A outra é a dívida moral, exigida em termos de honestidade. É assim que devemos culto e honra àqueles que são constituídos em dignidade, mesmo não sendo súditos deles.

---

2. *De invent. rhet.*, l. II, c. 53: ed. G. Friedrich, Lipsiae 1908, p. 230, ll. 28-29.
3. Q. 80.

AD TERTIUM dicendum quod excellentiae eorum qui sunt in dignitate constituti debetur honor ratione sublimioris gradus; timor autem ratione potestatis quam habent ad coercendum. Officio vero gubernationis ipsorum debetur obedientia, per quam subditi moventur ad imperium praesidentium; et tributa, quae sunt quaedam stipendia laboris ipsorum.

QUANTO AO 3º, deve-se dizer que se deve a honra às pessoas constituídas em dignidade em razão do grau superior; o temor, em razão do poder coercitivo de que dispõem. À função de governo que eles exercem deve-se a obediência pela qual os súditos são movidos pelo mando dos que presidem, e os tributos, que são uma espécie de remuneração de seus trabalhos.

### ARTICULUS 3
### Utrum observantia sit potior virtus quam pietas

### ARTIGO 3
### O respeito é uma virtude superior à piedade?

AD TERTIUM SIC PROCEDITUR. Videtur quod observantia sit potior virtus quam pietas.
1. Princeps enim, cui cultus per observantiam exhibetur, comparatur ad patrem, qui pietate colitur, sicut universalis gubernator ad particularem: nam familia, quam pater gubernat, est pars civitatis, quae gubernatur a principe. Sed universalis virtus potior est, et magis ei inferiora subduntur. Ergo observantia est potior virtus quam pietas.

2. PRAETEREA, illi qui sunt in dignitate constituti curam gerunt boni communis. Consanguinei autem pertinent ad bonum privatum, quod est propter bonum commune contemnendum: unde laudabiliter aliqui seipsos pro bono communi periculis mortis exponunt. Ergo observantia, per quam exhibetur cultus his qui sunt in dignitate constituti, est potior virtus quam pietas, quae exhibet cultum personis sanguine coniunctis.

3. PRAETEREA, honor et reverentia maxime debetur virtuosis, post Deum. Sed virtuosis exhibetur honor et reverentia per observantiae virtutem, ut dictum est[1]. Ergo observantia est praecipua post religionem.

SED CONTRA est quod praecepta legis dantur de actibus virtutum. Immediate autem post praecepta religionis, quae pertinent ad primam tabulam, subditur praeceptum de honoratione parentum, quod pertinet ad pietatem. Ergo pietas immediate sequitur religionem ordine dignitatis.

RESPONDEO dicendum quod personis in dignitate constitutis potest aliquid exhiberi dupliciter. Uno

QUANTO AO TERCEIRO, ASSIM SE PROCEDE: parece que o respeito é uma virtude superior à piedade.
1. Com efeito, o príncipe, a quem se rende culto pelo respeito, é comparável ao pai, a quem se rende culto pela piedade, como o governador universal se compara ao particular, porque a família, que o pai governa, é parte da cidade, governada pelo príncipe. Ora, a potência universal é superior, e os inferiores com ela mantêm uma maior relação de submissão. Logo, o respeito é uma virtude superior à piedade.

2. ALÉM DISSO, aqueles que são constituídos em dignidade têm o cuidado do bem comum. Ora, os consanguíneos dizem respeito ao bem particular, que deve ser tido em menos diante do bem comum. Por isso, alguns louvavelmente põem a própria vida em perigo pelo bem comum. Logo, o respeito, por cujo intermédio se rende culto àqueles que são constituídos em dignidade, é uma virtude superior à piedade, que presta culto às pessoas unidas pelos laços de sangue.

3. ADEMAIS, depois de Deus é principalmente aos homens virtuosos que se devem prestar honra e reverência. Ora, honra e reverência são prestadas aos virtuosos pela virtude do respeito, como ficou dito acima. Logo, o respeito é a virtude principal depois da religião.

EM SENTIDO CONTRÁRIO, os preceitos da lei têm por objeto os atos das virtudes. Ora, imediatamente depois dos preceitos que concernem à religião e que pertencem à primeira tábua, vem o preceito de honrar pai e mãe, que pertence à piedade. Por conseguinte a piedade segue imediatamente a religião em ordem de dignidade.

RESPONDO. Pode-se servir às pessoas constituídas em dignidade de duas maneiras: 1º Em

3

1. A. 1, ad 2.

modo, in ordine ad bonum commune: puta cum aliquis ei servit in administratione reipublicae. Et hoc iam non pertinet ad observantiam, sed ad pietatem, quae cultum exhibet non solum patri, sed etiam patriae. — Alio modo exhibetur aliquid personis in dignitate constitutis pertinens specialiter ad personalem eorum utilitatem vel gloriam. Et hoc proprie pertinet ad observantiam secundum quod a pietate distinguitur.

Et ideo comparatio observantiae ad pietatem necesse est quod attendatur secundum diversas habitudines diversarum personarum ad nos, quas respicit utraque virtus. Manifestum est autem quod personae parentum, et eorum qui sunt nobis sanguine iuncti, substantialius nobis coniunguntur quam personae quae sunt in dignitate constitutae: magis enim ad substantiam pertinet generatio et educatio, cuius principium est pater, quam exterior gubernatio, cuius principium sunt illi qui in dignitate constituuntur. Et secundum hoc, pietas observantiae praeeminet, inquantum cultum reddit personis magis coniunctis, quibus magis obligamur.

AD PRIMUM ergo dicendum quod princeps comparatur ad patrem sicut universalis virtus ad particularem, quantum ad exteriorem gubernationem: non autem quantum ad hoc quod pater est principium generationis. Sic enim comparatur ad ipsum virtus divina, quae est omnium productiva in esse.

AD SECUNDUM dicendum quod ex ea parte qua personae in dignitate constitutae ordinantur ad bonum commune, non pertinet earum cultus ad observantiam, sed ad pietatem, ut dictum est[2].

AD TERTIUM dicendum quod exhibitio honoris vel cultus non solum est proportionanda personae cui exhibetur secundum se consideratae, sed etiam secundum quod ad exhibentes comparatur. Quamvis ergo virtuosi, secundum se considerati, sint magis digni honore quam personae parentum: tamen filii magis obligantur, propter beneficia suscepta et coniunctionem naturalem, ad exhibendum cultum et honorem parentibus quam extraneis virtuosis.

função do bem comum; quando, por exemplo, alguém lhes presta serviço na administração pública. Este serviço não se refere ao respeito, mas à piedade que presta culto não somente ao pai, mas à própria pátria. — 2º Quando o serviço é prestado especialmente pelo interesse ou à glória individual das pessoas constituídas em dignidade. E isto se refere propriamente ao respeito enquanto distinto da piedade.

Desta forma, para estabelecer uma comparação entre respeito e piedade é preciso levar em consideração os diferentes tipos de relacionamento que têm conosco as diferentes pessoas afetadas diretamente por estas duas virtudes. É evidente que nossos pais e todos aqueles a nós ligados pelos laços do sangue estão unidos a nós de modo muito mais substancial do que as pessoas constituídas em dignidade; de fato, a geração e a educação, cujo princípio é o pai, nos concernem muito mais substancialmente do que o governo exterior, que tem por princípio aqueles que estão estabelecidos em dignidade. A este respeito, a piedade supera o respeito, porque rende culto a pessoas que nos tocam de mais perto e para com as quais temos muito mais obrigações.

QUANTO AO 1º, portanto, deve-se dizer que o príncipe se compara ao pai como o poder universal se compara ao poder particular, no que concerne ao governo externo e não no que concerne ao fato de que o pai é princípio de geração. Assim, pois, o pai se compara ao próprio poder divino, causa produtora do existir de todas as coisas.

QUANTO AO 2º, deve-se dizer que levando em conta que as pessoas constituídas em dignidade se ordenam ao bem comum, o culto a elas prestado não pertence ao respeito, mas à piedade, como foi dito.

QUANTO AO 3º, deve-se dizer que as manifestações de honra ou culto devem guardar proporção não só com a pessoa, considerada em si mesma, mas também com as pessoas que as manifestam. Por conseguinte, embora os homens virtuosos, considerados em si mesmos, possam ser mais dignos de honra que as pessoas dos pais, entretanto, por causa dos benefícios recebidos e dos laços da união natural, os filhos são mais obrigados a render culto e honra a seus pais do que a homens virtuosos estranhos.

---

2. In corp.

## QUAESTIO CIII
## DE DULIA
### in quatuor articulos divisa

Deinde considerandum est de partibus observantiae. Et primo, de dulia, quae exhibet honorem, et cetera ad hoc pertinentia, personis superioribus; secundo, de obedientia, per quam earum obeditur imperio.

Circa primum quaeruntur quatuor.
*Primo:* utrum honor sit aliquid spirituale, vel corporale.
*Secundo:* utrum honor debeatur solis superioribus.
*Tertio:* utrum dulia, cuius est exhibere honorem et cultum superioribus, sit specialis virtus a latria distincta.
*Quarto:* utrum per species distinguatur.

### Articulus 1
### Utrum honor importet aliquid corporale

AD PRIMUM SIC PROCEDITUR. Videtur quod honor non importet aliquid corporale.

1 PARALL.: I *Ethic.*, lect. 18.

## QUESTÃO 103
## A DULIA[a]
### em quatro artigos

Em seguida, deve-se tratar das partes do respeito: 1º a dulia, que presta aos superiores a honra e tudo que lhe está ligado; 2º a obediência pela qual se obedece às suas ordens.

A esse respeito, quatro questões:
1. A honra é algo espiritual ou corporal?
2. A honra é devida apenas aos superiores?
3. A virtude de dulia pela qual se presta culto e honra aos superiores, é uma virtude especial, distinta da virtude da latria?
4. É possível distinguir varias espécies de virtudes na dulia?

### Artigo 1
### A honra importa algo corporal?

QUANTO AO PRIMEIRO ARTIGO, ASSIM SE PROCEDE: parece que a honra **não** importe algo corporal.

---

a. Aproximada da obediência, a dulia será estudada como uma espécie ou um elemento da virtude de respeito devido aos superiores ou às autoridades. Mais ainda do que as outras questões consagradas às virtudes sociais, esta constitui o exemplo típico de conjunção das correntes filosóficas, às vezes apenas remanejadas, e das tradições cristãs, exercendo-se de maneira mais ou menos crítica. A *dulia* não é mais do que a transcrição do termo grego designando a "servidão", a condição servil em toda extensão e complexidade de suas formas, indo desde a escravidão até à domesticidade, bem integrada numa casa de família, passando pelas modalidades da servidão. Como forma de comportamento, a *dulia* exprime a atitude de submissão e de serviço, desenvolvendo-se sob duas modalidades em si essencialmente diversas, mas culturalmente e socialmente associadas na prática e no pensamento do mundo antigo, a saber: o reconhecimento de um dever de sujeição e de deferência ligado à condição servil, concebido na multiplicidade de suas realizações; mas, por outro lado, em virtude de uma transposição espiritual e semântica, a dulia designa a honra devida à excelência e à perfeição da virtude, em particular o culto de veneração prestado aos santos, aos que estão próximos de Deus, ao qual devemos em exclusividade o culto de *latria*. Tal é a noção polivalente, que o pensamento moderno se inclinará a considerar como ambíguo, e que a elaboração doutrinal buscará elucidar e integrar no cortejo de virtudes sociais. Apreendendo-a em suas realizações sociais e religiosas, a questão procurará esclarecê-la, propondo a distinção de uma dupla acepção, estrita e ampliada, que podem revestir uma e outra forma de dulia. Desse modo, no plano social, a dulia pode designar em primeiro lugar o conjunto de homenagens e deferências que são devidas aos que possuem alguma excelência ou superioridade; nessa acepção bem ampla, engloba os domínios da piedade e do respeito (considerados respectivamente nas q. 101 e 102). Já em sua acepção estrita, visa a forma de homenagem ou serviço que convém ao servidor dos quais o escravo era, para os antigos, o exemplo típico , chamado a fazer de sua condição mesma uma atitude de virtude. Tal será a doutrina exposta pelo artigo 4, aproveitando as distinções analisadas a propósito da dulia religiosa, que compreende o culto de adoração devido somente a Deus, mas igualmente o culto de veneração que prestamos aos santos (a. 3). Esses dois artigos são preparados pela elucidação das noções e distinções que se vinculam à ideia de honra, que é a apresentada e definida como o objeto da dulia (a. 1 e 2). A honra é caracterizada, seguindo Aristóteles, como uma homenagem convenientemente avaliada devida à excelência e à superioridade de alguém. Designa o reconhecimento interior e o testemunho efetivo de submissão e de serviço. A honra aparece assim como a atitude interna e externa, feita de deferência e de devotamento que a virtude deve suscitar e regular nas relações de serviço no duplo domínio social e religioso. A síntese condensada nesta Questão breve, mas de composição laboriosa visa dar conta de todo um conjunto de dados históricos e sociais, usualmente aceitos na Antiguidade, procurando indicar as vias éticas de um comportamento virtuoso no interior de uma visão hierarquizada da vida social. Um tal projeto não deixa de levantar problemas teóricos e práticos. Eles serão assinalados nas notas. Essas dificuldades vêm realçar a ousadia de uma sistematização que se pretende a mais completa e coerente. Permanece atenta aos fatos e condições da realidade social, mas carece de espírito crítico em relação a certos modelos sociais como a escravidão, que haviam recebido a caução dos séculos e das autoridades.

1. Honor enim est exhibitio reverentiae in testimonium virtutis: ut potest accipi a Philosopho, in I *Ethic*.[1]. Sed exhibitio reverentiae est aliquid spirituale: revereri enim est actus timoris, ut supra[2] habitum est. Ergo honor est aliquid spirituale.

2. PRAETEREA, secundum Philosophum, in IV *Ethic.*[3], *honor est praemium virtutis*. Virtutis autem, quae principaliter in spiritualibus consistit, praemium non est aliquid corporale: cum praemium sit potius merito. Ergo honor non consistit in corporalibus.

3. PRAETEREA, honor a laude distinguitur, et etiam a gloria. Sed laus et gloria in exterioribus consistunt. Ergo honor consistit in interioribus et spiritualibus.

SED CONTRA est quod Hieronymus, exponens illud 1Ti 5,17[4], *Qui bene praesunt presbyteri duplici honore* etc., dicit: *Honor in praesentiarum vel pro eleemosyna, vel pro munere accipitur*. Utrumque autem horum ad corporalia pertinet. Ergo honor in corporalibus consistit.

RESPONDEO dicendum quod honor testificationem quandam importat de excellentia alicuius: unde homines qui volunt honorari, testimonium suae excellentiae quaerunt, ut per Philosophum patet, in I[5] et VIII[6] *Ethic*. Testimonium autem redditur vel coram Deo, vel coram hominibus. Coram Deo quidem, *qui inspector est cordium*, testimonium conscientiae sufficit. Et ideo honor quoad Deum potest consistere in solo interiori motu cordis: dum scilicet aliquis recogitat vel Dei excellentiam, vel etiam alterius hominis coram Deo. — Sed quoad homines aliquis non potest testimonium ferre nisi per aliqua signa exteriora: vel verborum, puta cum aliquis ore pronuntiat excellentiam alicuius; vel factis, sicut inclinationibus, obviationibus, et aliis huiusmodi; vel etiam exterioribus rebus, puta in exenniorum vel munerum oblatione, aut imaginum institutione, vel aliis huiusmodi. Et secundum

1. Com efeito, a honra é a demonstração de reverência em testemunho da virtude, como ensina o Filósofo. Ora, prestar reverência é algo espiritual; pois reverenciar é um ato de temor, como foi demonstrado. Logo, a honra é algo espiritual.

2. ALÉM DISSO, o Filósofo diz: "a honra é o prêmio da virtude". Ora, o prêmio da virtude, que consiste principalmente em algo espiritual, não é algo corporal, uma vez que o prêmio é superior ao mérito. Logo, a honra não consiste em algo corporal.

3. ADEMAIS, a honra se distingue do louvor e até mesmo da glória. Ora, o louvor e a glória consistem em atos exteriores. Logo, a honra consiste em atos interiores e espirituais.

EM SENTIDO CONTRÁRIO, Jerônimo, ao comentar o texto de Paulo: "Os mais velhos que governam bem são dignos de dupla honra" etc., diz o seguinte: "Nesta passagem, honra é tomada por esmola ou por salário", duas coisas que pertencem ao domínio do corporal. Por conseguinte, a honra consiste em algo corporal.

RESPONDO[b]. A honra comporta uma certa atestação da excelência de alguém. Por isso, aqueles que querem ser honrados procuram um testemunho de sua excelência, como demonstra o Filósofo. Ora, este testemunho se presta ou na presença de Deus, ou dos homens. Na presença de Deus, que "perscruta os corações", basta o testemunho da consciência. É por isso que honrar a Deus pode consistir em apenas um movimento interior do coração, quando, por exemplo, alguém considera ou a excelência de Deus, ou até mesmo a de outra pessoa na presença de Deus. — Mas, no segundo caso, o testemunho só pode ser dado por certos sinais exteriores que podem ser: palavras, como quando se afirma a excelência de alguém; ou gestos, como inclinações, saudações, e demonstrações deste gênero; ou ainda coisas exteriores, como oferenda de presentes ou brindes, ou levantamen-

---

1. C. 3: 1095, b, 26-30.
2. Q. 81, a. 2, ad 1.
3. C. 7: 1123, b, 35 — 1124, a, 1.
4. Epist. 123, al. 11, *ad Ageruch*.: ML 22, 1049.
5. C. 3: 1095, b, 26-30.
6. C. 9: 1159, a, 22-24.

A *dulia* será tratada como a virtude de "servidão" ou de "serviço" tal é a transcrição do termo grego correspondendo, no plano religioso, à homenagem prestada no culto de adoração de Deus, ou de veneração dos santos; e, no domínio social, à deferência e ao serviço que os "servidores", os inferiores e os subordinados devem a seus senhores ou superiores.

b. O artigo procurará definir a honra de maneira precisa, como uma homenagem interior e exterior, como uma atitude de deferência e uma atitude de serviço. Uma tal noção faz da honra o objeto adequado, o domínio específico da dulia, pelo qual o homem virtuoso saberá conceder a "honra", homenagem de estima e de devotamento a toda pessoa que possui uma superioridade seja de autoridade, seja de excelência na vida social.

hoc, honor in signis exterioribus et corporalibus consistit.

AD PRIMUM ergo dicendum quod reverentia non est idem quod honor: sed ex una parte est principium motivum ad honorandum, inquantum scilicet aliquis ex reverentia quam habet ad aliquem, eum honorat; ex alia vero parte est honoris finis, inquantum scilicet aliquis ad hoc honoratur ut in reverentia habeatur ab aliis.

AD SECUNDUM dicendum quod, sicut Philosophus ibidem[7] dicit, honor non est sufficiens virtutis praemium, sed nihil potest esse in humanis rebus et corporalibus maius honore: inquantum scilicet ipsae corporales res sunt signa demonstrativa excellentis virtutis. Est autem debitum bono et pulchro ut manifestetur: secundum, illud Mt 5,15: *Neque accendunt lucernam et ponunt eam sub modio: sed super candelabrum, ut luceat omnibus qui in domo sunt.* Et pro tanto praemium virtutis dicitur honor.

AD TERTIUM dicendum quod laus distinguitur ab honore dupliciter. Uno modo, quia laus consistit in solis signis verborum: honor autem in quibuscumque exterioribus signis. Et secundum hoc, laus in honore includitur. — Alio modo, quia per exhibitionem honoris testimonium reddimus de excellentia bonitatis alicuius absolute: sed per laudem testificamur de bonitate alicuius in ordine ad finem, sicut laudamus bene operantem propter finem; honor autem est etiam optimorum, quae non ordinantur ad finem, sed iam sunt in fine; ut patet per Philosophum, in I *Ethic.*[8].

Gloria autem est effectus honoris et laudis. Quia ex hoc quod testificamur de bonitate alicuius clarescit eius bonitas in notitia plurimorum. Et hoc importat nomen gloriae: nam *gloria* dicitur quasi *claria*. Unde Rm 16, dicit quaedam glossa Ambrosii[9] quod gloria est *clara cum laude notitia*.

to de estátuas e outras manifestações do mesmo tipo. Nesse sentido, a honra consiste em sinais exteriores e corporais.

QUANTO AO 1º, portanto, deve-se dizer que a reverência não se confunde com a honra. Por um lado, é o princípio que leva a honrar, no sentido seguinte: é a reverência que alguém tem por uma pessoa que a leva a honrá-la. Por outro lado, a reverência é a finalidade da honra, no sentido que a honra é prestada a uma pessoa para que outros lhe rendam reverência.

QUANTO AO 2º, deve-se dizer que com o Filósofo que a honra não é um prêmio suficiente da virtude; mas entre as coisas humanas e corporais não pode existir algo maior do que a honra, na medida em que estas expressões materiais são sinais demonstrativos de uma virtude excelente. É um dever manifestar o bem e o belo como está escrito: "Não se acende uma lâmpada para colocá-la debaixo de um móvel qualquer, mas sobre um candelabro, para que ela brilhe e ilumine todos os que estão na casa". E é neste sentido que a honra é o prêmio da virtude.

QUANTO AO 3º, deve-se dizer que o louvor se diferencia da honra de duas maneiras. 1º, porque o louvor consiste apenas em sinais da linguagem; a honra, em alguns sinais exteriores. Neste sentido, o louvor está englobado na honra. — 2º, pela manifestação de honra damos testemunho da excelência da bondade de alguém de maneira absoluta; enquanto que, pelo louvor, damos testemunho da bondade de alguém, relativamente a um fim; por exemplo, louvamos uma pessoa que age corretamente em vista do fim. A honra é própria também dos melhores, que não estão ordenados para o fim, mas que já o conseguiram, como diz o Filósofo.

Quanto à glória, ela é efeito da honra e do louvor. Porque o fato de darmos testemunho da bondade de uma pessoa torna clara a bondade à vista de muitos. E isso significa o termo glória, pois "glória" é como se dissesse: claridade. Por isso, uma glosa de Ambrósio diz que glória é um conhecimento claro com louvor".

---

7. *Eth.*, l. IV, c. 7: 1124, a, 7-9.
8. C. 12: 1102, a, 1-4.
9. Ordin. super *Rom.* 16, 27: ML 114, 520 A; LOMBARDI, ibid.: ML 191, 1533 A.

## Articulus 2
### Utrum honor proprie debeatur superioribus

AD SECUNDUM SIC PROCEDITUR. Videtur quod honor non proprie debeatur superioribus.

1. Angelus enim est superior quolibet homine viatore: secundum illud Mt 11,11: *Qui minor est in regno caelorum, est maior Ioanne Baptista*. Sed angelus prohibuit Ioannem volentem se honorare, ut patet Ap ult., v. 8-9. Ergo honor non debetur superioribus.

2. PRAETEREA, honor debetur alicui in testimonium virtutis, ut dictum est[1]. Sed quandoque contingit quod superiores non sunt virtuosi. Ergo eis non debetur honor. Sicut nec daemonibus, qui tamen superiores sunt nobis ordine naturae.

3. PRAETEREA, Apostolus dicit, Rm 12,10: *Honore invicem praevenientes*. Et 1Pe 2,17: *Omnes honorate*. Sed hoc non esset servandum si solis superioribus honor deberetur. Ergo honor non debetur proprie superioribus.

4. PRAETEREA, Tb 1,16 dicitur quod Tobias habebat *decem talenta ex his quibus erat honoratus a rege*. Legitur etiam Est 6,11, quod Assuerus honoravit Mardochaeum, et coram eo fecit clamari: *Hoc honore dignus est quem rex honorare voluerit*. Ergo honor exhibetur etiam inferioribus. Et ita non videtur quod honor proprie superioribus debeatur.

SED CONTRA est quod Philosophus dicit, in I *Ethic.*[2], quod honor debetur optimis.

RESPONDEO dicendum quod, sicut dictum est[3], honor nihil est aliud quam quaedam protestatio de excellentia bonitatis alicuius. Potest autem alicuius excellentia considerari non solum per comparationem ad honorantem, ut scilicet sit excellentior eo qui honoratur: sed etiam secundum se, vel per comparationem ad aliquos alios. Et secundum hoc, honor semper debetur alicui propter aliquam excellentiam vel superioritatem. Non enim oportet quod ille qui honoratur sit excellentior honorante: sed forte quibusdam aliis; vel etiam ipso honorante quantum ad aliquid, et non simpliciter.

## Artigo 2
### A honra se deve propriamente aos superiores?

QUANTO AO SEGUNDO, ASSIM SE PROCEDE: parece que a honra **não** se deve propriamente aos superiores.

1. Com efeito, o anjo é superior a qualquer homem deste mundo, de acordo com esta palavra: "O menor no Reino dos céus é superior a João Batista". Ora, o anjo recusou a honra que João queria lhe prestar. Logo, não se deve honrar aos superiores.

2. ALÉM DISSO, deve-se prestar honra a alguém em testemunho de sua virtude, como já foi dito. Ora, pode ocorrer que os superiores não sejam virtuosos. Logo, não se lhes deve honra nenhuma. Assim como nem aos demônios que são superiores a nós na ordem da natureza.

3. ADEMAIS, o Apóstolo diz: "Adiantai-vos em honrar uns aos outros": e lemos em Pedro: "Honrai a todos". Ora, isso não deveria ser observado se se devesse honrar apenas os superiores. Logo, a honra não é devida propriamente aos superiores.

4. ADEMAIS, no livro de Tobias se diz que ele "tinha sido honrado pelo Rei com dez talentos". E em Ester se diz que Assuero honrou Mardoqueu fazendo proclamar diante dele: "Vejam como se trata um homem que o Rei deseja honrar!". Portanto, a honra se exibe também aos inferiores. Assim não parece que a honra seja devida apenas aos superiores.

EM SENTIDO CONTRÁRIO, o Filósofo diz que "a honra se deve aos melhores".

RESPONDO. Como foi dito, a honra nada mais é do que uma atestação de excelência da bondade de alguém. A excelência de alguém pode ser considerada não apenas em relação àquele que confere a honra, que pode até ser superior à pessoa honrada; mas também em si mesma, ou em relação a outras pessoas. Neste sentido, honra sempre se deve a alguém por causa de alguma excelência ou superioridade. Não é necessário que a pessoa que recebe a honra seja superior à pessoa que a confere; basta que o seja a algumas outras, ou até mesmo à própria pessoa que confere a honra mas sob um ponto de vista, e não de maneira absoluta.

---

2 PARALL.: Supra, q. 63, a. 3; III *Sent.*, dist. 9, q. 2, a. 3; IV *Ethic.*, lect. 9.

1. A. praec., 1 a; q. 63, a. 3.
2. C. 12: 1101, b, 22-23.
3. Art. praec.

AD PRIMUM ergo dicendum quod angelus prohibuit Ioannem non a quacumque honoratione, sed ab honoratione adorationis latriae, quae debetur Deo. — Vel etiam ab honoratione duliae, ut ostenderet ipsius Ioannis dignitatem, qua per Christum erat angelis adaequatus, secundum *spem gloriae filiorum Dei*. Et ideo nolebat ab eo adorari tanquam superior.

AD SECUNDUM dicendum quod si praelati sunt mali, non honorantur propter excellentiam propriae virtutis, sed propter excelentiam dignitatis, secundum quam sunt Dei ministri. Et in eis etiam honoratur tota communitas, cui praesunt. — Daemones autem sunt irrevocabiliter mali: et pro inimicis habendi magis quam honorandi.

AD TERTIUM dicendum quod in quolibet invenitur aliquid ex quo potest aliquis eum superiorem reputare: secundum illud Philp 2,3: *In humilitate superiores invicem arbitrantes*. Et secundum hoc etiam omnes se invicem debent honore praevenire.

AD QUARTUM dicendum quod privatae personae interdum honorantur a regibus, non quia sint eis superiores secundum ordinem dignitatis, sed propter aliquam excellentiam virtutis ipsarum. Et secundum hoc honorati sunt Tobias et Mardochaeus a regibus.

QUANTO AO 1º, portanto, deve-se dizer que o anjo proibiu João, não de lhe render uma honra qualquer, mas de lhe prestar a honra de latria, que é reservada a Deus. — Talvez tenha proibido até mesmo a prestação de dulia, para mostrar a dignidade do próprio João, pela qual, segundo Cristo, ele se igualava aos anjos, de acordo com a "esperança de glória dos filhos de Deus." Por essa razão, o Anjo não queria ser adorado por ele, como se lhe fosse superior.

QUANTO AO 2º, deve-se dizer que se os superiores forem ruins, não serão honrados por causa da eminência de sua virtude pessoal, mas sim por causa da eminência de sua dignidade, que deles faz ministros de Deus. Além disto, neles se rende honra à comunidade inteira da qual são os chefes. — Quanto aos demônios que são irrevogavelmente maus devem ser considerados como inimigos mais do que dignos de honra.

QUANTO AO 3º, deve-se dizer que em cada um pode-se encontrar algo pelo qual alguém pode julgá-lo superior a si, de acordo com aquela recomendação de Paulo: "Que cada um, humildemente, considere os outros como superiores a si próprio". Este o motivo pelo qual todos devem rivalizar mutuamente em honra.

QUANTO AO 4º, deve-se dizer que por vezes, os reis conferem honra aos súditos, não porque estes lhe sejam superiores em dignidade, mas porque possuem alguma virtude em grau eminente. É assim que Tobias e Mardoqueu receberam honras dos reis.

## ARTICULUS 3
### Utrum dulia sit specialis virtus a latria distincta

AD TERTIUM SIC PROCEDITUR. Videtur quod dulia non sit specialis virtus a latria distincta.

1. Quia super illud Ps 7,2 *Domine Deus meus, in te speravi*, dicit Glossa[1]: *Domine omnium per potentiam, cui debetur dulia: Deus per creationem, cui debetur latria*. Sed non est distincta virtus quae ordinatur in Deum secundum quod est Dominus, et secundum quod est Deus. Ergo dulia non est virtus distincta a latria.

2. PRAETEREA, secundum Philosophum, in VIII *Ethic.*[2], *amari simile est ei quod est honorari*.

## ARTIGO 3
### A dulia é uma virtude especial, distinta da latria?

QUANTO AO TERCEIRO, ASSIM SE PROCEDE: parece que a dulia **não** é uma virtude especial, distinta da latria.

1. Com efeito, a respeito do Salmo: "Senhor meu Deus, eu espero em Ti", a Glosa diz: "Senhor de todos pelo poder, a quem se deve dulia; Deus pela criação, a quem se deve a latria". Ora, não existe uma virtude distinta que se dirige a Deus enquanto Senhor, e outra enquanto Deus. Logo, a dulia não é uma virtude diferente da latria.

2. ALÉM DISSO, segundo o Filósofo "ser amado é semelhante a ser honrado". Ora, a virtude da

---

3   PARALL.: III *Sent.*, dist. 9, q. 2, a. 1; *in Psalm*. 40.
   1. Interl.; LOMBARDI: ML 191, 111 C — 112 A.
   2. C. 9: 1159, a, 16-17.

Sed eadem est virtus caritatis qua amatur Deus, et qua amatur proximus. Ergo dulia, qua honoratur proximus, non est alia virtus a latria, qua honoratur Deus.

3. Praeterea, idem est motus quo aliquis movetur in imaginem, et in rem cuius est imago. Sed per duliam honoratur homo inquantum est ad Dei imaginem: dicitur enim Sap 2,22-23 de impiis quod *non iudicaverunt honorem animarum sanctarum: quoniam Deus creavit hominem inexterminabilem et ad imaginem suae similitudinis fecit illum.* Ergo dulia non est alia virtus a latria, qua honoratur Deus.

Sed contra est quod Augustinus dicit, X *de Civ. Dei*[3], quod *alia est servitus quae debetur hominibus, secundum quam praecepit Apostolus servos dominis suis subditos esse, quae scilicet graece dulia dicitur: alia vero latria, quae dicitur servitus pertinens ad colendum Deum.*

Respondeo dicendum quod, secundum ea quae supra[4] dicta sunt, ubi est alia ratio debiti, ibi necesse est quod sit alia virtus quae debitum reddat. Alia autem ratione debetur servitus Deo, et homini: sicut alia ratione dominum esse competit Deo, et homini. Nam Deus plenarium et principale dominium habet respectu totius et cuiuslibet creaturae, quae totaliter eius subiicitur potestati: homo autem participat quandam similitudinem divini dominii, secundum quod habet particularem potestatem super aliquem hominem vel super aliquam creaturam. Et ideo dulia, quae debitam servitutem exhibet homini dominanti, alia virtus est a latria, quae exhibet debitam servitutem divino dominio. Et est quaedam observantiae species. Quia per observantiam honoramus quascumque personas dignitate praecellentes: per duliam autem proprie sumptam servi suos dominos venerantur; *dulia* enim graece *servitus* dicitur.

Ad primum ergo dicendum quod sicut religio per excellentiam dicitur pietas, inquantum Deus est per excellentiam Pater; ita etiam latria per

caridade é a mesma pela qual se ama Deus e se ama o próximo. Logo, a dulia, pela qual se honra o próximo não é uma virtude diferente da latria, pela qual se honra a Deus.

3. Ademais, é o mesmo movimento pelo qual alguém é levado à imagem e a coisa que esta imagem representa. Ora, a dulia honra o homem enquanto ele é a imagem de Deus; pois está escrito a respeito dos ímpios no livro da Sabedoria: "Eles não acreditaram na honra reservada às almas santas. Porque Deus criou o homem imortal, fazendo-o à imagem de sua semelhança". Logo, a dulia não é uma virtude diferente da latria pela qual se honra a Deus.

Em sentido contrário, Agostinho escreve: Uma é a servidão que se deve aos homens, aquela da qual falava o Apóstolo recomendando aos servos que fossem submissos a seus senhores, a qual se diz na língua grega dulia; outra é a latria, espécie de servidão que se refere ao culto de Deus.

Respondo. Como foi dito acima, quando existe uma razão distinta de dívida é sempre necessário que apareça uma outra virtude encarregada de saldar esta dívida. A razão de servidão não é a mesma na servidão a Deus ou a um homem, como é diferente a razão de senhor aplicada a Deus e ao homem. Pois Deus exerce um domínio pleno e absoluto sobre todas e quaisquer criaturas que ficam, cada uma delas, inteiramente submissas a seu poder; o homem participa de uma certa semelhança com o domínio divino, segundo exerce um poder particular sobre algum outro homem ou sobre outra criatura. Por isso, a dulia, que presta ao senhor humano a servidão devida, é uma virtude diferente da latria, a qual rende ao domínio divino a servidão devida. E é uma espécie do respeito. Porque o respeito nos leva a honrar a todas as pessoas que se sobressaem pela dignidade, enquanto que pela dulia, no seu sentido próprio, os servos veneram seus senhores. A palavra *dulia*, em grego, significa *servidão*[c].

Quanto ao 1º, portanto, deve-se dizer que assim como a religião por excelência se chama piedade, porquanto Deus é Pai por excelência, da mesma

---

3. C. 1, n. 2: ML 41, 278.
4. Q. 101, a. 3.

c. A dulia, em sentido estrito, encontra sua realização social na estima, na homenagem e no serviço que prestam a seus senhores os que se acham na posição de servidão. A servidão é legitimada segundo a doutrina de Aristóteles: é vantajoso para um ser menos inteligente ou menos cultivado ser dirigido por um outro mais competente (ver II-II, q. 57, a. 3, nota 6). Em todas essas questões que estudam o conjunto hierarquizado de virtudes sociais, visa-se os comportamentos virtuosos das pessoas e das categorias da sociedade, sem que as formas de organização desta última sejam examinadas, e muito menos postas em questão.

excellentiam dicitur dulia, inquantum Deus excellenter est Dominus. Non autem creatura participat potentiam creandi, ratione cuius Deo debetur latria. Et ideo glossa illa distinxit, attribuens latriam Deo secundum creationem, quae creaturae non communicatur; duliam vero secundum dominium, quod creaturae communicatur.

AD SECUNDUM dicendum quod ratio diligendi proximum Deus est, non enim diligimus per caritatem in proximo nisi Deum: et ideo eadem caritas est qua diligitur Deus, et proximus. Sunt tamen aliae amicitiae, differentes a caritate, secundum alias rationes quibus homines amantur. Et similiter, cum sit alia ratio serviendi Deo et homini, aut honorandi utrumque, non est eadem virtus latria et dulia.

AD TERTIUM dicendum quod motus qui est in imaginem inquantum est imago, refertur in rem cuius est imago: non tamen omnis motus qui est in imaginem est in eam inquantum est imago. Et ideo quandoque est alius specie motus in imaginem, et motus in rem. Sic ergo dicendum est quod honor vel subiectio duliae respicit absolute quandam hominis dignitatem. Licet enim secundum illam dignitatem sit homo ad imaginem vel similitudinem Dei, non tamen semper homo, quando reverentiam alteri exhibet, refert hoc actu in Deum.

Vel dicendum quod motus qui est in imaginem quodammodo est in rem: non tamen motus qui est in rem oportet quod sit in imaginem.

Et ideo reverentia quae exhibetur alicui inquantum est ad imaginem, redundat quodammodo in Deum: alia tamen est reverentia quae ipsi Deo exhibetur, quae nullo modo pertinet ad eius imaginem.

## ARTICULUS 4
### Utrum dulia habeat diversas species

AD QUARTUM SIC PROCEDITUR. Videtur quod dulia habeat diversas species.
1. Per duliam enim exhibetur honor proximo. Diversa autem ratione honorantur diversi proximi, sicut rex, pater et magister: ut patet per Philosophum, in IX *Ethic*.[1]. Cum ergo diversa ratio obiecti

forma a virtude de latria é dulia por excelência, uma vez que Deus é o Senhor por excelência. A criatura não participa da potência criadora, razão pela qual a Deus se deve latria. E é por isto que a Glosa estabeleceu uma distinção, atribuindo a Deus a latria, em razão da ação criadora que não é comunicada à criatura, e a dulia, em razão do domínio, que é comunicado à criatura.

QUANTO AO 2º, deve-se dizer que a razão de amar o próximo é Deus, porque é a Deus o que nós amamos pela caridade no próximo. Assim, é pela mesma caridade que amamos a Deus e ao próximo. Mas existem outras amizades, diferentes da caridade, segundo as diferentes razões pelas quais os homens se amam. E de modo semelhante, como as razões de servir a Deus e ao homem, ou de honrá-los, são diferentes, assim também latria e dulia não são a mesma virtude.

QUANTO AO 3º, deve-se dizer que o movimento para a imagem enquanto imagem refere-se à realidade que a imagem representa. Mas nem todo movimento para a imagem se dirige a ela enquanto imagem. Por isso, às vezes ocorrem dois movimentos distintos, um para a imagem e outro para a coisa. Assim se pode dizer que a honra ou a sujeição da dulia diz respeito de modo absoluto, a uma certa dignidade do homem. Embora, em razão desta dignidade o homem seja à imagem e semelhança de Deus, nem sempre aquele que presta reverência ao outro, se refere por este ato a Deus.

Poder-se-ia dizer que o movimento para a imagem se dirige também, de uma certa maneira, à coisa. Mas o movimento nem sempre é para a imagem.

Assim a reverência que se presta a alguém enquanto imagem, redunda de alguma maneira a Deus. Mas há outra reverência que se presta a Deus, e que de modo algum se dirige à sua imagem.

## ARTIGO 4
### A dulia tem diversas espécies?

QUANTO AO QUARTO, ASSIM SE PROCEDE: parece que a dulia **tem** diversas espécies.
1. Com efeito, pela dulia se presta honra ao próximo. Ora, é por razões diferentes que se honram os diferentes próximos, como o rei, o pai ou o mestre, diz claramente o Filósofo. Logo, como

---

4  PARALL.: III *Sent*., dist. 9, q. 2, a. 2.
  1. C. 2: 1165, a, 14-33.

diversificet speciem virtutis, videtur quod dulia dividatur in virtutes specie differentes.

2. PRAETEREA, medium differt specie ab extremo: sicut pallidum ab albo et nigro. Sed hyperdulia videtur esse medium inter latriam et duliam: exhibetur enim creaturis quae habent specialem affinitatem ad Deum, sicut Beatae Virgini inquantum est mater Dei. Ergo videtur quod duliae sint species differentes: una quidem dulia simpliciter, alia vero hyperdulia.

3. PRAETEREA, sicut in creatura rationali invenitur imago Dei, ratione cuius honoratur, ita etiam in creatura irrationali invenitur vestigium Dei. Sed alia ratio similitudinis importatur in nomine imaginis, et in nomine vestigii. Ergo etiam oportet secundum hoc diversas species duliae attendi: praesertim cum quibusdam irrationabilibus creaturis honor exhibeatur, sicut ligno sanctae Crucis, et aliis huiusmodi.

SED CONTRA est quod dulia contra latriam dividitur. Latria autem non dividitur per diversas species. Ergo nec dulia.

RESPONDEO dicendum quod dulia potest accipi dupliciter. Uno modo, communiter, secundum quod exhibet reverentiam cuicumque homini, ratione cuiuscumque excellentiae. Et sic continet sub se pietatem et observantiam, et quamcumque huiusmodi virtutem quae homini reverentiam exhibet. Et secundum hoc habebit partes specie diversas.

Alio modo potest accipi stricte, prout secundum eam servus reverentiam exhibet domino: nam dulia *servitus* dicitur, ut dictum est². Et secundum hoc non dividitur in diversas species, sed est una specierum observantiae, quam Tullius ponit³: eo quod alia ratione servus revereatur dominum, miles ducem, discipulus magistrum, et sic de aliis huiusmodi.

AD PRIMUM ergo dicendum quod ratio illa procedit de dulia communiter sumpta.

AD SECUNDUM dicendum quod hyperdulia est potissima species duliae communiter sumptae. Maxima enim reverentia debetur homini ex affinitate quam habet ad Deum.

AD TERTIUM dicendum quod creaturae irrationali in se consideratae non debetur ab homine aliqua subiectio vel honor: quin potius omnis talis creatura est naturaliter homini subiecta. Quod autem

a diversidade na razão de objeto diversifica as espécies da virtude, parece que a dulia se divide em virtudes de espécies diferentes.

2. ALÉM DISSO, o meio difere especificamente dos extremos, assim como a cor cinza difere do branco e do preto. Ora, a hiperdulia parece ser o meio entre latria e dulia. Presta-se culto de hiperdulia a criaturas que têm uma afinidade especial com Deus, como a Santa Virgem enquanto mãe de Deus. Logo, parece, que existem espécies diferentes de dulia: uma a dulia em sentido absoluto, e outra a hiperdulia.

3. ADEMAIS, como se encontra a imagem de Deus na criatura racional, em razão da qual é honrada, encontra-se também, na criatura irracional, um vestígio de Deus. Ora, diferente é a razão de semelhança na imagem e no vestígio. Logo, convém ainda considerar, sob este aspecto, diferentes espécies de dulia, tanto mais que se prestam honras a algumas criaturas irracionais como o madeiro da Santa Cruz, e outras semelhantes.

EM SENTIDO CONTRÁRIO, a dulia se divide por oposição à latria. Mas, a latria não se divide em diferentes espécies. Por conseguinte, nem a dulia.

RESPONDO. A dulia pode ser tomada em dois sentidos. Primeiro, em geral, enquanto presta reverência a qualquer pessoa em razão de uma excelência qualquer. Ela engloba assim a piedade, o respeito e todas as outras virtudes que prestam reverência ao homem. Sob este aspecto ela contém partes especificamente diversas.

Segundo, em sentido estrito, enquanto o servo presta reverência ao senhor, pois dulia significa servidão, como foi dito. Neste sentido, não se divide em diferentes espécies, mas é uma das espécies do respeito enumeradas por Túlio, porque é por diferentes razões que o servo reverencia o senhor, o soldado o chefe, o discípulo o mestre, e assim por diante.

QUANTO AO 1º, portanto, deve-se dizer que o argumento procede de dulia em sentido geral.

QUANTO AO 2º, deve-se dizer que a hiperdulia é a espécie maior da dulia em sentido geral. Deve-se com efeito a maior reverência ao homem pela afinidade que ele tem com Deus.

QUANTO AO 3º, deve-se dizer que o homem não deve nem submissão, nem honra à criatura irracional considerada em si mesma: pelo contrário, é a criatura irracional, que é naturalmente sujeita ao

---

2. Art. 3.
3. *De invent. rhet.*, l. II, c. 53: ed. G. Friedrich, Lipsiae 1908, p. 230, ll. 19-20.

crux Christi honoretur, hoc fit eodem honore quo Christus honoratur: sicut purpura regis honoratur eodem honore quo rex, ut Damascenus dicit, in IV libro⁴.

homem. Quando se presta honra à Cruz de Cristo, esta honra é a mesma que se presta ao Cristo, assim como a púrpura real recebe as mesmas honras que o rei, segundo Damasceno.

4. *De fide orth.*, l. IV, c. 3: MG 94, 1105 AB. — Cfr. III, q. 25, a. 4.

## QUAESTIO CIV
## DE OBEDIENTIA
*in sex articulos divisa*

Deinde considerandum est de obedientia.
Et circa hoc quaeruntur sex.
*Primo:* utrum homo debeat homini obedire.
*Secundo:* utrum obedientia sit specialis virtus.
*Tertio:* de comparatione eius ad alias virtutes.
*Quarto:* utrum Deo sit in omnibus obediendum.
*Quinto.* utrum subditi suis praelatis teneantur in omnibus obedire.
*Sexto:* utrum fideles teneantur saecularibus potestatibus obedire.

## QUESTÃO 104
## A OBEDIÊNCIAᵃ
*em seis artigos*

Em seguida, deve-se tratar da obediência.
A esse respeito, seis questões:
1. O homem deve obedecer ao homem?
2. A obediência é uma virtude especial?
3. Comparação com as outras virtudes.
4. Deve-se obedecer a Deus em tudo?
5. Os inferiores devem obedecer aos superiores em tudo?
6. Os fiéis devem obedecer aos poderes seculares?

### ARTICULUS 1
### Utrum unus homo teneatur alii obedire

AD PRIMUM SIC PROCEDITUR. Videtur quod unus homo non teneatur alii obedire.
1. Non enim est aliquid faciendum contra institutionem divinam. Sed hoc habet divina institutio,

### ARTIGO 1
### Um homem deve obedecer a outro homem?

QUANTO AO PRIMEIRO ARTIGO, ASSIM SE PROCEDE: parece que um homem **não** deve obedecer a outro.
1. Com efeito, não se deve fazer nada contra a instituição divina. Ora, a instituição divina

1 PARALL.: *Ad Tit.*, c. 3, lect. 1.

---

a. A obediência será estudada da maneira mais ampla, como princípio fundamental da ordem social, como o vínculo racional e livre que faz dela uma obra humana à semelhança da ordem do universo, formado pela coerência das leis naturais (ver a. 1, Solução).

A obediência será considerada portanto nas perspectivas sociais e políticas (ver especialmente a. 6), e igualmente no contexto da vida cristã, o que pressagia a elucidação aprofundada da obediência religiosa (ver II-II, q. 186, a. 5 e ss.).

A noção da virtude de obediência será elaborada visando muito especificamente sua integração numa compreensão de ética social, numa visão global do mundo e do homem, mas a partir dos dados bíblicos e da experiência de vida cristã. O conteúdo da questão se ordena de maneira coerente e harmoniosa. Os três primeiros artigos são consagrados à elaboração propriamente ética da noção de obediência. Esta é legitimada "por direito natural e divino" como lei universal nas relações sociais (a. 1). É uma virtude especial com um domínio específico e uma bondade própria (a. 2), encontrando seu lugar eminente, abaixo das virtudes teologais, mas no topo das virtudes morais (a. 3). Os artigos 4 e 5 levantam a questão da universalidade da obediência, respectivamente em relação à vontade divina e aos mandamentos humanos. A subordinação da autoridade humana à vontade divina se efetua pela mediação do bem comum que essa autoridade deve manter e promover; o que mostra a razão de ser, a extensão e os limites de toda obediência aos superiores humanos (a. 5). Mas o artigo 4 visa igualmente esclarecer o sentido e a obrigação de certos comandos divinos, cujo teor bíblico suscita dificuldades para a reflexão ética, uma vez que parecem impor o que vai contra os princípios da lei natural. O artigo 6 aborda da maneira mais resumida o problema da submissão dos cristãos na esfera política: questão teórica e prática, amplamente debatida desde a Idade Média, e cuja atualidade tende a crescer com certos deslocamentos de ênfase ou de interesse.

ut homo suo consilio regatur: secundum illud Eccli 15,14: *Deus ab initio constituit hominem, et reliquit illum in manu consilii sui*. Ergo non tenetur unus homo alteri obedire.

2. Praeterea, si aliquis alicui teneretur obedire, oporteret quod haberet voluntatem praecipientis tanquam regulam suae actionis. Sed sola divina voluntas, quae semper est recta, est regula humanae actionis. Ergo non tenetur homo obedire nisi Deo.

3. Praeterea, servitia, quanto sunt magis gratuita, tanto sunt magis accepta. Sed illud quod homo ex debito facit non est gratuitum. Si ergo homo ex debito teneretur aliis obedire in bonis operibus faciendis, ex hoc ipso redderetur minus acceptabile opus bonum quod ex obedientia fieret. Non ergo tenetur homo alteri obedire.

Sed contra est quod praecipitur *ad* Hb ult.,v. 17: *Obedite praepositis vestris, et subiacete eis*.

Respondeo dicendum quod sicut actiones rerum naturalium procedunt ex potentiis naturalibus, ita etiam operationes humanae procedunt ex humana voluntate. Oportuit autem in rebus naturalibus ut superiora moverent inferiora ad suas actiones, per excellentiam naturalis virtutis collatae divinitus. Unde etiam oportet in rebus humanis quod superiores moveant inferiores per suam voluntatem, ex vi auctoritatis divinitus ordinatae. Movere autem per rationem et voluntatem est praecipere. Et ideo, sicut ex ipso ordine naturali divinitus instituto inferiora in rebus naturalibus necesse habent subdi motioni superiorum, ita etiam in rebus humanis, ex ordine iuris naturalis et divini, tenentur inferiores suis superioribus obedire.

Ad primum ergo dicendum quod Deus reliquit hominem in manu consilii sui, non quia liceat ei facere omne quod velit: sed quia ad id quod faciendum est non cogitur necessitate naturae, sicut creaturae irrationales, sed libera electione ex proprio consilio procedente. Et sicut ad alia facienda debet procedere proprio consilio, ita etiam ad hoc quod obediat suis superioribus: dicit enim Gregorius, ult. *Moral*.[1], quod *dum alienae voci humiliter subdimur, nosmetipsos in corde superamus*.

estabelece que o homem deve se reger por seu próprio conselho, de acordo com a palavra: "No começo Deus criou o homem e o deixou em poder de seu próprio conselho." Logo, um homem não é obrigado a obedecer a outro.

2. Além disso, se alguém fosse obrigado a obedecer a outro, seria preciso que adotasse a vontade do mandante como regra de sua ação. Ora, somente a vontade divina, que é sempre reta, é a regra da ação humana. Logo, o homem só é obrigado a obedecer a Deus.

3. Ademais, quanto mais gratuitos forem os serviços, mais aceitação eles hão de receber. Ora, o que se faz por obrigação não é gratuito. Logo, se o homem fosse obrigado a obedecer aos outros na prática das boas obras, a obra boa se tornaria menos aceitável pelo fato de ter sido feita por obediência. Logo, o homem não é obrigado a obedecer a outro.

Em sentido contrário, se prescreve: "Obedecei aos vossos superiores e sede-lhes submissos."

Respondo. Como as ações das coisas naturais procedem das forças naturais, assim também as operações humanas procedem da vontade humana. Foi conveniente que, nas coisas naturais, as superiores movessem as inferioras à sua própria ação, pela excelência do poder natural que Deus lhes concedeu. Portanto, nas coisas humanas, é necessário que as superiores movam por sua vontade as inferiores por força da autoridade concedida por Deus. Ora, mover pela razão e pela vontade, é mandar. Por isso, como, pela ordem natural instituída por Deus, naturais, as inferiores são necessariamente submetidas à moção das superiores, assim também, nas humanas, pela ordem do direito natural e do divino, as inferiores são obrigadas a obedecer às superiores.

Quanto ao 1º, portanto, deve-se dizer que Deus deixou o homem entregue ao seu próprio conselho, não porque lhe é permitido fazer o que quiser, mas porque o homem não é obrigado por uma necessidade da natureza a fazer o que deve, como ocorre com as criaturas irracionais, mas porque o faz por uma escolha livre procedente de seu próprio conselho. E assim como para fazer outras coisas deve seguir seu próprio conselho, assim ele deve proceder também quanto obedece a seus superiores, pois, como diz Gregório, "submeter-se humildemente à voz de outro é se elevar interiormente acima de si próprio."

---

1. L. XXXV, c. 14, al. 10, in vet. 12, n. 28: ML 76, 765 C.

AD SECUNDUM dicendum quod divina voluntas est prima regula, qua regulantur omnes rationales voluntates, cui una magis appropinquat quam alia, secundum ordinem divinitus institutum. Et ideo voluntas unius hominis praecipientis potest esse quasi secunda regula voluntatis alterius obedientis.

AD TERTIUM dicendum quod aliquid potest iudicari gratuitum dupliciter. Uno modo, ex parte ipsius operis: quia scilicet ad id homo non obligatur. Alio modo, ex parte operantis: quia scilicet libera voluntate hoc facit. Opus autem redditur virtuosum et laudabile et meritorium praecipue secundum quod ex voluntate procedit. Et ideo, quamvis obedire sit debitum, si prompta voluntate aliquis obediat, non propter hoc minuitur eius meritum: maxime apud Deum, qui non solum exteriora opera, verum etiam interiorem voluntatem videt.

QUANTO AO 2º, deve-se dizer que a vontade divina é a regra primeira pela qual se regulam todas as vontades racionais, à qual se aproxima uma mais que outra, de acordo com o plano divino. Por conseguinte, a vontade de um homem que manda pode ser considerada como a regra segunda da vontade daquele que obedece.

QUANTO AO 3º, deve-se dizer que uma obra pode ser avaliada gratuita de dois modos: do lado da obra, em si mesma, quando o homem não é obrigado a executá-la. Do lado do agente, quando o faz por livre vontade. Ora, o que faz uma obra ser virtuosa, louvável e meritória é, principalmente, o fato de proceder da vontade. Por conseguinte, embora obrigação obedecer, se alguém obedece por livre decisão, o mérito não fica diminuído em nada, principalmente diante de Deus que vê não somente as obras exteriores, mas também a vontade interior.

## ARTICULUS 2
### Utrum obedientia sit specialis virtus

AD SECUNDUM SIC PROCEDITUR. Videtur quod obedientia non sit specialis virtus.

1. Obedientiae enim inobedientia opponitur. Sed inobedientia est generale peccatum: dicit enim Ambrosius[1] quod peccatum est *inobedientia legis divinae*. Ergo obedientia non est specialis virtus, sed generalis.

2. PRAETEREA, omnis virtus specialis aut est theologica, aut moralis. Sed obedientia non est virtus theologica: quia neque continetur sub fide, neque sub spe, neque sub caritate. Similiter etiam non est virtus moralis: quia non est in medio superflui et diminuti; quanto enim aliquis est magis obediens, tanto magis laudatur. Ergo obedientia non est specialis virtus.

3. PRAETEREA, Gregorius dicit, ult. *Moral.*[2], quod *obedientia tanto magis est meritoria et laudabilis quanto minus habet de suo*. Sed quaelibet specialis virtus tanto magis laudatur quanto magis habet de suo: eo quod ad virtutem requiritur ut sit volens et eligens, sicut dicitur in II *Ethic.*[3]. Ergo obedientia non est specialis virtus.

## ARTIGO 2
### A obediência é uma virtude especial?

QUANTO AO SEGUNDO, ASSIM SE PROCEDE: parece que a obediência **não** é uma virtude especial.

1. Com efeito, a obediência se opõe à desobediência. Ora, a desobediência é um pecado geral. Ambrósio define o pecado como uma "desobediência à lei divina". Logo, a obediência também é uma virtude geral, e não especial.

2. ALÉM DISSO, toda virtude especial ou é teologal, ou moral. Ora, a obediência não é uma virtude teologal porque não está incluída nem na fé, nem na esperança, nem na caridade. Também não é uma virtude moral, porque não ocupa o meio-termo entre o excesso e a carência; pois, quanto mais obediente é alguém tanto mais digno de louvor é. Logo, a obediência não é uma virtude especial.

3. ADEMAIS, Gregório diz que "a obediência é tanto mais meritória e digna de louvor quanto menos tiver de pessoal". Ora, toda virtude especial tanto mais é louvável quanto mais for pessoal, porque, para a virtude é preciso que haja uma vontade e uma escolha, como diz o Filósofo. Logo, a obediência não é uma virtude especial.

---

2 PARALL.: Supra, q. 4, a. 7, ad 3; infra, a. 3, ad 1; II *Sent*., dist. 35, a. 2, ad 5; dist. 44, q. 2, a. 1; III, dist. 34, q. 3, a. 4, q.la 3, ad 1.

1. *De Parad.*, c. 8, n. 39: ML 14, 292 D.
2. L. XXXV, c. 14, al. 10, in vet. 13, n. 30: ML 76, 766 C.
3. C. 3: 1105, a, 31-b, 5.

4. Praeterea, virtutes differunt specie secundum obiecta. Obiectum autem obedientiae esse videtur superioris praeceptum: quod multipliciter diversificari videtur, secundum diversos superioritatis gradus. Ergo obedientia est virtus generalis sub se multas virtutes speciales comprehendens.

Sed contra est quod obedientia a quibusdam ponitur pars iustitiae, ut supra[4] dictum est.

Respondeo dicendum quod ad omnia opera bona quae specialem laudis rationem habent, specialis virtus determinatur: hoc enim proprie competit virtuti, ut *opus bonum reddat*. Obedire autem superiori debitum est secundum divinum ordinem rebus inditum, ut ostensum est[5]: et per consequens est bonum, cum bonum consistat in *modo, specie et ordine,* ut Augustinus dicit, in libro *de Nat. Boni*[6]. Habet autem hic actus specialem rationem laudis ex speciali obiecto. Cum enim inferiores suis superioribus multa debeant exhibere, inter cetera hoc est unum speciale, quod tenentur eius praeceptis obedire. Unde obedientia est specialis virtus: et eius speciale obiectum est praeceptum tacitum vel expressum. Voluntas enim superioris, quocumque modo innotescat, est quoddam tacitum praeceptum: et tanto videtur obedientia promptior quanto praeceptum expressum obediendo praevenit, voluntate superioris intellecta.

Ad primum ergo dicendum quod nihil prohibet duas speciales rationes, ad quas duae speciales virtutes respiciunt, in uno et eodem materiali obiecto concurrere: sicut miles, defendendo castrum regis, implet opus fortitudinis non refugiens mortis pericula propter bonum, et opus iustitiae debitum servitium domino suo reddens. Sic igitur ratio praecepti, quam attendit obedientia, concurrit cum actibus omnium virtutum: non tamen cum omnibus virtutum actibus, quia non omnes actus virtutum sunt in praecepto, ut supra[7] habitum est. Similiter etiam quaedam quandoque sub praecepto cadunt quae ad nullam aliam virtutem pertinent: ut patet in his quae non sunt mala nisi quia prohibita.

Sic ergo, si obedientia proprie accipiatur, secundum quod respicit per intentionem formalem ratio-

4. Ademais, as virtudes diferem de espécie segundo os objetos. Ora, o objeto da obediência parece ser o preceito do superior, que pode sofrer múltiplas variações de acordo com os diferentes graus de superioridade. Logo, a obediência é uma virtude geral que inclui sob si muitas virtudes especiais.

Em sentido contrário, alguns consideram a obediência uma parte da justiça.

Respondo. A todas as obras boas, que contêm uma razão especial de louvor, corresponde uma virtude especial, uma vez que é próprio da virtude "tornar boa uma obra". A obediência a um superior é um dever de acordo com a ordem divina estabelecida no universo. É, por conseguinte, um bem, uma vez que o bem consiste em "medida, espécie e ordem", como diz Agostinho. Ora, este ato tem de seu objeto especial uma razão especial de louvor. Pois, como os inferiores têm muitos deveres a prestar a seus superiores, entre outros este é um especial, que é o de obedecer aos preceitos deles. Portanto, a obediência é uma virtude especial tendo por objeto especial um preceito expresso ou tácito. Pois a vontade do superior, de qualquer maneira como ela se manifeste, é uma ordem tácita; e a obediência se mostrará tanto mais solícita quanto mais obediente se antecipar à expressão do preceito, compreendida a vontade do superior.

Quanto ao 1º, portanto, deve-se dizer que nada impede que duas razões especiais, pertencentes a duas virtudes especiais, se encontrem em um único e mesmo objeto material; por exemplo, um soldado que está defendendo o acampamento real, cumpre uma obra de fortaleza ao enfrentar o perigo de morte em vista do bem, e, ao mesmo tempo, faz obra de justiça ao prestar a seu senhor o serviço devido. Assim pois, esta razão de preceito que a obediência considera se encontra nos atos de todas as virtudes; mas não em todos os atos de virtude, porque nem todos os atos de virtude se incluem no preceito, como se mostrou. De forma semelhante, algumas vezes algumas coisas caem sob preceito sem pertencer a nenhuma outra virtude; é o caso daquelas coisas que só são ruins porque são proibidas.

Assim, se se toma a obediência em seu sentido próprio, enquanto considera a razão do preceito

---

4. Q. 80, a. un., 3 a.
5. Art. 1.
6. C. 3: ML 42, 553.
7. I-II, q. 96, a. 3; q. 100, a. 2.

nem praecepti, erit specialis virtus, et inobedientia speciale peccatum. Secundum hoc ad obedientiam requiretur quod impleat aliquis actum iustitiae, vel alterius virtutis, intendens implere praeceptum: et ad inobedientiam requiretur quod actualiter contemnat praeceptum. — Si vero obedientia large accipiatur pro executione cuiuscumque quod potest cadere sub praecepto, et inobedientia pro omissione eiusdem, ex quacumque intentione: sic obedientia erit generalis virtus, et inobedientia generale peccatum.

AD SECUNDUM dicendum quod obedientia non est virtus theologica. Non enim per se obiectum eius est Deus, sed praeceptum superioris cuiuscumque, vel expressum vel interpretativum, scilicet simplex verbum praelati eius indicans voluntatem, cui obedit promptus obediens, secundum illud Tt 3,1: *Dicto obedire*. — Est autem virtus moralis, cum sit pars iustitiae: et est medium inter superfluum et diminutum.

Attenditur autem eius superfluum non quidem secundum *quantum*, sed secundum alias circumstantias: inquantum scilicet aliquis obedit vel cui non debet vel in quibus, sicut etiam supra[8] de religione dictum est. — Potest etiam dici quod sicut in iustitia superfluum est in eo qui retinet alienum, diminutum autem in eo cui non redditur quod debetur, ut Philosophus dicit, in V Ethic.[9]; ita etiam obedientia medium est inter superfluum quod attenditur ex parte eius qui subtrahit superiori obedientiae debitum, quia superabundat in implendo propriam voluntatem, diminutum autem ex parte superioris cui non obeditur. Unde secundum hoc, obedientia non erit medium duarum malitiarum: sicut supra[10] de iustitia dictum est.

AD TERTIUM dicendum quod obedientia, sicut et quaelibet virtus, debet habere promptam voluntatem in suum proprium obiectum, non autem in id quod repugnans est ei. Proprium autem obiectum obedientiae est praeceptum, quod quidem ex alterius voluntate procedit. Unde obedientia reddit promptam hominis voluntatem ad implendam voluntatem alterius, scilicet praecipientis. Si autem id quod ei praecipitur sit propter se ei volitum, etiam absque ratione praecepti, sicut accidit in

pela intenção formal, será uma virtude especial, e a desobediência um pecado especial. Nesse sentido, ao executar um ato de justiça, ou de outra virtude qualquer, a obediência deve ter a intenção de cumprir uma ordem. Assim como, a desobediência deve ter a intenção atual de desprezar um preceito. — Se, no entanto, se tomar a obediência num sentido amplo, como execução de qualquer coisa que possa cair sob preceito, e a desobediência na sua omissão, por qualquer intenção, neste caso, a obediência seria uma virtude geral, e a desobediência, um pecado geral.

QUANTO AO 2º, deve-se dizer que a obediência não é uma virtude teologal. Pois seu objeto essencial não é Deus, mas o preceito de um superior, expresso ou simplesmente insinuado, uma simples palavra do superior indicando sua vontade, que o inferior acata com presteza, segundo diz a Carta de Tito: "Obedecer à palavra". — A obediência é pois uma virtude moral, uma vez que é parte da justiça e ocupa um lugar de meio, entre o excesso e a carência.

O excesso, neste caso, não se considera segundo a quantidade mas segundo outras circunstâncias: por exemplo quando alguém obedece a quem não deve obedecer, ou em coisas que não devem ser cumpridas, como foi dito na questão sobre religião. — Pode-se dizer que assim como, na justiça, o excesso se encontra naquele que retém o bem alheio, e a carência, naquele a quem não se paga o que lhe devem, como mostra o filósofo, da mesma forma, a obediência é um meio-termo entre o excesso daquele que nega ao superior a obediência devida, porque excede na satisfação da própria vontade, e a carência, da parte do superior, a quem não se obedece. Sob este aspecto, a obediência não é um meio-termo entre dois males, com ficou dito acima a propósito da justiça.

QUANTO AO 3º, deve-se dizer que a obediência, como toda virtude, deve ter pronta inclinação para seu objeto próprio, mas não para aquilo que lhe é contrário. O objeto próprio da obediência é o preceito que procede da vontade de outra pessoa. Desta forma, a obediência torna a vontade do homem disposta a fazer a vontade de outro, a saber, daquele que manda. Quando o ato prescrito é aceito por si próprio, mesmo sem a razão de preceito, como ocorre quando é agradável, pela

---

8. Q. 81, a. 5, ad 3.
9. C. 7: 1132, a, 10-12; b, 11-12.
10. Cfr. q. 58, a. 10, ad 2.

prosperis; iam ex propria voluntate tendit in illud, et non videtur illud implere propter praeceptum, sed propter propriam voluntatem. Sed quando illud quod praecipitur nullo modo est secundum se volitum, sed est, secundum se consideratum, propriae voluntati repugnans, sicut accidit in asperis; tunc omnino manifestum est quod non impletur nisi propter praeceptum. Et ideo Gregorius dicit, in libro Moral.[11], quod *obedientia quae habet aliquid de suo in prosperis, est nulla vel minor*, quia scilicet voluntas propria non videtur principaliter tendere ad implendum praeceptum, sed ad assequendum proprium volitum: *in adversis autem vel difficilibus est maior*, quia propria voluntas in nihil aliud tendit quam in praeceptum.

Sed hoc intelligendum est secundum illud quod exterius apparet. Secundum tamen Dei iudicium, qui corda rimatur, potest contingere quod etiam in prosperis obedientia, aliquid de suo habens, non propter hoc sit minus laudabilis: si scilicet propria voluntas obedientis non minus devote tendat ad impletionem praecepti.

Ad quartum dicendum quod reverentia directe respicit personam excellentem: et ideo secundum diversam rationem excellentiae, diversas species habet. Obedientia vero respicit praeceptum personae excellentis: et ideo est unius rationis. Sed quia propter reverentiam personae obedientia debetur eius praecepto, consequens est quod obedientia omnis sit eadem specie, ex diversis tamen specie causis procedens.

vontade tende para cumpri-lo, e não parece que a ordem seja executada em razão do preceito mas em razão do próprio querer. Se porém, o ato prescrito não é de maneira alguma querido por si mesmo, e, se, considerado em si mesmo, contraria a própria vontade, como ocorre nas coisas difíceis, então fica absolutamente evidente que a ordem só é cumprida por causa do preceito. Por isso Gregório afirma: "A obediência que se realiza plenamente quando é agradável é nula ou menor", porque a vontade própria não parece tender essencialmente ao cumprimento do preceito, mas simplesmente à satisfação de seu próprio querer. "Nas dificuldades, porém, ou em coisas difíceis a obediência é maior", porque a vontade própria não tende a outra coisa a não ser ao cumprimento do preceito.

Mas tudo isto deve ser compreendido de acordo com o que se vê exteriormente. Segundo o julgamento de Deus, porém, que perscruta os corações, pode ocorrer que a obediência que é agradável contendo algo de próprio, não seja menos louvável por causa disto, se, por exemplo, a vontade daquele que obedece não tende com menos fervor ao cumprimento do preceito.

Quanto ao 4º, deve-se dizer que a reverência visa diretamente a pessoa excelente, e por isso tem diversas espécies, de acordo com a diversidade da razão de excelência. A obediência, por sua vez, considera exclusivamente o preceito da pessoa excelente, por isso, a razão de obedecer é única. Mas se por causa da reverência da pessoa é que se deve obediência ao seu preceito, segue-se que toda obediência é de uma única espécie, embora procedendo de causas especificamente diferentes.

### Articulus 3
### Utrum obedientia sit maxima virtutum

Ad tertium sic proceditur. Videtur quod obedientia sit maxima virtutum.
1. Dicitur enim 1Reg 15,22: *Melior est obedientia quam victimae*. Sed oblatio victimarum pertinet ad religionem, quae est potissima inter omnes virtutes morales, ut ex supra[1] dictis patet. Ergo obedientia est potissima inter virtutes.
2. Praeterea, Gregorius dicit, ult. *Moral.*[2], quod *obedientia sola virtus est quae virtutes ceteras*

### Artigo 3
### A obediência é a maior das virtudes?

Quanto ao terceiro, assim se procede: parece que a obediência é a maior das virtudes.
1. Com efeito, está escrito: "É melhor a obediência que os sacrifícios". Ora, a oblação de sacrifícios concerne à religião que é a maior de todas as virtudes morais, como ficou demonstrado. Logo, a obediência é a maior entre as virtudes.
2. Além disso, Gregório diz: "A obediência é a única virtude que introduz na alma as outras

---

11. L. XXXV, c. 14, al. 10, in vet. 13, n. 30: ML 76, 766 C.

Parall.: *Ad Philipp.*, c. 2, lect. 3.

1. Q. 81, a. 6.
2. L. XXXV, c. 14, al. 10, in vet. 12, n. 28: ML 76, 765 B.

*menti inserit, insertasque custodit.* Sed causa est potior effectu. Ergo obedientia est potior omnibus virtutibus.

3. Praeterea, Gregorius dicit, ult. *Moral.*³, quod *nunquam per obedientiam malum fieri, aliquando autem debet per obedientiam bonum quod agitur intermitti.* Sed non praetermittitur aliquid nisi pro meliori. Ergo obedientia, pro qua praetermittuntur bona aliarum virtutum, est virtutibus aliis melior.

Sed contra est quod obedientia habet laudem ex eo quod ex caritate procedit: dicit enim Gregorius, ult. *Moral.*⁴, quod *obedientia non servili metu, sed caritatis affectu servanda est: non timore poenae, sed amore iustitiae.* Ergo caritas est potior virtus quam obedientia.

Respondeo dicendum quod sicut peccatum consistit in hoc quod homo, contempto Deo, commutabilibus bonis inhaeret; ita meritum virtuosi actus consistit e contrario in hoc quod homo, contemptis bonis creatis, Deo inhaeret. Finis autem potior est his quae sunt ad finem. Si ergo bona creata propter hoc contemnantur ut Deo inhaereatur, maior est laus virtutis ex hoc quod Deo inhaeret quam ex hoc quod bona terrena contemnit. Et ideo illae virtutes quibus Deo secundum se inhaeretur, scilicet theologicae, sunt potiores virtutibus moralibus, quibus aliquid terrenum contemnitur ut Deo inhaereatur.

Inter virtutes autem morales, tanto aliqua potior est quanto maius aliquid contemnit ut Deo inhaereat. Sunt autem tria genera bonorum humanorum quae homo potest contemnere propter Deum: quorum infimum sunt exteriora bona; medium autem sunt bona corporis; supremum autem sunt bona animae, inter quae quodammodo praecipuum est voluntas, inquantum scilicet per voluntatem homo omnibus aliis bonis utitur. Et ideo, per se loquendo, laudabilior est obedientiae virtus, quae propter Deum contemnit propriam voluntatem, quam aliae virtutes morales, quae propter Deum aliqua alia bona contemnunt. Unde Gregorius dicit, in ult. *Moral.*⁵, quod *obedientia victimis iure praeponitur: quia per victimas aliena caro, per obedientiam vero voluntas propria mactatur.*

Unde etiam quaecumque alia virtutum opera ex hoc meritoria sunt apud Deum quod sint ut obedia-

virtudes, e nela as mantém guardadas". Ora, a causa é maior do que o efeito. Logo, a obediência é a maior de todas as virtudes.

3. Ademais, Gregório diz ainda: "A obediência nunca nos leva a cometer o mal, mas algumas vezes nos obriga a abrir mão de um bem que estamos fazendo". Ora, só se abre mão de um bem por um bem melhor. Logo, a obediência, pela qual se abre mão do bem das outras virtudes, é melhor que todas elas.

Em sentido contrário, a obediência é louvável porque procede da caridade. Gregório diz com efeito: "Deve-se praticar a obediência, não por temor servil, mas pelo amor da caridade; não por medo do castigo, mas pelo amor à justiça". Por conseguinte, a caridade é maior que a obediência.

Respondo. Da mesma maneira que o pecado consiste em que o homem, desprezando a Deus, se apega aos bens perecíveis, assim o mérito do ato virtuoso consiste, ao contrário, em que o homem, desprezando os bens criados, se apega a Deus. Ora, o fim é maior que os meios. Logo, quando os bens criados são desprezados em função de uma maior adesão a Deus, a virtude merece mais elogios por este seu apego a Deus do que pelo desprezo dos bens terrestres. É por isso que as virtudes pelas quais nos aderirmos a Deus em si mesmo, as virtudes teologais, são mais excelentes do que as virtudes morais, pelas quais desprezamos as coisas terrenas para aderir a Deus.

Ora, entre as virtudes morais, uma é tanto mais importante quanto mais despreza alguma coisa, para aderir a Deus. Sãos três os tipos de bens humanos que o homem pode desprezar por causa de Deus: os mais baixos destes são os bens exteriores. No meio estão os bens do corpo; finalmente, no topo, estão os bens da alma, entre os quais o principal é a vontade, na medida em que é pela vontade que o homem se utiliza de todos os outros bens. É por isso que a obediência é, por si mesma, mais louvável que todas as virtudes, pois por causa de Deus despreza a própria vontade, enquanto que, pelas outras virtudes morais, o que se despreza por causa de Deus são outros tipos de bens. Por isso, Gregório diz: "É justo preferir a obediência aos sacrifícios, porque nestes se imola uma carne estranha, ao passo que a obediência imola a própria vontade".

É por esta razão também que as obras de outras virtudes são meritórias diante de Deus, a saber,

---

3. L. XXXV, c. 14, al. 10, in vet. 13, n. 29: ML 76, 766 B.
4. L. XXXV, c. 14, al. 10, in vet. 14, n. 32: ML 76, 768 A.
5. L. XXXV, c. 14, al. 10, in vet. 12, n. 28: ML 76, 765 B.

tur voluntati divinae. Nam si quis etiam martyrium sustineret, vel omnia sua pauperibus erogaret, nisi haec ordinaret ad impletionem divinae voluntatis, quod recte ad obedientiam pertinet, meritoria esse non possent: sicut nec si fierent sine caritate, quae sine obedientia esse non potest. Dicitur enim 1Io 2,4-5, quod *qui dicit se nosse Deum, et mandata eius non custodit, mendax est: qui autem servat verba eius, vere in hoc caritas Dei perfecta est.* Et hoc ideo est quia amicitia facit *idem velle et nolle*.

AD PRIMUM ergo dicendum quod obedientia procedit ex reverentia, quae exhibet cultum et honorem superiori. Et quantum ad hoc, sub diversis virtutibus continetur: licet secundum se considerata, prout respicit rationem praecepti, sit una specialis virtus. Inquantum ergo procedit ex reverentia praelatorum, continetur quodammodo sub observantia. Inquantum vero procedit ex reverentia parentum, sub pietate. Inquantum vero procedit ex reverentia Dei, sub religione: et pertinet ad devotionem, quae est principalis actus religionis. Unde secundum hoc, laudabilius est obedire Deo quam sacrificium offerre. — Et etiam quia *in sacrificio immolatur aliena caro, per obedientiam autem propria voluntas*, ut Gregorius dicit[6].

Specialiter tamen in casu in quo loquebatur Samuel, melius fuisset Sauli obedire Deo quam animalia pinguia Amalecitarum in sacrificium offerre, contra Dei mandatum.

AD SECUNDUM dicendum quod ad obedientiam pertinent omnes actus virtutum prout sunt in praecepto. Inquantum ergo actus virtutum operantur causaliter vel dispositive ad earum generationem et conservationem, intantum dicitur quod obedientia omnes virtutes menti inserit et custodit.

Nec tamen sequitur quod obedientia sit simpliciter omnibus virtutibus prior, propter duo. Primo quidem, quia licet actus virtutis cadat sub praecepto, tamen potest aliquis implere actum virtutis non attendens ad rationem praecepti. Unde si aliqua virtus sit cuius obiectum sit naturaliter prius quam praeceptum, illa virtus dicitur naturaliter prior quam obedientia: ut patet de fide, per quam nobis divinae auctoritatis sublimitas innotescit, ex

porque são feitas para obedecer à vontade divina. Pois se alguém padecesse o martírio, ou distribuísse todos os seus bens aos pobres, se não orientasse tudo isto para o cumprimento da vontade divina, o que diz respeito diretamente à obediência, tais obras não teriam o menor mérito; como também se feitas sem a caridade, a qual não pode existir sem a obediência. Assim está escrito: "Aquele que afirma conhecer Deus mas não guarda seus mandamentos é mentiroso; quanto porém àquele que observa suas palavras, realmente o amor de Deus é perfeito". Isso porque a amizade produz uma identidade do querer e do não querer[b].

QUANTO AO 1º, portanto, deve-se dizer que a obediência procede da reverência, que presta culto e honra ao superior. Quanto a isso, se acha subordinada a várias outras virtudes, embora, considerada em si mesma, enquanto visa a razão de preceito, seja uma virtude especial. Mas enquanto procedente da reverência aos superiores, ela se inclui no respeito. Enquanto procede da reverência aos parentes, na piedade. Enquanto procedente da reverência a Deus, na religião; e se liga à devoção, que é o ato principal da religião. Assim, deste ponto de vista, é mais louvável obedecer a Deus do que lhe oferecer um sacrifício. — Como diz Gregório: "no sacrifício se imola uma carne estranha, enquanto pela obediência se imola a própria vontade".

No caso particular de que fala Samuel, teria sido melhor para Saul obedecer a Deus do que oferecer em sacrifícios, contra as ordens de Deus, os animais gordos dos amalecitas.

QUANTO AO 2º, deve-se dizer que todos os atos das virtudes pertencem à obediência enquanto caem sob um preceito. Na medida, portanto, em que os atos das virtudes agem como causa ou disposição para gerar ou conservar estas virtudes, diz-se que a obediência insere todas estas virtudes na alma e as conserva.

Mas não se segue daí que a obediência seja absolutamente superior a todas as virtudes. Por duas razões. 1º porque, embora um ato de virtude caia sob preceito, alguém pode, no entanto, realizar um ato de virtude sem considerar a razão de preceito. Portanto, se existir uma virtude cujo objeto seja por natureza anterior ao preceito, esta virtude será também por natureza anterior à obediência, como fica evidente no caso da fé: ela nos revela

---

6. Loc. cit. in c.: ML 76, 765 B.

b. Essas prerrogativas da obediência são especialmente pertinentes a propósito dos votos religiosos.

qua competit ei potestas praecipiendi. — Secundo, quia infusio gratiae et virtutum potest praecedere, etiam tempore, omnem actum virtuosum. Et secundum hoc, neque tempore neque natura est obedientia omnibus aliis virtutibus prior.

AD TERTIUM dicendum quod duplex est bonum. Quoddam ad quod faciendum homo e necessitate tenetur: sicut amare Deum, vel aliquid huiusmodi. Et tale bonum nullo modo debet propter obedientiam praetermitti.— Est autem aliud bonum ad quod homo non tenetur ex necessitate. Et tale bonum debet homo quandoque propter obedientiam praetermittere, ad quam ex necessitate homo tenetur: quia non debet homo aliquid bonum facere culpam incurrendo. Et tamen, sicut ibidem[7] Gregorius dicit, *qui ab uno quolibet bono subiectos vetat, necesse est ut multa concedat, ne obedientis mens funditus intereat, si a bonis omnibus penitus repulsa ieiunet*. Et sic per obedientiam et alia bona potest damnum unius boni recompensari.

o caráter sublime da autoridade de Deus, pelo qual lhe compete o poder de preceituar. — 2º A infusão da graça e da virtude pode preceder, até mesmo no tempo, todo ato virtuoso. Deste ponto de vista, a obediência não tem, nem em termos de tempo nem de natureza, a prioridade sobre todas as virtudes.

QUANTO AO 3º, deve-se dizer que existem dois bens. Um bem que o homem tem de fazer necessariamente: como amar a Deus, ou coisas do mesmo gênero. Um tal bem não pode jamais ser deixado de lado por causa da obediência. — Existe outro bem a que o homem não está ligado necessariamente. Às vezes, deve-se abrir mão de tal bem por causa da obediência à qual o homem está obrigado por necessidade, porque, ninguém deve fazer algo bom incorrendo em culpa. No entanto, Gregório diz na passagem citada: "Quem veta aos súditos um bem qualquer tem de lhes conceder muitos outros para evitar que a alma daquele que obedece chegue à ruína total por se sentir absolutamente privada de todos os bens". É assim que, pela obediência, se pode compensar com muitos outros a perda de um único bem.

ARTICULUS 4
## Utrum in omnibus sit Deo obediendum

AD QUARTUM SIC PROCEDITUR. Videtur quod nen in omnibus sit Deo obediendum.

1. Dicitur enim Mt 9,30-31, quod Dominus duobus caecis curatis praecepit dicens: *Videte ne quis sciat. Illi autem, exeuntes, diffamaverunt eum per totam terram illam*. Nec tamen ex hoc inculpantur. Ergo videtur quod non teneamur in omnibus obedire Deo.

2. PRAETEREA, nullus tenetur aliquid facere contra virtutem. Sed inveniuntur quaedam praecepta Dei contra virtutem: sicut quod praecepit Abrahae quod occideret filium innocentem, ut habetur Gn 22,2, et Iudaeis ut furarentur res Aegyptiorum, ut habetur Ex 11,2, quae sunt contra iustitiam; et Osee quod acciperet mulierem adulteram, quod est contra castitatem. Ergo non in omnibus est obediendum Deo.

3. PRAETEREA, quicumque obedit Deo, conformat voluntatem suam voluntati divinae etiam in

ARTIGO 4
## Deve-se obedecer a Deus em tudo?

QUANTO AO QUARTO, ASSIM SE PROCEDE: parece que **não** se deve obedecer a Deus em tudo.

1. Com efeito, está escrito que o Senhor deu aos cegos que curara a ordem seguinte: "Tomem cuidado que ninguém saiba disto. Mas eles saíram espalhando a fama dele por toda aquela região". E ninguém os considerou culpados por causa disto. Por conseguinte, parece que não somos obrigados a obedecer a Deus em tudo.

2. ALÉM DISSO, ninguém é obrigado a fazer algo contrário à virtude. Ora, se encontram alguns preceitos de Deus contrários à virtude; como quando ele ordenou a Abraão que matasse o filho inocente; ou quando ordenou aos judeus que roubassem os bens dos egípcios o que é contrário à justiça; ou quando mandou o profeta Oseias se casar com uma mulher adúltera, o que é contrário à castidade. Por conseguinte, não se é obrigado a obedecer a Deus em tudo.

3. ADEMAIS, quem obedece a Deus ajusta sua vontade à vontade divina, mesmo quanto ao objeto

---

7. L. XXXV, c. 14, al. 10, in vet. 13, n. 29: ML 76, 766 B.
4 PARALL.: Infra, q. 154, a. 2, ad 2; *in Ioan*., c. 2, lect. 1.

volito. Sed non quantum ad omnia tenemur conformare voluntatem nostram voluntati divinae in volito, ut supra[1] habitum est. Ergo non in omnibus tenetur homo Deo obedire.

SED CONTRA est quod dicitur Ex 24,7: *Omnia quae locutus est Dominus faciemus, et erimus obedientes.*

RESPONDEO dicendum quod, sicut supra[2] dictum est, ille qui obedit movetur per imperium eius cui obedit, sicut res naturales moventur per suos motores. Sicut autem Deus est primus motor omnium quae naturaliter moventur, ita etiam est primus motor omnium voluntatum, ut ex supra[3] dictis patet. Et ideo sicut naturaii necessitate omnia naturalia subduntur divinae motioni, ita etiam quadam necessitate iustitiae omnes voluntates tenentur obedire divino imperio.

AD PRIMUM ergo dicendum quod Dominus caecis dixit ut miraculum occultarent, non quasi intendens eos per virtutem divini praecepti obligare: sed, sicut Gregorius dicit, XIX *Moral.*[4], *servis suis se sequentibus exemplum dedit: ut ipsi quidem virtutes suas occultare desiderent; et tamen, ut alii eorum exemplo proficiant, prodantur inviti.*

AD SECUNDUM dicendum quod sicut Deus nihil operatur contra naturam, quia *haec est natura uniuscuiusque rei quod in ea Deus operatur*, ut habetur in Glossa[5] Rm 11,24, operatur tamen aliquid contra solitum cursum naturae; ita etiam Deus nihil potest praecipere contra virtutem, quia in hoc principaliter consistit virtus et rectitudo voluntatis humanae quod Dei voluntati conformetur et eius sequatur imperium, quamvis sit contra consuetum virtutis modum. Secundum hoc ergo, praeceptum Abrahae factum quod filium innocentem occideret, non fuit contra iustitiam: quia Deus est auctor mortis et vitae. — Similiter nec fuit contra iustitiam quod mandavit Iudaeis ut res Aegyptiorum acciperent: quia eius sunt omnia, et cui voluerit dat illa. — Similiter etiam non fuit contra castitatem praeceptum ad Osee factum ut mulierem adulteram acciperet: quia ipse Deus est humanae generationis ordinator, et ille est debitus

querido. Ora, nós não somos obrigados a conformar em tudo nossa vontade à vontade divina no referente ao objeto querido, como ficou demonstrado acima. Logo, o homem não é obrigado a obedecer a Deus em tudo.

EM SENTIDO CONTRÁRIO, está escrito no livro do Êxodo: "Faremos tudo o que Senhor disse, e seremos obedientes".

RESPONDO. Como ficou dito acima, aquele que obedece é movido pela ordem daquele a quem obedece, como as coisas naturais são movidas por seus motores. Ora, assim como Deus é o primeiro motor de todas as coisas que se movem na natureza, é também o primeiro motor de todas as vontades, conforme já ficou demonstrado. Por conseguinte, assim como todas as coisas da natureza estão necessariamente submetidas à força da moção divina, da mesma forma, todas as vontades são obrigadas a obedecer ao império divino por uma necessidade de justiça.

QUANTO AO 1º, portanto, deve-se dizer que ao mandar aos cegos que ocultassem o milagre, o Senhor não quis lhes impor sua vontade, mas, como explica Gregório, quis apenas "dar um exemplo a seus seguidores, a saber, que procurassem ocultar suas virtudes, e se, contra as suas vontades, estas virtudes viessem a se manifestar, para que servisse de exemplo para os outros".

QUANTO AO 2º, deve-se dizer que como Deus não faz absolutamente nada contra a natureza das coisas, pois, como diz a Glosa, "o que Deus opera em cada coisa é a própria natureza dela", e contudo pode agir contra o curso ordinário da natureza, assim também nada pode mandar contrário à virtude, uma vez que a virtude e a retidão da vontade humana consistem principalmente na conformidade com a vontade de Deus e na obediência às ordens d'Ele, mesmo que contrariem a prática ordinária da virtude. Assim, a ordem dada a Abraão para que sacrificasse o filho inocente não foi contra a justiça, porque Deus é o autor da vida e da morte. — Da mesma maneira, a ordem dada aos hebreus para que tomassem os bens dos egípcios também não foi contra a justiça; porque todas as coisas pertencem a Deus e ele as dá a quem bem entende. — Do mesmo modo, a ordem dada a Oseias para que aceitasse como esposa

---

1. I-II, q. 19, a. 10.
2. Art. 1.
3. I-II, q. 9, a. 6.
4. C. 23, al. 14, in vet. 18, n. 36: ML 76, 120 C.
5. Ordin.; ML 114, 508 C; LOMBARDI: ML 191, 1488 B.

modus mulieribus utendi quem Deus instituit. — Unde patet quod praedicti nec obediendo Deo, nec obedire volendo, peccaverunt.

AD TERTIUM dicendum quod etsi non semper teneatur homo velle quod Deus vult, semper tamen tenetur velle quod Deus vult eum velle. Et hoc homini praecipue innotescit per praeceptum divinum. Et ideo tenetur homo in omnibus divinis praeceptis obedire.

### ARTICULUS 5
### Utrum subditi teneantur suis superioribus in omnibus obedire

AD QUINTUM SIC PROCEDITUR. Videtur quod subditi teneantur suis superioribus in omnibus obedire.

1. Dicit enim Apostolus, *ad* Cl 3,20: *Filii, obedite parentibus per omnia*. Et postea [22] subdit: *Servi, obedite per omnia dominis carnalibus*. Ergo, eadem ratione, alii subditi debent suis praelatis in omnibus obedire.

2. PRAETEREA, praelati sunt medii inter Deum et subditos: secundum illud Dt 5,5: *Ego sequester et medius fui inter Deum et vos in tempore illo, ut annuntiarem vobis verba eius*. Sed ab extremo in extremum non pervenitur nisi per medium. Ergo praecepta praelati sunt reputanda tanquam praecepta Dei. Unde et Apostolus dicit, Gl 4,14: *Sicut angelum Dei accepistis me, sicut Christum Iesum*; et 1Thess 2,13: *Cum accepissetis a nobis verbum auditus Dei, accepistis illud non ut verbum hominum, sed, sicut vere est, verbum Dei*. Ergo

uma mulher adúltera também não foi contra a castidade; porque o próprio Deus é quem ordena a geração dos humanos e o modo de relacionamento sexual é o que Ele instituiu. — É evidente que nenhum deles pecou, nem obedecendo a Deus, nem querendo obedecer[c].

QUANTO AO 3º, deve-se dizer que embora o homem nem sempre seja obrigado a querer o que Deus quer, ele é sempre obrigado a querer o que Deus quer que ele queira. Esta vontade divina nos é transmitida principalmente pelos preceitos divinos. É por isso que o homem é obrigado a obedecer em tudo aos mandamentos divinos.

### ARTIGO 5
### Os inferiores devem obedecer em tudo a seus superiores?[d]

QUANTO AO QUINTO, ASSIM SE PROCEDE: parece que os inferiores **devem** obedecer em tudo a seus superiores.

1. Com efeito, o Apóstolo diz: "Filhos, obedecei em tudo a vossos pais". E acrescenta: "Escravos, obedecei em tudo aos vossos senhores segundo a carne". Por isso, pela mesma razão, os outros súditos devem obedecer em tudo a seus superiores.

2. ALÉM DISSO, os prelados são intermediários entre Deus e os seus próprios súditos, de acordo com esta palavra: "Naquele tempo eu me coloquei como mediador entre Deus e vós para vos anunciar sua palavra". Ora, ninguém pode ir de um extremo a outro sem passar pelo meio. Logo, os preceitos do superior devem ser considerados como preceitos de Deus. E é por isto que o Apóstolo diz: "Vós me acolhestes como um anjo de Deus, como o Cristo Jesus". E em outro lugar: "Uma vez recebida a palavra de Deus que nós vos trans-

---

5 PARALL.: *In Ioan.*, c. 2, lect. 1; *ad Rom.*, c. 13, lect. 1; *Ad Tit.*, c. 3, lect. 1.

c. A exegese medieval reconhecia nesses exemplos bíblicos nos quais Deus emitiria comandos contrários aos princípios fundamentais da ordem moral (matar um inocente, apoderar-se dos bens de outrem, cometer adultério) exceções a esses princípios, em virtude de uma intervenção direta de Deus, manifestada com toda clareza aos personagens envolvidos. Não se levava em conta a evolução espiritual do povo bíblico e as diferentes etapas de uma consciência moral em formação, de seus tateamentos e de seus erros. O próprio Sto. Tomás elaborou princípios concernentes à consciência equivocada, incluindo a obrigação para o homem de não se opor a eles. Esses princípios lembrados nesta questão (a. 1, obj. 2; ver I-II, q. 19, a. 5 e 6) permitiriam compreender os exemplos bíblicos como casos de consciência (errônea), engajando-se de boa fé, mais do que como derrogações divinas, mesmo que excepcionais, aos princípios da lei natural.

d. Essa questão, suscitada e discutida no século XIII por P. Lombardo (III Sent. D. 44) foi tratada por todos os seus comentadores, na realidade pelos teólogos posteriores até a época moderna. Na II-II, q. 10, a. 10, encontramos o mesmo problema visto no âmbito concreto das relações entre "fiéis" e "infiéis" na Idade Média. Aqui a doutrina é exposta com maior clareza, segundo os princípios próprios da teologia de Sto. Tomás, de acordo com as distinções por ele estabelecidas entre a ordem da justificação pela fé e a ordem (natural) da justiça na sociedade. Ver acima II-II, q. 66, a. 8, nota 9.

sicut Deo debet homo in omnibus obedire, ita etiam et praelatis.

3. PRAETEREA, sicut religiosi profitendo vovent castitatem et paupertatem, ita et obedientiam. Sed religiosus tenetur quantum ad omnia servare castitatem et paupertatem. Ergo similiter quantum ad omnia tenetur obedire.

SED CONTRA est quod dicitur Act 5,29: *Obedire oportet Deo magis quam hominibus.* Sed quandoque praecepta praelatorum sunt contra Deum. Ergo non in omnibus praelatis est obediendum.

RESPONDEO dicendum quod, sicut dictum est[1], obediens movetur ad imperium praecipientis quadam necessitate iustitiae, sicut res naturalis movetur ex virtute sui motoris necessitate naturae. Quod autem aliqua res naturalis non moveatur a suo motore, potest contingere dupliciter. Uno modo, propter impedimentum quod provenit ex fortiori virtute alterius moventis: sicut lignum non comburitur ab igne si fortior vis aquae impediat. Alio modo, ex defectu ordinis mobilis ad motorem, quia etsi subiiciatur eius actioni quantum ad aliquid, non tamen quantum ad omnia: sicut humor quandoque subiicitur actioni caloris quantum ad calefieri, non autem quantum ad exsiccari sive consumi.

Et similiter ex duobus potest contingere quod subditus suo superiori non teneatur in omnibus obedire. Uno modo, propter praeceptum maioris potestatis. Ut enim dicitur Rm 13, super illud 2, *Qui resistunt, ipsi sibi damnationem acquirunt,* dicit Glossa[2]: *Si quid iusserit curator, numquid tibi faciendum est si contra proconsulem iubeat? Rursum, si quid ipse proconsul iubeat, et aliud imperator, numquid dubitabur, illo contempto, illi esse serviendum? Ergo, si aliud imperator, aliud Deus iubeat, contempto illo, obtemperandum est Deo.*

Alio modo, non tenetur inferior suo superiori obedire, si ei aliquid praecipiat in quo ei non subdatur. Dicit enim Seneca, in III *de Benefic*.[3]: *Errat si quis existimat servitutem in totum ho-*

mitimos, vós a acolhestes, não como uma palavra de homens, mas como aquilo que ela realmente é, a saber, palavra de Deus". Logo, assim como o homem é obrigado a obedecer a Deus em tudo, assim também aos prelados.

3. ADEMAIS, os religiosos, em sua profissão, fazem os votos de castidade e pobreza e também o de obediência. Ora, o religioso é obrigado a guardar em tudo a castidade e a pobreza. Logo, a mesma forma, fica ele obrigado a obedecer em tudo.

EM SENTIDO CONTRÁRIO, está escrito no livro dos Atos: "Deve-se obedecer a Deus mais que aos homens". Às vezes, porém, as ordens dos prelados são contrárias às de Deus. Logo, não se deve obedecer aos prelados em tudo.

RESPONDO. Como já foi dito, quem obedece move-se a uma ordem de quem comanda por certa necessidade de justiça, assim como uma coisa natural se move por força de seu motor, por uma necessidade de natureza. Quando uma coisa natural não é movida por seu motor, isto pode ocorrer por dois motivos. 1º, por causa de um impedimento que provém da potência superior de um outro motor; assim, por exemplo, a lenha não pode queimar se a força do fogo for impedida pela força maior da água. 2º, pode haver um defeito de relação entre o móvel e o motor, quando o móvel fica submetido à ação do motor sob um determinado plano, mas não em todos. Por exemplo: a umidade fica, às vezes, exposta à ação do calor para ser aquecida, mas não para secagem ou enxugamento.

Da mesma forma, por dois motivos pode acontecer que o súdito não seja obrigado a obedecer em tudo a seu superior. 1º, por causa da ordem de uma autoridade maior. Sobre o texto: "aqueles que resistem atraem sobre si próprios a condenação", a Glosa comenta: "Quando o comissário te dá uma ordem, serás obrigado a executá-lo se ordenar contra o procônsul? E quando o procônsul dá uma ordem e o imperador ordena outra coisa, não fica evidente que, desprezando o primeiro, tu deves obedecer ao segundo? Por conseguinte, se o imperador dá uma ordem e Deus outra, deverás desprezar o imperador e obedecer a Deus".

2º, o inferior não está obrigado a obedecer a seu superior quando este lhe dá uma ordem num assunto em que não lhe está sujeito. Sêneca escreve: "Erra quem pensa que a servidão compromete

---

1. Art. 1, 4.
2. LOMBARDI: ML 191, 1505 B; cfr. Ordin.: ML 114, 512 D.
3. C. 20: ed. C. Hosius, Lipsiae 1900, p. 68, ll. 18-21.

*minem descendere. Pars eius melior excepta est. Corpora obnoxia sunt et adscripta dominis: mens quidem est sui iuris.* Et ideo in his quae pertinent ad interiorem motum voluntatis, homo non tenetur homini obedire, sed solum Deo.

Tenetur autem homo homini obedire in his quae exterius per corpus sunt agenda. In quibus tamen etiam, secundum ea quae ad naturam corporis pertinent, homo homini obedire non tenetur, sed solum Deo, quia omnes homines natura sunt pares: puta in his quae pertinent ad corporis sustentationem et prolis generationem. Unde non tenentur nec servi dominis, nec filii parentibus obedire de matrimonio contrahendo vel virginitate servanda, aut aliquo alio huiusmodi. — Sed in his quae pertinent ad dispositionem actuum et rerum humanarum, tenetur subditus suo superiori obedire secundum rationem superioritatis: sicut miles duci exercitus in his quae pertinent ad bellum; servus domino in his quae pertinent ad servilia opera exequenda; filius patri in his quae pertinent ad disciplinam vitae et curam domesticam; et sic de aliis.

AD PRIMUM ergo dicendum quod hoc quod Apostolus dixit, *per omnia*, intelligendum est quantum ad illa quae pertinent ad ius patriae vel dominativae potestatis.

AD SECUNDUM dicendum quod Deo subiicitur homo simpliciter quantum ad omnia, et interiora et exteriora: et ideo in omnibus ei obedire tenetur. Subditi autem non subiiciuntur suis superioribus quantum ad omnia, sed quantum ad aliqua determinate. Et quantum ad illa, medii sunt inter Deum et subditos. Quantum ad alia vero, immediate subduntur Deo, a quo instruuntur per legem naturalem vel scriptam.

AD TERTIUM dicendum quod religiosi obedientiam profitentur quantum ad regularem conversationem, secundum quam suis praelatis subduntur. Et ideo quantum ad illa sola obedire tenentur quae possunt ad regularem conversationem pertinere. Et haec est obedientia sufficiens ad salutem. Si autem

o homem por inteiro. A melhor parte de si próprio escapa à servidão. O corpo fica submetido e à disposição do senhor; mas a alma permanece livre." É por isso que, naquilo que concerne ao movimento interior da vontade, não se é obrigado a obedecer aos homens, mas somente a Deus.

O homem é obrigado a obedecer a outro homem no que se refere aos atos exteriores do corpo. Entretanto, mesmo neste plano, segundo aquilo que diz respeito à própria natureza do corpo, o homem não é obrigado a obedecer a outro homem, mas somente a Deus, porque todos os homens são iguais pela natureza, por exemplo, naquilo que concerne à alimentação e à reprodução da espécie. Desta forma, os servos não estão obrigados a obedecer a seus senhores, nem os filhos aos pais, para contrair núpcias, guardar ou não a virgindade, ou em outros assuntos semelhantes[e]. — Mas naquilo que concerne à organização das atividades e dos negócios humanos, o súdito é obrigado a obedecer a seu superior, conforme a razão de superioridade: assim o soldado com relação a seu comandante no que diz respeito à guerra; o servo com relação a seu senhor na tarefa a ser cumprida; o filho com relação ao pai, na disciplina da vida e organização doméstica, e assim por diante.

QUANTO AO 1º, portanto, deve-se dizer que quando o Apóstolo diz "em tudo", a expressão se deve entender com referência ao direito do pai e do senhor.

QUANTO AO 2º, deve-se dizer que o homem fica sujeito a Deus em tudo, de maneira absoluta, interiormente e exteriormente. E por isso fica obrigado a obedecer a Deus em tudo. Mas os súditos não ficam sujeitos a seus superiores em tudo, apenas em um domínio determinado. E aí, os superiores são intermediários entre Deus e os súditos. Com relação a todo o resto, ficam submetidos imediatamente a Deus, que os instrui pela lei natural ou escrita.

QUANTO AO 3º, deve-se dizer que os religiosos fazem profissão de obediência, no contexto da vida regular, na qual se submetem a seus superiores. Por isso são obrigados à obediência somente naquilo que concerne à própria vida regular. E esta obediência basta para a salvação. Se quiserem

---

e. É aqui estabelecida uma dupla distinção da mais alta importância ética: por um lado, há o que diz respeito à atividade interior, à liberdade do espírito que permanece inalienável e além de toda submissão humana, e põe o homem em contato imediato com Deus; por outro lado, mesmo no que concerne "aos atos exteriores do corpo" que por si são da alçada da obediência humana, seria preciso pôr de lado o que concerne à "natureza" corporal do homem: a vida, a transmissão da vida, a escolha de um estado de vida... Também aqui a autoridade humana não poderia prevalecer sobre a livre disposição de si (ver I-II, q. 21, a. 4, r. 3).

etiam in aliis obedire voluerint, hoc pertinebit ad cumulum perfectionis: dum tamen illa non sint contra Deum, aut contra professionem regulae; quia talis obedientia esset illicita.

Sic ergo potest triplex obedientia distingui: una sufficiens ad salutem, quae scilicet obedit in his ad quae obligatur; alia perfecta quae obedit in omnibus licitis; alia indiscreta, quae etiam in illicitis obedit.

### Articulus 6
### Utrum Christiani teneantur saecularibus potestatibus obedire

AD SEXTUM SIC PROCEDITUR. Videtur quod Christiani non teneantur saecularibus potestatibus obedire.

1. Quia super illud Mt 17,25, *Ergo liberi sunt filii*, dicit Glossa[1]: *Si in quolibet regno filii illius regis qui regno illi praefertur sunt liberi, tunc filii Regis cui omnia regna subduntur, in quolibet regno liberi esse debent*. Sed Christiani per fidem Christi facti sunt filii Dei: secundum illud Io 1,12: *Dedit eis potestatem filios Dei fieri: his qui credunt in nomine eius*. Ergo non tenentur potestatibus saecularibus obedire.

2. PRAETEREA, Rm 7,4 dicitur: *Mortificati estis legi per corpus Christi*: et loquitur de lege divina veteris Testamenti. Sed minor est lex humana, per quam homines potestatibus saecularibus subduntur, quam lex divina veteris Testamenti. Ergo multo magis homines, per hoc quod sunt facti membra corporis Christi, liberantur a lege subiectionis qua saecularibus principibus adstringebantur.

3. PRAETEREA, latronibus, qui per violentiam opprimunt, homines obedire non tenentur. Sed Augustinus dicit, IV de Civ. Dei[2]: *Remota iustitia, quid sunt regna nisi magna latrocinia?* Cum igitur dominia saecularia principum plerumque cum iniustitia exerceantur, vel ab aliqua iniusta usurpatione principium sumpserint, videtur quod non sit principibus saecularibus obediendum a Christianis.

SED CONTRA est quod dicitur Tt 3,1: *Admone illos principibus et potestatibus subditos esse*; et

obedecer em outros domínios, isto deve provir de um acréscimo de perfeição, contanto que nada disso seja contrário a Deus, nem à Regra, pois, neste caso, uma tal obediência seria ilícita.

Podemos, pois, distinguir três espécies de obediência: a primeira, suficiente à salvação, que obedece naquilo a que se está obrigado; a segunda, perfeita, que obedece em tudo que é lícito; e finalmente a terceira, que obedece até no que é ilícito.

### Artigo 6
### Devem os fiéis obedecer aos poderes seculares?

QUANTO AO SEXTO, ASSIM SE PROCEDE: parece que os fiéis **não** devem obedecer aos poderes seculares.

1. Com efeito, a propósito do texto do Evangelho de Mateus: "Portanto os filhos são livres", a Glosa explica: "Se, em qualquer reino, os filhos do soberano reinante são livres, então os filhos daquele Rei ao qual todos os reinos estão submetidos devem também ser livres em qualquer reino". Ora, os cristãos se tornaram filhos de Deus pela fé do Cristo, segundo João: "Àqueles que creem em seu nome, ele lhes deu o poder de se tornarem filhos de Deus." Logo, os cristãos não são obrigados a obedecer aos poderes seculares.

2. ALÉM DISSO, está escrito: "Vós, meus irmãos, pelo corpo de Cristo fostes mortos para a Lei", falando da lei divina da Antiga Aliança. Ora, a lei humana, que submete os homens aos poderes seculares, é inferior à lei divina da Antiga Aliança. Logo, com mais razão ainda, os homens feitos membros do corpo de Cristo ficaram livres da lei de sujeição que os ligava aos príncipes seculares.

3. ADEMAIS, os homens não são obrigados a obedecer aos ladrões que oprimem pela violência. Ora, Agostinho diz: "Quando a justiça desaparece, que são os reinos senão vastos campos de banditismo?" Logo, uma vez que os poderes seculares dos príncipes se exercem muitas vezes com injustiça, e que frequentemente eles chegaram ao poder mediante uma usurpação injusta, parece que os cristãos não são obrigados a obedecer aos príncipes seculares.

EM SENTIDO CONTRÁRIO, diz o Apóstolo: "Lembra-lhes que devem ser submissos aos magistrados

---

**6** PARALL.: II *Sent.*, dist. 44, q. 2, a. 2; *ad Rom.*, c. 13, lect. 1.
  1. Ordin.: ML 114, 145 D.
  2. C. 4: ML 41, 115.

1Pe 2,13-14: *Subiecti estote omni humanae creaturae propter Deum: sive regi, quasi praecellenti; siue ducibus, tanquam ab eo missis*.

RESPONDEO dicendum quod fides Christi est iustitiae principium et causa: secundum illud Rm 3,22: *Iustitia Dei per fidem Iesu Christi*. Et ideo per fidem Christi non tollitur ordo iustitiae, sed magis firmatur. Ordo autem iustitiae requirit ut inferiores suis superioribus obediant: aliter enim non posset humanarum rerum status conservari. Et ideo per fidem Christi non excusantur fideles quin principibus saecularibus obedire teneantur.

AD PRIMUM ergo dicendum quod, sicut supra[3] dictum est, servitus qua homo homini subiicitur ad corpus pertinet, non ad animam, quae libera manet. Nunc autem, in statu huius vitae, per gratiam Christi liberamur a defectibus animae, non autem a defectibus corporis: ut patet per Apostolum, Rm 7,25, qui dicit de seipso quod *mente servit legi Dei, carne autem legi peccati*. Et ideo illi qui fiunt filii Dei per gratiam, liberi sunt a spirituali servitute peccati: non autem a servitute corporali, qua temporalibus dominis tenentur adstricti, ut dicit Glossa[4], super illud 1Ti 6,1, *Quicumque sunt sub iugo servi*, etc.

AD SECUNDUM dicendum quod lex vetus fuit figura novi Testamenti: et ideo debuit cessare veritate veniente. Non autem est simile de lege humana, per quam homo subiicitur homini. — Et tamen etiam ex lege divina homo tenetur homini obedire.

AD TERTIUM dicendum quod principibus saecularibus intantum homo obedire tenetur, inquantum ordo iustitiae requirit. Et ideo si non habeant iustum principatum sed usurpatum, vel si iniusta praecipiant, non tenentur eis subditi obedire: nisi forte per accidens, propter vitandum scandalum vel periculum.

e às autoridades". E Pedro: "Sujeitai-vos a toda instituição humana por causa do Senhor, seja ao rei, como soberano, seja aos governadores, como enviados seus".

RESPONDO. A fé cristã é princípio e causa de justiça, segundo a Carta aos Romanos: "Justiça de Deus pela fé em Jesus Cristo". E assim, pela fé do Cristo não se suprime a ordem fundada sobre a justiça, mas se firma ainda mais. A ordem da justiça requer que os inferiores obedeçam a seus superiores; de outra forma, não se poderia conservar o estado da sociedade humana. Assim pois, pela fé de Cristo, os fiéis não ficam dispensados de obedecer aos príncipes seculares.

QUANTO AO 1º, portanto, deve-se dizer que, como foi dito, a servidão pela qual um homem fica sujeito a outro atinge apenas o corpo, não a alma, que permanece livre. Agora porém, no estado da vida presente, pela graça de Cristo ficamos livres das deficiências da alma, mas não das do corpo, como se vê pelo Apóstolo que dizia de si próprio: "Pelo espírito, sirvo à lei de Deus, pelo corpo, sirvo ao pecado". Assim, aqueles que se tornaram filhos de Deus pela graça, são libertados da escravidão espiritual do pecado, mas não da servidão corporal, que os mantém presos a senhores temporais, como consta na Glosa (sobre o texto de Paulo): "Todos os que se encontram sob o jugo da escravidão... etc."[f].

QUANTO AO 2º, deve-se dizer que a lei antiga foi a figura do novo Testamento e por isso desapareceu quando chegou a verdade. Mas não acontece a mesma coisa com a lei humana que sujeita um homem a outro. — E no entanto, mesmo por força da lei divina, o homem é obrigado a obedecer a outro homem.

QUANTO AO 3º, deve-se dizer que o homem só é obrigado a obedecer aos príncipes seculares na medida requerida pela justiça. Assim, quando os chefes não possuírem um mandato justo, mas usurpado, ou quando os preceitos deles forem injustos, os súditos não têm nenhuma obrigação de lhes obedecer, a não ser talvez por acidente, para evitar um escândalo ou um perigo.

---

3. Art. 5.
4. Ordin.: ML 114, 631 C; LOMBARDI: ML 192, 375 C.

f. Por si, a liberdade espiritual, a liberação do pecado não provoca mudança nas condições sociais. Observamos porém que o problema da servidão como sistema social não é concebido ou criticado em si mesmo (ver q. 103, nota 3).

## QUAESTIO CV
## DE INOBEDIENTIA
*in duos articulos divisa*

Deinde considerandum est de inobedientia. Et circa hoc quaeruntur duo.
*Primo:* utrum sit peccatum mortale.
*Secundo:* utrum sit gravissimum peccatorum.

### Articulus 1
### Utrum inobedientia sit peccatum mortale

Ad primum sic proceditur. Videtur quod inobedientia non sit peccatum mortale.

1. Omne enim peccatum est inobedientia: ut patet per definitionem Ambrosii superius[1] positam. Si ergo inobedientia esset peccatum mortale, omne peccatum esset mortale.

2. Praeterea, Gregorius dicit, XXXI *Moral.*[2], quod inobedientia oritur ex inani gloria. Sed inanis gloria non est peccatum mortale. Ergo nec inobedientia.

3. Praeterea, tunc dicitur aliquis esse inobediens quando superioris praeceptum non implet. Sed superiores multoties praecepta multiplicant, quae vix aut nunquam omnia possunt observari. Si ergo inobedientia esset peccatum mortale, sequeretur quod homo non posset vitare mortale peccatum: quod est inconveniens. Non ergo inobedientia est peccatum mortale.

Sed contra est quod Rm 1,30, et 2Ti 3,2, inter alia peccata mortalia computatur: *parentibus non obedientes*.

Respondeo dicendum quod, sicut supra[3] dictum est, peccatum mortale est quod contrariatur caritati, per quam est spiritualis vita. Caritate autem diligitur Deus et proximus. Exigit autem caritas Dei ut eius mandatis obediatur, sicut supra[4] dictum est. Et ideo inobedientem esse divinis praeceptis peccatum mortale est, quasi divinae dilectioni

## QUESTÃO 105
## A DESOBEDIÊNCIA[a]
*em dois artigos*

Em seguida, deve-se tratar da desobediência. A esse respeito, duas questões:
1. A desobediência é um pecado mortal?
2. A desobediência é o mais grave dos pecados?

### Artigo 1
### A desobediência é um pecado mortal?

Quanto ao primeiro artigo, assim se procede: parece que a desobediência **não** é um pecado mortal.

1. Com efeito, todo pecado é uma desobediência, como se vê pela definição de Ambrósio apresentada acima. Por conseguinte, se a desobediência fosse um pecado mortal, todo pecado seria mortal.

2. Além disso, Gregório escreve que a desobediência nasce da vanglória. Ora, a vanglória não é pecado mortal. Logo, nem a desobediência.

3. Ademais, diz-se que alguém é desobediente quando não cumpre o preceito do superior. Ora, muitas vezes os superiores multiplicam de tal maneira suas ordens que quase nunca, ou nunca, é possível observar todos eles. Portanto, se a desobediência fosse pecado mortal seria correto concluir que o homem não poderia evitar o pecado mortal, o que é absurdo. Logo, a desobediência não é pecado mortal.

Em sentido contrário, inclui-se na lista dos pecados mortais "a desobediência aos pais".

Respondo. Como foi dito, o pecado mortal é aquele que é contrário à caridade, fonte de vida espiritual. A caridade nos faz amar a Deus e ao próximo. Mas o amor de Deus exige obediência a seus mandamentos. Por isso, não obedecer aos divinos preceito é pecado mortal, porque é contrário ao amor divino. Além disso, os preceitos divinos

---

1 Parall.: Supra, q. 69, a. 1.

1. Q. 104, a. 2, 1 a.
2. C. 45, al. 17, in vet. 35, n. 88: ML 76, 621 A.
3. Q. 24, a. 12; q. 35, a. 3; I-II, q. 72, a. 5.
4. Q. 24, a. 12; q. 104, a. 3.

a. A desobediência é examinada aqui pelo ângulo propriamente teológico de uma maneira mais estrita do que a obediência na Questão anterior. Será estudada como um pecado, em si grave, mortal (a. 1), e cuja gravidade pode variar segundo a qualidade da autoridade que comanda, ou a importância vinculada aos preceitos divinos ou humanos (a. 2). Problemas como os que dizem respeito à "desobediência civil" devem ser relacionados antes com a q. 104, sobre a obediência, a. 5 e 6.

contrarium. In praeceptis autem divinis continetur quod etiam superioribus obediatur. Et ideo etiam inobedientia qua quis inobediens est praeceptis superiorum, est peccatum mortale, quasi divinae dilectioni contrarium: secundum illud Rm 13,2: *Qui potestati resistit, Dei ordinationi resistit.* — Contrariatur insuper dilectioni proximi: inquantum superiori proximo subtrahit obedientiam quam ei debet.

AD PRIMUM ergo dicendum quod illa definitio Ambrosii datur de peccato mortali, quod habet perfectam peccati rationem. Peccatum enim veniale non est inobedientia: quia non est contra praeceptum, sed praeter praeceptum.

Nec etiam omne peccatum mortale est inobedientia, proprie et per se loquendo: sed solum sicut quando aliquis praeceptum contemnit. Quia ex fine morales actus speciem habent. Cum autem facit aliquid contra praeceptum non propter praecepti contemptum, sed propter aliquid aliud, est inobedientia materialiter tantum: sed pertinet formaliter ad aliam speciem peccati.

AD SECUNDUM dicendum quod inanis gloria appetit manifestationem alicuius excellentiae: et quia videtur ad quandam excellentiam pertinere quod homo praeceptis alterius non subdatur, inde est quod inobedientia ex inani gloria oritur. Nihil autem prohibet ex peccato veniali oriri mortale: cum veniale sit dispositio ad mortale.

AD TERTIUM dicendum quod nullus obligatur ad impossibile. Et ideo si tot praecepta aliquis praelatus ingerat quod subditus ea implere non possit, excusatur a peccato. Et ideo praelati abstinere debent a multitudine praeceptorum.

exigem que se preste obediência aos superiores. Por conseguinte, mesmo a desobediência que nos leva a não obedecer aos preceitos dos superiores é pecado mortal, enquanto contrário ao amor de Deus, segundo a Carta aos Romanos: "Aquele que resiste à autoridade resiste à ordem estabelecida por Deus". — A desobediência é ainda contrária ao amor do próximo, enquanto recusa ao superior, que é também nosso próximo, o direito que ele tem de ser obedecido.

QUANTO AO 1º, portanto, deve-se dizer que a definição de Ambrósio refere-se ao pecado mortal que realiza plenamente a razão de pecado. O pecado venial não é uma desobediência: porque não vai contra o preceito, mas está à margem do preceito.

Nem todo pecado mortal é uma desobediência, no sentido próprio e essencial do termo. Só existe quando se exprime desprezo pelo preceito. Isto porque os atos morais são especificados por seu fim. Quando alguém transgride um preceito, não propriamente por desprezo por ele, mas por outra razão ou com outra finalidade, a desobediência é apenas material; do ponto de vista formal trata-se de um pecado de outra espécie.

QUANTO AO 2º, deve-se dizer que a vanglória deseja sempre a manifestação de alguma superioridade. Como parece que significa certa superioridade não se submete às ordens de outro, por isso é que a desobediência nasce da vanglória. Nada impede que de um pecado venial nasça um pecado mortal, porquanto o pecado venial já é uma disposição para o mortal.

QUANTO AO 3º, deve-se dizer que ninguém é obrigado ao impossível. Por isso, se um prelado multiplica os preceitos a tal ponto que o subordinado não os consegue cumprir, este não é culpado de pecado. E por isso os prelados devem evitar esta multiplicação de preceitos.

## ARTICULUS 2
### Utrum inobedientia sit gravissimum peccatum

AD SECUNDUM SIC PROCEDITUR. Videtur quod inobedientia sit gravissimum peccatum.

1. Dicitur enim 1Reg 15,23: *Quasi peccatum ariolandi est repugnare: et quasi scelus idololatriae nolle acquiescere.* Sed idolatria est gra-

## ARTIGO 2
### A desobediência é o mais grave de todos os pecados?

QUANTO AO SEGUNDO, ASSIM SE PROCEDE: parece que a desobediência é o mais grave de todos os pecados.

1. Com efeito, está escrito: "A rebeldia é como o pecado da adivinhação; e negar-se a obedecer, como a idolatria" Ora, a idolatria é o mais grave

vissimum peccatum, ut supra¹ habitum est. Ergo inobedientia est gravissimum peccatum.

2. PRAETEREA, illud peccatum dicitur esse in Spiritum Sanctum per quod tolluntur impedimenta peccati, ut supra² dictum est. Sed per inobedientiam contemnit homo praeceptum, quod maxime retrahit hominem a peccando. Ergo inobedientia est peccatum in Spiritum Sanctum. Et ita est gravissimum peccatum.

3. PRAETEREA, Apostolus dicit, Rm 5,19, quod *per unius inobedientiam peccatores constituti sunt multi*. Sed causa videtur esse potior effectu. Ergo inobedientia videtur esse gravius peccatum quam alia quae ex ea causantur.

SED CONTRA est quod gravius est contemnere praecipientem quam praeceptum. Sed quaedam peccata sunt contra ipsam personam praecipientis: sicut patet de blasphemia et homicidio. Ergo inobedientia non est gravissimum peccatum.

RESPONDEO dicendum quod non omnis inobedientia est aequale peccatum. Potest enim una inobedientia esse gravior altera dupliciter. Uno modo, ex parte praecipientis. Quamvis enim omnem curam homo apponere debeat ad hoc quod cuilibet superiori obediat, tamen magis est debitum quod homo obediat superiori quam inferiori potestati. Cuius signum est quod praeceptum inferioris praetermittitur si sit praecepto superioris contrarium. Unde consequens est quod quanto superior est ille qui praecipit, tanto ei inobedientem esse sit gravius. Et sic inobedientem esse Deo est gravius quam inobedientem esse homini.

Secundo, ex parte praeceptorum. Non enim praecipiens aequaliter vult impleri omnia quae mandat: magis enim unusquisque vult finem, et id quod est fini propinquius. Et ideo tanto est inobedientia gravior, quanto praeceptum quod quis praeterit magis est de intentione illius qui praecipit. — Et in praeceptis quidem Dei, manifestum est quod quanto praeceptum datur de meliori, tanto est eius inobedientia gravior. Quia cum voluntas Dei per se feratur ad bonum, quanto aliquid est melius, tanto Deus vult illud magis impleri. Unde qui inobediens est praecepto de dilectione Dei, gravius peccat quam qui inobediens est praecepto de dilectione proximi. — Voluntas autem hominis non semper magis fertur in melius. Et ideo, ubi obligamur ex solo hominis praecepto, non est gravius peccatum ex eo quod maius bonum

---

1. Q. 93, a. 3.
2. Q. 14, a. 2.

dos pecados, como já estabelecido. Logo, a desobediência é o pecado mais grave.

2. ALÉM DISSO, o pecado contra o Espírito Santo é aquele que tira os obstáculos ao pecado, como foi dito. Ora, pela desobediência, o homem despreza o preceito, que é aquilo que mais afasta o homem do pecado. Logo, a desobediência é um pecado contra o Espírito Santo, e, portanto, o mais grave de todos.

3. ADEMAIS, o Apóstolo diz: "Pela desobediência de um só todos se tornaram pecadores". Ora, a causa é maior que o efeito. Logo, a desobediência parece ser um pecado mais grave do que aqueles dos quais é causa.

EM SENTIDO CONTRÁRIO, é mais grave desprezar aquele que manda do que o próprio preceito. Ora, alguns pecados atingem a própria pessoa do que manda, como a blasfêmia e o homicídio. Logo, a desobediência não é o mais grave dos pecados.

RESPONDO. Nem toda desobediência tem a mesma gravidade. Uma desobediência pode ser mais grave que outra, de duas maneiras: 1º Por causa daquele que manda. Embora o homem deva se esmerar sempre para obedecer a toda e qualquer autoridade, a dívida de obediência para com uma autoridade superior é maior do que aquela a uma autoridade inferior. E a prova disto é que a ordem de uma autoridade inferior caduca, quando é contrária a uma ordem de um superior. Daí a consequência: quanto mais alta a autoridade, mais grave a desobediência. Logo, é mais grave desobedecer a Deus do que aos homens.

2º Por causa dos preceitos. O mandante não atribui a mesma importância ao cumprimento de todas as suas ordens: deseja muito mais o fim e o que está mais próximos deste fim. Por isso mesmo, a desobediência será tanto mais grave quanto maior for a importância do preceito na intenção daquele que o ordenou. — Entre os mandamentos de Deus, é evidente que quanto melhor for o bem, objeto do preceito, tanto mais grave será a desobediência. Porque, como a vontade de Deus visa essencialmente o bem, quanto melhor for o objeto do preceito, mais Deus quer que se cumpra. De onde se conclui que quem desobedece ao preceito do amor de Deus comete um pecado mais grave do aquele que desobedece ao preceito do amor do próximo. — A vontade do homem nem sempre procura o que é melhor. Por isso, quando

praeteritur: sed ex eo quod praeteritur quod est magis de intentione praecipientis.

Sic ergo oportet secundum diversos inobedientiae gradus diversis peccatorum gradibus comparare. Nam inobedientia qua contemnitur Dei praeceptum, ex ipsa ratione inobedientiae gravius est peccatum quam peccatum quo peccatur in hominem, si secerneretur inobedientia Dei (et hoc dico, quia qui contra proximum peccat, etiam contra Dei praeceptum agit). Si tamen in aliquo potiori praeceptum Dei contemneret, adhuc gravius peccatum esset. — Inobedientia autem qua contemnitur praeceptum hominis, levior est peccato quo contemnitur ipse praecipiens: quia ex reverentia praecipientis procedere debet reverentia praecepti. Et similiter peccatum quod directe pertinet ad contemptum Dei, sicut blasphemia vel aliquid huiusmodi, gravius est, etiam semota per intellectum inobedientia a peccato, quam peccatum in quo contemnitur solum Dei praeceptum.

AD PRIMUM ergo dicendum quod illa comparatio Samuelis non est aequalitatis, sed similitudinis: quia inobedientia redundat in contemptum Dei sicut et idololatria, licet idololatria magis.

AD SECUNDUM dicendum quod non omnis inobedientia est peccatum in Spiritum Sanctum, sed solum illa cui obstinatio adhibetur. Non enim contemptus cuiuscumque quod peccatum impedit, constituit peccatum in Spiritum Sanctum: alioquin cuiuslibet boni contemptus esset peccatum in Spiritum Sanctum, quia per quodlibet bonum potest homo a peccato impediri. Sed illorum bonorum contemptus facit peccatum in Spiritum Sanctum quae directe ducunt ad poenitentiam et remissionem peccatorum.

AD TERTIUM dicendum quod primum peccatum primi parentis, ex quo in omnes peccatum emanavit, non fuit inobedientia, secundum quod est in speciale peccatum, sed superbia, ex qua homo ad inobedientiam processit. Unde Apostolus in verbis illis videtur accipere inobedientiam secundum quod generaliter se habet ad omne peccatum.

estamos obrigados apenas por um preceito humano, o pecado não fica sendo mais grave pelo fato de se omitir um bem maior, mas pelo fato de se omitir aquilo que o autor do preceito mais deseja.

Desta maneira, devem-se diferenciar os graus de desobediência pelos diferentes graus de pecados. Assim, a desobediência que implica desprezo de um preceito de Deus, é, pela própria razão da desobediência, um pecado mais grave do que aquele que se comete desobedecendo a um homem, excluindo-se, a parte de desobediência a Deus (digo isto porque quem peca contra o próximo, age também contra o preceito de Deus). Quando no entanto alguém despreza o preceito de Deus, em um ponto mais importante ainda mais grave será o pecado. — Quanto à desobediência pela qual se despreza um preceito humano, o pecado é menos grave do que aquele que inclui o desprezo pelo mandante: porque o respeito ao preceito deve emanar do respeito ao mandante. E, da mesma forma, o pecado que se refere diretamente ao desprezo do próprio Deus, como a blasfêmia e outros do gênero, é mais grave, (mesmo prescindindo da desobediência que nele se inclui) do que aquele pelo qual se despreza apenas o preceito de Deus.

QUANTO AO 1º, portanto, deve-se dizer que nesta comparação de Samuel não há igualdade, mas semelhança; porque, como a idolatria, a desobediência também resulta, embora em menor grau, em um desprezo de Deus.

QUANTO AO 2º, deve-se dizer que nem toda desobediência é um pecado contra o Espírito Santo, mas apenas aquela à qual se acrescenta a obstinação. Com efeito nem todo desprezo de algo que impede o pecado, constitui pecado contra o Espírito Santo. Do contrário, o desprezo de qualquer tipo de bem espiritual seria um pecado contra o Espírito Santo, uma vez que se pode ser afastado do pecado por qualquer bem. O que constitui propriamente pecado contra o Espírito Santo é o desprezo daqueles bens que levam diretamente à penitência e à remissão dos pecados[b].

QUANTO AO 3º, deve-se dizer que o primeiro pecado dos primeiros pais, do qual veio o pecado para todos, não foi a desobediência, no sentido em que é um pecado especial, mas o orgulho, que impeliu o homem à desobediência. No texto citado, o Apóstolo parece entender a desobediência no sentido geral em que ela se identifica com todo pecado.

---

b. A doutrina tomista do "pecado contra o Espírito Santo," em si mesma, é explicada na II-II, q. 14.

## QUAESTIO CVI
## DE GRATIA SIVE GRATITUDINE
*in sex articulos divisa*

Deinde considerandum est de gratia sive gratitudine, et ingratitudine.
Circa gratiam autem quaeruntur sex.
*Primo:* utrum gratia sit virtus specialis ab aliis distincta.
*Secundo:* quis tenetur ad maiores gratiarum actiones Deo, utrum innocens vel poenitens.
*Tertio:* utrum semper teneatur homo ad gratias humanis beneficiis reddendas.
*Quarto:* utrum retributio gratiarum sit differenda.
*Quinto:* utrum sit mensuranda secundum acceptum beneficium, vel secundum dantis affectum.
*Sexto:* utrum oporteat aliquid maius rependere.

### Articulus 1
### Utrum gratia sit virtus specialis ab aliis distincta

Ad primum sic proceditur. Videtur quod gratia non sit virtus specialis ab aliis distincta.

1. Maxima enim beneficia a Deo et a parentibus accepimus. Sed honor quem Deo retribuimus, pertinet ad virtutem religionis: honor autem quem retribuimus parentibus, pertinet ad virtutem pietatis. Ergo gratia sive gratitudo non est virtus ab aliis distincta.

1 Parall.: I-II, q. 60, a. 3.

## QUESTÃO 106
## O AGRADECIMENTO OU GRATIDÃO[a]
*em seis artigos*

Em seguida, deve-se tratar do agradecimento ou gratidão, e da ingratidão.
A esse respeito, seis questões:
1. A gratidão é uma virtude especial distinta das outras?
2. Entre o inocente e o penitente, quem deles deve a Deus mais ação de graças?
3. Somos obrigados a render ações de graças a todo benefício humano?
4. É permitido retardar a prestação da ação de graças?
5. A medida da gratidão deve ser o benefício recebido ou o afeto do benfeitor?
6. Será conveniente retribuir mais do que se recebeu?

### Artigo 1
### A gratidão é uma virtude especial, distinta das outras?

Quanto ao primeiro artigo, assim se procede: parece que a gratidão **não** é uma virtude especial, distinta das outras.

1. Com efeito, os maiores benefícios que recebemos vêm de Deus e ou de nossos pais. Ora, a honra que devemos a Deus como retribuição é da alçada da virtude de religião; a que devemos a nossos pais, o é da virtude da piedade. Logo, a gratidão, ou agradecimento, não é uma virtude distinta das outras.

---

a. O agradecimento ou gratidão (q. 106-107) e a vingança (q. 108) constituem uma nova articulação no estudo das virtudes de veneração ou de deferência, ligadas à hierarquia das relações no seio da sociedade. Com efeito, com a piedade, o respeito, a dulia e a obediência o olhar se voltava para as dívidas, os deveres permanentes em relação a todos os que se apresentam igualmente como princípios permanentes de benefícios para os membros da ordem social. Essas virtudes correspondem portanto a uma hierarquia estável, quando não constitutiva da sociedade, na medida em que esta é considerada como uma rede de bens e de laços, transmitidos pelo dom: de generosidade paterna, assim como de competência, de dedicação da autoridade, dos "que são constituídos em dignidade" e "providos de uma certa excelência". Já o agradecimento e a virtude antitética da vingança introduzem numa ordem de relações de desigualdade criadas pelas ações particulares: benefícios e malefícios, que pedem em consequência uma resposta virtuosa seja de ação de graças, seja de oposição ao mal.

A Questão sobre o agradecimento ou gratidão inspira-se sem dúvida no tema da ação de graça tão realçada na mensagem bíblica. Os a. 2 e 3 recolhem e ordenam essa mensagem, que de resto é continuamente lembrada pelos textos distribuídos ao longo de toda a questão. Em essência, a elaboração ética, o teor e a disposição da problemática são da ordem da filosofia moral dos autores latinos, em particular Sêneca e Cícero. Neste último, o agradecimento é vinculado à justiça (a. 1). *Os benefícios*, obra de Sêneca muito estimada pelos moralistas cristãos do século XII, será constantemente utilizado para descrever e elucidar o conjunto de prerrogativas, qualidades e circunstâncias que acompanham a noção e a prática do agradecimento. Daí resulta, encimando a justiça, uma elaboração ética plena de delicadeza, demorando-se na exploração (em seis artigos) do vasto domínio de uma virtude bem humana, atenta às "dívidas" fundadas na conveniência moral, apreciadas e avaliadas com fineza de espírito.

O exame da ingratidão igualmente inspirado pela mensagem bíblica e buscado nas fontes da ética romana virá esclarecer, por contraste, a reflexão sobre o agradecimento (q. 107).

2. PRAETEREA, retributio proportionalis pertinet ad iustitiam commutativam: ut patet per Philosophum, in V *Ethic*[1]. Sed *gratiae redduntur ut retributio sit*, ut ibidem dicitur. Ergo redditio gratiarum, quod pertinet ad gratitudinem, est actus iustitiae. Non ergo gratitudo est specialis virtus ab aliis distincta.

3. PRAETEREA, recompensatio requiritur ad amicitiam conservandam: ut patet per Philosophum, in VIII[2] et IX[3] *Ethic*. Sed amicitia se habet ad omnes virtutes, propter quas homo amatur. Ergo gratia sive gratitudo, ad quam pertinet recompensare beneficia, non est specialis virtus.

SED CONTRA est quod Tullius[4] ponit gratiam specialem iustitiae partem.

RESPONDEO dicendum quod, sicut supra[5] dictum est, secundum diversas causas ex quibus aliquid debetur, necesse est diversificari debiti reddendi rationem: ita tamen quod semper in maiori illud quod minus est continetur. In Deo autem primo et principaliter invenitur causa debiti: eo quod ipse est primum principium omnium bonorum nostrorum. Secundario autem, in patre, quod est proximum nostrae generationis et disciplinae principium. Tertio autem, in persona quae dignitate praecellit, ex qua communia beneficia procedunt. Quarto autem, in aliquo benefactore a quo aliqua particularia et privata beneficia percepimus, pro quibus particulariter ei obligamur. Quia ergo non quidquid debemus Deo vel patri vel personae dignitate praecellenti, debemus alicui benefactorum a quo aliquod particulare beneficium recepimus; inde est quod post religionem, qua debitum cultum Deo impendimus; et pietatem, qua colimus parentes; et observantiam, qua colimus personas dignitate praecellentes; est gratia sive gratitudo, quae benefactoribus gratiam recompensat. Et distinguitur a praemissis virtutibus, sicut quaelibet posteriorum distinguitur a priori, quasi ab eo deficiens.

AD PRIMUM ergo dicendum quod sicut religio est quaedam superexcellens pietas, ita est etiam quaedam excellens gratia seu gratitudo. Unde et

2. ALÉM DISSO, a retribuição proporcional é do domínio da justiça comutativa, como mostra o Filósofo. Ora, como ele diz, "as ações de graças se rendem para serem uma retribuição". Por conseguinte, dar graças, que é da alçada da gratidão, é um ato de justiça. Logo, a gratidão não é uma virtude especial, distinta das outras.

3. ADEMAIS, o Filósofo demonstra que o agradecimento é necessário para a conservação da amizade. Ora, a amizade se liga a todas as virtudes que fazem o homem ser amado. Logo, o agradecimento ou a gratidão, à qual cabe recompensar os benefícios, não é uma virtude especial.

EM SENTIDO CONTRÁRIO, Túlio considera a gratidão como uma parte especial da justiça.

RESPONDO. Como foi dito, é preciso diversificar a própria razão de dívida de acordo com as diferentes causas pelas quais alguém deve, mas de tal modo que sempre o menor esteja incluído no maior. Mas é primeira e principalmente em Deus que se encontra a causa de nosso débito, pelo fato de que Ele é o princípio primeiro de todos os nossos bens. Em segundo lugar, em nosso pai, que é o princípio mais imediato de nossa geração e de nossa educação. Em terceiro lugar, na pessoa constituída em dignidade, da qual procedem os benefícios comuns. Finalmente, em quarto lugar, em algum benfeitor do qual recebemos alguns benefícios particulares e privados, pelos quais ficamos devedores de alguma obrigação particular. Ora, nem tudo que devemos a Deus, ao pai, ou uma pessoa constituída em dignidade, devemos a algum benfeitor do qual recebemos algum benefício particular. Segue-se daí que, depois da religião, pela qual devemos culto devido a Deus, da piedade, pela qual prestamos culto aos pais, e do respeito, pelo qual prestamos culto às pessoas constituídas em dignidade, vem o agradecimento ou gratidão que corresponde à generosidade dos benfeitores. E se distingue das outras virtudes enumeradas, da mesma forma como uma que está depois da precedente, se distingue desta, por ser menos perfeita.

QUANTO AO 1º, portanto, deve-se dizer que a virtude da religião, assim como é uma espécie de superexcelente piedade, é também uma forma

---

1. C. 8: 1133, a, 2-5.
2. C. 15: 1162, b, 2-4.
3. C. 1: 1163, b, 32-1164, a, 1.
4. *De invent. rhet.*, l. II, c. 53: ed. G. Friedrich, Lipsiae 1908, p. 230, l. 19.
5. I-II, q. 60, a. 3.

gratiarum actio ad Deum supra[6] posita est inter ea quae ad religionem pertinent.

AD SECUNDUM dicendum quod retributio proportionalis pertinet ad iustitiam commutativam quando attenditur secundum debitum legale: puta si pacto firmetur ut tantum pro tanto retribuatur. Sed ad virtutem gratiae sive gratitudinis pertinet retributio quae fit ex solo debito honestatis, quam scilicet aliquis sponte facit. Unde gratitudo est minus grata si sit coacta: ut Seneca dicit, in libro *de Beneficiis*[7].

AD TERTIUM dicendum quod cum vera amicitia supra virtutem fundetur, quidquid est virtuti contrarium in amico est amicitiae impeditivum, et quidquid est virtuosum est amicitiae provocativum. Et secundum hoc, per recompensationem beneficiorum amicitia conservatur; quamvis recompensatio beneficiorum specialiter ad virtutem gratitudinis pertineat.

## ARTICULUS 2
### Utrum magis teneatur ad gratias reddendas Deo innocens quam poenitens

AD SECUNDUM SIC PROCEDITUR. Videtur quod magis teneatur ad gratias reddendas Deo innocens quam poenitens.
1. Quanto enim aliquis maius donum percepit a Deo, tanto magis ad gratiarum actiones tenetur. Sed maius est donum innocentiae quam iustitiae restitutae. Ergo videtur quod magis teneatur ad gratiarum actionem innocens quam poenitens.

2. PRAETEREA, sicut benefactori debetur gratiarum actio, ita et dilectio. Sed Augustinus dicit, in II *Confess.*[1]: *Quis hominum, suam cogitans infirmitatem, audet viribus suis tribuere castitatem atque innocentiam suam, ut minus amet te, quasi minus fuerit ei necessaria misericordia tua donans peccata conversis ad te? Et postea subdit: Et ideo tantundem, immo amplius te diligat: quia per quem me videt tantis peccatorum meorum languoribus exui, per eum se videt tantis peccatorum languoribus non implicari.* Ergo etiam

superior de agradecimento ou de gratidão. É por esta razão que incluímos acima a ação de graças a Deus entre os elementos que pertencem à religião.

QUANTO AO 2º, deve-se dizer que a retribuição proporcional é da alçada da justiça comutativa quando considerada do ponto de vista da dívida legal: por exemplo, quando existe um contrato fixando a retribuição, (tanto por tanto). Mas o que depende do agradecimento ou gratidão, é uma retribuição que se faz por uma obrigação de honra, ou seja, uma obrigação que se cumpre espontaneamente. E é por isso que Sêneca diz que a gratidão é muito menos grata quando é forçada.

QUANTO AO 3º, deve-se dizer que, como a verdadeira amizade se funda sobre a virtude, tudo aquilo que, num amigo, é contrário à virtude, é impedimento da amizade, e tudo aquilo que é virtuoso a estimula. Desta forma a amizade se conserva pela compensação de benefícios, se bem que isto pertença especialmente à virtude da gratidão.

## ARTIGO 2
### O inocente deve a Deus mais ação de graças do que o penitente?

QUANTO AO SEGUNDO, ASSIM SE PROCEDE: parece que o inocente **deve** a Deus mais ação de graças do que o penitente.
1. Com efeito, quanto maior é o dom que alguém recebe de Deus, maior é o agradecimento devido. Ora, o dom da inocência é muito maior do que a restauração da justiça. Logo, parece que o inocente tem mais obrigação de ações de graças do que o penitente.

2. ALÉM DISSO, assim como ao benfeitor se deve ação de graças, assim também o amor. Ora, Agostinho diz: "Quem meditando sobre sua própria fraqueza, ousaria atribuir às suas próprias forças sua castidade e sua inocência, de modo a te amar menos, como se tivesse menos necessidade de tua misericórdia que apaga os pecados daqueles que se voltam para ti?" E acrescenta: "E assim tem de amar na mesma medida, ou mais ainda. Porque, quando percebe por quem fui salvo de todas as doenças de meus pecados, vê que foi também por

---
6. Q. 83, a. 17.
7. L. III, c. 7: ed. C. Hosius, Lipsiae 1900, p. 58, ll. 1-2.

PARALL.: IV *Sent.*, dist. 22, q. 1, a. 2, q.la 2.
1. C. 7, n. 15: ML 32, 681.

magis tenetur ad gratiam reddendam innocens quam poenitens.

3. PRAETEREA, quanto gratuitum beneficium est magis continuatum, tanto maior pro eo debetur gratiarum actio. Sed in innocente magis continuatur divinae gratiae beneficium quam in poenitente. Dicit enim Augustinus, ibidem[2]: *Gratiae tuae deputo, et misericordiae tuae, quod peccata mea tanquam glaciem solvisti. Gratiae tuae deputo et quaecumque non feci mala: quid enim non facere potui? Et omnia mihi dimissa esse fateor, et quae mea sponte feci mala, et quae te duce non feci.* Ergo magis tenetur ad gratiarum actionem innocens quam poenitens.

SED CONTRA est quod dicitur Lc 7,42-43: *Cui plus dimittitur, plus diligit*. Ergo, eadem ratione, plus tenetur ad gratiarum actiones.

RESPONDEO dicendum quod actio gratiarum in accipiente respicit gratiam dantis. Unde ubi est maior gratia ex parte dantis, ibi requiritur maior gratiarum actio ex parte recipientis. Gratia autem est quod gratis datur. Unde dupliciter potest esse ex parte dantis maior gratia. Uno modo, ex quantitate dati. Et hoc modo, innocens tenetur ad maiores gratiarum actiones: quia maius donum ei datur a Deo et magis continuatum, ceteris paribus, absolute loquendo.

Alio modo potest dici maior gratia quia magis datur gratis. Et secundum hoc, magis tenetur ad gratiarum actiones poenitens quam innocens: quia magis gratis datur illud quod ei datur a Deo; cum enim esset dignus poena, datur ei gratia. Et sic, licet illud donum quod datur innocenti sit, absolute consideratum, maius; tamen donum quod datur poenitenti est maius in comparatione ad ipsum: sicut etiam parvum donum pauperi datum ei est maius quam diviti magnum. Et quia actus circa singularia sunt, in his quae agenda sunt magis consideratur quod est hic vel nunc tale, quam quod est simpliciter tale: sicut Philosophus dicit, in III *Ethic*.[3], de voluntario et involuntario.

Et per hoc patet responsio AD OBIECTA.

ele que ficou preservado de todas estas misérias". Logo, o inocente tem de render mais ações de graças que o penitente.

3. ADEMAIS, quanto mais duradouro for o benefício gratuito, tanto mais ação de graças se deverá render por ele. Ora, o benefício da graça divina é bem mais prolongado no inocente do que no penitente. Agostinho diz, na mesma passagem: "Eu atribuo à tua graça e à tua misericórdia que derreteste meus pecados como gelo. Atribuo também à tua graça todo o mal que não fiz, porque, na realidade, de que não seria eu capaz? E reconheço que tudo me foi perdoado, tanto o mal que fiz por pura vontade minha quanto o mal que, guiado por ti, deixei de fazer." Logo, o inocente deve mais ações de graças que o penitente.

EM SENTIDO CONTRÁRIO, está escrito: "Mais ama aquele a quem se perdoou mais". Logo, pelo mesmo motivo, deve dar mais ação de graças.

RESPONDO. A ação de graças, por parte do beneficiário, se refere à graça recebida do benfeitor. Assim pois, quanto maior for a graça por parte daquele que dá, maior deverá ser a ação de graças da parte daquele que a recebe. Ora, uma graça é aquilo que é dado gratuitamente. Da parte do doador uma graça pode ser maior de duas maneiras: Primeiro, pela quantidade. A este respeito, o inocente deve mais ação de graças: porque, falando em termos absolutos, em igualdade de condições, o dom que lhe foi dado por Deus é muito maior e mais prolongado.

De uma segunda maneira se pode dizer que a graça é maior porque foi concedida de maneira mais gratuita. E, deste ponto de vista, o penitente se vê obrigado a dar mais ação de graças que o inocente: o dom que Deus lhe fez é mais gratuito, porque, ele, que merecia um castigo, acaba recebendo uma graça. Assim, embora o dom feito ao inocente seja maior em termos absolutos, o dom feito ao penitente é maior, em relação a ele; da mesma forma que um pequeno dom feito a um pobre é maior do que um grande dom feito a um rico. Por outro lado, as ações se referem sempre aos casos particulares. Por isso mesmo, numa ação se considera muito mais o que é aqui e agora, do que o que é absolutamente tal, como ensina o Filósofo, a respeito do voluntário e do involuntário.

Ficam assim respondidas as OBJEÇÕES.

---

2. Loc. cit.
3. C. 1: 1110, a, 12-19.

## Articulus 3
### Utrum homo teneatur ad gratiarum actiones omni homini benefacienti

AD TERTIUM SIC PROCEDITUR. Videtur quod homo non teneatur ad gratiarum actiones omni homini benefacienti.

1. Potest enim aliquis sibi ipsi benefacere, sicut et sibi ipsi nocere: secundum illud Eccli 14,5: *Qui sibi nequam est, cui alii bonus erit?* Sed homo sibi ipsi non potest gratias agere: quia gratiarum actio videtur transire ab uno in alterum. Ergo non omni benefactori debetur gratiarum actio.

2. PRAETEREA, gratiarum actio est quaedam gratiae recompensatio. Sed aliqua beneficia non cum gratia dantur: sed magis cum contumelia, et tarditate vel tristitia. Ergo non semper benefactori sunt gratiae reddendae.

3. PRAETEREA, nulli debetur gratiarum actio ex eo quod suam utilitatem procurat. Sed quandoque aliqui aliqua beneficia dant propter suam utilitatem. Ergo eis non debetur gratiarum actio.

4. PRAETEREA, servo non debetur gratiarum actio: quia hoc ipsum quod est, domini est. Sed quandoque contingit servum in dominum beneficum esse. Ergo non omni benefactori debetur gratiarum actio.

5. PRAETEREA, nullus tenetur ad id quod facere non potest honeste et utiliter. Sed quandoque contingit quod ille qui beneficium tribuit est in statu magnae felicitatis, cui inutiliter aliquid recompensaretur pro suscepto beneficio. Quandoque etiam contingit quod benefactor mutatur de virtute in vitium: et sic videtur quod ei honeste recompensari non potest. Quandoque etiam ille qui accipit beneficium pauper est, et omnino recompensare non potest. Ergo videtur quod non semper teneatur homo ad gratiarum recompensationem.

6. PRAETEREA, nullus debet pro alio facere quod ei non expedit, sed est ei nocivum. Sed quandoque contingit quod recompensatio beneficii est nociva vel inutilis ei cui recompensatur. Ergo non semper est beneficium recompensandum per gratiarum actionem.

SED CONTRA est quod dicitur 1Thess ult.,18: *In omnibus gratias agite.*

## Artigo 3
### Devem-se render ações de graças a todo benfeitor?

QUANTO AO TERCEIRO, ASSIM SE PROCEDE: parece que **não** se devem render ações de graças a todo benfeitor.

1. Com efeito, pode-se fazer o bem a si mesmo, como também o mal, segundo a palavra do Eclesiástico: "Para quem será bom aquele que é mau para si próprio?" Ora, ninguém pode dar graças a si próprio porque parece que a ação de graças passa de uma pessoa para outra. Logo, nem a todo benfeitor se deve ação de graças.

2. ALÉM DISSO, a ação de graças é uma retribuição por uma graça. Ora, alguns benefícios são concedidos, sem nenhuma gratuidade, e até mesmo com certa injúria, tristeza ou demora. Logo, nem sempre se deve prestar ação de graças a um benfeitor.

3. ADEMAIS, não se deve nenhuma ação de graças àquele que busca seu próprio interesse. Ora, de vez em quando ocorre que uma pessoa dá algum benefício procurando seu próprio interesse. Logo, a estes não se deve nenhuma ação de graças.

4. ADEMAIS, não se deve ação de graças a um escravo; porque tudo o que ele é, pertence a seu senhor. Ora, pode ocorrer que o escravo seja benfeitor de seu senhor. Logo, nem a todo benfeitor se deve render ação de graças.

5. ADEMAIS, ninguém é obrigado àquilo que não pode ser executado com honestidade e utilidade. Ora, por vezes, ocorre que o benfeitor se encontra no auge da felicidade, e seria inútil querer retribuir-lhe o benefício recebido. Também pode ocorrer que o benfeitor passe da virtude ao vício. Neste caso, parece que, honestamente não poderia ser recompensado. Outras vezes aquele que recebe o benefício é pobre e não pode absolutamente dar nada em retribuição. Logo, parece que nem sempre se está obrigado a render ação de graças.

6. ADEMAIS, ninguém deve fazer a outro aquilo que não lhe dá proveito, e que lhe é nocivo. Ora, ocorre que, às vezes, a recompensa do benefício pode se tornar nociva ou inútil para aquele que se deseja recompensar. Logo, nem sempre se deve retribuir um benefício com uma ação de graças.

EM SENTIDO CONTRÁRIO, está escrito: "Em todas as circunstâncias rendei graças".

RESPONDEO dicendum quod omnis effectus naturaliter ad suam causam convertitur. Unde Dionysius dicit, 1 cap. *de Div. Nom.*[1], quod Deus omnia in se convertit, tanquam omnium causa: semper enim oportet quod effectus ordinetur ad finem agentis. Manifestum est autem quod benefactor, inquantum huiusmodi, est causa beneficiati. Et ideo naturalis ordo requirit ut ille qui suscipit beneficium, per gratiarum recompensationem convertatur ad benefactorem, secundum modum utriusque. Et sicut de patre supra[2] dictum est, benefactori quidem, inquantum huiusmodi, debetur honor et reverentia, eo quod habet rationem principii: sed per accidens debetur ei subventio vel sustentatio, si indigeat.

AD PRIMUM ergo dicendum quod, sicut Seneca dicit, in V *de Benefic.*[3], *sicut non est liberalis qui sibi donat, nec clemens qui sibi ignoscit, nec misericors qui malis suis tangitur, sed qui aliis: ita etiam nemo sibi ipsi beneficium dat, sed naturae suae paret, quae movet, ad refutanda nociva et ad appetenda proficua.* Unde in his quae sunt ad seipsum non habet locum gratitudo et ingratitudo: non enim potest homo sibi aliquid denegare nisi sibi retinendo. — Metaphorice tamen illa quae ad alterum proprie dicuntur, accipiuntur in his quae sunt ad seipsum, sicut de iustitia Philosophus dicit, in V *Ethic.*[4]: inquantum scilicet accipiuntur diversae partes hominis sicut diversae personae.

AD SECUNDUM dicendum quod boni animi est ut magis attendat ad bonum quam ad malum. Et ideo si aliquis beneficium dedit non eo modo quo debuit, non omnino debet recipiens a gratiarum actione cessare. Minus tamen quam si modo debito praestitisset, quia etiam beneficium minus est: quia, ut Seneca dicit, in II de *Benefic.*[5], *multum celeritas fecit, multum abstulit mora.*

AD TERTIUM dicendum quod, sicut Seneca dicit, in VI *de Benefic.*[6], *multum interest utrum aliquis beneficium nobis det sua causa, an sua et nostra. Ille qui totus ad se spectat, et nobis prodest*

RESPONDO. Todo efeito tem um movimento natural de retorno à sua causa. E isto leva Dionísio a dizer que Deus faz tudo retornar a si próprio enquanto causa de todas as coisas. Porque é sempre necessário que o efeito seja orientado para o fim do agente. Ora, é evidente que o benfeitor, como tal, é, para o beneficiário, causa. E por isso mesmo, a ordem natural requer que aquele que recebe o benefício se volte para o benfeitor mediante uma retribuição, segundo a condição de ambos. E como foi dito a respeito do pai, ao benfeitor, enquanto tal, se deve honra e reverência porque ele possui razão de princípio; mas, acidentalmente, deve-se também lhe prestar ajuda e sustento, caso tenha necessidade.

QUANTO AO 1º, portanto, deve-se dizer que como diz Sêneca: "Não é liberal quem dá a si próprio; nem clemente, quem perdoa a si próprio; nem misericordioso quem se condói de seus próprios sofrimentos. Mas o que o faz para outros. Da mesma maneira, ninguém presta benefício a si próprio, mas simplesmente obedece à sua própria natureza que o leva a evitar o que é prejudicial e a desejar o que é proveitoso." Desta forma, em tudo aquilo que diz respeito a si mesmo, não há cabimento para gratidão ou ingratidão, porque, na realidade, o homem não pode negar a si mesmo alguma coisa, a não ser retendo para si. — No entanto, por metáfora, podemos falar das coisas que acontecem a nós mesmos como se se tratasse de outra pessoa, como diz o Filósofo a propósito da justiça: "enquanto se consideram as diferentes partes do homem como se fossem diversas pessoas".

QUANTO AO 2º, deve-se dizer que é próprio de um espírito bom, procurar mais o bem que o mal. Por conseguinte, quando alguém concede um benefício de uma maneira não muito conveniente, aquele que recebe o benefício não deve de todo se abster de render graças. Menos do que quando o dom é concedido com a devida maneira, porque, como diz Sêneca, "A pressa fez muito, e muito a demora retirou".

QUANTO AO 3º, deve-se dizer, como Sêneca diz: "Para mim, é muito importante saber se quem faz o benefício tem em vista apenas seu interesse, ou o dele e o meu. Aquele que pensa unicamente

---

1. MG 3, 593 D.
2. Q. 101, a. 2.
3. C. 9: ed. C. Hosius, Lipsiae 1900, p. 130, l. 28; p. 131, l. 6.
4. C. 15: 1138, b, 5-14.
5. C. 6: ed. cit., p. 26, ll. 17-18.
6. Cc. 12, 13: ed. cit., p. 160, ll. 19-24; p. 161, ll. 6-10.

*quia aliter sibi prodesse non potest, eo mihi loco habendus videtur quo qui pecori suo pabulum prospicit. Si me in consortium admisit, si duos cogitavit, ingratus sum et iniustus nisi gaudeo hoc illi profuisse quod proderat mihi. Summae malignitatis est non vocare beneficium nisi quod dantem aliquo incommodo afficit.*

AD QUARTUM dicendum quod, sicut Seneca dicit, in III *de Benefic.*[7], *quandiu servus praestat quod a servo exigi solet, ministerium est: ubi plus quam a servo necesse, beneficium est. Ubi enim in affectum amici transit, incipit vocari beneficium.* Et ideo etiam servis ultra debitum facientibus gratiae sunt habendae.

AD QUINTUM dicendum quod etiam pauper ingratus non est si faciat quod possit: sicut enim beneficium magis in affectu consistit quam in effectu, ita etiam et recompensatio magis in affectu consistit. Unde Seneca dicit, in II *de Benefic.*[8]: *Qui grate beneficium accipit, primam eius pensionem solvit. Quam grate autem ad nos beneficia pervenerint, indicemus effusis affectibus: quod non ipso tantum audiente, sed ubique testemur.*

Et ex hoc patet quod quantumcunque in felicitate existenti potest recompensatio beneficii fieri per exhibitionem reverentiae et honoris. Unde Philosophus dicit, in VIII *Ethic.*[9], quod *su perexcellenti quidem debet fieri honoris retributio: indigenti autem retributio lucri.* Et Seneca dicit, in VI *de Benefic.*[10]: *Multa sunt per quae quidquid debemus reddere et felicibus possumus: fidele consilium, assidua conversatio, sermo communis et sine adulatione iucundus.* — Et ideo non oportet ut homo optet indigentiam eius seu miseriam qui beneficium dedit, ad hoc quod beneficium recompensetur. Quia, ut Seneca dicit, in VI *de Benefic.*[11], *si hoc ei optares cuius nullum beneficium haberes, inhumanum erat votum. Quanto inhumanius ei optas cui beneficium debes!*

em si, e que só nos oferece proveito em alguma coisa porque esta é a única maneira de ele próprio auferir também algum proveito, me parece comparável a alguém que fornece alimento para seus animais. Se ele me aceita como sócio, se pensa em nós dois, eu serei ingrato e injusto se não me regozijar de vê-lo tirar proveito daquilo que a mim também foi vantagem. Porque é, na realidade, uma grande maldade qualificar como benefício somente aquilo que provoca algum dano para o doador".

QUANTO AO 4º, deve-se dizer como Sêneca: "Enquanto o servo se limita a fazer aquilo que se costuma exigir de um servo, ele está apenas cumprindo seu ofício; quando o que ele faz é mais do que se pode exigir, trata-se de um benefício. Porque, quando faz surgir uma afeição de amizade, começa então a se chamar de benefício". E por isso, se devem render graças aos servos que fazem mais do que o dever de oficio.

QUANTO AO 5º, deve-se dizer que o pobre não é ingrato quando faz o que pode. Porque assim como o benefício consiste mais no afeto do que no efeito, assim também a compensação. Daí o que diz Sêneca: "Aquele que recebe o benefício com gratidão, já resgatou a primeira parcela. Pela expressão de nossos sentimentos mostramos quanta gratidão este benefício suscita em nós. E daremos testemunho em qualquer lugar, e não somente perante quem está nos ouvindo."

Isto mostra que mesmo a um benfeitor feliz se pode manifestar agradecimento prestando-lhe testemunho de deferência e honra. Por isso o Filósofo diz: "Àquele que é superexcelente devemos prestar um tributo de honra; ao pobre uma retribuição em dinheiro." E Sêneca afirma: "Há vários meios de retribuir o que devemos, mesmo às pessoas felizes: conselho leal, frequentação assídua, conversa simples, alegre e sem bajulação." — Assim não é preciso desejar que o benfeitor caia na indigência ou na desgraça para poder lhe retribuir o benefício que nos concedeu. Pois, como diz Sêneca: "Se desejasses isso para uma pessoa de quem nunca recebestes um benefício qualquer, este desejo já seria desumano. Quanto mais desumano será então desejá-lo a um benfeitor!"

---

7. C. 21: ed. cit., p. 69, ll. 1-5.
8. C. 22: ed. cit., p. 41, ll. 17-20.
9. C. 16: 1163, b, 2-3.
10. C. 29: ed. cit., p. 174, ll. 6-9.
11. C. 26: ed. cit., p. 171, ll. 28-30.

Si autem ille qui beneficium dedit in peius mutatus est, debet tamen sibi fieri recompensatio secundum statum ipsius: ut scilicet ad virtutem reducatur, si sit possibile. Si autem sit *insanabilis propter malitiam,* tunc alter est effectus quam prius erat: et ideo non debetur ei recompensatio beneficii sicut prius. Et tamen, quantum fieri potest salva honestate, memoria debet haberi praestiti beneficii. Ut patet per Philosophum, in IX *Ethic*[12].

AD SEXTUM dicendum quod, sicut dictum est[13], recompensatio beneficii praecipue pendet ex affectu. Et ideo eo modo debet recompensatio fieri quo magis sit utilis: si tamen postea, per eius incuriam, in damnum ipsius vertatur, non imputatur recompensanti. Unde Seneca dicit, in VII *de Benefic.*[14]: *Reddendum mihi est: non servandum, cum reddidero, ac tuendum.*

Mas se quem nos fez o benefício vier a mudar para pior, assim mesmo continua tendo direito a receber uma retribuição de acordo com seu status, de modo, por exemplo, a que, se possível, seja reconduzido à condição virtuosa. Mas se estiver *incurável por causa da malícia*, então transformou-se em outra criatura e não lhe devemos recompensa pelo benefício como antes. No entanto, como diz o Filósofo, na medida do possível e resguardada a honestidade, deve-se guardar a lembrança do benefício recebido.

QUANTO AO 6º, deve-se dizer que, como foi dito, a recompensa por um benefício depende sobretudo do sentimento. É a razão porque se deve manifestar esta recompensa da maneira mais vantajosa. Se, porém, por negligência deste benfeitor, a recompensa vier a lhe acarretar desvantagem, isto não deve ser imputado àquele que recompensou. Porque, como diz Sêneca: "Eu tinha obrigação de retribuir, mas não de guardar ou defender o que retribuí".

ARTICULUS 4
### Utrum homo debeat statim beneficium recompensare

AD QUARTUM SIC PROCEDITUR. Videtur quod homo debeat statim beneficium recompensare.
1. Illa enim quae debemus sine certo termino, tenemur restituere ad statim. Sed non est aliquis terminus praescriptus recompensationi beneficiorum: quae tamen cadit sub debito, ut dictum est[1]. Ergo tenetur homo statim beneficium recompensare.
2. PRAETEREA, quanto aliquod bonum fit ex maiori animi fervore, tanto videtur esse laudabilius. Sed ex fervore animi videtur procedere quod homo nullas moras adhibeat in faciendo quod debet. Ergo videtur esse laudabilius quod homo statim beneficium reddat.
3. PRAETEREA, Seneca dicit, in II *de Benefic.*[2], quod *proprium benefactoris est libenter et cito facere.* Sed recompensatio debet beneficium adaequare. Ergo debet statim recompensare.

ARTIGO 4
### Deve-se retribuir logo o benefício?

QUANTO AO QUARTO, ASSIM SE PROCEDE: parece que se **deve** retribuir logo o benefício.
1. Com efeito, aquilo que nós devemos sem prazo estabelecido, temos que restituir logo. Ora, não existe prazo prefixado para a recompensa de um benefício. Mas isto, como foi dito, é uma dívida. Logo, somos obrigados a retribuir logo o benefício.
2. ALÉM DISSO, o bem é tanto mais louvável quanto maior for o fervor com que é feito. Ora, não interpor nenhuma demora em fazer aquilo que se deve fazer parece ser, na realidade, um efeito do fervor do espírito. Logo, parece mais louvável retribuir um benefício sem demora.
3. ADEMAIS, Sêneca diz que "é próprio do verdadeiro benfeitor fazer o benefício de livre vontade, e prontamente". Ora, a retribuição deve se adequar ao benefício. Logo, a retribuição deve ser imediata.

---

12. C. 3: 1165, b, 13-14; 31-32.
13. Ad 5.
14. C. 19: ed. cit., p. 205, ll. 15-16.

1. Art. praec.
2. C. 5: ed. C. Hosius, Lipsiae 1900, p. 26, ll. 11-12.

SED CONTRA est quod Seneca dicit, in IV *de Benefic*.³. *Qui festinat reddere, non animum habet grati hominis, sed debitoris*.

RESPONDEO dicendum quod sicut in beneficio dando duo considerantur, scilicet affectus et donum; ita etiam haec duo considerantur in recompensatione beneficii. Et quantum quidem ad affectum, statim recompensatio fieri debet. Unde Seneca dicit, in II *de Benefic*.⁴: *Vis reddere beneficium? Benigne accipe*.

Quantum autem ad donum, debet expectari tempus quo recompensatio sit benefactori opportuna. Si autem, non convenienti tempore, statim velit aliquis munus pro munere reddere, non videtur esse virtuosa recompensatio. Ut enim Seneca dicit, IV *de Benefic*.⁵, *qui nimis cito cupit solvere, invitus debet: et qui invitus debet, ingratus est*.

AD PRIMUM ergo dicendum quod debitum legale est statim solvendum: alioquin non esset conservata iustitiae aequalitas, si-us retineret rem alterius absque eius voluntate. Sed debitum morale dependet ex honestate debentis. Et ideo debet reddi debito tempore, secundum quod exigit rectitudo virtutis.

AD SECUNDUM dicendum quod fervor voluntatis non est virtuosus nisi sit ratione ordinatus. Et ideo si aliquis ex fervore animi praeoccupet debitum tempus, non erit laudandum.

AD TERTIUM dicendum quod beneficia etiam sunt opportuno tempore danda. Et tunc non est amplius tardandum cum opportunum tempus advenerit. Et idem etiam observari oportet in beneficiorum recompensatione.

## ARTICULUS 5

**Utrum beneficiorum recompensatio sit attendenda secundum affectum beneficiantis, an secundum effectum**

AD QUINTUM SIC PROCEDITUR. Videtur quod beneficiorum recompensatio non sit attendenda secundum affectum beneficiantis, sed secundum effectum.

EM SENTIDO CONTRÁRIO, Sêneca diz: "Quem se apressa para retribuir não tem espírito de homem grato, mas sim de devedor".

RESPONDO. Na concessão de um benefício devem-se considerar duas coisas: o sentimento e o dom. Da mesma forma, na retribuição de um benefício, devem-se levar em consideração estas duas coisas. No que diz respeito ao sentimento, a retribuição deve ser feita imediatamente. Daí, a frase de Sêneca: "Queres pagar um benefício? Recebe-o de bom grado".

No que se refere ao dom, convém esperar o momento em que a recompensa seja oportuna ao benfeitor. Se alguém quer retribuir logo um benefício com outro benefício, sem levar em consideração o momento mais apropriado essa retribuição não parece ser virtuosa. Como diz Sêneca: "quem demonstra pressa excessiva em pagar o que deve, deve contra a vontade; e quem se sente contrariado com uma dívida, é um ingrato".

QUANTO AO 1º, portanto, deve-se dizer que uma dívida legal deve ser quitada imediatamente; do contrário, aquela igualdade que é essencial à justiça estaria sendo violada, porque se estaria retendo um bem de outra pessoa sem o consentimento dela. Mas a dívida moral depende da honestidade do devedor. Por esta razão, o devedor se obriga a pagar no tempo oportuno, segundo exigência da reta virtude.

QUANTO AO 2º, deve-se dizer que o fervor do espírito só é virtuoso quando regulado pela razão. Por isso, quando alguém, por fervor de espírito, procura se antecipar ao tempo devido, não é digno de louvor.

QUANTO AO 3º, deve-se dizer que os próprios benefícios também devem ser concedidos no tempo oportuno. E quando é chegado este tempo, não se devem adiar. E o mesmo deve ser observado para a retribuição dos benefícios.

## ARTIGO 5

**A retribuição dos benefícios deve ter em conta o sentimento do benfeitor ou o próprio bem recebido?**

QUANTO AO QUINTO, ASSIM SE PROCEDE: parece que a retribuição **não** deve ter em conta o sentimento do benfeitor, mas o bem recebido.

---

3. C. 40: ed. cit., p. 120, ll. 19-20.
4. C. 35: ed. cit., p. 52, ll. 3-4.
5. C. 40: ed. cit., p. 120, ll. 20-22.

5 PARALL.: VIII *Ethic*., lect. 13; IX, lect. 1.

1. Recompensatio enim beneficiis debetur. Sed *beneficium* in effectu consistit: ut ipsum nomen sonat. Ergo recompensatio debet attendi secundum effectum.

2. PRAETEREA, gratia, quae beneficia recompensat, est pars iustitiae. Sed iustitia respicit aequalitatem dati et accepti. Ergo et in gratiarum recompensatione attendendus est magis effectu quam affectus beneficiantis.

3. PRAETEREA, nullus potest attendere ad id quod ignorat. Sed solus Deus recognoscit interiorem affectum. Ergo non potest fieri gratiae recompensatio secundum affectum.

SED CONTRA est quod Seneca dicit, in I *de Beneficiis*[1]: *Nonnunquam magis nos obligat qui dedit parva magnifice; qui exiguum tribuit, sed libenter.*

RESPONDEO dicendum quod recompensatio beneficii potest ad tres virtutes pertinere: scilicet ad iustitiam, ad gratiam, et ad amicitiam. Ad iustitiam quidem pertinet quando recompensatio habet rationem debiti legalis: sicut in mutuo et in aliis huiusmodi. Et in tali recompensatio debet attendi secundum quantitatem dati.

Ad amicitiam autem pertinet recompensatio beneficii, et similiter ad virtutem gratiae, secundum quod habet rationem debiti moralis: aliter tamem et aliter. Nam in recompensatione amicitiae oportet respectum haberi ad amicitiae causam. Unde in amicitia utilis debet recompensatio fieri secundum utilitatem quam quis est ex beneficio consecutus. In amicitia autem honesti debet in recompensationem haberi respectus ad electionem, sive ad affectum dantis: quia hoc praecipue requiritur ad virtutem, ut dicitur in VIII *Ethic*.[2]. — Et similiter, quia gratia respicit beneficium secundum quod est gratis impensum, quod quidem pertinet ad affectum; ideo etiam gratiae recompensatio attendit magis affectum dantis quam effectum.

AD PRIMUM ergo dicendum quod omnis actus moralis ex voluntate dependet. Unde beneficium, secundum quod est laudabile, prout ei gratiae recompensatio debetur, materialiter quidem con-

1. Com efeito, é aos benefícios que se deve uma recompensa. Ora, o benefício, como indica a própria etimologia do termo, consiste em um efeito. Logo, a retribuição deve ter em conta o dom recebido.

2. ALÉM DISSO, a gratidão, pela qual se agradece um benefício, faz parte da justiça. Ora, a justiça considera a igualdade entre o que é dado e o que é recebido. Logo, na retribuição dos benefícios deve-se levar em conta mais o dom efetivo do que o sentimento do benfeitor.

3. ADEMAIS, ninguém pode levar em consideração aquilo que ignora. Ora, somente Deus conhece os sentimentos íntimos. Logo, a recompensa do benefício não pode se fazer tendo em conta o sentimento.

EM SENTIDO CONTRÁRIO, Sêneca diz: "Muitas vezes ficamos devendo muito mais àquele que nos dá pouco, mas de maneira generosa, e àquele que nos presta um serviço pequeno, mas com boa vontade".

RESPONDO. A recompensa por um benefício recebido pode se referir a três virtudes: justiça, gratidão e amizade. Refere-se à justiça, quando a retribuição tem caráter de débito legal; como no caso de empréstimo ou de outras transações do gênero; nestes casos, a retribuição deve levar em conta a quantidade dos bens dados.

A retribuição do benefício se refere à amizade, e também à virtude da gratidão, enquanto constitui uma dívida moral. Mas os dois casos são distintos. Na retribuição da amizade é necessário levar em conta a causa da amizade. Assim pois, na amizade fundada na utilidade, a recompensa deve ser proporcional à utilidade que o benefício proporcionou. Na amizade fundada no bem honesto, a retribuição deve levar em conta o caráter de escolha livre, ou o sentimento do benfeitor, pois, segundo o livro VIII da *Ética*, é principalmente isto que se requer à virtude. — Igualmente, porque a gratidão considera o benefício em razão da gratuidade com que é concedido, e isso se refere ao próprio do sentimento; por isso, a retribuição neste caso leva em conta mais o sentimento do doador do que o dom recebido.

QUANTO AO 1º, portanto, deve-se dizer que todo ato moral depende da vontade. Assim pois, o benefício, na medida mesmo em que é um ato louvável e em que deve ser retribuído pela vir-

---

1. C. 7: ed. C. Hosius, Lipsiae 1900, p. 11, ll. 21-24.
2. C. 15: 1163, a, 21-23.

sistit in effectu, sed formaliter et principaliter in voluntate. Unde Seneca dicit, in I *de Benefic.*[3]: *Beneficium non in eo quod fit aut datur consistit, sed in ipso dantis aut facientis animo.*

AD SECUNDUM dicendum quod gratia est pars iustitiae, non quidem sicut species generis, sed per quandam reductionem ad genus iustitiae, ut supra[4] dictum est. Unde non oportet quod eadem ratio debiti attendatur in utraque virtute.

AD TERTIUM dicendum quod affectum hominis per se quidem solus Deus videt: sed secundum quod per aliqua signa manifestatur, potest etiam ipsum homo cognoscere. Et hoc modo affectus beneficiantis cognoscitur ex ipso modo quo beneficium tribuitur: puta quia gaudenter et prompte aliquis beneficium impendit.

### ARTICULUS 6
### Utrum oporteat aliquem plus exhibere in recompensatione quam susceperit in beneficio

AD SEXTUM SIC PROCEDITUR. Videtur quod non oporteat aliquem plus exhibere in recompensatione quam susceperit in beneficio.

1. Quibusdam enim, sicut parentibus, nec etiam aequalis recompensatio fieri potest: sicut Philosophus dicit, in VIII *Ethic.*[1]. Sed virtus non conatur ad impossibile. Non ergo gratiae recompensatio tendit ad aliquid maius.

2. PRAETEREA, si aliquis plus recompensat quam in beneficio acceperit, ex hoc ipso quasi aliquid de novo dat. Sed ad beneficium de novo datum tenetur homo gratiam recompensare. Ergo ille qui primo beneficium dederat tenebitur aliquid maius recompensare: et sic procederet in infinitum. Sed virtus non conatur ad infinitum: quia *infinitum aufert naturam boni*, ut dicitur in II *Metaphys.*[2]. Ergo gratiae recompensatio non debet excedere acceptum beneficium.

3. PRAETEREA, iustitia in aequalitate consistit. Sed maius est quidam aequalitatis excessus. Cum

tude da gratidão, consiste materialmente no dom recebido, mas formalmente e de modo primordial consiste num ato da vontade. Com diz Sêneca: "O benefício não consiste naquilo que se faz ou que se dá, mas na intenção daquele que o faz ou o dá".

QUANTO AO 2º, deve-se dizer que a gratidão é parte da justiça, não enquanto a espécie de um gênero, mas por uma certa redução ao gênero da justiça, como foi dito acima. Portanto, não se deve considerar a mesma razão de dívida nas duas virtudes.

QUANTO AO 3º, deve-se dizer que os sentimentos do coração humano, enquanto tais, somente Deus os conhece. Mas o próprio homem também é capaz de conhecê-los pelos sinais pelos quais tais sentimentos se manifestam. Assim é possível se conhecer o sentimento do benfeitor pelo modo como é dado o benefício, por exemplo, quando é concedido com alegria e presteza.

### ARTIGO 6
### A retribuição deve ser maior do que o benefício recebido?

QUANTO AO SEXTO, ASSIM SE PROCEDE: parece que a retribuição **não** deve ser maior do que o benefício recebido.

1. Com efeito, diz o Filósofo, a certos benfeitores, como aos pais, não se pode dar uma retribuição equivalente. Ora, a virtude não tenta o impossível. Logo, a retribuição da gratidão não pretende algo maior.

2. ALÉM DISSO, quando alguém retribui mais do que recebeu por um benefício, está de certa forma como que fazendo um novo dom. Ora, quem recebeu este novo dom tem obrigação de retribuir o benefício. Por conseguinte, aquele que tinha concedido o primeiro benefício estará agora obrigado a uma retribuição maior, e assim por diante, até ao infinito. Ora, a virtude não busca o infinito, porque, segundo a *Metafísica*, "o infinito destrói a natureza do bem". Logo, a retribuição da gratidão não deve ultrapassar o dom recebido.

3. ADEMAIS, a justiça consiste numa igualdade. Ora, o mais é uma espécie de excesso sobre a

---

3. C. 6: ed. cit., p. 11, ll. 3-5.
4. Q. 80.

1. C. 16: 1163, b, 15-18.
2. C. 2: 994, b, 12-13.

ergo in qualibet virtute excessus sit vitiosus, videtur quod recompensare aliquid maius accepto beneficio sit vitiosum, et iustitiae oppositum.

SED CONTRA est quod Philosophus dicit, in V Ethic.[3]: *Refamulari oportet ei qui gratiam fecit, et rursum ipsum incipere.* Quod quidem fit dum aliquid maius retribuitur. Ergo recompensatio debet tendere ad hoc quod aliquid maius faciat.

RESPONDEO dicendum quod, sicut dictum est[4], recompensatio gratiae respicit beneficium secundum voluntatem beneficiantis. In quo quidem praecipue hoc commendabile videtur quod gratis beneficium contulit ad quod non tenebatur. Et ideo qui beneficium accepit ad hoc obligatur, ex debito honestatis, ut similiter gratis aliquid impendat. Non autem videtur gratis aliquid impendere nisi excedat quantitatem accepti beneficii: quia quandiu recompensat minus vel aequale, non videtur facere gratis, sed reddere quod accepit. Et ideo gratiae recompensatio semper tendit ut, pro suo posse, aliquid maius retribuat.

AD PRIMUM ergo dicendum quod, sicut dictum est[5], in recompensatione beneficii magis est considerandus affectus beneficii quam effectus. Si ergo consideremus effectum beneficii quod filius a parentibus accepit, scilicet esse et vivere, nihil aequale filius recompensare potest, ut Philosophus dicit. Si autem attendamus ad ipsam voluntatem dantis et retribuentis, sic potest filius aliquid maius patri retribuere: ut Seneca dicit, in III *de Benefic*.[6] Si tamen non posset, sufficeret ad gratitudinem recompensandi voluntas.

AD SECUNDUM dicendum quod debitum gratitudinis ex caritate derivatur, quae, quanto plus solvitur, tanto magis debetur: secundum illud Rm 13,8: *Nemini quidquam debeatis, nisi ut invicem diligatis.* Et ideo non est inconveniens si obligatio gratitudinis interminabilis sit.

AD TERTIUM dicendum quod sicut in iustitia quae est virtus cardinalis, attenditur aequalitas rerum, ita in gratitudine attenditur aequalitas voluntatum: ut scilicet sicut ex promptitudine voluntatis beneficus aliquid exhibuit ad quod non tenebatur, ita

igualdade. Logo, como em toda virtude o excesso é vicioso, parece que retribuir mais do que se recebeu seja vicioso e oposto à justiça.

EM SENTIDO CONTRÁRIO, o Filósofo diz: "É preciso devolver o favor a quem prestou um benefício e assim iniciar nossa vez de lhe prestar serviço". E isto ocorre quando oferecemos uma retribuição maior. Por conseguinte, a recompensa deve tender a que se retribua sempre com algo maior.

RESPONDO. A recompensa de gratidão considera o benefício do ponto de vista da vontade do benfeitor. E, deste ponto de vista, o que torna o benfeitor especialmente recomendável é o fato de ter proporcionado um benefício ao qual não estava obrigado. Aquele que recebeu o benefício contraiu assim, para com seu benfeitor, uma dívida de honra que o obriga a despender alguma coisa igualmente de graça. Mas só é possível despender gratuitamente algo quando o valor desta coisa excede o valor do benefício recebido. Na realidade, enquanto a recompensa permanecer inferior ou equivalente só faz mesmo quitar o que se recebeu e não conterá nada de gratuito. Por conseguinte, a recompensa do benefício deve, na medida do possível, procurar sempre superar o valor do que se recebeu.

QUANTO AO 1º, portanto, deve-se dizer que como já foi dito, é o sentimento do benfeitor mais que realidade do benefício que deve inspirar a recompensa. Se considerarmos o efeito do benefício que o filho recebe dos pais, a saber, o ser e a vida, ele não poderá oferecer nada que possa igualar esse dom, com diz o Filósofo. Ma se levarmos em consideração a vontade que inspira aquele que deu e aquele que quer retribuir o dom, neste caso o filho poderá dar mais do que recebeu, como observa Sêneca. Mesmo que não tenha possibilidade de o fazer, a vontade de retribuir bastaria à sua gratidão.

QUANTO AO 2º, deve-se dizer que a dívida de gratidão decorre da caridade, e quanto mais se paga mais se fica devendo, de acordo com a palavra: "Não devais nada a ninguém a não ser o amor recíproco". Por conseguinte não é de todo inconcebível que o dever de gratidão seja algo interminável.

QUANTO AO 3º, deve-se dizer que como a justiça, que é uma virtude cardeal, considera a igualdade material dos elementos, assim a virtude da gratidão considera principalmente a igualdade das vontades. Da mesma forma que o benfeitor, pela

---

3. C. 8: 1133, a, 4-5.
4. Art. praec.
5. A. 3, ad 5; a. 5.
6. C. 29: ed. C. Hosius, Lipsiae 1900, pp. 75-76.

etiam ille qui suscepit beneficium aliquid supra debitum recompenset.

presteza de sua vontade, proporcionou algo a que não estava obrigado, assim o beneficiado dê uma recompensa maior que a devida.

## QUAESTIO CVII
## DE INGRATITUDINE
*in quatuor articulos divisa*

Deinde considerandum est de ingratitudine. Et circa hoc quaeruntur quatuor.
*Primo:* utrum ingratitudo semper sit peccatum.
*Secundo:* utrum ingratitudo sit peccatum speciale.
*Tertio:* utrum omnis ingratitudo sit peccatum mortale.
*Quarto:* utrum ingrato sint beneficia subtrahenda.

## QUESTÃO 107
## A INGRATIDÃO
*em quatro artigos*

A seguir, deve-se considerar a ingratidão. A esse respeito, quatro questões:
1. A ingratidão é sempre pecado?
2. A ingratidão é um pecado especial?
3. Toda ingratidão é pecado mortal?
4. Deve-se deixar de prestar benefícios aos ingratos?

### ARTICULUS 1
### Utrum ingratitudo semper sit peccatum

AD PRIMUM SIC PROCEDITUR. Videtur quod ingratitudo non semper sit peccatum.
1. Dicit enim Seneca, in III *de Benefic*.[1], quod *ingratus est qui non reddit beneficium*. Sed quandoque non posset aliquis recompensare beneficium nisi peccando: puta si aliquis auxiliatus est homini ad peccandum. Cum ergo abstinere a peccato non sit peccatum, videtur quod ingratitudo non semper sit peccatum.
2. PRAETEREA, omne peccatum est in potestate peccantis: quia secundum Augustinum[2], *nullus peccat in eo quod vitare non potest*. Sed quandoque non est in potestate peccantis ingratitudinem vitare: puta cum non habet unde reddat. Oblivio etiam non est in potestate nostra: cum tamen Seneca dicat, in III *de Benefic*.[3], quod *ingratissimus omnium est qui oblitus est*. Ergo ingratitudo non semper est peccatum.
3. PRAETEREA, non videtur recompensare qui non vult aliquid debere: secundum illud Apostoli, Rm 13,8: *Nemini quidquam debeatis*. Sed *qui invitus debet ingratus est*: ut Seneca dicit, in

### ARTIGO 1
### A ingratidão é sempre pecado?

QUANTO AO PRIMEIRO ARTIGO, ASSIM SE PROCEDE: parece que a ingratidão **não** é sempre pecado.
1. Com efeito, para Sêneca, "o ingrato é aquele que não retribui um benefício." Ora, há ocasiões em que só se poderia retribuir um benefício cometendo pecado; por exemplo, se este benefício tivesse consistido em ajudar alguém a pecar. Logo, como se abster de pecar não é pecado, a ingratidão pode muito bem, às vezes, não ser pecado.
2. ALÉM DISSO, todo pecado está sob o poder do pecador, porque, como diz Agostinho, "ninguém peca praticando uma ação que não pode evitar". Ora, nem sempre está em poder do pecador evitar a ingratidão; por exemplo, se ele não tem realmente como retribuir. O esquecimento também não está em nosso poder, embora Sêneca afirme que "o maior ingrato é aquele que esquece". Logo, a ingratidão nem sempre é pecado.
3. ADEMAIS, não parece ter que retribuir aquele que não quer dever alguma coisa, de acordo com o que diz o Apóstolo: "Não devais nada a ninguém". Ora, Sêneca diz:" Quem deve contra sua própria

---
1
1. C. 1: ed. C. Hosius, Lipsiae 1900, p. 54, l. 2.
2. *De lib. arb.*, l. III, c. 18, n. 50: ML 32, 1295; *Retract.*, l. I, c. 9, n. 3: ML 32, 596.
3. C. 1: ed. cit., p. 54, l. 3.

IV *de Benefic.*⁴. Ergo non semper ingratitudo est peccatum.

SED CONTRA est quod 2Ti 3,2, ingratitudo connumeratur aliis peccatis, cum dicitur: *Parentibus non obedientes, ingrati, scelesti*.

RESPONDEO dicendum quod, sicut dictum est⁵ debitum gratitudinis est quoddam debitum honestatis quam virtus requirit. Ex hoc autem aliquid est peccatum quod repugnat virtuti. Unde manifestum est quod omnis ingratitudo est peccatum.

AD PRIMUM ergo dicendum quod gratitudo respicit beneficium. Ille autem qui alicui auxiliatur ad peccandum non confert beneficium, sed magis nocumentum. Et ideo non debetur ei gratiarum actio: nisi forte propter voluntatem, si sit deceptus, dum credidit adiuvare ad bonum, adiuvit ad peccandum. Sed tunc non debetur recompensatio talis ut adiuvetur ad peccandum: quia hoc non esset recompensare bonum, sed malum, quod contrariatur gratitudini.

AD SECUNDUM dicendum quod nullus propter impotentiam reddendi ab ingratitudine excusatur, ex quo ad debitum gratitudinis reddendum sufflcit sola voluntas, ut dictum est⁶. — Oblivio autem beneficii ad ingratitudinem pertinet: non quidem illa quae provenit ex naturali defectu, quae non subiacet voluntati; sed illa quae ex negligentia provenit. Ut enim dicit Seneca, in III *de Benefic.*⁷, *apparet illum non saepe de reddendo cogitasse cui obrepsit oblivio*.

AD TERTIUM dicendum quod debitum gratitudinis ex debito amoris derivatur, a quo nullus debet velle absolvi. Unde quod aliquis invitus hoc debitum debeat, videtur provenire ex defectu amoris ad eum qui beneficium dedit.

### ARTICULUS 2
#### Utrum ingratitudo sit speciale peccatum

AD SECUNDUM SIC PROCEDITUR. Videtur quod ingratitudo non sit speciale peccatum.

1. Quicumque enim peccat, contra Deum agit, qui est summus benefactor. Sed hoc pertinet ad ingratitudinem. Ergo ingratitudo non est speciale peccatum.

vontade é um ingrato". Logo, a ingratidão nem sempre é pecado.

EM SENTIDO CONTRÁRIO, Paulo enumera a ingratidão entre outros pecados: "Rebeldes com relação aos pais, ingratos, ímpios".

RESPONDO. Como foi dito, a dívida de gratidão é uma espécie de dívida de honra que esta virtude exige. Assim, uma coisa é pecado quando repugna à virtude. Fica pois patente que toda ingratidão é pecado.

QUANTO AO 1º, portanto, deve-se dizer que a gratidão leva em conta um benefício. A cumplicidade no pecado não traz benefício, mas prejuízo. Por isso, não se lhe deve gratidão, a não ser talvez pela vontade, se, enganado, ajudou a pecar, crendo estar ajudando ao bem. Mas, neste caso, não se deve nenhuma recompensa que implique ajuda à prática do mal, pois isto não seria recompensar o bem, mas o mal, o que é contrário à gratidão.

QUANTO AO 2º, deve-se dizer que ninguém se escusa da ingratidão por não ter meios para retribuir, uma vez que a própria vontade por si só basta para quitar a divida da gratidão, como foi dito acima. — O esquecimento do benefício se refere à ingratidão; não aquele que é resultado de um defeito da natureza, e que independe da vontade, mas o esquecimento que provém da negligência. Como diz Sêneca: "Aquele que se deixa surpreender pelo esquecimento parece não ter pensado muito em pagar sua dívida".

QUANTO AO 3º, deve-se dizer que a dívida da gratidão é consequência de uma dívida de amor, da qual ninguém deve querer ser absolvido. Portanto, aquele que se sente contrariado por ter contraído tal dívida parece demonstrar falta de amor para com aquele que lhe proporcionou o benefício.

### ARTIGO 2
#### A ingratidão é um pecado especial?

QUANTO AO SEGUNDO, ASSIM SE PROCEDE: parece que a ingratidão **não** é um pecado especial.

1. Com efeito, quem peca age contra Deus que é o supremo benfeitor. Ora, isso se refere à ingratidão. Logo, não é um pecado especial.

---

4. C. 40: ed. cit., p. 120, ll. 21-22.
5. Q. 106, a. 1, ad 2; a. 4, ad 1; a. 6.
6. Ibid., a. 6, ad 1.
7. C. 2: ed. cit., p. 54, ll. 19-20.

PARALL.: Part. III, q. 88, a. 4; IV *Sent.*, dist. 22, q. 1, a. 2, q.la 1.

2. PRAETEREA, nullum speciale peccatum sub diversis generibus peccatorum continetur. Sed diversis peccatorum generibus potest aliquis esse ingratus: puta si quis benefactori detrahat, si quis furetur, vel aliquid aliud huiusmodi contra eum committat. Ergo ingratitudo non est speciale peccatum.

3. PRAETEREA, Seneca dicit, in III *de Benefic.*[1]: *Ingratus est qui dissimulat; ingratus qui non reddit; ingratissimus omnium qui oblitus est.* Sed ista non videntur ad unam peccati speciem pertinere. Ergo ingratitudo non est speciale peccatum.

SED CONTRA est quod ingratitudo opponitur gratitudini sive gratiae, quae est specialis virtus. Ergo est speciale peccatum.

RESPONDEO dicendum quod omne vitium ex defectu virtutis nominatur quod magis virtuti opponitur: sicut *illiberalitas* magis opponitur liberalitati quam prodigalitas. Potest autem virtuti gratitudinis aliquod vitium opponi per excessum: puta si recompensatio beneficii fiat vel pro quibus non debet, vel citius quam debet, ut ex dictis[2] patet. Sed magis opponitur gratitudini vitium quod est per defectum: quia virtus gratitudinis, ut supra[3] habitum est, in aliquid amplius tendit. Et ideo proprie *ingratitudo* nominatur ex gratitudinis defectu. Omnis autem defectus seu privatio speciem sortitur secundum habitum oppositum: differunt enim caecitas et surditas secundum differentiam visus et auditus. Unde sicut gratitudo vel gratia est una specialis virtus, ita etiam ingratitudo est unum speciale peccatum.

Habet tamen diversos gradus, secundum ordinem eorum quae ad gratitudinem requiruntur. In qua primum est quod homo beneficium acceptum recognoscat; secundum est quod laudet et gratias agat; tertium est quod retribuat, pro loco et tempore, secundum suam facultatem. Sed quia *quod est ultimum in generatione est primum in resolutione*, ideo primus ingratitudinis gradus est ut homo beneficium non retribuat; secundus est ut dissimulet, quasi non demonstrans se beneficium accepisse; tertium, et gravissimum est quod non recognoscat, sive per oblivionem, sive quocumque alio modo. — Et quia in affirmatione opposita intelligitur negatio, ideo ad primum ingratitudinis gradum

2. ALÉM DISSO, nenhum pecado especial está contido em diferentes gêneros de pecado. Ora, uma pessoa pode ser ingrata praticando diferentes gêneros de pecados: detratando seu benfeitor, roubando-o, ou cometendo contra ele faltas semelhantes. Logo, a ingratidão não é um pecado especial.

3. ADEMAIS, Sêneca diz: "é ingrato aquele que dissimula: ingrato aquele que não retribui: o mais ingrato de todos é aquele que esquece". Ora, tudo isto não pertence a uma única espécie de pecado. Logo, a ingratidão não é um pecado especial.

EM SENTIDO CONTRÁRIO, a ingratidão se opõe ao agradecimento ou gratidão, que é uma virtude especial. É, por conseguinte, um pecado especial.

RESPONDO. Todo vício tira seu nome daquele defeito da virtude que mais a ela se opõe; por exemplo, a *não-liberalidade* se opõe à liberalidade muito mais do que a prodigalidade. Um certo vício pode se opor à virtude da gratidão por excesso: por exemplo, quando se pratica uma retribuição ou por coisas que não o merecem ou mais depressa do que seria conveniente, como foi dito. Mas o que mais se opõe à gratidão é o vício por carência, uma vez que, como foi dito, a virtude da gratidão tende sempre a algo mais amplo. Por isso a *ingratidão* designa propriamente a falta de gratidão. Ora, todo defeito, toda privação recebe do hábito oposto sua especificação: assim a cegueira e a surdez diferem segundo a própria diferença que existe entre a visão e a audição. Por isso, se conclui: como o agradecimento ou gratidão é uma virtude especial, assim também a ingratidão é um pecado especial.

Mas ela comporta diferentes graus, de acordo com a ordem dos elementos que se requerem para a virtude da gratidão. O primeiro, é que homem reconheça o benefício recebido; o segundo, consiste no louvor e na ação de graças; o terceiro, consiste em prestar a retribuição no lugar apropriado e no momento oportuno, de acordo com as posses de cada um. Mas como "aquilo que é o último na geração é o primeiro na sua dissolução", o primeiro grau de ingratidão é a ausência de retribuição: o segundo é a dissimulação, ou seja, como que escondendo o fato de se ter recebido o benefício; e finalmente o terceiro e mais grave consiste em não se reconhecer o benefício, seja

---

1. C. 1: ed. C. Hosius, Lipsiae 1900, p. 54, ll. 2-3.
2. A. praec., ad 1; q. 106, a. 4.
3. Q. 106, a. 6.

pertinet quod aliquis retribuat mala pro bonis; ad secundum, quod beneficium vituperet; ad tertium, quod beneficium quasi maleficium reputet.

AD PRIMUM ergo dicendum quod in quolibet peccato est materialis ingratitudo ad Deum, inquantum scilicet facit homo aliquid quod potest ad ingratitudinem pertinere. Formalis autem ingratitudo est quando actualiter beneficium contemnitur. Et hoc est speciale peccatum.

AD SECUNDUM dicendum quod nihil prohibet formalem rationem alicuius specialis peccati in pluribus peccatorum generibus materialiter inveniri. Et secundum hoc, in multis generibus peccatorum invenitur ingratitudinis ratio.

AD TERTIUM dicendum quod illa tria non sunt diversae species, sed diversi gradus unius specialis peccati.

## ARTICULUS 3
### Utrum ingratitudo semper sit peccatum mortale

AD TERTIUM SIC PROCEDITUR. Videtur quod ingratitudo semper sit peccatum mortale.

1. Deo enim maxime debet aliquis esse gratus. Sed peccando venialiter homo non est ingratus Deo: alioquin omnes essent ingrati. Ergo nulla ingratitudo est veniale peccatum.

2. PRAETEREA, ex hoc aliquod peccatum est mortale quod contrariatur caritati, ut supra[1] dictum est. Sed ingratitudo contrariatur caritati, ex qua procedit debitum gratitudinis, ut supra[2] dictum est. Ergo ingratitudo semper est peccatum mortale.

3. PRAETEREA, Seneca dicit, in II *de Benefic*.[3]: *Haec beneficii lex est: alter statim oblivisci debet dati, alter memor esse accepti*. Sed propter hoc, ut videtur, debet oblivisci, ut lateat eum peccatum recipientis, si contingat eum esse ingratum. Quod non oporteret si ingratitudo esset leve peccatum. Ergo ingratitudo semper est mortale peccatum.

por esquecimento seja por qualquer outro modo.
— E como a afirmação inclui a negação oposta, daí resulta que ao primeiro grau de ingratidão corresponde retribuir o mal pelo bem; o segundo, em denegrir o benefício; o terceiro consiste em julgar o benefício como um malefício.

QUANTO AO 1º, portanto, deve-se dizer que em todo pecado existe uma ingratidão material com relação a Deus, a saber, enquanto o homem faz alguma coisa que pode se relacionar com a ingratidão. E existe a ingratidão formal quando um benefício é realmente desprezado. E isto é um pecado especial.

QUANTO AO 2º, deve-se dizer que nada impede que a razão formal de um pecado especial se encontre materialmente em vários gêneros de pecado. Nesse sentido, encontra-se a razão de ingratidão em numerosos gêneros de pecado.

QUANTO AO 3º, deve-se dizer que estas três maneiras de agir não são diferentes espécies, mas graus diferentes de um único pecado especial.

## ARTIGO 3
### A ingratidão é sempre pecado mortal?

QUANTO AO TERCEIRO, ASSIM SE PROCEDE: parece que a ingratidão é sempre pecado mortal.

1. Com efeito, é sobretudo a Deus que se deve o máximo de gratidão. Ora, pelo pecado venial o homem não se mostra ingrato para com Deus, pois, do contrário, todos seríamos ingratos. Logo, nenhuma ingratidão é pecado venial.

2. ALÉM DISSO, o que faz com que um pecado seja mortal é o fato de ele se opor à caridade, como foi dito. Ora, a ingratidão se opõe à caridade, da qual procede o dever da gratidão, como acima foi dito. Logo, a ingratidão é sempre pecado mortal.

3. ADEMAIS, Sêneca diz: "A lei do benefício é a seguinte: um deve esquecer imediatamente o que deu, o outro deve guardar na memória o que recebeu". Ora, tudo indica que o primeiro deve esquecer para não ver o pecado do beneficiário, caso venha a se mostrar ingrato. Isto não seria necessário se a ingratidão fosse um pecado sem gravidade. Logo, a ingratidão é sempre pecado mortal.

---

3
1. Q. 24, a. 12; I-II, q. 72, a. 5.
2. Q. 106, a. 6, ad 2.
3. C. 10: ed. C. Hosius, Lipsiae 1900, p. 29, ll. 11-12.

SED CONTRA est quod nulli est danda via peccandi mortaliter. Sed sicut Seneca dicit, ibidem[4], *interdum qui iuvatur fallendus est, ut habeat, nec a quo acceperit sciat*: quod videtur viam ingratitudinis recipienti praebere. Ergo ingratitudo non semper est peccatum mortale.

RESPONDEO dicendum quod, sicut ex dictis[5] patet, ingratus dicitur aliquis dupliciter. Uno modo, per solam omissionem: puta quia non recognoscit, vel non laudat, vel non retribuit vices pro beneficio accepto. Et hoc non semper est peccatum mortale. Quia, ut supra[6] dictum est, debitum gratitudinis est ut homo aliquid etiam liberaliter tribuat ad quod non tenetur: et ideo, si illud praetermittit, non peccat mortaliter. Est tamen peccatum veniale: quia hoc provenit ex negligentia quadam, aut ex aliqua indispositione hominis ad virtutem. Potest tamen contingere quod etiam talis ingratitudo sit mortale peccatum: vel propter interiorem contemptum; vel etiam propter conditionem eius quod subtrahitur, quod ex necessitate debetur benefico, sive simpliciter sive in aliquo necessitatis casu. — Alio modo dicitur aliquis ingratus, quia non solum praetermittit implere gratitudinis debitum, sed etiam contrarium agit. Et hoc etiam, secundum conditionem eius quod agitur, quandoque est peccatum mortale, quandoque veniale. — Sciendum tamen quod ingratitudo quae provenit ex peccato mortali habet perfectam ingratitudinis rationem: illa vero quae provenit ex peccato veniali, imperfectam.

AD PRIMUM ergo dicendum quod per peccatum veniale non est aliquis ingratus Deo secundum perfectam ingratitudinis rationem. Habet tamen aliquid ingratitudinis: inquantum peccatum veniale tollit aliquem actum virtutis, per quem homo Deo obsequitur.

AD SECUNDUM dicendum quod ingratitudo quae est cum peccato veniali non est contraria caritati, sed est praeter ipsam: quia non tollit habitum caritatis, sed aliquem actum ipsius excludit.

AD TERTIUM dicendum quod idem Seneca dicit, in VII *de Benefic.*[7]: *Errat si quis aestimat, cum dicimus eum qui beneficium dedit oblivisci opor-*

EM SENTIDO CONTRÁRIO, não se deve nunca dar a ninguém ocasião de pecar mortalmente. Ora, Sêneca diz: Às vezes é preciso enganar aquele que está sendo ajudado, de maneira que ele não saiba de quem recebeu a ajuda. Isso parece abrir o caminho da ingratidão para o beneficiário. Por conseguinte, a ingratidão nem sempre é um pecado mortal.

RESPONDO. Do que foi dito, fica claro que alguém pode ser ingrato de duas maneiras. Primeiro, por omissão: quando alguém não reconhece, ou não enaltece, ou não retribui o benefício recebido. E isso nem sempre é pecado mortal. Como foi dito, a dívida de gratidão leva uma pessoa a oferecer com liberalidade até mesmo uma retribuição à qual não está obrigada. Se, por conseguinte, alguém se omitir neste ponto, não peca mortalmente. Será, no entanto, um pecado venial: porque esta atitude provém de uma negligência qualquer, ou de alguma indisposição à virtude. Mas pode acontecer que uma tal ingratidão seja pecado mortal, ou por causa de um desprezo interior, ou pela condição daquilo que foi negado, o que era devido ao benfeitor, ou absolutamente ou por alguma situação de necessidade. — Em segundo lugar, alguém pode ser ingrato quando não apenas deixa de pagar sua dívida de gratidão, mas ainda age em sentido contrário. E isso também, de acordo com as circunstâncias do ato, pode ser às vezes mortal, às vezes pecado venial. — Deve-se notar, no entanto, que a ingratidão que provém do pecado mortal realiza plenamente a razão de ingratidão. Aquela que provém do pecado venial realiza de maneira imperfeita.

QUANTO AO 1º, portanto, deve-se dizer que um pecado venial não torna uma pessoa ingrata para com Deus, segundo a razão perfeita de ingratidão. Mas tem, assim mesmo, alguma coisa da ingratidão, porquanto, o pecado venial, impede o exercício de um ato de virtude pelo qual a pessoa presta seu obséquio a Deus.

QUANTO AO 2º, deve-se dizer que a ingratidão que acompanha o pecado venial não se opõe à caridade, mas passa ao lado dela, porque não exclui o hábito da caridade, mas exclui um de seus atos.

QUANTO AO 3º, deve-se dizer com Sêneca: "Está errado quem pensa que, quando dizemos que o autor de um benefício deve esquecê-lo, estamos

---

4. C. 10: ed. cit., p. 28, ll. 10-11.
5. Art. praec.
6. Q. 106, a. 6.
7. C. 22: ed. cit., p. 209, ll. 1-7.

*tere, excutere nos illi memoriam rei, praesertim honestissimae. Cum ergo dicimus: Meminisse non debet hoc volumus intelligi: Praedicare non debet, nec iactare.*

AD QUARTUM[8] dicendum quod ille qui ignorat beneficium non est ingratus si beneficium non recompenset, dummodo sit paratus recompensare si noscet. Est autem laudabile quandoque ut ille cui providetur beneficium ignoret: tum propter inanis gloriae vitationem, sicut beatus Nicolaus, aurum furtim in domum proiiciens, vitare voluit humanum favorem; tum etiam quia in hoc ipso amplius beneficium facit quod consulit verecundiae eius qui beneficium accipit.

### ARTICULUS 4
### Utrum ingratis sint beneficia subtrahenda

AD QUARTUM SIC PROCEDITUR. Videtur quod ingratis sint beneficia subtrahenda.
1. Dicitur enim Sap 16,29: *Ingratis spes tanquam hibernalis glacies tabescet.* Non autem eius spes tabesceret si non esset ei beneficium subtrahendum. Ergo sunt subtrahenda beneficia ingratis.
2. PRAETEREA, nullus debet alteri praebere occasionem peccandi. Sed ingratus beneficium recipiens sumit ingratitudinis occasionem. Ergo non est ingrato beneficium dandum.

3. PRAETEREA, *in quo quis peccat, per hoc et torquetur*, ut dicitur Sap 11,17. Sed ille qui ingratus est beneficio accepto, peccat contra beneficium. Ergo est beneficio privandus.

SED CONTRA est quod dicitur Lc 6,35, quod *Altissimus benignus est super ingratos et malos.* Sed eius per imitationem nos filios esse oportet, ut ibidem dicitur. Ergo non debemus beneficia ingratis subtrahere.

RESPONDEO dicendum quod circa ingratum duo consideranda sunt. Primo quidem, quid ipse dignus sit pati. Et sic certum est quod meretur beneficii subtractionem. — Alio modo, considerandum est quid oporteat beneficum facere. Primo namque,

pretendendo que ele expulse de sua memória uma ação tão honrosa. Quando dizemos: "Ele não deve se lembrar", queremos dizer apenas que "ele não deve ficar proclamando esta ação, nem dela se jactando".

QUANTO AO 4º, deve-se dizer que não é ingrato aquele que não retribui um benefício que ignora, contanto que esteja preparado para retribui-lo, se dele tomar conhecimento. Às vezes é louvável que se deixe o beneficiário ignorar o benefício, quer para evitar a vanglória, a exemplo do bem-aventurado Nicolau, que atirou um certa quantidade de ouro dentro de uma casa, às escondidas, para evitar os favores humanos; quer para conceder um benefício maior ainda evitando ferir o pudor do beneficiado.

### ARTIGO 4
### Devem-se privar os ingratos de benefícios?

QUANTO AO QUARTO, ASSIM SE PROCEDE: parece que se **devem** privar os ingratos de benefícios.
1. Com efeito, o livro da Sabedoria diz: "A esperança do ingrato se derreterá como o gelo do inverno". Ora, se não fosse privada de benefícios esta esperança não se derreteria. Logo, devem-se privar os ingratos de benefícios.
2. ALÉM DISSO, não se deve oferecer a ninguém ocasião de pecar. Ora, o ingrato que recebe um benefício ganha assim uma ocasião de cometer pecado de ingratidão. Logo, não se deve fazer benefícios a um ingrato.
3. ADEMAIS, o livro da Sabedoria diz: "Naquilo em que pecamos, aí é que seremos punidos". Ora, quem é ingrato com relação ao benefício recebido, peca contra o benefício. Logo, deve ser privado do benefício.

EM SENTIDO CONTRÁRIO, está escrito: "O Altíssimo se mostra benigno para com os ingratos e os maus". Ora, no mesmo lugar está dito que devemos ser filhos do Altíssimo, imitando sua bondade. Por conseguinte, não se devem negar benefícios aos ingratos.

RESPONDO. Duas coisas tem de ser levadas em consideração aqui. A primeira se refere àquilo que o ingrato merece sofrer. Certamente o que ele merece é ficar privado do benefício. — Depois, convém considerar o que é oportuno que o benfeitor

---
8. Arg. *sed c.*

debet non esse facilis ad ingratitudinem iudicandam: *quia frequenter aliquis*, ut Seneca dicit[1], *qui non reddidit, gratus est*; quia forte non occurrit ei facultas aut debita opportunitas reddendi. Secundo, debet tendere ad hoc quod de ingrato gratum faciat: quod si non potest primo beneficio facere, forte faciet secundo. Si vero ex beneficiis multiplicatis ingratitudinem augeat et peior fiat, debet a beneficiorum exhibitione cessare.

AD PRIMUM ergo dicendum quod auctoritas illa loquitur quantum ad id quod ingratus dignus est pati.

AD SECUNDUM dicendum quod ille qui ingrato beneficium exhibet non dat ei occasionem peccandi, sed magis gratitudinis et amoris. Si vero ille qui accipit ingratitudinis exinde occasionem sumat, non est danti imputandum.

AD TERTIUM dicendum quod ille qui beneficium dat non statim debet se exhibere punitorem ingratitudinis, sed prius pium medicum: ut scilicet iteratis beneficiis ingratitudinem sanet.

faça. Primeiramente não prejulgar facilmente a ingratidão, porque, como diz Sêneca, "muitas vezes aquele que não retribuiu é no entanto grato", porque talvez não tenha tido meios ou oportunidade de o fazer. Em segundo lugar, o benfeitor deve se esforçar para transformar o ingrato em um agradecido; se não conseguir isto com um primeiro benefício, talvez o consiga com um segundo. Se no entanto a multiplicação dos benefícios conseguir apenas aumentar e agravar a ingratidão, será preciso cessar a concessão de favores.

QUANTO AO 1º, portanto, deve-se dizer que o texto citado se refere ao que o ingrato merece sofrer.

QUANTO AO 2º, deve-se dizer que quem continua a fazer bem a um ingrato não lhe fornece ocasião de pecar, mas antes de gratidão e amor. Se no entanto o beneficiado encontra aí ocasião para ingratidão, o benfeitor não tem nisto a menor responsabilidade.

QUANTO AO 3º, deve-se dizer que o benfeitor não deve assumir imediatamente o papel de vingador da ingratidão, mas, antes de médico indulgente, para que cure a ingratidão multiplicando os benefícios.

---

1. *De beneficiis*, l. III, c. 7: ed. C. Hosius, Lipsiae 1900, p. 58, ll. 27-28.

---

| QUAESTIO CVIII | QUESTÃO 108 |
|---|---|
| DE VINDICATIONE | A VINGANÇA[a] |
| *in quatuor articulos divisa* | *em quatro artigos* |
| Deinde considerandum est de vindicatione. Et circa hoc quaeruntur quatuor. | Em seguida, deve-se tratar da vingança. A esse respeito, quatro questões. |

---

a. O exame da vingança vem normalmente após o do reconhecimento, tanto mais que a aproximação já se encontra nas fontes que segue o autor, em particular em Cícero (citado no a. 2, *s.c.*). Todavia, se as virtudes anteriormente estudadas, sobretudo a piedade, a obediência e a ação de graças, deixam-se facilmente integrar à ética cristã, já estando inseridas nas mensagens bíblicas, algo de bem diferente ocorre com a vingança, cujo caráter virtuoso se torna problemático, principalmente nas perspectivas da caridade evangélica. O problema abordado no artigo 1 será portanto o problema da legitimidade moral e cristã da vingança, para abrir caminho para a demonstração de que ela de fato faz parte da justiça (a. 2). Até esse ponto a questão se prende às fontes filosóficas, em particular Aristóteles e Cícero, confrontando-as às exigências do amor do bem e de outrem, destacando que tal amor deve ser eficaz na oposição ao mal e evitar toda cumplicidade com as injúrias feitas a outrem ou com os danos causados à sociedade. O artigo 3 irá mais longe, propondo-se a mostrar a legitimidade ética das penalidades usuais "entre os homens" entendamos, na Idade Média, sobretudo as mais graves, e especialmente a pena de morte. Encontramos sintetizada aqui uma doutrina desenvolvida em mais de uma ocasião (ver, por exemplo: III *C.G.*, cap. 146; II-II, q. 64, a. 2-4, com as notas correspondentes). Como essa insistência bem o mostra, ao integrar em sua construção ética uma virtude vindicativa, Sto. Tomás não cede à inclinação de uma conciliação com o pensamento greco-romano. Trata-se para ele de regular o recurso aos castigos, segundo os princípios da razão, da justiça e do amor. Sem dúvida, o embaraço do vocabulário permanece, o termo vingança é ambíguo, designando tanto o fato de praticar uma revanche quanto a atitude de punir um culpado, tendo em vista apenas o seu bem e principalmente o da coletividade. Mas a clareza deve brotar da profundidade. A filosofia tomista baseia-se aqui na distinção fundamental entre o mal que consiste na culpabilidade que é perversão do homem em virtude do desvio de sua liberdade, e o mal que reside na penalidade, que, embora contrariando a vontade culpada, só visa a sua correção e a reparação de seus malefícios (ver I, 48, a. 5-6). No registro ético, afirmar-se-á com força e nitidez: infligir punição ao culpado de

*Primo*: utrum vindicatio sit licita.
*Secundo:* utrum sit specialis virtus.
*Tertio:* de modo vindicandi.
*Quarto:* in quos sit vindicta exercenda.

1. A vingança é lícita?
2. É uma virtude especial?
3. Como exercer a vingança?
4. Contra quem se dever exercer a vingança?

## Articulus 1
### Utrum vindicatio sit licita

AD PRIMUM SIC PROCEDITUR. Videtur quod vindicatio non sit licita.
1. Quicumque enim usurpat sibi quod Dei est, peccat. Sed vindicta pertinet ad Deum: dicitur enim Dt 32,35, secundum aliam litteram: *Mihi Vindictam: et ego retribuam.* Ergo omnis vindicatio est illicita.
2. PRAETEREA, ille de quo vindicta sumitur, non toleratur. Sed mali sunt tolerandi: quia super illud Ct 2,2, *Sicut lilium inter spinas,* dicit Glossa[1]: *Non fuit bonus qui malos tolerare non potuit.* Ergo vindicta non est sumenda de malis.

3. PRAETEREA, vindicta per poenas fit, ex quibus causatur timor servilis. Sed lex nova non est lex timoris, sed amoris: ut Augustinus dicit, *contra Adamantum*[2]. Ergo, ad minus in novo Testamento, vindicta fieri non debet.
4. PRAETEREA, ille dicitur se vindicare qui iniurias suas ulciscitur. Sed, ut videtur, non licet etiam iudici in se delinquentes punire: dicit enim Chrysostomus, *super Matth.*[3]: *Discamus exemplo Christi nostras iniurias magnanimiter sustinere, Dei autem iniurias nec usque ad auditum sufferre.* Ergo vindicatio videtur esse illicita.

## Artigo 1
### A vingança é lícita?

QUANTO AO PRIMEIRO ARTIGO, ASSIM SE PROCEDE: parece que a vingança **não** é lícita.
1. Com efeito, quem usurpa para si próprio o que pertence a Deus, peca. Ora, a vingança pertence a Deus, como está dito no livro do Deuteronômio: "A Mim a vingança; sou Eu quem retribuo." Logo, toda vingança é ilícita.
2. ALÉM DISSO, aquele sobre quem se exerce a vingança não é tolerado. Ora, devemos tolerar os maus. Pois sobre a palavra do livro dos Cânticos: "Como um lírio entre os espinhos", a *Glosa* comenta: "Não é bom aquele que não pode tolerar os maus". Logo, não convém se vingar dos maus.
3. ADEMAIS, a vingança se cumpre por castigos que provocam o temor servil. Ora, como diz Agostinho, "a nova lei não é uma lei de medo, mas de amor". Logo, pelo menos na Nova Aliança, não se deve exercer nenhuma vingança.
4. ADEMAIS, diz-se que alguém se vinga quando consegue punir as injúrias de que foi vítima. Ora, não é licito nem mesmo ao juiz punir aqueles que pecaram contra ele. Como diz Crisóstomo: "Aprendamos pelo exemplo de Cristo a suportar com magnanimidade as ofensas dirigida a nós. Mas, quanto às ofensas dirigidas a Deus não devemos nem mesmo escutá-las." Logo, a vingança parece ser ilícita.

---

1 PARALL.: Infra, q. 158, a. 3; Part. III, q. 15, a. 9; *De Malo*, q. 12, a. 1; a. 3, ad 5; *ad Rom.*, c. 12, lect. 3.

1. Ordin.: ML 113, 1136, B.
2. C. 17, n. 2: ML 42, 158-159.
3. *Opus imperf. in Matth.*, hom. 5 super 4, 10: MG 56, 668.

uma forma proporcional, tendo em vista endireitá-lo, reparar o mal causado, salvaguardar a ordem social justa, eis o que terá sido definido e legitimado não só como tolerância, como um mal menor, mas como forma de justiça, que encontrará em Deus sua realização mais eminente (a. 1, *s.c.*; sobre a relação entre a justiça e a misericórdia em Deus: I, q. 21). Estamos longe de qualquer concessão a uma atitude de revanche. Aliás, quando se trata de injúrias sofridas pessoalmente, a perfeição virtuosa, sobretudo evangélica, levará primeiramente a suportá-las com paciência (a. 1, r. 2).

De resto, a lei evangélica, chamada a regrar a vida da comunidade dos cristãos, é uma lei de amor. Na medida em que os fiéis permanecerem em conformidade com essa lei, o apelo ao poder coercitivo não teria lugar na Igreja. O ideal sendo desmentido pelos fatos, o apelo ao temor e aos castigos terá seu lugar na realidade e no direito eclesiástico (cf. a. 1, r. 3).

A compreensão desta q. 108, tão densa, na qual o rigor das análises e dos raciocínios se avizinha de uma mentalidade ligada ao contexto histórico, exigirá muitas vezes o recurso às diferentes partes da Suma, nas quais esses problemas são tratados de modo mais amplo. As mais importantes serão indicadas nas notas.

A "vingança" (em latim *vindicatio*) designa aqui, de maneira mais ampla, a atitude de infligir um castigo a um culpado, sem nenhuma conotação de revanche pessoal, a ênfase recaindo no aspecto objetivo de reparação do mal causado a outrem e à sociedade, e na correção do culpado. Apesar da ambivalência do termo, ele designa a perfeição virtuosa da justiça punitiva.

5. PRAETEREA, peccatum multitudinis magis est nocivum quam peccatum unius tantum: dicitur enim Eccli 26,5-6: *A tribus timuit cor meum: zelaturam civitatis, et collectionem populi.* Sed de peccato multitudinis non est vindicta sumenda: quia super illud Mt 13,29-30, *Sinite utraque aescere, ne forte eradicetis triticum,* dicit Glossa[4] quod *multitudo non est excommunicanda, nec princeps.* Ergo nec alia vindicatio est licita.

SED CONTRA, nihil est expectandum a Deo nisi quod est bonum et licitum. Sed vindicta de hostibus est expectanda a Deo: dicitur enim Lc 18,7: *Deus non faciet vindictam electorum suorum clamantium ad se die ac nocte?* quasi diceret: *Immo faciet.* Ergo vindicatio non est per se mala et illicita.

RESPONDEO dicendum quod vindicatio fit per aliquod poenale malum inflictum peccanti. Est ergo in vindicatione considerandus vindicantis animus. Si enim eius intentio feratur principaliter in malum illius de quo vindictam sumit, et ibi quiescat, est omnino illicitum: quia delectari in malo alterius pertinet ad odium, quod caritati repugnat, qua omnes homines debemus diligere. Nec aliquis excusatur si malum intendat illius qui sibi iniuste intulit malum: sicut non excusatur aliquis per hoc quod odit se odientem. Non enim debet homo in alium peccare, propter hoc quod ille peccavit prius in ipsum: hoc enim est vinci a malo, quod Apostolus prohibet, Rm 12,21, dicens: *Noli vinci a malo: sed vince in bono malum.* — Si vero intentio vindicantis feratur principaliter ad aliquod bonum, ad quod pervenitur per poenam peccantis, puta ad emendationem peccantis, vel saltem ad cohibitionem eius et quietem aliorum, et ad iustitiae conservationem et Dei honorem, potest esse vindicatio licita, aliis debitis circumstantiis servatis.

AD PRIMUM ergo dicendum quod ille qui secundum gradum sui ordinis vindictam exercet in malos, non usurpat sibi quod Dei est, sed utitur potestate sibi divinitus concessa: dicitur enim Rm 13,4, de principe terreno, quod *Dei minister est, vindex in iram ei qui male agit.* Si autem praeter ordinem divinae institutionis aliquis vindictam exerceat, usurpat sibi quod Dei est: et ideo peccat.

5. ADEMAIS, o pecado da multidão é mais nocivo do que o pecado de um só. O livro do Eclesiástico diz: "Três coisas me causam muito medo: delação na cidade, a revolta popular e a calúnia". Ora, não se deve vingar o pecado da multidão, porque, sobre a palavra de Mateus "deixai que elas cresçam junto para não arrancar o trigo também", a Glosa explica: "não se deve excluir da comunidade nem o povo nem o príncipe". Logo, nenhuma vingança é lícita".

EM SENTIDO CONTRÁRIO, de Deus só se pode esperar o que é bom e lícito. Mas, deve-se esperar de Deus a vingança sobre os inimigos, pois diz o Evangelho de Lucas: "E Deus não vingaria seus eleitos que por Ele clamam noite e dia?" como se dissesse: "Ele o fará com toda certeza". Por conseguinte, a vingança não é em si mesmo má e ilícita.

RESPONDO. A vingança se consuma quando se inflige ao pecador um mal de pena. Por conseguinte, na vingança deve-se levar em conta o ânimo daquele que a exerce. Porque se a intenção dele recai principalmente sobre o mal daquele de quem se está vingando, e nisto se compraz, então isto é absolutamente ilícito, porque o fato de se comprazer com o mal de outrem é da ordem do ódio, que repugna à caridade, pela qual devemos amar todos os homens. E ninguém se desculpa alegando querer o mal daquele que injustamente lhe fez mal; da mesma forma que ninguém se desculpa de odiar aqueles que o odeiam. Um homem não deve nunca pecar contra outro, sob a alegação de que esse último pecou primeiro contra ele. Isto seria se deixar vencer pelo mal, coisa que o Apóstolo nos proíbe: "Não te deixes vencer pelo mal, mas triunfa do mal fazendo o bem". — Mas, se a intenção de quem se vinga visa principalmente um bem que o castigo do pecador poderá produzir, como por exemplo, sua correção, ou pelo menos sua repressão, a tranquilidade dos outros, a preservação da justiça e a honra de Deus, neste caso a vingança pode ser lícita, observados as outras circunstâncias devidas.

QUANTO AO 1º, portanto, deve-se dizer que aquele que, de acordo com sua posição, exerce a vingança contra os maus, não está usurpando para si o que é de Deus, mas está simplesmente usando de um poder que lhe foi conferido pelo próprio Deus, conforme se lê na Carta aos Romanos, a respeito do príncipe deste mundo: "Ele é o ministro de Deus para exercer vingança contra aquele

---

4. Ordin.: ML 114, 132 C.

AD SECUNDUM dicendum quod mali tolerantur a bonis in hoc quod ab eis proprias iniurias patienter sustinent, secundum quod oportet: non autem tolerant eos ut sustineant iniurias Dei et proximorum. Dicit enim Chrysostomus, *super Matth*.[5]: *In propriis iniuriis esse quempiam patientem, laudabile est: iniurias autem Dei dissimulare nimis est impium*.

AD TERTIUM dicendum quod lex Evangelii est lex amoris. Ideo illis qui ex amore bonum operantur, qui soli proprie ad Evangelium pertinent, non est timor incutiendus per poenas: sed solum illis qui ex amore non moventur ad bonum, qui, etsi *numero* sint de Ecclesia, non tamen *merito*.

AD QUARTUM dicendum quod iniuria quae infertur personae alicui quandoque redundat in Deum et in Ecclesiam: et tunc debet aliquis propriam iniuriam ulcisci. Sicut patet de Elia, qui fecit ignem descendere super eos qui venerant ad ipsum capiendum, ut legitur 4Reg 1,9 sqq. Et similiter Elisaeus maledixit pueris eum irridentibus, ut habetur 4Reg 2, 23-24. Et Silvester Papa excommunicavit eos qui eum in exilium miserunt, ut habetur XXIII, qu. 4[6]. — Inquantum vero iniuria in aliquem illata ad eius personam pertinet, debet eam tolerare patienter, si expediat. Huiusmodi enim praecepta patientiae intelligenda sunt secundum praeparationem animi: ut Augustinus dicit, in libro *de Serm. Dom. in Monte*[7].

AD QUINTUM dicendum quod quando tota multitudo peccat, est de ea vindicta sumenda vel quantum ad totam multitudinem, sicut Aegyptii submersi sunt in mari rubro persequentes filios Israel, ut habetur Ex 14,22 sqq., et sicut Sodomitae universaliter perierunt: vel quantum ad magnam multitudinis partem, sicut patet Ex 32,27-28, in poena

que faz o mal". Mas quem exerce a vingança fora da ordem estabelecida por Deus, usurpa para si o que é de Deus, e, por conseguinte, peca.

QUANTO AO 2º, deve-se dizer que os maus são tolerados pelos bons no sentido que estes suportam com paciência, na medida do possível, as injúrias pessoais; mas esta tolerância não tem cabimento no que concerne às injúrias contra Deus ou contra o próximo. Crisóstomo diz o seguinte: "É louvável suportar com paciência as injúrias pessoais. Mas permanecer insensível às injúrias contra Deus é o cúmulo da impiedade"[b].

QUANTO AO 3º, deve-se dizer que a lei do Evangelho é uma lei de amor. Por isso, aqueles que fazem o bem por amor, os únicos aliás que pertencem de verdade ao Evangelho, não devem ficar aterrorizados pelas ameaças de castigos, mas, sim, aqueles que por amor não se movem para o bem. Estes pertencem *numericamente* à Igreja, mas não quanto *ao mérito*[c].

QUANTO AO 4º, deve-se dizer que, às vezes, a injúria contra uma pessoa recai sobre Deus e sobre a Igreja; a pessoa deve então vingar a injúria que lhe foi feita. Isto fica claro no episódio de Elias fazendo descer o fogo do céu sobre aqueles que tinham vindo prendê-lo; ou no episódio de Eliseu amaldiçoando os garotos que zombavam dele; ou no caso do papa Silvestre, excomungando aqueles que o haviam enviado para o exílio. — Mas, quando a injúria é pessoal, é preciso tolerá-la com paciência, observadas as conveniências. Estes preceitos de paciência devem se entender de acordo com a disposição do espírito, como explica Agostinho.

QUANTO AO 5º, deve-se dizer que quando foi toda a multidão que pecou, a vingança se deve exercer sobre ela, seja em sua totalidade, como aconteceu no caso dos egípcios que, por perseguirem os filhos de Israel, foram todos afogados no Mar Vermelho, ou no caso dos habitantes de Sodoma em que todos pereceram; ou seja de

---

5. Loc. cit. in 4 a.
6. GRATIANUS, p. II, causa 23, q. 4, can. 30: ed. Richter-Friedberg, t. I, p. 913.
7. L. I, c. 19, nn. 58, 59; c. 20, n. 63: ML 34, 1260, 1262.

b. O tema da tolerância dos "infiéis" com o recurso às mesmas autoridades patrísticas, e contendo soluções substancialmente idênticas é mais desenvolvido em: II-II, q. 10, a. 9 e q. 11, a. 3.

c. As qualidades, a excelência e as exigências da nova lei ou lei evangélica são estudadas na I-II, q. 106-108. Aqui, a aplicação da justiça coercitiva no seio da Igreja, apelando ao temor e não ao amor, é explicada e justificada pelo fato de que a imperfeição dos cristãos os distancia do ideal divino que exprime a lei evangélica. A perspectiva de um progresso na prática e na legislação penais na Igreja, a eventual eliminação de um direito penal em prol de uma prática disciplinar e medicinal permanecem fora dos horizontes do teólogo medieval.

eorum qui vitulum adoraverunt. — Quandoque vero, si speretur multorum correctio, debet severitas vindictae exerceri in aliquos paucos principaliores, quibus punitis ceteri terreantur: sicut Dominus, Nm 25,4, mandavit suspendi principes populi pro peccato multitudinis.

Si autem non tota multitudo peccavit, sed pro parte, tunc, si possunt mali secerni a bonis, debet in eos vindicta exerceri: si tamen hoc fieri possit sine scandalo aliorum. Alioquin, parcendum est multitudini, et detrahendum severitati.

Et eadem ratio est de principe, quem sequitur multitudo. Tolerandum enim est peccatum eius, si sine scandalo multitudinis puniri non posset: nisi forte esset tale peccatum principis quod magis noceret multitudini, vel spiritualiter vel temporaliter, quam scandalum quod exinde timeretur.

### Articulus 2
### Utrum vindicatio sit specialis virtus ab aliis distincta

AD SECUNDUM SIC PROCEDITUR. Videtur quod vindicatio non sit specialis virtus ab aliis distincta.

1. Sicut enim remunerantur boni pro his quae bene agunt, ita puniuntur mali pro his quae male agunt. Sed remuneratio bonorum non pertinet ad aliquam specialem virtutem, sed est actus commutativae iustitiae. Ergo, pari ratione, et vindicatio non debet poni specialis virtus.

2. PRAETEREA, ad actum illum non debet ordinari specialis virtus ad quem homo sufficienter disponitur per alias virtutes. Sed ad vindicandum mala sufficienter disponitur homo per virtutem fortitudinis et per zelum. Non ergo vindicatio debet poni specialis virtus.

3. PRAETEREA, cuilibet speciali virtuti aliquod speciale vitium opponitur. Sed vindicationi non videtur opponi aliquod speciale vitium. Ergo non est specialis virtus.

maneira parcial, como no caso dos adoradores do bezerro de ouro. — Outras vezes porém, quando se pode esperar a correção de um grande número de pessoas, a vingança deverá recair sobre alguns dos principais culpados cujo castigo amedrontará os outros, como se lê no livro dos Números, quando o Senhor mandou enforcar os chefes para punir o pecado da multidão.

Se o pecado não foi cometido por todo o povo, mas por uma parte dele, sempre que for possível separar os maus dos bons, a vingança deverá recair apenas sobre os culpados, contanto que isto seja possível sem risco de escândalo para os outros. Do contrário, seria melhor renunciar à punição e pôr de lado a severidade.

O mesmo se deve observar com relação ao príncipe que dirige o povo. Convém ser tolerante com o pecado dele, caso não pudesse ser punido sem escândalo na multidão. A não ser que a falta do príncipe seja de tal monta que possa produzir, no seio do povo, danos morais ou temporais mais graves do que o escândalo proveniente da punição.

### Artigo 2
### A vingança é uma virtude especial distinta das outras?

QUANTO AO SEGUNDO, ASSIM SE PROCEDE: parece que a vingança **não** é uma virtude especial distinta das outras.

1. Com efeito, da mesma maneira que se recompensam os bons pelo fato de terem agido bem, assim também se punem os maus por suas más ações. Ora, a remuneração dos bons não é da ordem de nenhuma virtude especial, porque é um ato da justiça comutativa. Logo, pela mesma razão, a vingança não deve ser considerada como uma virtude especial.

2. ALÉM DISSO, não tem cabimento que uma virtude especial seja ordenada à prática de um ato para o qual o homem já se encontra suficientemente habilitado por outras virtudes. Ora, para vingar o mal, o homem já se encontra suficientemente habilitado pelas virtudes da fortaleza e do zelo. Logo, a vingança não deve ser considerada como uma virtude especial.

3. ADEMAIS, a toda virtude especial se opõe um vício especial. Ora, não se aponta nenhum vício especial que se oponha à vingança. Logo, não é de uma virtude especial.

SED CONTRA est quod Tullius[1] ponit eam partem iustitiae.

RESPONDEO dicendum quod, sicut Philosophus dicit, in II *Ethic*.[2], aptitudo ad virtutem inest nobis a natura, licet complementum virtutis sit per assuetudinem vel per aliquam aliam causam. Unde patet quod virtutes perficiunt nos ad prosequendum debito modo inclinationes naturales, quae pertinent ad ius naturale. Et ideo ad quamlibet inclinationem naturalem determinatam ordinatur aliqua specialis virtus. Est autem quaedam specialis inclinatio naturae ad removendum nocumenta: unde et animalibus datur vis irascibilis separatim a vi concupiscibili. Repellit autem homo nocumenta per hoc quod se defendit contra iniurias, ne ei inferantur, vel iam illatas iniurias ulciscitur, non intentione nocendi, sed intentione removendi nocumenta. Hoc autem pertinet ad vindicationem: dicit enim Tullius, in sua *Rhetorica*[3], quod *vindicatio est per quam vis aut iniuria, et omnino quidquid obscurum est*, idest ignominiosum, *defendendo aut ulciscendo propulsatur*. Unde vindicatio est specialis virtus.

AD PRIMUM ergo dicendum quod sicut recompensatio debiti legalis pertinet ad iustitiam commutativam, recompensatio autem debiti moralis quod nascitur ex particulari beneficio exhibito, pertinet ad virtutem gratiae; ita etiam punitio peccatorum, secundum quod pertinet ad publicam iustitiam, est actus commutativae iustitiae; secundum autem quod pertinet ad immunitatem alicuius personae singularis, a qua iniuria propulsatur, pertinet ad virtutem vindicationis.

AD SECUNDUM dicendum quod fortitudo disponit ad vindictam removendo prohibens, scilicet timorem periculi imminentis. — Zelus autem, secundum quod importat fervorem amoris, importat primam radicem vindicationis, prout aliquis vindicat iniurias Dei vel proximorum, quas ex caritate reputat quasi suas. Cuiuslibet autem virtutis actus ex radice caritatis procedit: quia ut Gregorius dicit, in quadam homilia[4], *nihil habet viriditatis ramus boni operis, si non procedat ex radice caritatis*.

AD TERTIUM dicendum quod vindicationi opponuntur duo vitia. Unum quidem per excessum:

EM SENTIDO CONTRÁRIO, Túlio considera a vingança como uma parte da justiça.

RESPONDO. De acordo com o Filósofo, a natureza implantou em nós uma aptidão inata à virtude, embora o aprimoramento da virtude venha, seja pelo hábito, seja por qualquer outra causa. De onde se vê que as virtudes vêm nos aperfeiçoar para nos fazer seguir, de maneira adequada, estas inclinações inatas que pertencem ao direito natural. Desta forma, a toda e qualquer inclinação natural bem definida, ordena-se uma virtude especial. Existe uma inclinação especial da natureza para remover o que é nocivo; é a razão pela qual os animais são dotados de um apetite irascível, distinto do apetite concupiscível. O homem repele o que é nocivo ao se defender contra as injúrias, seja não permitindo que o atinjam, seja vingando, depois de por elas ter sido atingido, não com a intenção de causar dano, mas de repelir o que pode lhe fazer mal. Isto pertence de fato ao domínio da vingança. Túlio diz que, "A vingança nos permite repelir a violência ou a injúria, e tudo aquilo que for menos claro, ou seja, ignominioso, defendendo-nos do mal ou punindo-o". A vingança é pois uma virtude especial.

QUANTO AO 1º, portanto, deve-se dizer que o pagamento de uma dívida legal pertence à justiça comutativa; o pagamento de uma dívida moral, oriunda de um benefício pessoal, é objeto da virtude da gratidão. Da mesma maneira, a punição das faltas, quando infligida pelo poder judiciário oficial, é um ato da justiça comutativa; mas quando diz respeito à imunidade de uma pessoa particular que pretende repelir a injúria, é objeto da virtude da vingança.

QUANTO AO 2º, deve-se dizer que a virtude da fortaleza dispõe à vingança removendo um obstáculo, a saber, o medo de um perigo iminente. — O zelo por sua vez, na medida em que implica um amor fervoroso, é a raiz primeira da vingança enquanto nos leva a vingar as injúrias dirigidas contra Deus e o próximo porque, pela caridade, as consideramos como que injúrias pessoais nossas. Ora, todo e qualquer ato de virtude tem por raiz a caridade, porque, como diz Gregório, "O ramo da boa obra não tem nenhuma verdura se não proceder da raiz da caridade".

QUANTO AO 3º, deve-se dizer que à vingança se opõem dois vícios. Um, por excesso, que é o

---

1. *De invent. rhet*., l. II, c. 53: ed. G. Friedrich, Lipsiae 1908, p. 230, l. 19.
2. C. 1: 1103, a, 23-26.
3. Loc. cit.
4. Homil. 27 *in Evang*., n. 1: ML 76, 1205 B.

scilicet peccatum crudelitatis vel saevitiae, quae excedit mensuram in puniendo. Aliud autem est vitium quod consistit in defectu, sicut cum aliquis est nimis remissus in puniendo: unde dicitur Pr 13,24: *Qui parcit virgae, odit filium suum*. Virtus autem vindicationis consistit ut homo secundum omnes circumstantias debitam mensuram in vindicando conservet.

### Articulus 3
#### Utrum vindicatio debeat fieri per poenas apud homines consuetas

Ad tertium sic proceditur. Videtur quod vindicatio non debeat fieri per poenas apud homines consuetas.

1. Occisio enim hominis est quaedam eradicatio eius. Sed Dominus mandavit, Mt 13,29-30, quod zizania, per quae significantur *filii nequam* 38, non eradicarentur. Ergo peccatores non sunt occidendi.

2. Praeterea, quicumque mortaliter peccant, eadem poena videntur digni. Si ergo aliqui mortaliter peccantes morte puniuntur, videtur quod omnes tales deberent morte puniri. Quod patet esse falsum.

3. Praeterea, cum aliquis pro peccato punitur manifeste, ex hoc peccatum eius manifestatur. Quod videtur esse nocivum multitudini, quae ex exemplo peccati sumit occasionem peccandi. Ergo videtur quod non sit poena mortis pro aliquo peccato infligenda.

Sed contra est quod in lege divina his huiusmodi poenae determinantur, ut ex supra[1] dictis patet.

Respondeo dicendum quod vindicatio intantum licita est et virtuosa inquantum tendit ad cohibitionem malorum. Cohibentur autem aliqui a peccando, qui affectum virtutis non habent, per

pecado de crueldade ou de sevícia, que ultrapassa as medidas no castigo. O outro, por defeito, quando alguém se mostra muito remisso no punir. Daí a palavra: "Quem poupa a vara não quer bem ao filho". A virtude da vingança consiste em que, levando-se em conta todas as circunstâncias, se guarda a justa medida ao exercer a vingança.

### Artigo 3
#### A vingança deve recorrer aos castigos habituais entre os homens?

Quanto ao terceiro, assim se procede: parece que a vingança **não** deve recorrer aos castigos habituais entre os homens.

1. Com efeito, matar um homem é como que erradicá-lo da vida. Ora, o Senhor ordenou que não se erradicasse a cizânia, que representa os "filhos do Maligno". Logo, não se deve aplicar a pena de morte aos pecadores[d].

2. Além disso, parece que todos aqueles que cometem pecado mortal merecem a mesma pena. Portanto, se alguns daqueles que pecam mortalmente são punidos com a morte, parece que a morte deveria ser o castigo de todos. O que evidentemente é falso.

3. Ademais, quando alguém é punido de um pecado publicamente, o pecado dele também se torna público. Ora, isso pode ser prejudicial ao povo que, ao ver um exemplo de pecado, pode achar aí uma ocasião de pecar. Logo, parece que não se deve aplicar a pena de morte a nenhum pecado.

Em sentido contrário, este tipo de castigo é determinado pela Lei Divina, como foi dito acima.

Respondo. A vingança é lícita e virtuosa na medida em que tende a reprimir o mal. Ora, existem pessoas que, apesar de não terem o amor da virtude, ficam no entanto coibidas de pecar por

---

3 Parall.: Supra, q. 64, a. 2; q. 65, a. 1, 2, 3.
   1. I-II, q. 105, a. 2, ad 9, 10.

d. O artigo tende a legitimar os "castigos habituais entre os homens". Trata-se na verdade das penas mais graves: a morte, o encarceramento, o exílio... considerados como comuns entre os povos e supostamente sancionados pela própria lei divina (indicações no *s.c.*, que remete a I-II, q. 105, a. 2, r. 9 e 10). No contexto da justiça comutativa, Sto. Tomás já havia procurado mostrar a legitimidade desse direito penal (II-II, q. 64, a. 2 e s.; 65, 1 s.), que era contestado por certas correntes heréticas e subversivas de sua época. As posições e os argumentos são muitas vezes marcados pelas contingências históricas e pelas mentalidades particulares que se associam a um grande sentido de justiça e a um firme devotamento à ordem da cristandade. O direito romano bastante revalorizado desde o século XII e as prescrições do Antigo Testamento vinham reforçar essas mentalidades, que não eram em absoluto criticadas pela reflexão filosófica e teológica. Com frequência, serão os heréticos que farão apelo à misericórdia evangélica com o fito de combater a ordem estabelecida, incidindo, entretanto, em excessos que terão por repercussão endurecer mais ainda as posições dos teólogos e dos juristas.

hoc quod timent amittere aliqua quae plus amant quam illa quae peccando adipiscuntur: alias timor non compesceret peccatum. Et ideo per subtractionem omnium quae homo maxime diligit, est vindicta de peccatis sumenda. Haec sunt autem quae homo maxime diligit: vitam, incolumitatem corporis, libertatem sui, et bona exteriora, puta divitias, patriam et gloriam. Et ideo, ut Augustinus refert, XXI de Civ. Dei[2], *octo genera poenarum in legibus esse scribit Tullius*: scilicet *mortem*, per quam tollitur vita; *verbera* et *talionem* (ut scilicet *oculum pro oculo* perdat), per quae amittit corporis incolumitatem; *servitutem* et *vincula*, per quae perdit libertatem; *exilium*, per quod perdit patriam; *damnum*, per quod perdit divitias; *ignominiam*, per quam perdit gloriam.

AD PRIMUM ergo dicendum quod Dominus prohibet eradicari zizania quando timetur *ne simul cum eis eradicetur et triticum*. Sed quandoque possunt eradicari mali per mortem non solum sine periculo, sed etiam cum magna utilitate bonorum. Et ideo in tali casu potest poena mortis peccatoribus infligi.

AD SECUNDUM dicendum quod omnes peccantes mortaliter digni sunt morte aeterna quantum ad futuram retributionem, quae est *secundum veritatem divini iudicii*. Sed poenae praesentis vitae sunt magis medicinales. Et ideo illis solis peccatis poena mortis infligitur quae in gravem perniciem aliorum cedunt.

AD TERTIUM dicendum quod quando simul cum culpa innotescit et poena, vel mortis vel quaecumque alia quam homo horret, ex hoc ipso voluntas eius a peccando abstrahitur: quia plus terret poena quam alliciat exemplum culpae.

causa do medo de perder certos bens que preferem àqueles que poderiam obter pelo pecado; caso contrário, o temor não reprimiria o pecado. Por isso, a vingança do pecado deve se exercer pela supressão de todos os bens aos quais uma pessoa se encontra sumamente apegada. Estes bens são o seguintes: a vida, a integridade física, a liberdade e os bens exteriores tais como a riqueza, a pátria e a glória. A este respeito Agostinho refere: "Existem, diz Túlio, nas leis oito categorias de castigos: a morte, pela qual se tira a vida; o chicote e a pena de talião (*olho por olho*) que afetam a integridade corporal; a *escravidão* e o *cativeiro*, que suprimem a liberdade; o *exílio* que afasta da pátria; o *confisco* que retira as riquezas; a *ignominia* que faz perder a reputação".

QUANTO AO 1º, portanto, deve-se dizer que o Senhor proíbe arrancar a cizânia quando existe o perigo de se "arrancar o trigo ao mesmo tempo". Mas às vezes é possível suprimir os maus pela morte, não apenas sem o menor perigo para os bons, mas até mesmo com grande vantagem para eles. Nestes casos, é lícito infligir a pena de morte a certos tipos de pecadores.

QUANTO AO 2º, deve-se dizer que todos os que se encontram em estado de pecado mortal merecem a morte eterna como retribuição futura, "que se fará de acordo com a verdade do julgamento divino". Mas, na vida presente as penas são, de preferência, medicinais. A pena de morte deve, pois, ser reservada aos pecados que podem causar danos muito graves aos outros.

QUANTO AO 3º, deve-se dizer que quando a culpa e o castigo chegam simultaneamente ao conhecimento público, que a pena seja a morte ou qualquer outro castigo de que o homem tenha pavor, a vontade se afasta do pecado como que imediatamente. Porque o castigo nos apavora mais do que nos alicia o exemplo da culpa.

## ARTICULUS 4
### Utrum vindicta sit exercenda in eosqui involuntarie peccaverunt

AD QUARTUM SIC PROCEDITUR. Videtur quod vindicta sit exercenda in eos qui involuntarie peccaverunt.

## ARTIGO 4
### Deve-se exercer a vingança contra os que pecaram involuntariamente?

QUANTO AO QUARTO, ASSIM SE PROCEDE: Parece que **se deve** exercer a vingança contra os que pecaram involuntariamente[e].

---

2. C. 11: ML 41, 725.

4 PARALL.: I-II, q. 87, a. 7, 8.

---

e. O artigo retoma de maneira condensada e na perspectiva da virtude de vingança a relação entre a pena e a falta, estudada no contexto do pecado, da condição pecadora do homem, na I-II, q. 87, a. 7 e 8. Após haver estabelecido o princípio ético e

1. Voluntas enim unius non consequitur voluntatem alterius. Sed unus punitur pro alio: secundum illud Ex 20,5: *Ego sum Deus zelotes, visitans iniquitatem patrum in filios, in tertiam et quartam generationem*. Unde et pro peccato Cham Chanaan, filius eius, maledictus est, ut habetur Gn 9,25 sqq. Giezi etiam peccante, lepra transmittitur ad posteros, ut habetur 4Reg 5,27. Sanguis etiam Christi reddit poenae obnoxios successores Iudaeorum, qui dixerunt, Mt 27,25: *Sanguis eius super nos, et super filios nostros*. Legitur etiam quod pro peccato Achar populus Israel traditus est in manus hostium, ut habetur Ios 7. Et pro peccato filiorum Heli idem populus corruit in conspectu Philistinorum, ut habetur 1Reg 4,2,10. Ergo aliquis involuntarius est puniendus.

2. Praeterea, illud solum est voluntarium quod est in potestate hominis. Sed quandoque poena infertur pro eo quod non est in eius potestate: sicut propter vitium leprae aliquis removetur ab administratione ecclesiae; et propter paupertatem aut malitiam civium ecclesia perdit cathedram episcopalem. Ergo non solum pro peccato voluntario vindicta infertur.

3. Praeterea, ignorantia causat involuntarium. Sed vindicta quandoque exercetur in aliquos ignorantes. Parvuli enim Sodomitarum, licet haberent ignorantiam invincibilem, cum parentibus perierunt, ut legitur Gn 19,25. Similiter etiam parvuli pro peccato Dathan et Abiron pariter cum eis absorpti sunt, ut habetur Nm 16,27 sqq. Bruta etiam animalia, quae carent ratione, iussa sunt interfici pro peccato Amalecitarum, ut habetur 1Reg 15,2-3. Ergo vindicta quandoque exercetur in involuntarios.

4. Praeterea, coactio maxime repugnat voluntario. Sed aliquis qui timore coactus aliquod peccatum committit, non propter hoc reatum poenae evadit. Ergo vindicta exercetur etiam in involuntarios.

5. Praeterea, Ambrosius dicit, *super Lucam*[1], *quod navicula in qua erat Iudes, turbatur: unde*

1. Com efeito, a vontade de um não acompanha a vontade do outro. Ora, às vezes um é punido em lugar de outro, de acordo com o que está escrito em Êxodo: "Eu sou um Deus ciumento, que pune a iniquidade dos pais nos filhos até à terceira e quarta gerações". Assim é que, pelo pecado de Cam, Canaã, seu filho, foi amaldiçoado, conforme o relato de Gênesis. Giesi tendo pecado, sua lepra se transmite a seus descendentes. O sangue de Cristo expõe ao castigo toda a posteridade dos judeus que disseram: "Que o sangue dele recaia sobre nós e nossos filhos". Sabemos também que o pecado de Acar entregou Israel ao poder de seus inimigos. E, pelos pecados dos filhos de Heli, o mesmo povo desaba diante dos Filisteus. Logo, a vingança pode se exercer sobre atos involuntários.

2. Além disso, só é voluntário aquilo que está sob o poder do homem. Ora, às vezes se pune alguém por uma coisa que não está sob seu poder; quando por exemplo uma pessoas é removida das funções eclesiásticas por causa de uma doença como a lepra; ou quando um igreja perde seu status de sede de bispado por causa da pobreza ou da maldade de seus cidadãos. Logo, a vingança não se exerce apenas contra um pecado voluntário.

3. Ademais, a ignorância causa o involuntário. Ora, de vez em quando, se exerce vingança contra ignorantes. As crianças de Sodoma, apesar da ignorância invencível, pereceram com seus pais, como consta no livro do Gênesis. Da mesma forma, crianças foram tragadas para engolir Dartan e Abiron, por causa de seus pecados. E até animais totalmente desprovidos de razão foram condenados à morte por causa dos pecados dos Amalecitas. Logo, de vez em quando a vingança se exerce contra os que não faltaram voluntariamente.

4. Ademais, a coação é aquilo que mais se opõe ao voluntário. Ora, quem comete um pecado coagido pelo medo, nem por isso escapa do castigo. Logo, a vingança se exerce mesmo contra quem peca involuntariamente.

5. Ademais, comentando uma passagem do Evangelho de Lucas, Ambrósio diz o seguinte: "A

---

1. L. IV, n. 70, super 5, 3: ML 15, 1653 C.

---

jurídico universal da correlação necessária entre a pena e a falta, o artigo examina os aspectos medicinais dos sofrimentos desta vida, considerados como outras tantas "penalidades", em relação com o pecado e a salvação do homem. Essa perspectiva teológica, em conexão com a doutrina do pecado original assim como o projeto de explicar certos textos bíblicos e certas práticas do direito eclesiástico (da época), inspiram o raciocínio e explicam as posições sustentadas neste artigo. Mesmo dando o desconto de um contexto histórico ultrapassado (como nos exemplos das penalidade infligidas "sem que haja falta, mas não sem motivo", da r. 2), discernimos quanto ao essencial o projeto teológico, atento em evitar a confusão entre "os julgamentos de Deus, que são misteriosos", e as normas e os critérios do "julgamento humano", que não poderia infligir uma pena seja qual for sem a prova de uma falta anterior (no sentido da primeira parte da mesma r. 2).

*et Petrus, qui erat firmus meritis suis, turbatur alienis*. Sed Petrus non volebat peccatum Iudae. Ergo quandoque involuntarius punitur.

SED CONTRA est quod poena debetur peccato. Sed omne peccatum est voluntarium, ut dicit Augustinus[2]. Ergo in solos voluntarios est exercenda vindicta.

RESPONDEO dicendum quod poena potest dupliciter considerari. Uno modo, secundum rationem poenae. Et secundum hoc, poena non debetur nisi peccato: quia per poenam reparatur aequalitas iustitiae, inquantum ille qui peccando nimis secutus est suam voluntatem, aliquid contra suam voluntatem patitur. Unde cum omne peccatum sit voluntarium, etiam originale, ut supra[3] habitum est; consequens est quod nullus punitur hoc modo nisi pro eo quod voluntarie factum est.

Alio modo potest considerari poena inquantum est medicina, non solum sanativa peccati praeteriti, sed etiam praeservativa a peccato futuro et promotiva in aliquod bonum. Et secundum hoc, aliquis interdum punitur sine culpa: non tamen sine causa. — Sciendum tamen quod nunquam medicina subtrahit maius bonum ut promoveat minus bonum, sicut medicina carnalis nunquam caecat oculum ut sanet calcaneum: quandoque tamen infert nocumentum in minoribus ut melioribus auxilium praestet. Et quia bona spiritualia sunt maxima bona, bona autem temporalia sunt minima; ideo quandoque punitur aliquis in temporalibus bonis absque culpa, cuiusmodi sunt plures poenae praesentis vitae divinitus inflictae ad humiliationem vel probationem: non autem punitur aliquis in spiritualibus bonis sine propria culpa, neque in praesenti neque in futuro; quia ibi poenae non sunt medicinae, sed consequuntur spiritualem damnationem.

AD PRIMUM ergo dicendum quod unus homo, poena spirituali nunquam punitur pro peccato alterius: quia poena spiritualis pertinet ad animam, secundum quam quilibet est *liber sui*. Poena autem temporali quandoque unus punitur pro

barca em que se encontrava Judas estava agitada. Por isso Pedro, que estava apoiado sobre seus méritos, estava agitado por causa de falhas de um outro." Ora, Pedro não queria o pecado de Judas. Logo, às vezes se é punido por aquilo que a gente não quer.

EM SENTIDO CONTRÁRIO, a pena é devida ao pecado. Mas, Agostinho diz que todo pecado é voluntário. Por conseguinte, a vingança só deve se exercer contra atos voluntários.

RESPONDO. Pode-se considerar a pena de dois modos. Primeiro, segundo sua razão. Assim considerada, a pena é devida somente ao pecado, porque ela restaura a igualdade da justiça, na medida em que aquele que, pecando, seguiu indevidamente sua própria vontade, sofre alguma coisa contrária a esta vontade. Como todo pecado é voluntário, até mesmo o pecado original, como se demonstrou anteriormente, segue-se que ninguém pode ser punido desse modo a não ser por um ato voluntário.

Pode-se considerar o castigo de outra maneira: como um remédio destinado não somente a curar o pecado passado, mas também a prevenir o pecado futuro e promover algum bem. Sob esse aspecto, alguém pode alguma vez ser punido sem culpa; mas não sem causa. — Convém notar, entretanto, que um remédio jamais poderia danificar um bem maior para promover um bem menor; por exemplo, seria inconcebível um remédio corporal que cegasse um olho para curar um calcanhar. Mas, às vezes, se sacrifica o que tem menos valor para ajudar a promover um bem maior. Nesta escala, os bens espirituais têm um valor máximo, enquanto os bens temporais têm um valor mínimo. Por isso, quando alguém sem culpa é punido em seus bens temporais, trata-se, no mais das vezes, de penas da vida presente impostas por Deus para humilhar ou submeter à provação. Mas ninguém jamais será punido em seus bens espirituais se não tiver cometido uma falta pessoal, nem aqui na vida presente, nem na futura, porque então as penas não serão mais remédios e sim consequência de uma condenação espiritual.

QUANTO AO 1º, portanto, deve-se dizer que nenhum homem jamais receberá uma pena espiritual por causa do pecado de outro, porque a pena espiritual atinge a alma, que faz de cada um de nós, um ser livre. Mas, às vezes, alguém é punido

---

2. *De vera rel.*, c. 14, n. 27: ML 34, 133; *De lib. arb.*, cc. 1, 17, 18: ML 32, 1271, 1294, 1295.
3. I-II, q. 81, a. 1.

peccato alterius, triplici ratione. Primo quidem, quia unus homo temporaliter est res alterius, et ita in poenam eius etiam ipse punituir: sicut filii sunt secundum corpus quaedam res patris, et servi sunt quaedam res dominorum. — Alio modo, inquantum peccatum unius derivatur in alterum. Vel per imitationem: sicut filii imitantur peccata parentum, et servi peccata dominorum, ut audacius peccent. Vel per modum meriti: sicut peccata subditorum merentur peccatorem praelatum, secundum illud Iob 34,30: *Qui regnare facit hominem hypocritam, propter peccata populi*; unde et pro peccato David populum numerantis, populus Israel punitus est, ut habetur II *Reg.* ult. Sive etiam per aliqualem consensum seu dissimulationem: sicut etiam interdum boni simul puniuntur temporaliter cum malis, quia eorum peccata non redarguerunt, ut Augustinus dicit, in I *de Civ. Dei*[4]. — Tertio, ad commendandum unitatem humanae societatis, ex qua unus debet pro alio sollicitus esse ne peccet: et ad detestationem peccati, dum poena unius redundat in omnes, quasi omnes essent unum corpus, ut Augustinus dicit de peccato Achar[5].

Quod autem Dominus dicit: *Visitans peccata parentum in filios, in tertiam et quartam generationem*, magis videtur ad misericordiam quam severitatem pertinere: dum non statim vindictam adhibet, sed expectat in posterum, ut vel saltem posteri corrigantur; sed, crescente malitia posteriorum, quasi necesse est ultionem inferri.

AD SECUNDUM dicendum quod, sicut Augustinus dicit[6], iudicium humanum debet imitari divinum iudicium in manifestis Dei iudiciis, quibus homines spiritualiter damnat pro proprio peccato. Occulta vero Dei iudicia, quibus temporaliter aliquos punit absque culpa, non potest humanum iudicium imitari: quia homo non poest comprehendere horum iudiciorum rationes, ut sciat quid expediat unicuique. Et ideo nunquam secundum humanum iudicium aliquis debet puniri sine culpa poena flagelli, ut occidatur, vel mutiletur, vel verberetur.

com uma pena temporal pelo pecado de um outro em três circunstâncias. 1º Nos casos em que um homem pode ser considerado, no plano temporal, como propriedade de outro; o castigo de um atinge o outro. É assim que, pelo corpo, os filhos pertencem de certa maneira aos pais e os escravos a seus senhores. — 2º Enquanto o pecado de um se transmite ao outro. Por imitação: caso dos filhos que copiam os pecados dos pais, dos escravos que imitam seus senhores para pecar com mais ousadia ainda. Ou por merecimento: assim os pecados dos súditos merecem um chefe pecador, segundo esta palavra de Jó "Ele faz reinar o hipócrita por causa dos pecados do povo". Assim é que o povo de Israel foi punido por causa do recenseamento organizado por Davi. Ou também por espírito de cumplicidade ou por covardia: assim, diz Agostinho, às vezes os bons acabam compartilhando o castigo temporal dos maus por não terem proferido a devida condenação contra os pecados. — 3º Para colocar em evidência a unidade da sociedade humana, em virtude da qual cada um deve ajudar o outro a não cair em pecado; e também para fazer detestar mais ainda o pecado, uma vez que o castigo de um pode recair sobre todos, como se todos constituíssem um só corpo, segundo o comentário de Agostinho sobre o pecado de Akan.

Quanto à palavra do Senhor: "que vinga a iniquidade dos pais nos filhos até à terceira e quarta geração", ela provém muito mais da misericórdia que da severidade, uma vez que Deus adia a vingança para dar aos pósteros uma oportunidade de se corrigirem. Mas se, em vez disto, a perversidade for aumentando, aí então a punição se fará necessária.

QUANTO AO 2º, deve-se dizer que como diz Agostinho, o julgamento humano devia imitar o julgamento divino nas sentenças manifestadas por Deus quando inflige uma condenação espiritual pelo pecado pessoal. Mas os julgamentos divinos que permanecem secretos, quando por exemplo Deus inflige castigo temporal a criaturas inocentes, o homem não pode imitar esses julgamentos porque não tem poder de entender as razões de tais sentenças, nem saber o que é melhor para cada pessoa. É o motivo pelo qual o julgamento dos homens jamais deverá condenar um inocente a uma pena aflitiva, como a morte, a mutilação ou a flagelação.

---

4. C. 9, n. 1: ML 41, 21.
5. *Quaest. super Iosue*, q. 8: ML 34, 778.
6. Ibid.

Poena autem damni punitur aliquis, etiam secundum humanum iudicium, etiam sine culpa: sed non sine causa. Et hoc tripliciter. Uno modo, ex hoc quod aliquis ineptus redditur, sine sua culpa, ad aliquod bonum habendum vel consequendum: sicut propter vitium leprae aliquis removetur ab administratione ecclesiae, et propter bigamiam vel iudicium sanguinis aliquis impeditur a sacris ordinibus. — Secundo, quia bonum in quo damnificatur non est proprium bonum, sed commune: sicut quod aliqua ecclesia habeat episcopatum, pertinet ad bonum totius civitatis, non autem ad bonum clericorum tantum. — Tertio, quia bonum unius dependet ex bono alterius: sicut in crimine laesae maiestatis filius amittit haereditatem pro peccato parentis.

AD TERTIUM dicendum quod parvuli divino iudicio simul puniuntur temporaliter cum parentibus, tum quia sunt res parentum, et in eis etiam parentes puniuntur; tum etiam quia hoc in eorum bonum cedit: ne, si reservarentur, essent imitatores paternae malitiae, et sic graviores poenas mererentur. — In bruta vero animalia, et quascumque alias irrationales creaturas, vindicta exercetur, quia per hoc puniuntur illi quorum sunt. Et iterum propter detestationem peccati.

AD QUARTUM dicendum quod coactio timoris non facit simpliciter involuntarium, sed habet voluntarium mixtum, ut supra[7] habitum est.

AD QUINTUM dicendum quod hoc modo pro peccato Iudae ceteri Apostoli turbabantur, sicut pro peccato unius punitur multitudo, ad unitatem commendandam, ut dictum est[8].

O julgamento humano pode condenar alguém à pena de confisco, mesmo sem haver culpa, mas nunca sem haver motivo. E isto em três casos distintos: 1º Quando alguém, sem culpa pessoal nenhuma, se tornou absolutamente incapaz de guardar ou adquirir um bem; por exemplo, quando por causa da lepra, alguém é removido das funções eclesiásticas; ou quando uma pessoa não pode receber as ordens sagradas por bigamia ou por ter derramado sangue. — 2º Quando o bem confiscado não é próprio, mas comum. O fato, por exemplo, de uma Igreja ser sede de bispado, é da ordem do bem de toda a comunidade e não apenas do bem do clero local. — 3º Quando o bem de um depende do bem do outro. Por exemplo, no crime de lesa-majestade. o filho perde a herança, em consequência do pecado dos pais.

QUANTO AO 3º, deve-se dizer que as crianças partilham o castigo temporal impostos aos pais pelo juízo divino, ou porque são, de certa maneira, propriedade de seus pais, e neles os pais são punidos, ou porque isto redunda em vantagem para elas, porque, caso sobrevivessem, poderiam imitar a maldade dos pais e merecer assim castigos ainda mais graves. — Quanto aos animais e outras criaturas sem razão, a vingança se exerce para punir seus proprietários e para inspirar horror ao pecado.

QUANTO AO 4º, deve-se dizer que a coação do medo não cria absolutamente o involuntário, mas o voluntário misto, como foi demonstrado.

QUANTO AO 5º, deve-se dizer que os outros apóstolos estavam perturbados por causa do pecado de Judas, da mesma maneira que o povo é castigado pelo pecado de uma única pessoa, o que valoriza sua unidade, como foi dito.

---

7. I-II, q. 6, a. 6.
8. Resp. ad 1.

## QUAESTIO CIX
## DE VERITATE

*in quatuor articulos divisa*

Deinde considerandum est de veritate, et vitiis oppositis.
Circa veritatem autem quaeruntur quatuor.
*Primo:* utrum veritas sit virtus.
*Secundo:* utrum sit virtus specialis.
*Tertio:* utrum sit pars iustitiae.
*Quarto:* utrum magis declinet ad minus.

### Articulus 1
### Utrum veritas sit virtus

Ad primum sic proceditur. Videtur quod veritas non sit virtus.

## QUESTÃO 109
## A VERDADE[a]

*em quatro artigos*

Em seguida deve-se tratar da verdade e dos vícios a ela opostos[b].
A esse respeito, quatro questões:
1. A verdade é uma virtude?
2. É uma virtude especial?
3. Faz parte da justiça?
4. Tende a diminuir as coisas?

### Artigo 1
### A verdade é uma virtude?

Quanto ao primeiro artigo, assim se procede: parece que a verdade **não** é uma virtude.

---

1 Parall.: IV *Ethic.*, lect. 15.

---

a. O termo verdade é conservado em toda sua extensão e riqueza de significações para exprimir a virtude moral da veracidade: uso leal e transparente da palavra e dos outros sinais de comunicação do pensamento. Esta questão e as outras consagradas aos vícios contrários, a mentira e a hipocrisia, ganham em extensão e profundidade, baseando-se numa compreensão ampla e rigorosa da vida do espírito. Vinculam-se às noções fundamentais em filosofia e em teologia, já elaboradas no início da síntese tomista (ver I, q. 16 e 17). Aqui, porém, há a exigência de definir ou redefinir a noção de verdade nas perspectivas do uso moral da comunicação; tal será o propósito do artigo 1. O artigo 2 mostrará como a verdade-veracidade realiza a noção de uma virtude especial; deve ser classificada entre as virtudes anexas da justiça, acrescenta o artigo 3. Essa exposição se limita a retomar e desenvolver a doutrina do livro IV da *Ética a Nicômaco*, salientando em especial como o dever de ser verídico é uma exigência radical da "honestidade humana". Além do âmbito dos direitos estritos e determinados pelas leis da justiça, a verdade se impõe como direito fundamental, ou como condição prévia da consistência de todo direito e de toda lei; é a fonte de toda possibilidade de uma vida social, feita de confiança e de segurança, tendo em vista intercâmbios justos e pacíficos.
O último artigo da questão visa explicar, sempre nas pegadas de Aristóteles, como a verdade, em sua qualidade de virtude moral, mantém um meio termo, embora se incline pela modéstia quando a própria pessoa está em jogo (a. 4). Prepara-se desse modo as questões sobre a jactância e a "ironia" (o menosprezo de si), esse duplo desvio da verdade quando alguém fala de si mesmo. Como em todo o domínio da justiça, é necessário que o apego ou a referência a si mesmo sejam superados para que se alcance a medida objetiva, real, o reconhecimento do que é o outro e o respeito por ele em todos os seus direitos.
b. A verdade, a amizade e a liberalidade formam outros tantos capítulos de uma nova seção no estudo das virtudes sociais. As virtudes de veneração: a piedade familiar ou patriótica, o respeito, a dulia e a obediência eram vistas como qualidades que vinham contribuir de maneira estável para a constituição e o bom funcionamento de uma ordem social justa e verdadeiramente humana. O reconhecimento pelos benefícios e a vingança dos males e ofensas indicam as atitudes virtuosas requeridas pelas situações específicas criadas por determinados comportamentos, seja de bondade, seja de malícia, provenientes de certos membros do corpo social. Todo esse leque de virtudes concerne afinal ao aspecto hierárquico da sociedade, os laços ascendentes e descendentes fundados nos graus de participação do bem e da difusão da perfeição, que constituem o universo humano à semelhança do próprio cosmo.
A rede de virtudes reunidas em torno da verdade, da amizade e da liberalidade vem ampliar as perspectivas, abrindo-se às relações mais abrangentes: aos vínculos formados pela comunicação entre os homens. A sociedade não se poderia organizar e desenvolver, como convém à razão e à dignidade humanas, sem a retidão e a comunicação, cimentando a confiança mútua nos intercâmbios, de sinais de verdade, de amizade e de generosidade. Esses sinais se reduzem sem dificuldade a três modalidades típicas: a palavra, chamada a torna-se um instrumento de transparência na transmissão das mensagens e dos pensamentos; os gestos, impregnados de afabilidade, de cortesia, destinados a semear alegria e a assegurar a maleabilidade em toda ordem de relações; e finalmente, o dinheiro, que simboliza o conjunto dos bens úteis. e cujo uso, orientado para a generosidade e a liberalidade, estabelece as bases mais firmes da solidariedade entre os homens.
Tal é o fio condutor que descobrimos em meio à trama dessas onze questões (q. 109-119), embora o autor mencione com sobriedade as articulações que asseguram a coerência de sua doutrina.
Mais ainda do que a precedente, esta seção é bastante elaborada. A *Ética a Nicômaco* (livro IV) é sua fonte principal no que se refere ao conteúdo da doutrina, às noções-chaves e à sua organização. Nesse quadro homogêneo e coerente vem inserir-se sem dificuldade a contribuição da tradição patrística. A contribuição de Sto. Agostinho e de Sto. Ambrósio é particularmente notável, o primeiro se fazendo mais presente nos tratados da verdade e da mentira, o segundo sendo mais solicitado no estudo da liberalidade e dos vícios que lhe são contrários.

1. Prima enim virtutum est fides, cuius obiectum est veritas. Cum igitur obiectum sit prius habitu et actu, videtur quod veritas non sit virtus, sed aliquid prius virtute.
2. P‌RAETEREA, sicut Philosophus dicit, in IV *Ethic.*[1], ad veritatem pertinet quod aliquis *confiteatur existentia circa seipsum, et neque maiora neque minora.* Sed hoc non semper est laudabile: neque in bonis, quia dicitur Pr 27,2: *Laudet te alienus, et non os tuum*; nec etiam in malis, quia contra quosdam dicitur Is 3,9: *Peccatum suum quasi Sodoma praedicaverunt, nec absconderunt.* Ergo veritas non est virtus.
3. P‌RAETEREA, omnis virtus aut est theologica, aut intellectualis, aut moralis. Sed veritas non est virtus theologica: quia non habet Deum pro obiecto, sed res temporales; dicit enim Tullius[2] quod *veritas est per quam immutata ea quae sunt aut fuerunt aut futura sunt, dicuntur.* Similiter etiam non est virtus intellectualis: sed finis earum. Neque etiam est virtus moralis: quia non consistit in medio inter superfluum et diminutum; quanto enim aliquis plus dicit verum, tanto melius est. Ergo veritas non est virtus.

S‌ED CONTRA est quod Philosophus, in II[3] et IV[4] *Ethic.*, ponit veritatem inter ceteras virtutes.

R‌ESPONDEO dicendum quod veritas dupliciter accipi potest. Uno modo, secundum quod veritate aliquid dicitur *verum.* Et sic veritas non est virtus, sed obiectum vel finis virtutis. Sic enim accepta veritas non est habitus, quod est genus virtutis, sed aequalitas quaedam intellectus vel signi ad rem intellectam et significatam, vel etiam rei ad suam regulam, ut in Primo[5] habitum est. — Alio modo potest dici veritas qua aliquis verum dicit: secundum quod per eam aliquis dicitur *verax.* Et talis veritas, sive veracitas, necesse est quod sit virtus: quia hoc ipsum quod est dicere verum est bonus actus; virtus autem est *quae bonum facit habentem, et opus eius bonum reddit.*

A‌D PRIMUM ergo dicendum quod ratio illa procedit de veritate primo modo dicta.

1. Com efeito, a primeira virtude é a fé, que tem por objeto a verdade. Ora, o objeto é anterior ao hábito e ao ato. Assim sendo, parece que a verdade não é uma virtude, mas algo anterior à virtude.
2. A‌LÉM DISSO, Aristóteles diz que pertence à verdade "dizer a respeito de si mesmo a realidade como ela é, nem mais nem menos". Ora, isto nem sempre é louvável. Nem nos bons, porquanto se lê em Provérbios: "que outra pessoa faça teu elogio, e não a tua própria boca". Nem nos maus, porque em Isaías se lê a crítica seguinte: "Eles fazem alarde de seu pecado, como Sodoma, em vez de procurar escondê-los". Logo, a verdade não é uma virtude.
3. A‌DEMAIS, toda e qualquer virtude tem de ser ou teologal, ou intelectual ou moral. Ora, a verdade não é uma virtude teologal porque seu objeto não é Deus, mas os negócios temporais. Cícero diz, com efeito: "a verdade exprime o que é, o que foi ou o que será, sem mudar nada". Tampouco é uma virtude intelectual, pois é o fim delas. E finalmente, não é uma virtude moral porque não consiste num meio-termo entre um excesso e uma falta, pois quanto mais se disser a verdade, melhor será. Logo, a verdade não é uma virtude.

E‌M SENTIDO CONTRÁRIO, Aristóteles afirma a verdade entre outras virtudes.

R‌ESPONDO. A palavra verdade pode ser tomada em dois sentidos. No primeiro, enquanto faz com que se diga de uma coisa que ela é verdadeira. Neste sentido, a verdade não é uma virtude, mas simplesmente objeto ou fim da virtude. Assim pois, a verdade tomada neste sentido, não é um hábito, que é um gênero da virtude, mas uma certa relação de igualdade entre o intelecto, ou o sinal, e a coisa inteligida e significada, ou ainda, entre uma determinada coisa e sua regra, ou modelo, como foi demonstrado na I Parte. No segundo sentido, a verdade é aquilo pelo qual alguém diz uma coisa verdadeira, e nesta acepção, alguém se diz veraz. E esta verdade ou veracidade é necessariamente uma virtude, porquanto dizer a verdade a respeito de uma coisa é um ato bom, e "é a virtude que torna bom aquele que a possui, e faz com que sua obra seja boa"

Q‌UANTO AO 1º, portanto, deve-se dizer que trata-se aqui da verdade entendida na primeira acepção do termo.

---

1. C. 13: 1127, a, 25-26.
2. *De invent. rhet.*, l. II, c. 53: ed. G. Friedrich, Lipsiae 1908, p. 230, ll. 30-31.
3. C. 7: 1108, a, 20-23.
4. C. 13: 1127, a, 29-32.
5. Q. 16, a. 1, 2; q. 21, a. 2.

AD SECUNDUM dicendum quod confiteri id quod est circa seipsum, inquantum est confessio veri, est bonum ex genere. Sed hoc non sufficit ad hoc quod sit actus virtutis: sed ad hoc requiritur quod ulterius debitis circumstantiis vestiatur, quae si non observentur, erit actus vitiosus. Et secundum hoc, vitiosum est quod aliquis, sine debita causa, laudet seipsum etiam de vero. Vitiosum etiam est quod aliquis peccatum suum publicet, quasi se de hoc laudando, vel qualitercumque inutiliter manifestando.

AD TERTIUM dicendum quod ille qui dicit verum profert aliqua signa conformia rebus: scilicet vel verba, vel aliqua facta exteriora, aut quascumque res exteriores. Circa huiusmodi autem res sunt solae virtutes morales: ad quas etiam usus pertinet exteriorum membrorum, secundum quod fit per imperium voluntatis. Unde veritas non est virtus theologica neque intellectualis, sed moralis.

Est autem in medio inter superfluum et diminutum dupliciter: uno quidem modo, ex parte obiecti; alio modo, ex parte actus. Ex parte quidem obiecti, quia verum secundum suam rationem importat quandam aequalitatem. Aequale autem est medium inter maius et minus. Unde ex hoc ipso quod aliquis verum dicit de seipso, medium tenet inter eum qui maiora dicit de seipso, et inter eum qui minora. — Ex parte autem actus medium tenet, inquantum verum dicit quando oportet, et secundum quod oportet. Superfluum autem convenit illi qui importune ea quae sua sunt manifestat: defectus autem competit illi qui occultat, quando manifestare oportet.

QUANTO AO 2º, deve-se dizer que falar de si mesmo, na medida em que se diz a verdade, é uma coisa boa, mas de uma bondade genérica, que não basta para fazer disto um ato de virtude; para tanto é necessário que se cumpram todas as circunstâncias devidas, pois, do contrário, o ato, em vez de virtuoso, será um ato vicioso. E isto ocorre quando alguém, sem um motivo realmente justificável, se põe a fazer seu próprio elogio, mesmo que verdadeiro. E isto ocorre também quando alguém faz exibição de seu pecado, quase como que tirando glória disto, ou quando esta exibição não tem absolutamente a menor utilidade.

QUANTO AO 3º, deve-se dizer que aquele que diz a verdade emprega certos sinais que são conformes à realidade das coisas, sinais que podem ser palavras, gestos ou outras coisas exteriores. Ora, são somente as virtudes morais que regulam estas coisas, e que regulam também o uso de nossos membros externos, na medida em que dependem do império da vontade. De onde se conclui que a verdade não é nem virtude teologal, nem virtude intelectual, mas uma virtude moral.

A verdade ocupa o meio-termo entre o excesso e a falta, de dois modos: com relação ao objeto, e com relação ao ato. Com *relação ao objeto*, porque o verdadeiro, por sua própria natureza, supõe uma certa igualdade. Todo igual é, de certa maneira, um termo-médio entre o mais e o menos. Desta forma, aquele que diz a verdade a respeito de si próprio ocupa o meio-termo entre os que se excedem e os que se omitem a respeito de si próprios. — *Com relação ao ato*, uma pessoa ocupa o meio quando diz a verdade de maneira oportuna e no momento apropriado. O excesso consiste em falar de si próprio em hora e de maneira inoportuna, enquanto a falta consiste em se calar quando seria oportuno se manifestar.

## ARTICULUS 2
### Utrum veritas sit specialis virtus

AD SECUNDUM SIC PROCEDITUR. Videtur quod vetitas non sit specialis virtus.
1. Verum enim et bonum convertuntur. Sed bonitas non est specialis virtus: quinimmo omnis virtus est bonitas, quia *bonum facit habentem*. Ergo veritas non est specialis virtus.

## ARTIGO 2
### A verdade é uma virtude especial?

QUANTO AO SEGUNDO, ASSIM SE PROCEDE: parece que a verdade **não** é uma virtude especial.
1. Com efeito, o verdadeiro e o bom se convertem entre si. Ora, a bondade não é uma virtude especial. Pelo contrário, toda virtude é bondade, uma vez que "ela torna bom aquele que a possui". Logo, a verdade não é uma virtude especial.

---

2 PARALL.: IV *Sent.*, dist. 16, q. 4, a. 1, q.la 2; IV *Ethic.*, lect. 15.

2. Praeterea, manifestatio eius quod ad ipsum hominem pertinet, est actus veritatis de qua nunc loquimur. Sed hoc pertinet ad quamlibet virtutem: quilibet enim virtutis habitus manifestatur per proprium actum. Ergo veritas non est specialis virtus.

3. Praeterea, *veritas vitae* dicitur qua aliquis recte vivit: de qua dicitur Is 38,3: *Memento, quaeso, quomodo ambulaverim coram te in veritate et in corde perfecto.* Sed qualibet virtute recte vivitur: ut patet per definitionem virtutis supra[1] positam. Ergo veritas non est specialis virtus.

4. Praeterea, veritas videtur idem esse simplicitati: quia utrique opponitur simulatio. Sed simplicitas non est specialis virtus: quia *facit intentionem rectam*, quod requiritur in omni virtute. Ergo etiam veritas non est specialis virtus.

Sed contra est quia in II *Ethic.*[2] connumeratur aliis virtutibus.

Respondeo dicendum quod ad rationem virtutis humanae pertinet quod *opus hominis bonum reddat.* Unde ubi in actu hominis invenitur specialis ratio bonitatis, necesse est quod ad hoc disponatur homo per specialem virtutem. Cum autem bonum, secundum Augustinum, in libro de Natura Boni[3], consistat in ordine, necesse est specialem rationem boni considerari ex determinato ordine. Est autem specialis quidam ordo secundum quod exteriora nostra vel verba vel facta debite ordinantur ad aliquid sicut signum ad signatum. Et ad hoc perficitur homo per virtutem veritatis. Unde manifestum est quod veritas est specialis virtus.

Ad primum ergo dicendum quod verum et bonum subiecto quidem convertuntur: quia omne verum est bonum, et omne bonum est verum. Sed secundum rationem, invicem se excedunt: sicut intellectus et voluntas invicem se includunt; nam intellectus intelligit voluntatem, et multa alia, et voluntas appetit ea quae pertinent ad intellectum, et multa alia. Unde verum, secundum rationem propriam, qua est perfectio intellectus, est quoddam particulare bonum, inquantum est appetibile quoddam. Et similiter bonum, secundum propriam rationem, prout est finis appetitus, est quoddam

2. Além disso, manifestar aquilo que pertence ao próprio homem é um ato de verdade, no sentido em que o termo está sendo empregado aqui. Ora, isto é do domínio de qualquer virtude, porquanto todo hábito virtuoso se manifesta por seu ato próprio. Logo, a verdade não é uma virtude especial.

3. Ademais, chama-se *verdade da vida* uma conduta reta. A isto que se refere Isaías, quando diz: "Lembra-te, Senhor, de como andei diante de ti segundo a verdade e sempre com uma coração reto". Ora, todas as virtudes nos levam a viver retamente, como demonstra a própria definição da virtude afirmada anteriormente. Logo, a verdade não é uma virtude especial.

4. Ademais, a verdade parece ser o mesmo que a simplicidade, enquanto ambas se opõem à simulação. Ora, a simplicidade não é uma virtude especial, uma vez que constitui aquela "intenção reta" que é requerida por toda virtude. Logo, a verdade não é uma virtude especial.

Em sentido contrário, Aristóteles enumera a verdade entre as virtudes.

Respondo. É da própria essência da virtude *tornar bom o ato humano.* Desta forma, toda vez que for encontrada, num ato humano, uma razão especial de bondade, é necessário que o homem a isto seja disposto por força de uma virtude especial. Por outra parte, como, segundo Agostinho, *o bem consiste na ordem,* é necessário que se considere, a partir de uma determinada ordem, a razão especial de bondade. Ora, constitui um tipo de ordem especial o fato de nossas palavras e atos externos estarem em conformidade com a realidade como o sinal em relação à coisa significada. E a virtude da verdade tem esta função de aperfeiçoar o homem no que diz respeito a isto. Fica pois manifesto que a verdade é uma virtude especial.

Quanto ao 1º, portanto, deve-se dizer que existe convertibilidade entre o verdadeiro e o bom no sujeito em que se encontram: tudo o que é verdadeiro é bom e tudo o que é bom é verdadeiro. Mas, segundo a razão, os dois conceitos se ultrapassam um ao outro, como o intelecto e a vontade que se excedem um ao outro, porque o intelecto compreende a vontade e muitas outras coisas, enquanto a vontade, por sua vez, deseja as coisas que pertencem ao domínio do intelecto, e muitas outras. Assim o verdadeiro, segundo sua própria razão, que é uma perfeição do intelecto, é

---
1. I-II, q. 55, a. 4.
2. C. 7: 1108, a, 20-23.
3. C. 3: ML 42, 553.

verum, inquantum est quoddam intelligibile. Quia ergo virtus includit rationem bonitatis, potest esse quod veritas sit specialis virtus, sicut verum est speciale bonum. Non autem potest esse quod bonitas sit specialis virtus: cum magis secundum rationem sit genus virtutis.

AD SECUNDUM dicendum quod habitus virtutum et vitiorum sortiuntur speciem ex eo quod est per se intentum: non autem ab eo quod est per accidens et praeter intentionem. Quod autem aliquis manifestat quod circa ipsum est, pertinet quidem ad virtutem veritatis sicut per se intentum: ad alias autem virtutes potest pertinere ex consequenti, praeter principalem intentionem. Fortis enim intendit fortiter agere: quod autem fortiter agendo aliquis manifestet fortitudinem quam habet, hoc consequitur praeter eius principalem intentionem.

AD TERTIUM dicendum quod veritas vitae est veritas secundum quam aliquid est verum, non veritas secundum quam aliquis dicit verum. Dicitur autem vita vera, sicut etiam quaelibet alia res, ex hoc quod attingit suam regulam et mensuram, scilicet divinam legem, per cuius conformitatem rectitudinem habet. Et talis veritas, sive rectitudo, communis est ad quamlibet virtutem.

AD QUARTUM dicendum quod simplicitas dicitur per oppositum duplicitati, qua scilicet aliquis aliud habet in corde, aliud ostendit exterius. Et sic simplicitas ad hanc virtutem pertinet. Facit autem intentionem rectam, non quidem directe, quia hoc pertinet ad omnem virtutem: sed excludendo duplicitatem, qua homo unum praetendit et aliud intendit.

um certo bem particular enquanto é uma realidade apetecível. Da mesma forma, o bom, segundo sua própria razão, que dele faz um fim do apetite, é algo verdadeiro, enquanto é inteligível. Assim pois, uma vez que a virtude inclui a razão de bondade, a verdade pode ser uma virtude especial, da mesma forma que o verdadeiro é um bem especial. Em contrapartida, a bondade não pode ser uma virtude especial, uma vez que, por sua razão, ela é mais propriamente um gênero[c].

QUANTO AO 2º, deve-se dizer que os hábitos das virtudes e dos vícios se especificam em função dos objetos que eles se propõem, e não em função do que é acidental e estranho a este propósito. Que alguém manifeste algo a respeito de si próprio, isto pertence à virtude da verdade, pela própria intenção. Pode pertencer a outras virtudes por consequência, além da intenção principal. O homem valente tem o propósito de fazer um ato de valentia. Se, no decorrer de sua ação, ele chega a demonstrar a força que possui, isto é um efeito que não estava na sua intenção primeira.

QUANTO AO 3º, deve-se dizer que a *verdade da vida*, é aquela verdade segundo a qual alguma coisa é verdadeira, e não aquela verdade segundo a qual alguém diz algo verdadeiro. Como qualquer outra coisa, a vida é dita verdadeira enquanto ela se conforma àquilo que é sua própria regra e medida, ou seja, a lei divina, que lhe confere esta retidão. E esta verdade, esta retidão, são comuns a todas as virtudes.

QUANTO O 4º, deve-se dizer que a simplicidade se opõe à duplicidade que leva uma pessoa a mostrar na realidade uma coisa diferente daquela que tem na mente. Neste sentido, a simplicidade pertence à virtude da verdade. Ela torna a intenção reta, não de maneira direta, porquanto isto é da alçada de qualquer virtude, mas excluindo a duplicidade pela qual a intenção é diferente do que se mostra.

## ARTICULUS 3
### Utrum veritas sit pars iustitiae

AD TERTIUM SIC PROCEDITUR. Videtur quod veritas non sit pars iustitiae.

## ARTIGO 3
### A verdade faz parte da justiça?

QUANTO AO TERCEIRO, ASSIM SE PROCEDE: parece que a verdade **não** faz parte da justiça.

---

3 PARALL.: IV *Ethic*., lect. 15.

c. A convertibilidade entre a verdade e o bem, assim como as relações de inclusão mútua entre a inteligência e a vontade, constituem pontos fundamentais da doutrina tomista. Sto. Tomás se estende mais a respeito em: I, q. 16, a. 3 e ss.; I-II, q. 9, a. 1; q. 13, a. 1 e ss.

1. Iustitiae enim proprium esse videtur quod reddat alteri debitum. Sed ex hoc quod aliquis verum dicit, non videtur alteri debitum reddere, sicut fit in omnibus praemissis iustitiae partibus. Ergo veritas non est iustitiae pars.
2. PRAETEREA, veritas pertinet ad intellectum. Iustitia autem est in voluntate, ut supra[1] habitum est. Ergo veritas non est pars iustitiae.
3. PRAETEREA, triplex distinguitur veritas, secundum Hieronymum[2]: scilicet *veritas vitae*, et *veritas iustitiae*, et *veritas doctrinae*. Sed nulla istarum est pars iustitiae. Nam veritas vitae continet in se omnem virtutem, ut dictum est[3]. Veritas autem iustitiae est idem iustitiae: unde non est pars eius. Veritas autem doctrinae pertinet magis ad virtutes intellectuales. Ergo veritas nullo modo est pars iustitiae.

SED CONTRA est quod Tullius[4] ponit veritatem inter partes iustitiae.

RESPONDEO dicendum quod, sicut supra[5] dictum est, ex hoc aliqua virtus iustitiae annectitur sicut secundaria principali, quod partim quidem cum iustitia convenit, partim autem deficit ab eius perfecta ratione. Virtus autem veritatis convenit quidem cum iustitia in duobus. Uno quidem modo, in hoc quod est ad alterum. Manifestatio enim, quam diximus[6] esse actum veritatis, est ad alterum: inquantum scilicet ea quae circa ipsum sunt, unus homo alteri manifestat. — Alio modo, inquantum iustitia aequalitatem quandam in rebus constituit. Et hoc etiam facit virtus veritatis: adaequat enim signa rebus existentibus circa ipsum.

Deficit autem a propria ratione iustitiae quantum ad rationem debiti. Non enim haec virtus attendit debitum legale, quod attendit iustitia: sed potius debitum morale, inquantum scilicet ex honestate unus homo alteri debet veritatis manifestationem. Unde veritas est pars iustitiae, inquantum annectitur ei sicut virtus secundaria principali.

1. Com efeito, é próprio da justiça dar a outrem o que lhe é devido. Ora, quando alguém diz a verdade, nem por isso dá ao outro o que lhe é devido, como ocorre em todas as anteriores partes da justiça. Logo, a verdade não faz parte da justiça.
2. ALÉM DISSO, a verdade pertence ao intelecto. Ora, a justiça é da alçada da vontade, como se disse acima. Logo, a verdade não é parte da justiça.
3. ADEMAIS, Jerônimo distingue três verdades: a "verdade da vida", a "verdade da justiça" e a "verdade da doutrina". Ora, nenhuma delas faz parte da justiça, pois a verdade da vida engloba todas as outras virtudes. E assim, a verdade da justiça se identifica com a própria virtude da justiça, e, por conseguinte, não é parte dela. E a verdade da doutrina pertence muito mais às virtudes intelectuais. Logo, a verdade não é, de maneira alguma, parte da justiça.

EM SENTIDO CONTRÁRIO, Cícero situa a verdade entre as partes da justiça.

RESPONDO. Como foi dito acima, uma virtude pode estar anexada à justiça como uma virtude secundária, em parte porque tem alguma coisa de comum com ela, e em parte por que realiza apenas imperfeitamente a razão perfeita dela. Ora, a virtude da verdade convém à justiça de duas maneiras. Primeiro, pelo fato de ser sempre relativa ao outro. A manifestação, que dissemos ser um ato da verdade, se dirige sempre ao outro, na medida em que o homem manifesta a outro aquilo que se refere à pessoa dele. — Em segundo lugar, a justiça estabelece uma certa igualdade entre as coisas, e isto também o faz a verdade, quando demonstra uma adequação entre as coisas e os seus sinais.

Mas a verdade não realiza toda a razão da justiça no que concerne à razão de dívida. Porque a verdade não se atém, como faz a justiça, à dívida legal; ela concerne de preferência à dívida moral, na medida em que um homem deve por honestidade a outro a manifestação da verdade. Daí que a verdade é parte da justiça enquanto está a ela anexada como uma virtude secundária está anexada à principal[d].

---

1. Q. 58, a. 4.
2. Vide supra q. 43, a. 7, 4 a et notam 4 *ibid*.
3. A. praec., ad 3.
4. *De invent. rhet.*, l. II, c. 53: ed. G. Friedrich, Lipsiae 1908, p. 230, l. 20.
5. Q. 80.
6. A. praec., ad 2.

---

d. A verdade (ou veracidade) é caracterizada como uma exigência derivando de uma dívida "moral", ou da "honestidade humana", o que faz com ela deixe de fazer parte do domínio estrito da justiça. A "honestidade" possui aqui uma acepção mais oposição aos bens identificados com a mera utilidade ou o prazer, o bem "honesto" designa o bem em si, o que é desejável

AD PRIMUM ergo dicendum quod quia homo est animal sociale, naturaliter unus homo debet alteri id sine quo societas humana conservari non posset. Non autem possent homines ad invicem convivere nisi sibi invicem crederent, tanquam sibi invicem veritatem manifestantibus. Et ideo virtus veritatis aliquo modo attendit rationem debiti.

AD SECUNDUM dicendum quod veritas secundum quod est cognita, pertinet ad intellectum. Sed homo per propriam voluntatem, per quam utitur et habitibus et membris, profert exteriora signa ad veritatem manifestandam. Et secundum hoc, manifestatio veritatis est actus voluntatis.

AD TERTIUM dicendum quod veritas de qua nunc loquimur, differt a veritate vitae ut dictum est[7].

Veritas autem iustitiae dicitur dupliciter. Uno modo, secundum quod ipsa iustitia est rectitudo quaedam regulata secundum regulam divinae legis. Et secundum hoc, differt veritas iustitiae a veritate vitae, quia veritas vitae est secundum quam aliquis recte vivit in seipso; veritas autem iustitiae est secundum quam aliquis rectitudinem legis in iudiciis, quae sunt ad alterum, servat. Et secundum hoc, veritas iustitiae non pertinet ad veritatem de qua nunc loquimur: sicut nec veritas vitae. — Alio modo potest intelligi veritas iustitiae secundum quod aliquis ex iustitia veritatem manifestat: puta cum aliquis in iudicio verum confitetur aut verum testimonium dicit. Et haec veritas est quidam particularis actus iustitiae. Et non pertinet directe ad hanc veritatem de qua nunc loquimur: quia scilicet in hac manifestatione veritatis principaliter homo intendit ius suum alteri reddere. Unde Philosophus, in IV *Ethic.*[8], de hac veritate determinans, dicit: *Non de veridico in confessionibus dicimus, neque quaecumque ad iustitiam vel iniustitiam contendunt.*

Veritas autem doctrinae consistit in quadam manifestatione verorum de quibus est scientia. Unde nec ista veritas directe pertinet ad hanc virtutem:

QUANTO AO 1º, portanto, deve-se dizer que por ser um animal racional, o homem deve a outro, pela própria natureza, aquilo que é indispensável à conservação da sociedade humana. Ora, os homens não poderiam conviver se não acreditassem uns nos outros, como pessos que mutuamente dizem a verdade. Por conseguinte, de certa maneira, a virtude da verdade atende à razão de dívida.

QUANTO AO 2º, deve-se dizer que a verdade, enquanto conhecida, pertence ao intelecto. Mas o homem, que se serve de seus hábitos e de seus membros de acordo com sua própria vontade, pode produzir sinais exteriores para manifestar a verdade. E é desta forma que a manifestação da verdade é um ato da vontade.

QUANTO AO 3º, deve-se dizer que a verdade de que estamos falando distingue-se da verdade da vida, como foi dito.

A verdade da justiça pode ser considerada de duas maneiras. 1º A justiça é uma certa retidão que se regula de acordo com as normas da Lei de Deus. Desta forma, a verdade da justiça difere da verdade da vida na medida em que esta última é uma regra de retidão pessoal, enquanto que a verdade da justiça é a regra à qual devem se conformar os julgamentos que se referem aos outros. Neste sentido, a verdade da justiça não pertence à verdade de que estamos falando aqui, exatamente como também a ela não pertence a verdade da vida. 2º A verdade da justiça pode ser entendida também em outro sentido, a saber, quando alguém, por imposição da justiça, manifesta a verdade; por exemplo, quando alguém confessa a verdade em juízo e presta um testemunho verdadeiro. A verdade assim entendida é um ato particular da justiça e não se liga diretamente à verdade da qual estamos falando, porquanto esta manifestação da verdade tem por objetivo principal o direito do outro. Por isso, Aristóteles, tratando desta verdade, diz: "Não nos referimos aqui à veracidade das confissões em juízo nem a qualquer coisa que tenha a ver com justiça ou injustiça".

Quanto à "verdade da doutrina", ela consiste numa certa manifestação das realidades verdadeiras, que são objeto da ciência. De onde se vê que esta

---

7. A. praec., ad 3.
8. C. 13: 1127, a, 33 — b, 3.

em si e por si, merecendo ser amado e buscado como fim, não como puro meio. Poderíamos aproximar essa noção da compreensão moderna do "valor", ou de um bem, de um direito humano fundamental, conferindo à ação e à vida humanas a qualidade que convém à dignidade da pessoa e aos fins sociais a que ela deve visar. É nesse sentido que a verdade terá para a pessoa e para a sociedade esse caráter de exigência, de dever fundamental, anterior às determinações e aos direitos particulares especificados pela lei como estrita obrigação ou "dívida legal".

sed solum veritas qua *aliquis et vita et sermone talem se demonstrat qualis est, et non alia quam circa ipsum sint, nec maiora nec minora*. — Veruntamen quia vera scibilia, inquantum sunt a nobis cognita, circa nos sunt et ad nos pertinent; secundum hoc veritas doctrinae potest ad hanc virtutem pertinere, et quaecumque alia veritas qua quis manifestat verbo vel facto quod cognoscit.

verdade não pertence a esta virtude, pois a ela só pertence aquela verdade pela qual "alguém se mostra em palavras e atos tal qual é, não querendo parecer nada diferente do que realmente é, nem mais, nem menos". — Entretanto, como as verdades científicas, enquanto conhecidas por nós, nos dizem respeito e nos pertencem, deste ponto de vista a verdade da doutrina pode se referir a esta virtude, como a ela também pertence toda verdade pela qual alguém manifesta por palavras ou atos aquilo que conhece.

### Articulus 4
### Utrum virtus veritatis declinet in minus

Ad quartum sic proceditur. Videtur quod virtus veritatis non declinet in minus.

1. Sicut enim aliquis dicendo maius incurrit falsitatem, ita et dicendo minus: non enim magis est falsum quatuor esse quinque quam quatuor esse tria. Sed *omne falsum est secundum se malum et fugiendum*: ut Philosophus dicit, in IV *Ethic.*[1]. Ergo veritatis virtus non plus declinat in minus quam in maius.

2. Praeterea, quod una virtus magis declinet ad unum extremum quam ad aliud, contingit ex hoc quod virtutis medium est propinquius uni extremo quam alteri: sicut fortitudo est propinquior audaciae quam timiditati. Sed veritatis medium non est propinquius uni extremo quam alteri: quia veritas, cum sit aequalitas quaedam, in medio punctuali consistit. Ergo veritas non magis declinat in minus.

3. Praeterea, in minus videtur a veritate recedere qui veritatem negat, in maius autem qui veritati aliquid superaddit. Sed magis repugnat veritati qui veritatem negat quam qui superaddit: quia veritas non compatitur secum negationem veritatis, compatitur autem secum superadditionem. Ergo videtur quod veritas magis debeat declinare in maius quam in minus.

Sed contra est quod Philosophus dicit, in IV *Ethic.*[2], quod homo secundum hanc virtutem *magis a vero declinat in minus*.

### Artigo 4
### A virtude da verdade tende a dizer menos do que é?

Quanto ao quarto, assim se procede: parece que a virtude da verdade **não** tende a dizer menos do que é.

1. Com efeito, pode-se cometer uma falsidade, tanto dizendo mais quanto dizendo menos: na realidade, dizer que quatro é igual a cinco não é mais falso do que dizer que quatro é igual a três. Ora, segundo Aristóteles, "tudo o que é falso é essencialmente mau e repulsivo". Logo, a virtude da verdade não tende nem a diminuir nem a exagerar as coisas.

2. Além disso, que uma virtude se incline mais para um extremo do que para outro, isto acontece porque o meio-termo desta virtude está mais perto de um extremo do que de outro; assim, a fortaleza está mais próxima da audácia do que da timidez. Ora, o meio da verdade não está mais próximo de um extremo que de outro, pois a verdade, sendo uma igualdade, se encontra no meio rigorosamente exato. Logo, a verdade não se inclina nem para o mais nem para o menos.

3. Ademais, quem nega a verdade parece dela se afastar tendendo para o menos; quem, pelo contrário, acrescenta qualquer coisa à verdade, parece dela se afastar por tender para o mais. Ora, aquele que nega a verdade parece dela se afastar mais do que aquele que a ela acrescenta algo, uma vez que a verdade não é compatível com sua negação; mas pode ser compatível com o exagero. Logo, parece que a virtude da verdade tende mais para o mais do que para o menos.

Em sentido contrário, Aristóteles diz que, segundo esta virtude, "o homem dela mais se afasta quando pende para o menos".

---

4 Parall.: IV *Ethic.*, lect. 15.

1. C. 13: 1127, a, 28-32.
2. C. 13: 1127, b, 7-9.

RESPONDEO dicendum quod declinare in minus a veritate contingit dupliciter. Uno modo, affirmando: puta cum aliquis non manifestat totum bonum quod in ipso est, puta scientiam vel sanctitatem vel aliquid huiusmodi. Quod fit sine praeiudicio veritatis: quia in maiori est etiam minus. Et secundum hoc, haec virtus declinat in minus. Hoc enim, ut Philosophus dicit ibidem[3], *videtur esse prudentius, propter onerosas superobundantias esse*. Homines enim qui maiora de seipsis dicunt quam sint, sunt aliis onerosi, quasi excellere alios volentes: homines autem qui minora de seipsis dicunt, gratiosi sunt, quasi aliis condescendentes per quandam moderationem. Unde Apostolus dicit, 2Cor 12,6: *Si voluero gloriari, non ero insipiens: veritatem enim dicam. Parco autem: ne quis me existimet supra id quod videt in me, aut audit aliquid ex me.*

Alio modo potest aliquis declinare in minus negando: scilicet ut neget sibi inesse quod inest. Et sic non pertinet ad hanc virtutem declinare in minus: quia per hoc incurret falsum. — Et tamen hoc ipsum esset minus repugnans virtuti: non quidem secundum propriam rationem veritatis, sed secundum rationen prudentiae, quam oportet salvari in omnibus virtutibus. Magis enim repugnat prudentiae, quia periculosius est et onerosius aliis, quod aliquis existimet vel iactet se habere quod non habet, quam quod non existimet, vel dicat se non habere quod habet.

Et per hoc patet responsio AD OBIECTA.

RESPONDO. Afastar-se da verdade no sentido do menos, pode ocorrer de duas maneiras. Primeiro, por afirmação: por exemplo, alguém não mostra todo o bem que nele existe, como sua ciência, ou sua santidade, ou algo semelhante. E isto se faz sem prejuízo da verdade: porque no mais está também contido o menos. Neste sentido, "a virtude da verdade pende para o menos". Como diz Aristóteles, "diminuir parece mais prudente do que os exageros insuportáveis". Os homens que procuram se apresentar como mais importantes do que realmente são, acabam se tornando intoleráveis, como se quisessem parecer superior aos demais. Ao passo que aqueles que tentam parecer menores do que realmente são, acabam se tornando agradáveis por causa da modéstia pela qual se colocam no nível dos outros. É o que Paulo afirma quando diz: "Se quiser me vangloriar, não serei insano, porque direi apenas a verdade. Mas evito fazê-lo para que ninguém me estime mais do que aquilo que pode ver em mim, ou do que de mim pode ouvir".

Há uma segunda maneira de diminuir a verdade, a saber, por negação: quando alguém nega as qualidades que de fato tem. Mas este fato de pender para o menos não pertence à virtude da verdade: porque assim se incorre em falsidade. — Mas, esta atitude ainda repugna menos à virtude; não segundo a razão própria da verdade, mas segundo a razão da prudência, que deve ser observada em todas as virtudes. Na realidade, é muito mais contrário à prudência, porque mais perigoso para nós próprios e mais pesado aos outros, o fato de alguém se superestimar ou se jactar de ter o que não tem, do que alguém se subestimar ou negar qualidades que realmente possui.

Pelos argumentos apresentados, estão respondidas as OBJEÇÕES.

---

3. C. 13: 1127, b, 8-9.

---

## QUAESTIO CX
## DE VITIIS OPPOSITIS VERITATI
*in quatuor articulos divisa*

Deinde considerandum est de vitiis oppositis veritati. Et primo, de mendacio; secundo, de

## QUESTÃO 110
## A MENTIRA[a]
*em quatro artigos*

Em seguida, deve-se tratar dos vícios opostos à verdade. Primeiro, da mentira; depois, da si-

---

a. A oposição à verdade se manifesta em palavras; é a mentira, o vício mais diretamente contrário à veracidade. Tal é o objeto desta questão. Quando essa oposição se efetua por meio de gestos e de ações, ela ingressa nas categorias da simulação ou da hipocrisia, estudadas na questão 111.

simulatione sive hypocrisi; tertio, de iactantia et opposito vitio.

Circa mendacium quaeruntur quatuor.
*Primo:* utrum mendacium semper opponatur veritati, quasi continens falsitatem.
*Secundo:* de speciebus mendacii.
*Tertio:* utrum mendacium semper sit peccatum.
*Quarto:* utrum semper sit peccatum mortale.

## Articulus 1
### Utrum mendacium semper opponatur veritati

AD PRIMUM SIC PROCEDITUR. Videtur quod mendacium non semper opponatur veritati.

1. Opposita enim non possunt esse simul. Sed mendacium simul potest esse cum veritate: qui enim verum loquitur quod falsum esse credit, mentitur, ut Augustinus dicit, in libro *contra Mendacium*[1]. Ergo mendacium non opponitur veritati.

2. PRAETEREA, virtus veritatis non solum consistit in verbis, sed etiam in factis: quia secundum Philosophum, in IV *Ethic.*[2], secundum hanc virtutem aliquis verum dicit *et in sermone et in vita*. Sed mendacium consistit solum in verbis: dicitur enim quod mendacium est *falsa vocis significatio*. Ergo videtur quod mendacium non directe opponatur virtuti veritatis.

3. PRAETEREA, Augustinus dicit, in libro *contra Mendacium*[3], quod *culpa mentientis est fallendi*

mulação ou hipocrisia; finalmente da jactância e do vício oposto.

A respeito da mentira, quatro questões:
1. A mentira sempre se opõe à verdade por conter a falsidade?
2. As espécies de mentira.
3. A mentira é sempre pecado?
4. É sempre pecado mortal?

## Artigo 1
### A mentira sempre se opõe à verdade?

QUANTO AO PRIMEIRO ARTIGO, ASSIM SE PROCEDE: parece que a mentira **não** se opõe sempre à verdade.

1. Com efeito, termos opostos não podem coexistir. Ora, a mentira pode coexistir com a verdade, pois aquele que diz uma verdade pensando que está dizendo uma coisa falsa, na realidade está mentindo, como diz Agostinho. Logo, a mentira não se opõe à verdade.

2. ALÉM DISSO, a virtude da verdade não consiste apenas em palavras, mas também em atos, pois, de acordo com Aristóteles, "esta virtude conduz alguém a dizer a verdade tanto no discurso quanto na vida". Ora, a mentira consiste exclusivamente em palavras, pois a própria definição da mentira é "uma palavra de significado falso". Logo, parece que a mentira não se opõe diretamente à virtude da verdade.

3. ADEMAIS, Agostinho escreve: *a culpa de quem mente está no desejo de enganar*. Ora,

---

1 PARALL.: III *Sent.*, dist. 38, a. 1.

1. Cfr. *De mendacio*, c. 3, n. 3: ML 40, 489.
2. C. 13: 1127, a, 24-26.
3. Cfr. *De mend.*, c. 3, n. 3: ML 40, 489.

---

A Questão 110 está ordenada da maneira mais simples: definição da mentira, a. 1; suas espécies, a. 2; sua qualificação moral como pecado, a. 3; e sua gravidade, a. 4. Tal simplicidade reflete a segurança pela qual é dominada e exposta a mais espinhosa e debatida questão ética: a da natureza e da apreciação moral da mentira. Na verdade, a questão aparece como ponto culminante, assinalando, e mesmo levando a bomtermo a conjunção entre o pensamento aristotélico e o agostiniano, e marcando a superação de todas hesitações e controvérsias do passado. Com efeito, a reflexão moral antiga, seja entre os filósofos gregos, seja entre os autores cristãos, se viu agitada e sacudida, e até dilacerada, principalmente no que toca à condenação absoluta de toda mentira, quando esta é tida por realmente útil, ou quando a manifestação de tal verdade parece prejudicar gravemente a outrem, ou mesmo ao conjunto da sociedade.

A doutrina de Sto. Tomás se caracteriza neste ponto por uma dupla originalidade. Ela procura em primeiro lugar definir com a maior precisão a noção de mentira; distinguirá cuidadosamente: em que ela consiste, uma enunciação falsa ou contrária à realidade; o que a constitui propriamente e essencialmente como ato moral: a intenção de dizer a falsidade; e por fim o que pode ser visado como consequência de um tal ato e que seria como que sua realização integral: o fato de enganar um interlocutor ou o destinatário da mensagem. Ao considerar a mentira em sua acepção própria, como enunciação voluntária da falsidade eis a segunda originalidade, Sto. Tomás a tomará por um ato em si moralmente mau, pois vai de encontro à natureza mesma da palavra, é uma perversão essencial da comunicação humana. Essa dupla posição, estreitamente ligada, sobre a natureza da mentira e sobre sua qualificação moral, contida respectivamente nos a. 1 e 3, parece constituir um progresso notável, algo que o pensamento ético posterior tentará reter e sistematizar.

*cupiditas.* Sed hoc non opponitur veritati, sed magis benevolentiae vel iustitiae. Ergo mendacium non opponitur veritati.

SED CONTRA est quod Augustinus dicit, in libro *contra Mendacium*[4]: *Nemo dubitet mentiri eum qui falsum enuntiat causa fallendi. Quapropter enuntiationem falsi cum voluntate ad fallendum prolatam, manifestum est esse mendacium.* Sed hoc opponitur veritati. Ergo mendacium veritati opponitur.

RESPONDEO dicendum quod actus moralis ex duobus speciem sortitur: scilicet ex obiecto, et ex fine. Nam finis est obiectum voluntatis, quae est primum movens in moralibus actibus. Potentia autem a voluntate mota habet suum obiectum, quod est proximum obiectum voluntarii actus: et se habet in actu voluntatis ad finem sicut materiale ad formale, ut ex supra[5] dictis patet. — Dictum est autem[6] quod virtus veritatis, et per consequens opposita vitia, in manifestatione consistit, quae fit per aliqua signa. Quae quidem manifestatio, sive enuntiatio, est rationis actus conferentis signum ad signatum: omnis enim repraesentatio consistit in quadam collatione, quae proprie pertinet ad rationem; unde etsi bruta animalia aliquid manifestent, non tamen manifestationem intendunt, sed naturali instinctu aliquid agunt ad quod manifestatio sequitur. Inquantum tamen huiusmodi manifestatio sive enuntiatio est actus moralis, oportet quod sit voluntarius et ex intentione voluntatis dependens. Obiectum autem proprium manifestationis sive enuntiationis est verum vel falsum. Intentio vero voluntatis inordinatae potest ad duo ferri: quorum unum est ut falsum enuntietur; aliud quidem est effectus proprius falsae enuntiationis, ut scilicet aliquis fallatur. Si ergo ista tria concurrant, scilicet quod falsum sit id quod enuntiatur, et quod adsit voluntas falsum enuntiandi, et iterum intentio fallendi, tunc est falsitas materialiter, quia falsum dicitur; et formaliter, propter voluntatem falsum dicendi; et effective, propter voluntatem falsitatem imprimendi. Sed tamen ratio mendacii sumitur a formali falsitate: ex hoc scilicet quod aliquis habet voluntatem falsum enuntiandi. Unde et mendacium nominatur ex eo quod *contra mentem dicitur.*

isto não se opõe à verdade, mas muito mais à benevolência e à justiça. Logo, a mentira não se opõe à verdade.

EM SENTIDO CONTRÁRIO, Agostinho diz: *ninguém duvida que está mentindo aquele que enuncia uma coisa falsa com a intenção de enganar.* Uma afirmação falsa, proferida com o intuito firme de enganar, é esta a própria definição da mentira. Ora, isto se opõe à verdade. Por conseguinte a mentira se opõe à verdade.

RESPONDO. O ato moral recebe sua especificação de duas coisas: o objeto e o fim. O fim é objeto da vontade, que, no âmbito dos atos morais, desempenha o papel de primeiro motor. A potência movida pela vontade tem seu objeto próprio, que é o objeto próximo do ato voluntário, e que, no ato da vontade, se comporta com relação ao fim da mesma maneira que a matéria em relação à forma, como já foi demonstrado. — Ora, a virtude da verdade, e por consequência os vícios a ela opostos, consiste em exprimir alguma coisa por alguns sinais. E esta manifestação ou enunciação é um ato da razão que relaciona o sinal à coisa significada. Com efeito, toda representação exige um cotejamento, que é propriamente da alçada da razão. Os animais conseguem manifestar alguma coisa, mas não têm a intenção de manifestação e agem por força do instinto que os leva a fazer alguma coisa de expressivo, que tem por efeito uma manifestação. Mas uma tal manifestação ou um enunciado só constitui um ato moral se for voluntário e depender da intenção da vontade. O objeto próprio da manifestação ou da enunciação tem que ser verdadeiro ou falso. Mas a intenção de uma vontade desregrada pode ter dois resultados: primeiro, exprimir o que é falso, e depois, como efeito direto próprio da enunciação do falso, enganar alguém. Por conseguinte, quando estas três condições se encontram reunidas, a saber: o que está sendo enunciado é falso; existe a vontade de exprimir esta falsidade; existe a intenção de enganar; neste caso, o resultado também é tríplice: falsidade material, porquanto o que se diz é falso; falsidade formal, que resulta da vontade de exprimir a falsidade; e falsidade efetiva, que resulta da intenção de impor aquela falsidade a alguém. Mas é a falsidade formal que constitui a razão da mentira, ou seja, a vontade de exprimir uma coisa falsa. Por isso, se chama de mentira aquilo que se diz contra a mente.

---

4. Ibid., c. 4, n. 5: ML 40, 491.
5. I-II, q. 18, a. 6.
6. Q. 109, a. 2, ad 2; a. 3.

Et ideo si quis falsum enuntiet credens illud verum esse, est quidem falsum materialiter, sed non formaliter: quia falsitas est praeter intentionem dicentis. Unde non habet perfectam rationem mendacii: id enim quod praeter intentionem est, per accidens est; unde non potest esse specifica differentia. — Si vero formaliter aliquis falsum dicat, habens voluntatem falsum dicendi, licet sit verum id quod dicitur, inquantum tamen huiusmodi actus est voluntarius et moralis, habet per se falsitatem, et per accidens veritatem. Unde ad speciem mendacii pertingit. — Quod autem aliquis intendat falsitatem in opinione alterius constituere fallendo ipsum, non pertinet ad speciem mendacii, sed ad quandam perfectionem ipsius: sicut et in rebus naturalibus aliquid speciem sortitur si formam habeat, etiam si desit formae effectus; sicut patet in gravi quod violenter sursum detinetur, ne descendat secundum exigentiam suae formae.

Sic ergo patet quod mendacium directe et formaliter opponitur virtuti veritatis.

AD PRIMUM ergo dicendum quod unumquodque magis iudicatur secundum id quod est in eo formaliter et per se quam secundum id quod est in eo materialiter et per accidens. Et ideo magis opponitur veritati, inquantum est virtus moralis, quod aliquis dicat verum intendens dicere falsum, quam quod dicat falsum intendens dicere verum.

AD SECUNDUM dicendum quod, sicut Augustinus dicit, in II *de Doctr. Christ.*[7], voces praecipuum locum tenent inter alia signa. Et ideo cum dicitur quod mendacium est *falsa vocis significatio*, nomine *vocis* intelligitur omne signum. Unde ille qui aliquod falsum nutibus significare intenderet, non esset a mendacio immunis.

AD TERTIUM dicendum quod cupiditas fallendi pertinet ad perfectionem mendacii, non autem ad speciem ipsius: sicut nec aliquis effectus pertinet ad speciem suae causae.

Quando alguém enuncia uma coisa falsa acreditando que se trata de algo verdadeiro, há nisto falsidade material, mas não formal; porque a falsidade está fora da intenção de quem está falando. Não se trata pois de uma mentira, no sentido exato do termo, porque aquilo que não é intencional é acidental, e não poderia assim constituir uma diferença específica. — A falsidade formal consiste em dizer o que é falso com a vontade firme de o dizer assim; neste caso, mesmo que seja verdade o que se diz, este ato, considerado do ponto de vista da vontade e da moralidade, contem em si mesmo a falsidade, e só por acidente a verdade. Por conseguinte, o ato pertence à espécie da mentira. — Enganar alguém, induzindo-o a acreditar numa coisa falsa, isto não pertence à categoria de mentira propriamente dita, mas a uma perfeição da própria mentira. Como, nas coisas materiais, uma coisa recebe a espécie se tiver a forma, mesmo que falte o efeito da forma: é o exemplo de um corpo pesado que é mantido no ar por uma violência que o impede de cair, conforme a exigência de sua forma.

E fica assim patente que a mentira se opõe direta e formalmente à virtude da verdade.

QUANTO AO 1º, portanto, deve-se dizer que uma coisa é julgada mais segundo aquilo que ela é formalmente, e de acordo com sua própria natureza, do que segundo o que nela se encontra materialmente e por acidente. E assim aquele que diz algo verdadeiro, mas com intenção de mentir, se opõe à verdade, enquanto virtude moral, muito mais do que aquele que diz o falso com a intenção de dizer a verdade.

QUANTO AO 2º, deve-se dizer que, como diz Agostinho, as palavras ocupam o lugar principal entre os sinais. Por isso, quando se diz que a mentira é uma "palavra de significado falso", o termo "palavra" pode designar qualquer sinal. Assim sendo, aquele que tivesse a intenção de exprimir por seus gestos algo falso, não estaria totalmente inocente de mentira.

QUANTO AO 3º, deve-se dizer que o desejo de enganar pertence à perfeição da mentira, e não à sua espécie, como nenhum efeito pertence à espécie de sua causa.

---

7. C. 3: ML 34, 37.

## Articulus 2
### Utrum mendacium sufficienter dividatur per mendacium officiosum, iocosum et perniciosum

AD SECUNDUM SIC PROCEDITUR. Videtur quod insufficienter mendacium dividatur per mendacium officiosum, iocosum et perniciosum.

1. Divisio enim est danda secundum ea quae per se conveniunt rei: ut patet per Philosophum, in VII *Metaphys.*[1]. Sed intentio effectus est praeter speciem actus moralis, et per accidens se habet ad illum, ut videtur: unde et infiniti effectus possunt consequi ex uno actu. Haec autem divisio datur secundum intentionem effectus: nam mendacium iocosum est quod fit causa ludi; mendacium autem officiosum, quod fit causa utilitatis; mendacium autem perniciosum, quod fit causa nocumenti. Ergo inconvenienter hoc modo dividitur mendacium.

2. PRAETEREA, Augustinus, in libro *contra Mendacium*[2], dividit mendacium in octo partes. Quorum primum est *in doctrina religionis*; secundum est *ut nulli prosit et obsit alicui*; tertium est *quod prodest uni ita ut alteri obsit*; quartum est *quod fit sola mentiendi fallendique libidine*; quintum est *quod fit placendi cupiditate*; sextum est *quod nulli obest, et prodest alicui ad conservandam pecuniam*; septimum est *quod nulli obest, et prodest alicui ad vitandum mortem*; octavum *quod nulli obest, et prodest alicui ad vitandum immunditiam corporalem*. Ergo videtur quod prima divisio mendacii sit insufficiens.

3. PRAETEREA, Philosophus, in IV *Ethic.*[3], dividit mendacium in *iactantiam*, quae verum excedit in dicendo, et *ironiam*, quae deficit a vero in minus. Quae duo sub nullo praedictorum membrorum continentur. Ergo videtur quod praedicta divisio mendacii sit incompetens.

SED CONTRA est quod super illud Ps 5,7, *Perdes omnes qui loquuntur mendacium*, dicit Glossa[4]

## Artigo 2
### A mentira se divide suficientemente em oficiosa, jocosa e perniciosa?

QUANTO AO SEGUNDO, ASSIM SE PROCEDE: parece que a divisão entre mentira oficiosa, jocosa e perniciosa **não** seja suficiente.

1. Com efeito, uma divisão deve se fundar sobre aquilo que convém essencialmente à realidade em questão, como demonstrou Aristóteles. Ora, o efeito da intenção, fica fora da espécie do ato moral e tem com ele uma relação apenas acidental, ao que parece. Por isso, de um único ato podem resultar efeitos infinitos. A divisão aqui proposta se funda sobre o efeito desejado: a mentira jocosa visa uma pura brincadeira, a mentira oficiosa busca sempre alguma utilidade ou favor, enquanto que a mentira perniciosa visa sempre causar um dano. Logo, esta divisão da mentira parece inadequada.

2. ALÉM DISSO, Agostinho divide a mentira em oito partes, a saber: 1º na doutrina da religião; 2º que não causa benefício a ninguém mas causa dano a alguém; 3º que é útil a alguém mas prejudica um outro; 4º a que provém apenas do prazer de mentir e de enganar; 5º a que procede do desejo de agradar; 6º a que não prejudica a ninguém e ajuda alguém a conservar seu dinheiro; 7º a que não prejudica a ninguém e ajuda alguém a evitar a morte; 8º a que não prejudica ninguém e ajuda alguém a evitar a imundície corporal. Por conseguinte, aquela primeira divisão da mentira parece insuficiente.

3. ADEMAIS, Aristóteles divide a mentira em "jactância", que exagera a verdade, e "ironia", que a diminui. Ora, estas duas espécies de mentira não figuravam na divisão acima proposta. Por conseguinte, ela parece inadequada[b].

EM SENTIDO CONTRÁRIO, em seu comentário sobre esta palavra do Salmo *Tu farás perecer todos os*

---

2 PARALL.: III *Sent*, dist. 38, a. 2, 5; *De Dec. Praecept.*, c. *de Octavo Praecept.*; in *Psalm.* 5.

1. C. 15: 1038, a, 9-18; 19-26.
2. Cfr. *De mend.*, c. 14: ML 40, 505.
3. C. 13: 1127, a, 20-26, 28-32.
4. Lombardi: ML 191, 98 BD; CFR. ORDIN.: ML 113, 851 A.

b. A intenção do artigo desenvolvido na Resposta será justificar doutrinalmente a distinção tripartida mencionada na objeção 1, mostrar que ela corresponde à enumeração agostiniana mais ampla (obj. 2), ainda que essa distinção só se baseie nos efeitos e não na natureza da mentira. Já a distinção aristotélica é efetivamente essencial, e será o objeto da q. 112. Retemos aqui a distinção admitida usualmente ("mentira oficiosa, jocosa, perniciosa"), pois ela permite formular em termos práticos e concretos todos os problemas da caracterização da mentira, de sua apreciação moral.

quod *sunt tria genera mendaciorum. Quaedam enim sunt pro salute et commodo alicuius; est etiam aliud genus mendacii, quod fit ioco; tertium vero mendacii genus est quod fit ex malignitate.* Primum autem horum dicitur officiosum; secundum, iocosum; tertium, perniciosum. Ergo mendacium in tria praedicta dividitur.

RESPONDEO dicendum quod mendacium tripliciter dividi potest. Uno modo, secundum ipsam mendacii rationem: quae est propria et per se mendacii divisio. Et secundum hoc, mendacium in duo dividitur: scilicet in mendacium quod transcendit veritatem in maius, quod pertinet ad *iactantiam*; et in mendacium quod deficit a veritate in minus, quod pertinet ad *ironiam*; ut patet per Philosophum, in IV *Ethic.*[5]. Haec autem divisio ideo per se est ipsius mendacii, quia mendacium, inquantum huiusmodi, opponitur veritati, ut dictum est[6]: veritas autem aequalitas quaedam est, cui per se opponitur maius et minus.

Alio modo potest dividi mendacium inquantum habet rationem culpae: secundum ea quae aggravant vel diminuunt culpam mendacii ex parte finis intenti. Aggravat autem culpam mendacii si aliquis per mendacium intendat alterius nocumentum: quod vocatur mendacium perniciosum. Diminuitur autem culpa mendacii si ordinetur ad aliquod bonum: vel delectabile, et sic est mendacium iocosum; vel utile, et sic est mendacium officiosum, sive quo intenditur iuvamentum alterius vel remotio nocumenti. Et secundum hoc, dividitur mendacium in tria praedicta.

Tertio modo dividitur mendacium universalius secundum ordinem ad finem: sive ex hoc addatur vel diminuatur ad culpam mendacii, sive non. Et secundum hoc, est divisio octo membrorum quae dicta est[7]. In qua quidem tria prima membra continentur sub mendacio pernicioso. Quod quidem fit vel contra Deum: et ad hoc pertinet primum mendacium, quod est *in doctrina religionis*. Vel est contra hominem: sive sola intentione nocendi alicui, et sic est secundum mendacium, quod scilicet *nulli prodest et obest alicui*; sive etiam intendatur in nocumento unius utilitas alterius, et hoc est tertium mendacium, *quod uni prodest et alteri obest*. Inter quae tria primum est gravissimum: quia semper peccata contra Deum sunt

*que proferem a mentira*, a Glosa diz o seguinte: "Há três espécies de mentiras: aquelas que têm por objetivo a salvação ou a vantagem de alguém; as que são proferidas por puro divertimento; e as que são inspiradas por pura maldade. A primeira mentira é a oficiosa, a segunda, a jocosa, e finalmente a terceira é a perniciosa. É esta pois a tríplice divisão da mentira.

RESPONDO. É possível estabelecer uma tríplice divisão da mentira: 1º A primeira é tomada da própria natureza da mentira, que é de uma divisão própria e essencial. De acordo com este ponto de vista, a mentira se divide em duas espécies: a que vai além da verdade por excesso, e é a jactância; e a que fica aquém da verdade, por diminuição, e que se chama ironia como diz o Filósofo. Esta divisão é realmente essencial, porque a mentira enquanto tal se opõe à verdade que é uma espécie de igualdade à qual se opõe e o excesso e a diminuição, como foi demonstrado acima.

2º Uma segunda divisão da mentira considera a razão de culpa segundo aquilo que agrava ou diminui a culpa da mentira em função do fim desejado. A falta é mais grave quando se procura intencionalmente causar dano a outra pessoa: trata-se então da mentira perniciosa. Mas a culpa diminui quando a mentira se ordena a algum fim bom, seja um fim deleitável, e a mentira, neste caso, se diz jocosa, seja um fim útil, e trata-se então da mentira oficiosa, que se faz no intento de ajudar alguém ou de protegê-lo de algum dano. Neste sentido, a mentira se divide nas três indicadas

3º A terceira divisão é mais universal e considera a ordenação ao fim, pouco importando saber se isto agrava ou diminui a culpa da mentira. E este é o critério daquela divisão em oito partes descritas na segunda objeção. Nessa divisão, as três primeiras espécies de mentira pertencem à classe da mentira perniciosa, que pode ser cometida contra Deus, caso da primeira espécie que é a doutrina da religião, ou contra o homem, seja com intenção determinada de prejudicar alguém e sem a menor utilidade para quem quer que seja, seja com a intenção de "ser útil a alguém com prejuízo de outra pessoa". Destas três espécies de mentira, a mais grave é a primeira, uma vez que os pecados contra Deus são sempre mais graves, como já foi

---

5. Loc. cit. in 3 a.
6. Art. praec.
7. Arg. 2.

graviora ut supra[8] dictum est. Secundum autem est gravius tertio, quod diminuitur ex intentione utilitatis alterius. — Post haec autem tria, quae superaddunt ad gravitatem culpae mendacii, ponitur quartum, quod habet propriam quantitatem sine additione vel diminutione. Et hoc est mendacium quod fit *ex sola mentiendi libidine*, quod procedit ex habitu: unde et Philosophus dicit, in IV *Ethic.*[9], quod mendax, *eo quod talis est secundum habitum, ipso mendacio gaudet*. — Quatuor vero subsequentes modi diminuunt de culpa mendacii. Nam quintum est mendacium iocosum, quod fit *placendi cupiditate*. Alia vero tria continentur sub mendacio officioso. In quo intenditur quod est alteri utile vel quantum ad res exteriores, et sic est sextum mendacium, *quod prodest alicui ad pecuniam conservandam*; vel est utile corpori, et hoc est septimum mendacium, *quo impeditur mors hominis*, vel est utile etiam ad honestatem virtutis, et hoc est octavum mendacium, *in quo impeditur illicita pollutio corporalis*. Patet autem quod quanto bonum intentum est melius, tanto magis minuitur culpa mendacii. Et ideo, si quis diligenter consideret, secundum ordinem praedictae enumerationis est ordo gravitatis culpae in istis mendaciis: nam bonum utile praefertur delectabili; et vita corporalis praefertur pecuniae; honestas autem etiam ipsi corporali vitae.

Et per hoc patet responsio AD OBIECTA.

## ARTICULUS 3
### Utrum omne mendacium sit peccatum

AD TERTIUM SIC PROCEDITUR. Videtur quod non omne mendacium sit peccatum.

1. Manifestum est enim quod Evangelistae scribendo Evangelium non peccaverunt. Videntur tamen aliquid falsum dixisse: quia verba Christi, et etiam aliorum, frequenter aliter unus et aliter retulit alius; unde videtur quod alter eorum dixerit falsum. Non ergo omne mendacium est peccatum.

2. PRAETEREA, nullus remuneratur a Deo pro peccato. Sed obstetrices Aegypti remuneratae sunt a Deo propter mendacium: dicitur enim Ex 1,21, quod *aedificavit illis Deus domos*. Ergo mendacium non est peccatum.

dito anteriormente. A segunda é mais grave que a terceira, que fica atenuada por causa da intenção de ser útil a outra pessoa. — Depois destas três espécies, que aumentam a gravidade da culpa da mentira, vem a quarta, que tem sua quantidade própria, sem qualquer aumento ou diminuição: trata-se da mentira que se funda exclusivamente sobre o prazer de mentir, que resulta de um hábito. É o que leva Aristóteles a dizer que "o mentiroso, pelo fato de se ter tornado tal por força de um hábito, acaba por se comprazer na mentira". — As quatro últimas espécies diminuem o pecado da mentira. O quinto modo constitui a mentira jocosa, que se faz por desejo de agradar. As três últimas espécies, dizem respeito à mentira oficiosa, que visa sempre a utilidade do próximo, quer quanto aos bens externos, útil a outrem para conservar seu dinheiro; ou quanto ao próprio corpo do outro livrando o próximo da morte, ou útil à honestidade da virtude e esta é a oitava espécie de mentira que impede a impureza corpórea ilícita. É claro que quanto melhor for o bem visado na intenção, tanto maior será também a diminuição da culpa da mentira. É a razão pela qual, se considerarmos as coisas com mais atenção, veremos que as espécies de mentira estão dispostas segundo uma ordem decrescente de gravidade de culpa: o bem útil supera o deleitável, a vida do corpo vale mais que o dinheiro, mas a honra e a virtude valem mais que a vida corpórea.

E assim se acham respondidas as OBJEÇÕES.

## ARTIGO 3
### A mentira é sempre pecado?

QUANTO AO TERCEIRO, ASSIM SE PROCEDE: parece que **nem toda** mentira é pecado.

1. Com efeito, é evidente que os evangelistas não pecaram ao escrever o Evangelho. Ora, eles parecem ter dito algo falso, porque as palavras de Cristo, e até mesmo de outros personagens, são registradas de maneira diferente por eles. E daí se pode concluir que um deles há de ter dito uma coisa falsa. Logo, nem toda mentira é pecado.

2. ALÉM DISSO, ninguém é recompensado por Deus pelo pecado. Ora, as parteiras do Egito foram recompensadas por Deus, por terem mentido, pois a Escritura diz que Deus lhes concedeu uma posteridade. Logo, a mentira nem sempre é pecado.

---

8. Q. 94, a. 3; I-II, q. 73, a. 3.
9. C. 3: 1127, b, 15-17.

3 PARALL.: Supra, q. 69, a. 1, 2; III *Sent.*, dist. 38, a. 3; *Quodlib.* VIII, q. 6, a. 4; in Boet. *de Trin.*, a. 9; IV *Ethic.*, lect. 20.

3. Praeterea, gesta Sanctorum narrantur in sacra Scriptura ad informationem vitae humanae. Sed de quibusdam sanctissimis viris legitur quod sunt mentiti: sicut legitur Gn 12,vv. 13,19 et 20,vv. 2,5 quod Abraham dixit de uxore sua quod soror sua esset. Iacob etiam mentitus est dicens se Esau: tamen benedictionem adeptus est, ut habetur Gn 27. Iudith etiam commendatur, quae tamen Holoferni mentita est. Non ergo omne mendacium est peccatum.

4. Praeterea, minus malum est eligendum ut vitetur maius malum: sicut medicus praecidit membrum ne corrumpatur totum corpus. Sed minus nocumentum est quod aliquis generet falsam opinionem in animo alicuius quam quod aliquis occidat vel occidatur. Ergo licite potest homo mentiri ut unum praeservet ab homicidio, et alium praeservet a morte.

5. Praeterea, mendacium est si quis non impleat quod promisit. Sed non omnia promissa sunt implenda: dicit enim Isidorus[1]: *In malis promissis rescinde fidem.* Ergo non omne mendacium est vitandum.

6. Praeterea, mendacium ob hoc videtur esse peccatum quia per ipsum homo decipit proximum: unde Augustinus dicit, in libro *contra Mendacium*[2]: *Quisquis esse aliquod genus mendacii quod peccatum non sit, putaverit, decipiet seipsum turpiter: cum honestum se deceptorem arbitretur aliorum.* Sed non omne mendacium est deceptionis causa: quia per mendacium iocosum nullus decipitur. Non enim ad hoc dicuntur huiusmodi mendacia ut credantur, sed propter delectationem solam: unde et hyperbolicae locutiones quandoque etiam in sacra Scriptura inveniuntur. Non ergo omne mendacium est peccatum.

Sed contra est quod dicitur Eccli 7,14: *Noli velle mentiri omne mendacium.*

Respondeo dicendum quod illud quod est secundum se malum ex genere, nullo modo potest esse bonum et licitum: quia ad hoc quod aliquid sit bonum, requiritur quod omnia recte concurrant, *bonum* enim *est ex integra causa, malum autem est ex singularibus defectibus*, ut Dionysius dicit, 4 cap. *de Div. Nom.*[3] Mendacium autem est malum ex genere. Est enim actus cadens super indebitam materiam: cum enim voces sint signa naturaliter intellectuum, innaturale est et indebi-

3. Ademais, Sagrada Escritura narra os feitos dos santos para a edificação da vida humana. Ora, de alguns grandes santos, se diz que mentiram. No Gênesis se lê que Abraão disse que sua esposa era sua irmã. Jacó mentiu dizendo que era Esaú, e, apesar disso recebeu a benção. E Judith, que mentiu para Holofernes, até hoje recebe louvor. Logo, nem toda mentira é pecado.

4. Ademais, às vezes convém escolher um mal menor para evitar um mal maior; é o caso do médico que se vê obrigado a cortar um membro para evitar a infeção do corpo inteiro. Ora, causa menor dano ao próximo quem lhe comunica uma informação falsa do que assassinar ou ser assassinado. Logo, pode ser lícito mentir para impedir alguém de cometer homicídio para preservar alguém da morte.

5. Ademais, quem não cumpre uma promessa, mente. Ora, nem todas as promessas devem ser cumpridas, pois Isidoro diz: se prometeste algo mau, rompe teu compromisso. Logo, nem toda mentira é pecado.

6. Ademais, a mentira é considerada pecado porque a pessoa engana o próximo; o que faz Agostinho dizer: "Quem imagina que pode haver um gênero de mentira sem pecado, está torpemente equivocado ao se estimar como honesto enganador dos outros". Ora, nem toda mentira é causa de engodo porque a mentira jocosa não engana ninguém. Na realidade, ninguém conta estas mentiras para que sejam cridas, mas simplesmente para a diversão. E assim de vez em quando se encontram locuções hiperbólicas na Sagrada Escritura. Logo, nem toda mentira é pecado.

Em sentido contrário, o livro do Eclesiástico diz: Recusa-te a proferir qualquer mentira.

Respondo. Aquilo que é mau por sua própria natureza não pode de maneira nenhuma ser bom ou lícito; porque, para algo ser bom, é preciso que todos os seus elementos o sejam. De onde a célebre sentença de Dionísio: *o bem resulta da perfeição total da causa, enquanto que o mal resulta de qualquer defeito.* Ora, a mentira é um mal por sua própria natureza porque é um ato cuja matéria não é o que devia ser, pois como as palavras são sinais naturais do pensamento, é

---

1. *Synonym.*, l. II, n. 58: ML 83, 858 C.
2. *De mendacio*, c. 21, n. 42: ML 40, 516.
3. MG 3, 729 C.

tum quod aliquis voce significet id quod non habet in mente. Unde Philosophus dicit in IV *Ethic.*⁴, quod *mendacium est per se pravum et fugiendum: verum autem et bonum et laudabile*. Unde omne mendacium est peccatum: sicut etiam Augustinus asserit, in libro *contra Mendacium*⁵.

AD PRIMUM ergo dicendum quod nec in Evangelio, nec in aliqua Scriptura canonica fas est opinari aliquod falsum asseri, nec quod scriptores earum mendacium dixerunt: quia periret fidei certitudo, quae auctoritati sacrae Scripturae innititur. In hoc vero quod in Evangelio, et in aliis Scripturis sacris, verba aliquorum diversimode recitantur, non est mendacium. Unde Augustinus dicit, in libro *de Consensu Evangelist.*⁶: *Nullo modo laborandum esse iudicat qui prudenter intelligit ipsas sententias esse necessarias cognoscendae veritati, quibuslibet verbis fuerint explicatae. Et in hoc apparet*, ut ibidem subdit, *non debere nos arbitrari mentiri quemquam si, pluribus reminiscentibus rem quam audierunt vel viderunt, non eodem modo atque eisdem verbis eadem res fuerit indicata*.

AD SECUNDUM dicendum quod obstetrices non sunt remuneratae pro mendacio: sed pro timore Dei et benevolentia, ex qua processit mendacium. Unde signanter dicitur Ex 1,21: *Et quia timuerunt obstetrices Deum, aedificavit domos*. Mendacium vero postea sequens non fuit meritorium.

AD TERTIUM dicendum quod in sacra Scriptura, sicut Augustinus dicit⁷, inducuntur aliquorum gesta quasi exempla perfectae virtutis: de quibus non est aestimandum eos fuisse mentitos. Si qua tamen in eorum dictis appareant quae mendacia videantur, intelligendum est ea figuraliter et prophetice dicta esse. Unde Augustinus dicit, in libro *contra Mendacium*⁸: *Credendum est illos homines qui propheticis temporibus digni auctoritate fuisse*

contra a natureza, e ilegítimo que se faça a palavra significar uma coisa que não se tem na mente. E é por isso que Aristóteles diz que "a mentira é por si própria uma depravação a ser evitada, enquanto que a verdade é boa e louvável". Por conseguinte, toda mentira é pecado, como afirma também Agostinho°.

QUANTO AO 1º, portanto, deve-se dizer que não é permitido dizer que o Evangelho, ou qualquer outro livro canônico da Sagrada Escritura afirmam qualquer coisa de falso, ou que algum de seus autores tenha mentido, pois isto destruiria a certeza da fé que repousa sobre a autoridade dos Livros Sagrados. O fato de as palavras de certos personagens serem registradas de maneiras diversas no Evangelho, ou em outros livros, não constitui mentira. Como diz Agostinho: "Esta questão não deve de nenhuma maneira embaraçar aquele que julga com sabedoria que estes relatos são necessários para o conhecimento da verdade, quaisquer que sejam as expressões empregadas para os transmitir". E ele acrescenta que "não temos o direito de taxar de mentira a ninguém se fatos que ficaram na lembrança de muitos que os viram ou deles tiveram notícia, nem sempre vêm registrados da mesma maneira ou nos mesmos termos".

QUANTO AO 2º, deve-se dizer que as parteiras não receberam a recompensa em razão da mentira delas, mas em razão do temor de Deus e da boa vontade que as levaram a mentir. É o que está dito expressamente no livro do Êxodo: "porque haviam demonstrado temor a Deus, Deus lhes concedeu uma posteridade". Quanto à mentira que se seguiu, ela não foi meritória.

QUANTO AO 3º, deve-se dizer com Agostinho que a Sagrada Escritura refere certos feitos que são como que exemplos da perfeita virtude: e não se pode crer que os autores de tais feitos tenham sido mentirosos. E se nas palavras dos protagonistas destes feitos se descobrir alguma coisa que parece mentira, é preciso entender o que há nelas de profético e figurativo. E, em outra passagem Agostinho afirma que "esses homens que se reves-

---

4. C. 13: 1127, a, 28-32.
5. Cc. 1, 21: ML 40, 519, 547; cfr. *Enchir.*, cc. 18, 22: ML 40, 240, 243.
6. C. 12, nn. 27, 28: ML 34, 1090.
7. *De mend.*, c. 5, n. 5: ML 40, 491.
8. Ibid., c. 5, n. 7: ML 40, 492.

c. A clareza deste artigo, que faz da mentira "uma coisa má por natureza", contrasta com algumas da soluções fornecidas em seguida. De fato, a partir da solução 2, leem-se respostas dadas, no passado, com maior ou menor felicidade às dificuldades suscitadas por certos relatos bíblicos e por certos casos da vida corrente, enquanto que a Solução do artigo é a expressão lapidar do pensamento de Sto. Tomás.

*commemorantur, omnia quae scripta sunt de illis prophetice gessisse atque dixisse.*

Abraham tamen, ut Augustinus dicit, in *Quaest. Genes.*[9], dicens Saram esse suam sororem, veritatem voluit celari, non mendacium dici: soror enim dicitur quia filia fratris erat. Unde et ipse Abraham dicit, Gn 20,12: *Vere soror mea est: filia patris mei, et non matris meae filia*: quia scilicet ex parte patris ei attinebat. — Iacob vero mystice dixit se esse Esau, primogenitum Isaac: quia videlicet primogenita illius de iure ei debebantur. Usus autem est hoc modo loquendi per spiritum prophetiae, ad designandum mysterium: quia videlicet minor populus, scilicet gentilium, substituendus erat in locum primogeniti, scilicet in locum Iudaeorum.

Quidam vero commendantur in Scriptura non propter perfectam virtutem, sed propter quandam virtutis indolem: quia scilicet apparebat in eis aliquis laudabilis affectus, ex quo movebantur ad quaedam indebita facienda. Et hoc modo Iudith laudatur, non quia mentita est Holoferni, sed propter affectum quem habuit ad salutem populi, pro qua periculis se exposuit. Quamvis etiam dici possit quod verba eius veritatem habent secundum aliquem mysticum intellectum.

AD QUARTUM dicendum quod mendacium non solum habet rationem peccati ex damno quod infert proximo, sed ex sua inordinatione, ut dictum est[10]. Non licet autem aliqua illicita inordinatione uti ad impediendum nocumenta et defectus aliorum: sicut non licet furari ad hoc quod homo eleemosynam faciat (nisi forte in casu necessitatis, in quo omnia sunt communia). Et ideo non est licitum mendacium dicere ad hoc quod aliquis alium a quocumque periculo liberet. Licet tamen veritatem occultare prudenter sub aliqua dissimulatione: ut Augustinus dicit, *contra Mendacium*[11].

tiram de autoridade e desempenharam um papel considerável nos tempos proféticos, disseram e fizeram profeticamente tudo o que a Sagrada Escritura lhes atribui".

E Agostinho continua dizendo que. quando Abraão quis fazer passar Sara como sendo irmã dele, quis simplesmente ocultar a verdade, e não propriamente proferir uma mentira: disse que era sua irmã porque era filha do irmão dele. Por isso, o próprio Abraão declarou: "Ela é de fato minha irmã, porque é filha de meu pai, e não de minha mãe. O seja: era sua irmã apenas por parte de pai. — Por outra parte, quando Jacó declarou que era Esaú, o filho primogênito de Isaac, ele falou figurativamente, porque os direitos de progenitura lhe pertenciam legitimamente. Ao fazer esta declaração ele foi inspirado pelo espírito profético, para exprimir o mistério: um povo posterior, a saber, os gentios, haveria de ocupar o lugar do primogênito, ou seja dos judeus.

A Sagrada Escritura faz o elogio de certas figuras não porque essas pessoas tenham sido modelos de perfeitas virtude, mas por causa dos bons sentimentos que demonstraram possuir e que as levaram a cometer alguns atos indevidos. Neste sentido, Judith é reverenciada não por ter mentido a Holofernes, mas pelo desejo ardente de salvar seu povo que a levou a enfrentar graves perigos. E se pode dizer ainda que as palavras delas contêm uma verdade em sentido místico.

QUANTO AO 4º, deve-se dizer que a mentira é pecado, por sua própria natureza, não apenas por causa do dano que causa ao próximo, mas ainda por causa da desordem que está contida nela, como foi dito. Não é permitido a ninguém recorrer a um meio desordenado e ilícito, para impedir um dano ou faltas dos outros; assim, por exemplo, não é permitido furtar para dar esmolas, (salvo talvez em caso de extrema necessidade, em que todos os bens são comuns a todos). Por conseguinte, não é lícito proferir uma mentira para livrar alguém de algum perigo, qualquer que seja. Embora, como diz Agostinho, seja permitido ocultar a verdade com prudência, recorrendo a alguma dissimulação[d].

---

9. Q. 26: ML 34, 554-555. Cfr. *Contra mend.*, c. 10, n. 23: ML 40, 533; *Contra Faust.*, l. XXII, cc. 33, 34: ML 42, 422.
10. In corp.
11. C. 10, n. 23: ML 40, 533.

---

d. Tomando por certo que "não é jamais permitido dizer uma mentira", mesmo "para subtrair qualquer pessoa a qualquer perigo que seja", Sto. Tomás acrescenta que "é permitido dissimular prudentemente a verdade". Pode até mesmo ser um dever, caso se trate de impedir que se revele indevidamente um segredo do qual somos depositários. Os graves problemas práticos

AD QUINTUM dicendum quod ille qui aliquid promittit, si habeat animum faciendi quod promittit, non mentitur: quia non loquitur contra id quod gerit in mente. Si vero non faciat quod promisit, tunc videtur infideliter agere per hoc quod animum mutat. Potest tamen excusari ex duobus. Uno modo, si promisit id quod est manifeste illicitum: quia promittendo peccavit, mutando autem propositum bene facit. — Alio modo, si sint mutatae conditiones personarum et negotiorum. Ut enim Seneca dicit, in libro *de Benefic*.[12], ad hoc quod homo teneatur facere quod promisit, requiritur quod omnia immutata permaneant: alioquin nec fuit mendax in promittendo, quia promisit quod habebat in mente, subintellectis debitis conditionibus; nec etiam est infidelis non implendo quod promisit, quia eaedem conditiones non extant. Unde et Apostolus non est mentitus, qui non ivit Corinthum, quo se iturum esse promiserat, ut dicitur 2Cor 1,15 sqq.: et hoc propter impedimenta quae supervenerant.

AD SEXTUM dicendum quod operatio aliqua potest considerari dupliciter: uno modo, secundum seipsam; alio modo, ex parte operantis. Mendacium igitur iocosum ex ipso genere operis habet rationem fallendi, quamvis ex intentione dicentis non dicatur ad fallendum, nec fallat ex modo dicendi. Nec est simile de hyperbolicis aut quibuscumque figurativis locutionibus, quae in sacra Scriptura inveniuntur: quia, sicut Augustinus dicit, in libro *contra Mendacium*[13], *quidquid figurate fit aut dicitur, non est mendacium. Omnis enim enuntiatio ad id quod enuntiat referenda est: omne autem figurate aut factum aut dictum hoc enuntiat quod significat eis quibus intelligendum prolatum est.*

QUANTO AO 5º, deve-se dizer que quem promete alguma coisa com a intenção de cumprir o prometido, não mente, porque não fala contra aquilo que tem em sua mente. Se, no entanto, não cumprir o que prometeu, então estará agindo como infiel à promessa porquanto muda de projeto. Ainda assim ele pode ser desculpado, em dois casos, a saber: 1º se tiver prometido algo manifestamente ilícito; neste caso ele terá cometido um pecado ao fazer tal promessa mas age muito bem quando muda de propósito. 2º Se tiver havido uma mudança nas condições de pessoas ou de negócios. Como diz Sêneca, para alguém ser obrigado a uma promessa é necessário que todas as circunstâncias permaneçam inalteradas; do contrário, quem fez a promessa não mentiu quando prometeu, porque prometeu o que tinha de fato em mente, subentendidas as condições devidas; e tão pouco terá sido infiel ao não cumprir a promessa, pois não subsistem as mesmas condições. Desta forma Paulo não mentiu quando deixou de ir a Corinto, como havia prometido porque sobrevieram obstáculos imprevistos.

QUANTO AO 6º, deve-se dizer que uma ação pode ser considerada tanto em si mesma, quanto com referência a quem age. A mentira jocosa é, por sua própria natureza, feita para enganar, mas quem a profere não o faz com o intuito de enganar, e, pela maneira de dizer, não engana ninguém. Mas o mesmo não acontece com algumas locuções hiperbólicas ou figurativas que se encontram nas Sagradas Escrituras. Como diz Agostinho: "o que se diz em sentido figurado nunca é mentira. Toda enunciação se refere ao que é enunciado. Ora tudo o que é feito ou dito no modo figurativo exprime o que realmente significa para aqueles que o devem entender."

## ARTICULUS 4
### Utrum omne mendacium sit peccatum mortale

AD QUARTUM SIC PROCEDITUR. Videtur quod omne mendacium sit peccatum mortale.

1. Dicitur enim in Ps 5,7: *Perdes omnes qui loquuntur mendacium*: et Sap 1,11: *Os quod mentitur occidit animam*. Sed perditio et mors

## ARTIGO 4
### Toda mentira é pecado mortal?

QUANTO AO QUARTO, ASSIM SE PROCEDE: parece que toda mentira é pecado mortal.

1. Com efeito, o livro dos Salmos diz: *Tu exterminarás todos aqueles que proferem mentiras*. E no livro da Sabedoria se lê: *a boca mentirosa*

---

12. L. IV, 35: ed. C. Hosius, Lipsiae 1900, pp. 115-116.
13. *De mend.*, c. 5, n. 7: ML 40, 492.

4  PARALL.: Supra, q. 70, a. 4; III *Sent.*, dist. 38, a. 4; *De Dec. Praecept.*, c. *de Oct. Praecept.*; in *Psalm.* 5.

postos por essa necessária "dissimulação da verdade" não são tratados aqui *ex professo*, são apenas remetidos ao discernimento, que deriva da virtude de prudência, sem dúvida sob suas formas mais refinadas (ver II-II, q. 51, a. 4).

animae non est nisi per peccatum mortale. Ergo omne mendacium est peccatum mortale.

2. PRAETEREA, omne quod est contra praeceptum decalogi est peccatum mortale. Sed mendacium est contra hoc praeceptum decalogi: *Non falsum testimonium dices*. Ergo omne mendacium est peccatum mortale.

3. PRAETEREA, Augustinus dicit, in I *de Doct. Christ.*[1]: *Nemo mentiens, in eo quod mentitur, servat fidem: nam hoc utique vult, ut cui mentitur fidem sibi habeat, quam tamen ei mentiendo non servat. Omnis autem fidei violator iniquus est.* Nullus autem dicitur fidei violator vel iniquus propter peccatum veniale. Ergo nullum mendacium est peccatum veniale.

4. PRAETEREA, merces aeterna non perditur nisi pro peccato mortali. Sed pro mendacio perditur merces aeterna, commutata in temporale: dicit enim Gregorius[2] quod *in remuneratione obstetricum cognoscitur quid mendacii culpa mereatur. Nam benignitatis earum merces, quae eis potuit in aeterna vita tribui, praemissa culpa mendacii, in terrenam est remunerationem declinata.* Ergo etiam mendacium officiosum, quale fuit obstetricum quod videtur esse levissimum, est peccatum mortale.

5. PRAETEREA, Augustinus dicit, in libro *contra Mendacium*[3], quod *perfectorum praeceptum est omnino non solum non mentiri, sed nec velle mentiri*. Sed facere contra praeceptum est peccatum mortale. Ergo omne mendacium perfectorum est peccatum mortale. Pari ergo ratione et quorumlibet aliorum: alioquin essent peioris conditionis.

SED CONTRA est quod Augustinus dicit, *in V Psalm.* [v. 7][4]: *Duo sunt genera mendaciorum in quibus non est magna culpa, sed tamen non sunt sine culpa: cum aut iocamur, aut proximo consulendo mentimur*. Sed omne peccatum mortale habet gravem culpam. Ergo mendacium iocosum et officiosum non sunt peccata mortalia.

RESPONDEO dicendum quod peccatum mortale proprie est quod repugnat caritati, per quam anima vivit Deo coniuncta, ut dictum est[5]. Potest

*mata a alma*. Ora, a perdição e a morte da alma são consequência do pecado mortal. Logo, toda mentira é pecado mortal.

2. ALÉM DISSO, tudo o que constitui transgressão de algum preceito do Decálogo é pecado mortal. Ora, a mentira é contra aquele mandamento que ordena: Não dar falso testemunho. Logo, toda mentira é pecado mortal.

3. ADEMAIS, Agostinho diz: "O mentiroso, pelo fato de mentir, não guarda a fidelidade; porque deseja exatamente que a pessoa para quem ele está mentindo acredite nele, nele depositando uma fé que ele mesmo desrespeita ao mentir. Pois todo aquele que viola a fé comete iniquidade". Ora, ninguém viola a fé ou é qualificado de iníquo por causa de um pecado venial. Logo, nenhuma mentira é pecado venial.

4. ADEMAIS, a recompensa eterna só se perde pelo pecado mortal. Ora, uma mentira pode nos fazer perder a recompensa eterna em troca de uma recompensa temporal. Gregório diz que pela recompensa das parteiras se descobre o que merece o pecado da mentira. A recompensa da bondade delas, que poderia ter valido para elas a vida eterna, por causa da mentira delas se degradou em uma remuneração terrena. Logo, mesmo a mentira oficiosa, como a das parteiras, considerada levíssima, é pecado mortal.

5. ADEMAIS, Agostinho diz que para os perfeitos o preceito é não apenas nunca mentir, mas nem querer mentir. Ora, agir contra o preceito constitui pecado mortal. Logo, toda mentira dos perfeitos é pecado mortal. E pela mesma razão, a mentira de qualquer outra pessoa também é pecado mortal, pois do contrário os não perfeitos estariam em pior condição.

EM SENTIDO CONTRÁRIO, Agostinho diz: "Há duas espécies de mentira que, embora não sendo culpas graves, nem por isso são totalmente isentas de culpa: a que proferimos por pura brincadeira, e a que dizemos para sermos úteis ao próximo". Ora, todo pecado mortal tem em si uma culpa grave. Por conseguinte, a mentira jocosa e a mentira oficiosa não são pecados mortais.

RESPONDO. O pecado mortal é propriamente aquele que repugna à caridade, a qual faz a alma viver unida a Deus, como foi demonstrado. Mas a

---

1. C. 36, n. 40: ML 34, 34.
2. *Moral.*, l. XVIII, c. 3, al. 4, in vet. 2, n. 6: ML 76, 41 AB.
3. *De mend.*, c. 17, n. 34: ML 40, 510.
4. *Enarr. in Psalm.*, in Ps. 5, n. 7: ML 36, 86.
5. Q. 24, a. 12; q. 35, a. 3; I-II, q. 72, a. 5.

autem mendacium contrariari caritati tripliciter: uno modo, secundum se; alio modo, secundum finem intentum; tertio modo, per accidens Secundum se quidem contrariatur caritati ex ipsa falsa significatione. Quae quidem si sit circa res divinas, contrariatur caritati Dei, cuius veritatem aliquis tali mendacio occultat vel corrumpit. Unde huiusmodi mendacium non solum opponitur virtuti veritatis, sed etiam virtuti fidei et religionis. Et ideo hoc mendacium est gravissimum, et mortale. — Si vero falsa significatio sit circa aliquid cuius cognitio pertineat ad hominis bonum, puta quae pertinent ad perfectionem scientiae et informationem morum, tale mendacium, inquantum infert damnum falsae opinionis proximo, contrariatur caritati quantum ad dilectionem proximi. Unde est peccatum mortale. — Si vero sit falsa opinio ex mendacio generata circa aliquid de quo non referat utrum sic vel aliter cognoscatur, tunc ex tali mendacio non damnificatur proximus: sicut si aliquis fallatur in aliquibus particularibus contingentibus ad se non pertinentibus. Unde tale mendacium secundum se non est peccatum mortale.

Ratione vero finis intenti, aliquod mendacium contrariatur caritati: puta quod dicitur aut in iniuriam Dei, quod semper est peccatum mortale, utpote religioni contrarium; aut in nocumentum proximi, quantum ad personam, divitias vel famam. Et hoc etiam est peccatum mortale: cum nocere proximo sit peccatum mortale; ex sola autem intentione peccati mortalis, aliquis mortaliter peccat. — Si vero finis intentus non sit contrarium caritati, nec mendacium secundum hanc rationem erit peccatum mortale: sicut apparet in mendacio iocoso, in quo intenditur aliqua levis delectatio; et in mendacio officioso, in quo intenditur etiam utilitas proximi.

Per accidens autem potest contrariari caritati ratione scandali, vel cuiuscumque damni consequentis. Et sic erit etiam peccatum mortale: dum scilicet aliquis non veretur propter scandalum publice mentiri.

AD PRIMUM ergo dicendum quod auctoritates illae intelliguntur de mendacio pernicioso: ut Glossa[6] exponit, super illud Ps 5,7, *Perdes omnes qui loquuntur mendacium.*

mentira pode contrariar a caridade de três maneiras: primeiro, por sua própria natureza; depois, pelo fim almejado, e finalmente, acidentalmente. 1º Em si mesma, a mentira contraria a caridade enquanto significa uma coisa falsa. Quando este tipo de mentira ocorre no plano das coisas divinas, ela se opõe à caridade para com Deus, cuja verdade esta mentira oculta ou corrompe. De onde se conclui que esta espécie de mentira se opõe não apenas à virtude da verdade, mas também à virtude da fé e da religião. Por conseguinte esta mentira é a mais grave de todas e é pecado mortal. — Se a falsa significação concerne a um conhecimento útil ao bem do homem, por exemplo, ao progresso de seu saber ou à sua formação moral, enquanto produz no próximo o dano de uma falsa informação, contraria a caridade para com o próximo, e é, por conseguinte, pecado mortal. — Se no entanto a falsa informação produzida pela mentira se refere a uma matéria irrelevante que pode ser conhecida indiferentemente de uma maneira ou outra, nestes casos a mentira não causa dano nenhum ao próximo, como por exemplo, quando alguém é enganado a respeito de alguns detalhes contingentes que não o concernem em nada. Por conseguinte, uma tal mentira por si mesma não é pecado mortal.

2º Em razão do fim almejado, certas mentiras se opõem à caridade, por exemplo, quando aquilo que se diz é uma ofensa a Deus, o que é sempre pecado mortal, porque contrário à virtude da religião, ou quando causa dano ao próximo, seja em sua pessoa física, seja em seus bens ou em sua reputação. E isto também é pecado mortal, porque causar dano ao próximo é pecado mortal e nós já cometemos pecado mortal pela simples intenção de cometer um pecado mortal. — Mas quando o fim almejado não é contrário à caridade, a mentira neste caso não será pecado mortal; é o caso, por exemplo, da mentira jocosa na qual se procura apenas um pouco de prazer, e na mentira oficiosa, na qual se visa, além do mais, alguma utilidade para o próximo.

3º Acidentalmente, a mentira pode ser contrária à caridade, em razão do escândalo ou do dano por ela produzido. E neste caso será também pecado mortal, uma vez que nem mesmo o medo do escândalo o impede de mentir publicamente.

QUANTO AO 1º, portanto, deve-se dizer que os trechos citados se entendem relativamente à mentira perniciosa, como explica a Glosa sobre o Salmo: "Tu exterminarás todos os que proferem mentiras".

---

6. Ordin.: ML 113, 851 A; LOMBARDI: ML 191, 98 D.

AD SECUNDUM dicendum quod, cum omnia praecepta decalogi ordinentur ad dilectionem Dei et proximi, sicut supra[7] dictum est, intantum mendacium est contra praeceptum decalogi inquantum est contra dilectionem Dei et proximi. Unde signanter prohibetur *contra proximum* falsum testimonium.

AD TERTIUM dicendum quod etiam peccatum veniale largo modo potest dici iniquitas, inquantum est praeter aequitatem iustitiae. Unde dicitur 1Io 3,4: *Omne peccatum est iniquitas*. Et hoc modo loquitur Augustinus.

AD QUARTUM dicendum quod mendacium obstetricum potest dupliciter considerari. Uno modo, quantum ad effectum benevolentiae in Iudaeos, et quantum ad reverentiam divini timoris, ex quibus commendatur in eis indoles virtutis. Et sic debetur eis remuneratio aeterna. Unde Hieronymus exponit[8] quod Deus aedificavit illis domos spirituales. — Alio modo potest considerari quantum ad ipsum exteriorem actum mendacii. Quo quidem non potuerunt aeternam remunerationem mereri: sed forte aliquam remunerationem temporalem, cuius merito non repugnabat deformitas illius mendacii, sicut repugnabat merito remunerationis aeternae. Et sic intelligenda sunt verba Gregorii: non quod per illud mendacium mererentur amittere remunerationem aeternam quam iam ex praecedenti affectu meruerant, sicut ratio procedebat.

AD QUINTUM dicendum quod quidam dicunt quod perfectis viris omne mendacium est peccatum mortale. Sed hoc irrationabiliter dicitur. Nulla enim circumstantia aggravat in infinitum nisi quae transfert in aliam speciem. Circumstantia autem personae non trahit in aliam speciem: nisi forte ratione alicuius annexi, puta si sit contra votum ipsius; quod non potest dici de mendacio officioso vel iocoso. It ideo mendacium officiosum vel iocosum non est peccatum mortale in viris perfectis: nisi forte per accidens, ratione scandali. Et ad hoc potest referri quod Augustinus dicit, *perfectis esse praeceptum non solum non mentiri, sed nec velle mentiri*. Quamvis hoc Augustinus non assertive, sed sub dubitatione dicat: praemittit enim: *Nisi forte ita ut perfectorum* etc. — Nec obstat quod ipsi ponuntur in statu conservandae veritatis qui

QUANTO AO 2º, deve-se dizer que todos os preceitos do Decálogo se ordenam ao amor de Deus e do próximo, como já foi dito. A mentira se opõe ao preceito do Decálogo, na mesma medida em que se opõe ao amor de Deus e do próximo. É por isso que o Decálogo proíbe expressamente o falso testemunho contra o próximo.

QUANTO AO 3º, deve-se dizer que até mesmo o pecado venial pode ser tachado de iniquidade, em sentido lato, enquanto fica fora da igualdade da justiça. Daí a palavra de João: "Todo pecado é iniquidade". E Agostinho fala no mesmo sentido.

QUANTO AO 4º, deve-se dizer que a mentira das parteiras pode ser analisada de dois pontos de vista: em primeiro lugar, levando em consideração o efeito benfazejo que teve para os judeus e o temor de Deus de que elas deram provas. Sob este ponto de vista, a virtude delas é louvável e elas mereciam uma recompensa eterna. E neste sentido Jerônimo explica que Deus lhes concedeu por isto uma descendência espiritual. — Mas se pode também considerar a mentira delas no que se refere ao ato mesmo exterior da mentira, por força do qual elas não puderam merecer a recompensa eterna, mas talvez uma recompensa temporal, que não se chocava tanto com a fealdade daquela mentira quanto uma remuneração eterna. E é desta forma que se devem compreender as palavras de Gregório, e não como se deduzia da objeção, como se a mentira delas lhes tivesse feito perder a recompensa eterna a que elas tinham feito jus pelas boas disposição de seu coração.

QUANTO AO 5º, deve-se dizer que há quem diga que para os perfeitos qualquer mentira é pecado mortal. Mas isto é uma consideração insensata. Na realidade, nenhuma circunstância pode agravar o pecado ao infinito a não ser aquela que o transfere de uma espécie para outra. A circunstância da pessoa não faz o pecado mudar de espécie, a menos que surja alguma razão anexa, como por exemplo a violação de um voto, o que não pode ocorrer com uma mentira oficiosa ou jocosa. Por isso a mentira oficiosa ou jocosa de um varão perfeito não pode constituir pecado mortal, a não ser por acidente, em razão de um escândalo, por exemplo. E assim podemos entender a palavra de Agostinho quando ele diz: "Para os perfeitos o preceito é não somente não mentir, mas até mesmo não querer mentir". Mas convém lembrar que Agostinho não

---

7. Q. 44, a. 1, ad 3; I-II, q. 100, a. 5, ad 1.
8. *Comment. in Isaiam*, l. XVIII, super 65, 21: ML 24, 647 C.

ad veritatem tenentur ex suo officio in iudicio vel doctrina. Contra quae si mentiantur, erit mendacium quod est peccatum mortale. In aliis autem non oportet quod mortaliter peccent mentiendo.

o afirma de maneira categórica, mas em termos um tanto dubitativos, porque ele acrescenta: salvo se... talvez os perfeitos etc." — Não vale como argumento contrário que sejam obrigados a guardar a verdade aqueles que o são por dever de ofício no julgamento e no ensino. Se mentirem, a mentira será pecado mortal. Mas em outros casos, não chegarão a cometer forçosamente pecado mortal ao mentirem.

## QUAESTIO CXI
## DE SIMULATIONE ET HYPOCRISI
*in quatuor articulos divisa*

Deinde considerandum est de simulatione et hypocrisi.
Et circa hoc queruntur quatuor.
*Primo:* utrum omnis simulatio sit peccatum.
*Secundo:* utrum hypocrisis sit simulatio.
*Tertio:* utrum opponatur veritati.
*Quarto:* utrum sit peccatum mortale.

### Articulus 1
**Utrum omnis simulatio sit peccatum**

AD PRIMUM SIC PROCEDITUR. Videtur quod non omnis simulatio sit peccatum.
1. Dicitur enim Lc ult.,28, quod Dominus *se finxit longius ire*. Et Ambrosius dicit de Abraham, in libro *de Patriarchis*[1], quod *captiose loquebatur cum servulis* cum dixit, Gn 22,5: *Ego et puer, illucusque properantes, postquam adoraverimus, revertemur ad vos.* Fingere autem et captiose loqui ad simulationem pertinet. Non est autem dicendum quod in Christo et in Abraham fuerit peccatum. Ergo non omnis simulatio est peccatum.

## QUESTÃO 111
## A SIMULAÇÃO E A HIPOCRISIA[a]
*em quatro artigo*

Em seguida deve-se tratar da simulação e da hipocrisia.
A esse respeito, quatro questões.
1. Se toda simulação é pecado.
2. Se hipocrisia e simulação são a mesma coisa.
3. Se a simulação se opõe à verdade.
4. Se é pecado mortal.

### Artigo 1
**Toda simulação é sempre um pecado?**

QUANTO AO PRIMEIRO ARTIGO, ASSIM SE PROCEDE: parece que **nem** toda simulação não é pecado.
1. Com efeito, o Evangelho de Lucas diz: "O Senhor fez de conta que queria ir mais adiante". E Ambrósio nos diz que Abraão "falava aos servos de maneira capciosa", quando lhes dizia: "Eu e o menino iremos até lá e depois de termos feito adoração, voltaremos para o meio de vós". Ora, "fazer de conta", e "falar de maneira capciosa" são da ordem da simulação. Mas não se pode imputar um pecado nem a Cristo nem a Abraão. Logo, nem toda simulação é pecado.

---

1 PARALL.: IV *Sent.*, dist. 16, q. 4, a. 1, q.la 1; *in Thren.*, c. 4.
   1. *De Abraham*, l. I, c. 8, n. 71: ML 14, 447 A.

   a. A simulação, e ainda mais a hipocrisia, são fortemente estigmatizadas na Escritura, em particular nos Evangelhos. Tornar-se-ão um tema importante na reflexão ética e nas exposições exegéticas da tradição cristã. A q. 111 procura reunir sobretudo através dos testemunhos de Sto. Agostinho e São Jerônimo os principais elementos dessa tradição patrística, para elaborar sua síntese doutrinal no âmbito das noções e distinções elaboradas para a questão anterior.
   A simulação será definida, com efeito, como uma mentira em ação, merecendo a mesma apreciação moral; é sempre um pecado (a. 1). A hipocrisia será caracterizada como uma espécie de dissimulação; procura "simular um personagem que não se é de fato" (a. 2). Uma e outra se contrapõem à verdade (a. 3). Serão pecados suscetíveis de serem mais ou menos graves, indo desde uma simples vaidade, às vezes mais ridícula do que culpada, até à enormidade de uma dissimulação da fé, que trai a verdade divina (a. 4).

2. Praeterea, nullum peccatum est utile. Sed sicut Hieronymus dicit[2], *utilem simulationem, et in tempore assumendam, Iehu, regis Israel, nos doceat exemplum, qui interfecit sacerdotes Baal fingens se idola colere velle*, ut habetur 4Reg 10,18 sqq. Et David *immutavit faciem suam coram Achis, rege Geth*, ut habetur 1Reg 21,13. Ergo non omnis simulatio est peccatum.

3. Praeterea, bonum malo est contrarium. Si ergo simulare bonum est malum, simulare malum erit bonum.

4. Praeterea, Is 3,9, contra quosdam dicitur: *Peccatum suum quasi Sodoma praedicaverunt, nec absconderunt*. Sed abscondere peccatum ad simulationem pertinet. Ergo non uti simulatione interdum est reprehensibile. Vitare autem peccatum nunquam est reprehensibile. Ergo simulatio non semper est peccatum.

Sed contra est quod Is 16, super illud v. 14, *In tribus annis* etc., dicit Glossa[3]: *In comparatione duorum malorum, levius est aperte peccare quam sanctitatem simulare*. Sed aperte peccare semper est peccatum. Ergo simulatio semper est peccatum.

Respondeo dicendum quod, sicut dictum est[4], ad virtutem veritatis pertinet ut aliquis talem se exhibeat exterius per signa exteriora qualis est. Signa autem exteriora non solum sunt verba, sed etiam facta. Sicut ergo veritati opponitur quod aliquis per verba exteriora aliud significet quam quod habet apud se, quod ad mendacium pertinet; ita etiam veritati opponitur quod aliquis per aliqua signa factorum vel rerum aliquid de se significet contrarium eius quod in eo est, quod proprie simulatio dicitur. Unde simulatio proprie est mendacium quoddam in exteriorum signis factorum consistens. Non refert autem utrum aliquis mentiatur verbo, vel quocumque alio facto, ut supra[5] dictum est. Unde, cum omne mendacium sit peccatum, ut supra[6] habitum est, consequens est etiam quod omnis simulatio est peccatum.

Ad primum ergo dicendum quod, sicut Augustinus dicit, in libro *de Quaest. Evang.*[7], *non omne quod fingimus mendacium est. Sed quando id fingimus quod nihil significat, tunc est menda-*

2. Além disso, nenhum pecado é útil. Ora, Jerônimo afirma que Iehu, rei de Israel, nos dá um exemplo de simulação útil e que, eventualmente, pode até ser imitado, quando fez massacrar os sacerdotes de Baal fingindo que queria render culto aos ídolos. E Davi mudou de rosto tomando o aspecto de um louco diante de Akish, rei de Gat. Logo, nem toda simulação é pecado.

3. Ademais, o bom é o contrário do mau. Por conseguinte, se é mau simular o bom, simular o que é mau será bom.

4. Ademais, em Isaías se lê a seguinte censura: "Eles fazem alarde de seu pecado, como Sodoma. Nem se preocupam de o dissimular". Ora, esconder o pecado é da ordem da simulação. Portanto, é repreensível não usar às vezes de dissimulação. Ora, evitar o pecado nunca é repreensível. Logo, nem sempre é pecado a simulação.

Em sentido contrário, comentando uma passagem de Isaías, a Glosa explica: *quando comparados os dois males, pecar abertamente é um mal mais leve do que simular santidade*. Mas, pecar abertamente é sempre um pecado. Logo, a simulação é sempre um pecado.

Respondo. Como foi dito, a virtude da verdade exige que nos mostremos por sinais exteriores tais quais somos na realidade. Ora, os sinais exteriores não se reduzem apenas às palavras, mas a atos também. O fato de alguém, por palavras, manifestar alguma coisa diferente daquilo que pensa, contraria a virtude da verdade, pois é da ordem da mentira. Da mesma maneira, contrariamos também a virtude da verdade quando, por intermédio de sinais que são atos ou coisas, nos mostramos diferentes daquilo que realmente somos no fundo de nós mesmos, e é isto o que se chama propriamente de simulação. Assim, a simulação é propriamente uma mentira constituída por sinais dos atos externos. Não importa que alguém minta por palavras ou por qualquer outro ato, como acima foi dito. Desta forma, assim como toda mentira é pecado, segue-se também que toda simulação é pecado.

Quanto ao 1º, portanto, deve-se dizer como diz Agostinho: "Nem tudo aquilo que simulamos é mentira. A mentira existe quando aquilo que fingimos não tem significação nenhuma. Mas

---

2. *In epist. ad Gal.*, super 2, 11: ML 26, 339 C.
3. Ordin.: ML 1258 C.
4. Q. 109, a. 3, ad 3.
5. Q. 110, a. 1, ad 2.
6. Ibid. a. 3.
7. L. II, q. 51: ML 35, 1362.

*cium: cum autem fictio nostra refertur ad aliquam significationem, non est mendacium, sed aliqua figura veritatis.* Et subiungit exemplum de figurativis locutionibus, in quibus fingitur quaedam res non ut asseratur ita esse, sed eam proponimus ut figuram alterius quod asserere volumus. Sic igitur Dominus *se finxit longius ire*, quia composuit motum suum quasi volentis longius ire, ad aliquid figurate significandum: scilicet quod ipse ab eorum fide longe erat, ut Gregorius dicit[8]; vel, ut Augustinus dicit[9], quia, cum longius recessurus esset ascendendo in caelum, per hospitalitatem quodammodo retinebatur in terra. — Abraham etiam figurate locutus est. Unde Ambrosius[10] dicit de Abraham quod *prophetavit quod ignorabat. Ipse enim solus disponebat redire, immolato filio: sed Dominus per os eius locutus est quod parabat.* Unde patet quod neuter simulavit.

AD SECUNDUM dicendum quod Hieronymus large utitur omine simulationis pro quacumque fictione. Commutatio autem faciei David fuit fictio figuralis: sicut Glossa[11] exponit in titulo illius Ps 33, *Benedicam Dominum in omni tempore.* Simulationem vero Iehu non est necesse excusari a peccato vel mendacio: quia malus fuit, utpote ab idolatria Ieroboam non recedens. Commendatur tamen et temporaliter remuneratur a Deo, non pro simulatione, sed pro zelo quo destruxit cultum Baal.

AD TERTIUM dicendum quod quidam dicunt quod nullus potest se simulare esse malum: quia per opera bona nullus se simulat malum; si autem opera mala faciat, malus est. — Sed haec ratio non cogit. Potest enim aliquis se simulare malum per opera quae in se non sunt mala, sed habent quandam speciem mali.

Et tamen ipsa simulatio est mala: tum ratione mendacii; tum ratione scandali. Et quamvis per

quando a nossa ficção alcança um significado, não se trata de uma mentira, mas de uma figuração da verdade". E Agostinho evoca a seguir o exemplo das figuras de linguagem, as quais simulam alguma coisa, não para dizer que a realidade é aquilo mesmo, mas simplesmente para propor uma figura de outra coisa que queremos afirmar. É assim que o Senhor fingiu ir mais longe, porque executou todos os movimentos de quem queria de fato continuar a viagem; para fazer entender outras coisas figurativamente a saber, para mostrar que estava muito longe da fé deles, como explica Gregório. Agostinho pretende que o Senhor quis dizer que ia partir para muito longe, subindo para o céu, mas que ficava como que retido na terra mais um pouco pela hospitalidade daqueles discípulos. — Abraão também falou figurativamente. Ambrósio diz que ele profetizou sobre o que ignorava. Porque, de fato, estava decidido a regressar sozinho, depois de ter imolado o filho. Mas, pela boca do Patriarca, o Senhor anunciou o que estava preparando. Por conseguinte, nem Jesus nem Abraão usaram de simulação[b].

QUANTO AO 2º, deve-se dizer que Jerônimo emprega o termo simulação no sentido lato, para qualquer tipo de ficção. A mudança de rosto de Davi foi uma ficção figurativa, como explica a Glosa, a respeito do título do Salmo: "Bendirei ao Senhor em todo tempo". Quanto à simulação de Jeú, não é preciso desculpá-lo de pecado ou de mentira, porque foi na realidade um rei mau, que não rejeitou a idolatria de Jeroboão. No entanto, é elogiado, e Deus o remunera temporariamente, não pela simulação, mas pelo zelo que mostrou na destruição do culto de Baal.

QUANTO AO 3º, deve-se dizer que alguns dizem que ninguém pode fazer de conta que é mau. Ninguém se faz passar por mau praticando o bem. E quem pratica obras más, é mau mesmo. — Mas este argumento não se sustenta, uma vez que uma pessoa pode fazer de conta que é má praticando obras que, embora não sendo más em si mesmas, têm uma aparência de mal.

Mas a simulação em si mesma é má, tanto em razão da mentira como em razão do escândalo.

---

8. Homil. 23 *in Evang.*, n. 1: ML 76, 1182 C.
9. Loc. cit.
10. Loc. cit. in arg.
11. Interl.; LOMBARDI: ML 191, 338 CD.

---

b. A propósito das soluções dadas a esta questão, podemos aplicar as observações feitas na nota 2 da questão anterior. As posições próprias de Sto. Tomás são ali apresentadas no quadro das aplicações exegéticas correntes na época.

hoc fiat malus, non tamen fit malus illa malitia quam simulat. Et quia ipsa simulatio secundum se mala est, non ratione eius de quo est; sive sit de bono sive de malo, peccatum est.

AD QUARTUM dicendum quo sicut aliquis verbo mentitur quando significat quod non est, non autem quando tacet quod est, quod aliquando licet; ita etiam simulatio est quando aliquis per exteriora signa factorum vel rerum significat aliquid quod non est, non autem si aliquis praetermittat significare quod est. Unde aliquis potest peccatum suum occultare absque simulatione. Et secundum hoc intelligendum est quod Hieronymus dicit ibidem[12], quod *secundum remedium post naufragium est peccatum abscondere*, ne scilicet exinde aliis scandalum generetur.

A simulação torna mau o simulador, mas não é o mal que ele simula que o transforma em mau. A simulação é má por sua própria natureza, e não em razão daquilo que ela finge ser; por isto, quer simule o mal, quer simule o bem, é sempre um pecado.

QUANTO AO 4º, deve-se dizer que uma pessoa mente por palavras quando procura exprimir o que não é na realidade. Mas não mente quando cala a verdade, o que às vezes é lícito. Assim também existe simulação quando, pelos sinais exteriores de fatos ou de coisas, alguém pretende significar algo que não é; mas não existe quando alguém omite exprimir o que é. Deste modo, uma pessoa pode ocultar um pecado cometido sem cometer simulação. É o que diz Jerônimo na mesma passagem: "o segundo remédio depois do naufrágio é ocultar o pecado", para não provocar escândalo.

## ARTICULUS 2
### Utrum hypocricis sit idem quod simulatio

AD SECUNDUM SIC PROCEDITUR. Videtur quod hypocrisis non sit idem quod simulatio.

1. Simulatio enim consistit in quodam factorum mendacio. Sed hypocrisis potest esse etiam si aliquis ostendat exterius quae interius agit: secundum illud Mt 6,2: *Cum facis eleemosynam, noli tuba canere ante te, sicut hypocritae faciunt*. Ergo hypocrisis non est idem simulationi.

2. PRAETEREA, Gregorius dicit, XXXI *Moral*[1]. *Sunt nonnulli qui et sanctitatis habitum tenent, et perfectionis meritum exequi non valent. Hos nequaquam credendum est in hypocritarum numerum currere: quia aliud est infirmitate, aliud malitia peccare*. Sed illi qui tenent habitum sanctitatis et meritum perfectionis non exequuntur, sunt simulatores: quia exterior habitus sanctitatis opera perfectionis significat. Non ergo simulatio est idem quod hypocrisis.

3. PRAETEREA, hypocrisis in sola intentione consistit: dicit enim Dominus de hypocritis, Mt 23,5, quod *omnia opera sua faciunt ut ab hominibus videantur*; et Gregorius dicit, XXXI *Moral*.[2], quod

## ARTIGO 2
### A hipocrisia é a mesma coisa que a simulação?

QUANTO AO SEGUNDO, ASSIM SE PROCEDE: parece que a hipocrisia **não** é a mesma coisa que a simulação.

1. Com efeito, a simulação consiste em uma mentira por atos. Ora, pode haver hipocrisia mesmo "quando se mostra exteriormente o que de fato se faz interiormente, segundo esta passagem do Evangelho de Mateus: "Quando deres uma esmola, não te ponhas a trombetear em público, como fazem os hipócritas". Logo, a hipocrisia não é a mesma coisa que a simulação.

2. ALÉM DISSO, Gregório nos diz: "Há pessoas que vestem o hábito da santidade sem alcançar o mérito da perfeição. Mas não se pode maneira nenhuma qualificar estas pessoas de hipócritas, por que pecar por fraqueza não é a mesma coisa que pecar por malícia". Ora, aqueles que usam o hábito da santidade e não têm o mérito da perfeição são simuladores; porque o hábito exterior da santidade significa as obras da perfeição. Logo, a hipocrisia não é a mesma coisa que a simulação.

3. ADEMAIS, a hipocrisia consiste apenas na intenção. O Senhor diz dos hipócritas que "eles praticam todas aquelas obras apenas para serem vistos pelos homens". E Gregório diz que eles "nunca conside-

---

12. *Comment. in Isaiam*, l. II, super 3, 9: ML 24, 65 D.

PARALL.: IV *Sent*., dist. 16, q. 4, a. 1, q.la 1.

1. C. 13, al. 18, in vet. 11, n. 24: ML 76, 586 C.
2. Loc. cit.: ML 76, 586 D.

*nunquam quid agant, sed quomodo de actione qualibet hominibus possint placere, considerant.* Sed simulatio non consistit in sola intentione, sed in exteriori operatione: unde super illud Iob 36,13, *Simulatores et callidi provocant iram Dei*, dicit Glossa[3] quod *simulator aliud simulat, aliud agit: castitatem praefert, et lasciviam sequitur; ostentat paupertatem, et marsupium replet.* Ergo hypocrisis non est idem quod simulatio.

SED CONTRA est quod Isidorus dicit, in libro *Etymol.*[4]: *"Hypocrita" graeco sermone in latino "simulator" interpretatur, qui, dum intus malus sit, bonum se palam ostendit: "hypo" enim "falsum", crisis "iudicium" interpretatur.*

RESPONDEO dicendum quod, sicut Isidorus dicit, ibidem[5], *nomen hypocritae tractum est a specie eorum qui in spectaculis contecta facie incedunt, distinguentes vultum vario colore ut ad personae quam simulant colorem perveniant, modo in specie viri, modo in specie feminae, ut in ludis populum fallant.* Unde Augustinus dicit, in libro *de Serm. Dom. in Monte*[6], quod *sicut hypocritae, simulatores personarum aliarum, agunt partes illius quod non sunt (non enim qui agit partes Agamemnonis, vere ipse est, sed simulat eum); sic in ecclesiis et in omni vita humana quisquis se vult videri quod non est, hypocrita est: simulat enim se iustum, non exhibet.* Sic dicendum est quod hypocrisis simulatio est: non autem omnis simulatio, sed solum illa qua quis simulat personam alterius; sicut cum peccator simulat personam iusti.

AD PRIMUM ergo dicendum quod opus exterius naturaliter significat intentionem. Quando ergo aliquis per bona opera quae facit, ex suo genere ad Dei servitium pertinentia, non quaerit Deo placere, sed hominibus, simulat rectam intentionem, quam non habet. Unde Gregorius dicit, XXXI *Moral.*[7], quod *hypocritae per causas Dei intentioni deserviunt saeculi: quia per ipsa quoque* ram o que fazem, mas apenas como, por uma ação qualquer, conseguirão agradar aos homens". Ora, a simulação não consiste apenas na intenção, mas numa operação exterior. De onde, aquela passagem de Jó: "os hipócritas e os sabidos provocam a cólera de Deus", que a Glosa comenta assim: "o simulador simula uma coisa e faz outra; apregoa a castidade, mas se entrega à luxúria; faz exibição de pobreza, mas procura encher a bolsa". Logo, a hipocrisia não é a mesma coisa que a simulação.

EM SENTIDO CONTRÁRIO, Isidoro diz: o termo grego *hipócrita* se traduz e latim por *simulator*, pois uma pessoa que é má por dentro enquanto se mostra boa em público: "hypo" significa "falso" e "crisis" quer dizer "juízo"[c].

RESPONDO. Como diz Isidoro, na mesma passagem, "o termo hipócrita é tirado da aparência daqueles que se apresentam no teatro com o rosto disfarçado e pintado de várias cores, de modo a imitar determinados personagens, conforme o papel, às vezes, homens, às vezes, mulheres, para criar uma ilusão entre os espectadores destes jogos". Por isso Agostinho diz: "Da mesma maneira que os atores simulam personagens que evidentemente eles não são na vida real, (o ator que representa Agamémnon não é naturalmente o próprio Agamémnon, mas simplesmente simula Agamémnon), do mesmo modo, nas igrejas ou em qualquer setor da vida humana, todo aquele que quiser parecer o que não é de fato, é um hipócrita; simula ser um justo mas não o é". Portanto, pode se dizer que a hipocrisia é uma simulação; não porém uma simulação qualquer, mas só aquela em que alguém simula ser outra pessoa, como o pecador que quer se fazer passar por justo.

QUANTO AO 1º, portanto, deve-se dizer que por sua própria natureza, a obra exterior revela a intenção. Por conseguinte, quando uma pessoa, pelas obras que pratica, e que, em princípio, pertencem ao serviço de Deus, não procura a agradar a Deus mas aos homens, esta pessoa está simulando uma reta intenção que de fato não tem. E isto leva Gregório a afirmar: "Os hipócritas põem a causa

---

3. Interl. super Is. 9, 17.
4. L. X, ad litt. *H*, n. 119: ML 82, 379 C.
5. Loc. cit., n. 120: ML 82, 379 CD.
6. L. II, c. 2, n. 5: ML 34, 1271.
7. Loc. cit.: ML 76, 587 A.

c. A etimologia de Sto. Isidoro é sem dúvida aproximativa, quando não inexata. Ademais, na resposta, recorre-se a uma outra também patrocinada por Sto. Isidoro e igualmente por Sto. Agostinho, que corresponde melhor à evolução semântica do termo hipócrita-hipocrisia: oriunda da representação teatral, passando para a simulação na vida. Sobre o significado dos procedimentos etimológicos, ver q. 81, nota 1.

*quae se agere sancta ostendunt, non conversionem quaerunt hominum, sed auras favorum*. Et ita simulant mendaciter intentionem rectam, quam non habent, quamvis non simulent aliquod rectum opus quod non agant.

AD SECUNDUM dicendum quod habitus sanctitatis, puta religionis vel clericatus, significat statum quo quis obligatur ad opera perfectionis. Et ideo cum quis habitum sanctitatis assumit intendens se ad statum perfectionis transferre, si per infirmitatem deficiat, non est simulator vel hypocrita: quia non tenetur manifestare suum peccatum sanctitatis habitum deponendo. Si autem ad hoc sanctitatis habitum assumeret ut se iustum ostentaret, esset hypocrita et simulator.

AD TERTIUM dicendum quod in simulatione, sicut in mendacio, duo sunt: unum quidem sicut signum, et aliud sicut signatum. Mala ergo intentio in hypocrisi consideratur sicut signatum, quod non respondet signo. Exteriora autem vel verba vel opera, vel quaecumque sensibilia, considerantur in omni simulatione et mendacio sicut signa.

de Deus a serviço do século, porque pelo próprio fato de quererem se exibir praticando obras santas, não procuram a conversão dos homens mas as auras dos favores humanos". E, desta maneira, simulam mentirosamente uma intenção reta que de fato não têm, se bem que, não simulem uma obra boa que não estão fazendo.

QUANTO AO 2º, deve-se dizer que o hábito de santidade dos frades ou do clero significa um estado que obriga à prática das obras de perfeição. Quando aquele que toma este hábito com a intenção de entrar no estado de perfeição comete uma fraqueza, não está sendo simulador ou hipócrita, por que não está obrigado a manifestar seu pecado deixando o hábito de santidade. Seria hipócrita e simulador se tivesse tomado este hábito com a intenção predeterminada de se exibir como justo.

QUANTO AO 3º, deve-se dizer que a simulação, como a mentira, comporta dois elementos, a saber, o sinal e a realidade figurada por este sinal. No caso da hipocrisia, a má intenção é considerada como a realidade figurada que não corresponde ao sinal. Em toda simulação ou mentira, são consideradas como sinal as palavras, ações e quaisquer atos exteriores.

ARTICULUS 3
### Utrum hypocrisis opponatur virtuti veritatis

AD TERTIUM SIC PROCEDITUR. Videtur quod hypocrisis non opponatur virtuti veritatis.
1. In simulatione enim sive hypocrisi est signum et signatum. Sed quantum ad utrumque, non videtur opponi alicui speciali virtuti: hypocrita enim simulat quamcumque virtutem; et etiam per quaecumque virtutis opera, puta per ieiunium, orationem et eleemosynam, ut habetur Mt 6,2,5, 16. Ergo hypocrisis non opponitur specialiter virtuti veritatis.

2. PRAETEREA, omnis simulatio ex aliquo dolo procedere videtur: unde et simplicitati opponitur. Dolus autem opponitur prudentiae, ut supra[1] habitum est. Ergo hypocrisis, quae est simulatio, non opponitur veritati, sed magis prudentiae vel simplicitati.

3. PRAETEREA, species moralium considerantur ex fine. Sed finis hypocrisis est acquisitio lucri vel

ARTIGO 3
### A hipocrisia se opõe à virtude da verdade?

QUANTO AO TERCEIRO, ASSIM SE PROCEDE: parece que a hipocrisia **não** se opõe à virtude da verdade.
1. Com efeito, na simulação ou hipocrisia existem o sinal e a realidade significada. Ora, naquilo que concerne a estes dois termos, não parece que se oponham a alguma virtude especial; o hipócrita simula todas as virtudes, chegando a praticar as obras dessas virtudes, como o jejum, a oração e a esmola, segundo o que está dito no Evangelho de Mateus. Logo, a hipocrisia não se opõe a uma virtude especial.

2. ALÉM DISSO, toda simulação procede de algum dolo e por isso parece se opor à simplicidade. Ora, já foi dito que o dolo se opõe à prudência. Logo, a hipocrisia, que é simulação, não se opõe à virtude da verdade, mas antes à prudência ou à simplicidade.

3. ADEMAIS, no plano da moral, a espécie é determinada pelo fim. Ora, o fim da hipocrisia

---

3   PARALL.: IV *Sent*., dist. 16, q. 4, a. 1, q.la 2.

1. Q. 55, a. 4. Cfr. ibid., a. 3.

inanis gloriae: unde super illud Iob 27,8, *Quae est spes hypocritae, si avare rapiat* etc., dicit Glossa[2]: *Hypocrita, qui latine dicitur simulator, avarus raptor est, qui dum inique agens desiderat de sanctitate venerari, laudem vitae rapit alienae.* Cum ergo avaritia, vel inanis gloria, non directe opponatur veritati, videtur quod nec simulatio sive hypocrisis.

SED CONTRA est quia omnis simulatio est mendacium quoddam, ut dictum est[3]. Mendacium autem directe opponitur veritati. Ergo et simulatio sive hypocrisis.

RESPONDEO dicendum quod, secundum Philosophum, in X *Metaphys*.[4], contrarietas est oppositio secundum formam, a qua scilicet res speciem habet. Et ideo dicendum est quod simulatio sive hypocrisis potest opponi alicui virtuti dupliciter: uno modo, directe; et alio modo, indirecte. Directa quidem oppositio eius sive contrarietas est attendenda secundum ipsam speciem actus, quae accipitur secundum proprium obiectum. Unde cum hypocrisis sit quaedam simulatio qua quis simulat se habere personam quam non habet, ut dictum est[5], consequens est quod directe opponatur veritati, per quam aliquis exhibet se talem vita et sermone qualis est, ut dicitur in IV *Ethic*.[6]. — Indirecta autem oppositio vel contrarietas hypocrisis potest attendi secundum quodcumque accidens: puta secundum aliquem finem remotum, vel secundum aliquod instrumentum actus, vel quodcumque aliud huiusmodi.

AD PRIMUM ergo dicendum quod hypocrita simulans aliquam virtutem, assumit eam ut finem non quidem secundum existentiam, quasi volens eam habere; sed secundum apparentiam, quasi volens videri eam habere. Ex quo non habet quod opponatur illi virtuti: sed quod opponatur veritati, inquantum vult decipere homines circa illam virtutem. — Opera autem illius virtutis non assumit quasi per se intenta, sed instrumentaliter, quasi signa illius virtutis. Unde ex hoc non habet directam oppositionem ad illam virtutem.

é a aquisição do lucro ou da vanglória. Daí este texto de Jó: "Qual é a esperança do hipócrita, se ele rouba com cupidez..." que a Glosa comenta assim: "O hipócrita, chamado em latim de simulador, é um ladrão avaro que, perseguindo uma vida de iniquidade, deseja ser venerado por sua santidade, roubando o elogio de uma vida alheia". Ora, como a avareza e a vanglória não se opõem diretamente à verdade, parece que nem a hipocrisia ou a simulação.

EM SENTIDO CONTRÁRIO, toda simulação é uma mentira, como já foi dito. Ora, a mentira se opõe diretamente à verdade. Logo, também a simulação e a hipocrisia.

RESPONDO. Segundo Aristóteles, a contrariedade é uma oposição segundo a forma, que é o que confere a uma coisa sua espécie. Por isso se pode dizer que a simulação ou hipocrisia, pode se opor a uma virtude de dois modos: diretamente ou indiretamente. A oposição direta, ou contrariedade, deve ser considerada segundo a própria espécie do ato, que é conferida por seu objeto próprio. Desta forma, como a hipocrisia é uma simulação pela qual nós fingimos um personagem que de fato não somos, como foi dito, segue-se que ela se opõe diretamente à verdade que, segundo Aristóteles, "nos leva a nos mostrarmos na vida e no discurso tais como somos de fato". — Quanto à oposição ou contrariedade indireta, a hipocrisia pode ser considerada segundo qualquer acidente: por exemplo, segundo um fim remoto, ou um dos instrumentos do ato ou qualquer coisa do gênero.

QUANTO AO 1º, portanto, deve-se dizer que quando o hipócrita simula uma virtude, ele a toma por fim, não de maneira real, como quem a quer possuir de fato, mas simplesmente segundo a aparência, como que desejando aparecer como detentor dela. Por esta razão, ele não se opõe àquela virtude, mas à verdade, pois ele quer de fato enganar seus semelhantes a respeito daquela virtude. — Quanto às obras daquela virtude, ele não as assume enquanto por ele almejadas em si mesmas, mas como instrumentos, como sinais daquela virtude. Por isso, ele não se opõe diretamente àquela virtude.

---

2. Ordin.: ML 113, 826 A.
3. Art. 1.
4. Cc. 4, 8: 1055, a, 5-10; 1058, a, 8-10.
5. Art. praec.
6. C. 13: 1127, a, 24-26.

AD SECUNDUM dicendum quod, sicut supra[7] dictum est, prudentiae directe opponitur astutia, ad quam pertinet adinvenire quasdam vias apparentes et non existentes ad propositum consequendum. Executio autem astutiae est proprie per dolum in verbis, per fraudem autem in factis. Et sicut astutia se habet ad prudentiam, ita dolus et fraus ad simplicitatem. Dolus autem vel fraus ordinatur ad decipiendum principaliter, et quandoque secundario ad nocendum. Unde ad simplicitatem pertinet directe se praeservare a deceptione. Et secundum hoc, ut supra[8] dictum est, virtus simplicitatis est eadem virtuti veritatis, sed differt sola ratione: quia veritas dicitur secundum quod signa concordant signatis; simplicitas autem dicitur secundum quod non tendit in diversa, ut scilicet aliud intendat interius, aliud praetendat exterius.

AD TERTIUM dicendum quod lucrum vel gloria est finis remotus simulatoris, sicut et mendacis. Unde ex hoc fine speciem non sortitur, sed ex fine proximo, qui est ostendere se alium quam sit. Unde quandoque contingit quod aliquis fingit de se magna, nullius alterius gratia, sed sola libidine simulandi: sicut Philosophus dicit, in IV *Ethic.*[9], et sicut etiam supra[10] de mendacio dictum est.

QUANTO AO 2º, deve-se dizer, como foi dito anteriormente, que o que se opõe diretamente à virtude da prudência é a astúcia, que nos leva a descobrir meios aparentes, mas não reais, de conseguirmos nosso propósito. Ora, a astúcia se realiza propriamente, no plano das palavras pelo dolo, no plano dos fatos, pela fraude. As astúcia está para a prudência assim como o dolo e a fraude estão para a simplicidade. Mas o dolo e a fraude tem por fim principal enganar, e, às vezes, como finalidade secundária, lesar. À simplicidade pertence diretamente preservar-se do engano. Assim, como ficou demonstrado, a simplicidade é uma virtude idêntica à verdade, dela diferindo apenas pela razão, porquanto a verdade consiste em fazer que os sinais concordem com as coisas representadas, enquanto a simplicidade se propõe fins divergentes, a saber, pretender interiormente uma coisa e exteriormente outra.

QUANTO AO 3º, deve-se dizer que o lucro e a glória são os fins remotos do simulador, como também do mentiroso. Mas não é este fim remoto que especifica o simulador ou o mentiroso, e sim, o fim próximo, que consiste em se mostrar diferente daquilo que é. Por isso ocorre que alguém simule grandes coisas a seu próprio respeito, sem nenhum outro propósito que não o próprio prazer de fingir, como disse Aristóteles e como foi dito a propósito da mentira.

ARTICULUS 4
## Utrum hypocrisis semper sit peccatum mortale

AD QUARTUM SIC PROCEDITUR. Videtur quod hypocrisis semper sit peccatum mortale.
1. Dicit enim Hieronymus, Is 16,14, in Glossa[1], quod *in comparatione duorum malorum, levius est aperte peccare quam sanctitatem simulare*. Et super illud Iob 1,21, *Sicut autem Domino placuit* etc., dicit Glossa[2] quod *simulata aequitas non est aequitas, sed duplicatum peccatum*. Et super illud Lm 4,6, *Maior effecta est iniquitas populi mei peccato Sodomorum*, dicit Glossa[3]: *Scelera*

ARTIGO 4
## A hipocrisia é sempre pecado mortal?

QUANTO AO QUARTO, ASSIM SE PROCEDE: parece que a hipocrisia é sempre pecado mortal.
1. Com efeito, Jerônimo, em sua glosa sobre Isaías, diz o seguinte: "Quando se comparam dois males, pecar abertamente é um mal menor do que simular a santidade". E a Glosa sobre o texto do livro de Jó: "Como agradou ao Senhor..." afirma que "a justiça simulada deixa de ser justiça para ser um duplo pecado". E sobre o versículo das Lamentações "a iniquidade de meu povo ultrapassou

---

7. Q. 55, a. 3 sqq.
8. Q. 109, a. 2, ad 4.
9. C. 13: 1127, b, 9-13.
10. Q. 110, a. 2.

PARALL.: IV *Sent.*, dist. 16, q. 4, a. 1, q.la 3.
. 1. Ordin.: ML 113, 1258 C.
2. Ordin. super *Col.* 3, 23: ML 114, 615 B; LOMBARDI, ibid.: ML 192, 285 C.
3. Ordin. Vide PASCHASIUM RADBERTUM, *Exposit. in Lament. Ierem.*, l. IV, super 4, 6: ML 120, 1213 B.

*animae planguntur quae in hypocrisim labitur, cuius maior est iniquitas peccato Sodomorum.* Peccata autem Sodomorum sunt peccata mortalia. Ergo et hypocrisis semper est peccatum mortale.

2. PRAETEREA, Gregorius dicit, XXXI *Moral*.[4], quod hypocritae ex malitia peccant. Sed hoc est gravissimum, quod pertinet ad peccatum in Spiritum Sanctum. Ergo hypocrita semper mortaliter peccat.

3. PRAETEREA, nullus meretur iram Dei et exclusionem a Dei visione nisi propter peccatum mortale. Sed per hypocrisim aliquis meretur iram Dei: secundum illud Iob 36,13: *Simulatores et callidi provocant iram Dei*. Excluditur etiam hypocrita a visione Dei: secundum illud Iob 13,16: *Non veniet in conspectu eius omnis hypocrita*. Ergo hypocrisis semper est peccatum mortale.

SED CONTRA est quia hypocrisis est mendacium operis: cum sit simulatio quaedam. Non autem omne mendacium oris est peccatum mortale. Ergo nec omnis hypocrisis.

2. PRAETEREA, intentio hypocritae est ad hoc quod videatur bonus. Sed hoc non opponitur caritati. Ergo hypocrisis non est secundum se peccatum mortale.

3. PRAETEREA, hypocrisis nascitur ex inani gloria: ut Gregorius dicit, XXXI *Moral*.[5]. Sed inanis gloria non semper est peccatum mortale. Ergo neque hypocrisis.

RESPONDEO dicendum quod in hypocrisi duo sunt: scilicet defectus sanctitatis, et simulatio ipsius. Si ergo hypocrita dicatur ille cuius intentio fertur ad utrumque, ut scilicet aliquis non curet sanctitatem habere, sed solum sanctus apparere, sicut consuevit accipi in sacra Scriptura: sic manifestum est quod est peccatum mortale. Nullus enim privatur totaliter sanctitate nisi per peccatum mortale.

Si autem dicatur hypocrita ille qui intendit simulare sanctitatem, a qua deficit per peccatum mortale: tunc, quamvis sit in peccato mortali, ex quo privatur sanctitate; non tamen semper ipsa simulatio est ei in peccatum mortale, sed quandoque veniale. Quod discernendum est ex fine. Qui si repugnat caritati Dei vel proximi, erit peccatum mortale: puta cum simulat sanctitatem ut falsam doctrinam disseminet, vel ut adipiscatur ecclesias-

o pecado de Sodoma", explica: "Eles lamentam os crimes da alma que caiu na hipocrisia e cujo pecado é maior que o de Sodoma". Ora, os pecados de Sodoma são pecados mortais. Logo, a hipocrisia sempre é pecado mortal.

2. ALÉM DISSO, Gregório diz que os hipócritas pecam por maldade. Ora, este é o pecado mais grave de todos, porque pertence aos pecados contra o Espírito Santo. Logo, o hipócrita sempre comete pecado mortal.

3. ADEMAIS, ninguém merece a ira de Deus nem a privação da visão divina, a não ser por causa do pecado mortal. Ora, pela hipocrisia se merece a ira de Deus, como está dito em Jó: "Os simuladores e os astutos provocam a cólera de Deus". Além disso, o hipócrita é excluído da visão divina: "Nenhum hipócrita comparecerá à tua presença". Logo, a hipocrisia é sempre pecado mortal.

EM SENTIDO CONTRÁRIO, está que a hipocrisia, por ser uma simulação, é uma mentira com obras. Ora, nem toda mentira por palavras é pecado mortal. Assim ocorre também com a hipocrisia.

2. *Além disso*, a intenção do hipócrita é parecer bom. Ora, isto não se opõe à caridade. Logo, a hipocrisia não é em si mesma um pecado mortal.

3. *Mais ainda*: a hipocrisia nasce da vanglória, segundo Gregório. Ora, a vanglória nem sempre é pecado mortal. Logo, a hipocrisia também não.

RESPONDO. na hipocrisia existem dois elementos: a falta de santidade e a simulação dela. Portanto, se qualificarmos de hipócrita aquele que busca intencionalmente este duplo fim, ou seja, que não se preocupa em adquirir a santidade mas apenas em parecer santo, definição comum que a Sagrada Escritura reserva para o hipócrita neste caso é evidente que há pecado mortal. Porque ninguém é totalmente privado de santidade a não ser pelo pecado mortal.

Mas, se se chama de hipócrita aquele que simula intencionalmente a santidade da qual está afastado pelo pecado mortal, neste caso, apesar de seu estado de pecado mortal, de onde lhe vem a ausência de santidade em sua vida, sua simulação nem sempre será pecado mortal, podendo eventualmente ser apenas venial. Esta diferença procede do fim almejado. Se este fim for incompatível com a caridade para com Deus e para com o próximo,

---

4. C. 13, al. 8, in vet. 11, n. 24: ML 76, 586 C — 587 A.
5. C. 45, al. 17, in vet. 31, n. 88: ML 76, 621 A.

ticam dignitatem indignus, vel quaecumque alia temporalia bona in quibus finem constituit. Si vero finis intentus non repugnet caritati, erit peccatum veniale: puta cum aliquis in ipsa fictione delectatur, de quo Philosophus dicit, in IV *Ethic.*[6], quod *magis videtur vanus quam malus*. Eadem enim ratio est de mendacio et simulatione.

Contingit tamen quandoque quod aliquis simulat perfectionem sanctitatis, quae non est de necessitate salutis. Et talis simulatio nec semper est peccatum mortale, nec semper est cum peccato mortali.

Et per hoc patet responsio AD OBIECTA.

haverá então pecado mortal; por exemplo, quando alguém simula a santidade para disseminar falsas doutrinas, ou para obter uma dignidade eclesiástica que não merece, ou para alcançar quaisquer outros bens temporais que se tiver proposto com fim. Mas se o fim almejado não for incompatível com a caridade, haverá pecado venial; por exemplo, aquele que se deleita apenas com a própria ficção e que, segundo Aristóteles, "parece mais vão do que mau". A mesma argumentação serve para a mentira e a simulação.

Pode acontecer que alguém simule uma perfeição de santidade que não seja necessária para a salvação. Tal simulação nem sempre é pecado mortal, ou nem sempre vem acompanhada de pecado mortal.

Pelo que precede estão respondidas AS OBJEÇÕES.

6. C. 13: 1127, b, 11-13.

## QUAESTIO CXII
## DE IACTANTIA
*in duos articulos divisa*

Deinde considerandum est de iactantia et ironia, quae sunt partes mendacii, secundum Philosophum, in IV *Ethic.*
Primo autem circa iactantiam quaeruntur duo.
*Primo:* cui virtuti opponatur.
*Secundo:* utrum sit peccatum mortale.

## QUESTÃO 112
## A JACTÂNCIA
*em dois artigos*

Em seguida deve-se tratar da jactância e da ironia, que, segundo Aristóteles, fazem parte da mentira[a].
A respeito da jactância, duas questões:
1. A que virtude se opõe a jactância?
2. Se é pecado mortal?

### ARTICULUS 1
**Utrum iactantia opponatur virtuti veritatis**

AD PRIMUM SIC PROCEDITUR. Videtur quod iactantia non opponatur virtuti veritatis.

### ARTIGO 1
**A jactância se opõe à virtude da verdade?**

QUANTO AO PRIMEIRO ARTIGO, ASSIM SE PROCEDE: parece que a jactância **não** se opõe à virtude da verdade.

1  PARALL.: IV *Ethic.*, lect. 15.

a. As categorias mais comuns da mentira acabam de ser tratadas nas duas questões precedentes. Seu estudo se revela bastante prático para a orientação da vida moral, mas, do ponto de vista doutrinal, foram assinaladas como partes ou realizações acidentais da mentira, constituindo somente diferenciações derivadas das circunstâncias, tais como as motivações que induzem o mentiroso na via da falsidade. Seguindo Aristóteles, são estudadas nas q. 112-113 a exaltação e a depreciação de si em palavras, formando as duas espécies de pecado diretamente opostas à mentira. Trata-se espécies no sentido técnico, isto é, de diferenças essenciais, uma vez que elas se contrapõem por excesso e por falta ao meio-termo que constitui a virtude (de verdade-veracidade).

É preciso acrescentar que a referência ao sujeito que se exalta ou se deprecia em palavras reveste um aspecto fundamental na elaboração aristotélica. O meio-termo, o reconhecimento e o respeito real dos direitos, visados pela justiça são radicalmente contrariados pela ambição, que se trata de esvaziar pelo triunfo da virtude. Aqui esse apego excessivo a si mesmo intervém no uso da palavra, desviando-a da justa apreciação de si. No domínio da liberalidade, um apego semelhante levará à avareza (ver abaixo q. 118).

1. Veritati enim opponitur mendacium. Sed quandoque potest esse iactantia etiam sine mendacio, sicut cum aliquis excellentiam suam ostentat: dicitur enim Est 1,3-4, quod *Assuerus fecit grande convivium, ut ostenderet divitias gloriae suae ac regni sui, ac magnitudinem atque iactantiam potentiae suae*. Ergo iactantia non opponitur virtuti veritatis.

2. PRAETEREA, iactantia ponitur a Gregorio, XXIII *Moral*.[1], una de quatuor speciebus superbiae: cum scilicet quis iactat se habere quod non habet. Unde dicitur Ier 48,29-30: *Audivimus superbiam Moab: superbus est valde. Sublimitatem eius et arrogantiam et superbiam et altitudinem cordis illius ego scio, ait Dominus: iactantiam eius, et quod non sit iuxta eam virtus eius*. Et XXXI *Moral*.[2], dicit Gregorius quod iactantia oritur ex inani gloria. Superbia autem et inanis gloria opponuntur virtuti humilitatis. Ergo iactantia non opponitur veritati, sed humilitati.

3. PRAETEREA, iactantia ex divitiis causari videtur: unde dicitur Sap 5,8: *Quid nobis profuit superbia? Aut quid divitiarum iactantia contulit nobis?* Sed superfluitas divitiarum videtur pertinere ad peccatum avaritiae, quod opponitur iustitiae vel liberalitati. Non ergo iactantia opponitur veritati.

SED CONTRA est quod Philosophus, in II[3] et IV[4] *Ethic*., iactantiam opponit veritati.

RESPONDEO dicendum quod iactantia proprie importare videtur quod homo verbis se extollat: illa enim quae homo vult longe *iactare*, in altum elevat. Tunc autem proprie aliquis se extollit, quando de se supra se aliquid dicit. Quod quidem contingit dupliciter. Quandoque enim aliquis loquitur de se, non quidem supra id quod in se est, sed supra id quod de eo homines opinantur. Quod Apostolus refugiens dicit, 2Cor 12,6: *Parco: ne quis me existimet supra id quod videt in me, aut audit aliquid ex me*. Alio modo aliquis per verba se extollit loquens de se supra id quod in se est secundum rei veritatem. Et quia magis est aliquid iudicandum secundum quod in se est quam secundum quod est in opinione aliorum, inde est quod magis proprie dicitur iactantia quando aliquis effert se supra id quod in ipso est, quam quando effert se supra id quod est in opinione aliorum: quamvis utroque modo iactantia dici possit. Et

1. Com efeito, o que se opõe à verdade é a mentira. Ora, pode haver jactância sem mentira, como quando alguém exibe sua excelência. Lemos com efeito no livro de Ester que "Assuero ofereceu um grande festim para exibir as riquezas de sua glória e de seu reino e a grandeza e o esplendor de seu poder". Logo, a jactância não se opõe à virtude da verdade.

2. ALÉM DISSO, Gregório considera a jactância uma das quatro espécies da soberba, a saber, aquela que leva uma pessoa a se jactar daquilo que não tem. Está escrito em Jeremias: "Ouvimos falar da soberba de Moab, que é orgulhoso ao extremo. Sua pretensão, sua arrogância e o imenso orgulho de seu coração, eu conheço tudo isto, diz o Senhor. Conheço sua jactância à qual não corresponde sua coragem". Segundo Gregório, a jactância nasce da vanglória. Ora, o orgulho e a vanglória se opõem à virtude da humildade. Logo, a jactância não se opõe à verdade, mas à humildade.

3. ADEMAIS, a jactância parece ser causada pela riqueza: Pelo que diz a Sabedoria: "De que nos serviu o orgulho? De que nos adiantou a jactância das riquezas?" Ora, a superabundância de riquezas parece pertencer ao pecado de avareza que se opõe à virtude da justiça ou da liberalidade. Logo, a jactância não se opõe à verdade.

EM SENTIDO CONTRÁRIO, Aristóteles afirma que a jactância se opõe à verdade.

RESPONDO. A jactância, no sentido próprio, parece dar a entender que o homem se exalte em palavras, pois aquilo que o homem quer lançar para longe primeiro ele o ergue bem alto. Desta forma alguém se exalta, no sentido próprio, quando se coloca, por palavras, acima do que realmente é. O que pode acontecer de duas maneiras. Primeiro, quando alguém fala de si próprio, não além daquilo que é, mas além daquilo que as pessoas reconhecem nele. É aliás isto que Paulo procura evitar, quando escreve: "Eu me abstenho, para que ninguém faça de mim uma ideia superior ao que vê em mim ou ao que ouve de mim". Segundo, quando alguém se exalta por palavras, colocando-se bem acima do que realmente é. Ora, uma pessoa deve ser julgada muito mais segundo aquilo que é na realidade, do que segundo aquilo que é na opinião alheia; por isso a jactância ocorre mais propriamente quando alguém se eleva acima do

---

1. C. 6, a. 4, in vet. 7, n. 13: ML 76, 258 C.
2. C. 45, al. 17, in vet. 31, n. 88: ML 76, 621 A.
3. C. 7: 1108, a, 21-23.
4. C. 13: 1127, a, 21-26.

ideo iactantia proprie dicta opponitur veritati per modum excessus.

AD PRIMUM ergo dicendum quod ratio illa procedit de iactantia secundum quod excedit opinionem.

AD SECUNDUM dicendum quod peccatum iactantiae potest considerari dupliciter. Uno modo, secundum speciem actus. Et sic opponitur veritati, ut dictum est[5]. — Alio modo, secundum causam suam, ex qua, etsi non semper, tamen frequentius accidit. Et sic procedit quidem ex superbia sicut ex causa interius motiva et impellente: ex hoc enim quod aliquis interius per arrogantiam supra seipsum elevatur, sequitur plerumque quod exterius maiora quaedam de se iactet; licet quandoque non ex arrogantia, sed ex quadam vanitate aliquis ad iactantiam procedat, et in hoc delectetur quia talis est secundum habitum. Et ideo arrogantia, per quam aliquis supra seipsum extollitur, est superbiae species, non tamen est idem iactantiae, sed, ut frequentius, eius causa: et propter hoc Gregorius iactantiam ponit inter superbiae species[6]. — Tendit autem iactator plerumque ad hoc quod gloriam consequatur per suam iactantiam. Et ideo, secundum Gregorium, ex inani gloria oritur secundum rationem finis[7].

AD TERTIUM dicendum quod opulentia etiam iactantiam causat dupliciter. Uno modo, occasionaliter, inquantum de divitiis aliquis superbit. Unde et signanter, Pr 8,18, *opes* dicuntur *superbae*. — Alio modo, per modum finis: quia, ut dicitur in IV *Ethic.*[8], aliqui seipsos iactant non solum propter gloriam, sed etiam propter lucrum, qui de seipsis fingunt ea ex quibus lucrari possint, puta quod sint *medici, vel sapientes et divini*.

que é, bem mais do que quando alguém se eleva acima do que é na opinião dos outros; embora se possa falar de jactância nos dois casos. E por isso, a jactância propriamente dita se opõe, pelo modo do excesso, à verdade.

QUANTO AO 1º, portanto, deve-se dizer que o argumento procede quando se trata da jactância que exalta alguém acima da opinião dos outros.

QUANTO AO 2º, deve-se dizer que o pecado de jactância pode ser considerado de duas maneira. Primeiro, quanto à espécie de seu ato. E neste caso ele se opõe à verdade, como já foi dito. — De outra maneira, podemos considerá-lo também a partir da causa de onde ele provém, se não sempre, pelo menos na maioria das vezes. E assim a jactância procede da soberba como de uma causa que a move e a impulsiona do interior. Com efeito, quando alguém se eleva interiormente, com arrogância, acima de si próprio, segue-se muito frequentemente que se vanglorie externamente de coisas maiores. Mas, às vezes, uma pessoa se deixa levar à jactância não pela arrogância mas por uma certa vaidade, e acaba se deleitando nisso, por força do hábito. E assim a arrogância pela qual alguém se eleva acima de si próprio é uma espécie de orgulho que além de não se identificar à jactância, muito frequentemente é causa dela. Por isso Gregório classifica a jactância entre as espécies da soberba. — Mas que quem se jacta procura, quase sempre, mediante sua jactância, alcançar a glória. Por isso, segundo Gregório, a jactância nasce da vanglória por razão de fim.

QUANTO AO 3º, deve-se dizer que a opulência também produz a jactância. E isto de dois modos. Primeiro, ocasionalmente, quando alguém encontra razão de orgulho em suas riquezas. Por isso o Livro dos Provérbios chama expressamente as riquezas de soberbas. — Em segundo lugar, pelo modo de fim: como diz Aristóteles, alguns se jactam não apenas em razão da glória, mas também em razão do ganho, fingindo possuir capacidades próprias para auferir lucros, se fazendo passar por *médicos, sábios ou adivinhos*.

---

5. In corp.; q. 110, a. 2.
6. Q. 162, a. 4.
7. Q. 132, a. 5.
8. C. 13: 1127, b, 17-22.

## ARTICULUS 2
### Utrum iactantia sit peccatum mortale

AD SECUNDUM SIC PROCEDITUR. Videtur quod iactantia sit peccatum mortale.

1. Dicitur enim Pr 28,25: *Qui se iactat et dilatat, iurgia concitat*. Sed concitare iurgia est peccatum mortale: *detestatur* enim *Deus eos qui seminant discordias*, ut habetur Pr 6,16-19. Ergo iactantia est peccatum mortale.

2. PRAETEREA, omne quod prohibetur in lege Dei est peccatum mortale. Sed super illud Eccli 6,2: *Non te extollas in cogitatione tua*, dicit Glossa[1]: *Iactantiam et superbiam prohibet*. Ergo iactantia est peccatum mortale.

3. PRAETEREA, iactantia est mendacium quoddam. Non est autem mendacium officiosum vel iocosum. Quod patet ex fine mendacii. Quia, ut Philosophus dicit, in IV *Ethic.*[2], *iactator fingit de se maiora existentibus*, quandoque *nullius gratia*, quandoque autem gratia *gloriae vel honoris*, quandoque autem gratia *argenti*: et sic patet quod neque est mendacium iocosum, neque officiosum. Unde relinquitur quod semper sit perniciosum. Videtur ergo semper esse peccatum mortale.

SED CONTRA est quod iactantia oritur ex inani gloria, secundum Gregorium, XXXI *Moral*.[3] Sed inanis gloria non semper est peccatum mortale, sed quandoque veniale, quod vitare est valde perfectorum: dicit enim Gregorius[4] quod *valde perfectorum est sic ostenso opere Auctoris gloriam quaerere ut de illata laude privata nesciant exsultatione gaudere*. Ergo iactantia non semper est peccatum mortale.

RESPONDEO dicendum quod, sicut supra[5] dictum est, peccatum mortale est quod caritati contrariatur. Dupliciter ergo iactantia considerari potest. Uno modo, secundum se, prout est mendacium quoddam. Et sic quandoque est peccatum mortale, quandoque veniale. Mortale quidem, quando aliquis iactanter de se profert quod est contra gloriam Dei: sicut ex persona regis Tyri dicitur Ez 28,2: *Elevatum est cor tuum, et dixisti: Deus ego sum*.

## ARTIGO 2
### A jactância é pecado mortal?

QUANTO AO SEGUNDO, ASSIM SE PROCEDE: parece que a jactância é pecado mortal.

1. Com efeito, o Livro dos Provérbios diz: "Aquele que se jacta e se enche de importância, excita querelas". Ora, suscitar querelas é pecado mortal porque, sempre conforme as Escrituras, "Deus detesta aqueles que semeiam a discórdia". Logo, a jactância é pecado mortal.

2. ALÉM DISSO, tudo o que é proibido pela Lei de Deus, é pecado mortal. Ora, sobre aquela passagem do livro do Eclesiástico, "não te superexaltes nos pensamentos de tua alma", a Glosa diz que "Deus proíbe a jactância e o orgulho". Logo, a jactância é pecado mortal.

3. ADEMAIS, a jactância é uma espécie de mentira. Ora, não é nem mentira oficiosa, nem jocosa. O que fica evidente quando se analisa o fim da mentira. Segundo Aristóteles, "quem se jacta, coloca-se acima da realidade, muitas vezes sem motivo algum, outra vezes visando glórias e honras, e outras ainda tendo em mira o dinheiro". Sobra apenas que é a mentira perniciosa, que é sempre pecado mortal.

EM SENTIDO CONTRÁRIO, a jactância nasce da vanglória. segundo Gregório. Mas a vanglória nem sempre é pecado mortal, sendo muitas vezes um pecado venial que somente os muito perfeitos conseguem evitar. O mesmo Gregório diz: "é próprio dos muito perfeitos buscar a glória de Deus nas boas obras publicamente conhecidas, em vez de ficar se deleitando numa exaltação motivada pelo elogio". Por conseguinte, a jactância nem sempre é pecado mortal.

RESPONDO. O pecado mortal é aquele que contraria a caridade, como já foi demonstrado. Ora, a jactância pode ser considerada de dois pontos de vista. Primeiro, em si mesma. enquanto mentira. E neste modo, às vezes é pecado mortal, as vezes venial. É mortal quando, para sua própria exaltação alguém profere algo que vai contra a glória de Deus. É o caso do rei de Tiro, criticado por Ezequiel: "Teu coração se exaltou e tu dissesste:

---
1. Interlin.
2. C. 13: 1127, b, 9-13.
3. C. 45, al. 17, in vet. 31, n. 88: ML 76, 621 A.
4. Ibid., l. VIII, c. 48, al. 30, in vet. 38, n. 84: ML 75, 853 D.
5. Q. 24, a. 12; q. 35, a. 3; I-II, q. 72, a. 5.

Vel etiam contra caritatem proximi: sicut cum aliquis, iactando seipsum, prorumpit in contumelias aliorum; sicut habetur Lc 18,11 de Pharisaeo, qui dicebat: *Non sum sicut ceteri hominum, raptores, iniusti, adulteri: velut etiam hic publicanus.* — Quandoque vero est peccatum veniale: quando scilicet aliquis de se talia iactat quae neque sunt contra Deum, neque contra proximum.

Alio modo potest considerari secundum suam causam: scilicet superbiam, vel appetitum lucri aut inanis gloriae. Et sic, si procedat ex superbia vel inani gloria quae sit peccatum mortale, etiam ipsa iactantia erit peccatum mortale. Alioquin erit peccatum veniale. — Sed quando aliquis prorumpit in iactantiam propter appetitum lucri, hoc videtur iam pertinere ad proximi deceptionem et damnum. Et ideo talis iactantia magis est peccatum mortale. Unde et Philosophus dicit, in IV *Ethic.*[6], quod *turpior est qui se iactat causa lucri quam qui se iactat causa gloriae vel honoris*. Non tamen semper est peccatum mortale: quia potest esse tale lucrum ex quo alius non damnificatur.

AD PRIMUM ergo dicendum quod ille qui se iactat ad hoc quod iurgia concitet, peccat mortaliter. Sed quandoque contingit quod iactantia est causa iurgiorum non per se, sed per accidens. Unde ex hoc iactantia non est peccatum mortale.

AD SECUNDUM dicendum quod glossa illa loquitur de iactantia secundum quod procedit ex superbia prohibita, quae est peccatum mortale.

AD TERTIUM dicendum quod non semper iactantia importat mendacium perniciosum: sed solum quando est contra caritatem Dei aut proximi, aut secundum se aut secundum causam suam. — Quod autem aliquis se iactet quasi hoc ipso delectatus, est quiddam vanum, ut Philosophus dicit[7]. Unde reducitur ad mendacium iocosum: nisi forte hoc divinae dilectioni praeferret, ut propter hoc Dei praecepta contemneret; sic enim esset contra caritatem Dei, in quo solo mens nostra debet quiescere sicut in ultimo fine. — Videtur autem ad mendacium officiosum pertinere cum aliquis ad hoc se iactat ut gloriam vel lucrum acquirat: dummodo hoc sit sine damno aliorum; quia hoc iam pertineret ad mendacium perniciosum.

eu sou Deus!" Ou algo que vai contra a caridade para com o próximo, como quando, para se exaltar a si próprio, alguém prorrompe em vitupérios contra outros. É o caso, por exemplo, do fariseu do Evangelho que dizia: "não sou como o resto dos homens que são ladrões, injustos, adúlteros; nem tampouco como este publicano". — Mas, outras vezes, a jactância é pecado venial, a saber, quando alguém se jacta de tal maneira que não profere nada contra Deus nem contra o próximo.

De um outro ponto de vista, a jactância pode ser tomada segundo sua causa que é o orgulho, o apetite do lucro, ou a vanglória. Quando ela procede de uma forma de orgulho ou de vanglória que já é pecado mortal, ela também será pecado mortal. Do contrário será pecado venial. — Mas quando alguém se entrega à jactância levado pelo apetite do lucro, isto já faz supor que estão em causa o engano e o dano do próximo. A jactância é neste caso muito mais pecado mortal. Aristóteles diz: "Jactar-se por causas do lucro é mais torpe do que jactar-se tendo em vista a glória e a honra". Nem sempre porém é pecado mortal, porque pode ocorrer um ganho que a ninguém cause dano.

QUANTO AO 1º, portanto, deve-se dizer que quem se jacta para suscitar querelas comete pecado mortal. Mas pode ocorrer que a jactância seja uma causa apenas acidental da contenda. Neste caso não é pecado mortal.

QUANTO AO 2º, deve-se dizer que a Glosa fala aqui de uma jactância causada por um orgulho proibido, e que é naturalmente pecado mortal.

QUANTO AO 3º, deve-se dizer que nem sempre a jactância traz em si a mentira perniciosa, o que ocorre apenas quando ela atinge, ou por si mesma, ou por sua causa, a caridade para com Deus ou para com o próximo. — Jactar-se simplesmente pelo prazer da autodeleitação é algo vão, como diz Aristóteles. E pode se reduzir à mentira jocosa, a não ser que consiga se sobrepor ao amor de Deus e leve a desprezar os mandamentos divinos. Neste caso, estaria evidentemente indo contra a caridade para com Deus, no qual nossa alma deve repousar como em seu fim último. — Jactar-se para conseguir glória e dinheiro parece mais da ordem da mentira oficiosa, com a condição que não implique nenhum dano ao próximo, o que já estaria no plano da mentira perniciosa.

---

6. C. 13: 1127, b, 12-13.
7. Loc. cit.

## QUAESTIO CXIII
## DE IRONIA
*in duos articulos divisa*

Deinde considerandum est de ironia. Circa quam quaeruntur duo.
*Primo:* utrum ironia sit peccatum.
*Secundo:* de comparatione eius ad iactantiam.

### Articulus 1
### Utrum ironia, per quam aliquis minora de se fingit, sit peccatum

Ad primum sic proceditur. Videtur quod ironia, per quam aliquis minora de se fingit, non sit peccatum.

1. Nullum enim peccatum procedit ex divina confortatione. Ex qua procedit quod aliquis de se minora dicat: secundum illud Pr 30,1-2: *Visio quam locutus est vir cum quo est Deus, et qui, Deo secum morante confortatus, ait: Stultissimus sum virorum.* Et Am 7,14 dicitur: *Respondit Amos: Non sum propheta.* Ergo ironia, per quam aliquis minora de se dicit, non est peccatum.

2. Praeterea, Gregorius dicit, in epistola *ad Augustinum Anglorum episcopum*[1]: *Bonarum mentium est ibi suas culpas agnoscere ubi culpa non est.* Sed omne peccatum repugnat bonitati mentis. Ergo ironia non est peccatum.

3. Praeterea, fugere superbiam non est peccatum. Sed aliqui *minora de seipsis dicunt fugientes tumidum*: ut Philosophus dicit, IV *Ethic.*[2]. Ergo ironia non est peccatum.

Sed contra est quod Augustinus dicit, in libro *de Verbis Apost.*[3]: *Cum humilitatis causa mentiris, si non eras peccator antequam mentireris, mentiendo efficeris.*

Respondeo dicendum quod hoc quod aliqui minora de se dicant, potest contingere dupliciter. Uno modo, salva veritate: dum scilicet maiora quae sunt in seipsis, reticent; quaedam vero minora detegunt et de se proferunt, quae tamen in se esse recognoscunt. Et sic minora de se dicere non pertinet ad ironiam: nec est peccatum secun-

## QUESTÃO 113
## A IRONIA[a]
*em dois artigos*

Em seguida deve-se tratar da ironia. A esse respeito, duas questões.
1. A ironia é pecado?
2. Comparação entre ironia e jactância.

### Artigo 1
### A ironia pela qual alguém finge ser menos do que é, é pecado?

Quanto ao primeiro artigo, assim se procede: parece que a ironia, pela qual uma pessoa finge ser menor do que é, **não** é pecado.

1. Com efeito, nenhum pecado pode ter origem naquele conforto que recebemos de Deus e que leva algumas pessoas a se rebaixarem, como se diz no livro dos Provérbios: "Visão contada por um homem com quem Deus está, e a quem Deus assiste e fortifica, que declara: eu sou o mais estúpido dos homens". E Amós respondeu: "Eu não sou profeta". Portanto, a ironia, pela qual alguém se rebaixa ao falar de si, não é pecado.

2. Além disso, Gregório escreve a Agostinho, bispo dos ingleses: "É próprio das almas boas reconhecerem sua culpa mesmo onde não há pecado." Ora, todo pecado repugna à bondade da alma. Logo, a ironia não é pecado.

3. Ademais, fugir do orgulho não constitui pecado. Ora, Aristóteles diz que há pessoas que "se depreciam para fugir do inchaço do orgulho". Logo, a ironia não é pecado.

Em sentido contrário, Agostinho diz: "Quando mentes por humildade, se não tinhas pecado antes de mentires, mentindo te tornaste pecador".

Respondo. Que alguém se deprecie pode ocorrer de duas maneiras. Primeiro, quando alguém, respeitando a verdade, procura guardar silêncio sobre o que existe de melhor em si mesmo, para dar destaque apenas ao que tem de menos bom, e que reconhecem nele. E assim, o fato de se rebaixar não é mais da ordem da ironia e em si

---

1 Parall.: IV *Ethic.*, lect. 15.

1. *Registr.*, l. XII, epist. 64, al. 31, ad interr. 10: ML 77, 1195 B.
2. C. 13: 1127, b, 22-24.
3. Serm. 181, al. *de Verbis Apostoli* 29, c. 4, n. 5: ML 38, 981.

---

a. O termo "ironia" é a transcrição pura e simples do vocábulo grego empregado por Aristóteles para designar a forma excessiva, e portanto viciosa, de alguém se menosprezar em palavras; o que não corresponde à acepção atual de "ironia" em uma língua moderna.

dum genus suum, nisi per alicuius circumstantiae corruptionem.

Alio modo aliquis dicit minora a veritate declinans: puta cum asserit de se aliquid vile quod in se non recognoscit; aut cum negat de se aliquid magnum quod tamen percipit in seipso esse. Et sic pertinet ad ironiam: et est semper peccatum.

AD PRIMUM ergo dicendum quod duplex est sapientia, et duplex stultitia. Est enim quaedam sapientia secundum Deum, quae humanam vel mundanam stultitiam habet adiunctam: secundum illud 1Cor 3,18: *Si quis inter vos sapiens videtur esse in hoc saeculo, stultus fiat, ut sit sapiens*. Alia vero est sapientia mundana, quae, ut ibidem 19 subditur, *stultitia est apud Deum*. Ille ergo qui a Deo confortatur, confitetur se esse stultissimum secundum reputationem humanam: quia scilicet mundana contemnit, quae hominum sapientia quaerit. Unde et ibidem subditur: *Et sapientia hominum non est mecum*: et postea 3 subdit: *Et novi sanctorum scientiam*. — Vel potest dici *sapientia hominum* esse quae humana ratione acquiritur: *sapientia* vero *sanctorum* quae ex divina inspiratione habetur.

Amos autem negavit se esse prophetam origine: quia scilicet non erat de genere prophetarum. Unde et ibidem subdit: *Nec filius prophetae*.

AD SECUNDUM dicendum quod ad bonitatem mentis pertinet ut homo ad iustitiae perfectionem tendat. Et ideo in culpam reputat non solum si deficiat a communi iustitia, quod vere culpa est, sed etiam si deficiat a iustitiae perfectione, quod quandoque culpa non est. Non autem culpam dicit quod pro culpa non recognoscit: quod ad ironiae mendacium pertineret.

AD TERTIUM dicendum quod homo non debet unum peccatum facere ut aliud vitet. Et ideo non debet mentiri qualitercumque ut vitet superbiam. Unde Augustinus dicit, *super Ioan.*[4]: *Non ita caveatur arrogantia ut veritas relinquatur*. Et Gregorius dicit[5] quod *incaute sunt humiles qui se mentiendo illaqueant*.

mesmo não constitui pecado, salvo se alguma circunstância vier corromper este ato.

Na segunda forma, alguém se deprecia afastando-se da verdade, quando se atribui vilanias que ele mesmo sabe que não tem, ou nega qualidades que tem certeza de possuir. E isto pertence à ironia e é sempre pecado.

QUANTO AO 1º, portanto, deve-se dizer que há duas sabedorias e duas estultices. Existe uma sabedoria segundo Deus, que vem acompanhada de um estultice humana ou mundana, de acordo com o que diz Paulo: "Se alguém dentro vós se julga sábio perante este mundo, que se faça insensato para se tornar sábio". Pois a sabedoria do mundo é outra. Como Paulo acrescenta: "Ela é estultice aos olhos de Deus". Por conseguinte, aquele que é assistido por Deus, reconhece ser estulto segundo a opinião dos homens, porque despreza os bens deste mundo que a sabedoria humana procura. E ele acrescenta: "A sabedoria dos homens não está comigo". E, logo em seguida: "eu conheço a sabedoria dos santos". — Pode-se chamar de *sabedoria dos homens* a que se adquire pela razão humana, e *sabedoria dos santos*, aquela que se adquire por inspiração divina.

Quanto a Amós, ele negou ser profeta de nascimento por não pertencer a uma família de profetas, o que o leva a acrescentar: "Nem filho de profeta".

QUANTO AO 2º, deve-se dizer que cabe à bondade da alma fazer com que o homem tenda para a perfeição da justiça. E por isso ela considera como pecado não somente faltar à justiça comum, o que é realmente uma culpa, mas até mesmo faltar à própria perfeição da justiça, que às vezes não é pecado nenhum. Mas o homem bom não se atribui uma culpa que ele mesmo não reconhece como tal, pois isso pertenceria à mentira da ironia.

QUANTO AO 3º, deve-se dizer que ninguém deve cometer um pecado para evitar outro. E por isso não deve mentir em nenhuma hipótese, para evitar a soberba. Agostinho escreve: "Não se deve temer o orgulho a ponto de abandonar a verdade". E Gregório diz: "Imprudentes são os humildes que se deixam cair nos laços da mentira".

---

4. Tract. 43, n. 15: ML 35, 1712.
5. *Moral.*, l. XXVI, c. 5, al. 3, in vet. 2, n. 5: ML 76, 351 C.

## ARTICULUS 2
### Utrum ironia sit minus peccatum quam iactantia

AD SECUNDUM SIC PROCEDITUR. Videtur quod ironia non sit minus peccatum quam iactantia.
1. Utrumque enim est peccatum inquantum declinat a veritate, quae est aequalitas quaedam. Sed ab aequalitate non magis declinat qui excedit quam qui diminuit. Ergo ironia non est minus peccatum quam iactantia.
2. PRAETEREA, secundum Philosophum[1], ironia quandoque iactantia est. Iactantia autem non est ironia. Ergo ironia est gravius peccatum quam iactantia.
3. PRAETEREA, Pr 26,25 dicitur: *Quando submiserit vocem suam, ne credideris ei: quoniam septem nequitiae sunt in corde illius*. Sed submittere vocem pertinet ad ironiam. Ergo in ea est multiplex nequitia.

SED CONTRA est quod Philosophus dicit, in IV *Ethic.*[2], quod *irones et minus dicentes gratiores secundum mores videntur*.

RESPONDEO dicendum quod, sicut supra[3] dictum est, unum mendacium est gravius altero, quandoque quidem ex materia de qua est, sicut mendacium quod fit in doctrina religionis est gravissimum: quandoque autem ex motivo ad peccandum, sicut mendacium perniciosum est gravius quam officiosum vel iocosum. Ironia autem et iactantia circa idem mentiuntur, vel verbis vel quibuscumque exterioribus signis: scilicet circa conditionem personae. Unde quantum ad hoc aequalia sunt. Sed ut plurimum iactantia ex turpiori motivo procedit, scilicet ex appetitu lucri vel honoris: ironia vero ex hoc quod fugit, licet inordinate, per elationem aliis gravis esse. Et secundum hoc Philosophus dicit[4] quod iactantia est gravius peccatum quam ironia. — Contingit tamen quandoque quod aliquis minora de se fingit ex aliquo alio motivo: puta ad dolose decipiendum. Et tunc ironia est gravior.

## ARTIGO 2
### A ironia é um pecado menor que a jactância?

QUANTO AO SEGUNDO, ASSIM SE PROCEDE: parece que a ironia **não** é menos pecado que a jactância.
1. Com efeito, ambos são pecados, enquanto se afastam da verdade, que é uma certa igualdade. Ora, ninguém se afasta mais da igualdade quando exagera ou diminui a verdade. Logo, a ironia não é menos pecado que a jactância.
2. ALÉM DISSO, Aristóteles diz que, às vezes, a ironia é jactância, enquanto que a jactância nunca é ironia. Portanto, a ironia é um pecado mais grave que a jactância.
3. ADEMAIS, o livro dos Provérbios afirma: "Se ele abaixar a voz, não acredites nele, porque há sete abominações em seu coração". Ora, abaixar a voz convém à ironia. Logo, existem nela múltiplas maldades.

EM SENTIDO CONTRÁRIO, Aristóteles diz que os irônicos e que falam menos de si mesmos, parecem mais agradáveis em sua conduta".

RESPONDO. Como foi dito acima, uma mentira pode ser mais grave que outra, às vezes, por causa de sua matéria. Por exemplo, a mentira no ensinamento da fé é a mais grave de todas. Outras vezes, por causa do motivo que induz a pecar. Por exemplo, a mentira perniciosa é mais grave que a mentira oficiosa ou a jocosa. Ora, a ironia e a jactância mentem por palavras, ou por quaisquer outros sinais exteriores, a respeito do mesmo objeto, e isto sempre a propósito da situação pessoal daquele que está falando. Deste ponto de vista, ironia e jactância são iguais. Mas, na maioria das vezes, a jactância procede de um motivo mais torpe, a saber, do apetite do lucro e das honras, enquanto que a ironia leva uma pessoa a evitar ser pesada aos outros pela pretensão, embora às vezes faça isto de maneira desordenada. Deste ponto de vista, Aristóteles diz que a jactância é um pecado mais grave que a ironia. — Entretanto, às vezes acontece que alguém procure se depreciar por um outro motivo, por exemplo, para melhor enganar. Neste caso, a ironia é um pecado mais grave.

---

2 PARALL.: IV *Ethic.*, lect. 15.

1. *Ethic.*, l. IV, c. 13: 1127, b, 22-24.
2. Loc. cit.
3. Q. 110, a. 2, 4.
4. Loc. cit.: 1127, a, 31-32; b, 32.

AD PRIMUM ergo dicendum quod ratio illa procedit de ironia et iactantia secundum quod mendacii gravitas consideratur ex seipso, vel ex materia eius. Sic enim dictum est quod aequalitatem habent.

AD SECUNDUM dicendum quod duplex est excellentia: una quidem in temporalibus rebus; alia vero in spiritualibus. Contingit autem quandoque quod aliquis per exteriora signa vel per verba praetendit quidem defectum in exterioribus rebus, puta per aliquam vestem abiectam aut per aliquid huiusmodi, et per hoc ipsum intendit ostentare aliquam excellentiam spiritualem: sicut Dominus de quibusdam dicit, Mt 6,16, quod *exterminant facies suas ut appareant hominibus ieiunantes*. Unde isti simul incurrunt vitium ironiae et iactantiae (tamen secundum diversa): et propter hoc gravius peccant. Unde et Philosophus dicit, in IV *Ethic.*[5], quod et *superabundantia et valde defectus iactantium est*. Propter quod et de Augustino legitur[6] quod neque vestes nimis pretiosas, neque nimis abiectas habere volebat, quia in utroque homines suam gloriam quaerunt.

AD TERTIUM dicendum quod, sicut dicitur Eccli 19,23, *est qui nequiter se humiliat, et interiora eius plena sunt dolo*. Et secundum hoc, Salomon loquitur de eo qui ex dolosa humilitate vocem suam submittit.

QUANTO AO 1º, portanto, deve-se dizer que o argumento vale para a ironia e a jactância segundo se considera a gravidade da mentira tomada em si mesma, ou a partir de sua matéria. Desse modo, foi dito que, jactância e ironia são iguais.

QUANTO AO 2º, deve-se dizer que há duas espécies de superioridade: uma, nas coisas temporais, outra, nas espirituais. Ocorre, às vezes, que alguém decida se depreciar por sinais exteriores, ou por palavras ou pela maneiras de se vestir ou por qualquer outro expediente deste gênero, mas tendo em vista manifestar uma superioridade espiritual. É por isto que Jesus disse que "alguns tomam um rosto desfeito para mostrar aos homens que estão jejuando". Assim, contraem simultaneamente o vício da ironia e o vício da jactância, (mas segundo planos diferentes). E, por causa disto, o pecado deles é mais grave. É o que leva Aristóteles a dizer que "a superabundância e o extremo despojamento é próprio dos jactanciosos". E o biógrafo de Agostinho diz que ele se recusava a usar roupas bonitas demais, ou ordinárias demais, porque os homens procuram a glória nestes dois tipos de excessos.

QUANTO AO 3º, deve-se dizer que como o livro do Eclesiástico diz: "Há quem se humilhe por malícia, enquanto seu coração está repleto de dolo". E é neste sentido que Salomão, no provérbio citado, fala daquele que procura abaixar a voz inspirado por ùma humildade dolosa.

---

5. C. 13: 1127, b, 29-31.
6. Cfr. POSSIDIUM, *Vita S. Aug.*, c. 22: ML 32, 51.

## QUAESTIO CXIV
## DE AMICITIA SEU AFFABILITATE
*in duos articulos divisa*

Deinde considerandum est de amicitia quae affabilitas dicitur; et de vitiis oppositis, quae sunt adulatio et litigium.

## QUESTÃO 114
## A AMIZADE OU AFABILIDADE[a]
*em dois artigos*

Em seguida deve-se tratar da amizade, no sentido de afabilidade e dos vícios que a ela se opõem: a adulação e o litígio.

---

a. As três questões consagradas à amizade ou afabilidade e aos dois vícios que se contrapõem a ela por excesso ou por falta: a adulação (q. 115) e a contestação, ou tendência a se envolver em querelas (q. 116), seguem de bem perto o método e a doutrina de Aristóteles (no livro IV da *Ética a Nicômaco*). Os dados bíblicos e tradicionais provenientes da filosofia latina e da reflexão patrística são harmoniosamente integrados, conduzindo o pensamento aristotélico, com frequência empírico e descritivo, ao plano de uma elaboração doutrinal bastante coerente e ao mesmo tempo mais abrangente.

A noção de amizade propriamente dita é amplamente estudada por Aristóteles no livro VIII da *Ética a Nicômaco*, como a forma mais eminente do amor. Ela resplandece como um dos pontos altos da vida moral, constituído pelo laço de benevolência, ligando numa estima recíproca as pessoas virtuosas, em busca da verdadeira felicidade humana. Uma tal noção é utilizada por Sto. Tomás em sua definição da caridade, a mais alta das virtudes teologais (ver II-II, q. 23, à qual remete a q. 114, a. 1, r. 1). Aqui, a amizade permanece no plano das relações sociais, designando antes a atitude geral de amabilidade ou de afabilidade; é cortesia plena de atenção, e tornando mais fácil, senão mais alegre, o viver junto.

Circa amicitiam autem seu affabilitatem quaeruntur duo.
*Primo:* utrum sit specialis virtus.
*Secundo:* utrum sit pars iustitiae.

## Articulus 1
### Utrum amicitia sit specialis virtus

AD PRIMUM SIC PROCEDITUR. Videtur quod amicitia non sit specialis virtus.
1. Dicit enim Philosophus, in VIII *Ethic.*[1], quod *amicitia perfecta est quae est propter virtutem*. Quaelibet autem virtus est amicitiae causa: quia *bonum omnibus est amabile*, ut Dionysius dicit, 4 cap. *de Div. Nom.*[2]. Ergo amicitia non est specialis virtus, sed consequens omnem virtutem.
2. PRAETEREA, Philosophus dicit, in IV *Ethic.*[3], de tali amico, quod *non in amando vel inimicando recipit singula ut oportet*. Sed quod aliquis signa amicitiae ostendat ad eos quos non amat, videtur pertinere ad simulationem, quae repugnat virtuti. Ergo huiusmodi amicitia non est virtus.

3. PRAETEREA, *virtus in medietate constituitur prout sapiens determinabit*, sicut dicitur in II *Ethic.*[4]. Sed Eccle 7,5 dicitur: *Cor sapientum ubi tristitia, et cor stultorum ubi laetitia*: unde ad virtuosum pertinet maxime a delectatione sibi cavere, ut dicitur II *Ethic.*[5]. Haec autem amicitia *per se quidem desiderat condelectare, contristare autem reveretur*: ut Philosophus dicit, in IV *Ethic.*[6]. Ergo huiusmodi amicitia non est virtus.

SED CONTRA, praecepta legis dantur de actibus virtutum. Sed Eccli 4,7 dicitur: *Congregationi pauperum affabilem te facito*. Ergo affabilitas, quae hic amicitia dicitur, est quaedam specialis virtus.

Sobre a amizade, ou afabilidade, duas questões.
1. A amizade é uma virtude especial?
2. É uma parte da justiça?

## Artigo 1
### A amizade é uma virtude especial?

QUANTO AO ARTIGO PRIMEIRO, ASSIM SE PROCEDE: parece que a amizade **não** é uma virtude especial.
1. Com efeito, Aristóteles afirma que "a amizade perfeita é aquela que se fundamenta na virtude". Ora, toda virtude é causa de amizade, porque, segundo Dionísio, "o bom é amável para todo mundo". Logo, a amizade não é uma virtude especial, mas a consequência de toda virtude.
2. ALÉM DISSO, Aristóteles diz, a respeito de um amigo, "que não é nem por amor nem por falta de amor que ele recebe todas as coisas como convém". Ora, quando alguém exibe sinais de amizade àqueles que não ama, pratica algo do gênero da simulação, que repugna à virtude. Logo, esta amizade não é uma virtude.
3. ADEMAIS, Aristóteles diz que a "virtude se situa num meio-termo determinado pelo sábio". Ora, o livro do Eclesiástico afirma: "O coração dos sábios está na tristeza, o coração dos insensatos na alegria". Convém, portanto, ao homem virtuoso se precaver sobremaneira contra o prazer, como diz Aristóteles. E ele acrescenta que este tipo de amizade "deseja por si mesma compartilhar as alegrias e evita provocar tristeza". Logo, esta amizade não é uma virtude especial.

EM SENTIDO CONTRÁRIO, os preceitos da lei têm por objeto os atos das virtudes. Mas o livro do Eclesiástico diz: "Faze-te afável na assembleia dos pobres". Por conseguinte, a afabilidade, que aqui se chama amizade, é uma virtude especial.

---

1 PARALL.: IV *Ethic.*, lect. 14.
 1. C. 4: 1156, b, 7-8.
 2. MG 3, 708 A.
 3. C. 12: 1126, b, 23-26.
 4. C. 6: 1106, b, 36-1107, a, 2.
 5. C. 9: 1109, b, 7-13.
 6. C. 12: 1127, a, 2-7.

---

Será caracterizada como uma virtude especial (a. 1), e classificada entre as virtudes anexas da justiça (a. 2), devido à harmonia e ao bem-estar que ela traz para a vida social. Ela a enriquece de uma certa disposição à união, ao entendimento entre as pessoas, o que a aproxima da verdade, com ela formando uma dupla qualidade sem a qual a sociedade não conseguiria manter-se. A amizade surge então como uma exigência, um certo tipo de dever que o homem virtuoso será levado a reconhecer como uma "dívida de honestidade" (ver a. 2, Solução). Mas ela se impõe igualmente como uma verdadeira exigência da vida em sociedade, sua ausência seria sentida como insuportável (a. 2, r. 1). Numa perspectiva utilitária e até mesmo comercial, a sociedade industrial exalta uma estima semelhante pela cortesia nas "relações com o público". Seguindo Aristóteles, Sto. Tomás elogia a amizade ou afabilidade, e desenvolve a doutrina numa perspectiva propriamente ética, atenta ao que convém à dignidade, à felicidade do homem, assim como à manutenção, ao florescimento de toda vida em sociedade.

RESPONDEO dicendum quod, sicut dictum est[7], cum virtus ordinetur ad bonum, ubi occurrit specialis ratio boni, ibi oportet esse specialem rationem virtutis. Bonum autem in ordine consistit, sicut supra[8] dictum est. Oportet autem hominem convenienter ad alios homines ordinari in communi conversatione, tam in factis quam in dictis: ut scilicet ad unumquemque se habeat secundum quod decet. Et ideo oportet esse quandam specialem virtutem quae hanc convenientiam ordinis observet. Et haec vocatur amicitia sive affabilitas.

AD PRIMUM ergo dicendum quod Philosophus in libro *Ethicorum* de duplici amicitia loquitur. Quarum una consistit principaliter in affectu quo unus alium diligit. Et haec potest consequi quamcumque virtutem. Quae autem ad hanc amicitiam pertinent, supra[9] de caritate dicta sunt. — Aliam vero amicitiam ponit quae consistit in solis exterioribus verbis vel factis. Quae quidem non habet perfectam rationem amicitiae, sed quandam eius similitudinem: inquantum scilicet quis decenter se habet ad illos cum quibus conversatur.

AD SECUNDUM dicendum quod omnis homo naturaliter omni homini est amicus quodam generali amore: sicut etiam dicitur Eccli 13,19, quod *omne animal diligit simile sibi*. Et hunc amorem repraesentant signa amicitiae quae quis exterius ostendit in verbis vel factis etiam extraneis et ignotis. Unde non est ibi simulatio. Non enim ostendit eis signa perfectae amicitiae: quia non eodem modo se habet familiariter ad extraneos sicut ad eos qui sunt sibi speciali amicitia iuncti.

AD TERTIUM dicendum quod cor sapientum dicitur esse ubi tristitia, non quidem ut ipse proximo tristitiam inferat, dicit enim Apostolus, Rm 14,15: *Si propter cibum frater tuus contristatur, iam non secundum caritatem ambulas*: sed ut contristantibus consolationem ferat, secundum illud Eccli 7,38: *Non desis plorantibus in consolationem, et cum lugentibus ambula*. — Cor autem stultorum est ubi laetitia, non quidem ut ipsi alios laetificent: sed ut ipsi aliorum laetitia perfruantur.

RESPONDO. Uma vez que, foi dito acima, a virtude se ordena para o bem, toda vez que ocorre uma razão especial de bem, aí também haverá uma razão especial de virtude. Mas, o bem consiste na ordem, como demonstrado. Ora, é preciso que as relações entre homens se ordenem harmoniosamente num convívio comum, tanto em ações quanto em palavras, ou seja, é necessário que cada um se comporte com relação aos outros de maneira conveniente. Por isso, é necessária uma virtude especial que mantenha a harmonia desta ordem. E esta virtude se chama *amizade* ou *afabilidade*.

QUANTO AO 1º, portanto, deve-se dizer que Aristóteles fala de duas amizades. A primeira consiste principalmente na afeição de um homem para com outro, e pode ser a consequência de qualquer virtude. O que se refere a esta amizade, foi dito quando se tratou caridade. — Mas ele fala de um segundo tipo de amizade que consiste unicamente em palavras ou atos exteriores. E esta não realiza de maneira perfeita a razão de amizade, mas tem com ela uma certa semelhança, na medida em que alguém se comporta decentemente com aqueles com quem convive.

QUANTO AO 2º, deve-se dizer que por natureza todo homem é amigo, com amor geral, segundo a palavra do Eclesiástico: "Todo ser vivo ama seu semelhante". E as pessoas manifestam este amor por sinais de amizade que se dirigem em palavras ou atos até mesmo aos estranhos e desconhecidos. E não existe simulação nisto. Porque não se dá a estas pessoas sinais de amizade perfeita, uma vez que não se pode ter com estranhos a mesma intimidade que se tem com aqueles a quem se está unido por uma amizade especial.

QUANTO AO 3º, deve-se dizer que quando se diz que o coração dos sábios está na tristeza, não se quer dizer que os sábios levam a seu próximo a tristeza, pois o próprio Paulo afirma: "Quando um irmão teu se mostra triste por causa da comida, tu já não estás te conduzindo segundo as normas da caridade". Ao contrário, estes sábios procuram levar um consolo aos que estão tristes, de acordo com o Eclesiástico: "não dês as costas a quem chora e procura te afligir com os aflitos". — Mas, quando se diz que o coração dos insensatos está na alegria, não quer dizer que eles alegrem os outros, mas que se aproveitam da alegria alheia.

---

7. Q. 109, a. 2.
8. Ibid.
9. Q. 23, a. 1; a. 3, ad 1; qq. 25-33.

Pertinet ergo ad sapientem ut condelectationem afferat his cum quibus conversatur: non quidem lascivam, quam virtus cavet, sed honestam; secundum illud Ps 132,1: *Ecce quam bonum et quam iucundum habitare fratres in unum*. Quandoque tamen, propter aliquod bonum consequens vel propter aliquod malum excludendum, non refugiet virtuosus eos quibus convivit contristare: ut Philosophus dicit, IV *Ethic*.[10]. Unde et Apostolus dicit, 2Cor 7,8: *Si contristavi vos in epistola, non me poenitet*: et postea 9: *Gaudeo, non quia contristati estis, sed quia contristati estis ad poenitentiam*. Et ideo his qui sunt proni ad peccandum non debemus hilarem vultum ostendere ad eos delectandum, ne videamur eorum peccato consentire et quodammodo peccandi audaciam ministrare. Unde dicitur Eccli 7,26: *Filiae tibi sunt: serva corpus illarum, et non ostendas hilarem faciem tuam ad illas*.

Pertence aos sábios trazer prazer para aqueles de cujo convívio participam. Não o prazer lascivo que a virtude recusa, mas o prazer honesto, de acordo com o Salmo: "Como é bom e agradável para os irmãos habitarem juntos!" Algumas vezes, porém, para conseguir um bem ou afastar um mal, o homem virtuoso não terá medo de entristecer seus companheiros, como diz Aristóteles. E Paulo diz: "Se com esta carta eu fiz vocês ficarem tristes, não me arrependo". E logo a seguir: Eu me rejubilo, não por terdes ficado tristes, mas por esta tristeza vos ter levando à penitência". E por isso, não devemos mostrar um semblante alegre àqueles que se deixam levar pelo pecado, como se quiséssemos confortá-los, para que não pensem que temos cumplicidade com o pecado deles e que, de certa forma, estamos encorajando sua audácia no pecar. Assim, lemos no livro do Eclesiástico: "Tens filhas? Trata de preservar a pureza dos corpos delas, e não lhes mostres um semblante risonho"

## Articulus 2
### Utrum huiusmodi amicitia sit pars iustitiae

Ad secundum sic proceditur. Videtur quod huiusmodi amicitia non sit pars iustitiae.

1. Ad iustitiam enim pertinet reddere debitum alteri. Sed hoc non pertinet ad hanc virtutem, sed solum delectabiliter aliis convivere. Ergo huiusmodi virtus non est pars iustitiae.

2. Praeterea, secundum Philosophum, in IV *Ethic*.[1], huiusmodi virtus consistit *circa delectationem vel tristitiam quae est in convictu*. Sed moderari maximas delectationes pertinet ad temperantiam, ut supra[2] habitum est. Ergo haec virtus magis est pars temperantiae quam iustitiae.

3. Praeterea, aequalia inaequalibus exhibere contra iustitiam est, ut supra[3] habitum est. Sed sicut Philosophus dicit, in IV *Ethic*.[4], haec virtus *similiter ad ignotos et notos, et consuetos et inconsuetos operatur*. Ergo haec virtus non est pars iustitiae, sed magis ei contrariatur.

Sed contra est quod Macrobius[5] ponit amicitiam partem iustitiae.

## Artigo 2
### Esta amizade é parte da justiça?

Quanto ao segundo, assim se procede: parece que esta amizade **não** é parte da justiça.

1. Com efeito, pertence à justiça dar ao outro o que lhe é devido. Ora, isto não pertence a esta virtude, que apenas nos fazer viver agradavelmente com os demais. Logo, está virtude não é parte da justiça.

2. Além disso, segundo Aristóteles, esta virtude diz respeito apenas "ao prazer ou à tristeza no convívio com os outros". Ora, moderar os prazeres excessivos pertence à temperança, como foi estabelecido antes. Logo, esta virtude é mais parte da temperança do que da justiça.

3. Ademais, é contrário à justiça tratar como iguais os que são desiguais. Ora, Aristóteles diz que "esta virtude trata da mesma maneira conhecidos e desconhecidos, familiares e estranhos". Logo, esta virtude não somente não faz parte da justiça como ainda a contraria.

Em sentido contrário, Macróbio afirma a amizade como uma parte da justiça.

---

10. C. 12: 1126, b, 33-35.

2

1. C. 12: 1126, b, 30-31.
2. I-II, q. 60, a. 5; q. 61, a. 3.
3. Q. 61, a. 2; I, q. 65, a. 2, ad 3.
4. C. 12: 1126, b, 25-26.
5. *In somn. Scip.*, l. I, c. 8: ed. Fr. Eyssenhardt, Lipsiae 1868, p. 507, l. 26.

RESPONDEO dicendum quod haec virtus est pars iustitiae, inquantum adiungitur ei sicut principali virtuti. Convenit enim cum iustitia in hoc quod ad alterum est, sicut et iustitia. Deficit autem a ratione iustitiae, quia non habet plenam debiti rationem, prout aliquis alteri obligatur vel debito legali, ad cuius solutionem lex cogit, vel etiam aliquo debito proveniente ex aliquo beneficio suscepto: sed solum attendit quoddam debitum honestatis, quod magis est ex parte ipsius virtuosi quam ex parte alterius, ut scilicet faciat alteri quod decet eum facere.

AD PRIMUM ergo dicendum quod, sicut supra[6] dictum est, quia homo naturaliter est animal sociale, debet ex quadam honestate veritatis manifestationem aliis hominibus, sine qua societas hominum durare non posset. Sicut autem non posset vivere homo in societate sine veritate, ita nec sine delectatione: quia sicut Philosophus dicit, in VIII *Ethic*.[7], *nullus potest per diem morari cum tristi, neque cum non delectabili*. Et ideo homo tenetur ex quodam debito naturali honestatis ut homo aliis delectabiliter convivat: nisi propter aliquam causam necesse sit aliquando alios utiliter contristare.

AD SECUNDUM dicendum quod ad temperantiam pertinet refrenare delectationes sensibiles. Sed haec virtus consistit circa delectationes in convictu, quae ex ratione proveniunt, inquantum unus ad alterum decenter se habet. Et has delectationes non oportet refrenare tanquam noxias.

AD TERTIUM dicendum quod verbum illud Philosophi non est intelligendum quod aliquis eodem modo debeat colloqui et convivere notis et ignotis: quia, ut ipse ibidem[8] subdit, *non similiter convenit consuetos et extraneos curare aut contristare*. Sed in hoc attenditur similitudo, quod ad omnes oportet facere quod decet.

RESPONDO. Esta virtude faz parte da justiça, na medida em que se liga a ela como a uma virtude principal. Ela tem em comum com a justiça o fato de ser relativa ao outro. Mas não preenche a razão de justiça, pois não realiza plenamente aquela razão da dívida que obriga um homem, em relação ao outro, seja quando se trata de uma dívida legal, que a lei obriga a honrar, seja em se tratando de uma dívida criada por algum benefício recebido. A amizade leva em conta apenas uma dívida de honra que é muito mais própria do virtuoso do que do outro, levando-o a fazer para o outro o que convém.

QUANTO AO 1º, portanto, deve-se dizer que o homem é, por natureza, um animal social e deve com honestidade manifestar a verdade aos outros homens, sem o que a sociedade humana não poderia durar. Ora, assim como o homem não poderia viver numa sociedade sem verdade, assim também não poderia viver numa sociedade sem prazer. Aristóteles diz: "ninguém consegue passar um dia inteiro com uma pessoa triste e sem atrativos." Por isso o homem é obrigado, por uma espécie de dívida natural de honestidade, a tornar agradáveis as relações com os outros, a menos que, por um motivo particular, seja necessário contristar outros para o próprio bem deles.

QUANTO AO 2º, deve-se dizer que pertence à temperança refrear os prazeres sensíveis. Mas esta virtude se aplica aos prazeres da convivência social, que têm uma justificativa racional, na medida em que cada um tem obrigação de se comportar com a devida decência frente aos outros. E não há nenhum motivo para refrear esses prazeres como nocivos.

QUANTO AO 3º, deve-se dizer que não se deve interpretar esta palavra de Aristóteles como se alguém devesse oferecer o mesmo tratamento aos conhecidos e desconhecidos. E ele próprio acrescenta: "Não convém tratar da mesma maneira familiares e estranhos, quando se trata de participar das alegrias ou das tristezas". A semelhança consiste, pois, em que se deve tratar a todos como convém.

---

6. Q. 109, a. 3, ad 1.
7. C. 6: 1157, b, 15-17.
8. *Eth.*, l. IV, c. 12: 1126, b, 27-28.

## QUAESTIO CXV
## DE ADULATIONE
*in duos articulos divisa*

Deinde considerandum est de vitiis oppositis praedictae virtuti. Et primo, de adulatione; secundo, de litigio.
Circa adulationem quaeruntur duo.
*Primo:* utrum adulatio sit peccatum.
*Secundo:* utrum sit peccatum mortale.

### Articulus 1
### Utrum adulatio sit peccatum

AD PRIMUM SIC PROCEDITUR. Videtur quod adulatio non sit peccatum.

1. Adulatio enim consistit in quodam sermone laudis alteri exhibito intentione placendi. Sed laudare aliquem non est malum: secundum illud Pr 31,28: *Surrexerunt filii eius et beatissimam praedicaverunt: vir eius, et laudavit eam.* Similiter etiam velle placere aliis non est malum: secundum illud 1Cor 10,33: *Per omnia omnibus placeo.* Ergo adulatio non est peccatum.

2. PRAETEREA, bono malum est contrarium, et similiter vituperium laudi. Sed vituperare malum non est peccatum. Ergo neque laudare bonum, quod videtur ad adulationem pertinere. Ergo adulatio non est peccatum.

3. PRAETEREA, adulationi detractio contrariatur: unde Gregorius dicit[1] quod remedium contra adulationem est detractio. *Sciendum est*, inquit, *quod ne immoderatis laudibus elevemur, plerumque nostri Rectoris moderamine detractionibus lacerari permittimur: ut quos vox laudantis elevat, lingua detrahentis humiliet.* Sed detractio est malum, ut supra[2] habitum est. Ergo adulatio est bonum.

SED CONTRA est quod super illud Ez 13,18, *Vae, qui consuunt pulvillos sub omni cubito manus*, dicit Glossa[3]: *idest, suavem adulationem.* Ergo adulatio est peccatum.

RESPONDEO dicendum quod, sicut supra[4] dictum est, amicitia praedicta, vel affabilitas, etsi principa-

---
1 PARALL.: IV *Ethic.*, lect. 14.
 1. *Moral.*, l. XXII, c. 7, al. 5, in vet. 9, n. 17: ML 76, 223 B.
 2. Q. 73, a. 2.
 3. Interlin.
 4. Q. 114, a. 1, ad 3.

## QUESTÃO 115
## A ADULAÇÃO
*em dois artigos*

Em seguida, deve-se tratar dos vícios contrários à afabilidade. Primeiro, da adulação e depois da contestação.
A respeito da adulação, duas questões.
1. A adulação é pecado?
2. A adulação é pecado mortal?

### Artigo 1
### A adulação é pecado?

QUANTO AO PRIMEIRO ARTIGO, ASSIM SE PROCEDE: parece que a adulação **não** é pecado.

1. Com efeito, a adulação consiste num certo discurso de louvores dirigido a alguém com o intuito de agradar. Ora, louvar alguém não é um mal, conforme o livro dos Provérbios: "Seus filhos se levantaram para proclamá-la bem-aventurada e seu marido para louvá-la". Da mesma forma, querer agradar aos homens também não é mal, segundo Paulo: "Eu me esforço em tudo para ser agradável a todos". Logo, a adulação não é pecado.

2. ALÉM DISSO, o mal é contrário ao bem e o vitupério ao louvor. Ora, vituperar o mal não é pecado. Portanto, nem louvar o bem, o que parece ser da ordem da adulação. Logo, a adulação não é pecado.

3. ADEMAIS, a maledicência é contrária à adulação e por isso Gregório diz que a maledicência é um remédio contra a adulação: "Convém saber que, para impedir o orgulho gerado por louvores imoderados, a sabedoria de nosso Deus permite às vezes que sejamos dilacerados pelas críticas; e assim, aqueles que as vozes dos louvores exaltam, a língua do detrator rebaixa". Ora, a detração é um mal, como ficou demonstrado. Logo, a adulação é um bem.

EM SENTIDO CONTRÁRIO, sobre a passagem de Ezequiel: "Ai daqueles que confeccionam travesseirinhos para seus cotovelos", a Glosa comenta: "isto significa as doçuras da bajulação". Logo, a adulação é pecado.

RESPONDO. Foi dito acima que a amizade ou afabilidade, apesar de ter como objeto principal

liter delectare intendat eos quibus convivit, tamen, ubi necesse est propter aliquod bonum exequendum vel malum vitandum, non veretur contristare. Si ergo aliquis in omnibus velit ad delectationem alteri loqui, excedit modum in delectando: et ideo peccat per excessum. Et si quidem hoc faciat sola intentione delectandi, vocatur *placidus*, secundum Philosophum[5]: si autem hoc faciat intentione alicuius lucri consequendi, vocatur *blanditor* sive *adulator*. Communiter tamen nomen adulationis solet attribui omnibus qui supra debitum modum virtutis volunt alios verbis vel factis delectare in communi conversatione.

AD PRIMUM ergo dicendum quod laudare aliquem contingit et bene et male: prout scilicet debitae circumstantiae vel servantur vel praetermittuntur. Si enim aliquis aliquem velit delectare laudando ut ex hoc eum consoletur ne in tribulationibus deficiat, vel etiam ut in bono proficere studeat, aliis debitis circumstantiis observatis, pertinebit hoc ad praedictam virtutem amicitiae. Pertinet autem ad adulationem si aliquis velit aliquem laudare in quibus non est laudandus: quia forte mala sunt, secundum illud: *Laudatur peccator in desideriis animae suae*; vel quia non sunt certa, secundum illud Eccli 27,8: *Ante sermonem ne laudes virum*, et iterum Eccli 11,2: *Non laudes virum in specie sua*; vel etiam si timeri possit ne humana laude ad inanem gloriam provocetur, unde dicitur Eccli 11,30: *Ante mortem ne laudes hominem*.

Similiter etiam velle placere hominibus propter caritatem nutriendam, et ut in eis homo spiritualiter proficere possit, laudabile est. Quod autem aliquis velit placere hominibus propter inanem gloriam vel propter lucrum, vel etiam in malis, hoc esset peccatum: secundum illud Ps 52,6: *Deus dissipavit ossa eorum qui hominibus placent*. Et Apostolus dicit, Gl 1,10: *Si adhuc hominibus placerem, Christi servus non essem*.

AD SECUNDUM dicendum quod etiam vituperare malum, si non adhibeantur debitae circumstantiae, est vitiosum. Et similiter laudare bonum.

AD TERTIUM dicendum quod nihil prohibet duo vitia esse contraria. Et ideo sicut detractio est malum, ita et adulatio. Quae ei contrariatur quantum ad ea quae dicuntur, non autem directe quantum ad finem: quia adulator quaerit delectationem eius

dar prazer àqueles que convivem, não teme causar pena, quando isto se faz necessário para conquistar um bem ou afastar um mal. Sendo assim, procurar em tudo agradar é ultrapassar a medida e pecar por excesso. Aquele que faz isto tendo a intenção apenas de agradar, Aristóteles, o chama de *complacente*; quem o faz com a intenção de auferir um lucro, será chamado de *lisonjeador* ou de *adulador*. Entretanto, de uma maneira geral, este nome é dado a todos aqueles que ultrapassam a medida justa da virtude por palavras ou atos de complacência na vida da sociedade.

QUANTO AO 1º, portanto, deve-se dizer que um elogio pode ser uma coisa boa ou má, dependendo de observar ou não as circunstâncias devidas. Quando uma pessoa quer agradar a outra, louvando-a para confortá-la nas tribulações, ou animá-las em seus esforços, ou ajudá-la a progredir no bem, neste caso, se as devidas circunstâncias forem observadas, haverá a virtude da amizade. Mas será adulação se alguém quiser louvar uma pessoa naquilo em que ela não merece elogios, e que pode até ser mau, segundo o texto: "o pecador é louvado nos desejos de sua alma", ou ser duvidoso, como diz o Salmo "não louves ninguém antes de ter ele falado", ou, em outra passagem: "não louves ninguém por causa de sua beleza física"; ou ainda, por receio que o louvor provoque a vanglória, segundo esta passagem do Eclesiástico: "não louves ninguém antes de sua morte".

Assim, procurar agradar aos homens para alimentar a caridade, ou para fazer com que eles progridam espiritualmente, é uma coisa louvável. Mas quando alguém quer agradar aos homens por causa da vanglória, ou por causa do lucro, ou quando se trata de ações más, isso seria um pecado, de acordo com os Salmos: "Deus dispersou os ossos daqueles que procuram agradar aos homens." E Paulo escreve: "Se eu ainda agradasse aos homens, não seria servo de Cristo".

QUANTO AO 2º, deve-se dizer que até mesmo reprovar o mal, se não forem respeitadas as devidas circunstâncias, é um ato vicioso. Da mesma maneira, louvar o que é bom.

QUANTO AO 3º, deve-se dizer que nada impede que dois vícios sejam contrários. Por isso, assim como a detração é um mal, assim também a adulação. Há contrariedade entre elas naquilo que dizem, mas não diretamente no que concerne ao

---

5. *Eth.*, l. IV, c. 12: 1127, a, 7-10.

cui adulatur; detractor autem non quaerit eius contristationem, cum aliquando occulte detrahat, sed magis quaerit eius infamiam.

fim: por que o adulador procura o prazer daquele que está sendo adulado; enquanto o difamador não procura tanto a tristeza de sua vítima, pois muitas vezes ele age em segredo, e busca principalmente atingir sua reputação.

## Articulus 2
### Utrum adulatio sit peccatum mortale

AD SECUNDUM SIC PROCEDITUR. Videtur quod adulatio sit peccatum mortale.

1. Quia secundum Augustinum, in *Enchirid.*[1], *malum dicitur quia nocet*. Sed adulatio maxime nocet: secundum illud Ps 9,24-25: *Quoniam laudatur peccator in desideriis animae suae, et iniquus benedicitur: exacerbavit Dominum peccator*. Et Hieronymus dicit[2] quod *nihil est quod tam facile corrumpat mentes hominum* quam adulatio. Et super illud Ps 69,4, *Convertantur statim erubescentes*, dicit Glossa[3]: *Plus nocet lingua adulatoris quam gladius persecutoris*. Ergo adulatio est gravissimum peccatum.

2. PRAETEREA, quicumque verbis alii nocet, non minus nocet sibi quam aliis: unde dicitur in Ps 36,15: *Gladius eorum intret in corda ipsorum*. Sed ille qui alteri adulatur, inducit eum ad peccandum mortaliter: unde super illud Ps 140,5, *Oleum peccatoris non impinguet caput meum*, dicit Glossa[4]: *Falsa laus adulatoris mentes a rigore veritatis emollit ad noxia*. Ergo multo magis adulator in se mortaliter peccat.

3. PRAETEREA, in Decretis scribitur, dist. XLVI[5]: *Clericus qui adulationibus et proditionibus vacare deprehenditur, degradetur ab officio*. Sed talis poena non infligitur nisi pro peccato mortali. Ergo adulatio est peccatum mortale.

SED CONTRA est quod Augustinus, in *Serm. de Purgat.*[6], inter *peccata minuta* numerat: *si quis cuiquam maiori personae, aut ex voluntate aut ex necessitate, adulari voluerit*.

RESPONDEO dicendum quod, sicut supra[7] dictum est, peccatum mortale est quod contrariatur caritati. Adulatio autem quandoque quidem caritati

## Artigo 2
### A adulação é pecado mortal?

QUANTO AO SEGUNDO, ASSIM SE PROCEDE: parece que a adulação é pecado mortal.

1. Com efeito, segundo Agostinho, "chama-se mal aquilo que causa dano". Ora, a adulação é extremamente danosa, como diz o Salmo: "O ímpio é glorificado por suas cobiças, o pecador é abençoado e provoca o Senhor". E numa carta atribuída a Jerônimo, lê-se: "Nada corrompe mais facilmente a alma humana do que a adulação". E a respeito do Salmo: "voltem-se logo envergonhados...", a Glosa comenta: "a língua do adulador causa mais estragos do que a espada do perseguidor". Logo, a adulação é um pecado muito grave.

2. ALÉM DISSO, quem causa dano a outro com palavras, não causa menos dano a si que aos outros. Por isso diz o Salmo: "A espada penetrará no coração deles mesmos". Ora, quem adula outro, o induz a pecado mortal. Diz o Salmo: "O óleo do pecador não perfumará minha cabeça". E a Glosa comenta: "O falso louvor do lisonjeiro amolece as almas, afasta-as da austera verdade e as leva ao mal". Logo, com maior razão o adulador peca mortalmente.

3. ADEMAIS, está nos Decretais: "O clérigo que for apanhado como culpado de adulação e traição será destituído de seu ofício". Ora, só se inflige este castigo em caso de pecado mortal. Logo, a adulação é pecado mortal.

EM SENTIDO CONTRÁRIO, Agostinho enumera entre os "pecados leves" adular um alto personagem, seja espontaneamente, seja por necessidade.

RESPONDO. Já foi dito que o pecado mortal é aquele que se opõe à caridade. Mas, a adulação às vezes se opõe à caridade, às vezes não. Ela se

---

2 PARALL.: *De Malo*, q. 7, a. 1, ad 11.

1. C. 12: ML 40, 237.
2. Epist. 148, al. 14, *ad Celant.*, n. 17: ML 22, 1212.
3. Ordin.: ML 113, 951 C; LOMBARDI: ML 191, 644 B.
4. Interlin.; Ordin.: ML 113; 1063 D; LOMBARDI, ML 191, 1237 B.
5. GRATIANUS, *Decretum*, p. I, dist. 46, can. 3: ed. Richter-Friedberg, t. I, p. 168.
6. In Append., Serm. 104, al. 41, *de Sanctis*, n. 3: ML 39, 1947.
7. Q. 24, a. 12; q. 35, a. 3; I-II, q. 72, a. 5.

contrariatur, quandoque autem non. Contrariatur siquidem caritati tripliciter. Uno modo, ratione ipsius materiae: puta cum aliquis laudat alicuius peccatum. Hoc enim contrariatur dilectioni Dei, contra cuius iustitiam homo loquitur: et contra dilectionem proximi, quem in peccato fovet. Unde est peccatum mortale: secundum illud Is 5,20: *Vae, qui dicunt malum bonum*. — Alio modo, ratione intentionis: puta cum aliquis adulatur alicui ad hoc quod fraudulenter ei noceat, vel corporaliter vel spiritualiter. Et hoc etiam est peccatum mortale. Et de hoc habetur Pr 27,6: *Meliora sunt vulnera diligentis quam fraudulenta odientis oscula*. — Tertio modo, per occasionem: sicut cum laus adulatoris fit alteri occasio peccandi, et praeter adulatoris intentionem. Et in hoc considerare oportet utrum sit occasio data vel accepta, et qualis ruina subsequatur: sicut potest patere ex his quae supra[8] de scandalo dicta sunt.

Si autem aliquis ex sola aviditate delectandi alios, vel etiam ad evitandum aliquod malum vel consequendum aliquid in necessitate, alicui adulatus fuerit, non est contra caritatem. Unde non est peccatum mortale, sed veniale.

AD PRIMUM ergo dicendum quod auctoritates illae loquuntur de adulatore qui laudat peccatum alicuius. Talis enim adulatio dicitur plus nocere quam gladius persecutoris, quia in potioribus bonis nocet, scilicet in spiritualibus. Non enim nocet ita efficaciter: quia gladius persecutoris effective occidit, quasi sufficiens causa mortis; nullus autem potest esse alteri sufficiens causa peccandi, ut ex supra[9] dictis patet.

AD SECUNDUM dicendum quod ratio illa procedit de eo qui adulatur intentione nocendi. Ille enim plus nocet sibi quam aliis, quia sibi nocet tanquam sufficiens causa peccandi, aliis autem occasionaliter tantum.

AD TERTIUM dicendum quod auctoritas illa loquitur de eo qui proditorie alteri adulatur ut eum decipiat.

opõe à caridade de três modos: 1º Em razão da própria matéria, quando, por exemplo, se louva o pecado de alguém. Porque na realidade isto se opõe ao amor de Deus, cuja justiça o bajulador ofende, e ao do próximo, cujo pecado ele encoraja. Uma adulação deste gênero é pecado mortal, segundo esta passagem de Isaías: "Ai daqueles que chamam o mal de bem!" — 2º Pela intenção; por exemplo, quando se lisonjeia alguém para causar dano por dolo, a seu corpo ou à sua alma. Isto também é pecado mortal, conforme se vê por esta passagem dos Provérbios: "As feridas abertas por aquele que vos ama são melhores que os beijos enganadores daquele que vos odeia". — 3º Pela ocasião, quando, por exemplo, o elogio proferido pelo adulador fornece ao outro ocasião de pecado, mesmo sem que o adulador tenha querido isto. Sobre este ponto, é preciso examinar atentamente para saber se a ocasião foi dada, ou recebida, e qual o dano que se seguiu, como já dito a propósito do escândalo.

Mas se alguém se entrega à adulação movido apenas pelo desejo de ser agradável, ou ainda para evitar um mal, ou para suprir uma necessidade, não se trata de pecado mortal, mas apenas venial.

QUANTO AO 1º, portanto, deve-se dizer que estes textos falam da adulação que louva o pecado de alguém. Diz-se que este tipo de adulação é mais danosa do que a espada de um perseguidor porque ela atinge os bens espirituais, que são os mais preciosos. Mas sua nocividade não é tão eficaz, porque a espada do perseguidor efetivamente mata, ou seja, basta para dar a morte, enquanto que ninguém pode ser causa suficiente de pecado para outro, conforme já foi dito.

QUANTO AO 2º, deve-se dizer que este argumento é válido para quem lisonjeia com a intenção de causar dano. Neste caso, o adulador causa a si mesmo um dano maior do que aos outros, porque ele é causa suficiente de pecado para si próprio; para os outros, ele é apenas causa ocasional.

QUANTO AO 3º, deve-se dizer que este texto fala do adulador que lisonjeia com traição, no intuito de enganar.

---

8. Q. 43, a. 4.
9. Q. 43, a. 1, ad 3; I-II, q. 73, a. 8, ad 3; q. 75, a. 3; q. 80, a. 1.

## QUAESTIO CXVI
## DE LITIGIO
*in duos articulos divisa*

Deinde considerandum est de litigio. Et circa hoc quaeruntur duo.
*Primo:* utrum opponatur virtuti amicitiae.
*Secundo:* de comparatione eius ad adulationem.

### ARTICULUS 1
### Utrum litigium opponatur virtuti amicitiae seu affabilitatis

AD PRIMUM SIC PROCEDITUR. Videtur quod litigium non opponatur virtuti amicitiae vel affabilitatis.

1. Litigium enim ad discordiam pertinere videtur: sicut et contentio. Sed discordia opponitur caritati, sicut dictum est[1]. Ergo et litigium.

2. PRAETEREA, Pr 26,21 dicitur: *Homo iracundus incendit litem.* Sed iracundia opponitur mansuetudini. Ergo et lis, sive litigium.

3. PRAETEREA, Iac 4,1 dicitur: *Unde bella et lites in vobis? Nonne ex concupiscentiis vestris, quae militant in membris vestris?* Sed sequi concupiscentias videtur opponi temperantiae. Ergo videtur quod litigium non opponatur amicitiae, sed temperantiae.

SED CONTRA est quod Philosophus, in IV *Ethic.*[2], litigium opponit amicitiae.

RESPONDEO dicendum quod proprie litigium in verbis consistit, cum scilicet unus verbis alterius contradicit. In qua quidem contradictione duo possunt attendi. Quandoque enim contingit contradictio propter personam dicentis cui contradicens consentire recusat propter defectum amoris animos unientis. Et hoc videtur ad discordiam pertinere, caritati contrariam. — Quandoque vero contradictio oritur ratione personae quam aliquis

1 PARALL.: IV *Ethic.*, lect. 14.
 1. Q. 37, a. 1.
 2. C. 12: 1126, b, 16-19.

## QUESTÃO 116
## A CONTESTAÇÃO[a]
*em dois artigos*

Em seguida, deve-se tratar da contestação. A esse respeito, duas questões.
1. A contestação se opõe à virtude da amizade?
2. Comparação entre contestação e adulação.

### ARTIGO 1
### A contestação é contrária à virtude da amizade ou afabilidade?

QUANTO AO PRIMEIRO ARTIGO, ASSIM SE PROCEDE: parece que a contestação **não** se opõe à virtude da amizade ou afabilidade.

1. Com efeito, a contestação parece estar mais ligada à discórdia; da mesma maneira que a disputa. Ora, a discórdia se opõe à caridade, como já foi dito. Logo, também a contestação.

2. ALÉM DISSO, o livro dos Provérbios diz: O homem irascível excita as disputas. Ora, a irascibilidade se opõe à mansidão. Logo, a contestação e a disputa também se opõem.

3. ADEMAIS, na carta de Tiago se lê: "De onde provêm as guerras e as disputas entre vós? Não será por causa das concupiscências que atuam em vossos membros? Ora, seguir as concupiscências é o contrário da temperança. Logo, parece que a contestação não se opõe à virtude da amizade, mas à temperança.

EM SENTIDO CONTRÁRIO, há a autoridade de Aristóteles que opõe a contestação à amizade.

RESPONDO. A contestação consiste propriamente em palavras, enquanto as palavras de uma pessoa contradizem as de outra. Nesta contradição duas coisas podem ser consideradas. Às vezes, a contradição ocorre porque o contraditor se recusa a entrar em acordo com o adversário, por não existir entre eles aquele amor que une os ânimos. E isto é do domínio da discórdia que é contrária à caridade. — Outras vezes, porém, a

a. "Contestação" procura traduzir aqui o termo *litigium*, empregado como o vício oposto à amizade ou afabilidade. A tradução puramente material por "litígio" não permitiria fazer valer o sentido pejorativo, de disposição à contestação, que torna difícil a vida social, semeando o desentendimento e a discórdia. A tradução por "contestação" deve ser entendida no sentido de uma disposição habitual a participar de querelas. O sentido rico e matizado desse defeito, que podemos caracterizar como "espírito de contradição" será evidenciado pelo próprio texto. Seria preciso completá-lo pelo que é dito a respeito da "discórdia" e de toda a família de vícios contrários à união e à paz que a caridade procura estabelecer entre os homens e na sociedade; ver II-II, q. 37 e ss.

contristare non veretur. Et sic fit litigium, quod praedictae amicitiae vel affabilitati opponitur, ad quam pertinet delectabiliter aliis convivere. Unde Philosophus dicit, in IV *Ethic.*[3], quod *illi qui ad omnia contrariantur causa eius quod est contristare, neque quodcumque curantes, discoli et litigiosi vocantur.*

AD PRIMUM ergo dicendum quod contentio magis proprie pertinet ad contradictionem discordiae: litigium autem ad contradictionem quae fit intentione contristandi.

AD SECUNDUM dicendum quod directa oppositio vitiorum ad virtutes non attenditur secundum causas, cum contingat unum vitium ex diversis causis oriri: sed attenditur secundum speciem actus. Licet autem quandoque litigium ex ira oriatur, potest tamen ex multis aliis causis oriri. Unde non oportet quod directe opponatur mansuetudini.

AD TERTIUM dicendum quod Iacobus loquitur ibi de concupiscentia secundum quod est generale malum, ex quo omnia vitia oriuntur: prout dicit Glossa[4] Rm 7,7: *Bona est lex, quae, dum concupiscentiam prohibet, omne malum prohibet.*

### ARTICULUS 2
### Utrum litigium sit gravius peccatum quam adulatio

AD SECUNDUM SIC PROCEDITUR. Videtur quod litigium sit minus peccatum quam contrarium vitium, scilicet placiditatis vel adulationis.

1. Quanto enim aliquod peccatum plus nocet, tanto peius esse videtur. Sed adulatio plus nocet quam litigium: dicitur enim Is 3,12: *Popule meus, qui beatum te dicunt, ipsi te decipiunt, et viam gressuum tuorum dissipant.* Ergo adulatio est gravius peccatum quam litigium.

2. PRAETEREA, in adulatione videtur esse quaedam dolositas: quia aliud adulator dicit ore, aliud habet in corde. Litigiosus autem caret dolo: quia manifeste contradicit. Ille autem qui cum dolo peccat, turpior est: ut Philosophus dicit, in VII *Ethic.*[1]. Ergo gravius peccatum est adulatio quam litigium.

contestação provém, em razão de a pessoa não ter medo de fazer sofrer a outra. E assim se origina a contestação que se opõe àquela amizade ou afabilidade que permite conviver agradavelmente com os outros. Por isso Aristóteles diz: "Aqueles que contestam tudo e todo mundo, com a simples finalidade de contrariar os outros, sem levar em consideração nada e ninguém, são chamados de rudes e contestadores".

QUANTO AO 1º, portanto, deve-se dizer que a disputa pertence mais propriamente à contradição da discórdia: a contestação fica mais na ordem da contradição que procura contrariar.

QUANTO AO 2º, deve-se dizer que a oposição direta dos vícios às virtudes não deve se fundar nas causas, porquanto um mesmo vício pode ter muitas causas; mas segundo a espécie do ato. Embora a contestação tenha sua origem muitas vezes na ira, pode no entanto se originar de muitas outras causas. Desta forma, não se opõe sempre diretamente à mansidão.

QUANTO AO 3º, deve-se dizer que Tiago fala aqui da concupiscência como um mal geral do qual nascem todos os vícios, como diz a Glosa: "A Lei é boa, porque, proibindo a concupiscência, proíbe todos os males".

### ARTIGO 2
### A contestação é um pecado mais grave que a adulação?

QUANTO AO SEGUNDO, ASSIM SE PROCEDE: parece que a contestação é um pecado menor do que o vício contrário, ou seja a lisonja e a adulação.

1. Com efeito, um pecado é tanto pior quanto maior for o dano por ele causado. Ora, a adulação causa mais dano que a contestação. Em Isaías se lê: "Ó, meu povo, aqueles que te dizem bem-aventurado te enganam, e apagam os caminhos que deves seguir." Logo, a adulação é um pecado mais grave que a contestação.

2. ALÉM DISSO, na adulação parece existir uma certa dolosidade, porque o adulador diz uma coisa com a boca, e no coração tem outra coisa. Ora, o contestador não tem dolo: ele contradiz abertamente. Aristóteles diz que quem peca com dolo, é mais torpe ainda. Logo, a adulação é um pecado maior que a contestação.

---

3. Loc. cit.: 1126, b, 14-16.
4. Ordin.: ML 114, 491 A; LOMBARDI: ML 191, 1416 C.

1. C. 7: 1149, b, 13-20.

3. PRAETEREA, verecundia est timor de turpi: ut patet per Philosophum, in IV *Ethic.*². Sed magis verecundatur homo esse adulator quam litigiosus. Ergo litigium est minus peccatum quam adulatio.

SED CONTRA est quod tanto aliquod peccatum videtur esse gravius quanto spirituali statui magis repugnat. Sed litigium magis repugnare videtur spirituali: dicitur enim 1Ti 3,2-3, quod *oportet episcopum non litigiosum esse*; et 2Ti 2,24: *Servum Domini non oportet litigare*. Ergo litigium videtur esse gravius peccatum.

RESPONDEO dicendum quod de utroque istorum peccatorum loqui possumus dupliciter. Uno modo, considerando speciem utriusque peccati. Et secundum hoc, tanto aliquod vitium est gravius quanto magis repugnat oppositae virtuti. Virtus autem amicitiae principalius tendit ad delectandum quam ad contristandum. Et ideo litigiosus, qui superabundat in contristando, gravius peccat quam placidus vel adulator, qui superabundat in delectando.
Alio modo possunt considerari secundum aliqua exteriora motiva. Et secundum hoc, quandoque adulatio est gravior: puta quando intendit per deceptionem indebite honorem vel lucrum acquirere. Quandoque vero litigium est gravius: puta quando homo intendit vel veritatem impugnare, vel dicentem in contemptum adducere.

AD PRIMUM ergo dicendum quod sicut adulator potest nocere occulte decipiendo, ita litigiosus potest interdum nocere manifeste impugnando. Gravius autem est, ceteris paribus, manifeste alicui nocere, quasi per violentiam, quam occulte: unde rapina est gravius peccatum quam furtum, ut supra³ dictum est.

AD SECUNDUM dicendum quod non semper in actibus humanis illud est gravius quod est turpius. Decor enim hominis est ex ratione, et ideo turpiora sunt peccata carnalia, quibus caro dominatur rationi: quamvis peccata spiritualia sint graviora, quia procedunt ex maiori contemptu. Et similiter peccata quae fiunt ex dolo sunt turpiora, inquantum videntur ex quadam infirmitate procedere, et ex quadam falsitate rationis: cum tamen peccata manifesta quandoque sint ex maiori contemptu.

3. ADEMAIS, vergonha consiste em temer a desonra, como declara Aristóteles. Ora, o homem sente mais vergonha em ser adulador do que em ser contestador. Logo, a contestação é um pecado menor que a adulação.

EM SENTIDO CONTRÁRIO, um pecado parece tanto mais grave quanto mais repugna ao estado espiritual. Ora, parece que a contestação se opõe muito mais ao estado espiritual, pois se lê nas Escrituras: "O bispo não deve ser contestatário". E em outra passagem: "Não convém ao servo de Deus ser contestador". Por conseguinte, a contestação parece um pecado mais grave.

RESPONDO. Podemos falar destes dois pecados sob dois pontos de vistas. Primeiro, considerando a espécie dos dois pecados. Deste ponto de vista, um pecado é tanto mais grave quanto mais ele se opuser à virtude contrária. Ora, a virtude da amizade tende mais fundamentalmente a causar prazer do que a entristecer. É esta aliás a razão pela qual o contestador, que procura entristecer ao máximo, peca mais gravemente do que o complacente, ou o adulador, que procura agradar ao máximo.
Segundo, considerando alguns motivos externos. E, sob este ângulo, por vezes a adulação é mais grave; por exemplo, quando procura, de modo indevido, conquistar honra ou lucro. Outras vezes, a contestação é mais grave; por exemplo, quando alguém mostra o firme intento de impugnar a verdade, ou de provocar desprezo pela pessoa que é vítima da contestação.

QUANTO AO 1º, portanto, deve-se dizer que assim como o adulador pode causar dano enganando secretamente, assim também o contestador pode, às vezes, causar dano por uma impugnação manifesta. Ora, em igualdade de circunstâncias, é mais grave danificar a outrem manifestamente, por violência, do que às ocultas. Por isso, o roubo é um pecado mais grave que o furto, como foi dito acima.

QUANTO AO 2º, deve-se dizer que nos atos humanos, nem sempre o que é mais torpe é o mais grave. A beleza moral de um homem lhe vem da razão. E é por este motivo que os pecados da carne são mais feios, porque neles a carne leva a melhor sobre a razão, embora os pecados espirituais sejam mais graves, porque procedem de um desprezo maior. Da mesma forma, os pecados que comportam dolo são mais torpes, enquanto parecem proceder de uma certa fraqueza ou falsidade da razão,

---

2. C. 15: 1128, b, 11-12; 22-23.
3. Q. 66, a. 9.

Et ideo adulatio, quasi cum dolo existens, videtur esse turpior: sed litigium, quasi ex maiori contemptu procedens, videtur esse gravius.

AD TERTIUM discendum quod, sicut dictum est[4], verecundia respicit turpitudinem peccati. Unde non semper magis verecundatur homo de graviori peccato: sed de magis turpi peccato. Et inde est quod magis verecundatur homo de adulatione quam de litigio, quamvis litigium sit gravius.

4. I-II, q. 41, a. 4, ad 2, 3; q. 42, a. 3, ad 4.

ao passo que os pecados manifestos nascem, por vezes, de um desprezo maior. E assim a adulação, quando ligada ao dolo, parece um pecado mais feio; enquanto a contestação, procedendo de um desprezo maior, parece mais grave.

QUANTO AO 3º, deve-se dizer que a vergonha leva em conta a torpeza do pecado. É por isto que o homem sente mais vergonha do pecado mais feio do que do mais grave. Esta é a razão pela qual o homem se envergonha mais da adulação que da contestação, embora a contestação seja mais grave.

## QUAESTIO CXVII
## DE LIBERALITATE
*in sex articulos divisa*

Deinde considerandum est de liberalitate, et vitiis oppositis, scilicet avaritia et prodigalitate.

Circa liberalitatem quaeruntur sex.
*Primo:* utrum liberalitas sit virtus.
*Secundo:* quae sit materia eius.
*Tertio:* de actu ipsius.
*Quarto:* utrum magis ad eum pertineat dare quam recipere.
*Quinto:* utrum liberalitas sit pars iustitiae.
*Sexto:* de comparatione eius ad alias virtutes.

## QUESTÃO 117
## A LIBERALIDADE[a]
*em seis artigos*

Em seguida deve-se tratar da liberalidade e dos vícios a ela opostos, ou seja, a avareza e a prodigalidade.

A respeito da liberalidade seis questões.
1. A liberalidade é uma virtude?
2. Qual é a matéria da liberalidade?
3. O ato da liberalidade.
4. E mais próprio dela dar que receber?
5. A liberalidade faz parte da justiça?
6. Sua relação com as outras virtudes.

a. O estudo da liberalidade, seguido dos vícios que lhe são contrários, a avareza e a prodigalidade, vem concluir a análise da perfeita sociabilidade, que por sua vez constitui o ponto mais alto da reflexão ética sobre a justiça. A verdade e a amizade se revelaram como uma dupla forma de comunicação, necessária à sociedade. Pela conformidade entre as palavras e o pensamento, pela presença dos sinais e gestos de amizade, essas duas virtudes sociais asseguram a informação e a confiança mútuas, assim como um clima de concórdia e de alegria de participar da vida em comum.

Pedir-se-á à liberalidade estabelecer a comunicação em um domínio inteiramente diferente, o dos bens úteis, dos quais o dinheiro é o instrumento e o símbolo. Pelo lado das qualidades pessoais, aborda-se aqui um aspecto importante da moral econômica, a função do dinheiro, a atitude que devem ter frente aos bens e às riquezas especialmente aqueles que os possuem, incitados e orientados pela liberalidade a saber dispender, a empreender com generosidade e grandeza de alma. Ela se ergue como uma liberação e uma largueza, uma superação da sujeição ao dinheiro e uma capacidade de torná-lo socialmente fecundo (ver a. 2, Solução). Em sua qualidade de virtude de saber investir, de ação generosa e benfazeja, a liberalidade deve ser aproximada de outras virtudes de grandeza, como a magnanimidade e a magnificência, que preparam e inclinam o homem para os grandes feitos, os empreendimentos excepcionais, os quais exigem uma coragem em grau eminente, a força e a resistência, tendo em vista o engajamento pertinaz e arriscado. Essas qualidades coroam precisamente a perfeição trazida pela virtude da fortaleza (ver II-II, q. 129 e 134), como a liberalidade se apresenta como uma extensão das exigências da justiça (essa aproximação é feita na II-II, q. 117, a. 3, r. 1). Para que o homem e a sociedade se realizem completamente no domínio da justiça, além da mais básica correção nas trocas, nas distribuições de vantagens e de cargos, é necessária a presença da liberalidade, que prolongará os efeitos e benefícios da justiça, como uma virtude anexa ou extensiva de sua difusão.

Assim, essa questão se desenvolve e se ordena num âmbito e numa inspiração herdadas de Aristóteles, ao que vêm se juntar os dados patrísticos, tomados mais diretamente de Ambrósio e Basílio. As orientações evangélicas sobre o desapego e a distribuição de riquezas encontram aí uma elaboração ética ao mesmo tempo flexível e precisa.

## Articulus 1
### Utrum liberalitas sit virtus

AD PRIMUM SIC PROCEDITUR. Videtur quod liberalitas non sit virtus.
1. Nulla enim virtus contrariatur inclinationi naturali. Inclinatio autem naturalis est ad hoc ut aliquis plus sibi quam aliis provideat. Cuius contrarium pertinet ad liberalem: quia, ut Philosophus dicit, in IV *Ethic*.[1], *liberalis est non respicere ad seipsum, ita quod sibi minora derelinquit*. Ergo liberalitas non est virtus.

2. Item, per divitias homo suam vitam sustentat: et ad felicitatem divitiae organice deserviunt, ut dicitur in I *Ethic*.[2]. Cum igitur omnis virtus ordinetur ad felicitatem, videtur quod liberalis non est virtuosus, de quo Philosophus dicit, in IV *Ethic*.[3], quod *non est acceptivus pecuniae neque custoditivus, sed emissivus*.

3. PRAETEREA, virtutes habent connexionem ad invicem. Sed liberalitas non videtur connexa aliis virtutibus: multi enim sunt virtuosi qui non possunt esse liberales, quia non habent quod dent; multique liberaliter dant vel expendunt qui tamen alias sunt vitiosi. Ergo liberalitas non est virtus.

SED CONTRA est quod Ambrosius dicit, in I *de Offic*.[4], quod *in Evangelio multas disciplinas accipimus iustae liberalitatis*. Sed in Evangelio non docentur nisi ea quae ad virtutem pertinent. Ergo liberalitas est virtus.

RESPONDEO dicendum quod, sicut Augustinus dicit, in libro *de Lib. Arbit*.[5], *bene uti his quibus male uti possumus, pertinet ad virtutem*. Possumus autem bene et male uti non solum his quae intra nos sunt, puta potentiis et passionibus animae, sed etiam his quae extra nos sunt, scilicet rebus huius mundi concessis nobis ad sustentationem vitae. Et ideo, cum bene uti his rebus pertineat ad liberalitatem, consequens est quod liberalitas virtus sit.

AD PRIMUM ergo dicendum quod, sicut Ambrosius[6] et Basilius[7] dicunt, superabundantia divitiarum datur aliquibus a Deo *ut meritum bonae dis-*

## Artigo 1
### A liberalidade é uma virtude?

QUANTO AO PRIMEIRO ARTIGO, ASSIM SE PROCEDE: parece que a liberalidade **não** é uma virtude.
1. Com efeito, nenhuma virtude contraria uma inclinação natural. Ora, a inclinação natural do homem o leva a cuidar de si próprio mais que dos outros. Mas o liberal procede exatamente de modo contrário, pois, como diz Aristóteles, "o próprio do liberal é não cuidar de si próprio, de tal modo que guarda para si apenas a menor parte". Logo, a liberalidade não é uma virtude.

2. ALÉM DISSO, o homem sustenta sua vida com as riquezas, e as riquezas são um instrumento de felicidade, como diz Aristóteles. Ora, como toda virtude se ordena para a felicidade, parece que o liberal não é virtuoso, pois, no dizer de Aristóteles, "ele não é capaz nem de receber dinheiro, nem de guardar dinheiro, mas somente de o repartir".

3. ADEMAIS, as virtudes são interligadas entre si. Ora, não se nota uma conexão entre a liberalidade e outras virtudes: há muitos virtuosos que não podem praticar a liberalidade porque não têm nada para dar; e há muitos que dão e gastam com liberalidade e que, por outro lado, são cheio de vícios. Logo, a liberalidade não é uma virtude.

EM SENTIDO CONTRÁRIO, Ambrósio diz: "O Evangelho nos dá muitos ensinamentos sobre a justa liberalidade". Mas, o Evangelho só ensina o que pertence à virtude. Logo, a liberalidade é uma virtude.

RESPONDO. Agostinho diz: "Fazer bom uso daquelas coisas que poderíamos usar mal é próprio da virtude". Ora, podemos usar bem ou mal não somente aquilo que está em nós mesmos, como as faculdades e as paixões da alma, como também o que está fora de nós, como os bens deste mundo a nós concedidos para o sustento da vida. Ora, pertence à liberalidade fazer bom uso destas coisas. Logo, a liberalidade é uma virtude.

QUANTO AO 1º, portanto, deve-se dizer que Ambrósio e Basílio dizem que "a superabundância de riquezas foi dada por Deus a alguns para

---

1
1. C. 2: 1120, b, 5-7.
2. C. 9: 1099, b, 1-7.
3. C. 2: 1120, b, 15-17.
4. C. 30, n. 143: ML 16, 65 B.
5. L. II, c. 19, n. 50: ML 32, 1268.
6. Serm. 81 (sive 64) *de Temp*., Dom. VIII post Pent., super Luc. 12, 18: ML 17, 593-594.
7. Hom. 6, *in Luc*. 12, 18: MG 31, 264 C, 276 C; cfr. ib, 1746 B, 1752 BC.

*pensationis acquirant*. Pauca autem uni sufficiunt. Et ideo liberalis plura laudabiliter in alios expendit quam in seipsum. Debet autem homo semper magis sibi providere in spiritualibus bonis, in quibus unusquisque sibi praecipue subvenire potest. — Et tamen etiam in temporalibus rebus non pertinet ad liberalem ut sic aliis intendat quod omnino se et suos despiciat. Unde Ambrosius dicit, in I *de Offic*.[8]: *Est illa probanda liberalitas, ut proximos seminis tui non despicias, si egere cognoscas*.

AD SECUNDUM dicendum quod ad liberalem non pertinet sic divitias emittere ut non sibi remaneat unde sustentetur, et unde virtutis opera exequatur, quibus ad felicitatem pervenitur. Unde Philosophus dicit, in IV *Ethic*.[9], quod *liberalis curat propria, volens per hoc quibusdam sufficere*. Et Ambrosius dicit, in libro *de Offic*.[10], quod *Dominus non vult simul effundi opes, sed dispensari. Nisi forte ut Elisaeus boves suos occidit et pavit pauperes ex eo quod habuit, ut nulla cura teneretur domestica*: quod pertinet ad statum perfectionis spiritualis vitae, de quo infra[11] dicetur. — Et tamen sciendum quod hoc ipsum quod est sua liberaliter largiri, inquantum est actus virtutis, ad beatitudinem ordinatur.

AD TERTIUM dicendum quod, sicut Philosophus dicit, in IV *Ethic*.[12], illi qui *consumunt multa in intemperantias*, non sunt liberales, sed prodigi. Et similiter quicumque effundit quae habet propter quaecumque alia peccata. Unde et Ambrosius dicit, in I *de Offic*.[13]: *Si adiuves eum qui possessiones aliorum eripere conatur, non probatur largitas. Nec illa perfecta est liberalitas, si iactantiae causa, magis quam misericordiae, largiaris*. Et ideo illi qui carent aliis virtutibus, licet in aliqua mala opera multa expendant, non sunt liberales.

Nihil etiam prohibet aliquos multa in bonos usus expendentes habitum liberalitatis non habere: sicut et aliarum virtutum opera faciunt homines

que eles adquiram o mérito de uma boa gestão". Mas para um indivíduo só, pouca coisa basta. Por isso, o homem liberal gasta muito mais com os outros, do que consigo próprio, o que é louvável. O homem deve sempre procurar se prover mais de bens espirituais, e neste domínio é sempre possível a cada um abastecer cada vez mais a si próprio. — Aliás, quanto aos bens temporais, não deve o liberal ser tão solícito com os outros que o faça negligenciar inteiramente a si mesmos e aos seus. O que leva Ambrósio a dizer: "A liberalidade que merece aprovação é aquela que não despreza os familiares se consta que passam necessidades".

QUANTO AO 2º, deve-se dizer que a liberalidade não leva a dispersar as riquezas de tal forma que nada sobre para o próprio sustento, ou para praticar obras virtuosas capazes de levar à felicidade. Aristóteles diz: "O homem liberal cuida de suas propriedades, querendo desta forma poder ajudar os outros". E Ambrósio: "O Senhor não quer que derramemos de uma só vez todas as nossas riquezas, mas que as administremos. A não ser que queiramos imitar o profeta Eliseu, que mandou matar todos os seus bois e deu aos pobres tudo o que possuía para se livrar inteiramente de qualquer preocupação doméstica". Mas isto pertence ao estado de perfeição da vida espiritual, do qual se falará mais tarde. — É preciso saber que o fato de distribuir o que é seu com liberalidade, enquanto ato de virtude, se ordena à bem-aventurança eterna.

QUANTO AO 3º, deve-se dizer que segundo Aristóteles, "os que consomem muito em gastos excessivos não são liberais, mas pródigos". Como também não é liberal quem dissipa seus bens em gastos pecaminosos. Como diz Ambrósio: "Não demonstrarás largueza ajudando alguém que tenta tomar os bens dos outros. E nem será perfeita a tua liberalidade, se deres por ostentação mais do que por misericórdia". Por isso, aqueles que não têm outras virtudes, embora gastem fortunas em obras más, não são liberais.

Nada impede que muitas pessoas que gastam muito em boas obras, nem por isso possuam a virtude da liberalidade; como aqueles que praticam as

---

8. Loc. cit., n. 150: ML 16, 67 A.
9. C. 2: 1120, b, 2-4.
10. C. 30, n. 149: ML 16, 67 A.
11. Qq. 184-189.
12. C. 3: 1121, b, 8-10.
13. C. 30, nn. 144, 145, 147: ML 16, 65 C, 66 A.

antequam habitum virtutis habeant, licet non eo modo quo virtuosi, ut supra¹⁴ dictum est.

Similiter etiam nihil prohibet aliquos virtuosos, licet sint pauperes, esse liberales. Unde Philosophus dicit, in IV *Ethic*.¹⁵: *Secundum substantiam*, idest facultatem divitiarum, *liberalitas dicitur: non enim consistit in multitudine datorum, sed in dantis habitu*. Et Ambrosius dicit, in I *de Offic*.¹⁶, quod *affectus divitem collationem aut pauperem facit, et pretium rebus imponit*.

## ARTICULUS 2
### Utrum liberalitas sit circa pecunias

AD SECUNDUM SIC PROCEDITUR. Videtur quod liberalitas non sit circa pecunias.

1. Omnis enim virtus moralis est circa operationes vel passiones. Esse autem circa operationes est proprium iustitiae, ut dicitur in V *Ethic*.¹. Ergo, cum liberalitas sit virtus moralis, videtur quod sit circa passiones, et non circa pecunias.

2. PRAETEREA, ad liberalem pertinet quarumcumque divitiarum usus. Sed divitiae naturales sunt veriores quam divitiae artificiales, quae in pecuniis consistunt: ut patet per Philosophum, in I *Polit*.². Ergo liberalitas non est principaliter circa pecunias.

3. PRAETEREA, diversarum virtutum diversae sunt materiae: quia habitus distinguuntur secundum obiecta. Sed res exteriores sunt materiae iustitiae distributivae et commutativae. Ergo non sunt materia liberalitatis.

SED CONTRA est quod Philosophus dicit, in IV *Ethic*.³, quod liberalitas *videtur esse medietas quaedam circa pecunias*.

RESPONDEO dicendum quod, secundum Philosophum, in IV *Ethic*.⁴, ad liberalem pertinet

obras de outras virtudes antes de terem adquirido o hábito das referidas virtudes, mas não da mesma maneira que os virtuosos, como foi dito acima.

Finalmente, nada impede que certos homens virtuosos pratiquem a liberalidade embora sendo pobres. Como diz Aristóteles: "A liberalidade é considerada segundo a substância, isto é, a posse das riquezas; pois ela não consiste na quantidade daquilo que é dado, mas no hábito daquele que dá". E Ambrósio afirma: "é o coração que torna o presente rico ou pobre e que fixa o preço das coisas que são dadas".

## ARTIGO 2
### A liberalidade tem por objeto o dinheiro?

QUANTO AO SEGUNDO, ASSIM SE PROCEDE: parece que a liberalidade **não** tem por objeto principal o dinheiro.

1. Com efeito, segundo Aristóteles, toda virtude moral se refere a ações ou a paixões. Ora, regular nossas ações é próprio da justiça, como demonstrou o Filósofo. Logo, como a liberalidade é uma virtude moral, parece que ela tem mais a ver com as paixões que com o dinheiro.

2. ALÉM DISSO, a liberalidade se ocupa do uso de qualquer riqueza. Ora, as riquezas naturais são mais verdadeiras, isto é, são mais reais, do que as riquezas artificiais que, como mostra Aristóteles, se resumem no dinheiro. Logo, a liberalidade não tem o dinheiro como seu objeto principal.

3. ADEMAIS, as diferentes virtudes têm matérias diferentes porque os hábitos se distinguem segundo os objetos. Ora, os bens exteriores já constituem a matéria da justiça distributiva e da justiça comutativa. Logo não são a matéria da liberalidade.

EM SENTIDO CONTRÁRIO, Aristóteles considera a liberalidade "o meio-termo no uso do dinheiro".

RESPONDO. Aristóteles diz que *é próprio do liberal ser distribuidor*ᵇ. Por isso, a liberalidade

---

14. Q. 32, a. 1, ad 1.
15. C. 2: 1120, b, 7-11.
16. C. 30, n. 149: ML 16, 67 A.

2  PARALL.: Supra, q. 31, a. 1, ad 2; q. 58, a. 9, ad 2; Infra, q. 118, a. 3, ad 2; q. 134, a. 4, ad 1; *De Malo*, q. 13, a. 1; IV *Ethic*., lect. 1.

1. C. 1: 1129, a, 3-5.
2. C. 3: 1256, b, 30-32; 1257, b, 8-11.
3. C. 1: 1119, b, 22-27.
4. C. 2: 1120, b, 15-17.

---

b. "A liberalidade leva o homem a dispender...". Aqui e na resposta do artigo 4, o original latim traz: "*ad liberalem pertinet emissivum esse*"... "*emissio*"... Em oposição à acumulação, à avareza que se apega ao dinheiro ou o retém, a liberalidade aparece como uma fonte que tende a fazê-lo "escoar-se" numa atitude de distribuição, de difusão generosa.

*emissivum* esse. Unde et alio nomine liberalitas *largitas* nominatur: quia quod largum est, non est retentivum, sed est emissivum. Et ad hoc idem videtur pertinere etiam *liberalitatis* nomen: cum enim aliquis a se emittit, quodammodo illud a sua custodia et dominio liberat, et animum suum ab eius affectu liberum esse ostendit. Ea vero quae emittenda sunt ab uno homine in alium, sunt bona possessa, quae nomine pecuniae significantur. Et ideo propria materia liberalitatis est pecunia.

AD PRIMUM ergo dicendum quod, sicut dictum est[5], liberalitatis non attenditur in quantitate dati, sed in affectu dantis. Affectus autem dantis disponitur secundum passiones amoris et concupiscentiae, et per consequens delectationis et tristitiae, ad ea quae dantur. Et ideo immediata materia liberalitatis sunt interiores passiones: sed pecunia exterior est obiectum ipsarum passionum.

AD SECUNDUM dicendum quod, sicut Augustinus dicit, in libro *de Doctrina Christ.*[6], *totum quidquid homines in terra habent, et omnia quorum sunt domini, pecunia vocatur: quia antiqui, quae habebant, in pecoribus habebant.* Et Philosophus dicit, in IV *Ethic.*[7], quod *pecunias dicimus omnia quorum dignitas numismate mensuratur.*

AD TERTIUM dicendum quod iustitia constituit aequalitatem in istis exterioribus rebus: non autem ad eam proprie pertinet moderari interiores passiones. Unde aliter pecunia est materia liberalitatis, et aliter iustitiae.

ARTICULUS 3
## Utrum uti pecunia sit actus liberalitatis

AD TERTIUM SIC PROCEDITUR. Videtur quod uti pecunia non sit actus liberalitatis.
1. Diversarum enim virtutum diversi sunt actus. Sed uti pecunia convenit aliis virtutibus: sicut iustitiae et magnificentiae. Non ergo est proprius actus liberalitatis.
2. PRAETEREA, ad liberalem non solum pertinet dare, sed etiam accipere et custodire. Sed acceptio et custodia non videtur ad usum pecuniae pertinere. Ergo inconvenienter dicitur proprius liberalitatis actus usus pecuniae.

toma por vezes o nome de "largueza", pois o que é largo não é feito para aprisionar seu conteúdo, mas para deixá-lo vazar para fora. E a própria palavra liberalidade tem também este sentido: quando alguém despende seus bens, de uma certa forma está se libertando das preocupações que sua custódia e domínio devem acarretar, e, ao mesmo tempo demonstra que seu espírito está livre do apego aos referidos bens. Ora, aquilo que um homem despende em proveito de outro são bens possuídos que se identificam pelo nome de dinheiro. Por isso, o dinheiro é a matéria própria da liberalidade.

QUANTO AO 1º, portanto, deve-se dizer que a liberalidade não se mede pela quantidade do que é dado mas pelo sentimento do doador. Ora, o sentimento do doador é condicionado pelas paixões do amor e da cobiça, e, consequentemente, pelo prazer ou tristeza que essas paixões produzem. Assim, a matéria imediata da liberalidade são as paixões interiores, mas estas têm um objeto exterior, que é o dinheiro.

QUANTO AO 2º, deve-se dizer que segundo Agostinho, "tudo o que os homens possuem aqui neste mundo e de que são os donos, se chama dinheiro (pecunia), porque toda a riqueza dos antigos consistia em pecuária (pecus=gado). E Aristóteles explica: "Chamamos dinheiro tudo aquilo cujo valor se mede pela moeda".

QUANTO AO 3º, deve-se dizer que a justiça estabelece a igualdade entre estes bens exteriores; mas não é atribuição dela moderar as paixões interiores. Desta forma, é de modo diferente que o dinheiro é matéria da liberalidade e da justiça.

ARTIGO 3
## Usar do dinheiro é ato da liberalidade?

QUANTO AO TERCEIRO, ASSIM SE PROCEDE: parece que o uso do dinheiro **não é** ato da liberalidade.
1. Com efeito, virtudes diferentes têm atos diferentes. Ora, o uso do dinheiro é um ato comum a outras virtudes, como a justiça e a magnificência. Logo, não é um ato próprio da liberalidade.
2. ALÉM DISSO, ao liberal compete não apenas dar, mas também receber e conservar. Ora, não parece que estes dois atos tenham muito a ver com o uso do dinheiro. Logo, é inconveniente dizer que o ato próprio da liberalidade é o uso do dinheiro.

---
5. A. 1, ad 3.
6. *De discipl. Christ.*, al. tract. 1 *De divers.*, c. 6, n. 6: ML 40, 672.
7. C. 2: 1119, b, 26-27.

3 PARALL.: IV *Ethic.*, lect. 1.

3. PRAETEREA, usus pecuniae non solum consistit in hoc quod pecunia detur, sed in hoc quod expendatur. Sed expendere pecuniam refertur ad ipsum expendentem, et sic non videtur esse liberalitatis actus: dicit enim Seneca, in V *de Benefic*.[1]: *Non est liberalis aliquis ex hoc quod sibi donat*. Ergo non quilibet usus pecuniae pertinet ad liberalitatem.

SED CONTRA est quod Philosophus dicit, in IV *Ethic*.[2]: *Unoquoque optime utitur qui habet circa singula virtutem. Divitiis ergo utetur optime qui habet circa pecunias virtutem*. Iste autem est liberalis. Ergo bonus usus pecuniarum est actus liberalitatis.

RESPONDEO dicendum quod species actus sumitur ex obiecto, ut supra[3] habitum est. Obiectum autem sive materia liberalitatis est pecunia, et quidquid pecunia mensurari potest, ut dictum est[4]. Et quia quaelibet virtus convenienter se habet ad suum obiectum, consequens est ut, cum liberalitas sit virtus, actus eius sit proportionatus pecuniae. Pecunia autem cadit sub ratione bonorum utilium: quia omnia exteriora bona ad usum hominis sunt ordinata. Et ideo proprius actus liberalitatis est pecunia vel divitiis uti.

AD PRIMUM ergo dicendum quod ad liberalitatem pertinet bene uti divitiis inquantum huiusmodi: eo quod divitiae sunt propria materia liberalitatis. Ad iustitiam autem pertinet uti divitiis secundum aliam rationem, scilicet secundum rationem debiti, prout scilicet res exterior debetur alteri. — Ad magnificentiam etiam pertinet uti divitiis secundum quandam specialem rationem, idest secundum quod assumuntur in alicuius magni operis expletionem. Unde et magnificentia quodammodo se habet ex additione ad liberalitatem, ut infra[5] dicetur.

AD SECUNDUM dicendum quod ad virtuosum pertinet non solum convenienter uti sua materia vel instrumento, sed etiam praeparare opportunitates ad bene utendum: sicut ad fortitudinem militis pertinet non solum exserere gladium in hostes, sed etiam exacuere gladium et in vagina conservare. Sic etiam ad liberalitatem pertinet non solum uti

3. ADEMAIS, usar do dinheiro não consiste apenas em dá-lo, mas também em gastá-lo. Ora, gastar dinheiro é um ato que se refere àquele que gasta, e assim não parece ser um ato de liberalidade. Como diz Sêneca: "Não se pode considerar liberal aquele que dá dinheiro a si mesmo". Logo, não é qualquer uso do dinheiro que pertence à liberalidade.

EM SENTIDO CONTRÁRIO, Aristóteles diz: *Para usar de qualquer coisa da melhor maneira é preciso possuir a virtude relativa a esta coisa. Por conseguinte, fará uso perfeito das riquezas, quem possui a virtude relativa ao dinheiro*. Ora, este é o liberal. Logo, o bom uso do dinheiro é ato da liberalidade.

RESPONDO. Já foi dito que um ato recebe sua espécie do objeto. O objeto ou a matéria da liberalidade é o dinheiro, e tudo aquilo que pode ser medido pelo dinheiro, como foi dito. Como toda virtude guarda perfeita conveniência com seu objeto, segue-se que, sendo a liberalidade uma virtude, seu ato próprio tem se adequar à realidade do dinheiro. Ora, o dinheiro entra no conceito de bem útil, porque todos os bens exteriores estão ordenados para o uso do homem. Logo, o ato próprio da liberalidade é o uso do dinheiro ou das riquezas.

QUANTO AO 1º, portanto, deve-se dizer que cabe à liberalidade usar bem das riquezas enquanto tais, uma vez que elas são o objeto próprio desta virtude. À justiça, no entanto, cabe usar das riquezas segundo outra razão, a saber, segundo a razão do débito, ou seja, enquanto um determinado bem exterior é devido a outrem. — À magnificência também cabe usar das riquezas, mas segundo uma determinada razão especial, a saber, enquanto as riquezas são utilizadas para a edificação de alguma obra grandiosa. E daí ocorre que algumas vezes a magnificência se liga à liberalidade, como uma espécie de acréscimo, como se dirá abaixo.

QUANTO AO 2º, deve-se dizer que cabe ao virtuoso não apenas usar de sua matéria ou instrumento de modo conveniente, mas ainda preparar as oportunidades para este bom uso; assim como cabe à coragem do soldado não apenas puxar da espada contra os inimigos, mas também manter seu instrumento bem afiado e bem guardado na

---

1. C. 9: ed. C. Hosius, Lipsiae 1900, p. 131, ll. 3-4.
2. C. 1: 1120, a, 5-8.
3. I-II, q. 18, a. 2.
4. Art. praec.
5. Q. 128, a. un., ad 1.

pecunia, sed etiam eam praeparare et conservare ad idoneum usum.

AD TERTIUM dicendum quod, sicut dictum est[6], propinqua materia liberalitatis sunt interiores passiones secundum quas homo afficitur circa pecuniam. Et ideo ad liberalitatem praecipue pertinet ut homo propter inordinatam affectionem ad pecuniam non prohibeatur a quocumque debito usu eius. Est autem duplex usus pecuniae: unus ad seipsum, qui videtur ad sumptus vel expensas pertinere; alius autem quo quis utitur ad alios, quod pertinet ad dationes. Et ideo ad liberalem pertinet ut neque propter immoderatum amorem pecuniae aliquis impediatur a convenientibus expensis, neque a convenientibus dationibus. Unde circa dationes et sumptus liberalitas consistit, secundum Philosophum, in IV *Ethic*.[7] — Verbum autem Senecae intelligendum est de liberalitate secundum quod se habet ad dationes. Non enim dicitur aliquis liberalis ex hoc quod sibi aliquid donat.

bainha. Da mesma forma, cabe à liberalidade não somente usar do dinheiro, mas também conservá-lo e tê-lo sempre pronto para um uso idôneo.

QUANTO AO 3º, deve-se dizer que a matéria próxima da liberalidade são as paixões internas que afetam o homem no que diz respeito ao dinheiro. Por isso, cabe à liberalidade sobretudo fazer com que o homem, por apego desordenado ao dinheiro, não seja impedido de usá-lo devidamente. Ora, há duas maneiras de usar o dinheiro: uma, é usá-lo para si próprio, e com gastos ou despesas pessoais; a segunda maneira é usá-lo em favor de outros, o que é da ordem da dádiva. Cabe pois à liberalidade fazer com que o apego imoderado ao dinheiro não impeça alguém, seja de fazer as despesas que se impõem, seja de fazer as dádivas convenientes. Para Aristóteles, a liberalidade diz respeito principalmente aos gastos e às dádivas. — Quanto ao que diz Séneca, deve-se entender da liberalidade relativa às doações. Com efeito, ninguém chama de liberal um indivíduo que dá dinheiro a a si mesmo.

## ARTICULUS 4
### Utrum ad liberalem maxime pertineat dare

AD QUARTUM SIC PROCEDITUR. Videtur quod ad liberalem non maxime pertineat dare.

1. Liberalitas enim a prudentia dirigitur: sicut et quaelibet alia moralis virtus. Sed maxime videtur ad prudentiam pertinere divitias conservare: unde et Philosophus dicit, in IV *Ethic*.[1], quod *illi qui non acquisierunt pecuniam, sed susceperunt ab aliis acquisitam, liberalius eam expendunt, quia sunt inexperti indigentiae*. Ergo videtur quod dare non maxime pertineat ad liberalitatem.

2. PRAETEREA, de hoc quod aliquis maxime intendit, nullus tristatur, neque ab eo cessat. Sed liberalis quandoque tristatur de his quae dedit, neque etiam dat omnibus, ut dicitur in IV *Ethic*.[2]. Ergo ad liberalem non maxime pertinet dare.

3. PRAETEREA, ad illud implendum quod quis maxime intendit, homo utitur viis quibus potest.

## ARTIGO 4
### O ato principal da liberalidade é dar?

QUANTO AO QUARTO, ASSIM SE PROCEDE: parece que dar **não** é o ato principal da liberalidade.

1. Com efeito, a liberalidade é dirigida pela prudência; como todas as outras virtudes morais. Ora, cabe à prudência sobretudo conservar as riquezas. Daí Aristóteles dizer: "Aqueles que não ganharam sua própria fortuna, mas a receberam das mãos dos que a conquistaram, gastam com muito mais facilidade, porque não têm a experiência da pobreza". Logo, o ato principal da liberalidade não é dar.

2. ALÉM DISSO, aquilo que alguém mais tem vontade de conquistar, nunca é causa de tristeza, e jamais vai deixar de persegui-lo. Ora, o homem liberal às vezes manifesta tristeza por aquilo que deu, e também não dá a todos, como diz Aristóteles. Logo, dar não é o ato que mais convém à liberalidade.

3. ADEMAIS, para conseguir uma coisa que alguém busca acima de tudo, ele se serve de todos

---

6. A. 2, ad 1.
7. C. 1: 1120, a, 8.

PARALL.: IV *Ethic*., lect. 1.

1. C. 2: 1120, b, 11-14.
2. C. 2: 1120, b, 3-4; 1121, a, 1-4.

Sed liberalis *non est petitivus*, ut Philosophus dicit, in IV *Ethic.*³: cum per hoc posset sibi praeparare facultatem aliis donandi. Ergo videtur quod maxime non intendat ad dandum.

4. PRAETEREA, magis homo obligatur ad hoc quod provideat sibi quam aliis. Sed expendendo aliquid providet sibi, dando autem providet aliis. Ergo ad liberalem magis pertinet expendere quam dare.

SED CONTRA est quod Philosophus dicit, in IV *Ethic.*⁴, quod *liberalis est superabundare in datione*.

RESPONDEO dicendum quod proprium est liberalis uti pecunia. Usus autem pecuniae est in emissione ipsius: nam acquisitio pecuniae magis assimilatur generationi quam usui; custodia vero pecuniae, inquantum ordinatur ad facultatem utendi, assimilatur habitui. Emissio autem alicuius rei, quanto fit ad aliquid distantius, tanto a maiori virtute procedit: sicut patet in his quae proiiciuntur. Et ideo ex maiori virtute procedit quod aliquis emittat pecuniam dando eam aliis, quam expendendo eam circa seipsum. Proprium autem est virtutis ut praecipue tendat in id quod perfectius est: nam *virtus est perfectio quaedam*, ut dicitur in VII *Physic.*⁵. Et ideo liberalis maxime laudatur ex datione.

AD PRIMUM ergo dicendum quod ad prudentiam pertinet custodire pecuniam ne subripiatur aut inutiliter expendatur. Sed utiliter eam expendere non est minoris prudentiae quam utiliter eam conservare, sed maioris: quia plura sunt attendenda circa usum rei, qui assimilatur motui, quam circa conservationem, quae assimilatur quieti. — Quod autem illi qui susceperunt pecunias ab aliis acquisitas, liberalius expendunt, quasi existentes inopiae inexperti: — si solum propter hanc inexperientiam liberaliter expenderent, non haberent liberalitatis virtutem. Sed quandoque huiusmodi inexperientia se habet solum sicut tollens impedimentum liberalitatis, ita quod promptius liberaliter agant. Timor enim inopiae, ex eius experientia procedens, impedit quandoque eos qui acquisiverunt pecuniam ne eam consumant liberaliter agendo. Et similiter amor quo eam amant tanquam proprium effectum: ut Philosophus dicit, in IV *Ethic.*⁶.

---

3. C. 2: 1120, a, 33-34.
4. C. 2: 1120, b, 4-7.
5. C. 3: 246, b, 27-28 (246, a, 13; 247, a. 2).
6. C. 2: 1120, b, 13-14.

---

os meios possíveis. Ora, segundo Aristóteles, o homem liberal não gosta de pedir, mesmo que assim conseguisse obter meios de dar aos outros. Logo, parece que sua preocupação principal não é dar.

4. ADEMAIS, o homem é muito mais obrigado a cuidar de si mesmo que dos outros. Ora, gastando, alguém serve a si próprio, enquanto que, dando, ele serve os outros. Logo o ato principal do liberal é muito mais gastar do que dar.

EM SENTIDO CONTRÁRIO, Aristóteles diz que "é próprio do liberal dar com superabundância".

RESPONDO. É próprio do liberal usar do dinheiro. Ora, o uso do dinheiro consiste no gasto dele pois sua aquisição se assemelha muito mais à produção do que ao uso; mas a conservação, enquanto ordenada à capacidade de usá-lo, assemelha-se ao hábito. Ora, o lançamento de um objeto exige um energia proporcional à distância; quanto mais longe se quiser lançar, maior será a força necessária, como se vê no lançamento de projéteis. Desta forma, quando alguém gasta dinheiro dando-o a outros, é por força uma virtude muito maior do que quando gasta consigo mesmo. Mas é próprio da virtude tender principalmente para o que é mais perfeito, uma vez que, segundo Aristóteles, "a virtude é em si mesma uma certa perfeição". Pode-se pois concluir que o liberal é mais digno de louvor pelas dádivas que faz.

QUANTO AO 1º, portanto, deve-se dizer que à prudência cabe custodiar o dinheiro para impedir que seja roubado, ou gasto inutilmente. Ora, gastá-lo utilmente exige mais prudência do que conservá-lo, porque o uso de um bem, que pode ser comparado ao movimento, exige muito mais trabalho do que sua conservação, que pode se comparar ao repouso. — Quanto aos que receberam fortunas ganhas por outros, e que gastam mais liberalmente por não terem experiência da pobreza, e se assim o gastam devido a esta inexperiência, não têm a virtude da liberalidade. Mas, às vezes, esta inexperiência serve para remover um obstáculo à liberalidade, de tal forma que estas pessoas passam a praticar a liberalidade com mais presteza ainda. Porque, para os que têm experiência da pobreza, o medo de voltar a ser pobre pode às vezes impedir aqueles que ganharam dinheiro de gastá-lo com liberalidade. O mesmo ocorre

AD SECUNDUM dicendum quod, sicut dictum est[7], ad liberalitatem pertinet convenienter uti pecunia, et per consequens convenienter dare, quod est quidam pecuniae usus. Quaelibet autem virtus tristatur de contrario sui actus, et vitat eius impedimenta. Ei autem quod est convenienter dare duo opponuntur: scilicet non dare quod convenienter est dandum, et dare aliquid non convenienter. Unde de utroque tristatur liberalis: sed de primo magis, quia plus opponitur proprio actui. Et ideo etiam non dat omnibus: impediretur enim actus eius si quibuslibet daret; non enim haberet unde aliis daret, quibus dare convenit.

AD TERTIUM dicendum quod dare et accipere se habent sicut agere et pati. Non est autem idem principium agendi et patiendi. Unde quia liberalitas est principium dationis, non pertinet ad liberalem ut sit promptus ad recipiendum, et multo minus ad petendum. Ordinat autem ad dandum aliqua secundum liberalitatis convenientiam, scilicet fructus propriarum possessionum; quos sollicite procurat, ut eis liberaliter utatur.

AD QUARTUM dicendum quod ad expendendum in seipsum natura inclinat. Unde hoc quod pecuniam quis perfundat in alios, pertinet proprie ad virtutem.

com o amor que têm ao dinheiro aqueles que o consideram como fruto de seu próprio esforço, como diz Aristóteles.

QUANTO AO 2º, deve-se dizer que cabe à liberalidade usar do dinheiro com conveniência, e, por via de consequência, também dá-lo com conveniência, pois dar é uma forma de usar do dinheiro. Ora, qualquer virtude se entristece com o que se opõe a seu ato e evita o que impede sua realização. Ora, dois obstáculos impedem de dar como convém; a saber, não dar o que seria conveniente dar, ou dar alguma coisa de maneira inconveniente. Ambos os obstáculos entristecem o liberal; mas o primeiro causa uma contrariedade maior, porque se opõe mais ao próprio ato. Por isso, ele não dá a todos, pois acabaria ficando impedido de praticar o ato da liberalidade, por falta de não ter o que dar àqueles a quem mais conviria.

QUANTO AO 3º, deve-se dizer que entre dar e receber existe a mesma relação que entre agir e receber a ação. Agir e receber a ação não têm o mesmo princípio. Como a liberalidade é um princípio de doação, não cabe ao liberal estar preparado para receber, e muito menos para pedir. Condiciona-o, porém, a dar algo segundo a conveniência da liberalidade, ou seja, a dar o fruto de seus bens próprios, dos quais cuida com zelo para poder deles usar com liberalidade.

QUANTO AO 4º, deve-se dizer que gastar consigo vem de uma inclinação natural. Mas despender sua fortuna com os outros é próprio da virtude.

## ARTICULUS 5
### Utrum liberalitas sit pars iustitiae

AD QUINTUM SIC PROCEDITUR. Videtur quod liberalitas non sit pars iustitiae.
1. Iustitia enim respicit debitum. Sed quanto aliquid est magis debitum, tanto minus liberaliter datur. Ergo liberalitas non est pars iustitiae, sed ei repugnat.

2. PRAETEREA, iustitia est circa operationes, ut supra[1] habitum est. Liberalitas autem praecipue est circa amorem et concupiscentiam pecuniarum, quae sunt passiones. Ergo magis videtur liberalitas ad temperantiam pertinere quam ad iustitiam.

## ARTIGO 5
### A liberalidade é parte da justiça?

QUANTO AO QUINTO, ASSIM SE PROCEDE: parece que a liberalidade **não** é parte da justiça.
1. Com efeito, a justiça diz respeito a um débito. Ora, quanto mais devida é uma coisa, tanto menos é dada com liberalidade. Logo, a liberalidade não é parte da justiça. Pelo contrário, a ela se opõe.

2. ALÉM DISSO, como foi dito, a justiça diz respeito a ações. Ora, a liberalidade diz respeito sobretudo ao amor e à concupiscência do dinheiro, que são paixões. Logo, a liberalidade parece se referir à temperança mais que à justiça.

---

7. In corp.; a. 3.

5 PARALL.: Supra, q. 58, a. 12, ad 1; q. 80; Infra, q. 157, a. 1; *De Malo*, q. 13, a. 1.

1. Q. 58, a. 8, 9; I-II, q. 60, a. 2, 3.

3. Praeterea, ad liberalitatem pertinet praecipue convenienter dare, ut dictum est². Sed convenienter dare pertinet ad beneficentiam et misericordiam, quae pertinent ad caritatem, ut supra³ dictum est. Ergo liberalitas magis est pars caritatis quam iustitiae.

Sed contra est quod Ambrosius dicit, in I *de Offic.*⁴: *Iustitia ad societatem generis humani refertur. Societatis enim ratio dividitur in duas partes, iustitiam et beneficentiam, quam eandem liberalitatem aut benignitatem vocant.* Ergo liberalitas ad iustitiam pertinet.

Respondeo dicendum quod liberalitas non est species iustitiae: quia iustitia exhibet alteri quod est eius, liberalitas autem exhibet id quod est suum. Habet tamen quandam convenientiam cum iustitia in duobus. Primo quidem, quia principaliter est ad alterum, sicut et iustitia. Secundo, quia est circa res exteriores, sicut et iustitia: licet secundum aliam rationem, ut dictum est⁵. Et ideo liberalitas a quibusdam ponitur pars iustitiae, sicut virtus ei annexa ut principali.

Ad primum ergo dicendum quod liberalitas, etsi non attendat debitum legale, quod attendit iustitia, attendit tamen debitum quoddam morale, quod attenditur ex quadam ipsius decentia, non ex hoc quod sit alteri obligatus. Unde minimum habet de ratione debiti.

Ad secundum dicendum quod temperantia est circa concupiscentias corporalium delectationum. Concupiscentia autem pecuniae, et delectatio, non est corporalis, sed magis animalis. Unde liberalitas non pertinet proprie ad temperantiam.

Ad tertium dicendum quod datio benefici et misericordis procedit ex eo quod homo est aliqualiter affectus circa eum cui dat. Et ideo talis datio pertinet ad caritatem sive ad amicitiam. Sed datio liberalitatis provenit ex eo quod dans est aliqualiter affectus circa pecuniam, dum eam non concupiscit neque amat. Unde etiam non solum amicis, sed etiam ignotis dat, quando oportet. Unde non pertinet ad caritatem, sed magis ad iustitiam, quae est circa res exteriores.

3. Ademais, o objeto primeiro da liberalidade é dar de maneira conveniente, como foi dito. Ora, isto pertence à ordem da beneficência e da misericórdia, que pertencem à caridade. Logo, a liberalidade é parte da caridade, muito mais que da justiça.

Em sentido contrário, Ambrósio diz: "A justiça concerne à sociedade humana. Mas, a razão da sociedade supõe duas partes: a justiça e a beneficência, que é exatamente o que se chama de liberalidade ou bondade". Por conseguinte, a liberalidade é parte da justiça.

Respondo. A liberalidade não é uma espécie da justiça. Porque a justiça oferece ao outro o que é dele, ao passo que a liberalidade oferece o que é seu. Mas ela guarda um certa relação com a justiça, em dois sentidos. Primeiramente, porque ela visa, sobretudo, o outro, como a justiça. Depois porque, como a justiça, ela diz respeito às coisas exteriores; se bem que segundo uma outra razão, como foi dito. Por isso, alguns autores consideram a liberalidade como parte da justiça, a título de virtude anexa a ela como virtude principal.

Quanto ao 1º, portanto, deve-se dizer que a liberalidade, embora não cuide do débito legal, do qual cuida a justiça, se refere a uma espécie de dívida moral, a qual atende não por obrigação mas por decência. Por conseguinte ela tem um mínimo da razão de débito.

Quanto ao 2º, deve-se dizer que a temperança concerne às concupiscências dos prazeres da carne. Ora a cobiça e o prazer do dinheiro não dependem do corpo, mas da alma. Desta forma a liberalidade não se inclui propriamente na temperança.

Quanto ao 3º, deve-se dizer que a doação do homem beneficente e misericordioso procede disto que o homem é mais ou menos afetuoso para com aquele a quem dá. Por isso, uma tal doação diz respeito à caridade ou à amizade. Mas a doação que vem da liberalidade provém, na realidade, do fato que o doador tem certo apreço pelo dinheiro, mas sem realmente o cobiçar ou amar. Isto faz que ele o dê quando achar conveniente, não só aos amigos mas até mesmo a desconhecidos. De onde se conclui que a liberalidade não faz parte da caridade, mas antes da justiça, que diz respeito aos bens exteriores.

---

2. Art. praec.
3. Q. 28, Introd.; q. 30, a. 3, 3 a; q. 31, a. 1.
4. C. 28, n. 130: ML 16, 61 C.
5. A. 2, ad 3. Cfr. q. 80, a. un., 4 a et ad 4.

## ARTICULUS 6
## Utrum liberalitas sit maxima virtutum

AD SEXTUM SIC PROCEDITUR. Videtur quod liberalitas sit maxima virtutum.
1. Omnis enim virtus hominis est quaedam similitudo divinae bonitatis. Sed per liberalitatem homo maxime assimilatur Deo, *qui dat omnibus affluenter et non improperat*, ut dicitur Iac 1,5. Ergo liberalitas est maxima virtutum.

2. PRAETEREA, secundum Augustinum, in VI *de Trin*.[1], *in his quae non mole magna sunt, idem est esse maius quod melius*. Sed ratio bonitatis maxime videtur ad liberalitatem pertinere: quia bonum est diffusivum, ut patet per Dionysium, 4 cap. *de Div. Nom.*[2]. Unde et Ambrosius dicit, in I *de Offic.*[3], quod *iustitia censuram tenet, liberalitas bonitatem*. Ergo liberalitas est maxima virtutum.

3. PRAETEREA, homines honorantur et amantur propter virtutem. Sed Boetius dicit, in libro *de Consolat.*[4]: *Largitas maxime claros facit*. Et Philosophus dicit, in IV *Ethic.*[5], quod *inter virtuosos maxime liberales amantur*. Ergo liberalitas est maxima virtutum.

SED CONTRA est quod Ambrosius dicit, in I *de Offic.*[6], quod *iustitia excelsior videtur liberalitate, sed liberalitas gratior*. Philosophus etiam dicit, in I *Rhetoric.*[7], quod *fortes et iusti maxime honorantur, et post eos liberales*.

RESPONDEO dicendum quod quaelibet virtus tendit in aliquod bonum. Unde quanto aliqua virtus in melius bonum tendit, tanto melior est. Liberalitas autem tendit in aliquod bonum dupliciter: uno modo, primo et per se; alio modo, ex consequenti. Primo quidem et per se tendit ad ordinandum propriam affectionem circa pecuniarum possessionem et usum. Et sic, secundum hoc, praefertur liberalitati et temperantia, quae moderatur concupiscentias et delectationes pertinentes ad proprium corpus; et fortitudo et iustitia, quae ordinantur quodammodo in bonum commune, una tempore pacis, alia tempore belli; et omnibus praeferuntur virtutes quae ordinant in bonum divinum.

## ARTIGO 6
## A liberalidade é a maior das virtudes?

QUANTO AO SEXTO, ASSIM SE PROCEDE: parece que a liberalidade **é** a maior das virtudes.
1. Com efeito, toda virtude do homem é uma certa semelhança da bondade divina. Ora, é pela liberalidade que o homem se assemelha sobretudo a Deus que, como diz a Carta de Tiago, "dá a todos com a máxima abundância sem fazer restrições". Logo, a liberalidade é a maior das virtudes.

2. ALÉM DISSO, como diz "nas coisas cuja grandeza não é função da quantidade, ser maior é ser melhor". Ora, a razão de bondade parece pertencer sobretudo à liberalidade, porque, como mostra Dionísio, o bem é difusivo. Por isso, Ambrósio diz que "a justiça pratica a severidade, enquanto a liberalidade a bondade". Logo, a liberalidade é a maior das virtudes.

3. ADEMAIS, os homens são venerados e amados por causa de sua virtude. Ora, Boécio diz: "É a liberalidade que torna uma pessoa ilustre ao máximo". E Aristóteles: "Entre os homens virtuosos aqueles que mais se fazem amar são os liberais". Logo, a liberalidade é a maior das virtudes.

EM SENTIDO CONTRÁRIO, Ambrósio diz: "A justiça é mais sublime que a liberalidade, mas a liberalidade é mais amável". E Aristóteles: "Os corajosos e os justos são os que recebem as maiores honras; depois deles vêm os liberais".

RESPONDO. Toda virtude tende para algum bem. Por isso, quanto melhor for o bem para o qual tende uma determinada virtude, tanto melhor será. A liberalidade tende para um bem de duas maneiras: 1., por si; 2., por via de consequência. Primeiramente e por si, a liberalidade tende a ordenar a afeição do sujeito relativamente à posse e ao uso das riquezas. Deste ponto de vista, a liberalidade vem depois da temperança, que modera a cobiça e os prazeres relativos ao próprio corpo; vem também depois da fortaleza e da justiça, que são ordenadas mais ou menos ao bem comum, a primeira, em tempo de guerra, a segunda, em tempo de paz. Mas todas estas virtudes ficam abaixo daquelas que

---

6
1. C. 8: ML 42, 929.
2. MG 3, 700 A.
3. C. 28, n. 130: ML 16, 61 C.
4. L. II, prosa 5: ML 63, 690 A.
5. C. 1: 1120, a. 21-23.
6. Loc. cit.
7. C. 9: 1366, b, 5-7.

Nam bonum divinum praeeminet cuilibet bono humano; et in bonis humanis bonum publicum praeeminet bono privato; in quibus bonum corporis praeeminet bono exteriorum rerum. — Alio modo ordinatur liberalitas ad aliquod bonum ex consequenti. Et secundum hoc, liberalitas ordinatur in omnia bona praedicta: ex hoc enim quod homo non est amativus pecuniae, sequitur quod de facili utatur ea et ad seipsum, et ad utilitatem aliorum, et ad honorem Dei. Et secundum hoc, habet quandam excellentiam ex hoc quod utilis est ad multa. — Quia tamen unumquodque magis iudicatur secundum illud quod primo et per se competit ei quam secundum id quod consequenter se habet, ideo dicendum est liberalitatem non esse maximam virtutem.

AD PRIMUM ergo dicendum quod datio divina provenit ex eo quod amat homines quibus dat, non autem ex eo quod afficiatur ad ea quae dat. Et ideo magis videtur pertinere ad caritatem, quae est maxima virtutum, quam ad liberalitatem.

AD SECUNDUM dicendum quod quaelibet virtus participat rationem boni quantum ad emissionem proprii actus. Actus autem quarundam aliarum virtutum meliores sunt pecunia, quam emittit liberalis.

AD TERTIUM dicendum quod liberales maxime amantur, non quidem amicitia honesti, quasi sint meliores; sed amicitia utilis, quia sunt utiliores in exterioribus bonis, quae communiter homines maxime cupiunt. Et etiam propter eandem causam clari redduntur.

se ordenam ao bem divino. Porque o bem divino está acima de qualquer bem humano; e porque, no domínio dos bens humanos, o bem público se sobrepõe ao bem particular; e no domínio dos bens particulares, o bem do corpo se sobrepõe aos bens exteriores. — Mas, de outro ponto de vista, a liberalidade pode ser ordenada para um determinado bem por via de consequência. E sob este ângulo, a liberalidade está ordenada para todos os bens enumerados: um homem que não seja apegado ao dinheiro poderá facilmente usá-lo em seu próprio proveito, ou em proveito de outros e para o serviço de Deus. Sob este título, a liberalidade apresenta uma certa excelência, pelo fato de ser útil para muitas coisas. — Mas, como cada um é julgado antes de tudo por aquilo que lhe convém primeiramente e por si, muito mais do que por aquilo que lhe convém por via de consequência, deve-se dizer que a liberalidade não é a maior das virtudes.

QUANTO AO 1º, portanto, deve-se dizer que os dons divinos provêm do fato que Deus ama os homens a quem ele dá, e não do interesse por àquilo que Ele está dando. E assim estes dons pertencem mais à caridade, que é a maior de todas as virtudes, do que à liberalidade.

QUANTO AO 2º, deve-se dizer que toda virtude participa da razão do bem na produção do próprio ato. Ora, os atos de muitas outras virtudes são melhores que o dinheiro fornecido pelo liberal.

QUANTO AO 3º, deve-se dizer que os liberais sobretudo são amados, mas não com amizade *de honra*, como se fossem melhores que os outros, mas com *amizade útil*, porque são mais úteis nos bens exteriores, que normalmente os homens desejam muito mais. E também por esse motivo se tornam célebres.

## QUAESTIO CXVIII
## DE AVARITIA
*in octo articulos divisa*

Deinde considerandum est de vitiis oppositis liberalitati. Et primo, de avaritia; secundo, de prodigalitate.

## QUESTÃO 118
## A AVAREZA[a]
*em oito artigos*

Em seguida, deve-se tratar dos vícios contrários à liberalidade. Primeiro, da avareza. Depois da prodigalidade.

---

a. A avareza surge aqui como oposta à liberalidade, mas também como fundamentalmente contrária à própria justiça. Esse vício será ampla e cuidadosamente estudado numa série bastante extensa de artigos, como ocorre com os temas de uma certa importância.

Circa primum quaeruntur octo.
*Primo:* utrum avaritia sit peccatum.
*Secundo:* utrum sit speciale peccatum.
*Tertio:* cui virtuti opponatur.
*Quarto:* utrum sit peccatum mortale.
*Quinto:* utrum sit gravissimum peccatorum.
*Sexto:* utrum sit peccatum carnale, vel spirituale.
*Septimo:* utrum sit vitium capitale.
*Octavo:* de filiabus eius.

Sobre a avareza, oito questões:
1. A avareza é pecado?
2. É um pecado especial?
3. A qual virtude se opõe?
4. É pecado mortal?
5. É o mais grave dos pecados?
6. É um pecado carnal ou espiritual?
7. É um vício capital?
8. As filhas da avareza.

### Articulus 1
### Utrum avaritia sit peccatum

AD PRIMUM SIC PROCEDITUR. Videtur quod avaritia non sit peccatum.
1. Dicitur enim avaritia quasi *aeris aviditas*: quia scilicet in appetitu pecuniae consistit, per quam omnia exteriora bona intelligi possunt. Sed appetere exteriora bona non est peccatum. Naturaliter enim homo ea appetit: tum quia naturaliter subiecta sunt homini; tum quia per ea vita hominis conservatur, unde et *substantia* hominis dicuntur. Ergo avaritia non est peccatum.

2. PRAETEREA, omne peccatum aut est in Deum, aut in proximum, aut est in seipsum, sicut supra[1] habitum est. Sed avaritia non est proprie peccatum contra Deum: non enim opponitur neque religioni neque virtutibus theologicis, quibus homo ordinatur in Deum. Neque etiam est peccatum in seipsum: hoc enim proprie pertinet ad gulam et luxuriam, de qua Apostolus dicit, 1Cor 6,18, quod *qui fornicatur in corpus suum peccat*. Similiter etiam non videtur peccatum esse in proximum:

### Artigo 1
### A avareza é um pecado?

QUANTO AO PRIMEIRO ARTIGO, ASSIM SE PROCEDE: parece que a avareza **não** é um pecado.
1. Com efeito, *avareza* significa como que avidez do metal, por que consiste no desejo do dinheiro, entendendo-se por dinheiro, todos os bens materiais. Ora, desejar os bens exteriores não é pecado. Pois é por sua natureza que o homem deseja estes bens, que, por natureza lhe são subordinados e também porque é graças a eles que a vida humana se conserva, e por isso são chamados de *substância* do homem. Logo, a avareza não é um pecado.

2. ALÉM DISSO, todo pecado é ou contra Deus, ou contra o próximo, ou contra si próprio, como já foi demonstrado. Ora, a avareza não é propriamente um pecado contra Deus, uma vez que não se opõe nem à religião nem às virtudes teologais que ordenam o homem a Deus. Ela não é um pecado contra si próprio, uma vez que isto é próprio da gula e da luxúria, segundo Paulo que diz: "pela fornicação se peca contra seu próprio corpo". Também não é pecado contra o próximo, porque

---

1 PARALL.: *De Dec. Praecept. Leg.*, c. *de Nono Praecept.*; *ad Heb.*, c. 13, lect. 1; V *Ethic.*, lect. 5.
1. I-II, q. 72, a. 4.

A respeito da avareza, serão postas as questões habituais: É um pecado? De que espécie? Em oposição a que virtude (a. 1-3)? Qual a sua gravidade (a. 4 e 5)? Dada a universalidade e fecundidade de sua influência, acrescenta-se: é a avareza um pecado da carne ou do espírito? (a. 6). Um vício capital? (a. 7-8). Essas interrogações clássicas permitem alcançar uma elaboração doutrinal precisa, capaz de integrar todo um conjunto de dados tradicionais em filosofia e em espiritualidade, muitas vezes transmitidos sob a forma de denúncias e exortações, como se dá com a maior parte das diretrizes bíblicas nessas matérias morais.

A ideia diretriz, que confere homogeneidade a estes oito artigos e revela sua mais profunda originalidade, é a distinção de uma dupla modalidade, na qual se realiza a noção geral de avareza, definida como: "o apego desmedido ao dinheiro" (a. 1, Solução). Um tal apego pode apenas bloquear a generosidade, prender o homem às preocupações e ambições, contrapondo-se diretamente à liberalidade no uso e na partilha do dinheiro; ou, pelo contrário, a sujeição à ambição pode conduzir a todo tipo de injustiças, o que faz da avareza um pecado grave, uma fonte de desregramentos e de pecados, um vício capital (a. 3 e ss.). A avareza assume portanto o caráter de um apetite insaciável, tendo por objeto as coisas materiais, sintetizadas e simbolizadas pelo dinheiro, mas ela assume o aspecto de um escopo infinito, na medida em que o dinheiro será cobiçado e acumulado como instrumento e fonte imaginária da felicidade. Segundo a doutrina dos vícios capitais, a multiplicação, a "fecundidade" dos pecados é explicada em termos de motivações exercidas pelas formas mais graves de apego desmedido, conduzindo à prática e à sujeição por hábito a todo tipo de faltas (ver I-II, q. 84). Essa doutrina, elaborada no prolongamento da tradição espiritual cristã, retoma a grande preocupação aristotélica, que insiste na importância decisiva da avareza como um dos principais obstáculos à prática da justiça.

quia per hoc quod homo retinet sua, nulli facit iniuriam. Ergo avaritia non est peccatum.

3. PRAETEREA, ea quae naturaliter adveniunt non sunt peccata. Sed avaritia naturaliter consequitur senectutem et quemlibet defectum: ut Philosophus dicit, in IV *Ethic*.[2]. Ergo avaritia non est peccatum.

SED CONTRA est quod dicitur Hb ult., 5: *Sint mores sine avaritia, contenti praesentibus*.

RESPONDEO dicendum quod in quibuscumque bonum consistit in debita mensura, necesse est quod per excessum vel diminutionem illius mensurae malum proveniat. In omnibus autem quae sunt propter finem, bonum consistit in quadam mensura: nam ea quae sunt ad finem necesse est commensurari fini, sicut medicina sanitati; ut patet per Philosophum, in I *Polit*.[3]. Bona autem exteriora habent rationem utilium ad finem, sicut dictum est[4]. Unde necesse est quod bonum hominis circa ea consistat in quadam mensura: dum scilicet homo secundum aliquam mensuram quaerit habere exteriores divitias, prout sunt necessaria ad vitam eius secundum suam conditionem. Et ideo in excessu huius mensurae consistit peccatum: dum scilicet aliquis supra debitum modum vult eas vel acquirere vel retinere. Quod pertinet ad rationem avaritiae, quae definitur esse *immoderatus amor habendi*. Unde patet quod avaritia est peccatum.

AD PRIMUM ergo dicendum quod appetitus rerum exteriorum est homini naturalis ut eorum quae sunt propter finem. Et ideo intantum vitio caret inquantum continetur sub regula sumpta ex ratione finis. Avaritia autem hanc regulam excedit. Et ideo est peccatum.

AD SECUNDUM dicendum quod avaritia potest importare immoderantiam circa res exteriores dupliciter. Uno modo, immediate, quantum ad acceptionem vel conservationem ipsarum: ut scilicet homo plus debito eas acquirat vel conservet. Et secundum hoc, est directe peccatum in proximum: quia in exterioribus divitiis non potest unus homo superabundare nisi alter deficiat, quia bona temporalia non possunt simul possideri a multis. — Alio modo, potest importare immoderantiam circa interiores affectiones quas quis ad divitias habet: puta quod immoderate aliquis divitias amet aut desideret, aut delectetur in eis.

quem guarda o que é seu não faz mal a ninguém. Logo, a avareza não é pecado.

3. ADEMAIS, o que ocorre naturalmente não é pecado. Ora, a avareza é consequência natural da velhice ou de um defeito qualquer, como demonstra Aristóteles. Logo, a avareza não é pecado.

EM SENTIDO CONTRÁRIO, Paulo diz: "Que vossa conduta seja sem avareza, contentando-vos vós com o que tendes".

RESPONDO. Sempre que o bem consistir em uma determinada medida, o mal decorrerá necessariamente do excesso ou da insuficiência. Ora, em tudo o que é meio em vista de um fim, o bem consiste numa determinada medida; porque tudo aquilo que se destina a um fim tem que se medir necessariamente por aquele fim, como o remédio se determina pela saúde que se deseja obter, de acordo com o que diz Aristóteles. Os bens exteriores têm razão de instrumentos para a obtenção de um fim, como já foi dito. De onde se segue que o bem do homem, no que concerne a estes instrumentos, consiste numa certa medida, a saber, que ele procure possuir estas riquezas exteriores na medida em que elas são necessárias para lhe garantir a vida na condição que lhe é própria. Por isso, o pecado consiste num excesso desta medida, ou seja, quando alguém procura adquiri-las ou guardá-las além do modo devido. E isto se refere à razão da avareza que se define como "o amor imoderado do ter". Portanto, ficou claro que a avareza é um pecado.

QUANTO AO 1º, portanto, deve-se dizer que é natural ao homem desejar os bens exteriores como meios para um fim. Assim, não haverá vício nenhum enquanto o desejo se mantiver dentro da regra estabelecida pela razão de fim. Mas a avareza ultrapassa esta regra. É por isto que ela é um pecado.

QUANTO AO 2º, deve-se dizer que a avareza pode comportar uma falta de moderação com relação aos bens exteriores, de duas maneiras. Primeiro, imediatamente, no que concerne à própria aquisição ou conservação dos bens exteriores: a saber, quando o homem os adquire ou os guarda além do limite devido. Sob este ângulo, a avareza é um pecado que atinge diretamente o próximo, porque, no que concerne aos bens exteriores, quando um possui em excesso é porque para outro está faltando algo, uma vez que os estes bens exteriores não podem ter vários possuidores ao mesmo tempo. — Segundo, a avareza pode implicar uma

---

2. C. 3: 1121, b, 13-16.
3. C. 9: 1257, b, 25-30.
4. Q. 117, a. 3; I-II, q. 2, a. 1.

Et sic avaritia est peccatum hominis in seipsum: quia per hoc deordinatur eius affectus; licet non deordinetur corpus, sicut per vitia carnalia. — Ex consequenti autem est peccatum in Deum, sicut et omnia peccata mortalia: inquantum homo propter bonum temporale contemnit aeternum.

AD TERTIUM dicendum quod inclinationes naturales sunt regulandae secundum rationem, quae principatum tenet in natura humana. Et ideo quamvis senes, propter naturae defectum, avidius exteriorum rerum inquirant subsidia, sicut et omnis indigens quaerit suae indigentiae supplementum; non tamen a peccato excusantur, si debitam rationis mensuram circa divitias excedant.

### ARTICULUS 2
### Utrum avaritia sit speciale peccatum

AD SECUNDUM SIC PROCEDITUR. Videtur quod avaritia non sit speciale peccatum.

1. Dicit enim Augustinus, in III *de Lib. Arbit.*[1]: *Avaritia, quae graece philargyria dicitur, non in solo argento vel nummis, sed in omnibus rebus quae immoderate cupiuntur, intelligenda est.* Sed in omni peccato est cupiditas immoderata alicuius rei: quia peccatum est, spreto bono incommutabili, bonis commutabilibus inhaerere, ut supra[2] habitum est. Ergo avaritia est generale peccatum.

2. PRAETEREA, secundum Isidorum, in libro *Etymol.*[3], avarus dicitur quasi *avidus aeris*, idest pecuniae: unde et in graeco avaritia *philargyria* nominatur, idest *amor argenti*. Sed sub *argento*, per quod pecunia significatur, significantur omnia exteriora bona quorum pretium potest numismate mensurari, ut supra[4] habitum est. Ergo avaritia consistit in appetitu cuiuslibet exterioris rei. Ergo videtur esse generale peccatum.

falta de moderação no apego interior que se tem às riquezas, a saber, quando alguém as ama e as deseja de maneira imoderada, ou nelas se deleita imoderadamente. E assim a avareza é um pecado do homem contra si próprio; porque é uma desordem nestas afeições interiores, embora não seja uma desordem contra o próprio corpo, como os vícios carnais. — E assim, a avareza é também um pecado contra Deus, como todos os pecados morais, enquanto leva o homem a desprezar o bem eterno por causa de um bem temporal.

QUANTO AO 3º, deve-se dizer que as inclinações naturais devem ser reguladas pela razão, que detém o papel primordial na natureza humana. Embora, os mais velhos, por força de um defeito da natureza, procurem mais avidamente o socorro dos bens exteriores, assim como todo indigente procura suprir sua indigência, nem por isso são escusados de pecado, quando ultrapassam, no concernente às riquezas, a justa medida da razão.

### ARTIGO 2
### A avareza é um pecado especial?

QUANTO AO SEGUNDO, ASSIM SE PROCEDE: parece que a avareza **não** é um pecado especial.

1. Com efeito, Agostinho diz: "A avareza, que em grego se chama filargia, "não tem por objeto apenas o dinheiro ou as moedas, mas todos os bens que são cobiçados de maneira imoderada". Ora, em qualquer pecado se encontra a cobiça imoderada de alguma coisa: porque o pecado existe quando se despreza o bem imutável para se apegar aos bens transitórios, como foi dito acima. Logo, a avareza é um pecado geral.

2. ALÉM DISSO, segundo Isidoro, avaro ou avarento equivale a ávido de metal, ou seja, de dinheiro. Por outro lado, "avareza" em grego se chama *filargia*, quer dizer amor ao dinheiro. Ora, pelo termo dinheiro se designam todos os bens temporais cujo preço pode ser fixado pela moeda, como já foi dito. Por conseguinte, a avareza consiste no apetite de qualquer bem exterior[b]. Logo parece se tratar de um pecado geral.

---

2 PARALL.: II *Sent.*, dist. 42, q. 2, a. 3, ad 1; *De Malo*, q. 13, a. 1.
  1. C. 17, n. 48: ML 32, 1294.
  2. I-II, q. 71, a. 6, 3 a.
  3. L. X, ad litt. A, n. 9: ML 82, 369 A.
  4. Q. 117, a. 2, ad 2.

b. O recurso a várias etimologias para o mesmo termo, por vezes discordantes, como é o caso nestas objeções, mostra que se trata de um procedimento de mera ilustração, quando não de uma referência a lugares-comuns da tradição escolar da época. Ver observações nesse sentido na II-II, q. 81, nota 1.

3. PRAETEREA, super illud Rm 7,7, *Nam concupiscentiam nesciebam* etc., dicit Glossa[5]: *Bona est lex, quae, dum concupiscentiam prohibet, omne malum prohibet*. Videtur autem lex specialiter prohibere concupiscentiam avaritiae, ubi dicitur, Ex 20,17: *Non concupisces rem proximi tui*. Ergo concupiscentia avaritiae est omne malum. Et ita avaritia est generale peccatum.

SED CONTRA est quod Rm 1, avaritia connumeratur inter alia specialia peccata, ubi dicitur 29: *Repletos omni iniquitate, malitia, fornicatione, avaritia*, etc.

RESPONDEO dicendum quod peccata sortiuntur speciem secundum obiecta, ut supra[6] habitum est. Obiectum autem peccati est illud bonum in quod tendit inordinatus appetitus. Et ideo ubi est specialis ratio boni quod inordinate appetitur, ibi est specialis ratio peccati. Alia autem est ratio boni utilis, et boni delectabilis. Divitiae autem secundum se habent rationem utilis: ea enim ratione appetuntur, inquantum in usum hominis cedunt. Et ideo speciale quoddam peccatum est avaritia, secundum quod est immoderatus amor habendi possessiones, quae nomine pecuniae designantur, ex qua sumitur *avaritiae* nomen.

Verum quia verbum *habendi* secundum primam impositionem ad possessiones pertinere videtur, quarum sumus totaliter domini; ad multa alia derivatur, sicut dicitur homo habere sanitatem, uxorem, vestimentum, et alia huiusmodi, ut patet in *Praedicamentis*[7]: per consequens etiam et nomen avaritiae ampliatum est ad omnem immoderatum appetitum habendi quamcumque rem; sicut Gregorius dicit, in quadam homilia[8], quod *avaritia est non solum pecuniae, sed etiam scientiae et altitudinis, cum supra modum sublimitas ambitur*. Et secundum hoc, avaritia non esset peccatum speciale. Et hoc etiam modo loquitur Augustinus de avaritia in auctoritate inducta[9].

Unde patet responsio AD PRIMUM.

AD SECUNDUM dicendum quod omnes res exteriores quae veniunt in usum humanae vitae, nomine *pecuniae* intelliguntur inquantum habent rationem boni utilis. Sunt autem quaedam exteriora bona quae potest aliquis pecunia consequi, sicut voluptates et honores et alia huiusmodi.

3. ADEMAIS, sobre aquele texto de Paulo onde se lê: "eu ignorava a cobiça...", diz a Glosa: "A Lei é boa porque, proibindo a concupiscência, proíbe todo mal". Ora, a lei proíbe de maneira especial esta concupiscência da avareza, quando diz: "Não cobiçarás o bem do teu próximo". Assim, a concupiscência da avareza é todo o mal. Logo, a avareza é um pecado geral.

EM SENTIDO CONTRÁRIO, a Carta aos Romanos enumera a avareza entre os pecados especiais: "Cheios de toda espécie de iniquidade, de malícia, fornicação, avareza..."

RESPONDO. Os pecados recebem sua espécie de seus objetos. Ora, o objeto do pecado é o bem para o qual tende o apetite desregrado. Assim, onde existir uma razão especial de bem desejado de maneira desordenada, aí estará também a razão de pecado. Ora, uma é a razão de bem útil, e outra a razão de bem deleitável. Ora, por si mesmas, as riquezas têm razão de bem útil; elas são desejadas enquanto servem ao uso do homem. Por isso, a avareza é um pecado especial, enquanto amor imoderado de possuir os bens designados pelo termo geral de dinheiro, do qual ela tira seu nome.

O verbo "ter" que, de acordo com seu sentido primeiro, parece se referir principalmente àquelas posses das quais nós somos senhores absolutos, acabou derivando para muitas outras coisas; é assim que dizemos ter saúde, ter mulher, ter roupa e muito mais, como mostra Aristóteles. Assim, o termo avareza acabou também se estendendo a todo desejo imoderado de possuir uma coisa qualquer. O que leva Gregório a dizer: "A avareza não se diz apenas do dinheiro, mas também do saber e das grandezas, quando aspiramos a isto fora da medida conveniente". Neste sentido a avareza não seria um pecado especial. O texto de Agostinho sobre a avareza diz aliás a mesma coisa.

QUANTO AO 1º, portanto, deve-se dizer que a resposta já está na solução acima.

QUANTO AO 2º, deve-se dizer que todos os bens exteriores que servem à vida humana são designados pelo nome de dinheiro, enquanto têm razão de bem útil. Mas existem outros bens exteriores que o dinheiro pode conseguir, como os prazeres, as honras e outras coisas desta ordem, que são

---

5. Ordin.: ML 114, 491 A; LOMBARDI: ML 191, 1416 C.
6. I-II, q. 72, a. 1.
7. C. 12: 15, b, 17.
8. Homil. 16 *in Evang.*, n. 2: ML 76, 1136 A.
9. Arg. 1.

quae habent aliam rationem appetibilitatis. Et ideo illorum appetitus non proprie dicitur avaritia, secundum quod est vitium speciale.

AD TERTIUM dicendum quod glossa illa loquitur de concupiscentia inordinata cuiuscumque rei. Potest enim intelligi quod per prohibitionem concupiscentiae rerum possessarum prohibeatur quarumcumque rerum concupiscentia quae per res possessas acquiri possunt.

## ARTICULUS 3
### Utrum avaritia opponatur liberalitati

AD TERTIUM SIC PROCEDITUR. Videtur quod avaritia non opponatur liberalitati.

1. Quia super illud Mt 5,6, *Beati qui esuriunt et sitiunt iustitiam*, dicit Chrysostomus[1] quod est duplex iustitia, una *generalis*, et alia *specialis, cui opponitur avaritia*. Et hoc idem Philosophus dicit, in V *Ethic*.[2]. Ergo avaritia non opponitur liberalitati.

2. PRAETEREA, peccatum avaritiae in hoc consistit quod homo transcendit mensuram in rebus possessis. Sed huiusmodi mensura statuitur per iustitiam. Ergo avaritia directe opponitur iustitiae, et non liberalitati.

3. PRAETEREA, liberalitas est virtus media inter duo vitia contraria: ut patet per Philosophum, in II[3] et IV[4] *Ethic*. Sed avaritia non habet peccatum contrarium oppositum: ut patet per Philosophum, in V *Ethic*.[5]. Ergo avaritia non opponitur liberalitati.

SED CONTRA est quod, sicut dicitur Eccle 5,9, *avarus non impletur pecunia: et qui amat divitias fructum non capiet ex eis*. Sed non impleri pecunia, et inordinate eas amare, est contrarium liberalitati, quae in appetitu divitiarum medium tenet. Ergo avaritia opponitur liberalitati.

RESPONDEO dicendum quod avaritia importat immoderantiam quandam circa divitias dupliciter. Uno modo, immediate circa ipsam acceptionem et conservationem divitiarum: inquantum scilicet aliquis acquirit pecuniam ultra debitum aliena subripiendo vel retinendo. Et sic opponitur iusti-

apetecíveis por outras razões. Assim o desejo destes bens não merece propriamente o nome de avareza, enquanto a avareza é um vício especial.

QUANTO AO 3º, deve-se dizer que a Glosa fala da cobiça desordenada de um bem qualquer. Porque pode-se entender que a proibição de cobiçarmos certas posses se estenda também à cobiça de tudo aquilo que tais posses poderiam nos proporcionar.

## ARTIGO 3
### A avareza se opõe à liberalidade?

QUANTO AO TERCEIRO, ASSIM SE PROCEDE: parece que a avareza **não** se opõe à liberalidade.

1. Com efeito, comentando a passagem onde se lê: "Bem-aventurados os que têm fome e sede de justiça..." Crisóstomo distingue uma justiça *geral* e outra *especial*, à qual se opõe a avareza. E o mesmo diz Aristóteles. Logo, a avareza não se opõe à liberalidade.

2. ALÉM DISSO, o pecado da avareza consiste em que o homem ultrapassa a medida na posse dos bens. Ora, esta medida é fixada pela justiça. Logo, a avareza se opõe à justiça, e não à liberalidade.

3. ADEMAIS, segundo Aristóteles, a liberalidade é uma virtude situada entre dois vícios contrários. Ora, o próprio Aristóteles demonstra que a avareza não tem nenhum vício a ela contrário. Logo, ela não se opõe à liberalidade.

EM SENTIDO CONTRÁRIO, está escrito no livro do Eclesiástico: "O avarento não se farta nunca de dinheiro e o que ama as riquezas, delas não tirará fruto algum". Ora, não se fartar de dinheiro e amar as riquezas de modo desordenado é contrário à liberalidade a qual garante o meio-termo no desejo das riquezas. Por conseguinte, a avareza se opõe à liberalidade.

RESPONDO. A avareza implica uma certa imoderação com relação às riquezas, de duas maneiras. Primeiro, de modo imediato, no que diz respeito à aquisição e à conservação delas, seja roubando seja retendo de modo indébito o que é de outro. Neste sentido, a avareza se opõe à justiça, como

---

3 PARALL.: *De Malo*, q. 13, a. 1; IV *Ethic.*, lect. 1, 3, 5.

1. Homil. 15 *in Matth.*, n. 3: MG 57, 227.
2. Cc. 3, 4: 1129, b, 27-29; 1130, a, 14-16.
3. C. 7: 1107, b, 8-16.
4. C. 1: 1119, b, 22-28.
5. C. 3: 1121, b, 1-3.

tiae. Et hoc modo accipitur avaritia Ez 22,27, ubi dicitur: *Principes eius in medio eius quasi lupi rapientes praedam ad effundendum sanguinem, et avare lucra sectanda.*

Alio modo, importat immoderantiam circa interiores affectiones divitiarum: puta cum quis nimis amat vel desiderat divitias, aut nimis delectatur in eis, etiam si nolit rapere aliena. Et hoc modo avaritia opponitur liberalitati, quae moderatur huiusmodi affectiones, ut dictum est[6]. Et sic accipitur avaritia 2Cor 9,5: *Praeparent repromissam benedictionem hanc paratam esse sic quasi benedictionem, non quasi avaritiam*: Glossa[7]: *ut scilicet doleant pro dato, et parum sit quod dent.*

AD PRIMUM ergo dicendum quod Chrysostomus et Philosophus loquuntur de avaritia primo modo dicta. Avaritiam autem secundo modo dictam nominat Philosophus *illiberalitatem*[8].

AD SECUNDUM dicendum quod iustitia proprie statuit mensuram in acceptionibus et conservationibus divitiarum secundum rationem debiti legalis: ut scilicet homo nec accipiat nec retineat alienum. Sed liberalitas constituit mensuram rationis principaliter quidem in interioribus affectionibus, et per consequens in exteriori acceptione et conservatione pecuniarum et emissione earum secundum quod ex interiori affectione procedunt, non observando rationem debiti legalis, sed debiti moralis, quod attenditur secundum regulam rationis.

AD TERTIUM dicendum quod avaritia secundum quod opponitur iustitiae, non habet vitium oppositum: quia avaritia consistit in plus habendo quam debeat secundum iustitiam, et huic opponitur minus habere, quod non habet rationem culpae, sed poenae. Sed avaritia secundum quod opponitur liberalitati, habet vitium prodigalitatis oppositum.

## ARTICULUS 4
### Utrum avaritia semper sit peccatum mortale

AD QUARTUM SIC PROCEDITUR. Videtur quod avaritia semper sit peccatum mortale.

entende o livro de Ezequiel: "Os chefes deles, no meio do país, são como lobos que arrebatam a presa, derramando sangue e correndo atrás do ganho para satisfazer sua avareza".

Por outro lado, a avareza implica uma falta de moderação no afeto interno às riquezas, por exemplo, quando alguém as ama ou as deseja em excesso, ou quando nelas se compraz de maneira excessiva, mesmo que não deseje roubar de ninguém. Desse modo a avareza se opõe à liberalidade, a qual modera este tipo de sentimentos. E é neste sentido que diz Paulo: "Organizai vossas ofertas já prometidas, como um sinal de liberalidade, e não de avareza". Sinal de avareza, que, segundo a Glosa, seria "sofrer por ter dado, ou dar pouco".

QUANTO AO 1º, portanto, deve-se dizer que Crisóstomo e Aristóteles falam da avareza entendida no primeiro sentido. A avareza entendida na segunda acepção é chamada por Aristóteles de *iliberalidade*.

QUANTO AO 2º, deve-se dizer que a justiça determina propriamente a medida a ser respeitada na aquisição e conservação das riquezas, segundo a razão de débito legal, a saber, que um homem não tome nem retenha o que pertence a outro. Ao passo que a liberalidade determina a medida de razão principalmente no que concerne as afeições interiores; por consequência, também no que concerne à aquisição e conservação dessas riquezas, e ao modo de gastá-las, não levando em conta o conceito de débito legal, mas o do débito moral, regulamentado pela medida estabelecida pela razão.

QUANTO AO 3º, deve-se dizer que a avareza, enquanto oposta à justiça, não tem vício contrário; isto porque a avareza consiste em ter mais que o devido segundo a justiça, e o oposto aqui seria o ter menos, o que não tem razão de culpa, mas de pena. Ao passo que a avareza que se opõe à liberalidade tem como vício contrário a prodigalidade.

## ARTIGO 4
### A avareza é sempre pecado mortal?

QUANTO AO QUARTO, ASSIM SE PROCEDE: parece que a avareza é sempre pecado mortal.

---

6. Q. 117, a. 2, ad 1; a. 3, ad 3; a. 6.
7. Interlin.; LOMBARDI: ML 192, 62 D.
8. *Eth.*, l. II, c. 7: 1107, b, 13-16.

PARALL.: *De Malo*, q. 13, a. 2; *De Dec. Praecept. Leg.*, c. *de Nono Praecept.*

1. Nullus enim est dignus morte nisi pro peccato mortali. Sed propter avaritiam homines digni sunt morte: cum enim Apostolus, Rm 1,29, praemisisset, *Repletos omni iniquitate, fornicatione, avaritia*, subdit 32: *qui talia agunt digni sunt morte*. Ergo avaritia est peccatum mortale.

2. PRAETEREA, minimum in avaritia est quod aliquis inordinate retineat sua. Sed hoc videtur esse peccatum mortale: dicit enim Basilius[1]: *Est panis famelici quem tu tenes, nudi tunica quam conservas, indigentis argentum quod possides. Quocirca tot iniuriaris quot exhibere valeres*. Sed iniuriari alteri est peccatum mortale: quia contrariatur dilectioni proximi. Ergo multo magis omnis alia avaritia est peccatum mortale.

3. PRAETEREA, nullus excaecatur spirituali caecitate nisi per peccatum mortale, quod animam privat lumine gratiae. Sed secundum Chrysostomum[2], tenebra animae est pecuniarum cupido. Ergo avaritia, quae est pecuniarum cupido, est peccatum mortale.

SED CONTRA est quod 1Cor 3, super illud 12, *Si quis aedificaverit super hoc fundamentum* etc., dicit Glossa[3] quod *lignum, faenum et stipulam superaedificat ille qui cogitat quae mundi sunt, quomodo placeat mundo*, quod pertinet ad peccatum avaritiae. Ille autem qui aedificat lignum, faenum et stipulam, non peccat mortaliter, sed venialiter: de eo enim dicitur 15 quod *salvus erit sic quasi per ignem*. Ergo avaritia quandoque est peccatum veniale.

RESPONDEO dicendum quod, sicut supra[4] dictum est, avaritia dupliciter dicitur. Uno modo, secundum quod opponitur iustitiae. Et hoc modo ex genere suo est peccatum mortale: sic enim ad avaritiam pertinet quod aliquis iniuste accipiat vel retineat res alienas, quod pertinet ad rapinam vel furtum, quae sunt peccata mortalia, ut supra[5] habitum est. Contingit tamen in hoc genere avaritiae aliquid esse peccatum veniale propter imperfectionem actus: sicut supra[6] dictum est, cum de furto ageretur.

Alio modo potest accipi avaritia secundum quod opponitur liberalitati. Et secundum hoc,

1. Com efeito, ninguém é digno de morte, a não ser por pecado mortal. Ora, Paulo, depois de ter falado daqueles que estão "cheios de iniquidade, de malícia, de fornicação e de avareza...", acrescenta: "os que agem desta forma são dignos de morte". Logo, a avareza é um pecado mortal.

2. ALÉM DISSO, o mínimo na avareza consiste em guardar de modo desordenado seus próprios bens. Mas isto parece ser pecado mortal, segundo Basílio: "O pão que guardas é o pão do faminto, a túnica que conservas é a de quem está nu, o dinheiro que possuis é do indigente. E assim, tudo o que poderias ostentar são outras tantas injúrias feitas a outros". Ora, injuriar o outro é pecado mortal, porque se opõe ao amor do próximo. Logo, mais do que qualquer outro vício, a avareza é pecado mortal.

3. ADEMAIS, ninguém fica afetado de cegueira espiritual a não ser pelo pecado mortal, que priva a alma da luz da graça. Ora, segundo Crisóstomo, as trevas da alma são a cobiça do dinheiro. Logo, a avareza, que é a cobiça do dinheiro, é pecado mortal.

EM SENTIDO CONTRÁRIO, a respeito do seguinte texto: "quem constrói sobre este alicerce...", a Glosa diz que "aquele que se preocupa com os cuidados do mundo e que procura agradar ao mundo, o que constitui o pecado da avareza constrói sobre a madeira, o feno e a palha". Ora, o homem que constrói sobre a madeira, o feno e palha, não comete pecado mortal, mas venial. Pois dele está dito que *será salvo, mas como que através do fogo*. Logo, a avareza é, às vezes, pecado venial.

RESPONDO. A avareza pode ter dupla acepção. Numa, ela se opõe à justiça, e é então, por sua natureza, pecado mortal; a avareza, nesta concepção, consiste na aquisição ou retenção injusta de bens alheios, o que constitui roubo ou furto, que são pecados mortais, como ficou demonstrado. Mas pode ocorrer, neste gênero de avareza, que o pecado seja venial, por causa da imperfeição do ato, como se falou ao tratar do furto.

Na outra acepção, a avareza pode ser considerada como oposta à liberalidade e, neste caso,

---

1. Homil. 6 *in Luc*. 12, 18, n. 7: MG 31, 277 A.
2. *Opus imperf. in Matth*., hom. 15, super 6, 23: MG 56, 721.
3. Ordin.: ML 114, 524 BC; LOMBARDI: ML 191, 1557 A.
4. Art. 3.
5. Q. 66, a. 6, 9.
6. Q. 66, a. 6, ad 3.

importat inordinatum amorem divitiarum. Si ergo intantum amor divitiarum crescat quod praeferatur caritati, ut scilicet propter amorem divitiarum aliquis non vereatur facere contra amorem Dei et proximi, sic avaritia erit peccatum mortale. Si autem inordinatio amoris infra hoc sistat, ut scilicet homo, quamvis superflue divitias amet, non tamen praefert earum amorem amori divino, ut scilicet propter divitias non velit aliquid facere contra Deum et proximum, sic avaritia est peccatum veniale.

AD PRIMUM ergo dicendum quod avaritia connumeratur peccatis mortalibus secundum illam rationem qua est peccatum mortale.

AD SECUNDUM dicendum quod Basilius loquitur in illo casu in quo aliquis tenetur ex debito legali bona sua pauperibus erogare, vel propter periculum necessitatis, vel etiam propter superfluitatem habitorum.

AD TERTIUM dicendum quod cupido divitiarum obtenebrat animam proprie quando excludit lumen caritatis, praeferendo amorem divitiarum amori divino.

implica um amor desordenado às riquezas. Se o amor desordenado às riquezas for de tal monta que se sobreponha à caridade, levando alguém a, por amor às riquezas, agir contra o amor de Deus e do próximo, neste caso a avareza será pecado mortal. Mas se, embora amando desordenadamente as riquezas temporais, o homem não antepuser este amor ao amor divino, e se este amor às riquezas não o levar a praticar atos contra Deus ou contra o próximo, neste caso a avareza será pecado venial.

QUANTO AO 1º, portanto, deve-se dizer que a avareza é enumerada entre os pecados mortais quando ela preenche todas as condições para ser pecado mortal.

QUANTO AO 2º, deve-se dizer que Basílio se refere àquele caso em que alguém é obrigado, por dívida legal, a distribuir seus bens aos pobres, seja em situação de emergência, seja pelo fato de possuir riquezas em excesso.

QUANTO AO 3º, deve-se dizer que a cobiça da riqueza entenebrece a alma quando exclui a luz da caridade, levando-a a preferir o amor das riquezas ao amor divino.

## ARTICULUS 5
### Utrum avaritia sit maximum peccatorum

AD QUINTUM SIC PROCEDITUR. Videtur quod avaritia sit maximum peccatorum.

1. Dicitur enim Eccli 10,9: *Avaro nihil est scelestius*; et postea 10 subditur: *Nihil est iniquius quam amare pecuniam: hic enim et animam suam venalem habet*. Et Tullius dicit, in I *de Offic.*[1]: *Nihil est tam angusti animi, tamque parvi, quam amare pecuniam*. Sed hoc pertinet ad avaritiam. Ergo avaritia est gravissimum peccatorum.

2. PRAETEREA, tanto aliquod peccatum est gravius quanto magis caritati contrariatur. Sed avaritia maxime contrariatur caritati: dicit enim Augustinus, in libro *Octoginta trium Quaest.*[2], quod *venenum caritatis est cupiditas*. Ergo avaritia est maximum peccatorum.

3. PRAETEREA, ad gravitatem peccati pertinet quod sit incurabile: unde et peccatum in Spiritum Sanctum, quod est gravissimum, dicitur esse irre-

## ARTIGO 5
### A avareza é o mais grave dos pecados?

QUANTO AO QUINTO, ASSIM SE PROCEDE: parece que a avareza é o mais grave dos pecados.

1. Com efeito, o livro do Eclesiástico diz: "Não existe nada de mais criminoso do que o avarento". E acrescenta: "Nada é mais iníquo do que amar o dinheiro, pois quem ama o dinheiro é capaz até de, por causa dele, vender a própria alma". E Cícero diz: "Nada denuncia mais a pequenez e a vileza de uma alma do que o amor ao dinheiro". Ora, isto tudo é da ordem da avareza. Logo, a avareza é o mais grave dos pecados.

2. ALÉM DISSO, um pecado é tanto mais grave quanto mais é contrário à caridade. Ora, a avareza contraria a caridade no grau máximo. Agostinho diz, com efeito, que "o veneno da caridade é a cobiça". Logo, a avareza é o maior dos pecados.

3. ADEMAIS, o que marca a gravidade de um pecado é o fato de ser incurável. É a razão pela qual o pecado contra o Espírito Santo é conside-

---

5

1. C. 20: ed. C. F. W. Mueller, Lipsiae 1910, p. 24, ll. 25-26.
2. Q. 36, n. 1: ML 40, 25.

missibile. Sed avaritia est peccatum insanabile: ut dicit Philosophus, in IV *Ethic*.³, quod *senectus et omnis impotentia illiberales facit*. Ergo avaritia est gravissimum peccatorum.

4. PRAETEREA, Apostolus dicit, Eph 5,5, quod avaritia est *idolorum servitus*. Sed idololatria computatur inter gravissima peccata. Ergo et avaritia.

SED CONTRA est quod adulterium est gravius peccatum quam furtum, ut habetur Pr 6,30sqq. Furtum autem pertinet ad avaritiam. Ergo avaritia non est gravissimum peccatorum.

RESPONDEO dicendum quod omne peccatum, ex hoc ipso quod est malum, consistit in quadam corruptione seu privatione alicuius boni: inquantum autem est voluntarium, consistit in appetitu alicuius boni. Dupliciter ergo ordo peccatorum potest attendi. Uno modo, ex parte boni quod per peccatum contemnitur vel corrumpitur: quod quanto malus est, tanto peccatum gravius est. Et secundum hoc, peccatum quod est contra Deum est gravissimum; et sub hoc est peccatum quod est contra personam hominis; sub quo est peccatum quod est contra res exteriores quae sunt ad usum hominis deputatae, quod videtur ad avaritiam pertinere. — Alio modo potest attendi gradus peccatorum ex parte boni cui inordinate subditur appetitus humanus: quod quanto minus est, tanto peccatum est deformius; turpius enim est subesse inferiori bono quam superiori. Bonum autem exteriorum rerum est infimum inter humana bona: est enim minus quam bonum corporis; quod etiam est minus quam bonum animae; quod etiam exceditur a bono divino. Et secundum hoc, peccatum avaritiae, quo appetitus humanus subiicitur etiam exterioribus rebus, habet quodammodo deformitatem maiorem.

Quia tamen corruptio vel privatio boni formaliter se habet in peccato, conversio autem ad bonum commutabile materialiter; magis est iudicanda gravitas peccati ex parte boni quod corrumpitur quam ex parte boni cui subiicitur appetitus. Et ideo dicendum est quod avaritia non est simpliciter maximum peccatorum.

AD PRIMUM ergo dicendum quod auctoritates illae loquuntur de avaritia ex parte boni cui subditur appetitus. Unde et in *Ecclesiastico* pro ratione subditur, quia avarus *animam suam habet venalem*, quia videlicet animam suam, idest vitam, exponit periculis pro pecunia: et ideo subdit: *Quoniam in*

rado o mais grave de todos, porque é irremissível. Ora, a avareza é um pecado incurável, o que leva Aristóteles a dizer que "a velhice, e todas as formas de impotência geram os não-liberais". Logo, a avareza é o mais grave dos pecados.

4. ADEMAIS, Paulo diz que a avareza é um *culto aos ídolos*. Ora, a idolatria figura entre os pecados mais graves. Logo a avareza também.

EM SENTIDO CONTRÁRIO, de acordo com o livro dos Provérbios, o adultério é um pecado mais grave que o furto. Ora, o furto pertence à avareza. Logo, a avareza não é o mais grave dos pecados.

RESPONDO. Todo pecado, pelo simples fato de ser um mal, consiste numa certa corrupção ou privação de um bem: enquanto é voluntário, consiste no apetite de algum bem. Por conseguinte, pode-se considerar a ordem entre os pecados de dois pontos de vista. 1º, do bem que o pecado despreza ou corrompe: quanto maior for este bem destruído ou corrompido, maior será o pecado. Assim, o pecado contra Deus é mais grave; abaixo dele vem o pecado contra a pessoa humana; e logo vem o pecado contra as coisas exteriores, destinadas ao serviço do homem, e este pecado se liga à avareza. — 2º, do bem ao qual o apetite humano se submete de maneira desordenada. Quanto menor for este bem, mais feio será o pecado, porque é mais vergonhoso se submeter a um bem inferior do que a um bem superior. Ora, o bem das coisas exteriores é o menor dos bens humanos: vem depois do bem do corpo, que é menor que o bem da alma, o qual é ultrapassado pelo bem divino. E, deste ponto de vista, o pecado de avareza, que leva o apetite humano a ficar submisso às coisas exteriores, apresenta um grau de deformidade bem elevado.

Como a corrupção ou privação do bem representa o elemento formal do pecado, enquanto que a conversão para um bem transitório representa o elemento material, é possível estimar a gravidade do pecado tomando por referência o bem que ele corrompe muito mais que o bem que subjuga o apetite. E por esta razão deve-se dizer que a avareza absolutamente não é maior dos pecados.

QUANTO AO 1º, portanto, deve-se dizer que os textos citados consideram a avareza a partir do bem ao qual o apetite se submete. Assim, no *Eclesiástico,* se acrescenta que o avarento "está disposto até a vender sua alma"; por causa do dinheiro, ele expõe sua alma, ou seja sua vida a

---

3. C. 3: 1121, b, 13-16.

*vita sua proiecit*, idest contempsit, *intima sua*, ut scilicet pecuniam lucraretur. Tullius etiam addit hoc esse *angusti animi*: ut scilicet velit pecuniae subiici.

AD SECUNDUM dicendum quod Augustinus ibi accipit cupiditatem generaliter cuiuscumque temporalis boni, non secundum quod specialiter pro avaritia accipitur. Cupiditas enim cuiuscumque temporalis boni est venenum caritatis: inquantum scilicet homo spernit bonum divinum propter hoc quod inhaeret bono temporali.

AD TERTIUM dicendum quod aliter est insanabile peccatum in Spiritum Sanctum, et aliter avaritia. Nam peccatum in Spiritum Sanctum est insanabile ex parte contemptus: puta quia homo contemnit vel misericordiam vel iustitiam divinam, aut aliquid horum per quae hominis peccata sanantur. Et ideo talis insanabilitas pertinet ad maiorem gravitatem peccati. — Avaritia vero habet insanabilitatem ex parte defectus humani, in quem scilicet semper procedit humana natura: quia quo aliquis est magis deficiens, eo magis indiget adminiculo exteriorum rerum, et ideo magis in avaritiam labitur. Unde per talem insanabilitatem non ostenditur peccatum esse gravius: sed quodammodo per hoc est periculosius.

AD QUARTUM dicendum quod avaritia comparatur idololatriae per quandam similitudinem quam habet ad ipsam: quia sicut idololatra subiicit se creaturae exteriori, ita etiam et avarus. Non tamen eodem modo: sed idololatra quidem subiicit se creaturae exteriori ut exhibeat ei cultum divinum; avarus autem subiicit se creaturae exteriori immoderate ipsam concupiscendo ad usum, non ad cultum. Et ideo non oportet quod avaritia habeat tantam gravitatem quantam habet idololatria.

### ARTICULUS 6
**Utrum avaritia sit peccatum spirituale**

AD SEXTUM SIC PROCEDITUR. Videtur quod avaritia non sit peccatum spirituale.
1. Vitia enim spiritualia videntur esse circa spiritualia bona. Sed materia avaritiae sunt bona corporalia, scilicet exteriores divitiae. Ergo avaritia non est peccatum spirituale.

muitos perigos. E o livro acrescenta: "porque na sua vida ele lançou fora as próprias entranhas, ou seja, se despojou de sua vida por amor ao lucro". E Cícero também acrescenta que submeter-se ao dinheiro "é próprio de uma alma mesquinha".

QUANTO AO 2º, deve-se dizer que Agostinho entende, no texto citado, a cobiça de qualquer bem temporal, em sentido genérico, e não no sentido próprio e específico da avareza. Porque a cobiça de qualquer bem temporal é o veneno da caridade enquanto leva o homem a desdenhar o bem divino por causa de seu apego ao bem temporal.

QUANTO AO 3º, deve-se dizer que a avareza não é insanável da mesma maneira que o pecado contra o Espírito Santo. O pecado contra o Espírito Santo é incurável em razão do desprezo, ou seja, porque o pecador despreza a misericórdia ou a justiça divinas, ou ainda os remédios que podem curar o pecado. E tal insanabilidade se refere à maior gravidade do pecado. — Enquanto que a incurabilidade do pecado de avareza provém das deficiências às quais a natureza humana está sempre exposta; porque, quanto mais deficiente a pessoa se sente, mais ela necessita do socorro dos bens materiais e, mais cai na avareza. Por isso, esta insanabilidade da avareza não mostra que o pecado é mais grave, mas, de certa maneira, que é mais perigoso.

QUANTO AO 4º, deve-se dizer que a avareza é comparada à idolatria por certa semelhança que tem com ela; da mesma maneira que o idólatra se submete a uma criatura exterior, também o avarento. Mas não do mesmo modo: o idólatra se submete a uma criatura exterior prestando-lhe um culto divino, enquanto o avarento se submete a uma criatura exterior cobiçando-a de maneira imoderada para dela fazer uso, não para lhe prestar um culto. Por isso não se pode afirmar que a avareza seja um pecado tão grave quanto a idolatria.

### ARTIGO 6
**A avareza é um pecado espiritual?**

QUANTO AO SEXTO, ASSIM SE PROCEDE: parece que a avareza **não** é um pecado espiritual.
1. Com efeito, os pecados espirituais se referem a bens espirituais. Ora, a matéria da avareza são os bens materiais, temporais, ou seja, as riquezas exteriores. Logo, a avareza não é um pecado espiritual.

---

6  PARALL.: I-II, q. 72, a. 2, ad 4; IV *Sent.*, dist. 15, q. 1, a. 4, q.la 3, ad 2; *in Matth.*, c. 23; *ad Ephes.*, c. 5, lect. 2.

2. PRAETEREA, peccatum spirituale contra carnale dividitur. Sed avaritia videtur esse peccatum carnale: sequitur enim corruptionem carnis; ut patet in senibus, qui propter naturae carnalis defectum in avaritiam incidunt. Ergo avaritia non est peccatum spirituale.

3. PRAETEREA, peccatum carnale est per quod etiam corpus hominis deordinatur: secundum illud Apostoli, 1Cor 6,18: *Qui fornicatur in corpus suum peccat*. Sed avaritia etiam hominem corporaliter vexat: unde et Chrysostomus[1], Mc 5, comparat avarum daemoniaco, qui in corpore vexatur. Ergo avaritia non videtur esse peccatum spirituale.

SED CONTRA est quod Gregorius, XXXI *Moral.*[2], computat avaritiam vitiis spiritualibus.

RESPONDEO dicendum quod peccata praecipue in affectu consistunt. Omnes autem affectiones animae, sive passiones, terminantur ad delectationes et tristitias: ut patet per Philosophum, in II *Ethic.*[3]. Delectationum autem quaedam sunt carnales, et quaedam spirituales. Carnales quidem delectationes dicuntur quae in sensu carnis complentur, sicut delectationes ciborum et venereorum: delectationes vero spirituales dicuntur quae complentur in sola animae apprehensione. Illa ergo peccata dicuntur carnalia quae perficiuntur in carnalibus delectationibus: illa vero dicuntur spiritualia quae perficiuntur in spiritualibus delectationibus, absque carnali delectatione. Et huiusmodi est avaritia: delectatur enim avarus in hoc quod considerat se possessorem divitiarum. Et ideo avaritia est peccatum spirituale.

AD PRIMUM ergo dicendum quod avaritia circa corporale obiectum non quaerit delectationem corporalem, sed solum animalem: prout scilicet homo delectatur in hoc quod divitias possideat. Et ideo non est peccatum carnale. — Ratione tamen obiecti, medium est inter peccata pure spiritualia, quae quaerunt delectationem spiritualem circa obiecta spiritualia, sicut superbia est circa excellentiam; et vitia pure carnalia, quae quaerunt delectationem pure corporalem circa obiectum corporale.

AD SECUNDUM dicendum quod motus recipit speciem secundum terminum ad quem, non autem

2. ALÉM DISSO, o pecado espiritual se opõe ao pecado carnal. Ora, a avareza parece ser um pecado carnal, porque ela procede da corrupção da carne, como se vê no caso dos velhos que caem na avareza em consequência das deficiências de sua natureza corpórea. Logo, a avareza não é um pecado espiritual.

3. ADEMAIS, o pecado carnal é aquele que causa desordem no próprio corpo humano, como diz Paulo: "O fornicador peca contra seu próprio corpo". Ora, a avareza também atormenta o homem em seu próprio corpo. E Crisóstomo, comentando Marcos, compara o avarento ao possesso, atormentado no seu próprio corpo. Logo, a avareza não parece ser um pecado espiritual.

EM SENTIDO CONTRÁRIO, Gregório inclui a avareza entre os vícios espirituais.

RESPONDO. Os pecados consistem principalmente na afeição. Ora, todas as afeições ou paixões da alma terminam sempre em prazeres ou tristezas, como prova Aristóteles. Entre os prazeres, uns são carnais, outros espirituais. Chamam-se carnais aqueles que se completam numa sensação da carne, como os prazeres da mesa e os venéreos; chamam-se prazeres espirituais aqueles que se completam em um conhecimento da alma. São chamados assim pecados carnais aqueles que se realizam nas deleitações da carne; e espirituais, aqueles que se realizam em deleitações espirituais, sem nenhuma mistura de gozo carnal. E a avareza é deste tipo, porque o avarento se deleita na sua convicção de ser dono de riquezas. E assim, a avareza é um pecado espiritual.

QUANTO AO 1º, portanto, deve-se dizer que a avareza a respeito de um objeto corporal não busca nenhuma deleitação corporal, mas apenas psíquica; o homem sente uma espécie de gozo no simples fato de ser dono de riquezas. Por isso não se trata de pecado carnal. — Mas em razão do objeto, a avareza ocupa o meio-termo entre os pecados puramente espirituais, que buscam uma deleitação espiritual concernente a objetos espirituais, como o orgulho que se deleita na própria superioridade: e os vícios puramente carnais, que buscam uma deleitação puramente carnal em seu objeto carnal.

QUANTO AO 2º, deve-se dizer que o movimento se especifica pelo termo para o qual ele se dirige,

---

1. Homil. 28, al. 29, *in Matth.*, n. 4: MG 57, 355.
2. C. 45, al. 17, in vet. 31, n. 89: ML 76, 621 D — 622 A.
3. C. 2: 1104, b, 14-16.

secundum terminum a quo. Et ideo vitium dicitur carnale ex hoc quod tendit in delectationem carnalem, non autem ex eo quod procedit ex aliquo defectu carnis.

AD TERTIUM dicendum quod Chrysostomus comparat avarum daemoniaco, non quia vexetur in carne sicut daemoniacus, sed per oppositum: quia sicut daemoniacus ille de quo legitur Mc 5,15 se denudabat, ita avarus se superfluis divitiis onerat.

## ARTICULUS 7
### Utrum avaritia sit vitium capitale

AD SEPTIMUM SIC PROCEDITUR. Videtur sicut avaritia non sit vitium capitale.

1. Avaritia enim opponitur liberalitati quod medio, et prodigalitati sicut extremo. Sed neque liberalitas est principalis virtus, neque prodigalitas vitium capitale. Ergo etiam avaritia non debet poni vitium capitale.

2. PRAETEREA, sicut supra[1] dictum est, illa dicuntur esse vitia capitalia quae habent principales fines, ad quos ordinantur fines aliorum vitiorum. Sed hoc non competit avaritiae: quia divitiae non habent rationem finis, sed magis rationem eius quod est ad finem, ut dicitur in I *Ethic.*[2]. Ergo avaritia non est vitium capitale.

3. PRAETEREA, Gregorius dicit, in *Moral.*[3], quod *avaritia quandoque oritur ex elatione, quandoque per timorem. Dum enim quidam deficere sibi ad sumptum necessaria aestimant, mentem ad avaritiam relaxant. Sunt alii qui, dum potentiores videri appetunt, ad alienarum rerum ambitum succenduntur.* Ergo avaritia magis oritur ab aliis vitiis quam ipsa sit vitium capitale respectu aliorum.

SED CONTRA est quod Gregorius, XXXI *Moral.*[4], ponit avaritiam inter vitia capitalia.

RESPONDEO dicendum quod, sicut supra[5] dictum est, vitium capitale dicitur ex quo alia oriuntur secundum rationem finis; qui cum sit multum appetibilis, propter eius appetitum homo procedit ad multa facienda vel bona vel mala. Finis autem maxime appetibilis est beatitudo sive felicitas,

e não pelo termo de onde ele parte. E é por isso que se chama carnal um vício quando ele tende à deleitação carnal, e não porque ele procede de uma deficiência da carne.

QUANTO AO 3º, deve-se dizer que Crisóstomo compara o avarento ao endemoninhado, não porque ele seja atormentado na sua própria carne, como o possesso, mas opondo um ao outro: porque o endemoninhado de Marcos vivia nu, enquanto o avarento se cobre de riquezas supérfluas.

## ARTIGO 7
### A avareza é um vício capital?

QUANTO AO SÉTIMO, ASSIM SE PROCEDE: parece que a avareza **não** é um vício capital.

1. Com efeito, a avareza se opõe à liberalidade como ao meio-termo, e à prodigalidade como a seu extremo. Ora, nem a liberalidade é uma virtude principal, nem a prodigalidade um vício capital. Logo, não se pode considerar a avareza como um vício capital.

2. ALÉM DISSO, chamam-se de vícios capitais aqueles que tem fins principais aos quais se ordenam os fins de outros vícios. Ora, isto não convém à avareza, uma vez que as riquezas não têm razão de fim, mas antes razão de meio em vista de um fim, como diz Aristóteles. Logo, a avareza não é um vício capital.

3. ADEMAIS, Gregório diz: "A avareza nasce às vezes do orgulho, às vezes do medo. Porque alguns, pelo medo de que lhes faltem os recursos, se deixam cair na avareza; enquanto outros, querendo parecer mais poderosos do que de fato são, ficam ardendo de desejo de se apoderar dos bens alheios". Assim, a avareza é muito mais um produto de outros vícios do que um vício capital em relação a outros vícios.

EM SENTIDO CONTRÁRIO, Gregório afirma a avareza entre os vícios capitais.

RESPONDO. Um vício é qualificado de capital quando dá origem a outros vícios segundo uma razão de fim. O fim sendo altamente desejável, o homem, movido pelo desejo deste fim, empreende muitas coisas tanto boas quanto más. Mas o fim que é soberanamente desejável é a bem-

---

7 PARALL.: II *Sent.*, dist. 42, q. 2, a. 3; *De Malo*, q. 8, a. 1; q. 13, a. 3.

1. I-II, q. 84, a. 3, 4.
2. C. 3: 1096, a, 5-10.
3. L. XV, c. 25, al. 14, in vet. 12, n. 30: ML 75, 1096 B.
4. C. 45, al. 17, in vet. 31, n. 88: ML 76, 621 B.
5. Loc. cit. in 2 a.

quae est ultimus finis humanae vitae, ut supra[6] habitum est. Et ideo quanto aliquid magis participat conditiones felicitatis, tanto magis est appetibile. Est autem una de conditionibus felicitatis ut sit per se sufficiens: alioquin non quietaret appetitum tanquam ultimus finis. Sed per se sufficientiam maxime repromittunt divitiae: ut Boetius dicit, in III *de Consol*.[7]. Cuius ratio est quia, sicut Philosophus dicit, in V *Ethic*.[8], *denario utimur quasi fideiussore ad omnia habenda*: et Eccle 10,19 dicitur quod *pecuniae obediunt omnia*. Et ideo avaritia, quae consistit in appetitu pecuniae, est vitium capitale.

AD PRIMUM ergo dicendum quod virtus perficitur secundum rationem, vitium autem perficitur secundum inclinationem appetitus sensitivi. Non autem ad idem genus principaliter respicit ratio, et appetitus sensitivus. Et ideo non oportet quod principale vitium opponatur principali virtuti. Unde licet liberalitas non sit principalis virtus, quia non respicit ad principale bonum rationis; avaritia tamen est principale vitium, quia respicit ad pecuniam, quae habet quandam principalitatem inter bona sensibilia, ratione iam[9] dicta. — Prodigalitas autem non ordinatur ad aliquem finem principaliter appetibilem, sed magis videtur procedere ex defectu rationis. Unde Philosophus dicit, in IV *Ethic*.[10], quod prodigus magis dicitur vanus quam malus.

AD SECUNDUM dicendum quod pecunia ordinatur quidem ad aliud sicut ad finem: inquantum tamen utilis est ad omnia sensibilia conquirenda, continet quodammodo virtute omnia. Et ideo habet quandam similitudinem felicitatis, ut dictum est[11].

AD TERTIUM dicendum quod nihil prohibet vitium capitale interdum a quibusdam aliis oriri, ut dictum est[12], dum tamen ex eo alia vitia soleant plerumque oriri.

aventurança, ou felicidade, que é o fim último da vida humana, como já se viu acima. Por isso, quanto mais uma coisa participa das condições da felicidade, mais apetecível ela é. Mas uma das condições da felicidade consiste em que esta coisa seja por si mesma causa suficiente de bem-aventurança, porque, se não for suficiente, não conseguirá oferecer repouso ao apetite como seu fim último. Ora, segundo Boécio, uma das coisas que mais prometem esta sensação de saciedade e suficiência, são as riquezas. E a razão está, como diz Aristóteles, em que "nós nos servimos do dinheiro como de um fiel intendente que nos obtém tudo o que desejamos". E o livro do Eclesiástico diz que "tudo obedece ao dinheiro". E assim, a avareza, que consiste no apetite do dinheiro, é um vício capital.

QUANTO AO 1º, portanto, deve-se dizer que a virtude atinge sua perfeição segundo a razão. O vício atinge sua perfeição segundo a inclinação do apetite sensível. Ora, a razão e o apetite sensível não têm, principalmente, a mesma especificação. Por isso, um vício principal não tem necessariamente que se opor a uma virtude principal. Desta forma, embora a liberalidade não seja uma virtude principal, pois não tem por alvo capital o bem principal da razão, a avareza contudo é um vício capital porque visa o dinheiro que tem uma certa primazia entre os bens sensíveis, pelo motivo já dado. — Quanto à prodigalidade, ela não é ordenada a um fim desejado a título primordial, mas parece provir muito mais de uma falta de razão. E por isso Aristóteles diz que o pródigo parece mais vão do que mau.

QUANTO AO 2º, deve-se dizer que o dinheiro se ordena a outra coisa como a seu fim. Mas enquanto ele é útil para adquirir todos os bens sensíveis, ele é como que virtualmente todas as coisas. E é a razão pela qual ele apresenta alguma semelhança com a felicidade, como foi dito.

QUANTO AO 3º, deve-se dizer que nada impede que um vício capital se origine às vezes de outros vícios, enquanto ele mesmo dá origem a muitos outros vícios.

---

6. I-II, q. 1, a. 8, *sed c*.
7. Prosa 3: ML 63, 732 A.
8. C. 8: 1133, b, 10-14.
9. In corp.
10. C. 3: 1121, a, 25-27.
11. In corp.
12. Q. 36, a. 4, ad 1.

## Articulus 8
### Utrum sint avaritiae filiae quae dicuntur

AD OCTAVUM SIC PROCEDITUR. Videtur quod non sint avaritiae filiae quae dicuntur: scilicet *proditio, fraus, fallacia, periuria, inquietudo, violentiae, et contra misericordiam obduratio.*
1. Avaritia enim opponitur liberalitati, ut dictum est[1]. Proditio autem, fraus et fallacia opponuntur prudentiae; periuria religioni; inquietudo spei vel caritati, quae quiescit in amato; violentiae opponuntur iustitiae; obduratio misericordiae. Ergo huiusmodi vitia non pertinent ad avaritiam.

2. PRAETEREA, proditio, dolus et fallacia ad idem pertinere videntur, scilicet ad proximi deceptionem. Ergo non debent enumerari tanquam diversae filiae avaritiae.

3. PRAETEREA, Isidorus[2] ponit novem filias, quae sunt *mendacium, fraus, furtum, periurium, et turpis lucri appetitus, falsa testimonia, violentia, inhumanitas, rapacitas.* Ergo prima assignatio filiarum fuit insufficiens.

4. PRAETEREA, Philosophus, in IV *Ethic.*[3], ponit multa genera vitiorum pertinentium ad avaritiam, quam *illiberalitatem* nominat: videlicet *parcos, tenaces, kimibiles, illiberales operationes operantes, et de meretricio pastos, et usurarios, aleatores, et mortuorum spoliatores, et latrones.* Ergo videtur quod praedicta enumeratio sit insufficiens.

5. PRAETEREA, tyranni maxime violentias subditis inferunt. Dicit autem Philosophus, ibidem[4], quod *tyrannos civitates desolantes et sacra praedantes non dicimus illiberales,* idest avaros. Ergo violentia non debet poni filia avaritiae.

SED CONTRA est quod Gregorius, XXXI *Moral.*[5], assignat avaritiae filias prius enumeratas.

RESPONDEO dicendum quod filiae avaritiae dicuntur vitia quae ex ipsa oriuntur, et praecipue secundum appetitum finis. Quia vero avaritia est superfluus amor habendi divitias, in duobus

## Artigo 8
### É correta a enumeração que se faz das filhas da avareza?

QUANTO AO OITAVO, ASSIM SE PROCEDE: parece que **não** são filhas da avareza as enumeradas, a saber, a traição, a fraude, a falácia, o perjúrio, a inquietação, as violências e a dureza de coração.
1. Com efeito, a avareza se opõe à liberalidade. Ora, a traição, a fraude e a falácia se opõem à prudência; o perjúrio se opõe à religião; a inquietação se opõe à esperança ou à caridade, que repousa no ser amado; as violências se opõem à injustiça e o endurecimento, à misericórdia. Logo, tais vícios não se referem à avareza.

2. ALÉM DISSO, a traição, a fraude e a falácia parecem ter o mesmo objetivo, que é o de enganar o próximo. Não se devem, pois, enumerar como filhas diferentes da avareza.

3. ADEMAIS, Isidoro enumera nove filhas da avareza que seriam: *a mentira, a fraude, o roubo, o perjúrio, a apetite de um lucro torpe, o falso testemunho, a violência, a desumanidade e a rapacidade.* Logo, a enumeração do artigo está incompleta.

4. ADEMAIS, Aristóteles por sua vez enumera vários gêneros de vícios que se ligam à avareza, que ele chama de "não-liberalidade", a saber, "os sovinas, os teimosos, os agiotas, os que agem "não-liberalmente", os exploradores do meretrício, os usurários, os jogadores, os violadores de cadáveres, os ladrões". Logo, a primeira lista está incompleta.

5. ADEMAIS, são principalmente os tiranos que impõem violência a seus súditos. Ora, Aristóteles diz na mesma passagem: "Não chamamos de não-liberais (ou seja, avarentos), os tiranos que arrasam as cidades e pilham os santuários". Logo, a violência não deve figurar na lista das filhas da avareza.

EM SENTIDO CONTRÁRIO, Gregório atribui à avareza as "filhas" antes enumeradas.

RESPONDO. Chamam-se "filhas" da avareza, os vícios que dela nascem, e principalmente conforme o desejo do fim. Mas, porque a avareza é o amor excessivo da posse das riquezas, este excesso se

---

8  PARALL.: Supra, q. 55, a. 8; *De Malo*, q. 13, a. 3.

  1. Art. 3.
  2. *Quaest. in Deut.*, c. 16 super 7, 1, n. 3: ML 83, 366 C.
  3. C. 3: 1121, b, 22-31; 32-1122, a, 13.
  4. C. 13: 1122, a, 5-7.
  5. C. 45, al. 17, in vet. 31, n. 88: ML 76, 621 B.

excedit. Primo enim, superabundat in retinendo. Et ex hac parte oritur ex avaritia obduratio contra misericordiam: quia scilicet cor eius misericordia non emollitur, ut de divitiis suis subveniat miseris. — Secundo, ad avaritiam pertinet superabundare in accipiendo. Et secundum hoc, avaritia potest considerari dupliciter. Uno modo, secundum quod est in affectu. Et sic ex avaritia oritur inquietudo, inquantum ingerit homini sollicitudinem et curas superfluas: *avarus* enim *non impletur pecunia*, ut dicitur Eccle 5,9. — Alio modo, potest considerari in effectu. Et sic in acquirendo aliena utitur quandoque quidem vi, quod pertinet ad violentias; quandoque autem dolo. Qui quidem si fiat in verbo, erit fallacia, quantum ad simplex verbum; periurium autem si addatur confirmatio iuramenti. Si autem dolus committatur in opere, sic, quantum ad res, erit fraus; quantum autem ad personas, proditio, ut patet de Iuda, qui ex avaritia prodidit Christum.

AD PRIMUM ergo dicendum quod non oportet filias alicuius peccati capitalis ad idem genus vitii pertinere: quia ad finem unius vitii possunt ordinari etiam peccata alterius generis. Aliud est enim peccatum habere filias, et peccatum habere species.

AD SECUNDUM dicendum quod illa tria distinguuntur sicut dictum est[6].

AD TERTIUM dicendum quod illa novem reducuntur ad praedicta septem. Nam *mendacium* et *falsum testimonium* continetur sub *fallacia*: falsum enim testimonium est quaedam specificatio mendacii; sicut et *furtum* est quaedam specificatio fraudis, unde sub *fraude* continetur. *Appetitus* autem *turpis lucri* pertinet ad *inquietudinem*. *Rapacitas* autem continetur sub *violentia*: cum sit species eius. *Inhumanitas* autem est idem quod *obduratio contra misericordiam*.

AD QUARTUM dicendum quod illa quae ponit Aristoteles sunt illiberalitatis vel avaritiae species magis quam filiae. Potest enim aliquis dici illiberalis vel avarus ex eo quod deficit in dando: et si quidem parum det, vocatur *parcus*; si autem nihil, *tenax*; si autem cum magna difficultate det, vocatur *kimibilis*, quasi *kimini venditor*, quia de parvis magnam vim facit. — Quandoque autem

revela de duas maneiras. Primeiro, exagerando na guarda dos bens. E é por aí que a avareza produz o endurecimento contrário à misericórdia: o coração do avarento não se deixa amolecer pela misericórdia para empregar suas riquezas na ajuda aos miseráveis. — Em segundo lugar, pertence à avareza ser excessiva em suas aquisições. E, sob este ponto de vista, temos que analisar a avareza de duas maneiras: primeiro, enquanto ela reside no coração. E aí ela gera a inquietação, introduz no homem cuidados e preocupações supérfluas. Como diz o *Eclesiástico*, "o avarento nunca se sacia de dinheiro". — Depois, a avareza é considerada por seu efeito. E assim, ao adquirir os bens alheios, por vezes recorre à força, o que é da ordem da *violência*; outras vezes recorre ao *dolo*. Quando o dolo se faz pela palavra, trata-se de *falácia*; e haverá *perjúrio* quando se acrescenta a confirmação de um juramento. Quando, porém, o dolo se comete por um ação, que atinge coisas, teremos a *fraude*; quando esta ação atinge pessoas, teremos a *traição*, como no caso de Judas, que entregou Jesus por avareza.

QUANTO AO 1º, portanto, deve-se dizer que não é necessário que as filhas de um pecado capital sejam do mesmo gênero que ele. Porque pecados de um gênero podem se ordenar ao fim de outro pecado de gênero diferente. Não se devem confundir os vícios produzidos por um pecado, com as espécies deste pecado.

QUANTO AO 2º, deve-se dizer que estas três filhas da avareza se distinguem como foi dito.

QUANTO AO 3º, deve-se dizer que aquelas nove filhas se reduzem às sete precedentes. A mentira e *o falso testemunho* fazem parte do *dolo*; *o falso testemunho* é uma espécie particular da *mentira*, como *o roubo* é uma espécie da *fraude*, de que faz parte. O apetite de um ganho vergonhoso se relaciona com a *inquietação*. A *rapacidade* faz parte da *violência*, da qual é uma espécie. E a *desumanidade* se identifica com o *endurecimento contra a misericórdia*.

QUANTO AO 4º, deve-se dizer que esta lista de Aristóteles concerne muito mais às espécies da não-liberalidade ou avareza, do que a suas "filhas". De fato, alguém pode ser chamado de avarento porque tem dificuldade de dar: se alguém dá pouco, é chamado de *sovina*; se não dá nada, é chamado de *tenaz*; se dá com grande dificuldade, é qualificado de *agiota*, como o *vendedor de*

---
6. In corp.

aliquis dicitur illiberalis vel avarus quia excedit in accipiendo. Et hoc dupliciter. Uno modo, quia turpiter lucratur: vel vilia et servilia opera exercendo per *illiberales operationes*; vel quia de aliquibus vitiosis actibus lucratur, sicut de *meretricio*, vel de aliquo huiusmodi; vel quia lucratur de eo quod gratis oportet concedere, sicut *usurarii*; vel quia lucratur *parva cum magno labore*. — Alio modo, quia iniuste lucratur: vel vivis vim inferendo, sicut *latrones*; vel *mortuos spoliando*; vel ab amicis auferendo, sicut *aleatores*.

AD QUINTUM dicendum quod sicut liberalitas est circa mediocres pecunias, ita et illiberalitas. Unde tyranni, qui magna per violentiam auferunt, non dicuntur illiberales, sed iniusti.

*caminho*, porque tira das cousas insignificantes grandes lucros. — Outras vezes chama-se não-liberal ou avarento quem se excede na aquisição. E isto se dá de dois modos. Ou porque ganha desonestamente, exercendo obras vis e servis, por meio de *atos não-liberais*, ou porque aufere lucros da prática de certos atos viciosos, como os exploradores do *meretrício*, e outros congêneres, ou porque ganha com o que devia dar de graça, como os *usurários*; ou porque *ganha pouco com grande trabalho*. — De outra parte, porque lucra injustamente, quer atacando pessoas vivas pela força, como os *ladrões*, ou *violando os cadáveres*, ou ganhando dos amigos, como os *jogadores*.

QUANTO AO 5º, deve-se dizer que assim como a liberalidade, a avareza se refere a somas de pouca ou média monta. Os tiranos que se apoderam de grandes fortunas pela violência, não são chamados de "não-liberais" mas de injustos.

## QUAESTIO CXIX
## DE PRODIGALITATE
### in tres articulos divisa
Deinde considerandum est de prodigalitate.
Et circa hoc quaeruntur tria.
*Primo:* utrum prodigalitas avaritiae opponatur.
*Secundo:* utrum prodigalitas sit peccatum.
*Tertio:* utrum sit gravius peccatum quam avaritia.

### ARTICULUS 1
### Utrum prodigalitas opponatur avaritiae

AD PRIMUM SIC PROCEDITUR. Videtur quod prodigalitas non opponatur avaritiae.
1. Opposita enim non possunt esse simul in eodem. Sed aliqui sunt simul prodigi et illiberales. Ergo prodigalitas non opponitur avaritiae.

2. PRAETEREA, opposita sunt circa idem. Sed avaritia, secundum quod opponitur liberalitati, est

## QUESTÃO 119
## A PRODIGALIDADE[a]
### em três artigos
Em seguida, deve-se tratar da prodigalidade.
A esse respeito, três questões:
1. A prodigalidade se opõe à avareza?
2. A prodigalidade é pecado?
3. É um pecado mais grave que a avareza?

### ARTIGO 1
### A prodigalidade se opõe à avareza?

QUANTO AO PRIMEIRO ARTIGO, ASSIM SE PROCEDE: parece que a prodigalidade **não** se opõe à avareza.
1. Com efeito, os opostos não podem existir simultaneamente no mesmo sujeito. Ora, há pessoas que são ao mesmo tempo pródigas e avarentas. Logo, a prodigalidade não se opõe à avareza.

2. ALÉM DISSO, os opostos têm o mesmo objeto. Ora, a avareza, segundo se opõe à liberalidade,

---

1 PARALL.: Supra, q. 118, a. 3, ad 3; IV *Ethic.*, lect. 3.

a. A prodigalidade é encarada aqui como vício oposto, por excesso, à liberalidade, como a avareza o é por falta. A prodigalidade é caracterizada: como descuido em relação aos bens úteis, dos quais ela negligencia a aquisição, a manutenção e a gestão rentável, e como seu desperdício imoderado e irracional (doutrina condensada no a. 1, Solução). Uma tal análise é conduzida no quadro rigoroso de uma ética pessoal das virtudes. Ela só poderia revelar todas suas virtualidades no plano de um ética social, atenta aos problemas levantados pelo "consumo" ilimitado dos bens, pelo desperdício de recursos sobretudo os não-renováveis e abrindo-se às perspectivas de uma solidariedade com toda a humanidade, no presente e no futuro.

circa passiones quasdam quibus homo afficitur ad pecuniam. Prodigalitas autem non videtur esse circa aliquas animae passiones: non enim afficitur circa pecunias, nec circa aliquid aliud huiusmodi. Non ergo prodigalitas opponitur avaritiae.

3. PRAETEREA, peccatum principaliter recipit speciem a fine, ut supra[1] habitum est. Sed prodigalitas semper videtur ordinari ad aliquem finem illicitum, propter quem bona sua expendit, et praecipue propter voluptates: unde et Lc 15,13 dicitur de filio prodigo quod *dissipavit substantiam suam luxuriose vivendo*. Ergo videtur quod prodigalitas opponatur magis temperantiae et insensibilitati quam avaritiae et liberalitati.

SED CONTRA est quod Philosophus, in II[2] et IV[3] *Ethic*., ponit prodigalitatem oppositam liberalitati et illiberalitati, quam nunc avaritiam dicimus.

RESPONDEO dicendum quod in moralibus attenditur oppositio vitiorum ad invicem et ad virtutem secundum superabundantiam et defectum. Differunt autem avaritia et prodigalitas secundum superabundantiam et defectum, diversimode. Nam in affectione divitiarum, avarus superabundat, plus debito eas diligens: prodigus autem deficit, minus debito earum sollicitudinem gerens. Circa exteriora vero, ad prodigalitatem pertinet excedere quidem in dando, deficere autem in retinendo et acquirendo: ad avaritiam autem pertinet e contrario deficere quidem in dando, superabundare autem in accipiendo et retinendo. Unde patet quod prodigalitas avaritiae opponitur.

AD PRIMUM ergo dicendum quod nihil prohibet eidem inesse opposita secundum diversa: ab illo tamen aliquid magis denominatur quod est principalius. Sicut autem in liberalitate, quae medium tenet, praecipua est datio, ad quam acceptio et retentio ordinantur; ita etiam avaritia et prodigalitas praecipue attenduntur secundum dationem. Unde ille qui superabundat in dando vocatur prodigus; qui autem deficit in dando vocatur avarus. Contingit autem quandoque quod aliquis deficit in dando qui tamen non excedit in accipiendo: ut Philosophus dicit, in IV *Ethic*.[4]. Similiter etiam contingit quod aliquis excedat in dando, et ex hoc est prodigus; et simul cum hoc,

tem por objeto certas paixões pelas quais o homem se apega ao dinheiro. Mas a prodigalidade parece não ter nada a ver com as paixões da alma, uma vez que não é afetada nem no que se refere ao dinheiro nem no que se refere aos bens análogos. Logo, ela não se opõe à avareza.

3. ADEMAIS, o pecado é especificado principalmente por seu fim. Ora, a prodigalidade parece sempre ordenada a um fim ilícito, por amor do qual alguém dissipa seu dinheiro, e principalmente por amor dos prazeres. É assim que Lucas diz do filho pródigo que "dissipou sua riqueza numa vida de devassidão". Logo, parece que a prodigalidade se opõe muito mais à temperança e à insensibilidade do que à avareza e à liberalidade.

EM SENTIDO CONTRÁRIO, Aristóteles situa a prodigalidade no oposto da liberalidade e da não-liberalidade, que nós chamamos de avareza.

RESPONDO. Na ciência da moral, a oposição dos vícios entre si e dos vícios em relação às virtudes se manifesta segundo o excesso e a carência. Mas a avareza e a liberalidade diferem segundo o excesso e a carência, de diferentes modos. No que se refere ao amor às riquezas, o avarento se excede, amando-as mais do que deve; ao passo que o pródigo se encontra em carência a este respeito, porque se ocupa delas muito menos do que deveria. No que se refere aos bens exteriores, o próprio do pródigo é se mostrar excessivo no dar e sempre carente no que concerne ao adquirir e guardar; o avarento, pelo contrário, é aquele que está sempre deficiente no que se refere ao dar, e excessivo no que concerne ao adquirir e guardar. Assim, fica muito claro que a prodigalidade se opõe à avareza.

QUANTO AO 1º, portanto, deve-se dizer que nada impede que no mesmo sujeito se encontrem contrários, mas segundo planos diferentes; uma coisa recebe sua denominação sobretudo pelo que tem de principal. Assim por exemplo, na liberalidade, que ocupa o meio-termo, o elemento principal é o ato de dar, ao qual se ordenam a aquisição e a conservação do dinheiro; e desta forma pode-se julgar a liberalidade e avareza segundo o modo de dar. Aquele que é excessivo no dar, se chama de pródigo, enquanto o que se mostra deficiente no dar se chama avarento. Mas às vezes pode ocorrer que alguém que dá de maneira insuficiente não é excessivo no plano da aquisição dos bens, como

---

1. I-II, q. 72, a. 3.
2. C. 7: 1107, b, 10-16.
3. C. 1: 1119, b, 27-28.
4. C. 3: 1121, b, 20-21.

excedat in accipiendo. Vel ex quadam necessitate: quia, dum superabundant in dando, deficiunt eis propria bona, unde coguntur indebite acquirere, quod pertinet ad avaritiam. Vel etiam propter animi inordinationem: dum enim non dant propter bonum, quasi contempta virtute, non curant undecumque et qualitercumque accipiant. Et sic non secundum idem sunt prodigi et avari.

AD SECUNDUM dicendum quod prodigalitas attenditur circa passiones pecuniae non sicut superabundans in eis, sed sicut deficiens.

AD TERTIUM dicendum quod prodigus non semper abundat in dando propter voluptates, circa quas est intemperantia: sed quandoque quidem ex eo quod taliter est dispositus ut divitias non curet; quandoque autem propter aliquid aliud. Ut frequentius tamen ad intemperantias declinant: tum quia, ex quo superflue expendunt in aliis, etiam in rebus voluptuosis expendere non verentur, ad quas magis inclinat concupiscentia carnis; tum etiam, quia non delectantur in bono virtutis, quaerunt sibi delectationes corporales. Et inde est quod Philosophus dicit, in IV *Ethic*.[5], quod *multi prodigorum fiunt intemperati*.

o nota Aristóteles. E ocorre também que alguém que é excessivo no dar, e que por este motivo pode se chamar de pródigo, se mostre também excessivo no cuidado de adquirir bens. E isto pode se dar, ou por necessidade, uma vez que, dando em excesso, seus próprios bens não sejam mais suficientes, de onde a necessidade de adquirir de maneira ilegítima, o que se liga à avareza; ou por uma desordem do espírito; quando uma pessoa não dá para fazer o bem, como se desprezasse a virtude, e não se preocupa muito em saber como e de onde vêm os recursos. E, desta forma, não são pródigos e avarentos pela mesma razão.

QUANTO AO 2º, deve-se dizer que a prodigalidade tem de fato por sujeito as paixões relativas ao dinheiro, não por excesso, mas por carência.

QUANTO AO 3º, deve-se dizer que o pródigo nem sempre se excede no dar, por causa dos prazeres, objetos da intemperança. Mas este excesso no dar muita vezes provém de seu temperamento que não é de cuidar das riquezas, ou de outra coisa qualquer. Mas, na maioria das vezes, é para a intemperança que ele declina, ou porque, pelo fato de fazer gastos excessivos em outros domínios, acaba por não ter receio de gastar muito também nos prazeres para os quais a concupiscência da carne o inclina mais; ou porque, não encontrando satisfação nos bens conformes à virtude, ele vai procurar os prazeres corporais. E é por isto que Aristóteles constata que "muitos pródigos acabam se tornando intemperantes".

ARTICULUS 2
Utrum prodigalitas sit peccatum

AD SECUNDUM SIC PROCEDITUR. Videtur quod prodigalitas non sit peccatum.

1. Dicit enim Apostolus, 1Ti 6,10: *Radix omnium malorum est cupiditas*. Non autem est radix prodigalitatis, quae ei opponitur. Ergo prodigalitas non est peccatum.

2. PRAETEREA, Apostolus, 1Ti 6,17-18, dicit: *Divitibus huius saeculi praecipe ...facile tribuere, communicare*. Sed hoc maxime faciunt prodigi. Ergo prodigalitas non est peccatum.

3. PRAETEREA, ad prodigalitatem pertinet superabundare in datione et deficere in sollicitudine divitiarum. Sed hoc maxime convenit viris perfectis

ARTIGO 2
A prodigalidade é pecado?

QUANTO AO SEGUNDO, ASSIM SE PROCEDE: parece que a prodigalidade **não** é pecado.

1. Com efeito, Paulo diz: "A raiz de todos os males é a cobiça". Ora, não é a raiz da prodigalidade, que é seu oposto. Logo, a prodigalidade não é pecado.

2. ALÉM DISSO, Paulo diz ainda: "Manda que os ricos deste mundo repartam suas riquezas, que as distribuam fartamente". Ora, é exatamente o que fazem os pródigos. Logo, a prodigalidade não é pecado.

3. ADEMAIS, a prodigalidade consiste em dons excessivos e num cuidado insuficiente das riquezas. Ora, isto convém sobretudo aos perfeitos que

---

5. C. 3: 1121, b, 8-10.

PARALL.: IV *Ethic*., lect. 3, 4.

implentibus quod Dominus dicit, Mt 6,34: *Nolite solliciti esse in crastinum*; et 19,21: *Vende omnia quae habes, et da pauperibus*. Ergo prodigalitas non est peccatum.

SED CONTRA est quod filius prodigus vituperatur de sua prodigalitate, Lc 15,11sqq.

RESPONDEO dicendum quod, sicut dictum est[1], prodigalitas opponitur avaritiae secundum oppositionem superabundantiae et defectus. Medium autem virtutis per utrumque horum corrumpitur. Ex hoc autem est aliquid vitiosum et peccatum quod corrumpit bonum virtutis. Unde relinquitur quod prodigalitas sit peccatum.

AD PRIMUM ergo dicendum quod illud verbum Apostoli quidam exponunt non de cupiditate actuali, sed de quandam habituali cupiditate, quae est concupiscentia fomitis, ex qua omnia peccata oriuntur. — Alii vero dicunt quod loquitur de cupiditate generali respectu cuiuscumque boni. Et sic manifestum est quod etiam prodigalitas ex cupiditate oritur: prodigus enim aliquod bonum temporale cupit consequi inordinate; vel placere aliis, vel saltem satisfacere suae voluntati in dando.

Sed si quis recte consideret, Apostolus ibi loquitur, ad litteram, de cupiditate divitiarum: nam supra v. 9 praemiserat: *Qui volunt divites fieri*, etc. Et sic dicitur esse avaritia radix omnium malorum, non quia omnia mala semper ex avaritia oriantur: sed quia nullum malum est quod non interdum ex avaritia oriatur. Unde et prodigalitas quandoque ex avaritia nascitur: sicut cum aliquis prodige multa consumit intentione captandi favorem aliquorum, a quibus divitias accipiat.

AD SECUNDUM dicendum quod Apostolus monet divites ut facile tribuant et communicent sua secundum quod oportet. Quod non faciunt prodigi: quia, ut Philosophus dicit, in IV *Ethic.*[2], *dationes eorum non sunt bonae, neque boni gratia, neque secundum quod oportet: sed quandoque dant multa illis quos oporteret pauperes esse, scilicet histrionibus et adulatoribus, bonis autem nihil darent*.

AD TERTIUM dicendum quod superexcessus prodigalitatis non attenditur principaliter secundum quantitatem dati, sed magis inquantum excedit id quod fieri oportet. Unde quandoque liberalis

cumprem aquele preceito do Senhor "Não fiquem preocupados com o dia de amanhã"; e este outro: "Vende tudo o que tens e dá aos pobres". Logo, a prodigalidade não é pecado.

EM SENTIDO CONTRÁRIO, o filho pródigo é censurado por sua prodigalidade.

RESPONDO. A prodigalidade se opõe à avareza por uma dupla oposição, de excesso e carência. Ambas destroem o meio-termo da virtude. E é exatamente esta destruição que faz uma coisa ser viciosa ou pecado. Pode-se assim concluir que a prodigalidade é um pecado.

QUANTO AO 1º, portanto, deve-se dizer que muitos explicam aquela palavra de Paulo aplicando-a, não à cupidez atual, mas a uma cupidez habitual, que seria o foco da concupiscência, de onde nascem todos os pecados. — Outros, no entanto dizem que ele fala de uma cupidez geral referente a toda espécie de bem. É evidente que até a prodigalidade nasce da cobiça, pois o pródigo deseja algum bem temporal, mas de maneira desordenada: seja agradar os outros, seja pelo menos satisfazer sua vontade pelo ato de dar.

Mas, observando bem, dá para ter certeza que Paulo fala aqui da cobiça das riquezas, porque ele havia se referido um pouco antes "àqueles que querem ficar ricos...". E assim afirma que a avareza é a raiz de todos os males, não porque todos os males dela se originem sempre, mas porque não há nenhum mal que dela não se origine às vezes. Assim, a própria prodigalidade às vezes se origina da avareza. Por exemplo, quando uma pessoa gasta muito com prodigalidade para captar os favores daqueles de quem ela conta receber riquezas.

QUANTO AO 2º, deve-se dizer que Paulo exorta os ricos a distribuir generosamente suas riquezas dentro dos limites convenientes. Mas não é assim que agem os pródigos, porque, como diz Aristóteles: "As larguezas deles não são boas, nem feitas por causa do bem, nem como convém; por vezes eles dão muito a gente que deveria continuar pobre, a histriões e aduladores, e não fazem nada em favor das pessoas de bem".

QUANTO AO 3º, deve-se dizer que os excessos da prodigalidade não se medem pela quantidade do dom, mas antes pelo fato de que este dom sempre excede o que seria conveniente fazer. Por vezes o

---

1. Art. 1.
2. C. 3: 1121, b, 3-7.

maiora dat quam prodigus, si necessarium sit. Sic ergo dicendum est quod illi qui, intentione sequendi Christum, omnia sua dant, et ab animo suo omnem temporalium sollicitudinem removent, non sunt prodigi, sed perfecte liberales.

### ARTICULUS 3
### Utrum prodigalitas sit gravius peccatum quam avaritia

AD TERTIUM SIC PROCEDITUR. Videtur quod prodigalitas sit gravius peccatum quam avaritia.

1. Per avaritiam enim aliquis nocet proximo, cui bona sua non communicat. Per prodigalitatem autem aliquis sibi ipsi nocet: dicit enim Philosophus, in IV *Ethic.*[1], quod *corruptio divitiarum, per quas homo vivit, est quaedam ipsius esse perditio*. Gravius autem peccat qui sibi ipsi nocet: secundum illud Eccli 14,5: *Qui sibi nequam est, cui bonus erit?* Ergo prodigalitas erit gravius peccatum quam avaritia.

2. PRAETEREA, inordinatio quae provenit cum aliqua conditione laudabili, minus est vitiosa. Sed inordinatio avaritiae quandoque est cum aliqua laudabili conditione: ut patet in illis qui nolunt sua expendere nec aliena accipere. Prodigalitatis autem inordinatio provenit cum conditione vituperabili: unde et *prodigalitatem attribuimus intemperantis hominibus*, ut Philosophus dicit, in IV *Ethic.*[2]. Ergo prodigalitas est gravius vitium quam avaritia.

3. PRAETEREA, prudentia est praecipua inter morales virtutes, ut supra[3] habitum est. Sed prodigalitas magis opponitur prudentiae quam avaritia: dicitur enim Pr 21,20: *Thesaurus desiderabilis et oleum in tabernaculo iusti: et imprudens homo dissipabit illud*, et Philosophus dicit, in IV *Ethic.*[4], quod *insipientis est superabunditer dare et non accipere*. Ergo prodigalitas est gravius peccatum quam avaritia.

SED CONTRA est quod Philosophus dicit, in IV *Ethic.*[5], quod prodigus *multum videtur melior illiberali*.

liberal dá mais que o pródigo, quando necessário. Desta forma se deve dizer que aqueles que dão todos os seus bens aos pobres para seguir o Cristo, e afastam assim de seu espírito toda e qualquer preocupação com os bens temporais, não são pródigos, mas praticam com perfeição a liberalidade.

### ARTIGO 3
### A prodigalidade é um pecado mais grave que a avareza?

QUANTO AO TERCEIRO, ASSIM SE PROCEDE: parece que a prodigalidade é um pecado mais grave que a avareza.

1. Com efeito, pela avareza alguém causa dano ao próximo, por não lhe comunicar seus bens. Pela prodigalidade alguém causa dano a si próprio. Aristóteles ensina: "a dissipação das riquezas pelas quais a pessoa vive, é como que uma perdição de seu próprio ser". Ora, peca que mais gravemente quem prejudica a si próprio, segundo o Eclesiástico: "Aquele que é duro para consigo mesmo será bom para com quem?" Logo, a prodigalidade é um pecado mais grave que a avareza.

2. ALÉM DISSO, a desordem que aparece acompanhada de alguma circunstância louvável é menos viciosa. Ora, isso ocorre às vezes com a desordem da avareza, como se vê naqueles que não querem gastar seus bens, mas também não querem receber nada de ninguém. Ora, a desordem da prodigalidade vem acompanhada de circunstâncias condenáveis. Por isso Aristóteles diz: "atribuímos a prodigalidade aos homens intemperantes". Logo, a prodigalidade é um vício mais grave do que a avareza.

3. ADEMAIS, a prudência é a primeira das virtudes morais. Ora, a prodigalidade se opõe à prudência muito mais que a avareza, porquanto se lê nos Provérbios: "Há um tesouro precioso e óleo na casa do sábio, mas o imprudente desperdiça tudo". E Aristóteles diz: "Próprio do insensato é dar tudo e nada receber". Logo, a prodigalidade é um pecado mais grave que a avareza.

EM SENTIDO CONTRÁRIO, Aristóteles diz que "o pródigo é considerado bem melhor que o avarento".

---

3 PARALL.: *De Malo*, q. 13, a. 2, ad 10; IV *Ethic.*, lect. 4.

1. C. 1: 1120, a, 2-4.
2. C. 1: 1119, b, 31-1120, a, 4.
3. Q. 56, a. 1, ad 1; I-II, q. 61, a. 2, ad 1.
4. C. 3: 1121, a, 26-27.
5. C. 3: 1121, a, 28-30.

RESPONDEO dicendum quod prodigalitas, secundum se considerata, minus peccatum est quam avaritia. Et hoc triplici ratione. Primo quidem, quia avaritia magis differt a virtute opposita. Magis enim ad liberalem pertinet dare, in quo superabundat prodigus, quam accipere vel retinere, in quo superabundat avarus.

Secundo, quia *prodigus est multis utilis*, quibus dat: *avarus autem nulli, sed nec sibi ipsi*, ut dicitur in IV *Ethic.*[6].

Tertio, quia prodigalitas est facile sanabilis. Et per hoc quod declinat ad aetatem senectutis, quae est contraria prodigalitati. Et per hoc quod pervenit ad egestatem de facili, dum multa inutiliter consumit: et sic, pauper factus, non potest in dando superabundare. Et etiam quia de facili perducitur ad virtutem, propter similitudinem quam habet ad ipsam. — Sed avarus non de facili sanatur, ratione supradicta[7].

AD PRIMUM ergo dicendum quod differentia prodigi et avari non attenditur secundum hoc quod est peccare in seipsum, et in alium. Nam prodigus peccat in seipsum, dum bona sua consumit, unde vivere debet: peccat etiam in alterum, consumendo bona ex quibus aliis deberet providere. Et praecipue hoc apparet in clericis, qui sunt dispensatores bonorum Ecclesiae, quae sunt pauperum, quos defraudant prodige expendendo. Similiter etiam avarus peccat in alios, inquantum deficit in dationibus: peccat etiam in seipsum, inquantum deficit in sumptibus; unde dicitur Eccle 6,2: *Vir cui Deus dedit divitias, nec tribuit ei potestatem ut comedat ex eis*. Sed tamen in hoc superabundant prodigus, quia sic sibi et quibusdam aliis nocet quod tamen aliquibus prodest. Avarus autem nec sibi nec aliis prodest: quia non audet uti etiam ad suam utilitatem bonis suis.

AD SECUNDUM dicendum quod cum de vitiis communiter loquimur, iudicamus de eis secundum proprias rationes ipsorum: sicut circa prodigalitatem attendimus quod superflue consumit divitias, circa avaritiam vero quod superflue eas retinet. Quod autem aliquis propter intemperantiam superflue consumat, hoc iam nominat simul multa peccata: unde et tales prodigi sunt peiores,

RESPONDO. Considerada em si mesma, a prodigalidade é um pecado menor que a avareza. E isto, por três razões. 1º A avareza fica mais distante da virtude oposta. Porque é mais próprio do liberal dar, o que o pródigo faz em excesso, do que receber ou guardar, o que constitui o excesso do avarento;

2º "O pródigo presta serviço a muita gente, àqueles a quem dá; o avarento não é útil a ninguém; nem a ele mesmo", como diz Aristóteles.

3º A prodigalidade se cura facilmente. Pela inclinação da velhice que lhe é contrária. Depois, porque acaba levando facilmente à pobreza, como resultado de muitas gastos inúteis. E, uma vez pobre, o pródigo não pode mais se exceder nos dons. E finalmente, porque a prodigalidade conduz facilmente à virtude que a ela se assemelha. — Ao passo que o avarento não é nada fácil de se curar, pelas razões enumeradas mais acima.

QUANTO AO 1º, portanto, deve-se dizer que a diferença entre o pródigo e o avarento não vem do fato de pecar contra si próprio ou outro contra o próximo. Porque de fato, o pródigo peca contra si próprio dissipando os bens que deveriam lhe assegurar a sobrevivência. Mas peca também contra os outros, gastando os bens com os quais poderia ajudá-los. E isso aparece com mais frequência no caso dos clérigos encarregados dos bens da Igreja destinados aos pobres. Gastando prodigamente estes bens, os clérigos cometem uma fraude contra os pobres. De modo semelhante o avarento peca contra outros pela insuficiência de suas doações; e peca contra si próprio, não gastando o bastante. O Eclesiástico diz: "O avarento é aquele homem a quem Deus deu riquezas mas não lhe permitiu aproveitar delas". Entretanto, se, por seus excessos, o pródigo faz mal a si mesmo e a outros, ainda assim é útil a alguém, ao passo que o avarento não é útil a ninguém, nem mesmo a si próprio, porque não tem coragem de usar de seus bens nem mesmo em proveito próprio.

QUANTO AO 2º, deve-se dizer que quando falamos dos vícios em geral, nós os julgamos segundo sua razão própria; no caso da prodigalidade, por exemplo, consideramos que destrói as riquezas de modo excessivo; no caso da avareza levamos em conta que retém as riquezas de modo excessivo. Mas se alguém gasta demais por intemperança, isto adiciona vários pecados e Aristóteles diz que

---

6. C. 3: 1121, a, 29-30.
7. Q. 118, a. 5, ad 3.

ut dicitur IV *Ethic.*⁸. Quod autem illiberalis sive avarus abstineat ab accipiendis alienis, etsi in se laudabile videatur, tamen ex causa propter quam facit, vituperabile est, dum ideo non vult ab aliis accipere ne cogatur aliis dare.

AD TERTIUM dicendum quod omnia vitia prudentiae opponuntur, sicut et omnes virtutes a prudentia diriguntur. Et ideo vitium ex hoc ipso quod opponitur soli prudentiae, levius reputatur.

os pródigos desta espécie são os piores. Quando um avarento se abstém de receber o bem do próximo, embora isto seja louvável em si mesmo, poderá ser censurável por causa do motivo, se, por exemplo, eventualmente, ele não quiser receber para não ser obrigado a dar.

QUANTO AO 3º, deve-se dizer que todos os vícios se opõem à prudência, assim como todas as virtudes são por ela dirigidas. É a razão pela qual o pecado que se opõe apenas à prudência é considerado mais leve.

8. C. 1: 1119, b, 32-1120, a, 4.

## QUAESTIO CXX
## DE EPIEIKEIA
*in duos articulos divisa*
Deinde considerandum est de epieikeia.

## QUESTÃO 120
## A EPIQUEIA[a]
*em dois artigos*
Em seguida, deve-se tratar da epiqueia.

a. Este curto tratado da virtude de *epikia* mera transcrição do temo aristotélico *epieikeia*, que "entre nós, se diz *equidade*" (a. 1, Solução) nos encaminha para o término e a culminância do estudo da justiça. Não se trata apenas de uma parte ou de uma virtude auxiliar da justiça: a epikia-equidade concerne principalmente ao que há de mais central no campo da justiça, os direitos e deveres mais estritos, aqueles que a lei será muitas vezes chamada a regular, mas cuja complexidade e dificuldades desafiam toda determinação universal prévia. Longe de se cristalizar nos textos da lei, e mesmo de se exprimir adequadamente na determinação das normas éticas, a justiça, antes de mais nada, exigirá do juiz que ele seja como que a "encarnação viva da lei" (ver II-II, q. 60, 1, Solução); e ela intimará todo homem a ser perspicaz e atento às situações no que elas contêm de irredutível originalidade.
  Ao tornar-se uma forma de vida, uma inclinação virtuosa em julgar, decidir e agir segundo o direito, a justiça estabelece o primado do bem comum e do respeito pela pessoa como primeiro critério de compreensão e de prática de toda lei. É à luz dessa perfeição como virtude ligada de modo indissociável à dupla exigência: de rigor o mais estrito dos direitos, e de respeito total pelas pessoas que emergem em todo seu brilho o lugar e a razão de ser da epikia. Os comportamentos e relações humanas se desenvolvem em redes de casos singulares e contingentes, variáveis quase ao infinito. Seria impossível instituir leis que possam regulá-los sempre e em toda parte de maneira adequada; elas visarão em geral ao que se produz com maior frequência. Seria ir contra a intenção da lei e incorrer nas piores injustiças seguir o rigor de sua letra, nos casos ou situações que ela não era capaz de prever e de regular. À perspicácia, à fineza e à correção de julgamento das pessoas envolvidas caberá intervir, para fazer prevalecer os fins supremos visados pela lei sobre a estreiteza de sua formulação.
  Este é em essência o raciocínio que funda a necessidade dessa virtude de soberana inteligência e retidão que é a epikia-equidade, para Aristóteles e Sto. Tomás (ver a. 1, Solução). O seu lugar mesmo não é apontado com demasiado rigor. A epikia é classificada sem dúvida como uma verdadeira espécie da justiça (parte "subjetiva" ou essencial, na linguagem técnica de Sto. Tomás); é dotada porém de um certo caráter de universalidade, não se situa ao lado das outras espécies, mas apresenta-se como "uma forma eminente da justiça" (a. 2), sendo chamada a clarificar e a dirigir toda atividade da justiça encarada em sua dimensão legal, tendo em vista fazer sempre triunfar o direito e o bem comum sobre as eventuais limitações das leis positivas.
  Forma eminente da justiça, a epikia corresponde às modalidades mais elevadas, mais requintadas da prudência, que se realiza na perfeição do sentido moral, na perspicácia e na fineza do julgamento ético (o qual retomando a terminologia aristotélica, Sto. Tomás denomina de *gnomé*, II-II, q. 51, a. 4; e aproxima da *eugnomosina*, II-II, q. 80, sol. 5, deixando esses termos sem tradução, o que não facilita sua inserção no uso corrente e na cultura).
  Por meio da prudência e da justiça, o homem virtuoso terá a estima pela lei, considerando-a como um instrumento necessário e uma ajuda indispensável ao serviço do bem, dos valores e dos deveres fundamentais. Mas o primado da virtude permanente, afirmando-se principalmente nas situações-limites, quando a pessoa e a sociedade são pressionadas pelas contradições e conflitos de deveres. É de se lamentar que as exposições que abordam as mais altas questões éticas sejam tão sucintas, tão densas em suas formulações, que utilizam um vocabulário técnico, desafiando sob suas formas gregas e excessivamente antigas a penetração no pensamento e na cultura modernas. Ora, amputada do que possui de mais humano e de mais nobre, tal ética só pode ser desvalorizada; e, sobretudo, a justiça corre o risco de ser ou parecer ser demasiado dura em suas exigências, caso não seja acompanhada da flexibilidade da equidade.

Circa quam quaeruntur duo.
*Primo:* utrum epieikeia sit virtus.
*Secundo:* utrum sit pars iustitiae.

### ARTICULUS 1
### Utrum epieikeia sit virtus

AD PRIMUM SIC PROCEDITUR. Videtur quod epieikeia non sit virtus.
1. Nulla enim virtus aufert aliam virtutem. Sed epieikeia aufert aliam virtutem: quia et tollit id quod iustum est secundum legem; et opponi videtur severitati. Ergo epieikeia non est virtus.

2. PRAETEREA, Augustinus dicit, in libro *de Vera Relig.*[1]: *In istis temporalibus legibus, quanquam de his homines iudicent cum eas instituunt, tamen cum fuerint institutae et firmatae, non licebit iudici de ipsis iudicare, sed secundum ipsas.* Sed epieikes videtur iudicare de lege, quando eam aestimat non esse servandam in aliquo casu. Ergo epieikeia magis est vitium quam virtus.

3. PRAETEREA, ad epieikeiam videtur pertinere ut attendat ad intentionem legislatoris: ut Philosophus dicit, in V *Ethic.*[2]. Sed interpretari intentionem legislatoris ad solum principem pertinet: unde Imperator dicit, in Codice, *de Legibus et Constitut. Princip.*[3]: *Inter aequitatem iusque interpositam interpretationem nobis solis et oportet et licet inspicere.* Ergo actus epieikeiae est illicitus. Non ergo epieikeia est virtus.

SED CONTRA est quod Philosophus, in V *Ethic.*[4], ponit eam virtutem.

RESPONDEO dicendum quod, sicut supra[5] dictum est, cum de legibus ageretur, quia humani actus, de quibus leges dantur, in singularibus contingentibus consistunt, quae infinitis modis variari possunt, non fuit possibile aliquam regulam legis institui quae in nullo casu deficeret: sed legislatores attendunt ad id quod in pluribus accidit, secundum

### ARTIGO 1
### A epiqueia é uma virtude?

A esse respeito, duas questões:
1. A epiqueia é uma virtude?
2. É parte da justiça?

QUANTO AO PRIMEIRO ARTIGO, ASSIM SE PROCEDE: parece que a epiqueia **não** é uma virtude.
1. Com efeito, nenhuma virtude destrói outra. Ora, a epiqueia elimina outra virtude; por que ela suprime o que é justo segundo a lei e parece se opor à severidade. Logo, a epiqueia não é uma virtude.

2. ALÉM DISSO, Agostinho diz: "Embora os homens julguem as leis temporais quando as instituem, depois que elas estão instituídas e confirmadas não é mais permitido ao juiz julgá-las, mas simplesmente julgar de acordo com elas". Ora, a epiqueia parece julgar a lei, quando estima que não se deve observá-la em determinados casos. Logo, a epiqueia é mais um vício que uma virtude.

3. ADEMAIS, parece próprio da epiqueia atender à intenção do legislador, como diz Aristóteles. Ora, interpretar a intenção do legislador é um privilégio reservado ao Príncipe. Daí a palavra do imperador no Código: "Só a nós compete e é lícito examinar a interpretação interposta entre a equidade e o direito". Por conseguinte, o ato da epiqueia é ilícito. Logo a epiqueia não é uma virtude.

EM SENTIDO CONTRÁRIO, Aristóteles a considera como uma virtude.

RESPONDO. Quando se tratou das leis, foi dito, que os atos humanos que as leis devem regular, são particulares e contingentes, e podem variar ao infinito. Por isso, foi sempre impossível instituir uma regra legal que fosse absolutamente sem falha e abrangesse todos os casos. Os legisladores, examinando atentamente o que sucede com mais

---

1  PARALL.: III *Sent.*, dist. 37, a. 4; V *Ethic.*, lect. 16.

1. C. 31, n. 58: ML 34, 148.
2. C. 14: 1137, b, 19-24.
3. *Codex*, l. I, tit. 14, leg. 1: ed. Krueger, t. II, p. 67 b.
4. C. 14: 1138, a, 2-3.
5. I-II, q. 96, a. 6.

"Epikia" é a transcrição passando pelo latim do termo grego *epikeia*, que os juristas e filósofos romanos aproximaram da *"equidade"* (ver a. 1, Solução), embora a palavra e a prática entre os latinos conservem um aspecto mais jurídico. Aqui, a epikia será apresentada como o máximo da justiça, a "forma mais eminente" dessa virtude. Em grego, a *epikeia* possuía o sentido bastante amplo de: bondade, benevolência, disposição de acolhida e de compreensão de outrem, donde provem a acepção de humanidade, de equidade nos julgamentos e comportamentos, significação que Aristóteles reteve e desenvolveu no livro V da *Ética a Nicômaco*, que é a fonte imediata de Sto. Tomás.

hoc legem ferentes; quam tamen in aliquibus casibus servare est contra aequalitatem iustitiae, et contra bonum commune, quod lex intendit. Sicut lex instituit quod deposita reddantur, quia hoc ut in pluribus iustum est: contingit tamen aliquando esse nocivum, puta si furiosus deposuit gladium et eum reposcat dum est in furia, vel si aliquis reposcat depositum ad patriae impugnationem. In his ergo et similibus casibus malum esset sequi legem positam: bonum autem est, praetermissis verbis legis, sequi id quod poscit iustitiae ratio et communis utilitas. Et ad hoc ordinatur epieikeia, quae apud nos dicitur *aequitas*. Unde patet quod epieikeia est virtus.

AD PRIMUM ergo dicendum quod epieikeia non deserit iustum simpliciter, sed iustum quod est lege determinatum. — Nec etiam opponitur severitati, quae sequitur veritatem legis in quibus oportet: sequi autem verba legis in quibus non oportet, vitiosum est. Unde dicitur in Codice, *de Legibus et Constit. Princip*.[6]: *Non dubium est in legem committere eum qui, verba legis amplexus, contra legis nititur voluntatem*.

AD SECUNDUM dicendum quod ille de lege iudicat qui dicit eam non esse bene positam. Qui vero dicit verba legis non esse in hoc casu servanda, non iudicat de lege, sed de aliquo particulari negotio quod occurrit.

AD TERTIUM dicendum quod interpretatio locum habet in dubiis, in quibus non licet, absque determinatione principis, a verbis legis recedere. Sed in manifestis non est opus interpretatione, sed executione.

frequência, procuraram legislar levando isto em conta. Mas, em alguns casos, observar rigidamente a lei vai contra a igualdade da justiça, e contra o bem comum que a lei visa. Um exemplo: a lei determina que os depósitos sejam restituídos, porque na maioria dos casos isto é o justo. Mas, num determinado caso, isto pode ser nocivo. Exemplo: se um louco furioso, que deu uma espada em depósito, a reclamar num acesso de loucura, ou se alguém exigir o depósito para lutar contra a pátria. Em tais casos é mau seguir a lei estabelecida; e o bom então é, deixando de lado a letra da lei, obedecer às exigências da justiça e do bem comum. É a isto que se ordena a epiqueia, que nós chamamos de equidade. E assim se torna claro que a epiqueia é uma virtude.

QUANTO AO 1º, portanto, deve-se dizer que a epiqueia não se afasta simplesmente do que é justo em si mesmo, mas do justo que é determinado pela lei. — Nem se opõe à severidade, porque segue fielmente a verdade da lei no que é necessário; mas seguir a verdade da lei quando não é oportuno, é um ato vicioso. Por isso o Código diz: "Não há dúvida que peca contra a lei aquele que, se apegando à letra da lei, contradiz a vontade do legislador".

QUANTO AO 2º, deve-se dizer que alguém julga a lei quando diz que ela não foi bem feita. Mas, quem diz que, num caso determinado, a letra da lei não deve ser observada, não está julgando a lei em si mesma, mas simplesmente um caso específico que se apresenta.

QUANTO AO 3º, deve-se dizer que a interpretação tem lugar nos casos duvidosos, quando não é permitido, sem decisão da autoridade, se afastar dos termos da lei. Mas em casos evidentes, não se trata de interpretação, mas de execução[b].

## ARTICULUS 2
### Utrum epieikeia sit pars iustitiae

AD SECUNDUM SIC PROCEDITUR. Videtur quod epieikeia non sit pars iustitiae.

## ARTIGO 2
### A epiqueia é parte da justiça?

QUANTO AO SEGUNDO, ASSIM SE PROCEDE: parece que a epiqueia **não** é parte da justiça.

---

6. *Codex*, l. I, tit. 14, leg. 5: ed. Krueger, t. II, p. 68 a.

2 PARALL.: Supra, q. 80, ad 5; III *Sent*., dist. 33, q. 3, a. 4, q.la 5; V *Ethic*., lect. 16.

---

b. À luz dessas soluções, reconhece-se que a doutrina tomista distingue diversas modalidades de equidade, cobrindo domínios diversos mas conexos: do legislador, de seus intérpretes autênticos, do juiz (acepção jurídica); e equidade que todo homem virtuoso deve praticar (acepção ética). A justiça permanece na articulação entre ambos os domínios, sendo ao mesmo tempo uma virtude e uma qualidade da ordem social.

1. Ut enim ex praedictis[1] patet, duplex est iustitia: una particularis, et alia legalis. Sed epieikeia non est pars iustitiae particularis: quia se extendit ad omnes virtutes, sicut et iustitia legalis. Similiter etiam non est pars iustitiae legalis: quia operatur praeter id quod lege positum est. Ergo videtur quod epieikeia non sit pars iustitiae.

2. PRAETEREA, virtus principalior non assignatur virtuti minus principali ut pars: cardinalibus enim virtutibus, quasi principalibus, assignantur secundaria virtutes ut partes. Sed epieikeia videtur esse principalior virtus quam iustitia, ut ipsum nomen sonat: dicitur enim ab *epi*, quod est *supra*, et *dikaion*, quod est *iustum*. Ergo epieikeia non est pars iustitiae.

3. PRAETEREA, videtur quod epieikeia sit idem quod modestia. Nam Philp 4,5, ubi dicitur: *Modestia vestra nota sit omnibus hominibus*, in graeco habetur *epieikeia*. Sed secundum Tullium[2], modestia est pars temperantiae. Ergo epieikeia non est pars iustitiae.

SED CONTRA est quod Philosophus dicit, in V *Ethic.*[3], quod *epieikes est quoddam iustum*.

RESPONDEO dicendum quod, sicut supra[4] dictum est, virtus aliqua habet triplicem partem: scilicet partem subiectivam, integralem et quasi potentialem. Pars autem subiectiva est de qua essentialiter praedicatur totum, et est in minus. Quod quidem contingit dupliciter: quandoque enim aliquid praedicatur de pluribus secundum unam rationem, sicut *animal* de equo et bove; quandoque autem praedicatur secundum prius et posterius, sicut *ens* praedicatur de substantia et accidente. Epieikeia ergo est pars iustitiae communiter dictae, tanquam iustitia quaedam existens: ut Philosophus dicit, in V *Ethic.*[5]. Unde patet quod epieikeia est pars subiectiva iustitiae. Et de ea iustitia per prius dicitur quam de legali: nam legalis iustitia dirigitur secundum epieikeiam. Unde epieikeia est quasi superior regula humanorum actuum.

AD PRIMUM ergo dicendum quod epieikeia correspondet proprie iustitiae legali: et quodammodo continetur sub ea, et quodammodo excedit eam. Si enim iustitia legalis dicatur quae obtemperat

1. Com efeito, há duas sortes de justiça: a justiça particular e a justiça legal. Ora, a epiqueia não faz parte da justiça particular, porque abrange todas as virtudes, como a justiça legal. Mas também não faz parte da justiça legal, porque ela age fora das disposições da lei. Logo, a epiqueia não é parte da justiça.

2. ALÉM DISSO, uma virtude mais principal não faz parte de uma virtude menos principal. Assim, às virtudes cardeais, que são as principais, são atribuídas as virtudes secundárias como parte delas. Ora, a epiqueia parece ficar acima da justiça, como seu nome sugere, pois vem de *epi*, que significa *acima*, e *dikaion*, que significa *justo*. Logo, a epiqueia não é parte da justiça.

3. ADEMAIS, parece que a epiqueia se identifica com a moderação. Quando Paulo diz "que vossa modéstia seja conhecida de todos os homens", o termo grego que ele emprega corresponde à epiqueia. Ora, segundo Cícero, a modéstia faz parte da temperança. Logo, a epiqueia não faz parte da justiça.

EM SENTIDO CONTRÁRIO, Aristóteles diz que "a epiqueia é algo justo".

RESPONDO. A uma virtude correspondem três partes: parte subjetiva, integrante e potencial. A parte subjetiva é aquela à qual se atribui essencialmente o todo e é menos que o todo. E isto pode acontecer de duas maneiras: às vezes se atribui o todo às partes segundo uma única razão, como quando atribuímos o gênero "animal" ao cavalo e ao boi; mas outras vezes a atribuição se faz a uma das duas partes por prioridade: é assim que o ente se atribui primeiro à substância e depois ao acidente. Logo, a epiqueia faz parte da justiça tomada num sentido geral, como uma espécie de "realização da justiça", segundo a expressão de Aristóteles. Fica pois claro que a epiqueia é parte subjetiva da justiça. E ela pode ser chamada de justiça por prioridade, antes mesmo da justiça legal, pois a justiça legal se dirige de acordo com a epiqueia. Desta forma ela se comporta como uma espécie de regra superior dos atos humanos.

QUANTO AO 1º, portanto, deve-se dizer que a epiqueia corresponde propriamente à justiça legal; de uma certa maneira, está incluída nela, e de certo modo a ultrapassa. Se chamarmos de

---

1. Q. 58, a. 7.
2. *De invent. rhet.*, l. II, c. 54: ed. G. Friedrich, Lipsiae 1908, p. 231, l. 18.
3. C. 14: 1137, b, 8-11.
4. Q. 48.
5. C. 14: 1138, a, 3.

legi sive quantum ad verba legis sive quantum ad intentionem legislatoris, quae potior est, sic epieikeia est pars potior legalis iustitiae. Si vero iustitia legalis dicatur solum quae obtemperat legi secundum verba legis, sic epieikeia non est pars legalis iustitiae, sed est pars iustitiae communiter dictae, contra iustitiam legalem divisa sicut excedens ipsam.

AD SECUNDUM dicendum quod, sicut Philosophus dicit, in V *Ethic.*[6], epieikeia est *melior quadam iustitia*, scilicet legali quae observat verba legis. Quia tamen et ipsa est iustitia quaedam, non est melior omni iustitia.

AD TERTIUM dicendum quod ad epieikeiam pertinet aliquid moderari, scilicet observantiam verborum legis. Sed modestia quae ponitur pars temperantiae, moderatur exteriorem hominis vitam, puta in incessu vel habitu, vel aliis huiusmodi. Potest tamen esse quod nomen epieikeiae, apud Graecos, per quandam similitudinem transfertur ad omnes moderationes.

justiça legal aquela que obedece à lei seja quanto à letra desta, seja quanto à intenção do legislador, que é bem mais importante, então a epiqueia é a parte mais importante da justiça legal. Mas se chamarmos justiça legal unicamente aquela que obedece a lei segundo a letra, então a epiqueia não faz parte da justiça legal, mas da justiça tomada no seu sentido geral, e se distingue da justiça legal, ultrapassando-a.

QUANTO AO 2º, deve-se dizer que Aristóteles diz que "a epiqueia é melhor do que uma certa justiça, ou seja, a justiça legal que observa a letra da lei. Mas porque ela própria é uma certa justiça, não é melhor que toda justiça".

QUANTO AO 3º, deve-se dizer que à epiqueia compete ser moderadora no que concerne à observância da letra da lei. Mas a moderação que faz parte da temperança modera a vida exterior do homem, no que se refere ao andar, ao vestir, e noutros comportamentos deste gênero. Mas é possível que, entre os gregos, o termo epiqueia, tenha servido para designar todos os tipos de moderação[c].

---

6. C. 14: 1137, b, 29-34.

c. A aproximação entre epikeia e modéstia se faz com base na tradução latina do texto paulino (Fl 4,5, citado também como objeção na II-II, q. 160, a. 2, obj. 2). Nessa passagem bíblica, *epikeia* significa bondade, benevolência prestativa e que exige retribuição (em relação com a acepção indicada na nota 1).

---

## QUAESTIO CXXI
### DE DONO PIETATIS
*in duos articulos divisa*

Deinde considerandum est de dono correspondente iustitiae, scilicet de pietate.
Et circa hoc quaeruntur duo.
*Primo:* utrum sit donum Spiritus Sancti.
*Secundo:* quid in beatitudinibus et fructibus ei respondeat.

## QUESTÃO 121
### O DOM DA PIEDADE[a]
*em dois artigos*

Em seguida deve-se tratar do dom correspondente à justiça, a saber da piedade.
E a esse respeito, duas questões:
1. É um dom do Espírito Santo?
2. Qual bem-aventurança e quais frutos correspondem a este dom?

---

a. Na questão precedente, a epikia-equidade se apresentava como a "regra superior dos atos humanos" (q. 120, a. 2, resp.), no cume da justiça, que ela levava assim ao ponto mais alto da perfeição propriamente ética. Agora, acima desse plano ético das virtudes, a justiça é relacionada com a piedade enquanto dom do Espírito Santo. Atinge as culminâncias evangélicas, onde a correção das ações e das relações humanas, o cumprimento dos direitos e deveres se coroam e elevam na perfeição que se enraíza em um dom divino e floresce num amor filial a Deus, e no amor fraternal dos homens, graças à docilidade de cada um à ação do Espírito.

Tal é a noção de piedade, esse dom do Espírito Santo, que parece estar mais próximo da justiça quando esta é considerada de cima: primeiramente como justificação divina, fruto da graça, destinada a se desenvolver, em seguida, em toda forma de retidão, na esfera das relações humanas. Em sua realização mais eminente, a piedade como virtude compreende em primeiro lugar a religião, da qual ela faz um culto filial a Deus, "uma vez que Deus é o princípio de existir e de governo infinitamente mais excelente do que o pai e a pátria" (II-II, q. 101, a. 3, r. 1). O que se inscreve como projeto no domínio das virtudes se torna plena realidade por graça e sob a ação do Espírito. Eis a doutrina que esta questão expõe. Seguindo a Agostinho, procura elucidar um dado fundamental da mensagem cristã.

## Articulus 1
### Utrum pietas sit donum

AD PRIMUM SIC PROCEDITUR. Videtur quod pietas non sit donum.
1. Dona enim a virtutibus differunt, ut supra[1] habitum est. Sed pietas est quaedam virtus, ut supra[2] habitum est. Ergo pietas non est donum.
2. PRAETEREA, dona sunt excellentiora virtutibus, maxime moralibus, ut supra[3] habitum est. Sed inter partes iustitiae religio est potior pietate. Si ergo aliqua pars iustitiae debeat poni donum, videtur quod magis religio deberet esse donum quam pietas.
3. PRAETEREA, dona manent in patria, et actus donorum, ut supra[4] habitum est. Sed actus pietatis non potest manere in patria: dicit enim Gregorius, in I *Moral.*[5], quod *pietas cordis viscera misericordiae operibus replet*; et sic non erit in patria, ubi nulla erit miseria. Ergo pietas non est donum.

SED CONTRA est quod Is 11,2 ponitur inter dona.

RESPONDEO dicendum quod, sicut supra[6] dictum est, dona Spiritus Sancti sunt quaedam habituales animae dispositiones quibus est prompte mobilis a Spiritu Sancto. Inter cetera autem, movet nos Spiritus Sanctus ad hoc quod affectum quendam filialem habeamus ad Deum: secundum illud Rm 8,15: *Accepistis Spiritum adoptionis filiorum, in quo clamamus, Abba, Pater*. Et quia ad pietatem proprie pertinet *officium et cultum patri exhibere*, consequens est quod pietas secundum quam cultum et officium exhibemus Deo ut Patri per instinctum Spiritus Sancti, sit Spiritus Sancti donum.

AD PRIMUM ergo dicendum quod pietas quae exhibet patri carnali officium et cultum, est virtus: sed pietas quae est donum, hoc exhibet Deo ut Patri.

AD SECUNDUM dicendum quod exhibere cultum Deo ut Creatori, quod facit religio, est excellentius quam exhibere cultum patri carnali, quod facit pietas quae est virtus. Sed exhibere cultum Deo ut Patri est adhuc excellentius quam exhibere

## Artigo 1
### A piedade é um dom?

QUANTO AO PRIMEIRO ARTIGO, ASSIM SE PROCEDE: parece que a piedade **não** é um dom.
1. Com efeito, os dons diferem das virtudes. Ora, a piedade é uma certa virtude. Logo, a piedade não é um dom.
2. ALÉM DISSO, os dons são superiores às virtudes, especialmente às virtudes morais. Ora, entre as partes da justiça, a religião é mais importante do que a piedade. Logo, se há uma parte da justiça que devesse ser tomada como dom, esta parte seria muito mais a religião do que a piedade.
3. ADEMAIS, os dons, com seus atos, permanecem na pátria. Ora, o ato da piedade não pode permanecer na pátria, pois Gregório diz: "A piedade enche a o coração com as obras da misericórdia". Dessa forma, na pátria, não haveria piedade posto que não haverá mais miséria. Logo, a piedade não é um dom.

EM SENTIDO CONTRÁRIO, o livro de Isaías põe a piedade entre os dons.

RESPONDO. Os dons do Espírito Santo são disposições habituais da alma que a tornam pronta para se deixar mover pelo Espírito. Entre outras moções, o Espirito nos move a um amor fiilial para com Deus, conforme a palavra de Paulo: "Recebestes o Espírito dos filhos de adoção no qual clamamos: Abba, Pai!". E uma vez que é próprio da piedade prestar ao pai culto e submissão, segue-se que a piedade pela qual prestamos culto e submissão a Deus como Pai, pelo impulso do Espírito Santo, é um dom do Espírito Santo.

QUANTO AO 1º, portanto, deve-se dizer que a piedade que presta culto e submissão ao pai carnal, é uma virtude. Mas a piedade que é dom do Espírito Santo presta este culto e submissão a Deus como Pai.

QUANTO AO 2º, deve-se dizer que prestar culto a Deus, como Criador, que é o que faz a virtude da religião é mais excelente do que prestar culto ao pai carnal, que é que o faz a piedade, enquanto é uma virtude. Mas prestar culto a Deus como Pai

---

1 PARALL.: III *Sent.*, dist. 34, q. 3, a. 2, q.la 1.

1. I-II, q. 68, a. 1.
2. Q. 101, a. 3.
3. I-II, q. 68, a. 8.
4. Ibid., a. 6.
5. C. 32, al. 15, n. 44: ML 75, 547 B.
6. I-II, q. 68, a. 1 sqq.; q. 69, a. 1.

cultum Deo ut Creatori et Domino. Unde religio est potior pietatis virtute: sed pietas secundum quod est donum, est potior religione.

AD TERTIUM dicendum quod sicut per pietatem quae est virtus exhibet homo officium et cultum non solum patri carnali, sed etiam omnibus sanguine iunctis, secundum quod pertinent ad patrem; ita etiam pietas secundum quod est donum, non solum exhibet cultum et officium Deo, sed omnibus hominibus inquantum pertinent ad Deum. Et propter hoc ad ipsam pertinent honorare sanctos: *non contradicere Scripturae, sive intellectae sive non intellectae*, sicut Augustinus dicit, in II *de Doct. Christ.*[7]. Ipsa etiam ex consequenti subvenit in miseria constitutis. Et quamvis iste actus non habeat locum in patria, praecipue post diem iudicii, habebit tamen locum praecipuus actus eius, qui est revereri Deum affectu filiali, quod praecipue tunc erit, secundum illud Sap 5,5: *Ecce quomodo computati sunt inter filios Dei*. Erit etiam mutua honoratio sanctorum ad invicem. Nunc autem, ante diem iudicii, miserentur sancti etiam eorum qui in statu huius miseriae vivunt.

é ainda mais excelente do que prestar a culto a Deus como Criador e Senhor. Assim, a religião é superior à virtude da piedade. Mas a piedade, enquanto dom do Espírito Santo, é superior à virtude da religião.

QUANTO AO 3º, deve-se dizer que, assim como pela virtude da piedade prestamos culto e submissão não apenas ao pai carnal, mas também a todos aqueles que são do mesmo sangue, porque se referem ao pai. Da mesma forma, a piedade enquanto dom não apenas presta culto a Deus, mas a todos os homens enquanto se referem a Deus. E por este motivo cabe ao dom da piedade honrar os santos, "e não contradizer as Escrituras, quer as tenhamos compreendido, quer não", como diz Agostinho. Por via de consequência, é ainda a piedade que vem em socorro dos que ainda estão na miséria. E embora este ato não tenha lugar na pátria, principalmente após o dia do julgamento, o ato principal do dom da piedade no entanto ali caberá perfeitamente, porque consiste em prestar a Deus um culto filial que ali será então predominante, conforme a expressão do livro da S*abedoria*: "Eis como foram computados entre os filhos de Deus". E além disso, os santos se prestarão honras mutuamente. Mas agora, até o dia do julgamento, os santos hão-de ser misericordiosos para com aqueles que ainda vivem na presente condição de miséria.

ARTICULUS 2
Utrum dono pietatis
respondeat secunda beatitudo,
scilicet, *Beati mites*

AD SECUNDUM SIC PROCEDITUR. Videtur quod dono pietatis non respondeat secunda beatitudo, scilicet, *Beati mites*.

1. Pietas enim est donum respondens iustitiae. Ad quam magis pertinet quarta beatitudo, scilicet,

ARTIGO 2
A segunda bem-aventurança, a saber,
bem-aventurados os mansos,
corresponde ao dom da piedade?[b]

QUANTO AO SEGUNDO, ASSIM SE PROCEDE: parece que o dom da piedade **não** corresponde à segunda bem-aventurança, a saber, Bem-aventurados os mansos.

1. Com efeito, a piedade é um dom que corresponde à justiça, à qual mais corresponde a quarta

---

7. C. 7, n. 9: ML 34, 39.

2  PARALL.: Supra, q. 83, a. 9, ad 3; I-II, q. 69, a. 3, ad 3; III *Sent.*, dist. 34, q. 1, a. 4, 6; *in Matth.*, cap. 5.

b. Este artigo visa relacionar o dom de piedade com uma das bem-aventuranças abordadas no Sermão da Montanha. Esse projeto de fundar a vida e a ética cristãs no centro mesmo do evangelho marca a pregação agostiniana, da qual Sto. Tomás se faz herdeiro aqui. Uma tal inspiração, que faz da docilidade perfeita ao Espírito Santo o princípio mais profundo da moral cristã, constitui um traço característico da síntese tomista (cf. I-II, q. 68; 106-108). Na II-II, cada virtude teologal e cardeal é relacionada com um dom particular do Espírito, e com uma das bem-aventuranças evangélicas. Um tal método demonstra a orientação de uma teologia que se quer profundamente evangélica, mas no pormenor de suas concordâncias, muitas aproximações possuem um fundamento bem superficial, quando não são artificiais e arbitrárias. Neste artigo, Sto. Tomás segue as correlações estabelecidas por Sto. Agostinho, admitindo, ao mesmo tempo, que se poderiam propor outras de qualidade semelhante.

*Beati qui esuriunt et sitiunt iustitiam*: vel etiam quinta, *Beati misericordes*, quia, ut dictum est[1], opera misericordiae pertinent ad pietatem. Non ergo secunda beatitudo pertinet ad donum pietatis.

2. PRAETEREA, donum pietatis dirigitur dono scientiae, quod adiungitur in connumeratione donorum Is 11,2. Ad idem autem se extendunt dirigens et exequens. Cum igitur ad scientiam pertineat tertia beatitudo, scilicet, *Beati qui lugent*, videtur quod non pertineat ad pietatem secunda beatitudo.

3. PRAETEREA, fructus respondent beatitudinibus et donis, ut supra[2] habitum est. Sed inter fructus, bonitas et benignitas magis videntur convenire cum pietate quam mansuetudo, quae pertinet ad mititatem. Ergo secunda beatitudo non respondet dono pietatis.

SED CONTRA est quod Augustinus dicit, in libro de Serm. Dom. in Monte[3]: *Pietas congruit mitibus*.

RESPONDEO dicendum quod in adaptatione beatitudinum ad dona duplex convenientia potest attendi. Una quidem secundum rationem ordinis: quam videtur Augustinus fuisse secutus. Unde primam beatitudinem attribuit infimo dono, scilicet timori; secundam autem, scilicet, *Beati mites*, attribuit pietati; et sic de aliis.

Alia convenientia potest attendi secundum propriam rationem doni et beatitudinis. Et secundum hoc, oporteret adaptare beatitudines donis secundum obiecta et actus. Et ita pietati magis responderet quarta et quinta beatitudo quam secunda. Secunda tamen beatitudo habet aliquam convenientiam cum pietate: inquantum scilicet per mansuetudinem tolluntur impedimenta actuum pietatis.

Et per hoc patet responsio AD PRIMUM.

AD SECUNDUM dicendum quod secundum proprietatem beatitudinum et donorum, oportet quod eadem beatitudo respondeat scientiae et pietati. Sed secundum rationem ordinis, diversae beatitudines eis adaptantur, observata tamen aliquali convenientia, ut supra[4] dictum est.

bem-aventurança: "Bem-aventurados aqueles que têm fome e sede de justiça". Ou ainda a quinta: "Bem-aventurados os misericordiosos", porque, como já foi dito, a obra de misericórdia se refere à piedade. Por conseguinte, a segunda bem-aventurança não corresponde ao dom da piedade.

2. ALÉM DISSO, o dom da piedade é dirigido pelo dom da ciência, que figura na enumeração dos dons em Isaías. Ora, aquele que dirige e aquele que executa têm o mesmo fim. Logo, uma vez que a terceira bem-aventurança, "bem-aventurados os que choram", se refere à ciência, parece que a segunda não corresponde à piedade.

3. ADEMAIS, os frutos correspondem às bem-aventuranças e aos dons. Ora, entre os frutos, a bondade e a benignidade parecem corresponder mais à piedade do que a mansidão, que tem a ver com a doçura. Logo, a segunda bem-aventurança não corresponde à piedade.

EM SENTIDO CONTRÁRIO, Agostinho diz: *A piedade convém aos mansos*.

RESPONDO. Para estabelecer a correspondência entre as bem-aventuranças e os dons, podem-se considerar duas relações para dois tipos de conveniência. Uma, segundo a razão de ordem, que Agostinho parece ter seguido. Assim ele atribui a primeira bem-aventurança ao último dom, que é o dom do temor. A segunda bem-aventurança "bem-aventurados os mansos" ele atribui ao dom da piedade, e assim por diante.

A outra, segundo a razão própria do dom e da bem-aventurança. Sob este ponto de vista, convém adaptar a bem-aventurança aos dons segundo os objetos e os atos deles. E neste caso, à piedade corresponderiam a quarta e a quinta bem-aventuranças, mais do que a segunda. Mas a segunda tem também uma certa relação com a piedade, enquanto a mansidão suprime o que poderia impedir os atos da piedade.

QUANTO AO 1º, portanto, deve-se dizer que fica respondida pela solução.

QUANTO AO 2º, deve-se dizer que segundo a propriedade das bens-aventuranças e dos dons, uma mesma bem-aventurança deveria corresponder aos dons da ciência e da piedade. Mas, segundo a razão de ordem, diferentes bem-aventuranças podem corresponder a estes dons, tendo em conta as relações, como foi dito.

---

1. A. praec., ad 3; q. 101, a. 1, ad 2; a. 4, ad 3.
2. I-II, q. 70, a. 2.
3. L. I, c. 4, n. 11: ML 34, 1234.
4. In corp.

AD TERTIUM dicendum quod bonitas et benignitas in fructibus directe attribui possunt pietati: mansuetudo autem indirecte, inquantum tollit impedimenta actuum pietatis, ut dictum est[5].

QUANTO AO 3º, deve-se dizer que entre os frutos, a bondade e a benignidade podem ser atribuídas diretamente à piedade; mas a mansidão, indiretamente, enquanto suprime o que impediria os atos da piedade, como foi dito.

5. Ibid.

## QUAESTIO CXXII
## DE PRAECEPTIS IUSTITIAE
*in sex articulos divisa*
Deinde considerandum est de praeceptis iustitiae.

Et circa hoc quaeruntur sex.
*Primo:* utrum praecepta decalogi sint praecepta iustitiae.
*Secundo:* de primo praecepto decalogi.
*Tertio:* de secundo.
*Quarto:* de tertio.
*Quinto:* de quarto.
*Sexto:* de aliis sex.

### ARTICULUS 1
**Utrum praecepta decalogi sint praecepta iustitiae**

AD PRIMUM SIC PROCEDITUR. Videtur quod praecepta decalogi non sint praecepta iustitiae.

## QUESTÃO 122
## OS PRECEITOS RELATIVOS À JUSTIÇA[a]
*em seis artigos*
Em seguida, deve-se tratar dos preceitos relativos à justiça.
A esse respeito, seis questões:
1. Os preceitos do Decálogo são preceitos da justiça?
2. O primeiro preceito do Decálogo.
3. O segundo.
4. O terceiro.
5. O quarto.
6. Os outros seis.

### ARTIGO 1
**Os preceitos do decálogo são preceitos da justiça?**

QUANTO AO PRIMEIRO ARTIGO, ASSIM SE PROCEDE: parece que os preceitos do decálogo **não** são preceitos da justiça.

1  PARALL.: Supra, q. 56, a. 1, ad 1; Infra, q. 140, a. 1, ad 3; I-II, q. 100, a. 3, ad 3.

a. Como todos os tratados consagrados às virtudes teologais ou cardeais, o da justiça se conclui pelo exame dos preceitos relativos a essa virtude vista em si mesma e nas virtudes conexas. Mais do que qualquer outra questão semelhante, esta assume uma certa importância. A justiça é nela relacionada com a totalidade dos preceitos do decálogo, o que nos conduz ao centro da ética e de sua inspiração bíblica.
O caráter fundamental e permanente do decálogo é explicado na I-II, q. 100. Constitui o núcleo essencial dos preceitos morais da lei divina antiga, destinados a passar à nova lei, enquanto que os preceitos judiciários ou cerimoniais do Antigo Testamento são marcados por um caráter contingente e transitório. Proposto diretamente por Deus, o decálogo traduz as exigências fundamentais de uma moral humana, natural, acessível às luzes da razão, e da qual esta pode extrair as normas diretivas dos comportamentos pessoais, familiares e sociais.
A presente questão se esforçará em mostrar que, na essência de seu conteúdo e alcance, o decálogo trata da justiça e da piedade (a. 1). Os artigos seguintes constituem comentários teológicos dos diferentes mandamentos, os quatro primeiros são explicados de modo mais detalhado (a. 2-5), os seis outros sendo apenas rememorados no último artigo (a. 6).
Na II-II, q. 44, as relações do duplo mandamento, do amor a Deus e ao próximo, haviam sido tratadas com uma mesma preocupação de profundidade. A caridade aparecia ali como a inspiração primeira e objetivo último do decálogo, enquanto seu conteúdo é relacionado com a justiça nesta q. 122. A leitura conjunta das q. I-II, 100 e II-II, 44 e 122 permite apreender toda uma visão teológica e ética do decálogo, no âmbito de uma moral das virtudes. Esta aparece em especial no domínio relacional da justiça como uma ética da autonomia racional e do reconhecimento da autoridade divina.

1. *Intentio* enim *legislatoris est cives facere virtuosos* secundum omnem virtutem, ut dicitur in II *Ethic.*[1]: unde et in V *Ethic.*[2] dicitur quod *lex praecipit de omnibus actibus virtutum omnium*. Sed praecepta decalogi sunt prima principia totius divinae legis. Ergo praecepta decalogi non pertinent ad solam iustitiam.

2. PRAETEREA, ad iustitiam videntur pertinere praecipue praecepta iudicialia, quae contra moralia dividuntur, ut supra[3] habitum est. Sed praecepta decalogi sunt praecepta moralia, ut ex supra[4] dictis patet. Ergo praecepta decalogi non sunt praecepta iustitiae.

3. PRAETEREA, lex praecipue tradit praecepta de actibus iustitiae pertinentibus ad bonum commune: puta de officiis publicis, et aliis huiusmodi. Sed de his non fit mentio in praeceptis decalogi. Ergo videtur quod praecepta decalogi non pertineant proprie ad iustitiam.

4. PRAETEREA, praecepta decalogi distinguuntur in duas tabulas secundum dilectionem Dei et proximi, quae pertinent ad virtutem caritatis. Ergo praecepta decalogi magis pertinent ad caritatem quam ad iustitiam.

SED CONTRA est quod iustitia sola videtur esse virtus per quam ordinamur ad alterum. Sed per omnia praecepta decalogi ordinamur ad alterum: ut patet discurrenti per singula. Ergo omnia praecepta decalogi pertinent ad iustitiam.

RESPONDEO dicendum quod praecepta decalogi sunt prima praecepta legis, et quibus statim ratio naturalis assentit sicut manifestissimis. Manifestissime autem ratio debiti, quae requiritur ad praeceptum, apparet in iustitia, quae est ad alterum: quia in his quae spectant ad seipsum, videtur primo aspectui quod homo sit sui dominus, et quod liceat ei facere quodlibet; sed in his quae sunt ad alterum, manifeste apparet quod homo est alteri obligatus ad reddendum ei quod debet. Et ideo praecepta decalogi oportuit ad iustitiam pertinere. Unde tria prima praecepta sunt de actibus religionis, quae est potissima pars iustitiae; quartum autem praeceptum est de actu pietatis,

1. Com efeito, Aristóteles diz que a intenção do legislador é fazer os cidadãos virtuosos", em todas as virtudes. E diz ainda que "a lei estabelece preceitos relativos a todos os atos de todas as virtudes". Ora, os preceitos do Decálogo são os princípios primeiros de toda a lei divina. Logo, eles não concernem apenas à justiça.

2. ALÉM DISSO, parece que é sobretudo à justiça que pertencem os preceitos judiciais, que se distinguem dos preceitos morais, como já foi visto. Ora, os preceitos do Decálogo são preceitos morais. Logo, os preceitos do Decálogo não são preceitos da justiça.

3. ADEMAIS, a lei promulga principalmente os preceitos sobre os atos da justiça relativos ao bem comum, por exemplo, regulamentação das funções públicas e coisas do gênero. Ora, disto não se faz menção nos preceitos do Decálogo. Logo, parece que os preceitos do Decálogo não se referem propriamente à justiça.

4. ADEMAIS, os preceitos do Decálogo se distinguem em duas tábuas correspondentes ao amor de Deus e ao do próximo, que se referem à virtude da caridade. Por conseguinte, os preceitos do Decálogo concernem à caridade muito mais que à justiça.

EM SENTIDO CONTRÁRIO, a justiça parece ser a única virtude que nos ordena para o outro. Mas, todos os preceitos do Decálogo nos ordenam ao outro, como se vê ao examiná-los detalhadamente, um por um. Por conseguinte, todos os preceitos do Decálogo concernem à justiça.

RESPONDO. Os preceitos do Decálogo são os primeiros preceitos da lei, e a razão natural lhes presta imediato assentimento como aos princípios mais evidentes de todos. Mas é também absolutamente evidente que razão do débito, necessária para que haja preceito, se manifesta na justiça, que é relativa ao outro: porque, naquelas coisas que dizem respeito a si próprio, desde o primeiro momento parece que homem é senhor de si mesmo e que lhe é permitido fazer o que bem entender. Mas, naquelas coisas que dizem respeito ao outro, é claro que se é obrigado a dar ao outro o que a ele é devido. E aí está a razão pela qual os preceitos do Decálogo tinham que se referir à justiça[b]. Desta

---

1. C. 1: 1103, b, 3-6.
2. C. 3: 1129, b, 19-25.
3. I-II, q. 99, a. 4.
4. Ibid., q. 100, a. 3.

b. Para bem compreender esse raciocínio, convém reportar-se à I-II, q. 100, a. 1, Solução, onde é mostrado que o decálogo se vincula aos primeiros princípios da razão, da qual exprime o conteúdo numa formulação sucinta. Ao invés, ele pressupõe

quae est pars iustitiae secunda; alia vero sex dantur de actibus iustitiae communiter dictae, quae inter aequales attenditur.

AD PRIMUM ergo dicendum quod lex intendit omnes homines facere virtuosos, sed ordine quodam: ut scilicet prius tradat eis praecepta de his in quibus est manifestior ratio debiti, ut dictum est[5].

AD SECUNDUM dicendum quod iudicialia praecepta sunt quaedam determinationes moralium praeceptorum prout ordinantur ad proximum: sicut et caeremonialia sunt quaedam determinationes moralium praeceptorum prout ordinantur ad Deum. Unde neutra praecepta continentur in decalogo. Sunt tamen determinationes praeceptorum decalogi. Et sic ad iustitiam pertinent.

AD TERTIUM dicendum quod ea quae pertinent ad bonum commune oportet diversimode dispensari secundum hominum diversitatem. Et ideo non fuerunt ponenda inter praecepta decalogi, sed inter praecepta iudicialia.

AD QUARTUM dicendum quod praecepta decalogi pertinent ad caritatem sicut ad finem: secundum illud 1Ti 1,5: *Finis praecepti caritas est.* Sed ad iustitiam pertinent inquantum immediate sunt de actibus iustitiae.

### ARTICULUS 2
### Utrum primum praeceptum decalogi convenienter tradatur

AD SECUNDUM SIC PROCEDITUR. Videtur quod primum praeceptum decalogi inconvenienter tradatur.

1. Magis enim homo est obligatus Deo quam patri carnali: secundum illud Hb 12,9: *Quanto magis obtemperabimus Patri spirituum, et vivemus?* Sed praeceptum pietatis, qua honoratur pater, ponitur affirmative, cum dicitur: *Honora patrem*

forma, os três primeiros preceitos se referem aos atos de religião, parte principal da justiça; o quarto concerne aos atos de piedade, parte secundária da justiça; os outros seis mandamentos regulam os atos da justiça geral que preside as relações entre iguais.

QUANTO AO 1º, portanto, deve-se dizer que a lei visa tornar todos os homens virtuosos, mas dentro de uma certa ordem, de modo a lhes transmitir primeiramente os preceitos sobre matéria em que a razão de débito fica mais evidente.

QUANTO AO 2º, deve-se dizer que os preceitos judiciais são certas determinações dos preceitos morais enquanto ordenados para o próximo; assim como os preceitos ceremoniais são determinações dos preceitos morais enquanto ordenados para Deus. Nem os primeiros nem os segundos se encontram no Decálogo. E no entanto são determinações desses mandamentos do Decálogo, e assim ficam no âmbito da justiça.

QUANTO AO 3º, deve-se dizer que o que se refere ao bem comum deve se estabelecer diversamente, segundo a diversidade dos homens. É por esta razão que não figuram entre os preceitos do Decálogo, mas entre os preceitos judiciais.

QUANTO AO 4º, deve-se dizer que os preceitos do Decálogo se reportam à caridade como a seu fim, como diz Paulo: "O fim do preceito, é a caridade". Mas, também se reportam justiça, enquanto tratam diretamente dos atos desta virtude.

### ARTIGO 2
### O primeiro preceito do Decálogo está formulado convenientemente?

QUANTO AO SEGUNDO, ASSIM SE PROCEDE: parece que o primeiro preceito do Decálogo **está** mal formulado.

1. Com efeito, "O homem tem mais obrigações para com Deus do que para com o pai carnal, como diz Paulo: "Não havemos de ser submissos ao Pai dos espíritos, para ter a vida?". Ora, o preceito da piedade, que pelo qual se honra o

---

5. In corp.

2 PARALL.: I-II, q. 100, a. 6; III *Sent.*, dist. 37, a. 2, q.la 2.

---

as evidências mais básicas, como "o que concerne ao homem em si mesmo", que ele "é senhor de seu agir" (o que é tratado neste artigo). Essas primeiras evidências tais como o amor natural por si não precisam de modo algum ser promulgadas por uma lei positiva. Ao passo que no domínio da justiça, a correção nas relações com outrem, mesmo sendo da esfera da lei natural, comporta dificuldades de compreensão e de execução que tornam conveniente, se não necessário para o maior número a ajuda proveniente de Deus pela promulgação do decálogo. Este põe em plena luz o conteúdo essencial e bem ordenado dos grandes deveres da justiça.

*tuum et matrem tuam*. Ergo multo magis primum praeceptum religionis, qua honoratur Deus, debuit proponi affirmative: praesertim cum affirmatio sit naturaliter prior negatione.

2. PRAETEREA, primum praeceptum decalogi ad religionem pertinet, ut dictum est[1]. Sed religio, cum sit una virtus, habet unum actum. In primo autem praecepto prohibentur tres actus: nam primo dicitur: *Non habebis deos alienos coram me*; secundo dicitur: *Non facies tibi sculptile*; tertio: *Non adorabis ea, neque coles*. Ergo inconvenienter traditur primum praeceptum.

3. PRAETEREA, Augustinus dicit, in libro *de Decem Chordis*[2], quod per primum praeceptum excluditur vitium superstitionis. Sed multae sunt aliae noxiae superstitiones praeter idololatriam ut supra[3] dictum est. Insufficienter ergo prohibetur sola idololatria.

IN CONTRARIUM est auctoritas Scripturae.

RESPONDEO dicendum quod ad legem pertinet facere homines bonos. Et ideo oportet praecepta legis ordinari secundum ordinem generationis, qua scilicet homo fit bonus. In ordine autem generationis duo sunt attendenda. Quorum primum est quod prima pars primo constituitur: sicut in generatione animalis primo generatur cor, et in domo primo fit fundamentum. In bonitate autem animae prima pars est bonitas voluntatis, ex qua aliquis homo bene utitur qualibet alia bonitate. Bonitas autem voluntatis attenditur ad obiectum suum, quod est finis. Et ideo in eo qui erat per legem instituendus ad virtutem, primo oportuit quasi iacere quoddam fundamentum religionis, per quam homo debite ordinatur in Deum, qui est ultimus finis humanae voluntatis.

Secundo attendendum est in ordine generationis quod primo contraria et impedimenta tolluntur: sicut agricola primo purgat agrum, et postea proiicit semina, secundum illud Ier 4,3: *Novate vobis novale, et nolite serere super spinas*. Et ideo circa religionem primo homo erat instituen-

pai está redigido na forma afirmativa: "Honra teu pai e tua mãe". Logo, com mais razão, o primeiro preceito da religião pelo qual se honra Deus deveria estar redigido no modo afirmativo, tanto mais que, pela natureza das coisas, a afirmação precede a negação.

2. ALÉM DISSO, ficou dito no artigo precedente que o primeiro preceito do Decálogo se reporta à religião. Mas a religião, sendo uma virtude única, possui apenas um ato. Ora, o primeiro mandamento proíbe três atos: Primeiro: "Não terás deuses estranhos diante de mim". Segundo: "Não fabricarás ídolos". Terceiro: "Tu não te prosternarás diante desses deuses, não os servirás". Logo, este primeiro preceito está mal formulado.

3. ADEMAIS, Agostinho nos diz que o primeiro preceito exclui o vício da superstição. Ora, existem muitas outras superstições nocivas, além da idolatria. Logo, é insuficiente proibir a idolatria.

EM SENTIDO CONTRÁRIO, há a autoridade das Sagradas Escrituras.

RESPONDO. Compete à lei tornar os homens bons. Por isso, é preciso que os preceitos da lei sejam ordenados de acordo com a ordem da geração pela qual o homem vai se tornando bom. Na ordem da geração dois pontos devem ser observados. Primeiro, é preciso que a parte mais importante seja gerada primeiro. Assim, na geração animal, o que é gerado em primeiro lugar é o coração, e na construção de uma casa, a primeira coisa que se faz são os alicerces. No que se refere à bondade da alma, o que vem em primeiro lugar é a bondade da vontade, que permite ao homem fazer bom uso de qualquer outra bondade. Ora, a bondade da vontade se mede por seu objeto, que é o fim. Por esta razão, naquele que a lei deve formar para a virtude, era preciso lançar em primeiro lugar, os alicerces da religião, virtude pela qual o homem se ordena corretamente a Deus, que é o ultimo fim da vontade humana.

Segundo, na ordem da geração, é preciso primeiro eliminar todos os obstáculos e empecilhos como o lavrador que limpa seu campo antes de lançar a semente. Diz Jeremias: "Arroteai para vós um campo novo e não semeeis entre espinhos". Da mesma forma, no que se refere à religião, o homem

---
1. Art. praec.
2. Serm. 9, al. 96 *de Temp.*, c. 9, n. 13: ML 38, 85.
3. Q. 92, a. 2.

dus ut impedimenta verae religionis excluderet. Praecipuum autem impedimentum religionis est quod homo falso deo inhaereat: secundum illud Mt 6,24: *Non potestis servire Deo et mammonae.* Et ideo in primo praecepto legis excluditur cultus falsorum deorum.

AD PRIMUM ergo dicendum quod etiam circa religionem ponitur unum praeceptum affirmativum, scilicet: *Memento ut diem sabbati sanctifices.* Sed erant praemittenda praecepta negativa, quibus impedimenta religionis tollerentur. Quamvis enim affirmatio naturaliter sit prior negatione, tamen in via generationis negatio, qua removentur impedimenta, est prior, ut dictum est[4]. Et praecipue in rebus divinis, in quibus negationes praeferuntur affirmationibus, propter insufficientiam nostram: ut Dionysius dicit, 2 cap. *Cael. Hier.*[5]

AD SECUNDUM dicendum quod cultus alienorum deorum dupliciter apud aliquos observabatur. Quidam enim quasdam creaturas pro diis colebant absque institutione imaginum: unde Varro dixit quod antiqui Romani diu sine simulacris deos coluerunt. Et hic cultus prohibetur primo, cum dicitur: *Non habebis deos alienos.* — Apud alios autem erat cultus falsorum deorum sub quibusdam imaginibus. Et ideo opportune prohibetur et ipsarum imaginum institutio, cum dicitur: *Non facies tibi sculptile*; et imaginum ipsarum cultus, cum dicitur: *Non coles ea*, etc.

AD TERTIUM dicendum quod omnes aliae superstitiones procedunt ex aliquo pacto cum daemonibus inito tacito vel expresso. Et ideo omnes intelliguntur prohiberi in hoc quod dicitur: *Non habebis deos alienos.*

## ARTICULUS 3
### Utrum secundum praeceptum decalogi convenienter tradatur

AD TERTIUM SIC PROCEDITUR. Videtur quod secundum praeceptum decalogi non convenienter tradatur.
1. Hoc enim praeceptum, *Non assumes nomen Dei tui in vanum*, sic exponitur in Glossa[1] Ex 20,7:

deveria primeiro ser formado para eliminar os obstáculos à religião. Ora, o primeiro obstáculo à religião consiste em aderir a um falso deus. Como diz o Evangelho de Mateus: "Não podereis servir a Deus e a Mamon". É por isso que o primeiro preceito da lei exclui o culto dos falsos deuses.

QUANTO AO 1º, portanto, deve-se dizer que mesmo em matéria de religião há um preceito afirmativo: "Lembra-te de santificar o dia de sábado". Era necessário que os preceitos negativos aparecessem primeiro, para suprimir os obstáculos à religião. Embora, naturalmente, a afirmação preceda sempre a negação, no entanto, segundo a ordem da geração, a negação que remove os obstáculos, passa em primeiro lugar. E isto principalmente nas coisas divinas, nas quais as negações são preferidas às afirmações, por causa de nossa incapacidade, como diz Dionísio.

QUANTO AO 2º, deve-se dizer que o culto dos deuses estrangeiros se manifestava de duas maneiras. Alguns adoravam criaturas como se fossem deuses, mas sem fabricar imagem nenhuma. Varrão conta que durante muito tempo os antigos romanos honraram os deuses sem deles fazer nenhuma imagem. E este culto é proibido primeiro, pelas palavras seguintes: "Não terás deuses estrangeiros". — Mas em outras comunidades, o culto aos falsos deuses comportava o uso de imagens. Por isso o Decálogo proíbe oportunamente a instituição de imagens, quando diz: "Não farás para ti esculturas". E, depois, o culto quando diz: "Tu não as adorarás..."

QUANTO AO 3º, deve-se dizer que todas as outras superstições provêm de um pacto passado com o demônio, tácito ou expresso. Por isso todas elas são condenadas pelas palavras seguintes: "Não terás deuses estrangeiros".

## ARTIGO 3
### O segundo preceito do Decálogo está formulado convenientemente?

QUANTO AO TERCEIRO, ASSIM SE PROCEDE: parece que o segundo preceito do Decálogo **não** está bem formulado.
1. Com efeito, este preceito: "Não tomarás o nome do Senhor teu Deus em vão", é explicado

---
4. In corp.
5. MG 3, 141.

3  PARALL.: I-II, q. 100, a. 5, ad 3; a. 6; III *Sent.*, dist. 37, a. 2, q.la 2.
1. Interlin.

*idest, Non existimes creaturam esse Filium Dei,* per quod prohibetur error contra fidem. Et Dt 5,11 exponitur: *Non assumes nomen Dei tui in vanum: scilicet, nomen Dei ligno et lapidi attribuendo,* per quod prohibetur falsa confessio, quae est actus infidelitatis, sicut et error. Infidelitas autem est prior superstitione: sicut et fides religione. Ergo hoc praeceptum debuit praemitti primo, in quo prohibetur superstitio.

2. PRAETEREA, nomen Dei ad multa assumitur: sicut ad laudandum, ad miracula faciendum, et universaliter ad omnia quae dicuntur vel fiunt a nobis, secundum illud Cl 3,17: *Omne quodcumque facitis in verbo vel opere, in nomine Domini facite.* Ergo praeceptum quo prohibetur nomen Dei assumi in vanum, videtur universalius esse quam praeceptum quo prohibetur superstitio. Et ita debuit ei praemitti.

3. PRAETEREA, Ex 20,7 exponitur illud praeceptum, *Non assumes nomen Dei tui in vanum: iurando scilicet pro nihilo.* Unde videtur per hoc prohiberi vana iuratio, quae scilicet est sine iudicio. Sed multo gravior est falsa iuratio, quae est sine veritate; et iniusta iuratio, quae est sine iustitia. Ergo magis debuerunt illa prohiberi per hoc praeceptum.

4. PRAETEREA, multo gravius peccatum est blasphemia, vel quidquid fiat verbo vel facto in contumeliam Dei, quam periurium. Ergo blasphemia et alia huiusmodi magis debuerunt per hoc praeceptum prohiberi.

5. PRAETEREA, multa sunt Dei nomina. Ergo non debuit indeterminate dici: *Non assumes nomen Dei tui in vanum.*

SED IN CONTRARIUM est Scripturae auctoritas.

RESPONDEO dicendum quod oportet prius impedimenta verae religionis excludere in eo qui instituitur ad virtutem, quam eum in vera religione fundare. Opponitur autem verae religioni aliquid dupliciter. Uno modo, per excessum, quando scilicet id quod est religionis alteri indebite exhibetur: quod pertinet ad superstitionem. Alio modo, quasi per defectum reverentiae, cum scilicet Deus contemnitur: quod pertinet ad vitium irreligiositatis, ut supra[2] habitum est. Superstitio autem impedit

na Glosa da maneira seguinte: "Tu não acreditarás que uma criatura seja o Filho de Deus", o que proíbe um erro em matéria de fé. E sobre a passagem tomarás do Deuteronômio, ela explica: "Não tomarás o nome de Deus em vão, a saber, atribuindo o nome de Deus a um pedaço de madeira ou de pedra", o que proíbe uma falsa profissão de fé, que é ao mesmo tempo um ato de infidelidade e um erro. Ora, a infidelidade é anterior à superstição, como a fé é anterior à religião. Logo, este preceito deveria preceder o primeiro, que proíbe a superstição.

2. ALÉM DISSO, toma-se o nome de Deus para muitas coisas: para louvá-lo, para fazer milagres, e para tudo aquilo que fazemos e dizemos, de acordo com a recomendação de Paulo: "Tudo o que fizerdes, por palavras ou atos, fazei-o em nome do Senhor". Portanto, tomar o nome de Deus em vão parece mais universal do que proibir a superstição. Logo, o segundo preceito devia vir antes do primeiro.

3. ADEMAIS, a Escritura explica o preceito: "Não tomarás o nome de Deus em vão: "a saber, jurando por um nada". Parece, por isso, que o preceito proíbe o juramento inútil, ou seja, o juramento sem motivo suficiente. Ora, o juramento falso, isto é, sem verdade, ou o juramento injusto, isto é, sem justiça, são muito mais graves. Logo, eram estes juramentos que deviam ter sido mais proibidos pelo preceito.

4. ADEMAIS, um pecado mais grave que o perjúrio é a blasfêmia, bem como todas as palavras e ações que injuriam Deus. Era pois tudo isso que deveria ter sido proibido por este preceito.

5. ADEMAIS, Deus tem muito nomes. Não se deveria pois ter formulado o preceito desta forma vaga: "Não tomarás o nome de teu Deus em vão".

EM SENTIDO CONTRÁRIO, está a autoridade da Escritura.

RESPONDO. Quando se quer educar alguém para a virtude, é necessário, antes de o estabelecer na religião, extirpar nele tudo o que pode ser obstáculo à verdadeira religião. Ora, à verdadeira religião se opõem dois obstáculos. Um, por excesso, que consiste em prestar um culto religioso indevido a outro: isto se refere à superstição. O segundo, por uma falta de respeito, quando se despreza Deus: isto se refere ao vício da irreligiosidade. A superstição impede a religião em que ela se opõe

---

2. Q. 97, Introd.

religionem quantum ad hoc, ne suscipiatur Deus ad colendum. Ille autem cuius animus implicatus est indebito cultui, non potest simul debitum Dei cultum suscipere: secundum illud Is 28,20: *Angustatum est stratum, ut alter decidat,* scilicet Deus verus vel falsus a corde hominis, *et pallium breve utrumque operire non potest.* Per irreligiositatem autem impeditur religio quantum ad hoc, ne Deus, postquam susceptus est, honoretur. Prius autem est Deum suscipere ad colendum quam eum susceptum honorare. Et ideo praemittitur praeceptum quo prohibetur superstitio secundo praecepto, quo prohibetur periurium, ad irreligiositatem pertinens.

AD PRIMUM ergo dicendum quod illae expositiones sunt mysticae. Litteralis autem expositio est quae habetur Dt 5: *Non assumes nomen Dei tui in vanum: scilicet iurando pro re quae non est.*

AD SECUNDUM dicendum quod non prohibetur quaelibet assumptio divini nominis per hoc praeceptum, sed proprie illa qua sumitur divinum nomen ad confirmationem humani verbi per modum iuramenti: quia ista assumptio divini nominis est frequentior apud homines. Potest tamen ex consequenti intelligi ut per hoc prohibeatur omnis inordinata divini nominis assumptio. Et secundum hoc procedunt illae expositiones de quibus supra[3] dictum est.

AD TERTIUM dicendum quod *pro nihilo iurare* dicitur ille qui iurat pro eo quod non est, quod pertinet ad falsam iurationem, quae principaliter periurium nominatur, ut supra[4] dictum est. Quando enim aliquis falsum iurat, tunc iuratio est vana secundum seipsam: quia non habet firmamentum veritatis. Quando autem aliquis iurat sine iudicio ex aliqua levitate, si verum iurat, non est ibi vanitas ex parte ipsius iuramenti, sed solum ex parte iurantis.

AD QUARTUM dicendum quod sicut ei qui instruitur in aliqua scientia primo proponuntur quaedam communia documenta, ita etiam lex, quae instituit hominem ad virtutem, in praeceptis decalogi, quae sunt prima, ea proposuit, vel prohibendo vel mandando, quae communius in cursu humanae vitae solent accidere. Et ideo inter praecepta decalogi prohibetur periurium, quod frequentius accidit quam blasphemia, in quam homo rarius prolabitur.

ao culto que deve ser prestado a Deus; porque aquele cuja alma está presa a um culto indevido não pode ao mesmo tempo prestar a Deus o culto que lhe é devido, de acordo com o que diz Isaías, "O leito é tão estreito que um dos dois tem de cair", ou seja, o verdadeiro Deus ou o falso do coração do homem, e ainda "o cobertor é curto demais para cobrir os dois". Quanto à irreligiosidade, ela impede a religião em que se opõe a que Deus, depois de recebido, seja cultuado. Ora, acolher Deus para honrá-lo precede as honras que se lhe prestam depois de o ter acolhido. Por isso o preceito que proíbe a superstição precede o segundo preceito que proíbe o perjúrio o qual se refere à irreligiosidade.

QUANTO AO 1º, portanto, deve-se dizer que esses comentários são místicos. A explicação literal se encontra no Deuteronômio: "Não tomarás em vão o nome do teu Deus", ou seja, "jurando por uma coisa que não existe".

QUANTO AO 2º, deve-se dizer que o preceito não proíbe qualquer uso do nome de Deus, mas precisamente, o uso deste nome para confirmação de uma palavra humana mediante juramento, porque este é o recurso mais frequente entre os homens. Pode-se também concluir daí que, por este preceito, fica proibido qualquer emprego desordenado do nome de Deus. Neste sentido têm procedência as exposições das quais se falou acima.

QUANTO AO 3º, deve-se dizer que "jurar por um nada" se diz daquele que jura por aquilo que não existe, o que é da ordem do falso juramento, que se chama perjúrio. Quando alguém faz um juramento falso, o juramento é sempre vão por si mesmo, porque não tem fundamento de verdade. Mas quando alguém jura irrefletidamente, por pura leviandade, se o juramento for verdadeiro, não haverá vacuidade da parte do julgamento em si, mas da parte de quem jura.

QUANTO AO 4º, deve-se dizer que quando se quer iniciar alguém numa ciência, começamos sempre por lhe ministrar uma espécie de introdução geral; da mesma maneira a lei, que quer formar o homem para a virtude, pelos preceitos do Decálogo, que vêm antes de tudo, procura lhe mostrar por mandamentos e proibições o que sói acontecer de mais comum no decorrer da vida humana. Assim, um preceito do Decálogo proíbe o perjúrio que

---
3. Arg. 1.
4. Q. 98, a. 1, ad 3.

AD QUINTUM dicendum quod nominibus Dei debetur reverentia ex parte rei significatae, quae est una: non autem ratione vocum significantium, quae sunt multae. Et ideo singulariter dixit: *Non assumes nomen Dei tui in vanum*: quia non differt per quodcumque nomen Dei periurium committatur.

ARTICULUS 4
**Utrum convenienter tertium praeceptum decalogi tradatur**

AD QUARTUM SIC PROCEDITUR. Videtur quod inconvenienter tertium praeceptum decalogi tradatur, scilicet de sanctificatione sabbati.

1. Hoc enim praeceptum, spiritualiter intellectum, est generale: dicit enim Ambrosius[1], super illud Lc 13,14, *Archisymagogus indignans quia sabbato curasset: Lex*, inquit, *in sabbato non hominem curare, sed servilia opera facere, idest peccatis gravari, prohibet*. Secundum autem litteralem sensum, est praeceptum caeremoniale: dicitur enim Ex 31,13: *Videte ut sabbatum meum custodiatis: quia signum est inter me et vos in generationibus vestris*. Praecepta autem decalogi et sunt praecepta spiritualia, et sunt moralia. Inconvenienter ergo ponitur inter praecepta decalogi.

2. PRAETEREA, caeremonialia legis praecepta continent sacra, sacrificia, sacramenta et observantias, ut supra[2] habitum est. Ad sacra autem pertinebant non solum sacri dies, sed etiam sacra loca et sacra vasa et alia huiusmodi. Similiter etiam erant multi sacri dies praeter sabbatum. Inconveniens igitur est quod, praetermissis omnibus aliis caeremonialibus, de sola observantia sabbati fit mentio.

3. PRAETEREA, quicumque transgreditur praeceptum decalogi, peccat. Sed in veteri lege aliqui transgredientes observantiam sabbati non peccabant: sicut circumcidentes pueros octava die, et sacerdotes in templo sabbatis operantes. Et Elias, cum *quadraginta diebus pervenisset ad montem Dei Horeb*, consequens est quod in sabbato itineraverit. Similiter etiam sacerdotes, dum circumferrent sep-

é mais frequente do que a blasfêmia, na qual o homem incorre mais raramente.

QUANTO AO 5º, deve-se dizer que se deve respeitar os diferentes nomes de Deus em razão da realidade significada, que é única, e não em razão do significado das palavras que são muitos. É por isso que vem dito no singular "Não tomarás o nome do teu Deus em vão", porque pouco importa por qual dos nomes de Deus se comete o perjúrio.

ARTIGO 4
**O terceiro preceito do Decálogo é formulado convenientemente?**

QUANTO AO QUARTO, ASSIM SE PROCEDE: parece que o terceiro preceito do Decálogo sobre a santificação do sábado **não** está bem formulado.

1. Com efeito, este preceito, em sentido espiritual, é geral. A respeito da passagem de Lucas: "O chefe da sinagoga, indignado porque Jesus tinha feito uma cura num sábado...", Ambrósio explica: "A Lei não proíbe curar um homem no dia de sábado, mas proíbe executar obras servis, a saber, carregar-se de pecados". Mas, de acordo com o sentido literal, trata-se de um preceito cerimonial, porque está escrito no Êxodo: Cuidai de guardar meu sábado; porque este é um sinal entre mim e vós por todas as gerações". Ora, os preceitos do Decálogo são espirituais e morais. Logo, este preceito está mal situado no Decálogo.

2. ALÉM DISSO, os preceitos cerimoniais da Lei englobam as coisas sagradas, os sacrifícios, os sacramentos e as observâncias. Ora, ao conjunto de coisas sagradas pertenciam, não apenas os dias santos, mas ainda os lugares santos, os vasos sagrados e outros. Igualmente, havia muitos dias santos além do sábado. Logo, não é correto fazer menção apenas da observância do sábado omitindo todos os outros preceitos cerimoniais.

3. ADEMAIS, quem transgride um preceito do Decálogo comete pecado. Ora, na Lei antiga, algumas pessoas transgrediam a observância do sábado sem cometer pecado, por exemplo aqueles que circuncidavam as crianças no oitavo dia e os sacerdotes que oficiavam no templo no dia de sábado. Elias, que em quarenta dias chegou em Horeb, a montanha de Deus, deve com toda

---

4 PARALL.: I-II, q. 100, a. 5, ad 2; III *Sent*., dist. 37, a. 5; *De Dec. Praecept.*, c. *de Tertio Praecept.*; *in Isaiam*, c. 56; *ad Coloss.*, c. 2, lect. 4.

1. Cfr. BEDAM, *Exposit. in Luc. Evang.*, l. IV, super 13, 14: ML 92, 505 C.
2. I-II, q. 101, a. 4.

tem diebus arcam Domini, ut legitur Ios 6,14-15, intelliguntur eam die sabbati circumtulisse. Dicitur etiam Lc 13,15: *Nonne unusquisque vestrum solvit bovem suum aut asinum et ducit adaquare?* Ergo inconvenienter ponitur inter praecepta decalogi.

4. PRAETEREA, praecepta decalogi sunt etiam in nova lege observanda. Sed in nova lege non servatur hoc praeceptum, nec quantum ad diem sabbati, nec quantum ad diem Dominicam, in qua et cibi coquuntur, et itinerantur et piscantur homines, et alia multa huiusmodi faciunt. Ergo inconvenienter traditur praeceptum de observantia sabbati.

SED IN CONTRARIUM est Scripturae auctoritas.

RESPONDEO dicendum quod, remotis impedimentis verae religionis per primum et secundum praeceptum decalogi, ut supra[3] dictum est, consequens fuit ut tertium praeceptum poneretur, per quod homines in vera religione fundarentur. Ad religionem autem pertinet cultum Deo exhibere. Sicut autem in Scriptura divina traduntur nobis sub aliquibus corporalium rerum similitudinibus, ita cultus exterior Deo exhibetur per aliquod sensibile signum. Et quia ad interiorem cultum, qui consistit in oratione et devotione, magis inducitur homo ex interiori Spiritus Sancti instinctu, praeceptum legis dandum fuit de exteriori cultu secundum aliquod sensibile signum. Et quia praecepta decalogi sunt quasi quaedam prima et communia legis principia, ideo in tertio praecepto decalogi praecipitur exterior Dei cultus sub signo communis beneficii quod pertinet ad omnes, scilicet ad repraesentandum opus creationis mundi, a quo requievisse dicitur Deus septimo die: in cuius signum, dies septima mandatur *sanctificanda,* idest deputanda ad vacandum Deo. Et ideo Ex 20, praemisso praecepto de sanctificatione sabbati, assignatur ratio: quia *sex diebus fecit Deus caelum et terram, et in die septimo requievit.*

AD PRIMUM ergo dicendum quod praeceptum de sanctificatione sabbati, litteraliter intellectum, est partim morale, partim caeremoniale. Morale quidem, quantum ad hoc quod homo deputet aliquod tempus vitae suae ad vacandum divinis. Inest enim

certeza ter viajado nos dias de sábado. Da mesma forma, os sacerdotes que carregaram a arca do Senhor durante sete dias devem ter continuado seu circuito durante o sábado. E lê-se em Lucas: "E cada um de vós não desata seu boi ou seu jumento para levá-lo ao bebedouro durante o sábado?". Logo, está mal situado entre os preceitos do Decálogo.

4. ADEMAIS, os preceitos do Decálogo devem ser observados mesmo na nova Lei. Ora, na Lei nova, não se observa mais este preceito nem no que se refere ao sábado, nem no que se refere ao domingo, nos quais se cozinha, viaja, pesca e faz muitas outras coisas do gênero. Logo, não é correta a formulação do preceito sobre a observância do sábado.

EM SENTIDO CONTRÁRIO, está a autoridade das Escrituras.

RESPONDO. Uma vez removidos os obstáculos à prática da verdadeira religião pelos dois primeiros preceitos do Decálogo, parecia lógico dar um terceiro preceito que estabelecesse os homens na verdadeira religião. Ora, cabe a esta religião prestar culto a Deus. Assim como a Escritura Sagrada nos expõe as verdades divinas pelas imagens de certas realidades corporais, da mesma forma, o culto exterior é prestado a Deus por um sinal sensível. No que se refere ao culto interior, que consiste na oração e na devoção, o homem se deixa guiar muito mais pelo impulso interior do Espírito Santo; mas, para o culto exterior, foi necessário lhe dar na lei um preceito fundado sobre um sinal sensível. Como os preceitos do Decálogo são como os princípios primeiros e gerais da lei, no terceiro preceito do Decálogo se prescreve o culto externo de Deus sob o sinal do benefício comum feito a todos os homens, quer dizer recordando aqui a obra da criação do mundo, obra da qual Deus descansou no sétimo dia. E é em sinal disto que se prescreve santificar o dia do Senhor, ou seja, que se manda consagrar este dia em honra de Deus. E o livro do Êxodo, depois de ter anunciado o preceito de santificar o sábado, apresenta a razão: "Em seis dias Deus fez o céu e a terra, e no sétimo dia ele repousou".

QUANTO AO 1º, portanto, deve-se dizer que o preceito de santificar o sábado, entendido literalmente, é, em parte moral, e em parte cerimonial. É moral quanto a isto que o homem consagra um certo tempo de sua vida para se ocupar das coisas

---

3. Art. 2, 3.

homini naturalis inclinatio ad hoc quod cuilibet rei necessarie deputetur aliquod tempus: sicut corporali refectioni, somno et aliis huiusmodi. Unde etiam spirituali refectioni, qua mens hominis in Deo reficitur, secundum dictamen rationis naturalis aliquod tempus deputat homo. Et sic habere aliquod tempus deputatum ad vacandum divinis, cadit sub praecepto morali. — Sed inquantum in hoc praecepto determinatur speciale tempus in signum creationis mundi, sic est praeceptum caeremoniale. Similiter etiam caeremoniale est secundum allegoricam significationem, prout fuit figura quietis Christi in sepulcro, quae fuit septima die. Et similiter secundum moralem significationem, prout significat cessationem ab omni actu peccati et quietem mentis in Deo: et secundum hoc quodammodo est praeceptum generale. Similiter etiam caeremoniale est secundum significationem anagogicam, prout scilicet praefigurat quietem fruitionis Dei quae erit in patria.

Unde praeceptum de sanctificatione sabbati ponitur inter praecepta decalogi inquantum est praeceptum morale: non inquantum est caeremoniale.

AD SECUNDUM dicendum quod aliae caeremoniae legis sunt signa aliquorum particularium effectuum Dei. Sed observatio sabbati est signum generalis beneficii, scilicet productionis universae creaturae. Et ideo convenientius poni debuit inter generalia praecepta decalogi quam aliquod aliud caeremoniale legis.

AD TERTIUM dicendum quod in observantia sabbati duo sunt consideranda. Quorum unum est sicut finis: et hoc est ut homo vacet rebus divinis. Quod significatur in hoc quod dicit: *Memento ut diem sabbati sanctifices*: illa enim sanctificari dicuntur in lege quae divino cultui applicantur. — Aliud autem est cessatio operum: quae significatur cum subditur: *Septimo die Domini Dei tui, non facies omne opus*. Sed de quo opere intelligatur, apparet per id quod exponitur Lv 23,35: *Omne opus servile non facietis in eo*.

Opus autem servile dicitur a *servitute*. Et autem triplex servitus. Una quidem qua homo servit peccato: secundum illud: *Qui facit peccatum, servus est peccati*. Et secundum hoc, omne opus peccati dicitur servile. — Alia vero servitus est qua homo servit homini. Est autem homo alterius servus non secundum mentem, sed secundum corpus, ut supra[4] habitum est. Et ideo opera ser-

divinas. Há, de fato, no homem, uma inclinação inata a consagrar um certo tempo a tudo o que lhe é necessário, como a refeição corporal, o sono etc. Desta forma ele deve também, segundo um ditame da razão natural, consagrar algum tempo à refeição espiritual pela qual sua alma se refaz em Deus. E desta forma, reservar um tempo para se ocupar das coisas divinas é objeto de um preceito moral. — Mas nisto que este preceito determina um tempo especial para simbolizar a criação do mundo, aí ele fica sendo um preceito cerimonial. E é ainda cerimonial num sentido alegórico, enquanto prefigurava o repouso de Cristo no túmulo, no sétimo dia. E ainda possui uma significação moral enquanto simboliza a cessação de toda atividade pecaminosa e o repouso da alma em Deus. Neste sentido é um preceito geral. E é ainda cerimonial segundo uma significação anagógica, como figurando o repouso da fruição de Deus que haverá na pátria.

Por isso o preceito da santificação do sábado figura entre os preceitos do Decálogo enquanto é um preceito moral: e não enquanto preceito cerimonial.

QUANTO AO 2º, deve-se dizer que as outras cerimônias da Lei são sinais de obras particulares de Deus. Mas a observância do sábado é o sinal de um benefício geral: a produção de todas as criaturas. Por esta razão convinha mais afirmar este preceito entre os preceitos gerais do decálogo do que entre os preceitos cerimoniais.

QUANTO AO 3º, deve-se dizer que na observância do sábado devem-se considerar dois pontos. O primeiro é seu fim: que o homem se aplique às coisas divinas. Isto é significado nos termos desta ordem: "Lembra-te de santificar o dia do sábado". Na Lei, "santificar" significa consagrar ao culto divino. — O segundo é o cessar das obras que é significado logo a seguir: "No sétimo dia do Senhor teu Deus, tu não farás obra alguma." E de que obra se trata, o Levítico explica: "Nesse dia não fareis nenhuma obra servil".

Uma obra servil vem se de servidão. Ora, há três sortes de servidão. Uma pela qual o homem se torna escravo do pecado: "Aquele que comete o pecado é escravo do pecado". — Outra servidão é aquela pela qual o homem se torna servo de outro homem. Mas isto só pode ocorrer no plano corporal, e jamais segundo o espírito. Neste sentido, chamam-se obras servis os trabalhos corporais

---

[4]. Q. 104, a. 5; a. 6, ad 1.

vilia, secundum hoc, dicuntur opera corporalia in quibus unus homo alteri servit. — Tertia autem est servitus Dei. Et secundum hoc, opus servile posset dici opus latriae, quod pertinet ad Dei servitium.

Si autem sic intelligatur opus servile, non prohibetur in die sabbati. Quia hoc esset contrarium fini observationis sabbati: homo enim ad hoc ab aliis operibus abstinet in die sabbati, ut vacet operibus ad Dei servitutem pertinentibus. Et inde est quod, sicut dicitur Io 7,23, *circumcisionem accipit homo in sabbato, ut non solvatur lex Moysi*. Inde etiam est quod, sicut dicitur Mt 12,5, *sabbatis sacerdotes in templo sabbatum violant*, idest, corporaliter in sabbato operantur, *et sine crimine sunt*. Et sic etiam sacerdotes in sabbato circumferentes arcam non transgrediebantur praeceptum de observantia sabbati. Et similiter etiam nullius spiritualis actus exercitium est contra observantiam sabbati, puta si quis doceat verbo vel scripto: unde Nm 28,9, dicit Glossa[5] quod *fabri et huiusmodi artifices otiantur in die sabbati. Lector autem divinae legis vel doctor ab opere suo non desinit, nec tamen contaminatur sabbatum: sicut "sacerdotes in templo sabbatum violant, et sine crimine sunt"*.

Sed alia opera servilia, quae dicuntur servilia primo vel secundo modo, contrariantur observantiae sabbati, inquantum impediunt applicationem hominis ad divina. Et quia impeditur magis homo a rebus divinis per opus peccati quam per opus licitum, quamvis sit corporale; ideo magis contra hoc praeceptum agit qui peccat in die festo quam qui aliquod corporale opus licitum facit. Unde Augustinus dicit, in libro *de Decem Chordis*[6]: *Melius faceret Iudaeus in agro suo aliquid utile quam in theatro seditiosus existeret. Et melius feminae eorum die sabbati lanam facerent quam tota die in neomeniis suis impudice saltarent*. — Non autem qui peccat venialiter in sabbato contra hoc praeceptum facit: quia peccatum veniale non excludit sanctitatem.

Opera etiam corporalia ad spiritualem Dei cultum non pertinentia intantum servilia dicuntur inquantum proprie pertinent ad servientes: inquantum vero sunt communia et servis et liberis, servi-

que um homem executa para servir o outro. — A terceira forma de servidão é aquela que se refere a Deus. Neste sentido pode-se identificar a obra servil e a obra de latria, porque esta última é o próprio serviço de Deus.

Quando se entende o termo "obra servil" neste último sentido, ela não é proibida aos sábados. Isto seria na realidade contrário ao próprio fim da observância sabática, porque o homem se abstém dos outros trabalhos no dia de sábado exatamente para se entregar às obras que dizem respeito à nossa servidão para com Deus. É o sentido desta passagem: "Pratica-se a circuncisão no dia do sábado para não infringir a Lei de Moisés". E desta outra: "No dia de sábado, os sacerdotes no templo violam o sábado", quer dizer, trabalham corporalmente "sem cometer pecado". Da mesma forma ainda os sacerdotes, carregando a arca em volta de Jericó durante o sábado, não transgrediram o preceito do sábado. Do mesmo modo, nenhuma atividade de ordem espiritual contradiz a observância do sábado, como ensinar pela palavra ou por escrito. A Glosa diz: "Os ferreiros e outros artesãos repousam no sábado. O leitor da lei divina ou o doutor não cessam seu trabalho e no entanto, não conspurcam o sábado, como os sacerdotes que violam o sábado sem cometer pecado".

Mas as outras obras servis, no primeiro ou no segundo sentido deste termo, são contrárias à observância do sábado na medida em que elas impedem a aplicação às coisas divinas. E porque o homem é desviado mais por uma obra pecaminosa do que por uma obra lícita, mesmo quando esta é corporal, aquele que peca num dia santo, viola mais o preceito do que aquele que executa uma obra corporal, mas em si mesma, lícita." O que leva Agostinho a dizer: "Era muito melhor que, nesse dia, o judeu tratasse de trabalhar em suas plantações do que ficar levantando sedições nos teatros. E para as mulheres deles era muito melhor ficar fiando lã durante o sábado, do que ficar dançando impudicamente o dia inteiro nas neomênias". — Aquele que peca venialmente contra o sábado não falta ao preceito, porque o pecado venial não impede a santidade.

Os trabalhos corporais que não servem ao culto espiritual são chamados servis porque são próprios dos servos; mas quando são comuns aos escravos e aos homens livres, não se chamam mais de servis.

---

5. Ordin.: ML 113, 431 B.
6. Serm. 9, al. 96, *de Temp.*, c. 3: ML 38, 77.

lia non dicuntur. Quilibet autem, tam servus quam liber, tenetur in necessariis providere non tantum sibi, sed etiam proximo: praecipue quidem in his quae ad salutem corporis pertinent, secundum illud Pr 24,11: *Erue eos qui ducuntur ad mortem*; secundario autem etiam in damno rerum vitando, secundum illud Dt 22,1: *Non videbis bovem aut ovem fratris tui errantem et praeteribis: sed reduces fratri tuo*. Et ideo opus corporale pertinens ad conservandam salutem proprii corporis non violat sabbatum: non enim est contra observantiam sabbati quod aliquis comedat, et alia huiusmodi faciat quibus salus corporis conservatur. Et propter hoc Machabaei non polluerunt sabbatum pugnantes ad sui defensionem die sabbati, ut legitur 1Mac 2,41. Similiter etiam nec Elias fugiens a facie Iezabel in die sabbati. Et propter hoc etiam Dominus, Mt 12,1sqq., excusat discipulos suos, qui colligebant spicas in die sabbati propter necessitatem quam patiebantur. — Similiter etiam opus corporale quod ordinatur ad salutem corporalem alterius, non est contra observantiam sabbati. Unde Dominus, Io 7,23: *Mihi indignamini quia totum hominem salvum feci in sabbato?* — Similiter etiam opus corporale quod ordinatur ad imminens damnum rei exterioris vitandum, non violat sabbatum. Unde Dominus dicit, Mt 12,11: *Quis erit ex vobis homo qui habet unam ovem, et ceciderit sabbato in foveam, nonne tenebit et levabit eam?*

AD QUARTUM dicendum quod observatio diei Dominicae in nova lege succedit observantiae sabbati non ex vi praecepti legis, sed ex constitutione Ecclesiae et consuetudine populi Christiani. Nec etiam huiusmodi observatio est figuralis, sicut fuit observatio sabbati in veteri lege. Et ideo non est ita arcta prohibitio operandi in die Dominica sicut in die sabbati, sed quaedam opera conceduntur in die Dominica quae in die sabbati prohibebantur: sicut decoctio ciborum et alia huiusmodi. Et etiam in quibusdam operibus prohibitis facilius propter necessitatem dispensatur in nova quam in veteri lege: quia figura pertinet ad protestationem veritatis, quam nec in modico praeterire oportet; opera autem secundum se considerata immutari possunt pro loco et tempore.

Todo homem, escravo ou livre, tem a obrigação de, no plano das coisas de primeira necessidade, prover não somente a si mesmo, mas também a seu próximo, e primeiro, naquilo que concerne à saúde do corpo, de acordo com o que diz o livro dos Provérbios: "Liberta os que são conduzidos à morte". Depois, livrando-os da perda de seus bens, segundo o Deuteronômio: "Si vires extraviados o boi ou a ovelha de teu irmão, não passarás ao largo, mas tratarás de os reconduzir ao teu irmão". E assim, o trabalho corporal destinado à conservação do próprio corpo não viola o sábado. Comer, como tudo o mais que se pode fazer para conservar a saúde do próprio corpo, na viola o sábado. Por esta razão os Macabeus não conspurcaram o sábado quando combateram para se defender num dia de sábado. Nem também Elias, ao fugir para escapar de Jezabel num sábado. E o Senhor inocenta os discípulos que colheram espigas num sábado, pressionados pela fome. — Da mesma maneira, o trabalho corporal que se destina a preservar a integridade corporal de outra pessoa não é contrário à observância do sábado. Jesus diz: "Ficastes indignados contra mim porque curei um homem inteiro num dia de sábado?" — O trabalho corporal que evita um dano exterior também não viola o sábado. Basta lembrar a palavra de Jesus: "Qual de vós, se sua ovelha cai num poço num dia de sábado não irá tirá-la de lá?"

QUANTO AO 4º, deve-se dizer que na nova lei, a observância do domingo substituiu à do sábado, não em virtude da lei, mas em virtude da determinação da Igreja e do costume do povo cristão. Esta observância não é figurativa, como era a do sábado na antiga lei, e é a razão pela qual a interdição de trabalho aos domingos não é tão rígida quanto era a do sábado; certos trabalhos, como os da cozinha, que eram proibidos no sábado, são permitidos aos domingos. Além disso, na nova lei, se dispensa mais facilmente, por necessidade, a proibição do trabalho do que na antiga. Porque aquilo que é figurativo serve para manifestar a verdade e não permite a menor modificação. Mas os trabalhos considerados em si mesmo podem variar segundo as circunstâncias de tempo e lugar.

## Articulus 5
### Utrum convenienter tradatur quartum praeceptum

Ad quintum sic proceditur. Videtur quod inconvenienter tradatur quartum praeceptum, de honoratione parentum.
1. Hoc enim praeceptum pertinet ad pietatem. Sed sicut pietas est pars iustitiae, ita etiam observantia et gratia, et alia de quibus dictum est¹. Ergo videtur quod non debuit dari speciale praeceptum de pietate, cum de aliis non detur.

2. Praeterea, pietas non solum exhibet cultum parentibus, sed etiam patriae et aliis *sanguine coniunctis et patriae benevolis*, ut supra² dictum est. Inconvenienter ergo in hoc quarto praecepto fit mentio solum de honoratione patris et matris.
3. Praeterea, parentibus non solum debetur honoris reverentia, sed etiam sustentatio. Ergo insufficienter sola parentum honorario praecipitur.
4. Praeterea, contingit quandoque quod aliqui qui honorant parentes cito moriuntur: et e contrario qui parentes non honorant diu vivunt. Inconvenienter ergo additur huic praecepto haec promissio: *ut sis longaevus super terram*.

In contrarium est auctoritas sacrae Scripturae.

Respondeo dicendum quod praecepta decalogi ordinantur ad dilectionem Dei et proximi. Inter proximos autem, maxime obligamur parentibus. Et ideo immediate post praecepta ordinantia nos in Deum, ponitur praeceptum ordinans nos ad parentes, qui sunt particulare principium nostri esse, sicut Deus est universale principium. Et sic est quaedam affinitas huius praecepti ad praecepta primae tabulae.

Ad primum ergo dicendum quod, sicut supra³ dictum est, pietas ordinatur ad reddendum debitum parentibus, quod communiter ad omnes pertinet. Et ideo inter praecepta decalogi, quae sunt communia, magis debet poni aliquid pertinens ad pietatem quam ad alias partes iustitiae, quae respiciunt aliquod debitum speciale.

## Artigo 5
### O quarto preceito do Decálogo é formulado convenientemente?

Quanto ao quinto, assim se procede: parece que o quarto mandamento, que manda honrar pai e mãe, **está** mal formulado.
1. Com efeito, trata-se de um preceito que se refere à piedade. Ora, como a piedade é parte da justiça, também o são o respeito, a gratidão e outras virtudes das quais já se falou. Logo, parece que não se devia atribuir um preceito especial à piedade, uma vez que não se atribui às outras virtudes.
2. Além disso, a piedade não presta culto apenas aos pais, mas também à pátria, aos outros membros da família e aos amigos da pátria. Parece, pois, inconveniente que este preceito mencione apenas a obrigação de honrar pai e mãe.
3. Ademais, não temos obrigação apenas de honrar nossos pais, mas também de os sustentar. O preceito é, pois, falho, neste ponto.
4. Ademais, ocorre às vezes que aqueles que honram seus pais, morrem cedo, e que outros, que não os honram, têm vida bem mais longa. Portanto, é inconveniente que se acrescente ao preceito esta promessa: "Para que vivas muito tempo sobre a terra".

Em sentido contrário, está a autoridade da Sagrada Escritura.

Respondo. Os preceitos do Decálogo são ordenados ao amor de Deus e do próximo. Entre os próximos, devemos maiores obrigações aos nossos pais. É por isso que, imediatamente depois dos preceitos que nos ordenam para Deus, se acha o preceito que nos ordena para nossos pais, que são o princípio particular de nossa existência, assim como Deus é o princípio universal. E desta maneira existe um certa afinidade entre este mandamento e os da primeira tábua.

Quanto ao 1º, portanto, deve-se dizer que a piedade está ordenada a nos fazer cumprir nosso dever para com nossos pais, o que concerne a todos. E é por isso que, entre os preceitos do Decálogo que são comuns, era muito mais necessário incluir um mandamento relativo à piedade, do que às outras partes anexas da justiça, que visam um dever especial.

---

5 Parall.: I-II, q. 100, a. 5, ad 4; III *Sent.*, dist. 37, a. 2, q.la 2.

1. Q. 101 sqq.
2. Q. 101, a. 1.
3. Ibid.

AD SECUNDUM dicendum quod per prius debetur aliquid parentibus quam patriae et consanguineis: quia per hoc quod sumus a parentibus nati, pertinent ad nos et consanguinei et patria. Et ideo, cum praecepta decalogi sint prima praecepta legis, magis per ea ordinatur homo ad parentes quam ad patriam vel ad alios consanguineos. — Nihilominus tamen in hoc praecepto, quod est de honoratione parentum, intelligitur mandari quidquid pertinet ad reddendum debitum cuicumque personae, sicut secundarium includitur in principali.

AD TERTIUM dicendum quod parentibus inquantum huiusmodi, debetur reverentiae honor. Sed sustentatio et alia debentur eis ratione alicuius accidentis: puta inquantum sunt indigentes, vel secundum aliquid huiusmodi, ut supra[4] dictum est. Et quia quod est per se prius est eo quod est per accidens, ideo inter prima praecepta legis, quae sunt praecepta decalogi, specialiter praecipitur honoratio parentum. In qua tamen, sicut in quodam principali, intelligitur mandari et sustentatio et quidquid aliud debetur parentibus.

AD QUARTUM dicendum quod longaevitas promittitur honorantibus parentes non solum quantum ad futuram vitam, sed etiam quantum ad praesentem: secundum illud Apostoli, 1Ti 4,8: *Pietas ad omnia utilis est, promissionem habens vitae quae nunc est et futurae.* Et hoc rationabiliter. Qui enim gratus est beneficio meretur secundum quandam congruentiam ut sibi beneficium conservetur: propter ingratitudinem autem meretur aliquis beneficium perdere. Beneficium autem vitae corporalis, post Deum, a parentibus habemus. Et ideo ille qui honorat parentes, quasi beneficio gratus, merentur vitae conservationem: qui autem non honorat parentes, tanquam ingratus, meretur vita privari. — Quia tamen praesentia bona vel mala non cadunt sub merito vel demerito nisi inquantum ordinantur ad futuram remunerationem, ut dictum est[5]; ideo quandoque, secundum occultam rationem divinorum iudiciorum, quae maxime futuram remunerationem respiciunt, ideo aliqui qui sunt pii in parentes citius vita privantur, alii vero qui sunt impii in parentes diutius vivunt.

QUANTO AO 2º, deve-se dizer que é anterior nossa obrigação para com os pais que para com a pátria e consanguíneos, porque tanto estes como a pátria só nos tocam por causa dos pais de que nascemos. E assim, como os preceitos do Decálogo são os primeiros preceitos da Lei, por isso eles ordenam o homem aos pais mais que à pátria ou aos outros consanguíneos. — Entretanto, neste preceito que se refere à honra devida aos pais, se entende que esteja o mandato que diz respeito à obrigação de dar o que é devido a qualquer outra pessoa, como o dever secundário está incluído no principal.

QUANTO AO 3º, deve-se dizer que aos pais, enquanto tais, se devem reverência e honra. Mas o dever de lhes dar assistência, ou de lhes prestar outros serviços nasce em razão de algum acidente, por exemplo, porque empobreceram ou envelheceram ou alguma coisa deste gênero, como já foi dito. Mas o que é essencial é sempre anterior àquilo que é por acidente. Por isso, entre os primeiros preceitos das Lei, que são os preceitos do Decálogo se preceitua honrar pai e mãe. Assim, estão incluídos neste preceito principal as obrigações secundárias relativas ao sustento e a outras coisas.

QUANTO AO 4º, deve-se dizer que a longevidade é prometida àqueles que honram os pais, não apenas na vida futura, mas até mesmo na vida presente, como diz Paulo: "A piedade é útil a tudo, porque ela tem a promessa da vida presente como da vida futura". E isto tem razão de ser. Quem se mostra reconhecido por um benefício, merece, por uma espécie de conveniência, que este benefício lhe seja conservado. Pela ingratidão, ao contrário, o homem merece perder o benefício. Ora, depois de Deus, é a nossos pais que devemos o benefício da vida corporal. Desta forma, aquele que honra seus pais, como que se mostrando reconhecido pelo benefício, merece conservar a vida; aquele que não os honra, merece, como ingrato, perdê-la. — Entretanto, os bens e os males da vida presente só apresentam relação com o mérito ou demérito na medida em que se ordenam à recompensa futura. Por isso pode ocorrer que, segundo a razão oculta dos julgamentos divinos que visam sobretudo a remuneração futura, alguns que cumprem fielmente seus deveres para com os pais, sejam privados da vida muito cedo, enquanto outros, que se mostram ímpios para com os pais, vivam muito mais.

---

4. Q. 101, a. 2.
5. I-II, q. 114, a. 10.

## Articulus 6
### Utrum alia sex praecepta decalogi convenienter tradantur

AD SEXTUM SIC PROCEDITUR. Videtur quod alia sex praecepta decalogi inconvenienter tradantur.

1. Non enim sufficit ad salutem quod aliquis proximo suo non noceat, sed requiritur quod ei debitum reddat: secundum illud Rm 13,7: *Reddite omnibus debita.* Sed in sex ultimis praeceptis solum prohibetur nocumentum proximo inferendum. Ergo inconvenienter praedicta praecepta traduntur.
2. Praeterea, in praedictis praeceptis prohibentur homicidium, adulterium, furtum et falsum testimonium. Sed multa alia nocumenta possunt proximo inferri: ut patet ex his quae supra[1] determinata sunt. Ergo videtur quod inconvenienter sint tradita huiusmodi praecepta.
3. Praeterea, concupiscentia dupliciter accipi potest: uno modo, secundum quod est actus voluntatis, ut dicitur Sap 6,21: *Concupiscentia sapientiae perducit ad regnum perpetuum*; alio modo, secundum quod est actus sensualitatis, sicut dicitur Iac 4,1: *Unde bella et lites in vobis? Nonne ex concupiscentiis quae militant in membris vestris?* Sed per praeceptum decalogi non prohibetur concupiscentia sensualitatis: quia secundum hoc, primi motus essent peccata mortalia, utpote contra praeceptum decalogi existentes. Similiter etiam non prohibetur concupiscentia voluntate: quia haec includitur in quolibet peccato. Inconvenienter ergo inter praecepta decalogi ponuntur quaedam concupiscentiae prohibitiva.

4. Praeterea, homicidium est gravius peccatum quam adulterium vel furtum. Sed non ponitur aliquod praeceptum prohibitivum concupiscentiae homicidii. Ergo etiam inconvenienter ponuntur quaedam praecepta prohibitiva concupiscentiae furti et adulterii.
Sed in contrarium est auctoritas Scripturae.

Respondeo dicendum quod sicut per partes iustitiae debitum redditur aliquibus determinatis personis quibus homo ex aliqua speciali ratione obligatur, ita etiam per iustitiam proprie dictam aliquis debitum reddit communiter omnibus. Et

## Artigo 6
### Os outros seis preceitos do Decálogo são formulados convenientemente?

QUANTO AO SEXTO, ASSIM SE PROCEDE: parece que os outros seis preceitos do Decálogo **não** estão formulados de maneira conveniente.

1. Com efeito, para a salvação, não basta não fazer mal ao próximo. É preciso dar o que lhe devemos. Paulo diz: "Pagai a todos o que lhes é devido". Ora, nos seis últimos preceitos só aparece a proibição de fazer mal ao próximo. Logo, estes preceitos estão mal formulados.
2. ALÉM DISSO, os referidos preceitos proíbem o homicídio, o adultério, o furto e o falso testemunho. Ora, é possível causar dano ao próximo de muitas outras maneiras. Logo, estes preceitos estão mal formulados.

3. ADEMAIS, pode-se considerar a concupiscência de dois modos: enquanto ela é um ato da vontade, como está dito no livro da *Sabedoria*: "A concupiscência da sabedoria conduz a uma perpétua realeza"; ou então, enquanto ela é um ato da sensualidade, como diz a Carta de Tiago: "De onde vêm as guerras e os processos entre vós? Não é das concupiscências que militam em vossos membros?". Ora, o preceito do Decálogo não proíbe a concupiscência da sensualidade, porque, se fosse assim, os primeiros movimentos já seriam pecados mortais, posto que iriam contra um preceito do Decálogo. Do mesmo modo, não se proíbe a concupiscência da vontade, uma vez que ela está incluída em todo pecado. Logo, foi uma inconveniência incluir entre os preceitos do Decálogo aqueles que proíbem a concupiscência.

4. ADEMAIS, o homicídio é um pecado mais grave que o adultério ou o furto. Ora, no Decálogo não há nenhum preceito proibindo o desejo do homicídio. Logo, foi inconveniente ter incluído preceitos proibindo o desejo do roubo e do adultério.

EM SENTIDO CONTRÁRIO, está a autoridade da Sagrada Escritura.

RESPONDO. A virtudes anexas da justiça mandam pagar o que se deve a determinadas pessoas para com as quais se está obrigado por alguma razão especial. Da mesma maneira, a justiça propriamente dita faz pagar a todos em geral o que lhes

---

6   PARALL.: I-II, q. 100, a. 5; III *Sent.*, dist. 37, a. 2, q.la 2.
1. Q. 65 sqq.

ideo post tria praecepta pertinentia ad religionem, qua redditur debitum Deo; et post quartum praeceptum, quod est pietatis, qua redditur parentibus debitum, in quo includitur omne debitum quod ex aliqua speciale ratione debetur; necesse fuit quod ponerentur consequenter alia praecepta pertinentia ad iustitiam proprie dictam, quae indifferenter omnibus debitum reddit.

AD PRIMUM ergo dicendum quod communiter ad hoc obligatur homo ut nulli inferat nocumentum. Et ideo praecepta negativa, quibus prohibentur nocumenta quae possunt proximis inferri, tanquam communia, fuerunt ponenda inter praecepta decalogi. Ea vero quae sunt proximis exhibenda, diversimode exhibentur diversis. Et ideo non fuerunt inter praecepta decalogi ponenda de his affirmativa praecepta.

AD SECUNDUM dicendum quod omnia alia nocumenta quae proximis inferuntur, possunt ad ista reduci quae his praeceptis prohibentur, tanquam ad quaedam communiora et principaliora. Nam omnia nocumenta quae in personam proximi inferuntur, intelliguntur prohiberi in homicidio, sicut in principaliori. Quae vero inferuntur in personam coniunctam, et maxime per modum libidinis, intelliguntur prohiberi simul cum adulterio. Quae vero pertinent ad damna in rebus illata, intelliguntur prohiberi simul cum furto. Quae autem pertinent ad locutionem, sicut detractiones, blasphemiae, et si qua huiusmodi, intelliguntur prohiberi falso testimonio, quod directius iustitiae contrariatur.

AD TERTIUM dicendum quod per praecepta prohibitiva concupiscentiae non intelligitur prohiberi primus motus concupiscentiae, qui sistit infra limites sensualitatis. Sed prohibetur directe consensus voluntatis qui est in opus vel in delectationem.

AD QUARTUM dicendum quod homicidium secundum se non est concupiscibile, sed magis horribile: quia non habet de se rationem alicuius boni. Sed adulterium habet aliquam rationem boni, scilicet delectabilis. Furtum etiam habet rationem alicuius boni, scilicet utilis. Bonum autem de se habet rationem concupiscibilis. Et ideo fuit specialibus praeceptis prohibenda concupiscentia furti et adulterii: non autem concupiscentia homicidii.

é devido. Após os três preceitos pertencentes à religião pelos quais se paga o que se deve a Deus; e após o quarto, que pertence à piedade, e que faz pagar o que se deve aos pais, e que inclui todas as outras dívidas procedentes de alguma razão especial; era necessário dar sequência aos outros preceitos relativos à justiça propriamente dita, que obriga a render indistintamente a todos os homens o que lhes é devido.

QUANTO AO 1º, portanto, deve-se dizer que não causar dano a ninguém é uma obrigação universal. Por isso, os preceitos negativos, que proíbem os danos que se podem infligir ao próximo, por causa de sua própria universalidade tinham que figurar entre os preceitos do Decálogo. Pelo contrário, aquilo que se deve prestar ao próximo se diversifica segundo as diferentes necessidades. Por conseguinte, não deviam de fato figurar no Decálogo preceitos afirmativos a respeito disso.

QUANTO AO 2º, deve-se dizer que todas as outras maneiras de causar dano ao próximo podem se resumir nestas que estes preceitos proíbem, e que são as mais gerais e as mais importantes. Assim, todos os males que se podem cometer contra a pessoa do próximo, ficam proibidos pela proibição do homicídio, que nesta ordem é o mal principal. Todas as ofensas que se pode cometer contra a pessoa de uma companheira ou companheiro, especialmente da ordem da libidinagem, ficam compreendidas na proibição do adultério. Tudo o que concerne aos danos relativos aos bens do próximo, fica proibido com a proibição do roubo. E tudo que tem relação com as ofensas por palavras, maledicência, blasfêmia etc. fica proibido com a proibição do falso testemunho, que se opõe diretamente à justiça.

QUANTO AO 3º, deve-se dizer que os preceitos que proíbem a concupiscência não significam proibição dos primeiros movimentos da concupiscência que não ultrapassam os limites da sensualidade. O que é proibido é o consentimento da vontade ao ato, ou a deleitação.

Quanto ao 4º, deve-se dizer que em si mesmo o homicídio não tem nada de desejável; é antes objeto de horror, porque não tem em si nenhuma razão de bem. Mas o adultério comporta uma razão de bem, a saber, o deleitável. O roubo também tem uma razão de bem, a saber o útil. Ora, o bem tem em si mesmo razão de desejável. Por este motivo era necessário proibir por preceitos particulares a concupiscência do adultério e do roubo, mas não a do homicídio.

# ÍNDICE DO VOLUME 6 DA SUMA TEOLÓGICA
## II Seção da II Parte – Questões 57 a 122

| | |
|---|---:|
| Siglas e Abreviaturas | 9 |
| Autores e obras citados por Sto. Tomás na II Seção da II Parte – Questões 57 a 122 | 11 |
| Fontes usadas por Sto. Tomás na II Seção da II Parte – Questões 57 a 122 | 29 |

### A JUSTIÇA

| | | |
|---|---|---:|
| **INTRODUÇÃO E NOTAS POR CARLOS-JOSAPHAT PINTO DE OLIVEIRA** | | 41 |
| Introdução | | 43 |
| **Questão 57** | **O direito** | 45 |
| Artigo 1 | O direito é o objeto da justiça? | 45 |
| Artigo 2 | O direito divide-se convenientemente em natural e positivo? | 48 |
| Artigo 3 | O direito das gentes é o mesmo que o direito natural? | 50 |
| Artigo 4 | Deve distinguir-se especialmente o direito paterno e senhorial? | 52 |
| **Questão 58** | **A justiça** | 54 |
| Artigo 1 | É conveniente a definição: a justiça é a vontade constante e perpétua de dar a cada um o seu direito? | 55 |
| Artigo 2 | A justiça será sempre relativa a outrem? | 57 |
| Artigo 3 | A justiça é uma virtude? | 59 |
| Artigo 4 | A justiça tem sua sede na vontade? | 61 |
| Artigo 5 | A justiça é uma virtude geral? | 62 |
| Artigo 6 | Como virtude geral, a justiça se identifica essencialmente com toda virtude? | 64 |
| Artigo 7 | Além da justiça geral, há uma justiça particular? | 66 |
| Artigo 8 | A justiça particular tem uma matéria própria? | 68 |
| Artigo 9 | A justiça tem por objeto as paixões? | 69 |
| Artigo 10 | O meio-termo visado pela justiça é o meio real? | 71 |
| Artigo 11 | O ato da justiça consiste em dar a cada um o que é seu? | 73 |
| Artigo 12 | A justiça tem preeminência sobre todas as virtudes morais? | 74 |
| **Questão 59** | **A injustiça** | 76 |
| Artigo 1 | A injustiça é um vício especial? | 76 |
| Artigo 2 | Alguém se diz injusto por praticar algo de injusto? | 78 |
| Artigo 3 | Pode-se sofrer a injustiça voluntariamente? | 80 |
| Artigo 4 | Todo aquele que pratica injustiça peca mortalmente? | 82 |
| **Questão 60** | **O julgamento** | 83 |
| Artigo 1 | O julgamento é um ato de justiça? | 84 |
| Artigo 2 | É lícito julgar? | 86 |
| Artigo 3 | O julgamento fundado em suspeita é ilícito? | 88 |
| Artigo 4 | A dúvida deve ser interpretada favoravelmente? | 90 |
| Artigo 5 | Deve-se julgar sempre segundo as leis escritas? | 92 |
| Artigo 6 | O julgamento se torna perverso pela usurpação? | 93 |
| **Questão 61** | **As partes da justiça** | 95 |
| Artigo 1 | É adequado afirmar duas espécies de justiça, a distributiva e a comutativa? | 96 |
| Artigo 2 | O meio-termo se considera do mesmo modo na justiça distributiva e na comutativa? | 99 |
| Artigo 3 | A matéria de ambas as justiças é diversa? | 101 |
| Artigo 4 | A justiça se identifica absolutamente com a contrapartida? | 103 |
| **Questão 62** | **A restituição** | 106 |
| Artigo 1 | A restituição é um ato da justiça comutativa? | 106 |
| Artigo 2 | É necessário para a salvação restituir o que foi tirado? | 108 |

| | | |
|---|---|---|
| Artigo 3 | Basta restituir apenas o que foi tirado?...................................... | 110 |
| Artigo 4 | Deve-se restituir o que não foi tirado?........................................ | 112 |
| Artigo 5 | Deve-se restituir sempre àquele de quem se recebeu algo?............ | 113 |
| Artigo 6 | Aquele que recebeu está sempre obrigado a restituir?.................... | 115 |
| Artigo 7 | Aqueles que não receberam são obrigados a restituir?................... | 117 |
| Artigo 8 | Há obrigação de restituir logo ou é lícito diferi-la?....................... | 119 |
| **Questão 63** | **A discriminação das pessoas** ................................................. | 121 |
| Artigo 1 | A discriminação das pessoas é pecado?....................................... | 121 |
| Artigo 2 | Pode ocorrer discriminação de pessoas na dispensação dos bens espirituais?... | 123 |
| Artigo 3 | Pode haver pecado de discriminação de pessoas em manifestar honra e respeito?..... | 126 |
| Artigo 4 | Há lugar para o pecado de discriminação de pessoas nos julgamentos?............. | 128 |
| **Questão 64** | **O homicídio** ........................................................................ | 129 |
| Artigo 1 | Matar quaisquer seres vivos é ilícito?.......................................... | 131 |
| Artigo 2 | É lícito matar os pecadores?....................................................... | 132 |
| Artigo 3 | É lícito a um particular matar um pecador?.................................. | 134 |
| Artigo 4 | É permitido aos clérigos matar um pecador?................................ | 136 |
| Artigo 5 | É permitido matar-se a si mesmo?............................................... | 137 |
| Artigo 6 | É lícito em algum caso matar um inocente?................................. | 140 |
| Artigo 7 | É lícito matar para se defender?.................................................. | 142 |
| Artigo 8 | Quem mata alguém casualmente é culpado de homicídio?............ | 145 |
| **Questão 65** | **Outras injustiças que se cometem contra a pessoa** ................ | 146 |
| Artigo 1 | Pode ser lícito em algum caso mutilar o membro de alguém?....... | 147 |
| Artigo 2 | É permitido aos pais bater nos filhos, e aos senhores, nos escravos?.. | 149 |
| Artigo 3 | É lícito encarcerar alguém?........................................................ | 151 |
| Artigo 4 | O pecado se agrava, quando as injustiças são cometidas contra pessoas ligadas a outras?......................................... | 152 |
| **Questão 66** | **O furto e a rapina** ................................................................ | 154 |
| Artigo 1 | A posse dos bens exteriores é natural ao homem?........................ | 155 |
| Artigo 2 | É lícito possuir algo como próprio?............................................. | 156 |
| Artigo 3 | A razão de furto está em tomar ocultamente o bem alheio?.......... | 159 |
| Artigo 4 | O furto e a rapina são pecados especificamente diferentes?.......... | 160 |
| Artigo 5 | O furto é sempre pecado?........................................................... | 162 |
| Artigo 6 | O furto é pecado mortal?........................................................... | 163 |
| Artigo 7 | É lícito furtar por necessidade?................................................... | 165 |
| Artigo 8 | Pode haver rapina sem pecado?.................................................. | 167 |
| Artigo 9 | O furto é pecado mais grave que a rapina?.................................. | 169 |
| **Questão 67** | **Injustiças cometidas pelo juiz** .............................................. | 170 |
| Artigo 1 | Pode o juiz sem injustiça julgar a quem não lhe seja súdito?........ | 171 |
| Artigo 2 | Pode o juiz julgar contra a verdade que conhece, baseando-se naquilo que é proposto em contrário?...................... | 172 |
| Artigo 3 | Pode o juiz julgar alguém, mesmo que não haja acusador?.......... | 174 |
| Artigo 4 | Pode o juiz licitamente relaxar a pena?....................................... | 176 |
| **Questão 68** | **Injustiças cometidas na acusação** ........................................ | 178 |
| Artigo 1 | Há obrigação de acusar?............................................................ | 178 |
| Artigo 2 | A acusação deve ser feita por escrito?......................................... | 180 |
| Artigo 3 | A acusação se torna injusta pela calúnia, pela prevaricação e pela tergiversação?...... | 181 |
| Artigo 4 | O acusador que falha na prova da acusação está sujeito à pena de talião?......... | 183 |
| **Questão 69** | **Pecados contra justiça cometidos pelo réu** ........................... | 185 |
| Artigo 1 | Pode o acusado negar a verdade que o condenaria sem cometer pecado mortal?...... | 185 |
| Artigo 2 | É lícito ao acusado defender-se pela calúnia?............................... | 187 |

| | | |
|---|---|---:|
| Artigo 3 | É lícito ao réu esquivar-se ao julgamento, fazendo apelo?....... | 189 |
| Artigo 4 | É lícito ao condenado à morte defender-se, se pode?............ | 191 |
| **Questão 70** | **Injustiças cometidas pela testemunha** ....................... | 193 |
| Artigo 1 | Há obrigação de testemunhar?................................. | 193 |
| Artigo 2 | Basta o testemunho de dois ou três?.......................... | 195 |
| Artigo 3 | O testemunho de alguém deve ser recusado sem que haja culpa sua?...... | 198 |
| Artigo 4 | O falso testemunho é sempre pecado mortal?................... | 199 |
| **Questão 71** | **Injustiças cometidas em juízo pelos advogados** ............. | 201 |
| Artigo 1 | O advogado está obrigado a patrocinar a causa dos pobres?.... | 201 |
| Artigo 2 | É conveniente, de acordo com o direito, afastar alguns do ofício de advogado?..... | 203 |
| Artigo 3 | Peca o advogado defendendo causa injusta?.................... | 205 |
| Artigo 4 | É lícito ao advogado receber dinheiro pelo seu patrocínio?... | 206 |
| **Questão 72** | **A contumélia** ............................................. | 208 |
| Artigo 1 | A contumélia consiste em palavras?........................... | 209 |
| Artigo 2 | A contumélia ou o convício é pecado mortal?.................. | 211 |
| Artigo 3 | Devem-se suportar as contumélias proferidas contra si?....... | 213 |
| Artigo 4 | A contumélia nasce da ira?................................... | 215 |
| **Questão 73** | **A difamação** .............................................. | 216 |
| Artigo 1 | A difamação consiste em denegrir, em segredo, a reputação alheia?... | 216 |
| Artigo 2 | A difamação é pecado mortal?................................. | 218 |
| Artigo 3 | A difamação é o mais grave dos pecados cometidos contra o próximo?... | 220 |
| Artigo 4 | Será pecado grave ouvir com tolerância a detração?........... | 223 |
| **Questão 74** | **A murmuração** ............................................. | 225 |
| Artigo 1 | A murmuração é pecado distinto da difamação?................. | 225 |
| Artigo 2 | A difamação é pecado mais grave do que a murmuração?......... | 226 |
| **Questão 75** | **A zombaria** ............................................... | 228 |
| Artigo 1 | A zombaria vem a ser pecado especial?........................ | 228 |
| Artigo 2 | A zombaria pode ser pecado mortal?........................... | 230 |
| **Questão 76** | **A maldição** ............................................... | 232 |
| Artigo 1 | Pode-se amaldiçoar alguém?................................... | 232 |
| Artigo 2 | É lícito amaldiçoar uma criatura irracional?................. | 235 |
| Artigo 3 | Amaldiçoar é pecado mortal?.................................. | 236 |
| Artigo 4 | A maldição é mais grave do que a difamação?.................. | 237 |
| **Questão 77** | **A fraude que se comete nas compras e vendas** .............. | 239 |
| Artigo 1 | Pode-se vender licitamente algo mais caro do que vale?....... | 240 |
| Artigo 2 | A venda se torna injusta e ilícita por causa de um defeito da coisa vendida?..... | 243 |
| Artigo 3 | O vendedor está obrigado a revelar os defeitos da sua mercadoria?... | 245 |
| Artigo 4 | É permitido no comércio vender algo mais caro do que se comprou?.... | 248 |
| **Questão 78** | **O pecado de usura** ........................................ | 251 |
| Artigo 1 | É pecado receber juros pelo dinheiro emprestado?............. | 251 |
| Artigo 2 | Pode-se pedir uma outra vantagem pelo dinheiro emprestado?... | 255 |
| Artigo 3 | Há obrigação de restituir tudo o que se lucrou com o dinheiro usurário?... | 258 |
| Artigo 4 | É lícito receber dinheiro emprestado pagando juros?.......... | 260 |
| **Questão 79** | **Partes por assim dizer integrantes da justiça** ............ | 262 |
| Artigo 1 | Evitar o mal e fazer o bem são partes da justiça?............ | 263 |
| Artigo 2 | A transgressão é um pecado especial?......................... | 265 |
| Artigo 3 | A omissão é um pecado especial?.............................. | 266 |
| Artigo 4 | O pecado de omissão é mais grave do que o de transgressão?... | 268 |
| **Questão 80** | **As partes potenciais da justiça** .......................... | 270 |
| Artigo único | Estão convenientemente assinaladas as virtudes anexas à justiça?... | 271 |

# A RELIGIÃO

Introdução .................................................................................................................. 279

**Questão 81  A religião** ........................................................................................ 281
    Artigo 1  A religião ordena o homem só para Deus? ................................... 281
    Artigo 2  A religião é uma virtude? ............................................................... 284
    Artigo 3  A religião é uma só virtude? .......................................................... 286
    Artigo 4  A religião é uma virtude especial? ................................................ 287
    Artigo 5  A religião é uma virtude teológica? .............................................. 288
    Artigo 6  A religião é superior às outras virtudes morais? .......................... 290
    Artigo 7  O culto de *latria* possui algum ato exterior? ................................ 291
    Artigo 8  Identificam-se religião e santidade? .............................................. 293

**Questão 82  A devoção** ....................................................................................... 295
    Artigo 1  A devoção é um ato especial? ....................................................... 296
    Artigo 2  A devoção é ato da religião? ......................................................... 297
    Artigo 3  A contemplação ou a meditação é a causa da devoção? ............. 299
    Artigo 4  A alegria é efeito da devoção? ...................................................... 301

**Questão 83  A oração** ......................................................................................... 302
    Artigo 1  A oração é ato da potência apetitiva? .......................................... 304
    Artigo 2  É conveniente orar? ........................................................................ 306
    Artigo 3  A oração é ato da virtude da religião? ......................................... 308
    Artigo 4  Deve-se orar só a Deus? ................................................................. 309
    Artigo 5  Na oração devemos pedir a Deus algo determinado? ................ 311
    Artigo 6  Na oração devem ser pedidos a Deus bens temporais? ............. 313
    Artigo 7  Devemos orar pelos outros? .......................................................... 314
    Artigo 8  Devemos orar pelos inimigos? ...................................................... 316
    Artigo 9  Estão convenientemente consignados os sete pedidos da Oração Dominical? ............. 318
    Artigo 10  Orar é próprio da criatura racional? .......................................... 322
    Artigo 11  Os santos que estão no céu oram por nós? ............................... 323
    Artigo 12  A oração deve ser vocal? ............................................................. 325
    Artigo 13  É necessário que a oração seja atenta? ..................................... 327
    Artigo 14  A oração deve ser diuturna? ...................................................... 328
    Artigo 15  A oração é meritória? .................................................................. 331
    Artigo 16  A oração dos pecadores é atendida por Deus? ........................ 333
    Artigo 17  É exato dizer que as partes da oração são: obsecração, oração, pedidos e ação de graças? ............. 336

**Questão 84  A adoração** ..................................................................................... 337
    Artigo 1  A adoração é ato de latria ou de religião? ................................. 338
    Artigo 2  A adoração implica expressões corpóreas? ................................ 339
    Artigo 3  A adoração exige um determinado lugar? ................................. 341

**Questão 85  Os sacrifícios** .................................................................................. 342
    Artigo 1  Oferecer sacrifício a Deus é de lei natural? ............................... 343
    Artigo 2  Deve-se oferecer sacrifício só ao Deus supremo? ..................... 345
    Artigo 3  Oferecer sacrifício é um ato especial de virtude? ..................... 347
    Artigo 4  Todos estão obrigados a oferecer sacrifícios? ............................ 349

**Questão 86  As oblações e as primícias** ............................................................ 350
    Artigo 1  Os homens estão obrigados por preceito a fazer oblações? ..... 351
    Artigo 2  As oblações são devidas só aos sacerdotes? .............................. 353
    Artigo 3  O homem pode fazer oblações de todos os seus bens legítimos? ............. 354
    Artigo 4  Todos estão obrigados a pagar as primícias? ............................. 356

**Questão 87  Os dízimos** ..................................................................................... 358
    Artigo 1  Os homens são obrigados a dar os dízimos por força do preceito? ............. 359

| | | |
|---|---|---|
| Artigo 2 | Os homens devem dar os dízimos de tudo? | 363 |
| Artigo 3 | Deve-se pagar o dízimo aos clérigos? | 366 |
| Artigo 4 | Os clérigos devem pagar os dízimos? | 368 |
| **Questão 88** | **O voto** | 370 |
| Artigo 1 | O voto consiste só no propósito da vontade? | 371 |
| Artigo 2 | O voto deve sempre ser feito de um bem melhor? | 373 |
| Artigo 3 | Todo voto deve ser cumprido? | 375 |
| Artigo 4 | Convém fazer voto de alguma coisa? | 377 |
| Artigo 5 | O voto é ato da virtude de latria ou de religião? | 379 |
| Artigo 6 | Será mais louvável e meritório fazer alguma coisa sem o voto do que com ele? | 381 |
| Artigo 7 | O voto se torna solene pela recepção das ordens sacras e pela profissão religiosa? | 383 |
| Artigo 8 | Os que estão submetidos a outrem estão impedidos de fazer voto? | 385 |
| Artigo 9 | As crianças, mediante voto, podem se obrigar a ingressar na vida religiosa? | 387 |
| Artigo 10 | O voto pode ser dispensado? | 389 |
| Artigo 11 | O voto solene de continência pode ser dispensada? | 391 |
| Artigo 12 | Requer-se a autorização de um prelado para a comutação ou a dispensa de um voto? | 395 |
| **Questão 89** | **O juramento** | 398 |
| Artigo 1 | Jurar é invocar Deus por testemunha? | 399 |
| Artigo 2 | É lícito jurar? | 401 |
| Artigo 3 | São companheiros do juramento a justiça, o juízo e a verdade? | 403 |
| Artigo 4 | Jurar é ato de religião ou de latria? | 404 |
| Artigo 5 | O juramento deve ser desejado e repetido por ser útil e bom? | 406 |
| Artigo 6 | É lícito jurar pelas criaturas? | 407 |
| Artigo 7 | O juramento tem poder de obrigar? | 409 |
| Artigo 8 | A obrigação do juramento é maior que a do voto? | 412 |
| Artigo 9 | Alguém pode dispensar do juramento? | 413 |
| Artigo 10 | O juramento é impedido por alguma condição de pessoa ou de tempo? | 416 |
| **Questão 90** | **A adjuração** | 418 |
| Artigo 1 | É lícito adjurar os homens? | 419 |
| Artigo 2 | É lícito adjurar os demônios? | 420 |
| Artigo 3 | É lícito adjurar as criaturas irracionais? | 422 |
| **Questão 91** | **O uso do nome de Deus para a invocação pelo louvor** | 423 |
| Artigo 1 | Deve-se louvar a Deus oralmente? | 423 |
| Artigo 2 | Deve-se usar canto no louvor a Deus? | 425 |
| **Questão 92** | **A superstição** | 428 |
| Artigo 1 | A superstição é um vício oposto à religião? | 429 |
| Artigo 2 | Há diversas espécies de superstição? | 431 |
| **Questão 93** | **A superstição do culto indevido ao Deus verdadeiro** | 433 |
| Artigo 1 | No culto do Deus verdadeiro pode haver algo pernicioso? | 433 |
| Artigo 2 | Poderá haver algo supérfluo no culto divino? | 435 |
| **Questão 94** | **A idolatria** | 437 |
| Artigo 1 | É certo considerar a idolatria como uma espécie de superstição? | 438 |
| Artigo 2 | A idolatria é pecado? | 441 |
| Artigo 3 | A idolatria é o maior dos pecados? | 443 |
| Artigo 4 | O homem é a causa da idolatria? | 445 |
| **Questão 95** | **A superstição divinatória** | 448 |
| Artigo 1 | É pecado a adivinhação? | 449 |
| Artigo 2 | A adivinhação é uma espécie de superstição? | 451 |
| Artigo 3 | Devem-se determinar muitas espécies de adivinhação? | 453 |
| Artigo 4 | A adivinhação feita pela invocação dos demônios é ilícita? | 456 |

| Artigo 5 | A adivinhação feita por meio dos astros é ilícita? | 458 |
|---|---|---|
| Artigo 6 | A adivinhação feita mediante sonhos é ilícita? | 461 |
| Artigo 7 | A adivinhação feita por augúrios e presságios e outras semelhantes observações das coisas exteriores é lícita? | 463 |
| Artigo 8 | A adivinhação por sorteios é ilícita? | 465 |

**Questão 96 As práticas supersticiosas** ............ 469
- Artigo 1 Praticar a arte "notória" é ilícito? ............ 469
- Artigo 2 As práticas para conservação dos corpos, por exemplo, para a saúde ou coisa semelhante são lícitas? ............ 472
- Artigo 3 São lícitas as práticas usadas para a previsão da boa ou má sorte? ............ 474
- Artigo 4 Pendurar no pescoço palavras sagradas é ilícito? ............ 476

**Questão 97 A tentação de Deus** ............ 478
- Artigo 1 A tentação de Deus consiste em alguns fatos cujos efeitos só podem vir de Deus? ............ 479
- Artigo 2 Tentar a Deus é pecado? ............ 481
- Artigo 3 A tentação de Deus opõe-se à virtude de religião? ............ 484
- Artigo 4 A tentação de Deus é pecado mais grave que a superstição? ............ 485

**Questão 98 O perjúrio** ............ 487
- Artigo 1 É necessário ao perjúrio a falsidade do juramento? ............ 487
- Artigo 2 Todo perjúrio é pecado? ............ 489
- Artigo 3 Todo perjúrio é pecado mortal? ............ 491
- Artigo 4 É pecado pedir juramento a um perjuro? ............ 493

**Questão 99 O sacrilégio** ............ 495
- Artigo 1 Sacrilégio é a violação de uma coisa sagrada? ............ 495
- Artigo 2 O sacrilégio é pecado especial? ............ 497
- Artigo 3 As espécies de sacrilégio se distinguem conforme as coisas sagradas? ............ 498
- Artigo 4 A pena do sacrilégio deve ser pecuniária? ............ 500

**Questão 100 A simonia** ............ 502
- Artigo 1 A simonia deve ser definida como: "A vontade deliberada de comprar ou vender um bem espiritual ou um bem anexo a ele"? ............ 503
- Artigo 2 É sempre ilícito dar dinheiro pelos sacramentos? ............ 506
- Artigo 3 É lícito dar e receber dinheiro por atos espirituais? ............ 509
- Artigo 4 É lícito receber dinheiro pelo que está unido às coisas espirituais? ............ 512
- Artigo 5 É lícito doar bens espirituais por um serviço de favor ou verbal? ............ 515
- Artigo 6 É pena justa para o simoníaco ser privado daquilo que mediante a simonia adquiriu? ............ 517

## AS VIRTUDES SOCIAIS

Introdução ............ 525

**Questão 101 A piedade** ............ 527
- Artigo 1 A piedade se estende a algumas pessoas determinadas? ............ 527
- Artigo 2 A piedade assegura o sustento aos pais? ............ 529
- Artigo 3 A piedade é uma virtude especial distinta das outras? ............ 531
- Artigo 4 Sob pretexto de religião, devem-se preterir os deveres da piedade filial? ............ 532

**Questão 102 O respeito** ............ 536
- Artigo 1 O respeito é uma virtude especial, distinta das outras? ............ 536
- Artigo 2 Cabe ao respeito prestar culto e honra às pessoas constituídas em dignidade? ............ 538
- Artigo 3 O respeito é uma virtude superior à piedade? ............ 540

**Questão 103 A dulia** ............ 542
- Artigo 1 A honra importa algo corporal? ............ 542
- Artigo 2 A honra se deve propriamente aos superiores? ............ 545
- Artigo 3 A dulia é uma virtude especial, distinta da latria? ............ 546
- Artigo 4 A dulia tem diversas espécies? ............ 548

| | | |
|---|---|---|
| **Questão 104** | **A obediência** ........................................................................................................ | 550 |
| Artigo 1 | Um homem deve obedecer a outro homem? ........................................................ | 550 |
| Artigo 2 | A obediência é uma virtude especial? ................................................................. | 552 |
| Artigo 3 | A obediência é a maior das virtudes? .................................................................. | 555 |
| Artigo 4 | Deve-se obedecer a Deus em tudo? ..................................................................... | 558 |
| Artigo 5 | Os inferiores devem obedecer em tudo a seus superiores? ................................. | 560 |
| Artigo 6 | Devem os fiéis obedecer aos poderes seculares? ................................................ | 563 |
| **Questão 105** | **A desobediência** ................................................................................................ | 565 |
| Artigo 1 | A desobediência é um pecado mortal? ................................................................ | 565 |
| Artigo 2 | A desobediência é o mais grave de todos os pecados? ....................................... | 566 |
| **Questão 106** | **O agradecimento ou gratidão** ........................................................................... | 569 |
| Artigo 1 | A gratidão é uma virtude especial, distinta das outras? ...................................... | 569 |
| Artigo 2 | O inocente deve a Deus mais ação de graças do que o penitente? ..................... | 571 |
| Artigo 3 | Devem-se render ações de graças a todo benfeitor? ........................................... | 573 |
| Artigo 4 | Deve-se retribuir logo o benefício? ..................................................................... | 576 |
| Artigo 5 | A retribuição dos benefícios deve ter em conta o sentimento do benfeitor ou o próprio bem recebido? ............................................................ | 577 |
| Artigo 6 | A retribuição deve ser maior do que o benefício recebido? ............................... | 579 |
| **Questão 107** | **A ingratidão** ........................................................................................................ | 581 |
| Artigo 1 | A ingratidão é sempre pecado? ........................................................................... | 581 |
| Artigo 2 | A ingratidão é um pecado especial? .................................................................... | 582 |
| Artigo 3 | A ingratidão é sempre pecado mortal? ................................................................ | 584 |
| Artigo 4 | Devem-se privar os ingratos de benefícios? ....................................................... | 586 |
| **Questão 108** | **A vingança** .......................................................................................................... | 587 |
| Artigo 1 | A vingança é lícita? ............................................................................................. | 588 |
| Artigo 2 | A vingança é uma virtude especial distinta das outras? ..................................... | 591 |
| Artigo 3 | A vingança deve recorrer aos castigos habituais entre os homens? ................... | 593 |
| Artigo 4 | Deve-se exercer a vingança contra os que pecaram involuntariamente? ........... | 594 |
| **Questão 109** | **A verdade** ........................................................................................................... | 599 |
| Artigo 1 | A verdade é uma virtude? .................................................................................... | 599 |
| Artigo 2 | A verdade é uma virtude especial? ..................................................................... | 601 |
| Artigo 3 | A verdade faz parte da justiça? ........................................................................... | 603 |
| Artigo 4 | A virtude da verdade tende a dizer menos do que é? ......................................... | 606 |
| **Questão 110** | **A mentira** ........................................................................................................... | 607 |
| Artigo 1 | A mentira sempre se opõe à verdade? ................................................................ | 608 |
| Artigo 2 | A mentira se divide suficientemente em oficiosa, jocosa e perniciosa? ............ | 611 |
| Artigo 3 | A mentira é sempre pecado? ............................................................................... | 613 |
| Artigo 4 | Toda mentira é pecado mortal? ........................................................................... | 617 |
| **Questão 111** | **A simulação e a hipocrisia** ................................................................................ | 621 |
| Artigo 1 | Toda simulação é sempre um pecado? ................................................................ | 621 |
| Artigo 2 | A hipocrisia é a mesma coisa que a simulação? ................................................. | 624 |
| Artigo 3 | A hipocrisia se opõe à virtude da verdade? ........................................................ | 626 |
| Artigo 4 | A hipocrisia é sempre pecado mortal? ................................................................ | 628 |
| **Questão 112** | **A jactância** ......................................................................................................... | 630 |
| Artigo 1 | A jactância se opõe à virtude da verdade? ......................................................... | 630 |
| Artigo 2 | A jactância é pecado mortal? .............................................................................. | 633 |
| **Questão 113** | **A ironia** ............................................................................................................... | 635 |
| Artigo 1 | A ironia pela qual alguém finge ser menos do que é, é pecado? ....................... | 635 |
| Artigo 2 | A ironia é um pecado menor que a jactância? .................................................... | 637 |

| | | |
|---|---|---|
| **Questão 114** | **A amizade ou afabilidade** | 638 |
| Artigo 1 | A amizade é uma virtude especial? | 639 |
| Artigo 2 | Esta amizade é parte da justiça? | 641 |
| **Questão 115** | **A adulação** | 643 |
| Artigo 1 | A adulação é pecado? | 643 |
| Artigo 2 | A adulação é pecado mortal? | 645 |
| **Questão 116** | **A contestação** | 647 |
| Artigo 1 | A contestação é contrária à virtude da amizade ou afabilidade? | 647 |
| Artigo 2 | A contestação é um pecado mais grave que a adulação? | 648 |
| **Questão 117** | **A liberalidade** | 650 |
| Artigo 1 | A liberalidade é uma virtude? | 651 |
| Artigo 2 | A liberalidade tem por objeto o dinheiro? | 653 |
| Artigo 3 | Usar do dinheiro é ato da liberalidade? | 654 |
| Artigo 4 | O ato principal da liberalidade é dar? | 656 |
| Artigo 5 | A liberalidade é parte da justiça? | 658 |
| Artigo 6 | A liberalidade é a maior das virtudes? | 660 |
| **Questão 118** | **A avareza** | 661 |
| Artigo 1 | A avareza é um pecado? | 662 |
| Artigo 2 | A avareza é um pecado especial? | 664 |
| Artigo 3 | A avareza se opõe à liberalidade? | 666 |
| Artigo 4 | A avareza é sempre pecado mortal? | 667 |
| Artigo 5 | A avareza é o mais grave dos pecados? | 669 |
| Artigo 6 | A avareza é um pecado espiritual? | 671 |
| Artigo 7 | A avareza é um vício capital? | 673 |
| Artigo 8 | É correta a enumeração que se faz das filhas da avareza? | 675 |
| **Questão 119** | **A prodigalidade** | 677 |
| Artigo 1 | A prodigalidade se opõe à avareza? | 677 |
| Artigo 2 | A prodigalidade é pecado? | 679 |
| Artigo 3 | A prodigalidade é um pecado mais grave que a avareza? | 681 |
| **Questão 120** | **A epiqueia** | 683 |
| Artigo 1 | A epiqueia é uma virtude? | 684 |
| Artigo 2 | A epiqueia é parte da justiça? | 685 |
| **Questão 121** | **O dom da piedade** | 687 |
| Artigo 1 | A piedade é um dom? | 688 |
| Artigo 2 | A segunda bem-aventurança, a saber, bem-aventurados os mansos, corresponde ao dom da piedade? | 689 |
| **Questão 122** | **Os preceitos relativos à justiça** | 691 |
| Artigo 1 | Os preceitos do decálogo são preceitos da justiça? | 691 |
| Artigo 2 | O primeiro preceito do Decálogo está formulado convenientemente? | 693 |
| Artigo 3 | O segundo preceito do Decálogo está formulado convenientemente? | 695 |
| Artigo 4 | O terceiro preceito do Decálogo é formulado convenientemente? | 698 |
| Artigo 5 | O quarto preceito do Decálogo é formulado convenientemente? | 703 |
| Artigo 6 | Os outros seis preceitos do Decálogo são formulados convenientemente? | 705 |

Edições Loyola é uma obra da Companhia de Jesus do Brasil e foi fundada em 1958. De inspiração cristã, tem como maior objetivo o desenvolvimento integral do ser humano. Atua como editora de livros e revistas e também como gráfica, que atende às demandas internas e externas. Por meio de suas publicações, promove fé, justiça e cultura.

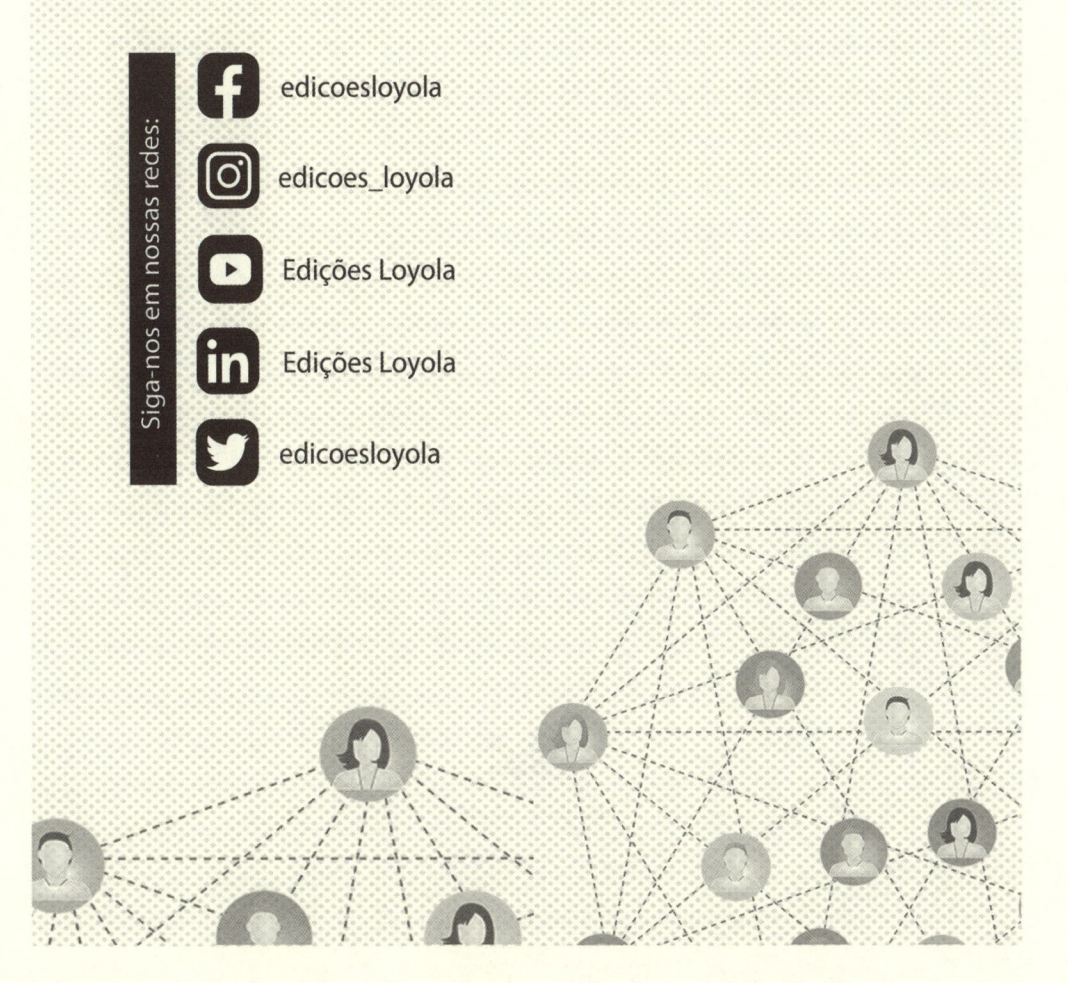

Siga-nos em nossas redes:

edicoesloyola

edicoes_loyola

Edições Loyola

Edições Loyola

edicoesloyola

**Edições Loyola**

editoração impressão acabamento

rua 1822 n° 341
04216-000 são paulo sp
**T** 55 11 3385 8500/8501 • 2063 4275
www.loyola.com.br